दसवें दशक के हिंदी-उपन्यासों में
सांप्रदायिक सौहार्द

दसवें दशक के हिंदी-उपन्यासों में सांप्रदायिक सौहार्द

प्रो. मंजुला राणा

वाणी प्रकाशन

वाणी प्रकाशन
4695, 21-ए, दरियागंज, नयी दिल्ली 110 002

शाखा
अशोक राजपथ, पटना 800 004

फ़ोन : +91 11 23273167 फ़ैक्स : +91 11 23275710

www.vaniprakashan.in
vaniprakashan@gmail.com
editorial@vaniprakashan.com
sales@vaniprakashan.in

Dasven Dashak Ke Hindi-Upanyason Mein Sampradayik Sauharda
by Manjula Rana

ISBN : 978-81-8143-863-8
Criticism

प्रथम संस्करण 2008
आवृत्ति संस्करण 2015
मूल्य : ₹ 695

ओम ऑफ़सेट, दिल्ली-110 093 में मुद्रित

वाणी प्रकाशन का लोगो मक़बूल फ़िदा हुसेन की कूची से

दो शब्द

'दसवें दशक के हिंदी-उपन्यासों में सांप्रदायिक सौहार्द' का विषय मेरे मानस में समसामयिक घटनाओं के विद्रोह स्वरूप उत्पन्न हुआ। आरम्भ से ही मेरे हृदय में समाज गें फैली ऊँच-नीच, जाति-पाँति, हिंदू-मुसलमान, अगड़ा-पिछड़ा इन समस्त भावनाओं के प्रति गहरी वितृष्णा थी, बालमन तो कुछ कर नहीं पाया था किंतु जैसे-जैसे चेतना बलवती हुई तो इन समस्त विकारों के प्रति बुद्धि सदैव विमर्श करती रहती। कभी बाबरी मस्ज़िद का टूटना तो कभी कश्मीरी पंडितों का घरों को छोड़कर बेघर हो जाना, कभी गोधरा कांड तो कभी गुजरात के भीषण नरसंहार ने विवश कर दिया कि क्यों न इस समस्या पर हम भी कुछ कार्य करें। यूँ तो सांप्रदायिकता हमारे देश की पुरानी समस्या है किंतु आज तक इस समस्या का कोई हल नहीं निकल पाया है। राजनेताओं ने अपने-अपने हिस्से की रोटियाँ सेंककर सत्ता का सुख उठाया है तो समाज के अन्य कारकों ने भी इस आग को बुझने नहीं दिया। इस प्रसंग को लेकर सन् 2002 में मैं प्रख्यात लेखिका कृष्णा सोबती, प्रसिद्ध लेखक श्री हिमांशु जोशी, प्रो. रामदरश मिश्र, प्रो. गंगा प्रसाद विमल जी से मिली तो उन सभी की आँखों में मैंने अपनी जैसी तपन देखी। कृष्णा जी ने विभाजन के दर्द को उकेरा और एक सैलाब की तरह उसके पीछे छिपे कारणों को मेरे सामने परोस दिया। इसी क्रम में डॉ. ओम प्रकाश सिंह, शोध वैज्ञानिक, जे. एन. यू., नई दिल्ली का मिलना लाभकारी सिद्ध हुआ और मैंने बातों ही बातों में निश्चय कर लिया कि यदि हम दसवें दशक के उपन्यास-साहित्य में इस समस्या को खोजें तथा साथ-साथ लेखकों द्वारा सुझाए गए उपायों को पाठकों के सम्मुख रखें तो निश्चित रूप से यह एक शाश्वत् प्रयास होगा क्योंकि आज तक इस समस्या को दूर करने के जितने भी प्रयास किए गए वे आधे-अधूरे और अपने हितों की रक्षा करते हुए किए गए। मुझे लगा कि कलमकार ही वह पुरोधा हो सकता है, जो तटस्थ भाव से बिना किसी लाग-लपेट के सौहार्द के उपाय सामने ला सकता है। उपन्यास विधा में प्रारंभ से ही रुचि होने के कारण इसी विधा में समस्या को विस्तारित किया गया।

उन्नीसवीं शताब्दी का अंतिम कालखंड एवं दसवाँ दशक सांप्रदायिक समस्याओं के विकास और हिंदी उपन्यास-साहित्य की प्रतिष्ठा दोनों के लिए महत्त्वपूर्ण है। इन्हीं दिनों संबंधों में कसैलापन आया, हिंदू-मुस्लिम या फिर सिख-समुदाय की घृणा हो, सब-कुछ एक साथ हमारे चारों ओर रस-बस गया। मुसलमानों ने अलग वतन की मांग करके इस समस्या को और तीखा बना दिया फलतः आज तक यह विष बेल हमारे सामने है। दसवें दशक से पूर्व लिखे गए उपन्यासों में भी इस समस्या को उठाया गया है, हमने उस सामग्री को कार्य की पृष्ठभूमि के रूप में स्वीकार किया है। इस दशक की रचनाओं में उपन्यासकार सांप्रदायिक समस्याओं का प्रस्तुतीकरण ही नहीं करवाता वरन् उसके निराकरण हेतु उपाय भी सुझाता है। इस काल में पात्रों के माध्यम से भिन्न-भिन्न वर्गों एवं संप्रदाय के लोगों के बीच प्रेम और निष्ठावान सौहार्द का संगम दिखाकर लेखकों ने उन्नत समाज का चित्र खींचा है। राजनीतिक स्तर पर किए गए प्रयासों की अपेक्षा ये उपाय ज्यादा कारगर सिद्ध हुए हैं, ऐसा मेरा अटूट विश्वास है। साहित्यकारों ने अपने दायित्व को समझकर समाज को जो कुछ दिया है, यदि उसे उसी आस्था से स्वीकार कर लिया जाए तो निश्चित रूप से यह समस्या जड़ से समाप्त हो सकती है।

उपर्युक्त तथ्यों को आधार मानकर भारत-संविधान की उद्देशिका में निर्दिष्ट एकता और अखंडता को सुनिश्चित करने वाली वसुधैव कुटुंबकम् की भावना को अक्षुण्ण रखने का प्रयास किया गया है।

साहित्य, सामाजिक परिवर्तन का जीवंत दस्तावेज़ है। इस दृष्टि से उपन्यासों की उपादेयता असंदिग्ध है। उपन्यास में लेखक को अपनी बात कहने का पूर्ण अवकाश रहता है। कभी पात्र तो कभी प्रतीकों के माध्यम से वह समाज के सम्मुख प्रस्तुत हो जाता है। मूलतः लेखक का जन्म ही समाज के लिए होता है।

संप्रदाय का विषय समसामयिक समस्या से सीधे टकराता है। सांप्रदायिकता आज हमारी सबसे बड़ी समस्या है, जिसने संपूर्ण राष्ट्र की अस्मिता को ही छिन्न-भिन्न कर दिया है। भारत जैसे देश में, जहाँ विभिन्न संस्कृतियों को माननेवाले पूर्ण प्रभुता के साथ रहते हैं, उसी भूमि को इस भावना ने रोगग्रस्त कर दिया है। यद्यपि इस समस्या से मुक्ति पाने के लिए अनेक स्तरों पर प्रयास किए गए किंतु वे सभी प्रयास कारगर साबित नहीं हुए। साहित्य में इसके सामाजिक आधार, आर्थिक आधार, वैचारिक उत्स और राजनीतिक चरित्र के बीच गतिशील अंतःसंबंधों को पुनर्जीवित किया गया है तथा सौहार्द स्थापित करने हेतु भिन्न-भिन्न उपन्यासकारों द्वारा किए गए प्रयासों को सूक्ष्मतम् रूप में विश्लेषित किया गया है। दसवें दशक के हिंदी-उपन्यासों के अध्ययन से हमने सामाजिक विघटन, वर्ग-संघर्ष, अलगाववाद आदि राष्ट्रीय संकट के कारणों की भी पड़ताल की है। इस कार्य का महत्त्व इसी तथ्य पर टिका है कि साहित्यिक रचनाएँ अपने गर्भ में उस कालखंड को समेटे रहती हैं, जिनमें उसकी

रचना हुई है या जिस काल की पृष्ठभूमि में उन्हें लिखा गया है। भारतीय साहित्य में कथा-साहित्य की सुदीर्घ परंपरा रही है और इसी साहित्य की यह विशिष्टता भी है कि इसमें पूरी शिद्दत, पूरे अवकाश के साथ युगीन समस्याओं को उठाया गया है। दसवें दशक का उपन्यास-साहित्य इस दृष्टि से और महत्त्वपूर्ण है क्योंकि इस कालखंड में अनेक कथाकारों ने सांप्रदायिकता के उद्भव और विकास से लेकर अब तक की स्थिति पर गहनता से न केवल लिखा अपितु समाधान के रास्ते भी खोजे हैं। ये कृतियाँ सांप्रदायिक सौहार्द के सारे रिश्तों को समझने और परखने में निर्णायक भूमिका का निर्वहन करती हैं, बशर्ते संतुलित तरीके से इन्हें खंगाला जाए। इस कार्य में हमने उन प्रमुख उपन्यासों को लिया है, जिनमें यह समस्या मुखर होकर सामने आई है। कतिपय उपन्यासों को छोड़ भी दिया है ताकि पुनरावृत्ति से बचा जा सके। इस पर भी कुछ अविवेचित रह गया हो तो इसे मेरी अपनी सीमा समझा जाए। यह विषय पूर्णतः मौलिक एवं राष्ट्र-हित से जुड़ा है। उपन्यासकार के दृष्टिकोण और वैचारिक प्रतिबद्धता की दृष्टि से यह एक नवीन एवं विनम्र प्रयास है।

प्रस्तुत पुस्तक का उद्देश्य है, हिंदी-साहित्य के दसवें दशक के उपन्यासों के सांप्रदायिक सौहार्द के प्रति लेखकों की संवेदना के स्वरूप का अध्ययन करना और उनमें व्यक्त सांप्रदायिक सौहार्द के संदर्भों का गूढ़ विश्लेषण करना।

सांप्रदायिक समस्याएँ विभिन्न कालखंडों में अलग-अलग रूपों में सामने आई हैं। यह रेखांकन केवल इतिहास की पुस्तकों में ही नहीं होता वरन् साहित्यकार पूरी ईमानदारी से न केवल इन समस्याओं का चित्रण ही करता है बल्कि समाज की उस मूलभूत आत्मा को भी चित्रित करता है, जिसका इन कुत्सित भावनाओं से कोई रिश्ता नहीं होता। इसलिए इस आवश्यकता को महसूस किया गया कि सौहार्द के संदर्भों को अभिव्यक्ति देते हुए दसवें दशक के उपन्यासों में यह विश्लेषण किया जाए।

मौलिकता की दृष्टि से इससे पूर्व भी समसामयिक समस्याओं को आधार बनाकर अनेक शोध-कार्य किए गए हैं। प्रेमचंद के उपन्यासों में सांप्रदायिक समस्याएँ, प्रेमचंद के उपन्यासों में हिंदू-मुस्लिम संबंध आदि किंतु एक दशक के उपन्यासों को आधार बनाकर किया गया यह पूर्णतः मौलिक प्रयास है।

–प्रो. मंजुला राणा

कृतज्ञता-ज्ञापन

कृतज्ञता, मानव स्वभाव का ईश्वरीय गुण है। कोई भी सफल कार्य अकेले संभव नहीं है। प्रत्येक सफल व्यक्ति के पीछे अनेक प्रेरणाओं/प्रेरकों का आशीर्वाद रहता है, जो उसके द्वार पर आलेख का कार्य करते हैं।

प्रस्तुत पुस्तक एक महायज्ञ की तरह तैयार हुई है। अनेक विद्वानों ने इस कार्य में मेरी सहायता की, जिसके लिए 'आभारी हूँ' शब्द बहुत बौना है। मैं आजन्म उन महापुरुषों की ऋणी रहूँगी, जिन्होंने प्रत्यक्ष-अप्रत्यक्ष मेरी सहायता की है। इस क्रम में सर्वप्रथम मैं प्रो. श्याम धर तिवारी, प्रो. उमा मैठाणी, प्रो. योगेन्द्र नाथ शर्मा 'अरुण', प्रो. लल्लन सिंह, प्रो. जे.पी. पचौरी, प्रो. हरिमोहन, प्रो. कुमार कृष्ण, प्रो. रामसजन पांडे, प्रो. सुधाकर सिंह का हार्दिक आभार प्रकट करती हूँ। इन्हीं की सत्प्रेरणा और उत्साह का परिणाम आज यह कार्य है। ये सभी मेरे संरक्षक हैं और जीवन में मेरा प्राप्य इन्हीं के आशीर्वाद का प्रतिफलन है।

प्रसिद्ध आलोचक एवं उपन्यास विधा के समीक्षक प्रो. गोपालराय, प्रो. सत्यकाम, प्रो. नित्यानंद तिवारी, प्रो. रामदरश मिश्र, प्रो. गंगा प्रसाद विमल, प्रो. सरदार मुज़ावर, प्रो. ओम प्रकाश सिंह, प्रो. एन. सिंह, प्रो. अन्नपूर्णा नौटियाल, प्रो. सुधीश पचौरी, प्रो. विमल थोराट, ओम प्रकाश वाल्मीकि, डॉ. एस. के. शर्मा, प्रो. सुधाकर सिंह इस कार्य की महत्त्वपूर्ण कड़ी हैं। यदि इनका सहयोग न मिलता तो मैं अकिंचन कुछ भी नहीं कर पाती, मैं हृदय से अपनी कृतज्ञता ज्ञापित करती हूँ।

लेखकीय क्रम में कथा लेखिका कृष्णा सोबती, मैत्रेयी पुष्पा, नासिरा शर्मा, चित्रा मुद्गल, राज़ी सेठ तथा कथा लेखक हिमांशु जोशी; राजेन्द्र यादव, अब्दुल बिस्मिल्लाह, असगर वजाहत, शुभा माहेश्वरी आदि ने सदैव मुझे संबल दिया है, साथ ही मैं मानवाधिकार आयोग, नई दिल्ली, हिंदी साहित्य अकादमी नई दिल्ली, तुलसी-सदन के समस्त सहयोगियों का हृदय से धन्यवाद ज्ञापित करती हूँ। डॉ. मीनाक्षी अग्रवाल मेरी अभिन्न प्रतिरूपा हैं। आरंभ से अंत तक उन्होंने परछाईं की तरह मेरा साथ दिया है। मेरी हर जरूरत का ध्यान रखने वाली मित्र को मैं कुछ नहीं दे सकती।

इसी शृंखला में प्रसिद्ध रंगकर्मी हबीब तनवीर, रईस अहमद, सुप्रीम कोर्ट की वकील व समाजसेवी मीनाक्षी लेखी का भी सहयोग अभूतपूर्व रहा है। पहाड़ से दिल्ली तक की दूरी इन्हीं के कारण इतनी सहज-सुलभ बन पड़ी है।

हे.न.ब. गढ़वाल विश्वविद्यालय, श्रीनगर के वर्तमान कुलपति प्रो. सुरेंद्र प्रताप सिंह अपनी सत्यनिष्ठा एवं सामाजिक सरोकारों के चिंतक के रूप में मेरे लिए आदर्श पुरुष हैं। मैं उनकी ओजस्वी प्रेरणा एवं श्रेष्ठ मानवीय समत्व भाव के प्रति हृदय से श्रद्धावनत हूँ।

इस पुस्तक का संपूर्ण प्रतिफल मेरे पति डॉ. पी.एस. राणा को जाता है, जिन्होंने मुझे सदैव आगे बढ़ने की प्रेरणा दी है और सदा मेरी दौड़ में बराबर के सहयोगी रहे हैं। मेरे पुत्र उत्कर्ष और शौय का चुपचाप इस अवधि में मेरी ओर एकटक देखना और फिर अपनी सारी इच्छाओं को दबाकर मुझे काम करने देना, उनके बचपन के सुनहरे पलों की इसी चोरी के प्रति मैं सदैव ऋणी हूँ।

इस कार्य का संपूर्ण श्रेय मैं अपने पुत्रवत् शिष्य डॉ. विजय दिनकर द्विवेदी, को देती हूँ। दिनकर, ऐसा जीवंत दस्तावेज़ है, जिससे अनुशासन, कर्त्तव्यनिष्ठा, स्नेह, ईमानदारी और किसी कार्य को करने की अदम्य उत्कंठा को सीखा जा सकता है। दिनकर ने पग-पग पर अपनी विद्वत्ता का परिचय दिया है। फलतः यह कार्य डॉ. विजय की लगन का ही प्रारूप है। मैं सदैव इनके स्वर्णिम भविष्य की कामना प्रभु से करती हूँ। इस पुस्तक की महत्त्वपूर्ण कड़ी श्री अरुण माहेश्वरी जी प्रकाशक वाणी प्रकाशन हैं। आज के अर्थप्रधान युग में ऐसा व्यक्तित्व मिलना दुर्लभ है। मैं उनके श्रेष्ठ मानवीय गुणों के प्रति नतमस्तक होकर श्रद्धा ज्ञापित करती हूँ।

अंत में मैं उस परम् नियंता को प्रणाम करते हुए इस कार्य को विद्वत् पटल पर इस आशा और विश्वास के साथ रखती हूँ कि इसके उन्नत पक्ष को विचार का विषय बनाकर मेरी त्रुटियों को क्षमा कीजिएगा।

–प्रो. मंजुला राणा

आमुख

सांप्रदायिकता? यह एक ऐसा विध्वंसात्मक स्वरूप है, जो आदमी को उसकी आदमीयत से काटकर केवल घृणा का प्रारूप बना देती है। धर्म और संस्कृति, जिनका निर्माण मनुष्य ने अच्छा जीने और एकजुट होकर, मिल-बैठकर जीने के लिए किया था, उन्हीं का दामन पकड़कर यह मनुष्य को मनुष्य के खून का प्यासा बना रही है। इतिहास के सीने पर जितने खून के छींटे सांप्रदायिकता ने लगाए हैं, उतने किसी अन्य भावना ने नहीं।

स्वतंत्र भारत में सांप्रदायिकता विघटन और विभाजन की ताकत बन चुकी है। संगठित धर्म और कर्मकांड पर आधारित धर्म इसकी सबसे बड़ी बैसाखी है। भारतीय समाज की बुनावट ही इस शक्ल की है, जिसमें इसे फलने-फूलने के सारे सरोकार प्राप्त हो जाते हैं। यद्यपि सांप्रदायिकता का धर्म से, धार्मिक शिक्षाओं से, दार्शनिक पहलुओं से कोई लेना-देना नहीं रहता बल्कि ये शक्तियाँ धार्मिक आस्थाओं का दोहन ही करती हैं। धर्म का सहारा तो सिर्फ इसलिए लिया जाता है क्योंकि धर्म के नाम पर लोगों को आसानी से एकत्रित किया जा सकता है। धर्म, मनुष्य को आध्यात्मिक अनुशासन प्रदान करता है, जबकि सांप्रदायिकता का आधार केवल भौतिक जगत् के स्वार्थ हैं। इतिहास साक्षी है कि आरंभ से ही हमारे देश के चंद सत्ता लोलुप लोगों ने अपनी उदर पूर्ति और सिंहासन प्राप्ति की भूख के वशीभूत होकर इस देश को छिन्न-भिन्न किया है। आम आदमी को न तब इस लड़ाई में शामिल किया गया था और न आज वह इस लड़ाई में शामिल है। अंग्रेज़ों ने 'फूट डालो और राज करो' की संस्कृति को जो एक बार हमारे सामने परोसा संभवतः हम आज तक उसी जूठी पत्तल को चाट रहे हैं।

'दसवें दशक के हिंदी-उपन्यासों में सांप्रदायिक सौहार्द' पुस्तक के अंतर्गत हमने पूरी शिद्दत से उन प्रमुख उपन्यासों के संदर्भों को रेखांकित किया है, जिनमें लेखक ने सांप्रदायिकता की भावना को उठाकर उसे सौहार्द के परिणामों से जोड़ा है। यद्यपि सांप्रदायिक समस्याओं के कारणों एवं निराकरणों के गंभीर उपाय इतिहासकारों,

समाजशास्त्रियों, नीतिकारों ने लगातार सुझाए हैं किंतु हमने अनुभव किया कि आम आदमी का इन राजनीतिक विश्लेषणों से विश्वास उठ-सा गया है। साहित्य, जिसे समाज का प्रतिबिंब माना जाता है, ये साहित्यिक रचनाएँ अपने गर्भ में उस कालखंड को समेटे रहती हैं, जिनमें उनकी रचना हुई है। हमने उन कथाकृतियों को स्वीकारा है, जिनमें लेखक ने समाधान के रास्ते सुझाए हैं। ये कृतियाँ सांप्रदायिकता की समस्या को विस्तार से समझने में निर्णायक भूमिका का निर्वहन कर रही हैं। वैचारिक प्रतिबद्धता पर ध्यान देकर गहन विश्लेषण करना हमारा विनम्र प्रयास है।

उन्नीसवीं शताब्दी का अंतिम कालखंड एवं दसवाँ दशक सांप्रदायिक समस्याओं के विकास और हिंदी उपन्यास-साहित्य की प्रतिष्ठा दोनों के लिए महत्त्वपूर्ण है। इन्हीं दिनों हिंदू-मुस्लिम सांप्रदायिकता के तत्त्व सक्रिय हुए और मुसलमानों ने अलग पहचान बनाने का प्रयास किया। प्रारंभिक कथा-साहित्य युगीन समस्याओं से सीधे-सीधे नहीं टकराया, जबकि दसवें दशक का साहित्य सांप्रदायिक समस्याओं का प्रस्तुतीकरण ही नहीं करवाता वरन् उनके निराकरण के उपाय भी सुझाता है। पात्रों के माध्यम से उपन्यासकारों ने भिन्न-भिन्न वर्गों एवं संप्रदाय के लोगों के बीच प्रेम और निष्ठा के पौधे रोपे हैं। लेखकों ने यह घोषित कर दिया है कि दंगा कोई घटना नहीं वरन् एक बदबूदार मानसिकता है। सड़कों पर यह बाद में होता है। मस्तिष्कों में पहले जन्म ले लेता है और अवसर मिलते ही बाहर आ जाता है। इसी तरह की मानसिकता वाले लोग संप्रदायवाद की पृष्ठभूमि निर्मित करते हैं और आम आदमी अपनी परंपराओं, विश्वासों और आस्तिक पहलुओं को समझे बिना इनके व्यामोह में फँसता चला जाता है। इससे उनका अहं तो संतुष्टि पाता ही है और साथ ही सत्ता और दौलत की प्राप्ति भी होती है। अब इस लड़ाई को चाहे धर्म के नाम पर लड़ो, चाहे देश की एकता के नाम पर या किसी चमकदार नारे के नाम पर। साहित्यकार इन लोगों के इसी छद्म आवरण को तोड़ने का कार्य करता है, जिससे उसकी कृति कालजयी कही जाती है।

प्रथम अध्याय के अंतर्गत दसवें दशक के उपन्यासों का परिदृश्य स्पष्ट करते हुए ऐतिहासिक, सामाजिक, सांस्कृतिक, रोमांटिक उपन्यासों का वर्गीकरण एवं संक्षिप्त विश्लेषण किया गया है। इसमें महिला एवं पुरुष लेखकों द्वारा लिखित उपन्यासों का पृथक-पृथक वर्णन है।

द्वितीय अध्याय चिंतन का प्राण-तत्त्व है, इसमें सांप्रदायिकता के स्वरूप एवं अवधारणा को स्पष्ट करते हुए, इसके उद्भव और विकास पर प्रकाश डाला गया है। साथ ही सांप्रदायिकता किन-किन सोपानों को अपना आधार बनाकर फलती-फूलती है, उन बिंदुओं को रेखांकित करते हुए वर्तमान भारत में सांप्रदायिकता के दुष्परिणामों और सौहार्द के संदर्भों का मनन एवं उपायों को सामने लाया गया है।

तृतीय अध्याय हिंदी-उपन्यासों में सांप्रदायिकता की अभिव्यक्ति को वाणी देकर

दुष्परिणामों को सामने लाता है, जिसके अंतर्गत आपसी द्वेष, आर्थिक हानि, प्राण हानि, राजनीतिक अस्थिरता, राष्ट्रीय एकता को खतरा, सुरक्षा में बाधा आदि तत्त्वों का विश्लेषण किया गया है। इसी के अंतर्गत मुस्लिम एवं हिंदू सांप्रदायिकता के उग्र रूपों को रेखांकित करते हुए विकृत सांप्रदायिकता के समस्त सरोकारों को सामने लाया गया है। मूलतः हमारा प्रयास उन समस्त पहलुओं को सबके सामने परोसना है, जो आदमीयत के लिए खतरा साबित हो रहे हैं।

चतुर्थ अध्याय में सांप्रदायिकता के संदर्भ में उपन्यासकारों के दृष्टिकोणों को अंकित किया गया है। वस्तुतः लेखक अपने पात्रों के संवादों, प्रतीकों, वक्तव्यों के माध्यम से अपनी बात सामने रखता है और ये बात केवल लेखक की ही नहीं होती वरन् उसमें समाज की अनुगूँज समाहित रहती है। कतिपय लेखकों के साक्षात्कारों एवं सामाजिक संस्थाओं के दृष्टिकोणों को खँगालकर पाठकों के सम्मुख रखा जा रहा है।

पंचम अध्याय के अंतर्गत सौहार्द की चेतना को फलता-फूलता दिखाया गया है। सांप्रदायिक सौहार्द की भावना का पल्लवन, रेखांकन एवं अंत में समाज पर इसका प्रतिफलन दिखाना हमारा उद्देश्य रहा है।

षष्ठ अध्याय यात्रा का अंतिम चरण है, इसमें उपसंहार के अंतर्गत उपलब्धियों का लेखा-जोखा है।

अस्तु! मैंने उस भारत को सपने में बुना है, जहाँ विभिन्न जाति, धर्म, संप्रदाय के लोग रोटी-बेटी के संबंधों को साथ-साथ बाँटकर जी रहे हैं। मानवीय मूल्यों की रक्षा करने में यदि यह कार्य किंचित सहायक सिद्ध हो सका तो मैं अपना श्रम सार्थक समझूँगी। शेष इस कार्य में कितनी सफलता मिली है, विद्वत्‌जन इसके स्वयं पारखी हैं।

–प्रो. मंजुला राणा

अनुक्रम

प्रथम अध्याय

दसवें दशक के हिंदी-उपन्यासों का परिदृश्य

'उपन्यास' दो शब्दों–'उप' और 'न्यास' के संयोग से बना है, जिसका शाब्दिक अर्थ है—समीप रखना। इस प्रकार, जिसके माध्यम से परिवेश-पर्यावरण अथवा वातावरण के विविध पक्षों की लिखित और गद्यात्मक अभिव्यक्ति हो, उसे 'उपन्यास' कहा जाता है। ''उपन्यास आज के साहित्य की सबसे अधिक प्रिय और सशक्त विधा है। कारण यह है कि उपन्यास में मनोरंजन का तत्त्व तो अधिक रहता ही है, साथ-ही-साथ जीवन को उसकी बहुमुखी छवि के साथ व्यक्त करने की शक्ति और अवकाश होता है। साहित्य की समस्त सर्जनात्मक विधाओं में उपर्युक्त दोनों गुण विद्यमान रहते हैं; किंतु अन्य विधाएँ अपने-अपने विशिष्ट स्वरूप के कारण इन दोनों तत्त्वों का प्रस्फुटन उतना नहीं कर पातीं, जितना उपन्यास कर पाता है।''[1]

विस्तृत अर्थों में 'उपन्यास' आधुनिक जीवन की गद्यात्मक गाथा है। यह मानव-जीवन का बहुआयामी और विश्वसनीय महाकाव्य है। साहित्य की सभी प्रमुख विधाओं में 'उपन्यास' आधुनिकतम है। ईसवी सन् की पहली सहस्राब्दी में दुनिया की किसी भी भाषा में उपन्यास के उपलब्ध होने का कारण शायद यही है कि उपन्यास के उदय और विकास के लिए जो परिस्थितियाँ अपेक्षित थीं, वे तब तक अस्तित्व में नहीं आई थीं। उपन्यास की बुनियादी ज़रूरतों में पाठक शुमार होता है। उपन्यास कभी भी श्रव्य नहीं रहा, न ही आज है। उपन्यास की पहचान उसका पाठ्य होना है।

उपन्यास के जन्म के पूर्व कथा श्रव्य ही होती थी। 'कथा' और 'उपन्यास' का एक अंतर प्रथम का श्रव्य और दूसरे का पाठ्य होना भी है। अतः उपन्यास के अंकुरण और पल्लवन के लिए ज़रूरी बुनियादी संरचना के रूप में गद्य का विकास और मुद्रण-यंत्र का आविष्कार आवश्यक था। यूरोप में तेरहवीं शताब्दी में मुद्रण-यंत्र का आविष्कार हुआ, जिससे गद्य के विकास में अभूतपूर्व तेज़ी आई। सामंतवाद के स्थान पर पूँजीवाद के उदय का समय भी लगभग यही है। पूँजीवाद के साथ मध्यवर्ग

का भी विकास हुआ, जिसने अपनी विशालता और बौद्धिक जागरूकता के कारण विशाल पाठक वर्ग का रूप ग्रहण कर लिया। सच्ची बात तो यह है कि 'पूँजीवादी सभ्यता ने संसार की कल्पनाप्रधान संस्कृति को जो भेंटें दी हैं, उनमें सर्वाधिक महत्त्वपूर्ण है–उपन्यास।'[2]

यूरोप में चौदहवीं-पंद्रहवीं शताब्दी में मध्यमवर्गीय पाठक-वर्ग पैदा हो गया था, जिसने वहाँ उपन्यास के उदय के लिए बुनियादी संरचना के निर्माण में योगदान दिया। फलस्वरूप सत्रहवीं शताब्दी के पूर्व में ही यूरोप में उपन्यास अस्तित्व में आ गया।[3] नाटक, संगीत, चित्रकला, मूर्त्तिकला–ये सभी आधुनिक काल में विकसित हुए हैं, किंतु इन सारी कलाओं का इतिहास बड़ा प्राचीन है–इतना प्राचीन जितना कि स्वयं सभ्यता का। अतः इनका विकास काल बहुत ही लंबा है और इनकी मुख्य समस्याएँ हल हो चुकी हैं, किंतु उपन्यास की सारी समस्याओं में से केवल एक सरलतम् समस्या–कथा कहने की समस्या–भूतकाल में हल हो चुकी है, शेष नई हैं।[4]

उक्त कथन को उद्धृत करने का आशय सिर्फ यह दिखाना है कि उपन्यास, पूँजीवादी समाज की अनिवार्य उपज है यानी पूँजीवादी सभ्यता में यथार्थ के जो नए स्तर, नए आयाम और भौतिकवादी चिंतन मूल्य, प्रश्न उभरे, उन्हें व्यक्त करने में परंपरा से चली आती हुई अन्य कलाएँ पूर्णरूपेण समर्थ नहीं थीं, यद्यपि उन पर भी पूँजीवादी समाज का प्रभाव पड़ा। जब उपन्यास को हम आधुनिक युग का महाकाव्य कहते हैं तो इसका अर्थ होता है, जैसे महाकाव्य में जीवन-जगत् की विराटता अपने समस्त वैविध्य, गहरे भाव-बोध, विशिष्ट दर्शन, मानव-मूल्य और प्रश्नों के साथ अंकित होती है, उसी प्रकार उपन्यास में भी। लेकिन महाकाव्य का माध्यम पद्य होता है और उपन्यास का गद्य। आज के जीवन की समस्त जटिलता, यथार्थ के विविध सूक्ष्म आयाम, दैनिक जीवन के सामान्य-से-सामान्य दिखने वाले महत्त्वपूर्ण जीवन-व्यापार, चरित्रों के विविध पार्श्व, संवादों की अनंत भंगिमाएँ, नए परिवेश महाकाव्यों में उतने जीवंत रूप में नहीं व्यक्त हो सकते। उपन्यास का माध्यम गद्य है और उसका स्वरूप विस्तृत है। अन्य विधाओं की अपेक्षा उसका स्वरूप 'लूज़' है। इसलिए उसमें अपने भीतर सब कुछ समाविष्ट कर लेने की क्षमता भी है। महाकाव्य अपने विशिष्ट औदात्य के कारण विशिष्ट पाठकों के ही काम का होता है, किंतु उपन्यास सामान्य पाठकों के लिए भी होता है। उपन्यास जीवन के हर गली-कूचे में घूम सकता है, आवश्यकतानुसार हर छोटी-बड़ी चीज का चित्र अंकित कर सकता है अर्थात् उसका मूल उद्देश्य होता है–'यथार्थ का विश्वास दिलाते हुए आगे चलना। उपन्यास का स्वरूप इतना शक्तिशाली इसलिए है कि उसमें साहित्य की सारी विधाओं की छवियों को सन्निहित कर लेने की शक्ति है। उपन्यास में कथा तो है ही, साथ-ही-साथ अवसर आने पर वह काव्य की सी भावुकता और संवेदना को जगाकर पाठकों को अपने में तल्लीन कर देता है, प्रकृति और प्रकृत्येतर दृश्यों और रूपों की योजना का सौंदर्य जगाता

है। उपन्यास की वास्तविक शक्ति महान है, उसका उद्‌देश्य बड़ा है। उसके पास जीवन-दृष्टि और एक विस्तृत आकाशीय फलक लेखक स्वयं निर्मित करता है, जिसमें उसकी समस्त मानवीय संवेदनाएँ जीवन प्राप्त करती हैं।

'यथार्थ का विश्वास दिलाते हुए आगे चलना' वह तत्त्व है, जो उपन्यास को और अधिक प्रभावशाली विधा के रूप में प्रतिष्ठित करता है। यही तत्त्व उसे और-और अधिक समर्थ एवं शक्तिशाली बनाता है। वस्तुतः उपन्यास का स्वरूप इतना शक्तिशाली इसलिए है, क्योंकि उसमें साहित्य की प्रायः सभी प्रमुख विधाओं की छवियों को सन्निहित कर लेने की शक्ति है। उपन्यास में कथा तो है, साथ-ही-साथ समय-समय पर यह काव्य की-सी भावुकता और संवेदना जगाकर पाठकों को अपने में तल्लीन करता है, प्रकृति और प्रकृत्येतर दृश्यों और रूपों की योजना का सौंदर्य जगाता है। इसमें निबंध की सी चिंतन मूलकता भी है। लेखक स्वयं निबंधकार की तरह प्रश्नों से ऊपर विचार करता चल सकता है। वह चरित्रों का विश्लेषण कर सकता है, यानी रचनाकार के रूप में वह उपन्यास से संपृक्त और असंपृक्त दोनों रह सकता है। इसमें नाटक की सी संवाद योजना होती है और चरित्र अधिकांश रूप से अपना और अन्य का विश्लेषण अपने कार्य-व्यापारों तथा पारस्परिक संवादों या स्वगत चिंतनों से करते रहते हैं। इसमें नाटक के रंगमंच विधान की तरह परिवेश विधान यानी देशकाल विधान होता है। इसीलिए आलोचकों ने उपन्यास को 'जेबी थिएटर' भी कहा है। नाटक, काव्य, कहानी या निबंध की तरह उपन्यास के विस्तार की कोई सीमा नहीं बाँधी गई है। वह जितना चाहे फैल सकता है और संगठित रूप से जीवन की जितनी भी व्यापकता चाहे, समेट सकता है। अतः ' 'उपन्यास' निश्चय ही आधुनिक काल की एक बहुत ही शक्तिशाली और जनप्रिय विधा है।'[5] इतना कुछ कहने का अभिप्राय यह दिखाना रहा है कि उपन्यास की उत्पत्ति एक विशेष प्रकार की आवश्यकता की अभिव्यक्ति है और इसीलिए कथा के माध्यम से कुछ भी कह चलना उपन्यास की मूल प्रकृति के प्रति नासमझी व्यक्त करना है। उपन्यास एक हल्की-फुल्की विधा नहीं है, जो संभव-असंभव घटनाओं और चटकीले-भड़कीले प्रसंगों की अवतारणा करती चलने वाली कथा के माध्यम से पाठकों का मनोरंजन करे। उपन्यास की वास्तविक शक्ति महान है, उसका उद्‌देश्य बड़ा है। उपन्यासकार के पास जीवन-दृष्टि होनी चाहिए। जीवन के यथार्थ का गहरा अनुभव होना चाहिए, सर्जनात्मक कल्पना की अपार शक्ति होनी चाहिए, विचार की गहनता होनी चाहिए और जीवन का विवेचन होना चाहिए।[6]

'उपन्यास' के विकास के लिए जिन स्थितियों-परिस्थितियों की आवश्यकता थी, भारत में वे औपनिवेशिक शासन के पश्चात् अस्तित्व में आईं। तत्कालीन परिवेश और परिरिथतियाँ ऐसी रहीं कि उन्नीसवीं शताब्दी के प्रारंभ से लेकर आगामी लगभग सत्तर वर्षों तक हिंदी के पाठक-वर्ग की निर्माण प्रक्रिया बहुत धीमी रही, पर एक

विधा के रूप में उपन्यास हिंदी-साहित्य के दरवाजे पर लगातार दस्तक देता रहा। आलंकारिक भाषा में यह भी कहा जा सकता है कि वह लगभग सत्तर वर्षों तक परिस्थितियों के गर्भ में कुलबुलाता रहा और 1870 ई. में देवरानी-जेठानी की कहानी के रूप में प्रकट हुआ।[7]

इस प्रकार, स्पष्ट ही है कि बांग्ला और मराठी उपन्यास हिंदी उपन्यास के अग्रज हैं, क्योंकि हिंदी उपन्यास के जन्म के प्रायः पंद्रह वर्ष पूर्व इन दोनों भाषाओं के उपन्यासों का जन्म हो चुका था। जन्म के साथ नामकरण संस्कार भी अनिवार्य रूप से जुड़ा है, अस्तु, देशकाल एवं परिवेश के अनुसार उसका नामकरण भी हुआ। बांग्ला और हिंदी में 'उपन्यास', उर्दू में 'नाविल', मराठी में 'कादंबरी' और गुजराती में 'नवल कथा' की संज्ञा से उसे संज्ञापित किया गया।

उपन्यास बड़ी समर्थ विधा है। वास्तव में, उपन्यास यथार्थ के बोध, उसकी व्याख्या और अभिव्यक्ति की एक ऐसी पद्धति है, जो दूसरे साहित्य रूपों और, कला रूपों से अलग होती है।[8] यह अलग और विशिष्ट पद्धति मानव चरित्र के अनेक आयामी चित्रणों से जुड़ी हुई है। मानव जीवन का कोई भी ऐसा पहलू नहीं बना, जो उपन्यास के लिए विषय-वस्तु न बना हो। शायद यही कारण है कि उपन्यास को मानव जीवन का गद्यात्मक महाकाव्य कहा गया। उपन्यास सम्राट प्रेमचंद कहते हैं कि "मैं उपन्यास को मानव जीवन का चित्र समझता हूँ। मानव चरित्र पर प्रकाश डालना और उसके रहस्यों को खोलना ही उपन्यास का मूल तत्त्व है। किन्हीं भी दो आदमियों की सूरतें नहीं मिलतीं, उसी भाँति आदमी के चरित्र भी नहीं मिलते। जैसे सब आदमियों के हाथ, पाँव, आँखें, कान, नाक, मुँह होते हैं पर उतनी समानता पर भी जिस तरह उनमें विभिन्नता मौजूद रहती है—उसी भाँति सब आदमियों के चरित्रों में भी बहुत कुछ समानता होते हुए भी कुछ विभिन्नताएँ होती हैं। यही चरित्र संबंधी समानता और विभिन्नत्व में अभिन्नत्व दिखाना उपन्यास का मुख्य कर्तव्य है।"[9] कहना न होगा, उपन्यास अपने कर्तव्य का सम्यक् निर्वहन कर रहा है और इसीलिए हम देखते हैं कि उपन्यास-विधा इतिहास की समकालीन वास्तविकताओं से साक्षात्कार की जैसी क्षमता रखती है, वैसी क्षमता अन्य साहित्य-रूपों में प्रायः कम ही पाई जाती है।

जहाँ तक भारतीय साहित्य के संबंध में उपन्यास-विधा के इतिहास का प्रश्न है, यह प्रायः सवा दो सौ से लेकर तीन सौ वर्षों की अवधि का स्वीकारा जाता है।[10] यद्यपि भारतीय संदर्भ में उपन्यास को प्राचीन साहित्य-परंपराओं से जोड़कर देखा जाता रहा है, फिर भी वह अपनी दशा और दिशा के लिए विविधता, शक्तिमत्ता और समृद्धता के लिए पाश्चात्य उपन्यास का ऋणी है—इससे इनकार नहीं किया जा सकता। पाश्चात्य साहित्य में उपन्यास-विधा का इतिहास प्रायः ढाई सौ वर्षों का है और उसके विकास का संबंध यथार्थवाद से घनिष्ठ रूप से है। वैसे मनोरंजन के अपने परंपरागत उद्देश्य

के साथ समझौता करते हुए उपन्यास-विधा ने यथार्थ के अधिकाधिक गहन और बहुमुखी स्तरों को उद्घाटित करने का प्रयास प्रारंभ में किया, परंतु शीघ्र ही उसे व्यंग्य और विडंबनात्मक तथा सूक्ष्म परिहासात्मक शैली का आश्रय ग्रहण करना पड़ा यथार्थ के दबाव के परिणामस्वरूप। पाश्चात्य उपन्यास-विधा का प्रायः सवा दो सौ वर्षों का इतिहास एक प्रकार से उपन्यास को परंपरा से प्राप्त कथा-तत्त्व और उसकी जीवन से जूझने की आकांक्षा के बीच की टकराहट में कथा-तत्त्व के उपेक्षित और अवहेलित होते हुए पूर्णतः तिरोहित हो जाने का क्रम है।

विस्तार में जाकर देखने से ज्ञात होता है कि 'उपन्यास' एक प्रकार से सत्य की खोज और अयथार्थ एवं असत्य या छद्म का ध्वंस करने का एक साहित्यिक हथियार है।[11] मानव जीवन के यथार्थ का चित्र देने की आकांक्षा रखने वाली इस विधा ने मनोरंजन के लिए परंपरागत साधन के रूप में कथा-तत्त्व को स्वीकार किया, परंतु मानव-चरित्र के माध्यम से जीवन के विविध रूपों का उद्घाटन करना ही उसकी आकांक्षा रही। समाज के परिवर्तनों के साथ मानव जीवन के बदलते प्रवाह के अनुकूल दो सौ वर्षों तक अपने को ढालने का प्रयत्न उपन्यास-विधा ने किया। इसीलिए अन्य विधाओं की तुलना में वह अधिक लचीली और सर्वसमावेशी विधा कहलाई। बृहत् जीवन के गरिमामय घटनाचक्रों के माध्यम से अपने नायक को गुजारकर जीवन के भौतिक एवं आध्यात्मिक पाश्चात्य स्तरों को अभिव्यक्त करते हुए महाकाव्य की भाँति जातीय तथा सांस्कृतिक मानदंडों को प्रस्तुत करने का श्रेय उपन्यास ने पा लिया, चरित्रों की जटिल मानसिकता को व्यक्त करते समय उत्कट संवेदना के क्षणों को वहन करने की गीति-काव्य की निजी विशेषता को भी समाविष्ट किया। इतना ही नहीं, 'आज तो 'लिरिकल नॉवेल' नामक उपन्यास की स्वतंत्र रूप में चर्चा भी होने लगी है।'[12]

नाटक के ट्रैजिक रूप को, हास्य और व्यंग्यमय अंश को तथा संवादों की प्राणभूत विशेषता को भी अपने में समाहित करके उपन्यास ने अपने लचीलेपन का परिचय दिया। उसने रोमांटिक कथा-काव्य की कुछ परंपराओं को भी अपने में कुछ समय तक समाविष्ट किए रखा, जैसे-कथा की अद्भुत बनावट, भावुकता, कल्पना-प्रवणता, साहस और वीरता की सदा विजयी आदर्शवादिता, कथा की रंजकता आदि। धीरे-धीरे जीवन के दबाव के परिणामस्वरूप रोमांटिकता का विरोध करने वाली विडंबना और व्यंग्य-प्रवृत्ति को भी उसने स्थान दिया। विज्ञान के उदयकाल में और उसके विकासोन्मुख आशावादी रूप के दौरान क्रमशः फैलते जाने वाले ज्ञान के क्षितिजों से परिचय करा देना भी उपन्यास ने अपना कर्त्तव्य समझा और उसका बखूबी निर्वहन किया। इसके लिए व्याख्यान, प्रवचन, निबंध, विचार संकलन सभी का बिना संकोच उपयोग किया। समाज-सुधार या नीति-उपदेश को निषिद्ध न समझकर गौरव को स्थान दिया। प्रचार और कलावाद, साहित्य-विधा की सम्मिश्रित और विशुद्धता, रोमांस और यथार्थवाद,

आदर्शीकरण और विरूपीकरण, रूप की एकाग्रता और विघटन, जीवन की बहिर्मुखता और अवचेतन मन की अव्यक्त आंतरिकता, व्यक्तित्व की विराटता और मामूली लोगों का फालतूपन, काव्य की रसवत्ता और गद्य की यथातथ्यता, इतिहास और कल्पना, वस्तु-सत्य और व्यक्ति-तत्त्व, कथा के सर्वसाक्षी निदेशक के रूप में लेखक का औपन्यासिक संसार में वास्तव्य और ईश्वर की भाँति अपनी सृष्टि से अदृश्यीकरण—इन सभी के बीच जो रस्साकशी हुई है, उससे उपन्यास-साहित्य की श्रीवृद्धि हुई है, समृद्धि हुई है। उपन्यास ने अपने बहुरुपियापन से विभिन्न आलोचना-दृष्टियों को पर्याप्त आधार दिया है।

अंगरेज़ी में उपन्यास (NOVEL) को मानव जीवन से परिचित कराने वाला विस्तृत गद्य-आख्यान माना जाता है। इसीलिए वहाँ अर्नेस्ट ए. बेकर का यह कथन बहुत ही सटीक एवं समीचीन प्रतीत होता है कि "उपन्यास को हम गद्यमय कल्पित आख्यान के माध्यम से की गई जीवन की व्याख्या कह सकते हैं।"[13]

प्रत्येक विधा की शक्ति के अनुसार ही उसकी सीमाएँ भी होती हैं। उपन्यास भी इसका अपवाद नहीं है। सारी शक्तिमत्ता-समर्थता के बावजूद उपन्यास की अपनी सीमाएँ हैं। काव्य को ही लें। काव्य में जहाँ भाव की तीव्रता उसकी शक्ति है, वहाँ उसके विस्तार पर एक बंधन भी आ पड़ता है। चित्र काल-तत्त्व से रहित अनुभव का संवेदन प्रत्यक्ष रूप से कराता है, वहीं मानवीय जीवन का बहुत कम क्षेत्र वह व्याप्त सकता है। संगीत का माध्यम शब्द-माध्यम की तरह अप्रत्यक्ष नहीं होता, परंतु मानव जीवन की अर्थपूर्ण अनुभूतियों की विविधता उसके माध्यम से व्यक्त नहीं की जा सकती। उपन्यास की शक्ति उसका अतिशय लचीलापन, विकसनशीलता एवं प्रयोगधर्मिता है। तीव्रता और विस्तार दोनों का समावेश उसमें होता है। हर अन्य विधा का कुछ-न-कुछ वैशिष्ट्य उपन्यास में समा गया है, अतः वह सर्वाधिक रूप से जीवट वाली और दीर्घायु विधा सिद्ध हुई है।

वर्तमान में प्रायः सभी विधाएँ जहाँ एक ओर आत्मतत्त्व की खोज में अपने प्राणभूत वैशिष्ट्यों के प्रति निष्ठा-भाव में समर्पित होने का प्रयत्न कर रही हैं, वहीं पर रचनाकारों-कलाकारों की प्रयोगधर्मिता अपने आशय को व्यक्त करने के लिए एक-दूसरे के माध्यमों का उपयोग भी कर रही है। साथ ही, वह दूसरों के क्षेत्र में आक्रमण भी कर रही है। कभी-कभी अपनी सीमाओं को अतिक्रांत करने के प्रयत्न में विधा ही टूटकर बिखर जाती है। यह स्थिति अकविता, एण्टी-नाट्य या एण्टी-नॉवेल के संबंध में दिखाई पड़ती है।

"उपन्यास-विधा की महत्त्वपूर्ण सीमा है—उसका माध्यम शब्द या भाषा। दूसरी सीमा है—एक पृष्ठ से पृष्ठ 'एक्स' तक क्रमशः एक के बाद एक पन्ने पलटने की विवशता। एक सरल रेखा में काल। उपन्यास में तीन प्रकार की काल-कल्पना होती है—एक, पढ़ाई के लिए लगने वाला काल, दूसरा कथ्य का काल, कथ्य के काल

के दो भाग। संवेदन के अनुसार उसकी दीर्घता और ह्रस्वता। काल-तत्त्व से कितनी भी छूट ली जाए, कुछ अंश में काल के क्रम या Chronological अंश को मानना ही पड़ता है।"[14] फिल्मों में दुःस्वप्नों या स्वप्नों का जो प्रभाव चित्रमय रूप में, नाद, संगीत इत्यादि कलाओं के माध्यम से दिखाया जा सकता है, वह केवल शब्दों के माध्यम से नहीं दिखाया जा सकता। यही कारण है कि अच्छे उपन्यासों का अच्छा फिल्मांकन बड़ी कठिनाई से हो पाता है। उपन्यास में चित्रात्मकता, नाट्यात्मकता या दृश्यीकरण को कितना भी लाया जाए, शब्दों के कारण वर्णन या निवेदन शेष रह ही जाता है। चूँकि शब्दों का प्रयोक्ता एक लेख होता है, अतः भाषागत वैविध्य के बावजूद, लेखक सामने आ ही जाता है। अतः अनुभव का ज्यों-का-त्यों यथावत् प्रस्तुतीकरण प्रायः नहीं होगा।[15] फलस्वरूप अनुभव का ऐसा अंश जो काल-तत्त्व से रहित, केवल चित्रमयता पर निर्भर होगा, उपन्यास में नहीं आ सकेगा, कुछ अंश विधा के बाहर होगा। यह आग्रह भी सर्वथा गलत है कि जीवन के संपूर्ण रूप को व्यक्त करने के लिए उपन्यास उपयुक्त होगा। जीवन उपन्यास से बृहत्, विराट और महान है, उससे स्पर्धा असंभव है। जीवन में अन्यान्य विधाओं का सह-अस्तित्व स्वीकार करके ही उपन्यास को अपने क्षेत्र में प्रतिष्ठित होना होगा। फिर, उपन्यास की एक और सीमा है। यह मुद्रण-कला, पुस्तक-रूप, उसका व्यावसायिक क्षेत्र, पाठक-वर्ग—सब पर निर्भर विधा है। इन सब बातों पर विचार किया जाए तो उपन्यासकार एक सीमा तक छूट ले सकता है—उसे मूलभूत विधा की प्रकृति और बंधनों को स्वीकार करना ही पड़ता है। किसी भी उपन्यासकार की मौलिकता तथा उसकी स्वतंत्रता का आदर तब तक रहेगा, जब तक मूल प्रकृति से कुछ सीमा तक ही वह अलग दिखेगा—पूर्णतया मौलिक या पूर्णतया स्वतंत्र ऐसा कुछ नहीं होगा।[16] और यदि होगा भी तो कलाकार के मन में होगा—मौन में। उपन्यासकार अगर संप्रेषण करना चाहता है तो अनुभव के पारंपरिक रूप का एक सीमा तक आदर उसे इसलिए भी करना चाहिए कि बिना परंपरागत धरोहर के अनुभव की साझीदारी, संभव नहीं। पाठक एक सीमा तक ही अपनी कल्पना के बल पर लेखक के साथ सृजन में सहायक हो सकता है।[17] अन्यथा अपनी अत्यधिक मौलिक बनने की सनक में लेखक, हो सकता है, अपनी आत्मिक खुशी पाए, परंतु दुनिया को नहीं पा सकता।[18]

उपन्यासकार उपन्यास की प्रकृति को ध्यान में रखे, अनुभव के रूप में अनिवार्य रूप से स्थित परंपरागत अंश पर नजर डाले, माध्यम की सीमाओं का भी ख्याल रखे और इन सबके साथ अपनी मौलिकता भी प्रकट करे—ये सब उपन्यासकार के आचरण के कुछ चित्र हैं। उपन्यासकार, विस्तृत अर्थों में रचनाकार या कलाकार मात्र की भी पाठक से कुछ माँग होती है। चूँकि साहित्य के आस्वादन की प्रक्रिया भी सहयोगी प्रयास है, इसलिए पाठक को सदैव जागरूक और परिश्रमी रहना होगा। यह माँग सर्वथा अनुचित और सृजन के लिए हानिकर है कि लेखक उसे ऐसा कुछ

दे, जो सहज पचाया जा सके। रंजकता, कथा का सुगठित क्रम, ठोस चरित्रों का रूप, हमारी मान्यताओं तथा प्रिय भावनाओं का आराधन इत्यादि बातों की अपेक्षा आज के उपन्यासकार से हम नहीं कर सकते। यह अन्य विधाओं एवं कलाओं का कार्य बन गया है। हम एक ऐसे समाज में और संस्कृति एवं सभ्यता की स्थिति में हैं कि कोई विचार, भावना, प्रभाव, कल्पना अब एकांगी, शुद्ध और अनिश्चित नहीं रह गई है। अस्तु, उपन्यास को पढ़ते समय पाठक को अपनी वैयक्तिक रुचि, मंतव्य तथा अनुभूति-संसार को कुछ दूर रखकर ही निस्संग भाव से साहित्य-शरण में होना चाहिए। वैसे यह बात सही है कि वैयक्तिकता से पूर्णरूपेण तटस्थ होकर हम तादात्म्यस्थापन नहीं कर सकते, परंतु एक सीमा तक तो निश्चय ही कर सकते हैं। वैसे, आज की दुनिया में कुछ भी एब्साल्यूट नहीं है, सब सापेक्ष है। रुडयार्ड किपलिंग की साम्राज्यवादी जयकार सुनाकर साम्राज्यवादियों को भले ही गौरवानुभूति हो, उपनिवेश के निवासियों में निश्चय ही घृणा, वितृष्णा, ग्लानि, पीड़ा जैसे मर्मांतक भावों का संचार होगा। एक गोरे के लिए नीथो की युयुत्सा-भाव से भरी चुनौतियों को तटस्थतापूर्वक पढ़ना और उससे तदाकार होना कैसे संभव है? अतः तटस्थता का योगस्थ रूप धारण करना संभव न भी हो तो भी सहृदय को एक सीमा तक अपनी वैयक्तिक रुचियाँ अलग करनी ही पड़ती हैं। अपने वर्तमान युग में हम जितने 'कमिटेड' होंगे या 'इनवॉल्व' होंगे, उतना देश, काल, वर्ग, जाति, संप्रदाय, विशिष्ट विचारधारा आदि आवरणों से युक्त मन को मूल 'सत्त्व' तक ले जाना मुश्किल हो जाएगा। यहाँ पाठक अपने आपको एक विचित्र पेंच से घिरा हुआ पाता है, परंतु आस्वादन के लिए और वस्तुन्मुखी समीक्षा के लिए दूसरा उपाय भी नहीं है।

किसी भी रचना (उपन्यास अथवा उपन्यासेतर) को पढ़ते समय दूसरी महत्त्वपूर्ण शर्त यह है कि प्रत्येक रचना की अपनी प्रकृति, निजता और विशिष्टता सर्वप्रथम ध्यान में लेनी चाहिए। प्रत्येक रचना अपने मानदंड सूचित करती है अर्थात् वह अत्यधिक वैयक्तिक नहीं होती। प्रत्येक रचनाकार के विभिन्न मार्ग होते हैं। उपन्यासकार अपने कथ्य में 'कथा' को महत्त्व दे रहा है तो हमें अपनी आधुनिकतम धारणाओं के अनुसार प्रश्न पूछने की जल्दबाजी करने की अपेक्षा पहले यह देखना अधिक उपयुक्त होगा कि 'कथा' के सभी हथियार उसने कितनी कुशलता से इस्तेमाल किए हैं? यदि एक, दो या दस चरित्रों के माध्यम से अथवा परिवेश को महत्त्व देकर रचना का निर्माण हुआ है तो फिर उन विशिष्ट हथियारों के उपयोग में उसे कहाँ तक सफलता मिली है? उसके मूल आशय से उसकी रचना के विविध उपादान कहाँ तक मेल खाते हैं या औचित्य का निर्वाह करते हैं। रचनाकार के मूल आशय को शक्तिमत्ता के साथ पाठक तक पहुँचाने के लिए माध्यम कहाँ तक समर्थ हुआ है—भले ही वह माध्यम चाहे जो हो। विभिन्न घटनाओं, पात्रों, मनःस्थितियों, परिवेश, अंतःकथाओं, आदि की परस्पर संगति, सार्थकता, महत्त्व इत्यादि बातों की भी इस संबंध में ब्यौरेवार

चर्चा की जा सकती है। मूल बीज के विकास के लिए अपनाए गए सभी उपादानों की संगति, पर्याप्तता और अनिवार्यता की चर्चा साहित्य-समीक्षा की महत्त्वपूर्ण सीढ़ी है। हम इससे रचना को आरंभिक न्याय देने की स्थिति में आ जाते हैं।

आशय और शिल्प की अभिन्नता को एक कसौटी के रूप में प्रस्तुत करने की प्रवृत्ति आज के साहित्य में निरंतर विकसनशील है। वस्तुतः किसी भी जीवंत रचना की यह एक ऐसी शर्त है कि उसके बिना रचना 'रचना' हो ही नहीं सकती। रचना के आस्वादन में शिल्प-कुशलता अधूरी या अपर्याप्त प्रतीत हो रही हो तो समझना चाहिए कि रचना, रचना के स्तर पर चढ़ी ही नहीं। किसी भी सफल रचना को पढ़ते समय पाठक को उसके शिल्प का अलग से बोध होता हो तो समझना चाहिए कुछ कमी है।[19]

रचना के आस्वादन में जीवंत अनुभव का साक्षात्कार ही उसके शिल्प की सफलता का द्योतक है। रचना की मूल्यवत्ता की चर्चा करते समय हमें रचना के मूल अनुभव संसार के संबंध में कतिपय वैशिष्ट्य देखने चाहिए। रचना में अंततोगत्वा 'अनुभव-संसार' ही सर्वोपरि तत्त्व बनता जा रहा है। अतः अनुभव की गहनता, तीव्रता, जटिलता और विस्तार इन चार आयामों पर विशेष विचार करना चाहिए।

मूल्यवत्ता अनुभव-संसार का महत्त्वपूर्ण आयाम है। व्यक्तिगत वैचारिक प्रणाली के अनुसार मतभेद की काफी गुंजाइश है। 'अनुभव अनुभव के लिए'—जैसी मान्यता हो तो मूल्यवत्ता का प्रश्न ही नहीं उठता, परंतु यहाँ महत्ता या श्रेष्ठता की चर्चा भी नहीं की जा सकेगी। अनुभव अपने-आप में रुचिकर हो तो मूल्यवान् भी होगा, ऐसी बात नहीं है। आई. एम. रिचार्ड्स ने कलावाद का प्रखर खंडन कर जीवनवाद को प्रतिष्ठित किया। लेकिन अनुभव के मूल्य के संबंध में उसका विवेचन व्यक्तिवादी अधिक प्रतीत होता है। रिचार्ड्स की दृष्टि में ऐसा समायोजन व्यक्ति को अनुकूल और संतोषजनक प्रतीत होगा, जो अधिक-से-अधिक आवेगों को अपने आपमें समेटे रहेगा। मूल्यवत्ता के आयाम में ही हमारी सौंदर्य-विषयक संवेदना को समृद्ध करने की क्षमता का भी समावेश किया जाना चाहिए। मूल्य के संबंध में हमारी दृष्टि अगर निरंतर उपयोगितावादी नहीं है अथवा सौंदर्य-संवेदना को भी हम एक गहन स्तर पर जीवन के लिए उपयोगी अनुभूति मानते हैं तो अनुभव-संसार की मूल्यवत्ता का विचार करते समय सौंदर्य-चेतना को समृद्ध करने वाली रचनाओं को अवश्य ही स्थान देना होगा।

वास्तव में, महान रचना जीवन-सदृश होती है। हम उपन्यास पढ़ते-पढ़ते यह भूल जाते हैं कि उपन्यास के संसार में विचर रहे हैं। हमें यह अनुभूति होती है कि हम प्रत्यक्ष संसार में ही हैं। अनुभव यद्यपि लेखक का व्यक्तिगत होता है तो भी उसमें ऐसी विविधता, विस्तार, जटिलता और जीवन-सदृश्यता होनी चाहिए कि महान रचना को पढ़ते समय यह नहीं लगना चाहिए कि यह अमुक लेखक की सृष्टि है,

अपितु लगना चाहिए 'यही सृष्टि है।'[20]

रचना की सफलता की कसौटी है—पाठक का उसे 'यही सृष्टि है' मानना। वस्तुतः रचना, रचनाकार के व्यक्तित्व का समग्र रूप होती है। उपन्यास पर भी यह बात पूरी-की-पूरी लागू होती है। वैसे, 'किसी कथा-कृति को तब तक उपन्यास कहलाने का हक नहीं, जब तक वह अपने रवैये में अतीत के जीवंत चिंतन से ऊर्जा ग्रहण करके वर्तमान शोषणधर्मी परिवेश पर तीखा प्रहार न करे। इस प्रहार से ही औपन्यासिक कृति अपना नया सौंदर्यशास्त्र, अपनी रूपवत्ता गढ़ती है और इस प्रहार में ही उसकी गहरी मानवीय सार्थकता निहित है।'[21]

इस संक्षिप्त विमर्श के अनंतर उभरकर सामने आने वाली उपन्यास की प्रमुख विशेषताओं में से कुछ इस प्रकार हैं—

1. उपन्यास और मानव जीवन में बहुत-ही करीबी रिश्ता है।
2. उपन्यास में वास्तविक जीवन की कथा विस्तार के साथ विन्यस्त होती है।
3. उपन्यास एक ऐसी गद्य-विधा है, जिसमें कलात्मकता के साथ जीवन की व्याख्या रहती है।
4. उपन्यास कौतूहल-शांति और मनोरंजन के साथ ही मनोमार्जन भी करता है।
5. उपन्यास में मानव-चरित्र का प्रभावशाली और आलोकमय चित्र अंकित किया जाता है।
6. उपन्यास का कथानक कार्य-कारण-शृंखला में विनिबंधित होता है, उसमें कल्पना का उपयोग किया जाता है, पर मानव जीवन के सत्य का रसात्मक उद्घाटन करना उसका चरम-परम लक्ष्य है।

निष्कर्षतः उपन्यास के स्वरूप को इन शब्दों के माध्यम से व्यक्त किया जा सकता है—'उपन्यास वह कथात्मक गद्य-विधा है, जिसमें मानव जीवन के यथार्थ और उससे जुड़े अशेष परिदृश्य को कलात्मकता के साथ प्रस्तुत किया जाता है।'

बीसवीं शताब्दी का उत्तरार्द्ध प्रगति के नए आयामों के साथ हमारे सामने आया। साहित्य की श्रीवृद्धि की दृष्टि से भी यह समय उल्लेखनीय और महत्त्वपूर्ण है। विशेष रूप से हिंदी-कथा-साहित्य को तो यह काल जैसे आदर्श परिस्थिति के रूप में मिला। बीसवीं शताब्दी का अंतिम दशक (वर्ष 1990 से लेकर 2000) हिंदी-कथा-साहित्य के इतिहास में अपनी विशिष्टता के लिए जाना जाएगा—खासतौर से उपन्यास-साहित्य। हिंदी-कथा-साहित्य के लिए यह आश्वस्ति की बात है कि पिछले करीब दो दशकों में हिंदी में अनेक ऐसे उपन्यास आए हैं, जो ज़िंदगी से सीधी मुठभेड़ करते हैं। इन उपन्यासों में वर्तमान शोषणधर्मी परिवेश पर तीखा प्रहार किया गया है। इन रचनाओं में सहज-सरल-सी दिखाई देती ज़िंदगी अपनी जटिलताओं एवं विरूपताओं के साथ मौजूद है। हाँ, इतना जरूर है कि उनमें सिर्फ विरूपताएँ ही नहीं हैं, अनेक स्तरों

पर व्यक्ति के संघर्ष का अंतःसौंदर्य भी चित्रित हुआ है। अपने समय की राजनीति वहाँ है तो अपने समय की विडंबनाएँ भी वहाँ हैं, जीवन के सिमटते दायरे में आदमी के अकेले पड़ते जाने की त्रासदी भी भयावहता के साथ अंकित है, व्यवस्थाजनित अव्यवस्था की मार झेलती जनता की संघर्षशीलता की अभिव्यक्ति भी वहाँ है और सूत्ररूप में कहें तो मानव जीवन का शायद ही कोई ऐसा पक्ष बचा हो, जिसकी अभिव्यक्ति समकालीन उपन्यास में न हुई हो। समय के साथ-साथ उपन्यास में सामाजिक जीवन की वास्तविकता का बोध क्रमशः गहरा होता जा रहा है, इससे इनकार नहीं किया जा सकता। साहित्य की अन्य विधाएँ भले ही उतनी ईमानदारी से जीवन के गहरे अनुभव को व्यक्त न कर पा रही हों, उपन्यास में इसका तीखा बोध है। हिंदी उपन्यास की अब तक की यात्रा संतोषप्रद और आश्वस्तिकारी है, यह सर्व-स्वीकृत सत्य है।

1.1 उपन्यासों का संक्षिप्त परिचय

बीसवीं शताब्दी के आखिरी-दसवें दशक को प्रो. गोपाल राय ने 'उपन्यास का समकालीन परिदृश्य'[22] कहा है। यद्यपि उन्होंने इसके लिए सन् 1981 से 2000 तक का काल-खंड निर्धारित किया है, पर हमारे विमर्शात्मक शीर्षक पर यह पूरा-का-पूरा लागू होता है। हाँ, हम इसे और अधिक स्पष्ट करना चाहें तो 'समकालीन परिदृश्य का उत्तरार्द्ध' कह सकते हैं। इसके लिए हमें बीसवीं शताब्दी के नवें दशक (1980-1990) को 'समकालीन परिदृश्य का पूर्वार्द्ध' स्वीकारना होगा। वैसे, सच्ची बात तो यह है कि सारे वर्गीकरण हम अपनी सुविधा के लिए करते हैं। नहीं तो 'जीवन के यथार्थ की अभिव्यक्ति' तो कमोबेश हर युग और काल विशेष के साहित्य में पाई जाती है। इस संबंध में प्रो. गोपाल राय का अभिमत भी उल्लेखनीय है—"1981-2000 की अवधि को 'समकालीन परिदृश्य' मानना विवादास्पद हो सकता है, पर विवेचन की सुविधा की दृष्टि से इसका कोई विकल्प भी नहीं है।"[23]

यहाँ बीसवीं शताब्दी के आखिरी दशक में प्रकाशित उपन्यासों और उनके लेखकों पर संक्षेप में प्रकाश डाला जा रहा है, क्योंकि उपन्यासों के वर्गीकरण के पूर्व उनके विषय में जान लेना आवश्यक प्रतीत होता है—

'संजीव', इस कालावधि के समर्थ-सुख्यात कथाकार हैं। इस अवधि में प्रकाश में आए उनके उपन्यास हैं—धार (1990), पाँव तले की दूब और जंगल जहाँ शुरू होता है (2000)। 'धार' में संजीव ने कोयलांचल के जीवन का कटु और नग्न यथार्थ पूरी तीव्रता के साथ प्रस्तुत किया है। इस उपन्यास में मैना के रूप में एक दलित नारी अपने पूरे स्वाभिमान और संघर्ष-चेतना के साथ सम्मुख आती है। बाहर से गर्हित और घृणित जीवन जीने वाली मैना मन की कितनी अच्छी, संवेदनशील, स्वाभिमानिनी और उदात्त है, इसका सुंदर अंकन उपन्यास में हुआ है। वास्तव में,

मैना का चरित्र ही इस उपन्यास की उपलब्धि है। 'पाँव तले की दूब' भी झारखंड की जनजातियों की संघर्ष गाथा के बहुआयामों का दस्तावेज है। 'जंगल जहाँ शुरू होता है' वास्तव में एक समाजशास्त्रीय अध्ययन है। लेखक इस उपन्यास में यह व्यक्त करना चाहता है कि कोई भी जाति जन्मना डाकू नहीं होती। संजीव ने अपने उपन्यासों में भोजपुरी और गुलगुलिया-प्रभावित हिंदी का प्रयोग कुशलतापूर्वक किया है।

सन् 1996 में प्रकाशित 'बेगम जैनाबादी' शरद पगारे का मुगलकालीन इतिहास का चर्चित उपन्यास है। औरंगजेब जैसा कट्टर और प्रायः शुष्क-सा माना जाने वाला मुगल बादशाह भी प्रेम कर सकता है—इसकी कलात्मक अभिव्यक्ति 'बेगम जैनाबादी' में हुई है। इस उपन्यास की 'प्रेमिका' भले ही वेश्या कही जाने वाली 'कोठेवाली' है, पर लेखक की पूरी सहानुभूति उसे मिलती है। लेखक कोठेवाली की स्त्री-संवेदना को अभिव्यक्त करने की ईमानदार और सफल कोशिश करता है।

'उस चिड़िया का नाम' (प्रथम प्रकाशन 1989) पंकज बिष्ट का पहाड़ी जीवन के चित्रण का सफल प्रयास है। पहाड़ की स्त्रियों की दयनीय स्थिति, पुरुषों द्वारा उनके शोषण, उनकी करुण मृत्यु आदि प्रसंगों में लेखक की गहरी संवेदनशीलता स्पष्ट परिलक्षित होती है। लेखक ने उपन्यास में 'चिड़िया' का प्रतीकात्मक प्रयोग किया है, जो कथा को एक विशेष प्रकार की मार्मिकता प्रदान करती है।

समकालीन हिंदी-कथा-साहित्य में नासिरा शर्मा एक जाना-पहचाना नाम है। वे प्रगतिशील विचारों की लेखिका हैं। वे मनुष्यता को धर्म, संप्रदाय और विचारधारा से परे मानती हैं। उनका पहला उपन्यास—'सात नदियाँ एक समुंदर' (प्र.प्र. 1984) आधुनिक ईरान की पृष्ठभूमि में अयातुल्ला खुमैनी की रक्तरंजित इस्लामी क्रांति पर आधारित है। नासिरा शर्मा के अन्य प्रमुख उपन्यास हैं—शाल्मली (प्र.प्र. 1987), ठीकरे की मँगनी (1989), जिंदा मुहावरे (1993) और सद्यः प्रकाशित कुइयाँ जान (2005)। 'शाल्मली' और 'ठीकरे की मँगनी' मुख्यतः आधुनिक भारतीय नारी की स्थिति पर आधारित उपन्यास हैं। नासिरा शर्मा ने शाल्मली में हिंदू परिवार को और 'ठीकरे की मँगनी' में मुस्लिम परिवार को अपनी संवेदना, चिंतना और चित्रण का विषय बनाया है। आम पति आज भी पत्नी को 'अपनी चीज' समझता है और पत्नी भी अनुगता होना अपना परम धर्म मानती है। असंतुलन तब पैदा होता है, जब पत्नी आर्थिक रूप से स्वतंत्र व आत्मनिर्भर हो जाती है। 'शाल्मली' में ऐसी ही स्थितियों का चित्रांकन हुआ है। 'ठीकरे की मँगनी' मुस्लिम-समाज के एक रिवाज से जुड़ा हुआ उपन्यास है। इस रिवाज के मुताबिक जन्म लेते ही किसी लड़की की मँगनी किसी लड़के के साथ कर दी जाती है। उपन्यास की केंद्रीय पात्र महरुख की ज़िंदगी इसी रूढ़ि से प्रारंभ होती है और इसी की मनहूस छाया में उसके पच्चीस वर्ष व्यतीत होते हैं। रफत-महरुख का मंगेतर—एक अवसरवादी और संवेदनशून्य व्यक्ति है। वह भौतिक सफलताओं के लिए इन्सानी भावनाओं को लहूलुहान करने में तनिक भी

संकोच नहीं करता। महरुख इसकी शिकार होती है, पर टूटती नहीं। वह अपना स्वतंत्र मार्ग चुनती है। रफत द्वारा दूसरी बार निकाह का प्रस्ताव लेकर आने पर वह विनम्रता, किंतु दृढ़ता के साथ नकार देती है और एक छोटे से गाँव के लोगों की सहायता एवं सेवा को अपनी ज़िंदगी का ध्येय बना लेती है।

'जिंदा मुहावरे' भारत-विभाजन की त्रासदी पर आधारित उपन्यास है। विभाजन ने अनेक प्रकार की समस्याओं को जन्म दिया। भारत में रह गए और पाकिस्तान चले गए—दोनों ही मुस्लिम-समुदाय को रोज-ब-रोज अनेक परेशानियों से रू-ब-रू होना पड़ रहा है। दोनों ही जगह धर्मांधता भले ही जीत गई हो, पर मानवता तो रोज मर रही होती है। 'जिंदा मुहावरे' इसी मानव-नियति का साक्षात्कार करवाता है। इस उपन्यास में भारतीय मुसलमानों की घरेलू ज़िंदगी का विश्वसनीय अंकन किया गया है। तद्भव और बोलचाल के अरबी-फारसी शब्दों के मेल से बनी इस उपन्यास की भाषा हिंदी का सहज-स्वाभाविक रूप हमारे सम्मुख रखती है। अवधी के मुहावरे और लोकोक्तियाँ मानक हिंदी को मोहक और देसी चरित्र प्रदान करते हैं।

जहरबाद, दन्तकथा (1990), मुखड़ा क्या देखे (1996), झीनी-झीनी बीनी चदरिया (1986) के लेखक अब्दुल बिस्मिल्लाह समकालीन कथा-साहित्य के सुपरिचित हस्ताक्षर हैं। छोटे-बड़े उपन्यासों के माध्यम से आम आदमी की बेबसी, पीड़ा और ज़लालत को पाठक के सम्मुख पेश करने में सिद्धहस्त है उपन्यासकार। कुछ उपन्यास तो लंबी कहानी-जैसे लगते हैं, जिन्हें उपन्यास कहने में भी संकोच होता है, जैसे—'दन्तकथा'। 'जहरबाद' में मिर्ज़ापुर अंचल के एक गाँव में रहने वाले मुस्लिम परिवार के जीवन का सीधा-सपाट वर्णन है। 'मुखड़ा क्या देखे' यद्यपि आकारीय दृष्टि से भारी-भरकम और विपुलकाय है, पर उसमें भी किसी विजन और उसे प्रस्तुत कर पाने की रचनात्मक क्षमता का अभाव साफ नजर आता है। लेखक ने गाँव में होने वाले दुःखद परिवर्तनों विशेषकर सांप्रदायिक दुर्भाव में वृद्धि—का अंकन किया है, पर सर्जनात्मक दृष्टि से यह उपन्यास साधारण ही कहा जाएगा। 'झीनी-झीनी बीनी चदरिया' जरूर पूर्वांचल के बुनकरों की समस्या को सशक्त ढंग से उठाने में सफल होता है। हाँ, यदि इतनी गालियों का प्रयोग न किया जाता, तो भी उपन्यास की प्रभावात्मकता कम न होती।

'आओ पेपे घर चलें' सन् 1990 में प्रकाशित प्रभा खेतान का नारी-केंद्रित उपन्यास है। इस उपन्यास के बारे में प्रो. गोपाल राय का अभिमत है—"यह वैश्विक स्तर पर पारिवारिक विघटन, उच्चवर्गीय जीवन के अंतर्विरोध, बाहर और भीतर की ज़िंदगी के तनाव, संबंधहीनता, नकली ज़िंदगी, पति-पत्नी की टकराहट में टूटते-पिसते बच्चे, भोग-विलास के पीछे अंधी दौड़, आर्थिक समृद्धि के बीच संबंधहीनता और संवेदनशून्यता की पीड़ा का प्रामाणिक अनुभव और गहरी अनुभूति के साथ अंकन

करने वाला उपन्यास है।''[24]

प्रभा खेतान के अन्य चर्चित उपन्यास हैं–'तालाबन्दी' (1991), 'छिन्नमस्ता' (1993), 'अपने-अपने चेहरे' (1994), 'पीली आंधी' (1996) आदि। समग्रत : देखने पर स्पष्ट प्रतीत होता है कि प्रभा खेतान की संवेदना के केंद्र में नारी है–पीड़ित, वंचित, दलित, दमित, सताई हुई नारी। 'आओ पेपे घर चलें' (1990) की एक पात्र आईलिन कहती हैं, ''औरत कहाँ नहीं रोती और कब नहीं रोती, वह जितना रोती है, उतना ही औरत होती जाती है।'' इस कथन में प्रभा खेतान की नारी-विषयक संवेदना अभिव्यक्ति पाती है। जहाँ तक 'छिन्नमस्ता' (1993) का प्रश्न है, 'यह आधुनिक नारी की त्रासदी और उसके संकल्प का एक प्रामाणिक दस्तावेज है।' 'अपने-अपने चेहरे' (1994) में लेखिका ने नारी की नियति के एक अन्य पहलू को परिभाषित करने का प्रयास किया है। लेखिका का मानना है कि विवाह, पति, बच्चे, परिवार आदि से परे भी औरत का अस्तित्व है। औरत की ज़िन्दगी सिर्फ पुरुष की तलाश नहीं है, अपितु उसकी अपनी भी कुछ सार्थकता है। इसी सार्थकता के लिए औरत कितनी पीड़ा सहती है, कितना संघर्ष करती है और कैसे हारती-टूटती तार-तार होती है, यही 'अपने-अपने चेहरे' का केंद्रीय प्रतिपाद्य है।

'पीली आँधी' में स्त्री के शोषण और उसके विद्रोह का अंकन हुआ है, यद्यपि यह उसका मूल विषय नहीं है। वास्तव में, 'पीली आँधी' प्रतीक है–सब-कुछ उजड़ जाने का। इस पीली आँधी के बाद कैसे एक छोटा-सा अंकुर फूटता है और वह पल्लवित-पुष्पित होने लगता है–यही इस उपन्यास की मूल वस्तु है। शिल्प के क्षेत्र में प्रभा खेतान ने कोई चौंकाऊ प्रयोग नहीं किया है। हाँ, विषय के अनुरूप शिल्प के चयन में उन्होंने सर्जनात्मक सजगता का परिचय अवश्य दिया है।

मैत्रेयी पुष्पा का नाम समकालीन उपन्यास-लेखिकाओं में अतिशय चर्चित रहा है। उन्होंने उपन्यास-लेखन का आरम्भ 'स्मृति दंश' (1990) नामक उपन्यासिका से किया था। सन् 1993 में उनका एक और लघु उपन्यास 'बेतवा बहती रही' प्रकाश में आया। ये दोनों ही उपन्यास कथा की दृष्टि से अतिशय मार्मिक हैं, लेकिन औपन्यासिक विजन और यथार्थ की गहरी समझ की दृष्टि से इनका कोई विशेष महत्त्व नहीं है। दरअसल उपन्यासकार के रूप में मैत्रेयी पुष्पा की पहचान उनके 'इदन्नमम्' (1994) नामक उपन्यास में बनी। महिला मुक्ति या स्वतंत्रता के विचार और खरी सृजनात्मकता का जैसा बढ़िया द्वन्द्व मैत्रेयी पुष्पा के 'इदन्नमम्' में है, वैसा शायद ही उनके किसी और उपन्यास में हो। 'इदन्नमम्' की मंदा सचमुच स्त्री-संघर्ष की प्रतीक लगती है और उसका चरित्र भी बड़े धीरज और ईमानदारी से बुना गया है। हाँ, उसके साथ-साथ गाँव का परिवेश बड़े ही सहज भाव से चला आता है।[25]

'इदन्नमम्' के अनन्तर मैत्रेयी पुष्पा के 'चाक' (1997), 'झूलानट' (1999) और 'अल्मा कबूतरी' (2000) शीर्षक उपन्यास प्रकाशित हुए हैं। 'चाक' और 'झूलानट'

में खेती-किसानी से जुड़े जाटों का विश्वसनीय अंकन हुआ है, लेकिन ग्रामीण परिवेश में उभरती नई नारी-चेतना इन उपन्यासों की केंद्रीय वस्तु है। 'अल्मा कबूतरी' अपेक्षाकृत नवीन और सशक्त कृति है। वास्तव में, 'अल्मा कबूतरी' हारे हुए व्यक्तियों की कथा है, इसलिए इसे पढ़ते हुए पाठक को गहरी पीड़ा की अनुभूति होती है। यह सभ्य कहे जाने वाले एक असभ्य और बर्बर समाज का चित्रण है। प्रो. गोपाल राय कथा-शिल्प और भाषा के निखार के कारण 'अल्मा कबूतरी' को मैत्रेयी पुष्पा का अब तक का सर्वश्रेष्ठ उपन्यास मानते हैं।

चित्रा मुद्गल का चर्चित उपन्यास 'एक ज़मीन अपनी' सन् 1990 में प्रकाशित हुआ था। मुम्बई के महानगरीय परिवेश में विज्ञापन-जगत के ग्लैमर, देह व्यापार आदि के बीच प्रस्तुत 'नारी-विमर्श' इसका मूल कथ्य है। चित्रा मुद्गल 'एक जमीन अपनी' में बिल्कुल नया विषय उठाती हैं—विज्ञापन की दुनिया में पिसती हुई स्त्री, जिसे भूख या घर की आर्थिक ज़रूरतें 'विज्ञापन की मण्डी' में ले आती हैं। वहाँ पुरुष के हाथ उसे बेशर्मी से नंगा करने लगते हैं, क्योंकि वे बाज़ार में नंगी या अधनंगी और ज़्यादा ऊँची कीमत पर बिकती हैं। यहाँ बाजार और मर्द की बर्बरता एक है और औरत एक 'बिकाऊ चीज़' या 'माल' होकर रह जाती है। लेकिन चित्रा मुद्गल ने यह समझदारी दिखाई कि सभी पुरुषों को दरिन्दा और सभी स्त्रियों को आदर्श की पुतली नहीं बनाया। वे बड़ी बारीकी से दिखाती हैं कि यहाँ भी चुनाव है—कौन सी औरत बाज़ार या मण्डी के दबाव के आगे झुकती है और कौन यहाँ भी लड़ाई जारी रखती है।[26] 'एक जमीन अपनी' कथानक-योजना की दृष्टि से एक सुगठित-सुघटित और पठनीय रचना है।

'आवाँ' चित्रा मुद्गल का दूसरा उपन्यास है, जो सन् 2000 ई. में प्रकाशित हुआ। महानगर के जलते हुए परिवेश में तपकर अपने को जीवन-संघर्ष हेतु तैयार करने वाली युवती की कथा होने के कारण ही इसका नाम 'आवाँ' रखा गया। 'आवाँ' में कथा-सूत्र इतने फैले और बिखरे हुए हैं कि कई जगह लेखिका द्वारा उनको समेटना मुश्किल हो गया है। वस्तुतः ऐसे स्थानों पर कथानक की गाड़ी पटरी से उतर गई है। शैल्पिक दृष्टि से भी उपन्यास उतना आकृष्ट नहीं करता, जितना कि 'एक जमीन अपनी'।

बीसवीं शताब्दी के अंतिम दशक के इर्द-गिर्द वीरेन्द्र सक्सेना की उपन्यास-त्रयी प्रकाश में आई। इस श्रृंखला का पहला उपन्यास 'खण्डित राग' 1989 में, दूसरा 'खराब मौसम के बावजूद' 1991 में और तीसरा 'जिन खोजा तिन पाइयाँ' 1995 ई. में प्रकाशित हुआ। 'काम-संबंधों का मनोवैज्ञानिक यथार्थ' ही इन उपन्यासों में समय और स्थान के आयाम में बदलते रूपों में चित्रित किया गया है। उपन्यासकार अधिकांशतः मुक्तभोग का समर्थन करता हुआ प्रतीत होता है। हाँ, त्रयी के अंत में एक संतुलित दृष्टि उभरकर सामने आती है। निष्कर्षतः कथाकार का विजन बहुत

साफ नहीं है और न ही उसमें डी.एच. लारेंस–जैसा साहस है।

'आवर्तन' (1992), 'हैम्बरगर' (1996), 'यह खबर नहीं' (1999) आदि उपन्यासों के लेखक कमलकुमार विविध प्रकार के विषयों का चित्रण करने वाले कथाकार हैं। 'आवर्तन' में कॉलेज-परिसर की पृष्ठभूमि में दांपत्य और दांपत्येतर संबंधों के द्वंद्व का चित्रण किया गया है। हैम्बरगर में पाश्चात्य परिवेश में भारतीय स्त्री के संघर्ष, वहाँ की परिस्थितियों में अनुकूलन और अपनी पहचान को बनाए रखने की कोशिश का अंकन किया गया है। 'यह खबर नहीं' में लेखक ने समकालीन व्यवस्था में फैली सड़ाँध का चित्रण किया है, जो राजनीति में अपराधीकरण, भ्रष्टाचार और षड्यंत्र के रूप में, जनहित की संस्थाओं में कर्त्तव्य की उपेक्षा, लापरवाही और हेराफेरी के रूप में तथा सर्वत्र बलात्कार, हिंसा, बल-प्रयोग, पाखंड, धोखाधड़ी आदि के रूप में व्याप्त है।

वीरेंद्र जैन का 'डूब' नामक उपन्यास सन् 1991 में प्रकाशित हुआ। इससे पहले उनके 'सबसे बड़ा सिपहिया', 'शब्द-वध', 'प्रतीक : एक जीवनी', 'अनातीत', 'सुरेखा' आदि उपन्यास प्रकाशित हो चुके थे, पर एक उपन्यासकार के रूप में उन की पहचान 'डूब' से ही बनी। 'डूब' के अनंतर सन् 1994 में वीरेंद्र जैन का 'पार' नामक उपन्यास प्रकाश में आया। वस्तुतः 'पार' कोई नया उपन्यास न होकर 'डूब' का ही विस्तार है। बीसवीं सदी के आखिरी दशक में प्रकाशित वीरेंद्र जैन के अंतिम उपन्यास 'पंचनामा' (1996) में आश्रमों के छद्‌म और उनमें पनपते भ्रष्टाचार को उद्‌घाटित करने का ईमानदार प्रयास किया गया है।

सन् 1991 ई. में कमलाकांत त्रिपाठी का 'पाहीघर' शीर्षक उपन्यास प्रकाशित हुआ, जो कि उनका पहला उपन्यास है। अवधांचल के किसान-आंदोलन, विशेषतः 1857 के प्रसिद्ध ऐतिहासिक आंदोलन को मुख्य कथ्य के रूप में समेटे 'पाहीघर' एक विशिष्ट रचना है। इसमें उपन्यासकार ने दो कथाओं को साथ-साथ बड़ी खूबसूरती से बुना है। सन् 1997 ई. में प्रकाशित 'बेदखल' शीर्षक उपन्यास एक तरह से 'पाहीघर' का अगला भाग कहा जा सकता है। इस उपन्यास की अनेक घटनाएँ ही नहीं, पात्र भी इतिहास के पन्नों से जस-के-तस उठा लिए गए हैं। हाँ, इतना अवश्य है कि उपन्यासकार ने इतिहास को केवल कथ्य की प्रामाणिकता तक ही सीमित रखा है। कमलाकांत त्रिपाठी के उक्त दोनों उपन्यासों में ग्रामीण संस्कृति और संवेदना अपने पूरे सौंदर्य के साथ मुखरित हुई है।

सन् 1991 ई. में ही विजय का उपन्यास 'साकेत का युक्लिप्टस' प्रकाशित हुआ था। इसके बाद प्रकाशित विजय के अन्य उपन्यास हैं–'सीमेंट नगर' (1995) एवं 'लौटेगा अभिमन्यु' (1997)। इन उपन्यासों में उपन्यासकार की प्रगतिशील यथार्थ चेतना अभिव्यक्त हुई है। क्षितिज शर्मा का 'उकाब' नामक उपन्यास सन् 1992 ई. में प्रकाशित हुआ, जिसमें एक गरीब पहाड़ी स्त्री के संघर्ष की कहानी प्रस्तुत की

गई है। सन् 1993 ई. में प्रकाश मनु का पहला उपन्यास 'यह जो दिल्ली है' और उसके बाद 'कथा-सर्कस' (1995) तथा 'पापा के जाने के बाद' (1998) प्रकाशित हुए। ये तीनों ही उपन्यास दिल्ली के पत्रकारिता, लेखकीय और कला-संसार से संबद्ध हैं। शिल्प की सजगता प्रकाश मनु के उपन्यासों में सर्वत्र दिखाई देती है।

गीतांजलि श्री का एक लघु उपन्यास 'माई' सन् 1993 ई. में प्रकाश में आया। इस उपन्यास में नई पीढ़ी के पुरानी पीढ़ी से मोहभंग को विषय बनाया गया है। गीतांजलि श्री का दूसरा और अत्यंत चर्चित उपन्यास 'हमारा शहर उस बरस' सन् 1998 ई. में प्रकाशित हुआ था। इस उपन्यास में 'हिंदू-सांप्रदायिकता' को मूल कथ्य के रूप में स्वीकार किया गया है। उपन्यास में एक शहर है, जहाँ एक मठ और विश्वविद्यालय है और ये दोनों ही संस्थाएँ अपने-अपने तौर-तरीकों से सांप्रदायिकता को हवा देती हैं। उपन्यास का केंद्र-बिंदु सांप्रदायिक तनाव की असामान्य स्थिति में एक मुस्लिम पात्र के अकेला होने पर अलग-थलग पड़ते जाने की मानसिकता में निहित है। शिल्प के स्तर पर भी, लेखिका ने नया प्रयोग किया है, जिससे कथानक और विजन का शैथिल्य काफी हद तक ढक जाता है।

प्रियंवद का प्रथम उपन्यास 'वे जहाँ कैद हैं', वास्तव में एक लघु उपन्यास है, जो सन् 1994 ई. में प्रकाश में आया था। उपन्यासकार ने अपनी इस कृति में बड़ी ही संवेदनशील भाषा में संप्रदायवाद और उसमें से पनपते हुए फासीवाद के भयानक चेहरे को उभारने का प्रयास किया है। सांप्रदायिक सोच और फासीवाद पर सर्जनात्मक विमर्श की दृष्टि से यह उपन्यास इस दशक की उपलब्धि है। प्रियंवद का दूसरा उपन्यास 'परछाईं नाच' सन् 2000 ई. में प्रकाशित हुआ। यह एक प्रतीकात्मक उपन्यास है। समग्रतः देखने पर स्पष्ट होता है कि शिल्पगत जटिलता और भाषा का खिलवाड़ प्रियंवद को उन उपन्यासकारों की पंक्ति में ला खड़ा कर देता है, जो कथ्य से अधिक 'फार्म' को महत्त्व देते हैं।

स्वयं प्रकाश का वामपंथी राजनीति के अंतर्विरोधों से जुड़े कथ्यवाला 'बीच में विनय' नामक उपन्यास सन् 1994 ई. में प्रकाशित हुआ। मुगल-साम्राज्य के पतन के दिनों अस्तित्व में आए नवाब-सामंतों की शान-शौकत, फिजूलखर्ची, सनक और दीवानगी की इतिहास-कथा से आरंभ कर धीरे-धीरे उनके टूटने और पस्त होने की कथा को प्रामाणिकता देने वाले असगर वजाहत के 'सात आसमान' नामक उपन्यास का प्रकाशन सन् 1996 ई. में हुआ था।

सन् 1998 ई. में अलका सरावगी का प्रथम उपन्यास 'कलि कथा : वाया बाइपास' प्रकाशित हुआ। इस उपन्यास में लेखिका ने एक मारवाड़ी परिवार की पाँच पीढ़ियों की संघर्ष-गाथा प्रस्तुत की है। मारवाड़ी महिला की पीड़ा भी उपन्यास में मार्मिक रूप से उभरती है। उपन्यास का कथानक व्यापकता और विविधता लिए हुए है, जिसकी प्रस्तुति के लिए अलका सरावगी ने रामकिशोर उर्फ किशोर बाबू

के बाइपास सर्जरी के कारण विक्षिप्त होकर अतीत को जीने की जिस प्रविधि का आविष्कार किया है, वह चमत्कारपूर्ण है और उपन्यास की चर्चा का कारण भी। इस प्रविधि के साथ रामकिशोर बाबू की डायरी का उपयोग करके सरावगी ने अपने कथा-शिल्प को चमत्कारपूर्ण ही नहीं, कथ्य के लिए आवश्यक भी बना दिया है।

सन् 1999 ई. में भगवानदास मोरवाल का 'काला पहाड़' नामक उपन्यास प्रकाशित हुआ, जो देश में बढ़ती हुई सांप्रदायिकता पर गहरी संवेदना से ओत-प्रोत विमर्श है। सत्ता और संपत्ति हासिल करने के लिए राजनीतिक और संप्रदायवादी शक्तियाँ किस प्रकार आम आदमी को गुमराह कर उसकी शांति और सुकून छीन लेती हैं तथा उसकी ज़िंदगी को नरक में परिवर्तित कर देती हैं, यही उपन्यास का कथ्य है। 'काला पहाड़' केवल एक उपन्यास का शीर्षक नहीं है, वरन् मेवात की भौगोलिक-सांस्कृतिक अस्मिता और समूचे देश में व्याप्त बहु-आयामी विसंगतिपूर्ण प्रक्रिया का प्रतीक है। इसके पास—सलेमी, मनीराम, रोबड़ा, हरसाय, सुलेमान, छोटेलाल, बाबू खाँ, सुभान खाँ, रुमाली, अंगूरी, रामदेई, तरकीला, मेमन, चौधरी करीम हुसैन, चौधरी मुर्शीद अहमद आदि ठेठ देहाती हिंदुस्तान की कहानी कहते हैं। मेवात के ये अकिंचन पात्र अपने में वे सभी अनुभव, त्रासदी, खुशियाँ समेटे हुए हैं, जो किसी दूर-दराज अनजाने हिंदुस्तानी की भी जीवन-पूँजी हो सकते हैं।[27] वैसे तो, 'काला पहाड़' की कथा एक अंचल विशेष से संबद्ध है, फिर भी यह अपनी मूल प्रकृति में पूरे देश का प्रतिनिधित्व करती है। ग्रामीण अर्थव्यवस्था जर्जर और पंगु होती जा रही है। खेती करने पर भूखों मरने की नौबत आ रही है और शहर जाकर मजदूरी करने पर भी खुशहाली नसीब नहीं होती। सांप्रदायिकता का ज़हर गाँवों की गलियों में भी प्रवेश कर गया है। यह सारे भारत का सच है, जिसे उपन्यासकार ने 'काला पहाड़' में बड़ी ईमानदारी के साथ चित्रित किया है।

'मुझे चाँद चाहिए' सन् 1993 ई. में प्रकाशित सुरेंद्र वर्मा का सुचर्चित उपन्यास है। वास्तव में, 'मुझे चाँद चाहिए' सिलबिल के वर्षा वशिष्ठ बनने की कहानी है। इस उपन्यास में हर्षवर्धन का कला-संघर्ष तीखा और त्रासद अनुभव पैदा करता है। 'मुझे चाँद चाहिए' नाटक की दुनिया का उपन्यास है, जिसके केंद्र में नाट्य-कर्मियों की अपनी उलझनें, दुख और संघर्ष है। पहले भी कुछ इस तरह के उपन्यास लिखे गए हैं, पर नाट्य-कर्मियों की भीतरी-बाहरी दुनिया को समझने-समझाने वाला इतना शक्तिशाली उपन्यास पहले कभी नहीं आया। 'मुझे चाँद चाहिए' में हमें जैसे उन लोगों के बीच पहुँचा दिया जाता है, जो सिर्फ नाटक करते ही नहीं हैं, बल्कि उनके बोलने-हँसने, उनके रोने और चिंताओं में नाटक धँसा हुआ है।[28] बीच-बीच में 'मुझे चाँद चाहिए' पर समलैंगिक संबंधों के चित्रण के आरोप लगते रहे हैं, पर मेरी समझ में यह आरोप मात्र आरोप ही हैं। यदि कोई दो महिलाएँ (या कि दो पुरुष) आपस में अपनी संवेदनाएँ-भावनाएँ दुःख-सुख बाँटती हैं तो इसमें बुरा ही क्या है।

इसी अवधि में प्रकाशित सुरेंद्र वर्मा का एक और चर्चित उपन्यास है—'दो मुर्दों के लिए गुलदस्ता'। कई आलोचकों द्वारा इसे कुचर्चित की श्रेणी में रखा गया है। एक आलोचक ने तो इसे 'सड़ा हुआ उपन्यास' कह डाला। वास्तव में, 'मुझे चाँद चाहिए' जैसी कलात्मक कृति के सामने तो 'दो मुर्दों के लिए गुलदस्ता' एक सड़क-छाप, घासलेटी उपन्यास होकर रह गया है। जैसे मसालेदार मुंबइया फिल्में होती हैं—मारधाड़, एक्शन और देह-प्रदर्शन में भरपूर या कि रीमाभारती जैसी सड़क छाप लेखिकाओं के उपन्यास होते हैं—जहाँ पर पाँचवें पृष्ठ पर आते-आते उपन्यास की प्रमुख महिला पात्र अपने गिनती के वस्त्रों से मुक्ति पा लेती है और मशीनी अंदाज में संभोग शुरू हो जाता है—ठीक वैसी ही कथा 'दो मुर्दों के लिए गुलदस्ता' में बुनी गई है। इस उपन्यास को पढ़ते समय बरबस ही 'ओ की कहानी' (पोला रीगे) या आँख की कहानी (जॉर्ज बैटली) की याद आ जाती है, जहाँ अमूमन, खून-वीर्य-विष्ठा की नदियाँ बहती रहती हैं। 'मुझे चाँद चाहिए' के बाद सुरेंद्र वर्मा ने 'दो मुर्दों के लिए गुलदस्ता' जैसा सेक्स विकृतियों से भरा हुआ उपन्यास लिखकर, खुद को ही नहीं, अपने प्रशंसकों को भी लज्जाजनक स्थिति में डाल दिया है।[29]

सत्येन कुमार के सुचर्चित उपन्यास 'नदी को याद नहीं' (1998) को भी इसी श्रृंखला में याद किया जा सकता है। 'मुझे चाँद चाहिए' से तुलना करके इसमें काफी हद तक उससे समानता निकाली जा सकती है, पर जहाँ 'मुझे चाँद चाहिए' की वर्षा वशिष्ठ में एक खुलापन है, वहीं 'नदी को याद नहीं' की पायल और सलिल की कथा एक बुलबुले के भीतर की रंगीन यात्रा-जैसी कोई चीज है। इस पूरे उपन्यास में देह-उन्माद के मांसल बिंबों के अतिरिक्त प्रेम का एक सम्मोहक तिलिस्म फैला हुआ नजर आता है, जो कहीं-कहीं चैन-सुकून भरे अपनाव के कोमल आलोक का रूप ग्रहण कर लेता है। परेशानी तब होती है, जब हम स्वयं को लगातार उन लोगों के बीच पाते हैं, जो खास तौर पर सिर्फ प्रेम करने के लिए बने या बनाए गए होते हैं और यथार्थ जीवन के दुःख-दैन्य, पीड़ा-संताप, वेदना-विक्षोभ से जिनका कोई जुड़ाव या सरोकार नहीं होता।

विनोदकुमार शुक्ल बीसवीं सदी के आखिरी दो दशकों में उपन्यासकार के रूप में पर्याप्त चर्चित हुए। उनके उपन्यास 'नौकर की कमीज' (प्र.प्र. 1979), 'खिलेगा तो देखेंगे' (1996) और 'दीवार में एक खिड़की रहती थी' (1997) हिंदी-साहित्य-संसार में लगातार चर्चा में बने रहे। 'दीवार में एक खिड़की रहती थी' को साहित्य अकादमी पुरस्कार से पुरस्कृत किया गया। वैसे, केवल पुरस्कार किसी कृति के मूल्यांकन के आधार नहीं बन सकते। 'खिलेगा तो देखेंगे' और 'दीवार में एक खिड़की रहती थी' में कथावस्तु तो तकरीबन एक-सी है, लेकिन शिल्प की नवीनता ने दोनों उपन्यासों में पर्याप्त भिन्नता ला दी है। ये नए प्रयोग कहीं-कहीं सायास ओढ़े गए लगते हैं, जिससे उपन्यासों की पठनीयता प्रभावित हुई है—'खिलेगा तो देखेंगे' की तो खास

तौर से। यह उपन्यास काफी हद तक अपठनीय बनकर रह गया है। 'दीवार में एक खिड़की रहती थी' में भी उपन्यासकार एक खिड़की के माध्यम से सारा संसार दिखाने की कोशिश करता है। इस कोशिश में भाषा कहीं-कहीं जरूरत से ज्यादा बनावटी हो गई है। हाँ, रघुबर और सोनसी के प्रेम-संबंधों की छायावादी अभिव्यक्ति भी जाने-अनजाने कुछ इसी तरह की हो गई है। यद्यपि रघुबर-सोनसी के दांपत्य की छवियाँ काफी हद तक किसी मध्यमवर्गीय (सच कहें तो निम्नमध्यमवर्गीय) दंपती से मेल खाती हैं, पर वह सरलता भी कहीं-कहीं बनावटी और सायास ओढ़ी हुई लगती है।

'विस्रामपुर का संत' (1998) श्रीलाल शुक्ल का सुचर्चित और 'व्यास-सम्मान-प्राप्त' उपन्यास है। यह उपन्यास मूलतः विनोबा के भूदान-आंदोलन की घटना को आधार बनाकर लिखा गया है। 'विस्रामपुर का संत' की कथा सीधी नहीं चलती। उसमें कई नाटकीय उतार-चढ़ाव हैं और वह बाहर से भीतर, भीतर से बाहर आती-जाती रहती है। 'विस्रामपुर का संत' तिलमिला देने वाला उपन्यास है। इसका यथार्थ बेधड़क है। शायद यही कारण है कि 'राग दरबारी' के अनंतर शुक्ल जी के इसी उपन्यास की सर्वाधिक चर्चा हुई। चर्चा से यह निष्कर्ष नहीं निकाल लेना चाहिए कि यह भी 'राग दरबारी' की ही तरह प्रस्तीर्ण फलक वाला उपन्यास है। वरन् यह एक निषेधात्मक-सा आख्यान है। सत्साहित्य, प्रभावी रचना वह है, जिसे पढ़ने के पश्चात् मन में कुछ जुड़े—आनंदानुभूति हो, बेकली-विवशता-छटपटाहट हो, आक्रोश जन्मे नपुंसक व्यवस्था के प्रति विद्रोह की भावना पनपे—गरज यह कि हमें कुछ जुड़ने का अहसास हो। वह रचना निश्चित तौर पर प्रभावहीन होती है, जिसको पढ़कर केवल 'टाइम पास' हो। इस दृष्टि से देखें तो 'विस्रामपुर का संत' में कोई सकारात्मक पात्र नहीं है। इस उपन्यास में पठनीयता है, इसमें व्यंग्य एवं कटाक्ष प्रभावी हैं, पर जहाँ तक इसके 'बड़ा उपन्यास' होने का सवाल है, निस्संकोच कहा जा सकता है कि यह 'बड़ा उपन्यास' नहीं है।

रवींद्र वर्मा के 'जवाहर नगर' और 'निन्यानवे' भी कई मायनों में विशिष्ट और प्रयोगधर्मी उपन्यास हैं। 'जवाहर नगर' का प्रकाशन सन् 1995 ई. में हुआ था। इसमें आपात्काल की धुँधली-मटमैली छाया हर जगह फैली हुई नज़र आती है। समग्रतः देखने पर स्पष्ट होता है कि 'जवाहर नगर' में कुछ 'पाठक-रिझाऊ वृत्तान्तों' या 'अनावश्यक रसीले देह-प्रसंगों को 'नजरअंदाज़' कर दिया जाए तो यह एक प्रभावी कृति है। 'निन्यानवे' का प्रकाशन सन् 1998 ई. में हुआ था। यह 'जवाहर नगर' से कहीं अधिक परिपक्व रचना है। इसका कथानक लगभग सत्तर-अस्सी वर्षों की लंबी कालावधि को अपने में समेटे है। उपन्यास की गति काफी तेज है। कहीं-कहीं अतिनाटकीयता के अतिरिक्त उपन्यास बेहतर और बीसवीं सदी के आखिरी दशक की यादगार कृति है। रवींद्र वर्मा का ही एक और उपन्यास 'बारामासी' सन् 1999

में प्रकाशित हुआ था। 'बारामासी' एक मध्यमवर्गीय परिवार की कथा है। इसकी व्यंग्य-विनोदात्मक शैली पाठक को श्रीलाल शुक्ल के 'राग दरबारी' की याद दिला देती है। हाँ, दोनों की तुलना नहीं की जा सकती, क्योंकि 'राग दरबारी' का कैनवास बड़ा और विस्तृत है, जबकि 'बारामासी' एक खिलंदड़ेपन से भरपूर कृति है।

विजयमोहन सिंह का उपन्यास 'कोई वीरानी-सी है' सन् 1998 ई. में प्रकाशित हुआ था। यह उपन्यास उन साठोत्तरी कहानियों की याद दिलाता है, जिसमें ऊब, व्यक्तिगत चिढ़ और संत्रास ही मुख्य थीम हुआ करते थे। रमेश चंद्र शाह का 'पूर्वापर' सन् 1990 में प्रकाश में आया था। उपन्यास एक छोटी-सी, पर दिलचस्प औपन्यासिक भूमिका के साथ शुरू होता है। उपन्यास सहज अंदाज़ में लिखा गया है और दार्शनिकता—जो कभी-कभी शाह की रचनाओं में आकर उनकी रचनात्मकता को बाधित करती है—यहाँ सिर नहीं उठा पाई है। कुल मिलाकर, उसे पठनीय उपन्यासों की श्रेणी में रखा जा सकता है।

जगदीश चतुर्वेदी का 'कनाट प्लेस' सन् 2000 ई. में प्रकाशित हुआ था। यह उपन्यास अतिशय रोचक और पठनीय है। यदि एक बार इसे पढ़ना शुरू करें तो बिना पूरा किए छोड़ना असंभवप्राय हो जाता है। एक तरह से यह उपन्यास कथा-नायक जतिन का ज़िंदगीनामा है। अनेकानेक अन्य शहरों-महानगरों की तरह दिल्ली की जनता की भी हजारों-मुश्किलें और परेशानियाँ हैं। महँगाई, असमानता, शोषण, भ्रष्टाचार, गरीबी, दुरवस्था, राजनीतिक घपले-जैसी हज़ारों-हज़ार समस्याएँ हैं, पर—'कनाट प्लेस' पढ़कर पता चलता है कि जतिन का ध्यान इन सबकी ओर कभी नहीं जाता है। उसका मुख्य सरोकार है—प्रेम। हाँ, प्रेम भी यहाँ एक 'फटफटिया व्यापार' की भाँति प्रतीत होता है। यह ऐसा प्रेम है, जो देह के स्तर से ऊपर उठना नहीं जानता। इसीलिए मालवा से दिल्ली आ जाने पर कभी भी कथानायक जतिन को कावेरी की याद नहीं आती। दिल्ली में तो सोना साहनी है, सरला सूरी है और कई हैं। बस एक को छोड़कर दूसरी को पकड़ना है। है तो पत्नी भी मगर, वह साग-भाजी की तरह है। उपन्यास में उसके प्रति सिर्फ एकतरफा ऊब अभिव्यक्त हुई है। हाँ, उपन्यास में एक चीज और खटकती है—लेखकों का नाम बदलने वाला खेल। फिलहाल सारे 'किंतु-परंतु' के बावजूद यह उपन्यास एक पठनीय रचना है—यह तो स्वीकारना ही पड़ेगा।

डॉ. रामदेव शुक्ल का 'मन दर्पन' सन् 1996 ई. में प्रकाशित हुआ था। यह स्त्री की दमित काम-कुंठाओं या काम-ग्रंथियों को आधार बनाकर लिखा गया उपन्यास है। अविश्वसनीय कथानक के कारण यह बेअसर साबित होता है। डॉ. शुक्ल का 'गिद्धलोक' सन् 1998 ई. में प्रकाशित हुआ था। एक शोध-छात्र के जरिए प्राध्यापकों के जीवन के भीतरी उजाड़ और खोखलेपन को प्रकट करने का प्रयास इस उपन्यास का मूल कथ्य है। इतना जरूर है कि यह ऊपरी सनसनी में जितना रमता है, उतना भीतरी आशयों तक नहीं पहुँच पाता।

धर्मेन्द्र गुप्त का उपन्यास 'इसे विदा मत कहो' सन् 1994 ई. में प्रकाशित हुआ था। नौकरी के सिलसिले में एक छोटे से कस्बे में पहुँचे अध्यापक की ज़िंदगी के बहाने हमारे वर्तमान शिक्षा-तंत्र और बदले हुए समाज का यथार्थपरक चित्रांकन इस उपन्यास की विशिष्टता है। सुशील कुमार के 'सेनापति पुष्यमित्र' और 'सत्यवती' क्रमशः सन् 1997 और 1999 ई. में प्रकाशित हुए थे। ये उपन्यास भले ही बहुत विशिष्ट न हों, पर पठनीय अवश्य हैं।

जयनंदन का' ऐसी नगरिया में केहि विधि रहना' शीर्षक उपन्यास सन् 1994 ई. में प्रकाशित हुआ था। यह उपन्यास गाँवों में हरिजनों की दुर्दशा का आख्यान है। हाँ, कहीं-कहीं उपन्यास का केंद्रीय पात्र 'लोटन' मुंबइया फिल्मों के हीरो की तरह लगता है, पर उपन्यासकार ने उपन्यास में हरिजनों की हालत दर्शाने वाले कुछ प्रामाणिक चित्र तो उकेरे ही हैं।

क्षितिज शर्मा, हिंदी-उपन्यास-जगत् का एक ऐसा नाम है, जो अपनी लेखकीय अभिक्षमता के अनुपात में बहुत कम चर्चित हुआ है। क्षितिज शर्मा का 'उकाव' गँवई पृष्ठभूमि का उपन्यास है, जिसका प्रकाशन सन् 1992 ई. में हुआ था। 'उकाव' बीसवीं शताब्दी के अंतिम दशक के कुछ उन बेहद अच्छे उपन्यासों में से है, जिनकी तरफ आलोचकों का ज़्यादा ध्यान नहीं गया। 'उकाव' के संदर्भ में प्रकाश मनु का यह कथन पाठक को इस उपन्यास को पढ़ने के लिए उकसाता है, "सच तो यह है कि 'उकाव', 'चाक' और 'इदन्नमम्' जैसे तमाम बहुचर्चित उपन्यासों से कहीं ज्यादा बड़ा और एक खरा यथार्थधर्मी उपन्यास है। ऐसे तमाम लेखकों से, प्रायोजित चर्चाओं ने जिनका दिमाग काफी खराब कर दिया है—मेरा आग्रह है कि वे 'उकाव' पढ़ें। इसे पढ़कर वे चाहें तो सीख सकते हैं कि उपन्यास क्या होता है और उपन्यास कैसे लिखा जाता है।"[30]

सन् 2000 ई. में प्रकाशित ज्योतिष जोशी के पहले उपन्यास 'सोनबरसा' में सांप्रदायिक रंग में रंगे जाते एक गाँव की कहानी है। सांप्रदायिक नफरत की थीम का ही एक अलग ट्रीटमेंट राजीव कुमार के सन् 1999 ई. में प्रकाशित उपन्यास 'टुकड़े' में है।" हमें राजीव कुमार का शुक्रगुजार होना चाहिए कि उन्होंने मोहमदिया गाँव की कहानी के जरिए भारत-विभाजन की त्रासदी के नाटक को एक बार फिर पूरी करुणा के साथ हमारे आगे रखा है।"

इसी क्रम में विभूतिनारायण राय के लघु उपन्यास 'शहर में कर्फ्यू' का भी जिक्र किया जा सकता है, जिसका प्रकाशन सन् 1998 ई. में हुआ था। 'सांप्रदायिक दंगे और भारतीय पुलिस'जैसी चर्चित शीर्षपरक कृति के रचनाकार, भारतीय पुलिस सेवा के अधिकारी विभूतिनारायण राय ने अपने इस उपन्यास में सांप्रदायिक दंगों की असलियत को पूरी बेबाकी के साथ उजागर किया है। भारतीय पुलिस और व्यवस्था की नंगई से परिचित होने के लिए यह उपन्यास अवश्य ही पढ़ा जाना चाहिए।

ज्ञान प्रकाश विवेक का उपन्यास 'गली न. तेरह' सन् 1998 ई. में प्रकाशित हुआ था। इस उपन्यास में एक पुराने शहर की एक गली के खास चरित्र की पहचान के ज़रिए, समाज के बदले हुए चरित्र की पहचान करना उपन्यास का मूल लक्ष्य जान पड़ता है। कई अवसरों पर पहचान की यह कोशिश अधूरी और प्रायोजित सी लगती है। उपन्यासकार ने सहज शिल्प में कथानक को साधने का प्रयास किया है, जो स्वागत योग्य पहल है।

थोड़ी भिन्न जमीन पर लिखा गया उषा चौधरी का 'मेरे पटोले' भी दिलचस्प उपन्यास है। इसका प्रकाशन सन् 1998 ई. में हुआ था। लेखिका ने इस उपन्यास में बचपन की यादों को ताजा किया है। एक अपेक्षाकृत नए कथाकार श्यामबिहारी 'श्यामल' का 'धपेल' भी सन् 1998 ई. में प्रकाशित हुआ था। इस उपन्यास में उपन्यासकार पलामू शहर के पुराने और परंपरागत चरित्र को थोड़े दुस्साहस के साथ खोलता है। 'धपेल' बड़े साहस के साथ पुरातनता और दकियानूसीपन के साथ-साथ आधुनिकता के दोहरेपन पर भी सवालिया निशान लगाता है। तेजिंदर का उपन्यास 'उस शहर तक' सन् 1997 ई. में प्रकाशित हुआ था। यह गाँव से दिल्ली आए एक दलित युवक की पीड़ा को लेकर लिखा गया उपन्यास है।

जयप्रकाश कर्दम का सन् 1994 ई. में प्रकाशित 'छप्पर' उपन्यास भी सवर्णों की शक्तिशाली दुनिया में एक दलित युवक की लाचारी और असहायता को लेकर लिखा गया है। इससे अधिक औपन्यासिक ताव और आँच तो सन् 1997 ई. में प्रकाशित ओमप्रकाश वाल्मीकि के आत्मकथात्मक उपन्यास 'जूठन' में है।

युवा कवयित्री अनामिका संभावनाशील उपन्यासकार भी हैं। सन् 2000 ई. में प्रकाशित 'अवांतरकथा' एक संयुक्त परिवार के दिलचस्प वृत्तांत के रूप में लिखा गया उपन्यास है। यह प्रेम और देह की चाहना की एक अनोखी अर्थभूमि पर संक्रमित होने की कथा है, जहाँ प्रेम देह से होता हुआ, अध्यात्म के स्तर पर पहुँचता प्रतीत होता है। हाँ, अतिरिक्त दार्शनिकता से कहीं-कहीं कृत्रिमता का आभास होने लगता है। इसी क्रम में जया जादवानी के 'तत्त्वमसि' की भी चर्चा की जा सकती है। सन् 2000 में प्रकाशित 'तत्त्वमसि' एक विशिष्ट प्रेम कथात्मक उपन्यास है। यह उपन्यास मनुष्य के अंतरंग संबंधों के जटिल अंतर्बोध की गंभीर प्रस्तावना है। भाषा और शिल्प के अन्य उपादानों के स्तर पर लेखिका ने नए प्रयोग करने की कोशिश की है। हाँ, दार्शनिक शब्दावली कहीं-कहीं पाठक के धैर्य की परीक्षा लेती हुई प्रतीत होती है। कई जगह तो ऐसा लगता है कि लेखिका ने स्थानों, आचार्यों एवं विचारधाराओं का केवल नामोल्लेख करने की शपथ ले रखी है। कहीं-कहीं संवाद जरूरत से ज्यादा लंबे और दार्शनिकता से ओतप्रोत हो गए हैं। कहीं-कहीं उनमें उपदेश की-सी झलक भी दिखाई देती है। हाँ, कहीं-कहीं संवाद सूक्ति के-से प्रभावशाली भी बन पड़े हैं, जैसे–

"मोस्ट इनर्जेटिक क्रिएटिव फोर्स इज़ सेक्स।" "पुरुष का पुरुषत्व और स्त्री

का स्त्रीत्व... सृष्टि की आधी सृजनात्मिका शक्ति है यह। 'काम' ...। यही ... जब ट्रांस माइग्रेट हो जाए ... पुरुष का स्त्रीत्व है और स्त्री का पुरुषत्व ... अर्धनारीश्वर। समग्र है यह। तभी है पूर्ण। अष्टदल कमल।"[31] इस उपन्यास की भाषा अनेक अवसरों पर, खासतौर से उपन्यास के अंत में, गद्य-काव्य में रूपांतरित होती-सी लगती है। कुल मिलाकर, यह उपन्यास पठनीय है।

वैसे तो ध्रुव शुक्ल भी अपनी कविताओं के लिए ही ज़्यादा चर्चा में रहे हैं, पर उनके दो उपन्यास भी अब तक प्रकाशित हो चुके हैं—'उसी शहर में' और 'अमर टॉकीज़'। 'अमर टॉकीज़' का प्रकाशन सन् 1991 ई. में हुआ था, जबकि 'उसी शहर में' सन् 1988 में पहली बार प्रकाशित हुआ था। मंजूर एहतेशाम का 'दास्तान-ए-लापता' सन् 1995 ई. में प्रकाशित हुआ था। यह मूलतः मुस्लिम समाज की कथा को केंद्र में रखकर लिखा गया उपन्यास है। मोटे तौर पर यह उपन्यास कथानायक ज़मीर अहमद खान उर्फ लापता भोपाली के लापता या 'मिसफिट' होने की कहानी है। सन् 1995 ई. में ही प्रकाशित आबिद सुरती के उपन्यास 'मुसलमान' में मुस्लिम समाज की व्यथा कथा का तीसरा कोण है। वस्तुतः 'मुसलमान' आबिद सुरती का आत्मकथात्मक उपन्यास है।

बीसवीं सदी के आखिरी दौर के उपन्यासों में मृदुला गर्ग का सन् 1996 ई. में प्रकाशित 'कठगुलाब' काफी हद तक एक अलग जमीन पर खड़ा, एक अलग-सा उपन्यास है। इस उपन्यास की लेखिका स्त्री के दुखों के कुछ चेहरे हमारे आगे रख देती है—हर वर्ग और परिवेश की स्त्री के चेहरे—वे चेहरे इतने असली और प्रामाणिक हैं कि बगैर कुछ ज़्यादा कहे भी हमें स्तब्ध करते हैं।

राजी सेठ का 'निष्कवच' सन् 1995 ई. में प्रकाशित हुआ था। इसमें दो अलग-अलग वृत्तांत हैं। इसमें दो ऐसी तरुणियों के वृत्तांत हैं, जो अपनी ज़िंदगी अपनी शर्तों पर जीना चाहती हैं। पहले के केंद्र में नीरा है और दूसरे के केंद्र में—मार्था। 'अपने-अपने कोणार्क' चंद्रकांता का सन् 1995 ई. में ही प्रकाशित उपन्यास है। इसे भी नारी विमर्शात्मक उपन्यासों की श्रेणी में रखा जा सकता है। चंद्रकांता का ही एक और उपन्यास 'यहाँ वितस्ता बहती है' सन् 1992 ई. में प्रकाशित हुआ था। इस उपन्यास में कश्मीर अपने अच्छे-बुरे सभी मौजूदा अक्सों और खरी सांस्कृतिक पहचान के साथ उपस्थित है।

उषा यादव एक संभावनाशील कथाकार का नाम है। उनका 'कितने नीलकंठ' संज्ञक उपन्यास सन् 1998 ई. में प्रकाशित हुआ था। इसमें गाँव से शहर आए एक शोधार्थी की पीड़ा का प्रस्फुटन हुआ है। उस शोधार्थी को अपने प्रतिभाशाली होने की कीमत यह चुकानी पड़ती है कि उसका गाइड उसकी थीसिस चुराकर अपनी किसी चहेती छात्रा को दे देता है और कथानायक को शोध के नाम पर कवायद करने के लिए फिर कोई नया विषय दे दिया जाता है। उषा यादव बड़ी करुणा और

संवेदना से अपने पात्रों को रचती हैं। उनकी सरलता असरकारी और स्पृहणीय है।

ग्रामीण पृष्ठभूमि को लेकर लिखा गया शशि प्रभा शास्त्री का उपन्यास 'हर दिन इतिहास' सन् 1995 ई. में प्रकाशित हुआ था। इस उपन्यास की कथा बँधी-बँधाई लीक से होकर गुजरी है। शशिप्रभा शास्त्री का ही एक और उपन्यास 'मीनारें' सन् 1992 ई. में प्रकाशित हुआ था। वीणा सिन्हा का 'पथ प्रज्ञा' सन् 1998 ई. में प्रकाशित हुआ था। इसे भी स्त्री-विमर्शात्मक उपन्यासों की श्रेणी में रखा जा सकता है।

बहु-आयामी कथाकार कमलेश्वर का जनवरी, 2000 ई. में प्रकाशित उपन्यास 'कितने पाकिस्तान' पिछले दशक के सर्वाधिक चर्चित उपन्यासों में प्रथम पांक्तेय है। 'भारत के वर्तमान इतिहास में हिंदू-मुस्लिम संघर्ष, पाकिस्तान के रूप में देश का विभाजन आदि घटनाओं को उन्होंने इसमें विस्तार से लिया है और इनके माध्यम से देश के भविष्य को देखने की कोशिश की है।'[32] उपन्यासकार की स्वीकारोक्ति कि 'यह उपन्यास मन के भीतर लगातार चलने वाली एक जिरह का नतीजा है। दशकों तक सभी कुछ चलता रहा।'[33] वस्तुतः यह उपन्यास, उपन्यास के बने-बनाए सभी खाँचों को अस्वीकार करते हुए भी एक अद्वितीय रचना है। इसकी अनेकानेक पंक्तियों में सूक्ति की-सी प्रभावात्मकता है। जैसे–

1. नफरत और खौफ की बुनियाद पर बनने वाली कोई चीज मुबारक नहीं हो सकती।[34]
2. गलत फैसले से हिंसा उपजती है और हिंसा से अपसंस्कृतियाँ और रक्तपात।[35]
3. ज़िंदगी की राहें ज्यादातर पछतावे से ही खुलती हैं।[36]
4. गरीबी और भूख की कोई नस्ल नहीं होती।[37]

इतना ही नहीं, उपन्यासकार अपने सरोकारों के साथ शिद्दत से जुड़ा है। वह मौजूदा हालात पर अपनी क्षुब्धता इन शब्दों में व्यक्त करता है–

"इनसान और इनसान की कुदरती पहचान के बीच यह हिंदुस्तान और पाकिस्तान, सीरिया और लेबनान कहाँ से आ जाते हैं।"[38] इस्लाम नफरत नहीं सिखाता।[39] लेकिन इससे यह नहीं मान लेना चाहिए कि इस उपन्यास में केवल कोरी लफ्फाजी है याकि उपदेशात्मक भाषणबाजी है। उपन्यासकार आम आदमी की ज़िंदगी के दुख-दर्द और उसकी आशा-आकांक्षा से सुपरिचित है। आदमी की सहजात-वृत्ति प्रेम को परिभाषित करता हुआ वह कहता है–'वर्जित प्यार ही असली प्यार होता है... जिस प्यार में वर्जना नहीं, वह वेश्यावृत्ति है, पर वह वृत्ति समाज द्वारा स्वीकृत है... तुम समाज को बहिष्कृत करो... मैंने अभी-अभी सुना... तुम्हारी प्रेमिका ने चाहा है कि उसे जी लो, जो मन चाहता है। सुनो! दिमाग से जिओगे तो जी नहीं पाओगे और यह दुनिया भी तुम्हें जीने नहीं देगी... अपनी वर्जना से ऊपर उठकर आसक्ति को ग्रहण करो... आसक्ति में ही आनंद है... आसक्ति ही अंतिम है, वह चाहे किसी

शाश्वत मार्ग से प्राप्त होती हो या नश्वर उपादान से।'[40]

कमलेश्वर के 'कितने पाकिस्तान' को सही मायनों में एक बड़ा उपन्यास कहा जा सकता है। इसीलिए कि यह इतिहास को और बीती हुई सदियों को एक नए चश्मे से देखने और व्याख्यायित करने की कोशिश करता है। और उस चश्मे के भीतर की आँख एक अदीब की, साहित्यकार की आँख है। एक ऐसा अदीब, जो आम आदमी का सच्चा प्रतिनिधि है और पूरी तरह आम आदमी की सोच, चिंताओं और सरोकारों को जी रहा है।[41]

'ढाई घर'-जैसे चर्चित उपन्यास के लेखक गिरिराज किशोर का सन् 1999 ई. में प्रकाशित 'पहला गिरमिटिया' बीसवीं शताब्दी के अंतिम दशक का एक और चर्चित उपन्यास है। नौ सौ चार पृष्ठों का यह सुविस्तृत उपन्यास महात्मा गाँधी के दक्षिण अफ्रीका जीवन पर आधारित है। लेकिन इस बृहद् उपन्यास के नायक महात्मा गाँधी नहीं हैं, मोहनदास है हमारे जैसा एक आदमी, वह भी 'इकसाला' गिरमिटिया, लेकिन रोजी-रोटी के लिए दक्षिण अफ्रीका गया था। वह पहला गिरमिटिया था, जो बैरिस्टर भी था और कुली भी। उसने दक्षिण अफ्रीका के दूसरे पाँच साला गिरमिटियों को साथ लेकर उनकी मुक्ति का बिगुल बजाया था, जिसमें हिंदू, मुसलमान, ईसाई, फारसी सब एशियाई शामिल थे।...[42] यह उपन्यास समकालीन हिंदी साहित्य की एक असाधारण घटना है। यही नहीं, यह गिरिराज किशोर के दीर्घकालीन लेखन की चरम सार्थकता भी है।... यह कृति निश्चय ही हमारे—विशेषतः नई पीढ़ी के लिए आश्चर्य पुरुष (महात्मा गाँधी) के जटिल जीवन और दर्शन को संवेदना और समझ के साथ पहचानने में मदद करेगी।[43]

वास्तव में, 'पहला गिरमिटिया' गाँधी के महात्मा गाँधी हो जाने के बाद उनके करिश्माई व्यक्तित्व के करिश्मों की कथा नहीं है। यह तो उस गाँधी की कहानी है, जिसकी बहुत धुँधली छवि हमारी आँखों में रहती है और जिसे सच में हम बहुत कम जानते हैं। यह एक मामूली आदमी के लगातार आत्म-संघर्ष से गुजरते हुए गाँधी हो जाने की कथा है। इस उपन्यास में गाँधी का चित्रण उनकी समस्त कमजोरियों के साथ हुआ है। इसीलिए ने हमें बिलकुल अपने जैसे लगते हैं, वरना उन्हें देवता बनाकर देवालयों में बैठाने की कवायदें तो बहुत हो चुकीं। जाहिर-सी बात है कि ये कवायदें निरर्थक और बिना मतलब की थीं। यदि 'पहला गिरमिटिया' का उपन्यासकार भी यही करता तो यह उपन्यास एक उत्कृष्ट रचना न होकर मात्र ढोंग होकर रह जाता। बिना शक कहा जा सकता है कि जब भी बीसवीं सदी के सर्वश्रेष्ठ उपन्यासों की चर्चा होगी, 'पहला गिरमिटिया' का विस्मरण असंभव होगा।

करीब एक दशक पहले सन् 1992 ई. में प्रकाशित वयोवृद्ध रचनाकार विष्णु प्रभाकर का 'अर्धनारीश्वर' नामक उपन्यास एक उपन्यास कम बलात्कारी को केंद्र बनाकर लिखा गया 'कच्चा चिट्ठा' ज्यादा है। 'आवारा मसीहा'-जैसी सशक्त रचना

से आलोच्य उपन्यास की तुलना नहीं की जा सकती। निर्मल वर्मा का 'अंतिम अरण्य' भी बीसवीं सदी के आखिरी दशक के चर्चित उपन्यासों में से है। इसका प्रकाशन सन् 2000 ई. में हुआ था। निर्मल वर्मा जितने अच्छे कहानीकार थे, उतने समर्थ उपन्यासकार नहीं। यदि हम 'अंतिम अरण्य' की बात करें तो यह साफ ध्वनित होता है कि 'वे दिन' के अनंतर अगर निर्मल वर्मा ने सचमुच कोई उपन्यास लिखा है तो वह 'अंतिम अरण्य' ही है। 'अंतिम अरण्य' ही वह उपन्यास है, जो उन्हें एक वरिष्ठ और समर्थ उपन्यासकार के रूप में प्रतिष्ठापित करता है। इस उपन्यास की विशेषता यह है कि इसमें केवल आत्मविस्तार की ही अभिव्यक्ति नहीं है, यह मृत्यु से सीधे-सीधे साक्षात्कार का भी उपन्यास है। यह उपन्यास मृत्यु से साक्षात्कार को एक ऐसी प्रार्थना में परिवर्तित कर देता है, जिसके पश्चात् मृत्यु कम-से-कम भयानक और डरावनी चीज नहीं रह जाती। 'अंतिम अरण्य' के गद्य के बारे में अधिकांश आलोचकों ने सकारात्मक दृष्टि अपनाई है। प्रकाश मनु इसके गद्य को 'हिंदी का सबसे अच्छा गद्य'[44] कहते हैं।

निर्मल वर्मा का ही एक और उपन्यास 'रात का रिपोर्टर' पहली बार सन् 1989 ई. में प्रकाशित हुआ था। इसका तीसरा संस्करण सन् 1992 ई. आया और उसकी पहली आवृत्ति सन् 2000 ई. में। 'रात का रिपोर्टर' वस्तुतः एक ऐसी कथाकृति है, जो एक बुद्धिजीवी की चेतना पर पड़ने वाले युगीन दबावों को रेखांकित करती है, और उन्हें उसके व्यवहार में घटित होते हुए दिखाती है। इससे गुजरते हुए हम जिस माहौल से गुजरते हैं, वह चाहे हमारे अनुभव से बाहर रहा हो या हम उससे बाहर रहे हों, लेकिन वह हमारी दुनिया की आजादी के बुनियादी सवालों से परे नहीं है।[45]

प्रेमकुमार मणि का 'ढलान' भी सन् 2000 ई. में प्रकाशित हुआ था। प्रेमकुमार मणि का कथा लेखन मनुष्य जीवन के जटिल अनुभवों की सहज अभिव्यक्ति के लिए अलग से पहचाना जाता है। बिना किसी शोर-शराबे के अपनी उपस्थिति दर्ज करवाने वाले मणि इस समय कथा जगत में प्रचलित रूढ़ियों और रेडीमेड कथा-प्रणालियों से परहेज ही नहीं करते, वरन अपने लेखन के जरिए उसका सार्थक प्रतिकार भी करते हैं। देशकालगत परिस्थितियों ने आज के आदमी के जीवन के पर्यावरण को इतना हास्यास्पद बना दिया है कि उनके बाह्य और आंतरिक विन्यास से व्यंग्य उपजता है। प्रेमकुमार मणि इस व्यंग्य को सतही हास्य में जाया नहीं करते, बल्कि उसे करुणा सरीखे महान मानवीय मूल्य की ऊँचाइयाँ प्रदान करने में सफल होते हैं। आलोच्य उपन्यास में उनका यह तेवर पाठक को कई जगह गहरी तिलमिलाहट दे जाता है, साथ ही समाज में जो अवांछनीय घटित हो रहा है, उसके खिलाफ तैयार भी करता है। 'ढलान' में लेखक अपने आशय को छोटे-छोटे आलेखनुमा अध्यायों में ऐसे संयोजित करता है कि ये स्वायत्त लगते हुए भी एकाग्र अर्थ का बोध करवाते हैं। यह अद्भुत प्रयोगशीलता है। इनकी असंबद्ध सी संबद्धता नई औपन्यासिक संरचना का प्रारूप

प्रस्तुत करती है। कथात्मकता तो इसमें है ही, खास बात है खबर जैसी तात्कालिकता को क्षणिक तत्काल से मुक्त कर देना कि हर देशकाल में उसका होना संभव लगे।[46]

'अकेला घर हुसैन का' और 'कटौती' जैसे काव्य संग्रहों के प्रकाशन से हिंदी साहित्य संसार में चर्चित कवि निलय उपाध्याय का 'अभियान' शीर्षक प्रथम उपन्यास सन् 2002 में प्रकाशित हुआ। यह बिहार के उग्रवाद प्रभावित इलाके की वैविध्यमयी कथा है। उपन्यासकार उपन्यास समर्पित करते हुए कहता है—'उग्रवाद प्रभावित उदवंतनगर प्रखंड के उन तमाम साथियों को समर्पित, जिनके प्रति अपराध बोध ने इस कथानक को जन्म दिया।'[47]

बिहार इधर लगातार अनेक कारणों से चर्चा के केंद्र में रहा है। 'बिहारी' शब्द आज प्रतिभा, परिश्रम और प्रतिबद्धता का पर्याय न होकर एक गाली के रूप में प्रयुक्त होने लगा है। भारत के अन्य सभी प्रांतों की तरह बिहार की भी अनेकानेक समस्याएँ हैं, पर आम बिहारी आज भी परिश्रम के मामले में अव्वल है। आज बिहार को भले ही अराजकता का मधुछत्ता मान लिया जाए, किंतु आजादी के लगभग छह दशकों के कठिन अनुभव के बाद यहाँ परिवर्तन के लिए सकारात्मक व्यग्रता है और वह महान परिवर्तनकारी घटनाओं की दहलीज पर खड़ा है। अगर उसे जरा-सा प्रोत्साहन मिले तो इसका परिणाम काफी सुखद हो सकता है। 'ढलान' भी कमोबेश इसी तथ्य-सत्य को सम्पुष्ट करता है। रचना जो रचनाकार का प्रतिबिंब स्वीकारी जाती है, वह उपन्यास नहीं है। रचना में रचनाकार का स्वानुभूत जीवन रूपायित होता है। आलोच्य उपन्यास भी इस तथ्य-सत्य का अपवाद नहीं है। वस्तुतः "निलय अपने ठाट में पूरे किसान हैं। अपनी रचनाओं में किसानी सरलता तथा तीक्ष्णता—दोनों से मुक्त हैं। उनकी खास विशेषता है कि स्थान-बोध के साथ उनके भीतर प्रबल काल-बोध है, जिससे वे अपने परिवेश का साक्षात्कार काफी बदले हुए रूप में करते हैं। वे कहीं से भी नास्टेल्जिया के शिकार नहीं होते। उनमें बगीचों और खेतों के वैभव से स्पंदित होने की क्षमता है और किसानी विनोद वृत्ति भी। निलय उपाध्याय की भाषा किताबी नहीं है, लेकिन उसमें भरपूर शक्ति है। यह शक्ति उनकी चुभनशीलता में तो दिखाई पड़ती ही है, उनके ऐश्वर्य में भी दिखाई पड़ती है।'[48]

'आधा गाँव' जैसी सशक्त रचना से हिंदी साहित्य संसार को समृद्ध करने वाले बहु-आयामी प्रतिभा वाले रचनाकार राही मासूम रज़ा का उपन्यास 'हिम्मत जौनपुरी' सन् 1995 ई. में प्रकाशित हुआ था।

राही इस उपन्यास में पूरे फार्म में नजर आते हैं। 'राही मासूम रज़ा साहब ने हिम्मत जौनपुरी को माध्यम बनाकर एक ऐसे सामान्य व्यक्ति के अरमान के टूटने और बिखरने को जिस नए अंदाज और तेवर के साथ लिखा है, वह उनके अन्य उपन्यासों से बिल्कुल अलग है।'[49] राही पूरी बेबाकी से अपनी बात कहने में विश्वास करते हैं, इसीलिए वे किसी को बख़्शते नहीं। और तो और कथित भगवान भी उनसे

नहीं बचता। उनका हिम्मत जौनपुरी भगवान से अपनी तुलना किए जाने पर नाराज होकर जमुना उर्फ जुबेदा से कहता है—"देख जमुना हम तोसे कै बेरी कह चुके हैं कि तै हम्में भगवान से मत मिलाया कर। अरे जब ऊ ससुर हिम्मत जौनपुरी नहीं बन सकता त हम साले को पागल कुत्ता काटिस है का की भगवान बन जाएँगे। भगवान बनके ई कंडम दुनिया के लफड़े में कउन पड़े। हिम्मत जौनपुरी संसार चलाये का टेंडर थोड़े भरिन हैं। × × ×

देखा आपने इस जुबेदा यानी जमुना को। वह बड़ी जहीन लड़की है। सड़क का धंधा करती है। यह जानती है कि धंधे का कोई धर्म नहीं होता। ग्राहक को जो नाम अच्छा लगे, वही अच्छा नाम है। इसीलिए रात को वह जमुना से जुबेदा बन जाती है।"[50]

समग्रतः देखें तो उपन्यास का वर्तमान परिदृश्य काफी आश्वस्तिकारी है। समकालीन उपन्यास परिदृश्य अनेक विविधताओं से भरा, बहुरंगी और समृद्ध है और वैसा गिनती के चार नाम या चार इकसार पिटी हुई लकीरों वाला नहीं है, जैसा बहुत से मठ या महंत दर्शाते हैं। पिछले डेढ़-दो दशकों के सुचर्चित उपन्यासों की बात करें तो प्रकाश मनु के अनुसार उनकी सूची कुछ इस प्रकार बनाई जा सकती है।[51]

पहला गिरमिटिया — गिरिराज किशोर
नीला चाँद — शिवप्रसाद सिंह
करवट — अमृतलाल नागर
दशार्क — जैनेन्द्र कुमार
दिलोदानिश — कृष्णा सोबती
मय्यादास की माड़ी — भीष्म साहनी
जुलूस वाला आदमी — रमाकांत
कठघरे — बल्लभ सिद्धार्थ
मुठभेड़ — शैलेश मटियानी
मिट्टी की बाँसुरी — राजेंद्र झा
तलघर — डॉ. माहेश्वर
कितने पाकिस्तान — कमलेश्वर
सभापर्व — बदीउज्जमाँ
सूरज सबका है — विद्यासागर नौटियाल
विस्रामपुर का संत — श्रीलाल शुक्ल
दूसरा घर — रामदरश मिश्र
सोना माटी — विवेकी राय
ऐलान गली जिंदा है — चंद्रकांता
तत्सम — राजी सेठ

एक जमीन अपनी	—	चित्रा मुद्गल
निन्यानबे	—	रवींद्र वर्मा
अंतिम अरण्य	—	निर्मल वर्मा
पाँच आँगनों वाला घर	—	गोविंद मिश्र
लेकिन दरवाजा	—	पंकज बिष्ट
बेदखल	—	कमलाकांत त्रिपाठी
डूब	—	वीरेंद्र जैन
कलिकथा वाया बाइपास	—	अलका सरावगी
पीली आँधी	—	प्रभा खेतान
अंततः	—	सुरेंद्र तिवारी
उकाव	—	क्षितिज शर्मा
काला पहाड़	—	भगवानदास मोरवाल
कालकथा	—	कामतानाथ
अनायास	—	योगेश गुप्त
अपने-अपने राम	—	भगवान सिंह
सात आसमान	—	असगर वज़ाहत
संबंधों के किनारे	—	सिम्मी हर्षिता
अस्वीकार	—	जगन सिंह
बारामासी	—	ज्ञान चतुर्वेदी
झीनी-झीनी बीनी चदरिया	—	अब्दुल बिस्मिल्लाह
मुझे चाँद चाहिए	—	सुरेंद्र वर्मा
हमारा शहर उस बरस	—	गीतांजलि श्री
वाह कैंप	—	द्रोणवीर कोहली

उपन्यासों की इस सूची पर नजर डालते ही एक बात स्पष्ट हो जाती है कि यह दौर उपन्यास-लेखन के लिहाज से कितना ऊर्जावान, विविधताओं भरा और बहुआयामी रहा है। एक बात और, उपन्यासों की उक्त सूची न तो अंतिम है और न ही यह 'सर्वश्रेष्ठ की समाहिति' का दावा अथवा वादा करती है। हिंदी और हिंदीतर साहित्य जगत् में रोज-ब-रोज नए, प्रभावशाली और विशिष्ट उपन्यास आ रहे हैं। ऐसे में अंतिम और सर्वश्रेष्ठ का दावा निश्चित ही हास्पास्पद कहलाएगा।

हिंदी के ख्यात कवि-साहित्यकार प्रकाश मनु ने जब उपन्यासों, खासतौर से मौजूदा दौर के उपन्यासों पर लंबा लेख लिखने की योजना के बारे में जब अपने मित्र बल्लभ सिद्धार्थ को बताया तो उनका कहना था, "कवि भाई, तुम अपना समय बर्बाद कर रहे हो।... पढ़ना ही चाहते हो तो क्लासिकल पढ़ो। हिंदी में जो रचनाएँ आ रही हैं, उनमें कुछ नहीं है।"[52] प्रकाश मनु ने उस समय सिद्धार्थ की बात का

उत्तर देते हुए कहा था–

"क्लासिकल से मेरा कोई विरोध नहीं है। वे पढ़े हैं और मौका मिला तो और पढूँगा, पर मेरे अपने समय के जो लेखक लिख रहे हैं, उनमें जो जीवन की सच्चाइयाँ हैं, भले ही आधी-अधूरी और कम कलात्मक सही, वे मुझे कम महत्त्वपूर्ण नहीं लगतीं। ये हमारे समय की वे सच्चाइयाँ है, जिन्हें कोई टॉलस्टाय या पुश्किन या सार्त्र नहीं जानता था, भले ही वे कितने महान क्यों न रहे हों! जबकि हमारे समर्थ लेखकों को तो छोड़िए, हमारे बहुत अनगढ़, असमर्थ और नौसिखिए लेखक भी उन्हें शानदार ढंग से व्यक्त कर रहे हैं।..."[53] कहना न होगा, उपन्यास के वर्तमानकालिक परिवेश की यही सच्चाई है।

1.2 उपन्यासों का वर्गीकरण

वर्तमानकालिक उपन्यासों के वर्गीकरण का आधार बहुआयामी हो सकता है। यहाँ हमने प्रवृत्तियों के आधार पर वर्गीकरण के पूर्व उपन्यास को दो कोटियों में विभाजित करना समीचीन समझा। इनमें से प्रथम कोटि है लेखकों द्वारा लिखित उपन्यासों की, जबकि दूसरी कोटि लेखिकाओं द्वारा लिखित उपन्यासों की है। प्रथम उन प्रमुख उपन्यासों की सूची जो पिछले प्रायः डेढ़ दशक में लेखकों द्वारा लिखे गए–

1.2.1 पुरुष लेखकों द्वारा लिखे गए उपन्यास

बीसवीं शताब्दी के आखिरी दशक (प्रायः दो दशकों) में सक्रिय रहे उपन्यासकारों में से प्रमुख इस प्रकार हैं–विष्णु प्रभाकर, अमृतलाल नागर, जैनेंद्र कुमार, देवेंद्र सत्यार्थी, रामदरश मिश्र, भीष्म साहनी, अज्ञेय, कृष्ण बलदेव वैद, कृष्णा सोबती, शैलेश मटियानी, शिवप्रसाद सिंह, रमाकांत, जगदीश चंद्र, निर्मल वर्मा, बदीउज्जमा, कमलेश्वर, हृदयेश, योगेश गुप्त, हिमांशु जोशी, गिरिराज किशोर, श्रीलाल शुक्ल, कामतानाथ, भगवान सिंह, विद्यासागर नौटियाल, देवेंद्र इस्सर, श्रवण कुमार, द्रोणवीर कोहली, नरेंद्र कोहली, रमेश उपाध्याय, राजेंद्र झा, गोविन्द मिश्र, बल्लभ सिद्धार्थ, विवेकी राय, रवींद्र वर्मा, सुरेंद्र वर्मा, स्वयं प्रकाश, रमेश चंद्र शाह, से.रा. यात्री, मंजूर एहतेशाम, प्रताप सहगल, कमल कुमार, सत्येन कुमार, डॉ. माहेश्वर, शशिभूषण सिंहल, चतुर्भुज, विजय, जगदीश चतुर्वेदी, शरद देवड़ा, यादवेंद्र शर्मा 'चंद्र', हरदर्शन सहगल, राजेंद्र मोहन भटनागर, प्रहलाद तिवारी, गुरुदीप खुराना, रमाशंकर श्रीवास्तव, हबीब कैफी, धर्मेंद्र गुप्त, हरिपाल त्यागी इत्यादि। हो सकता है कि इनमें कुछ ऐसे नाम छूट गए हों, जो अतिशय महत्त्वपूर्ण हों, पर जैसा कि पहले भी कहा गया है कि इस क्षेत्र में कोई भी नामावली या सूची अंतिम नहीं हो सकती। फिलहाल, उक्त लेखकों द्वारा लिखे और आलोच्य कालावधि में प्रकाशित महत्त्वपूर्ण उपन्यासों की सूची इस प्रकार है–

पीढ़ियाँ – अमृतलाल नागर

करवट — अमृतलाल नागर
तेरी कसम सतलुज — देवेंद्र सत्यार्थी
अर्धनारीश्वर — विष्णु प्रभाकर
कुंतो — भीष्म साहनी
मय्यादास की माड़ी — भीष्म साहनी
तमस — भीष्म साहनी
नीलू, नीलिमा, नीलोफर — भीष्म साहनी
अंतिम अरण्य — निर्मल वर्मा
रात का रिपोर्टर — निर्मल वर्मा
लाल टीन का छत — निर्मल वर्मा
थकी हुई सुबह — रामदरश मिश्र
बीस बरस — रामदरश मिश्र
बिना दरवाजों का मकान — रामदरश मिश्र
दूसरा घर — रामदरश मिश्र
मंगल भवन — विवेकी राय
मिट्टी की बाँसुरी — राजेंद्र झा
पुनर्वास — राजेंद्र झा
उदास रस — राजेंद्र झा
पोस्टमैन — यादवेंद्र शर्मा 'चंद्र'
बहुरुपिया — यादवेंद्र शर्मा 'चंद्र'
जीवन युद्ध — यादवेंद्र शर्मा 'चंद्र'
सुराज — हिमांशु जोशी
पाँच आँगनों वाला घर — गोविंद्र मिश्र
धीर समीरे — गोविंद्र मिश्र
तुम्हारी रोशनी में — गोविंद्र मिश्र
नीला चाँद — शिवप्रसाद सिंह
शैलूष — शिवप्रसाद सिंह
पहला गिरमिटिया — गिरिराज किशोर
परिशिष्ट — गिरिराज किशोर
यथाप्रस्तावित — गिरिराज किशोर
कितने पाकिस्तान — कमलेश्वर
अनायास — योगेश गुप्त
उनका फैसला — योगेश गुप्त
कठघरे — बल्लभ सिद्धार्थ

प्रेत	—	श्रवण कुमार
यात्रा	—	श्रवण कुमार
गणित	—	श्रवण कुमार
अचित्रित	—	अभिमन्यु अनत
गाँधी जी बोले थे	—	अभिमन्यु अनत
लहरों की बेटी	—	अभिमन्यु अनत
अपनी ही तलाश	—	अभिमन्यु अनत
अपनी–अपनी सीमा	—	अभिमन्यु अनत
आग, पानी, आकाश	—	रामधारी सिंह दिवाकर
बैरंग खत	—	से.रा. यात्री
कई अँधेरों के पार	—	से.रा. यात्री
मुक्ति मार्ग	—	से.रा. यात्री
साकेत के युक्लिप्टस	—	विजय
सीमेंट नगर	—	विजय
लौटेगा अभिमन्यु	—	विजय
बिखरते सपने	—	शशिभूषण सिंहल
साधना	—	शशिभूषण सिंहल
और कुछ और	—	शशिभूषण सिंहल
परतें और परछाइयाँ	—	शशिभूषण सिंहल
सभापर्व	—	बदीउज्जमा
दास्तान–ए–लापता	—	मंजूर एहतेशाम
सात आसमान	—	असगर वजाहत
मुसलमान	—	आबित सुरती
झीनी–झीनी बीनी चदरिया	—	अब्दुल बिस्मिल्लाह
मुखड़ा क्या देखे	—	अब्दुल बिस्मिल्लाह
तेरा और उसका सच	—	इकबाल मजीद
आधा गाँव	—	राही मासूम रज़ा
ओस की बूँद	—	राही मासूम रज़ा
दिल एक सादा कागज	—	राही मासूम रज़ा
एक बीघा प्यार	—	राही मासूम रज़ा
सीन	—	राही मासूम रज़ा
सूखा बरगद	—	मंजूर एहतेशाम
जुलूस वाला आदमी	—	रमाकांत
बीच में विनय	—	स्वयं प्रकाश

कालकथा–1+2	–	कामतानाथ
नरक कुंड में वास	–	जगदीशचंद्र
खुदा सही सलामत है	–	रवींद्र कालिया
वाह कैंप	–	द्रोणवीर कोहली
सूरज सबका है	–	विद्यासागर नौटियाल
भीम अकेला	–	विद्यासागर नौटियाल
पगली घण्टी	–	हृदयेश
उन्माद	–	भगवान सिंह
शुभ्रा	–	भगवान सिंह
परमगति	–	भगवान सिंह
अपने–अपने राम	–	भगवान सिंह
उस चिड़िया का नाम	–	पंकज बिष्ट
लेकिन दरवाजा	–	पंकज बिष्ट
हरे फूल की खुशबू	–	रमेश उपाध्याय
तलघर	–	डॉ. माहेश्वर
महानगर की अधूरी इबारत	–	हरिपाल त्यागी
गगन घटा घहरानी	–	मनमोहन पाठक
पूर्व संध्या	–	प्रेमकृष्ण शर्मा
शीर्षक	–	चंद्रकिशोर जायसवाल
मुझे चाँद चाहिए	–	सुरेंद्र वर्मा
जवाहर नगर	–	रवींद्र वर्मा
निन्यानबे	–	रवींद्र वर्मा
पत्थर ऊपर पानी	–	रवींद्र वर्मा
विस्रामपुर का संत	–	श्रीलाल शुक्ल
दीवार में एक खिड़की रहती थी	–	श्रीलाल शुक्ल
बारामासी	–	ज्ञान चतुर्वेदी
कोई वीरानी–सी वीरानी है	–	विजयमोहन सिंह
खुशुबू बन के लौटेंगे	–	देवेंद्र इस्सर
पूर्वापर	–	रमेश चंद्रशाह
आकाश एक आपबीती	–	शरद देवड़ा
उड़ने से पेश्तर	–	महेंद्र भल्ला
दो देश और तीसरा आदमी	–	महेंद्र भल्ला
कनाट प्लेस	–	जगदीश चतुर्वेदी

किस्सा गुलाम	—	रमेश चंद्र शाह
खराब मौसम के बावजूद	—	वीरेंद्र सक्सेना
खोजा तिन पाइयाँ	—	वीरेंद्र सक्सेना
खंडित राग	—	वीरेंद्र सक्सेना
शेषकथा	—	ललित शुक्ल
उल्का संकेत	—	गौरीशंकर कपूर
एक सदी बाँझ	—	मस्तराम कपूर
लहरों के पास	—	गुरुदीप खुराना
अमृतघट	—	राजेंद्र मोहन भटनागर
चित्रगुप्त उवाच	—	रमाशंकर श्रीवास्तव
माधुरी	—	मेहर कृपाल वर्मा
अतीत के ऊपर	—	बल्लभ डोभाल
आदमखोर	—	श्रवणकुमार गोस्वामी
हीरा परा बाजार में	—	सुबोध कुमार श्रीवास्तव
ज्वारभाटा	—	जवाहर सिंह
रानी साहिबा	—	हबीब कैफी
गमना	—	हबीब कैफी
नदी बीमार है	—	दिबेन
समय के साथ–साथ	—	यशपाल वैद
अश्वत्थामा	—	रामकुमार ओझा
राजदर्शन	—	डॉ. चतुर्भुज
उसे विदा मत कहो	—	धर्मेंद्र गुप्त
सूर्ययुद्ध	—	प्रहलाद तिवारी
आगे के पीछे	—	बटरोही
आँचल पर आकाश	—	बलवीर त्यागी
अक्षर	—	जमनाप्रसाद कसार
आधा मसीहा	—	सुभाष नरूला
सिंधु पुत्र	—	अमृत लाल मदान
और कितने अँधेरे	—	दीपचंद्र निर्मोही
मनुष्यमंथन	—	सुखदेव प्रसाद दुबे, महेश गुप्त
राहें टटोलते पाँव	—	ईश्वरशरण सिंहल
अंतर्यात्रा	—	अमरनाथ शुक्ल
सुन भाई साधो	—	राजकुमार ओझा
सत्यवती	—	सुशील कुमार

सेनापति पुण्यमित्र — सुशील कुमार
दिवोदास के उत्तराधिकारी — जगदीश चंद्र पांडेय
अमृतघट — राजेंद्र मोहन भटनागर
गांधारी की आत्मकथा — मनु शर्मा
कर्ण की आत्मकथा — मनु शर्मा
विष्णुगुप्त चाणक्य — वीरेंद्र कुमार गुप्त
अभ्युदय-I — नरेंद्र कोहली
अभ्युदय-II — नरेंद्र कोहली
कोला पहाड़ — भगवान दास मोरवाल
बाबुल तेरे देस में — भगवान दास मोरवाल
पाहीघर — कमलाकांत त्रिपाठी
बेदखल — कमलाकांत त्रिपाठी
डूब — वीरेंद्र जैन
पार — वीरेंद्र जैन
शब्द वध — वीरेंद्र जैन
सबसे बड़ा सिपहिया — वीरेंद्र जैन
हलाहल — धीरेंद्र अस्थाना
गुजर क्यों नहीं जाता — धीरेन्द्र अस्थाना
अन्वेषण — अखिलेश
कोंपल कथा — अरुण प्रकाश
गली नं. तेरह — ज्ञानप्रकाश विवेक
शेष—अवशेष — जितेन ठाकुर
यह अंत नहीं — मिथिलेश्वर
श्रम एव जयते — जयनंदन
ऐसी नगरिया में केहि विधि रहना — जयनंदन
उसी शहर में — ध्रुव शुक्ल
अमर टॉकीज — ध्रुव शुक्ल
शहर में कर्फ्यू — विभूतिनारायण राय
जहाँ वे कैद हैं — प्रियंवद
माँ का आँचल — सूर्यदीन यादव
पंचनाग — कलूड़ा अभिनव
धपेल — श्यामबिहारी श्यामल
यह जो दिल्ली है — प्रकाश मनु

कथा सर्कस	—	प्रकाश मनु
पापा के जाने के बाद	—	प्रकाश मनु
टुकड़े	—	राजीव कुमार

इतना ज़रूर कहना है कि हर सूची की तरह ये भी अनंतिम है, अंतिम नहीं। नए और संभावनाशील रचनाकारों की कृतियाँ क्रमशः प्रकाश में आती जा रही हैं और उसी के सापेक्ष उक्त सूची में भी परिवर्तन–परिवर्द्धन होता रहेगा।

1.2.2 महिला लेखिकाओं द्वारा लिखित उपन्यास

बीसवीं शताब्दी का अंतिम दशक 'लेखिकाओं का उत्कर्ष–काल' कहा जा सकता है। जिस परिमाण में इस काल में लेखिकाओं द्वारा लिखित बहुआयामी उपन्यास प्रकाशित हुए, शायद ही उससे पहले कभी ऐसा हुआ हो। इस कालावधि में लेखिकाओं द्वारा लिखित प्रकाश में आए प्रमुख उपन्यास इस प्रकार हैं–

सात नदियाँ एक समुंदर	—	नासिरा शर्मा
शाल्मली	—	नासिरा शर्मा
ठीकरे की मँगनी	—	नासिरा शर्मा
जिंदा मुहावरे	—	नासिरा शर्मा
आओ पेपे घर चलें	—	प्रभा खेतान
तालाबंदी	—	प्रभा खेतान
छिन्नमस्ता	—	प्रभा खेतान
अपने–अपने चेहरे	—	प्रभा खेतान
पीली आँधी	—	प्रभा खेतान
स्मृतिदंश	—	मैत्रेयी पुष्पा
बेतवा बहती रही	—	मैत्रेयी पुष्पा
इदन्नमम्	—	मैत्रेयी पुष्पा
चाक	—	मैत्रेयी पुष्पा
झूलानट	—	मैत्रेयी पुष्पा
अल्मा कबूतरी	—	मैत्रेयी पुष्पा
एक जमीन अपनी	—	चित्रा मुद्‌गल
आवाँ	—	चित्रा मुद्‌गल
माई	—	गीतांजलि श्री
हमारा शहर उस बरस	—	गीतांजलि श्री
कलिकथा वाया बाइपास	—	अलका सरावगी
शेष कादंबरी	—	अलका सरावगी
अनारो	—	मंजुल भगत

तिरछी बौछार	–	मंजुल भगत
रुकोगी नहीं राधिका	–	उषा प्रियंवदा
हैम्बर्गर	–	कमल कुमार
बोज्यू	–	सुनीता जैन
सफर के साथी	–	सुनीता जैन
बिंदु	–	सुनीता जैन
अनुगूँज	–	सुनीता जैन
मरणातीत	–	सुनीता जैन
यामिनी कथा	–	सूर्यबाला
तत्सम	–	राजीसेठ (निष्कवच)
अपने–अपने कोणार्क	–	चंद्रकांता
कठगुलाब	–	मृदुला गर्ग
चितकोबरा	–	मृदुला गर्ग
आँखों की दहलीज	–	मेहरून्निसा परवेज
कोरजा	–	मेहरून्निसा परवेज
उसका घर	–	मेहरून्निसा परवेज
नौशीन	–	पद्मा सचदेव
अब न बनेगी देहरी	–	पद्मा सचदेव
मित्रों मरजानी	–	कृष्णा सोबती
ज़िंदगीनामा	–	कृष्णा सोबती
दिलोदानिश	–	कृष्णा सोबती
पाषाण युग	–	संजना कौल
ऐलान गली जिंदा है	–	चंद्रकांता
यहाँ वितस्ता बहती है	–	चंद्रकांता
संबंधों के किनारे	–	सिम्मी हर्षिता
यातना शिविर	–	सिम्मी हर्षिता
बँटता हुआ आदमी	–	निरुपमा सेवती
मेरा नरक अपना है	–	निरुपमा सेवती
दहकन के पार	–	निरुपमा सेवती
टपरेवाले	–	कृष्णा अग्निहोत्री
एक और पंचवटी	–	कुसुम अंसल
रेखाकृति	–	कुसुम अंसल
कंदील का धुआँ	–	दिनेशनंदिनी डालमिया
यह भी झूठ है	–	दिनेशनंदिनी डालमिया

सूरज डूब गया	–	दिनेशनंदिनी डालमिया
मरजीवा	–	दिनेशनंदिनी डालमिया
पटरंगपुर पुराण	–	मृणाल पांडे
अपनी सलीबें	–	नमिता सिंह
कोई एक	–	शुभा वर्मा
अग्निपंखी	–	सूर्यबाला
मटियाला तीतर	–	सूर्यबाला
धूप का टुकड़ा	–	उषा यादव
एक और अहल्या	–	उषा यादव
कितने नीलकंठ	–	उषा यादव
तश्तरी में तूफान	–	मीनाक्षी पुरी
परछाईं अन्नपूर्णा	–	क्षमा शर्मा
पथ–प्रज्ञा	–	वीणा शर्मा
धूप आती है	–	अरुणा कपूर
संबंधों के दायरे	–	स्वराज्य शुचि
धराशायी	–	संतोष गोयल
कन्यादान	–	राज बुद्धिराजा
हर दिन इतिहास	–	शशिप्रभा शास्त्री
रेत का टीला	–	शशिप्रभा शास्त्री
कर्क रेखा	–	शशिप्रभा शास्त्री
परसों के बाद	–	शशिप्रभा शास्त्री
ये छोटे महायुद्ध	–	शशिप्रभा शास्त्री
उम्र एक गलियारे की	–	शशिप्रभा शास्त्री
मीनारें	–	शशिप्रभा शास्त्री
अवांतर कथा	–	अनामिका

यदि महिला रचनाकारों के रचनाकर्म के प्रतिनिधि रूप में कुछ उपन्यासों का चयन करना हो तो इन उपन्यासों की अनदेखी नहीं की जा सकती–

समय सरगम	–	कृष्णा सोबती
दिलोदानिश	–	कृष्णा सोबती
तत्सम	–	राजी सेठ
ऐलान गली जिंदा है	–	चंद्रकांता
यहाँ वितस्ता बहती है	–	चंद्रकांता
कठगुलाब	–	मृदुला गर्ग
अनित्य	–	मृदुला गर्ग

एक जमीन अपनी	–	चित्रा मुद्गल
आवाँ	–	चित्रा मुद्गल
इदन्नमम्	–	मैत्रेयी पुष्पा
चाक	–	मैत्रेयी पुष्पा
पीली आँधी	–	प्रभा खेतान
छिन्नमस्ता	–	प्रभा खेतान
ठीकरे की मँगनी	–	नासिरा शर्मा
कलिकथा वाया बाइपास	–	अलका सरावगी
हमारा शहर उस बरस	–	गीतांजलि श्री
माई	–	गीतांजलि श्री
अस्वीकार	–	जगन सिंह
संबंधों के किनारे	–	सिम्मी हर्षिता
धूप का टुकड़ा	–	उषा यादव
पटरंगपुर पुराण	–	मृणाल पांडे
रेखाकृति	–	कुसुम अंसल
धूप आती है	–	अरुणा कपूर
हैम्बर्गर	–	कमलकुमार
पाषाण युग	–	संजना कौल

यहीं महिला लेखन के बारे में दो बातें और–'एक तो यह कि यकीनन स्त्री उपन्यासकारों ने हिंदी–उपन्यास के परिदृश्य को ज्यादा संवेदनशील, स्नेहार्द्र और मानवीय बनाया है और उन्हीं के कारण यह कहीं अधिक बहुरंगी कलेवर हासिल करता रहा है। यह चीज खुद में स्त्री उपन्यासकारों की एक बड़ी उपलब्धि ही कही जाएगी।... दूसरी बात शायद कुछ को ज्यादा सख्त और कठोर लगे, लेकिन शताब्दी के आखिरी दौर के स्त्री उपन्यासकारों के उपन्यास पढ़ते समय मैंने बहुत तकलीफ के साथ यह बात नोट की कि इस दौर में सामने आई बहुत–सी अच्छी और शक्तिशाली उपन्यास लेखिकाओं को प्रायोजित ढंग से उछाला गया, जिसके पास अपनी गाँठ का कम तथा 'गॉड फादरों की विशेष कृपाएँ' ज्यादा थीं। स्त्री लेखन की एक साफ और सही छवि बने, इसके लिए जरूरी है कि यह सोचा जाए कि कैसे अच्छी और प्रभावशाली कृतियाँ सामने आएँ और वे लेखिकाएँ जो उधार के बाँस पैरों में बाँधकर 'महान' हो चुकी हैं और धरती को मुँह चिढ़ा रही हैं–उनकी असलियत भी सामने आए।

1.3 ऐतिहासिक उपन्यास

इतिहास अतीत से गहराई से जुड़ा होता है, बल्कि इतिहास अतीत का वह अंश है जो प्रमाण आश्रित होता है। उपन्यास में अतीत का सार्थक उपयोग एक महत्त्वपूर्ण

सर्जनात्मक समस्या है। अतीत एक सुदीर्घ कालावधि का द्योतक है। क्षणभर पहले से लेकर हज़ारों–हज़ार वर्ष पहले की सारी अवधि अतीत होती है। वर्तमान तो तकनीकी रूप से क्षण मात्र तक सीमित है। जो क्षण बीत गया, वह अतीत है और जो अभी आया नहीं, वह भविष्य। इस प्रकार देखें तो वर्तमान तो कुछ है ही नहीं, जो है वह इतना क्षणिक और अस्थिर है कि उसके संबंध में अधिक विचार किया ही नहीं जा सकता। व्यावहारिक रूप से हम दस–बीस वर्षों के अतीत और चार–छह वर्षों के भविष्य को वर्तमान मान लेते हैं, पर वर्तमान का निर्धारण हमेशा अनिश्चित और विवादास्पद ही होगा। इतिहास के विद्वान तीस वर्षों के बीते हुए समय को 'समकालीन' मानते हुए उसे 'इतिहास' नहीं मानते। यह भी एक व्यावहारिक अवधारणा ही है, पर इसका कोई विकल्प नहीं है।

वास्तव में, "इतिहास अतीत का वह अंश है, जो प्रमाण आश्रित होता है। यह प्रमाण प्रत्यक्ष अनुभव पर आधारित होते हैं और प्रायः लिखित होते हैं। कभी–कभी धरती के नीचे दबे नगरों और सभ्यताओं के अवशेषों के रूप में भी इतिहास सुरक्षित होता है। विद्वान इन तथ्यों की व्याख्या और विश्लेषण करके अपने निष्कर्ष प्रस्तुत करते हैं, जिसे हम 'इतिहास' कहते हैं।"[54]

उपन्यास का अतीत से बहुत गहरा संबंध है। यदि हम इतिहास के विद्वानों के अनुसार तीस वर्षों के अतीत को समकालीन मान लें तो परियोजना परिधि में आनेवाले कई उपन्यासों का उल्लेख नहीं हो पाएगा। अस्तु, अध्ययन की सुविधा के लिए हम ऐतिहासिक उपन्यासों के अपने प्रवर्ग को आधुनिक, मध्यकालीन, प्राचीन और पौराणिक के साथ–साथ ऐतिहासिक जीवनीपरक उपन्यासों के रूप में प्रस्तुत कर रहे हैं।

स्वतंत्रता प्राप्ति के अनंतर प्रकाशित अनेक उपन्यासों में व्यापक देशकाल के फलक पर राजनीतिक–सामाजिक दृश्यों का चित्रण हुआ है। यह प्रवृत्ति आज भी देखने में आती है। इनमें से कई उपन्यास 'इतिहास' की सीमा में भी आते हैं। वास्तव में 'अतीत' का 'इतिहास' में परिणत होना भी सापेक्ष होता है, जिसकी एक कसौटी है–'अतीत' का रचनाकार की अनुभव सीमा के बाहर होना। उदाहरणार्थ बीसवीं शताब्दी का चौथा दशक भगवती चरण वर्मा के लिए इतिहास नहीं था, क्योंकि वह उनके अनुभव क्षेत्र का सच था, जबकि कमलाकांत त्रिपाठी के लिए वह इतिहास था। बीसवीं शताब्दी के दसवें दशक और उसके आसपास प्रकाशित ऐतिहासिक उपन्यास लेखकों में कमलाकांत त्रिपाठी का नाम रेखांकनीय है। उनका 'पाहीघर' और 'बेदखल' इस क्षेत्र में उन्हें प्रतिष्ठित करते हैं।

अमृतलाल नागर का 'करवट' भी इसी प्रवर्ग में आता है। कृष्णा सोबती का 'ज़िंदगीनामा' पंजाब के किसानों–जमींदारों–साहूकारों का यथार्थ चित्रण करता है। भीष्म साहनी का उपन्यास 'मय्यादास की माड़ी' भी इस दृष्टि से उल्लेखनीय है।

विश्वंभरनाथ उपाध्याय ने 'जाग मछंदर गोरख आया' और 'जोगी मत जा' के माध्यम से तत्कालीन समाज व्यवस्था का चित्रण किया है। डॉ. शिवप्रसाद सिंह ने 'कुहरे में युद्ध' और 'दिल्ली दूर है' के माध्यम से धार्मिक टकराहटों का ताना–बाना बुना है। इकबाल बहादुर देवसरे के 'तानसेन' और 'गुलफाम मंजिल', शरद पगारे के 'गुलाराबेगम' और 'बेगम जैनाबादी' भी मुख्यतः मध्यकालीन इतिहास पर आधारित उपन्यास हैं। हाँ इतना जरूर है कि इन उपन्यासों में सर्जनात्मक दृष्टि से कुछ भी नया नहीं है, सिर्फ इतिहास की रूढ़ अवधारणाओं को शब्दायित किया गया है।

शत्रुघ्न के 'सिद्धियों के खण्डर' और 'हेमचंद्र विक्रमादित्य' भी इसी श्रेणी के उपन्यास हैं। जिनमें बारहवीं और सोलहवीं शताब्दी के उत्तरी भारत के राजनीतिक-सामाजिक-सांस्कृतिक इतिहास को प्रस्तुत किया गया है।

ऐतिहासिक उपन्यासों में कमलेश्वर का 'कितने पाकिस्तान' सुचर्चित रहा है। इस उपन्यास में लेखक ने मुगलकालीन इतिहास का किंचित सर्जनात्मक उपयोग किया है। उपन्यास में दारा की पराजय को उदार मानवीय मूल्यों की पराजय माना गया है। इसी कड़ी में शत्रुघ्न कृत 'शिप्रा साक्षी है', शरद पगारे कृत 'गंधर्व–सेन', सुरेशकांत कृत 'धम्मं शरणम्' आदि भी परिगणनीय हैं। पौराणिक साहित्य की कथाओं को आधार मानकर लिखे गए उपन्यासों में कन्हैयालाल ओझा कृत संभवामि, और मायानंद मिश्र कृत 'प्रथम शैलपुत्री च', 'मंत्रपुत्र' और 'पुरोहित' आदि उल्लेखनीय हैं।

वैदिक और पौराणिक साहित्य पर आधारित उपन्यासों में आलोच्य अवधि में प्रकाशित प्रमुख उपन्यास इस प्रकार हैं–

वैश्वानर	–	डॉ. शिवप्रसाद सिंह
अपने–अपने राम	–	डॉ. भगवान सिंह
अभ्युदय–I	–	नरेंद्र कोहली
अभ्युदय–II	–	नरेंद्र कोहली
महासमर–1	–	नरेंद्र कोहली
महासमर–2	–	नरेंद्र कोहली
महासमर–3	–	नरेंद्र कोहली
महासमर–4	–	नरेंद्र कोहली
महासमर–5	–	नरेंद्र कोहली
महासमर–6	–	नरेंद्र कोहली
महासमर–7	–	नरेंद्र कोहली
महासमर–8	–	नरेंद्र कोहली

नरेंद्र कोहली के ये उपन्यास हजारी प्रसाद द्विवेदी और अमृतलाल नागर के प्रयासों को आगे बढ़ाते नज़र आते हैं। इससे यह भी सम्पुष्ट होता है कि अतीत का संवेदनात्मक स्तर पर सर्जनात्मक उपयोग संभव है।

ऐतिहासिक जीवनीपरक उपन्यासों की शुरुआत हिंदी में आचार्य हजारी प्रसाद द्विवेदी के 'बाणभट्ट की आत्मकथा' से मानी जाती है। डॉ. रांगेय राघव ने इस दिशा में सराहनीय कार्य किया। वीरेंद्र कुमार जैन ने इस क्षीण धारा को जीवन प्रदान करते हुए 'अनुत्तर योगी' के माध्यम से वर्धमान महावीर का जीवन वृत्त प्रस्तुत किया।

हिंदी में जीवनीपरक उपन्यासों की संख्या अधिक नहीं है, पर जो हैं, वे भारतीय उपन्यास साहित्य में अपनी अलग पहचान रखते हैं। आलोच्य अवधि में प्रकाशित दो महत्त्वपूर्ण जीवनीपरक उपन्यासों की चर्चा समीचीन होगी। प्रथमतः नरेंद्र कोहली का स्वामी विवेकानंद के जीवन पर आधारित उपन्यास 'तोड़ो, कारा तोड़ो'। तीन खंडों के इस वृहदाकार उपन्यास में लेखक ने आधुनिक व्यक्तित्व को नायक बनाने का चुनौतीपूर्ण कार्य किया और उसमें सफलता पाई। दूसरा उपन्यास है—गिरिराज किशोर का 'पहला गिरमिटिया'। महात्मा गाँधी के जीवन पर आधारित इस उपन्यास में लेखक ने एक सामान्य व्यक्ति के बापू और राष्ट्रपिता बनने की कहानी को शब्दायित किया है। समग्रतः, कहा जा सकता है कि संख्या में अधिक न होते हुए भी इस कोटि के उपन्यास हिंदी उपन्यास जगत् में अपनी अलग पहचान रखते हैं।

1.4 सामाजिक उपन्यास

जनसंख्या और बसत की दृष्टि से भारत को मोटा-मोटी रूप में दो वर्गों में बाँटा जा सकता है—ग्राम भारत और ग्रामेतर भारत। देश की लगभग सत्तर प्रतिशत आबादी गाँवों में रहती है। थोड़े से लोग कस्बों, शहरों, नगरों में रहते हैं। इन दोनों वर्गों के जीवन को आधार बनाकर प्रस्तुत किए जाने वाले सभी उपन्यास 'सामाजिक' प्रवर्ग में आते हैं। यद्यपि उपन्यासों के समकालीन परिदृश्य में इस बिंदु पर विस्तार से चर्चा हो चुकी है, फिर भी तारतम्यता बनाए रखने के लिए इस वर्ग की आलोच्य अवधि में प्रकाशित उपन्यासों की चर्चा समीचीन है। अस्तु—

नागार्जुन के उपन्यास 'रतिनाथ की चाची' से लेकर आलोच्य अवधि में प्रकाशित प्रायः आखिरी उपन्यास भगवानदास मोरवालकृत 'काला पहाड़' तक इस वर्ग की व्याप्ति है। जिन उपन्यासकारों ने अपने कौशल का प्रयोग इस धारा को समृद्ध करने में किया, उनमें से प्रमुख हैं—शैलेश मटियानी, रामदरश मिश्र, शिवप्रसाद सिंह, श्रीलाल शुक्ल, कमलेश्वर, मिथिलेश्वर, उदयशंकर भट्ट, विवेकी राय, हिमांशु जोशी, गोपाल उपाध्याय, प्रकाश मनु, विद्यासागर नौटियाल, पंकज बिष्ट, बल्लभ डोभाल, मनोहर श्याम जोशी, मृणाल पांडे, क्षितिज शर्मा, हरिसुमन बिष्ट, जगदीश चंद्र, कृष्णा सोबती, द्रोणवीर कोहली, चित्रा मुद्गल, मैत्रेयी पुष्पा, नासिरा शर्मा, राजेंद्र अवस्थी, विनोद कुमार शुक्ल, भगवानदास मोरवाल, अब्दुल बिस्मिल्लाह, असगर वजाहत, गिरिराज किशोर, ज्ञानप्रकाश विवेक, राही मासूम रज़ा, हृदयेश, ममता कालिया, देवेश ठाकुर, रमेश चंद्र शाह, गहीप सिंह, डॉ. सुधाकर अदीब, योगेश गुप्त, राजेंद्र यादव, कृष्णबलदेव वैद, धर्मवीर भारती,

गिरिधर गोपाल, मंजुल भगत, प्रभा खेतान, जया जादवानी, अलका सरावगी, मन्नू भंडारी, मृदुला गर्ग, राजी सेठ, प्रभा दीक्षित, सुरेंद्र वर्मा, विष्णु प्रभाकर, गिरीश अस्थाना, प्रियंवद, शानी, संजीव, बदीउज्जमा...। हिंदी उपन्यास का यह प्रवर्ग इतना ऐसा समृद्ध है कि सूची बढ़ती ही जाएगी। हाँ, यह भी कि इस वर्ग के लिए कोई भी सूची अंतिम नहीं हो सकती। उक्त रचनाकारों द्वारा रूपायित कृतियों का विमर्श एक अलग परियोजना का विषय हो सकता है। उतना समय, उतना श्रम, उतने ही संसाधन उसके लिए वांछित होंगे। यहाँ विषय की तारतम्यता हेतु प्रमुख उपन्यासों का उल्लेख किया जा रहा है। क्योंकि समकालीन परिदृश्य में इन पर विस्तार से प्रकाश डाला जा चुका है।

सागर, लहरें और मनुष्य	—	उदयशंकर भट्ट
राग दरबारी	—	श्रीलाल शुक्ल
विस्रामपुर का संत	—	श्रीलाल शुक्ल
श्वेतपत्र	—	विवेकी राय
लोकऋण	—	विवेकी राय
समर शेष है	—	विवेकी राय
मंगल भवन	—	विवेकी राय
उदास रस	—	राजेंद्र झा
मिट्टी की बाँसुरी	—	राजेंद्र झा
पुनर्वास	—	राजेंद्र झा
बीस बरस	—	रामदरश मिश्र
आसमान झुक रहा है	—	हरिसुमन बिष्ट
ज़िंदगीनामा	—	कृष्णा सोबती
दिलोदानिश	—	कृष्णा सोबती
समय सरगम	—	कृष्णा सोबती
धरती धन न अपना	—	जगदीश चंद्र
कभी न छोड़ें खेत	—	जगदीश चंद्र
मुठ्ठी भर काँकर	—	जगदीश चंद्र
घास गोदाम	—	जगदीश चंद्र
डूब	—	वीरेंद्र जैन
पार	—	वीरेंद्र जैन
सबसे बड़ा सिपहिया	—	वीरेंद्र जैन
पाँच आँगनों वाला घर	—	गोविंद मिश्र
लाल पीली जमीन	—	गोविंद मिश्र
फूल, इमारतें और बंदर	—	गोविंद मिश्र

अल्मा कबूतरी — मैत्रेयी पुष्पा
चाक — मैत्रेयी पुष्पा
इदन्नमम् — मैत्रेयी पुष्पा
झूला नट — मैत्रेयी पुष्पा
दीवार में एक खिड़की रहती थी — विनोद कुमार शुक्ल
नौकर की कमीज़ — विनोद कुमार शुक्ल
भीतरी कुआँ — हरगुलाल
पाथर टीला — रूप सिंह चंदेल
काला पहाड़ — भगवानदास मोरवाल
कथा कहो कुंती माई — मधुकर सिंह
अभियान — निलय उपाध्याय
करवट — अमृतलाल नागर
पीढ़ियाँ — अमृतलाल नागर
वही बात — कमलेश्वर
साँड़ — हृदयेश
पुनर्जन्म — हृदयेश
पगली घंटी — हृदयेश
अपने लोग — रामदरश मिश्र
सूखा बरगद — मंजूर एहतेशाम
सात आसमान — असगर वजाहत
छाको की वापसी — बदीउज्जमा
कोरजा — मेहरून्निसा परवेज़
परछाईं नाच — प्रियंवद
उकाव — क्षितिज शर्मा
रास्तों पर भटकते हुए — मृणाल पांडे
बेगाने घर में — मंजुल भगत
गंजी — मंजुल भगत
लेडीज क्लब — मंजुल भगत
अनारो — मंजुल भगत
दो मुर्दों के लिए गुलदस्ता — सुरेंद्र वर्मा
मुझे चाँद चाहिए — सुरेंद्र वर्मा
एक जमीन अपनी — चित्रा मुद्गल
आवाँ — चित्रा मुद्गल

कुरु–कुरु स्वाहा	–	मनोहरश्याम जोशी
धूप छाँही रंग	–	गिरीश अस्थाना
तालाबंदी	–	प्रभा खेतान
छिन्नमस्ता	–	प्रभा खेतान
अपने–अपने चेहरे	–	प्रभा खेतान
पीली आँधी	–	प्रभा खेतान
कलिकथा वाया बाइपास	–	अलका सरावगी
शेष कादंबरी	–	अलका सरावगी
झीनी–झीनी बीनी चदरिया	–	अब्दुल बिस्मिल्लाह
ठीकरे की मँगनी	–	नासिरा शर्मा
शाल्मली	–	नासिरा शर्मा
जिंदा मुहावरे	–	नासिरा शर्मा
काशी का अस्सी	–	काशीनाथ सिंह
आखिरी कलाम	–	दूधनाथ सिंह
हरे फूल की खुशबू	–	रमेश उपाध्याय
पापा के जाने के बाद	–	प्रकाश मनु
लेकिन दरवाज़ा	–	प्रकाश मनु
पीढ़ियाँ	–	अमृतलाल नागर
भूतनाथ	–	विश्वंभरनाथ उपाध्याय
मिठलबरा की आत्मकथा	–	गिरीश पंकज
नीलिमा, नीलू, नीलोफर	–	भीष्म साहनी
रात का रिपोर्टर	–	निर्मल वर्मा
कठगुलाब	–	मृदुला गर्ग
मैं और मैं	–	मृदुला गर्ग
कनाट प्लेस	–	जगदीश चतुर्वेदी
यामिनी कथा	–	सूर्यबाला
अर्धनारीश्वर	–	विष्णु प्रभाकर
नरकुंड में बास	–	जगदीश चंद्र
शैलूष	–	डॉ. शिवप्रसाद सिंह
धार	–	संजीव
परिशिष्ट	–	गिरिराज किशोर
किस्सा गुलाम	–	रमेश चंद्र शाह
छप्पर	–	जयप्रकाश कर्दम
जूठन	–	ओमप्रकाश वाल्मीकि

उस शहर तक — तेजिंदर
मोरी की ईंट — मदन दीक्षित
हीरा परा बाज़ार में — सुबोध कुमार श्रीवास्तव
आधा गाँव — राही मासूम रज़ा

जैसा कि पहले भी कहा गया है कि कोई भी सूची इस क्षेत्र में अंतिम नहीं हो सकती। हाँ, समय सीमा की वजह से इसे अपने काल विशेष की प्रतिनिधि सूची कह सकते हैं। उक्त सूची पर दृष्टिपात करें तो लगता है कि हिंदी उपन्यासों का यह प्रवर्ग पर्याप्त समृद्ध है। समाज की बहुआयामी समस्याओं को केंद्र बनाकर लिखे जाने वाले उपन्यासों की बहुतायत है।

1.5 सांस्कृतिक उपन्यास

'हिंदी साहित्य कोश' में 'संस्कृति' शब्द को इस प्रकार व्याख्यायित किया गया है—''सांस्कृतिक शब्द 'सम्' उपसर्ग के साथ संस्कृति की (डु) कृ (ञ्) धातु से बनता है। जिसका मूल अर्थ साम या परिष्कृत करना है। आज की हिंदी में यह अँगरेज़ी शब्द 'कल्चर' का पर्याय माना जाता है। संस्कृति प्रायः उन गुणों का समुदाय समझी जाती है, जो व्यक्तित्व को परिष्कृत एवं समृद्ध बनाते हैं।''[55] भारतीय मनीषा ने संस्कृति का विमर्श शुद्धि, संस्कार, परिष्कार, दर्शन, चिंतन, कला एवं आध्यात्मिक मूल्यों के परिप्रेक्ष्य में किया है।

हिंदी में विशुद्ध सांस्कृतिक उपन्यास अधिक नहीं हैं। हाँ, जिनमें इस चेतना का चित्रण हुआ है—भले ही वह थोड़ा हो या अधिक—ऐसे उपन्यास कई हैं। वैदिक और पौराणिक साहित्य पर आधारित उपन्यासों में सांस्कृतिक चेतना प्रायः दृष्टिगोचर हो जाती है। चतुरसेन शास्त्री कृत 'वयं रक्षामः', ऐसा ही उपन्यास है। लक्ष्मीकांत वर्मा कृत 'टेराकोट', आचार्य हजारी प्रसाद द्विवेदी कृत 'अनामदास का पोथा', डॉ. शिवप्रसाद सिंह कृत 'वैश्वानर' आदि अन्य उल्लेखनीय उपन्यास हैं।

जहाँ तक सवाल आलोच्य अवधि में प्रकाशित सांस्कृतिक उपन्यासों का है। ऐसे उपन्यासों की संख्या बहुत थोड़ी है। नरेंद्र कोहली ने इस दिशा में अवश्य ही सराहनीय कार्य किया है। 'दीक्षा', 'अवसर', 'संघर्ष की ओर', 'युद्ध' आदि उपन्यास उन्होंने राम-कथा के चिराचरित आख्यान को केंद्र में रखकर लिखे। बाद में अभ्युदय-I और अभ्युदय-II के रूप में उक्त सभी उपन्यासों का प्रकाशन हुआ।

राम-कथा की ही भाँति महाभारत के विस्तृत आख्यान को उपन्यास के रूप में नरेंद्र कोहली ने प्रस्तुत किया है। आठ भागों में प्रस्तीर्ण उक्त कथा यद्यपि महाभारत से प्रेरित-प्रभावित है, पर कहीं-न-कहीं वह उपन्यासकार की मौलिक रचना भी है। महासमर के आठ भाग हैं—

1. बंधन

2. अधिकार
3. कर्म
4. धर्म
5. अंतराल
6. प्रच्छन्न
7. प्रत्यक्ष
8. निर्बन्ध

उपन्यासकार के अनुसार मानवता के शाश्वत प्रश्नों का साक्षात्कार महासमर का प्रतिपाद्य है। लेखकीय विजन के अनुसार महाभारत में प्रतिपादित 'धर्म' का स्वरूप तो मानव जीवन का शाश्वत सत्य है ही, साथ ही मानवीय संबंधों से जुड़े सत्य जो थोड़े-बहुत परिवर्तन के साथ प्रत्येक युग में विद्यमान होते हैं, शाश्वत सत्य के रूप में स्वीकार किए जा सकते हैं। महासमर इसी का आख्यान है। यह महाभारत की पुनः प्रस्तुति या पौराणिक मानवेतर प्रसंगों की व्याख्या मात्र नहीं। वरन् एक जीवंत रचना संसार है, जिसके प्राणी मानवीय संवेदनाओं से पूर्ण हैं।

यों तो, रामकृष्ण और अन्य पौराणिक पात्रों को आधार बनाकर अनेक कथित उपन्यास लिखे गए, पर उनका लक्ष्य शुद्ध व्यावसायिक या धार्मिक है। अतः उनकी चर्चा अनपेक्षित है।

इस वर्ग के कुछ उपन्यास, जिनमें संस्कार-संस्कृति का विमर्श हुआ है। इस प्रकार हैं—सच्चिदानंद धूमकेतु कृत 'माटी की महक', राही मासूम रज़ा कृत 'आधा गाँव', डॉ. शिवप्रसाद सिंह कृत 'अलग-अलग वैतरणी', उदयशंकर भट्‌ट कृत 'लोक-परलोक', रामदरश मिश्र कृत 'जल टूटता हुआ', 'पानी के प्राचीर', विवेकी राय कृत 'बबूल', ओमप्रकाश निर्मल कृत 'बहता पानी', 'रमता जोगी', नागार्जुन कृत 'नयी पौध', रेणु कृत 'परती परिकथा', हिमांशु श्रीवास्तव कृत 'नदी फिर बह चली', रानी कृत 'शालवनों का द्वीप', जया जादवानी कृत 'तत्त्वमसि' आदि।

इसी कड़ी में नरेंद्र कोहली का स्वामी विवेकानंद के जीवन पर आधारित उपन्यास 'तोड़ो', कारा तोड़ो' (तीन भागों में) भी परिगणनीय है। उपन्यासकार ने अपने कथानायक के विचारों की प्रस्तुति में संयम और संवेदनशीलता का परिचय दिया है।

''औपनिषदिक युग में परिवेश और जीवन पद्धति पर आधारित हजारी प्रसाद द्विवेदी का उपन्यास 'अनामदास का पोथा' इस कोटि के उपन्यासों में शीर्षस्थ है। इसकी कथा तथा इसमें प्रस्तुत आध्यात्मिक विचार उपनिषदों से, विशेषकर 'वृहदारण्यक' और 'छान्दोग्य' से लिए गए हैं। उपन्यास में प्रस्तुत रैक्व, जाबाला, जानुश्रुति, अरुंधती, भगवती ऋतंभरा, ऋजुका, मामा, जटिल मुनि आदि की कथा, अपने औपनिषदिक आधार के बावजूद, कल्पित ही हैं, पर द्विवेदी जी ने उसे इस प्रकार प्रस्तुत किया

है कि उसकी प्राचीनता बाधित नहीं होती। जहाँ तक उपन्यास में व्यक्त विचारों का प्रश्न है, वे निश्चित रूप से आधुनिक चिंतन के अनुरूप हैं। प्राचीनकाल के कुछ विचार आधुनिक युग में नई अर्थवत्ता प्राप्त कर लेते हैं।"[56]

आचार्य हजारी प्रसाद द्विवेदी और अमृतलाल नागर के उपन्यास इस तथ्य की पुष्टि करते हैं कि उपन्यास में अतीत का संवेदनात्मक स्तर पर सर्जनात्मक उपयोग संभव है। ये उपन्यास इस धारणा का खंडन करते हैं कि अतीताश्रित उपन्यास उच्चकोटि के उपन्यास नहीं हो सकते, पर जहाँ 'अतीत' अंधविश्वास पर आधारित, इतिहास बोध से रहित, पुनरुत्थानवादी दृष्टि का पोषक और जैसी-तैसी कथा के रूप में आता है वहाँ उसका कोई सर्जनात्मक महत्त्व नहीं होता। प्रसन्नता की बात है कि सांस्कृतिक प्रवर्ग के हिंदी उपन्यास संख्या में थोड़े होते हुए भी अपनी अलग पहचान बना पाने में सफल हुए हैं।

1.6 रोमांटिक उपन्यास

इस प्रवर्ग में हमने उन स्थलों की समाहिति वाले उपन्यासों को रखा है, जो प्रेम के बहुआयामी रूप का चित्रण करते हैं। वस्तुतः यह विभाजन की सीमा को भी इंगित करता है। सभी प्रेमपरक उपन्यासों को एक साथ रखने के लिए यह आवश्यक भी था। प्रेम के आयामों पर आधारित कथा साहित्य (उपन्यास) की सर्जना को आचार्य हजारी प्रसाद द्विवेदी ने एक नई दिशा दी। चाहे 'बाणभट्ट की आत्मकथा' हो अथवा 'अनामदास का पोथा' निर्मल निश्छल प्रेम की प्रतीति ही वहाँ सब कुछ है। प्रेम भी कैसा व्यष्टि-समष्टि, स्व-पर, नर-नारी, आबाल-वृद्ध, दलित-दमित, पीड़ित, प्रवंचित-शोषित सबको तुष्ट करने वाला। ऐसे काम्य प्रेमिल व्यवहार की तलाश ही उपन्यासकार का लक्ष्य रहा है।

हिंदी उपन्यास साहित्य में इस वर्ग के शीर्षस्थ उपन्यासों में से एक है—'गुनाहों का देवता'। डॉ. धर्मवीर भारती के इस सुचर्चित उपन्यास के लगभग चालीस संस्करण प्रकाशित हो चुके हैं। हर युवा इसे पढ़ना चाहता है, पढ़ता है जिसमें तनिक भी साहित्यिक रुचि और स्वाध्यायप्रियता है। सुधा-चंदर-विनती के सहारे कुशलतापूर्वक बुनी गई कथा पाठक को प्रभावित किए बिना नहीं मानती। हिमांशु जोशी का 'तुम्हारे लिए' भी एक अद्भुत प्रेमपरक उपन्यास है। 'प्रेम प्रतिदान नहीं चाहता, वह तो सिर्फ देना-चाहता है' के सिद्धांत को इस उपन्यास में परिपुष्ट किया गया है।

विनोद कुमार शुक्ल का उपन्यास 'दीवार में एक खिड़की रहती थी' भी कथ्य-शिल्प के स्तर पर रोमांटिक अनुभव देने वाले उपन्यासों की श्रेणी में आता है। रघुबर और सोनसी के माध्यम से लेखक पाठक को एक ऐसे कल्पना लोक की सैर करवाता है जहाँ हर संवेदनशील पाठक जाना चाहता है।

'मुझे चाँद चाहिए' आलोच्य अवधि में प्रकाशित सर्वश्रेष्ठ कलात्मक संभावनाओं

वाले उपन्यासों में से एक है। सुरेंद्र वर्मा ने 'मुझे चाँद चाहिए' में प्रेम-स्नेह के अनेकानेक रूपों-स्वरूपों-आयामों का बड़ा ही प्रभावशाली चित्रण किया है। इस उपन्यास की केंद्रीय पात्र मध्यवर्गीय रूढ़िवादी ब्राह्मण परिवार की एक लड़की 'सिलबिल' उर्फ यशोदा पांडेय से वर्षा वशिष्ठ तक की यात्रा तथा स्त्री के संघर्ष और विद्रोह का असाधारण उदाहरण है। वह एक महत्त्वाकांक्षी लड़की है, जो परंपरागत व्यवस्था की सारी संहिताओं को रौंदती और बाधाओं को पार करती आर्थिक आत्मनिर्भरता और शक्ति प्राप्त करती है। उसका संघर्ष जितना बाहरी, व्यवस्था-विरोधी है, उससे कहीं बढ़कर निजी और आंतरिक भी। बिनब्याही माँ के दायित्व को वह जिस गर्व लेकिन जिम्मेदारी की भावना से सँभालती है, अनूठा है। सिलबिल के वर्षा वशिष्ठ के रूप में अंतरित होने की कहानी मध्यमवर्गीय भारतीय स्त्री के अत्याधुनिक स्त्री में रूपांतरण की विश्वसनीय कहानी है।

कृष्णा सोबती कृत 'दिलोदानिश' यद्यपि स्त्री की संतान, संपत्ति, घर, सेक्स आदि की समस्या को ऐतिहासिक परिप्रेक्ष्य में तलाशने की कोशिश है, पर उसमें इत-उत रोमांस की छाप है, इससे इनकार नहीं किया जा सकता। वास्तव में, 'दिलोदानिश' में विवाहेतर काम संबंध और संतान की स्वीकृति का प्रश्न अपनी सारी जटिलताओं और तीखेपन के साथ मौजूद है इसीलिए उसकी रोमांटिक छवि उतनी-वैसी प्रभावी नहीं है जितनी काम्य थी।

शुभा वर्मा कृत 'कोई एक' भी इसी वर्ग का उपन्यास है। यद्यपि 'कोई एक' में अतिभावुकता है पर इतना तो मानना ही पड़ेगा कि शुभा वर्मा ने यकीनन इसे डूबकर लिखा है। सुनीता जैन के पाँच लघु उपन्यास 'तितिक्षा' शीर्षक से एक जिल्द में आए हैं। इनमें 'बोज्यू' और 'सफल के साथी' सच में बिद्ध कर देने वाले उपन्यास हैं। 'बोज्यू' में किशोरावस्था से बढ़कर तरुणाई की हदों को छूती मुक्ता की मनःस्थिति के कुछ गहरे चित्र हैं। "इनमें प्रेम है, प्रेम की सरल, निश्छल भावना में सब कुछ भूलना है और उसी के साथ दुनिया की क्रूरता का पहला और कठिन साक्षात्कार भी! सुनीता जैन ने बहुत पारदर्शी भाषा में, अंतरंगता के साथ इस कथानुभव को बाँधा है।"[57]

सुनीता जैन का ही एक और उपन्यास 'सफल का साथी' भी इस प्रवर्ग में परिगणनीय है। इस उपन्यास में न सिर्फ समुद्री यात्रा का बेहद रोमांचक वर्णन है, बल्कि प्रेम को जीती स्त्री की मनःस्थिति के कुछ ऐसे कोण भी खुले हैं, जिन्हें इतनी सच्चाई से लिख पाने की कुव्वत बहुत कम लेखिकाओं में है। सुनीता जैन के उपन्यास अपनी सच्ची और निश्छल भावना में हमें दूर तक बहा ले जाते हैं।

इस प्रवर्ग के अन्य प्रमुख उपन्यास इस प्रकार हैं–'अपनी सलीबें' (नमिता सिंह), 'यातना शिविर' (सिम्मी हर्षिता), 'अब न बनेगी देहरी' (पद्मा सचदेव),

'इच्छापन' (जगन सिंह), 'ऐलान गली जिन्दा है' और 'यहाँ वितस्ता बहती है' (चंद्रकांता), 'निष्कवच' (राजी सेठ), 'झूला नट', 'अल्मा कबूतरी', 'चाक' (मैत्रेयी पुष्पा), 'शाल्मली', 'ठीकरे की मँगनी' (नासिरा शर्मा), 'एक ज़मीन अपनी' (चित्रा मुद्‌गल), 'तत्त्वमसि' (जया जादवानी) आदि।

और अंत में कमलेश्वर का 'कितने पाकिस्तान'! क्योंकि इस उपन्यास की चर्चा किए बिना यह प्रवर्ग अधूरा रह जाएगा। अदीब और सलमा यानी कि कथानायक और विद्या के स्नेहिल-प्रेमिल नजदीकियों का चित्रण इस उपन्यास को भी इस प्रवर्ग में जगह दिलाता है। उपन्यास इस तथ्य की सम्पुष्टि करता है कि 'प्रेम' जाति, धर्म, संप्रदाय, सामाजिक-आर्थिक स्तर आदि बंधनों में बँधने वाला नहीं है। प्रेम तो सिर्फ प्रेम है—सभी बंधनों-सीमाओं-वर्जनाओं से परे!

संदर्भ

1. डॉ. रामदरश मिश्र; हिंदी उपन्यास : एक अंतर्यात्रा, पृष्ठ 11.
2. Novel is the most important gift of bourgeois or capitalist civilization to the worlds imaginative culture. Ralph Fox : The Novel and the People, p. 53.
3. प्रो. गोपाल राय; हिंदी उपन्यास का इतिहास, पृष्ठ 13.
4. The drama, music, painting and sculputure have all been developed by modern society, either for better or for worse, but all these arts had already gone through along period of growth as long almost as civlization itself and their main problems were solved. With the novel, only one problem, the simplest one of all, that of tellinig a story, had been solved by the past–Ralph Fox : The Novel and the People, p.53.
5. डॉ. रामदरश मिश्र; हिंदी उपन्यास : एक अंतर्यात्रा, पृष्ठ 14.
6. It is true that novel writing is a philosophical occupation. The great novels of the world Don Qixote, Gargantua Pantagrueal Robinson Crusoe, Jonathan Wild, Jaquesle Fataleste Le Rouge et Le Noir, War and Peace, L' Education, Sentimental, Wuthering Height, The way of all flesh, are great precisely because they have this quality of thought behind them because they are highly imaginative inspired, if you like, commentrarieson life. – Ralph Fox : The novel and the people, p. 54.
7. प्रो. गोपाल राय; हिंदी उपन्यास का इतिहास, पृष्ठ 13.
8. हंस, जनवरी, 1999, पृष्ठ 14-15.
9. प्रेमचंद्र; कुछ विचार, पृष्ठ 49 (डायमंड पा.बु., दरियागंज, दिल्ली)
10. डॉ. चंद्रकांत म. बांदिवडेकर : उपन्यास : स्थिति और गति, पृष्ठ 2.
11. उपरोक्त, पृष्ठ 2.
12. Nature and Forms of the Lyrical Novel–Ralph Freedman The Novel : Modern Essay in Criticism (1969) – Edited by Robert Murray Davis Printice – Hall Inc. Englewood Gitts, New Jersy.
13. उद्‌धृत डॉ. हरिमोहन; साहित्यिक विधाएँ : पुनर्विचार, पृष्ठ 146.
14. Yet the fact that show many difficult attempts are made suggests that there is a

degree of intractiablity in the proble; no matter how much the writer wants to dissolve conventional chronology, the use of flash-backs and timeshifts seems to go against the grain of the medium. – Bernard Bergonzi : The Situation of the Novel (1970) p.20.

15. The most a novelist cando is compose on a type-writer instead of with a pen, but eh end produce of his art will still be a small, hard, rectangular object, where pages are found along one edgeinto finds covers and numbers conseutively. No matter how revolutionary a novel's content may become, it is still conveyed to the reader by a vehicle that has not essentially changed since the dayd of Defoe or Richardson. Ibid, p.29.
16. However, freely we allow for and admire controlled deviation from nature that express that writer's personal and eccentric sense of things, the deviations only work when they are deviations. If they become central to the work, the work will have at its heart a mystry such as Eliot finds in Hamlet, an emotion that is inexpressible in any terms made available by nature. But to work within the limits of nature is not simple a practical necessity; it is also the way the novel achieves what has generally been recognised as its most magnificient effect; the effect that has been described as Tolstoy's great achievement so to work that the reader does not feel that he is reading the work of a particular man at all, but feels that he is simple these, in an actual world. Arthur Mizener : The sense in the Modern Novel, p.23.
17. The forms of art – its language – are in their nature a continuous extension or modification of conventions entered into by maker and reader, and this is true even of very original artists so long as they communicate at all. Consequently, novelty in the arts is either communication or noise. If it is noise there is no more to say about it. If it is communication, it is inascapably related to something older than itself. – Frank Kermode : The sense of an Ending, Page 102.
18. To sacrifice a problem presentation of the shows of things to the direct expression of what the novelist thinks the things mean is for the novelist – and probably the novelist alone – to gain his own soul and loose the world, which is perhaps a satisfactory enough outcome for saints and angles, but not for novelists who may wish to be read. – Arthur Mizener : The Sense in the Modern Novel, page 269.
19. I am a little suspicious of the novels which display too much formal precision, in which the parts are too neatly articulated, and which too triumphantly make a coherent whole. The danger is that unity may be bough at the cost of excluding too much. – W.S. Harvey : Character and the Novel, page 185.
20. Satre is perhaps as good as any novelist can be without acheving real greatness; when beread his novels, we say, "yes, this is the sartreah world", but when be read one of the great masters, we say simple, "yes, this is the world." This difference in our response may perhaps seem slight, in fact, it is crucial. – W. J. Harvey : Character and the Novel, p.182.
21. हंस, जनवरी, 1999, पृष्ठ 13.
22. प्रो. गोपाल राय; हिंदी उपन्यास का इतिहास, पृष्ठ 375.
23. उपरोक्त, पृष्ठ 375.
24. उपरोक्त, पृष्ठ 383-384.
25. प्रकाश मनु; बीसवीं सदी के अंत में उपन्यास : एक पाठक के नोट्स, पृष्ठ 143.

26. उपरोक्त, पृष्ठ 145.
27. भगवानदास मोरवाल; काला पहाड़, प्रथम फ्लैप से
28. प्रकाश मनु; बीसवीं सदी के अंत में उपन्यास : एक पाठक के नोट्स, पृष्ठ 81.
29. उपरोक्त, पृष्ठ 82.
30. उपरोक्त, पृष्ठ 123.
31. जया जादवानी : तत्त्वमसि, पृष्ठ 328.
32. कमलेश्वर : कितने पाकिस्तान, प्रथम फ्लैप से
33. उपरोक्त, पृष्ठ 4.
34. उपरोक्त, पृष्ठ 60.
35. उपरोक्त, पृष्ठ 61.
36. उपरोक्त, पृष्ठ 94.
37. उपरोक्त, पृष्ठ 97.
38. उपरोक्त, पृष्ठ 98.
39. उपरोक्त, पृष्ठ 110.
40. उपरोक्त, पृष्ठ 113.
41. प्रकाश मनु; बीसवीं सदी के अंत में उपन्यास : एक पाठक के नोट्स, पृष्ठ 45-46.
42. गिरिराज किशोर; 'पहला गिरमिटिया', प्रथम फ्लैप से
43. श्री लाल शुक्ल; 'पहला गिरमिटिया' : कुछ प्रतिक्रियाएँ से
44. प्रकाश मनु; बीसवीं सदी के अंत में उपन्यास : एक पाठक के नोट्स, पृष्ठ 29.
45. निर्मल वर्मा; रात का रिपोर्टर, प्रथम फ्लैप से
46. प्रेम कुमार मणि; ढलान, प्रथम फ्लैप से
47. निलय उपाध्याय; अभियान, समर्पण
48. उपरोक्त, द्वितीय फ्लैप से
49. राही मासूम रज़ा; हिम्मत जौनपुरी, प्रथम फ्लैप से
50. उपरोक्त, पृष्ठ 115.
51. प्रकाश मनु; बीसवीं सदी के अंत में उपन्यास : एक पाठक के नोट्स, पृष्ठ 173.
52. उपरोक्त, पृष्ठ 173-174.
53. उपरोक्त, पृष्ठ 171.
54. प्रो. गोपाल राय; हिंदी-उपन्यास का इतिहास, पृष्ठ 448.
55. डॉ. धीरेंद्र वर्मा; हिंदी साहित्य कोष, बनारस ज्ञानमंडल
56. प्रो. गोपाल राय; हिंदी-उपन्यास का इतिहास, पृष्ठ 454.
57. प्रकाश मनु; बीसवीं सदी के अंत में उपन्यास : एक पाठक के नोट्स, पृष्ठ 162.

द्वितीय अध्याय

सांप्रदायिकता : स्वरूप-विवेचन

2.1 सांप्रदायिकता की अवधारणा

सांप्रदायिकता के उद्भव एवं विकास पर चर्चा करने से पहले यह आवश्यक प्रतीत होता है कि उसके स्वरूप पर दृष्टि निक्षेप कर लिया जाए, क्योंकि सांप्रदायिक विचारधारा हमारे जीवन में इतने लंबे समय से मौजूद रही है कि यह एक बहुत ही साधारण और साफ सी चीज लगती है लेकिन वास्तविकता शायद इसके विपरीत है। 'संप्रदाय' शब्द बहुधा 'धर्म' के साथ जुड़कर आता है, जिससे यह भ्रम पैदा होता है कि दोनों पर्याय हैं, पर वास्तव में ऐसा है नहीं। धर्म में जहाँ व्यापक, विस्तृत एवं विशाल विचारधारा की समाहिति होती है, वहीं संप्रदाय सीमित एवं खंडित विचारधारा वाले समूह के लिए प्रयुक्त होता है। धर्म, संघ का समर्थन करता है और संप्रदाय संगठन की हिमायत। संप्रदाय का संबंध और आधार धर्म में ही केंद्रित होता है, परंतु जब इसमें राजनीति का प्रवेश हो जाता है तो राष्ट्र और समाज पर उसका दुष्प्रभाव पड़ने लगता है और धर्म की आड़ लेकर स्वार्थलोलुप लोग उथल-पुथल मचाने लगते हैं। धर्म की ऐसी ही सीमित और खंडित विचारधारा 'संप्रदाय' कहलाती है। जैसा कि पहले भी इंगित किया गया है कि धर्म का क्षेत्र विस्तृत और व्यापक है, संप्रदाय का सीमित-संकुचित। इसी बिंदु पर एक बहुत स्वाभाविक-सा प्रश्न उठता है कि क्या धर्म या कि धार्मिक प्रचलन में निष्ठा रखना सांप्रदायिकता है? इस प्रश्न का उत्तर निश्चित रूप से नकारात्मक होगा। धर्म से मनुष्य को आध्यात्मिक अनुशासन एवं सम्यक् जीवन पद्धति प्राप्त होती है, लेकिन सांप्रदायिकता इस पद्धति और अनुशासन को छिन्न-भिन्न करने का काम करती है। धर्म मानवीय मूल्यों को एक नयी ऊँचाई की ओर ले जाता है और सांप्रदायिकता दलदल में। सांप्रदायिक दल या व्यक्ति धर्म के संकीर्ण परिवेश को ही स्वीकार करता है, क्योंकि उसकी स्वार्थ सिद्धि उसी राह पर चलकर संभव है। ऐसे दल या लोग अपने संप्रदाय तक ही सीमित

रहते हैं। डॉ. नामवर सिंह इसी तथ्य की ओर संकेत करते हुए कहते हैं—"हम वामपंथी लोग यह सोचते थे कि धर्म माने संप्रदायवाद। जबकि पाया यह जाता है कि गहरा धार्मिक आदमी उतना सांप्रदायिक नहीं होता, बल्कि बिलकुल नहीं होता। सांप्रदायिक वे होते हैं, जिनमें धार्मिक आस्था नहीं होती।"[1]

वस्तुतः 'सांप्रदायिकता एक ऐसी चिंतनधारा है, जो खुद को सांप्रदायिक की संज्ञा देना पसंद नहीं करती।'[2] सांप्रदायिकता तरह-तरह की खाल ओढ़कर सामने आती है, कभी वह धर्म और संस्कृति की खाल ओढ़े हुए आती है तो कभी राष्ट्रवाद की। कभी वह धर्मनिरपेक्षता के खोखले दावे करते हुए हमसे मुखातिब होती है तो कभी समाजवाद की बात भी करती है। जहाँ तक धर्म और संस्कृति का संबंध है, सांप्रदायिकता का उससे जुड़ा हुआ रूप आधुनिक भारत में अधिक उजागर हुआ है, यद्यपि धर्म और संस्कृति उसका मुखौटा ही रहे हैं, उसकी बुनियादी हकीकत नहीं। धार्मिक होना एक बात है, सांप्रदायिक होना बिलकुल दूसरी बात। कट्टर से कट्टर धार्मिक व्यक्ति धर्म निरपेक्ष मानसिकता का हो सकता है और धर्म तथा धार्मिक बाह्याचारों से कतई ताल्लुक न रखने वाला व्यक्ति हद दरजे की सांप्रदायिक मनोभावना से ग्रस्त हो सकता है। मुहम्मद अली जिन्ना किसी भी अर्थ में धर्मनिष्ठ मुसलमान नहीं थे और न ही आज के तथाकथित सांस्कृतिक राष्ट्रवादियों में से अनेक धर्मनिष्ठ हैं, किंतु जिन्ना या आज के ये 'सांस्कृतिक राष्ट्रवादी' जानते हैं कि धर्म को हथियार बनाकर राजनीतिक सत्ता की लड़ाई आसानी से लड़ी जा सकती है। धर्म-प्राण और धर्मभीरु जनता को धर्म के नाम पर आसानी से बरगलाया जा सकता है। जिन्ना ने यही किया। परिणाम हमारे सामने है—देश का विभाजन, सांप्रदायिक दंगे, हिंसा और रक्तपात! राजनीतिक सत्ता की वर्तमान लड़ाई में 'सांस्कृतिक राष्ट्रवादी' भी यही कर रहे हैं। एक-एक गाँव, एक-एक शहर हिंदू और मुसलमान इलाकों में बँटता जा रहा है। इसी बिंदु पर प्रभा दीक्षित के ये कथन नितांत समीचीन प्रतीत होते हैं—

1. सांप्रदायिकता, जैसी कि वह आज है, विशुद्ध रूप से आज के, आधुनिक भारत की समस्या है।
2. सांप्रदायिकता का संबंध धर्म अथवा संस्कृति से न होकर विशुद्ध रूप से राजनीतिक सत्ता प्राप्ति से है।
3. वह अभिजात वर्गीय, पढ़े-लिखे हिंदू और मुसलमानों की राजनीतिक सत्ता प्राप्ति की आपसी प्रतिस्पर्धा है। धर्म और संस्कृति तथा साधारण जनता का इस्तेमाल जिस प्रतिस्पर्धा में विजय के लिए ज़रूरी होता है।

आधुनिक भारत के इतिहास पर दृष्टिपात करें तो हमें पता चलेगा कि आज़ादी के पहले का और आज़ादी के बाद सदी के आखिरी दो दशकों का सारा घटनाक्रम देश की राजनीतिक सत्ता पर काबिज होने के क्रिया-कलापों से संबंधित है, जिसके फल हमें इसी घटनाक्रम के बीच उपलब्ध होते हैं। 'सांप्रदायिकता वस्तुतः आधुनिक

भारत में राष्ट्रवाद का विरोध करते हुए जन्मी है, राजनीतिक सत्ता हथियाना जिसका लक्ष्य रहा है।"[3]

असगर वजाहत सांप्रदायिकता को सही परिप्रेक्ष्य में समझने पर जोर देते हैं। उनका मानना है कि सांप्रदायिकता को सही परिप्रेक्ष्य में न समझ पाने की वजह से उसके विरुद्ध छेड़ा गया अभियान या तो विफल हो जाता है या फिर वांछित सफलता नहीं प्राप्त कर पाता। वे सांप्रदायिकता को परिभाषित करते हुए कहते हैं–"किसी संप्रदाय विशेष में दूसरे संप्रदाय विशेष के लिए धार्मिक विश्वासों या इतर कारणों से घृणा, द्वेष तथा हिंसा की भावना का प्रदर्शन सांप्रदायिकता कही जाएगी।"[4] संप्रदाय विशेष यह जाहिर करता है कि दूसरे संप्रदाय के कारण उसे समाज को और देश को खतरा है और यही कारण है कि एक संप्रदाय विशेष दूसरे को परिवर्तित करना, नष्ट करना या फिर देश से बाहर कर देना चाहता है। सामान्यतः इस तरह की गतिविधियों में संलग्न लोगों और दलों को सांप्रदायिक कहा जाता है।

सांप्रदायिकता को राष्ट्रवाद की उलझी हुई समस्या के रूप में भी देखा-जाना जाता है। हिंदी–रंगमच की शीर्षस्थ विभूति हबीब तनवीर सांप्रदायिकता की समस्या के बारे में अपने विचार इन शब्दों के माध्यम से व्यक्त करते हैं–

"सांप्रदायिकता राष्ट्रवाद की उलझी हुई समस्या है। अगर हम राष्ट्रवाद की समस्या हल कर लें तो सांप्रदायिकता की समस्या का भी स्थायी हल मिल सकेगा। राष्ट्रवाद आधुनिक अवधारणा है। इसके अपने कुछ मूल्य हैं, जिनमें धर्म-निरपेक्षता प्रमुख है। राष्ट्रों के पूर्व व्यक्ति का संघटक धर्म, जाति, संप्रदाय ही हुआ करता था। राष्ट्र की अवधारणा ने उस निर्भरता को तोड़ा, मगर आज राष्ट्र की अवधारणा खुद संकट में है। निजीकरण हो रहा है। तमाम देशी औद्योगिक संयंत्रों को बेचा जा रहा है, विदेशियों के हाथों। तो राष्ट्र कहाँ रहा? उसकी कल्याणकारी योजनाएँ कहाँ-कहाँ रहीं? ये ग्लोबलाइजेशन साम्राज्यवादी स्वभाव है और साम्राज्यवाद विरोधी आंदोलन से ही इसका हल निकलेगा। अतः सांप्रदायिकता की लड़ाई समाजवाद की लड़ाई है, वर्ग-संघर्ष की लड़ाई है। जहाँ तक खुद शिकार होने की बात है, मैं तो कहता हूँ–

"गालियाँ भी हैं ज़बाँ पर हाथ में पत्थर भी है,
देखते क्या हो खड़ा तो हूँ सरे बाज़ार अभी लगाओ पत्थर।"[5]

सच्चे अर्थों में, सांप्रदायिकता बहुमत के मनमाने शासन का नाम है और साफ व खुले शब्दों में कहें तो जब एक विशेष समुदाय अपने आपको अन्य समुदायों से श्रेष्ठ मानकर उन पर शासन करने को अपना दैवी अधिकार समझता है, तब सांप्रदायिक समस्या उद्भूत होती है। इस शासन के कई सोपान होते हैं। शासन या सत्ता प्राप्ति के लिए और प्राप्त हो जाने पर उसे बनाए रखने के लिए सांप्रदायिक शक्तियाँ

सांप्रदायिकता के विविध रूपों को आश्रय बनाती रहती हैं। अमूमन सांप्रदायिकता को राजनीति के साथ ही धर्म से भी जोड़कर देखा जाता है, परंतु सांप्रदायिकता धर्म से उत्पन्न नहीं होती। यह उत्पन्न होती है–घोर आर्थिक विषमता और सामाजिक अन्याय पर आधारित व्यवस्था से। ''सांप्रदायिक विचारधारा खास धार्मिक समुदाय को ही अपनी महत्त्वाकांक्षा एवं गतिविधि का समष्टि रूप एवं आधार स्वीकार करती है। यह विभिन्न समुदायों के भीतर किसी एक समुदाय को सबसे ऊपर उठाती है और अन्य समुदायों को प्रतिकूल सिद्ध करती है या प्रतिकूल रूप में उपस्थित करती है। इसी विचारधारा के परिणामस्वरूप समाज में एक-दूसरे के प्रति वैमनस्य एवं घृणा की भावना का प्रचार-प्रसार होता है। सांप्रदायिकता अपनी मंजिल को अपने समुदाय तक ही सीमित रखती है। इसके सामने राष्ट्र या अन्य सामुदायिक एककों का प्रश्न ही नहीं उठता।''[6]

सांप्रदायिकता अपना संबंध संस्कृति से भी जोड़ने के लिए प्रयासरत रही है। वह अपने-आपको एक सांस्कृतिक आंदोलन के रूप में प्रस्तुत करना चाहती है। प्रेमचंद ने सांप्रदायिकता और संस्कृति के इस द्वंद्व को इन शब्दों में प्रकट किया है–''सांप्रदायिकता हमेशा संस्कृति की दुहाई दिया करती है। उसे अपने असली रूप में निकलते शायद लज्जा आती है, इसीलिए वह गधे की भाँति जो सिंह की खाल ओढ़कर जंगल के जानवरों पर रोब जमाता फिरता था, संस्कृति की खाल ओढ़कर आती है। हिंदू अपनी संस्कृति को कयामत तक सुरक्षित रखना चाहते हैं, मुसलमान अपनी संस्कृति को। दोनों ही अपनी-अपनी संस्कृति को अभी तक अछूती समझ रहे हैं। वे भूल गए हैं कि अब न कहीं हिंदू संस्कृति और न कहीं मुस्लिम संस्कृति, न कोई अन्य संस्कृति।''[7]

वस्तुतः, यह देखा जाए तो अपने आप को सर्वश्रेष्ठ मानने की प्रवृत्ति कहीं-न-कहीं सांप्रदायिकता के लिए उर्वरा शक्ति का कार्य करती है। 'मैं ही सर्वश्रेष्ठ हूँ, मेरा परिवार, मेरी जाति, मेरा संप्रदाय, मेरा समाज, मेरा राष्ट्र ही सर्वोत्तम है'–यह भावना सांप्रदायिकता के केंद्र में होती है। अपने आपको सर्वश्रेष्ठ तथा औरों को दीन-हीन-मलिन-नीच-पतित-नकारा-घृणास्पद मानना ही मोटे तौर पर सांप्रदायिकता है। हाँ, सांप्रदायिक शक्तियों ने अपनी श्रेष्ठता साबित करने के लिए अनेक हथियारों का प्रयोग किया। संस्कृति को भी उन्होंने ऐसा ही हथियार बनाने की पुरजोर कोशिश की, जिसका साहित्यकारों द्वारा समय-समय पर विरोध किया जाता रहा। उपन्यास सम्राट मुंशी प्रेमचंद सतर्क सिद्ध करते हैं कि सांप्रदायिकता का संस्कृति की दुहाई देना निरर्थक है। भाषा-भूषा, रहन-सहन, खान-पान, तीज-त्योहार, आचार-व्यवहार, साहित्य-संगीत-कलादि संस्कृति के प्रत्येक क्षेत्र अब आपसी रूप में इतने करीब हैं कि इन्हें अलग करके देख पाना काफी मुश्किल है। फिर सांप्रदायिकता पता नहीं किस संस्कृति की दुहाई देती है–''फिर हमारी समझ में नहीं आता कि वह कौन-सी संस्कृति है, जिसकी रक्षा के लिए साम्प्रदायिकता इतना जोर बाँध रही है। वास्तव में, संस्कृति की पुकार एक

ढोंग है, निरा पाखंड है और इसके जन्मदाता भी वही लोग हैं, जो सांप्रदायिकता की शीतल छाया में बैठे विहार करते हैं। यह सीधे-सादे आदमियों को सांप्रदायिकता की ओर घसीट लाने का केवल मंत्र है और कुछ नहीं।"[8]

समग्रतः देखें तो सांप्रदायिकता को धर्म और संस्कृति से जोड़ना प्रासंगिक नहीं है। अपने प्रच्छन्न स्वार्थों की पूर्ति के लिए संप्रदायवादी सांप्रदायिकता को धर्म और संस्कृति से जोड़कर प्रस्तुत करते हैं। वास्तव में, यह एक ऐसी विचारधारा है, जो धर्म या संस्कृति की आड़ में एक समुदाय को दूसरे समुदाय से विलग करने, उनमें आपस में घृणा उत्पन्न करने और सहकार-सामंजस्य को मिटाकर वैमनस्य बढ़ाने का कार्य करती है।

सांप्रदायिकता को मध्यकाल की उपज मानने वाले विद्वान ही इसका संबंध धर्म और संस्कृति से जोड़ते हैं, जबकि वास्तविकता इसके ठीक विपरीत है। वस्तुतः, "सांप्रदायिकता आधुनिक युग की देन है और इसका सीधा संबंध राष्ट्रवाद के साथ जुड़ा हुआ है। 19वीं शताब्दी में राष्ट्रीय भावना एक राजनीतिकवाद बन गई थी। राष्ट्रीय चेतना के विकास के साथ-साथ इस देश में पहली बार धर्म के आधार पर दो बड़े धर्मों को मानने वाले जनसमूहों को एक नाम दिया गया। दोनों को अपनी-अपनी अलग पहचान बनाने की चिंता हुई। पहली बार हिंदू आइडेंटिटी और मुस्लिम आइडेंटिटी की भावना जाग्रत हुई। परिणामस्वरूप दोनों संप्रदायों की धार्मिक और सांस्कृतिक भिन्नताएँ उनकी विशेषता बन गई। दोनों संप्रदाय स्वतंत्र राष्ट्रीय राज्य की स्थापना का स्वप्न देखने लगे। सत्ता की होड़ में बहुसंख्यकों ने राष्ट्रवाद का आश्रय लिया तो अल्पसंख्यकों ने संप्रदायवाद का आश्रय लेकर शासन में हिस्सा पाने की कोशिश की।"[9]

सांप्रदायिकता की चर्चा करते समय 'सांप्रदायिक यथार्थ' की चर्चा स्वाभाविक रूप से की जाती रही है। इस बिंदु पर आकर हमें सांप्रदायिकता से जुड़े कुछ और पहलुओं पर भी गौर करना चाहिए। जब कोई सांप्रदायिकतावादी अपने समुदाय के हितों की रक्षा की बात करता था या उसमें निष्ठा रखता था तो वास्तविक जीवन के 'हित' धर्म के दायरे के बाहर नहीं होते थे। ये स्थिति कमोबेश आज भी वैसी ही बनी हुई है। सच तो यह है कि हिंदुओं-मुसलमानों तथा अन्य समुदायों के आर्थिक-राजनीतिक हित एक ही थे और उस स्तर पर उनके बीच कोई सामुदायिक विभाजन नहीं किया जा सकता था। हिंदू या मुसलमान के रूप में राष्ट्रीय स्तर पर या क्षेत्रीय स्तर पर भी उनका कोई अलग-अलग राजनीतिक, आर्थिक जीवन नहीं था। क्षेत्र, भाषा, संस्कृति, वर्ग, जाति, सामाजिक हैसियत, सामाजिक परंपराएँ, खान-पान और पहनावा—इन सभी मामलों में हिंदुओं और मुसलमानों में कोई सामुदायिक एकता नहीं थी, बल्कि अनेक दृष्टियों से बहुत से हिंदू और बहुत से मुसलमान एक-दूसरे के नजदीक थे। जहाँ तक उच्चवर्गीय मुसलमान का सवाल है,

उसका जीवन सांस्कृतिक दृष्टि से भी गरीब मुसलमान के बजाय उच्चवर्गीय हिंदू के ज्यादा करीब था। इसी तरह सांस्कृतिक स्तर पर भी पंजाबी हिंदू किसी बंगाली हिंदू की तुलना में पंजाबी मुसलमान के ज्यादा करीब था, जैसे बंगाली मुसलमान पंजाबी मुसलमान की तुलना में बंगाली हिंदू के ज्यादा निकट था। इस तरह स्पष्ट है कि "भारतीय जनता का सांप्रदायिक विभाजन अवास्तविक था और इसका उद्देश्य वास्तविक विभाजनों यानी विभिन्न भाषायी सांस्कृतिक अंचलों तथा सामाजिक वर्गों के अस्तित्व तथा एक राष्ट्र के रूप में विकसित हो रही वास्तविक एकता के इर्द-गिर्द धुंध पैदा करना था।"[10]

इस प्रकार देखें तो ज्ञात होता है कि यदि सांप्रदायिक हितों का सचमुच कोई वजूद नहीं था, तो सांप्रदायिकता भी सांप्रदायिक यथार्थ की कोई आंशिक, एकपक्षीय या वर्गीय समझ नहीं थी, अपितु वह चीजों को गलत या अवैज्ञानिक दृष्टि से देखने की कोशिश थी। अक्सर यह सुनने में आता है कि सांप्रदायिक व्यक्ति का नजरिया चूंकि संकीर्ण होता है, अतः वह सिर्फ अपने समुदाय के हितों के ही बारे में सोचता है लेकिन अगर वास्तव में ऐसे हित होते ही न हों, तो वह समुदाय या सह-धर्मावलंबियों के हितों की रक्षा कैसे कर सकता है? वह अपने तथाकथित समुदाय का प्रतिनिधि नहीं हो सकता है। सांप्रदायिकता को अतीत की एक विरासत मानने वाले विचारकों की भी कमी नहीं है। लेकिन सच्चाई तो यह है कि सांप्रदायिकता प्राचीन और मध्ययुगीन विचारधाराओं का इस्तेमाल जरूर करती है तथा इसी के ऊपर आधारित भी होती है लेकिन मूलतः यह एक आधुनिक युग की घृणित विचारधारा और राजनीतिक प्रवृत्ति है, जो आधुनिक सामाजिक समूहों, वर्गों और ताकतों की सामाजिक आकांक्षाओं को व्यक्त करती है और उनकी राजनीतिक जरूरतों को पूरा करती है। इसकी सामाजिक जड़ों तथा इसके सामाजिक, राजनीतिक और आर्थिक लक्ष्यों को भारतीय इतिहास के आधुनिक काल में खोजा जा सकता है।

2.2 सांप्रदायिकता : उद्भव और विकास

"भारत की अपनी परंपरा असांप्रदायिक राज्य की परंपरा थी। जैन, बौद्ध और वैदिक धर्मावलंबियों के बीच खटपट यहाँ भी चलती थी, लेकिन, इस देश के राजे राज्य की ओर से किसी भी धर्म का दलन नहीं करते थे, न यहाँ यह रिवाज था कि राज्य धर्म से भिन्न धर्मों के मानने वाले लोगों को द्वितीय अथवा तृतीय श्रेणी का नागरिक माना जाए। किंतु, मुस्लिम राज्यकाल में भारत की यह धर्म-निरपेक्ष नीति समाप्त हो गई। सुलतान, बादशाह और नवाब खुलकर मुसलमानों का साथ देने लगे और हिंदुओं के साथ वही बरताव किया जाने लगा, जो गुलामों के साथ किया जाता था।"[11]

इस प्रकार की स्थितियों ने सांप्रदायिक विद्वेष के लिए उर्वर जमीन उपलब्ध कराई और उपनिवेशवाद की देखरेख में बोया गया सांप्रदायिक विद्वेष का बीज

राजनीतिक हितों के झंडाबरदारों के स्वार्थ जल से सिंचित होता हुआ कब विशाल वृक्ष बन गया, पता ही नहीं चला। वस्तुतः, ''सांप्रदायिकता का उदय आधुनिक राजनीति के उदय से जुड़ा हुआ है।''[12]

आधुनिक राजनीति प्राचीन, मध्ययुगीन या 1857 की राजनीति का सीधा विकास ही थी, बल्कि वह एक नई जमीन पर विकसित हुई। राष्ट्रीयता और समाजवाद जैसी अन्य दृष्टियों की तरह ही राजनीति और विचारधारा के रूप में सांप्रदायिकता का उदय भी तभी संभव हुआ, जब जनता की भागीदारी, जनजागरण और जनमत के आधार पर चलने वाली राजनीति में उच्च वर्ग का वर्चस्व था और जनसाधारण घोर उपेक्षा का शिकार था। जनता विद्रोह भी करती थी, तो राजनीतिक व्यवस्था के बाहर और उसका विद्रोह सफल होने पर उनके नेताओं को शासक वर्ग में शामिल कर लिया जाता था। नेक दृष्टि संपन्न भारतीयों ने इस बात को भली-भाँति समझा और जाना भी। पंडित जवाहर लाल नेहरू ने सन् 1936 में लिखा था, ''यह बात कभी नहीं भूलनी चाहिए कि भारत में सांप्रदायिकता एक परवर्ती घटना है, इसका जन्म हमारी आँखों के सामने हुआ है।'' यहाँ एक ऐसा बिंदु विशेष तौर पर ध्यान देने योग्य है कि ऐसा भी नहीं है कि सांप्रदायिकता जैसी चीज का विकास सिर्फ भारत में ही हुआ हो। यह भारत के विशेष ऐतिहासिक या सामाजिक विकास का अनिवार्य या अपरिहार्य नतीजा भी नहीं था। यह उन स्थितियों की उपज था, जिन्होंने दूसरे समाजों में भी सांप्रदायिकता जैसी घटनाओं और विचारधाराओं को जन्म दिया है।

''भारत में सांप्रदायिक चेतना का जन्म उपनिवेशवाद के दबाव तथा उसके खिलाफ संघर्ष करने की जरूरत से उत्पन्न परिवर्तनों के कारण हुआ।''[13] विभिन्न अंचलों तथा देश के बढ़ते हुए आर्थिक, राजनीतिक और प्रशासनिक एकीकरण, भारत को एक आधुनिक राष्ट्र बनाने की प्रक्रिया, उपनिवेशवाद तथा भारतीय जनता का बढ़ता हुआ अंतर्विरोध तथा आधुनिक सामाजिक वर्गों एवं उपवर्गों का निर्माण इन अनेक कारणों से लोगों में अपने साझा हितों को देखने के नए तरीकों की जरूरत हुई। संपर्कों और वफादारियों के व्यापक आयामों की खोज तथा नई पहचानों की रचना जरूरी हो गई। उन्नीसवीं शताब्दी के पूर्वार्द्ध में जिस नई राजनीति का जन्म हुआ, उसके कारण भी यह सब आवश्यक हो गया। आधुनिक राजनीति का आधार ही था अधिक-से-अधिक भारतीयों में राजनीतिक चेतना उत्पन्न करना और उन्हें सक्रिय करना।

तत्कालीन परिस्थितियों में नए विचारों और नई धाराओं के सहारे नए उदीयमान राजनीतिक यथार्थ एवं सामाजिक संबंधों को जज़्ब करने तथा एकता के नए आधारों एवं नई सामाजिक-राजनीतिक पहचानों को अंगीकार करने की प्रक्रिया को एक कठिन और क्रमिक प्रक्रिया होना ही था। राष्ट्रीयता, सांस्कृतिक भाषायी विकास और वर्ग-संघर्ष की आधुनिक अवधारणाओं का प्रसार इस प्रक्रिया का अनिवार्य नतीजा था लेकिन

जहाँ भी इन धारणाओं का विकास धीमी गति से या आंशिक रूप में हुआ, नये यथार्थ को जज़्ब करने, संपर्क के व्यापक दायरे बनाने और नवीन पहचानों एवं विचारधाराओं का विकास करने के लिए लोगों ने जाति, इलाके, नस्ल, धर्म, संप्रदाय और पेशे जैसे आत्म पहचान के पुराने, परिचित, पूर्व-आधुनिक तरीकों के प्रति झुकाव प्रकट किया, जो अपरिहार्य था। इस तरह की परिस्थितियों में दुनियाभर में ऐसी ही घटनाएँ होती रही हैं लेकिन अक्सर ऐसा होता है कि इन पुरानी अपर्याप्त और मिथ्या धारणाओं तथा पहचानों का स्थान राष्ट्र, राष्ट्रीयता और वर्ग की नई तथा ऐतिहासिक रूप से आवश्यक धारणाएँ और पहचान लेने लगती हैं। भारत में भी बड़े पैमाने पर यही हुआ, हालाँकि सर्वत्र एक जैसे ढंग से नहीं। यहाँ खास बात यह हुई कि देश के कुछ हिस्सों में आम जनता के कुछ वर्गों में धार्मिक चेतना सांप्रदायिक चेतना में बदल गई। भारत की जो स्थिति थी, उसकी कुछ बातें इसमें मददगार थीं। इससे समाज के कुछ हिस्सों की जरूरतें पूरी होती थीं और कुछ सामाजिक तथा राजनीतिक ताकतों का फायदा था। ''सांप्रदायिकता वस्तुतः आधुनिक भारत में राष्ट्रवाद का विरोध करते हुए जन्मी है, राजनीतिक सत्ता हथियाना जिसका लक्ष्य रहा है।''[14]

राजनीतिक सत्ता हथियाने का यह खेल उपनिवेशवादी शासकों के 'फूट डालो-राज करो' के सूत्र-वाक्य से लेकर आज तक जारी है। और तो और धर्मनिरपेक्षता की अलंबरदार कांग्रेस पार्टी ने भी इस खेल को कम मजबूती नहीं प्रदान की। स्वाधीनता आंदोलन में भी कांग्रेस की भूमिका दोहरे चरित्र वाली रही अर्थात् एक ओर जनता को संतुष्ट करने के लिए उसके हितों से जुड़े सवालों को उठाना और दूसरी ओर औपनिवेशिक शासकों के प्रति भी भक्ति भाव प्रदर्शित करना या करते रहना। इस संबंध में रजनी पामदत्त का कहना है–''राष्ट्रीय कांग्रेस की स्थापना के समय से ही कांग्रेस का जो दुहरा चरित्र सामने आया, कांग्रेस के बाद के इतिहास के लिए भी उसका बहुत महत्त्व था। उसकी भूमिका का यह दुरंगापन उसके समूचे इतिहास में बना रहा। एक तरफ तो वह जन-आंदोलन के 'खतरे' से बचने के लिए साम्राज्यवाद से सहयोग करती और दूसरी ओर वह राष्ट्रीय संघर्ष में जनता का नेतृत्व करती थी। कांग्रेस के चरित्र का यह दुहरापन पुराने युग के गोखले से लेकर नए युग के नेता–गोखले के शिष्य–गाँधी के नेतृत्व के अंतर्विरोधों में मिलता है।''[15]

वास्तव में, राष्ट्रीय कांग्रेस का नेतृत्व जिन शिक्षित भारतीय बौद्धिकों से निर्मित था, वे नवोदित पूँजीपति-वर्ग के प्रवक्ता थे। वे यह भली-भाँति जानते थे कि मुगलों के सामंती शासन की तुलना में अंग्रेज़ों के 'सुव्यवस्थित' शासन में देश के आर्थिक हित अधिक सुरक्षित रहेंगे। उनकी मुख्य शिकायत औपनिवेशिक शासकों के आर्थिक शोषण से थी और वे प्रशासन में भारतीयों की भागीदारी भी चाहते थे। अपनी स्थापना के दो दशकों तक कांग्रेस ने कभी भी 'स्वराज' की माँग नहीं की। ब्रिटिश शासकों से उसकी माँग यही थी कि देश का आर्थिक शोषण न हो और वे भारतीय प्रशासन

में हिस्सेदार बनें। इस संबंध में जहाँ तक प्रश्न ब्रिटिश शासकों का है, उन्होंने लुभावने वायदे जरूर किए परंतु उन्हें कभी भी अमली रूप नहीं दिया। इसका परिणाम यह हुआ कि मोहभंग की स्थिति में कांग्रेस में एक नया नेतृत्व उभरकर सामने आया, जो पिछले नरमदल की तुलना में वामदल के रूप में जाना गया। फिरोजशाह मेहता और गोपालकृष्ण गोखले जैसे नरम दलीय नेताओं के विपरीत बाल गंगाधर तिलक इस गरम दल के प्रतिनिधि थे। उनके साथ पंजाब के लाला लाजपतराय तथा बंगाल के विपिन चंद्र पाल जैसे नेता भी थे। लाल-बाल-पाल का यही त्रिगुट गरमदल का अगुआ बना और इस गुट ने ब्रिटिश शासकों से सीधे प्रतिरोध की राजनीति करने का फैसला किया।

इतना सब कुछ होने के बावजूद गरम दल की सबसे बड़ी सीमा यह भी कि उसके पास जनाधार नहीं था। किसान-मजदूरों की समस्याओं से भी उनका कोई खास नाता नहीं था। परिणाम यह हुआ कि गरम दल की उग्र राजनीति शीघ्र ही अधिकाधिक दक्षिणपंथी और संकीर्ण होती गई। इस स्थिति पर टिप्पणी करते हुए रजनी पामदत्त लिखते हैं—"समाज तथा राजनीति के किसी वैज्ञानिक सिद्धांत से कटे होने के कारण इन नए नेताओं ने नरमदलीय नेताओं की समझौतावादी और प्रभावहीन राजनीति का कारण यह समझा कि पुराने नेताओं में राष्ट्रीयता का अभाव है और इनके अंतर्गत पश्चिमी रंग-ढंग की प्रवृत्तियाँ हैं। इसलिए नए नेताओं ने अपने प्रहार का निशाना इन प्रवृत्तियों को बनाया। इस प्रकार, इन नेताओं ने नरमदलीय नेताओं की ठीक उन्हीं बातों की आलोचना की, जो सचमुच में प्रगतिशील थीं। इनके मुकाबले में उन्होंने राष्ट्रीय आंदोलन को सामाजिक रूढ़िवाद की उन प्रवृत्तियों पर खड़ा करना चाहा, जो भारत में अब भी बहुत शक्तिशाली थीं। उन्होंने राष्ट्रीय आंदोलन के निर्माण के लिए कट्टर-हिंदुत्व का सहारा लिया और इस मान्यता को बल दिया कि आधुनिक पश्चिमी सभ्यता की तुलना में प्राचीन हिंदू या आर्य सभ्यता आध्यात्मिक दृष्टि से श्रेष्ठ है। उन्होंने भारत के सर्वाधिक प्रगतिशील आंदोलन अर्थात् राष्ट्रीय आंदोलन को पुरातनपंथी धर्म और धार्मिक अंधविश्वासों की नींव पर खड़ा करना चाहा। इस युग से ही भारत में उग्रवादी राजनीति और सामाजिक प्रतिक्रियावाद का घातक गठजोड़ हुआ, जिसका राष्ट्रीय आंदोलन के लिए बेहद विध्वंसकारी परिणाम हुआ।"[16]

इसे विडंबना ही कहा जाएगा कि जनता के वे जुझारू नेता, जिनमें अनेक काफी निडर व निष्ठावान् थे और जो अतीत के जर्जर अवशेषों से लोगों को दूर खींचकर मुक्ति और समझदारी के रास्ते पर आगे बढ़ा सकते थे, व्यवहार में सामाजिक कुरीतियों और अंधविश्वासों के समर्थक बन गए।

वर्तमान परिवेश और संदर्भ में प्रश्न यह नहीं है कि तिलक और उनके जैसी सोचवाले नेताओं का राजनीतिक आंदोलन में हिंदू धर्म के तत्त्वों का इस्तेमाल कहाँ तक सही या गलत था। निःसंदेह धर्म को सामने लाकर साम्राज्यवाद के खिलाफ

बहुसंख्यक हिंदू जनता को लामबंद किया गया, किंतु पुनः सवाल उठता है कि क्या अनेक जातीयताओं वाले बहुधर्मी भारत में बहुसंख्यक जनता के धर्म और धार्मिक विश्वासों को सामने लाकर व्यापक राष्ट्रीय आंदोलन खड़ा किया जा सकता था। जो वास्तविकता उभरकर सामने आई, वह यह थी कि राष्ट्रीय आंदोलन में हिंदू धर्म और धार्मिक प्रतीकों के इस्तेमाल ने जहाँ हिंदुओं को तो राष्ट्रीय आंदोलन से जोड़ा, वहाँ मुसलमान तथा अन्य अल्पसंख्यकों को उससे अलग भी किया।

यहाँ हमारा इरादा राष्ट्रीय आंदोलन के इतिहास को प्रस्तुत करना या उसकी आलोचना करना नहीं है। हम सांप्रदायिकता की विचारधारा और उसकी विभीषिकाओं पर बात करें, इससे पहले आवश्यक है कि हम सांप्रदायिकता के स्रोतों को पहचानने की ईमानदारी भरी कोशिश करें। अँगरेज़ शासक तो 'फूट डालो और राज करो' की अपनी दुर्नीति के लिए कुख्यात हैं ही, किंतु उन्हें अपनी इस दुर्नीति पर अमल करने में इसलिए सफलता मिली कि नवजागरण तथा राष्ट्रीय आंदोलन के शुरुआती दौर में उपजे उनके अंतर्विरोधों ने इस सफलता के लिए आवश्यक ज़मीन पहले से ही तैयार कर दी थी। इस संबंध में सर जॉन स्ट्रेशी ने अपने विचार इस प्रकार प्रकट किए हैं–

"हमारी कोशिश यह होनी चाहिए कि हम पूरी ताकत के साथ विभिन्न धर्मों और जातियों के बीच मौजूदा भेदभाव बना रहने दें। हमें यह भेदभाव समाप्त करने की कोशिश नहीं करनी चाहिए। 'फूट डालो और राज करो' ही भारतीय सरकार का सिद्धांत होना चाहिए। सच्चाई यह कि भारत में एक दूसरे की विरोधी जातियों का साथ-साथ रहना ही हमारी राजनीतिक स्थिति के लिए एक ठोस आधार प्रस्तुत करता है।"[17]

वास्तव में, उपनिवेशवादी ताकतों को 'फूट डालो और राज करो' की नीति का हथियार हमारे नवजागरण तथा स्वाधीनता-आंदोलन के इन हिंदूवादी रुझानों ने ही मुहैया कराया। कांग्रेस मूलतः धर्म निरपेक्ष राजनीतिक दल रही है और है, किंतु उसके भीतर पुरातन हिंदूवादी समाज की मानसिकता वाले लोग भी रहे हैं। राष्ट्रीय आंदोलन के जो भी क्रियाकलाप आए, गाँधी के नेतृत्व में भी चले, बावजूद इस तथ्य के कि देश के अल्पसंख्यकों की भी उसमें शिरकत रही इन क्रियाकलापों में बार-बार उभरते हिंदूवादी रुझान, अल्पसंख्यकों के एक बड़े हिस्से को राष्ट्रीय मुख्यधारा का अंग बनने से रोकते रहे और कांग्रेस को एक ऐसे राजनीतिक संगठन के रूप में विज्ञापित करने का प्रचार अल्पसंख्यकों के मन में घर करता गया कि वह बहुसंख्यक हिंदुओं के हितों को ही प्रमुखता देने वाली राजनीतिक संस्था है। इसे विडंबना कहा जाएगा कि इस स्थिति के चलते ही देश में कांग्रेस के विरोध में मुस्लिम लीग जैसी सांप्रदायिक संस्था का जन्म हुआ। उसके तत्काल पहले हिंदू महासभा का जन्म भी इसी नीति का परिणाम कहा जाएगा। इसी स्थिति का दुष्परिणाम यह भी है कि सर

सैयद जैसे आधुनिक विचारों के राष्ट्रवादी नेता और मुहम्मद अली जिन्ना जैसा कांग्रेस का, सांप्रदायिक सौहार्द का जबर्दस्त हिमायती अंततः सांप्रदायिक और फिकरापरस्त बने। जिस मुहम्मद अली जिन्ना ने राजद्रोह के मुकदमे में बाल गंगाधर तिलक के पक्ष में बचाव-पक्ष के वकील की भूमिका निभाई थी, जिसका कलकत्ता के कांग्रेस अधिवेशन में कांग्रेस का राष्ट्रीय अध्यक्ष चुना जाना तय था, कांग्रेस के भीतर की हिंदूवादी राजनीति के चलते वह कांग्रेस का अध्यक्ष नहीं बन सका, वह उस मुस्लिम लीग का अध्यक्ष जरूर बना, जिसके कभी वह बेहद खिलाफ था। कांग्रेस जिन्ना को अपने साथ नहीं रख सकी और जिस जिन्ना को कांग्रेस संगठन के भीतर 'एकता का राजकुमार' कहा जाता था, उसने देश के विभाजन में अग्रणी भूमिका निभाई। लेकिन इतिहास तो इतिहास है, वह अपने नियमों से चलता है, हमारी मनोकांक्षाओं के अनुरूप आगे नहीं बढ़ता। आजादी की लड़ाई के समूचे दौर में हिंदू-मुस्लिम जनता के मिले-जुले संघर्ष के बावजूद जिन अंतर्विरोधों को हमने रेखांकित किया है, उनके द्वारा पैदा की गई दरारें मिट नहीं सकीं। इसे भी एक त्रासद अहसास और विडंबना ही माना जाएगा कि गाँधी आज़ादी के उपरांत एक कट्टर हिंदू के द्वारा ही मारे गए। गाँधी, जो नितांत सेकुलर सोच के बावजूद, अपने को सदा ही एक सनातनी हिंदू घोषित करते रहे-"मैं वेदों, उपनिषदों, पुराणों और समस्त हिंदू शास्त्रों में विश्वास करता हूँ और इसीलिए अवतारों तथा पुनर्जन्म में भी मेरा विश्वास है। मैं वर्णाश्रम धर्म में विश्वास करता हूँ। इसे मैं उन अर्थों में मानता हूँ, जो पूरी तरह वेद सम्मत हैं, लेकिन उसके वर्तमान प्रचलित भोंडे रूप को नहीं मानता। मैं प्रचलित अर्थों से कहीं अधिक व्यापक अर्थों में गाय की रक्षा पर विश्वास करता हूँ। मूर्ति पूजा में मेरा अविश्वास नहीं है।"[18]

औपनिवेशिक शासकों से राजनीतिक सत्ता की प्राप्ति के लिए छेड़ा गया राष्ट्रीय आंदोलन सांप्रदायिक विचारों के विभ्रम में फँसकर अंततः देश के लिए आजादी तो लाया, परंतु देश विभाजन की कीमत पर। धर्म-निरपेक्ष दल होते हुए भी कांग्रेस अपने इस बुनियादी चरित्र को अपने अंतर्विरोधों के चलते उजागर नहीं कर सकी। अल्पसंख्यक समुदाय आजादी की लड़ाई में अपनी शिरकत के बावजूद मुख्यधारा से अलग ही माना और समझा गया। मुस्लिम लीग मुसलमानों के हितों की संरक्षक पार्टी के रूप में अपनी पहचान बनाने और मुसलमानों के एक बड़े तबके को अपने साथ लेकर चलने में सफल हुई। उन संकीर्ण सांप्रदायिक हिंदू-संगठनों को भी पनपने का अवसर मिला, जो आजादी की लड़ाई के दौरान भले ही बहुसंख्यक हिंदू जनता को न भरमा सके हों परंतु अपनी संकीर्ण सांप्रदायिक सोच से वातावरण को विषाक्त जरूर करते रहे।

वस्तुतः, इसी परिदृश्य के तहत आज भारत में सांप्रदायिकता के उभार को देखने और समझने की कोशिश करनी चाहिए। इसका कारण यह है कि यदि

सांप्रदायिकता औपनिवेशिक शासकों अँगरेजों की देन होती तो आजादी के पश्चात् उसे समाप्त हो जाना चाहिए था किंतु जैसा कि हम देख-सुन-जान और समझ रहे हैं कि आज़ादी के बाद वह समाप्त होना तो दूर, अधिक व्यापक होकर, अधिक उग्ररूप में बहुआयामी और बहुरूपी बनकर हमारे देश के सामाजिक-सांस्कृतिक परिदृश्य में विद्यमान है। आजादी के पश्चात् देश का राजनीतिक नेतृत्व विदेशी शासकों से कांग्रेस के हाथों में जरूर आया, किंतु चार दशकों तक राजनीतिक सत्ता पर काबिज होने के बावजूद ऐसा क्या हुआ कि न केवल राजनीतिक सत्ता कांग्रेस के हाथों से फिसल गई, वरन् वे हिंदू सांप्रदायिक संगठन बहुआयामी रूपों में अचानक सामने आ गए और देश की राजनीतिक सत्ता हथिया ली जिनकी आज़ादी की लड़ाई में कोई भूमिका न थी।

बींसवी शताब्दी के अंतिम दशक की शुरुआत से ही देश के राजनीतिक मंच पर जिस तरह के खेल खेले गए, उन्हीं का परिणाम था सांप्रदायिकता उग्र हिंदू-सांप्रदायिकता का सामने आना। सन् 1992 में अयोध्या में विवादित ढाँचे का ध्वंस और उस उन्माद के फलस्वरूप एक दल विशेष का देश की राजनीतिक सत्ता पर काबिज होना, वह भी तमाम ऐसे राजनीतिक दलों की सहायता से, जो अपने को धर्म निरपेक्ष कहते थे और आज भी कहते हैं एक ऐसा घटनाक्रम रहा, जिसने कहीं-न-कहीं सांप्रदायिक विद्वेष को बढ़ावा दिया। यह सब कैसे और क्यों हो सका? वास्तव में, इस प्रश्न का उत्तर हमें आज़ादी के बाद के राजनीतिक परिदृश्य के भीतर से ही प्राप्त होता है। जैसा कि अभी चर्चा की गई, इतिहास बहुत निर्मम होता है, वह अपने नियमों के अनुरूप चलता है, हमारी मनोकांक्षाओं के आधार पर नहीं। हमारी मनोकांक्षाएँ जो भी हों, हमारे कार्य-व्यापारों और क्रिया-कलापों पर इतिहास तवज्ज़ो देता है। यहाँ प्रभा दीक्षित की इस बात को फिर दोहराने की आवश्यकता है कि सांप्रदायिकता के मूल में धर्म और संस्कृति नहीं, राजनीतिक सत्ता प्राप्ति की हवस है। धर्म, संस्कृति और साधारण जनता की धार्मिक भावना तो इस्तेमाल की चीज़ें हैं, जिन्हें राजनीतिक सत्ता की अंध दौड़ में शामिल लोग इस्तेमाल करते हैं, फलस्वरूप सत्ता का सुख भोगते हैं।

स्वतंत्रता प्राप्ति के पश्चात सांप्रदायिकता समाप्त होने के बजाय जिस तरह सुरसा के मुख की तरह बड़ी होती गई, उसके नाखूनों और दाँतों में जो नई धार और चमक आई, उसे उसके अभिव्यक्त रूपों में पहचानने के साथ, जरूरत उन सभी भीतरी कारणों को जानने की भी है, जिनके तहत वह पोषित और मजबूत हुई आज वह न केवल जिंदा है, अपितु देश और समाज की एकता, अखंडता, उसकी बहुलतावादी संस्कृति के लिए एक गहरे खतरे के रूप में जानी-पहचानी जा रही है। के. दामोदरन ने आजाद भारत के राजनीतिक, आर्थिक और सामाजिक परिदृश्य के भीतर बैठकर इन कारणों को जाना, समझा और उद्घाटित किया है। यहाँ उनका एक लंबा उद्धरण

देना समीचीन रहेगा। वे लिखते हैं—"एक अर्द्ध-विकसित, अर्द्ध-सामंती समाज से आर्थिक स्वतंत्रता वाले आधुनिक औद्योगिक राष्ट्र में रूपांतरण से तात्पर्य केवल मौजूदा कल-कारखानों की संख्या में वृद्धि होना अथवा नए बड़े पैमाने के पंजीकृत कारखानों का कायम हो जाना भर नहीं है। इसके लिए नए सामाजिक संबंध, नई आदतें और जीवन की नई पद्धति अपेक्षित है। इस रूपांतरण के साथ, जो तर्क द्वारा सिद्ध और प्रमाणित आधुनिक दृष्टिकोण आता है, वह पूँजीवाद से पहले के धार्मिक मताग्रहों, धर्म-संबंधी अंधविश्वासों और रहस्यवादी अंतर्ज्ञान से मेल नहीं खाता। इस नए विश्व-दृष्टिकोण में व्यक्ति-स्वातंत्र्य भाईचारा, जनतंत्र और समाजवाद जैसे नए मूल्यों का समावेश होता है। दूसरे शब्दों में, आर्थिक नियोजन, औद्योगीकरण, राष्ट्रीयकरण, कृषि-सुधार तथा गुट-निरपेक्षता अपने आपमें लक्ष्य नहीं है। वे एक ऐसी श्रेष्ठतर व्यवस्था के निर्माण के साधन हैं, जिसमें विज्ञान, प्रविधि, कला और साहित्य के वरदान समस्त जनता को प्राप्त होते हैं।

किंतु भारत का पुराना सामाजिक ढाँचा पूरी तरह से नहीं तोड़ा जा सका है, जिससे कि वह वर्तमान आवश्यकताओं की पूर्ति के लिए रास्ता तैयार कर सके। विकास का क्रम इतना धीमा और असमान है कि हमारे देश के गाँवों और शहरों में आधुनिकता के साथ आदिमकालीनता भी घुली-मिली है। क्षेत्रों का पिछड़ापन नियोजन में असंतुलन उत्पन्न करता है और जनता के आम असंतोष को बढ़ा देता है। उन लोगों में, जो नवीनता के संपर्क में आए हैं और परिवर्तन चाहते हैं और उन लोगों में जो औद्योगीकरण से केवल नाममात्र को प्रभावित हैं और अब भी अतीत से चिपके हुए हैं, अंतर है। विचारधारा के क्षेत्र में भी विज्ञान और जनतंत्र के आधुनिक विचारों के साथ-साथ गण चिह्नवाद, सर्वात्मवाद और जादू-टोने के पंथों का सह-अस्तित्व है। इस प्रकार, भारत पुराने और नए के बीच संघर्ष के पीड़ापूर्ण दौर से गुजर रहा है। जनता के विभिन्न वर्ग तथा समूह राष्ट्र के सामने उपस्थित विभिन्न समस्याओं के समाधान प्रस्तुत कर रहे हैं। ये अंतर्विरोधपूर्ण हित अपरिहार्य रूप से जनता की विचारधारा और उसके दार्शनिक दृष्टिकोण में भी प्रतिबिंबित होते हैं। प्रतिक्रियावादी तत्त्वों का आज भी जनता पर शक्तिशाली प्रभाव है। ये प्रतिक्रियावादी तत्त्व प्रायः पृथकतावादी प्रवृत्तियों तथा धार्मिक सांप्रदायिक और जातीय विद्वेषों को प्रोत्साहित करते हैं। सांप्रदायिक तथा धार्मिक संगठन स्वभावतः धर्म-निरपेक्ष जनतंत्र तथा राष्ट्रीय एकता के मार्ग में रुकावटें खड़ी करते हैं और आर्थिक उन्नति तथा समाजवाद के लिए जनता के संघर्ष को रोकते हैं। आज भी सैकड़ों मठ, संघ और अन्य सांप्रदायिक तथा धार्मिक संस्थाएँ कायम हैं। आज भी ऐसे हज़ारों संन्यासी, पुरोहित और पंडे मौजूद हैं, जो अनन्यता और निग्रहण-वृत्ति को बढ़ावा देते हैं और आम लोगों को सिखाते हैं कि वे अंतर्मुखी बनें और अतीत की ओर लौटें। (वे उन सबका समर्थन करते हैं जो हमारे देश की धार्मिक, दार्शनिक और सांस्कृतिक परंपराओं और वर्तमान

अनुभूतियों तथा पूर्वाग्रहों में नकारात्मक है। माया, कर्म, आत्मा के शरीरांतरण और वर्णाश्रम धर्म के पुराने, घिसेपिटे सिद्धांत, जो प्रगति के मार्ग में रुकावट सिद्ध हो चुके हैं, दुबारा नए सिरे से प्रचारित किए जा रहे हैं। जनता में उन्हें लोकप्रिय बनाने की कोशिशें जारी हैं। सांप्रदायिकता और संकीर्ण धार्मिक कट्टरता जाति-भेदों, ज्योतिष, यज्ञों तथा हर उस चीज को जो एक धर्म-निरपेक्ष तथा एक संयुक्त संस्कृति के स्वस्थ विकास को अवरुद्ध करती है, प्रोत्साहित किया जा रहा है और उसे संरक्षण प्रदान किया जा रहा है। फासीवाद के समर्थक आज भी इस्लामी राज्य और हिंदू राष्ट्रीयता का नारा उठाते हैं। राष्ट्रीय स्वयं सेवक संघ के सर संघ चालक गुरु गोलवलकर के अनुसार, "हिंदू ही इस धरती और राष्ट्र की सच्ची संतान हैं, क्योंकि उनमें समान रक्त है। उनका अपना भ्रातृत्व है। वे एक ऐसी नस्ल हैं, जिसका समान मूल है और जिसकी रगों में समान रक्त प्रवाहित है।"[19]

उक्त उद्धरण को पूरा का पूरा इसलिए उद्धृत किया गया है, जिससे उन तमाम कारणों को सही रूप में पहचाना जा सके, जिसके चलते आजाद भारत में सांप्रदायिक विद्वेष न केवल लगातार बढ़ता जा रहा है अपितु वह अधिक विध्वंसक और धारदार भी होता है।

सच्ची बात तो यह है कि स्वतंत्रता प्राप्ति के पश्चात् सत्तारूढ़ स्वदेशी शासकों ने कभी पूरे मन से भारत को आधुनिक राष्ट्र बनाने का उपक्रम नहीं किया। स्वतंत्रता संघर्ष के दौरान अनेक विचारकों, लेखकों तथा बुद्धिजीवियों ने राष्ट्रीय आंदोलन के नेतृत्व को बराबर इस बात के लिए सावधान किया कि वह इस लड़ाई को साम्राज्यवाद के साथ-साथ पूँजीवाद और सामंतवाद की ओर मोड़ें, सामाजिक विषमताओं से रूबरू होकर किसान, स्त्री, दलित, सामाजिक समता तथा सामाजिक न्याय के मुद्दों पर भी अपने को केंद्रित करें। किंतु आज़ादी का मध्यमवर्गीय नेतृत्व इन तमाम सवालों को हाशिए पर डालकर बराबर राजनीतिक सत्ता के हस्तांतरण की लड़ाई पर अपने को केंद्रित किए रहा, इस बात के साथ कि शेष मुद्दों को आजादी के बाद हल कर लिया जाएगा। प्रेमचंद इस विषय पर राष्ट्रीय आंदोलन के नेतृत्व को बराबर आगाह करते रहे, परंतु मध्यमवर्गीय नेतृत्व अपने हाथों में राजनीतिक सत्ता चाहता था और इसी नाते उसने अंततः ब्रिटिश सरकार के आजादी के फारमूले को माना भी। परिणामतः उसे राजनीतिक सत्ता मिली और सत्ता पाते ही, बजाय इसके कि देश के सामंती ढाँचे को तोड़ा जाता, हाशिए के सवालों को हल किया जाता रहा। सत्तारूढ़ दल ने तरह-तरह के दावे करते हुए भी मूलतः सामंती ढाँचे को बरकरार रखने में ही अपने हित देखे। परिणामतः सामाजिक समता, सामाजिक न्याय, किसान, मजदूर, स्त्री, दलित से जुड़े सारे सवाल ज्यों के त्यों पड़े रहे। सामंती ढाँचे पर चोट करते हुए भारत को आधुनिक राष्ट्र बनाने की गंभीर कोशिश नहीं हुई। धर्म तथा जाति के आधार पर वोट बैंक बन, अपनी राजसत्ता बनाए और बचाए रखने के लिए कभी

हिंदू कार्ड खेला गया, कभी मुस्लिम कार्ड। विचार के स्तर पर सांप्रदायिक संगठनों से मुठभेड़ के गंभीर प्रयास नहीं हुए। असंतुलित आर्थिक विकास ने क्षेत्रीयता की भावना को पनपाया, अलगाववाद को तरजीह दी, जाति-व्यवस्था पर कुठाराघात करने के बजाय उसे राजनीतिक सत्ता का मोहरा बनाया गया।

स्वतंत्रता के पश्चात् कुछ ही वर्षों में देश उस विरासत से लगभग अलग-थलग सा पड़ गया जो अंतर्विरोधों और सीमाओं के बावजूद नवजागरण और स्वाधीनता आंदोलन से, उनकी सकारात्मक भूमिका के तहत उसे मिली थी। सत्ता-प्राप्ति से लेकर बीसवीं शताब्दी के अंतिम दशक तक आते-आते कांग्रेस न केवल सत्ता पर अपनी पकड़ खोती रही, अपितु उसे सत्ता से भी हाथ धोना पड़ा। कांग्रेस ने अपनी असामर्थ्य के चलते जनता पर पकड़ ढीली कर दी। बजाय इसके कि वामपंथी जनतांत्रिक शक्तियाँ तथा राजनीतिक दल उसे अपने प्रभाव क्षेत्र में लाते, दक्षिणपन्थी ताकतें, क्षेत्रीय राजनीतिक दलों तथा सांप्रदायिक ताकतों ने उसे हथिया लिया। एक सहज प्रश्न हो सकता है कि जो सांप्रदायिकता फासीवाद की हद तक पहुँचते हुए आज देश में हाहाकारी तांडव कर रही है, वे सांप्रदायिक फासीवादी आखिर आसमान से तो नहीं टपके। वे इसी जमीन पर थे और उन्हें फलने-फूलने और इस प्रकार के हाहाकारी तांडव का जो मौका मिला, उसका कारण उसी वस्तुस्थिति में है, जो आजादी के बाद सत्तारूढ़ कांग्रेस की अपनी कमजोरियों, अंतर्विरोधों, अवसरवादिता, राजनीतिक स्वार्थों तथा विभ्रमों के चलते निर्मित हुई। वामपंथी-जनतांत्रिक राजनीतिक दल तथा शक्तियों के लिए भी आत्मालोचन ज़रूरी है कि वे उस स्पेस को क्यों नहीं भर सके, जिसे कांग्रेस ने अपनी कारगुजारियों के चलते खाली किया और सांप्रदायिक-फासीवादी ताकतें क्यों उसे हथियाने में सफल हुईं।

सत्ता की राजनीति, वोट बैंक बनाने और खोने की राजनीति ने सांप्रदायिकता के उभार में कितनी अहम भूमिका निभाई है, इसे आज़ादी के बाद के पूरे दौर में देखा जा सकता है। शाहबानो प्रकरण हमारे सामने इस संदर्भ में उदाहरण के रूप में प्रस्तुत होता रहता है। बहुसंख्यकों की सांप्रदायिकता किस तरह अल्पसंख्यक सांप्रदायिकता को पनपाती और पुष्ट करती है तथा अल्पसंख्यक सांप्रदायिकता किस तरह बहुसंख्यक सांप्रदायिकता को फलने-फूलने का मौका देती है—यह सब भी हमारे अनुभव के दायरे में है। बहुसंख्यक सांप्रदायिकता फासीवादी तरीके अपनाकर किस तरह खुल्लम-खुल्ला अपना तांडव करती है, अयोध्या में विवादित ढाँचे का विध्वंस इसका प्रमाण है। विवादित ढाँचे के विध्वंस के बाद बंबई में हुए बम-विस्फोटों का सिलसिला तथा वैसी ही तमाम कारगुजारियाँ आज हमारे दैनंदिन अनुभवों का हिस्सा बन गई हैं। बहुसंख्यकों की सांप्रदायिकता का मुखर विरोध और अल्पसंख्यकों की सांप्रदायिकता के प्रति उदासीनता या नरम रुख, किस तरह सांप्रदायिकता को और भी अधिक वहशी बनाता है—इसके अनुभव भी हमारे पास हैं—जिन पर स्वयं को

धर्म-निरपेक्ष कहने वालों को गंभीरता से विचार करने की जरूरत है। सांप्रदायिकता चाहे वह बहुसंख्यकों की हो अथवा अल्पसंख्यकों की, एकसमान घातक और विगर्हणीय है। दोनों एक-सी विषैली हैं और दोनों के ही फनों को कुचलने की ज़रूरत है। जो देशी-विदेशी संस्थाएँ और लोग इनको आर्थिक सहायता देते हैं—उनसे समान सख्ती के साथ निपटने की जरूरत है। वे मदरसे हों, शिशु मंदिर हों या अन्य, उन पर कठोर कार्रवाई की जरूरत है। तत्त्ववाद चाहे हिंदू तत्त्ववाद हो या मुस्लिम या कि अन्य धर्मों का सबके खिलाफ सख्त-से-सख्त कदम उठाकर ही समाज तथा देश के बेहतर भविष्य की नींव डाली जा सकती है। हम इन मुद्दों पर जरूर चूके हैं, निश्चित रूप से गलतियाँ हुईं और दोहराई गई हैं। हमें इस बात को सच्चे मन से स्वीकार करना चाहिए। ऐसा न हुआ होता तो सांप्रदायिकता का जो तांडव हमने अभी देखा और देख रहे हैं, इस रूप में संभव नहीं था।

"सांप्रदायिकता का विकास आर्थिक और राजनीतिक दृष्टि से प्रतिक्रियावादी सामाजिक वर्गों और राजनीतिक शक्तियों, अर्द्धसामंती जमींदारों और नौकरशाह रहे लोगों (जिन्हें डॉ. के. एम. अशरफ ने जागीरदार वर्ग कहा है), व्यापारियों और साहूकारों और औपनिवेशिक शासन के हथियार के रूप में भी हुआ। सांप्रदायिक नेताओं और दलों की सामान्यतः इन वर्गों और ताकतों से अच्छी छनती थी। चूँकि सांप्रदायिकता में यह क्षमता थी कि वह जन-संघर्ष को विकृत और गुमराह कर सके, उन सामाजिक, आर्थिक और राजनीतिक शक्तियों की सही समझ विकसित न होने दे तथा लोगों को उनके वास्तविक राष्ट्रीय तथा सामाजिक, आर्थिक हितों एवं मुद्दों तथा उनके इर्द-गिर्द होने वाले जनांदोलनों से भटका दे, इसलिए सामाजिक, आर्थिक तथा राजनीतिक दृष्टि से निहित स्वार्थों ने इसे जानबूझकर प्रोत्साहित किया या अचेतन रूप से स्वीकार कर लिया। सांप्रदायिकता से उच्च वर्गों तथा औपनिवेशिक शासकों के मध्यवर्ग के कुछ हिस्सों से हाथ मिलाने तथा अपने लक्ष्यों की प्राप्ति के लिए उनकी राजनीति का इस्तेमाल करने में भी मदद मिली।"[20]

सांप्रदायिकता के फलने-फूलने के लिए जिस परिवेश की जरूरत थी, इतिहास के सांप्रदायिक इस्तेमाल ने उसे वह वातावरण सहज ही उपलब्ध करवा दिया। भारतीय इतिहास, खास तौर से प्राचीन और मध्ययुगीन भारतीय इतिहास की सांप्रदायिक और अवैज्ञानिक और विकृत व्याख्या सांप्रदायिक चेतना के सम्प्रसार का प्रमुख औजार बनी। सांप्रदायिक विचारधारा का यह एक बुनियादी अंग भी था। स्कूल-कॉलेजों में भारतीय इतिहास बुनियादी रूप से सांप्रदायिक दृष्टि से ही पढ़ाया जा रहा था, जिससे सांप्रदायिकता के उदय और विकास में सहायता मिली। पीढ़ियों से, बल्कि आधुनिक स्कूल व्यवस्था की शुरुआत से भी पहले साम्राज्यवादी लेखकों द्वारा और बाद में अन्य लेखकों द्वारा इतिहास की विकृत व्याख्याएँ पेश की गईं। इसका असर इतना गहरा था कि कुछ कट्टर राष्ट्रीयतावादियों ने भी, भले ही काफी अचेतन स्तर पर,

इनमें से कुछ व्याख्याओं को अंगीकार कर लिया। उस समय के बहुत से नेताओं को इसका अहसास भी था। उदाहरण के लिए, गाँधीजी ने लिखा–"हमारे देश में सांप्रदायिक सौहार्द तब तक स्थायी रूप से नहीं लाया जा सकता, जब तक हमारे स्कूल-कॉलेजों में इतिहास की पाठ्य-पुस्तकों के ज़रिए इतिहास की बेहद विकृत व्याख्याएँ पढ़ाई जाती रहेंगी।"[21] लेकिन इतिहास की सांप्रदायिक व्याख्याएँ केवल पाठ्य पुस्तकों के जरिए नहीं फैलाई जा रही थीं, इसके लिए उनसे भी ज़्यादा कविताओं, नाटकों, ऐतिहासिक उपन्यासों और कहानियों, समाचारपत्रों तथा लोकप्रिय पत्रिकाओं तथा परचों का इस्तेमाल किया जा रहा था तथा सार्वजनिक मंच से दिए गए व्याख्यानों, कक्षा की पढ़ाई, पारिवारिक और निजी चर्चाओं तथा बातचीत के माध्यम से भी वह ज़हर फैलाया जा रहा था।

प्रथमतः उन्नीसवीं शताब्दी में इतिहास को सांप्रदायिक रंग देने की शुरुआत हुई। ब्रिटिश इतिहासकार जेम्स ने भारतीय इतिहास के प्राचीनकाल को हिंदू युग और मध्यकाल को मुस्लिम युग की संज्ञा दी। प्रो. बिपिन चंद्र का मानना है कि 'इस लिहाज से उसे आधुनिक युग को ईसाई युग कहना चाहिए।' दूसरे ब्रिटिश और भारतीय इतिहासकारों ने भी इस मामले में उसका अनुसरण किया। मध्यकाल में मुस्लिम जनता भी उतनी ही शोषित, निर्धन और दमन का शिकार थी, जितनी हिंदू जनता। तत्कालीन समाज में ज़मींदारों, जागीरदारों और शासकों में हिंदू-मुसलमान दोनों थे, फिर भी इन लेखकों ने घोषित कर दिया कि उस दौर में सभी मुसलमान शासक थे और सभी हिंदू शासित। यानी भारत की राज्य व्यवस्था के चरित्र का निर्णय इस बात से किया जाने लगा कि शासक का अपना धर्म क्या था। बाद में किसी खास समय के समाज और संस्कृति के रूप में उसे याद किया जाने लगा।

इतना ही नहीं, हिंदू सांप्रदायिकतावादियों ने इस साम्राज्यवादी प्रचार को भी जल्द ही अंगीकार कर लिया कि मध्य युग के शासक हिंदू विरोधी थे, हिंदुओं पर जुल्म करते थे और उन्हें जबरदस्ती मुसलमान बनाते थे। सभी सांप्रदायिकतावादी इतिहासकारों ने, साम्राज्यवादियों की हाँ में हाँ मिलाते हुए, मध्ययुगीन इतिहास को हिंदू-मुस्लिम विवाद का एक दीर्घ अध्याय करार कर दिया और यह माना कि पूरे मध्य युग में हिंदू और मुस्लिम संस्कृतियाँ अलग-अलग मौजूद रहीं। मध्यकाल के मुसलमान शासकों को, उनके धर्म के कारण, विदेशी घोषित किया गया, आजादी की लड़ाई के दिनों में 'हज़ार वर्ष की गुलामी' और 'विदेशी शासन'-जैसे मुहावरे आम हो गए थे और इनका प्रयोग कभी-कभी राष्ट्रीयतावादियों द्वारा भी किया जाता था। सबसे महत्त्वपूर्ण बात तो यह है कि इतिहास की हिंदू सांप्रदायिक दृष्टि इस मिथक पर बहुत बल देती थी कि भारतीय समाज प्राचीनकाल में एक महान ऊँचाई पर पहुँच गया था और मध्यकाल में मुस्लिम शासन तथा वर्चस्व के कारण उसका लगातार पतन होता गया। भारतीय अर्थव्यवस्था और टेक्नोलॉजी, धर्म, दर्शन, कला, साहित्य,

संस्कृति और समाज में मध्यकाल ने जो मौलिक योगदान किया, उसे पूरी तरह नकार दिया गया।

यह परम स्वाभाविक था कि मुस्लिम सांप्रदायिकतावादियों पर इसकी प्रतिक्रिया होती। उन्होंने पश्चिमी एशिया में 'इस्लामी उपलब्धियों के स्वर्णयुग' का राग अलापना शुरू किया और उसके नायकों, मिथकों तथा सांस्कृतिक परंपराओं के गीत गाने लगे। उन्होंने प्रचारित करना शुरू किया कि मध्यकाल के सभी मुसलमान शासक वर्ग में थे या कम से कम मुस्लिम शासन से लाभान्वित हो रहे थे। वे सभी मुसलमान शासकों को, यहाँ तक कि औरंगज़ेब-जैसे मदांध राजाओं को भी, महिमामंडित करने की कोशिश करते थे। तथाकथित पतन का उनका भी अपना एक सिद्धांत था। उनके अनुसार उन्नीसवीं शताब्दी में राजनीतिक सत्ता छिन जाने के बाद एक समुदाय के रूप में मुसलमानों का एक पराभव हुआ और हिंदू आगे बढ़ने लगे।

कुछ लोगों के अनुसार भारत में सांप्रदायिकता के विकास का मुख्य कारण यहाँ कई धर्मों का समानांतर अस्तित्व था। लेकिन यह वास्तविकता नहीं है। भारत में सांप्रदायिकता के विकास में धर्म की कोई बुनियादी भूमिका नहीं थी, बल्कि कहीं-न-कहीं धर्म सांप्रदायिकता का विरोध करता है। इस संबंध में वरिष्ठ कथाकार मृदुला गर्ग का यह कहना काफी हद तक सही है—

"जब हम सांप्रदायिकता की बात करते हैं तो मानकर चलते हैं कि संप्रदाय धर्म के आधार पर बँटे रहते हैं। हिंदुस्तान में अलबत्ता धर्म का जबर्दस्त वर्चस्व बना हुआ है, जो हमें संप्रदायों में बाँटता भी है, पर जाति का प्रभाव क्या उससे भी ज्यादा नहीं है? फिर लिंग? सबसे स्पष्ट दिखने वाले संप्रदाय मर्द, औरत में हैं। कौन हिंदू है, कौन मुसलमान, किसी का चेहरा देखकर पता नहीं चलता, पर कौन अभाव में जी रहा है, कौन नहीं यह देखते ही पता चल जाता है और यह बँटवारा पुश्त-दर-पुश्त धर्म, जाति और लिंग की ही तरह चलता चला जाता है और देशों में अभाव की जगह अपेक्षाकृत सभ्यता, शिक्षा, पदवी, आधुनिकता ले लेते हैं, पर धर्म हो या भौतिकभेद, जो एक चीज़ दोनों को व्यावहारिक रूप से संचालित करती है, वह है कर्मकांड। जितना सर्वव्यापी कर्मकांड होगा, उतना ही उसका सांप्रदायिक प्रभाव। हमारे धर्मों का आचरण अगर सांप्रदायिकता का सहज प्रतिरोध करता है तो कहीं-न-कहीं, कभी-न-कभी वह पाठक की भाव बोधन चेतना पर प्रभाव डालेगा और उसी के भीतर से एक नया आचरण जन्म लेगा और उसके चलते हम धीरे-धीरे बहुत-सी सांप्रदायिक मनःस्थितियों से मुक्त हो पाएँगे।"[22] हम बात कर रहे थे, सांप्रदायिकता के उन्मेष में धर्म की भूमिका पर। वस्तुतः धर्म के दो रूप हैं। उसका एक रूप है, निष्ठाओं की वह पद्धति, जिनके अनुसार व्यक्ति अपने जीवन का संचालन करता है और दूसरा रूप है धर्म पर आधारित सामाजिक, राजनीतिक पहचान की विचारधारा यानी सांप्रदायिकता। दूसरे शब्दों में, धर्म सांप्रदायिकता का कारण नहीं बनता, हालाँकि

सभी तरह के सांप्रदायिकतावादी धार्मिक मतभेदों का इस्तेमाल करते हैं। इन मतभेदों का इस्तेमाल उन सामाजिक आवश्यकताओं-आकांक्षाओं, संघर्षों इत्यादि को ढकने या विकृत रूप में पेश करने के लिए किया जाता है, जिनका धर्म से कुछ भी लेना-देना नहीं है। सांप्रदायिकता के दायरे में धर्म उसी हद तक आता है, जिस हद तक वह गैर-धार्मिक मामलों में राजनीतिक उद्देश्यों की पूर्ति करता है। के. एम. अशरफ जब सांप्रदायिकता को 'मज़हब की सियासी दुकानदारी' बतलाते हैं तो वे इस पहलू का बहुत ही सटीक विश्लेषण करते हैं। सांप्रदायिकता की प्रेरणा धर्म ने कतई नहीं दी और न सांप्रदायिक-राजनीति धार्मिक उत्थान चाहती है—उसके लिए धर्म एक औजार भर है।

हाँ, सांप्रदायिकतावादियों ने अपने अनुयायियों को गोलबंद करने के लिए धर्म का प्रयोग जरूर किया। सांप्रदायिकता सन् 1939 के पश्चात् और खासतौर से सन् 1945-1947 के दौरान जनता के बीच अपनी जड़ें तभी जमा पाई, जब उसने यह या वह 'धर्म खतरे में है' का उत्तेजक नारा लगाना शुरू किया। इसके अलावा सांप्रदायिक तनाव और दंगों का तात्कालिक कारण धार्मिक आचरण की विभिन्नता ही होती है। इतना अवश्य ही कहा जा सकता है कि धर्म के कारण सांप्रदायिकता नहीं फैली, लेकिन इसमें धार्मिकता का योग जरूर था। धार्मिकता की परिभाषा धार्मिक मामलों में ऐसी गहरी भावनात्मक प्रतिबद्धता के रूप में की जा सकती है, जो धार्मिक लगावों को गैर-धार्मिक मामलों तक ले जाती है और इस तरह उसे व्यक्ति के निजी संसार तक सीमित नहीं रहने देती। धार्मिकता से सांप्रदायिकता नहीं पैदा हुई, लेकिन उसने यह ज़मीन ज़रूर तैयार की, जिसमें सांप्रदायिकता का पौधा फल-फूल सकता था। अतः धर्म-निरपेक्षता का तकाजा यह नहीं था कि धर्म को समाप्त कर दिया जाए, अपितु यह था कि धार्मिकता के आवेग को कम किया जाए तथा धर्म की भूमिका को व्यक्ति के निजी जीवन तक ही सीमित रखा जाए।

सांप्रदायिकता के उद्भव और विकास के इतिहास को ध्यान से देखने पर पता चलता है कि सांप्रदायिकतामूलक दो रूपों और आयामों का आश्रय लेकर निरंतर विकसनशील रही है। इन दो रूपों में नरमपंथी सांप्रदायिकता को सम्मिलित किया जा सकता है। इसी प्रकार, हिंदू-सांप्रदायिकता और मुस्लिम-सांप्रदायिकता को भी हम दो आयामों के रूप में ग्रहण कर सकते हैं। उन्नीसवीं सदी के आखिरी तीन दशकों के पहले भारत में सांप्रदायिकता इतनी-ऐसी प्रसरित न थी। इसके दर्शन दुर्लभ थे। सन् 1857 ई. की लड़ाई, हिंदू और मुसलमान दोनों ने कंधे से कंधा मिलाकर लड़ी थी। सन् 1860 वाले दशक में प्रेस भी हिंदू और मुसलमान को दो भिन्न संप्रदायों के रूप में नहीं देखता था। वस्तुतः, उस समय सारा जोर हिंदुस्तानीपन पर था इसीलिए हम देखते हैं कि जब सर सैयद अहमद खाँ ने शिक्षण संस्थान स्थापित किए तो असांप्रदायिक आधार पर। सन् 1860 के दशक में उनके द्वारा स्थापित वैज्ञानिक

संस्थाएँ हिंदुओं-मुसलमानों दोनों के लिए थीं। लेकिन राष्ट्रीय कांग्रेस की स्थापना के अनंतर सर सैयद अहमद खाँ का स्वर बदल गया और यहीं से सांप्रदायिकता की पहली झलक दिखाई पड़ने लगी। शायद यही कारण था कि मुस्लिम नेताओं को अपना हित औपनिवेशिक शासकों के हाथों में सुरक्षित नजर आया और वे अधिकांशतः अँगरेजों का समर्थन करते रहे।

सर सैयद अहमद की मृत्यु के उपरांत भी मुस्लिम संप्रदायवादियों ने सरकार (औपनिवेशिक सरकार-अँगरेज शासक) के प्रति वफादारों की नीति बनाए रखी। सन् 1905-06 के दौरान जब बंगाल में स्वदेशी-आंदोलन छिड़ा तो उन्होंने सरकार का पक्ष लिया और स्वदेशी-आंदोलन में सहभागिता निभाने वाले मुसलमानों को इस्लाम के 'कमीने गद्दारों' और 'कांग्रेसी दलालों' की उपाधि दी।

मुस्लिम सांप्रदायिकता के समानांतर ही हिंदू-सांप्रदायिकता भी जन्म ले रही थी। सन् 1909 ई. में पंजाब हिंदू सभा की स्थापना हुई। इसके नेता बी. एन. मुखर्जी और लालचंद ने ही हिंदू-सांप्रदायिक विचारधारा और राजनीति की नींव रखी। इन नेताओं का मानना था कि राष्ट्रीय कांग्रेस सभी भारतीयों को एक राष्ट्र के रूप में संगठित कर रही है और इस कार्य में मुसलमानों का सक्रिय सहयोग प्राप्त करने के लिए 'हिंदू हितों की बलि' दे रही है। अपनी अँगरेजी पुस्तिका 'राजनीति में आत्म स्वीकार' में लालचंद ने कांग्रेस को 'हिंदुओं द्वारा स्वयं आमंत्रित किया गया दुर्भाग्य' बताया। उनका कहना था, ''पिछले पच्चीस वर्षों में जो जहर फैलाया गया है, उसके कारण हिंदुओं का अस्तित्व ही समाप्त हो जाएगा। अतः हिंदुओं को न केवल कांग्रेस का परित्याग करना चाहिए, बल्कि उसे खत्म करने की कोशिश भी करनी चाहिए।''[23] इतना ही नहीं, लालचंद ने स्पष्ट घोषणा की थी, ''हिंदुओं को न केवल इस बात में विश्वास करना चाहिए, बल्कि इसे अपने जैविक अस्तित्व, अपने जीवन और अपने आचरण का अनिवार्य अंग बना लेना चाहिए कि वे हिंदू पहले थे और भारतीय बाद में।

सन् 1907 ई. में मार्ले-मिण्टो सुधारों ने सांप्रदायिक आधार पर मतदाता मंडल बनाए और इससे सांप्रदायिक राजनीति के फैलाव को एक मजबूत आधार मिला। इस पद्धति के तहत मुसलमान (बाद में सिख और अन्य) मतदाताओं के लिए अलग चुनाव क्षेत्र बना दिए गए, जहाँ सिर्फ मुसलमान ही उम्मीदवार हो सकते थे और मतदान का अधिकार भी केवल मुसलमानों को था। स्वाभाविक था कि उम्मीदवार अपने निजी स्वार्थों की पूर्ति के लिए सांप्रदायिक आधार पर चुनाव प्रचार करते। उन्होंने ऐसा किया भी और इस प्रकार सिकुड़ी-सिमटी सांप्रदायिकता को पाँव पसारने को अवकाश और स्थान मिल गया।

हमारे देखने में यह आता है कि एक संप्रदाय यह कहकर अपनी सांप्रदायिक चेतना को औचित्यपूर्ण ठहराने की कोशिश करता है कि यह तो दूसरे संप्रदाय की सांप्रदायिक चेतना की प्रतिक्रिया में हुआ। ऐसा कहकर सांप्रदायिकता के प्रसार की

बुनियादी जिम्मेदारी किसी एक पर थोप दी जाती है और दूसरे समूह की सांप्रदायिकता का औचित्य निरूपण करने की कोशिश होती है। उन दिनों भी हिंदू, मुस्लिम या सिख-संप्रदायवादी अपनी-अपनी सांप्रदायिकता के पक्ष में यह तर्क दिया करते थे कि वह तो दूसरों की सांप्रदायिकता की स्वाभाविक प्रतिक्रिया है। सच तो यह है कि सांप्रदायिकता की शुरुआत किसने की, यह सवाल काफी हद तक वैसा ही है, जैसा कि यह कि पहले मुर्गी या पहले अंडा।

वास्तव में, सांप्रदायिकता की चुनौती का जवाब तो यह होता है कि विचारधारात्मक, सांस्कृतिक, सामाजिक और राजनीतिक सभी स्तरों पर इसका खुला और मुखर विरोध किया जाता। सांप्रदायिक विचारधारा का चरित्र, उसकी सामाजिक और वैचारिक जड़ें, उसका सामाजिक आधार, हिंदू-मुस्लिम एकता की दिशा में राष्ट्रवादी आंदोलन की कोशिशों के बावजूद उसकी वृद्धि आदि का वैज्ञानिक अध्ययन किया जाता और सांप्रदायिकता तथा सांप्रदायिक राजनीति की ताकतों के खिलाफ गहन राजनीतिक-विचारधारात्मक युद्ध चलाया जाता। दादाभाई नौरोजी से लेकर गाँधी और नेहरू तक राष्ट्रवादी नेतृत्व का एक बड़ा हिस्सा धर्म-निरपेक्षता के प्रति प्रतिबद्ध था, फिर भी ऐसा नहीं किया जा सका। अगर संप्रदायवादियों के साथ तर्क, विश्लेषणादि के आधार पर बहस चलाई गई होती, तो वे भी भावना और पूर्वाग्रह को छोड़कर तर्क और वैज्ञानिक विश्लेषण की ज़मीन पर आ जाने को बाध्य हो जाते। गाँधीजी और कांग्रेस ने हिंदू-मुस्लिम एकता को अपनी राष्ट्रवादी राजनीति का एक महत्त्वपूर्ण मुद्दा जरूर बनाया, निर्णायक मौकों पर उन्होंने हिंदू-संप्रदायवादियों को खुश करने से इनकार भी कर दिया, यहाँ तक कि धर्म-निरपेक्षता की रक्षा के लिए गाँधी जी ने कई बार अपनी जान तक खतरे में डाली। लेकिन गाँधी जी और कांग्रेस ने सांप्रदायिक समस्या का कोई गहरा विश्लेषण नहीं किया।

सन् 1930 ई. के दशक के प्रारंभ में गोलमेज सम्मेलनों के दौरान सांप्रदायिक नेताओं को एक मैदान में आने का अवसर मिला। इन सम्मेलनों में संप्रदायवादियों ने ब्रिटिश शासक वर्ग के सबसे ज्यादा प्रतिक्रियावादी हिस्सों के साथ हाथ मिलाया। सन् 1932 ई. में ब्रिटिश लोकसभा की एक बैठक में आगा खाँ, कवि मुहम्मद इकबाल और इतिहासकार शफात अहमद ने "हिंदुओं और मुसलमानों के राजनीतिक अथवा सामाजिक हितों का विलय हासिल करने की अंतर्निहित असंभाव्यता" और "ब्रिटिश शासन के प्रतिनिधियों को छोड़कर किसी भी अन्य तरीके से भारत की हुकूमत चलाने की अव्यावहारिकता" पर जोर दिया। इसी तरह 1933 में हिंदू महासभा के अधिवेशन के अध्यक्ष पद से भाई परमानंद ने हिंदुओं और ब्रिटिश सरकार के बीच सहयोग की वकालत की तथा कहा कि "मुझे भीतर से लगता है कि भारत के सबसे प्रमुख समुदाय के रूप में हिंदुओं की जो हैसियत तथा जिम्मेदार स्थिति होनी चाहिए, उसे नए भारत की राजनीतिक संस्थाओं में मान्यता दी जाती है, तो वे ग्रेट ब्रिटेन के

साथ खुशी-खुशी सहयोग करेंगे।''[25]

सांप्रदायिकता का यह नरमपंथी दौर सन् 1937 ई. तक जारी रहा। उसके बाद वह तेजी से उग्रवादी या फासीवादी तौर-तरीके अपनाने लगा। उग्रवादी या फासीवादी सांप्रदायिकता का जन्म घृणा, भय और अतार्किकता की राजनीति से हुआ था। अपना वर्चस्व स्थापित करने और दूसरों का दमन करने की इच्छा सांप्रदायिक प्रचार में आरंभ से मौजूद रही है। यह इच्छा तब और उग्र हो गई, जब दूसरे धर्म के अनुयायियों के खिलाफ घृणा फैलाने का अभियान छेड़ दिया गया। यह भी कहा जाने लगा कि हिंदुओं और मुसलमानों के हितों में कभी मेल नहीं हो सकता। डब्ल्यू. सी. स्मिथ के शब्दों में, ''संप्रदायवादी दूसरे समुदायों पर जोश, भय, अवमानना और उग्र घृणा के साथ आक्रमण करने लगे। 1937 के इस फासीवादी सांप्रदायिक दौर में जुल्म, दमन, हावी हो जाना, कुचल डालना, धरती पर से अस्तित्व ही मिटा देना आदि मुहावरों का खुलकर इस्तेमाल होने लगा। संप्रदायवादियों पर यह सिद्धांत हावी होता जा रहा था कि झूठ जितना बड़ा हो, उतना ही ज्यादा काम करेगा। वे अपना जहर कांग्रेस और गाँधाजी पर तो उगलते ही थे, राष्ट्रवादियों पर भी कटु हमले करते थे, जो उनके साधर्मिक होते थे।''[26]

सांप्रदायिकता का अपना एक तर्क होता है और इसे शुरू में ही नहीं रोका जाता तो उसका बढ़ना और उग्रवादी हो जाना अपरिहार्य है। मुहम्मद अली जिन्ना की जीवन कथा इस अवधारणा का उदाहरण है। जिन्ना के उदाहरण से यह स्पष्ट हो जाता है कि सांप्रदायिकता का रास्ता एक ढलान वाला रास्ता होता है और अवरोध के विशेष प्रयत्न न किए जाएँ तो आदमी उस पर नीचे ही फिसलता जाता है। सांप्रदायिकता की दिशा में जिन्ना का पहला कदम बिना उनकी इच्छा के तब उठा, जब वे पृथक् मतदाता मंडलों की व्यवस्था के तहत बंबई (वर्तमान में मुंबई) से केंद्रीय विधान परिषद् के मुसलमान सदस्य चुने गए। लेकिन उनकी वास्तविक फिसलन तब शुरू हुई यानी वे विशुद्ध राष्ट्रवादी से सांप्रदायिक राष्ट्रवादी तब हो गए, जब सन् 1913 ई. में वे मुस्लिम लीग में शामिल हुए। 1920 के दशक के दौरान जिन्ना की राष्ट्रवादिता पर सांप्रदायिकता का पूर्ण ग्रहण नहीं लगा था। उन्होंने सन् 1924 में समाप्तप्राय मुस्लिम लीग को पुनर्जीवित किया और मुसलमानों के हितों एवं अधिकारों की रक्षा के नारे के आधार पर उसे सुदृढ़ बनाने लगे और इस प्रकार उनका संपूर्ण सामाजिक आधार सांप्रदायिक दिमाग वाले व्यक्तियों के बीच सीमित हो गया। सन् 1946 में मुसलमानों को अपना वोट लीग को देने के लिए अपील करते हुए उन्होंने कहा, ''अगर आज हम अपना फर्ज अदा नहीं करते तो आपकी हालत शूद्रों जैसी कर दी जाएगी और भारत से इस्लाम की विदाई हो जाएगी।''[27]

जब जिन्ना जैसे नेता ने राजनीति को इस निम्न स्तर तक पहुँचा दिया, तब इससे औसत सांप्रदायिक प्रचार का स्तर और भी खराब होना लाज़िमी था।

जेड. ए. सुलेरी और एफ. एम. दुर्रानी जैसे लोग तो गोयबल्ज (नाज़ीवादी विचारधारा) की तरह जनता को लगातार गुमराह करने की सारी हदें लाँघ गए। फजलुल हक जैसे जिम्मेदार आदमी ने भी, जो बंगाल के प्रधानमंत्री थे, लीग के सन् 1938 के अधिवेशन में कहा, ''कांग्रेस शासित प्रांतों में दंगों ने देहाती इलाकों को बरबाद कर दिया। मुसलमानों को खत्म कर दिया गया, उनके अंग काट दिए गए, उनकी संपत्ति लूट ली गई। खुलकर खून बहाया गया... वहाँ मुसलमानों पर हिंदुओं का लगातार जुल्म चल रहा है और वे एक डरी हुई ज़िंदगी जी रहे हैं। उनकी मस्जिदों को अपवित्र किया जा रहा, लेकिन अपराधी कभी पकड़े नहीं जाते। मुस्लिम नमाजियों को भी बख्शा नहीं जाता।''[28]

सिंध के एक प्रमुख लीगी नेता एम. एच. गजदर ने मार्च 1941 में कराची में हुई एक सभा में कहा, ''अगर हिंदू कायदे से पेश नहीं आए, तो उन्हें उसी तरह खत्म करना होगा, जैसे जर्मनी में यहूदियों को।''[29]

इसके पश्चात् मुस्लिम संप्रदायवादियों ने राष्ट्रवादी मुसलमानों के खिलाफ अभियान चलाना शुरू किया। मौलाना आज़ाद और अन्य राष्ट्रवादी मुसलमानों को कांग्रेस के 'नुमाइशी बच्चे', 'इस्लाम के गद्दार' तथा 'हिंदुओं के भाड़े के टट्टू' करार दिया गया। अप्रैल, 1943 के लीग के अध्यक्षीय भाषण में खुद जिन्ना ने खान अब्दुल गफ्फार खाँ के लिए 'जंगी पठानों को नामर्द बनाने तथा उनमें हिंदू प्रभाव फैलाने का इंचार्ज'-जैसे शब्दों का इस्तेमाल किया। धर्म को भी प्रचार का केंद्र बनना ही था। सन् 1946 में मुसलमानों को लीग को वोट देने के लिए कहा गया, क्योंकि ''लीग और पाकिस्तान को वोट देने का मतलब है, इस्लाम को वोट देना।'' लीग की ज्यादातर बैठकें मस्जिदों में होतीं तथा कांग्रेस से भी लीग की लड़ाई को इस्लाम और कुफ्र के बीच की लड़ाई बताया जाता। मुसलमानों को समझाया जाता कि पाकिस्तान की सरकार शरीअत के मुताबिक चलेगी।

हाँ, इस मामले में हिंदू सांप्रदायिकता भी इंचभर पीछे न थी। 1920 के दशक के दो मुख्य नरमपंथी हिंदू सांप्रदायिक नेता लाला लाजपत राय और पं. मदनमोहन मालवीय, राजनीतिक मंच पर अब मौजूद नहीं थे। लाला लाजपत राय की मृत्यु हो चुकी थी और पं. मदन मोहन मालवीय सक्रिय राजनीति से संन्यास ले चुके थे। चूँकि ऐतिहासिक कारणों से हिंदू-सांप्रदायिकता को खत्म नहीं होना था, अतः उसकी बागडोर बी. डी. सावरकर के नेतृत्व वाली हिंदू महासभा ने सँभाल ली थी। अब आर. एस. एस. (राष्ट्रीय स्वयं सेवक संघ) महाराष्ट्र से बाहर फैलने की कोशिश करने लगा था। सावरकर हिंदुओं को चेतावनी दे रहे थे कि मुसलमान हिंदुओं को पदमर्दित करना चाहते हैं, उन्हें उन्हीं के देश में गुलाम बनाना चाहते हैं। उग्रवादी सांप्रदायिकता की विचारधारा तैयार करने का काम आर. एस. एस. ने ही किया। संघ के सरसंघचालक एम. एस. गोलवलकर ने सन् 1939 में अपनी पुस्तिका 'वी'(हम)

से यह काम शुरू किया। उनका कहना था कि यदि अल्पसंख्यकों की माँगें मंजूर कर ली जाती हैं, तो हिंदुओं का राष्ट्रीय जीवन छिन्न-भिन्न हो जाएगा। आर. एस. एस. ने राष्ट्रवादियों पर इल्ज़ाम लगाया कि वे हमारे कट्टर दुश्मनों (मुसलमानों) को छाती से लगाए हुए हैं और इस तरह हमारे अस्तित्व को ही खतरे में डाल रहे हैं। मुसलमानों तथा अन्य धार्मिक अल्पसंख्यकों को गोलवलकर की सलाह थी कि हिंदुस्तान के गैर हिंदू लोगों को या तो हिंदू संस्कृति और भाषा अपनानी होगी। हिंदू धर्म का सम्मान करना सीखना होगा और हिंदू जाति की श्रेष्ठता स्वीकार करनी होगी या फिर हिंदू राष्ट्र के अधीन होकर रहना होगा और विशेषाधिकारों की तो बात ही दरकिनार, नागरिक के सामान्य अधिकारों से भी वंचित रहना होगा। इससे भी एक कदम आगे बढ़ते हुए उन्होंने लिखा, "हम हिंदू, मुसलमानों और ब्रिटिश लोगों से एक साथ लड़ रहे हैं।"[30]

गोलवलकर ने इटली और जर्मनी का उदाहरण देते हुए कहा कि भारत में भी प्राचीन जातीय चेतना का अभ्युदय हुआ है। सन् 1946-47 में कांग्रेस के नेताओं पर आर. एस. एस. का हमला और कटु हो गया। एकदम फासीवादी शैली में उसने कांग्रेस पर आरोप लगाया कि वह हिंदुओं को मुसलमानों की गुंडागर्दी के आगे आत्मसमर्पण करने की सलाह दे रही है और उन्हें समझा रही है कि उनमें अपनी मातृभूमि के लिए लड़ने का कोई माद्दा ही नहीं है और जब तक उनकी रगों में 'मुस्लिम खून' नहीं डाला जाता, तब तक वे कुछ कर ही नहीं सकते। गाँधीजी की ओर इशारा करते हुए सन् 1947 में कहा गया कि "जिन लोगों ने 'हिंदू-मुस्लिम एकता के बिना स्वराज नहीं मिल सकता' का नारा बुलंद किया है, उन्होंने हमारे समाज के साथ सबसे बड़ी गद्दारी की है। उन्होंने एक महान और प्राचीन जाति की जीवनी शक्ति को नष्ट करने का सबसे घृणित पाप किया है।"[31] इस तरह हिंदू सांप्रदायिकतावादियों ने भी 'हिंदुत्व खतरे में है' का राग जोर-शोर से अलापना शुरू किया।

भय, घृणा, अलगाव और अविश्वास के ये जो बीज बोए जा रहे थे, उसकी फसल बड़े पैमाने पर सबसे पहले कलकत्ता में काटी गई। वहाँ अगस्त, 1946 के सांप्रदायिक दंगे ने महज पाँच दिनों में पाँच हजार जानें ले लीं। फिर तो एक खूनी सिलसिला ही शुरू हो गया नोआखाली (बंगाल) में हिंदुओं तथा बिहार में मुसलमानों का निर्मम हत्याकांड, विभाजन के दौरान उत्तर-भारत में दंगे और फिर गाँधीजी की हत्या! लेकिन सबसे ज्यादा नुकसान हुआ, उन मुसलमानों का जो पाकिस्तान में रह गए या बाद में वहाँ चले गए। पाकिस्तान बनने के बाद जिन्ना ने नरमपंथी सांप्रदायिकता, बल्कि इससे भी आगे धर्म-निरपेक्षता की ओर लौटने की कोशिश की। 11 अगस्त, सन् 1947 को पाकिस्तान की संविधान सभा के अध्यक्ष पद से भाषण देते हुए उन्होंने कहा, "आप किसी भी धर्म, जाति या मत को मानने वाले हो सकते हैं—उसका राज्य के कामकाज से कोई संबंध नहीं है... हम इस बुनियादी सिद्धान्त

को मानकर चल रहे हैं कि हम सभी एक ही राज्य के बराबर के नागरिक हैं... अब, मेरा ख्याल है कि हमें अपने सामने यही मकसद रखना चाहिए और आप पाएँगे कि वक्त बीतने के साथ-साथ हिंदू, हिंदू नहीं रह जाएँगे, मुसलमान, मुसलमान नहीं रह जाएँगे। धार्मिक अर्थ में नहीं, क्योंकि वह हर आदमी का व्यक्तिगत मामला है, बल्कि राजनीतिक अर्थ में यानी 'राज्य के नागरिकों के रूप में'।"[32] लेकिन तब तक काफी देर हो चुकी थी । जिन्ना ने एक ऐसे दैत्य को जन्म दे दिया था, जिसने न केवल भारत को दो टुकड़ों में बाँट दिया, अपितु उनकी अपनी कल्पना के पाकिस्तान को भी विनष्ट कर दिया।

पिछले कुछ दशकों से सांप्रदायिक समस्या को लेकर दो बड़े विवाद चलते रहे हैं। इस संदर्भ में उनकी चर्चा और ज्यादा जरूरी हो जाती है कि यदि उक्त विवाद सुलझा लिए गए होते, तो शायद सांप्रदायिक वैमनस्य इतना-ऐसा विनाशकारी होकर न उभरता। इनमें से पहला विवाद इस बात पर है कि यदि सन् 1937-39 के दौरान जिन्ना के साथ समझौता कर लिया जाता और खासतौर से, सन् 1937 में मुक्त प्रांत में कांग्रेस और लीग का संयुक्त मंत्रिमंडल बन जाता, तो क्या सांप्रदायिक समस्या खत्म हो जाती? इस प्रश्न का 'हाँ' में उत्तर देने वाले कहते हैं कि जिन्ना की कुंठित राजनीतिक महत्त्वाकांक्षाओं ने ही उन्हें अलगाववाद की ओर मोड़ दिया। इस प्रश्न पर गौर करने से पूर्व हमें यह भी याद रखने की आवश्यकता है कि जिन्ना कुंठित किए जाने से पूर्व ही पूर्णरूपेण नरमपंथी सांप्रदायिक हो चुके थे। दूसरे, सन् 1937 से 1939 तक कांग्रेसी नेताओं ने उनसे बातचीत करने और समझौता करने की पूरी कोशिश की, पर जिन्ना के पास कोई ऐसी माँग ही नहीं थी, जिस पर सतर्क विचार किया जा सकता। साथ ही, जिन्ना यह बताने में भी विफल रहे कि कांग्रेस उनकी कौन-कौन-सी बातें मान ले, जिससे वे कांग्रेस के साम्राज्यवाद विरोधी संघर्ष में शामिल हो जाएँगे। बातचीत प्रारंभ करने के लिए जिन्ना की एकमात्र शर्त यह थी कि कांग्रेस अपना धर्म-निरपेक्ष चरित्र छोड़े, अपने को हिंदू-संगठन घोषित कर दे और लीग को मुसलमानों का एकमात्र प्रतिनिधि मान ले। स्वाभाविक ही था कि कांग्रेस इस माँग को सिरे से नकार दे। हुआ भी वही। डॉ. राजेन्द्र प्रसाद के शब्दों में, "कांग्रेस द्वारा इसे मान लेना कांग्रेस के लिए 'अपने अतीत को अस्वीकार करने, अपने इतिहास को झूठ करार देने और अपने भविष्य के साथ विश्वासघात करने' के बराबर होता।"[33] स्पष्ट ही है कि यदि इस शर्त पर जिन्ना से समझौता हुआ होता तो आज हम पाकिस्तान के हिंदू प्रतिरूप यानी फासीवादी हिंदू राज्य में रह रहे होते।

वास्तव में, सांप्रदायिकता के तर्क से परिचालित होकर ही जिन्ना इस तरह की शर्त रख रहे थे। पाकिस्तान की माँग अब अपरिहार्य हो गई थी, क्योंकि यही एक ऐसी माँग थी, जो पूरी नहीं हो पाई थी। इसका विकल्प था, सांप्रदायिक राजनीति का ही परित्याग, जो जिन्ना को कतई नामंजूर था। अतः सन् 1940 के प्रारंभ में

जिन्ना और मुस्लिम लीग ने पाकिस्तान की माँग करने का फैसला किया। दूसरी ओर हिंदू सांप्रदायिकता के कदम भी उधर ही बढ़ रहे थे। वे अलग हिंदू राष्ट्र की माँग तो नहीं कर सकते थे, लिहाज़ा उन्होंने यह कहना शुरू किया कि भारत में एक ही राष्ट्रीयता के लोग रहते हैं और वे हिंदू हैं, अतः मुसलमानों को या तो भारत से निकाल बाहर करना चाहिए या दूसरे दरजे का नागरिक बना देना चाहिए।

सच्चे अर्थों में, संप्रदायवाद एक ऐसी विचारधारा है, जिसे न तो संतुष्ट किया जा सकता था और न अब किया जा सकता है। इसका तो मुकाबला ही उचित था और कांग्रेस तथा राष्ट्रीय आंदोलन की यह कमज़ोरी रही कि उसने यह मुकाबला नहीं किया। साम्यवादियों (कम्युनिस्टों) ने सन् 1942 से 1946 तक मुस्लिम लीग को तुष्ट करने की कोशिश की। उन्हें उम्मीद थी कि इसके द्वारा वे लीग के बेहतर लोगों को अपने साथ कर लेंगे, परंतु हुआ ठीक उल्टा। उन्हें अपने ही कुछ सर्वश्रेष्ठ कार्यकर्त्ताओं से हाथ धोना पड़ गया। परिणामतः सन् 1946 में कम्युनिस्टों ने लीग का साथ छोड़ दिया। कांग्रेस तथा कम्युनिस्ट चाहते थे कि बातचीत के द्वारा नरमपंथी संप्रदायवादियों को अपने साथ कर लिया जाए और उन्हें उग्रवादी संप्रदायवादियों से संघर्ष करने के लिए सहमत किया जाए। लेकिन सन् 1937 के अनंतर सांप्रदायिकता से जिन लोगों ने संघर्ष किया, वे थे राष्ट्रवादी हिंदू और मुसलमान। पं. मदन मोहन मालवीय, डॉ. श्यामाप्रसाद मुखर्जी और एन. सी. चटर्जी जैसे नरमपंथी संप्रदायवादी सावरकर या आर. एस. एस. का विरोध नहीं कर सके। इसी तरह इकबाल या अन्य नरमपंथी मुस्लिम संप्रदायवादी घृणा के उस जिहाद का विरोध करने का साहस नहीं जुटा सके, जो जिन्ना, सुलेरी, फजलुल हक आदि ने सन् 1937 के बाद शुरू कर दिया था।

दूसरा विवाद इस बात पर है कि क्या कांग्रेस ने सन् 1947 में भारत-विभाजन स्वीकार कर गलती की यानी क्या यही सांप्रदायिकता के मामले में उसकी विफलता थी? सच तो यह है कि उस समय शायद इसके अलावा कोई विकल्प भी नहीं था। उस समय तक सांप्रदायिकता काफी दूर तक चली गई थी और इस समस्या का कोई निदान नहीं रह गया था, सिवाय इसके कि राष्ट्रीय नेतृत्व गृहयुद्ध के लिए तैयार हो जाता, जिसमें पुलिस और फौज पर औपनिवेशिक शासकों का नियंत्रण होता।

2.2 सांप्रदायिकता का उद्भव एवं विकास

वास्तव में, स्वतंत्रता के उपरांत सत्तारूढ़ स्वदेशी शासकों ने कभी पूरे मन से भारत को आधुनिक एवं विकसित राष्ट्र बनाने का उपक्रम नहीं किया। स्वतंत्रता संघर्ष के दौरान अनेक विचारकों, लेखकों तथा बुद्धिजीवियों ने राष्ट्रीय आंदोलन के नेतृत्व को बराबर इस बात के लिए सावधान किया कि वह इस लड़ाई को साम्राज्यवाद के साथ-साथ पूँजीवाद और सामंतवाद की ओर मोड़े और सामाजिक विषमताओं से रूबरू

होकर किसानों, दलित, पीड़ित, शोषितों की समस्याओं, सामाजिक समता तथा सामाजिक न्याय के मुद्दों पर भी अपने को केंद्रित करें। लेकिन राष्ट्रीय आंदोलन का मध्यमवर्गीय नेतृत्व इन तमाम मुद्दों को हाशिए पर डालकर लगातार राजनीतिक सत्ता के हस्तांतरण की लड़ाई पर अपने को केंद्रित किए रहा, इस बात के साथ कि शेष मुद्दों को स्वाधीनता प्राप्ति के अनंतर सुलझा लिया जाएगा। प्रेमचंद इस विषय पर बराबर राष्ट्रीय आंदोलन के नेतृत्व को आगाह करते रहे, परंतु मध्यमवर्गीय नेतृत्व अपने हाथों में राजनीतिक सत्ता चाहता था और इसी नाते उसने अंततः औपनिवेशिक सरकार के आजादी के फार्मूले को स्वीकारा भी। परिणामतः उसे राजनीतिक सत्ता मिली और सत्ता पर आते ही बजाय इसके कि देश के सामंती ढाँचे को विनष्ट किया जाता, हाशिए पर छोड़ दिए गए मुद्दों, सवालों को हल किया जाता, सत्तारूढ़ दल ने तरह-तरह के दावे करते हुए भी मूलतः सामंती ढाँचे को बरकरार रखने में ही अपने-अपने हित देखे। इसका परिणाम यह हुआ कि सामाजिक समता, सामाजिक न्याय, किसान, मजदूर, स्त्री, दलित से जुड़े सारे सवाल ज्यों के त्यों अछूते-उपेक्षित पड़े रहे।

अभिप्राय यह है कि सामंती ढाँचे पर चोट करते हुए भारत को आधुनिक राष्ट्र बनाने के गंभीर और ईमानदार प्रयास नहीं हुए। धर्म, जाति, संप्रदाय के आधार पर वोट बैंक बने, अपनी राजसत्ता बनाए-बचाए रखने के लिए कभी हिंदू कार्ड खेला गया तो कभी मुस्लिम कार्ड। विचारात्मक स्तर पर भी सांप्रदायिक संगठनों से मुठभेड़ और आमने-सामने चर्चा की गंभीर कोशिश नहीं हुई। असंतुलित आर्थिक विकास ने क्षेत्रीयता और प्रांतवाद की भावना को न केवल पनपाया, अपितु उसे बढ़ाया और सहारा भी दिया। इसी आर्थिक वैषम्य ने अलगाववाद को तरजीह दी और जाति-व्यवस्था के ज़हर को निष्प्रभावी बनाने के बजाय उसे और-और अधिक ज़हरीला बनाने का प्रयास किया।

स्वाधीनता प्राप्ति के अनंतर कुछ ही दशकों के भीतर देश उस विरासत से लगभग अलग-अलग सा पड़ गया, जो अनेक अंतर्विरोधों और अपनी सीमाओं के बावजूद नवजागरण और स्वाधीनता आंदोलन से उनकी सकारात्मक भूमिका के तहत उसे मिली थी।

सत्ता प्राप्ति (इसे मूलतः स्वाधीनता प्राप्ति से जोड़कर देखा जाना चाहिए) से लेकर बीसवीं शताब्दी के आखिरी दसवें दशक तक आते-आते कांग्रेस न केवल सत्ता पर अपनी पकड़ खोती रही, अपितु उसे राजनीतिक सत्ता से भी हाथ धोना पड़ा। कांग्रेस के अपने असामर्थ्य के चलते जनता पर उसकी तो पकड़ ढीली पड़ी, जो एक जमाने में उसके बल संबल और व्यापकता की प्रतीक थी। उस ढीली पकड़ से छिटककर दूर हुए मामूली आदमी को बजाय इसके कि वामपंथी और जनतांत्रिक दल अपने साथ जोड़ पाते, दक्षिणपंथी ताकतों, क्षेत्रीय दलों और सांप्रदायिक शक्तियों

ने उसे हथियाने में तनिक भी विलंब न किया। इसी बिंदु पर एक सहज प्रश्न उठता है कि जो सांप्रदायिकता फासीवादी हद तक पहुँचकर आज देश में हाहाकारी तांडव कर रही है, वे सांप्रदायिक फासीवादी आखिर आसमान से तो नहीं टपके, वे इसी ज़मीन पर थे और उन्हें फलने-फूलने तथा हाहाकारी तांडव करने का जो अवसर मिला, उसके कारण उसी वस्तुस्थिति में हैं, जो स्वाधीनता के पश्चात सत्तारूढ़ कांग्रेस की अपनी कमजोरियों, अंतर्विरोधों, अवसरवादों, राजनीतिक स्वार्थों और विभ्रमों के चलते निर्मित हुईं। वामपंथी जनतांत्रिक राजनीतिक दल तथा शक्तियों के लिए भी आत्मालोचन जरूरी है कि वे उस 'स्पेस' को क्यों नहीं भर सके, जिसे कांग्रेस ने अपनी कारगुजारियों के चलते खाली किया और सांप्रदायिक फासीवादी ताकतें क्यों और कैसे उसे हथियाने में सफल हो गईं। सामान्यतः हम यह मानकर चलते हैं कि सांप्रदायिकता के तमाम उभार-उन्मेष के बावजूद भारत, भारत की अधिकांश जनता बुनियादी तौर पर धर्म-निरपेक्ष मानसिकता वाली है। भारतीय साहित्य मूलतः धर्म-निरपेक्ष साहित्य है। हम धर्म-निरपेक्ष न भी मानें तो सांप्रदायिक तो वह नहीं ही है। वस्तुतः अधिसंख्य धर्म-निरपेक्ष लोगों की चुप्पी ही संप्रदायवादियों के हौसले बढ़ाती है।

आज स्थिति वास्तव में नाजुक और संवेदनशील है। सत्ता की राजनीति संकट की नई संभावनाओं के साथ मुखर हो रही है। गुजरात की सफलता से अतिउत्साहित लोग अन्य स्थानों पर ऐसे प्रयोग करने की सार्वजनिक घोषणा कर रहे हैं। राजनीतिक सत्ता की प्राप्ति के लिए देशहित का बलिदान हर हाल में निंदनीय, त्याज्य और धिक्कारने योग्य है। धर्म और मजहब व्यक्तिगत आस्था की चीजें हैं। सत्ता की राजनीति में उनका इस्तेमाल करना, उन्हें सत्ता का मोहरा बनाना, उनका अवमूल्यन करना, उन्हें विकृत करना है—धर्म और मानवता के विरुद्ध आचरण है। धर्मध्वज वाहक कलियुगी संत-महात्मा, पंडे-पुजारी, मुल्ले-मौलवी, इमाम-पादरी जानें कि धर्म त्याग, सेवा, ईमानदारी, सादगी, सहकार, सामंजस्य; मेहनत और मशक्कत से कमाई गई रोटी, परदुख कातरता, सच्चाई और शील का नाम है—वह चोटी-दाढ़ी, तिलक-त्रिपुंड, रामनामी-रुद्राक्ष, मंदिर-मस्जिद-गिरजाघरों के निरर्थक कर्मकांडों और पोंगा पंथ का नाम नहीं है। वह उन करणीय कर्मों का पर्याय है, जिन्हें एक सही-सच्चे इनसान के रूप में हमें करना चाहिए। चूँकि सच्चाई-ईमानदारी, मेहनत-मशक्कत की कमाई, हर आदमी के बूते की बात नहीं है, इसीलिए धर्म के बुनियादी और वास्तविक रूप-स्वरूप को त्यागकर उससे जुड़े कर्मकांडों को धर्म का पर्याय बना दिया गया है। इन्हीं कर्मकांडों के मुद्दों पर सांप्रदायिकता की आग भड़काई जाती है, इन्हीं को लेकर दंगे, हिंसा, लूट-खसोट और रक्तपात होते हैं। बलात्कारी, व्यभिचारी, तस्कर, चोर-उचक्का, उठाईगिरा कोई भी आसानी से टीका-त्रिपुंड लगाकर, दाढ़ी रखकर, क्रॉस धारण कर हराम की कमाई या साधारण जनता को धर्म के नाम पर लूटकर मंदिर-मस्जिद बनाकर मजे मार सकता/मारता है, सबसे बड़ा धार्मिक होने का पाखंड रच सकता/रचता है, तीर्थ-हज

कर सकता/करता है, किंतु जो साधनहीन हैं, वे ईमानदार होते हुए भी धर्म का यह पाखंड नहीं कर सकते। शायद इसी नाते धर्म को उसके तात्त्विक स्वरूप से अलग करके उसे कर्मकांड का पर्याय बनाया गया है। आज धर्म को इस्तेमाल की चीज़ बना दिया गया है। आज जरूरत इस बात की है कि आम जन को धर्म का सही स्वरूप बताने की ईमानदारी भरी कोशिश हो, जिससे यह संप्रदायवादियों के हित का साधन न बने। यदि ऐसा संभव हो सका तो हमें सांप्रदायिक समस्याओं से काफी हद तक निजात मिल जाएगी—इसमें दो राय नहीं हो सकती।

2.3 सांप्रदायिकता के आधार

सांप्रदायिकता एक ऐसी सामाजिक बीमारी कही जा सकती है, जिसके अनेक आयाम, अनेक स्तर, अनेक कारण और अनेक आधार हैं। वस्तुतः सांप्रदायिकता विशेष सामाजिक, आर्थिक संरचना से जन्म लेती है। यदि हम मूल संरचना पर विचार न करके, केवल उससे उपजी सांप्रदायिकता को ही निशाना बनाते रहेंगे, तो निश्चय ही भ्रमित कर दिए जाने या हो जाने का खतरा बना रहेगा। "आज़ादी के बाद सामाजिक-आर्थिक संरचना में ऐसे बदलाव नहीं आए, जो सांप्रदायिकता को जन्म देने वाली ताकतों को कम करते। इसके विपरीत समाज का मोड़ ऐसी दिशा में होता चला गया, जो सांप्रदायिक विचारों के लिए उर्वरा भूमि थी। विकास के सारे नारों के बावजूद अशिक्षा, जड़ता, भ्रष्टाचार, शोषण, गरीबी, केंद्रीयकरण बढ़ता चला गया। ऐसा माहौल सांप्रदायिक विचारों को रास आया और आजादी के पूर्व से चले आ रहे सांप्रदायिक समीकरण एक अर्थ में बदले और उनमें नई धार पैदा कर दी गई।"[34] इससे स्पष्ट होता है कि एक खास अर्थ में सांप्रदायिकता परिवर्तन और आधुनिकता की विरोधी है। उसे तो गतानुगतिकता, कूपमंडूकता, यथास्थितिवाद ही सुहाता है।

यद्यपि भारत में सांप्रदायिकता का इतिहास बहुत पुराना नहीं है, पर उसके आधार भारतीय इतिहास में यत्र-तत्र बिखरे पड़े हैं। भारत की सामाजिक संरचना, समाज की आर्थिक दशा, धार्मिक आस्था, भाषायी विविधता आदि कुछ ऐसे बिंदु हैं, जिनमें सांप्रदायिकता के बीज देखे जा सकते हैं। जब इन बीजों को उचित परिवेश मिला, ये झट-से अंकुरित हो गए। इस बीच स्थितियाँ ऐसी बनीं कि सांप्रदायिकता के नव-अंकुर को वाजिब पोषण मिलता रहा, ऐसे में स्वाभाविक ही था कि वह नन्हा सा अंकुर विशाल वट बन जाता। यह भी सही है कि सभी विद्वान सांप्रदायिकता के आधारों पर एक मत वाले नहीं हैं, पर मत वैभिन्न्य के बावजूद सामाजिक परिस्थितियों में उक्त आधारों को सहजता से इंगित किया जा सकता है। हम सांप्रदायिकता को ठीक से जानें-समझें, इसके लिए आवश्यक है कि उसके विविध आधारों पर चर्चा की जाए।

2.3.1 सामाजिक आधार

भारतीय समाज सदैव विविधता का उदाहरण रहा है। यहाँ अनेक जातियों के सम्मेल से ही समाज की अवधारणा मूर्त्त रूप ग्रहण करती आई है। रीति-रिवाज़, तीज-त्योहार, रहन-सहन, खान-पान, वस्त्र-भूषा, बोली-बानी आदि के स्तर पर विविधता का पाया जाना तो प्रायः सहज स्वाभाविक ही है। जब हम सांप्रदायिकता के संदर्भ में समाज की बनावट-बुनावट की चर्चा करते हैं, तो हमारा आशय मुख्यतः मध्यकालीन भारत के समाज से होता है, क्योंकि प्रायः इसी काल के गर्भ में सांप्रदायिकता का बीज मनोनुकूल परिस्थितियाँ पाकर पनपा-जनमा।

भारत में इस्लाम के आगमन और उसके पदस्थापित होने का काल आज भी भारतीय इतिहास में एक टीस की तरह कसकने वाले काँटे के रूप में याद किया जाता है। मुसलमान यहाँ कोई पिकनिक या तफरीह पर नहीं आए थे। उन्हें यहाँ की बिखरी संपत्ति को लूटपाट करके ले जाना और अनंतर भारतीय समाज में फैली फूट और वैमनस्यता का लाभ उठाकर अपनी सत्ता स्थापित करना ही अभीष्ट था। उन्होंने ये काम किए भी और इन स्थितियों में कोई भी आक्रांता जिस प्रकार का बर्बर व्यवहार विजित समाज के साथ करता है, वैसा ही इन आक्रांताओं ने किया। अपनी सत्ता स्थापित करने के लिए मुस्लिम आक्रांताओं ने भारतीय समाज पर तरह-तरह के मानवीय-अमानवीय व्यवहार प्यार-पुचकार और जोर-जबर्दस्ती के साथ लादे-थोपे। स्वाभाविक रूप से उनके इस व्यवहार का व्यापक असर भारतीय समाज पर पड़ा। आक्रांताओं के अमानवीय और बर्बर व्यवहार के परिणामस्वरूप जिस पारस्परिक घृणा का प्रकटीकरण हुआ, उसे आधुनिक भारत में भी किसी न किसी रूप में देखा, जाना और पहचाना जा सकता है। डॉ. रामधारी सिंह दिनकर इसी तथ्य सत्य को रेखांकित करने के लिए अलबरूनी के कथन का सहारा लेते हुए कहते हैं—''हिंदू जन्मजात अहिंसक थे। अनेक धर्मों का स्वागत करते-करते, वे धार्मिक मामलों में बहुत ही सहिष्णु हो गए थे। महमूद से पहले जो मुसलमान भारत में आए थे, उन्हें यहाँ के राजाओं ने अच्छा प्रश्रय दिया था। अगर कोई उनकी मस्जिदें तोड़ता, तो हिंदू राजे अपराधियों को दंड देते थे तथा टूटी हुई मस्जिदों की मरम्मत अपने पैसे से करवा देते थे। लड़ाई और मारकाट के दृश्य तो हिंदुओं ने बहुत देखे थे, पर उन्हें सपने में भी यह ख्याल न था कि दुनिया की एकाध जाति ऐसी भी हो सकती है, जो मूर्त्तियों को तोड़ने और मंदिरों को भ्रष्ट करने में ही सुख माने। जब मुस्लिम आक्रमण के साथ मंदिरों और मूर्त्तियों पर विपत्ति आई, हिंदुओं का हृदय फट गया और वे इस्लाम से तभी जो भड़के, सो अब तक भड़के हुए हैं।''[35]

वास्तव में, भारत में मुस्लिम आक्रांताओं, जो तथ्यतः इस्लाम के प्रतिनिधि कहलवाना ज्यादा पसंद करते थे, का आरंभिक इतिहास मारकाट, अभद्रता, जबर्दस्ती

धर्म परिवर्तन, खून-खराबे और अन्याय का इतिहास है। मुसलमान एक आदर्श, एक धर्म और एक सुगठित समाज में जिस प्रकार आबद्ध थे, उससे उन्हें अपार नैतिक बल प्राप्त होता था, इसके ठीक विपरीत हिंदुत्व ढीला हो चुका था। हिंदुओं के धर्म, आदर्शों और सिद्धांतों के अनेक रूप एवं आयाम थे। उनमें एकता और सहकार का भी अभाव था। फिर भी, भारत में इस्लाम की धाक उस आसानी से नहीं जमी, जिस आसानी से यूरोप में जमी थी। मुस्लिम आक्रांताओं को भारतीय समाज का, छिटपुट ही सही, लगातार प्रतिरोध झेलना पड़ा। प्रभाव स्थापित करने और उसे उखाड़ फेंकने के क्रम में समाजों के मध्य दूरी बढ़ती, अविश्वास उपजता और दोनों में वैमनस्य होता। हुआ भी यही। उस समय कटुता की जो दरार बनी, बाद में वह लगातार चौड़ी, और चौड़ी खाई का रूप धारण करती गई। परिणाम आज हमारे सामने है। सौहार्द, सहकार, सख्य, सामंजस्य के कितने ही ढोल पीटे जाएँ कहीं न कहीं अविश्वास का लेश बना ही रहता है।

''मध्यकाल में व्यावहारिक स्तर पर हिंदू समाज चार वर्णों में विभाजित होकर श्रेणीबद्ध जातियों का एक जटिल तंत्र था। इसमें ऊँच-नीच और छुआछूत की भावना बहुत गहराई तक बैठी हुई थी। मुस्लिम आबादी के साथ हिंदू समाज ने वही व्यवहार किया, जो वे निचली जातियों के साथ करते थे। हिंदुओं ने जाति-पाँति के बंधनों को और कठोर करके अपने समाज में मुसलमानों के प्रवेश को वर्जित कर दिया। तत्कालीन समाज में उपजा 'म्लेच्छ' शब्द मुसलमानों की पूरी सामाजिक स्थिति को अपने निहितार्थ में समेटे हुए है।''[36]

हिंदुओं का मुस्लिम आक्रांताओं के खिलाफ पूर्व निर्धारित रूढ़ दृष्टिकोण और मुसलमानों का विजेता और शासक होने का अभिमान—ये दो ऐसे कारण थे, जिन्होंने दोनों के मध्य की दूरी को लगातार बढ़ाने का कार्य किया। संभवतः बाल-विवाह, परदा-प्रथा, अशिक्षा जैसी सामाजिक कुरीतियों के मूल में भी यही कारण रहे होंगे। विजेता होने के गर्व में मुसलमान हर विजित कन्या पर अपना सहज अधिकार मानता था। उनके लिए हर भारतीय लड़की (चाहे वह इस्लाम की अनुयायी ही हो) भोग्या थी। इससे बचने के लिए भारतीय समाज, जो मूलतः हिंदू समाज़ कहा जा सकता है, ने बाल विवाह का आश्रय लिया। सुंदर कन्याओं पर मुस्लिम-आक्रांताओं की नजर न पड़े, इसके लिए घूँघट का, परदा-प्रथा का विधान किया गया। वस्तुतः हिंदुत्व का, भारतीयत्व का लगातार विरोध और उसके ठीक विपरीत काम करना इस्लाम के मूल में था। इस संबंध में डॉ. रामधारी सिंह 'दिनकर' के विचार उद्धरणीय प्रतीत होते हैं—

''इस्लाम केवल नया मत नहीं था। यह हिंदुत्व का ठीक विरोधी मत था। हिंदुत्व की शिक्षा थी कि किसी भी धर्म का अनादर मत करो। मुसलमान मानते

थे कि जो धर्म मूर्त्तिपूजा में विश्वास करता है, उसे नेस्तनाबूद कर देना ही धर्म का सबसे बड़ा काम है। हिंदू गौ हत्या को सबसे बड़ा पाप समझते थे। मुसलमान गोभक्षक थे। हिंदुत्व इतना उदार था कि अनेक मतों के प्रति उदारता का बरताव करके उसने उन्हें अपना बना लिया था। किंतु, अब जो नया धर्म भारत में आया, वह प्रजा नहीं, राजा का धर्म था और इस धर्म की चेष्टा यह थी कि हिंदुत्व से दोस्ती न करके उसे अपने ही भीतर आत्मसात कर ले। अतएव, हिंदुत्व इस्लाम को लील नहीं सका। उल्टे, इस्लाम से अपनी रक्षा करने में उसे भारी संकटों का सामना करना पड़ा। हिंदुत्व पराजित प्रजा का धर्म था और इस्लाम विजेताओं का। अतएव, इस्लाम के सांस्कृतिक आक्रमणों का उत्तर आक्रमण से देना हिंदुत्व के लिए संभव नहीं था। परिणाम यह हुआ कि अपनी रक्षा के प्रयास में हिंदुत्व, घोंघे की तरह सिकुड़कर, अपनी खोली में छिपने लगा। जाति-पाँति के नियम उसने और भी कठोर बना लिए। लड़कियों का बचपन में ब्याह आम बात हो गई और छुआछूत की भावना और भी भयंकर हो उठी। सबसे विचित्र बात यह हुई कि इस्लाम के विरुद्ध हिंदुओं की घृणा दबकर उनके अंतर्मन में चली गई और इसकी अभिव्यक्ति इस प्रथा में हुई कि मुसलमान का छुआ हुआ पानी पीने से भी हिंदू का धर्म चला जाता है। परदे का चलन थोड़ा बहुत पहले से भी था, किंतु मुस्लिम काल में यह प्रथा कुप्रथा में परिणत हो गई।"[37]

विजेता विजित समाज के सदस्यों के साथ गुलामों का सा व्यवहार करते हैं, यह बात पूरे विश्व पर कमोबेश लागू होती है, किंतु इस्लामी राज्य में यह व्यवहार धर्म का एक अंग समझा और स्वीकारा जाता था। सर यदुनाथ सरकार ने इस संबंध में लिखा है कि इस्लामी राजतंत्र के अनुसार, सभी गैर-मुस्लिम जनता शत्रु है तथा उसकी संख्या और शक्ति को समाप्त कर देना मुस्लिम शासक का प्रधान कर्तव्य है। ईसाइयों और यहूदियों की धर्म पुस्तकों को हजरत मुहम्मद भी धर्म ग्रंथ मानते थे, लेकिन, ये लोग भी इस्लामी राज्य में समता का स्थान नहीं पा सकते थे।

मुसलमानों की इन रीतियों-नीतियों का विरोध तो किसी न किसी रूप में होना ही था। यद्यपि हिंदू समाज पराजित, पीड़ित और प्रताड़ित था, फिर भी उसने मुसलमानों का भरसक प्रतिरोध करने का प्रयास किया। उनके अत्याचारों से आजिज़ आकर हिंदुओं ने उन्हें म्लेच्छ कहना आरंभ किया। म्लेच्छ वे यों भी समझे जाते, क्योंकि सभी विदेशी आक्रांता भारत में म्लेच्छ समझे जाते थे। यवन और म्लेच्छ समानार्थक थे। इनका अभिप्राय विदेशी से होता था। मुसलमानों को म्लेच्छ कम ही बार कहा गया। अधिकांशतः वे यवन ही कहे जाते थे। आयोनिगा के यूनानियों को ईरानी लोग 'यौन' कहते थे। यूनानी के लिए 'यौन' का प्रयोग प्रथमतः डेरियस प्रथम के अभिलेख में मिलता है। भारतीयों ने वहीं से यह शब्द (यौन या कि यवन) ज्यों का त्यों ग्रहण कर लिया। म्लेच्छ भी पहले उस व्यक्ति को कहते थे, जो संस्कृत का

शुद्ध-शुद्ध उच्चारण नहीं कर सकता था।

मुसलमानों के अत्याचारों से बचने के लिए हिंदुओं ने बहिष्कार की नीति को और भी मजबूत बना लिया। प्रायः आस-पास रहते हुए भी हिंदुओं की यह नीति थी कि जहाँ तक संभव होता था, मुसलमानों के घर नहीं जाते थे और न ही उनको अपने घर आने देते थे। वैसे तो, सुल्तानों, नवाबों और बड़े कर्मचारियों से भेंट-मुलाकात कर पाना बड़े सौभाग्य की बात समझी जाती थी, परंतु जो सौभाग्यशाली हिंदू इन बड़े मुसलमानों से कभी हाथ मिलाने का अवसर पा जाते, वे भी घर जाकर स्नान करते और अपने कपड़े बदल डालते थे।

इस प्रकार, बाहर से हिंदू भले ही परास्त हो गए हों, दब गए हों, पर मुसलमानों के प्रति उनकी घृणा की भावना भीतर ही भीतर उत्कट होती गई। हिंदुओं को यह घृणा केवल मुसलमानों से ही नहीं हुई, अपितु जो हिंदू मुसलमानों से हेल-मेल बढ़ाता, अपने मुहल्ले में वह भी घृणित ही समझा जाता। "मुसलमानों ने भारत में अत्याचार तो ऐसे भयानक किए, जिनका दुनिया के इतिहास में कोई सानी नहीं है, किंतु भारत का सबसे बड़ा अकल्याण उन्होंने यह किया कि हिंदुओं के हृदय में उन्होंने सांप्रदायिकता की आग पैदा कर दी। धार्मिक द्वेष भारत में नहीं था। यह चीज यहाँ मुस्लिम सांप्रदायिकता की देन है।"[38]

वास्तव में, मुसलमानों की भारत पर विजय शुद्धतः और पूर्णतः राजनैतिक विजय थी। देश की संस्कृति पर उसका व्यापक और विस्तृत प्रभाव नहीं पड़ा। ऊपर के रजवाड़े, कथित समर्थ और सक्षम लोग टूट गए, किंतु उनके नीचे गाँवों की अवस्था प्रायः ज्यों की त्यों बनी रही। हिंदू जनता ने धीरे-धीरे मुसलमानों को अपना पड़ोसी मान लिया और उनके साथ वह बहुत कुछ वही बर्ताव करने लगी, जो बर्ताव वह अंत्यजों के साथ करती आई थी। उस बर्ताव के खिलाफ मुसलमानों ने कभी कोई बड़ा आंदोलन किया हो, इसका प्रमाण इतिहास में नहीं है। संभवतः इसका कारण यह था कि मुस्लिम पड़ोसी पहले हिंदू अंत्यज रहे थे अथवा ऐसी जातियों के लोग जिनका पानी नहीं चलता था। अस्तु, मुसलमान हो जाने के बावजूद उनका यह साहस नहीं हुआ कि स्पृश्यता के मामले में वे हिंदुओं के साथ बराबरी का दावा कर सकें।

सच तो यह है कि मध्यकालीन भारत का हिंदू समाज व्यवहारतः श्रेणीबद्ध जातियों का संश्लिष्ट तंत्र था। वह चार वर्णों में विभाजित नहीं था। इस समाज में ऊँच-नीच और छुआछूत की भावना गहराई तक अपनी जड़ें जमा चुकी थी। धीरे-धीरे समय और परिस्थिति के प्रभाव के कारण हिंदुओं और मुसलमानों के कटुतापूर्ण सामाजिक संबंधों में कुछ सुधार हुए। इतना जरूर है कि ये सुधार भी एक सीमा तक ही हुए। इनका प्रभाव वैसा व्यापक और विस्तृत न था, जितनी जैसी आवश्यकता तत्कालीन परिवेश में थी। इस संदर्भ में कुछ इतिहासकारों का अभिमत है कि गाँव

की सीमा के भीतर दोनों समुदायों में आत्मीय और गहरे संबंध होते थे। वर्ण-व्यवस्था यहाँ बाधक बनकर नहीं आती थी और हिंदुओं ने मुसलमानों को भी एक जाति के रूप में मान्यता दे दी थी। हाँ, यहाँ एक स्वाभाविक प्रश्न उठता है कि यह मान्यता किस स्तर की थी और क्या इसके परिणामस्वरूप मुसलमानों को सामाजिक अधिकार भी प्राप्त हुए। ये सभी सवाल एक-दूसरे से जुड़कर भी अलग हैं और इनके कारण भी अनेक हैं। भारत में मुसलमानों की जनसंख्या का एक बड़ा भाग उन लोगों का था, जो धर्मांतरित होकर मुसलमान बने या बनाए गए थे। बाहरी और आक्रांता मुसलमानों ने इन नव-दीक्षित मुसलमानों को मुसलमान स्वीकार तो कर लिया, पर इन्हें सामाजिक समता-समानता वहाँ भी आकाश-कुसुम के समान अप्राप्त ही रही। विदेशी और धर्मांतरित मुसलमान दो भागों में विभक्त थे—अशरफ और अजलफ। इनके मध्य भी भेदभाव और ऊँच-नीच की गहरी और चौड़ी खाई थी। आशयतः, सामाजिक व्यवस्थांतर्गत हिंदू-मुसलमान किसी भी स्तर पर आत्मिक और रागात्मक रूप से पूर्णरूपेण जुड़ न सके।

यद्यपि, हिंदू-मुसलमान दोनों संप्रदायों के दीर्घकाल तक साथ रहने के परिणामस्वरूप कला, संगीत, नृत्य, चित्रकारी, रहन-सहन, खान-पान, तीज-त्योहार, भाषा-भूषा आदि में समन्वय तो दिखाई देता है, पर उनके मध्य की विभाजक-रेखा लुप्त हो गई हो, ऐसा नहीं है। अनेक समानताओं के बाद और अनेक परिवर्तनों से गुजरने पर भी दोनों संप्रदाय सामाजिक स्तर पर एकमेक नहीं हो पाए। यद्यपि इतिहास में इस धारणा के कुछेक अपवाद जरूर मिलते हैं, पर उन्हें तत्कालीन राजनीतिक परिस्थितियों से उद्भूत ही माना जा सकता है, इसके अलावा और कुछ नहीं। वर्तमान परिवेश में भी भारतीय समाज के मध्यवर्ग, निम्नवर्ग और ग्रामीण परिवेश में ऐसी सामाजिक व्यवस्था आसानी से देखी जा सकती है। स्पष्ट ही है कि प्रारंभ से लेकर अंत तक मजबूती से जमे रहने वाले इस तरह के अलगाव ने सांप्रदायिकता के नए अंकुर को विशाल वट बनाने में अनुकूल परिस्थितियाँ और वांछित सहायता प्रदान की।

2.3.2 आर्थिक आधार

इसमें कोई संदेह नहीं कि आर्थिक वैषम्य अधिकांश सामाजिक बुराइयों के मूल में है। सांप्रदायिकता के संदर्भ में भी आर्थिक कारणों को नज़रअंदाज़ नहीं किया जा सकता। इसे कुछ स्तरों पर औपनिवेशिक शासन और मुस्लिम आक्रांताओं से भी जोड़कर देखा जा सकता है। इस संबंध में प्रो. बिपिन चंद्र का यह कथन अवलोक्य है—"सर्वोपरि भारतीय उपनिवेशवादी अर्थव्यवस्था तथा इसके कारण उत्पन्न पिछड़ेपन का ही एक नतीजा था सांप्रदायिकता का विकास। औपनिवेशिक शोषण के फलस्वरूप

भारतीय अर्थव्यवस्था में जो ठहराव आया तथा भारतीय जनता, खासतौर से मध्यवर्ग के जीवन पर इसका जो असर पड़ा, उसके कारण ऐसी स्थितियाँ पैदा हुईं, जो भारतीय समाज के विभाजन और कलह तथा उसके रूपांतरण में सहायक थीं।''[39]

बीसवीं शताब्दी के दौरान भारत में न तो आधुनिक औद्योगिक विकास हुआ और न ही शिक्षा, स्वास्थ्य तथा अन्य सामाजिक-सांस्कृतिक सेवाओं का सम्प्रसार। परिणामतः बेरोजगारी एक विकट समस्या के रूप में सामने आई। यह बेकारी खासतौर से शिक्षित मध्यवर्ग और निम्न मध्यवर्ग में ज्यादा ही दुख का कारण बनी, जिसके लिए कृषि का सहारा सुलभ नहीं था तथा जिसकी सामाजिक और आर्थिक स्थिति लगातार गिरती जा रही थी। सन् 1928 के पश्चात् विश्वव्यापी मंदी के दौरान आर्थिक अवसरों की उपलब्धता और भी कम हुई और काफी संख्या में लोग बेराजगार हो गए।

सारे देश में आर्थिक विकास इतना और ऐसा बाधित हुआ कि उसमें प्रायः ठहराव-सा आ गया। इस ठहराव के कारण सरकारी नौकरियों, वकालत और डॉक्टरी जैसे पेशों तथा उद्योग धंधों में भी जबर्दस्त प्रतिद्वंद्विता थी। जो थोड़े बहुत आर्थिक अवसर उपलब्ध थे, उनका अधिकतम हिस्सा प्राप्त करने के लिए मध्यवर्ग के लोग शैक्षणिक योग्यताओं तथा व्यक्तिगत गुणों के साथ-साथ भाई-भतीजावाद, रिश्वत आदि का इस्तेमाल करते थे। अपने निजी संघर्ष को एक विस्तृत आधार देने के लिए तथा प्रतिद्वंद्विता के बीच में से अपनी सफलता की संभावनाएँ बढ़ाने के लिए वे जाति, प्रांत और धर्म जैसी सामूहिक पहचानों का आश्रय लेते थे। इस तरह, सांप्रदायिकता मध्यवर्ग के कुछ व्यक्तियों को तात्कालिक फायदा पहुँचा सकती थी और उसने पहुँचाया भी। इससे सांप्रदायिक राजनीति को एक तरह की वैधता भी मिली। सांप्रदायिकतावादी यथार्थ की जिस तरह व्याख्या करते थे, उसे वे मध्यवर्ग के कुछ व्यक्तियों पर इसीलिए थोप सके, क्योंकि उस वर्ग के सामाजिक आधार में इसका थोड़ा बहुत अंश पहले से मौजूद था।

तत्कालीन समाज की आर्थिक पृष्ठभूमि और उसकी सांप्रदायिक चेतना के विकास में योगदान के रिश्तों की परत दर परत खोलते हुए प्रो. बिपिन चंद्र का यह कथन सांप्रदायिकता के आर्थिक आधार को स्पष्ट करने के लिए आवश्यक प्रतीत होता है—''धीरे-धीरे खाते-पीते किसानों और छोटे भूस्वामियों में शिक्षा का प्रसार हुआ, तो नौकरी खोजू मध्यवर्ग के दायरे देहात तक फैल गए। चूँकि औपनिवेशिक अर्थतंत्र के कारण कृषि का विकास एकदम रुक गया था, अतः गाँवों के नवशिक्षित युवा किसान या भू-स्वामी किसी भी रूप में गाँव में रोजगार नहीं पा सकते थे। वे नौकरियों और शहरों की ओर भागने लगे तथा सांप्रदायिक आरक्षण और नामांकन के जरिए तात्कालिक सफलता प्राप्त करने की कोशिश करने लगे। इससे सांप्रदायिकता का

आधार और व्यापक हुआ तथा उसने धीरे-धीरे गाँवों के उच्च वर्ग को अपनी गिरफ्त में ले लिया।''[4]

इस तरह, औपनिवेशिक अर्थव्यवस्था के संकट ने मध्यवर्ग में दो परस्पर विरोधी विचारधाराएँ और राजनीतिक प्रकृतियाँ पैदा कीं। जब साम्राज्यवाद विरोधी क्रांति और सामाजिक परिवर्तन की धारा मजबूत होती, तो मध्यवर्ग के लोग उत्साहपूर्वक राष्ट्रीय आंदोलन में सहभागिता निभाते। उस समय वे संपूर्ण समाज की माँगों के लिए आवाज उठाते। ऐसे में उनकी वैयक्तिक महत्वाकांक्षाओं पर व्यापक सामाजिक दृष्टि हावी हो जाती, परंतु उस क्रांतिकारी परिवर्तन की संभावनाएँ धूमिल हो जातीं, साम्राज्यवाद विरोधी संघर्ष सुस्ताने लगता, तो मध्यवर्ग के बहुत से लोग अपनी निजी समस्याओं के अल्पकालिक समाधान के लिए सांप्रदायिकता तथा ऐसी ही अन्य विचारधाराओं के आधार पर की जाने वाली राजनीति की ओर उन्मुख हो जाते। कुछ समय तक साम्राज्यवाद विरोधी संघर्ष और फिर कुछ समय तक सांप्रदायिक किस्म की राजनीति देश के अनेक हिस्सों में अपनी संकीर्णता तथा स्वार्थपरता प्रमुख हो उठती तथा वह सामाजिक और राजनीतिक यथास्थिति को स्वीकार कर लेता और इस तरह साम्राज्यवाद की मदद करता था।

जहाँ तक आर्थिक स्तर पर हिंदुओं-मुसलमानों की तुलना का सवाल है, निश्चित रूप से उनके बीच आधुनिक प्रगति के स्तर पर गहरी खाई थी। यही दूरी आगे चलकर सांप्रदायिकता का मजबूत और मुख्य आधार बनी। मुगल शासन की समाप्ति और अँगरेजी-राज्य की स्थापना से मुसलमानों में तीव्र प्रतिक्रिया हुई। चूँकि अँगरेजों ने सत्ता का ज्यादातर हिस्सा मुसलमानों से छीना था, इसलिए वे अँगरेजों को अपना सबसे बड़ा शत्रु समझते थे और उनसे घृणा करते थे। संभवतः इसी घृणा के परिणामस्वरूप मुसलमान अँगरेज़ी शिक्षा और संस्कृति से भरसक दूर ही रहे। इसका परिणाम यह हुआ कि न तो मुसलमान विभिन्न सरकारी नौकरियों में जा पाए और न ही अँगरेज़ों ने उन्हें फौज की सेवा के योग्य समझा। भारतीय उद्योगों का सफाया तो पहले ही हो चुका था। ऐसे में मुसलमानों की स्थिति लगातार बिगड़ती गई। ठीक इसके विपरीत था हिंदुओं का अभिजात और कुलीन वर्ग। इस वर्ग ने अँगरेज़-शासकों से समझौता करके अपने-आप को परिस्थिति के अनुरूप ढाल लिया। फलतः, हिंदू प्रत्येक क्षेत्र में मुसलमानों से आगे हो गए। बाद में जब मुसलमानों को अपनी गलती का अहसास हुआ, तो उनके कुलीन वर्ग के नेतृत्व ने अँगरेज़-शासकों से तालमेल बैठाने और समझौता करने की पेशकश की, पर तब तक काफी विलंब हो चुका था और हिंदुओं तथा मुसलमानों की आर्थिक स्थिति और विकासक्रम में काफी अंतर आ चुका था। इस स्थिति को जवाहर लाल नेहरू ने 'विलंबित आधुनिकीकरण' कहा है। उनके अनुसार, ''हिंदू तथा मुसलमान मध्यवर्ग के विकासक्रम में एक पीढ़ी से

अधिक का अंतराल रहा है और इस अंतराल का प्रभाव कई दिशाओं में प्रतिबिंबित होता है राजनीतिक, आर्थिक तथा अन्य क्षेत्रों में भी। इस पिछड़ेपन के कारण ही मुसलमानों में एक डर की मनोवृत्ति पैदा हुई है।''[41]

निष्कर्षतः, कहा जा सकता है कि लगातार कम होते हुए आर्थिक अवसरों के उस दौर में सांप्रदायिकता की जड़ें मूलतः मध्यवर्ग में सन्निहित थीं और उसके माध्यम से मध्यवर्ग ने अपने हितों तथा आकांक्षाओं को अभिव्यक्त किया। अस्तु, सांप्रदायिकता का प्रश्न हर तरह से मध्यवर्ग का प्रश्न था। सांप्रदायिकता इस वर्ग को आकर्षित करती थी। हाँ, यही आकर्षण ही उसका समाजार्थिक आधार भी था।

''औपनिवेशिक अर्थतंत्र का एक और पहलू था, जो सांप्रदायिक राजनीति के विकास में सहायक हुआ। चूँकि उद्योगधंधों, वाणिज्य, शिक्षा तथा अन्य सामाजिक सेवाओं और संस्कृति एवं मनोरंजन के क्षेत्र में नए अवसर पैदा नहीं हो रहे थे, मध्यवर्ग को रोजगार के लिए सरकारी नौकरियों की ओर ताकना पड़ता था। यहाँ तक कि शिक्षकों, डॉक्टरों और इंजीनियरों की नौकरियाँ भी सरकारी नियंत्रण में थीं। 1951 तक स्थिति यह रही कि 12 लाख लोग पंजीकृत कारखानों में काम कर रहे थे, जबकि सरकारी नौकरियों में लगे लोगों की संख्या 33 लाख थी। जाहिर है, ऐसी स्थिति में सांप्रदायिक राजनीति का इस्तेमाल सरकार पर यह दबाव डालने के लिए किया जा सकता था कि वह नौकरियों तथा व्यावसायिक प्रशिक्षण-संस्थानों में सीटों का वितरण संप्रदाय और जाति के आधार पर करे। यही कारण है कि 1937 तक सांप्रदायिक राजनीति मुख्यतः सरकारी नौकरियों, शैक्षणिक रियायतों और राजनीतिक पदों (मसलन विधायिकाओं तथा नगरपालिकाओं में सीट वगैरह) के इर्द-गिर्द मँडराती रही। राजनीतिक पदों का महत्त्व यह था कि नौकरियों तथा अन्य आर्थिक अवसरों पर उनके द्वारा नियंत्रण किया जा सकता था। यह गौरतलब है कि यद्यपि सांप्रदायिकतावादी अपने तथाकथित समुदायों का दम भरते थे, लेकिन वे जिन सुविधाओं की माँग करते थे, वो इन्हीं दो पहलुओं तक सीमित थी। सांप्रदायिकतावादियों ने ऐसी कोई माँग नहीं उठाई, जिसका संबंध आज जनता के हितों से हो।''[42] उठाते भी कैसे! भूख से बढ़कर पीड़ित करने वाला कारक शायद ही कोई दूसरा हो। 'बुभुक्षितं किं न करोति पापम्', उसे अपनी भूख के सामने सहकार, समाज, परोपकार, सार्वजनिकता आदि बिंदु दिखाई ही नहीं पड़ते।

आज भी, विकास और आधुनिकता सारे दावों तथा 'फील गुड' व 'इंडिया शाइनिंग' के बीच मुसलमानों की (अन्य की भी) दशा ऐसी है, जो हमें कहीं से भी आश्वस्त नहीं करती। सन् 1999-2000 में प्रतिव्यक्ति प्रतिमाह व्यय के अनुसार परिवारों का विवरण इस प्रकार था[43]–

मासिक व्यय	हिंदू	मुस्लिम	ईसाई	अन्य सभीं
निम्नतम 20%				
ग्रामीण (300 रु. से कम)	26	29	19	26
शहरी (425 रु. से कम)	22	40	13	25
उच्चतम 20%				
ग्रामीण (615 रु. से अधिक)	14	12	28	15
शहरी (1,120 रु. से अधिक)	17	06	29	16

उक्त तालिका से स्पष्ट है कि मुसलमानों में गरीबी हिंदुओं एवं अन्य धार्मिक समुदायों से कहीं अधिक है। प्रतिमाह प्रतिव्यक्ति 300 रुपए मासिक से कम खर्च करने वाले ग्रामीण मुसलमानों का प्रतिशत 29 है, जबकि यही प्रतिशत हिंदुओं में 26 है।

इसी तरह वार्षिक आय के आँकड़े भी देखे जा सकते हैं। मुसलमानों में प्रति परिवार वार्षिक आय 22,807 रुपए है, जबकि हिंदुओं में यह 25,713, ईसाइयों में 38,860 तथा अन्य अल्पसंख्यक समूहों में 30,330 रुपए है। इसी प्रकार प्रति व्यक्ति आय के मामले में भी मुसलमान अन्य धार्मिक समूहों एवं कुल आबादी से पीछे है। एन.सी.ए.ई.आर. के सर्वेक्षण के मुताबिक मुसलमानों में गरीबी का प्रतिशत 43 है, जबकि कुल आबादी में गरीबी की दर 39% है[44]

वार्षिक आय (रु. में)

धर्म	प्रति परिवार	प्रति व्यक्ति
मुसलमान	22,807	3,678
हिंदू	25,713	4,514
ईसाई	38,860	5,920
अन्य अल्पसंख्यक	30,330	5,427
सभी धार्मिक समूह	25,653	4,485

बेरोजगारी में भी मुसलमानों का प्रतिशत अन्य धार्मिक समूहों से थोड़ा अधिक ही है।[45]

	मुस्लिम	हिन्दू	ईसाई	अन्य सभी धार्मिक समूह
ग्रामीण	2.1	1.4	3.9	1.5
शहरी	5.0	4.7	7.3	4.8

इसी प्रकार, हम कार्य भागीदारी प्रतिशत का उदाहरण भी ले सकते हैं—[46]

कार्य-भागीदारी-प्रतिशत

	मुस्लिम	हिंदू	ईसाई	अन्य सभी धार्मिक समूह
ग्रामीण पुरुष	48	54	57	53
ग्रामीण महिलाएँ	16	31	32	30
ग्रामीण व्यक्ति	32	43	44	46
शहरी पुरुष	50	53	49	53
शहरी महिलाएँ	10	15	23	16
शहरी व्यक्ति	31	34	39	35

अधिकतर मुसलमान स्वरोजगार करते हैं। नियमित वेतन वाले रोजगार में मुसलमानों की उपस्थिति बहुत ही कम है तथा सरकारी सेवाओं में तो उनकी उपस्थिति और भी कम है। इतना ही नहीं, भूमि जुताई प्रतिशत में भी मुसलमान ही सबसे पीछे है। एक समय, जबकि उनके पास शासन सत्ता थी, तब भी उनकी हालत कोई बहुत अच्छी न थी। ग्रामीण क्षेत्रों (फॉर्म हाउस के रूप में शहरी भी) में आज भी ज़मीन की मिल्कियत और जोत आर्थिक, सामाजिक और राजनीतिक स्थिति को तय करती है। देश की अधिकांश जनसंख्या आज भी कृषि पर निर्भर है और ग्रामीण क्षेत्रों में कृषि सबसे महत्त्वपूर्ण गतिविधि है। राष्ट्रीय नमूना सर्वेक्षण के अनुसार जुताई के खेतों के आकार और क्षेत्रफल के आधार पर विभिन्न समुदायों में भूमि के आँकड़े इस प्रकार हैं–[47]

भूमि-जुताई-(प्रतिशत)

ज़मीन (हेक्टेअर)	मुस्लिम	हिंदू	ईसाई	अन्य सभी धार्मिक समूह
0.0 - 0.0	51.2	40	39.4	41
0.01 - 1.00	38.8	39	46.7	39
4 या अधिक	1.2	3.1	0.9	3.0

उक्त सारणी से स्पष्ट है कि ग्रामीण क्षेत्रों में आधे से भी ज्यादा मुसलमान परिवार भूमिहीन हैं या उनके पास भूमि नगण्य है। 39 प्रतिशत मुसलमान परिवार अत्यंत छोटे किसान हैं 14.1 हेक्टेअर या अधिक जोत वाले मुस्लिम परिवार केवल 1.2 प्रतिशत हैं, जबकि 3.1 प्रतिशत हिंदू परिवारों के पास 4 हेक्टेअर से अधिक ज़मीन है।

बीसवीं शताब्दी के आखिरी दशक में शुरू हुई आर्थिक उदारीकरण, भूमंडलीकरण एवं निजीकरण की नीतियों ने पारम्परिक एवं लघु उद्योगों की स्थिति को बेहतर बनाया है। मुसलमान पारंपरिक रूप से जिन कार्यों से जुड़े हैं, उनकी स्थिति लगातार दयनीय होती जा रही है। विदेशी पूँजी, नई तकनीक तथा विदेशी वस्तुओं के खुले आयात ने देशी उद्योग धंधों की ऐसी कमर तोड़ी है कि वे चौपट होने के कगार पर पहुँच गए हैं। देश में बेरोज़गारी बढ़ रही है। हालाँकि ए.एस.एस.ओ. के आँकड़ों के मुताबिक देश में ग़रीबी कम हुई है, परंतु खाद्य असुरक्षा, भुखमरी तथा किसानों की आत्महत्याओं के मामले बढ़े हैं। इन सबसे वे समूह ज्यादा प्रभावित होंगे जो सामाजिक, आर्थिक रूप से अधिक कमजोर हैं ।

इन स्थितियों के मद्देनजर जो बात स्पष्ट तौर पर सामने आती है, वह यह है कि कुछ राजनीतिक समूहों द्वारा मुस्लिम तुष्टीकरण का जो आरोप लगाया जाता है, वह निराधार है। हाँ, जो मुख्य बात छनकर सामने आती है, वह यह है कि आर्थिक असमानता सांप्रदायिकता को पोषित करने में सर्वदा आगे रही है। दस-बीस रुपयों के मोहताज बेरोजगारों की फौज खाने-पीने और मौज-मस्ती के नाम पर कब अनियंत्रित भीड़ में बदल जाती है, पता ही नहीं चलता और यह मानी हुई बात है कि भीड़ का न तो कोई चेहरा होता है और न ही चरित्र, वह तो सिर्फ भीड़ होती है–उन्मादी, पागल, तर्क और सोचने-समझाने की क्षमता से विहीन। ऐसे लोगों को बरगलाना भी बहुत ही आसान होता है। जाति, धर्म, संप्रदाय, इतिहास, परंपरा आदि के नाम पर उस भीड़ को हमारे कथित रहनुमा आसानी से अपने मन के मुताबिक मोड़ लेते हैं। ज़रा कल्पना कीजिए, अगर उन बेरोजगारों के पास काम होता, उन गरीबों भुखमरों के पास रोटी होती या फिर कथित भीड़ को कायदे से समझाया जाता तो भी ऐसी ही दशा होती? शायद नहीं, क्योंकि तब ये लोग अपने-अपने कर्त्तव्यों के पालन, दायित्यों के निर्वहन में लीन होते। फालतू की अनाप-शनाप बातें सोचने और देश, दुनिया, समाज, आदमी और इंसानियत के विरुद्ध काम करने का इन्हें अवकाश ही न रहता।

अस्तु, समग्रतः कहा जा सकता है कि आर्थिक कारणों का सही संदर्भ में वर्गीय विश्लेषण न करने और उसे धर्म और संप्रदाय के साथ जोड़कर प्रचारित-प्रसारित करने का परिणाम घातक हुआ और सांप्रदायिक शक्तियों को एक नया आधार मिला।

2.3.3 धार्मिक आधार

कुछ लोगों का विचार है कि भारत में कई धर्मों का अस्तित्व भी सांप्रदायिकता के उद्‌भव और विकास का प्रमुख कारण है, परंतु यह बात तर्कसंगत नहीं है। वस्तुतः, धर्म और मज़हब तो व्यक्तिगत आस्था की चीजें हैं। उनका सत्ता की राजनीति में इस्तेमाल करना, उन्हें सत्ता का मोहरा बनाना, उनका अवमूल्यन करना, उन्हें विकृत करना, धर्म विरुद्ध आचरण है। आज मुठ्ठी भर इने-गिने धर्म के ठेकेदारों ने अपने निजी स्वार्थ की सिद्धि के लिए धर्म का ऐसा अधार्मिक, अनैतिक उपयोग किया है कि धर्म की आत्मा सिसकती-कराहती नजर आती है। आज कथित धर्म, ध्वज-वाहकों की गिद्ध दृष्टि शासन सत्ता पाने और उसे बचाए-बनाए रखने पर ही लगी रहती है। इतना ही नहीं, सारे आदर्श-उपदेश उन्होंने औरों के लिए बनाए हैं–

> **''उपदेश तो औरों के लिए हैं जनाब के,**
> **उनकी नजर तो भोग और धन पे टिकी है।**
> **मंदिर की चाह है, न ही मस्जिद की चाह है,**
> **दोनों की दृष्टि तख्त पे, शासन पे टिकी है।''**[48]

इसमें रंच मात्र भी संदेह नहीं कि भारतीय राजनीति में हमेशा धर्म की महत्त्वपूर्ण भूमिका रही है, पर इससे झपटकर यह निष्कर्ष निकाल लेना कि 'धर्म' ही सांप्रदायिकता के उन्मेष का कारण रहा है, असंगत होगा। वस्तुतः, धर्म तो सहकार की, सख्य की, समता की, समानता की और सामंजस्य की धुरी है। धर्म कहाँ यह सिखाता है कि पड़ोसी का गला रेतकर उसकी सम्पत्तियों पर कब्जा जमा लिया जाए। सारी गड़बड़ी मुट्ठी भर धर्म के ठेकेदारों द्वारा फैलाई गई है। दूसरे संप्रदाय के नाम पर इहलोक का डर और स्वर्ग-नरक, जन्नत-दोज़ख के नाम पर परलोक का भय दिखाना उन पंडे-पुजारियों, मुल्ला-मौलवियों, आचार्य-पादरियों की मजबूरी और राजनीति है। हमारे देश का (विस्तृत अर्थ में ग्रहण करें तो संपूर्ण विश्व का) सामान्य आदमी सीधा-सादा, भोला-भाला और सदियों से धर्म का भय देखते-सुनते काफी हद तक धर्मभीरु है। उसकी यही धर्मभीरुता धर्म के ठेकेदारों को अपना मतलब गाँठने के लिए उकसाती और अंततः सफल बनाती है।

''दरअसल राजनीति को धर्म के साथ सुविधानुसार मिला-जुलाकर चलाने के जरिए शासक दल ने एक ऐसी धर्म सापेक्ष संस्कृति विकसित की, जो लोकतांत्रिक और धर्म निरपेक्ष राजनीतिक ढाँचे पर गहरी चोटें करती थी। स्वाधीनता आंदोलन की आँच में तपकर जो धर्मनिरपेक्ष जीवन मूल्य विकसित हुए थे, वे पिछले कुछ वर्षों में धीरे-धीरे धर्म सापेक्ष संस्कृति की दिशा में मोड़े गए। लोकतांत्रिक ढाँचे के सिकुड़ने के साथ-साथ धर्म निरपेक्ष जीवन-मूल्यों को धीरे-धीरे तिलांजलि दी गई।

लोकतंत्र के विस्तार की जगह अति केंद्रीयता और निरंकुशता, धर्म निरपेक्षता की भावना को गहरा करने की जगह धर्म सापेक्षता की प्रक्रिया ने ऐसी स्थिति पैदा कर दी कि आज व्यक्ति के लिए धर्म से बाहर अपना अस्तित्व समझाना दुश्वार हो रहा है। यह कैसा दुर्योग है कि वे तमाम संगठन जो धर्म को राजनीति से एकमेक करके और राजनीति से ऊपर धर्म का शासन चलाने के लिए सक्रिय रहे, उन्हीं का विरोध करते हुए कांग्रेस की नीतियों ने वह काम कर दिखाया, जिसे ये संगठन करना चाह रहे थे। धर्म सापेक्ष शक्तियों के बढ़ते प्रभाव का ही नतीजा है कि गाँधी को भी एक धर्मोन्मादी ने खत्म किया और इंदिरा गाँधी भी धर्मोन्मादी सांप्रदायिक शक्तियों का शिकार बनीं। धर्म को राजनीति के साथ जोड़कर, जब उसे सामूहिक बना दिया जाता है, तो वह एक ऐसी दुर्निवार शक्ति बन जाती है, जिसे आगे सत्ता पर काबिज होने से रोका नहीं जा सकता।''[49]

सुधीश पचौरी का यह लंबा उद्धरण जान-बूझकर दिया गया, जिससे यह स्पष्ट हो सके कि जब धर्म सत्ता प्राप्ति का साधन बन जाता है तो वह कितना और कैसा विकृत हो जाता है। हम देखते हैं कि धर्म के ध्वजवाहकों ने दलित, दमित, पीड़ित, शोषित, वंचित, अपमानित और सर्वहारा के लिए कुछ नहीं किया। नारी का तो कोई सवाल ही नहीं उठता। वह तो उनके लिए सर्वदा 'नरक का द्वार' रही है। भले ही उन्होंने अपने पाँच सितारा आश्रम के निजी कक्ष को 'नीलदीप' बना रखा हो। उनका सारा कार्य व्यापार किसी न किसी तरह सर्व शक्तिमान् की अर्चना-अभ्यर्थना के निमित्त था। वे अपना और अपने वर्ग का हित साधन ही धर्म का परम-चरम लक्ष्य मानते थे। कथित मंदिर मामूली आदमी या मजदूर बनाता था। उसे धोने-पोंछने, लीपने-पोतने, झाड़ने-बुहारने का काम कोई बीस बिस्वा का वाजपेयी नहीं करता था। उसके लिए भी कोई मामूली आदमी ही होता था, पर वही मामूली आदमी कथित पूजा के लिए मंदिर नहीं जा सकता था। उसी तरह फल-फूल उगाने और उपजाने, दूध, दही, घी का उत्पादन करने, शहद एकत्रित करने का कार्य निम्न जाति के ही लोग करते थे/हैं। ध्यान रहे ये सामग्रियाँ पूजा-अर्चना में प्रमुखता से उपयोग में लाई जाती हैं। उन अछूतों द्वारा एकत्र की गई सामग्री से भगवान को रिझाया तो जा सकता और जाता है, पर उनका उस देवालय में प्रवेश वर्जित है। वाह रे, धर्म ध्वजियों का प्रपंच।

'हंस' के संपादक राजेंद्र यादव सभी धर्मों के आडंबरों का डटकर विरोध करने वालों में अग्रणी हैं। उन्होंने एक ऐसी ही घटना का ज़िक्र किया, जिसे सुनकर हर 'आदमी' सिर धुनने को मजबूर हो जाए। घटना कुछ यों है, जिसे उन्हीं के ही शब्दों में उद्धृत किया जा रहा है–

''डॉ. प्रतिभा राय मुंबई की अपनी एक मित्र डॉ. कमलेश चौधरी को विश्व प्रसिद्ध पुरी के जगन्नाथ जी के दर्शन कराने गईं। खुद भी श्रद्धालु जीव हैं, मगर पहला धक्का तब लगा, जब पंडों ने कहा, ''ये मंदिर में नहीं जा सकतीं।'' बाहर

नोटिस भी लगा है कि हिंदुओं के अलावा मंदिर में सभी का प्रवेश निषिद्ध है। कमलेश जी का दहकता गोरा रंग उन्हें 'विदेशी' सिद्ध कर रहा था। झाँय-झाँय और बहस-मुबाहिसे के तनाव भरे माहौल में जैसे-तैसे प्रवेश मिला (हैं तो 'विदेशी और ईसाई', मगर किसी भारतीय से शादी कर ली हो, यहाँ आकर भाषा, रहन-सहन सीख लिया हो इनसे श्लोक बुलवाइए इत्यादि) प्रतिभा जी बेहद अपमानित महसूस कर रही थीं हमारा मंदिर है, हमें कोई कैसे मना कर सकता है? खैर गोरी सहेली के साथ अंदर गईं तो पंडों ने शुरू किया, यहाँ पाँच रुपए रखिए, यहाँ दस रुपए। दो एक जगहों के बाद प्रतिभा राय ने सख्ती से उन्हें रोक दिया। जब मूर्ति के पास पहुँचे तो दस-बीस पंडों ने सामने दीवार बना ली : बिना सौ-सौ रुपए दिए दर्शन नहीं करने देंगे। डॉ. चौधरी तैयार भी हो गईं, लेकिन प्रतिभा जी ने पंडों के इस गुंडेपन के आगे झुकने से इनकार कर दिया। उधर से धक्का-मुक्की, गाली-गलौज, धमकी शुरू हुई। पुलिस में रिपोर्ट कराने के लिए दोनों बाहर की तरफ निकलीं तो पचास पंडों का दल सामने। घबराईं जरूर, लेकिन मदद के लिए 'लेखक' को याद किया, शायद कुछ लोगों ने पढ़ा हो, कुछ प्रभाव पड़े : चीख-चीखकर बताने लगीं, "सवाल सिर्फ प्रतिभा राय का नहीं, दुनियाभर से आने वाले भक्तों का है, सामान्य व्यक्ति और नारी का है।" "अच्छा, तो आप वही प्रतिभा राय हैं, जिन्होंने पिछले दिनों शंकराचार्य (स्वामी निरंजन देव) के 'सती' वाले वक्तव्य के खिलाफ लेख लिखा था और शास्त्रों से प्रमाण देकर सिद्ध किया था कि वे झूठ और धर्म विरुद्ध बोल रहे हैं।" लीजिए साहब, अब तो चारों ओर घेरे खड़े तिलक छाप आक्रामक हो उठे लगा, दोनों को यहीं सती कर डालेंगे। उस दिन वे कैसे निकल पाईं, यह उन्होंने नहीं बताया। हाँ, अगले दिनों उनका लेख प्रकाशित हुआ : 'क्या हिंदुत्व का रंग काला है?' और फिर तो पुरी, भुवनेश्वर, कटक ही क्या सारे प्रांत के अखबारों में हंगामा शुरू हो गया। यही नहीं, पिछले चार सालों से यह कथा लेखिका पंडों की ओर से ठोके गए एक लाख के दावे का मुकदमा भुगत रही हैं—जगन्नाथ जी का अपमान किया गया है। एक लाख खमियाज़ा—"[50]

इस घटना को पूरा का पूरा उद्धृत करने के पीछे मेरा मंतव्य सिर्फ इतना है कि हम जानें कि आज धर्म का स्वरूप कितना-कैसा विकृत हो गया है। वस्तुतः, धर्म के तीन आयाम माने गए हैं—ज्ञान-कांड, भक्ति-कांड और कर्म-कांड। पहले दोनों (ज्ञान और भक्ति) का तो धर्म के संदर्भ में कहीं अता-पता नहीं है। हाँ, तीसरे अर्थात् कर्मकांड पर इतना ज़ोर है कि यही धर्म का पर्याय बन बैठा है। धर्म का बाज़ार लगातार फल-फूल रहा है। बड़े-बड़े धार्मिक स्थलों की वार्षिक आय करोड़ों में होती है। 27 जून, 2004 ई. के अमर उजाला (देहरादून संस्करण) में पृष्ठ पाँच पर एक खबर प्रकाशित हुई है : 'बद्रीनाथ में उमड़ा श्रद्धालुओं का सैलाब', यह छोटा-सा समाचार इस प्रकार है —"गोपेश्वर। बद्रीनाथ धाम में इस वर्ष श्रद्धालुओं की

अप्रत्याशित भीड़ उमड़ रही है। कपाट खुलने के दो माह के भीतर साढ़े तीन लाख से ज्यादा तीर्थ यात्री भगवान बदरी विशाल के दर्शन करने यहाँ पहुँच चुके हैं। मंदिर समिति को इससे दो करोड़ की आय हुई है।

बद्रीनाथ के कपाट बीती 25 अप्रैल को खोले थे। तबसे देश-विदेश के यात्रियों का सैलाब यहाँ उमड़ा हुआ है। जाहिर है इससे क्षेत्र में कारोबारी गतिविधियाँ भी बढ़ी हैं। बदरी-केदार मंदिर समिति के मुख्य कार्याधिकरी जगत सिंह बिष्ट ने बताया कि गत वर्ष की तुलना में इस वर्ष ज्यादा तीर्थयात्री बद्रीनाथ आ रहे हैं। उन्होंने अब तक वहाँ साढ़े तीन लाख यात्रियों के पहुँचने की पुष्टि की। तीर्थ में यात्रियों की लगातार बढ़ती भीड़ से व्यापारी उत्साहित दिखाई दे रहे हैं।"[51] आशयतः, इतना ही कहना पर्याप्त होगा कि धर्म ने व्यापार का चोला ओढ़ लिया है और यह मानी हुई बात है कि व्यापारी के लिए पैसा ही भगवान है, वही माँ-बाप-परिवार है। उक्त दो करोड़ की आय तो मंदिर समिति को चढ़ावे से हुई है। इसके अलावा उन पंडे-पुजारियों-दलालों-पिछलगुओं की आय का कोई हिसाब-किताब नहीं है, जो 'भगवान' के दर्शन कराने के लिए सौ, दो सौ, पाँच-सात सौ लेकर 'लाइन' में आगे-पीछे करवाते हैं या फिर इक्कीस सौ, पाँच हजार लेकर 'चोर दरवाज़े' से सबसे पहले 'दर्शन' करवाते हैं। ऐसा नहीं है कि ये सामाजिक बुराई सिर्फ हिंदू धर्मालयों में है। अन्य जगहों पर यह किसी न किसी रूप में मौजूद है। हाँ, इतना जरूर कहना चाहता हूँ कि हिंदुओं के यहाँ ये सबसे ज्यादा है और सर्वाधिक अमानवीय और वीभत्स रूप में मौजूद है। अयोध्या, वाराणसी, हरिद्वार, मथुरा, विंध्याचल, मैहर, चित्रकूट आदि स्थानों पर पंडों-पुजारियों का रवैया प्रायः एक-जैसा है। ये सिर्फ दर्शन-पूजन में ही ऐसा करते हों, ऐसी बात नहीं है। लाश जलाने में, राख प्रवाहित करने में, मुंडन-उपनयनादि में भी ये अधिकाधिक प्राप्ति के लिए ताल ठोंककर लड़ने को तैयार रहते हैं और क्या मजाल कि आप उन्हें उनका कथित प्राप्य दिए बिना कुछ कर सकें।

वास्तव में, हमारी धार्मिक व्यवस्था आज एक ऐसे गंदे नाले का रूप ले चुकी है, जिसमें बहाव तो है, पर स्वच्छता का नामो-निशान नहीं। उसमें बजबजाती-सड़ती ऐसी गंदगी बह रही है कि उसके संपर्क में आने वाला हर शख्स 'बीमार' होकर ही रहेगा। गतानुगतिकता और यथास्थितिवाद का पोषण हमारी धार्मिक चेतना का सर्वप्रमुख कार्य है। हमारे कथित धर्माचार्यों ने इस बात का खास ख्याल रखा है कि 'श्रद्धालुओं' को शिक्षा-दीक्षा और आधुनिकता की हवा भी न लगने पाए। उन्हें जड़ता के घेरे में कैद रखना ही सभी धर्म-ध्वजियों की सफलता है। 'श्रद्धालुओं' को इतनी ही छूट दी गई कि वे खूँटे के चारों ओर घूम-फिरकर पशुओं की तरह घास खाते और गोबर करते रहें, अपनी कथित स्वतंत्रता पर फूले न समाएँ। ज्यादा छूट देने पर तो मामला गड़बड़ हो जाता। समता-रागानता, चिकित्सा-शिक्षा आदि की माँग करके 'दो कौड़ी के शूद्र' हमें परेशान करें, इससे बेहतर यही है कि उनमें ऐसी भावना

ठूँस-ठूँसकर भर दो कि वे इधर ध्यान ही न दे सकें। इन लोगों को यदि कभी कुछ रियायतें मिलीं भी, तो सिर्फ इसलिए कि वे विद्रोह न करें। इस संबंध में डॉ. शिव कुमार मिश्र का यह कथन सर्वथा समीचीन प्रतीत होता है—"हर संभव तरीके से यह सुनिश्चित किया गया कि वर्ण-धर्म बना रहे और शूद्रों तथा अंत्यजों आदि को भक्ति तथा उपासना संबंधी कुछ रियायतें देकर उन्हें संतुष्ट किया जा सके और अपनी सीमा में रखा जा सके। इसके अलावा यह भी कि वर्ण-धर्म का विरोध करने वाली विचारधाराओं से निपटा जा सके। इतिहास गवाह है कि गुण-कर्म के अनुसार निर्धारित वर्ण-व्यवस्था आगे चलकर न केवल जन्म से निर्धारित होने लगी, 'सर्वधर्मान् परित्यज्य मामेकं शरणं व्रज' वाली एकांत समर्पण की शर्त वाली भक्ति, निष्काम कर्म का उपदेश तथा स्वधर्म का पालन करने जैसे उसके विधान, कालांतर में समाज तथा राजसत्ता के प्रभुओं द्वारा अपने वर्ग-हितों का संरक्षण करने में इस्तेमाल किए गए।"[52]

सच्ची बात तो यह है कि धर्म व्यक्तिगत कर्म है, इसे थोपा नहीं जाना चाहिए। लेकिन यह भी उतना ही सच है कि धर्म और सामाजिक मूल्यों के कारण ही आज व्यवहार में थोड़ी-बहुत नरमी बची रह पाई है। जन-सामान्य आदर्श आदमी और नागरिक बना रहे, इसके लिए कुछ (धार्मिक) आचरण आवश्यक हैं। हाँ, इससे भी इनकार नहीं किया जा सकता कि इस प्रयास में आदमी कहीं न कहीं कई जकड़बंदियों में फँस जाता है। अभी हमने धर्मस्थानों (खासतौर से हिंदू धर्मालयों) में व्याप्त अव्यवस्था और गुंडई पर एक नज़र डाली। इसी क्रम को आगे बढ़ाएँ तो हम पाते हैं कि कोई भी धर्म इससे शायद ही अछूता हो। सवाल कम-ज्यादा का हो सकता है। आज धर्म व्यक्तिगत से कहीं ज्यादा सामूहिक हो गया है। पूजन-अर्चन, योग-ध्यान, यज्ञ-पाठ, रोज़ा-नमाज जैसी धार्मिक क्रियाएँ मूलतः 'स्वान्तः सुखाय' और 'बहुजन हिताय' के आदर्श से अनुप्राणित हैं, पर हम देखते हैं कि आज इनका स्वरूप इतना-ऐसा विकृत हो गया है कि ये 'परपीड़नाय' और लोक पर 'रोब गाँठनाय' के पर्याय बन चुके हैं।

युवा ग़ज़लगो डॉ. वशिष्ठ अनूप 'धर्म' नामक संस्था में आए परिवर्तन को अपनी एक ग़ज़ल के माध्यम से कुछ यों व्यक्त करते हैं—

"धर्म उन्माद बढ़ाने लगे तो क्या कीजै,
धर्म जब आग लगाने लगे तो क्या कीजै,
धर्म पूजा है, इबादत भी है, अरदास भी है
धर्म जब जिंदा जलाने लगे तो क्या कीजै,
धर्म मुसकान की आशा की किरण था कल तक
धर्म लोगों को रुलाने लगे तो क्या कीजै,

धर्म देता था सहारा फिसलने वालों को
धर्म जब टाँग अड़ाने लगे तो क्या कीजै,
भूलने वालों को वह राह दिखाता था कभी
धर्म जब खुद ही भुलाने लगे तो क्या कीजै,
मंदिरों, मस्जिदों, गिरजाघरों, गुरुद्वारों से
धर्म जब शोर मचाने लगे तो क्या कीजै,
छाँव में जिसकी डर भी डर के भाग जाता था
उसी का नाम डराने लगे तो क्या कीजै।''

—डॉ. वशिष्ठ अनूप : बनजारे नयन, पृ. 93

धर्म लोकप्रिय और लोकहितकारी बने, इसके लिए कई तरह के सांस्कृतिक कदम उठाए गए। धर्म के द्वारा ही तीज-त्योहार और व्रतोपवासों का विधान किया गया। सभी धर्मों में उपवास प्रचलित है। हाँ, इतना जरूर है कि उसके अपने अलग ढंग हैं। इस्लाम में तो उपवास के लिए 'रमज़ान' नाम पूरा महीना ही सुरक्षित कर दिया गया है। रोज़ा इसी महीने में रखा जाता है। यहाँ इतना याद दिला देना समीचीन होगा कि रोज़ा केवल सुबह से शाम तक निर्जल-निराहार रहने का ही नाम नहीं है, अपितु अनेकानेक बुराइयों से खुद को बचाए रखना ही रोज़ा है। कुरआन में इस बात पर ज़ोर दिया गया है कि इस महीने में शैतान कैद कर लिया जाता है। यह एक और बात है कि करने वाले भी इस माह में शैतानी हरकतें करने से चूकते नहीं और मुफलिसों के लिए बरकत आसमान की बात बनकर ही रह जाती है। बड़े-बुजुर्गों का मानना है कि रोज़ी से ही रोज़ा है। आशय यह है कि जिसके पास खाने की अधिकता होती है, वही शाम की इफ्तार का अच्छा इन्तज़ाम कर सकता है, वरना कितने लोग तो ऐसे होते हैं, जो बेमौसम रोज़ा रखने को मजबूर होते हैं। उन्हें किसी इफ्तार का इंतजार नहीं होता। वैसे, आम आदमी के लिए रोज़े का संदेश दूसरों के दुख-दर्द को जानना-पहचानना और उनकी भूख-प्यास को समझकर उनकी सहायता करना है। सवाल यह है कि आज कितने लोग रोज़े के इस आदर्श स्वरूप को अपनाते और उस पर अमल करते हैं। ज़ाहिर है, ऐसे लोग उँगलियों पर गिने जा सकते हैं। इस्लामी देशों में गैर-मुस्लिमों को छोड़कर सभी स्वस्थ व्यक्तियों के लिए रोज़ा रखना आवश्यक है। मगर कुछ उदार इस्लामी देशों के लोग अपने गैर-इस्लामी पड़ोस में जाकर खाना-पीना कर लेते हैं, यानी 'कुफ्र का कुफ्र रहा, हाथ से जन्नत न गई।'

ग्लोबलाइज़ेशन के इस दौर में मनुष्य के धर्म-संस्कृति के तौर-तरीके भी परिवर्तित और हाइटेक होकर नित नया रूप-रंग ग्रहण करते जा रहे हैं। इसका एक उदाहरण धार्मिक अनुष्ठानों में भजन, नात, हम्द और कव्वाली की मस्ती का फिल्मी रंग में

ढल जाना है। आज जयकारे और कथित देवी जागरण के गीत तभी प्रभावोत्पादक हो सकते/होते हैं, जब उनको 'काँटा लगा' और 'ये आँखें बोलती हैं–' की तर्ज़ पर गाया-सुनाया जाता है।

वैसे तो, इस्लाम में प्रायः गाना-बजाना वर्जित ही है, पर चंग(डफली) को इस्लामी दृष्टि से कुछ हद तक जायज़ करार दिया जाता है, क्योंकि मोहम्मद साहब की मक्का वापसी पर वहाँ के लोगों ने चंग और ताशे बजाकर ही उनका स्वागत किया था। इस्लाम के उस रेगिस्तानी माहौल में इससे थोड़ी-सी सांस्कृतिक हरीतिमा प्रसरित हो गई और इस परंपरा को दबी जुबान से स्वीकार कर लिया गया। इसी का परिणाम है कि मज़ारों पर झूम-झूमकर गाजे-बाजे के साथ कव्वाली होती है। अज़ान को तरह-तरह के रागों में गाया जाता है। इसी संबंध में अकबर इलाहाबादी ने चुटकी-भरे अंदाज में कहा है–

''उन्हें है शौके-इबादत और गाने की आदत भी,
निकलती हैं दुआएँ उनके मुँह से ठुमरियाँ होकर।''[53]

तात्पर्य सिर्फ इतना ही कि इस्लाम कट्टरपन में, पोंगापंथ में, जड़ता गतानुगतिकता, रूढ़िवाद में और सबसे अधिक तो कर्मकांड में किसी भी मायने में हिंदूवादी विचारधारा और कथित हिंदू धर्म से पीछे या कमतर नहीं है। बेचारा मामूली मुसलमान जो कि मुफलिसी से, परेशानी से, अंधकारमय भविष्य और त्रासद वर्तमान से आक्रांत है, किसी तरह कुछ करके रोटी-पानी का जुगाड़ करता है। मुस्लिम महिलाएँ भी छोटा-मोटा काम करके घर की अर्थव्यवस्था को किसी तरह जिलाए रखने में सहयोग करती हैं और इस तरह उनके पास जो थोड़ी-बहुत पूँजी एकत्र होती है, उसके सहारे जीविका चलाते हैं धर्म के ठेकेदार। जिस प्रकार हर मंदिर और मठ का कथित श्रीश्री 108 या 1008 महंत अनिवार्यतः लहीम-शहीम और तुंदिल होता है, उसी प्रकार हर मौलवी और इमाम भी सर्वदा सजे-धजे, मह-मह करते और जुल्फ सँवारे ही मिलता है। आपने किसी सामाजिक कल्याण के कार्य में सहभागिता निभाते धर्म के इन ठेकेदारों को शायद ही देखा हो। ये कठमुल्ले मस्जिद के नाम पर चंदा बटोरकर ऐश करते हैं, पर कभी भी स्कूल या अस्पताल की बात नहीं करते। इनके जो मदरसे हैं भी, वे आतंकवाद के अड्डे बने हैं। जैसे ही कहीं से कोई सुधार की आवाज़ उठती है, इनका इस्लाम खतरे में पड़ने लगता है।

आज धार्मिक कट्टरता और कठमुल्लेपन का ही फल है कि हिंदुओं-मुसलमानों में अलगाव के सारे तत्त्व मौजूद हैं। 'मुसलमान हिंदुओं से भिन्न हैं, वे हिंदुओं से घुल-मिल नहीं सकते'–की सोच ने ही सारी गड़बड़ी फैलाई है। इसी सोच का परिणाम है कि ''यदि बनारस में हिंदू विश्वविद्यालय है, तो अलीगढ़ में मुस्लिम विश्वविद्यालय है। इधर 'शुद्धि आंदोलन' है तो उधर 'तबलीग' है। 'हिंदू महासभा' बनी तो 'जमाअत

इस्लामी' भी बनी। 'राष्ट्रीय स्वयं सेवक संघ' अस्तित्व में आया तो 'मुस्लिम खाकसार' भी अस्तित्व में आया। 'विद्यार्थी परिषद्' संघ परिवार ने बनाई, तो जमाअत ने 'सिमी' खड़ा कर दिया। बाल ठाकरे ने 'शिव सेना' बनाई, तो अब्दुल बुखारी ने 'आदम सेना' बनाकर ही दम लिया। हिंदुओं ने 'पांचजन्य' अखबार शुरू किया तो जमाअत ने 'क्रांति' का प्रकाशन शुरू किया। अँगरेज़ी में संघ का 'ऑब्ज़र्वर' है, तो जमाअत का 'रेडियंस्' है। एक ओर 'भारत मंदिर' है तो दूसरी ओर 'दावत नगर' है। अलगाव का यह सिलसिला हिंदुओं और मुसलमानों के बीच एकता कैसे स्थापित कर सकता है? डॉ. अंबेडकर गलत नहीं कहते कि दोनों ही युद्ध की तैयारी में संलग्न हैं और एक-दूसरे की तैयारियों पर नज़र रखते हैं।''[54]

सच्ची बात तो यह है कि धर्म और मज़हब व्यक्तिगत आस्था की चीजें हैं। सत्ता की राजनीति में उनका इस्तेमाल करना उन्हें विकृत बनाना है। ''धर्म का ध्वज उठाने वाले कलयुगी संत-महात्मा, मुल्ले-पादरी जानें कि धर्म त्याग और सेवा, ईमानदारी और सादगी, मेहनत-मशक्कत से कमाई गई रोटी, परदुःख कातरता, सच्चाई और सही शील का नाम है, वह चोटी-दाढ़ी, तिलक-त्रिपुंड, रामनामी रुद्राक्ष, मंदिर, मस्जिद, गिरजाघरों के निरर्थक कर्मकांडों का नाम नहीं है। वह उन करणीय कर्मों का पर्याय है, जिन्हें सही और सच्चे इंसान के रूप में हमें करना चाहिए। चूँकि सच्चाई-ईमानदारी, मेहनत-मशक्कत की कमाई, हर आदमी के बूते की बात नहीं है, इस नाते धर्म के इस बुनियादी रूप को छोड़कर उससे जुड़े कर्मकांडों को धर्म का पर्याय बना दिया गया है। इन्हीं कर्मकांडों के मुद्दे पर सांप्रदायिकता की आग भड़काई जाती है, इन्हीं को लेकर दंगे, हिंसा और रक्तपात होता है। एक बलात्कारी, व्यभिचारी, तस्कर, चोर, उचक्का कोई भी आसानी से टीका-त्रिपुंड लगाकर, हराम की कमाई या साधारण जनता की लूट से मंदिर-मस्ज़िद बनाकर सबसे बड़ा धार्मिक होने का पाखंड रच सकता है। किंतु जो साधनहीन हैं, ईमानदार होते हुए भी धर्म का पाखंड नहीं कर सकते। इसी नाते धर्म को उसके तात्त्विक स्वरूप से अलग कर उसे कर्मकांड का पर्याय बनाया गया है। जरूरत है कि जनता को धर्म के इस पाखंड के प्रति सजग किया जाए, धर्म को उसका सही अर्थ दिया जाए।''[55]

वास्तव में, ''सांप्रदायिकतावादी हमेशा अपनी एकता को मजबूत करने के लिए धर्म के नाम पर आम जनता को संगठित करते हैं। जब उन्हें महसूस होता है कि जनता में उनकी पकड़ कमज़ोर हो रही है तो वे धर्म के नाम पर जनता को संगठित करने का प्रयास करते हैं। इसीलिए हमेशा वे अपने राजनीतिक लाभों को धर्म के साथ जोड़कर रखते हैं और 'धर्म खतरे में है', का नारा देते हैं। निःसंदेह, धार्मिकता से सांप्रदायिकता नहीं पैदा हुई, लेकिन उसने वह ज़मीन ज़रूर तैयार की, जिसमें सांप्रदायिकता का पौधा फल-फूल सकता था।''[56]

2.3.4 भाषिक आधार

सांप्रदायिकता के अनेक आधारों में से एक आधार भाषा का भी है। भले ही भाषिक आधार उतना-वैसा प्रभावी और निर्णायक न हो, पर यह सांप्रदायिक उन्मेष का कारण तो है ही। भाषा बड़ी शक्तिमती होती है। वस्तुतः "वाणी मानवीय चेतना को विधाता का अनुपम वरदान है। अर्थ से समृद्ध वाणी से बढ़कर मूल्यवान् पदार्थ इस जगत में कोई दूसरा नहीं है। वागर्थ सिद्धि से बढ़कर कोई सिद्धि नहीं है। भाषा की साधना मानवीय चैतन्य की साधना है। इसलिए भाषा लोकमानस, जनमानस की उर्वर भूमि में अंकुरित, पल्लवित और विकसित होती है।"[57] लोकमानस में नित्यप्रति प्रयुक्त होते-होते, घिसते-दरेरा खाते-खाते भाषा का नया रूप स्वरूप आकारित होता है। अपनी इस यात्रा में भाषा न जाने कितने पड़ाव तय करती है। शायद इसीलिए भाषा को 'बहता नीर' कहा गया है।

मध्यकाल में फारसी राजभाषा थी। जिस समय भारत में अंग्रेज़ अपनी सत्ता स्थापित करने के लिए प्रयासरत थे, उस समय भारत के शिक्षित समाज में दो प्रकार की भाषाएँ प्रचलित थीं। एक ओर तो सामान्य रूप में खड़ी बोली मौजूद थी, जबकि दूसरी ओर खड़ी बोली का अरबी-फारसी मिश्रित रूप था, जिसे उर्दू कहा जाता था। औपनिवेशिक शासन की स्थापना हो जाने पर भी भाषा की कमोबेश यही स्थिति बनी रही। अंगरेज़ों ने इस स्थिति का फायदा उठाते हुए हिंदुओं-मुसलमानों को भाषिक आधार पर लड़ाने का प्रयास किया। उन्हें अपने इस प्रयास में काफी हद तक सफलता भी प्राप्त हुई। उन्होंने सांप्रदायिक आधार पर हिंदी-उर्दू का विवाद खड़ा किया। इस प्रकार, हिंदी को हिंदुओं की ओर उर्दू को मुसलमानों की भाषा सिद्ध करने का प्रयास किया गया। डॉ. ओम प्रकाश सिंह के मतानुसार इस संबंध में फोर्ट विलियम कालेज और जॉन गिल क्राइस्ट की भाषा नीति उल्लेखनीय है।

"धीरे-धीरे यह विवाद इस रूप में बढ़ा कि सामान्य आदमी भी इसके प्रभाव में आ गया। हिंदुओं ने हिंदी का पक्ष लिया और मुसलमानों ने उर्दू का। भले ही भाषा के आधार पर सांप्रदायिकता के विस्तार में बहुत अधिक मदद न मिली हो, पर उसका बिल्कुल प्रभाव नहीं पड़ा, यह गलत है। भाषा के आधार पर बुद्धिजीवी सांप्रदायिक खेमों में बँटे। इसका प्रभाव आज भी देखा जा सकता है। सामान्य जन की बात तो दूर भाषा के प्रश्न पर आज प्रगतिशील विचारधारा के लोग भी सांप्रदायिक आधार पर लड़ते हुए नज़र आते हैं।"[58] ऐसे सामान्य रूप से देखने में भले ही हमारा समाज भाषा के स्तर पर एकता के सूत्र में बँधा नजर आए, पर वास्तविकता इसके विपरीत है। कथित शिक्षित और उच्च वर्ग की भाषा दूसरी है और मामूली आदमी की दूसरी। जहाँ उच्च शिक्षित वर्ग 'देववाणी अंगरेज़ी' को बोलना अपनी शान समझता है, वहीं मध्यवर्ग अपने 'आदर्श' उच्चवर्ग का अनुकरण करता है 'हिंग्लिश' का होठ

घुमाऊ, भौंह मटकाऊ, सिर हिलाऊ प्रदर्शन करके। और तो और जिन्हें अंगरेज़ी की ज्यादा जानकारी नहीं है, वे भी कुछ नहीं तो 'एक्चुली' और 'यू नो यार' से ही काम चला लेते हैं। वास्तव में, भाषा की समस्या सांप्रदायिकता के संबंध में उतने विमर्श की माँग भले न करती हो, वर्गीय चेतना और वर्ग संघर्ष के संबंध में इसका अलग से अध्ययन किया जाना समय की माँग है।

जहाँ तक सांप्रदायिकता के भाषिक आधार का प्रश्न है, हम देखते हैं कि बिना भड़काऊ भाषा का सहारा लिए सांप्रदायिक विद्वेष नहीं फैलाया जा सकता। इसीलिए हम देखते हैं कि हमारे ध्वजवाहक नेता-नियंता और नियामक ऐसे मौकों पर भाषा रचते या बोलते नहीं, अपितु उसे थूकते हैं। उस भाषा में केवल शोर और थोथापन होता है। इसीलिए धूमिल जब कहते हैं–

''भाषा को थूकते हुए सारी घृणा के साथ
अंत में कहूँगा, सिर्फ इतना कहूँगा
हाँ, हाँ मैं कवि हूँ
कवि यानी भाषा में भदेस हूँ।''[59]

तो वे पूरे आक्रोश के साथ भाषा के साधारणपन के खिलाफ अपनी झल्लाहट व्यक्त कर रहे हैं। यहाँ ध्यातव्य है कि भाषा का साधारणपन उसकी सहजता नहीं, अपितु उसकी अराजकता-आक्रामकता है, ऐसी अराजकता जो आम आदमी का अहित कराए और ऐसी आक्रामकता व्यवस्थाजनित अव्यवस्था, गलीजपन और निर्लज्जता को उभारे तो वही आक्रामकता भाषा की शक्तिमत्ता बन जाती है। जब सर्वेश्वरदयाल सक्सेना व्यवस्था की सड़ाँध को प्रतीक के माध्यम से अभिव्यक्त करते हैं, तो वे इसके लिए 'गोबरैले' को चुनते हैं–

''अच्छे से अच्छा शब्द फूलकर
गोबरैले में बदल जाता है।
और बड़े विचारों को
गंदी गोली की तरह ठेलने लगता है
चाहे वह ईश्वर हो या लोकतंत्र।
गोबरैले चढ़ रहे हैं
गोबरैले बढ़ रहे हैं
और हम सब
गलीज इश्तहारों से लदे
दीवार की तरह निर्लज्ज खड़े है।''[60]

यही भाषा जब सांप्रदायिक दंगों में अभिव्यक्ति का माध्यम बनती है, तो अपनी

सारी मिठास-मधुरिमा खोकर ज़हर उगलने लगती है। वही पड़ोसी जो कल तक हमारा अजीज होता है, दुश्मन बन जाता है। वही बहू, बेटियाँ और महिलाएँ जिनके शऊर और नफासत को हम उदाहरण के रूप में पेश करते रहे थे, अचानक इतनी घृणास्पद और बेकार की 'चीज़' हो जाती हैं कि हम उनके अंग विशेष को इंगित करके, उनके सारे नाते-रिश्ते को केंद्र में रखकर उनकी धज्जियाँ उड़ाना शुरू कर देते हैं।

निष्कर्षतः कहा जा सकता है कि सांप्रदायिकता के विविध आधारों में भाषिक आधार भी हैं। भले ही भाषिक आधार का सांप्रदायिकता के प्रसार में बहुत बड़ा योगदान नहीं रहा, पर इसकी भूमिका तो रही है इससे इनकार नहीं किया जा सकता।

2.4 वर्तमान भारत में सांप्रदायिकता के दुष्परिणाम

भीड़ का कोई चरित्र नहीं होता। वह जिधर मुड़ गई उधर ही चल पड़ती है। उससे तर्क-वितर्क की आशा करना आकाश कुसुम की खोज है। कहना न होगा कि सांप्रदायिक दंगों में सामान्य जन या तो भीड़ में परिवर्तित हो जाता है या परिवर्तित कर दिया जाता है। अब हम उन्मादी-बौराई भीड़ से किसी रचनात्मक कार्य की अपेक्षा तो कर नहीं सकते, वह तो निश्चय ही तोड़-फोड़ करेगी। लूटपाट, दंगा-फसाद, आगजनी जैसे कार्य उसके प्रिय कार्यों की सूची में काफी ऊपर होते हैं, क्योंकि प्रायः यह देखा जाता है कि भीड़ के नियंता उससे चाहते भी यही हैं। मूलतः सांप्रदायिक दंगों में किसी संप्रदाय विशेष का उतना नुकसान नहीं होता, जितना कि मानवता का होता है। हमने जैसा कि लगातार देखा है और देखते-जानते आ रहे हैं, हर दंगों के बाद सिसकती-कलपती मानवता ही दिखाई पड़ती है। पीड़ित मानवता सँभल नहीं पाती कि तब तक दूसरी तरह के दंगे उसे धकियाते-लतियाते निकल जाते हैं।

"उन्नीसवीं शताब्दी के पूर्वार्द्ध में आधुनिक अर्थों में सांप्रदायिक दंगों की शुरुआत हो चुकी थी। बनारस (1809), किडल (1820), मुरादाबाद, सम्भल, काशीपुर (1833), शाहजहाँपुर (1837), बरेली, कानपुर और इलाहाबाद (1837-1852) में हिंदुओं और मुसलमानों के बीच ऐसे संघर्ष हो चुके थे, जिन्हें सांप्रदायिक दंगों की संज्ञा दी जा सकती है।"[61] जैसाकि हमने पहले भी कहा, सांप्रदायिक दंगों में चाहे जो समुदाय पीड़ित हो, सर्वाधिक क्षति मानवता की होती है। इस संबंध में सबसे ताजा उदाहरण गुजरात का है। गुजरात के दंगों की अनुगूँज आज तक सुनाई पड़ रही है। इन दंगों में मानवता की ऐसी धज्जियाँ उड़ीं कि सुन-जानकर किसी भी 'आदमी' का सिर शर्म से गड़ जाए। हमारी सामाजिक व्यवस्था ही कुछ ऐसी है कि ज़रा सी उथल-पुथल से औरतों का सारा जीवन तबाह हो जाता है। जाहिर सी बात है कि दंगों में सबसे ज्यादा पीड़ित महिलाएँ और बच्चे ही होते हैं, चाहे वे किसी भी संप्रदाय के हों।" औरत को मानसिक-पारिवारिक जो कष्ट होता है, उसके अलावा उसे शारीरिक कष्ट से भी जूझना पड़ता है। कुंठित और दिमागी रूप से विकृत कुछ पुरुष भीड़

के रूप में इकट्‌ठे होते हैं और आक्रोश या आवेग में तत्काल उपद्रवी में बदल जाते हैं। ये उन्मादी भीड़ दरअसल जाति, धर्म, वर्ग और उम्र कुछ नहीं देखती, बस तबाही में जुट जाती है। मगर सिरफिरे पुरुषों की यह उग्र भीड़ औरतों के साथ प्रायः एक-सी ही अभद्रता दोहराती है। औरतें ऐसे में इनका एकमात्र निरीह शिकार होती हैं। औरतों को सताने के लिए ज़रूरी नहीं कि उनकी हत्या ही की जाए। अभी गुजरात में कुछ हिंदूवादी दंगों के दौरान जो सच सामने आए, वे भयावह व्यवहार का चरम कहे जा सकते हैं। उग्र हिंदुओं की भीड़ ने एक औरत का आठ माह का गर्भ तलवार से काटकर, अजन्मा बच्चा सड़क पर निकाल फेंका। अकेला यह किस्सा, पुरुषवादी मानसिकता और उसके घिनौनेपन को समझने के लिए काफी हे। जो हिंदूवादी समाज 'देवी' की पूजा का ढोंग करते नहीं अघाता, उसी के अनुयायी ये उपद्रवी एक गर्भवती औरत को देखकर ऐसा बौखला गए कि उन्होंने वहशीपन की हद कर दी। जाहिर है, भीड़ में एक भी आदमी ऐसा नहीं था, जो इस वीभत्स कांड को रोक सकता।''[62]

उक्त कथन में मनीषा का क्षोभ-आक्रोश, उनकी पीड़ा वेदना की अभिव्यक्ति वाजिब ही है। मनीषा के कथन से जो एक महत्वपूर्ण बात छनकर सामने आती है, वह यह कि सांप्रदायिक दंगे सड़कों-गलियों से पहले आदमी के दिल में होते हैं। वस्तुतः भारत में सांप्रदायिक दंगे मुख्यतः ब्रिटिश साम्राज्यवाद के अंतर्विरोधों की उपज हैं। इन दंगों के पीछे औपनिवेशिक शासकों का यह मंतव्य था कि भारतीय जनमानस और जनांदोलन को धार्मिक उन्माद में डुबोकर येन केन प्रकारेण अपना शासन बरकरार रखा जाए। यह कोई संयोग नहीं कि राष्ट्रीय स्वतंत्रता आंदोलन के ऐसे प्रत्येक दौर के फौरन बाद, जिसमें हिंदुओं-मुसलमानों दोनों ने आजादी की लड़ाई में हिस्सा लिया हो, सांप्रदायिक दंगों का ग्राफ एकदम बहुत ऊपर चला गया है। जब तक हिंदू-मुसलमान एक दूसरे के कंधे से कंधा मिलाकर औपनिवेशिक शासन के खिलाफ लड़ते रहे, उसे उखाड़ फेंकने के लिए संघर्ष विफल हुआ या नेतृत्व ने आंदोलन वापस लिया, हिम्मतहीन जनता अँगरेज़ों की 'फूट डालो और राज करो' नीति का शिकार हो गई और अँगरेजों से लड़ने के स्थान पर आपस में ही मारकाट करने लगे। हम देखते हैं कि सन् 1857 और 1858 के दो वर्ष ऐसे हैं, जिनमें एक भी सांप्रदायिक दंगे की रिपोर्ट नहीं मिलती। ब्रिटिश साम्राज्यवाद के दृष्टिकोण और स्वतंत्रता संग्राम के दौरान हिंदू-मुस्लिमों के बीच कायम हुई जंगी एकता को समझने के लिए अवध में सन् 1955 और 1953 के बीच घटित घटनाओं पर दृष्टिपात करना दिलचस्प होगा। इस घटना को विभूति नारायण राय इन शब्दों के माध्यम से अभिव्यक्त करते हैं–''अमेठी के सूफी संत बंदगी मियाँ के शिष्य मौलवी आमिर अली ने अयोध्या से यह खबर मिलने के बाद कि वैरागियों ने बाबरी मस्जिद नष्ट कर दी है और उस स्थान पर कब्ज़ा कर लिया है, लखनऊ में नवाब वाजिद अलीशाह से मुलाकात का प्रयास किया। मुलाकात में असफल होने पर उसने लखनऊ में ही जेहाद की घोषणा

कर दी। जेहाद की घोषणा से चिंतित नवाब वाजिद अलीशाह ने समस्या के शांतिपूर्ण समाधान के लिए प्रयास शुरू किए। यद्यपि उनके आदेशों के बावजूद वैरागियों ने मस्जिद से कब्जा नहीं हटाया, किंतु यह जानकारी लखनऊ तक पहुँच गई कि मस्जिद तोड़ी नहीं गई है। मौलवी आमिर अली लखनऊ से अमेठी आ गया और उसने जेहाद के नाम पर हथियारबंद मुसलमानों की एक बड़ी फौज एकत्रित कर ली। नवाब वाजिद अलीशाह ने घटनाक्रम में सार्थक हस्तक्षेप का प्रयास किया और लोगों से अपील की कि धार्मिक संघर्ष में बल प्रयोग न करें और मस्जिद मुसलमानों को लौटा दें। नवाब ने मौलवी आमिर अली को भी समझाने-बुझाने की पूरी कोशिश की, पर मौलवी अपनी ज़िद पर अड़ा रहा और उसने अपने सशस्त्र साथियों को लेकर अयोध्या की तरफ बढ़ना जारी रखा। सन् 1816 में अयोध्या में शांति-व्यवस्था कायम रखने का उत्तरदायित्व ईस्ट इंडिया कंपनी पर था। अतः नवाब वाजिद अली शाह ने ब्रिटिश रेजीडेंट से अंकुश लगाने की अपील की। लेकिन ब्रिटिश रेजीडेंट ने कोई भी कदम उठाने से इनकार कर दिया। यह इनकार किसी असमर्थता से नहीं उपजा था, बल्कि उसके पीछे सोची-समझी रणनीति काम कर रही थी। यह रणनीति भी हिंदुओं और मुसलमानों के बीच विद्यमान संघर्ष के बिंदुओं को लगातार उकसाते रहना, जिससे वे एकजुट होकर गुलामी की बेड़ियाँ तोड़ने के लिए संघर्ष न कर सकें। इसके बाद वाजिद अलीशाह ने अपनी फौजें एकत्रित कीं और एक लंबी तथा कठिन लड़ाई के बाद हयातनगर के निकट शुजागंज बाजार में आमिर अली मारा गया। इसके बाद सन् 1855 में हिंदुओं और मुसलमानों के बुजुर्गों ने मिलकर आपस में एक समझौता कर इस समस्या को सुलझा लिया। सन् 1857-58 में अवध में स्वतंत्रता के लिए भयानक संघर्ष हुआ और इस संघर्ष का सबसे गौरवशाली अध्याय था—हिंदू-मुस्लिम एकजुटता। इस संघर्ष के विफल होने के बाद से ही अंगरेजों ने निरंतर प्रयास करके बाबरी-मस्जिद जन्मभूमि विवाद पर हुई हिंदू-मुस्लिम एकता को नष्ट कर दिया और इस विवाद को ज्यादा गहरे और भ्रामक आयाम प्रदान किए। परिणाम बड़े स्पष्ट रहे। न सिर्फ उन्नीसवीं शताब्दी के उत्तरार्द्ध में, बल्कि आज तक इस विवाद ने देश में सैकड़ों सांप्रदायिक दंगों को जन्म दिया है।"[63]

स्पष्ट ही है, सांप्रदायिक दंगे हमारे बीच ऐसी खाइयाँ पैदा कर देते हैं कि सदियाँ भी उन्हें पाटने में कम पड़ जाएँ। जन-धन की अपार हानि तो हर दंगे में होती है। दंगा करने-कराने वाली भीड़ यह समझने-बूझने की शक्ति खो देती है कि वह जिस संपत्ति को खाक में मिला रही है, उसी की है। अंगरेज़ों की प्रभावी उपस्थिति के पूर्व भारत में सिर्फ एक हिंदू-मुस्लिम संघर्ष का पता चलता है, जिसे कायदे से सांप्रदायिक दंगा कहा जा सकता है। सन् 1713 में यह दंगा अहमदाबाद में हुआ था। एक प्रत्यक्षदर्शी खाफी खान के वर्णन के अनुसार एक हिंदू ने अपने मुसलमान पड़ोसी के विरोध के बावजूद दोनों के घरों के सामने मौजूद साझा अहाते में होली जलाने की तैयारी

की। विवाद के कारण यह मामला एक मुसलमान अधिकारी के सामने ले जाया गया, जिसने हिंदू के पक्ष में फैसला दे दिया और हिंदू ने होली जला दी। दूसरे दिन मुसलमान ने पैगंबर के सम्मान में एक गाय की कुरबानी दे दी। इस पर उत्तेजित होकर आसपास के हिंदू इकट्ठे हो गए और उन्होंने वहाँ उपस्थित मुसलमानों पर हमला बोल दिया। इस हमले में कुरबानी देने वाले मुसलमान का चौदह वर्षीय पुत्र मारा गया। इस घटना से अनेक मुसलमान क्रुद्ध हो उठे और इकट्ठा हो गए। शहर में मौजूद अफगान सैनिक भी उनकी मदद के लिए आ गए। अगले तीन-चार दिन तक चलने वाले दंगे में काफी संपत्ति का नुकसान हुआ और कई हिंदू-मुसलमान मारे गए। दोनों पक्षों के नेताओं ने शांति स्थापित कराने के लिए बादशाह से अपील की।[64] सन् 1713 में हुआ अहमदाबाद का यह दंगा ब्यौरेवार दर्ज की गई ऐसी पहली घटना है, जिसमें सांप्रदायिक दंगे के सारे आवश्यक तत्त्व सन्निहित हैं।

जहाँ तक प्रश्न सांप्रदायिक दंगों से होने वाली जन-धन हानि का है, इस संबंध में एक बात विशेष रूप से ध्यान देने लायक है। सांप्रदायिक दंगों के संबंध में बहुसंख्यक समुदाय की सोच दो पूर्वाग्रहों पर आधारित है। पहली तो ये कि बहुसंख्यक समुदाय या हिंदू का मानना यह है कि दंगे की शुरुआत मुसलमान करते हैं और मरने वाले अधिकांश हिंदू होते हैं। दूसरा यह कि सामान्य हिंदू यह मानता और सोचता है कि मुसलमान स्वभावतः क्रूर, हिंसक, विश्वासघाती और कट्टर होता है। सांप्रदायिक दंगा कौन शुरू करता है, यह बहस का विषय हो सकता है, क्योंकि एक ही तथ्य को अलग-अलग ढंग से और कई बार विपरीत अर्थों में पेश किया जा सकता है। दंगों की शुरुआत के बारे में तो बहस की गुंजाइश है, पर मृतकों की संख्या के बारे में कतई नहीं।

कई वर्षों में मृतकों की कुल संख्या हिंदू मृतकों एवं मुस्लिम मृतकों की संख्या के योग से अधिक इसलिए है कि इनमें पुलिसकर्मियों, अन्य धर्मावलंबियों तथा ऐसे मृतकों की संख्या भी सम्मिलित है, जिनकी पहचान नहीं हो पाई। इन सम्मिलित आँकड़ों के अतिरिक्त सन् 1960 के अनंतर कुछ बड़े सांप्रदायिक दंगों में मरने वाले लोगों में हिंदू-मुसलमानों की अलग-अलग संख्या भी सांप्रदायिक दंगों का 'सच' बताती है। सन् 1961 में अलीगढ़ में हुए सांप्रदायिक दंगों में कुल 13 लोग मारे गए थे, जिनमें 12 मुसलमान थे और एक हिंदू। इसी तरह राँची में अगस्त 1967 के सांप्रदायिक दंगों में कुल 177 लोग मारे गए थे, जिनमें 20 हिंदू, 156 मुसलमान और अन्य की श्रेणी में 1 मृतक थे।

सांप्रदायिक दंगा चाहे जैसे शुरू हो, उसकी परिणति हमेशा नकारात्मक और समाज विरोधी ही होती है। अगस्त, 1946 के दंगों की व्यापकता के बारे में सुमित सरकार की टिप्पणी पर दृष्टिपात करना समीचीन होगा। श्री सरकार इस संबंध में कहते हैं—"16 अगस्त, 1946 से अभूतपूर्व स्तर पर होने वाले सांप्रदायिक दंगों ने

भारतीय परिदृश्य को पूरी तरह बदल दिया था। दंगों का आरंभ 16-19 अगस्त को कलकत्ता से हुआ, जो 1 सितंबर को बंबई को प्रभावित करते हुए पूर्वी बंगाल के नोआखली (10 अक्टूबर), बिहार (25 अक्टूबर), संयुक्त प्रांत के गढ़मुक्तेश्वर (नवंबर) तक फैल गए और मार्च 1947 में उन्होंने सारे पंजाब को अपनी लपेट में ले लिया।''[65]

बिहार में 'नोआखली दिवस' (25 अक्टूबर) मनाए जाने के सिलसिले में जो सांप्रदायिक दंगे हुए उनमें एक दूसरा ही ढर्रा देखने को मिलता है। यहाँ मुसलमानों के विरुद्ध हिंदू किसानों का सामूहिक विद्रोह मुख्य कारण रहा। इसके फलस्वरूप होने वाला नरसंहार नोआखली से कहीं अधिक वीभत्स और भयंकर था। इसमें कम-से-कम 7,000 लोग काल के ग्रास बन गए। क्षुब्ध और बदहवास नेहरू ने रिपोर्ट दी कि जो हाल बिहार-कांग्रेस का रहा था, ''वहाँ लोगों पर पागलपन सवार है।''[66] नेहरू जी को संदेह था कि इसके पीछे जमींदारों का हाथ है, क्योंकि वे अपने काश्तकारों का ध्यान कृषि समस्याओं से हटाकर अन्यत्र लगाना चाहते हैं। उनका अभिमत था कि कांग्रेसी प्रशासन एवं दल के अनेक सदस्यों ने भी हिंदू संप्रदायवाद के सामने घुटने टेक दिए हैं। बिहार के बाद गढ़मुक्तेश्वर की बारी थी, जहाँ हिंदू तीर्थयात्रियों ने करीबन एक हजार मुसलमानों को मौत के घाट उतार दिया। इस बीच हिंदू, मुसलमान और सिख सभी समान रूप से उस घटना के लिए तैयार हो रहे थे, जो सबसे बड़ी विनाशलीला सिद्ध हुई यानी कि पंजाब में होने वाली विनाश लीला। जनवरी, 1945 में हरियाणा के हिंदू जाट नेता छोटूराम का देहांत हो जाने से पंजाब में यूनिपनिस्ट गुट कमज़ोर पड़ गया था। बलदेव सिंह ने कांग्रेस और सिख-समर्थन जुटाकर चतुराई से पंजाब में खिज्र हयात खान की सरकार बनवा दी। फलस्वरूप मुस्लिम संप्रदायवादी एवं पाकिस्तान समर्थक दृष्टिकोण रखने वाले मुसलमान नाराज हो गए। लीग ने जनवरी, 1947 से सविनय अवज्ञा आंदोलन चलाया, जिसके परिणामस्वरूप 3 मार्च को खिज्र हयात की सरकार गिर गई। लाहौर में इसके ठीक अगले दिन सिखों ने असेंबली चैम्बर के सामने एक भड़काने वाला प्रदर्शन किया, जिसमें तारा सिंह ने तलवार भाँजते हुए 'राज करेगा खालसा' का नारा लगाया। इसके पश्चात् लाहौर, अमृतसर, मुलतान, कटक और रावलपिंडी के ग्रामीण क्षेत्रों में जमकर सांप्रदायिक दंगे हुए। इन मुस्लिम बहुल क्षेत्रों में दंगाइयों के निशाने पर सिख और हिंदू थे। इन दंगों में अगस्त, 1947 तक करीबन 5,000 लोग मारे गए थे। लेकिन यह नरसंहार भी स्वतंत्रता और देश-विभाजन के बाद सीमा के दोनों ओर आरंभ हुए सांप्रदायिक दंगों के सामने कुछ भी नहीं था।

इस संबंध में पेण्डरेल मून के विचारों के आधार पर सुमित सरकार का अभिमत है—''लगभग 1,80,000 लोग मारे गए थे—जिसमें 60,000 पश्चिम के और 1,20,000 पूर्व के थे। मार्च, 1948 तक 60 लाख मुसलमान और 45 लाख हिंदू एवं सिख शरणार्थी बन चुके थे। जनसंख्या का लगभग पूर्ण और बलात् स्थानांतरण हो गया, जिसमें

लोग 4 लाख एकड़ भूमि पूर्वी पंजाब में और 67 लाख एकड़ भूमि पश्चिम में पीछे छोड़ आए। कुल मिलाकर 'मुसलमानों को जान का नुकसान अधिक हुआ था और हिंदुओं तथा सिखों को माल का।' दक्षिण-पश्चिम पंजाब के बहावलपुर में, जहाँ सन् 1947 में मून कार्य कर रहे थे, ''मुसलमानों (मुख्यतः किसानों) की रुचि मारकाट में इतनी नहीं थी, जितनी हिंदुओं की लड़कियों और संपत्तियों का चुपचाप भोग करने में।''[67] मध्य और पूर्वी पंजाब में, जहाँ दोनों समुदाय बराबरी पर थे, खत्म करने की नीति अधिक महत्त्वपूर्ण थी। विशेष रूप से सिख मुसलमानों को खत्म करने या उन्हें खदेड़ बाहर करने के लिए कृत संकल्प थे, ताकि पश्चिम से आने वाले 20 लाख सिखों के लिए जमीन मुहैया कराई जा सके।''[68]

हम देखते हैं कि सांप्रदायिक दंगों ने कितनी और कैसी अराजकता फैलाई। कल तक जो लोग एक साथ कंधे से कंधा मिलाकर देश के लिए मर-मिटने को तैयार थे, वही आज एक-दूसरे के खून के प्यासे हो गए। सीमा के दोनों ओर से एक-दूसरे को पूरी ट्रेन लाशों से भरकर भेजी गई। लूट-खसोट, आगजनी, बलात्कार जैसी घटनाएँ तो उन दिनों सामान्य बात हो गई थी। सांप्रदायिक दंगों ने जो सबसे बड़ी हानि हमारे समाज के लिए की है, वह है—विश्वास की हत्या। आपस में अविश्वास वह कारक है, जो अंततः दूरियाँ बढ़ाने और वैमनस्य फैलाने का कार्य करता है। विश्वास की बहाली न हो पाने पर वर्षों से साथ-साथ रहने वाले लोग एक-दूसरे के खून के प्यासे बन जाते हैं और फिर वे ऐसी मानवता-विरोधी हरकतें करते हैं कि उनका बयान शब्दों के माध्यम से नहीं किया जा सकता। गोधरा कांड और गुजरात दंगों की राख अभी ठंडी नहीं हुई है कि लगभग तीन हज़ार लोगों की मौत, करोड़ों की संपत्ति का नुकसान, सदियों के विश्वास की हत्या आदि कुछ ऐसी त्रासद यादें छोड़ गया यह दंगा कि आज हर 'आदमी' को 'भारतवासी' और 'हिंदू' शब्द सुनकर शर्म आने लगती है। इन पीड़ादायक क्षणों के चश्मदीद गवाह हर्ष मन्दर का बयान अंधों की भी आँखें खोल देने वाला है—

''यह एक योजनाबद्ध आतंकवादी कार्रवाई थी... दंगाइयों के गिरोह कुछ इस ढंग से लूटपाट कर रहे थे, मानों वे दुश्मन के साथ जंग लड़ रहे हों और उसे नेस्तनाबूद करने पर तुले हों। उनकी कार्य योजना को और कहा भी क्या जा सकता है, जिसमें उत्तेजक नारे लगाते लोगों को लादे एक ट्रक आता है। उसके तुरंत बाद एक-एक कर कई ट्रक आते हैं और वहाँ जमा हो जाते हैं और उनमें से दंगाई उतरते हैं, जो खाकी चैस्ट पहने थे और जिनके माथे पर केसरिया पट्टी है। उनके हाथों में आधुनिक विस्फोटक हैं ही, देसी हथियार, छुरे और त्रिशूल हैं... इन गिरोहों के नेतृत्व कर रहे लोग मोबाइल फोन से अपने नियंत्रण केंद्र से संपर्क भी स्थापित करते थे और यथोचित निर्देश भी ले रहे थे। वे समय-समय पर कारगुजारियों की जानकारी भी समन्वय केंद्रों को दे रहे थे... वहाँ हिंदू राष्ट्र बनाए जाने की घोषणाएँ भी हो

रही थीं..."[69]

2.5 सांप्रदायिक सौहार्द के उपाय

प्राचीन काल से ही भारत अपने यश और वैभव के कारण विदेशियों के लिए आकर्षण का केंद्र रहा है। मध्य एशिया में जब कभी भी राजनैतिक उथल-पुथल होती थी अथवा किसी महत्त्वांकाक्षी विजेता का उदय होता था तो उसका सीधा प्रभाव भारत पर भी पड़ता था। परिणामस्वरूप समय-समय पर विभिन्न विदेशी जातियों का भारत में आगमन हुआ। प्राचीन भारत में यूनानी, शक, कुषाण व हूण आदि हमारे देश में आए, जिन्हें भारतीय संस्कृति ने, जो अपनी समन्वय-क्षमता के लिए प्रसिद्ध है, अपने में आत्मसात कर लिया। अकेला इस्लाम जब भारत में आया तो वह अपने साथ ऐसे संस्कार लेकर आया, जिसे भारतीय संस्कृति अपने में विलीन न कर सकी, ऐसे में दोनों संस्कृतियाँ धार के दो किनारों की तरह अलग-अलग बनी रहीं।

इस पार्थक्य का मुख्य कारण पारस्परिक सद्भावना की न्यूनता है, जिसके कारण देश में मानवीय एकता की राष्ट्रीय भावना नहीं पनप सकी। हिंदू-मुसलमान, सिख, ईसाई सभी स्वयं को अलग-अलग मानते हैं और अपने-अपने समुदाय, रीति-रिवाज़ों तथा धर्म को प्रधानता देते हैं। यही प्रमुख कारण है कि राष्ट्रीय भावना लुप्त हो चली है। इसी के परिणामस्वरूप भारत में, भारतीय पैदा नहीं होते बल्कि हिंदू, मुसलमान, सिख, ईसाई और विभिन्न संप्रदायों के लोग पैदा होते हैं, जबकि आवश्यकता इस बात की है कि सभी देशवासी इस बात को स्वीकार करें कि वे भारतीय पहले हैं।

सौहार्द के उपाय प्राचीन काल से इस देश की सतह पर संतों ने तैयार किए हैं। कबीर, नानक, दादू, रैदास जैसे समाज-सुधारकों ने चौराहे पर खड़ा होकर निर्भीकतापूर्वक सांप्रदायिक सद्भावना का बिगुल बजाया है।

कबीर ने कहा है–

एक बूँद एकै मल-मूतर एक चाम एक गूदा,
एक जोतिथैं सब उत्पन्ना, को ब्राह्मन को सूदा।

नानक ने उद्घोषणा की है–

जाहुण जेति न पूछहु, आगे जाति न हैं।
बंदे एक खुदाय है, हिंदू-मुसलमान॥
दादा राम रसूल कर लड़दे बेइमान॥

दादू बार-बार आह्वान करते हैं–

ऊँच-नीच मध्यम को नाहीं।

देखो राम सबन के माहीं–
अलह राम छूटा भ्रम मोरा।
हिंदू तुरक कछु नाहीं, देखो दरसन तोरा॥

नामदेव का मानना है–

नाना वर्ण गवां उनका एक वर्ण दूध।
तुम कहाँ के ब्राह्मन हम कहाँ के सूद॥

मलूक दास ने स्वीकारा है–

मक्का, मदीना, द्वारिका, बद्री और केदार।
बिना दया सब झूठ है, कहै मलूक विचार॥

हिंदुस्तान की साझा संस्कृति में इन भक्ति युगीन संतों का बहुत हाथ रहा है। इसकी रंगीनी को बरकरार रखने के लिए आधुनिक काल के लेखकों ने भी अनेक प्रयास किए हैं और बहुत हद तक उन्हें सफलता भी मिली है। गद्य के क्षेत्र में कथा-साहित्य का वर्ण्य-विषय सद्भावना के अनेक पहलुओं से भरा हुआ है। दसवाँ दशक इस दौड़ में अग्रणी भूमिका निभा रहा है। संपूर्ण परिदृश्य पर यदि दृष्टि डालें तो सौहार्द को संजोने वाले प्रसिद्ध उपन्यासों में 'कितने पाकिस्तान', 'हमारा शहर उस बरस', 'ज़िन्दा-मुहावरे', 'ठीकरे की मंगनी', 'काला पहाड़', 'टुकड़े', 'ओस की बूँद', 'आधा गाँव', 'झीनी-झीनी बीनी चदरिया', 'जहरवाद' आदि हैं। स्वयं लेखकों ने स्वीकारा है कि साहित्यिक कृतियाँ ही अपने गर्भ में उन उपायों को सहेजकर रख सकती हैं, जिनसे सौहार्द के लाखों-लाख उपाय प्रकट होते हैं–

संविधान द्वारा भारत को एक धर्मनिरपेक्ष राष्ट्र घोषित किया गया है, फिर भी भारतीय राजनीति से धर्म को पृथक करना एक दुष्कर कार्य है। भारत की अनेक समस्याओं में से 'सांप्रदायिकता' सबसे बड़ी समस्या है। भारतीय परिप्रेक्ष्य में यह अवश्य है कि समय की करवट के साथ-साथ इसके रूप बदलते रहते हैं। समाज की बनावट और बदलते स्वरूप के कारण सांप्रदायिकता बहुरंगी लिबास पहनकर सामने खड़ी है।

सांप्रदायिकता के अंतर्गत वे सभी क्रियाकलाप आ जाते हैं, जिनमें किसी धर्म, भाषा, वर्ग के आधार पर किसी विशेष के हितों की रक्षा की बात की जाय। विंसेट स्मिथ के अनुसार, "एक सांप्रदायिक व्यक्ति या व्यक्ति-समूह वह है, जो कि प्रत्येक धार्मिक अथवा भाषिक समूह को एक ऐसी पृथक् सामाजिक या राजनीतिक इकाई मानता है, जिसके हित अन्य समूहों से पृथक् होते हैं और उनके विरोधी भी हो सकते हैं। ऐसे ही व्यक्तियों अथवा व्यक्ति-समूहों की विचारधारा को 'सांप्रदायिकता' कहा

जाएगा।"

प्रायः धर्म और संप्रदाय शब्द साथ-साथ प्रयुक्त होते हैं, जबकि धर्म और संप्रदाय में बुनियादी अंतर है। धर्म में व्यापक, विस्तृत और विशाल विचारधारा समाहित रहती है। धर्म की इसी व्यापकता से निःसृत सीमित एवं खंडित विचारधारा वाले समूह को संप्रदाय कहते हैं। धर्म का अपना अखंड संघ होता है, परंतु संप्रदाय का संगठन बनता है। संप्रदाय का संबंध और आधार धर्म ही होता है, परंतु जब इसमें राजनीति प्रविष्ट हो जाती है तो इसका दुष्प्रभाव देश और समाज की जड़ें खोखली कर देता है। धर्म व्यक्ति को आध्यात्मिक ऊँचाइयों तक ले जाता है तथा उसकी जीवन-पद्धति को सम्यक् रूप से अनुशासित भी करता है। सांप्रदायिकता मानवीय मूल्यों को दलदल में ले जाती है और उसकी विचारसरणियों को अवरुद्ध करके अंधकूप में ढकेल देती है।

मूलतः सांप्रदायिकता धर्म से उत्पन्न नहीं होती। यह तो आर्थिक विषमता और सामाजिक अन्याय से उत्पन्न होती है। इसकी उत्पत्ति के संदर्भ में डॉ. प्रभा दीक्षित का मत है, "जब एक समुदाय समझ-बूझकर धार्मिक, सांस्कृतिक भेदों के आधार पर राजनीतिक माँगें रखने का निश्चय करता है तब सामुदायिक चेतना संप्रदायवाद के रूप में एक राजनीतिक सिद्धांत बन जाती है। राजनीतिक स्वायत्तता को तब सांस्कृतिक स्वायत्तता सुरक्षित रखने की अनिवार्य शर्त घोषित कर दिया जाता है। बहुसंस्कृतीय समाज में सामाजिक तनाव तथा टकराहट वास्तव में विभिन्न समूहों के बीच चल रहे सत्ता द्वंद्व के लक्षण हैं। इस पारस्परिक द्वंद्व को सैद्धांतिक स्तर पर धर्म की शिला पर खड़ा करना एक राजनीतिक विचारधारा के रूप में संप्रदायवाद का मूल सार है।"[7] सांप्रदायिकता के तत्त्वों की विस्तृत व्याख्या प्रो. विपिन चंद्र ने इस प्रकार दी है–"सांप्रदायिकता के तीन तत्त्व या चरण होते हैं। इस क्रम में सबसे पहला स्थान इस विश्वास का है कि एक ही धर्म को मानने वालों के सांसारिक हित यानी राजनीतिक, आर्थिक, सामाजिक और सांस्कृतिक हित भी एक जैसे ही होते हैं। दूसरा तत्त्व यह विश्वास है कि एक धर्म के अनुयायियों के सांसारिक हित अन्य किसी भी धर्म के अनुयायियों के सांसारिक हितों से भिन्न हैं। सांप्रदायिकता अपने तीसरे चरण में तब प्रवेश करती है, जब यह मान लिया जाता है कि विभिन्न धर्मों के अनुयायियों या समुदायों के हित एक-दूसरे के विरोधी हैं। इस चरण में आकर सांप्रदायिक व्यक्ति जोर देकर यह कहने लगता है कि हिंदुओं और मुसलमानों के सांसारिक हित एक हो ही नहीं सकते। उनमें परस्पर विरोध होना ही है।"[71] इसी विचारधारा की प्रतिक्रियास्वरूप सांप्रदायिक व्यक्ति खास धार्मिक समुदाय को ही अपनी महत्त्वाकांक्षा एवं गतिविधि का समष्टि रूप एवं आधार स्वीकार करता है। इसी के परिणामस्वरूप समाज में वैमनस्य की विष-बेल फैलती है, जो अपनी मंजिल एक समुदाय तक ही सीमित रखती है। उसके लिए राष्ट्र या विस्तृत समाज कोई मायने

नहीं रखता। मूलतः बाह्य रूप से जब हम इसे धर्म के साथ जोड़कर देखते हैं तो इस भावना का आधा चित्र खींच पाते हैं। यह तो एक ऐसी भावभूमि है, जो धर्म या संस्कृति की ओट में एक समुदाय को दूसरे समुदाय से तोड़ने, घृणा उत्पन्न करने और शत्रुता बढ़ाने का कार्य करती है।

प्रसिद्ध कथा-शिल्पी प्रेमचंद ने अपनी कथा-यात्रा में इसी भावना के समूल विनाश की परिकल्पना की है। उनका मत है, ''सांप्रदायिकता हमेशा संस्कृति की दुहाई दिया करती है। उसे अपने असली रूप से निकलते शायद लज्जा आती है, इसीलिए अब गधे की भाँति जो सिंह की खाल ओढ़कर जंगल के जानवरों पर रोब जमाता फिरता है तथा संस्कृति की खाल ओढ़कर आती है। हिंदू अपनी संस्कृति को कयामत तक सुरक्षित रखना चाहते हैं, मुसलमान अपनी संस्कृति को। दोनों ही अपनी संस्कृति को अभी तक अछूती समझ रहे हैं। वे भूल गए हैं कि अब न कहीं हिंदू-संस्कृति है और न कहीं मुस्लिम-संस्कृति है।''[72] लेखक ने सिद्ध कर दिया है कि जीवन के प्रत्येक क्षेत्र में एक मानव दूसरे मानव से हर दृष्टि से इतना करीब है कि उसे अलग-अलग करना असंभव-सा है। संस्कृति की दुहाई निरा पाखंड और कोरा ढोंग है। अतः संप्रदाय, धर्म या जाति विशेष को आधार बनाना निरा अनौचित्यपूर्ण कृत्य है।

इस बदबूदार मानसिकता को दूर करने में एक ओर हमारा शासन, प्रशासन सक्रिय भागीदारी निभाता है तो दूसरी ओर जब हम साहित्य को समाज का दर्पण स्वीकार करते हैं, तो साहित्यकारों का मूल दायित्व ठहरता है कि वे अपनी कलम को इस दिशा की ओर अवश्य सक्रिय करें ताकि समाज से यह बुराई जड़ से समाप्त हो सके। जब तक समाज में यह मानसिकता जीवित रहेगी, तब तक इसका दुष्प्रभाव आदमीयत को भी मैला करता रहेगा। यद्यपि आधुनिक युवावर्ग इस भावना से उबरने का प्रयास करना चाहता है, फिर भी पुराने बुर्जुआ सोच वाले यदा-कदा इस भावना से प्रभावित हो ही जाते हैं। इसे धर्म और संस्कृति से देखना नितांत अप्रासंगिक है। वस्तुतः यह एक ऐसी विचारधारा है, जो धर्म की ओट में एक समुदाय को दूसरे समुदाय से तोड़ने, घृणा करने और वैमनस्य बढ़ाने का कार्य करती है। प्रायः लोग इसे मध्यकाल की उपज मानते हैं, किंतु मूलतः यह आधुनिक काल द्वारा दी गई वह नशीली दवा है, जो व्यक्ति को विक्षिप्त करने में पूरी जद्दोजहद के साथ जुटी है। पूरा घटनाक्रम यदि स्वतंत्रता के बाद का देखें तो सत्ता की होड़ में बहुसंख्यकों ने राष्ट्रवाद का आश्रय लिया और अल्पसंख्यकों ने सांप्रदायिकता का प्रश्रय लेकर शासन-तंत्र में अपनी हिस्सेदारी साबित करनी चाही।

मूलतः सांप्रदायिकता के सामाजिक आधारों में सबसे पहले समाज का जिक्र आवश्यक है। राष्ट्रकवि दिनकर ने स्पष्ट किया है ''हिंदू जन्मजात अहिंसक थे। अनेक धर्मों का स्वागत करते-करते वे धार्मिक मामलों में बहुत सहिष्णु हो गए थे। महमूद

से पहले जो मुसलमान भारत आए थे, उन्हें यहाँ के राजाओं ने प्रश्रय दिया। अगर कोई मस्जिद तोड़ता तो हिंदू राजे अपराधियों को दंड देते तथा टूटी हुई मस्जिद की मरम्मत अपने पैसे से करा देते थे। जब मुस्लिम आक्रमण के साथ मंदिरों और मूर्तियों पर विपत्ति आई, हिंदुओं का हृदय फट गया और वे इस्लाम से तभी जो भड़के सो अब तक भड़के हुए हैं।''

सामाजिक स्तर पर सांप्रदायिक भटकन का मूल कारण हिंदुओं की जाति-व्यवस्था भी रही है। मध्यकाल में व्यावहारिक स्तर पर ऊँच-नीच और छुआ-छूत की भावना बहुत गहरी पैठी हुई थी। मुस्लिम आबादी के साथ हिंदू-समाज ने वही व्यवहार किया, जो वे निचली जाति के साथ करते थे। यहाँ तक कि अपने समाज में उनका प्रवेश भी वर्जित कर दिया। 'म्लेच्छ' शब्द मुसलमानों की पूरी सामाजिक स्थिति को अपने निहितार्थ में अभिव्यक्त करता है। कालांतर में इस स्थिति में सुधार हुआ, किंतु इनके बीच की विभाजक-रेखा पूरी तरह मिट नहीं पाई। बाहर-बाहर भले सब यही करते रहे कि हम सब एक हैं, किंतु अंदर की बात तो प्रेम, प्यार, मोहब्बत की सरजमीं दोनों कौमों की अलग-अलग थी। आज भी भारतीय समाज के मध्यवर्ग, निचले तबकों में इस गंध को आसानी से देखा जा सकता है। इसी अलगाव ने सामाजिक-धरातल पर सांप्रदायिकता की जड़ों को खाद-पानी पहुँचाया।

आर्थिक आधार सांप्रदायिकता का दूसरा बड़ा कारण रहा है। हिंदुओं और मुसलमानों दोनों ने ही अंग्रेजों की नीतियों का सामना किया है, किंतु 'फूट डालो और राज करो' यह नारा लेकर अंग्रेज भारत आए थे। उन्होंने राजसत्ता का अधिकांश मुसलमानों से छीना था, इसीलिए वे अंग्रेजों को सबसे बड़ा शत्रु समझते थे। इसी घृणा से प्रभावित होकर मुसलमान आधुनिक शिक्षा और संस्कृति से सर्वथा दूर रहे। शिक्षा के अभाव ने उनका प्रवेश सरकारी नौकरियों, डाक्टरी, वकालत, अध्यापकी में भी निषिद्ध कर दिया तथा उनका आर्थिक धरातल निरंतर कमजोर होता गया। विलम्बित आधुनिकीकरण के इस मत को पंडित जवाहरलाल नेहरू ने व्यक्त किया है—''हिंदू और मुसलमान, मध्यवर्ग के विकासक्रम में एक पीढ़ी से अधिक का अंतराल रहा है और इस अंतराल का प्रभाव कई दिशाओं में प्रतिबिंबित होता है। राजनीतिक-आर्थिक तथा अन्य क्षेत्रों में भी। इस पिछड़ेपन के कारण ही मुसलमानों में एक डर की मनोवृत्ति पैदा हुई है।'' दूसरे पक्ष पर यदि दृष्टि डालें तो रोजगार के अवसरों का अभाव भी इसका बड़ा कारण है। इस आर्थिक स्थिति को डॉ. विपिनचंद्र ने स्पष्ट किया है। ''देशव्यापी ठहराव के कारण सरकारी नौकरियों, वकालत और डाक्टरी-जैसे पेशों तथा उद्योग-धंधों में भी जबरदस्त प्रतिद्वंद्विता थी। जो कुछ भी आर्थिक अवसर उपलब्ध थे, उनका अधिकतम हिस्सा हासिल करने के लिए मध्यवर्ग के लोग शैक्षणिक योग्यताओं तथा व्यक्तिगत गुणों के साथ भाई-भतीजावाद, घूस आदि का इस्तेमाल करते थे। अपने निजी संघर्ष को एक विस्तृत आधार देने के लिए वे जाति, प्रांत

और धर्म-जैसी सामूहिक पहचानों का सहारा लेते थे। इस तरह सांप्रदायिकता मध्यवर्ग के कुछ लोगों को तात्कालिक फायदा पहुँचा सकती थी और उसने पहुँचाया भी। इससे सांप्रदायिक राजनीति को एक तरह की वैधता भी मिली।''

धार्मिक कारण सांप्रदायिकता का मूल मंत्र साबित किया जा सकता है। धर्म के दो रूप हैं। एक तो जिसके अनुसार व्यक्ति अपने जीवन का संचालन करता है। दूसरा वह जो हमें सामाजिक पहचान देता है। सांप्रदायिकता के लिए यह दूसरा रूप अवलंब का कार्य करता है। एकहरे अस्तित्व में धर्म इसका सहारा ही नहीं बनता, वरन् सांप्रदायिक शक्तियाँ धार्मिक मतभेदों के आधार पर अपने आप को बलशाली अवश्य बना लेती हैं। धर्म का खतरा दिखाकर कभी इस्लाम खतरे में तो कभी राम-मंदिर की दुहाई दी जाती है तो कभी गोधरा कांड करवा दिया जाता है और कभी देश के बँटवारे के साथ-साथ दो दिलों का बँटवारा करने का डर दिखाया जाता है। यदि सच कहा जाए तो धर्म का मसला व्यक्ति का निजी मामला है। हर व्यक्ति को यह अधिकार है कि वह धर्म पर विश्वास करे या न करे अथवा वह अपने विवेकसम्मत धर्म को अपनाए। इसमें किसी भी प्रकार का बाहरी हस्तक्षेप धर्म की सीमा में नहीं आता।

भाषा का प्रश्न खड़ा करके भी सांप्रदायिकता की विष-बेल फैलाई जा रही है। भारतीयों को आपस में लड़ाने के लिए अंग्रेजों ने प्रचार किया कि हिंदी, हिंदुओं की भाषा और उर्दू मुसलमानों की भाषा है। इसी के परिणामस्वरूप बुद्धिजीवी भाषिक खेमों में बँटे और कहीं-न-कहीं दोनों वर्गों ने एक-दूसरे को पर्दानशीं किया।

समाजशास्त्रियों, राजनीतिज्ञों और विद्वानों की यह धारणा थी कि भारत-विभाजन के पश्चात् यह भावना धीरे-धीरे स्वयं समाप्त हो जाएगी, किंतु जैसे-जैसे हम आधुनिक होते जा रहे हैं, हमारी सोच को पुरानी दीमक और अधिक चाटने लगी है या कहें कि अब हमें दीमक से ही प्यार हो गया है। यही वह कारण है कि सांप्रदायिक समस्याओं को नेस्तनाबूद करने के लिए जो हथियार हमारे पास थे, वे कारगर साबित नहीं हुए। राजनीति इन समस्याओं को मिटा नहीं सकती, वरन् राजनीति के आँगन में खेलकर ही यह समस्या फली-फूली है। अतः मेरा दृढ़ मत है कि अब साहित्यकार ही वह मसीहा है, जो इस समस्या से टकराकर अपनी कलम का जादू समाज में बिखेर सकता है। गोली का दामन छोड़कर वह दिन दूर नहीं जब सरहदों पर हमारे साहित्यकारों के गीतों का परचम फैलेगा, अयोध्या हो या गुजरात या फिर बेरौनक हो चुका कश्मीर ही क्यों न हो, फिर से ये चमन आबाद होगा और इस गुलशन को आबाद करने का बीड़ा पूरी शिद्दत से साहित्यकारों को ही उठाना होगा। फिर खिलेगा सौहार्द का वह सूरज जिसकी तपन मुरझाए चेहरों को नूर दे सकेगी।

समाज में सांप्रदायिक सौहार्द बना रहे, इसके लिए जरूरी है कि सांप्रदायिक हिंसा को, विद्वेष को सिर उठाने का मौका ही न दिया जाए। सांप्रदायिक हिंसा से

संघर्ष करके ही यह काम किया जा सकता है। यहाँ सांप्रदायिक हिंसा से संघर्ष के कुछ पहलुओं पर प्रकाश डाला जा रहा है। तात्कालिक रूप से ज्यादा आवश्यकता बढ़ती हिंसा का मुकाबला करने की सार्थक एवं प्रभावशाली रणनीति बनाने की है। अन्यथा हमारा काम सांप्रदायिक सद्भाव पर घिसी-पिटी बातें कहने तक सीमित रह जाएगा, जिसे कोई गंभीरता से नहीं लेगा, क्योंकि ऐसी बातें लंबे समय से की जाती रही हैं। इसके लिए हमें अन्य बातों के अलावा अपने काम तथा संकट के प्रति अपनी राजनीतिक प्रतिक्रिया का ईमानदार एवं आलोचनात्मक पुनर्मूल्यांकन करने की जरूरत है।

राम मंदिर अभियान के परिणामस्वरूप जिस स्तर पर हिंसा भड़की, उसके मद्देनजर संकट के प्रति हमारी प्रतिक्रिया दयनीय स्तर से अपर्याप्त और यहाँ तक कि अनुपयुक्त भी रही है। हमने मुख्यतः यही सब किया है :

1. प्रेस बयान जारी करना, इस या उस घटना की निंदा करना।
2. विरोध में जुलूस या रैली निकालना, जो मुख्यतः महानगरों तक सीमित रहे हैं।
3. मानवाधिकारों की रक्षा के लिए पहले से ही प्रतिबद्ध कार्यकर्ताओं द्वारा सम्मेलन एवं कार्यशालाएँ आयोजित करना।
4. नुक्कड़ नाटक, पोस्टर प्रदर्शनी तथा पर्चे निकालने जैसी जन संपर्क की गतिविधियाँ आयोजित करना।

अपने आपमें ये सभी महत्त्वपूर्ण कार्यक्रम हैं। लेकिन राजनीतिक पार्टियों ने अपनी नफरत तथा प्रतिशोध की राजनीति के लिए जैसी व्यापक गोलबंदी की है, उसे देखते हुए यह वस्तुतः कुछ भी नहीं है। 'लोग सांप्रदायिक राजनीति के जाल में न फँसें' जैसी घिसी-पिटी बातें करने एवं उपदेश देने में एक तरह का पिष्टपोषण भी है, जिससे कई बार वास्तविक चुनौतियाँ आँख-ओझल रह जाती हैं। उदाहरण के लिए हमारे पास राजनीतिक हस्तक्षेप के जरिए करने के लिए शायद ही कुछ रहा है। सबसे परेशान करनेवाली बात तो यह है कि हम दंगे एवं नरसंहारों से पीड़ित लोगों के लिए सांकेतिक राहत कार्य आयोजित करने तक में नाकाम रहे हैं। जिन्हें विकलांग कर दिया गया, जिन्हें क्रूरता झेलनी पड़ी, जिन्हें अपने प्रियजनों को खोना पड़ा, जिन्हें अपने घर तथा जीविका के साधन गँवाने पड़े, उनके दुःख और रोष को बाँटने में भी हम क्यों विफल रहे?

नवंबर 1984 में सिख विरोधी दंगों के बाद, कम से कम दिल्ली में, राहत कार्य स्वतःस्फूर्त ढंग से हुए थे। जब शहर में हिंसा चल ही रही थी, 'नागरिक एकता मंच' नाम का एक नया मंच बन गया। इस मंच में विभिन्न समूहों के लोगों की व्यापक भागीदारी थी तथा कई महिला संगठन तथा कार्यकर्ता भी शामिल थे। मंच के लिए काम करने वालों की कोई कमी नहीं थी। धन और दूसरे संसाधन भी पर्याप्त

मात्रा में जुट गए, जिससे, 'नागरिक एकता मंच' प्रभावशाली ढंग से काम करने में सक्षम हो गया।

अपनी ओर से राहत कार्य चलाने के अलावा 'नागरिक एकता मंच' सरकार को शर्मिन्दा करने तथा उस पर दबाव डालने में सफल रहा, जिससे वह हिंसा पीड़ित लोगों के पुनर्वास की कुछ जिम्मेदारी ले सकी। इसके तहत सरकार ने विधवाओं एवं आश्रितों के लिए वैकल्पिक आवास, पेंशन और नौकरियों के प्रावधान किए तथा कदम भी उठाए। 'नागरिक एकता मंच' दूसरे संगठनों के साथ इन सब पर कई महीनों तक निगरानी करता रहा। इसके परिणामस्वरूप पीड़ितों को सचमुच कुछ मिल पाया, जबकि अन्य मौकों पर सरकार राहत की घोषणा तो करती है, लेकिन जिनके लिए यह घोषणा होती है उन तक वास्तव में यह बहुत कम ही पहुँच पाती है। चाहे कितनी ही राहत या मुआवजा दिए जाएँ, पीड़ितों को लगे सदमे एवं जख्मों को नहीं भरा जा सकता। इसके बावजूद 'नागरिक एकता मंच' ने सिख समुदाय को संपूर्ण अलगाव में पड़ने से रोकने में महत्त्वपूर्ण भूमिका निभाई और एक ऐसे समय में हिंदुओं एवं सिखों के बीच संवाद के पुल का काम किया जब शक्तिशाली राजनीतिक शक्तियाँ अपने संकीर्ण व अस्थायी चुनावी वायदों के लिए दोनों समुदायों के बीच स्थायी फूट पैदा कर देने पर पूरी तरह उतारू थीं।

'नागरिक एकता मंच' की सफलताओं के बीच मंच के राहत व पुनर्वास कार्यों से जुड़े कुछ कार्यकर्ताओं ने विस्तृत एवं प्रत्यक्षदर्शियों के सीधे विवरणों पर आधारित रिपोर्टें तैयार कीं, जो कम महत्त्वपूर्ण नहीं था। 'नागरिक एकता मंच' ने फौरन अपना काम शुरू कर दिया था, इसलिए ये कार्यकर्ता वे जानकारियाँ हासिल करने में सफल हो गए जिन्हें कई दिन या सप्ताहों के बाद जाने पर प्राप्त करना कठिन होता है। राहत कार्य में लगने से पीड़ितों और सामान्यतः पूरे सिख समुदाय का भरोसा प्राप्त करना संभव हो गया। इस कारण उस समय इकट्ठी की गई सूचनाएँ सामान्य प्रकार की दंगा रिपोर्टों से बेहतर किस्म की थीं। इन सबके साथ नरसंहार भड़काने के जिम्मेदार लोगों को सजा देने की माँग के पक्ष में जनमत जुटाने के लिए विरोध मार्च आयोजित किए गए, अदालत में याचिकाएँ दी गईं, नागरिक आयोग गठित किए गए और विभिन्न प्रकार के अन्य कार्य किए गए।

सत्ताधारी दल और सरकार ने दोषी लोगों के खिलाफ कार्यवाही आगे नहीं बढ़ने दी, क्योंकि बड़े नेताओं ने ही सरकारी तंत्र से मिलीभगत कर नरसंहार भड़काया था। इसके बावजूद 'नागरिक एकता मंच' की सफलता इसमें थी कि उसके बहुमुखी कार्यों की नवंबर 1984 की हिंसा के स्वरूप के बारे में सामाजिक राय एवं अवधारणा को धीरे-धीरे निर्णायक रूप से बदल देने में बड़ी भूमिका रही। प्रारंभ में हिंदू समुदाय का बड़ा हिस्सा हिंसा एवं लूटपाट को यह कहते हुए माफ कर रहा था कि इंदिरा गाँधी की हत्या से लगे आघात की प्रतिक्रिया में यह 'स्वाभाविक एवं अपरिहार्य'

था। वह इसे महज एक और दंगा मान रहा था। उसकी राय में यह क्रोध का स्वाभाविक रूप से फूट पड़ना और हिंदुओं व सिखों के बीच टकराव था।

लेकिन 'नागरिक एकता मंच' और अन्य संगठनों के दृढ़प्रतिज्ञ निरंतर कार्यों से दो साल के भीतर ही इस सामाजिक राय में आमूल परिवर्तन हो गया। अधिकांश लोग इन हत्याओं को उसी रूप में देखने लगे जैसी ये थीं अर्थात् पुलिस व प्रशासन के सक्रिय सहयोग से कांग्रेस नेताओं द्वारा सिखों का पूर्व नियोजित संहार। इसलिए यह अच्छी तरह कहा जा सकता है कि जनता ने हत्यारों के खिलाफ अपना फैसला दे दिया है, भले अदालतें अपना काम करने में विफल रही हों। यह कोई छोटी उपलब्धि नहीं है।

एक अन्य उल्लेखनीय उपलब्धि यह रही कि 'नागरिक एकता मंच' इस पूरी अवधि में सिखों के सामुदायिक संगठनों के साथ निकटता से जुड़ कर काम कर सका।

यह परेशान करनेवाला सवाल है कि 'नागरिक एकता मंच' की मिसाल को दोहराया क्यों नहीं जा सका? ख़ासकर यह देखते हुए कि हाल के वर्षों में मानवाधिकार संगठनों द्वारा किया गया यह सबसे प्रभावशाली राहत, पुनर्वास, रिपोर्टिंक, दस्तावेज संग्रह और जनमत निर्माण का कार्य था। हमें 'नागरिक एकता मंच' के अनुभवों को परखने और अधिक निकटता से यह समझने की जरूरत है कि किन कारणों से इतने व्यापक, विभिन्न समूहों के लोग और संगठन एक मंच पर आ सके और एक लंबी अवधि तक कुशल एवं प्रभावशाली ढंग से काम कर सके, कैसे यह अराजनीतिक माने जाने वाले लोगों का भी समर्थन पाने में सफल हुआ। मंच में छात्र, गृहिणियाँ, पेशेवर सभी प्रकार के लोग सक्रिय थे, जो सामान्यतः राजनीतिक कार्यों में शामिल होने में हिचकते हैं। सबसे ऊपर हमें यह तलाश करने की आवश्यकता है कि अधिक व्यापक हिंसा के इस दौर में हममें ही वैसी प्रतिक्रिया क्यों नहीं हुई। आज हम मनोबल गिरे समूह की तरह व्यवहार कर रहे हैं, जो प्रेस बयान जारी करने, सम्मलेन करने और कभी-कभार प्रभावहीन छोटे विरोध मार्च व धरना आयोजित करने से अधिक कुछ सोच ही नहीं पा रहे हैं। स्थिति की माँग यह है कि हम राजनीतिक रूप से इतने लकवाग्रस्त क्यों हो गए हैं, इसकी फौरन समीक्षा की जाए।

इस प्रभावहीनता का कारण, आंशिक रूप से, उस राजनीतिक गुंजाइश का स्वरूप हो सकता है, जिसे अधिकांश सांप्रदायिकता विरोधी संगठन और मानवाधिकार/नागरिक अधिकार कार्यकर्ता हासिल करना चाहते हैं।

हाल के वर्षों में समुदायों के भीतर कार्य करने पर ध्यान दिए बिना राष्ट्रीय एवं अंतर्राष्ट्रीय नेटवर्क बनाने की प्रवृत्ति बढ़ती गई है। हम जो सम्मेलन, कार्यशालाएँ, संगोष्ठी और विरोध मार्च भी आयोजित करते हैं, वह कुछ चुने हुए स्थानों पर ही करते हैं और उनमें समान विचारों के लोग ही शामिल होते हैं। मसलन दिल्ली में

मंडी हाउस, इंडिया गेट और लोदी एस्टेट काम्प्लेक्स के बीच के इलाके में ही अधिकांश गतिविधियाँ होती हैं। कभी-कभी, यह दिखाने के लिए कि हमारे कार्य आभिजात्यवर्गीय नहीं हैं, हम गरीबों के इलाकों में भी विरोध मार्च, नुक्कड़ नाटक, पोस्टर प्रदर्शनी आदि कर लेते हैं। इस प्रकार हम जामा मस्जिद, चाँदनी चौक या मंगोलपुरी होते हुए पर्चे बाँटते, गीत गाते या नारे लगाते गुजर जाते हैं और अंत में एक छोटी जन-सभा कर लेते हैं। चूंकि उन इलाकों में हम इसके बाद शायद ही कोई ठोस कार्य करते हैं, इसलिए इसके पहले कि हम अपना कार्यक्रम समाप्त कर बाहर आएँ, जुलूस, सभा और उसके संदेश को भुला दिया जाता है।

ऐसी गतिविधियाँ अपने पास-पड़ोस एवं अपने समुदाय में आयोजित करने में हम लगातार हिचकते रहे हैं। इसी बिंदु पर मुख्यधारा से जुड़ी पार्टियाँ अपना परचम फैला लेती हैं और आम आदमी इनसे बाजी हार जाता है। ये पार्टियाँ अपने कार्यकर्ताओं को अपने पास-पड़ोस और समुदाय में सक्रिय होने के लिए प्रोत्साहित करती हैं, चाहे वे कार्यकर्ता राज्य या राष्ट्रीय स्तर की राजनीति में शामिल हों या न हों। वे अपने समुदाय एवं पास-पड़ोस का सम्मानित सदस्य होने में गर्व महसूस करते हैं। उनकी व्यापक राजनीतिक भागीदारी इन दो स्तरों पर उनके प्रभाव के आधार पर तय होती है। कुल मिलाकर राजनेताओं की राजनीति चाहे जितनी जहरीली हो, अपने समुदाय में उनके कार्यकर्ताओं की छवि एक समर्पित सामाजिक कार्यकर्ता की होती है, तिस पर संकट के क्षणों में भरोसा किया जा सकता है। उनका राजनीतिक जीवन उनके दैनिक सामाजिक जीवन से अभिन्न रूप से संबद्ध है और यही कारण है कि उनके विचारात्मक कार्यों की जड़ इतनी गहरी हो गई है। यह समुदाय की संस्कृति में ही घुल-मिल जाती है।

इसके अलावा हमें वर्तमान सामाजिक और राजनीतिक संस्थानों के जरिए काम करने पर ध्यान देना चाहिए। मुहल्ला संघों, बिरादरी पंचायतों और ग्राम-पंचायतों पर नियंत्रण स्थापित कर अपने प्रभाव का इस्तेमाल करने में काफी राजनीतिक ऊर्जा लगानी चाहिए। इसका उद्देश्य केवल चुनाव के समय वोट जुटाने वाला तंत्र अपने पास रखना नहीं होता है, बल्कि सामाजिक प्रभुत्व बनाना और स्थानीय स्तर पर विभिन्न प्रकार के निर्णयों को प्रभावित करना भी होता है। व्यापक गोलबंदी की उनकी क्षमता निश्चित रूप से इसी रोज़-ब-रोज़ के जन संपर्क से बनती है, जिसे सुव्यवस्थित रूप से ठोस रूप देने के लिए वे अपने कार्यकर्ताओं को प्रोत्साहित करते हैं। साथ ही इससे वे अपने राजनीतिक कार्यों के लिए बड़ी मात्रा में धन भी जुटा पाते हैं।

इसके विपरीत अधिकांश सांप्रदायिकता विरोधी संगठनों का झुकाव 'राष्ट्रीय नेटवर्क' की ओर होता है। हममें से अत्यंत कम ने ही अपने पास-पड़ोस एवं समुदायों से शुरू कर समुदाय आधारित कार्य करने का प्रयास किया है। जिन कुछ लोगों ने किया भी है, उन्होंने ऐसा अपने समुदाय के बजाय दूसरे समुदायों में किया है।

सामान्यतः उन्होंने विकास एजेंसियों की ओर से गरीबों की बस्तियों, झुग्गी-झोंपड़ियों और गाँवों में 'परियोजनाएँ' चलाई हैं। उन्हें ज्यादातर ऐसे बाहरी लोगों के रूप में देखा जाता है, जो अपने काम के लिए आए हैं—ऐसे सहानुभूतिशील बाहरी के रूप में, जो अपनी खुशी से आते-जाते हैं और अपनी सुविधा के मुताबिक एक परियोजना से दूसरी परियोजना बदल लेते हैं।

अतः हम न केवल अपने समुदाय व पास-पड़ोस से अलग-थलग रह जाते हैं, बल्कि उन लोगों से भी, जिनके पास हम बाहरी मददगार के रूप में जाते हैं। हम लगातार अपने पास-पड़ोस और अपने समुदाय के बीच काम करने से इस बहाने बचते रहे हैं कि ऐसा करने पर हमारा काम केवल मध्य वर्ग एवं आभिजात्य समूहों के बीच सीमित हो जाएगा, जबकि प्रकटतः 'असली' काम वह है, जो गरीब एवं उत्पीड़ित लोगों के बीच किया जाता है।

बड़ी संख्या में महिला कार्यकर्ताएँ अपेक्षाकृत सुविधाप्राप्त पृष्ठभूमि से आती हैं। अपने को 'क्रांतिकारी' माननेवाले अधिकांश व्यक्तियों की तरह उनमें भी उस अपराध भावना की संभावना रहती है, जिसके तहत वे मानती हैं कि मध्य वर्ग में काम करने से उन पर आभिजात्यवादी होने का ठप्पा लग जाएगा। लेकिन चूँकि गरीबों के बीच हमारा काम यत्र-तत्र एवं अनियमित ही रहता है, इसलिए उनके बीच हमें 'अपना आदमी' समझा जाए, हम यह संभावना कभी नहीं बना पाते। व्यापक रूप से यही हमारे हाशिए पर चले जाने तथा अप्रभावी हो जाने का कारण है। कई संगठनों के अधिकाधिक राष्ट्रीय व अंतर्राष्ट्रीय नेटवर्कों का हिस्सा बनने की ओर बढ़ते जाने का भी आंशिक कारण यही है। हम जितना इस ओर बढ़ते हैं, सामाजिक तनावों एवं संघर्षों के परिदृश्य से उतना ही दूर हटते जाते हैं। सामुदायिक आधार एवं समर्थन न होने के कारण धन व कार्यकर्ताओं का अभाव भी लगातार बना रहता है और इसी कारण धन देनेवाली संस्थाओं से धन लेने की प्रवृत्ति बढ़ी है। इससे 'नेटवर्क' बनाना तो खूब आसान हो जाता है, पर कार्यकर्ता ढूँढ़ना कठिन से कठिन। अधिकांश महिला संगठनों के लिए दैनिक कार्य जारी रखने के लिए भी पर्याप्त कार्यकर्ता तलाश पाना कठिन हो गया है। जो कार्यकर्ता उपलब्ध होती हैं, वे सामाजिक कार्य की नौकरी की तलाश करते हुए या विकास संगठनों से धन प्राप्त करने की आशा में आती हैं।

हिंसा के खिलाफ प्रभावशाली कार्य करने के लिए हमें स्थानीय एवं समुदायों के स्तर पर कार्य करने की जरूरत है—चाहे वह घरेलू हिंसा हो या दंगों एवं नरसंहारों के दौरान होनेवाली। अपने पड़ोसियों की रक्षा के लिए स्वैच्छिक रक्षा समितियाँ बनाई जानी चाहिए। दिल्ली में नवंबर 1984 के नरसंहार के वक्त यह बात साफ दिखी कि जहाँ प्रतिरोध के लिए पड़ोसी एकजुट हो गए, वहाँ हत्या और आगजनी लगभग रोक दी गई। यहाँ तक कि जहाँ थोड़ी संख्या में भी दृढ़प्रतिज्ञ लोग सामने आ गए,

हत्यारों एवं लुटेरों का प्रभावशाली ढंग से प्रतिरोध करने में वे सक्षम साबित हुए।

शहर की बात तो छोड़िए, हमने अपने निकट पड़ोस में भी ऐसी गोलबंदी के लिए जमीन तैयार नहीं की है। इसके बाद भी हम 'राष्ट्रीय' स्तर के सम्मेलन एवं कार्यशालाएँ आयोजित करने में लगे हैं। जहाँ राजनेता अपनी रक्तरंजित राजनीति के लिए देश के सैकड़ों-हजारों लोगों को जुटा सकता है, वहीं मानवाधिकारों और सांप्रदायिक सद्भाव का रक्षक होने का दावा करने वाले हम लोग अपने-अपने पास-पड़ोस में दस लोग भी ऐसे तैयार करने में अक्षम हैं, जो दंगा और हत्याओं के खिलाफ खड़े हो सकें और उनका विरोध कर सकें। इस असंतुलन को खत्म करने की जरूरत है।

प्रारंभ में मध्य वर्ग के पड़ोसियों के बीच काम करना कम महत्त्वपूर्ण, यहाँ तक कि व्यर्थ भी, लग सकता है, क्योंकि सांप्रदायिक हिंसा अधिकांशतः गरीबों के इलाकों या बाजारों व शॉपिंग सेंटरों में भड़कती है। बहरहाल, यहाँ ध्यान में रखने की बात यह है कि मध्य वर्गीय बुद्धिजीवी तबका ही तर्क उपलब्ध कराता है, जिसके बिना सांप्रदायिक ताकतें नफरत एवं अपने दंभ को फैलाना जारी नहीं रख सकतीं। विचारधारात्मक एवं राजनीतिक रूप से प्रभावशाली मध्य वर्ग से अगर स्वीकृति न मिले, तो राजनीतिक गठजोड़ की शक्ति में जबर्दस्त गिरावट आ जाएगी। मध्य वर्ग को अपने पक्ष में करके ही इस गठजोड़ ने अखबारों में अपनी राजनीति की प्रस्तुति अपने इतने अनुकूल करने में इतनी सफलता प्राप्त की है। साथ ही उसने इसी कारण विश्वविद्यालयों, कॉलेजों और स्कूलों पर पकड़ बनाने तथा सरकारी तंत्र को प्रभावित एवं उसे अपनी छल योजना का हिस्सा बनाने में सफलता हासिल की है, ताकि वह अपने राजनीतिक उद्देश्यों की पूर्ति कर सके। उदाहरण के लिए उत्तर प्रदेश में पी. ए. सी. के जवान केवल इसीलिए मुसलमानों के खिलाफ बेहिचक हिंसक नहीं हो जाते कि अपने अफसरों एवं नौकरशाही के अन्य हिस्सों से संरक्षण मिलने के प्रति वे आश्वस्त रहते हैं, बल्कि इसलिए भी कि हिंदू मध्य एवं उच्च वर्ग का बहुत बड़ा हिस्सा, जिसमें राज्य के अधिकांश अखबार भी शामिल हैं, पी. ए. सी. की गैरकानूनी कार्रवाइयों का मुखर समर्थक हो गया है।

मध्य वर्ग के फासीवादी हो जाने पर उसे ज्यादातर मौकों पर नफरत के अपने अभियानों को आगे बढ़ाने में गरीब उत्पीड़ित वर्गों का इस्तेमाल करने में सफलता मिल जाती है। हर दंगे के बाद यह बात साफ हुई है कि मध्य वर्ग के नेतृत्व में हुए नरसंहारों में गरीबों व दलितों का मुसलमानों पर हमला करने के लिए इस्तेमाल किया गया। मध्य वर्ग की स्वीकृति एवं भागीदारी से हत्या और दंगे सम्मानजनक गतिविधि लगने लगते हैं। अगर यह स्वीकृति न मिले तो मुसलिम विरोधी हिंसा में गरीबों व दलितों को यह समझा कर शामिल करना कठिन हो जाएगा कि अपने

ही देश के नागरिकों को लूट कर एवं उनकी हत्या कर वे 'राष्ट्र की रक्षा' कर रहे हैं।

हमें मध्य वर्ग के प्रति अपमान का भाव रखने के अपने दृष्टिकोण पर पुनर्विचार करने की आवश्यकता है। इस वर्ग से अपने जुड़े होने को लेकर होनेवाली लज्जा एवं अपराध बोध से हमें उबरने की जरूरत है। केवल तभी हम सांप्रदायिकता विरोध और मानवाधिकारों की राजनीति को मजबूत करने के लिए अपनी अपेक्षाकृत सुविधा-प्राप्त स्थिति का उपयोग कर सकेंगे।

जब तक हम मध्यवर्ग और आभिजात्य समूहों के बड़े हिस्से को मानवाधिकारों के सम्मान पर आधारित राज्य व्यवस्था के प्रति सहमत नहीं कर लेते, हम सांप्रदायिक घृणा एवं हिंसा की विचारधारा का मुकाबला नहीं कर सकते। हम इसे पसंद करें या नहीं, मध्य वर्ग व आभिजात्य समूहों की हमारे समाज में वर्चस्वकारी भूमिका है। भारत में मध्य वर्ग की संख्या बड़ी है और उसमें वृद्धि हो रही है। उसका विचारधारात्मक प्रभाव सचमुच व्यापक है। हमने समाज के इस महत्त्वपूर्ण हिस्से में राजनीतिक कार्य करने को पूरी तरह नज़रअंदाज किया है और इस तरह हम उसे मानवीय, लोकतांत्रिक अधिकारों की राजनीति के बजाय घृणा में डूबी अधिनायकवादी सांप्रदायिक राजनीति की ओर अधिकाधिक झुकने से नहीं रोक पाए हैं। इतिहास में अक्सर आभिजात्य वर्गों की सत्ता को बहुत ही प्रभावशाली चुनौती इसी वर्ग के परिवर्तनवादी समूहों से मिली है। खासकर मध्य वर्ग में उन उद्देश्यों के लिए गोलबंद होने की बड़ी प्रवृत्ति होती है, जिनसे उन्हें कोई तात्कालिक भौतिक लाभ मिलने वाला नहीं होता है। इसलिए यह सुनिश्चित करना महत्त्वपूर्ण है कि यह प्रवृत्ति विध्वंसात्मक कार्यों से न जुड़ जाए, जैसा कि सांप्रदायिक अभियान में हो रहा है। गाँधी जी की सफलता का राज यही था कि उन्होंने समाज के कुछ सुविधाप्राप्त समूहों में होने वाले आदर्शवाद को रचनात्मक उद्देश्यों में लगा दिया। वे उन समूहों को संकीर्ण स्वार्थ की राजनीति से उठकर वंचित और तिरस्कृत तबकों की भलाई में लगाने के लिए प्रेरित कर सके। चरखा कातना एवं खादी बुनना, छुआछूत दूर करने और स्त्री समानता को बढ़ावा देने में लगना, विभाजन के बाद पाकिस्तान से हिंदुओं को खदेड़े जाने के बाद भी भारत में मुसलमानों के रहने के अधिकार को स्वीकार करना—ये सब यह दिखाते हैं कि मध्य वर्ग और आभिजात्य समूहों के कुछ हिस्से कैसे समाज के उत्पीड़ित तबकों के प्रति कुछ जिम्मेदारी के साथ काम कर सकते हैं। स्वतंत्रता के बाद देश में इस संभावना को हमारे गंभीरता से न ले पाने का ही यह परिणाम है कि हमने मध्य वर्ग को सामाजिक रूप से विध्वंसकारी उद्देश्यों के पक्ष में कर लिया।

यह सबको पता है कि लगभग हर मौके पर दंगाइयों, हत्यारों और लुटेरों को सरकारी तंत्र एवं नेताओं का संरक्षण व प्रोत्साहन प्राप्त रहता है। इस कारण हिंदुओं और मुसलमानों के बीच लड़ाई का धरातल अत्यंत असामान्य हो गया है, क्योंकि

सरकारी और राजनीतिक तंत्र पर हिंदुओं का वर्चस्व एवं नियंत्रण है। इससे बहुसंख्यक समुदाय के दंगाइयों को अत्यंत प्रोत्साहन मिलता है। पुलिस और अन्य संरक्षणों के प्रति आश्वस्त होने के कारण उनमें बदला लिए जाने का भय भी नहीं रहता। इस गठजोड़ को केवल सरकारी तंत्र को उसके कार्यों के लिए अधिक जवाबदेह बना कर ही तोड़ा जा सकता है। यह कार्य मध्यवर्गीय बुद्धिजीवियों की मदद के बिना समाज के असुरक्षित तबके नहीं कर सकते। उत्पीड़ित वर्गों के विरोध और माँगों की या तो उपेक्षा कर दी जाती है या इसके बदले उनका और दमन किया जाता है। लेकिन अगर आभिजात्य समूहों के एक बड़े हिस्से को सरकारी व राजनीतिक तंत्र के बढ़ते अपराधीकरण का विरोध करने के लिए संगठित किया जाए तो प्रतिरोधक शक्ति के रूप में उनके सफल होने की अधिक संभावना है।

इस उद्देश्य की प्राप्ति के लिए सरकारी तंत्र के कुकृत्यों के खिलाफ विरोध की सामान्य आवाज उठाने और दोषी लोगों को सजा देने की अस्पष्ट माँग करने के बजाय अपनी माँगें साफ-साफ रखना आवश्यक है। अगर सरकार को उसके कार्यों के लिए जवाबदेह बनाना है तो जिम्मेदारी उसके निश्चित पदाधिकारियों पर तय करनी होगी। हमारी माँगें ये होनी चाहिए–

(1) पुलिस पर राजनीतिक नियंत्रण जनता का हो और पुलिस जनता के प्रति उत्तरदायी रहे। इसका मतलब यह है कि हर इलाके में पुलिस स्थानीय निवासियों की सेवा में रहे। पुलिसकर्मियों की भर्ती और उन्हें बर्खास्त करने का अधिकार भी स्थानीय निवासियों के निर्वाचित प्रतिनिधियों के हाथ में रहे। इससे पुलिस के लिए स्थानीय आबादी पर मनमानी ज्यादती करना कठिन हो जाएगा। अभी पुलिसकर्मी अगर जवाबदेह हैं भी तो अपने जिला स्तरीय अफसरों के प्रति हैं। स्थानीय निवासियों के प्रति उनकी कोई जवाबदेही नहीं है।

केंद्र सरकार के नियंत्रणवाले पुलिस बल का कार्यक्षेत्र केवल राष्ट्रीय स्तर पर होनेवाले अपराधों तक ही सीमित होना चाहिए। उन्हें सिर्फ स्वतंत्र रूप से निर्वाचित स्थानीय सरकारों के अनुरोध पर ही या स्थानीय पुलिस द्वारा मौलिक मानवाधिकारों के हनन की स्थिति में ही स्थानीय स्तर पर हस्तक्षेप करने की इजाजत दी जानी चाहिए।

(2) पी. ए. सी. और ऐसे सभी अर्द्धसैनिक बलों को भंग किया जाए जिनका अल्पसंख्यकों के खिलाफ हिंसा से निपटने के दौरान भेदभाववाले रुख या अल्पसंख्यकों का संहार करनेवाला रिकार्ड रहा है। ये अर्द्धसैनिक बल जहाँ तैनात किए जाते हैं, वहाँ के निवासियों के प्रति उत्तरदायी नहीं होते।

(3) उनके बदले सांप्रदायिक और अल्पसंख्यक विरोधी हिंसा को रोकने के लिए एक विशेष शांति बल बनाया जाए। हर इलाके में उस इलाके में रहनेवाले अल्पसंख्यकों का इसमें समान प्रतिनिधित्व हो। मसलन मुसलमानों के लिए 11 प्रतिशत

और आदिवासियों के लिए सात प्रतिशत। बल्कि यह प्रभावित इलाके में उस अल्पसंख्यक के प्रतिशत के बराबर हो। मसलन उत्तर प्रदेश के किसी दंगाग्रस्त इलाके में मुसलमानों का जितना प्रतिशत है या दक्षिण बिहार अथवा उत्तर-पूर्व में आदिवासियों का जितना प्रतिशत है, उतना। इससे यह बल किसी दंगाग्रस्त इलाके में किसी अल्पसंख्यक के साथ भेदभाव नहीं कर सकेगा। अल्पसंख्यक समुदायों को उचित प्रतिनिधित्व देने के सिद्धांत का पालन सर्वोच्च स्तर समेत हर स्तर पर किया जाये।

(4) विधायक और सांसद, सांप्रदायिक हत्याएँ रोकने के प्रभावशाली उपाय करें, यह सुनिश्चित करने के लिए विधायिका में उचित परिवर्तन किया जाए। इस बात का कानूनी प्रावधान किया जाए कि जिस सांसद या विधायक के निर्वाचन क्षेत्र में नरसंहार या दंगा होता है, उसकी सदस्यता खत्म कर दी जाएगी और उसे दोबारा चुनाव लड़ने के अयोग्य करार दिया जाएगा। नेता वोट बैंक बनाने के उद्देश्य से दंगा न भड़काए, यह व्यवस्था करने के लिए दंगे को राजनीतिक रूप से हानिकारक बनाने की जरूरत है।

(5) इसी तरह उपायुक्त के लिए यह अनिवार्य कर दिया जाना चाहिए कि दंगे में किस समुदाय के कितने लोग मारे गए, घायल हुए और विकलांग हुए तथा किस समुदाय की कितनी संपत्ति नष्ट हुई, इसका विस्तृत ब्यौरा दें। अगर यह साबित हो जाए कि उपायुक्त ने गलत सूचना दी है, तो उसे फौरन नौकरी से बर्खास्त कर दिया जाना चाहिए। विश्वसनीय और सही सूचना के अभाव में राजनीतिक गठजोड़ ने अतिशयोक्तिपूर्ण निराधार अफवाहों के जरिए हिंदुओं में चारों ओर से घिर गए एकाकी व्यक्ति की मानसिकता पैदा कर दी है। हिंदू यह मानने लगे हैं कि वे हमले के शिकार हैं, जबकि दंगों में ज्यादातर मुसलमान ही मारे और लूटे गए हैं।

(6) कानूनी परिवर्तन कर यह सुनिश्चित किया जाना चाहिए कि जहाँ भी दंगा हो, वहाँ के उपायुक्त एवं पुलिस अधीक्षक से पूछताछ हो सके। मामले को एक साल से अधिक लटकाना असंभव बना दिया जाना चाहिए।

अगर निश्चित सरकारी पदाधिकारियों और निर्वाचित प्रतिनिधियों को सांप्रदायिक हिंसा के लिए उत्तरदायी मानने की शुरुआत हो जाए तो अपराधी राजनीतिज्ञों, नफरत के धर्मान्ध सौदागरों और सरकारी तंत्र के भयानक अंतःसंबंध को शायद तोड़ा जा सकता है।[76]

सांप्रदायिक सौहार्द को जीवित रखने का सबसे कारगर उपाय यह है कि मानव अपनी मानवीयता को जीवित रखे। मैं, मेरा परिवार ही सुखी हो, यह मानसिकता जब तक बदली नहीं जाएगी तब तक कोई बाहरी शक्ति हमारा कल्याण नहीं कर सकती। हम पड़ोसी के आँसू तभी पोंछ सकेंगे, जब हमारा मन साफ होगा। हम सिर्फ इतना जान लें कि धर्म, जाति, समुदाय, संप्रदाय ये सब आदमी के अपने गढ़े बहाने हैं। असलियत तो सिर्फ उसकी जीवंत आदमीयत है। जिसके सहारे एक

साफ-सुथरा आकाश निर्मित किया जा सकता है। हमें अपने घर से ये शुरुआत करनी है। घर की दीवारों को पवित्र रखना है। जहाँ से ये खुशबू आस-पास के वातावरण को सुगंधित कर सके।

संदर्भ

1. स. जगदीश्वर; राम जन्मभूमि-बाबरी मस्जिद विवाद, सांप्रदायिकता का सवाल, पृ. 40-41.
2. स. शैलेन्द्र सागर; कथाक्रम, जुलाई-सितंबर 3, पृ. 68.
3. डॉ. शिवकुमार मिश्र; आधुनिक भारत में सांप्रदायिकता : ऐतिहासिक परिप्रेक्ष्य : कुछ निष्कर्ष, कथाक्रम, जुलाई-सितंबर 3, पृ. 68-69.
4. असगर वजाहत; सांप्रदायिकता : पुनर्विचार की जरूरत, कथाक्रम, जुलाई-सितंबर .3, पृ. 77.
5. सहारा समय साप्ताहिक, 15 नवंबर, 2003, पृ. 26.
6. डॉ. ओमप्रकाश सिंह; प्रेमचंदोत्तर कथा-साहित्य और सांप्रदायिक समस्याएँ, पृ. 5.
7. प्रेमचंद; साहित्य और संस्कृति, साखी-प्रवेशांक, अक्टूबर-दिसंबर, 1992, पृ. 75.
8. उपरोक्त, पृ. 75.
9. डॉ. ओमप्रकाश सिंह; प्रेमचंदोत्तर कथा-साहित्य और सांप्रदायिक समस्याएं, पृ. 7.
10. विपिन चंद्र; भारत का स्वतंत्रता संघर्ष, पृ. 321.
11. रामधारी सिंह 'दिनकर'; संस्कृति के चार अध्याय, पृ. 269-270.
12. विपिन चंद्र; भारत का स्वतंत्रता संघर्ष, पृ. 322.
13. उपरोक्त, पृ. 322.
14. डॉ. शिवकुमार मिश्र; कथाक्रम, जुलाई-सितंबर 3, पृ. 68-69.
15. रजनी पामदत्त; आज का भारत, पृ. 328.
16. उपरोक्त, पृ. 336.
17. इंडिया 1888, पृ. 255.
18. उद्धृत-कथाक्रम, जुलाई-सितंबर, 3, पृ. 72.
19. भारतीय चिंतन-परंपरा, पृ. 507-508.
20. विपिन चंद्र; आज का भारत, पृ. 322.
21. उपरोक्त, उद्धृत, पृ. 330.
22. कथाक्रम, जुलाई-सितंबर, 3, पृ. 142.
23. विपिन चंद्र; भारत का स्वतंत्रता संघर्ष, पृ. 355 पर उद्धृत.
24. उपरोक्त, पृ. 355 पर उद्धृत.
25. उपरोक्त, पृ. 342 पर उद्धृत.
26. उपरोक्त, पृ. 343 पर उद्धृत.
27. उपरोक्त, पृ. 350 पर उद्धृत.
28. उपरोक्त, पृ. 350 पर उद्धृत.
29. उपरोक्त, पृ. 350 पर उद्धृत.
30. उपरोक्त, पृ. 351 पर उद्धृत.

31. उपरोक्त, पृ. 351 पर उद्धृत.
32. विपिन चंद्र; भारत का स्वतंत्रता संघर्ष, पृ. 351-352.
33. उपरोक्त, पृ. 351.
34. कथाक्रम, जुलाई-सितंबर, 3, पृ. 77-78.
35. डॉ. रामधारी सिंह 'दिनकर'; संस्कृति के चार अध्याय, पृ. 268.
36. डॉ. ओमप्रकाश सिंह; प्रेमचंदोत्तर कथा-साहित्य और सांप्रदायिक समस्याएँ, पृ. 8.
37. डॉ. रामधारी सिंह 'दिनकर'; संस्कृति के चार अध्याय, पृ. 269.
38. उपरोक्त, पृ. 351.
39. विपिन चंद्र; भारत का स्वतंत्रता संघर्ष, पृ. 323.
40. उपरोक्त, पृ. 324.
41. पूरनचंद जोशी; भारत में सांप्रदायिकता (गंगा, अक्टूबर-नवंबर, 1986, संयुक्तांक, पृ. 23)
42. विपिन चंद्र; भारत का स्वतंत्रता संघर्ष, पृ. 325.
43. हंस, अगस्त, 2003, पृ. 41 से साभार.
44. उपरोक्त, पृ. 42.
45. उपरोक्त, पृ. 42.
46. उपरोक्त, पृ. 42.
47. उपरोक्त, पृ. 43.
48. डॉ. वशिष्ठ अनूप; बनजारे नयन, पृ. 6.
49. सुधीश पचौरी; हिंदुत्व और उत्तर-आधुनिकता, पृ. 16-17.
50. राजेन्द्र यादव; काँटे की बात-3, गुलामी का आनंद और स्वतंत्रता के खतरे, पृ. 18-19.
51. अमर उजाला (देहरादून), 27 जून, 2004, रविवार, पृ. 5.
52. डॉ. शिवकुमार मिश्र; भक्ति आंदोलन और भक्तिकाव्य, पृ. 44.
53. नवभारत टाइम्स, नई दिल्ली, 22 नवंबर, 2003, पृ. 8.
54. कथाक्रम, जुलाई-सितंबर 3—कँवल भारती का आलेख 'सांप्रदायिकता धार्मिक कट्टरवाद अथवा दो राष्ट्रों का प्रश्न', पृ. 86.
55. डॉ. शिवकुमार मिश्र का 'आधुनिक भारत में सांप्रदायिकता : ऐतिहासिक परिप्रेक्ष्य : कुछ निष्कर्ष : संज्ञक आलेख, पृ. 75-76.
56. ओमप्रकाश सिंह; प्रेमचंदोत्तर कथा-साहित्य और साम्प्र. सम., पृ. 11.
57. डॉ. विजय दिनकर द्विवेदी; व्यावहारिक एवं प्रयोजनमूलक हिंदी, पृ. 1.
58. डॉ. ओमप्रकाश सिंह; प्रेमचंदोत्तर कथा-साहित्य और साम्प्र. सम., पृ. 11-12.
59. डॉ. गिरिजा राय; साहित्य का नया शास्त्र, पृ. 193 पर उद्धृत.
60. उपरोक्त, पृ. 203-204 पर उद्धृत.
61. विभूति नारायण राय; सांप्रदायिक दंगे और भारतीय पुलिस, पृ. 19.
62. कथाक्रम, जुलाई-सितंबर, 3 मनीषा का सांप्रदायिकता की शिकार औरतों की 'उबकाई' संज्ञक लेख, पृ. 44.
63. विभूतिनारायण; सांप्रदायिक दंगे और भारतीय पुलिस, पृ. 19-20.
64. द्रष्टव्य, उपरोक्त, पृ. 26-27.

65. उपरोक्त, पृ. 61.
66. उपरोक्त, पृ. 62.
67. सुमित सरकार; आधुनिक भारत, पृ. 453.
68. उपरोक्त, पृ. 455-456.
69. कथाक्रम, जुलाई-सितंबर, 3, पृ. 22.

तृतीय अध्याय

दसवें दशक के हिंदी-उपन्यासों में सांप्रदायिकता और उसके दुष्परिणामों की अभिव्यक्ति

भारत, अनेक धर्मों, जातियों और संस्कृतियों के सम्मेल से बना है। यहाँ की बहुसंख्यक आबादी हिंदुओं की है। उसके बाद मुसलमान हैं। ऐतिहासिक कारणों से हिंदू-मुसलमान आरंभ से ही प्रायः टकराव की स्थिति में रहे हैं। यद्यपि लगभग एक हज़ार वर्षों के साथ-साथ रहने के कारण एक मिली-जुली संस्कृति भी विकसित होती रही, पर मुसलमान अपनी आक्रामकता और हिंदू अपनी धर्मांधता के कारण दूध-पानी की तरह एकमेक न हो सके। सत्ताधारियों और सत्तालोभियों ने अपने लाभ के लिए इन्हें टकराव की स्थिति में ही रखना अधिक बेहतर समझा। शायद यही कारण है कि इनमें एकता का कोई प्रयास उतना सफल न हो सका, उसे जितना-जैसा होना चाहिए था। भारतीय समाज को, जनमानस को आज़ादी की बहुत बड़ी कीमत चुकानी पड़ी। वह भारत विभाजन की शर्त पर मिली और विभाजन हुआ मुसलमानों का अलग राष्ट्र बनाकर। तत्कालीन भारतीय राजनेताओं ने इस धर्माधारित राष्ट्रीयता के सिद्धांत को सिरे से नकार दिया। भारतीय संविधान लागू होने के अनंतर भारत धर्म और जाति-निरपेक्ष राष्ट्र बन गया, पर सांप्रदायिक समस्या आज भी ज्यों की त्यों बनी हुई है। इसका कोई अंत होता नहीं दिखता। आज़ादी के बाद का हिंदी उपन्यास साहित्य इस समस्या से लगातार जूझता रहा है।

वस्तुतः सांप्रदायिकता एक ऐसी समस्या है, जो सदा 'संस्कृति-संस्कृति' चिल्लाने में ही विश्वास रखती है। उसे अपनी असली पहचान छुपाने में महारथ हासिल है और इसीलिए उसे अपने असली रूप में निकलने में लज्जा आती है। शायद यही कारण है कि वह उस गीदड़ की तरह, जो सिंह की खाल ओढ़कर जंगल के निरीह जानवरों पर रोब जमाने की कोशिश करता फिर रहा था, संस्कृति की खाल ओढ़कर

सामने आती है। एक ओर हिंदू अपनी संस्कृति को कयामत तक स्वरक्षित-सुरक्षित रखना चाहता है, दूसरी ओर मुसलमान। दोनों ही 'इससे कम पर कोई समझौता नहीं' का राग अलापते रहते हैं। दोनों ही अपनी-अपनी संस्कृति को अभी तक अछूती समझते हैं। उनकी समझ में यह नहीं आ रहा है कि अब संसार में न तो हिंदू संस्कृति है, न मुस्लिम संस्कृति और न कोई अन्य संस्कृति। आज संसार में सिर्फ एक संस्कृति सर्वमान्य और प्रभावी है, जिसका नाम है—आर्थिक संस्कृति। यह बात आसानी से समझने वाली है, मगर हम हैं कि आज भी हिंदू संस्कृति, मुस्लिम संस्कृति का रोना रोते चले जा रहे हैं।

धर्म, संस्कृति, समाज और सांप्रदायिकता को केंद्रित करके प्रेमचंद ने बड़ी महत्त्वपूर्ण और रेखांकनीय बात कही है। उनका विचार है—

"संस्कृति का धर्म से कोई संबंध नहीं। आर्य संस्कृति है, ईरानी संस्कृति है, अरब संस्कृति है, लेकिन ईसाई और मुस्लिम या हिंदू संस्कृति नाम की कोई चीज़ नहीं है। हिंदू मूर्तिपूजक हैं तो क्या मुसलमान कब्र पूजक या स्थान पूजक नहीं हैं। ताज़िये को शर्बत और शीरीनी कौन चढ़ाता है, मस्जिद को खुदा का घर कौन समझता है। अगर मुसलमानों में एक समुदाय ऐसा है, जो बड़े-बड़े पैगंबरों के सामने सिर झुकाना भी कुफ्र समझता है, तो हिंदुओं में भी एक संप्रदाय ऐसा है, जो देवताओं को पत्थर के टुकड़े, नदियों को पानी की धारा और धर्मग्रंथों को गंपोड़े समझता है। यहाँ तो हमें दोनों संस्कृतियों में कोई अंतर नहीं दीखता।"[1]

भाषा, बोल-चाल, खान-पान, रहन-सहन, बात-व्यवहार, रीति-रिवाज, मान्यता-परंपरा आदि में विविधता और एकता के दर्शन एक साथ होने के कारण हिंदू-मुस्लिम प्रायः एक ही सिक्के के दो पहलू नज़र आते हैं, फिर भी हमारा प्रश्न अनुत्तरित ही रह जाता है कि वह कौन-सी सभ्यता, कैसी संस्कृति है, जिसकी रक्षा के लिए सांप्रदायिकता इतना जोर मार रही है। वस्तुतः संस्कृति की पुकार केवल ढोंग है।—निरा पाखंड और इसके जन्मदाता भी वही लोग हैं, जो सांप्रदायिकता की 'शीतल छाया' में विहार कर रहे हैं। संस्कृति, धर्म आदि सीधे-सादे आदमियों को सांप्रदायिकता की ओर घसीट लाने के वशीकरण मंत्र के अलावा और कुछ नहीं हैं। हिंदू और मुस्लिम संस्कृति के रक्षक वही महानुभाव और समुदाय हैं, जिनको अपने देशवासियों और सत्य के ऊपर रंचमात्र भी भरोसा नहीं है, इसलिए अंत तक एक ऐसी सत्ता, एक ऐसी शक्ति की जरूरत समझते हैं, जो उनके झगड़ों में सरपंच का काम करती रहे। जो भी हो, इससे सांप्रदायिक सौहार्द फटाफट वैमनस्य में बदल जाता है और दुष्परिणाम भोगता है—सारा समाज।

3.1 सांप्रदायिकता के दुष्परिणाम

कुछ चीज़ें ऐसी होती हैं, जो भले ही किसी एक व्यक्ति के मन मस्तिष्क की उपज

हों, किंतु प्रभावित करती हैं–सबको। सांप्रदायिकता एक ऐसी ही बीमारी है। इसके विषाणु एड्स से भी अधिक (कु) प्रभावित और प्रसरणशील होते हैं। एड्स में तो आदमी किसी तरह मर-मर कर जीवित रह भी जाता है, पर सांप्रदायिकता के विषाणु से ग्रस्त व्यक्ति तत्काल काल के गाल में समा जाता है। अगर वह जीवित रह भी जाए तो उसके सोच-सरोकार, उसकी संवेदना-करुणा प्रायः विकलांग हो जाते हैं। आपसी विद्वेष, आर्थिक नुकसान, प्राण-हानि, राजनीतिक अस्थिरता, राष्ट्रीय एकता में बाधा, राष्ट्रीय सुरक्षा को खतरा जैसी अनेकानेक वृत्तियाँ सांप्रदायिकता के दुष्परिणाम के रूप में हमारे सामने मौजूद हैं।

आपसी विद्वेष सांप्रदायिकता का ऐसा दुष्परिणाम है, जो प्रायः सभी दुष्परिणामों का केंद्र बिंदु है। स्नेह तंतु ऐसा मुलायम, नाजुक और अदृश्य प्राय होता है कि उसके टूटने में देर नहीं लगती और यह मानी हुई बात है कि टूटे स्नेह तंतु अव्वल तो जुड़ते नहीं, जुड़ भी जाएँ तो वह कब कैंसर बन जाएँ कुछ पता नही। साथ-साथ खेलने-खाने, उठने-बैठने वाले लोगों में भी अविश्वास की ऐसी परत जम जाती है कि उसे कोई भी हटा नहीं पाता। एक-दूसरे के सुख-दुख में शरीक होने वाले लोग, पड़ोसी की खुशी और उसके गम को शिद्दत से महसूस करने वाले लोग–जाने कब इतनी दूर हो जाते हैं कि उन्हें किसी से कोई मतलब नहीं रहता। ऐसी ही परिस्थितियों के मद्देनज़र शायर ने ये शेर कहा होगा–

''किसने जलाईं बस्तियाँ, बाजार क्यों लुटे–
मैं चाँद पर गया था, मुझे कुछ पता नहीं।''[2]

आज आदमी चाँद और मंगल का लंबा फासला तो तय कर लेता है, पर दिलों को जोड़ने वाली पगडंडी पर उससे नहीं चला जाता। इसका (दुः) परिणाम होता है–विश्वास की पुष्टता में आई दरार का खाई में बदलना। एक दिन वह दरार इतनी चौड़ी हो जाती है कि कोई भी उसे पाट नहीं पाता। कल तक साथ रहने वालों को अपना घर छोड़ना पड़ता है। वह 'घर' जिसको परिभाषित करना आसान नहीं। वह 'घर' जो दीवारों का नहीं अपितु कल्पना का नाम है। 'घर' नफरत और मुहब्बत दोनों से ही बहुत ऊँचा होता है। 'मुहब्बत' एक बहुत छोटा शब्द है। इतना छोटा कि उसमें आँगन का एक कोना भी नहीं समा सकता।... परेशानी यह है कि भाषा आज तक मुहब्बत से बड़ा शब्द ईजाद नहीं कर पाई। अस्तु ... बात हो रही थी आपसी विद्वेष की, सांप्रदायिकता के दुष्परिणामों की। किसी छोटी-सी घटना या बात का कितना भयंकर परिणाम हो सकता है, यह अकल्पनीय है। आदमी अपने ही परिवार, समाज के सदस्य का कैसा दुश्मन हो जाता है, इसका अंदाजा भी नहीं लगाया जा सकता। हिंदुस्तान की गंगा-जमुनी तहज़ीब के अनूठे चितेरे राही मासूम रज़ा अपने उपन्यास 'ओस की बूँद' में एक ऐसी ही घटना का जिक्र करते हैं–

"बीवी के कटरे में एक मंदिर न मालूम कब से खड़ा ऊँघ रहा था। मुसलमानों का मुहल्ला था और वहाँ किसी को यह याद नहीं था कि उस मंदिर में कब कोई पुजारी देखा गया था। शहर के दूसरे तमाम मंदिरों पर किसी न किसी का कब्जा था। एक यही मंदिर बचा था, क्योंकि यह मुसलमानों के मुहल्ले में था। तो राम अवतार ने उसी मंदिर में अपना अड्डा जमाया।

एक दिन सबेरे-सबेरे शंख की आवाज सुनकर सारा बीवी का कटरा चौंक पड़ा। उस सुबह को मस्जिद में हमेशा से ज़्यादा मुसलमान इकट्ठा हुए। कई तो ऐसे थे, जिन्हें कलमा भी अच्छी तरह याद न रहा होगा। बेचारे हाफ़िज़ जी सख्त हैरान कि आखिर मामला क्या है। हाफिज जी बेचारे निपट बहरे थे, इसलिए उन्होंने शंख की आवाज सुनी ही नहीं थी।

नौजवानों के तेवर बहुत बिगड़े हुए थे।

"इस मुहल्ले में शंख नहीं बज सकता।" नमाज़ियों ने यह फैसला किया और तब ये मुसलमान निकले लीडरों की तलाश में।... तो फिर यहाँ गाजीपुर में कौन है? सही कि मस्जिद है, बड़ा इमामबाड़ा है, ईदगाह है... परंतु इनके पास कौन जाता है अब रास्ता पूछने?

जब कोई न मिला तो सैयदबाड़ा, काजी टोला, सराय, नखास, लंगाह, बरबरहना, शुजावलपुर, रजदेपुर और जूड़न शहीद के मुसलमानों की झल्लाहट और दूसरे मुहल्ले में रहने वाले मुसलमानों का डर और बढ़ गया। धीरे-धीरे दुकानें बन्द हो गईं। दीनदयाल दहाड़ने लगा कि यदि मुसलमानों ने ज्यादा चें-पें की तो उनकी ईंट से ईंट बज जाएगी। कसीही खानदान के एक मौलवी नारए-तकबीर बोलकर घर से निकल आए और शहर के मुसलमानों को ऐतिहासिक आँकड़े याद दिलाने लगे :

"बिरदाराने इस्लाम! यह लोग जो अकसरीयत के नशे में चूर हैं, इन्हें न अपनी तारीख याद है न हमारी। हम वह हैं जिन्होंने जनरल तारिक रहमतुल्ला अलैह (रजी अल्लाह : (अरबी) अल्लाह रजी या खुश है) के साथ बहरे रोम में घोड़े डाल दिए थे, हम वही कासिम हैं, जिसने दो हजार आदमियों के साथ इनके सूरमाओं के छक्के छुड़ाकर सिंध पर सब्ज़ अलम गाड़ दिया था। यह और हमें न पहचानें! हम महमूद गजनवी हैं। और दूर क्यों जाइए! क्या गाजीपुर वाले वह दिन भूल गए, जब सैयद मसऊद गाजी रहमतुल्ला अलैह ने बारह सौ सवारों के साथ गंगा पार करके इस गाज़ीपुर के राजा गाद का सिर कुचल दिया था। ... हम उन्हीं मसऊद गाजी की औलाद हैं...।" ...शहर के मुसलमान जेहाद के लिए सिर पर कफन बाँधने लगे। हिंदू अलग तैयार हो गए कि मियाँ लोगन की तो ऐसी की तैसी। रामअवतार देखते-देखते वास्तव में राम-अवतार हो गया।"[3]

जब आदमी के मन में संदेह की बीज पड़ जाते हैं तो अविश्वास के पौधों का लहलहाना लाज़िमी हो जाता है। जिन मुसलमान भाइयों ने अपनी जमीन राजी-खुशी

मंदिर बनाने के लिए दान कर दी होती है या कि जिन उदारमना हिंदुओं ने अपनी गाँठ से पूरी की पूरी मस्जिद बनवा दी होती है, उनके बीच भी सहकार, सामंजस्य, सौहार्द का चिन्त्य अभाव हो जाता है। एक ही झटके में सारे रिश्ते-नाते, बंधुत्व-व्यवहार जाने कहाँ बिला जाते हैं। आपसी विद्वेष आदमी को ऐसा मतिमंद और अंधा कर देता है कि वह अफवाह को भी सच्चाई मान बैठता है। दंगों के समय ऐसी अफवाह शबाब पर होती है। अफवाह कैसे दंगों की आग में घी का काम करती है या कर सकती है, इसको डॉ. राही मासूस रज़ा की इन पंक्तियों में सहज ही देखा जा सकता है -

"...अगर कुछ समझ में न आ रहा कि आखिर किया का जाए। पाकिस्तान न बने पर त ई हाल है, अउर जो ई बहनचोद कहीं बन गया, त हम समझ रहें कि गंगौलियों में खून-खराबा हो जय्यहे। हउ मादरचोद मातादिनवां अभंइयें से काना-फूसी कर रहा इधिर-उधिर। सुन रहें कि सलीमपुर बाग में एक ठो जलसहू भया रहा रात को। गंगौली, अलावलपुर, हुँडर ही अउर सलीमपुर यै एक्के साथ हमला करे की और मियाँ लोगन के काट के डाल देने की मिसकोट भई। अउर ईहौ तय भया है कि जेके-जेके घर में कभई कोई चमाइन, ललाइन या भरिन-ओरिन डाली गई होय, तेके-तेके घर की लड़किन को निकाल लिया जाय!"

"ई सब खबर कउन देता है आपको?"

"अशलफुल्ला खुदै बताइन हैं हम्मैं।"

"हिन्दुआ सब उनहूँको जलसवा में बुलाइन रहा का! "

"तूँ त लगथ्यो बाल की खाल निकाले!" फुन्नन मियाँ चिढ़ गए।

"न मनत्यो त सुनो। छिकुरिया गया रह्वा ऊ जलसे में। ई साला मातादिनवा जलसे में भासन दिहिस।

ओके भासन की माँ..."

उनकी नजर दुल्लन पर पड़ गई, जो भीतर से आकर उनके पास खड़ा हो गया था।

"तै हिआँ का कर रहा, बे! जा इस्कूल।"

दुल्लन यह फटकार सुन कर सरक गया। कुन्नन मियाँ फिर तन्नू की तरफ मुड़े–

"त मातादीन पंडित तकरीर किहिन। कहिन कि मलिच्छ मुसलमानों को भारतवरश से निकाल देवे को चाहिए। अउर ई बहनचोद को मंदिर बनाए के वास्ते जमीन हम दिया रहा। खाए-पीए को दस मंडा जमीन अलग से दिया। अउर ई साला तकरीर कर रहा, अउर ईहो न सोच रहा कि आखिर फुन्ननो मुसलमाने हैं। हम्मे जो ई कहीं मिल गए तो साले के टंगिये चीर देंगे।"[4]

गंभीरता से विचार किया जाए तो हम पाते हैं कि आपसी द्वेष सांप्रदायिकता

का सबसे बड़ा दुष्परिणाम है। अन्य सारे दुष्परिणाम मसलन आर्थिक हानि, प्राण हानि, राजनीतिक अस्थिरता, राष्ट्रीय एकता में बाधा, राष्ट्रीय सुरक्षा को खतरा आदि इसी से उपजते हैं। साहित्य को समाज (खासतौर से समकालीन समाज) का दर्पण कहा जाता है। यह दर्पण समाज की तस्वीर पाठक रूपी दर्शक को दिखाता है और सच्ची बात तो यह है कि "एक लेखक चाहे जितने चरित्रों की सृष्टि करे, सारी बातें उसकी अपनी होती हैं। वह अपने को खंड-खंड वितरित करता है, क्योंकि उसके भीतर बातों के अनगिनत ऐंगिल हैं इसीलिए वह अनेक में विभाजित होता है।"[5] रचनाकार एक होकर भी एक नहीं रहता। अनेक भागों में विभाजित हो जाना उसकी शक्ति है। विभाजित होकर भी वह अपनी रचना को 'समाज का दर्पण' बना पाता है। एक ओर वह भाषण या तकरीर को हू-ब-हू लिखता है तो दूसरी ओर अन्य लोगों के भय का यथार्थ चित्रण भी कर पाता है।

इधर धर्माधिकारियों की भूमिका सौहार्द से ज़्यादा वैमनस्य फैलाने की होती जा रही है, फिर चाहे वे मुल्ले-मौलवी हों या कि पंडे-पुजारी। ये धर्म के कथित ठेकेदार 'धर्म संकट में है' का राग अलापकर अपना उल्लू सीधा करते हैं और सीधे-सादे सहज विश्वासी लोगों में कटुता और आपसी द्वेष की भावना गहरे तक बैठाते हैं। "...धर्म संकट में है। गंगाजली उठाकर प्रतिज्ञा करो कि भारत की पवित्र भूमि को मुसलमानों के खून से धोना है।... स्वामी जी जोश में आ चुके थे, "देखो, कलकत्ता और लाहौर और नोआखाली में इन म्लेच्छ तुर्कों ने हमारी माताओं का कैसा अपमान किया है..." "बोलो बजरंगबली की..." एक अकेली आवाज उठी। 'जय!" सारा गाँव गूँज उठा।"[6]

ऐसे भड़काऊ भाषणों और ऐसी ही तासीर वाली ज़हरीली तकरीरों का असर सायनाइड से भी ज़्यादा घातक होता है। सड़कों पर दंगे बाद में होते हैं, दंगाइयों के मनोमस्तिष्क में पहले। कहना न होगा, दंगों की प्रेरणाभूमि ये भाषण और तकरीरें ही होते हैं। सांप्रदायिकता के दुष्परिणाम केवल आपसी द्वेष या दंगों के रूप में ही सामने नहीं आते, अपितु इनके अनेकानेक रूप-स्वरूप हो सकते हैं। अभी कल तक साथ-साथ रहने वाले लोग एक-दूसरे के जानी दुश्मन बन जाते हैं। लोग द्वेषवश ऐसे संवेदनशून्य और क्रूर हो जाते हैं कि विश्वास ही नहीं होता कि इतनी नीच नापाक हरकत इन्हीं लोगों ने की होगी।

आज माहौल इतना विषाक्त हो गया है कि कहाँ कौन-सी बात सांप्रदायिक दंगे करवा दे कहा नहीं जा सकता। ऐसे विषाक्त माहौल का फायदा उठाते हैं मुट्ठीभर लुच्चे, लफंगे, गुंडे, मवाली और विकृत मानसिकता वाले लोग। इन दंगाइयों को किसी पर भरोसा नहीं है। ये अपने-आपको सर्वश्रेष्ठ और अन्यों को सबसे नीच मानने वाले होते हैं। हम, हमारी जाति, हमारा समाज, हमारा धर्म, हमारी मान्यताएँ, हमारी परंपराएँ, हमारे रीति-रिवाज़, हमारा खान-पान, हमारी भाषा-बोली, हमारी पहचान,

हमारी पूजा-पद्धति... सर्वश्रेष्ठ, बाकी सब घृणित है, त्याज्य और बेमानी। यही 'हम-हम, हमारा-हमारा' की अहम्मन्य मानसिकता सांप्रदायिकता के लिए खाद-पानी का काम करती है।

सांप्रदायिक दंगों का दुष्परिणाम अनेक स्तरीय होता है। कश्मीर, अयोध्या, गोधरा-जैसी घटनाओं पर नज़र डालें तो हमें इन दंगों की भयावहता की झलक मिलती है। हज़ारों-हज़ार कश्मीरी ब्राह्मण कैंपों में नारकीय जीवन जीने को क्यों अभिशप्त हैं, गुजरात के सैकड़ों निरपराध स्त्री, पुरुष, बच्चे (हिंदू-मुसलमान दोनों ही) काल के गाल में असमय ही क्यों समा गए, हर जगह अल्पसंख्यक असुरक्षा की भावना से ग्रसित क्यों है—जैसे अनेकानेक प्रश्नों का उत्तर 'सांप्रदायिक समस्याएँ' ही हैं। घर छोड़ने की, घर छोड़ने के लिए मजबूर कर दिए जाने की पीड़ा मनुष्य को कितना सताती है, इसे कोई कश्मीरी विस्थापितों से पूछे। 'घर' शब्द भले ही देखने, सुनने और बोलने में फटीचर जैसा लगे, परंतु इस एक शब्द में आदमी की हज़ारों-हज़ार शताब्दियों का इतिहास छुपा हुआ है। आदमी अपने इतिहास से भागकर कहाँ जा सकता है। यह शब्द तो उसी तरह साथ लगा रहता है, जैसे गोहनलगुआ। आदमी रामपाल हो जाए या समीउल्ला--वह 'घर' की सीमा का अतिक्रमण सहजता से तो नहीं ही कर सकता। 'घर' शब्द समय, इतिहास, ज़िंदगी और मौत—सबसे बड़ा है। यदि मनुष्य के जीवन से यह शब्द निकाल दिया जाए तो वह खोखला हो जाता है। इस शब्द का वास्तविक अर्थ केवल विस्थापितों, शरणार्थियों और यहूदियों को मालूम है। विस्थापन कितना त्रासद होता है, इसकी कल्पना भी नहीं की जा सकती। गुजरात एपिसोड किसी भी सचेतन-संवेदनशील आदमी को अभी भूला न होगा। कैंपों में भेड़-बकरियों की तरह रहने को मजबूर लोगों के बारे में देख-सुनकर, पढ़-जानकर मनं कितना छटपटा उठता है, इसका बयान नहीं किया जा सकता। अभी कल तक हम लोगों के घरों में जचगी दाई (प्रायः मुसलमान जाति की महिला जिसे 'नाइन' कहा जाता था) के बिना होगी, इसकी कल्पना भी नहीं की जा सकती थी। नर्सिंग होम, अस्पताल-जैसी चीज़ों का प्रचलन बहुत बाद में और मंद गति से हुआ/हो रहा है। कैसे-कैसे, कितनी तरह के इंतजाम होते थे। दाई के 'मार्शल-लॉ' के सामने किसी की एक न चलती। हमारा गृह प्रवेश बंद। घर के सभी पुरुष व्यग्र, तत्पर, उत्सुक दाई का हुक्म बजा लाने के लिए तैयार द्वार के सबसे दूर वाले किनारे पर घर के दरवाज़े की ओर कान लगाए बैठे रहते थे।... सारा कुछ आँख के आगे तैर जाता है। कैंप में रहने को मजबूर महिलाओं की जचगी कैसे होती होगी? उनकी पीड़ा के सम्मुख शब्द बौने पड़ जाते हैं। खास समय की खास कठिनाइयों-परेशानियों में वे बेबस-लाचार महिलाएँ क्या करती होंगी? जहाँ न तो पहनने के लिए पर्याप्त वस्त्र हैं, न ही निजता के लिए पर्याप्त जगह, वहाँ उनके दिन कैसे कटते होंगे? कहा जाता है वक्त सबसे बड़ा मरहम है। यह सारे ज़ख्मों को भर देता है लेकिन कुछ ज़ख्म

ऐसे होते हैं, जिन्हें वक्त का मरहम भी नहीं ठीक कर पाता। ज़रा सोचिए—एक कमरा है। उसी में माँ, पिता, किशोर भाई, तरुणी बहन, छोटी-सी बिटिया और पत्नी के साथ 'उसे' रहना है। बीते दिनों की कसक से उसे कैसे छुटकारा मिलेगा—जहाँ उसका, छोटा ही सही, प्यारा-सा घर था। सबके लिए सबकी मनपसंद जगह थी। ये स्थूल से दिखने वाले दुष्परिणाम ही सांप्रदायिक समस्याओं की उपज नहीं हैं। उनकी फेहरिस्त बड़ी लंबी है। कितने लोग मनोरोगी हो जाते हैं, कितने कुंठित होकर आत्मघात कर लेते हैं और सबसे बड़ी बात तो यह कि अनगिनत लोग प्रतिक्रियावादी होकर दंगाइयों में ही शामिल हो जाते हैं।

दंगाइयों की कोई जाति नहीं होती। वे तो बस दंगाई होते हैं—कूढ़मगज, प्रतिक्रियावादी, असहिष्णु, अनपढ़। उनका कोई धर्म, सोच या विचारधारा नहीं होती। वही रेहाना-रघुवर, टीना-जोसेफ, जो कल तक चार जिस्म-एक जान थे, एक-दूसरे की जान के प्यासे बन जाते हैं। दंगे किसी को नहीं पहचानते—बूढ़ा, जवान, स्त्री, पुरुष, मजदूर, जिलाधीश, सबको उसके दुष्परिणाम भोगने पड़ते हैं। इन दंगों से वही प्रभावित नहीं होता, जो इसका शिकार बनता है, अपितु वह भी प्रभावित होता है, जो उस पीड़ित व्यक्ति से कहीं न कहीं गहराई से जुड़ा होता है। किसी के मरने पर घर का चूल्हा बुझ जाता है। अन्य समस्याएँ तो पेट के बाद की बातें हैं। नाम, जाति, गोत्र, रूप, स्त्री, पुरुष, अमीर, गरीब सबसे ऊपर है पेट की आग। इस आग को बुझाने के लिए जब जुबैदा को बनना पड़ता है जमुना, तो जैकब को पं. जय किशोर शास्त्री।[7] क्योंकि धंधे का कोई धर्म नहीं होता। माहौल में फैले इस जहर में दम घुट जाता है। ऐसे ही खौफनाफ माहौल के मद्देनज़र शायर ने ये शेर लिखा होगा—

"अभी न छेड़ मुहब्बत के गीत रे मुतरिब,
अभी हयात का माहौल खुशगवार नहीं।"

आपसी द्वेष जीवन को रंगहीन, तरंगहीन, रसहीन, बोझिल, डरावना और रुटीनी बनाकर रख देता है। धर्म कर्मकांड का पुलिंदा मात्र बन गया है। यह अन्यों को यह दिखाने का साधन बन गया है कि देवालय जाने वाला आदमी ही धार्मिक है। "धर्म बड़ा है या कैरियर? धर्म, कैरियर! धर्म, बच्चों का भविष्य धर्म। अच्छे कपड़े, अच्छा मकान, 'धर्म' हार गया, क्योंकि धर्म अब नाम रह गया है, केवल यह जताने का कि हम धर्म को मानते हैं, मस्जिदों में समाज को सिजदा किया जाता है, मंदिरों में समाज की पूजा की जाती है। जो ऐसा न होता तो पुरी के आचार्य गो-रक्षा के साथ मनु-रक्षा का कार्यक्रम भी चलाते। मनुष्य को गाय का रुतबा देते। गाय माता होने के बाद भी कृष्ण नहीं है। कृष्ण तो मनुष्य ही है।..."[8]

वास्तव में मनुष्य ही इस धरा का सर्वोत्तम प्राणी है, पर अपनी नासमझी-नादानी के कारण सर्वाधिक खींचातानी भी उसी में है। मुट्ठी भर लोगों की स्वार्थ-अंधता संदेह का बीज आज वट वृक्ष बन गया है, इसमें कोई शक नहीं। सांप्रदायिक दंगे ने स्नेह-सद्भाव की चूलें हिला दीं। ऐसा नहीं है कि द्वेष का बीज विभिन्न संप्रदायों के बीच ही पड़ा हो, एक ही संप्रदाय के लोग भी इससे अछूते नहीं रह पाए। सचेत साहित्यकारों को विभाजन और दंगों से इतनी पीड़ा हुई कि उन्होंने पाकिस्तान शब्द को जुदाई के पर्याय के रूप में देखा और चित्रित किया।[9] 'ओस की बूँद' में कँवर वजीर हसन खाँ पाकिस्तान के पक्ष में होते हुए भी विभाजन के पश्चात् भी भारत में ही रह जाते हैं और उनका पुत्र अली बाकर पाकिस्तान का घनघोर विरोधी होते हुए भी पाकिस्तान चला जाता है—यह समीकरण हसन खाँ की बीवी हाजरा को कभी समझ में नहीं आया। आखिर ऐसा क्यों हो गया। उनके लिए पाकिस्तान बनने का मतलब है अपने बेटे से जुदा होना। "न यह मुआ पाकिस्तान बनता और न वह अपने अली बाकर से अलग होती। उसके लिए पाकिस्तान का अर्थ यह था कि वह अपने इकलौते बेटे से जुदा हो गई है।"[10]

समग्रतः देखें तो स्पष्ट होता है कि आपसी द्वेष सांप्रदायिक समस्याओं का ऐसा दुष्परिणाम है, जो सामाजिक व्यवस्था और मानवीय नातों-रिश्तों को छिन्न-भिन्न कर देता है। हम एक ऐसी मनोदशा वाले समाज में रहने और जीने को अभिशप्त हो जाते हैं, 'डर' जिसका स्थायीभाव होता है।

"हक, कानून, इंसाफ, धर्म, मस्जिद, मंदिर, घर, बाजार, सिनेमा की बुकिंगविंडो, मेले-ठेले, तीज-त्योहार, प्यार, ज़िंदगी और मौत—ये और इस तरह के दूसरे शब्द कितने धुँधले हो गए हैं। लगता है कि समय इन शब्दों की रोशनाई का रंग चाट गया है, आँसू ने लिखावट को फैला दिया है। ये शब्द जिनसे आत्मा की किताब भरी हुई थी, अब ठीक से पढ़े नहीं जाते। दिल के कोने-कोने में एक डर रेंग रहा है, केंचुए की तरह। यह डर एक नया तजुरबा है। यह तजुरबा अभी खत्म नहीं हुआ है। मंदिरों में इसी की मूर्ति है और मस्जिदों में इसी की नमाज पढ़ी जाती है। जो शब्द भगवान् है वह ॐ नहीं है—डर है। अल्लाह के लाखों-लाख नामों में से एक नाम और बढ़ गया है—डर! हमारी चेतना, हमारी समझ, हमारी सोच और हमारे ज्ञान के कंधों पर डर की सलीब है... डर। यही सत्य है। डर के सिवा जो-कुछ है, वह झूठ है।"[11] कहना न होगा इस डर के मूल में है—आपसी विद्वेष।

3.1.2 आर्थिक हानि

दंगे, दंगाइयों के मन में पहले घटित होते हैं, उसके बाद वे सड़क से लेकर कस्बों, गलियों, बाजारों, दुकानों तक तेजी से फैल जाते हैं। ये दंगे इतनी तेजी से फैलते हैं कि अतिशय ज्वलनशील पदार्थों की प्रसरण-प्रक्रिया को भी पीछे छोड़ देते हैं।

समकालीन भारतीय समाज में अक्सर सांप्रदायिक दंगों के पीछे आर्थिक कारण होते हैं। भारतीय समाज में दोनों समुदायों व हिंदू और मुसलमान के व्यावसायिक हित प्रायः टकराते रहते हैं। वैसे, सैकड़ों वर्षों के सह अस्तित्व ने एक बहुलवादी भारतीय समाज को विकसित होने में मदद भी की है। यह समाज अपनी आर्थिक गतिविधियों में कुछ इस तरह एक-दूसरे पर निर्भर करता है कि पारस्परिक आदान-प्रदान से शून्य किसी स्थिति की कल्पना भी नहीं की जा सकती। विशेषतः हथकरघा और कुटीर उद्योग के क्षेत्र में हिंदू और मुसलमान बिना पारस्परिक आदान-प्रदान के फूल-फल नहीं सकते। बनारस का साड़ी, अलीगढ़ का ताला और मुरादाबाद का पीतल-उद्योग इसी तरह के क्षेत्र हैं, जहाँ कच्चे माल, हस्तकौशल और विपणन के लिए हिंदू और मुसलमान आपस में इस तरह जुड़े हुए हैं कि दोनों के संबंधों की तल्खी पूरे उद्योग को प्रभावित करती है। ज़ाहिर-सी बात है कि दंगाई इस तथ्य-सत्य से परिचित हैं। वे आर्थिक नुकसान पहुँचाकर अपने प्रतिद्वंद्वियों को समूल मिटा देना चाहते हैं। दंगों में करोड़ों रुपयों की निजी और सार्वजनिक संपत्ति विनष्ट हो जाती है। प्रगति के पथ पर अग्रसर राष्ट्र विकास की दौड़ में वर्षों पीछे चला जाता है।

उ.प्र. कैडर के वरिष्ठ आई.पी.एस. अधिकारी श्री विभूतिनारायण राय ने सांप्रदायिक दंगों के संदर्भ में पुलिस की भूमिका का अध्ययन किया। अपने अनुभव बाँटते हुए श्री राय ने व्यावसायिक हितों के टकराव को भी सांप्रदायिक दंगों का एक अहम कारण माना। श्री राय के शब्दों में, ''अहमदाबाद में भू-माफिया द्वारा दंगों को भड़काने में निभाई जाने वाली भूमिका का पता मुझे चला। बिल्डर लॉबी के नाम से जाना जाने वाला यह माफिया आपस में पूरी तरह से धर्म-निरपेक्ष संबंध कायम रखता है और उसकी कार्यवाही के पीछे सिर्फ व्यावसायिक कारण होते हैं। इन गिरोहों में अक्सर हिंदू-मुसलमान दोनों सदस्य होते हैं। अहमदाबाद में बहुत से इलाके अभी भी मिश्रित आबादी वाले हैं। 1969 के दंगों के बाद से थोड़े-थोड़े मध्यांतर पर होने वाले दंगों के कारण इन इलाकों से निकलकर हिंदुओं और मुसलमानों ने अपने-अपने लिए सुरक्षित बस्तियाँ तलाशनी शुरू कर दीं। यही लोग इस बिल्डर लॉबी का पहला निशाना बने। बिल्डर लॉबी हिंदुओं और मुसलमानों के लिए पहले अलग-अलग क्षेत्र चुनती है और फिर उस आवासीय क्षेत्र को विकसित करना शुरू करती है। प्लाटों या मकानों के रजिस्ट्रेशन के दौरान व्यवस्थित ढंग से नगर में सांप्रदायिक तनाव पैदा किया जाता है। घबराकर मिश्रित आबादी में 'फँसे' लोग रजिस्ट्रेशन करना शुरू कर देते हैं। एक बार मकानों के बन जाने या प्लाटों के विकसित हो जाने के बाद यदि आसानी से उनकी बिक्री नहीं हो पाती तो फिर तनाव पैदा किया जाता है और इस तरह फिर डरे हुए लोग इन बिल्डरों की शरण में आ जाते हैं। दिलचस्प तथ्य यह है कि बिल्डर के लिए यह आवश्यक नहीं है कि वह सिर्फ अपने धर्मावलंबी के लिए मकान बनाए। इसी तरह तनाव पैदा करने के लिए हिंदू

और मुस्लिम बिल्डर अपने धन अथवा बाहुबलियों के माध्यम से एक-दूसरे की मदद करते हैं।"[12]

उक्त सुदीर्घ उद्धरण से यह स्पष्ट हो जाता है कि दंगाई स्वार्थ-सिद्धि के लिए किसी भी स्तर तक नीचे गिर सकते हैं। देश, दुनिया, समाज, गाँव, मानवता का हित नहीं करता कोई भी दंगा। कितनी संपत्ति नष्ट हो जाती है दंगों में, इसका कोई प्रामाणिक दस्तावेज फिलहाल उपलब्ध नहीं है। वर्ष 2002 के गोधरा कांड के संबंध में राज्यसभा सांसद श्री बलबीर पुंज ने कहा, "कितनी संपत्ति स्वाहा हुई, इसका अलग-अलग अनुमान लगाया जा रहा है। लेकिन मोटे तौर पर माना जा रहा है कि दो हजार करोड़ रुपए की संपत्ति इन दंगों में नष्ट हुई।"[13]

सन् 1947 ई. से लेकर आज तक गोधरा में सांप्रदायिक हिंसा की लंबी फेहरिस्त है। सन् 1948 ई. में गोधरा में चार बार सांप्रदायिक दंगे हुए, जिसके फलस्वरूप जान-माल की भारी क्षति हुई। हाल के गोधरा कांड से हुई क्षति ने संवेदनशील आदमी को झकझोर के रख दिया है। जनधन की इतनी हानि भला कोई समाज कैसे सह सकता है। 'द वीक' ने अपने 7 अप्रैल, 2002 के अंक में 'सायलंस ऑफ द लेम्स' शीर्षक के अंतर्गत एक रिपोर्ट प्रकाशित की है, जिसके अनुसार गोधरा कांड से संबद्ध दंगों के कारण जन-धन और मानवता की अपूरणीय क्षति हुई है। "...दंगों में एक हजार छह सौ उन्यासी मकानों, एक हजार नौ सौ पैंसठ दुकानों और सौ गोदामों को आग लगा दी गई। अहमदाबाद में दो सौ चार दुकानों को लूटा गया और छियत्तर दरगाहों को हानि पहुँचाई गई। अधिकतर हानि मुसलमानों को हुई है। उत्तर गुजरात के हिम्मतनगर में पाँच हजार लोगों की भीड़ ने तकिया वाला मस्जिद, दरगाह, होटल तथा एक दर्जन से ज्यादा दुकानों को नष्ट किया।"[14]

दंगाई सिर्फ दंगाई होता है—नाते-रिश्ते, जाति-धर्म, राष्ट्रीयता, मानवता आदि के परे। उस उन्माद में वह कोई भी (कु) कर्म कर सकता है करता है। चिंतन, मनन, विचार, तर्क, संगत-असंगत आदि उसके लिए सिर्फ निरर्थक शब्द होते हैं। उसकी मानसिकता इतनी विकृत हो चुकी होती है कि वह सही-गलत, उचित-अनुचित का फैसला नहीं ले पाता। वह तो उस अनियंत्रित भीड़ का एक हिस्सा मात्र होता है, जिसे परपीड़न में आनंद आता है। तोड़-फोड़ किए बिना उसके हाथ में खुजलाहट होती रहती है। भीड़ किस प्रकार अनियंत्रित होकर निजी और सार्वजनिक संपत्ति को स्वाहा करती है। इसका बड़ा ही प्रामाणिक और सिलसिलेवार विवरण, डॉ. दूधनाथ सिंह ने दिया है—"... उसके बाद तालियाँ बेतरतीब, बेजान और निष्क्रिय-सी। उनमें स्वीकृति या श्रद्धा या मुग्धता का भाव नहीं था। मात्र एक रस्म अदायगी। लेकिन तभी पीछे से एक ऊँची आवाज आई और खड़बड़ाए हुए लोग एकाएक रुक गए। कोई था जो कुर्सी के ऊपर था और अँगुली उठाए प्रश्नदायी मुद्रा में खड़ा था।

'आपने बीच में तुलसीदास का नाम लिया?' उसने हुंकृत सवाल किया।

'मुझसे?' आचार्य जी ने सविनय से पूछा।

'जी सर!' सविनय ने कहा।

'मेरा प्रश्न है—सभी लोग सुनें,' उस आदमी ने चिल्लाकार कहा, 'प्रोफेसर तत्सत पांडेय से मेरा प्रश्न है, आपने बीच भाषण में गोस्वामी तुलसीदास का नाम लिया?'

'जी हाँ।' आचार्य जी बोले।

'क्यों?' उस आदमी ने दागा।

'क्योंकि तुलसीदास महान हैं।' आचार्य जी हँसे नहीं।

'मैं आपको जाने नहीं दूँगा... मेरे प्रश्न का जवाब दीजिए।' आपने कहा, 'किताबों और जनता के बीच में कौन है?' आपने कहा, 'धर्मग्रंथ और तुलसीदास।' 'वह कैसे? जवाब दीजिए...' वह आदमी कुर्सी के ऊपर वैसे ही उँगली उठाए खड़ा था।

'जैसे कि आप यहाँ हैं और सामूहिक शौचालय बनाए हुए हैं।' आचार्य जी ने माइक के और पास मुँह ले जाकर कहा।

'सुलभ-सुलभ' किसी ने भीड़ में से कहा और पीक भरे मुँह से बुक्का फाड़ हँसा।

न जाने किधर से पहली कुर्सी हवा में उछली और श्रोताओं के ऊपर गिरी। फिर दूसरी, तीसरी, चौथी और फिर लगातार। चीख-चिल्लाहट, मारो-काटो और उसके बाद सब-कुछ एक हड़बोंग में बदल गया। पूरे पांडाल में उठता हुआ एक निरर्थक शोर, जिसमें आदमी, कुर्सियों और पत्थर और चीनी मिट्टी के मग और शीशे की गिलासें और किताबें, किताबें, किताबें। इस पूरी भागाभागी में लोग किताबों की अलमारियों पर पिल पड़े। कुछ ने निकालकर उन्हें मंच की ओर फेंकना शुरू किया। कुछ ने हवा में उछालना। कुछ ने पैरों तले डालकर रौंदना। कुछ ने काँख तले, हाथों में, दाँतों में एहतियात से समेटना। यानी किताबों की लूटपाट, किताबों का मर्दन, किताबों का अवमान, किताबों का वध। जो लोग सहेजकर, उठाकर भाग रहे थे उन्हें भी किताबों से प्यार हो, किताबों में आस्था हो, किताबें बहुमूल्य हैं, यह सोचकर नहीं। सिर्फ वह कहावत कि माले मुफ्त दिले बेरहम बस। वे जब घर लौटेंगे तो अपने बच्चों को सौगात देंगे। शायद उलट-पुलटकर देखें कि बुद्धि के संसार से वे कौन-सा रतन-धन मार लाए। तभी किसी ने जेब से माचिस निकाली, कुकू से एक तीली जलाई और कनात में धर दी। लपटों के धुएँ में लूटपाट करते लोग पांडाल से बाहर भागे। अचानक भीड़ का एक रेला 'सचल ग्रामीण पुस्तकालय' की दोनों बसों की ओर दौड़ा। कई लोग किताबों के ढेर छाती में दबाए हुए भागते दिखे। सफेदपोश और लुच्चे सब एक साथ। फिर वे बसें भी आग के हवाले कर दी गईं। बसों की बगल में खड़ी आचार्य जी की पुरानी एम्बेसेडर को भी वहशी लोगों ने देखते-देखते फूँक दिया। कई एक फोटोग्राफर जो जलती हुई बसों और पांडाल की तस्वीरें धड़ाधड़ खींच रहे थे, अनियन्त्रित भीड़ के कुछ लोगों ने उन्हें गिराकर कैमरे

छीन लिए और उन्हें भी आग की लपटों में झोंक दिया। वे लोग भीड़ के पैरों तले कितने रौंदे गए और कब उठकर किधर गए, इसका अंदाजा लगाना मुश्किल था। बहुत से लोग उठते और भागते नजर आए।

आग और धुआँ देखकर इधर-उधर टहलते सिपाही दौड़े और फिर खड़े-भकुआए तमाशा देखने लगे। बस अड्डे का एक चायवाला छोकरा किताबों का बोझ लादे भागा और चाय मालिक के आगे पटक दिया।

'ये क्या है बे?' तोंदइल बनिये ने पूछा।

'चाय का पइसा।' छोकरा बोला।

'चाय का पइसा।'

'हुआँ लूट मची है किताबन की। सोचा, हमहूँ कुछ हाथे क सफाई दिखाई। उठाई लावा।' छोकरा बोला।

'मरवाएगा साले।' बनिया उठा और किताबों के ढेर को भट्ठी में ठेलकर उसका मुँह एक लोहे के पत्तर से ढँक दिया।"[15]

सांप्रदायिक दंगों के दुष्परिणाम के रूप में आर्थिक हानि एक ऐसा पहलू है, जो पीड़ित के घाव पर नमक छिड़कने जैसा है। जब पीड़ित की दो जून की रोटी का सहारा भी खत्म हो जाता है तो उसके लिए ज़िंदगी नरक से भी गई-गुजरी, बदतर बन जाती है। गरीब आदमी की जाति तो एक ही होती है, पर दंगाई की कोई जाति नहीं होती। एक और विशेष रूप जो अध्ययन से उभरकर सामने आया है, वह यह कि प्रायः अल्पसंख्यक ही दंगों में अपना सब-कुछ गँवा बैठता है, फिर चाहे चर्चा कश्मीरी ब्राह्मणों की हो या कि गोधरा के मुसलमानों की। दंगाई आते हैं, लूटपाट करते हैं। घर जलाते हैं, गोलियाँ चलाते हैं और मजे से मनचाहा करके चलते बनते हैं। उनके लिए यह सब इतना सहज और सरल होता है, जैसे कि कोई अगरबत्ती या धूप जला रहा हो या कि पाक परवरदिगार से दुआ माँग रहा हो। "रातों-रात लोग घर का सामान ले गए और घर जल गया।... कितने आते हैं कोई पता नहीं चलता ये कौन हैं। हम कैसे जी रहे हैं, ये हमीं जानते हैं। ऐसे मौकों पर एक नई नस्ल का इनसान पैदा होता है, जो देखने में तो इनसान ही लगता है, पर होता नहीं। जानवर भी वैसा नहीं करते, जैसा वो कर सकता है। लूटमार, कत्ल, घर जलाना और इस तरह की कितनी ही और वारदातें वह करता है।... पंडितों के मकान भी ऐसे ही लोगों ने जलाए हैं। शायद उन्हें भगाया भी इन्हीं ने है। ये बात किसी की समझ में नहीं आ रही है।"[16]

यह बात बिलकुल सही है कि कोई भी जाति न तो पूरी-की-पूरी खराब होती है न ही पूरी-की-पूरी अच्छी। अच्छे-बुरे लोग हर जगह होते हैं, पर जाने क्यों अच्छों की अच्छाई भले ही असरकारक न हो, लेकिन बुरों की बुराई ऐसा घाव दे जाती है कि उसे तो नासूर बनना ही है। आग का धर्म है—जलाना। वह अमीर-गरीब,

पुरुष-महिला, हिंदू-मुसलमान, वृद्ध-युवा, अनपढ़-शिक्षित में भेद करना नहीं जानती। जो भी उसके आगोश में गया, जलकर खाक हुआ। कश्मीर, गोधरा, अयोध्या, बिहार, मेरठ, कानपुर, आजमगढ़ के दंगे हों या कि 1984 का अमानवीय एपिसोड, हर बार जन-धन की अकल्पनीय हानि हुई है। ऐसा नहीं है कि उन वारदातों में अशिक्षित ग्रामीण लोग ही शामिल होते हों, कथित पढ़े-लिखे, शिक्षित, सूटेड-बूटेड—शहरी भी पीछे नहीं रहते। कई मामलों में तो देखा गया है कि शहरी लोग पूरी तैयारी और होमवर्क करके 'ऑपरेशन' को अंजाम देते हैं। अहमदाबाद और गुजरात के अन्य स्थानों पर 2002 के घटनाक्रम में अनेक ऐसी वारदातों का ब्यौरा प्राप्त हुआ है जिनको अंजाम देने वाले लोग मोबाइल फोन से दिशा-निर्देश प्राप्त कर रहे थे और रिपोर्ट दे रहे थे। दंगों की भयावहता का अंदाजा बलवाइयों की भीड़ छँट जाने के बाद होता है। दंगाइयों के जाने के बाद पता चला कि ''यूनिवर्सिटी के सामने दो फलवालों की लॉरियाँ जला दी गईं। एक लॉरी सत्तर साल की औरत की थी, जो बाबू पेण्टर का अखबार कहता है, कुछ युवकों को ललकार रही थी—

''गारो-मारो अल्लाह के बंदो, मुझे भी मारो दोज़ख के कीड़ो...''

शरद और हनीफ ऊपर लाइब्रेरी की दूसरी मंजिल से खड़े सड़क को देख रहे हैं। जले टायरों और लॉरी के अवशेष। एक ढेर से पतला-सा धुआँ उठ रहा है, जो वहीं कहीं जमीन के पास मैला-सा, डोलकर रह जा रहा है।''[17] पेट भरने का जरिया खत्म हो जाना मृत्यु से भी अधिक त्रासद और भयानक होता है। मृत्यु का कष्ट तो बहुत थोड़े काल के लिए होता है, सब-कुछ गँवाकर जीना तो हर पल मर-मरकर जीने के समान।

रचनाकार सचेत होता है, इसीलिए वह स्रष्टा कहा जाता है। अपने समय की समस्याओं, आशाओं, आकांक्षाओं की जानकारी उसे रहती है। वह समकालीन समाज और 'विश्वं भवत्येकनीडम्' के दौर में विश्वधाम की आशाओं-आकांक्षाओं को फलीभूत होते हुए देखना चाहता है। इसीलिए दुनिया के बड़े से बड़े नेता, धर्माधिकारी, पूँजीपति पर वह शब्द बाण चलाने से नहीं चूकता, जब वह उन्हें पथ भ्रष्ट होते हुए देखता है। कमलेश्वर ने समकालीन समाज के मद्देनज़र अपना रवैया, अपनी आशा-आशंका 'कितने पाकिस्तान' में वक्त को नायक बनाकर स्पष्ट किया है। लेखक के मतानुसार आज संघर्ष के मूल में 'आर्थिक संसाधनों पर कब्जे की होड़' है। समाज के विषाक्त वातावरण के मद्देनजर लेखक ने मनु की संतान को 'मानव' बनने की सलाह दी है, जिससे काम्य समाज रचा जा सके।

''...हाहाकार, चीत्कार, आगजनी, सामूहिक हत्याएँ, बलात्कार, चीख-पुकार, अपहरण, अजन्मे बच्चों के लोथड़े, कीड़े पड़ी बिजबिजाती फूली हुई लाशें, अर्धजीवित और मृत देहों का मांस खा-खाकर थके हुए लकड़बग्घे, कुत्ते, गिद्ध... और रक्त प्लावन का दृश्य। यह तो सहस्रों साल पहले हुए जल-प्लावन से भी भयंकर दृश्य

है।"[18]

सचमुच, आज परिवेश बड़ा ही डरावना और विषाक्त बनता जा रहा है। सांप्रदायिक दंगों में केवल जन-धन की ही हानि नहीं होती, अपितु इनसे भी कीमती चीज विनष्ट हो जाती है—आपसी विश्वास, प्रेम भाव, सहकार-सामंजस्य, भाईचारा, सहजीविता...। अन्य स्थूल चीजें तो नष्टप्राय होती ही हैं, बनती-बिगड़ती रहती हैं, पर स्नेह स्रोत सूख जाने पर दुबारा हरा-भरा होना अतिशय कठिन होता है। हर सचेत-संवेदनशील आदमी की जिम्मेदारी है कि उस स्नेह-स्रोत को विमल-निर्मल रससिक्त बनाए रखे।

3.1.3 प्राण हानि

आदमी को सर्वाधिक प्रिय उसके प्राण होते हैं। आदमी किसी भी कीमत पर जीवित रहना चाहता है। शायद अतिप्रिय के लिए 'प्राणसम प्रिय' की उक्ति इसलिए प्रचलन में आई हो। सांप्रदायिक दंगों के दुष्परिणाम के रूप में जाने कितनी माताओं की गोद सूनी हो जाती है, कितनी महिलाएँ अपना जीवनसाथी गँवा बैठती हैं, कितने बच्चे यतीम-अनाथ हो जाते हैं—हज़ारों-हज़ार स्त्री-पुरुष-बच्चे, हिंदू-मुसलमान-सिख-ईसाई-यहूदी दंगों की आग में जल जाते हैं। कोई भी सांप्रदायिक दंगा ऐसा नहीं होता, जिसमें प्राण हानि न हो। ताजातरीन घटना गुजरात की है। 27 फरवरी, 2002 की घटना की प्रतिक्रिया इतनी बर्बर, त्रासद, अमानवीय रही कि कोई भी संवेदनशील आदमी स्थिर नहीं रह सका। इस घटना की प्रत्यक्षदर्शी और अपने माँ-बाप तथा अपनी दो बड़ी बहनों को गोधरा स्टेशन पर ट्रेन के कोच की आग में गँवा चुकी ग्यारह वर्षीय गायत्री पंचाल बताती हैं—

"हमारे कोच में मेरे परिवार सहित अन्य रामभक्त भी थे। मेरी मौसी और उनका बेटा दूसरे कोच में थे। गाड़ी सुबह लगभग आठ बजे गोधरा रेलवे स्टेशन से रवाना हुई थी। अहमदाबाद जल्दी आने की उत्कंठा के साथ सभी यात्री प्रातःविधि पूर्ण करने में व्यस्त थे। ट्रेन स्टेशन से अभी आधा किलोमीटर ही आगे गई थी कि अचानक ट्रेन चेन खींचने के कारण या किसी और कारण झटके के साथ थम गई। ट्रेन क्यों रुक गई यह देखने के लिए कुछ लोगों ने डिब्बे का दरवाजा खोलने का प्रयत्न किया, लेकिन वह नहीं खुला। इसी दौरान बाहर चारों ओर से 'मारो! काटो! जला दो!' की आवाज जोरों से सुनाई देने लगीं। क्या हुआ, यह देखने के लिए सभी यात्री डिब्बे की खिड़की से बाहर झाँकने का प्रयत्न कर रहे थे कि अचानक ट्रेन पर भारी पथराव शुरू हो गया। सभी स्तब्ध रह गए। हमारे डिब्बे में बच्चों एवं महिलाओं की संख्या अधिक थी। हम सभी डर गए। अभी हम कुछ समझ पाएँ, उसके पहले ही डिब्बे की खिड़की के काँच टूटने लगे। टूटी हुई खिड़की से हमने देखा कि डिब्बे

के दोनों ओर से भारी संख्या में लोग हाथ में ज्वलनशील पदार्थों के डिब्बे और घातक हथियारों के साथ हमारे डिब्बे की ओर आ रहे हैं। हमें स्पष्ट सुनाई दे रहा था कि स्टेशन के नज़दीक कहीं किसी मस्जिद से उत्तेजनापूर्ण भाषा में हमले का ऐलान हो रहा था। गोधरा रेलवे स्टेशन पर लोगों की भारी भीड़ देखने पर भी हमें ऐसी किसी गंभीर स्थिति का ख्याल तक मन में नहीं आया था।

इन सब परिस्थितियों के बीच हमारे एस-6 डिब्बे की टूटी हुई खिड़कियों से अंदर अचानक पानी की तरह पेट्रोल बहने लगा। उसके तुरंत बाद डिब्बे को आग लगाई गई। कई लोगों ने खिड़की से बाहर कूदने का प्रयास किया, किंतु बाहर तकरीबन दो हज़ार लोगों की भीड़ ने भयानक आतंक मचा रखा था। इतने में मैं जहाँ बैठी थी, उसके बगल में ही जोरदार धुआँ उठा और पूरे डिब्बे में फैल गया। डिब्बे में फँसे लोग 'बचाओ!' 'बचाओ!' और 'आग!' 'आग!' चीखते हुए, इधर-उधर भागते हुए अपने प्राण बचाने के लिए छटपटाने लगे, लेकिन उस समय हम निर्दोषों की दर्दनाक चीख सुनने वाला वहाँ कोई नहीं था। इस परिस्थिति में मैंने भी डिब्बे से बाहर निकलने का प्रयत्न किया। पहले पूजा दीदी (मेरी बहन) खिड़की से बाहर कूद पड़ी, उनके पीछे मैं भी उनकी तरह ही बाहर कूद पड़ी। हम दोनों भयानक रूप से जल रहे कोच के एकदम नज़दीक ही गिरे। उस समय कुछ हमलावरों ने हमें खींचने का प्रयत्न किया, लेकिन जैसे-तैसे करके हम डिब्बे के नीचे चले गए। पटरी से घिसटते हुए, दूसरे डिब्बों के नीचे से सरकते हुए केबिन तक पहुँचने में हम सफल हुए। हमने दूर से देखा तो सारा डिब्बा आग की लपेट में आ चुका था। उस जलते हुए डिब्बे में मैंने अपने माता-पिता एवं दो बहनों को गँवाया।''[19]

किसी को जिंदा जला देने से बढ़कर बर्बरतापूर्ण-अमानवीय कृत्य भला और क्या हो सकता है। गोधरा में फैजाबाद से अहमदाबाद जा रही साबरमती एक्सप्रेस ट्रेन के यात्री चाहे जिनके द्वारा और चाहे जैसे जलाए गए हों, पर उस घटना की प्रतिक्रिया कितनी और कैसी अमानवीय, हिंसक और हिलाकर रख देने वाली रही, यह किसी से छिपा नहीं। लगभग आठ सौ से भी अधिक लोग, जिनमें स्त्री, पुरुष, बच्चे शामिल थे, गोधरा के बाद के दंगों में असमय ही काल के गाल में डाल दिए गए। लाखों लोग विभिन्न शरणार्थी शिविरों में पशुवत् रहने को बाध्य हुए और अनेक परिवार वहाँ से पलायन कर गए। गोधरा कांड में जलकर खाक हुए 58 हिंदुओं की मौत का इतना बर्बर बदला पूरे मुसलमान समाज से लिया गया कि हिंदुओं की इस करतूत ने पूरे देश के बहुसंख्यक समुदाय का सिर शर्म से झुका दिया। दिनांक 17 मार्च, 2002 की द्रवित कर देने वाली घटना को याद करके आज नसीम व अमीना की आँखें भर आती हैं। उन्होंने उस दिन की घटना के बारे में बताया—

''यों तो दंगाइयों की भीड़ सुबह ग्यारह बजे ही पहुँच गई थी, किंतु पुलिस

की गश्त जारी रहने की वजह से कालोनी के अंदर नहीं पहुँच पाई थी। वे दूसरे दिन फिर तीन बजे शाम को आए। सबसे पहले उन्होंने एक गोदाम को उड़ाया, फिर कुछ झोंपड़-पट्टियों में आग लगा दी। इन झुग्गियों में रहने वाले हिंदुओं को पहले ही वहाँ से हटा दिया गया था। अचानक पुलिस की जीपें दिखाई पड़ने लगीं। 200-300 औरतों ने पुलिस को रोकने की कोशिश की। आरोप है कि पुलिस वहाँ से यह कहते हुए आगे बढ़ गई कि 'अब तो यहाँ ऐसा ही होगा।' फिर वे वापस आकर गोलियाँ चलाने लगे, जिरामें एक राहगीर की मौत हो गई। चूँकि औरतें बाहर थीं। इसलिए पुलिस उन्हें लाठियों से पीटते हुए अंदर खदेड़ने लगी।''[20]

इतना ही नहीं, अहमदाबाद के नरोदा पाटिया में हुए भयंकर हादसे के गवाहों ने तो और भी द्रावक घटना के बारे में बताया। सिटिजंस इनिशिएटिव, अहमदाबाद के तत्त्वावधान महिलाओं के लिए दल द्वारा शरणार्थी राहत कैंपों का दौरा किया गया। बातचीत में पीड़ित महिलाओं, बच्चों एवं अन्य लोगों की बातों से जो सत्य छनकर आया, वह बड़ा ही शर्मनाक और सभ्य समाज के शिक्षित सदस्य कहलवाने वाले हर आदमी के मुँह पर करारा तमाचा है। सायरा (12 वर्ष), अफसाना (11 वर्ष), नैना (12 वर्ष), अंजु (12 वर्ष), रुख्सत (9 वर्ष), नीलोफर (9 वर्ष), हिना (11 वर्ष) ने नरोदा पाटिया के बारे में संकोच के साथ दल के सदस्यों से बातचीत की। उल्लेखनीय है कि नरोदा पाटिया ही वह जगह है, जहाँ 80 लोगों को जीवित जला दिया गया था। शाह-ए-आलम राहत शिविर, अहमदाबाद में 27 मार्च, 2002 को इन बच्चियों ने जो बताया, वह किसी बच्चे को न तो देखना चाहिए न सुनना और न ही कहना। 80 लोगों को जीवित जला देने के साथ ही अनेक महिलाओं से बलात्कार हुआ। बलात्कार के बारे में बच्चे क्या जानते हैं? ''मैं बताऊँ दीदी?''

नौ साल की नन्ही बच्ची हमें उसका मतलब बताने के लिए अपनी इच्छा प्रकट करती है।

बलात्कार का मतलब जब औरत को नंगा करते हैं, और फिर उसे जला देते हैं। फिर वह बच्ची निश्चल आँखों से ज़मीन को देखने लगती है। बच्चे ही सही तस्वीर पेश कर सकते हैं। नरोदा पाटिया में बार-बार यही तो हुआ था—औरतों को नंगा किया गया था, उंनके साथ बलात्कार किया गया था, फिर उन्हें जला दिया गया था। अब बलात्कार का ज़रूरी हिस्सा जलाना भी हो गया है।''[21]

दंगा चाहे जहाँ हो, मरते हैं अल्पसंख्यक ही। बहुसंख्यक समाज के इने-गिने लोगों के मुकाबले अल्पसंख्यकों की आबादी का काफ़ी बड़ा हिस्सा काल-कवलित हो जाता है। स्वतंत्रता प्राप्ति पश्चात् जितने भी सांप्रदायिक दंगे हुए हैं, उनमें मृतकों की संख्या पर दृष्टिपात किया जाए तो स्पष्ट होता है कि हिंदुओं की अपेक्षा कहीं अधिक मुसलमान इन दंगों की भेंट चढ़े हैं।

दंगा कौन शुरू करता है—मुसलमान या हिंदू—यह एक बहसतलब मुद्दा हो सकता है, क्योंकि एक ही तथ्य को अलग-अलग और कई बार विपरीत अर्थों में पेश किया जा सकता है। दंगों की शुरुआत के बारे में बहस की गुंजाइश है, लेकिन उनमें मरने वाले लोगों की संख्या के बारे में कतई नहीं। सिर्फ सरकारी आँकड़ों पर भरोसा करें तो प्रायः हर सांप्रदायिक दंगे में हिंदुओं से अधिक संख्या में मुसलमान मारे गए हैं। आधे से अधिक सांप्रदायिक दंगों में कुल मारे गए लोगों में मुसलमानों का प्रतिशत 90 से भी अधिक है। सन् 1968 से 1980 के बीच हुए सांप्रदायिक दंगों में मारे गए लोगों की संख्या पर ध्यान दें तो यह बात और भी स्पष्ट हो जाती है—

वर्ष	सांप्रदायिक दंगों की संख्या	मृतकों की संख्या		कुल
		हिंदू	मुसलमान	
1968	346	24	99	133
1969	519	66	558	674
1970	521	68	176	298
1971	321	38	65	103
1972	210	21	45	70
1973	242	26	45	72
1974	248	26	61	87
1975	205	11	22	33
1976	169	20	19	39
1977	188	12	24	36
1978	219	51	56	108
1979	304	80	150	261
1980	427	87	278	375
योग	**3949**	**530**	**1598**	**2289**

कहीं-कहीं कुल योग दंगों में मारे गए हिंदुओं और मुसलमानों के योग से अधिक है। यह इसलिए है, क्योंकि मारे गए लोगों में कुछ की शिनाख्त नहीं हो पाई।[22]

उक्त सम्मिलित आँकड़ों के अतिरिक्त सन् 1960 के उपरांत कुछ बड़े सांप्रदायिक दंगों में मरने वालों में हिंदुओं और मुसलमानों की अलग-अलग संख्या पर दृष्टिपात कर लेना प्रासंगिक होगा—

मृतकों की संख्या[23]

स्थान	हिंदू	मुस्लिम	अन्य	योग
अलीगढ़ (1961)	01	12	-	13
राँची/हटिया (अगस्त, 1967)	20	156	01	177
अहमदाबाद (सितंबर, 1967)	24	430	58	512
भिवंडी (मई, 1970)	17	56	02	75
जलगाँव (मई, 1970)	01	42	-	43
फिरोज़ाबाद (1972)	03	16	02	21
अलीगढ़ (1979)	06	19	03	28
मुरादाबाद (अगस्त-सितंबर 1980)	18	142	06	166
मेरठ (अक्टूबर 1982 तक)	06	21	02	29
योग	**96**	**897**	**74**	**1067**

दोनों तालिकाओं से स्वतः ही स्पष्ट हो जाता है कि स्वतंत्रता-प्राप्ति के पश्चात् लगभग सभी दंगों में, कुछ नगण्य अपवादों को छोड़कर, मरने वालों में मुसलमानों की संख्या हिंदुओं की तुलना में न सिर्फ अधिक है, अपितु बहुत अधिक है। वैसे, जान तो जान होती है। चाहे हिंदू मरे या मुसलमान गाँव, देश और समाज को जन-हानि तो सहनी ही पड़ती है।

असगर अली इंजीनियर ने अपनी पुस्तक 'सांप्रदायिकता और सांप्रदायिक दंगे' में वर्ष 1950 से लेकर वर्ष 2002 तक सांप्रदायिक दंगों में मारे गए और घायल हुए व्यक्तियों की सूची प्रस्तुत की है। उन्होंने वर्षवार कितनी सांप्रदायिक घटनाएँ हुईं, इसका भी उल्लेख किया है। सांप्रदायिक दंगों में कितनी प्राण हानि होती है, इस पर रोशनी डालने के लिए हम उक्त सूची साभार यहाँ प्रस्तुत कर रहे हैं—[24]

सांप्रदायिक घटनाओं की आवृत्ति और मौतें

वर्ष	घटनाएँ	मारे गए	घायल हुए
1950	56	50	256
1954	84	34	512
1955	75	24	457
1956	82	35	575
1957	58	12	316

वर्ष	घटनाएँ	मारे गए	घायल हुए
1958	40	7	369
1959	42	41	1344
1960	26	14	262
1961	92	108	593
1962	60	43	348
1963	61	26	489
1964	1070	1919	2053
1965	173	34	758
1966	144	45	467
1967	198	301	880
1968	346	133	1309
1969	519	674	2702
1970	521	298	1607
1971	321	103	1330
1972	210	70	1056
1973	242	72	1318
1974	248	87	1123
1975	205	33	890
1976	169	39	794
1977	188	36	1122
1978	230	108	1853
1979	304	261	2379
1980	421	375	2691
1981	319	196	2613
1982	470	238	3025
1983	500	1143	3652
1984	476	445	4836
1985	525	332	3751
1986	768	418	5389
1987	711	383	3860
1988	710	259	3103
1989	922	802	3871

वर्ष	घटनाएं	मारे गए	घायल हुए
1990	1421	1241	3913
1991	29	877	6370
1992	37	1972	13,571
1993	33	960	4496
1994	8	39	450
1995	17	54	235
1996	20	24	28
1997	70	137	495
1998	600	207	2065
1999	52	43	248
2000	24	91	165
2001	27	56	158
2002	28	1173	2272
योग	**13,952**	**14,686**	**68,182**

इसी प्रकार सर्वाधिक दंगाग्रस्त शहरी क्षेत्रों में मरने वालों की तालिका भी असगर अली इंजीनियर ने प्रस्तुत की है। इस सर्वेक्षण और आँकड़ों की छाया में देखें तो मरने वालों की संख्या के आधार पर दिल्ली और अहमदाबाद क्रमशः पहले और दूसरे स्थान पर हैं। वर्ष 1960 से 2002 के मध्य हुई मौतों के आँकड़ों को आधार बनाकर लेखक ने तालिका प्रस्तुत की है। तालिका में प्रस्तुत किए गए आँकड़े, अखबारों, पत्रिकाओं, स्थलीय भ्रमणों आदि के माध्यम से जुटाए गए हैं, गृह मंत्रालय के रिकार्डों से नहीं—ऐसा लेखक का मानना है। सांप्रदायिक दंगों में कितने लोग काल के गाल में लगातार समाते जा रहे हैं, यह इस तालिका से और अधिक स्पष्ट हो जाएगा—

सर्वाधिक दंगाग्रस्त शहरी क्षेत्र (1960-2002)[25]

शहर	कुल मृत
अहमदाबाद	1103
बम्बई (मुम्बई)	906
हैदराबाद	331
मेरठ	263

शहर	कुल मृत
भिवण्डी	194
जमशेदपुर	194
मुरादाबाद	166
अलीगढ़	146
बड़ोदरा	126
दिल्ली	2148
कानपुर	86
थाणे	69
कोलकाता	64
जलगाँव	52
इन्दौर	45
वाराणसी	44
इलाहाबाद	43
औरंगाबाद	30
राँची	32
श्रीनगर	29
बेंगलूर	28
फिरोज़ाबाद	25
माले गाँव	35
गोधरा	73
कोयम्बटूर	110

दंगा सिर्फ जन-धन की हानि नहीं करते, अपितु वे स्नेह के कोमल तंतु को भी छिन्न-भिन्न कर देते हैं। विश्वास का टूटना दंगों का सबसे बड़ा दुष्परिणाम होता है, क्योंकि विश्वास यदि एक बार टूट जाए तो उसकी बहाली का कार्य बड़ा ही दुष्कर हो जाता है।

गोधरा और उसके बाद के घटनाक्रम ने बर्बरता, अमानवीयता और क्रूरता की सारी हदें तोड़ दीं। सैकड़ों लोगों को जिंदा जला दिया गया, अनगिनत महिलाओं को बलात्कार का शिकार बनाया गया, जाने कितने धर्मस्थानों (मस्जिद/दरगाह) को ढहाकर उनका नामोनिशान मिटा दिया गया। संवेदनशील व्यक्तियों-बुद्धिजीवियों की टीम ने गुजरात जाकर वहाँ हुए दंगों की विभीषिका की भयावहता और उसकी सच्चाई जानने की कोशिश की। वहाँ ऐसी-ऐसी बातों, ऐसे-ऐसे तथ्यों का खुलासा हुआ कि पत्थर भी दहल गया।

"सबसे खराब घटना नरोदा पटिया नामक शहर में झुग्गी-झोंपड़ी क्षेत्र में घटी, जहाँ लगभग 100 गरीब मुसलमानों को पुलिसबल के सामने जिंदा जला दिया गया। जो बच गए, उनमें से कइयों ने हमें बताया कि जब हम झुग्गी-झोंपड़ियों के किनारे पर खड़ी पुलिस के पास गए तो उन्होंने हमारे ऊपर बंदूक तान दी और भीड़ की तरफ धकेल दिया। नरोदा पटिया की काफी लड़कियों और औरतों के साथ बलात्कार किया गया और जिंदा जला दिया गया। कैसरबानो का मामला हृदय विदारक है। वह गर्भवती थी। दंगाइयों ने तलवार से गर्भाशय को चीरकर भ्रूण निकाला और कैसरबानो को जलाने से पहले उसे जलाया। नरोदा पटिया की अकेली घटना किसी भी सभ्य सरकार के लिए शर्मनाक घटना है।

सरकारी आँकड़े नरोदा पटिया घटना में मरने वालों की संख्या 100 के करीब बताते हैं, लेकिन हमारी स्वतंत्र जाँच-पड़ताल बताती है कि 200 लोगों को जिंदा भून दिया गया। यह अनुमान बचे हुए लोगों की साक्षियों पर आधारित है।"[26]

सांप्रदायिक दंगों में पुलिस कब कैसी भूमिका अख्तियार करे, इसका पता शायद पुलिस को भी नहीं होता। गुजरात में तो दंगाई ज़ोर-ज़ोर से चिल्लाते सुनाई पड़ते थे–

'यह अंदर की बात है,
पुलिस हमारे साथ है।'

पुलिस के कुछ अधिकारी-कर्मचारी अपवादस्वरूप दंगाइयों के साथ नहीं भी होते। ऐसे ही एक आई.पी.एस. अधिकारी विभूतिनारायण राय ने अपने उपन्यास 'शहर में कर्फ़्यू' में दंगों के बारे में पुलिस की भूमिका, दंगाइयों एवं पीड़ितों की मनःस्थिति आदि के प्रामाणिक चित्र प्रस्तुत किए हैं। "शाहगंज पुलिस चौकी के पीछे मिनहाजपुर और मंसूर अली पार्क के पीछे गुलाबबाड़ी की तरफ से फायरिंग की आवाज़ें काफ़ी तेजी से आ रही थीं। इनके अलावा छुटपुट आवाजें गलियों, अकबरपुर, निहालपुर और मिर्ज़ा गालिब रोड पर भी सुनाई दे रही थीं। दो बजते-बजते फौज भी शहर में आ गई और उसने शाहगंज-नुरुल्ला रोड और शौका अली मार्ग पर पोज़ीशन ले ली। ढाई बजे तक हल्की बूँदाबाँदी शुरू हो गई, जिसने जल्दी ही मूसलाधार बारिश का रूप धारण कर लिया और इस बारिश ने सब-कुछ शांत कर दिया। तीन बजे तक खेल खत्म हो चुका था। लोग अपने-अपने घरों में दुबक गए थे। बाहर सड़क पर सिर्फ खौफ था, पुलिस थी और अगस्त की सड़ी गर्मी से मुक्ति दिलाने वाली मूसलाधार बारिश थी। कुल मिलाकर डेढ़ घंटे में जो कुछ हुआ उसमें छह लोग मारे गए, तीस-चालीस लोग ज़ख्मी हुए थे और लगभग तीन सौ लोग गिफ्तार किए गए थे।"[27]

दंगा किसी भी ज्वलनशील पदार्थ से कहीं ज्यादा प्रसरणशील होता है। कहीं

से हल्की-सी लौ दिखी नहीं कि दंगे ने पूरे शहर को अपनी चपेट में लिया। ''करीब डेढ़ बजे दिन में तीन-चार लड़के मिर्ज़ा गालिब रोड, जी.टी. रोड क्रासिंग पर बैंक ऑफ बड़ौदा के पास एक गली से निकले और गाड़ीवान टोला के एक मंदिर की दीवाल पर बम पटक पर वापस उसी गली में भाग गए। जो चीज दीवाल पर पटकी गई, वह बम कम पटाखा ज्यादा थी। उससे सिर्फ तेज़ आवाज़ हुई। कोई ज़ख्मी नहीं हुआ। बम चूँकि मंदिर की दीवाल पर फेंका गया था। इसलिए उस समय वहाँ मौजूद हिंदुओं ने मान लिया कि बम फेंकने वाले मुसलमान रहे होंगे, इसीलिए उन्होंने एकदम से वहाँ से गुजरने वाले मुसलमानों पर हमला कर दिया। सबसे पहले एक मोटर साइकिल पर जा रहे तीन लोगों पर हमला किया गया। बाकी दो जमीन पर उकड़ूँ करके बैठ गए और सिर को दोनों हाथों से ढँके तब तक लात-घूँसे और ढेले खाते रहे, जब तक पास में अहमदगंज में तैनात पुलिस की एक टुकड़ी वहाँ पहुँच नहीं गई। इसके अलावा भी उधर से गुजरने वाले कई लोग पिटे।''[28]

यह तो शुरुआत भर थी। इसके बाद तो मारकाट, उत्पात, आगजनी, लूटपाट और बलात्कार शुरू हो जाते हैं। जैसे ही कहीं से दंगों की खबर या अफवाह सुनाई पड़ी, शैतानों की बाँछें खिल जाती हैं। कोई भी सच्चाई का पता लगाने की कोशिश नहीं करता। उधर थोड़ी झड़प हुई और इधर–"लगभग इसी के साथ मिर्ज़ा गालिब रोड पर सुबह से जगह-जगह इकट्ठे उत्तेजित झुंडों ने उस सड़क पर तैनात पुलिस की छोटी टुकड़ियों पर हमला कर दिया। इन टुकड़ियों में दो-तीन सिविल पुलिस के सिपाहियों के साथ चार-चार, पाँच-पाँच होमगार्ड के जवान थे। थोड़ी देर में काफी तादाद में पुलिस और होमगार्ड के जवान मिर्ज़ा गालिब रोड से गाड़ीवान टोला की तरफ भागते दिखाई देने लगे। गलियों के मुहानों पर खड़े हमलावर नौजवानों और लड़कों की भीड़ के पत्थरों से बचने के लिए अपने हाथ से सिर या चेहरा बचाए वे बैंक ऑफ बड़ौदा की तरफ भाग रहे थे, जहाँ अहमदगंज से पी.ए.सी. और पुलिस की एक टुकड़ी पहुँच चुकी थी। इन भागने वाले सिपाहियों में से एक बैंक ऑफ बड़ौदा से लगभग डेढ़ फर्लांग पहले ही गिर पड़ा। उसे एक बम लग गया था और काँच की नुकीली किर्चें उसके चेहरे में भर गई थीं। वह दोनों हाथों से अपना चेहरा ढके भाग रहा था कि एक गली के मुहाने पर बदहवासी में एकदम सड़क के किनारे चला गया और वहाँ लड़कों की भीड़ से टकराते हुए उसने बीच सड़क पर आने की कोशिश की कि एक छुरा उसकी बाईं पसलियों पर लगा और वह लड़खड़ाता हुआ बीच सड़क पर गिर पड़ा।''[29]

दंगों और कर्फ्यू का चोली-दामन का साथ है। दंगे हुए, कर्फ्यू लगा। घायलों की दवा-दारू बंद, बीमार-वृद्धों की तीमारदारी बंद। जाने कितनी माँओं की गोद सूनी हो जाती है ऐसे में। ''वच्ची की मौत दिन छिपने के थोड़ा पहले हुई थी। धीरे-धीरे रात उतर आई और उसने इस घर को भी बाहर के पूरे माहौल की तरह अपने शिकंजे

में जकड़ लिया। इस घर में दो बल्ब थे। एक उस कमरे में, जहाँ घर के प्राणी बैठकर बीड़ी बनाते थे और दूसरा पीछे बरामदे में, जिसकी रोशनी उस बरामदे में एक किनारे बनी रसोई और संडास तक जाती थी। दोनों की मरियल रोशनी ने घर के प्राणियों को जादू लोक के चित्रलिखित प्राणियों-सा बना दिया था। गम और मातम की रात इतनी धीरे-धीरे बीतती है कि लगता है कि वक्त थम गया है। ऐसी रात कैसे भी कटते नहीं दीखती–

किसी के शबे वस्ल सोते कटे है
किसी के शबे हिज्र रोते कटे है
ये कैसी शब है कि या इलाही
जो न रोते कटे है, न सोते कटे है।"[30]

सही बात तो यह है कि "भारत ने आजादी के दुख और सुख का जश्न और नरसंहार का नजारा एक साथ देखा। कई बारातों के पीछे-पीछे कई जनाजे लगातार चल रहे थे। न विवाह मंडप आता था न श्मशान। चारों तरफ जश्न था। चारों तरफ मातम था। सिरिल रेडक्लिफ ने कहाँ से धरती को काटा था, किसी को कुछ पता नहीं था लेकिन जश्न और मातम मनाने वालों की सरहद साफ दिखाई दे रही थी। जहाँ हिंदू और सिखों की लाशें पड़ी थीं वह पाकिस्तान था, जहाँ मुसलमानों की लाशें पड़ी थीं, वह इंडिया था। लाशों ने खुद ही सरहदों को तय कर दिया था।"[31]

स्वतंत्रता प्राप्ति के साथ, बल्कि यों कहें कि और पहले से चल रहा यह सिलसिला थमने का नाम नहीं ले रहा, यह काफी अफसोसनाक है। दंगे लोगों को सिर्फ और सिर्फ मौत देते हैं, क्योंकि ज़िंदगी देना उनके संस्कार में नहीं होता। "हम शापग्रस्त हैं अदीबे आलिया! शापग्रस्त! हम मौत के सिवा किसी चीज को जन्म नहीं दे सकते। कहते हुए वे हज़ारों तालिबानी और अमरीकी सैनिक अमरीकी, चीनी और रूसी हथियारों को लिए हुए बोस्निया, सोमालिया, जार्डन, मिस्र, लीबिया, ट्यूनीसिया की ओर दौड़ पड़े... मौत का अंधड़ चलने लगा। रक्त की नदी बहने लगी और उसी में तमाम खूनी धाराएँ मिलने लगीं। अलजीरिया में इस्लामिक सालवेशन फ्रंट की, जॉर्डन से मोहम्मदी आर्मी की। ट्यूनीसिया में इस्लामिक पार्टी की, कश्मीर से हिजबुल मुजाहिदीन, लश्करे तोइबा, जे.के.एल.एफ.-जैसी दसियों तंजीमों की। कोहराम मचा हुआ था... और वह कोहराम अदालत के अहाते से निकलकर दुनिया के मुसीबतज़दा मुल्कों की ओर हल्ला बोलता हुआ चला गया।"[32]

विश्वग्राम या ग्लोबलाइजेशन के इस दौर में दंगों की विश्वस्तरीय व्याप्ति भी हुई है। अफगानिस्तान, इराक, बोस्निया, सोमालिया, जोर्डन, मिस्र, लीबिया, ट्यूनीसिया, अल्जीरिया–सूची बढ़ती ही जा रही है। गुजरात में बुद्धिजीवी शांति-समितियाँ बनाकर ज़ख्मों पर मरहम लगाने का काम प्रारंभ ही कर पाए थे... "कश्मीर से जबरदस्त

शोर उठा। तजाकिस्तान चीखने लगा। इराक पर अमरीकी बमबारी आतिशबाजी की तरह दिखाई देने लगी। बोस्निया के मुसलमानों पर दुबारा सर्बों ने हमला कर दिया। श्रीलंका में प्रभाकरन ने जो दो हजार नागरिक जान से मारकर जमीन में गाड़ दिए थे, उनके पिंजर निकल-निकलकर कराहने लगे। सऊदी अरब, सूडान, अफगानिस्तान, पाकिस्तान के आतंकवादी जेहाद के नाम पर मासूम नागरिकों को मारते-खदेड़ते हुए डोडा, ऊधमपुर और कुल्लूमनाली तक आगजनी, हत्याएँ, अपहरण और लूटमार में मशगूल हो गए।''[33]

माहौल ऐसा है कि अच्छा-खासा आदमी पागल हो जाए, क्योंकि आज मजहब से कौम की शिनाख्त पैदा की जा रही है और यह मानी हुई बात है कि जब मज़हब से कौम की शिनाख्त पैदा की जाएगी तो सारी दुनिया टुकड़ों में बँट जाएगी। यह बँटवारा आदमी की लाश पर होगा। ''मज़हब काम नहीं आएगा...तब तहजीब, तवारीख और इन नसों में बहता खून ही काम आएगा, जो कौम की असलियत को तय करेगा।

आवाज़ें लगातार ऊँची और कर्कश होती जा रही थी...अदीब कुछ समझ ही नहीं पाया, तो उसने अर्दली को आवाज़ दी—इन आवाज़ों का पता करो...ये मेरे काम में खलल डाल रही हैं। अर्दली भागा-भागा गया और फौरन ही मालूम करके वापस आया—

हुजूर, ये आवाजें तीन-चार पागलों की हैं।—कौन हैं ये पागल?

—हुजूर... कैसे बताऊँ...

—मुझे ऐसे पागलों से दुनिया को बचाना है!

—हुजूर, ये दुनिया को पागलपन से बचाते हुए खुद पागल हो गए हैं।

—अजीब लोग हैं।

—जी हाँ हुजूर... अब ऐसे पागल लोग इस दुनिया में नहीं मिलते... अगर मिलते होते तो सोवियत यूनियन नहीं टूटता, युगोस्लाविया में बोस्निया के मुसलमानों का कत्लेआम न होता, सोमालिया में लोग और बच्चे बरसों-बरस अकाल से न मरते! और चार सौ फिलिस्तीनी इसराइल की सरहद पर भूख, ठंड और मौत का इंतजार न कर रहे होते... उन्हें इसराइली इस तरह मौत के मुँह में न खदेड़ देते!''[34]

पूरी दुनिया में सांप्रदायिक दंगों में कमोबेश एक-जैसे हालात देखे जाते हैं। दंगा, लूटपाट, मारपीट, आगजनी, बलात्कार, कत्लेआम... एक-से-बढ़कर एक वीभत्स, डरावने शब्द मूर्त्त रूप धारण करके सामने आ खड़े होते हैं। ''तुम कौन हो? पूछे जाने पर कोई मुसलमान गुजरात से बोल पड़ता है तो कोई हिंदू कश्मीर से।

''हम कश्मीर में हिंदू हैं, पर हिंदुस्तान में कश्मीरी कहलाते हैं।

''तभी उत्तरी-पूर्व से तड़तड़ाती एक गोली आई। उल्फा उग्रवादियों ने दस्तक दी। चाय-बागान से यह दस्तक आई थी। तब तक सन् 1984 की विधवाएँ दस्तक देने लगीं। दक्षिण से नक्सलपंथियों ने दस्तक दी। साथ ही मेहम चुनाव के बीस

मुरदे दस्तक देने लगे। बटाला बस-कांड की लाशें चीखने लगीं... फिर लोकसभा ने दस्तक दी। पिछले एक साल में जो दस हजार लोग सांप्रदायिक दंगों में मारे गए थे, वे खड़े होकर शोर मचाने लगे... लोकतंत्र-बहाली के समर्थक नेपाली शहीद दरवाजे और दीवारें पीटने लगे। लंका के लिट्टियों ने पीछे से दस्तक दी। कराची के दंगों में मारे गए लोग अभी खड़े ही थे कि उनकी कतार में ताज़ा मुरदे शामिल हो गए... अदालत उनकी बात सुनती, उससे पहले सिमरनजीत सिंह मान तलवार लेकर आ गए... उसने तलवार से टहोका दिया। जामा मस्जिद से अब्दुल्ला बुखारी ने दस्तक दी—अगर बाबरी मस्जिद ढहाई जाएगी तो खून की नदियाँ बहा दी जाएँगी। इस शाही इमाम का यह ऐलान है।''[35]

सचमुच खून की नदियाँ बहा दी गईं। ''बाबरी मस्जिद ढहाने के बाद पूरा हिंदुस्तान जल उठा... मुंबई में तो हैवानियत का जलजला आ गया... मैं कब्र में पड़ी सो रही थी, मुझे भी नहीं बख्शा गया... मुझे मेरी कब्र से बेदखल कर दिया गया... कयामत के दिन मेरा फैसला होना है, पर अब मेरे पास उस दिन का इंतजार करने के लिए कोई जगह नहीं है।''[36] जीवित आदमी की क्या दशा हुई होगी, जब कब्रों की ये हालत बनाई गई।

''जी मुझे प्रो. मुशीर-उल-हक कहते हैं। मैं कश्मीर यूनिवर्सिटी का वाइस चांसलर था... इससे पहले जामिया मिलिया, दिल्ली में था। मैं इस्लामिक स्टडीज़ का प्रोफेसर हूँ... मुझे आज शाम श्रीनगर के पादशिया बाग इलाके में मार दिया गया।

—ये आपके कन्धे पर क्या लदा है? अदालत ने जानना चाहा।

—हुजूर... ये मेरे सेक्रेटरी अब्दुल गनी की लाश है। ये भी मेरे साथ ही मारा गया।''[37]

मौत अमीर-गरीब, हिंदू-मुसलमान, पुरुष-महिला, वृद्ध-बच्चा, बेरोजगार-नौकरीपेशा में फर्क नहीं करती। उसके लिए तो सब बराबर हैं, जो भी उसके आगोश में पहुँचा, चिर-निद्रा में सोया। ''... वह शव छह गोलियों से छलनी था और खून से तरबतर। आते ही वह चीखने लगा मुझे दोपहर डेढ़ बजे मारा गया है। मुझे बटमालू इलाके में लाया गया, कार से उतारकर मुझे छलनी कर दिया गया। रूबिया सईद का बाप तो गृहमंत्री मुफ्ती मोहम्मद सईद था... क्या इस मुल्क में मेरा कोई बाप नहीं है?

अदालत ने कहा—यह खेड़ा पागल हो गया है! इसे मालूम होना चाहिए कि जो लोग मुल्क को प्यार करते हैं, उनका कोई बाप इस मुल्क में नहीं रहता।''[38]

आज बुराई का बदला अच्छाई से देने वाले लोगों का कहीं अता-पता नहीं है। अब महात्मा गाँधी का वह ज़माना नहीं रहा, जब एक थप्पड़ खाकर दूसरा गाल आगे कर देने की बात कही, सुनी और मानी जाती थी। अब तो थप्पड़ मारने वाले का हाथ और गला काट लेना ही समीचीन माना जाने लगा है। आदमी जैसे खुद बारूद हो गया है—अतिशय ज्वलनशील और विस्फोटक!

"... सुभान खाँ, बाबू, हुसैनदीन, हाकिम, बासित सब चौधरी मोहल्ले से निकलकर खटीकबाड़े की ओर तेजी से बढ़ रहे हैं। मोहल्ले के एक-एक पुरुष को खींचकर बाहर खड़ा किया जा रहा है। बिलखती हुई औरतों को धकियाते हुए एक ओर किया जा रहा है। चीखते-चिल्लाते बच्चों को वहीं घरों में बंद करके बाहर से दरवाज़ों की कुंडियाँ और साँकल चढ़ा दी गई हैं। इस सारे दृश्य को पूरे मनोयोग से सलेमी, नबी खाँ, रोबड़ा देखते हुए बाबू और सुभान खाँ को निर्देश दे रहे हैं कि पहले क्या करना चाहिए? सबसे पहले औरतों की अस्मत लूटी जाए, बंद घरों को बच्चों समेत आग लगाई जाए या फिर मनीराम, हरसाय, बुद्द तथा छोटे लाल का सिर कलम करा जाए?

एकाएक बनवारी को लगा कि जिस घर में चीखते-चिल्लाते छोटे-छोटे बच्चे कैद हैं, उस घर को अल्ला-हो-अकबर के नारे के साथ आग दी गई है। सारा घर धू-धू करके जल उठा है। बच्चों का क्रंदन दूर तक सुनाई दे रहा है और फिर देखते-ही-देखते पूरा मोहल्ला आग की चपेट में आ गया है। इसके बाद एक-एक करके ज़िंदा ही मनीराम, हरसाय, बुद्द और छोटे लाल समेत जितने भी जवान और प्रौढ़ पुरुष हैं, को उठा-उठाकर जलते हुए घरों में गेंद की तरह उछाला जा रहा है। अंत में जिसके जो भी स्त्री हाथ लग रही है, उसी को जबरन खींचकर सलेमी की चौली में लाया जा रहा है और उसकी अस्मत लूटने के बाद जैसी भी हालत में वह है यानी निर्वस्त्र है तो निर्वस्त्र ही, कपड़े फटे हुए हैं तो फटे कपड़ों में ही और अगर अर्द्धनग्न अवस्था में है तो उसी हालत में जलते हुए मकानों पर जिंदा डाला जा रहा है।"[39]

सांप्रदायिक दंगों के दुष्परिणाम के रूप में प्राण हानि का चित्रण दसवें दशक के सांप्रदायिकता आधारित प्रायः सभी हिंदी उपन्यासों में न्यूनाधिक किया गया है। लेखक को परकाया-प्रवेश का हुनर मालूम होता है और इसीलिए वह परिवेश में घटने वाली हर घटना का साक्षी होता है। "बनवारी के आगे पूरा का पूरा मोहल्ला देखते ही देखते स्वाहा हो गया। चारों ओर से आ रही चिरायँध से उसका मस्तिष्क फटा जा रहा है। पूरे नगीना के साथ-साथ आसपास के सभी गाँवों से धुआँ-ही-धुआँ उठता दिखाई दे रहा है। आसमान में ऊपर तक चढ़ आए सूरज ने भी मारे शर्म के धुएँ के पीछे अपना चेहरा छिपा लिया है। बनवारी की जिधर भी निगाह जाती है बस, सिवाय जले-अधजले उन जिस्मों और चेहरों के कुछ दिखाई नहीं दे रहा है, जिनके पास आकर वह अक्सर शिकवा-शिकायतें, मान-मनौव्वल और ठिठोलियाँ करता था।"[40]

कलकत्ता (अब कोलकाता) सैटेनरी हॉल में 10 नवंबर, 1995 को एक 'धर्म निरपेक्ष राज्य में अल्पसंख्यक समुदायों के अधिकारों' पर हुए सम्मेलन से लिए गए

आँकड़े सांप्रदायिक दंगों में मरने वालों की संख्या की प्रामाणिक तस्वीर पेश करते हैं।

सांप्रदायिक दंगों में मरनेवालों की संख्या[41]

स्थान	हिंदू	मुस्लिम	अन्य	योग
अलीगढ़ (1961)	01	12	-	13
राँची/हरिया (1967)	20	156	01	177
अहमदाबाद (1967)	24	430	58	512
जलगाँव (1970)	01	42	-	43
भिवण्डी (1970)	17	59	02	78
फिरोजाबाद (1972)	03	16	02	21
अलीगढ़ (1979)	06	19	03	28
जमशेदपुर (1979)	12	107/117	08	127/137
मुरादाबाद (1980)	18	142	-	166
मेरठ (1982)	06	21	02	29
गोधरा (1981)	02	02	-	04
मेरठ (1982)	10	90	-	100
मीनाक्षीपुरम (1982)	150	876	-	1026
औरंगाबाद (1988)	05	05	01	11
अलीगढ़ (1988)	03	02	-	05
भागलपुर (1990)	150	876	-	1026
सुलिया (1991)	-	02	03	05
सोरो (1991)	02	14	-	16
भद्रावती (1994)	01	01	-	02
पलामू (1995)	01	04	-	05
दौलपुर (1998)	01	01	-	02
वाराणसी (2000)	01	01	-	02
बिहारशरीफ (2000)	-	01	-	01
राँची (2001)	-	03	-	03
मुरादाबाद (2001)	-	02	-	02
बाँसवाड़ा (2001)	-	03	-	03
मैसूर (2001)	-	01	-	01

उक्त तालिका में वर्ष 1995 से लेकर आगे तक के आँकड़े अखबारों से लिए गए हैं, इसलिए उनमें त्रुटि हो सकती है, पर इस बात से इनकार नहीं किया जा सकता कि दंगों की विभीषिका में जन-धन की अपार हानि हुई है।

राज्य-आधारित वर्षवार दंगों में मारे गए आँकड़ों पर भी नजर डालना समीचीन होगा, जिससे स्पष्ट होता है कि सांप्रदायिक दंगों में कितने लोगों की जान गई।

राज्य आधारित दंगों के आँकड़े (मृत)[42]

वर्ष	उ.प्र.	गुजरात	बिहार	महाराष्ट्र	आंध्रप्रदेश
1960	10	-	-	-	-
1961	30	-	-	-	-
1962	10	-	-	05	-
1963	-	-	-	15	-
1964	-	-	75	-	10
1965	05	-	-	-	10
1966	-	-	10	25	-
1967	-	-	36	-	-
1968	25	-	-	50	-
1969	-	640	-	-	-
1970	-	10	29	200	-
1971	25	-	-	-	-
1972	30	-	-	-	-
1973	10	-	15	10	-
1974	-	-	25	05	-
1975	-	-	05	10	-
1976	-	-	05	-	-
1977	10	10	-	-	-
1978	60	-	-	-	20
1979	10	-	170	-	20
1980	165	10	-	-	16
1981	-	-	75	-	35
1982	45	-	05	-	-
1983	05	-	-	20	60
1984	02	-	-	280	52

वर्ष	उ.प्र.	गुजरात	बिहार	महाराष्ट्र	आंध्रप्रदेश
1985	150	-	-	-	02
1986	45	120	-	25	-
1987	150	20	-	05	-
1988	30	-	27	20	-
1989	25	10	435	-	-
1990	200	155	20	-	126
1991	86	15	-	05	-
1992	40	325	115	403	30
1993	-	50	-	575	-
1994	01	02	-	-	-
1995	06	-	02	01	01
1996	02	01	02	04	02
1997	27	-	-	25	03
1998	08	-	04	03	08
1999	11	17	-	01	-
2000	09	20	01	04	-
2001	22	02	11	03	-
2002	-	1071	-	45	-

वर्ष और राज्य के अनुसार प्रमुख दंगों से संबंधित आँकड़े (1950-2002)[43]

वर्ष	राज्य	दंगों की की संख्या	मारे गए	घायल	गिरफ्तार किए गए
1950	पश्चिम बंगाल और असम	-	50	256	1719
1961	मध्य प्रदेश	-	55	158	1003
1962	प. बंगाल	-	14	64	-
1964	प. बंगाल, बिहार, उड़ीसा, म.प्र.	-	285	105	-
1965	राजस्थान, गुजरात	-	02	12	-
1966	राजस्थान	-	01	-	-

वर्ष	राज्य	दंगों की की संख्या	मारे गए	घायल	गिरफ्तार किए गए
1967	प. बंगाल	-	11	100	-
	बिहार	-	184	100	611
	कश्मीर	-	03	162	-
	महाराष्ट्र	-	04	-	-
1968	असम	-	02	07	-
	उत्तर प्रदेश	02	07	83	233
	महाराष्ट्र	02	20	-	-
	"	02	32	-	-
1969	गुजरात	-	1000	-	-
1970	महाराष्ट्र	-	145	382	-
1971	उत्तर प्रदेश	01	-	-	-
1972	उत्तर प्रदेश	02	16	-	-
1973	उत्तर प्रदेश	01	09	40	600
1974	दिल्ली	01	10	131	-
1975	आंध्र प्रदेश	01	10	08	-
1976	-	-	-	-	-
1977	उत्तर प्रदेश	01	08	65	-
1978	उत्तर प्रदेश	03	43	-	-
	जम्मू-कश्मीर	01	03	-	-
	आन्ध्र प्रदेश	02	03	-	-
	मध्य प्रदेश	01	01	-	-
1979	बिहार	03	165	483	1215
	उत्तर प्रदेश	01	07	48	-
	प. बंगाल	01	28	-	-
	आंध्र प्रदेश	01	-	100	1425
1980	बिहार	01	-	02	-
	महाराष्ट्र	01	04	58	-
	दिल्ली	02	02	12	-
	उत्तर प्रदेश	08	142	207	883
	मध्य प्रदेश	01	03	34	-
	जम्मू-कश्मीर	01	-	-	2000

वर्ष	राज्य	दंगों की की संख्या	मारे गए	घायल	गिरफ्तार किए गए
	कर्नाटक	01	01	03	-
	तमिलनाडु	01	-	14	-
	गुजरात	01	06	30	02
	उड़ीसा	01	-	-	-
1981	गुजरात	06	11	49	174
	बिहार	01	54	1000	782
	उत्तर प्रदेश	02	-	42	25
	आंध्र प्रदेश	02	28	256	1325
	राजस्थान	01	-	03	28
	पंजाब	01	-	-	-
1982	गुजरात	03	15	62	622
	उत्तर प्रदेश	02	111	24	-
	महाराष्ट्र	02	-	08	-
	पंजाब	01	-	32	-
	तमिलनाडु	05	1044	05	2050
	कर्नाटक	01	01	-	-
1983	जम्मू-कश्मीर	01	-	14	-
	कर्नाटक	01	05	50	-
	बिहार	02	04	02	115
	महाराष्ट्र	02	10	03	500
	आंध्र प्रदेश	03	47	164	345
1984	पंजाब	04	35	-	-
	हरियाणा	01	09	-	-
	महाराष्ट्र	02	234	150	-
	दिल्ली	02	2000	-	08
	आंध्र प्रदेश	01	19	-	-
	मध्य प्रदेश	02	07	-	-
	असम	01	02	09	-
	कर्नाटक	01	-	-	-
1985	गुजरात	02	51	12	-
1986	पंजाब	04	51	-	-

वर्ष	राज्य	दंगों की की संख्या	मारे गए	घायल	गिरफ्तार किए गए
	जम्मू-कश्मीर	02	-	200	-
	दिल्ली	02	06	76	144
	मध्य प्रदेश	02	07	-	100
	प. बंगाल	01	-	08	20
	महाराष्ट्र	03	12	105	145
	उत्तर प्रदेश	01	06	27	88
	गुजरात	01	40	250	06
	कर्नाटक	02	21	115	-
	बिहार	01	03	-	-
1987	गुजरात	06	20	128	50
	मध्य प्रदेश	01	-	-	130
	उत्तर प्रदेश	01	400	131	2530
	दिल्ली	02	17	-	250
	महाराष्ट्र	01	60	60	-
1988	जम्मू-कश्मीर	02	-	-	-
	कर्नाटक	01	06	60	126
	उत्तर प्रदेश	05	06	51	09
	महाराष्ट्र	03	21	192	600
1989	जम्मू-कश्मीर	02	06	120	-
	महाराष्ट्र	03	05	04	-
	उत्तर प्रदेश	05	26	215	51
	राजस्थान	04	19	34	58
	कर्नाटक	02	05	12	70
	बिहार	07	1083	91	2249
	तमिलनाडु	01	03	11	-
	गुजरात	04	03	31	24
	मध्य प्रदेश	02	22	06	-
1990	राजस्थान	03	54	13	-
	कर्नाटक	05	44	75	27
	महाराष्ट्र	04	03	123	-
	गुजरात	06	133	48	-

वर्ष	राज्य	दंगों की की संख्या	मारे गए	घायल	गिरफ्तार किए गए
	उत्तर प्रदेश	05	244	127	220
	बिहार	01	-	-	45
	तमिलनाडु	02	09	12	-
	दिल्ली	01	06	25	237
	आन्ध्र प्रदेश	01	200	300	418
	पंजाब	01	35	-	-
1991	उत्तर प्रदेश	07	92	01	538
	प. बंगाल	02	07	38	-
	उड़ीसा	02	24	02	-
	गुजरात	03	28	09	-
	मध्य प्रदेश	01	05	20	-
	दिल्ली	01	-	02	-
	केरल	01	03	10	-
	कर्नाटक	01	-	05	-
1992	उत्तर प्रदेश	02	11	21	24
	प. बंगाल	01	01	-	-
	गुजरात	04	331	179	-
	केरल	02	06	-	-
	महाराष्ट्र	02	205	116	101
	बिहार	01	48	100	-
	राजस्थान	01	-	-	32
1993	गुजरात	02	04	01	-
	महाराष्ट्र	01	458	-	1700
	दिल्ली	01	02	06	-
	मध्य प्रदेश	01	-	-	58
	मणिपुर	01	98	-	-
1994	गोवा	01	-	-	22
	गुजरात	02	02	-	90
	कर्नाटक	04	37	430	300
	उत्तर प्रदेश	01	-	-	-
1995	उत्तर प्रदेश	06	22	21	308

वर्ष	राज्य	दंगों की की संख्या	मारे गए	घायल	गिरफ्तार किए गए
	केरल	06	06	15	-
	कर्नाटक	03	01	65	07
	तमिलनाडु	02	04	100	07
	उड़ीसा	01	02	-	-
	बिहार	02	09	-	08
	आन्ध्र प्रदेश	01	05	21	-
	महाराष्ट्र	01	-	14	-
1996	आंध्र प्रदेश	03	03	09	-
	तमिलनाडु	01	02	07	35
	बिहार	01	02	-	02
	गुजरात	02	01	17	02
	राजस्थान	01	01	11	-
	उत्तर प्रदेश	05	01	26	662
	प. बंगाल	01	06	30	-
	महाराष्ट्र	02	04	14	-
	कर्नाटक	01	03	20	-
1997	तमिलनाडु	03	88	83	-
	महाराष्ट्र	07	08	105	24
	कर्नाटक	02	08	28	-
	जम्मू-कश्मीर	01	-	228	27
	उत्तर प्रदेश	05	51	31	42
	दिल्ली	01	-	08	49
	आंध्र प्रदेश	03	03	55	-
	राजस्थान	01	06	10	-
1998	उत्तर प्रदेश	03	06	64	256
	महाराष्ट्र	02	03	04	24
	तमिलनाडु	02	75	-	500
	राजस्थान	02	03	66	16
	आंध्र प्रदेश	01	08	36	-
	गुजरात	03	-	02	03
	बिहार	01	04	29	-

वर्ष	राज्य	दंगों की की संख्या	मारे गए	घायल	गिरफ्तार किए गए
	कर्नाटक	01	08	60	-
1999	गुजरात	06	17	44	53
	उत्तर प्रदेश	07	11	61	-
	तमिलनाडु	03	02	-	350
	दिल्ली	01	-	-	-
	महाराष्ट्र	03	01	16	130
	आंध्र प्रदेश	01	-	35	-
	मध्य प्रदेश	01	01	15	90
	उड़ीसा	01	-	12	-
2000	उत्तर प्रदेश	07	09	34	241
	गुजरात	07	18	47	26
	राजस्थान	03	16	03	25
	महाराष्ट्र	03	04	04	32
	प. बंगाल	01	04	-	-
	बिहार	02	01	24	-
	दिल्ली	02	19	17	-
	आंध्र प्रदेश	01	-	-	-
2001	बिहार	02	11	06	-
	जम्मू-कश्मीर	01	-	-	-
	महाराष्ट्र	11	16	126	178
	गोवा	61	-	-	-
	उत्तर प्रदेश	05	23	09	05
	आंध्र प्रदेश	01	-	04	-
	राजस्थान	03	03	34	-
	गुजरात	01	02	10	04
	कर्नाटक	01	01	-	-
2002	महाराष्ट्र	09	29	220	786
	आंध्र प्रदेश	01	-	-	-
	राजस्थान	02	05	15	-
	प. बंगाल	01	01	08	-
	कर्नाटक	01	-	-	-

वर्ष	राज्य	दंगों की की संख्या	मारे गए	घायल	गिरफ्तार किए गए
	उत्तर प्रदेश	01	-	-	01
	चेन्नई	01	-	-	-
	गुजरात	-	1071	1973	-

स्पष्ट है कि सांप्रदायिक दंगों में जन-धन की अपार हानि होती है। यद्यपि स्वातंत्र्योतर हिंदी उपन्यास साहित्य में सांप्रदायिक समस्याओं पर आधारित उपन्यासों की संख्या बहुत अधिक नहीं है फिर भी जो उपन्यास उपलब्ध हैं, उनमें सांप्रदायिकता के दुष्परिणामों पर न्यूनाधिक प्रकाश डाला गया है। ठीक यही हाल दसवें दशक के हिंदी उपन्यासों का भी है। संख्या में बहुत न होते हुए भी दसवें दशक के सांप्रदायिक समस्याओं पर केंद्रित हिंदी उपन्यासों ने अपने कर्तव्य का बखूबी निर्वहन किया है। इत-उत थोड़ी-बहुत सामग्री लगभग प्रत्येक सांप्रदायिक समस्या पर आधारित उपन्यास में बिखरी पड़ी है। वस्तुतः लेखक समाज से कटकर नहीं लिख सकता, क्योंकि उसे 'वस्तु' के लिए परिवेश पर निर्भर होना ही पड़ता है। यही कारण है कि साहित्य में समकालीन समस्याओं की चर्चा होती ही रहती है।

3.1.4 राजनीतिक अस्थिरता

''धर्म जब सांप्रदायिक द्वेष उभाड़कर राजनीति पर हावी होने की कोशिश करता है, तो राजनीति की दिशा भ्रष्ट हो जाती है। राजनीति का क्षेम इहलोक है और धर्म का परलोक। दोनों का तालमेल नहीं होना चाहिए। वैसे, धर्म और राजनीति को पूर्णतया अलग करना असंभव होता है। मानवजाति के इतिहास में कभी ऐसी स्थिति नहीं दिखाई देती। धर्म अपने वर्चस्व की स्थापना के लिए राजनीति का इस्तेमाल करता रहा है और राजनीति भी अपने वर्चस्व के लिए धर्म का इस्तेमाल करती रही है। राजनीति-निरपेक्ष धर्म और धर्म-निरपेक्ष राजनीति का अर्थ इतना ही है कि धर्म राजनीति से शासित न हो। हमारे संविधान में धर्म-निरपेक्ष की संकल्पना का यही अर्थ है। लेकिन व्यवहार में इस संकल्पना के अनुसार हमारी राजनीति नहीं चली है। जो लोग संविधान की धर्म-निरपेक्षता को छद्म धर्म-निरपेक्षता कहते हैं, वे शुद्ध सांप्रदायिक दृष्टिकोण वाले लोग हैं। वे चाहते हैं कि हमारी राजनीति धर्म से नियमित हो। उनका दृढ़ मत है कि धर्माचार्यों, संतों और धार्मिक पुस्तकों को संविधान से ऊँचा दरजा प्राप्त होना चाहिए।

इसी दृष्टि से वे संविधान में व्यापक फेरबदल चाहते हैं और स्मृति तथा धर्मशास्त्रों की व्यवस्था को लागू करने की बात करते हैं। हिंदू-संप्रदाय की तरह मुस्लिम-संप्रदाय

भी इस जिद पर अड़ा है कि उसके वैयक्तिक कानूनों में विधान मंडलीय कानूनों का कोई हस्तक्षेप न हो। शाहबानो के मामले में उच्चतम न्यायालय का फैसला मानवीय आधार पर किया गया था। बेसहारा, परित्यक्ता महिला के भरण-पोषण की व्यवस्था करना राज्य का काम है, इसमें धर्म अड़ंगा लगाए तो यह अनुचित बात है। इसी क्रम में राजनेताओं ने मुस्लिम महिला-अधिनियम बनाकर कट्टर धार्मिक तत्त्वों के आगे घुटने टेके, जो धर्म-निरपेक्ष राजनीति के खिलाफ काम था।[44]

वास्तव में, जबसे सांप्रदायिकता का बुखार सत्ता-प्राप्ति का आधार बन गया, तभी से राजनीतिक हस्तक्षेप ने सांप्रदायिक ताकतों को और अधिक ताकतवर बना दिया। सत्ता में आने और सत्ता प्राप्ति के पश्चात् उसे बनाए रखने के लिए, सांप्रदायिक विद्वेष का सहारा लिया जाना सामान्य-सी बात हो गई है। गुजरात-दंगों के पीछे कहीं-न-कहीं राजनीतिक वर्चस्व का हाथ रहा है। सांप्रदायिकता का सहारा सत्ता-प्राप्ति के लिए लिया जाता रहा है, इसलिए उसके दुष्परिणामों की अवली में राजनीतिक अस्थिरता का शामिल होना आश्चर्य की बात नहीं है।

"भारतीय जनता पार्टी के सत्ता में आने के पहले भी गुजरात सांप्रदायिक दृष्टि से संवेदनशील था, लेकिन जब भारतीय जनता पार्टी ने सत्ता सँभाली और राष्ट्रीय स्वयं सेवक-संघ-परिवार ने गुजरातियों के बहुत बड़ी संख्या में इंग्लैंड और अमेरिका-प्रवास की परिघटना ने यहाँ की सांप्रदायिक स्थिति को गहराई से प्रभावित किया। ये प्रवासी भारतीय इन देशों में स्वाभाविक रूप से पहचान के संकट से ग्रस्त हैं और अपने को जड़ों से कटा हुआ महसूस करते हैं। अपनी इस दशा की क्षतिपूर्ति वे जय-हिंद और कट्टर लफ्फाज भारतीय बनकर करते हैं, वे स्वयं को भारत में रहने वालों से ज्यादा भारतीय दर्शाते है"।[45] यही कारण है कि वे उग्र-हिंदुत्व के झंडाबरदारों का आँख मूँदकर समर्थन ही नहीं करते, उनके चुनावी खर्च के लिए फंड का इंतजाम भी करते हैं। यदि कभी इनके मनमाफिक सरकार न बनी या कि सत्ताधारी पार्टी ने उनका 'एजेंडा' लागू न किया तो निश्चित है सरकार की नैया डगमगा जाएगी। सरकार अब गिरी कि तब गिरी की स्थिति में सांप्रदायिकतावादियों के हौसले बुलंद हो जाते हैं और वे अपने मन का करने के लिए स्वतंत्र हो जाते हैं।

गुजरात के सांप्रदायिक दंगों के मूल में राजनीति थी, सत्ता प्राप्ति का खेल था, इससे कोई भी समझदार आदमी इंकार नहीं कर सकता, "भारतीय जनता पार्टी की उत्तर प्रदेश, पंजाब (अकालियों से गठबंधन) और उत्तरांचल (जहाँ भाजपा की सरकार थी) और गुजरात में विधानसभा उपचुनावों की दो सीटों पर हार ने इसके नेताओं के लिए गहरा संकट पैदा कर दिया। इन राज्यों की जनता ने भारतीय जनता पार्टी को उसके भ्रष्टाचार और कुशासन के कारण खारिज कर दिया। भूकंप के दौरान हुए घोटाले और भारतीय जनता पार्टी के मंत्रियों और उनके सगे-संबंधी ठेकेदारों द्वारा बनाई इमारतों के ढह जाने की घटनाओं ने भारतीय जनता पार्टी के महान

दावे की पोल खोल दी। अतः भाजपा एक के बाद एक चुनाव हार रही थी और उत्तर प्रदेश की हार के बाद वह विशेष रूप में चिंतित हुई।

मार्च, 2003 में गुजरात में भी चुनाव होने थे और भाजपा के चुनाव हारने की स्पष्ट संभावना थी। इससे उबरने की केवल एक ही चाल थी कि हिंदुओं और मुसलमानों का ध्रुवीकरण हो जाए और इसलिए हिंदुत्व की शक्तियों ने इस पर ध्यान केंद्रित किया। यह करने का सबसे आसान तरीका था कि सांप्रदायिक दंगा करवाया जाए। सभी संकेत इसी ओर आते हैं कि यह नरसंहार योजनाबद्ध था और बहुत चालाकीपूर्ण ढंग से किया गया।"[46]

सत्ता प्राप्ति के लिए सांप्रदायिक दंगे किए या करवाए जाते हैं, स्पष्ट है कि इन दंगों से राजनीतिक अस्थिरता भी जन्म लेती है। सन् 1992 की अयोध्या-घटना के पश्चात् उत्तर प्रदेश की जनता को चुनाव के लिए पुनः कमर कसनी पड़ी। जितने संसाधनों का अपव्यय चुनाव में होता है, (खासतौर से मध्यवर्ती चुनाव) अगर उसका आधा भी ईमानदारीपूर्वक विकास कार्यो में खर्च कर दिया जाए तो देश की तस्वीर ही कुछ और हो।

सांप्रदायिक शक्तियों के हाथों में खेलते हुए गाँव के शिक्षित-अशिक्षित बेरोज़गार और शहर के उन्मादी युवक वोटों का ध्रुवीकरण अपने आका के लिए करते हैं। जब चुनाव का मौसम होता है, आदमी मात्र 'वोट' बन जाता है–हिंदू, मुसलमान, सिख, ईसाई, पारसी, कोई भी चाहे वह शिक्षित हो या अशिक्षित, नौकरीपेशा हो या बेरोजगार। चुनाव आते ही 'इस्लाम खतरे में है' और 'ऐसा ही रहा तो अगले कुछ ही वर्षों में हिंदू अपने ही देश में अल्पसंख्यक हो जाएगा' की टेर गली-गली सुनाई पड़ने लगती है।

"बाप, अब के वोट हाजी असरप लू देणी है।" हाजी अशरफ का नाम सुनते ही सलेमी के तन-बदन में आग लग गई, लेकिन फिर भी अपने-आपको संयत कर बोला, "हाजी असरप लू काईं लू... माणक बणिया लू काँई लू ना देएँ?"

बाप की उस गुस्ताखी पर बाबू तिलमिला कर रह गया। इसके बावजूद वह उस वक्त अपने-आपको रोक गया और शालीनता का आवरण ओढ़ते हुए, सलेमी के पास आया तथा बेहद शांत होते हुए बोला, "बाप, चौधरी मुरसीद ने साफ कह दी है के न घीणा की सरपंची अबके काई भी हालत में हिंदून् के पै न जाणी चाहिए... रात कू हाजी असरप की कचैड़ी में चौस्साब के आगे ई फैसला हुओ है।"

बाबू खाँ की बात सुनकर सलेमी की समझ में अब आया कि बाबू पिछले कई दिनों से कहाँ था। इसका मतलब यह हुआ कि अब इस नगीना में सरपंची का फैसला हिंदू-मेवों के आधार पर होगा। जिस नगीना में कभी मानक जैसे योग्य, कर्मठ और ईमानदार आदमी के पक्ष में पूरे नगीना की वोट झड़के पड़ती थी, अब उसी नगीना में, उसी आदमी को अपने ही मोहल्ले की वोट पड़ जाएँ, यही गनीमत

है। एक विभाजक दरार लगातार गहराती जा रही है।[47]

उक्त घटनाक्रम पर नजर डालें तो साफ-साफ दिखाई पड़ता है कि सांप्रदायिक विद्वेष से देश, समाज में राजनीतिक अस्थिरता कैसे उपजती है। "सलेमी काफी देर तक चुप खड़ा रहा। वह कुछ क्षणों के लिए यह भूल ही गया कि बाबू भी सामने खड़ा है। बाबू की उपस्थिति का भान होते ही उसने उससे पूछा, "पर कल तलक हो पूरा गाँओं में माणक की बात चल री थी?"

"कल तलक ही ना... अब तो ऊ है जौ मैं बतारो हूँ... साथ मैं पाँच-सात हिंदू बोटन्ने तोड़न की कोशिस और करियो!" बाबू ने बासी खबर को ताजा करते हुए साथ में बाप को सलाह भी दे डाली। "पर मेरी एक बात समझ में ना आ रही है के तमन्ने असरप ही मिलो है पूरा न घीणा में... कोई और भलो माषन न मिलो?"

"बाप, ई हमारो फैसला ना है... ई फैसला तो चौस्साब और पूरी बिरादरी को है... सबन्ने मिलके हाजी असरप को नाम आगे करो है... और फिर वासू भलो आदमी और कौन मिलेगो...!" बाबू ने सफाई देते हुए कहा।

बाबू की इस सफाई पर सलेमी अपने आप पर काबू नहीं रख पाया, "ई बिरादरी का फैसला है! तेरा चौधरी साब ने मासू राय ली है, नबी खाँ सूली है... रोबड़ा, हुसेनदीन कौन सू राय ली है?... और कह रो है के ई बिरादरी को फैसला है... हाजी असरप न होगो, खुदा की लाट होगी।"

"बाप, तू तो बेमतलब की बात कर रो है... कहा कमी है हाजी असरप में ... अरे, मक्का सू हिज-रात करके ऊ आयो है... पाँचू बखत निवाज ऊ पढ़े है... और दो-चार हजार की ज़रूरत पड़ जाए तो उन्ने भी फट्ट निकाल के दे देवे है।" बाबू ने हाजी अशरफ की कुछ विशेषताओं को गिनाते हुए बाप को समझाने की कोशिश की।

"मोहे सब पतो है के तेरा मुरसीद अहमद ने या हाजी असरप को नाम काईं लू आगे करो है, ई वही हाजी असरप है जो रात-दिन या मुरसीद की दलाली करतो डोले है... तू कह तो रो है के ऊ पाँच बखत की निवाज पढ़े है, पर है ना कह रो है कि रात-दिन बस हराम की दौलत सकेरना में लगो रे है... जा दिन सू ई हज्ज करके आयो है, वाई दिन सू बस याही जुगाड़ में लग रो है क कैसे या गाँओ पे फतह पाऊँ... जा मैं ना देऊँ कोई हाजी-बाजी लू वोट... मेरा जी मैं जहाँ आएगी हून् दूँगो।" आखिरकार सलेमी ने अपना दो टूक फैसला सुना दिया।[48]

अभी कल तक जो आदमी सबसे बड़ा कमीना था, वही अन्यों से हिसाब चुकाने का जरिया बनने की वजह से सबसे अच्छा और कौम का ख़िदमतगार बन जाता है। उसको स्थापित करने के लिए सांप्रदायिक शक्तियाँ दिन-रात एक कर देती हैं। जो सत्ता में है, उसको अपदस्थ करने की मुहिम चलाने के परिणामस्वरूप राजनीतिक

अस्थिरता पैदा हो जाती है। माहौल को ऐसा विषाक्त और अविश्वासभरा बना दिया जाता है कि बाप-बेटे और पति-पत्नी में मतैक्य नहीं हो पाता। इतना ही नहीं, 'वोट किसे दिया जाएगा', इस मुद्दे को लेकर बहस-मुबाहिसा, मारपीट तक आम बात हो जाते हैं।

"बाप का फैसला सुनने के बाद तो बाबू बेकाबू हो गया, "हाँ-हाँ तू काई लू देएगो हाजी असरप लू बोट... वा माणक बणिया लू देएगो, जो तेरो गोती भाई है... अरे, तेरा जैसा आदमीन् कीवजे सू इन काफरन् न हमारो जीणो हराम कर राखो है... हाजी असरप जैसो भी है... है तो अपणी बिरादरी, अपणी कौम को... अरे, काल-कला कू अपणी बिरादरी ही काम आएगी... आन जात कोई कोई के कनै न फटकेगो... बाप, तेरा जैसा आदमीन्नेई हमारी कौम को बेड़ा गरक करवा राखो है।" इतना कहकर बाबू पाँव पटकता हुआ बाहर निकल गया।"[49]

ऐसा नहीं है कि बहकावे में आने की या जाति-संप्रदाय के आधार पर मतदान करने की प्रवृत्ति सिर्फ कुछ ही लोगों में हो। जी नहीं, 'यहाँ तो कुएँ में ही भाँग पड़ी है।' 'अगर वे लोग ऐसा कर रहे हैं तो हमीं क्यों पीछे रहेंगे जी! कोई हम उनसे कमजोर हैं! आप देखना, उनकी तो हम इस इलेक्शन में ऐसी-तेसी कर देंगे जी!'

"उसी दिन रात को शरणार्थियों की धर्मशाला में हिंदू-प्रतिनिधियों के नाम पर एक आपात्कालीन मीटिंग बुलाई गई। सभी प्रतिनिधियों के हाथ में गंगाजल देकर यह कसम दिलाई गई कि कोई भी इस मीटिंग के बारे में अन्यत्र चर्चा नहीं करेगा। जो इसकी चर्चा करेगा, उससे बड़ा इस हिंदुस्तान और हिंदुओं का दुश्मन कोई नहीं होगा।

इस मीटिंग में सिवाय लाला अभयचंद आर्य, लाला ज्ञानचंद्र जैन, विभाजन के समय पाकिस्तान के मुलतान से आए रामदयाल शरणार्थी यानी रामदयाल मेहता का इकलौता बेटा बिसम्भर दयाल मेहता और एकाध माली और कुम्हारों में से—हिंदुओं के नाम पर कोई और नहीं था। मानक सरपंच का होना तो वैसे भी लाजिमी है, क्योंकि कायदे से देखा जाए तो उसी के लिए यह सारी मारामारी हो रही है, वरना बकौल बिसंभर दयाल मेहता के कि हम तो जैसे पाकिस्तान में थे, वैसे ही इस मुल्क में हैं। हमारी बला से सरपंच मेव बने या हिंदू, हमें क्या लेना-देना। लेकिन बावजूद बिसम्भर दयाल मेहता की अपनी इस टिप्पणी के वास्तव में इस मीटिंग का आयोजन और संचालन वही कर रहा है। आतताई मुसलमानों यानी मेवों के खिलाफ पूरे नगीना के हिंदुओं को यही संगठित करने में जुटा हुआ है।

इस आपात्कालीन मीटिंग में एकमत से यह फैसला किया गया कि चाहे सन् सत्तावन हो जाए, किंतु पिछले चुनावों की भाँति इस बार भी अपने हिंदू भाई मानक को ही सरपंच बनवाना है। इस सारे फैसले के दौरान लाला मानकचंद पूरी गंभीरता

ओढ़े एकदम मौन बैठा रहा। उसने तो मीटिंग में आते ही हाथ जोड़कर बड़ी विनम्रता के साथ कह दिया था कि बिरादरी और पूरा हिंदू समुदाय जो भी फैसला लेगा, वह उसे सिर-माथे पर ओट लेगा। हालाँकि वह मन-ही-मन बेहद खुश भी है कि दो बिल्लियों की लड़ाई में उस जैसे बंदर की कैसी तान आई हुई है। काश! ऐसी हिंदू एकता और मूर्ख-बिल्लियों की लड़ाई हर चुनाव में होती रहे तो इससे बढ़कर उसके लिए सौभाग्य की बात और क्या हो सकती है।''[50]

मामूली, कम पढ़ा-लिखा, अनपढ़ा या सहज ही बहकावे में आ जाने वाला आदमी ही उस रौ में नहीं बहा, अपितु अच्छे-अच्छे बुद्धिजीवी कहलाने वाले कथित प्रगतिशील लोग भी उसी धारा में बह गए। उन्हें भी या तो खुदा दिखाई पड़ता था या भगवान। इन लोगों के अलावा उन्होंने कभी कुछ देखने की कोशिश ही नहीं की। ''मेरे व्यक्तिगत और सार्वजनिक विचारों में मतभेद नहीं है, पर शायर इकबाल ने तो अपनी शायरी के साथ ज़िना किया है... आपके उसी शायर ने पहले कहा था, 'सारे जहाँ से अच्छा हिंदोस्ताँ हमारा...' उसी ने अपनी लाइनों को बदलकर क्या एक शायर की नैतिकता को चुनौती नहीं दी है? आपका वही इकबाल पलटकर बोला—

'चीनो अरब हमारा, हिंदोस्ताँ हमारा
मुस्लिम है, हमवतन हैं, सारा जहाँ हमारा!'

हुज़ूर मैं जानना चाहूँगा कि वह कौन-सी और कैसी शायराना नैतिकता है? क्या आप जैसे अदीबों और शायरों की कोई नैतिकता नहीं है? या कि आप किसी अदालत में हाज़िर और जवाबदेह नहीं माने जाते?''[51]

वास्तव में, ''सांप्रदायिकता से संघर्ष एक राजनैतिक संघर्ष है। अब तक हम इसे सामाजिक-सांस्कृतिक संकट के रूप में देखते आए हैं, यही कारण है कि किसी लोकतांत्रिक वामपंथी दल ने सांप्रदायिकता को कभी गंभीरता से नहीं लिया। वामपंथी दलों ने तो 'सहमत' जन नाट्य मंच, जनवादी लेख संघ, इप्टा-जैसे सांस्कृतिक संगठनों के कमजोर कंधों पर इसका पूरा भार डाल दिया और सिर्फ पीठ थपथपाने का काम करने लगे।

लोकतांत्रिक और वामपंथी शक्तियों को कुछ निकट आकर प्रभावकारी और परिणामकारी राजनीति करनी होगी। अब तक देश की राजनीति का स्वरूप एकांगी है। सरकार के समांतर संगठनों का बनाया जाना, उसमें लोगों की भागीदारी और उसे परिणामकारी बनाने से ही लोगों का विश्वास जीता जा सकता है, सही मुद्दे सामने आ सकते हैं। लोगों के जीवन में परिवर्तन की लहर आ सकती है।''[52] बिना यह परिवर्तन आए इसी तरह सांप्रदायिक शक्तियाँ सांप्रदायिकता के हथियार से लोकतांत्रिक शक्तियों को कमजोर करने का कार्य करती रहेंगी। उन्हें सत्ता से, शक्ति से बेदखल करने में सफल होंगी और आए दिन अस्थिरता का, अविश्वास का, भय

का वातावरण बनाए रखेंगी। जितनी जल्दी यह काम हो सके, देश के लिए, समाज के लिए, पीड़ित मानवता के लिए उतना ही शुभ होगा। आज अवसर है आत्म-निरीक्षण का, अपने आपको पहचानने का, अपनी अस्मिता को बचाए रखने का, क्योंकि हमने यदि आज ऐसा नहीं किया तो आने वाला कल हमें किसी भी कीमत पर और कभी भी माफ नहीं करेगा–

"आने वाली सदियो सुनो। बनती हुई इंसानी तहजीबें जुल्मों तले इसी तरह रोती और सिसकती रहेंगी और दाराशिकोह की तरह कोई न कोई भविष्यद्रष्टा इसी तरह हर सदी में सूली पर लटकाया जाएगा... और... और उसकी आँखों के आँसू ओस बनके धरती की घास पर छलकते रहेंगे... जो घास पर पड़ी इस आँसू भरी ओस को नहीं पहचान पाएँगे, वह अपने मुस्तकबिल, अपने भविष्य को कभी बदल नहीं पाएँगे।"[53]

3.1.5 राष्ट्रीय एकता में बाधा

राष्ट्र की अवधारणा अतिशय प्राचीन है। देश के साथ-साथ उसकी एक भावना पैदा हुई है लेकिन एक खास अर्थ में यह यूरोपीय इतिहास की देन है। राष्ट्र और राज्य की एक ही भौगोलिक परिधि होगी–इस अर्थ में राष्ट्र और राष्ट्रवाद एक आधुनिक या कि यूरोपीय अवधारणा है। एक राष्ट्र का एक राज्य होगा, एक राज्य में एक राष्ट्र होगा–प्रथम विश्वयुद्ध के समय तक यह सिद्धांत यूरोप में जम चुका था और दुनिया के अन्य हिस्सों को प्रसारित हो रहा था। उसके पहले के पाँच सौ साल या उससे भी अधिक समय का यूरोपीय इतिहास, आपसी युद्ध, आक्रमण और बाहरी हस्तक्षेप का लंबा सिलसिला रहा। एक ओर धार्मिक केंद्र रोम का हस्तक्षेप दूसरी तरफ पड़ोसी देशों का आक्रमण–इन दो प्रकार के हमलों से लड़ने के लिए यूरोपीय राजनीति में राष्ट्रवाद का उदय हुआ। "राष्ट्रीय भावना को जनमानस में दृढ़ करने के लिए काव्य और दर्शन के माध्यम से एक मूल्य के रूप में इसे महिमामंडित किया गया। विख्यात जर्मन दार्शनिक हेगेल ने राष्ट्र को एक आध्यात्मिक इकाई का दरजा दिया।"[54]

राष्ट्रवाद की प्रेरणा भले ही यूरोप से आई हो, लेकिन यूरोप की हमेशा यही कोशिश रही कि एशिया-अफ्रीका में राष्ट्रवाद के लिए कोई जगह न हो। यह कोशिश सिर्फ यूरोप की सरकारों तक सीमित नहीं रही। यूरोप के बुद्धिजीवी, खासकर विश्वविद्यालयों से संबंधित बुद्धिजीवी का, हमेशा यह रुख रहा कि गैर-यूरोपीय जनसमूहों के लोग अपना कोई स्वतंत्र ज्ञान विकसित न करें। विभिन्न क्षेत्रों में चल रही पारंपरिक प्रणालियों को संजीवित और संवर्धित न करें।

"राष्ट्रीयता कहिए, राष्ट्रवाद कहिए, अस्मिता कहिए या मिथक कहिए बात एक ही है। अपनी भौगोलिक इकाई को अगर इस मिथक के सहारे आप एक

भावनात्मक इकाई का दरजा नहीं देते हैं तो उसकी सीमाओं के अंदर रहने वाले जनसमूह के समग्र विकास और सामूहिक उत्थान के लिए आप समर्पित होकर कार्य नहीं कर सकते। इस जनसमूह के एक-एक व्यक्ति से संबंध स्थापित करने का दूसरा कोई उपाय नहीं है—सिवाय इस भावनात्मक सूत्र के। धर्म, संस्कृति, भाषा, राष्ट्र और गाँव ये अलग-अलग उद्देश्यों के लिए अलग-अलग भावनात्मक इकाइयाँ हैं। इन मिथकों की आवश्यकता सामान्यजन और बुद्धिजीवी दोनों के लिए समान मात्रा में है। ऐसा नहीं है कि बुद्धिजीवी के लिए इनकी जरूरत नहीं है। अगर इन मिथकों का नियंत्रण बुद्धिजीवी पर नहीं रहेगा, तो वह मानव-समाज के लिए विध्वंसक हो जाएगा, राष्ट्र के लिए विश्वासघातक हो जाएगा। वह अपनी बुद्धि को भाड़े पर लगा देगा।''[55]

जहाँ-जहाँ राष्ट्रीयता की, राष्ट्रीय भावना की कमी हो गई है, वहाँ ऐसा ही हो रहा है। तीसरी दुनिया के देश इसका उदाहरण हैं। वहाँ का बुद्धिजीवी अपनी बुद्धि को भाड़े पर लगा रहा है। इस वक्त यूरोप, अमेरिका और जापान में राष्ट्रीय भावना सबसे अधिक मात्रा में है तो सबसे कम भारत जैसे देश के बुद्धिजीवी समूहों में। वास्तव में, राष्ट्रवाद को उग्रराष्ट्रवाद कहकर उसका रचनात्मक उपयोग न करना एक अजीब किस्म का बौद्धिक पलायनवाद है। साम्राज्यवाद से लड़ने का और कौन-सा दूसरा साधन है? सांप्रदायिकता से मुठभेड़ करने का और कौन-सा दूसरा तरीका है? राष्ट्रीयता अगर भावुकता ही है तो आखिर भावुकता में कौन-सी बुराई है? मनुष्य के व्यवहार में भावुकता की इसलिए ज़रूरत होती है कि कुछ प्रकार की चुनौतियों का तत्काल, बिना बहस किए मुकाबला करना पड़ता है। जिन चुनौतियों का मुकाबला तत्काल और सामूहिक ढंग से करना पड़ता है। आने वाली उन सारी चुनौतियों के लिए भावनाएँ तैयार रहनी चाहिए। देश के खदानों की मिल्कियत विदेशियों को दे देना सही है या गलत इसकी बहस करने वाला कभी भी अपनी खदानों या अक्षमता या निरक्षरता पर मज़ाक करने वाले सज्जन (दुर्जन कहें भी तो कैसे) को मैं कोई रोषपूर्ण वाक्य कहूँ या न कहूँ यह लंबी बहस के बाद भी तय नहीं हो सकता।

राष्ट्रीयता एक ऐसी सामूहिक भावना है, जिसकी संस्कृति, जिसका व्यावहारिक रूप अलग हो सकता है। वह एक संकीर्ण भावना होगी या एक उदार भावना होगी, उसका रुझान साम्राज्यवादी होगा या विश्वमैत्री की दिशा में होगा, उसका अंदरूनी तेवर सामान्य जन के लिए अनुकूल है या एक विशिष्ट वर्ग के हित में है। यह इस पर निर्भर करता है कि समाज का नेतृत्व और बुद्धिजीवी वर्ग राष्ट्रीय भावना को किन नीतियों के साथ जोड़कर अभिव्यक्त करते हैं।

इस प्रकार, देखें तो स्पष्ट होता है कि राष्ट्रीयता एक सामूहिक भावना है। जब इसी सामूहिकता को धक्का लगता है तो हम मानते हैं कि राष्ट्रीय एकता बाधित हो रही है। जाति, धर्म, संप्रदाय, भाषा, खानपान, रहन-सहन, रूप-वर्ण, पूरब, पश्चिम, उत्तर, दक्षिण आदि के विवाद के बावजूद राष्ट्रीयता ही वह भावना है, जो देश के

नागरिकों को एकता के सूत्र में बाँधे रहती है।

सत्ता की सनक-हनक हुक्मरानों को ऐसे अंधा बना देती है कि हर आदमी को शक की निगाह से देखने लगते हैं। उनके लिए जाति, वर्ग, वर्ण, नस्ल, संप्रदाय, भाषा, रिवाज़, राष्ट्रीयता, मानवता आदि का मतलब सिर्फ 'सत्ता की सीढ़ी' रह जाता है। सीढ़ी से गुजरकर कुर्सी पर काबिज होना और कुर्सी पाते ही सीढ़ी को गायब करने की मुहिम में प्राणप्रण से जुट जाना। आज ही ऐसा नहीं हो रहा। यह रीति-नीति तो सदियों पुरानी है जब सत्ता के मद में चूर शासक शासितों को पैर की जूती भी नहीं समझेगा तो राष्ट्रीय एकता बाधित होती है। "हम बोहरी मुसलमान हैं... हम ज्यादातर शिया हैं। आलमगीर ने हमारी मस्जिदों में सुन्नी इमाम और मोअज्जिन तैनात करवा दिए। इसके अलावा इसने हम शियाओं के मोहर्रम पर भी पाबंदी लगा दी। इसने बड़े-बड़े सूफी-संतों को भी नहीं बख्शा... यह बंगाल के दरवेश सैयद नियामत अल्लाह, मियाँमीर के चेले कश्मीर के मुल्लाशाह बदख्शी और इलाहाबाद के शेख मुहीब उल्लाह जैसे साधुओं को बेइज्जत करने से बाज नहीं आया... इसने सैकड़ों मुसलमानों के सिर कलग करवा दिए... हुजूर। इसके दौर में दहशत छाई रही... हर सुबह हमारे दिल धड़कते रहते थे कि कहीं आज पागलपन से भरा कोई और हुक्मनामा न आ जाए। इसके दरबार में घटिया मुल्लाओं और मौलवियों का जमावड़ा था.. . इस पर उन छिछले और उथले धर्मशास्त्रियों ने घेरा डाल रखा था, जो इस्लाम के बड़प्पन को भूलकर हमारे धर्म को स्वार्थी सीमाओं में कैद कर रहे थे और यह कठपुतला उनकी हर बात को आँख मूँदकर मंजूर करता जाता था। जुल्म के हर कदम पर अपनी मुहर लगाता जाता था... इसका इस्लाम हम मुसलमानों को भी नहीं बख्शता था... पता नहीं हुजूर। इसका इस्लाम कौन-सा और कैसा था।"[56]

इस्लाम हो या कि हिंदुत्व, अतिवादियों ने हमेशा ही राष्ट्रीय एकता के मुलायम तंतु को तोड़ने की कोशिश की। यह अलग बात है कि अपने मंसूबे में वो अभी तक पूरी तरह सफल नहीं हो पाए। धर्मालयों को क्षतिग्रस्त करना, अन्य संप्रदाय के अनुयायी पर अशोभनीय, किंतु टिप्पणी करना राष्ट्रीय एकता को बाधा पहुँचाते हैं। बड़ा अफसोसनाक सत्य है कि इधर लगातार ऐसा ही हो रहा है। चाहे अयोध्या में बाबरी-मस्जिद का विध्वंस हो या गुजरात में सैकड़ों वर्ष पुरानी वली दकनी की मजार को तोड़कर उस पर आनन-फानन में डामरीकृत सड़क बनाने का मामला; दोनों ही घटनाओं ने राष्ट्रीय एकता के ताने-बाने को छिन्न-भिन्न कर डाला। उस घाव की टीस संवेदनशील व्यक्ति को आज भी आह भरने को मजबूर करती है।

"सोमनाथ मंदिर! क्या कहा? मंदिर मौजूद है... उसे तो महमूद गजनवी ने मिसमार किया था... फिर कैसे खड़ा हो गया? उसे जमींदोज़ कर दो और उड़ीसा ... क्या? उड़ीसा में फिर मंदिर बनाए गए हैं!... तो असद खाँ को हुकुम भेजो कि पिछले दस-बारह सालों में जितने भी नए मंदिर वहाँ बने हैं, उन्हें गिरा दिया जाए

और पुराने मंदिरों की मरम्मत के लिए इजाजत न दी जाए... उस मंदिर पर पत्थर की जो पैड़ी दाराशिकोह ने बनवाई है, उसे तोड़ दिया जाए और मथुरा के फौजदार को हुक्म दिया जाए कि हुक्म तामील होते ही उसकी खबर फौरन शाही दरबार को की जाए''।[57]

इतना ही नहीं औरंगजेब के शासनकाल में हिंदुओं (शासितों) को दोयम दरजे का नागरिक समझा गया। अकबर-जहाँगीर के जमाने में जो समरसता-सौहार्द-एकता की बात होती थी यहाँ तक आते-आते वह सब बिला गया, बरबाद हो गया। आपसी विश्वास समूल नष्ट हो गया। कट्टरवाद ने अपने पाँव ऐसे पसारे कि पूरे समाज को उसने अपनी जद में ले लिया। कल तक साथ रहने वाले, होली, दीवाली और ईद साथ-साथ मनाने वालों के मन में संदेह की विष-बेल फैल चुकी थी। अब अच्छी बात में भी उन्हें चाल ही नज़र आती थी। शासन की नीति थी, ''हिंदुओं को दबाकर रखा जाए... अकबर और जहाँगीर के जमाने का जो मेलजोल, हिंदू-मुसलमान बराबरी की जो रवायतें चली आ रही हैं, उन्हें खत्म किया जाए, हिंदू को रियाया माना जाए और राज्य को निज़ामे मुस्तफा के तहत चलाया जाए... जयपुर के महाराजा मिर्ज़ा राजा जयसिंह के बाद उनके खानदान के किसी आदमी को सल्तनत में वह इज्जत और मर्तबा न दिया जाए, जो उन्हें हासिल रहा है। मौका पाते ही सल्तनत के वज़ीरे खा रिजा राजा रघुनाथ को हराकर यह ओहदा किसी मुसलमान को दिया जाए। किसी हिंदू अफसर के नीचे मुसलमान को तैनात न किया जाए... और अब खुलकर इन काफिर हिंदुओं को बता दिया जाए कि वे प्रजा हैं, उन्हें बराबरी का हक नहीं हासिल है... क्योंकि मुसलमानों ने इस मुल्क को फतह किया है! और आप इस मुल्क के शहंशाह हैं! और यह कि आप मुसलमान हैं। इस्लाम के रक्षक हैं... बस तभी से आलमगीर का दिमाग खराब हुआ है...''।[58]

अतिवादियों, समरसता-एकता विरोधियों को सिर्फ और सिर्फ अपना मजहब, अपना संप्रदाय, अपनी बात, अपने धर्मग्रंथ, अपने उसूल ही अच्छे लगते हैं। औरों की बात भले ही उसी समरसता, और अच्छाई का समर्थन करती हो, जो उनके यहाँ भी हैं, पर वे उसे सुनना नहीं चाहते। नहीं सुनते। वे तो बस सबको अपने रंग में रंगा देखना चाहते हैं। ''हम उस अतीत से कोई रिश्ता नहीं रखना चाहते, जो इस्लामी नहीं है। यह पिरामिड, ये स्फिंक्स मूर्तियाँ हैं... हमारे रसूल ने मूर्तियों को मंजूर नहीं किया, हम भी इन्हें मंजूर नहीं करते... हम इन मूर्तियों को, जो पिरामिड और स्फिंक्स की शक्ल में यहाँ मौजूद हैं, तोड़कर और हटाकर सबाब के हकदार बनेंगे... ये पिरामिड, ये मंदिर, ये स्फिंक्स तब टुकड़े-टुकड़े होकर गीजा के रेगिस्तान में दफन हो जाएँगे! सुना तुमने! इन्हें हम इंसान की याददाश्त से खत्म कर देंगे! यह धमकी मिस्र का एक मामूली आतंकवादी मुल्ला शेख अली पाहिया दे रहा था''।[59]

ऐसा नहीं कि ये लोग सचमुच मज़हब परस्त हों। नहीं, मज़हब तो उनके लिए

ओढ़ी हुई मजबूरी का नाम है, क्योंकि उसके बिना इनका काम नहीं चलने वाला। सत्ता की अनेक सीढ़ियों में से मजहब भी एक सीढ़ी है छद्‌म धर्मध्वजियों की। वक्त तो वक्त है, उसे जाति, धर्म और संप्रदाय-राष्ट्रीयता आदि से क्या लेना।

"वक्त न हिंदू है न मुसलमान... इतिहास गवाह है कि रजवाड़ों और सल्तनतों के लोग हिंदू या मुसलमान तो थे, लेकिन उनके स्वार्थों और महत्त्वाकांक्षाओं ने ही इन लोगों को और ज़्यादा हिंदू या मुसलमान बनाया था। जब-जब ये अपनी ताकत से अपनी महत्त्वाकांक्षाओं को हासिल नहीं कर सके हैं, तब-तब ही उन्होंने धर्म का दामन थामा है... नहीं तो मुझे बताइए कि कितने राणा-महाराणा और सूबेदार-शहंशाह हैं, जिन्होंने धर्म की खातिर अपनी गद्दी का परित्याग किया हो? सच्चाई यह है कि आज तक किसी शहंशाह ने अपनी आंतरिक मज़हबी ज़रूरतों के लिए अपनी सल्तनत नहीं छोड़ी! नहीं तो क्या वजह थी... वक्त चीख रहा था—कि औरंगजेब, जो पाक कुरान की आयतें लिखता रहा और टोपियाँ सिल-सिलकर अपने गुज़ारे का इंतजाम करता रहा। अगर वह सचमुच दिल से मज़हबपरस्त था, तो वह दिए गए आश्वासन के तहत मुराद को हिंदुस्तान का शहंशाह बनाकर खुद हज पर क्यों नहीं चला गया और उसने अपनी बाकी ज़िंदगी मक्का और मदीना में एक हाजी दरवेश की तरह क्यों नहीं गुजारी?... मैं फिर अपनी वही बात दोहराऊँगा कि अपने स्वार्थों के लिए सब मजहब को मानते थे, लेकिन मजहब की बात कोई नहीं मानता था।"[60]

जब आदमी का जीवन के मूल्यों में कोई भरोसा नहीं रह जाता तो वह खोखला हो जाता है—पूस मास के बादल की तरह। वह न तो किसी बात पर शर्मिन्दा होता है और न ही किसी बात को अनुचित मानता है। उसके लिए एकता-सौहार्द-सहकार सब बकवास हैं, क्योंकि उसे तो सिर्फ उसका हित दिखाई पड़ता है—"इसमें तेरे लिए शर्मिन्दा होने की कोई बात नहीं है। मैं राजपूत हूँ। मैं हिंदू हूँ!... और मुझे गर्व है कि मेरे दौर के हर हिंदू ने विश्वासघात को ही अपना जीवन-मूल्य बना लिया था... दाराशिकोह के लिए वतन और मुल्क का कोई मतलब रहा होगा, लेकिन हम हिंदू उस मध्यकाल में सिर्फ अपने लिए जी रहे थे... हमारा कोई देश या मुल्क नहीं था।"[61]

सत्ता के सामने, ताकत के आगे चंद टुकड़ों के लिए कुत्तों की तरह दुम हिलाने वाले कथित शूरवीरों ने एकता की भावना को कुचलकर रख दिया। 'थाली के बैंगन' की तरह ये कभी इधर तो तभी उधर होते रहे। इनकी चाल देखकर तो पेण्डुलम भी शरमा जाए। इनकी लिप्सा ने एकता की भावना को जिंदा जला दिया। "मैं वही बात दोहराना चाहूँगा अदीबे आलिया कि उस दौर में हम हिंदुओं का न कोई मुल्क था, न वतन और न ही कोई हिंदुस्तान! कुछ था तो हमारे अपने राज्य, सत्ता और सेना थी! हिंदू किसी से नहीं डरता था, वह सिर्फ ताकतवर की ताकत से डरता था और उसी के सामने दुम हिलाता था। नहीं तो क्या वजह थी कि कच्छ का वह

राव, जिसने दारा के बेटे सिपिहर शिकोह से अपनी बेटी की सगाई की थी, वह भी औरंगज़ेब की ताकत से डर गया और दाराशिकोह का विरोधी हो गया था। जब दारा सामूगढ़ में हुई पराजय के बाद दर-दर भटक रहा था तब उसी के समधी कच्छ के राव ने उसके साथ विश्वासघात और कृतघ्नता का व्यवहार किया था।''[62]

आरामपसंद महाराजों, सामंतों और अमीरों को सदा के ऐशो-आराम के साधन प्यारे रहे हैं, इसके लिए उन्हें चाहे जो कीमत चुकानी पड़े। और तो और उसके लिए उन्होंने अपनी बहन-बेटियों तक का सौदा करने में कोई झिझक नहीं दिखाई। एकता-समरसता जाए चूल्हे-भाड़ में! ''वह दौर ऐसा था, जब कपास की बत्तियों की लौ रोशनी से ज्यादा अँधेरा पैदा कर रही थी और सोती हुई बदकार सदी के सिर का हल्का-सा गड्ढा सियासत के तकिए पर मौजूद था... सियासत के अलाव में हिंदुस्तान की यह दोगली सदी अपना जिस्म गरमा रही थी और शाही बिस्तरों पर ऐंठती हुई शहबत और एय्याशी और अँगड़ाइयाँ ले रही थी। हर हिंदू राजा और महाराज अपनी लड़की को एक महकते गुलदस्ते की तरह सियासत के बाजार में नीलाम कर रहा था और अपनी लड़कियों के बदले में, अपनी आराम और आराइश के लिए खिलवतों और जागीरों का सौदा कर रहा था। हिंदू लड़कियों की बिक्री और तिजारत के लिए खुद हिंदू सौदागर बाजार में मोलभाव के लिए मौजूद था।''[63]

राजनीतिक लाभ, पद-पहचान एवं सत्ता शक्ति पाने के लिए मूल्यों को हमेशा ही लतियाया गया है। चाँदी के चंद सिक्कों की खातिर बड़े-बड़े बुद्धिजीवी, मौलवी और पुजारी 'कुर्सी' की हर नीति का आँख मूँदकर समर्थन करते रहे हैं। जिसे भी 'कुर्सी' ने कोई काम सौंपा, वह निहाल हो गया। इस उम्मीद में कि हो सकता है 'सिंहासन' अगली बार उसे कोई काम सौंपे, चापलूसों की पंक्ति खीस निपोरे खड़ी रहती थी। कमोबेश आज भी ऐसा ही है। सत्ता के परिवर्तन के साथ वे राष्ट्रवादी, संस्कृतिचेता, सनातनधर्मी रचनाकार होकर 'भारतीय संस्कृति-भारतीय संस्कृति' रटते रहेंगे और फिर जैसे ही धर्म निरपेक्ष शक्तियों का उदय होते देख, धर्म-निरपेक्ष हो जाएँगे। सांप्रदायिकता, संप्रदायवाद, दक्षिणपंथी शक्तियाँ आदि शब्द उनके मुखारविंद से फचाफच झरते रहते हैं। हमें सबसे ज्यादा सावधानी इन्हीं छद्म बौद्धिक लोगों से बरतनी पड़ती है जिनकी कीमत कुछ रुपए, कोई पुरस्कार या कोई घटिया पद मात्र होते हैं। 'ये सड़े हुए आलुओं का विद्रोह है, जो एक रुपये में दो किलो के हिसाब से बिकता है।'

''मैं इन मुल्ला-मौलवियों और उलेमाओं की नस-नस पहचानती हूँ। यह अरब और ईरान नहीं है—यह हिंदुस्तान है और यहाँ शाही सत्ता के सामने इन्होंने हमेशा दुम हिलाई है। रोशनआरा ने कहा—तुम अभी इनकी सभा बुलाओ और अपना इरादा ज़ाहिर करते हुए, दारा की ज़िंदगी के बारे में, बहुत शाइस्तगी से फैसले का हक उन्हें सौंप दो! और तुम देखना, उनका फैसला वही होगा—जो तुम्हारा और मेरा फैसला

है।

भयभीत औरंगज़ेब ने सभा बुलाई। सब लोग शाम को किले के दीवाने खास में जमा हुए। रोशनआरा ने धीरे से औरंगज़ेब के कान में कहा–तुम खामोश रहना और कूटनीति से काम लेते हुए सिर्फ इस बात की कोशिश करना कि दारा को प्राणदण्ड दिए जाने का मेरा और तुम्हारा फैसला सबका फैसला बन जाए, ताकि तारीख हमें दोषी न ठहराए और आने वाली सदियों में यही कहा जाए कि यह फैसला आम राय से हुआ था–और यह कि औरंगज़ेब अपने मुल्लाओं और खासुलखास दरबारियों का यह फैसला मानने और मंजूर करने के लिए मजबूर था, क्योंकि आम और आला दिमागों की राय की अवज्ञा नहीं की जा सकती।''[64]

सांप्रदायिक दंगों में या तनाव की स्थिति में पुलिस प्रशासन की भेदभावपूर्ण रीति-नीति की वज़ह से भी एकता बाधित होती है और समरसता का ढाँचा चरमरा जाता है। गुजरात दंगों के दौरान हिंदू दंगाइयों की भीड़ मुसलमानों को मानसिक रूप से प्रताड़ित करने के लिए नारा लगाती घूमती फिरती थी–

''यह अंदर की बात है।
पुलिस हमारे साथ है।''

दंगों में पुलिस का रवैया कैसा होता है, इसे एक पुलिसिए से बेहतर और कौन जान सकता है। वरिष्ठ आई.पी.एस. अधिकारी श्री विभूतिनारायण राय दंगों में पुलिस की भूमिका के बारे में बताते हुए अपने उपन्यास 'शहर का कर्फ्यू' में कहते हैं–

''चाय बनकर जब तक बाहर आई, तब तक कुछ घरों की खिड़कियों के पल्ले आधे-पूरे खुल चुके थे। कुछ बच्चों ने दरवाजों के बाहर निकलने की कोशिश की लेकिन सिपाहियों ने उन्हें डाँटकर अंदर कर दिया, पर जब चाय बाहर आने लगी तो देवीलाल ने रामसुख के दो लड़कों को मदद के लिए बाहर बुला लिया। उनकी देखा-देखी अगल बगल के दो लड़के और निकल आए। सिपाहियों ने बेमन से उन्हें डाँटा और फिर चाय पीने में लग गए। लड़के भी ढीठ की तरह पहले अपने दरवाजों से चिपके रहे और फिर धीरे-धीरे गली में उतर गए। थोड़ी देर में बच्चों की अच्छी-खासी भीड़ पुलिस वालों के इर्द-गिर्द इकट्ठी हो गई। वे ललचाई आँखों से उनके हथियार देखते रहे और उन हथियारों के नाम एक-दूसरे को बताते रहे। बीच-बीच में पुलिस वालों में से कोई उन्हें झिड़क देता या अपनी लाठी ज़मीन पर पटक देता। बच्चे भागते और थोड़ी दूर पर फिर इकट्ठे हो जाते। वे कोरस में गाते–

'हिंदू-पुलिस भाई-भाई। कटुआ कौम कहाँ से आई।'

पुलिस वाले हँसते और कोई गाली-वाली देकर फिर चाय पीने में लग जाते। देवीलाल उनके खाने का इंतजाम करने लगे। कर्फ्यू हर दूसरे-तीसरे साल लगता था। पुलिस वाले हर बार इसी गली में या बगल की किसी गली में खाना खाते। यहाँ

खाना खा मुहल्ले वालों से कुछ हँसी-मजाक करते और फिर पाकिस्तानी गलियों में कर्फ्यू लगाने चले जाते।''[65]

पुलिस के वही जवान जब 'पाकिस्तानी गलियों' में जाते तो उनके रंग झट बदल जाते। वे गिरगिट के असली अवतार नजर आते। ''खट... खट... ठक... खट ... खोल बे... अबे खोल दरवाज़ा। साले कहाँ अपनी माँ की गोद में सोए बैठे हैं। खोलता है दरवाज़ा कि तोड़ दूँ।''

आवाज़ें–सिर्फ आवाज़ें पूरे माहौल में भर गईं। आवाजें हाथों में दरवाज़ों को पीटने की थीं। आवाजें बूटों से दरवाज़ों पर ठोकरें मारने की थीं, आवाजें बच्चों के रोने और औरतों के चीखने की थीं, आवाजें कुंदों के पीठ या पैर पर टकराने से पैदा हो रही थीं, आवाज़ों में गालियाँ, सिसकियाँ और गिड़गिड़ाहट भरी थी। ये आवाज़ें अचानक पैदा हुईं और उन्होंने पूरे माहौल को मथ डाला।

''बहन चो... इतनी देर तक दरवाजा पीटते रहे, अब जाकर दरवाज़ा खोला। अंदर असला है छिपा रहे थे...?''

''बोलते क्यों नहीं ससुर। अब जबान में ताला लग गया है।''

कमरे के फर्श पर बच्चे नींद में गुम बिखरे थे और बालिग सदस्य दहशत से स्तब्ध खामोश बैठे थे। दरवाजा टूटते ही भड़भड़ाकर ढेर सारे लोग बंदूकों के साथ अंदर घुस आए। मर्दों ने आदतन अपने हाथों से सिर ढक लिया। उन्हें उम्मीद थी कि अब डंडों, बूटों और बंदूक के बटों से उनकी पिटाई शुरू होगी। पिटाई शुरू भी होती, लेकिन एक औरत की चीख ने पूरे कमरे में रुकी हुई हवा में कँपकँपी पैदा कर दी।

'हे मौला, अबका हमरी बिटिया की लहाश बूट न तले रौंदी जाएगी।' कमरे में घुसे हुए लोग चारों कोनों में फैलने के चक्कर में करीब-करीब नीचे लेटे हुए बच्चे को कुचलने-से लगे थे। बच्चों के बीच में चादर से ढकी बच्ची की लाश थी। जैसे ही कोई बूट उस पर पड़ने को हुआ, सईदा की चीख निकल गई।

''क्या बकती है? किसकी लाश है?''

सईदा ने बिना जवाब दिए रोना जारी रखा। उसके साथ-साथ उसकी सास और ननद ने भी रोना शुरू कर दिया। बूढ़े ने बड़ी मुश्किल से स्थिति स्पष्ट की। दरवाज़ा बंद नहीं हो सकता था। बूढ़े ने टूटे दरवाज़े के पल्लों को भेड़कर उन पर एक टूटी मेज टिका दी। बाहर का दृश्य जरूर इन टूटे पल्लों से ओझल हो गया। लेकिन आवाजें आती रहीं।

''इस बक्से में क्या है? खोल... खोल...उसे भी।''

''हुजूर, माई-बाप... लड़की के जेवर-गुरिया है। इस जाड़े में शादी करनी है।''

''खोल ता...। देखें तभी तो पता चलेगा कि जेवर है या बम छिपाकर रखा

है। तुम लोगों का कोई भरोसा वैसे भी नहीं करना चाहिए। पाकिस्तान से ला-लाकर बम-पिस्तौल इकट्ठा करते हो।"

"खोल साले। एक-एक घर में इतनी देर करेंगे तो दो ही घर में सुबह हो जाएगी।"

"सीधे से नहीं खोलेगा तो मुँह भी तोड़ देंगे और ताला भी। बंदूक का कुंदा दोनों तोड़ सकता है। फर्क सिर्फ इतना है कि ताला टूटते समय तेज आवाज करता है और आदमी का मुँह सिर्फ अस्फुट-सी 'आह' की ध्वनि निकाल पाता है।"[66]

इतनी ज़लालत झेलने के बाद भला कोई आदमी कैसे सुचित्त रह सकता है? इतना ही नहीं, जब उसे पता होता है कि सिर्फ आम आदमी को ही पिसना है हर जगह तब उसकी आस्थाएँ, उसका विश्वास, उसके मूल्यमान स्थिर नहीं रह पाते।

"अबे दरवाज़ा इतनी देर से क्यों खोला?"

"सो रहा था। नींद खुली तो खोला।"

"क्या! जबान लड़ाता है।" तड़ाक! तड़ाक!

"मारा क्यों? मारने का अख्तियार किसने दिया तुम्हें?"

राइफल की बट आधी मुँह पर और आधी दरवाज़े पर पड़ती है। पिच्च से मुँह से खून थूका जाता है और खून के साथ दो-तीन दाँत भी बाहर आ गिरते हैं।... "साले खाते यहाँ का हैं। देखते पाकिस्तान की तरफ हैं। गौर से तलाशी लेना, इस बदमाश वकील के यहाँ तो ट्रांसमीटर भी होगा। यही साले खबर देते हैं तभी सुबह बी.बी.सी. बोलने लगता है।"

"पाकिस्तानी..." खून भरे मुँह को विकृत ढंग से चबा-चबाकर नौजवान चेहरा फुँफकारता है..."पहले नहीं की लेकिन अब ज़रूर करेंगे पाकिस्तानी जासूसी। इस साले देश में अगर ज़लालत ही मिलनी है तो ज़रूर करेंगे पाकिस्तानी दलाली।"[67]

अतिवादियों के आगे सब लाचार से नजर आते हैं, क्योंकि उनको मूल्यों और मानवता से कोई मतलब नहीं होता। वे तो अदबदाकर ऐसा कार्य करते हैं, जिससे अविश्वास की दरार खाई में बदल जाए। मंदिरों को मिसमार करना, मस्जिदों और मजारों को ढहा देना, संप्रदाय विशेष के लिए उग्र टिप्पणी करना, अपने संप्रदाय को सर्वश्रेष्ठ और अन्यों को कमतर और हीनतर बताना इन लोगों के लिए सामान्य सी बात है।

"किसी को कुछ अपने वश में या साफ नहीं दीख रहा था, जब मठवालों की ललकार गूँजी कि मस्जिदों की गुम्बद पर गेरुआ पताका लगा दो। न सरकार, न वर्दी पोश, न प्रशासन, न अखाड़ेबाज, न श्रुति, न हनीफ, न शरद, न किसी और को, क्योंकि तब मठवालों के जुलूस की धमधमाती पदचापें सबकी आँखों में धूल झोंकती चली गईं।"[68]

एक बात तो हर जगह कॉमन है, वह है जाति, धर्म, संप्रदाय पर कल्पित खतरे की बात करके सामान्य आदमी को भेड़चाल चलने के लिए मजबूर करना। अक्सर 'हिंदू जल्दी ही अपने ही देश में अल्पसंख्यक हो जाएँगे' और 'इस्लाम खतरे में है' की बाँग सुनाई पड़ती रहती है।

"हिंदू जागो, देश बचाओ। कि नहीं तो हम पर अन्याय बढ़ता जाएगा। हमारे रक्त की नदियाँ बहेंगी। बह रही हैं। मंदिर और गुरुद्वारे नष्ट होंगे हो रहे हैं। हमारी इज्जत और संपत्ति लूटी जाएगी, हमारी लड़कियों का सरेआम अपहरण होगा। हो रहा है। लुट रही हैं। हिंदू कुत्ते-बिल्ली की तरह मारे-मारे फिरेंगे। फिर रहे हैं।"

"मार तो हिंदू सारी दुनिया में खा रहा है, क्योंकि वह अति सहनशील है," जुलूस से चिंघाड़ उठी है : "कायरता दूर करो या हिंद महासागर में डूब मरो, क्योंकि और कोई जगह मरने के लिए भी तुम्हारे पास नहीं बचेगी। अपने ही देश में तुम दूसरे और तीसरे दरजे के नागरिक हो। औरों के लिए तो पचासों देश हैं, पर हमारे लिए तो बस हिंदुस्तान है।"

"हिंदूस्थान बोलो।"

"हिंदूस्थान है।"

"मगर हिंदूस्थान तो धर्मशाला बन गया है और हिंदुओं को ही वहाँ से खदेड़ बाहर किया जा रहा है।"[69]

ऐसे ही उग्र और विध्वंसात्मक तकरीरों-भाषणों से राष्ट्रीय एकता का ताना-बाना छिन्न-भिन्न हो जाता है। "हम भर पाए तुम्हारी यह उल्टी चालें, यह तुम्हारी हर चीज उलट के करने की नीति, हम बाएँ हाथ से लिखें तो तुम दाएँ से, हम पूरब को घूमें तो तुम पश्चिम को, हम सूरज को पूजें तो तुम चाँद को, अरे, हम बवाल कहें तो-तुम वलाब। 'झमक' हम कहें ताला तो तुम ताली। हम खाएँ मुँह से तो तुम..."[70]

इतना ही नहीं, ऐसे-ऐसे भाषण, ऐसे-ऐसे कुतर्क-दुष्तर्क कि सुनते ही मितली होने लगे। उन भाषणों ने राष्ट्रीय एकता को बाधा ही नहीं पहुँचाई, समरसता को घायल ही नहीं किया, अपितु सदियों के साथ से अर्जित विश्वास को भी तोड़ दिया। "... तुम्हें हमने बराबरी दी, तुमने हमें क्या दिया? पाकिस्तान। बहुत हो गई दया-धर्म की बातें। अब हैं वीरता और क्रूरता के दिन। यहाँ रहना था तो रहीम-रसखान बनते, प्यार से दूध में चीनी की तरह, पर नीबू बनोगे तो क्या होगा? दूध फटेगा और दूध तो पनीर बनेगा, उसकी कीमत बढ़ेगी, पर नीबू तो कट के, निचुड़ के, सूख के कूड़े में ही फिंकेगा...।"[71]

उस समय अयोध्या-आंदोलन उफान पर था, जब हम लोग विश्वविद्यालय के विद्यार्थी हुआ करते थे। कुछ अति उत्साही-अतिवादी युवकों की भीड़ सामने रोड से गुज़रने वाले लोगों, रिक्शे वाले, ठेलेवाले, ऑटोवाले, पैदल, साइकिल सवार, चाय-पान

वालों को रोककर कहती, 'जय श्री राम।' यदि सामने वाले ने जवाब दिया, 'जय श्री राम' तब तो ठीक और यदि उसने माजरा क्या है यह समझने के लिए भी चुप रहना उचित समझा तो उसकी खैर नहीं। 'साला कटुआ है, बोलेगा क्या।' कहकर उसे ऑटो-टेम्पो से बाहर उतारते। तब तक सारा माजरा उसकी समझ में आ गया होता था। वह उतरते-उतरते जोर से 'जय श्री राम' कहकर छुटकारा पा जाता। ऐसी घटनाएँ उस ऑटो ड्राइवर के साथ ज़रूर होतीं, जिस पर '786', 'मेहनत मेरी, रहमत तेरी', 'तबस्सुम-शबनम दी गड्डी', 'मौला की दीवानी' आदि लिखा होता। ऐसी तकरीरों को पढ़-सनुकर तत्काल वो मंजर याद आ जाता है।

"राणा प्रताप और शिवाजी के वंशज हैं हम। अर्जुन और भीम की संतान हैं हम और हमारे संग जो धोखा करेगा, वह कभी क्षमा–'झमक'–नहीं पाएगा।

नौ सौ, हज़ार बरस पहले एक राक्षस था–रावण। उसने हमारी पूज्य सीता मइया का अपहरण किया। हम आज भी–'झमक'–भूले नहीं हैं। हर बरस रावण को जलाते हैं।... अब तुम्हें सबक सिखलाना पड़ेगा।... दे तो दिया तुम्हें पाकिस्तान, क्यों बैठे हो यहाँ, दूसरा पाकिस्तान बनाने।"[72]

'इस्लाम खतरे में है' की बाँग हो, या 'अतिशीघ्र हिंदू अपने ही देश में अल्पसंख्यक हो जाएँगे' का भय हो, दोनों ने सौहार्द को नुकसान पहुँचाया है। "पूजनीय आर्यों, आप लोगों को निश्चय ही यहाँ उपस्थित होने का उद्‌देश्य ज्ञात होगा। जैसा कि आप लोग जानते हैं कि हम आर्यों की नस्ल कितनी शुद्ध है, हमारे वेद-विचार कितने सभ्य हैं। इन गौ-मांस भक्षण करने वाले तुर्कों ने हम आर्यों की संस्कृति पर कितना खतरनाक हमला किया, इससे सभी परिचित होंगे। इन तुर्कों ने हमारे मंदिरों को तोड़कर मस्जिदें बनाईं, हिंदुओं की स्त्रियों का बलात् अपहरण किया। अपने भाइयों को जबरदस्ती मुसल्ला बनाया। इनके विचार कितने भ्रष्ट और कुरूप हैं। आज इन लोगों ने हमारे अखंड भारत, हमारे हिंदोस्तान के टुकड़े कर दिए। एक तरह से यह अच्छा ही हुआ। यह मुसल्ले हमारे हिंदोस्तान से चले जाएँगे। इस हवन का यही उद्‌देश्य है कि इस हिंदोस्तान में अब कोई तुर्क न बचे। इसी का संकल्प लेते हुए इस हवन में होम करते हुए तुर्कों के विनाश के उपाय ढूँढ़ेंगे। हमें ही उनके आर्थिक, सामाजिक और राजनीतिक संगठन पर हमला कर उन्हें अपने देश से खदेड़ना होगा।"[73]

यदि हिंदू ने मुसलमान के विरुद्ध ज़हर उगला है तो मुसलमान ने हिंदुओं के विश्वासों की खिल्ली उड़ाई है। "बकवास। राणा जी आप लोगों में यही खसलत है। हर पत्थर को पूजने लगते हैं। भला पत्थर भी कहीं अगले जन्म की तस्वीर पेश कर सकता है? कयामत के पहले कोई दुबारा नहीं पैदा होता राणा जी।"... वे आगे बढ़ लिए। पहाड़ से उतरने के पहले शहजादे ने पलटकर हुक्म दिया, "फौलाद खान! इस पत्थर को जलाकर टुकड़े-टुकड़े कर नर्मदा में बहा दो। कुफ्र और अंधविश्वास से रिआया को निजात मिलनी चाहिए।"[74]

निष्कर्षतः उग्र-बयानी राष्ट्रीय एकता की राह में सबसे बड़ी बाधा है। कुतर्कों का कोई आदि-अंत नहीं है। कुतर्कों द्वारा ही सांप्रदायिक शक्तियाँ तथ्यों को तोड़-मरोड़कर मनचाहा निष्कर्ष निकालती हैं और अपना मतलब साधती हैं। दसवें दशक के हिंदी उपन्यासकारों ने अपने उपन्यासों में सांप्रदायिक विद्वेष के दुष्परिणाम के रूप में राष्ट्रीय एकता बाधित होने का चित्रण करके अपने दायित्व का सम्यक परिपालन किया है।

3.1.6 राष्ट्रीय सुरक्षा को खतरा

सांप्रदायिक विद्वेष के दुष्परिणाम के रूप में राष्ट्रीय सुरक्षा को खतरा एवं राष्ट्रीय एकता में बाधा दोनों काफी हद तक एक-दूसरे से जुड़े हुए हैं। इनमें अंतर्संबंधों की बात से इनकार नहीं किया जा सकता। जहाँ राष्ट्रीय एकता बाधित हुई, राष्ट्रीय सुरक्षा के लिए गंभीर खतरा उत्पन्न होने में देर नहीं लगती। किसी राष्ट्र में जब अल्पसंख्यकों को दोयम दरजे का नागरिक समझा जाता है, उन पर अविश्वास किया जाता है, उनकी निष्ठा प्राश्नेय बनाई जाती है तो स्वाभाविक रूप से वे विद्रोह पर उतारू हो जाते हैं। उनके मन में यह बात घर कर जाती है कि जब मुझे गद्दार कहा ही जाना है तो वफादारी क्यों करूँ? यह ऐसा सत्य है कि यह धीरे-धीरे व्यक्ति के मन में एक विशाल वृक्ष का आकार लेकर राष्ट्रीय सुरक्षा के लिए खतरे का कारण बनता है।

"आपके सामने सब कुछ हो रहा है और आप चुपचाप देख रहे हैं। किस कानून ने आपको अधिकार दिया है, बिना वजह मारने-पीटने का। मैं भी वकील रहा हूँ। इस मुल्क में संविधान है... कानून है... कायदा है।"

"तू हमें कानून-कायदा सिखाएगा। वकील की दुम..."

"साले खाते यहाँ का हैं देखते पाकिस्तान की तरफ हैं। गौर से तलाशी लेना, इस बदमाश वकील के यहाँ दो ट्रांसमीटर भी होंगे। यही साले खबर देते हैं तभी सुबह बी.बी.सी. बोलने लगता है।"

"पाकिस्तानी..." खून भरे मुँह को विकृत ढंग से चबा-चबाकर नौजवान चेहरा फुँफकारता है... "पहले नहीं की, लेकिन अब जरूर करेंगे पाकिस्तानी जासूसी। इस साले देश में अगर ज़लालत ही मिलनी है तो ज़रूर करेंगे पाकिस्तानी दलाली।"[75]

एक बार अविश्वास का पौधा अंकुरित हो भर जाए, उसे विष-वृक्ष बनने में देर नहीं लगती। परिजनों और आत्मीयजनों के प्रति हुए अत्याचार का बदला लेने के लिए लोग मजबूर होकर हिंसा और विद्रोह का रास्ता अख्तियार करते हैं। उनके कदम को गलत साबित करने के लिए अनेकानेक तर्क दिए जा सकते हैं, पर भावनाएँ तो तर्क से नहीं संचालित होतीं। वे तो तर्कातीत हैं—सही-गलत और उचित-अनुचित

से परे। "हाजिरा का एक ही भाई था। वो पुलिस में काम करता था। पता नहीं किसने अपनी दुश्मनी निकालने के लिए आतंकवादियों से कह दिया कि ये इन्फार्मर है। उन्होंने पहले उसकी हामिला बीवी को अगवा कर लिया। ये बेचारा उसे ढूँढ़ने के लिए दरबदर भटकता रहा। फिर एक दिन उसे बेहोशी की हालत में सड़क पर पाया गया। तब उसे थोड़ा-थोड़ा होश था। आसपास लोग देखते रहे, पर किसी ने भी जाकर उसकी मदद नहीं की। जब तक हाजिरा के भाई को पता चला, तब तक ब्लीडिंग की वजह से वो खत्म हो चुकी थी। उसका भाई बीवी को इस हालत में देखकर पागल हो गया। हाजिरा, जो खुद लेडी डॉक्टर है और इतनी औरतों का इलाज करती है। उसकी भाभी सड़क पर लावारिस गाय की तरह तड़पते हुए मर गई। उस वक्त का हाल क्या कहूँ, आपा, पुलिस की जीपें, वर्दी वाले सिपाही, अफसर सबसे गली भरी रहती थी। फिर पता नहीं क्या हुआ, खुदा जाने। ये बात अब एक मिस्ट्री है कि हाजिरा के भाई ने क्यूँ पिस्तौल से अपनी जान ले ली। कहते हैं हाजिरा की भाभी के फिरन की जेब से एक कागज निकला था, जिसे पढ़कर उसका भाई अपने होशो-हवास खो बैठा और उसने अपनी पिस्तौल से अपनी जान ले ली।"[76]

कोई भी दंगा सड़क पर बाद में उतरता है, पहले दंगाइयों के मनोमस्तिष्क में वह जन्म ले चुका होता है। निहित स्वार्थों की पूर्ति के लिए दंगाई कोई न कोई बहाना खोजते रहते हैं। अयोध्या, मेरठ, अलीगढ़, मुंबई, गोधरा-गुजरात, पूर्वोत्तर भारत, कश्मीर—हर जगह उग्र-बयानी ने ही सौहार्द को बिगाड़ा। "वह दस्तकों से परेशान था। परेशान नहीं पागल और फिर दस्तकों पर दस्तकें। पश्चिमी सीमांत से एके-47 चीनी राइफल ने दस्तक दी। हथियार बनेंगे तो चलेंगे भी। उत्तर पश्चिमी सीमांत से भागकर आए परिवारों ने दस्तक दी। उनकी आहों और कराहों ने दस्तक दी।

देश का हर राज्य, हर केंद्रशासित प्रदेश किसी न किसी समस्या और अलगाववादी रुझान को लेकर परेशान पीड़ित है। रोज-ब-रोज किसी-न-किसी सीमांत प्रांत में अलगाववादी स्वर सुनाई पड़ता है। भले ही इन सभी माँगों के मूल में केवल सांप्रदायिक समस्याएँ न हों, पर सांप्रदायिक विद्वेष नहीं हैं, यह नहीं कहा जा सकता। कश्मीर में बहुसंख्यक मुसलमानों ने आज यह समझ लिया है कि अलगाववाद का समर्थन, कथित स्वतंत्रता की माँग का समर्थन किसी रचनात्मक बदलाव में समर्थ नहीं है। यह तो सिर्फ एक अँधेरी सुरंग का नाम है, जिसका कोई ओर-छोर नहीं। दंगाइयों का, आतंकवादियों का कोई धर्म नहीं होता, कोई मजहब नहीं होता। वे सिर्फ और सिर्फ दंगाई होते हैं। अमन और सौहार्द के दुश्मन।

"ये बेगम मुशीर के रोने की आवाज है... लेकिन मुशीर साहब तो यहाँ खड़े हैं! कंधे पर अब्दुल गनी की लाश लादे हुए...ये तुम्हें नज़र नहीं आते। अदालत ने पूछा।"[77]

"जी... वो बात यह है कि इनकी रूह तो यहाँ चली आई, लेकिन श्रीनगर से मैयत को दिल्ली पहुँचने में देर लगी। बेगम मुशीर जिस प्लेन से सफर कर रही थीं, उसी में पर्दे के पीछे इनकी लाश रखी थी... इन्हें कुछ पता नहीं था। फिर उनके दामाद अब्दुल सलाम ने धीरे-धीरे उन्हें बताना और समझाना शुरू किया। आखिर लाश जामिया नगर पहुँच गई, पर बेगम मौत को मंजूर नहीं कर सकीं। बोलीं—डॉक्टर को बुलाओ... ये जिंदा हैं... बस तभी से बेगम रो रही हैं।...

तो उन्हें बताओ कि मौत को मंजूर करें, जो कुछ भी मुर्दा हो जाता है, उसे जल्दी-से-जल्दी मंजूर करने से ही दुनिया बदलती है।"[78]

अगर इस तरफ से पीड़ित लोग राष्ट्र विरोधी ताकतों से हाथ मिला लें तो राष्ट्रीय सुरक्षा को गंभीर खतरा पैदा हो सकता है। राष्ट्रीयता को, राष्ट्रीय एकता और सुरक्षा को सबसे बड़ा खतरा अब्दुल्ला बुखारियों, अशोक सिंहलों, नरेन्द्र मोदियों और प्रवीण तोगड़िया-जैसी उग्र असहिष्णु मानसिकता वाले लोगों से है। ये लोग सौहार्द-सद्भाव देख ही नहीं सकते। अमन-चैन से देशवासियों को रहते देखकर इनकी छाती पर साँप लोटने लगता है।

"लेकिन इस दौर में भी तो जामा मस्जिद का शाही इमाम आज़ादी को झूठा कहता है। ये अब तक नहीं बदला और न वक्त को बदलने देता है।

"यह नहीं बदलने देगा, क्योंकि यह जाहिल हिंदुस्तानियों का सरगना है... दूसरी तरफ जाहिलों के दूसरे नेता खड़े हैं।—अशोक सिंहल, जो हिंदू नहीं जैनी हैं और वो महंत अवैद्यनाथ जो गोरखपंथी है... अर्दली अदालत को बता रहा था—इनके अलावा भी बहुत से हैं हुजूर... जाहिलों की कमी नहीं है इस मुल्क में।"[79]

इन जाहिलों ने अपने स्वार्थ की रोटी सेंकने के लिए हज़ारों-हज़ार बेगुनाहों को जिंदा जलवाया और वह रोटी गर्म बनी रहे इसलिए ये दंगे की आग कहीं-न-कहीं सुलगाए रखना चाहते हैं।

"...तभी कराची का एक मुहाजिर खड़ा हो गया—मैं भी मारा गया हूँ।

क्यों?

क्योंकि मैं पाकिस्तान में पाकिस्तान बना रहा था।

तो क्या सनू सैंतालीस में पाकिस्तान नहीं बना?

बना, लेकिन वह तो जुगराफिए की बात है... हमारे दिमागों और दिलों में पाकिस्तान का जो नक्शा बनाया गया था, वह अभी पूरा नहीं हुआ है...

वह कभी पूरा भी नहीं होगा! त्रिशूल पकड़े एक मुर्दे ने तेज-तलब गुर्राती आवाज़ में कहा—अब भारत अखंड होगा... और उसने नारा लगाया।

'राम, कृष्ण और विश्वनाथ। तीनों लेंगे एक साथ!'[80]

...मुझे तो शोपियाँ में मारा गया...मतलब?

मैं खालिस्तानी नहीं हूँ... मैं तो कश्मीरी हूँ... लेकिन मुझे फिर भी मारा गया। मुझसे कहा गया है कि अपनी घड़ी का वक्त बदलो... इसे पीछे करो सुइयों को पाकिस्तानी वक्त पर लाओ।

क्या वक्त को पीछे करने से पाकिस्तान बन जाता है? अदालत ने पूछा।

मुझे नहीं मालूम। पर मुझसे कहा गया है कि सिर्फ हरी पगड़ी पहनो और झटके की दुकान बंद करो... कश्मीरी पंडितों से कहा गया—पंडित यहाँ से भाग जाओ, पंडिताइन को यहाँ छोड़ जाओ। उनमें से कई एक भागते हुए आपकी अदालत में आ रहे हैं।

—कुछ तो आ चुके हैं! अर्दली ने जोड़ा।

—तो मुशीर साहब, आप कश्मीरी पंडित हैं? अदालत ने जानना चाहा।

—जी नहीं। मैं मुसलमान हूँ... पाँच वक्त की नमाज़ पढ़ता हूँ। नमाज़ पढ़ने ही जा रहा था, जब मुझे किडनैप किया गया और दूसरे दिन मारा गया। मुशीर साहब बोले—हुजूर आपने ठीक फरमाया था कि वक्त को पीछे ले जाने से पाकिस्तान बन जाता है।

—तो वक्त को घसीटकर कोई कितने पीछे ले जाएगा?

—बाबर तक! त्रिशूलधारी चीखा—क्योंकि हमारी गुलामी का इतिहास बाबर से शुरू होता है।

—नहीं, हमारी गुलामी का इतिहास अंगरेजों के आने से शुरू होता है। भागलपुर का एक बुड्ढा चिल्लाया—अंगरेजों ने हमारी सल्तनत बहादुरशाह ज़फर से छीनी थी—वो जब गए तो उन्हें हमारी सल्तनत, हमें देकर जाना चाहिए था... बाबर तो गाजी था।—बाबर बर्बर था। दरिंदा था... उसने आते ही अयोध्या में हमारा राम जन्मभूमि मंदिर तोड़ा था और वहाँ बाबरी मस्जिद बनवाई थी। पाकिस्तान बनना तो उसी दिन शुरू हो गया था। त्रिशूलधारी भभक पड़ा।

—यह गलत है! मेरठ का एक अधेड़ चीखा।

—यह सही है। त्रिशूलधारी और भड़का।

अदालत में अजीब सा हंगामा बरपा हो गया। मुरदों की आँखें दहशत से भर गईं। वे बदन पर जमे खून के थक्के उचेड़ने लगे... उचेड़ने के साथ-साथ ताज़ा खून भी रिसने लगा।[81]

ऐसी भी परिस्थितियों में, जब बिना जाने-समझे औरों पर आरोप लगाए जाते हैं, सौहार्द बिगड़ता है। सद्भाव बिगड़ने का सबसे बड़ा और बुरा असर हमारी राष्ट्रीय एकता पर पड़ता है, जिसके परिणामस्वरूप हमारी राष्ट्रीय सुरक्षा खतरे में पड़ जाती है। यह तथ्य चिंतनीय है कि ऐसी स्थितियाँ बारंबार उत्पन्न की जाती और होती हैं, परिणामतः बारंबार हमारी राष्ट्रीय सुरक्षा खतरे में पड़ी नजर आती है। सांप्रदायिक विद्वेष के दुष्परिणाम के रूप में राष्ट्रीय सुरक्षा को कैसे खतरा उत्पन्न होता है, इसका

चित्रण दसवें दशक के हिंदी उपन्यासों में बहुत अधिक नहीं हुआ है। हाँ, प्रतीकात्मक भाषा में कुछ उपन्यासकारों ने इस समस्या के कारणों का विवेचन अवश्य किया है।

3.2 उग्र सांप्रदायिकता और दसवें दशक के उपन्यास

"सांप्रदायिकता के सिद्धांत को विकसित करने के लिए सांप्रदायिक स्थिति की कुछ स्थानीय विशेषताओं को समझना ज़रूरी है। अधिकांश दंगे मध्यम आकार के कस्बों में (क्योंकि ऐसे शहरों में छोटे दुकानदार अक्सर रूढ़िवादी होते हैं और सांप्रदायिक प्रभाव की ओर उनका झुकाव होता है) होते हैं। जिन कस्बों में मुस्लिम आबादी 20 से 50 प्रतिशत होती है, वे अत्यधिक दंगा संवेदन क्षेत्र हैं। जिन कस्बों में मुसलमान व्यापारी वर्ग के रूप में होता है और वह हिंदू व्यापारी वर्ग के एकाधिकार को चुनौती देता है, वे कस्बे सांप्रदायिक दंगों की दृष्टि से अत्यधिक संवेदनशील होते हैं। इसके साथ ही जिन कस्बों पर सांप्रदायिक तनाव का इतिहास है, वे और भी अधिक संवेदनशील होते हैं।

इन बातों को ध्यान में रखकर आसानी से समझा जा सकता है कि मुरादाबाद, अलीगढ़, मेरठ, जमशेदपुर, बनारस, भिवण्डी, मालेगाँव, पुराना हैदराबाद शहर आदि में सांप्रदायिक दंगों की घटनाएँ बार-बार क्यों घटती हैं। हालाँकि इसका अर्थ यह नहीं है कि बड़े नगरों या मुंबई जैसे महानगर दंगों के लिए संवेदनशील नहीं हैं। बाबरी मस्जिद गिरने के बाद मुंबई और कोलकाता में जो घटित हुआ, उसे हम सब जानते हैं। बंबई में सांप्रदायिक दंगे प्रचंडता से फैले। वास्तव में, मुंबई में 1984 में भी दंगे हुए थे। शिवसेना के उभार से बंबई अत्यधिक दंगा संवेदन क्षेत्र बन गया है।"[82]

उक्त क्षेत्रों का अत्यधिक दंगा संवेदन होने का प्रथम दृष्टया जो कारण नज़र आता है, वह है—उग्र सांप्रदायिकता। यहाँ दंगों की आग को शमित करने का प्रयास कोई नहीं करता, अपितु सांप्रदायिक शक्तियाँ उसमें पेट्रोल डालकर उसे भड़काने का ही प्रयास करती हैं। उग्र सांप्रदायिकता से हमारा आशय प्रायः ऐसे वक्तव्यों, ऐसी तकरीरों आदि से है, जो समाज की मनोस्थिति को असंतुलित करते हैं, उन्हें उत्तेजित करके दंगा, आगजनी, मारकाट और बलवा करने को उकसाते हैं।

दसवें दशक के हिंदी उपन्यासों में उग्र सांप्रदायिकता—चाहे वह उग्र मुस्लिम सांप्रदायिकता हो अथवा उग्र हिंदू सांप्रदायिकता दोनों का चित्रण हुआ है। "तीनों घर लौटे तो उनके मुँह लटके थे। उनके हाथों में वे कैसेट थे, जो गली-गली में बज रहे थे। प्लेयर पर उन्हें लगाकर वे चुपचाप बैठ गए।

"... तुम्हें हमने बराबरी दी, तुमने हमें क्या दिया? पाकिस्तान। बहुत हो गई दया-धर्म की बातें। अब हैं वीरता और क्रूरता के दिन। यहाँ रहना था तो रहीम रसखान बनके, प्यार से दूध में चीनी की तरह, पर नीबू बनोगे तो क्या होगा? दूध

फटेगा और दूध तो पनीर बनेगा, उसकी कीमत बढ़ेगी, पर नीबू तो कटके, निचुड़ के, सूख के कूड़े में ही फिंकेगा...। राणा प्रताप और शिवाजी के वंशज हैं हम। अर्जुन और भीम की संतान हैं, हम और हमारे संग जो धोखा करेगा, वह कभी क्षमा 'झमक' नहीं पाएगा।"[83]

ऐसा नहीं है कि ये विस्फोटक भाषण केवल हिंदू देते हों, मुसलमान उनसे इंच भर भी पीछे नहीं हैं। 'लंका में सबै उस चास हाथ के'—वाली उक्ति यहाँ चरितार्थ होती है। जहाँ हिंदुओं का भाषण विस्फोटक होता है, वहीं मुसलमानों की तकरीरों में भी सौहार्द-सद्भाव की कोई बात नहीं होती। इन भाषणों-तकरीरों को प्रभावी बनाने के लिए अक्सर ये—'हिंदू जल्दी ही अपने ही घर में अल्पसंख्यक हो जाएगा' और 'इस्लाम खतरे में है' का राग अलापते रहते हैं।

"—हाँ!-हाँ! तुम लोग कहर की बात करते हो... हम कयामत बरपा करेंगे और मिस्र में हम वह कुछ भी जिंदा नहीं छोड़ेंगे, जो इस्लाम से पहले का है। हम उसे बरबाद करके रहेंगे। यह आवाज ऐन वक्त पर दूरदराज अमेरिका से आई—वहाँ मिस्र का मुल्ला शेख अमर अब्दुल रहमान चीख रहा था, जो अमेरिका में बिना इजाजत घुस गया था और गरीब, अनपढ़ मुसलमानों को इस्लाम के नाम पर भड़का रहा था।

हाँ, हम इस्लामपरस्त हैं। हमने ही अनवर सादात को मारा था, क्योंकि उसने इसराइलियों से कैंप डेविड का समझौता किया था... अब हम हुस्नी मुबारक और हसन-अल-अल्फी की सरकार को भी माफ नहीं करेंगे... मिस्र तो है क्या, वहाँ की सत्ता तो हम हासिल करके रहेंगे, पर हम तो पूरे उत्तरी अफ्रीका और दक्षिणी यूरोप को भी हिलाकर रख देंगे... अल्जीरिया और टर्की को भी हम माफ नहीं करेंगे... क्योंकि ये मुल्क मुसलमान तो हैं, पर ये विधर्मी हो गए हैं, इन्हें हम मज़हब के रास्ते पर लाएँगे।"[84]

उग्र सांप्रदायिकता ने हमारे समाज के ताने-बाने को समय-समय पर छिन्न-भिन्न किया है। उग्र हिंदू जहाँ विस्फोटक बयानों से सद्भाव बिगाड़ते हैं। वहीं उग्र मुस्लिम तकरीरों से हिंदुओं को यह कहने का अवसर मिल जाता है कि 'हर क्रिया की प्रतिक्रिया' होती है।

3.2.1 मुस्लिम सांप्रदायिकता का उग्र रूप

सांप्रदायिकता के उग्र रूप ने समाज को बाँटने का ही काम किया, चाहे वह उग्र मुस्लिम सांप्रदायिकता हो या फिर हिंदुओं की सांप्रदायिकता का उग्र रूप। इसी ने लोगों को प्रतिक्रियावादी भी बनाया। मध्यकाल में जाने कितने मठ-मंदिर नेस्तनाबूद किए गए थे। बाद में उन्हें आधार बनाकर विस्फोटक तकरीरें की जाने लगीं। इसका परिणाम यह हुआ कि सद्भाव की बेल सूख गई। हिंदुओं ने भी इस बयानबाजी

के बदले चिर-परिचित हथियार उठाया—'इन म्लेच्छों की अब यहाँ कोई ज़रूरत नहीं है।'

"सोमनाथ मंदिर! क्या कहा? मंदिर मौजूद है... उसे तो महमूद गजनवी ने मिसमार किया था... फिर कैसे खड़ा हो गया? उसे जमींदोज कर दो और उड़ीसा ... क्या? उड़ीसा में फिर मंदिर बनाए गए हैं। ... तो असद खाँ को हुक्म भेजो कि पिछले दस-बारह सालों में जितने भी नए मंदिर वहाँ बने हैं, उन्हें गिरा दिया जाए और पुराने मंदिरों की मरम्मत के लिए इजाजत न दी जाए। हुक्म तामील हुआ है, इसकी खबर काजी की मुहर लगी तहरीर के साथ फौरन दरबार में दाखिल की जाए। मथुरा के केशवराय मंदिर को भी गिरा दिया जाए... उस मंदिर पर पत्थर की जो पैड़ी दाराशिकोह ने बनवाई है, उसे तोड़ दिया जाए और मथुरा के फौजदार को हुक्म दिया जाए कि हुक्म तामील होते ही उसकी खबर फौरन शाही दरबार को दी जाए।"[85]

इतना ही नहीं, उस समय यह भी तय किया गया कि शासितों (बहुसंख्यक हिंदुओं) को कैसे रखा जाना है, उनके साथ कैसा व्यवहार किया जाना है। यह नीति उसी समय निर्धारित की गई थी कि किसी मुसलमान को किसी हिंदू का मातहत न बनाया जाए और हिंदुओं को साफतौर पर बता दिया जाए कि वे प्रजा हैं और उन्हें राजसत्ता के हुक्मों का सिर झुकाकर पालन करना चाहिए।

"हिंदुओं को दबाकर रखा जाए... अकबर और जहाँगीर के जमाने का जो मेलजोल, हिंदू-मुसलमान बराबरी की जो रवायतें चली आ रही हैं, उन्हें खत्म किया जाए, हिंदू को रिआया माना जाए और राज्य को निज़ामे मुस्तफा के तहत चलाया जाए... जयपुर के महाराजा मिर्जा राजा जयसिंह के बाद उनके खानदान के किसी आदमी को सल्तनत में वह इज्ज़त, और मर्तबा न दिया जाए, जो उन्हें हासिल रहा है। मौका पाते ही सल्तनत के वजीरे खारिजा राजा रघुनाथ को हटाकर यह ओहदा किसी मुसलमान को दिया जाए... और खुलकर अब इन काफिर हिंदुओं को बता दिया जाए कि वह प्रजा हैं, उन्हें बराबरी का हक हासिल नहीं है... क्योंकि मुसलमानों ने इस मुल्क को फतह किया है। और आप इस मुल्क के शहंशाह हैं... बस तभी से आलमगीर का दिमाग खराब हुआ है...।"[86]

सारी परेशानियाँ वहीं से शुरू होती हैं, जब आदमी, आदमी न रहकर हिंदू या मुसलमान बन जाता है। इनसानियत-अच्छाई से उसका कोई नाता नहीं रह जाता। अपने धर्म, अपने मजहब, अपने रीति-रिवाजों को ही सर्वोत्तम मानने लगता है। किसी भी सांप्रदायिक व्यक्ति के यही लक्षण हैं। व्यक्तिगत फैसलों, घर के मामलों में भी मज़हब का दखल सांप्रदायिकता नहीं तो और क्या है। हर मज़हब अच्छाई के बारे में बताता है, सत्य का समर्थन करने की बात कहता है, पर संकीर्ण दिमाग वाले ये लोग मज़हब की उस आवाज को सुनना ही नहीं चाहते। वे तो सिर्फ अपने लाभ के लिए, स्वार्थ की पूर्ति के लिए मज़हब की आवाज़ सुनते हैं और उसके द्वारा दिए

गए आदर्शों-निर्देशों का परिपालन करते हैं।

हाजी अशरफ का नाम सुनते ही सलेमी के तन-बदन में आग लग गयी, लेकिन फिर भी अपने को संयत कर बोला, "हाजी असरप लू काँई लू... माणक बणिया लू काँई लू न देएँ?"

बाप की इस गुस्ताखी पर बाबू तिलमिला कर रह गया। इसके बावजूद वह उस वक्त अपने मायके रुक गया और शालीनता का आवरण ओढ़ते हुए, सलेमी के पास आया और बेहद शांत होते हुए बोला, "बाप, चौधरी मुरसीद ने साफ कह दी है के नथीणा की सरपंची अबके कोई भी हालत में हिंदून् के पै ना जाणी चाहिए...रात कू हाजी असरप की कचैड़ी में चौस्साब के आगे ई फैसला हुओ है।"[87]

ये मुद्दे इतने संवेदनशील होते हैं कि बाप-बेटे और मियाँ-बीवी में झगड़ा करवा दें। अगर बाप बेटे की अनाप-शनाप सुनने और उसे मानने को तैयार नहीं है तो उसे ही 'कौम का गद्दार' कहा जाएगा। अगर बीवी अपने शौहर के कहे के मुताबिक फिरकापरस्त ताकतों को वोट न देकर किसी प्रोग्रेसिव फ्रण्ट को वोट दे दे तो तीन बार 'तलाक' कहकर उसे छुटकारा पाने का रास्ता पति को शरीयत ने उपलब्ध ही करवा दिया है। "... बाप का फैसला सुनने के बाद तो बाबू बेकाबू हो गया, "हाँ-हाँ तू काँई लू देएगो हाली असरप लू वोट... वा माणक बणिया लू देएगो, जो तेरो गोती भाई है... अरे, तेरा-जैसा आदमीन् की वजे सू इन काफरन् न हमारो जीणो हराम कर राखो है... हाजी असरप जैसो भी है... है तो अपणी बिरादरी, अपणी कौम को ... अरे, काल-कला कू अपणी बिरादरी ही काम आएगी... आन जात कोई काई कै कनै न फटकेगो... बाप, तेरा-जैसा आदमीन्नेई हमारी कौम को बेड़ा गरक करवा राखो है।" इतना कहकर बाबू पाँव पटकता हुआ बाहर निकल गया।"[88]

वोट के आगे। कौम के आगे माँ-बाप, भाई-बहन, बीवी-बच्चे, गाँव-समाज सब बेकार से लगते हैं संप्रदायवादियों को। इन कूढ़मग्जों को जो 'धर्म-मजहब'-संप्रदाय-इस्लाम-हिंदुत्व' के नारे लगाते रहते हैं, पढ़ने-पढ़ाने से, तर्क-वितर्क करने से, कोई रचनात्मक काम करने से कोई मतलब ही नहीं है। इनके दिमाग में तो जैसे सनक भरी हुई हो। मध्यकाल से ही मंदिर-मस्जिद एवं अन्य प्रकार के देवालयों के ढहाने एवं उनके निर्माण पर जितना जोर रहा, विद्यालय, मदरसे, स्कूल स्थापित करने पर उतना नहीं। इसका एक कारण यह भी हो सकता है कि आदमी पढ़-लिखकर समझदार हो जाता है और जाहिर बात है कि समझदार आदमी वही कहा जाएगा, जिसमें अपना हित-अहित सोचने की समझ और क्षमता हो। जन-सामान्य में अज्ञान का अंधकार कुंडली मारे बैठा रहे, संप्रदायवादियों की यही मंशा है। ... तो हिंदुओं की पाठशालाएँ क्या बंद की गईं?

इसलिए कि उनमें हिंदू पंडित मुसलमान बच्चों को अपनी मजहबी साइंसें पढ़ाने लगे थे। शाहजहाँ के दौर में दाराशिकोह की शह पर हिंदुओं के हौसले बहुत बढ़

गए थे... आखिर मुसलमानों को हिंदू-धर्मशास्त्र और विज्ञान पढ़ाने का मतलब क्या था... दाराशिकोह की वजह से हिंदुस्तान में हिंदू तुष्टीकरण नीति शुरू हुई थी... दारा इस्लाम विरोधी था।

यानी औरंगज़ेब ने इस्लाम के नाम और उसके उसूलों पर सल्तनत चलाने की नीति तय की थी। इसीलिए औरंगज़ेब ने हिंदुओं पर जजिया टैक्स लगाया था। श्रीराम शर्मा ने सवाल किया।

वह इसलिए कि अकबर के दौर से लेकर जहाँगीर के शासनकाल तक हिंदुओं को सिर पर चढ़ा लिया गया था और वे यह भूलने गए थे कि मुगलों ने भारत को फतह किया है... शाहजहाँ ने इस भूल को सुधारा, लेकिन शाहजहाँ के आखिरी दिनों में दाराशिकोह ने उन्हें अपने काबू में कर लिया था... हिंदू लोग मुसलमानों की बराबरी करने लगे थे, इसलिए जजिया लगाकर उन्हें यह बताना और जताना जरूरी हो गया था कि वे अपनी औकात में रहें... इसके अलावा शाहजहाँ के दौर में जो बेतहाशा खर्चा मस्जिदें, किले और ताजमहल बनवाने में हुआ था, उसकी वजह से शाही खजाना खाली हो गया था। इनमें से कौन-सी वजह अहम थी आलमगीर? अदीब ने पूछा—तुम हिंदुओं को उनकी औकात बताना चाहते थे या खाली हो गए खजाने को भरना चाहते थे?[89]

वास्तव में, देखा जाए तो कथित इस्लाम के झंडाबरदारों का असली मकसद अपनी उन्नति करना था, राज्यसत्ता की प्राप्ति था, मुल्ला-मौलवियों-इमामों का अपने लिए समर्थन प्राप्त करना था। शायद यही कारण है कि अतिवादियों में कौन सर्वाधिक कौम-परस्त, मज़हब-परस्त, इस्लाम-परस्त है, यह साबित करने के लिए वे लोग उग्रता का, अतिवाद का सहारा लेते थे। इसीलिए वे कहते हैं, "कुछ भी हो, हम उस अतीत से कोई रिश्ता नहीं रखना चाहते, जो इस्लामी नहीं है। यह पिरामिड, ये स्फिक्स मूर्तियाँ हैं... हमारे रसूल ने मूर्तियों को मंजूर नहीं किया, हम भी इन्हें मंजूर नहीं करते... हम इन मूर्तियों को, जो पिरामिड और स्फिक्स की शक्ल में यहाँ मौजूद हैं, उन्हें तोड़कर और मिटाकर सबाब के हकदार बनेंगे... ये पिरामिड, ये मंदिर, ये स्फिक्स सब टुकड़े-टुकड़े होकर गीजा के रेगिस्तान में दफ्न हो जाएँगे सुना तुमने... इन्हें हम इनसान की याद्दाश्त से खत्म कर देंगे। यह धमकी मिस्र का एक मामूली आतंकवादी मुल्ला शेख अली याहिया दे रहा था।"[90]

मुसलमानों की उग्र सांप्रदायिकता को बढ़ावा कथित धर्म निरपेक्ष दलों की मुस्लिम तुष्टीकरण की नीति ने भी दिया है। भले ही यह फैसला समाज-विरोधी हो, राष्ट्र-विरोधी हो, लोकतंत्र और मानवता के साथ-ही-साथ प्राकृतिक न्याय का भी विरोधी हो, लेकिन कुर्सी पाने और उससे चिपके रहने के लिए मुसलमानों के (भी) वोट चाहिए। इसलिए उनका तुष्टीकरण कथित धर्मनिरपेक्ष दलों का सर्वप्रथम कार्यक्रम बन गया है। वरिष्ठ पत्रकार और 'पाञ्चजन्य' साप्ताहिक के संपादक तरुण विजय

ने एक ऐसी ही घटना का उल्लेख करते हुए बताया है कि संतुलित और तर्कपूर्ण बात करने वाले भी कैसे कथित धर्मनिरपेक्षतावादियों की मुस्लिम-तुष्टीकरण की नीति के चलते उनके निशाने पर होते हैं। "पिछले दिनों नोबल पुरस्कार विजेता सर विद्याधर नायपाल से हम कुछ पत्रकारों और साहित्यकारों की डेढ़ घंटे तक विभिन्न मुद्दे पर बातचीत हुई। नायपाल ने कहा कि भारत के बुद्धिजीवियों को खुलकर इस बारे में बहस शुरू करनी चाहिए कि मुस्लिम-समाज जितनी सहिष्णुता दूसरों के प्रति दिखाता है, उसे दूसरों से भी उतनी ही सहिष्णुता की अपेक्षा करनी चाहिए। यह बहुत महत्त्वपूर्ण बात है, पर ऐसी ही बातों के कारण नायपाल को छद्म सेक्यूलर के विरोध का भी सामना करना पड़ता है। नायपाल को विश्व के साहित्यिक-समाज ने नोबल पुरस्कार से भले ही सम्मानित किया हो, लेकिन भारत में वे सेक्यूलरों की उपेक्षा और आघातों (या खुशवंत सिंह के चुटकुलों) का ही बिंदु बने रहे। एक भारतीय मूल के विश्व-प्रसिद्ध साहित्यकार का नोबल पुरस्कार मिलने के बाद पहली बार भारत आगमन हुआ, पर सिवाय नीमराना (राजस्थान) और विज्ञानभवन के उनके सम्मान में न भारत सरकार ने कुछ विशेष किया, न भारत के उन समर्थ बौद्धिक संस्थानों और अकादमियों ने, जो अन्यथा किसी भी विदेशी साहित्यकार के चरणों में बिछे-बिछे चले जाते हैं, क्योंकि इन संस्थाओं और सरकार के सम्मान का पात्र बनने के लिए शर्त शायद एक ही रहती है कि वह सेक्यूलर वामपंथी विचार विश्व का सदस्य होना चाहिए। वरना कोई कारण नहीं था कि भारतीय मूल के नोबल पुरस्कार विजेता को भारत के राष्ट्रपति या प्रधानमंत्री भोजन पर आमंत्रित न करें या उनसे मिलने के लिए सरकार की ओर से भारतीय भाषाओं के विद्वानों, विचारकों और साहित्यकारों के लिए समागम तक के आयोजन पर विचार न किया जाए। भारत के सेक्यूलर प्रतिष्ठानों की निगाह में नायपाल का सबसे बड़ा अपराध है—अयोध्या में राम जन्म भूमि आंदोलन का समर्थन करना और इस्लाम में मतांतरित समाजों का सम्यक विश्लेषण करना। नीमराना (राजस्थान) में सर विद्याधर को विदेश मंत्रालय के अंतर्गत आई.सी.सी.आर. (जिसके हिंदी काम को इस भूरे अंगरेजों के संस्थान के मालिक तक न जानते होंगे, वैसे उसे कहते हैं भारतीय सांस्कृतिक संबंध परिषद) ने आयोजित किया। सर विद्या एक विचारक और चिंतक हैं, पर आई.सी.सी.आर. ने उन्हें पूरी तरह से इस माहौल से काटकर रखा।"[91]

'प्रेस की आजादी', 'अभिव्यक्ति की स्वतंत्रता' जैसे जुमले जहाँ बात-बात में उचारे जाते हों, वहाँ ऐसा कृत्य निश्चय ही निंदनीय कहा जाएगा। इस सबके मूल में वही एक बात है—मुस्लिम तुष्टिकरण, उग्र मुसलमानों का फासीवादी रवैया! इन कथित धर्मनिरपेक्ष शक्तियों (छद्म सेक्यूलर) ने अपनी कही हर बात को सही साबित करने के लिए प्रेस का, मीडिया का जमकर दुरुपयोग किया है। अंगरेजी-मीडिया को तो मुसलमानों की भड़काऊ तकरीरें सुनाई ही नहीं पड़तीं। भले ही दंगों में हिंदू

लुटा-पिटा, मारा-जलाया गया हो, हमेशा उसे ही गलत, अतिवादी और सांप्रदायिक ठहराया है इस प्रेस ने, मीडिया ने।

यदि कहीं सौहार्द-सद्भाव की बात होती भी है तो ये उग्र विचारधारा वाले लोग हाय-तौबा मचाकर उसे परवान नहीं चढ़ने देते।

मौला दाद ने बड़ी तीखी नजर से लक्ष्मी-नारायण की ओर देखा, "आप लोगों का बस चले तो आप फिसाद करवाकर ही छोड़ोगे। हमी लोग बरदाश्त किए जा रहे हैं" फिर उसकी नजर हकीम जी पर पड़ी और उन्हें देखते ही मौला दाद का पारा तेज हो गया, "यह हिंदुओं का कुत्ता भी आपके साथ गया था? यह किसकी नुमाइंदगी करने गया था?" तीनों चुप हो गए। हकीम जी सुना-अनसुना करते हुए मुँह ऊँचा किए पुल की दिशा में देखने लगे। पर मौला दाद हकीम जी को देखते ही तिलमिला उठा था।

"मुसलमान का दुश्मन हिंदू नहीं है, मुसलमान का दुश्मन वह मुसलमान है, जो दुम हिलाता हिंदुओं के पीछे-पीछे जाता है...।"

"देखिए, मौला दाद साहिब," हकीम जी ने बड़े ठहराव के साथ कहा, "आप का जो मन आए मुझे कहिए, पर सबसे अहम सवाल हिंदुस्तान की आजादी का है, कांग्रेस से ताकत छीनने का है, हिंदू-मुसलमान का नहीं है।"

"चुप रह कुत्ते," मौला दाद ने चीखकर कहा। उसकी आँखें लाल हो रही थीं और होंठ काँप रहे थे।

"छोड़ो-छोड़ो, जाने दो, जाने दो, यह वक्त झगड़ा करने का नहीं है।"[92]

नफरत की आग आदमी को आदमी नहीं रहने देती, वह उसे हिंदू, मुसलमान, सिख, ईसाई, यहूदी आदि में बाँट देती है, ऐसे आदमी किसी के भी सगे-अपने नहीं हो सकते अपनी कौम के भी। इनके मन में नफरत का, घृणा का जाने कैसा ज्वालामुखी होता है, जो प्यार-मुहब्बत से परे होता है। उसके फूटने से सिर्फ लावा निकलता है, जो सब-कुछ जलाकर खाक कर देता है। इस संदर्भ में जो सबसे बड़ी बात है, वह है कथित 'राष्ट्रवाद'। जिस तरह हिंदू स्वयं को एक राष्ट्र समझते और मानते हैं, ठीक उसी तरह मुसलमान भी स्वयं को एक राष्ट्र मानते हैं। दोनों ही, अपने-अपने 'राष्ट्र' को उत्तम-आदर्श घोषित करते हैं। कोई भी इंच भर झुकने को तैयार नहीं है। वस्तुतः, 'राष्ट्रवाद' एक खूबसूरत आवरण में ढका हुआ जातिवाद ही है। डॉ. अम्बेडकर कहा करते थे कि इस्लाम एक सच्चे मुसलमान को भारत को अपनी मातृभूमि और हिंदुओं को अपना निकट संबंधी मानने की इज़ाज़त नहीं देता। आज तक शायद यह बात सच ही साबित हो रही है। जरूरत सिर्फ इतनी है कि मुसलमान भाई इस विवाद के वर्म में न फँसें और सद्भाव-सौहार्द बनाए रखने में अपनी भूमिका का सम्यक् निर्वहन करें। साथ ही, अपनी कौम पर लगा उग्रवाद का ठप्पा खुरच-खुरच कर छुड़ा दें।

3.2.2 हिंदू सांप्रदायिकता का उग्र रूप

उग्रता में न मुसलमान कम हैं, न हिंदू। 'तू डाल-डाल तो मैं पात-पात' वाली उक्ति यहाँ पूरी तरह लागू होती है। किसी ने भी घृणा-विद्वेष के बदले स्नेह-प्रेम की चर्चा ही नहीं की। कथित राष्ट्रवादी हिंदू अपनी विकृत मानसिकता का सहारा लेकर कैसे दंगाइयों-बलवाइयों की फौज तैयार करते हैं, यह किसी से छिपा नहीं है। प्रतिक्रियावादी लोग बाकायदा मारकाट की ट्रेनिंग देकर दंगाइयों को 'पक्का' करते हैं।

"रणवीर को बाजू से पकड़कर मास्टर जी पिछले आँगन में ले आए। यह आँगन छोटा था और दूसरी ओर साथ वाले मकान की ऊँची दीवार खड़ी थी। गोरखा हाथ में एक मुर्गी उठाए। दूसरे हाथ में छुरा लिए उनके पीछे-पीछे चला आया।

"इधर दीवार के पास बैठ जाओ रणवीर और इस मुर्गी को काटो। दीक्षा से पहले तुम्हें अपनी मानसिक दृढ़ता का परिचय देना होगा।"

उन्होंने रणवीर को बाजू से पकड़ा और उसे आगे ले आये, "आर्य युवकों के लिए मनसा, वाचा, कर्मणा—तीनों प्रकार की दृढ़ता की जरूरत है। छुरी हाथ में लो और उधर बैठ जाओ।"

"इसमें कुछ भी मुश्किल नहीं है। लो, मैं तुम्हें दिखाता हूँ" और उन्होंने मुर्गी का पैर अपने दाएँ बूट के नीचे दबाया। मुर्गी की आँखें पहले से मुँदने लगी थीं। मास्टर जी ने उसका गला अपने बाएँ हाथ में लिया और छुरी को केवल एक ही बार उसके गले पर फेर दिया। खून की धार फूट पड़ी। कुछ बूँदें मास्टर जी के बाएँ हाथ पर भी पड़ीं। पर मास्टर जी ने मुर्गी को छोड़ा नहीं।

"एक और अवसर तुम्हें दिया जाता है। जो युवक एक मुर्गी को नहीं मार सकता। वह शत्रु को कैसे मार सकता है।"

थोड़ी देर तक हाँफते रहने के बाद रणवीर थोड़ा हल्का महसूस करने लगा। पेट में जो अकुलाहट पैदा हुई थी, वह धीरे-धीरे शांत होने लगी।

"पाँच मिनट तुम्हें और दिए जाते हैं। इस बीच भी अगर तुम इसे नहीं काट पाए तो तुम्हें दीक्षा नहीं दी जाएगी।"

और मास्टर जी घूमकर कोठरी के अंदर चले गए। पाँच मिनट बाद जब देवव्रत जी कोठरी में से निकलकर आए तो एक मुर्गी दीवार के पास छटपटा रही थी और खून के छींटे उड़ रहे थे। रणवीर अपना दायाँ हाथ घुटनों के बीच दबाए बैठा था। जिसे देखकर मास्टर जी समझ गए कि मुर्गी ने हाथ पर चोंच मारी है और रणवीर केवल उसे जख्मी कर पाया है, उसकी गर्दन पूरी तरह से काट नहीं पाया। रणवीर बड़ी कठिनाई से मुर्गी को दबोच पाया था और जैसे-तैसे उसकी हिलती गर्दन पर ही छुरा चला दिया था और फिर खून निकलता देखकर ही रणवीर ने उसे छोड़ दिया था।

मुर्गी बार-बार जमीन पर से उछल रही थी। एक-एक गज ऊँचा उछलती और नीचे गिरने पर उसके पंख और भी बिखर से जाते और गर्दन में से रिसते खून से जमीन पर एक और छीटा पड़ जाता और मुर्गी फिर से उछलती और खून के छींटे उड़ने लगते।

पर रणवीर परीक्षा में उत्तीर्ण हो गया था।

"उठो रणवीर!" मास्टर जी ने कहा और पास आने पर रणवीर की पीठ थपथपा दी। "तुममें दृढ़ता है, संकल्प-शक्ति है, भले ही हाथ में ताकत अधिक नहीं है। तुम दीक्षा के अधिकारी हो।" कहते हुए मास्टर जी जमीन की ओर झुके और पत्थर की सिल पर पड़े खून से अपनी उँगली भिगोकर रणवीर के माथे पर खून का टीका लगा दिया।[93]

इस तरह से उग्रता, हिंसा, रक्तपात, असहिष्णुता ठूँस-ठूँस कर भरते हैं ये लोग। इतना ही नहीं बाकायदा प्रशिक्षण-शिविरों में उन्हें प्रशिक्षित करके पूर्वाभ्यास कराया जाता है। इसके बाद जब वे 'निपुण-निष्णात' हो जाते हैं, उन्हें 'मैदान' में उतारा जाता है।

"इंद्र कुरती से छुरा उठा लाया। कमरे के बीचों-बीच दोनों टाँगें फैलाए वह क्षण भर के लिए खड़ा रहा। छुरे की मूठ उसके दाएँ हाथ में थी और उसका फल पीछे की ओर था। फिर बायाँ कदम उठाकर वह उछला और हवा में अर्द्धवत्ता काटकर फिर दोनों टाँगें फैलाए, रणवीर की पीठ की ओर मुँह किए फर्श पर उतरा। इसी बीच उसने रणवीर की कमर को निशाना बनाते हुए उल्टे हाथ से छुरे के वार का संकेत भी किया। रणवीर ने सिर हिलाया, "शत्रु की छाती अथवा पीठ को कभी भी निशाना नहीं बनाओ। वार हमेशा कमर में करो या पेट में और घुमावदार छुरा घोंपने के बाद उसे अंदर-ही-अंदर थोड़ा मोड़ दो, इससे अंतड़ियाँ बाहर आ जाएँगी। अगर तुम भीड़ में शत्रु पर वार करते हो तो छुरा बाहर खींचने की कोशिश नहीं करो, उसे वहीं रहने दो और भीड़ में खो जाओ।"[94]

साधु-महात्मा, धर्माधिकारी सभी में इनके लोग पाए जाते हैं। मठ-मंदिर तो जैसे अब दंगों के 'केंद्रीय कार्यालय' बन गए हों। और फिर महंतों-मठाधीशों के तो कहने ही क्या। 'इन कठमुल्लों-म्लेच्छों ने पवित्र भारतभूमि को बहुत नुकसान पहुँचाया है, उसे अपवित्र कर दिया है। उन्हें खदेड़कर भारत माता को मुक्त कराना, समय की पुकार है'—जैसी बातें 'सांप्रदायिकता की आग में घी का काम करती हैं।

"फैलाए घोर पाप यहाँ मुसलमीन ने
नेअमत फलक ने छीन ली, दौलत जमीन ने।"

इसलिए सभी लोग जानते थे कि अंतरंग सभी किस विषय पर विचार करने जा रहे हैं।

"मंत्री जी की सूचना के बाद लोग उठने लगे। सभा विसर्जित होने लगी। लोग मंदिर के सात दरवाजों में से निकल-निकल कर बरामदे में अपना-अपना जूता खोज-खोजकर पहनने लगे। कुछ लोग मंदिर में प्रवेश करते समय जानबूझकर दाएँ पैर पर जूता तीसरे या चौथे दरवाजे के सामने छोड़ देते थे ताकि सत्संग के बाद जूतों का पुनः मिल जाना सुनिश्चित हो सके। इसलिए बरामदे में थोड़ी देर के लिए भीड़-सी बनी रही। यों भी सभा विसर्जन के बाद दो-दो-चार-चार आदमी बरामदे में खड़े बतियाते रहा करते थे और आज तो शहर की स्थिति की चर्चा हर एक की जुबान पर थी। वानप्रस्थी जी अपने मर्मस्पर्शी भाषण के बाद अभी भी वेदी पर ही बैठे थे। वह अभी भी उत्तेजित जान पड़ रहे थे और उनका चेहरा दमक रहा था।"

सभी लोगों के बैठ जाने पर पुण्यात्मा जी धीर-गंभीर आवाज में बोले :

"सबसे पहले अपनी रक्षा का प्रबंध किया जाना चाहिए। सभी सदस्य अपने-अपने घर में एक-एक कनस्तर कड़वे तेल का रखें, एक-एक बोरी कच्चा या पक्का कोयला रखें। उबलता तेल शत्रु पर डाला जा सकता है, जलते अंगारे छत पर से फेंके जा सकें हैं..."[95]

शत्रुओं यानी म्लेच्छों-मुसलमानों से निबटने का यह नायाब तरीका इन कूढ़मग्जों के अतिरिक्त और कौन खोज सकता है! समता-समानता-बंधुत्व-सद्भाव-सौहार्द जैसी बड़ी-बड़ी बातें बनाने वाले ये लोग कितने असहिष्णु-कट्टर-सांप्रदायिक-प्रतिक्रियावादी और विकृत मानसिकता वाले होते हैं, ये उनके विचारों से झलकता है।

"युवक-समाज का काम ठंडा पड़ा हुआ है। देवव्रत जी को आपने और कामों में लगा रखा है। मैं समझता हूँ युवकों को लाठी सिखाने का काम फौरन शुरू कर देना चाहिए। दो सौ लाठियाँ आज ही मँगवाकर बाँट दी जाएँ!"

इस पर सभा के दानवीर प्रधानजी, जो शहर के जाने-माने व्यापारियों में से थे, सिर हिलाकर बोले :

"यह रकम मैं दूँगा। आप आज ही दो सौ लाठियाँ मँगवाकर युवकों में बाँट दें!"

"वाह-वाह!" की आवाज़ सुनाई दी। उपस्थित सज्जनों ने प्रधान जी की उदारता की भूरि-भूरि प्रशंसा की। बीच में से एक सदस्य की आवाज आई :

"यही हम हिंदुओं में बहुत बड़ी कमजोरी है। हम प्यास लगने पर कुआँ खुदवाते हैं। आज जब हालत बिगड़ रही है और मुसलमान जामा मस्जिद में असला इकट्ठा कर रहे हैं, हम लाठियाँ खरीदने जा रहे हैं।"[96]

प्रतिक्रियावादी और उग्र मानसिकता वाले कथित हिंदुओं को भड़काने के लिए, उन्हें दंगाई-हैवान बनाने के लिए इतिहास को तोड़-मरोड़कर पेश करना कथित धर्मध्वजियों की सोची-समझी चाल है। ऐसा इतिहास जिसका कोई स्रोत नहीं। ऐसा इतिहास जो किसी तर्क पर आधारित नहीं, ऐसा इतिहास जिसका कोई 'लेखक-प्रकाशक' नहीं, ऐसा इतिहास जो सिर्फ और सिर्फ संप्रदाय विशेष की भावनाओं को भड़काने

के लिए, उन्हें उभारकर मनचाहा लाभ देने के लिए लिखा गया हो।...

"712 ई. में मुहम्मद बिन कासिम ने सिंध राज्य पर आक्रमण किया। ऐं ... ऐं...ऐं...।" जो हिस्से नहीं पढ़ने उन्हें शरद ऐं-ऐं में आगे सरका रहा है। "इसमें आश्चर्यचकित नहीं होना चाहिए। इस्लाम का जन्म ही काबे की 360 मूर्तियों को तोड़ने और खंडित करने से हुआ है।" ऐं...। फिर कासिम ने हिंदू औरतों को अपने मुसलमान सिपाहियों में बाँट दिया, जिनकी शर्मगाहों को भरे बाजारों में लूटा गया। बच्चों के साथ अमानवीय व्यवहार करके हिंदुओं की दौलत लूटी और...'वाह, क्या कहने, लिसिन टू दि...' समाजवाद स्थापित किया। 'हिंदू मंदिरों को तोड़ उन पर मस्जिदें खड़ी कीं और धर्मनिरपेक्षता का बीज इस तरह बोया।' देखा आपने—धर्मनिरपेक्षता और इस्लाम दोनों के खिलाफ भड़कान उठी है। ऊँ... ऊँ... ऊँ...'धर्मनिरपेक्ष, लालची और देशद्रोही हिंदुओं की मदद से, यह देश हिंदुस्तान नहीं इस्लामिस्तान बना जा एल्लो।'

"भई वाह!" शरद पन्ने पलटता है। "आँकड़े भी, तारीखें भी, सब मौजूद। ज़ोरदार रिसर्च हुई तो जैसे। छोटे जोश खुश होंगे थ्योरी, निरी हाई स्टैण्डर्ड एम्पीरियल डेटा। वाट। ऐं... सॉरी। अच्छा यह सुनो। उसी तरह के महमूद गजनी के सत्रह हमले। सब जगह धर्मनिरपेक्ष-देशद्रोही हिंदू मदद कर रहे हैं। यहाँ भी आँकड़े—30,000 घुड़सवारों ने सोमनाथ पर हमला किया। ... ऐं...?' धर्मनिरपेक्ष हिंदू ने सुझाव दिया कि अपनी सेना के आगे हजारों गायों को खड़ा करके राजपूतों पर हमला करें। इस प्रकार, गायों पर राजपूत वार नहीं करेंगे और गाय मरी तो मुसलमान को धर्मलाभ होगा तथा गौ मांस खाने को मिलेगा।"

"क्या हो रहा है?" श्रुति पूछती है।

"आँखें फैल रही हैं।" शरद ने आँखें फैलाईं।

"आँखें खुल रही हैं। हिंदू और मुसलमान दिख रहा है।"

हनीफ कहता है।

"लोग यही मानें शायद।" शरद की आँखें फिर फैल गईं।

"आगे?" हनीफ ने किताब की तरफ इशारा किया।

"मुहम्मद गौरी... वगैरह... वगैरह... आँकड़ें देखो, तैमूरलंग 92,000 घुड़सेना... 'बाबर ने हिंदुओं के कटे हुए सिरों का चंदेरी में स्तूप बनवाया।... अकबर को इण्डिया की एकता का मसीहा कहते हैं। सर्वधर्म समभाव का प्रस्तुतकर्ता कहते हैं।... ' मगर... उसके आक्रमण पर चित्तौड़ की 8,000 राजपूत स्त्रियों ने जौहर की लपटों में अपने को झोंक दिया। 30,000 हिंदुओं की हत्या की गई, जो अकबर की शरण में आए थे। हिंदू-राजाओं और ठाकुरों की नवविवाहिता दुल्हनों की पहली सुहागरात अकबर के हरम में मनाई जाती थी।..."

“उफ। दिखाओ।”

श्रुति किताब खींचती है : हमारा प्रामाणिक इतिहास। कवर पर इश्तिहार के तौर पर कवितानुमा पंक्तियाँ हैं। यों–

‘इस्लाम की बुनियाद पर यह देश हिंदुस्तान मिट रहा है।
आ ही जाएगा एक दिन यहाँ इस्लाम का दस्तूर।
हो जाएँगे इक दिन यहाँ से हिंदू काफिर काफूर।
बंधुओ! चेत जाओ।’

“भरी-पूरी इंडस्ट्री चल रही है।” श्रुति अब किताब पकड़े है।[97]

सांप्रदायिक विचारधारा के मूल में होता है–अपने आपको, अपनी जाति, अपने विचारों आदि को श्रेष्ठ मानना और अन्यों को हीनतर मानना। शायद यही कारण है कि उग्र हिंदुत्व के समर्थक ‘आर्यों की शुद्धता-श्रेष्ठता’ का गुणगान किया करते हैं।

“पूजनीय आर्यो! आप लोगों को निश्चय ही यहाँ उपस्थित होने का उद्‌देश्य ज्ञात होगा। जैसा कि आप लोग जानते हैं कि हम आर्यों की नस्ल कितनी शुद्ध हैं, हमारे वेद-विचार कितने सभ्य हैं। इन गौ-मांस भक्षण करने वाले तुर्कों ने हम आर्यों की संस्कृति पर कितना खतरनाक हमला किया, इससे सभी परिचित होंगे। इन तुर्कों ने हमारे मंदिरों को तोड़कर मस्जिदें बनाईं, हिंदुओं की स्त्रियों का बलात् अपहरण किया। अपने भाइयों को जबरदस्ती मुसल्ला बनाया। इनके विचार कितने भ्रष्ट और कुरूप हैं। आज इन लोगों ने हमारे अखंड भारत, हमारे हिंदोस्तान के टुकड़े कर दिए। एक तरह से यह अच्छा ही हुआ। यह मुसल्ले हमारे हिंदोस्तान से चले जाएँगे। इस हवन का यही उद्‌देश्य है कि इस हिंदोस्तान में अब कोई तुर्क न बचे। इसी का संकल्प लेते हुए हम हवन में होम करते हुए तुर्कों के विनाश के उपाय ढूँढ़ेंगे। हमको उनके आर्थिक, सामाजिक और राजनीतिक संगठन पर हमला कर उन्हें अपने देश से खदेड़ना होगा।”[98]

जितने भी स्वामी-महंत हैं, कोई भी स्नेह-सद्‌भाव की बात नहीं करता। अपवाद स्वरूप एकाध को छोड़ दें तो सभी भड़काने वाले ही हैं। जलती आग में घी डालना उन सब को आता है, बस पानी के छींटे मारने में ही नानी मर जाती है।

“... स्वामी स्वरूपानंद सरस्वती उन्हीं पलायन करने वाले निर्वासितों में से एक हैं, जो अब इनकी तरह सुरक्षा-भाव लिए निर्वासित जीवन जीने के लिए विवश नहीं हैं, बल्कि मेवात के गाँवों में जाकर ‘अल्पसंख्यक’ हिंदुओं के बीच यह प्रचार करता है–

‘इन सुसरे कटुओं के खातर जब अलग से पाकिस्तान बणवा दिया तो फेर ये इस मुलक में क्यों कर पड़े हैं... इन काफिरों का मुलक तो पाकस्तान है... इन बाबरों की औलाद को तो अड़े ते भगाणा जरूरी है, जभी इस मुलक में सुख-समरिद्ध

आएगी... तभी यो हिंदू रास्टर बण सकेगा और जभी इस मुलक में आर्यपुत्तर राज कर सकेंगे...' ।''[99]

वैसे, गहराई में जाकर देखें तो इस सारे विवाद की जड़ 'राज' (वोट) ही है। राज्य सत्ता, कुर्सी पाने के लिए आदमी (कृपया हिंदू और मुसलमान पढ़ें, क्योंकि अब आदमी, आदमी न रहकर हिंदू या मुसलमान हो गया है) किसी भी हद तक गिरने को तैयार हो गया। उन्नति-उत्कर्ष-उन्नयन की सीमा तो है, पर पतन की कोई सीमा नहीं है। कोई कितना गिर सकता है, इसे शायद विधाता ही जानता होगा।

''उसी दिन रात को सन्नार्थियों की धर्मशाला में हिंदू-प्रतिनिधियों के नाम पर एक आपात्कालीन मीटिंग बुलाई गई। सभी प्रतिनिधियों के हाथ में गंगाजल देकर यह कसम खिलाई गई कि कोई भी इस मीटिंग के बारे में कहीं अन्यत्र चर्चा नहीं करेगा। जो इसकी चर्चा करेगा, उससे बड़ा इस हिंदुस्तान और हिंदुओं का दुश्मन कोई नहीं होगा।

इस मीटिंग में सिवाय लाला अभयचंद आर्य, लाला ज्ञान चंद जैन, विभाजन के समय पाकिस्तान के मुलतान से आए रामदयाल सन्नार्थी यानी रामदयाल मेहता का इकलौता बेटा बिसम्भर दयाल मेहता और एकाध माली और कुम्हारों में से, हिंदुओं के नाम पर कोई और नहीं था। मानक सरपंच का होना तो वैसे भी लाजिमी था, क्योंकि कायदे से देखा जाए तो उसी के लिए यह सारी मारामारी हो रही है, वरना बकौल बिसम्भर दयाल मेहता कि हम तो जैसे पाकिस्तान में थे, वैसे ही इस मुल्क में हैं। हमारी बला से सरपंच मेव बने या हिंदू, हमें क्या लेना-देना। लेकिन बावजूद बिसम्भर दयाल मेहता की अपनी इस टिप्पणी के वास्तव में इस मीटिंग का आयोजन और संचालन भी वही कर रहा है। आततायी मुसलमानों यानी मेवों के खिलाफ पूरे नगीना के हिंदुओं को वही संगठित करने में जुटा हुआ है।

इस आपात्कालीन मीटिंग में एकमत से यह फैसला लिया गया कि चाहे सन् सत्तावन हो जाए, किंतु पिछले चुनावों की भाँति इस बार भी अपने हिंदू भाई मानक को ही सरपंच बनवाना है। इस सारे फैसले के दौरान लाला मानकचंद पूरी गंभीरता ओढ़े एकदम मौन बैठा रहा। उसने तो मीटिंग में आते ही हाथ जोड़कर बड़ी विनम्रता के साथ कह दिया था कि बिरादरी और पूरा हिंदू-समुदाय जो भी फैसला लेगा, वह उसे सिर-माथे पर ओट लेगा। हालाँकि वह मन-ही-मन बेहद खुश भी है कि दो बिल्लियों की लड़ाई में उस जैसे बंदर को कैसी तान आई हुई है। काश! ऐसी हिंदू-एकता और मूर्ख बिल्लियों की लड़ाई हर चुनाव में होती रहे तो इससे बढ़कर उसके लिए सौभाग्य की बात और क्या हो सकती है।

इस तरह, जो मानक के सख्त विरोधी थे, वे भी कुछ ही घंटों में हिंदू-राष्ट्र और हिंदुओं की अस्मिता को बचाने के लिए उसके सबसे करीबियों में हो गए। खासकर मेवात-आर्य-प्रचार-सभा के प्रधान, नगीना के सम्मानित समाज-सेवी और

सभ्य नागरिक लाला अभयचंद आर्य-जैसा व्यक्ति भी उनके अनन्यों में से एक हो गया। जबकि बकौल इसी लाला अभयचंद के मानक से अधिक भ्रष्टाचारी, दुराचारी और हिंदू विरोधी इस पूरे नगीना में कोई नहीं है। लाला अभयचंद इस संबंध में कल तक एक-एक आरोप को बेहद प्रामाणिक तरीके से सिद्ध करके बताता रहा है कि गाँव के विकास के लिए सरकार से मिलने वाली ज्यादातर राशि को मानक खुद ही हड़प कर जाता है, दूसरे को उसकी हवा तक नहीं लगने देता है। कोई दिन ऐसा जाता होगा, जिस दिन यह मानक मदिरा-सेवन न करता होगा और हिंदू विरोधी इसलिए है कि गाँव के ज्यादातर लड़ाई झगड़ों को यह हिंदू-मेव दोनों समुदाय के लोगों को बुलाकर चुपचाप निपटवा देता है।''[100]

वाह रे वोट! तू जो न करवा दे वही कम!! कल तक जो उनके दरवाजे पर भी जाने को तैयार न था, वही आज उनके घर में बैठकर कोल्ड ड्रिंक पी रहा है और छुआछूत को हिंदू-समाज का कोढ़ बता रहा है। बात खूब ऊँची-ऊँची, बड़े आदर्शों वाली करेगा, पर जब वोट देने की बारी आएगी तो वही ढाक के तीन पात! वोट तो हिंदू को ही देना है। चाहे जैसा है, है तो अपनी जाति-बिरादरी का! ''सेठ जी, इससे क्या फरक मारे है... सरपंच तो सरपंच है चाहे ऊ मेव होए या हिंदू।''

''फरक मारे है जगनी, बिलकुल फरक मारे है... '' इरा बार लाला ज्ञानचंद दाँत पीसते हुए बोला, ''हम हिंदुओं में यही तो सबसे बड़ी कमजोरी है कि हम अपनों और दूसरों में कोई फरक नहीं देखते हैं... इसी सोच के कारण हम हिंदुओं की आज यह हालत हो रही है ... तू तो इस दिल्ली में आ बसा है न .... तेरी बला से इलाके में कुछ भी होए... पर उनकी सोच जो आज इस दूसरे पाकिस्तान में पड़े हुए हैं ... और फिर ये देश हिंदुओं का है, हमारा है, तेरा है...।''[101]

और जब इतने से काम नहीं होता तो 'लोहे को और गरम' किया जाता है। देश-जाति-समाज-अंचल-संबंधों की दुहाई दी जाती है। 'ब्रह्मास्त्र' के रूप में 'हिंदुओं की नाक' का सवाल उठाया जाता है।

''लाला ज्ञानचंद जैन को जँच गया कि चमार का जाम तुझे आज पागल करके भेजेगा, लेकिन करा क्या जाए? अगर वह यहाँ से बैरंग लौट गया तो अगले चुनावों में उसकी जो मिट्टी खराब होगी, उसकी वह अभी से कल्पना कर सकता है, इसलिए अंतिम शस्त्र इस्तेमाल करते हुए कहा—

''जगनी इसमें हिंदुओं की नाक का सवाल है... चौधरी मुरसीद अहमद ने हाजी असरप की कचैड़ी में मेवन से साफ कह दी है कि अगर अबकी बार नगीना में हिंदू सरपंच हो गया न, तो हम मुसलमानों के लिए इससे बड़ी शरम की बात और कोई नहीं होगी... हमें चुल्लू भर पानी में डूब के मर जाना होगा... और जगनी तोहे पतो है, सारे मेवन्ने जभी क़ुरान पे हाथ धर के कसम खाली कि खुदा ने चाही तो चौस्साब तो अबके सरपंच बनेगो हाजी असरफ ही... ।'' × × × ''यार, सेठजी के

अपनी ऐसी-तैसी कराए... और फिर मैं क्या अपने लिए कर रा हूँ ये सब... मेरे यार, ये तो पूरे हिंदू समाज का फैसला है... अरे जब इस देस में हिंदू ही ना रहेगा तो यह देस कैसे रहेगा और फिर तुम जैसे लोग ही ऐसा सोचोगे तो औरों की क्या कहें।'' इस बार लाला ज्ञानचंद सीधा-सीधा प्रवचन देने पर उतर आया, इसलिए भाषा भी एकदम महापुरुषों वाली हो गई।''[102]

आज जब नारे लगाए जाते हैं कि 'वही देश पर राज करेगा, जो हिंदू-हित की बात करेगा' तो इससे राजनीति और सांप्रदायिक दंगों के आपसी संबंधों की जानकारी मिलती है। सचमुच, स्थिति भयावह लगती है। वर्तमान परिवेश किसी भी ओर से आश्वस्तिकारी नहीं लगता। सांप्रदायिक शक्तियों और राजसत्ता के बीच की दूरी कम हुई है। यद्यपि केंद्र में धर्मनिरपेक्ष मोर्चा सत्तासीन है, पर सांप्रदायिकता से संघर्ष की उसके पास भी कोई स्पष्ट नीति नहीं है। कभी-कभी तो लगने लगता है कि सांप्रदायिकता से संघर्ष, उससे लड़ाई एक हारी हुई लड़ाई है। हम लोग चाह कर भी इस क्षेत्र में कुछ नहीं कर सकते। बहरहाल, वस्तुस्थिति यही है। इस सबका सबसे बड़ा कारण कांग्रेस का बौद्धिक-वैचारिक दिवालियापन और वाम मोर्चे की निष्क्रियता-जैसी स्थिति है। केवल दुष्परिणामों को इंगित कर देने से कुछ होने वाला नहीं है। लोकतांत्रिक, धर्मनिरपेक्ष और वामपंथी शक्तियों को निकट आकर प्रभावकारी और परिणामकारी राजनीति करनी पड़ेगी। अब तक देश की राजनीति का स्वरूप प्रायः एकांगी रहा है। सरकार के समांतर संगठनों का बनाया जाना, उसमें लोगों की भागीदारी और उसे परिणामकारी बनाने से ही लोगों का विश्वास जीता जा सकता है, सही मुद्दे सामने आ सकते हैं, लोगों के जीवन में परिवर्तन की लहर आ सकती है। यह काम इतना आसान भी नहीं है। एवरेस्ट-फतह करने जैसा यह कठिन काम गंभीर श्रम-क्रम की अपेक्षा रखता है। इस पर राष्ट्रीय परिसंवाद की आवश्यकता है।

3.3 विकृत सांप्रदायिकता और दसवें दशक के उपन्यास

साहित्य को 'समाज का दर्पण' यों ही नहीं कहा जाता। साहित्य में यह सामर्थ्य होती है कि वह अपने दर्पण में समकालीन समाज का साफ-सुथरा-सच्चा चित्र प्रस्तुत कर सके। सांप्रदायिक समस्याओं का बहुविध अंकन समकालीन उपन्यास-साहित्य ने किया है। उपन्यासकारों ने सांप्रदायिक दंगों के दौरान विकृत मानसिकता वाले दंगाइयों की हरकतों को अपने प्रज्ञा-चक्षुओं से देखा है और अपने उपन्यासों में उसका हू-बू-हू चित्रण भी किया है।

विकृत मानसिकता वाले लोगों की न तो कोई जाति होती है, न ही उनमें गैरत होती है। वे तो दंगाई होते हैं, सिर्फ भीड़ का हिस्सा! हत्या, लूटमार, बलात्कार, बलवा, आगजनी, आदि उनके लिए भयंकर कृत्य न होकर सामान्य सी चीजें होती हैं। वास्तव में, वे लोग सोचने-समझने की शक्ति खो बैठे होते हैं। ''क्या खबर है?''

शाहनवाज ने मोटर खड़ी करते हुए पूछा।

"खबर क्या है खान जी, उधर पिछले मोहल्ले में काफिरों ने एक गरीब मुसलमान को मार डाला है।" कहते हुए मौला दाद के होंठों पर गुस्से से झाग आ गई। मौला दाद की नजर में गुस्सा था, मानो वह कह रहा हो : तुम तो खान जी, काफिरों से बगलगीर होते हो, उनके साथ उठते-बैठते हो, जबकि मुसलमान मर रहे हैं। पर वह कुछ भी बोला नहीं। मौला दाद जानता था कि उसकी पहुँच उस जगह तक नहीं जा सकती, जिस जगह तक शाहनवाज की पहुँच जा सकती थी, जबकि मौला दाद कमेटी के आस-पास ही बरसों से चक्कर काट रहा था।

"पाँच काफिर हमने भी काटे हैं। इनकी माँ की... "[103]

जैसा कि पहले भी कहा गया है, 'दंगाइयों की कोई जाति नहीं होती।' वे सिर्फ दंगाई होते हैं। दंगा-लूटमार आदि उनके लिए नहाने-धोने-जैसे सहज काम हैं। ये दंगाई रोज का संग-साथ भी नज़रअंदाज कर देते हैं। अभी कल तक साथ-साथ रहने वाले लोगों में ऐसी दुश्मनी हो जाती है कि वे एक-दूसरे की जान लेने पर उतारू हो जाते हैं।

"खबर के अंतिम शब्द तक पहुँचते-पहुँचते बनवारी का पूरा जिस्म पसीने से तर हो गया। अपनी खुली आँखों के आगे एक के बाद एक उसे ऐसे दृश्य दिखाई देने लगे, जिनकी उसने आज तक कल्पना भी नहीं की थी। सुभान खाँ, बाबू, हुसैनदीन, हाकिम, बासित--सब चौधरी मोहल्ले से निकलकर खटीक बाड़े की ओर तेजी से बढ़ रहे हैं। मोहल्ले के एक-एक पुरुष को खींचकर बाहर खड़ा किया जा रहा है। चीखते-चिल्लाते बच्चों को वहीं घरों में बंद करके बाहर से दरवज्जों की कुंडियाँ और साँकल चढ़ा दी गई हैं। इस सारे दृश्य को पूरे मनोयोग से सलेमी, नबी खाँ, रोबड़ा देखते हुए बाबू और सुभान खाँ को निर्देश दे रहे हैं कि पहले क्या करना है? सबसे पहले औरतों की अस्मत लूटी जाए, बंद घरों को बच्चों समेत आग लगाई जाए या फिर मनीराम, हरसाय, बुद्धन तथा छोटेलाल का सिर कलम करा जाए?[104]

एकाएक बनवारी को लगा कि जिस घर में चीखते-चिल्लाते छोटे-छोटे बच्चे कैद हैं, उस घर को 'अल्लाह हो अकबर' के नारे के साथ आग लगा दी गई है। सारा घर धू-धू करके जल उठा है। बच्चों का क्रंदन दूर तक सुनाई दे रहा है और फिर देखते-ही-देखते पूरा मोहल्ला आग की चपेट में आ गया है। इसके बाद एक-एक करके जिंदा ही मनीराम, हरसाय, बुद्धन, और छोटेलाल समेत जितने भी जवान और प्रौढ़ पुरुष हैं, उठा-उठाकर जलते हुए घरों में गेंद की तरह उछाला जा रहा है। अंत में, जिसके जो भी स्त्री हाथ लग रही है, उसी को जबरन खींचकर सलेमी की चौली में लाया जा रहा है और उसकी अस्मत लूटने के बाद जैसी भी हालत में वह है यानी निर्वस्त्र है तो निर्वस्त्र ही, कपड़े फटे हुए हैं तो फटे कपड़ों में ही और अगर अर्द्धनग्न है, तो उसी हालत में जलते हुए मकानों पर जिंदा डाला जा रहा है।

बनवारी के आगे पूरा-का-पूरा मोहल्ला देखते-ही-देखते स्वाहा हो गया। चारों ओर से आ रही चिरायँध से उसका मस्तिष्क फटा जा रहा है। पूरे नगीना के साथ-साथ आस-पास के सभी गाँवों से भी धुआँ-ही-धुआँ उठता दिखाई दे रहा है। आसमान में ऊपर तक चढ़ आए सूरज ने भी मारे शर्म के धुएँ के पीछे अपना चेहरा छिपा लिया है। बनवारी की जिधर भी निगाह जाती है बस, सिवाय जले-अधजले उन जिस्मों और चेहरों के कुछ दिखाई नहीं दे रहा है, जिनके पास आकर वह अक्सर शिकवा-शिकायतें, मान-मनौवल और ठिठोलियाँ करता था।''[105]

विकृत मानसिकता के शिकार ये लोग अपनी मर्दानगी औरत पर ही दिखाते-दिखा सकते हैं। औरत को उन्होंने सिर्फ शरीर समझा है। हमारी सामाजिक व्यवस्था कुछ इस तरह की है कि यहाँ थोड़ी-सी भी उथल-पुथल औरतों का सारा जीवन तबाह करने के लिए काफी है। स्वयं को इस व्यवस्था की धुरी मानने वाले पुरुषों (खास कर पूर्वाग्रहग्रस्त-सांप्रदायिक) की समझ में हालाँकि यह बात बमुश्किल आए ी, मगर अपराध, हत्या, भेदभाव, जातिवाद, सांप्रदायिकता और दंगों का खमियाज, जितना औरत भुगतती है, पुरुष उसका तिहाई-चौथाई भी नहीं। औरत को जो मानसिक ारिवारिक कष्ट होता है, वह तो होता ही है, उसके अलावा उसे शारीरिक कष्ट से भी जूझना पड़ता है। दिमागी रूप से विकृत और कुंठित-सड़ी हुई मानसिकता वाले कुछ पुरुष भीड़ की शक्ल में इकट्ठे होते हैं और आवेश-आक्रोश-आवेग-प्रतिक्रियावाद के चलते तत्काल वे उपद्रवियों में तब्दील हो जाते हैं। यह उन्मादी भीड़ दरअसल जाति-धर्म-वर्ग-संप्रदाय-उम्र-नाते-रिश्ते कुछ भी नहीं देखती, बस तबाही में जुट जाती है। औरत इनके लिए मात्र 'वस्तु' होती है। सिरफिरे दंगाइयों की उग्र भीड़ औरतों के साथ प्रायः एक-सी अभद्रता दोहराती है। औरतें ऐसे में इनका मात्र निरीह शिकार होती हैं। औरत को सताने के लिए ज़रूरी नहीं कि उसकी हत्या ही की जाए। अभी गुजरात में दंगों के दौरान, जो सच हमारे सामने आए, उन्हें हम भयावहता-क्रूरता का चरम कह सकते हैं। उग्र भीड़ ने एक औरत का 8 माह का गर्भ तलवार से काटकर, अजन्मा बच्चा निकालकर सड़क पर फेंका। अकेला यही हादसा उस घिनौनी, विकृत मानसिकता को समझने के लिए काफी है, जिसका प्रतिनिधित्व दंगाई करते हैं। जो हिंदूवादी भारतीय समाज 'देवी' की पूजा का ढोंग करते नहीं अघाता, उसी के अनुयायी ये उपद्रवी एक गर्भवती औरत को देखकर ऐसा बौखला गए कि उन्होंने बहशीपन की हद कर दी। जाहिर है उस भीड़ में एक भी आदमी ऐसा नहीं था, जो इस वीभत्स कांड को घटित होने से रोक सकता।

सांप्रदायिक दंगों के समय 'भीड़' छाँट-छाँटकर विरोधी धर्म की औरतों को अपनी 'मर्दानगी' का शिकार बनाती है। असल में, यह भीड़ उन्हीं कुंठित-विकृत मानसिकता वाले पुरुषों की होती है, जो औरत को केवल 'चीज़' मानते हैं। यही पुरुष अपने घरों में औरतों के साथ अभद्रता करते हैं, उन्हें मारते-पीटते-बेइज्जत करते

हैं, उन पर फब्तियाँ कसते हैं, ताने मारते हैं। एक औरत से संतुष्टि न पाने या कई औरतों से यौन-संबंध बनाने की श्वान-लिप्सा इनके दिलो-दिमाग में उमड़ती-घुमड़ती रहती है। उग्र भीड़ की आड़ में वही लिप्सा फूट पड़ती है। इतना ही नहीं, बल्कि बेरोजगार, कुपढ़, अर्द्धशिक्षित और आर्थिक रूप से परिवार पर बोझ बने युवक जो अपना सारा समय पोर्न और अश्लील-सिनेमा देखने या पीला-साहित्य पढ़ने और नंगी तस्वीरें पलटने में बिताते हैं, यौन-विकृति के शिकार बन जाते हैं। लेकिन इन कुंठित पशुओं (वास्तव में, इन्हें 'पशु' कहना 'पशु' का अपमान है, पर क्या करें भाषा की भी अपनी समर्थता-असमर्थता है।) द्वारा पीड़ित औरतों का तो सारा जीवन ही स्वाहा हो जाता है। स्त्री-देह कोई भौतिक संपत्ति नहीं होती, जो एक बार लुट जाए तो दुबारा जुटा ली जाए। यह तो ऐसा घाव होता है, जो नासूर बन जाता है। बलात्कार शारीरिक से कहीं अधिक मानसिक होता है। हर क्षण, प्रति पल औरत को वह हादसा याद आता रहता है। वह कभी सामान्य नहीं हो पाती। किसी भी पुरुष का स्नेह-प्रेम उसमें पहले वाली आशा या विश्वास नहीं जगा जाता!

महिलाओं की ये समस्या वैश्विक समस्या है। विश्वग्राम (ग्लोबलाइज़ेशन) की अवधारणा भले ही मूर्त्त रूप न ग्रहण कर पाई हो, पर इस विकृति की पहुँच पूरी दुनिया में है। हमेशा ही, शासक-वर्ग ने शासित के साथ ऐसा ही सुलूक किया। आक्रांताओं के इसी व्यवहार की वजह से क्रांतियाँ भी हुई हैं।

"तभी मुरदा बिलकीस की सिसकियों की तेज़ आवाज़ आने लगी और मुश्किल यह थी कि बिलकीस की सिसकियों के साथ ही कोरिया की एक सत्तर साला औरत किम–हकसुन भी थी। वह भी लगातार रोए जा रही थी। किम–हकसुन ने कहा–सर! मैं कोरियन हूँ! तब मैं 17 साल की थी। वैसे मैं पैदा तो सन् 1924 में, जिलिन में हुई थी। लेकिन 1941 में मुझे पेइचिंग से जापानी फौजियों ने उठाया था और दूसरे महायुद्ध के दौरान मुझे जापानी सोल्जरों ने लगातार 15 बार प्रतिदिन बलात्कार किया। मुझे 'तीसहिनताई' कोर में भर्ती किया गया, जो सैक्स-कोर थी, जिसे 'कम्फर्ट कोर' के नाम से पुकारा जाता था। इस कोर में करीब चालीस हजार औरतें-लड़कियाँ जबरदस्ती भर्ती की गई थीं और हम प्रतिदिन कम-से-कम पंद्रह जापानी फौजियों की पाशविक वासना को सहती और तृप्त करती थीं ...।"[106]

इतना ही नहीं, विकृत मानसिकता वाले लोगों ने अपनी सनक के चलते ब्याह जैसे पवित्र रिश्ते और कौशेय बंधन को शर्मसार करने में कोई कसर नहीं छोड़ी। अगर यों ही, सहजता से अत्याचार नहीं कर पाएँगे तो ब्याह का नाटक रचा लेंगे। थोड़ी-सी रीति-रस्म ही तो निबाहनी है–

"...तभी बिलकीस की तेज़ रुलाई फूट पड़ी–'किम-हकसुन! यह तो तुम्हारे साथ तब हुआ जब जंग जारी थी ... पर मेरे साथ तो यह तब हुआ, जब जंग नहीं थी। ... मुझे तो सिर्फ तस्वीर और डाक के जरिए, ब्याहता के नाम पर, इस गंदे

पेशे में डाला गया... अदालते आलिया।... बिलकीस फूट-फूट कर रो पड़ी—हुजूर! न तो मुझे उनकी जुबान आती थी, न उनकी तहजीब... पर वो अरब था, जो मुझे ब्याह का नाटक करके ले गया था, वो मुझसे 28 बरस बड़ा था और जैसे ये किम-हकसुन पंद्रह जापानियों की हवस की शिकार होती थी, उसी तरह मैं हर दिन बीसियों बार अपने उस खाविन्द की कुदरती और गैर-कुदरती हरकतों का शिकार होती थी। फिर जो बच्चा हम जैसों से पैदा होता था, उसे तेन्नी बच्चा कहा जाता था और अरब-समाज से उसे दूर रखा जाता था।''

सांप्रदायिक दंगे, चाहे वे 1946-47 के रहे हों, चाहे 1979 के जमशेदपुर के, बिहार-शरीफ के, 1983 के हजारी बाग के, 1984 के हैदराबाद के, 1992 के देशव्यापी दंगे, 2002 का गुजरात एपीसोड—इनके खौफ से औरतें आज तक नहीं निकल पाई हैं। औरतें इसलिए कि जिन परिवारों में केवल आदमी बचता है, समय आने पर वह दूसरा परिवार बसा लेता है, कहीं डेरा जमा लेता है। जाहिर-सी बात है, वह फिर खड़ा होता है और जीना सीख जाता है। लेकिन हमारा समाज औरत को इतनी भी छूट कहाँ देता है!

''××× लेकिन इस बार तो क्रिश्चियंस ने मुसलमानों को खुद अपने से अलग किया है... वे मुसलमानों पर भयानक अत्याचार कर रहे थे... सराजेवो शहर को उन्होंने अपने बमों से खँडहर में बदल दिया है, मुसलमानों का जिंदा रहना मुश्किल कर दिया है... उनकी औरतों को ईसाई उठा ले जाते हैं, उनके साथ वे इतना गर्हित सलूक करते हैं, जितना पाकिस्तानी फौजों ने बांग्लादेश की औरतों के साथ नहीं किया था. .. उतना तो जापानी फौजों ने कोरियन औरतों के साथ भी नहीं किया था। औरतों के साथ बदसलूकी, जिना और पाशविक अत्याचार का इससे जघन्य उदाहरण और कहीं नहीं मिल सकता और फिर वहाँ तो सब उल्टा हुआ है। इस बार तो सर्ब और क्रोट ईसाइयों ने अपने ही देश के मुसलमानों को अपना पाकिस्तान बनाने पर बाध्य किया है। उनका हुक्का-पानी बंद कर दिया है।''[107]

स्नेह-प्रेम-सद्भाव-मूल्य-मान-जैसी चीज़ें दंगाइयों के लिए बेकार होती हैं, क्योंकि वे तो विकृत मानसिकता वाले लोग होते हैं। उनका कोई धर्म-मजहब नहीं होता, उनकी कोई जाति-कौम नहीं होती और इसीलिए वे घृणा का बदला स्नेह-प्रेम से न देकर और अधिक घृणा से देना चाहते हैं।

''इससे पहले कि सलेमी कुछ और सोचता, शोर मचाता हुआ हुजूम मुश्किल से पचास गज की दूरी पर स्थित उसी माता के मंदिर पर टूट पड़ा, जिसमें गोयल डॉक्टर रोजाना अपने शागिर्द और कंपाउंडर बोसा अर्थात् जिसका नाम पाठशाला के रजिस्टरों में सुनील दत्त पाहवा दर्ज था, के साथ सुबह-शाम खड़ताल और चिमटा बजाता था और जब तक कुछ अन्य तमाशाई उन्हें जाकर बेमन से रोकने की कोशिश करते, तब तक लोहे के सरियों से बने फाटक को तोड़कर पूरा हुजूम मंदिर में स्थापित

मूर्त्तियों पर पिल पड़ा। जिसके जो हाथ आया, उसे ही लेकर वह बाहर आ गया। मंदिर की छतों से जगह-जगह लटकी हुई घंटियाँ, पीतल की वह घंटी, जिससे सुबह शाम आरती उतारी जाती थी तथा अन्य सामान जो भी था, कुछ नहीं बचा मंदिर में।''[108]

जो लोग इनके कुकृत्यों का विरोध करते हैं, इन्हें समझाने की कोशिश करते हैं, ये उनसे भी उलझ जाते हैं। इनका जवाब नितांत प्रतिक्रियावादी और विकृत सोच वाला होता है–

''लूट में हाथ लगे सामान को पाकर हुजूम का मनोबल और बढ़ गया तो बाबू ने सुझाव दिया कि क्यों न अब अस्तल की ओर चला जाए। सुझाव बुरा नहीं है, लेकिन इससे पहले कि अस्तल की ओर हुजूम बढ़ता, सलेमी समेत कुछ बुजुर्गों ने हिम्मत बटोरी और उनमें से एक ने धमकाते हुए कहा, ''बस, बहोत होगी... चुपचाप अपणे-अपणे घर चला जाओ नहीं तो हीनू माणस मर जांगा।''

''माणस तो मरंगा ही... अरे, अजोध्या में हिंदून्न ने हमारी महजत गिरा दी तो कहा हम मुसलमान इन का मंदरन्ने ने भी न लूटें।'' बाबू खाँ ने तमतमाते हुए कहा।''[109]

किसी घटना की प्रतिक्रिया इतनी घातक, विरूप, बेदर्द और अमानवीय हो सकती है, इसकी कल्पना भी दुष्कर है। विकृत मानसिकता वाले लोगों के लिए तो ये सिर्फ एक 'काम' भर है–सहज घटना। ऐसी ही प्रतिक्रियावादी और हिंसक वारदातें गोधरा-कांड के बाद गुजरात में दोहराई गई थीं। सांप्रदायिक हिंसा का सर्वाधिक त्रास महिलाओं को झेलना पड़ता है, यहाँ भी वही हुआ।

''औरतें कई मायनों में गुजरात नरसंहार की केंद्रीय पात्र रही हैं और उनका जिस्म यह क्षेत्र। गुजराती प्रेस की नरसंहारों के इस सिलसिले को उकसाने व उत्तेजित करने में अग्रणी भूमिका रही है। कहानी गोधरा से शुरू होती है, जहाँ 58 जले हिंदुओं में 26 औरतें व 14 बच्चे थे, किंतु हिंदुओं की भावना को उकसाने के लिए मौत की खबर काफी नहीं थी। मौत से भी ज़्यादा बुरी और भयावह हिंदू औरतों की बलात्कार की खबर हो सकती थी, क्योंकि औरतों व उनके जिस्म में समुदाय की इज्जत निहित होती है। फिर काहे की देर? 28 फरवरी, 2002 को गुजराती भाषा के अग्रणी दैनिक सन्देश ने गोधरा त्रासदी की उत्तेजक खबर छापने के साथ-साथ इस आशय की एक खबर प्रथम पृष्ठ पर छाप दी कि '10-15 हिंदू-औरतों को कट्टर हठधर्मी भीड़ रेल के डिब्बों से घसीटकर दूर ले गई।' यही खबर पृष्ठ 16 पर इस शीर्षक के तहत छापी गई, 'भीड़ 8-10 महिलाओं को घसीटकर झुग्गी बस्ती में ले गई।' यह खबर पूरी तरह से झूठ थी। पुलिस ने ऐसी किसी भी वारदात से इनकार किया है, साथ ही टाइम्स ऑफ इंडिया सहित दूसरे अखबार भी इस खबर की पुष्टि नहीं कर सके। एक दिन बाद यानी पहली मार्च, 2002 को 'सन्देश' ने इस झूठी

खबर को आगे बढ़ाते हुए एक रपट छापी, जिसका शीर्षक था "हिंदू-प्रतिष्ठा की झूठी अवमानना की बात को चरम यौन-हिंसा व पाशविकता की चाशनी से और भी जटिल बना दिया गया।"

अगवा करने और महिलाओं की छातियाँ काटने की दोनों बातें झूठी थीं—सरासर बेबुनियादी, जिसे पुलिस ने भी मानने से साफ इनकार किया है। हमारे दल को बाद में पता चला कि 'संदेश' ने अपनी इन खबरों का खंडन किसी पृष्ठ के कोने में प्रकाशित किया था, किंतु नुकसान तो हो चुका था। हिंदू औरतों के साथ बलात्कार और हत्या की खबरें, जिन्हें मोटे शीर्षकों के साथ बढ़ा-चढ़ा कर गुजराती प्रेस में छापा गया था, जो बाद में मुस्लिम महिलाओं व बच्चों के साथ दरिंदगी की मिसाल पेश करने तथा हिंदुओं को भावनात्मक रूप से लामबंद करने का बहाना बन गयीं। बाद के दिनों में अमानवीयता का जैसा चेहरा गुजरात में देखने को मिला, वैसा पहले किसी सांप्रदायिक दंगे के दौरान नहीं दिखा था। "उन्होंने हमारी औरतों व बच्चों पर हमला किया है। बदला तो लेना था।" जगह-जगह क्रुद्ध हिंदू-संवेदना का इज़हार इन्हीं शब्दों में हो रहा था। अखबार वास्तव में युद्ध के औजार बन गए। नरोदा पाटिया के अनेक चश्मदीदों की गवाही में यह बात सामने आई है कि जिन दंगाइयों ने मुस्लिम दुकानों व घरों की लूटपाट की व औरतों को यातनाएँ दीं, वे अपने हाथों में न केवल तलवार व पत्थर लिए हुए थे, अपितु 'संदेश' की प्रतियाँ भी लिए हुए थे, जिनमें गोधरा की त्रासदी की खबरें मोटे शीर्षकों में छपी हुई थीं। भीड़ नारे लगा रही थी, "खून का बदला खून।" मालूम रहे, नरोदा पाटिया में ही दंगाइयों ने अपने जुल्म का सबसे घिनौना रूप प्रस्तुत किया था।"[110]

अखिल भारतीय प्रगतिशील महिला संघ व आनंदी के साक्ष्यों के माध्यम से गुजरात की हिंसा के दौरान ऐसी-ऐसी विकृत घटनाओं का ब्यौरा प्राप्त हुआ है कि सुन-पढ़कर मानवता शर्मसार हो जाती है। "घटना रणधीकपुर गाँव, जिला दाहोद में 3 मार्च, 2002 को घटी थी। 21 वर्षीया बिलकीस पाँच महीने की गर्भवती थी। जब 28 फरवरी को गाँव की ऊँची जातियों और कुछ बाहरी लोगों की भीड़ ने मुसलमान घरों पर हमला किया, तो वह व उसके परिवार के कई दूसरे सदस्य भाग खड़े हुए। दो दिनों तक वे गाँव से दूसरे गाँव तक भागते रहे। कौझर की एक मस्जिद के निकट उसकी चचेरी बहन शमीम ने एक बच्चे को जन्म दिया। लेकिन यह उनके लिए राहत की कोई बात नहीं थी। उन्हें जल्दी ही वहाँ से जाना था। शमीम अपने नवजात शिशु को गोद में उठाए, बमुश्किल चल पा रही थी।

3 मार्च को हम एक सुदूर पहाड़ी गाँव पनिवेला की ओर जा रहे थे। अचानक हमें एक मोटरगाड़ी की आवाज़ सुनाई पड़ी। एक ट्रक, जिसमें हमारे गाँव तथा दूसरे गाँव के लोग सवार थे, हमारे सामने आकर रुका। हमें पता चल गया कि वे हमारी मदद करने के लिए नहीं आए हैं। उन्होंने हमें रोका और फिर पागलपन का एक

भयानक दौर हमारी आँखों के सामने था। उन्होंने मेरे बच्चे को मेरी बाँहों से झटककर दूर फेंक दिया। मुझे और दूसरी औरतों को अलग ले जाकर बलात्कार किया गया। मेरे साथ तीन लोगों ने बलात्कार किया। मैं पूरे समय चिल्लाती रही। उन्होंने मेरी पिटाई की और मरा समझकर छोड़ दिया। जब मुझे होश आया तो पता चला कि मैं बिल्कुल अकेली हूँ। मेरे चारों तरफ मेरे परिवार के सदस्यों की लाशें बिखरी पड़ी थीं। सभी लाशें पत्थरों व चट्टानों से ढकी थीं—उन्हीं पत्थरों व चट्टानों से, जिनकी सहायता से मेरे परिवार वालों की हत्या की गई थी। इन लाशों में मेरी नन्ही बच्ची व नवजात शिशु के शव भी शामिल थे। मुझे नहीं पता कि मैं कब होश में और कब बेहोशी में रही। बाद में मुझे लिमखेड़ा थाने की पुलिस उठा लाई। पहले मुझे अस्पताल ले जाया गया। फिर मैं गोधरा-शिविर में पहुँचा दी गई।"[111]

ऐसा नहीं है कि उक्त घटना कोई अकेली घटना हो। बारंबार इस-जैसी घटना की आवृत्ति हुई और क्रूरता-भयावहता-हिंसा की सीमा लाँघी गई। 28 मार्च, 2002 को बडोदरा में महिलाओं ने अपनी बात बताते हुए हमें क्रूरता-भयावहता से अवगत कराया। "इस मुस्लिम-बहुल इलाके में 8-10 मंजिली अनेक इमारतें हैं। हम दाउद शेख के घर गए। वहाँ पहले से 20 औरतें इकट्ठी थीं। पहले तो उन लोगों ने बडोदरा में कार्यरत 'शाहियार' नामक एक गैर सरकारी संगठन द्वारा कलमबंद 'बेस्ट बेकरी हत्या कांड' के बारे में बताया। मैमुना शेख ने बताया कि वे चाइनीज फास्ट फूड का कारोबार करते थे, किंतु पिछले एक महीने से सब-कुछ ठप्प पड़ा हुआ है। मैमुना की मुँहफट बहू फरहाना ने रोज़-ब-रोज़ की तकलीफों-यातनाओं के बारे में हमें बताया। 'दंगाई मोटरसाइकिल पर सवार होकर आते हैं। हेलमेट पहने होने की वजह से हम उन्हें पहचान नहीं पाते। वे हमें धमकाते हैं। रात में वे थालियाँ व बिजली के खम्भों को झनझनाते हैं तथा सीटियाँ बजाते हैं। तनाव इतना ज्यादा है कि हम एक महीने से सो नहीं पाए हैं। भीड़ की अगुआई पुलिस करती है। मैमुना के छोटे बेटे को पुलिस उठा ले गई। तीन महीने की गर्भवती जेहरा पुलिस के पास गुहार करने गई थी कि उसके बेटे को वे उठा न ले जाए। उसने अपने शरीर का वह हिस्सा हमें दिखाया, जहाँ पुलिस ने उसे डंडे से पीटा था।"[112]

गाँव एराल, तालुका कलोल, जिला-पंचमहल की निवासी मेदिना मुस्तफा इस्माइल शेख ने कलोल-शिविर (जनपद पंचमहल) में 30 मार्च, सन् 2002 ई. को अपनी गवाही दर्ज कराई थी। सिटिजेन्स इनिशिएटिव, अहमदाबाद की ओर से किए गए सर्वेक्षणों में उन्होंने दिनांक 3 मार्च, 2002 की रोंगटे खड़े कर देने वाली, वीभत्स और घृणित घटना के बारे में बताया—

"मेरे ससुर अवकाश-प्राप्त स्कूल टीचर हैं। 28 फरवरी को सभी मुसलमान गाँव छोड़कर कलोल भाग रहे थे, किंतु मेरे ससुर को भरोसा था कि उनके परिवार को कोई नुकसान नहीं पहुँचा पाएगा। सो उन्होंने कलोल जाने से इनकार कर दिया

था। 28 फरवरी से ही मेरे परिवार के 13 सदस्य दूसरे के घरों में अथवा खेत-खलिहानों में पनाह लिए हुए थे। लेकिन रविवार (3 मार्च, 2002) के अपराह्न में उस झोंपड़ी पर धावा बोल दिया गया, जिसमें हमने पनाह ले रखी थी। हम इधर-उधर भागते हुए खेतों में छिप गए, किंतु भीड़ ने हम में से कइयों को ढूँढ़ निकाला और पिटाई करने लगी। मैंने अपने परिवार के कई सदस्यों को भीड़ से दया की भीख माँगते देखा कि मेरे गाँव के दो व्यक्ति—गनो बारिया व सुनील—मेरी बेटी शबाना को घसीट कर ले जा रहे हैं। वह चिल्लाई, 'मुझे छोड़ दो!' रुकम्मा, सुहाना तथा शबाना अपनी इज्जत के लिए चीखती-चिल्लाती और दया की भीख माँगती रहीं मैं यह सब-कुछ साफ-साफ सुनती रही। मेरा मन भय व क्रोध से खौल रहा था। लेकिन मैं अपनी बेटी का बलात्कार होने से बचा नहीं सकी। उसे मेरे सामने इतनी यातना दी गई कि वह इस दुनिया से कूच कर गई। मेरी बेटी फूल की तरह सुकुमार थी। उसे अभी ज़िंदगी के कई अनुभव लेने थे। आखिर भीड़ ने उसके साथ ऐसा क्यों किया? आखिर ये कैसे इनसान हैं? दरिन्दों ने मेरी बेटी के ज़िस्म के टुकड़े-टुकड़े कर दिए। कुछ देर बाद भीड़ की आवाज सुनाई पड़ी, ''इनके टुकड़े-टुकड़े कर दो, कोई सबूत न छोड़ो।'' मैंने उन्हें आग लगाते देखा। कुछ देर बाद भीड़ गायब हो गयी, बचा रह गया सिर्फ सन्नाटा!''[113]

इसी की तरह बातें नरोदा पाटिया, अहमदाबाद में सामूहिक बलात्कार-कांड के बारे में पता चली हैं। 28 फरवरी, 2002 को जवाननगर, नरोदा पाटिया की नूरानी मस्जिद के पास यह निन्द्य घटना हुई थी। फरजाना और उसके जीवित बचे बच्चों द्वारा घटना की जानकारी मिलती है। घटना का विवरण सुनकर मन बेबसी, अकुलाहट और पीड़ा से जाने कैसा हो जाता है।

''जवाननगर के एक तरफ राज्य-परिवहन की कार्यशाला है और दूसरी तरफ स्पेशल रिजर्व पुलिस (एस.आर.एफ.) के क्वार्टर्स हैं। गंगोत्री नगर सोसायटी नई-नई बनी है। 28 फरवरी को सुबह हमसे घर के अंदर ही रहने को कहा गया, क्योंकि इलाके में तनाव था। जब भीड़ का हमला हुआ तो हम-सब बाहर आ गए। बहुत से बच्चे और महिलाएँ नजदीक की सोसायटी में चले गए और भागकर छत पर शरण ली। हिंदू-हाउसिंग-सोसायटी के लोगों ने हमसे अपने घरों में शरण लेने को कहा। हमने पाया कि वहाँ सिर्फ मर्द ही थे। बच्चे और महिलाएँ सुरक्षा के लिए कहीं और भेज दिए गए थे। उसके बाद उन्होंने हमसे नरोदा पाटिया की तरफ चले जाने को कहा। हम इससे सहमत नहीं थे, क्योंकि वह जगह काफी दूर थी। इसके बाद वे हमें डंडों, हाकी और लोहे की छड़ों से पीटने लगे। उन्होंने आरोप लगाया कि हम वहाँ दंगा फैलाने गए थे और हमसे तुरंत भाग जाने को कहा। बाहर हथियारों, पेट्रोल और मिट्टी के तेल के डिब्बों से लैस काफी बड़ी भीड़ थी। भीड़ की दिशा में जाने से हमारे इनकार के बाद उन्होंने बताया कि उन्हें हमारी सुरक्षा की जिम्मेदारी सौंपी

गई है। इसके बाद सभी वयस्क पुरुषों को पीट-पीटकर, बेहाल करके जला दिया गया। गोपीनाथ सोसायटी के निवासियों ने मुसलमान लड़कियों को अलग करके एक तरफ खड़ा कर दिया। उनके साथ बलात्कार किया गया, जिसे हम छत पर से देखते रहे।

छत पर हम 400-500 लोग थे। कुल चार लड़कियों—नूरजहाँ, खेरून, रुकसाना और फरजाना के साथ बलात्कार हुआ। लड़कियों को नंगा करके दो लोगों ने उन्हें हाथ और पैर से पकड़ लिया। बलात्कारियों की संख्या 20-25 थी। लड़कियाँ इतनी जोर-जोर से चीत्कार रही थीं कि आज भी याद करके खून खौलने लगता है। उन्हें 24 घंटे का समय दिया गया था (हमें मारने के लिए)। हमें दो घंटे का भी समय मिलता तो हम बताते। मुझे बलात्कारियों के चेहरे याद हैं। शाम 6 बजे से रात 9 बजे तक बलात्कार का तांडव चलता रहा। इसके बाद लड़कियों को जला दिया गया। उनकी चीखें अभी भी कान में गूँजती हैं। एक 25 वर्ष के युवक आसिफ खाँ ने जब एस.आर.पी. वालों से आग्रह किया कि हमें जाने दिया जाए तो उसे बुरी तरह पीटा गया और मुश्किल से वह उनके चंगुल से निकल सका। हम उन एस.आर.पी. पुलिसकर्मियों को पहचान सकते हैं। हम इस कुकृत्य में शरीक गोपीनाथ सोसायटी के बाशिन्दों को भी पहचान सकते हैं।

आसिफ ने शाह-ए-आलम में नवाब खाँ को फोन किया। 4 कारों में पुलिस आई, लेकिन उन पर पथराव किया गया। हमें लगा कि कुछ अपराधियों ने पुलिस की वर्दी पहन रखी है। जब पहली हाउसिंग कालोनी को आग के हवाले किया गया तो हमें लगता है कि फायरब्रिगेड की गाड़ी को पत्थरबारी करके वापस भेज दिया गया। हमारे युवक निजी गोलीबारी में मारे गए।''[114]

जाहिर-सी बात है, इन घटनाओं की प्रतिक्रिया स्नेह-सद्भाव बढ़ाने वाली नहीं होगी। विकृत मानसिकता वाले इन लोगों का सिद्धांत ही है—ईंट का जवाब पत्थर से देंगे।' शायद ऐसे ही लोगों ने कहा होगा—'दूध माँगोगे खीर देंगे, कश्मीर माँगोगे चीर देंगे।' एक संप्रदाय विशेष को कुछ इने-गिने मतिमंदों की कारगुजारी का खमियाजा भुगतना पड़े, यह शर्मनाक है। अफ़सोस की बात यह है कि आज ऐसा ही हो रहा है।

''लगभग साढ़े दस बजे कोई दो-ढाई सौ लोगों की उन्मादी भीड़ राम-मंदिर में रखी मूर्तियों को तोड़ डालती है तथा कपड़ों में आग लगा देती है। इस आग से मूर्तियों के कपड़े जल जाते हैं। उन्मादी भीड़ द्वारा प्रस्तुत इस तांडव-नृत्य का नजारा डी.एस.पी. और एस.डी.एम. खामोशी से देख रहे हैं। ग्यारह बजे भीड़ में और बढ़ोत्तरी हो जाती है। भीड़ अगले मंदिर का दरवाजा और ताला तोड़ने में कामयाब हो जाती है, लेकिन अंदर का दरवाजा और ताला मजबूती के कारण टूट नहीं पाता है। फलस्वरूप भीड़ निराश होकर आगे बढ़ जाती है। धीरे-धीरे भीड़ आगे बढ़ती चली जाती है। सैकड़ों वर्ष पुराने एक पूजा-स्थल में मूर्तिभंजन होता है, लूटपाट होती

है और चूही के तालाब पर स्थित एक पूजा-स्थल भी क्षतिग्रस्त किया जाता है। प्रशासन यहाँ भी मूक दर्शक बना हुआ है।''[115]

प्रशासन के ढुलमुल रवैये से विकृत सोच वालों को अपना काम अंजाम देने में और आसानी होती है। शायद इसीलिए दंगों के दरम्यान ऐसे नारे सामान्यतः सुनाई देते हैं–

बहरहाल, चाहे जो भी हो, इसका दुष्परिणाम तो समाज को, जनता को ही झेलना पड़ता है। ''सबसे पहले वह मोहल्ले में गया और एक-एक करके उन घरों को एकदम पास जाकर देखा, जो कायदे से पूरी तरह जलकर राख के ढेर में तब्दील हो चुके थे और दिल्ली से लेकर पूरी बस में जिनके बीच जले-अधजले जिस्मों से उठने वाली चिरायँध से उसका सिर फटा जा रहा था। उसके बाद वह लाला नौबत राय की हवेली की ओर चला आया तथा उसके पास बने माता के मंदिर के पास आकर खड़ा हो गया। मंदिर के आस-पास की दुकानों पर आने वाले ग्राहकों की नज़रों से बचने के लिए वह मंदिर के सामने कई चक्कर काट गया।''[116]

उक्त विवेचन की छाया में कहा जा सकता है कि दसवें दशक के सांप्रदायिकता-आधारित हिंदी-उपन्यासों ने विकृत सांप्रदायिकता का चित्रण करके अपनी जिम्मेदारी का बखूबी निर्वहन किया है।

3.4 उपन्यासों में वर्णित सौहार्द के संदर्भों का विश्लेषण

जहाँ एक ओर सांप्रदायिक दंगों की विभीषिका देखकर मन विचलित हो जाता है, वहीं स्नेह-सद्भाव-सौहार्द के प्रसंगों से रू-ब-रू होकर मन आश्वस्त भी होता है कि सब-कुछ खराब ही नहीं है। कहीं-न-कहीं कुछ ऐसा है जो देश-दुनिया-समाज-मानवता के हित में आश्वस्तिकारी है। दसवें दशक के हिंदी-उपन्यासकारों ने सौहार्द के प्रसंगों का (भी) चित्रण पूरे मनोयोग से किया है। ज़हरबुझी बातों और अविश्वास के माहौल में कुछ ऐसा हो जाता है कि मन शीतल हो जाता है। ऐसे प्रसंगों से दो-चार होकर कुछ वैसा ही अहसास होता है, जैसे बंद कमरे की उमस भरी गर्मी से बाहर निकलने पर ठंडी हवा का झोंका तन-मन शीतल कर देता है।

विभाजन, अलगाव, अविश्वास की बातें करने वालों को सद्भाव के सिपाहियों ने अपने कार्य-व्यवहार से करारा सबक दिया था और आज भी देते चले आ रहे हैं।

फिर उसने रुककर ठाकुर साहब की तरफ बेरुखी से देखते हुए कहा, ''यह हिंदू हम लोगों को चैन से नहीं रहने देंगे। हमें अपना पाकिस्तान चाहिए। कोई हम लोगों को नहीं रोक सकता।'' अभी उसकी बात पूरी खत्म भी नहीं हुई थी कि रशीद मियाँ का जूता उसके मुँह पर तड़ से लगा। गौस मियाँ सिटपिटाकर चुप हो गए। रशीद मियाँ ने गुस्से से काँपते हुए कहा, ''कौऊन देश की बात तू कर रहा है। तेरे बाप-दादा यहीं पैदा हुए, यहीं मर गए। ससुर तुझे ई ठाकुर साहब से बड़े जिन्ना

साहेब दिखायी पड़ रहे हैं, जिनके तुझे कभी दीदार भी नहीं हुए। यही ठाकुर चाचा हैं, जो तब तुझे, तेरे माँ-बाप हैजे में मर गए तो यहाँ रखने की सिफारिश किए। यही वह इनसान हैं, जो तुझे दशहरे पर कंधे पर बैठाकर, मेला दिखाने ले जाते थे और तू इनके ऊपर हग-मूत देता था।'' गौस मियाँ चुपचाप वहाँ से सिर झुकाकर चले गए। ठाकुर साहब ने थोड़ा नाराजगी भरे स्वर में कहा, ''काहे बेचारे को इतना-सब कह दिए। अभी बच्चा ही तो है।'' रशीद मियाँ ने कहा, ''तुमको बच्चा दिखता है। ऐसी ज़हर बुझी बातें कर रहा है।'' तभी बेगम साहिबा हाथ में तश्तरी पकड़े बैठकखाने में आ गयीं। ''चलिए पकौड़ी खा लीजिए। आगाँ मियाँ आप हमेशा गौस मियाँ के पीछे पड़े रहते हो। कभी अपनी लइकी गुलहुस्ना का भी ख्याल है कि नाहीं। दिन भर बाइसकोप का गाना गाते घूमती रहती है।'' रशीद मियाँ ने पकौड़ी खाते हुए कहा, ''बेगम ख्याल काहे नाहीं है। खूब ख्याल है, पर गुलहुस्ना के अभी खेलने के दिन हैं।'' बेगम साहिबा ने गुस्से से कहा, ''हाँ, अभी तौहार भी खेलने के दिन हैं।'' यह कहकर वह अंदर चली गयीं। रशीद मियाँ और ठाकुर साहब हँस दिए।[117]

सदियों से साथ-साथ रहना, उठना-बैठना एक-दूसरे पर ऐसा प्रभाव डाल गया कि हिंदू-मुसलमान को अलग-अलग करके देखना उन पर अत्याचार लगने लगा। दोनों ने होली-दीवाली-ईद-मुहर्रम साथ मिलकर मनाए। जहाँ लोगों ने ईंट-गारे की इमारत के लिए लोगों के मन में कटुता और संदेह की बीज बो दिए, वहीं कुछ लोग ऐसे भी थे कि उन्होंने स्नेह-सद्भाव बनाए रखने के लिए पूरे ज़माने का विरोध किया। मुसलमान ने जान की बाजी लगाकर मंदिर को मिसमार होने से बचाया। शायद ऐसे ही कुछ अविश्वसनीय दृश्यों को देखकर शायर बशीर बद्र ने ये शेर कहा होगा—

बच्चा तो बच्चा है, उसके संवेदनशील और छल-छद्म-प्रपंच-रहित बाल मन को निश्चय ही ठेस लगी होगी, जब उसने देखा होगा कि रोज जिस मूर्ति की इबादत होती थी, आज वह जली पड़ी है। उसके मन ने निश्चय किया तो उस 'बाल-शहंशाह' को भय किसका! मूर्ति पर हार डालकर उसने जहाँ कथित सभ्य समाज को सबक सिखाया, वहीं यह पुष्टि भी कर दी कि ''बच्चा आदमी का बाप होता है।''[118]

कुछ ऐसा ही जज्बा वजीर हसन ने दिखाया, जब उन्होंने अपने घर के भीतर के सदियों पुराने मंदिर को जमाने से बैर मोल लेते हुए भी मिसमार होने से बचाया। ''मंदिर का इतिहास यह है कि उसे वजीर हसन के बुजुर्गों में से किसी ने बनवाया था। यह उन दिनों की बात है, जब यह लोग मुसलमान नहीं हुए थे। उदयभान बड़ा था और जयपाल छोटा। उदयभान मुसलमान हो गया, परंतु उसने कभी मंदिर का चार्ज जयपाल को नहीं दिया, क्योंकि मंदिर उसकी हवेली के अंदर था और हवेली उदयभान को मिली थी।'' जयपाल सिंह ने दावा किया कि उदयभान मुसलमान हो गया है, इसलिए मंदिर वाली हवेली उसके हवाले की जाए, परंतु उदयभान सिंह नहीं माने। बोले, ''मुसलमान हो जाने से क्या होता है। राजपूत हूँ। कौल देता हूँ कि

मेरी आस-औलाद इस मंदिर की देखभाल करेगी।" और जभी से उस मंदिर की देखभाल उदयभान सिंह की औलाद करती चली आ रही है। जयपाल सिंह की औलाद ने बड़ा ज़ोर मारा कि मंदिर उन्हें मिल जाए। ब्रिटिश-युग में मुकदमा भी लड़ा गया, परंतु मंदिर हवेली के अंदर था। जयपाल सिंह की औलाद हार गई और उदयभान सिंह यानी अब्दुल्लाह खाँ का कब्जा उस मंदिर पर कायम रहा। उदयभान सिंह ने मरते समय वसीयत की कि उस मंदिर की देखभाल होती रहे और जब वजीर हसन के परदादा ने अपनी जायदाद को वक्फ-अल्लाह बनाया तो यह शर्त डाल दी कि मुतवल्ली इस मंदिर की देखभाल करेगा और पुजारी की तनख्वाह वक्फ से दी जाती रहेगी। सरकारी कागजात में मंदिर हवेली के अंदर था, हालाँकि खुद अब वह हवेली जमीन पर नहीं थी और शहरवाले जिसे बीवी का कटरा कहने लगे थे, वह पुलिस के नक्शे और म्युनिसिपैलिटी के रजिस्टरों में बीबी की हवेली लिखी हुई थी।...

"...देखिए कँवर साहब", फसीही मौलवी कह रहा था, "डरने की भी कोई हद होती है।"

परंतु वज़ीर हसन कुछ देखने को तैयार नहीं थे, "हम ऊ मंदिर को मोतवल्ली हैं। हम हर साल औकी मरम्मत कराते हैं। पुजारी साला चाहे अपनी माँ चोदावे बाकी हम हर साल उसकी तनख्वाह देते हैं।"

"यह आप नहीं बोल रहे कुँवर साहब! आपका खौफ बोल रहा है।" मौलाना ने कहा। वजीर हसन के चेहरे का रंग बदल गया। कमरे में सन्नाटा छा गया।

वजीर हसन मुस्कुराए :

"अब हम आपकी तरह जनरल तारिक या मुहम्मद बिन कासिम के साथ तो रहे ना कि हम्में उनके लशकर की गिनती याद होय। बाकी कोई माई का लाल ई नहीं कह सकता कि ठाकुर वजीर हसन खाँ बुजदिल हैं। अरे जब हम ई मंदिर के वास्ते अल्लाह मियाँ से न डराने तो दीनदयाल या आपकी क्या हैसियत है। ऊ मंदिर हमरे घर में है और हम कह रहें कि पूजा होगी।" वह खड़े हो गए, "आपे लोग तशरीफ ले जाइए।"[119]

इतना ही नहीं, अमन-पसंद लोगों ने स्नेह-सद्भाव-सौहार्द बनाए रखने के लिए अपने प्राणों की भी बाजी लगा दी। जहाँ एक ओर किसी हिंदू ने मुसीबतज़दा मुसलमान-परिवार को अपनी इज़्ज़त की तरह सुरक्षित रखा, वहीं मुसलमान ने मंदिर की सुरक्षा-संरक्षा के लिए अपनी जान तक गँवा दी।

"मंदिर के चारों तरफ पहरा था। पी.ए.सी. के जवान टाँगें फैलाए सो रहे थे। मंदिर भी गहरी नींद में था।

उन्होंने कुएँ की डोर अंदर गिराई। फिर उन्होंने गरारी के रोड में गिरह लगाकर गिरह को देखा और फिर 'या अली' कहके अँधेरे कुएँ में उतरने लगे।

अपनी जवानी में वह बड़े अच्छे तैराक हुआ करते थे, परंतु अब वह अट्ठावन

साल के थे और कुएँ का पानी बहुत ठंडा था। वह डुबकी लगाते और निकल आते। ...कोई आठवीं या नवीं डुबकी में उन्होंने शंख निकाल लिया।

उनके बूढ़े बाजुओं में दर्द हो रहा था। साँस बहुत तेज चल रही थी। सीने में साँस की गाँठें-सी पड़ रही थीं। उन्होंने ऊपर देखा। हजारों-लाखों मील दूर सितारे चमक रहे थे और बस, हर तरफ घना अँधेरा था।

जो कुआँ पुराना न रहा होता तो शायद वह निकल ही न पाते। जगह-जगह ईंट गल गई थी और पाँव जमाने की जगह निकल आई थी।

ऊपर आकर वह बेसुध होकर पड़ गए। जगत की ठंडक उनके पोर-पोर पर प्यार से हाथ फेरने लगी।

साँस ठीक हो जाने के बाद वह उठे और मंदिर में चले गए।

मंदिर में एक दीया जल रहा था। वजीर हसन ने महसूस किया कि हिंदुस्तान का इतिहास और उसका भविष्य दोनों ही मंदिर में खड़े उन्हें गौर से देख रहे हैं।

सुबह होने ही वाली थी। उन्होंने वहीं सुबह की नमाज पढ़ी। नमाज खत्म करके उन्होंने दुआ के लिए हाथ उठा दिए :

''पाक परवरदिगार! मेरे गुनाहों को माफ कर दे। एहदेनस सेरातल मुस्तक़ीम। सेरातल लज़ीना। अन अम्ता अलैहिम गैरिल मग़दूबे अलैहिम वलाद्दालीन।...'' कुरान का एक टुकड़ा। अर्थ—हमें सीधे रास्ते पर चला। उनके रास्ते पर जिन पर तेरी नेमतें उतरीं न कि उनके रास्ते पर कि जो गुमराह हैं और जिन पर तेरा गजब उतरा है।...

सलाम फेरकर वह उठे।

उन्होंने बाहर की तरफ देखा। पी.ए.सी. के सिपाही अब तक सो रहे थे। उन्होंने मूर्ति की तरफ देखा और फिर वह शंख फूँकने लगे... ।[120]

जाहिर सी बात है पी.ए.सी. के पहरे के भीतर 'सुरक्षित' किसी मंदिर की मूर्ति की अभ्यर्थना अर्चना कोई मुसलमान करे, यह सचेत पुलिसबल को कैसे गवारा हो! फिर उस मुसलमान ने तो शंख भी बजाया है। वजीर हसन का क्या हुआ, यह इतर प्रश्न है। वजीर हसन ने स्नेह-सद्भाव-सांप्रदायिक सौहार्द बनाए रखने के लिए क्या किया, यह प्रश्न कहीं ज़्यादा महत्त्वपूर्ण है। इसीलिए हम देखते हैं कि 'खुदा' किसी सीमा में कैद नहीं है। वह जितना रहमान का है उतना ही रघुवर का और उतना ही थामस और रोजी का। वास्तव में, कोई भी धर्म या मजहब इनसान से ऊपर नहीं है। पहले इनसान का जन्म हुआ। धर्म तो बाद में जनमा। धर्म, मजहब आदि तो इंसान के बनाए हुए हैं।

''× × × लेकिन आप मुसलमान नहीं इंसान पैदा हुए थे और जब तक आप मासूम इनसान थे और आपके कान में कलमा नहीं फूँका गया था, तब तक आप मुसलमान नहीं थे... फिर आपका खतना हुआ, तब भी आप समझदार नहीं थे...

मुसलमान नहीं थे, आपको मुसलमान बनाया गया... अदालत अभी अपनी बात कह ही रही थी कि एक हंगामा-सा बरपा हो गया। अदालत में लोग चीखने-चिल्लाने लगे—हमारे मजहब की तौहीन की जा रही है। यह हम बर्दाश्त नहीं करेंगे।

—खामोश! कोई मजहब इनसान से ऊपर नहीं है... पहले इनसान पैदा हुआ, फिर मजहब! अदीब चीखा।''[121]

धर्म-संप्रदाय-मजहब ये सारी चीज़ें बाद की हैं—सबसे ऊपर है मानवता। यह मानवता ऐसी चीज़ है, जो नफरत की आग पर प्रेम का गंगाजल छिड़क कर उसे शमित कर देती है। मानवता-इंसायिनत ही वह चीज़ है, जो आदमी को आदमी बनाने में सक्षम है। शायद इसीलिए संवेदनशील आदमी अपनी आस्थाओं के साथ अपना जीवन गुजारना चाहता है। ''हमें अपनी ज़िंदगी अपनी आस्थाओं के साथ जीने दो. .. यह पुराने मंदिर, यह पिरामिड हमारी तहज़ीब के प्रतीक हैं, इन्हें मिटा दोगे तो कहाँ सुकून पाओगे? इससे इनकार कर दोगे तो पैपीरस का क़ाग़ज बनाकर बौद्धिक दुनिया में क्रांति करने का सबाब कैसे कमाओगे? रेमजे के महल में पैपीरस के डंठलों की तरह खड़े, पथरीले खंभों के बीच, दोपहर की रोशनी से रौशन इमाम वाहिद मुहम्मद बोल रहे थे—सुनो! यहाँ सदियाँ बोलती हैं... जब तक अपने पुरातन खँडहरों को तुम प्यार नहीं करोगे, तब तक भविष्य को खँडहर होने से नहीं बचा पाओगे। अरे पापियो! अबू हज्जाज की यह पाक मस्जिद भी उसी धरती पर खड़ी है, जिसमें पुराने गिरजे और फारोह के मंदिरों की नींव मौजूद है। और यहाँ से दरिया नील की तरफ देखो—सामने रोमन स्थापत्य के आलीशान मीनारे खड़े हैं... यह वह जगह है, जहाँ तमाम सभ्यताएँ कंधे-से-कंधा मिलाये मौजूद हैं... यह सारी विरासत हमें बताती हैं कि आज हम जितने जानकार और समझदार हैं, वह इन्हीं के कारण हैं।''[122]

यह समझदारी और जानकारी का ही असर था कि आदमी ने 'सर्वधर्म-समभाव' का सिद्धांत प्रतिपादित किया। खुदा-गॉड-ईश्वर सब एक ही मूल चीज़ के कई नाम हैं और मज़े की बात तो यह है कि ये सब हमारे अंतर्मन में मौजूद हैं, कहीं बाहर खोजने की कोई ज़रूरत नहीं। सत्य, ईमानदारी, निष्ठा, परोपकार, अहिंसा आदि-आदि सुगुण वास्तव ईश्वर के ही रूप हैं। कोई भी धर्म ये नहीं कहता कि बेगुनाह को सूली पर लटका दो। सत्य भले ही रोज़ पीड़ित-परेशान हो, कई बार तात्कालिक रूप से पराजित भी हो जाए, पर हम कभी भी 'असत्यमेव जयते' नहीं कहते। क्या कारण है कि सर्वदा 'सत्यमेव जयते' की ही बात की जाती है? निश्चय ही इसका सबसे बड़ा कारण आस्थावाद की प्रतिष्ठा है।

''लेकिन सूफी-सूफी में भेद कहाँ था? और फिर अब्बा हुजूर भी तो मियाँ मीर को अपनी अकीदत पेश किया करते थे... और मैं सूफी संत अब्दुल कादिर जीलानी की इस पेशकश से सहमत था कि 'नर्क के द्वार सर्वथा बन्द कर दिए जाएँ और स्वर्ग के द्वार मुसलमानों और काफिरों अविश्वासियों के लिए समान रूप से

खोल दिए जाएँ।' हुजूर अब्दुल कादिर जीलानी सबका भला चाहते थे और वे मुसलमानों व हिंदुओं का भेद मिटा देना चाहते थे। दाराशिकोह ने अपना पक्ष रखा–और हुजूरे आलिया! मैंने देखा कि हिंदुस्तान का हर आदमी तौहीद का पैरोकार है... सूफीवाद के तौहीद और वैदिक धर्म के अद्वैतवाद में कहीं कोई फर्क नहीं है। तौहीद का मार्ग समझदारी, समन्वय और दया का है... यह तौहीद ही एकेश्वरवाद का महामार्ग है... लेकिन मैंने खुरासान के सबसे बड़े सूफी संत अबू सईद फज्लुल्लाह के मुताबिक इस बात को भी मंजूर किया है कि ईश्वर एक है। लेकिन उससे एकाकार होने के रास्ते सैकड़ों ही नहीं, लाखों और करोड़ों हैं, क्योंकि एकेश्वरवाद का हर पुजारी किस तरह अपने ईश्वर से एकात्म होना चाहता है, यह उसकी आजादी है! तौहीद है ही यही कि न तो वहाँ अपनेपन का अस्तित्व है और न ईश्वर के अलावा किसी और वस्तु का वजूद... यानी वस्तु और व्यक्ति खुद पिघलकर एक ईश्वर में समा जाते हैं। यह समझ लेने के बाद मेरी तिश्नगी दर-तलाबें तौहीद बढ़ती ही गयी... दो लाइनों में कहूँ तो।"[123]

अफ़सोस की बात तो यह है कि जमाना ऐसे लोगों को हमेशा से 'पागल' करार देता चला आया है। जो भी सद्भाव-सौहार्द-भाईचारा-लगाव-जुड़ाव-सहकार-सामंजस्य-सख्य-एकता आदि की बातें करता है, वह इनकी नज़र में 'पागल' होता है।

"हाँ। हर वह शख्स जो एकत्व-इत्तिहाद से होता हुआ संयोग के उन्माद... सक्रुल-जम की स्थिति हासिल करके आरोहण... उरूज की सीढ़ी पर पहुँचकर तौहीद को प्राप्त करता है, वह शख्स उन्हें पागल ही दिखाई देता है, जिनके पास आँखें नहीं हैं... इसीलिए तुम्हारे आलमगीर को सरमद भी पागल दिखाई दिया था और उस यहूदी संत सरमद को इसी आलमगीर ने जामा-मस्जिद की सीढ़ियों पर कत्ल करवा दिया था। आज इस बीसवीं सदी में औरंगजेब का वह पाकिस्तान नफरत की नींव पर खड़ा दिखाई देता है और मेरा हिंदुस्तान उसी पाकिस्तान की आबादी से ज़्यादा मुसलमानों को अपना धरती-पुत्र मानकर सहेजे हुए है और सामासिक संस्कृति की नींव पर खड़ा है। औरंगज़ेब के पाकिस्तान से ज़्यादा मुसलमानों की आबादी मेरे हिंदुस्तान में है। दाराशिकोह कुछ तैश में बोल रहा था–इस्लाम बर्बर विजेताओं का धर्म नहीं, वह दुनिया को खूबसूरत बनाने वाले सह-अस्तित्ववादियों का धर्म है!... पाक रसूल ने खुद मंजूर किया है कि उनसे पहले अल्लाह ने ईश्वर का रास्ता दिखाने के लिए और रसूलों को भी भेजा है...।"[124]

इस्लाम ही नहीं, कोई भी मज़हब नफरत को, नफरत के रास्ते को सही रास्ता नहीं मानता। जो भी आदमी तनिक समझदार-संवेदनशील है चाहे वह शासक-वर्ग का प्रतिनिधि रहा हो या कि आम आदमी–वह सर्वधर्मसमभाव का हामी है। उसके लिए सभी धर्म ईश्वर-प्राप्ति के साधन मात्र हैं। उन्नयनोत्कर्ष ही मानव का लक्ष्य होना चाहिए। धर्म-मजहब-संप्रदाय इसमें कहाँ और कैसे आड़े आते हैं!

साहित्यकार समय के साथ-साथ, अपितु यों कहें कि समय से भी आगे चलता है। समकालीन समाज की सच्ची तस्वीर अपने साहित्य में पेश करके वह अपने दायित्वों का बड़ी सफाई के साथ, बड़ी शिद्दत और बड़े समर्पण के साथ निर्वहन करता है। सौहार्द-संबंध चित्रण के मामले में यह बात दसवें दशक के हिंदी-उपन्यासकारों पर भी अक्षरशः लागू होती है। ऐसे प्रसंग, जो समाज में स्नेह-सद्भाव-सौहार्द का अंकुरण एवं पल्लवन करें, इस अवधि के हिंदी-उपन्यासों में पुष्कल परिमाण में प्राप्त होते हैं। 'संवेदना के शब्दकार' कमलेश्वर के उपन्यास 'कितने पाकिस्तान' से एक प्रसंग उदाहरणार्थ प्रस्तुत है–

'तभी उसके कानों में बंद दरवाजों को भेदते हुए दाराशिकोह की आवाज़ आयी–

''हुजूरे आलिया! मैं अपने मुल्क को इन्हीं खूनी अंधड़ों से बचाना चाहता था। मेरा मुल्क दुनिया की सबसे बड़ी तहज़ीब का केंद्र है... हमारी तहजीब ने लोहे और बारूद के भौतिक हथियार नहीं, आत्मा और परमात्मा के आध्यात्मिक हथियारों का अन्वेषण किया था। हमने धर्मांध मुजाहिदीन पैदा नहीं किए। हमने पीर, फकीर, सूफी, संत, दरवेश और महात्मा पैदा किए... हमारे जंगलों से युद्ध-युद्ध पुकारते दरिंदे नहीं, शांति-शांति का संदेश देते साधु-संत निकलते हैं... इसीलिए तख़्तोताज से पहले मैंने इनसानी ईमान की तलाश की थी और तौहीद के उसी आलम में मैंने शाह दिलरुबा-जैसे फकीर और संत को लिखा था कि मुझ जैसे फकीर के हृदय से इस्लाम के बाह्य अंग अब गायब हो गए हैं और सच्चा कुफ्र-सच्ची आस्तिकतावादी नास्तिकता मुझमें प्रकट हो गई है... मैं जनेऊधारी मूर्तिपूजक हो गया हूँ... नहीं, मैं स्वयं अपना उपासक, खुदापरस्त हो गया हूँ... क्योंकि हर मूर्ति में जीवन छुपा हुआ है और कुफ्र-अविश्वास के नीचे विश्वास-ईमान छिपा हुआ है। इस ईमान को मैं नहीं तोड़ सकता। तोड़ूँगा तो इनसान हर तरह से विश्वास, ईमान से रहित हो जाएगा। यह ईमान ही मनुष्य के अस्तित्व की कुंजी है, क्योंकि इसी ईमान के सहारे वह बहु को एक में पैबस्त पाता है। सच्चा मुसलमान यही देखता है... बहुत्व को एकत्व में देखना ही वहिदिय्या है... यही तौहीद का फलसफा है। यही एकत्ववाद है। ईश्वर के नाम की एकता नहीं, वे नाम हमेशा अलग-अलग रहेंगे, पर मजहबों में मौजूद एकत्ववाद के बारे में कोई भी मतभेद किसी मजहब में नहीं है।''[125]

ऐसे ही प्रसंग, ऐसी ही सद्भाव पूर्ण बातें अभी भी मन को आश्वस्त करती हैं। माहौल में कितना भी ज़हर क्यों न घुल गया हो। अभी कुछ लोग ऐसे हैं, जो सौहार्द बनाए रखने के लिए कुछ भी करने को तत्पर रहते हैं। भगवानदास मोरवाल के प्रसिद्ध उपन्यास 'काला पहाड़' का पात्र 'सलेमी' कुछ ऐसा ही है। अपने बेटे को भी वह लताड़ने से नहीं चूकता। सौहार्द-स्नेह-सद्भाव बना रहे, इसके लिए सलेमी का पूरा जीवन-व्यापार अवलोकनीय है।

इस बीच पता नहीं सलेमी बाबू से नज़र बचाता हुआ कब उसके पास आ गया। आते ही पैर से पणहा निकालकर उस पर तड़ातड़ बरसानी शुरू कर दी, "तेरीऽऽ री बहाण की टाँट में दूँ... आयो मुसलमान को चोदो... बेटी चो'... कमीण... काफर का बिंद...।"

जब तक बाबू अकबकाते हुए कुछ समझ पाता तब तक पता नहीं कितनी पणहा बाबू पर बरस चुकी थी। अचानक इस घटना ने पूरा परिदृश्य ही बदल दिया। जो जहाँ था, वहाँ से चुपचाप खिसक लिया। पूरे हुजूम में अफरा-तफरी मच गई। सिवाय डॉ. शफीक, हाजी अशरफ, सुभान खाँ और बाबू के कोई नहीं बचा।

"अरे ओ फकीर का... मामा तोपे अपणों पेट तो भरो जाए ना है और चल दियो घूमस मचाण... तू टल जा मेरी आँखन के आगे सू नहीं तोहे हलाक कर दूँगो।" सलेमी की आँखों में खून उतर आया।

अपने बाप के तेवर देखकर बाबू सुभान खाँ को लेकर चुपचाप चल दिया।

डॉक्टर शफीक और हाज़ी अशरफ भी धीरे से वहाँ से खिसकने लगे तो सलेमी ने उन्हें भी धर दबोचा, "अरे ओ डाकधर, तू काईं लू या गाँओं में आग लगान् लू डोले है... मोहे ऐसा लगे है या गाँओं को पाणी तोपे झिल नारो है... तू अपणो जैसे इन मेवन्ने बनाण कू डोले है।"

डॉक्टर शफीक की हालत खराब हो गई। वहाँ खड़े पंद्रह-बीस लोगों में से कोई नहीं बोला। "और ई असरप... वैसे तो हाजी बणो डोले है और वैसे यामें दुनिया भर का ऐब है... इन जैसान्ने या इलाका को माहौल खराब करके धर राखो है। अरे, जिन्ने तिहारी महजत तोड़ी है उनका मूँड ए जाके फोड़ो... इन बिचारानूसू कहा कहो हो... अन्यासी, तमन्ने थोड़ी-बहुत भी सरम न आई कि जिनके पै हम रात-दिन उठे-बैठे हैं, उनका मंदरन् के कैसे हाथ लगाये... इन मूर्तिन्ने ही जाके कही है कि वा महजत ए गिरा दे ओ, काई कुआ में डूब मर हाजी असरपा।" जमीन पर थूकते हुए सलेमी ने पणहा नीचे पटकी और पाँव में डालकर यह कहते हुए घर की ओर मुड़ गया, "हाजी असरप, खुदा की मार सू डर।"[126]

जब पूरा देश दंगे की आग में जल रहा था। आपसी विश्वास का ताना-बाना छिन्न-भिन्न हो गया था, उस समय भी कई लोग ऐसे थे, जिन्होंने स्नेह-सद्भाव-सौहार्द के दीये को बुझने नहीं दिया। अपने दामन की ओट में रखकर भी उसकी हिफाजत की। गाँव-कस्बों के लोग इस मामले में कथित 'सभ्य-सुशिक्षित शहरी समाज' के लोगों से कहीं आगे रहे।

"छोटे लाल अपनी घर वाली सू कह आ फिकर न करे... हम हैं तो सही हीन्।" नबी खाँ ने भी हिम्मत बँधाते हुए कहा।

धीरे-धीरे पूरा चौधरी मोहल्ला मनीराम के बँगले में इकट्ठा हो गया।

"हरसाय, ऐसी कोई बात न है... अभी हुसैनदीन और सलेमी भी आ जाएगो।"

रोबरा बोला।

लेकिन उधर से किसी के मुँह से एक भी शब्द नहीं फूटा। सबको ऐसे लगने लगा, जैसे धीरे-धीरे मारे प्यास के उनके हलक सूखे जा रहे हैं।

"अगर ढेड हीन् आगा न या मुहल्ला में तो दारीकान्ने कच्चो चबा जाऊँगी।" रमजानो का झुर्रियों से पटा चेहरा मारे गुस्से के खिंचता चला गया।

"हरमीन्ने दराँती सू चीर के न धर दूँगी जो या मुहल्ला में पाँव भी धर दिए तो...।" तरकीला ने घूँघट के पीछे से ही तमतमाते हुए कहा। उसके हाथों में हल्की-हल्की जुम्बिश-सी होने लगी।.... "हाँ-हाँ वही... बाकी ऐसी कुछ उतारी है कि बेटा ज़िंदगी भर याद राखेगो... अरे इन जैसा आदमीन्ने या गाँओ और इलाका को माहौल खराब कर राखो है... एक ऊ हाजी असरप है... अन्यायी, वैसे तो पाँच-पाँच हज़ार रुपिया खैरात में दे तो डोले है... और वैसे सारे दिन नीत हराम में धरी रहते हैं... मजाल है कि कदी कोई ढंग को तो काम करो होए।" मुस्कराते हुए सलेमी बोला।[127]

वास्तव में, मूलरूप से हमारी सामाजिक व्यवस्था सद्भाव के तंतु से संचालित होती है। कहीं कोई अदृश्य सद्भावी तंतु है, जो हमें एक-दूसरे के प्रति सहिष्णु-संवेदनशील बनाता है। कहीं-कहीं तो दोनों संप्रदायों के लोग इस तरह हिल-मिल कर रहते हैं कि पता लगाना मुश्किल हो जाता है उनमें कौन हिंदू है और कौन मुसलमान।

"शरद ने श्रुति की पीठ पर धौल मारा—धप्प।" "यह मेरा लँगोटिया है, आप बाद में नमूदार हुईं। आप न सिखाइए, उससे कैसे पेश आऊँ।" तीनों हँस दिए।

हनीफ कह रहा है, "यह आधा मुसलमान था, मेरे संग बचा आधा भी रंग गया। मैं आधा हिंदू था, इसके संग-सलामत आधा बदल गया। अब बूझो पहेली तो जानें, हममें कौन मुसलमान है, कौन हिंदू?"[128]

आज समाज को ऐसे ही हिंदुओं और मुसलमानों की ज़रूरत है, जो एक दूसरे से हिल-मिल जाएँ। लगभग आधी सदी पहले की बात है। "विभाजित हो चुकी पेशावर छावनी में अपने साथियों को विदा देते कर्नल इदरीस का बयान अब भी गूँज रहा था—मेरे साथी अफसरान और जवान दोस्तो! यह बँटवारा हमारे दिलों को नहीं बाँट सकता... दूसरी आलमी जंग में हमने साथ-साथ खून बहाया है। अपने शहीदों को हमने साथ-साथ सलाम किया है। फतह के परचम हमने साथ-साथ फहराए हैं... आप कहीं भी जाएँ, हमारा खून और शहादत का रिश्ता नहीं छूट सकता! क्योंकि हम भाई-भाई हैं और हमेशा रहेंगे।"[129]

आज ज़रूरत है इस बात की कि हर संवेदनशील आदमी वक्त की माँग को पहचाने, उसकी आवाज़ को सुने—

"आने वाली सदियो सुनो! बनती हुई इनसानी तहजीबें जुल्मों-तले इसी तरह रोती और सिसकती रहेंगी और दाराशिकोह की तरह कोई-न-कोई भविष्यद्रष्टा इसी

तरह हर सदी में सूली पर लटकाया जाएगा... और... और उसकी आँखों के आँसू ओस बनके धरती की घास पर छलकते रहेंगे... जो घास पर पड़ी इस आँसू भरी ओस को नहीं पहचान पाएँगे, वह अपने मुस्तकबिल, अपने भविष्य को कभी बदल नहीं पाएँगे।''[130]

कोई भी विकृत मानसिकता वाला, धर्मान्ध व्यक्ति-संगठन कितनी भी कोशिश क्यों न कर ले, वह हमारी एकता को चूर-चूर करने के अपने सपने को कभी असलियत में नहीं बदल पाएगा। भविष्य आश्वस्तिकारी है। हमें सिर्फ़ सचेत रहकर दस्तूर बदलना है—

''तुम देखना... बदलती दुनिया के दौर में कोई जालिम, कोई तास्सुबी, कोई धर्मांध शहंशाह अपनी कोशिशों में कामयाब नहीं होने पाएगा... लेकिन अत्याचारियों और इंसानपरस्त ताकतों के बीच यह संघर्ष हमेशा चलता रहेगा... हर सदी में एक दाराशिकोह के साथ एक औरंगजेब भी पैदा होगा... इस दस्तूर को बदलना होगा। नहीं तो मेरे साथ-साथ तुम सबका भविष्य भी डूब जाएगा... अगर मैं मर गया तो तुम्हारे सारे सपने समाप्त हो जाएँगे।''[131]

यही हमारे समाज और समय का सत्य है। इस सत्य की आँखों में आँखें डालकर ही आगे जाया जा सकता है। इससे आँख चुराकर नहीं।

संदर्भ

1. द्रष्टव्य—सहारा समय (साप्ताहिक), 30 जुलाई, 2005, पृ. 29.
2. उद्धृत डॉ. दूधनाथ सिंह; आखिरी कलाम, पृ. 279.
3. डॉ. राही मासूम रज़ा; ओस की बूँद, पृ. 44-46.
4. डॉ. राही मासूम रज़ा; आधा गाँव, पृ. 70-71.
5. डॉ. दूधनाथ सिंह; आखिरी कलाम, पृ. 313-314.
6. डॉ. राही मासूम रज़ा; आधा गाँव, पृ. 274.
7. डॉ. राही मासूम रज़ा; ओस की बूँद, पृ. 51.
8. उपर्युक्त, पृ. 112.
9. उपर्युक्त, पृ. 34
10. उपर्युक्त, पृ. 26.
11. उपर्युक्त, पृ. 54.
12. विभूतिनारायण राय; सांप्रदायिक दंगे और भारतीय पुलिस, पृ. 85-86.
13. सं. किशोर मकवाणा; गोधरा नरसंहार : कलम का धर्म और अधर्म, पृ. 70.
14. उपर्युक्त, पृ. 27.
15. डॉ. दूधनाथ सिंह; आखिरी कलाम, पृ. 175-177.
16. पद्‌मा सचदेव; नौशीन, पृ. 20-21.
17. गीतांजलिश्री; हमारा शहर : उस बरस, पृ. 167.
18. कमलेश्वर; कितने पाकिस्तान, पृ. 47.

19. सं. किशोर मकवाणा; गोधरा नरसंहार, पृ. 9-1..
20. सिटिजेन्स इनिशिएटिव, अहमदाबाद की पुस्तिका, पृ. 19.
21. उपर्युक्त, पृ. 11.
22. विभूतिनारायण राय; सांप्रदायिक दंगे और भारतीय पुलिस, पृ. 61.
23. उपर्युक्त, पृ. 62.
24. असग़र अली इंजीनियर; सांप्रदायिकता और सांप्रदायिक दंगे, पृ. 153-154.
25. उपर्युक्त, पृ. 157.
26. उपर्युक्त, पृ. 148-149.
27. विभूतिनारायण राय; शहर में कर्फ्यू, पृ. 10.
28. उपर्युक्त, पृ. 10-11.
29. उपर्युक्त, पृ. 11.
30. उपर्युक्त, पृ. 63.
31. कमलेश्वर; कितने पाकिस्तान, पृ. 322.
32. उपर्युक्त, पृ. 185-186.
33. उपर्युक्त, पृ. 153.
34. उपर्युक्त, पृ. 106-107.
35. उपर्युक्त, पृ. 62.
36. उपर्युक्त, पृ. 105.
37. उपर्युक्त, पृ. 63.
38. उपर्युक्त, पृ. 63.
39. भगवानदास मोरवाल; काला पहाड़, पृ. 414-415.
40. उपर्युक्त, पृ. 415.
41. उद्धृत असग़र अली इंजीनियर; सांप्रदायिकता और सांप्रदायिक दंगे, पृ. 115.
42. उपर्युक्त, पृ. 156.
43. उपर्युक्त, पृ. 158 से 164.
44. सं. राजकिशोर; अयोध्या और उससे आगे, पृ. 112-113.
45. असग़र अली इंजीनियर; सांप्रदायिकता और सांप्रदायिक दंगे, पृ. 145.
46. उपर्युक्त, पृ. 145-146.
47. भगवानदास मोरवाल; काला पहाड़, पृ. 374-375.
48. उपर्युक्त, पृ. 375-376.
49. उपर्युक्त, पृ. 376.
50. उपर्युक्त, पृ. 377.
51. कमलेश्वर; कितने पाकिस्तान, पृ. 155.
52. संपादक शैलेन्द्र सागर; कथाक्रम (जुलाई-सितंबर, 3) पृ. 79.
53. कमलेश्वर; कितने पाकिस्तान, पृ. 251.
54. सं. राजकिशोर; अयोध्या और उससे आगे, पृ. 142.
55. उपर्युक्त, पृ. 145.
56. कमलेश्वर; कितने पाकिस्तान, पृ. 162.
57. उपर्युक्त, पृ. 164.
58. उपर्युक्त, पृ. 165.

59. उपर्युक्त, पृ. 177.
60. उपर्युक्त, पृ. 218.
61. उपर्युक्त, पृ. 223.
62. उपर्युक्त, पृ. 229.
63. उपर्युक्त, पृ. 231.
64. उपर्युक्त, पृ. 240.
65. विभूतिनारायण राय; शहर में कर्फ्यू, पृ. 36.
66. उपर्युक्त, पृ. 90-91.
67. उपर्युक्त, पृ. 92-93.
68. गीतांजलिश्री; हमारा शहर : उस बरस, पृ. 19.
69. उपर्युक्त, पृ. 23.
70. उपर्युक्त, पृ. 45.
71. उपर्युक्त, पृ. 44.
72. उपर्युक्त, पृ. 44.
73. राजीव कुमार; टुकड़े, पृ. 85.
74. शरद पगारे; बेगम जैनावादी, पृ. 125-126.
75. विभूतिनारायण राय; शहर में कर्फ्यू, पृ. 92-93.
76. पद्मा सचदेव; नौशीन, पृ. 20.
77. कमलेश्वर; कितने पाकिस्तान, पृ. 62.
78. उपर्युक्त, पृ. 64.
79. उपर्युक्त, पृ. 64-65.
80. उपर्युक्त, पृ. 65.
81. उपर्युक्त, पृ. 65-66.
82. असग़र अली इंजीनियर; सांप्रदायिकता और सांप्रदायिक दंगे, पृ. 65-66.
83. गीतांजलिश्री; हमारा शहर : उस बरस, पृ. 44.
84. कमलेश्वर; कितने पाकिस्तान, पृ. 174-175.
85. उपर्युक्त, पृ. 164.
86. उपर्युक्त, पृ. 165.
87. भगवानदास मोरवाल; काला पहाड़, पृ. 374-375.
88. उपर्युक्त, पृ. 376.
89. कमलेश्वर; कितने पाकिस्तान, पृ. 169.
90. उपर्युक्त, पृ. 177.
91. स. किशोर मकवाणा; गोधरा नरसंहार, कलम का धर्म और अधर्म, पृ. 43-44.
92. भीष्म साहनी; तमस, पृ. 82.
93. उपर्युक्त, पृ. 67-69.
94. उपर्युक्त, पृ. 144.
95. उपर्युक्त, पृ. 60-61
96. उपर्युक्त, पृ. 61.
97. गीतांजलिश्री; हमारा शहर : उस बरस, पृ. 50-51
98. राजीव कुमार; टुकड़े, पृ. 85.

99. भगवानदास मोरवाल; काला पहाड़, पृ. 373.
100. उपर्युक्त, पृ. 377-378.
101. उपर्युक्त, पृ. 384-385.
102. उपर्युक्त, पृ. 385-386.
103. भीष्म साहनी; तमस, पृ. 125.
104. भगवानदास मोरवाल; काला पहाड़, पृ. 414-415.
105. भगवानदास मोरवाल; काला पहाड़, पृ. 89.
106. कमलेश्वर; कितने पाकिस्तान, पृ. 8.
107. उपर्युक्त, पृ. 181.
108. भगवानदास मोरवाल; काला पहाड़, पृ. 422
109. उपर्युक्त, पृ. 422.
110. महिलाओं की गवाही, सिटिजेन्स इनिशिएटिव, अहमदाबाद, पृ. 9.
111. उपर्युक्त, पृ. 7.
112. उपर्युक्त, पृ. 19-20.
113. उपर्युक्त, पृ. 4.
114. उपर्युक्त, पृ. 50-51.
115. भगवानदास मोरवाल; काला पहाड़, पृ. 428
116. उपर्युक्त, पृ. 449.
117. राजीव कुमार; टुकड़े, पृ. 16-17.
118. डॉ. बशीर बद्र; उजाले अपनी यादों के, पृ. 38.
119. राही मासूम रज़ा; ओस की बूँद, पृ. 47-48.
120. उपर्युक्त, पृ. 50-51.
121. कमलेश्वर; कितने पाकिस्तान, पृ. 171.
122. उपर्युक्त, पृ. 176.
123. उपर्युक्त, पृ. 183.
124. उपर्युक्त, पृ. 183-184.
125. उपर्युक्त, पृ. 186.
126. भगवानदास मोरवाल; काला पहाड़, पृ. 422-423.
127. उपर्युक्त, पृ. 425-426.
128. गीतांजलि श्री; हमारा शहर : उस बरस, पृ. 70-71.
129. कमलेश्वर; कितने पाकिस्तान, पृ. 323.
130. उपर्युक्त, पृ. 251.
131. उपर्युक्त, पृ. 252.

चतुर्थ अध्याय

दसवें दशक के हिंदी-उपन्यासकारों का सांप्रदायिकता के संदर्भ में दृष्टिकोण

साहित्य को 'समाज का दर्पण' और 'संवेदना का सच' कहा गया है। समकालीन समाज का जैसा यथार्थ चित्रण साहित्य करता है, वह सचमुच अवेक्षणीय है। स्नेह-प्रेम, आशा-आकांक्षा, कठिनाई-परेशानी, राजनीति-अर्थनीति-समाजनीति, आस्था-विश्वास, रीति-रिवाजों के साथ ही साहित्य समाज की सूक्ष्म से सूक्ष्म गतिविधियों का चित्र हू-ब-हू प्रस्तुत करता है।

सांप्रदायिकता समकालीन समाज के लिए कोढ़ की तरह है—अभिशाप। इसने सदियों से साथ-साथ रहते चले आ रहे लोगों को एक-दूसरे से दूर हटा देने का घृणित कार्य किया है। विश्वास का महीन-मसृण कौशेय-सूत्र इसके द्वारा बारंबार झकझोरा गया है। इसे मानवता का सौभाग्य कह लें कि इतना आघात सहने के बावजूद वह सूत्र टूटा नहीं। साहित्यकार सचेत-संवेदनशील जीव होता है। समाज के सच को हू-ब-हू अपनी रचना में उतार देना उसकी सबसे बड़ी सफलता मानी जानी चाहिए। दसवें दशक के हिंदी-उपन्यासकारों पर यह बात पूरी-की-पूरी लागू होती है। उपन्यास-जैसी विधा में लेखक के पास सीधे अपनी बात कहने का अवसर न के बराबर होता है। उसकी बात उसके पात्र कहते हैं। सही भी है, अगर लेखक पात्रों के माध्यम से अपनी बात न कह कर सीधे-सीधे वक्तव्यों-भाषणों से कहेगा तो जहाँ एक ओर इसे शिल्प का दोष माना जाएगा, वहीं दूसरी ओर रचना के उबाऊ, नीरस और अरुचिकर बन जाने का भय बना रहेगा। आशयतः उपन्यासकार अपने पात्रों के माध्यम से ही सर्वाधिक बोलता है। दसवें दशक के हिंदी उपन्यासकारों ने सांप्रदायिक समस्याओं को पूरे मन, पूरी गंभीरता के साथ चित्रित किया है। सांप्रदायिकता के स्वरूप-स्वभाव की सविस्तार चर्चा द्वितीय प्रकरण में हो चुकी है और उसके दुष्परिणामों पर पुष्कल प्रकाश तृतीय प्रकरण में डाला जा चुका है, इसलिए यहाँ हम मूलतः सांप्रदायिक

समस्याओं और सौहार्द के प्रसंगों पर अपना ध्यान केंद्रित करेंगे। सांप्रदायिक समस्याओं का जो सर्वाधिक दुष्प्रभावी परिणाम हमारे सामने आता है, वह है लोगों के दिलो-दिमाग में भय बैठाना, अविश्वास पैदा करना। वैसे सही बात तो यह है कि सांप्रदायिकता भूख से बढ़कर नहीं है। इस सच को सांप्रदायिक ताकतें अच्छी तरह जानती-समझती हैं। इसीलिए सांप्रदायिक दंगा ये ताकतें उन्हीं भूखे-बेबस लोगों से करवाती हैं। भूखे पेट को तो रोटी चाहिए। वह कहाँ से कैसे आई है, यह देखने सोचने का विवेक और समय 'भूखे आदमी' के पास नहीं होता।

''ताव कहाँ खाते हैं कामरेड! ताव ही तो नहीं खाते। आप जानते हैं, हम चुप नहीं बैठेंगे। लेकिन मीटिंगें अपमान थीं साथी, अपमान। अब हम झंडा-पताका लगा रहे हैं, शुक्ल जी माइक पर चिंघाड़ रहे हैं। भीड़ होती है, खाली हो जाती है। होती है, खाली हो जाती है। जैसे कोई तमाशा होने वाला हो। कुछ लोग झंडे को मुँह उठाकर देखते हैं, फिस्स-से हँसते हैं, चल देते हैं। अधिकांश उदासीन हैं। और सच पूछिए तो जिन्हें आप 'पिछड़े' और 'दलित' कहते हैं, उनमें कोई चेतना ही नहीं है। वे इसे अपनी समस्या नहीं मानते। इससे भी आगे पूछिए तो पहले तो दुस्तर गरीबी का सवाल है। उन्हें उसी से फुर्सत नहीं। भूखे आदमी को सांप्रदायिकता कैसे समझाएँगे आप? भूख और बदहाली जेहन में कुछ नहीं छोड़ती। और फिर अंदर से वे दुविधा में भी हैं। वे यह नहीं कह सकते कि गलत हो रहा है। इस बारे में एकदम साफ नहीं हैं। पता नहीं, किसका देवता उन पर कोप कर बैठे। देवता और ईश्वर के शिकार वो लोग भी हैं। कौन उनका अनिष्ट कर बैठे, यह डर भी एक कारण है, देहातों में किसानों को कुछ लेना-देना नहीं, बल्कि वे पक्ष में हैं, तसदीकी करते हैं, ठीक मान रहे हैं। मैं आपसे सच कहता हूँ साथी, धरम-करम के मामले में ये हिंदुत्ववादियों का साथ देंगे और वोट अपनी जातिवालों को देंगे। धर्म इनका डर है और जाति और कुनबा इनकी आस्था। यही सब घालमेल है। और इसकी व्यावहारिक व्याख्या पर उतरेंगे तो आप भी फँस जाएँगे कामरेड! यह कितना तकलीफदेह है साथी, आप समझते हैं? और दिल्ली में बैठे, सत्ता के जो महाबलाधिकृत हैं, वे मगन हैं। इंतजाम कर रहे हैं—इंतजाम।''[1]

इस उदाहरण से सांप्रदायिकता और तत्संबंधी विमर्श की दशा-दिशा काफी हद तक स्पष्ट हो जाती है। डॉ. बशीर बद्र का एक शेर है—

''तमाम वादियों में सेहरा में आग रोशन है,
मुझे खिजाँ के इन्हीं मौसमों ने पाला है।''[2]

सच है, आज चारों ओर से जहरीली हवा आ रही है। इसी परिवेश में पलने को मजबूर है आज का आदमी। 'कितने पाकिस्तान' के यशस्वी उपन्यासकार कमलेश्वर भी आज के जहरीले माहौल को लेकर चिंतित दिखते हैं। लेकिन उनका आशाभरा

विश्वास है कि मानव की अदम्य जिजीविषा, उसकी अप्रतिहत आस्था उसे इस बुरे दौर से उबारने में कामयाब होगी। 'कितने पाकिस्तान' के प्रारंभ में ही एक शे'र अकेला पूरे पेज पर झिलमिलाता-सा नजर आता है–

''इन बंद कमरों में मेरी साँस घुटी जाती है,
खिड़कियाँ खोलता हूँ तो जहरीली हवा आती है।''

माहौल खुशनुमा नहीं है, हवा चारों तरफ अविश्वास का संदेश बाँट रही है, पानी में खून का अक्स नजर आता है, धूप रुआँसी-रुआँसी लगती है, बारिश में ठंडी बूँदों की जगह गर्म खून गिरता है, लेकिन आदमी है कि जिए चला जाता है। वास्तव में, ऐसी ही अनाहत आस्था में विश्वास रखने वाली है मानव-जाति। आज तक उसने विश्वास और जिजीविषा के बल पर ही अपना अस्तित्व बनाए रखा है। हमें उम्मीद है : आदमी का विश्वास बना रहेगा, उसकी आस्था मरने नहीं पाएगी और उसकी जिजीविषा की संजीवनी शक्ति कम नहीं होगी।

4.1 उपन्यासों में चित्रित पात्रों के संवादों के माध्यम से

रचनाकार द्वारा सीधे-सीधे अपनी बात कहना कथा-साहित्य में उतना प्रभावी नहीं है, जितना साहित्य की अन्य विधाओं में। उपन्यास में तो लेखक का मंतव्य उसके पात्र प्रकट करते हैं। कहा जाता है, 'इतिहास में तारीखों और स्थानों के अलावा कुछ भी सही नहीं होता।' अगर इसी तर्ज पर कहें तो उपन्यास के बारे में यह कथन कुछ इस प्रकार हो सकता है–

'उपन्यास में तारीखों और स्थानों के अलावा सब-कुछ सही और सच होता है।' वास्तव में, उपन्यास आधुनिक मानव के जीवन की गद्यात्मक गाथा है। यह अपने-आप में 'महाकाव्य' है। समकालीन समाज का चित्रण, जितना-जैसा प्रभावी तरीके से उपन्यास द्वारा हो सकता है, उतना-वैसा किसी अन्य साहित्यिक विधा के माध्यम से शायद ही हो सके। उपन्यास का पात्र लेखक का आत्म-रूप है। दुःख-प्रसन्नता, विजय-पराजय, आत्माशा पलायन–सब-कुछ लेखक का निजी अनुभव होता है, जिसे उसके पात्र व्यक्त करते हैं। दसवें दशक के हिंदी-उपन्यासों में सांप्रदायिक तनावों, दंगों और सौहार्द के प्रसंगों का चित्रण बहुत अधिक न होते हुए भी पर्याप्त कहा जा सकता है। बात चाहे विभाजन की त्रासदी की हो, दंगों की विभीषिका की हो या फिर देवालयों-पूजास्थलों के विध्वंस की हो, उपन्यास के पात्र अपनी बात बड़ी बेबाकी से रखते हैं।

''गाँव मोहमदिया में शहर से मुस्लिम लीग के दो कार्यकर्त्ता आए थे। मुस्लिम जन-मानस में घूम-घूम कर वह मोहम्मद अली जिन्ना के विचार बयान कर रहे थे और पाकिस्तान लेने के तरीकों पर भी भाषण वगैरह कर रहे थे। मस्जिद के सामने

वाले मैदान में भीड़ इकट्ठा थी। भीड़ में हिंदू-मुस्लिम दोनों समुदाय के लोग थे। भीड़ से कुछ दूर पर मौलवी साहब अपनी चारपाई पर बैठे माला जप रहे थे। एक कार्यकर्त्ता जो टोपी और शेरवानी पहने हुए था, कह रहा था, "ख़वातीन, हज़रात, हम लोगों को पाकिस्तान लेना। हर हालत में लेना। किसी भी कीमत में लेना है। खून से लेना। हमारी आने वाली नस्ल हम लोगों को पाकिस्तान के लिए दुआ देगी। कायदेआजम साहब का भी यही कहना है। हिंदुओं ने हमें बहुत दबाया है। हम चुप नहीं बैठेंगे। ले के रहेंगे पाकिस्तान, लड़कर लेंगे पाकिस्तान।" तभी भीड़ में से एक आवाज गूँजी, "अरे ई बतावा कि हमार गाँव मोहमदिया, पाकिस्तान में रही कि ना हीं।" यह सवाल सुनकर टोपी-शेरवानी वाला अचकचाया, पर फिर सँभलकर बोला, "हाँ-हाँ, जरूर, हमारा पाकिस्तान कराची से कलकत्ता तक होगा।" उसी भीड़ में से उस आवाज के ठहाका लगाने की आवाज आई। यह आवाज घरभरन की थी। उसने जोर से चिल्ला कर कहा, "जब मर्दे, मोहमदिया गाँव पाकिस्तान में रही तो इतना हल्ला काहे है। हमार गाँव तो गाँव रही। मौलबियों साहब यहाँ रहेंगे और हमहूँ ऐहा रहब। परेशानी कहा है।" कार्यकर्त्ता ने घरभरन की ओर गुस्से से देखकर कहा, "देखिए जनाब, हमारे पाकिस्तान में सिर्फ पाक-साफ लोग रहेंगे। सिर्फ खुदा के बंदे रहेंगे।" घरभरन यह सुनकर बोला, "क्योंजी! हमार गाँव में सिर्फ मुसलमान काहे रहेंगे। हमको का कीड़ा काटा है या कोई बिमारी हुई है। हम नाहीं रहेंगे तो तौहार ऊन मौलवी साहब को दूध कौन पिलाएगा। हमार भैंसिया का दूध पीकर तो बेचारा जिंदा हैं।"

घरभरन की बात सुनकर वहाँ उपस्थित भीड़ ने हामी भरी। तभी उनमें से एक भद्र व्यक्ति ने कहा, "देखो मियाँ, कुछ काम-वाम की बात करो नहीं तो जाने दो। हम लोग भी जाएँ और अपनी खेती पानी जुटाएँ। बिना काम-धाम किए तो कोई खाने को नहीं देगा। चाहे पाकिस्तान बनाओ या मत बनाओ।"[3]

उक्त उद्धरण में सांप्रदायिक वैमनस्य और सौहार्द का एक साथ चित्रण हुआ है। लीग के कार्यकर्त्ता जहाँ विभाजन करवाने पर आमादा हैं, वहीं घरभरन मोहमदिया को छोड़कर कहीं जाने की कल्पना भी नहीं कर सकता। इतना ही नहीं, उसे बुजुर्ग-बीमार मौलवी साहब की तीमारदारी की भी चिंता है, क्योंकि मोहमदिया में तो मौलवी साहब को घरभरन की भैंस का दूध निरंतर-नियमित रूप से मिलता रहता है, पता नहीं पाकिस्तान में उनके लिए दूध का कोई इंतजाम हो भी पाए या नहीं। शायद यही कारण रहा होगा कि मोहमदिया गाँव के आदमियों पर लीग के कार्यकर्त्ताओं की बातें असर न डाल सकीं, बल्कि मौलवी साहब और दगऊ की बात से तो ऐसा प्रतीत होता है कि लीग के कार्यकर्त्ताओं का आगमन उस गाँव की सांप्रदायिक एकता को और भी अधिक सम्पुष्ट कर गया—

"भीड़ का रुख देखकर दोनों कार्यकर्त्ता सिटपिटा गए। टोपी-शेरवानी वाले

कार्यकर्त्ता ने कहा—"मियाँ, यह सब लोग तो लग रहा है कि जन्नत में रहते हैं। किसी पर हमारी बातों का असर नहीं दिखता।" टोपी-शेरवानी वाले ने कहा, "चलो कुछ कोशिश और करने के बाद शायद हम यहाँ के मुस्लिमों की गैरत जगा सकें।" एक कार्यकर्त्ता ने नारे लगवाए—

"लेके रहेंगे पाकिस्तान,
लड़कर लेंगे पाकिस्तान।"

कुछ उपस्थित बच्चों ने भी नारे लगाए।

मौलवी साहब चारपाई पर बैठे सब-कुछ सुन रहे थे। तभी दगऊ बाल्टी में दूध लेकर आ गया। मौलवी साहब ने दगऊ की आवाज सुनकर कहा, "दगऊ आज बड़ा जल्दी आ गए।" दगऊ ने बाल्टी का दूध झोंपड़ी में जाकर एक बर्तन में उँड़ेला और बाहर आकर बोला, "हाँ! भैंसिया आज जल्दी लग गई रहे।" फिर उसने भीड़ देखकर कहा, "ई का होवत है मौलवी काका! कोई भाँड़-मंडली आइल बा का।" मौलवी साहब ने हँसते हुए कहा, "हाँ, शहर से लीग के नगाड़ची आए हैं।" दगऊ ने भीड़ में अपने पिता को भी खड़े देखा, "ई का! बापू भी यहाँ जमे पड़े हैं। उधर भैंस का लेहना-पानी सब ऐसे ही पड़ा है। खेतों में फसल का देखभाल करे के बा।" फिर उसने मौलवी साहब से कहा, "आप कुछ करा। ईभीड़ यहाँ से हटे।" मौलवी साहब ने कहा, "अच्छा ठीक है। वैसे भी अजान का वक्त हो गया है।" थोड़ी देर बाद मस्जिद से 'अल्ला हो अकबर' की बुलंद आवाज सुनाई दी। धीरे-धीरे भीड़ वहाँ से छँट गई।"[4]

गरज़ ये कि मामूली आदमी के लिए पेट की आग सांप्रदायिकता से कहीं ज्यादा महत्त्वपूर्ण है। रोजी-रोटी का जुगाड़, घर-परिवार, खेती-बारी की देखभाल से फ़ुरसत मिले तब न कोई सोचे सांप्रदायिकता और मज़हब के बारे में। मामूली आदमी, जो किसी तरह अपना और अपने परिवार का पेट भर रहा हो, उसको इन चोंचलों से कोई मतलब नहीं है। इसीलिए हम देखते हैं कि जन-सामान्य को न तो पाकिस्तान बनने में रुचि थी, न ही वहाँ जाने में। हर संवेदनशील आदमी देश-विभाजन का पुरजोर विरोध कर रहा था। कई लोग तो ऐसे भी थे, जो लीग के विभाजन-प्रस्ताव की ही खिल्ली उड़ाते थे। ऐसे ही एक बुजुर्गवार का नाम हमारे सामने आता है—मोहमदिया के रशीद मियाँ। रशीद मियाँ ने गौस मियाँ और उनके साथियों की ऐसी खिल्ली उड़ाई कि उन्हें 'वाल राइटिंग' का काम छोड़कर भागना पड़ा -

"गौस मियाँ अपने दो-तीन मित्रों के साथ गाँव की कच्ची-पक्की दीवारों पर कोयले-खड़िया रो कुछ लिख रहे थे। 'लेके रहेंगे पाकिस्तान।' 'कायदे आजम जिंदाबाद' आदि। एक बुजुर्ग शेरवानी पहने खाँसते हुए उधर से गुजरे। उन्होंने गौरा मियाँ को देखा तो रुकते हुए पूछा, "क्यों बरखुरदार रशीद भाई ठीक हैं।" गौस मियाँ ने बेरुखी

से जवाब दिया, ''हाँ'' और फिर दीवार पर कोयले से लिखने लगे। बुजुर्ग ने ऐनक नाक पर चढ़ाते हुए कहा, ''अमाँ मियाँ, ई दीवार काहे गंदी कर रहे हो।'' गौस मियाँ ने चिढ़ते हुए कहा, ''दिखाई नहीं दे रहा है। हम अपने मुल्क के लिए काम कर रहे हैं।'' बुजुर्ग ने कहा, ''ई तो कोई बात नाहीं हुई। तू लोग तो कोयला से कुछ लिख रहे हो। ई पाकिस्तान का क्या मसला है?'' गौस मियाँ ने झुँझलाते हुए कहा, ''आप काहे बन रहे हैं। जानते नाहीं कि पाकिस्तान मुसलमानों की माँग है।'' बुजुर्ग भी अड़ गए। उन्होंने कहा, ''वो तो ठीक है, मगर ई पाकिस्तान में जबान कौन-सी बोली जाएगी।'' गौस मियाँ ने सिर खुजाते हुए कहा, ''उर्दू।'' बुजुर्ग ने खाँसते हुए कहा, ''तब तो मियाँ आप पाकिस्तानी नाहीं बन पाएँगे।'' गौस मियाँ ने आश्चर्य से कहा, ''क्यों?'' बुजुर्ग मुस्कुराए और बोले, ''ई सब जो तुम लिख रहे हो, वह हिंदी में है।'' गौस मियाँ और उनके साथी झेंप गए। गौस मियाँ ने कहा, ''अरे वह तो हम हिंदुस्तानियों के लिए लिख रहे हैं।'' बुजुर्ग ने कहा, ''ठीक है मियाँ, अब उर्दू में लिखिए।'' गौस मियाँ ने कोयले से दीवार पर कुछ खुरचा। बुजुर्ग ने व्यंग्य से कहा, ''यही लिखा है बरखुरदार। पाकिस्तान की जगह आकिस्तान छाप दिया। ऐसा ही मुल्क बनाएँगे। अपनी इबारत तक तो आती नहीं।'' गौस मियाँ का चेहरा लाल हो गया। उनके एक साथी ने कहा, ''चलो यार! कहाँ बुढ़ऊ के मुँह लग रहे हो। इन लोगों को हमारे मिशन का अहसास नाहीं है।'' गौस मियाँ अपने साथियों के साथ चल दिए। पीछे से बुजुर्ग की तेज आवाज सुनाई दी, ''क्यों मियाँ, क्या आपके पाकिस्तान में बुड्ढे लोगों की जगह नहीं होगी।'' लेकिन उन्हें जवाब नहीं मिला। गौस मियाँ अपने साथियों के साथ उनकी नजरों से ओझल हो चुके थे।[5]

इतिहास गवाह है : सौहार्द-सद्भाव की चाहे जितनी बातें की गई हों, अंततः देश का बँटवारा हुआ। न जाने कितने लोगों की गृहस्थी उजड़ गई, अनगिनत लोगों ने अपने प्राण गँवाए, प्रतिपल मानवता शर्मसार हुई, हर क्षण आपसी विश्वास और प्रेम की भावना का खून हुआ। मुट्ठीभर विकृत मानसिकता वाले लोगों की वजह से एकबारगी तो ऐसा प्रतीत होने लगा कि दहशत का यह सिलसिला अब थमेगा भी या नहीं! लेकिन ऐसे माहौल में ही वे लोग भी अपना काम कर रहे थे, जो हर हालत में सद्भाव बनाए रखना चाहते थे। मोहमदिया के रशीद मियाँ और ठाकुर साहब इसी कोटि के इंसान थे।

''गुल्लू कुछ देर चुप रहा, फिर उसने रशीद मियाँ से अचानक सवाल किया, ''आप मुसलमान हैं?'' यह सवाल सुनकर वहाँ मौजूद सभी लोग सकपका गए। रशीद मियाँ ने गुल्लू के सिर पर हाथ फेरते हुए कहा, ''हाँ बेटा।'' गुल्लू ने झटके से खड़े होते हुए कहा, ''आप झूठ बोल रहे हैं। आप मुसलमान नहीं हो सकते। सब कह रहे हैं कि मेरे बाप को मुसलमानों ने मार दिया, मगर आप तो इतने बुरे नहीं हैं।'' यह कहकर उसने रशीद मियाँ के कंधों को हिलाते हुए कहा, ''बताइए न कि जिन्होंने

मेरे बाप को मारा, वो कौन थे?'' वहाँ उपस्थित सब की आँखें आँसुओं से भीग उठीं। रशीद मियाँ ने रूमाल निकालकर आँखों को पोंछा और गुल्लू को गोद में बैठाते हुए कहा, ''बेटा, जिसने तुम्हारे बाप को मारा, वह मुसलमान नहीं, जानवर था। एक खतरनाक जानवर! अल्लाह उसे कभी माफ नहीं करेगा।'' थोड़ी देर सब वहाँ बैठे रहे। रशीद मियाँ ने गुल्लू की तरफ देखते हुए कहा, ''गुल्लू को शहर पढ़ने के लिए भेज दो, जो खर्चा आएगा, वह हम देंगे।'' तभी ठाकुर साहब भी वहाँ आ पहुँचे। उन्होंने रशीद मियाँ की बात सुन ली थी। ठाकुर साहब ने कहा, ''आप अकेले क्यों खर्चा उठाएँगे। हमारा धर्म का मिट्टी है।'' रशीद मियाँ ने संजीदा होकर कहा, ''नहीं ठाकुर, इसका खर्च मुझे ही उठाने दो।'' यह कहकर वह चले गए, ठाकुर साहब वहीं खड़े रह गए।''[6]

'किसी रोते हुए इनसान को हँसाने का यही ज़ज्बा' ही आदमी को सच्चे अर्थों में आदमी बनाता है। जिसके माँ-बाप न हों या होकर भी उसके लालन-पालन में समर्थ न हों, वह तो 'सबकी संतान' है। जो भी समर्थ हों, उन्हें ऐसे लोगों की देखभाल करनी चाहिए। यह उन सबका नैतिक दायित्व है। अपनों से बिछड़ना कितना दर्द देता है, यह अनुभावना की चीज है। इसे सिर्फ वही महसूस कर सकता है, जिसे अपना घर-परिवार, अपना गाँव-देश, अपनी बोली-भाषा, अपने संस्कार-रिवाज छोड़ने पड़े हों। विभाजन का दंश ऐसे लोगों को तब तक सालता रहता है, जब तक वे जीवित रहते हैं। किसी के, किसी ऐसे आदमी के चले जाने का दर्द असहनीय हो जाता है, जो ज़िंदगी का हिस्सा रहा हो। सल्लो और हार्डी के चले जाने का दुख ठाकुर अखंड प्रताप सिंह को और गुलहुस्ना के चले जाने का दुख रशीद मियाँ को ऐसा-इतना तोड़ देता है कि वे इकट्ठा होते ही रो पड़ते हैं। सांप्रदायिकता का, सांप्रदायिक विद्वेष का दुष्परिणाम ऐसे ही रूपों में हमारे सम्मुख आता रहता है।

ठाकुर साहब वहीं बैठे शून्य को ताकते रहे। रशीद मियाँ का भी कुछ ऐसा ही हाल था। कुछ देर बाद ठाकुर साहब ने दर्द-भरी आवाज में कहा, ''यार! मैं कमजोर हो गया हूँ। लगता है बूढ़ा हो गया हूँ।'' रशीद मियाँ समझ गए कि कुछ गड़बड़ है। उनके होंठ फड़फड़ाए, ''क्या हुआ अखंड?'' ठाकुर साहब की आँखों में आँसू छलछला आए, ''यार सल्लो और हार्डी दोनों चले गए।'' यह कहकर वह रोने लगे। रशीद मियाँ को भी अपनी बेटी का गम याद हो आया। दोनों दोस्त फूट-फूटकर रोने लगे। आरिफ ने कमरे में दाखिल होकर यह दृश्य देखा तो वह हिल गया। उसने पलंग के पास जाकर रशीद मियाँ से कहा, ''अब्बू।'' रशीद मियाँ और ठाकुर साहब ने जल्दी से अपने आँसू पोंछे। रशीद मियाँ ने बेरुखी से कहा, ''क्या है?'' आरिफ ने डरते-डरते कहा, ''अब्बू, हम लाहौर जाकर गुलहुस्ना को वापस लाने की सोच रहे हैं।'' रशीद मियाँ ने लगभग चीखते हुए कहा, ''हाँ, एक तू ही नालायक औलाद के नाम पर बचा था। जा तू भी भाग जा, अल्लाह के यहाँ चैन से कह तो सकूँगा

कि उसने तीन औलादें दीं और तीनों नाकारा।'' आरिफ ने कहा, ''नहीं अब्बू, मैं गुलहुस्ना को वापस ले आऊँगा।''[7]

सच्चा स्नेह, वास्तविक लगाव और याराना—ये ऐसी चीजें हैं, जो किसी बड़े भाग्यशाली आदमी को मिलती हैं। जिसके पास सच्चा मित्र हो, उसे कोई दुख नहीं, कोई गम नहीं। ठाकुर साहब और रशीद मियाँ ऐसे ही मित्र हैं। ठाकुर अखंड प्रताप सिंह का दिल 'हिंदुस्तान' की तरह विशाल है। वह हार्डी—एक अँगरेज—के जाने पर रो रहा है। दुनिया सुने तो क्या कहे भला! वह सल्लो—एक वेश्या—के लिए रो रहा है। सल्लो, जो मुस्लिम घराने से ताल्लुक रखती थी, सिर्फ पैसा ही जिसका धर्म-ईमान होता है, ऐसी वेश्याओं में से एक सल्लो। ठाकुर की सहृदयता ने सल्लो को भी बदल डाला था। 'टुकड़े' उपन्यास का मोहमदिया गाँव और उसके नागरिक आज के जलते हुए समाज के लिए आदर्श हैं। वहाँ के बाशिंदों का आपसी भाईचारा सबके लिए उदाहरण दगऊ और आरिफ का वार्तालाप इसका ज्वलंत उदाहरण है।

''सुबह आरिफ अपनी लंबी यात्रा के लिए तैयार हुआ। बेगम साहिबा ने उसके हाथ में ताबीज बाँधते हुए उसके सही-सलामत वापस लौटने के लिए दुआ माँगी। रशीद मियाँ चुपचाप खड़े रहे। ठाकुर साहब ने उसको दिल्ली के अपने किसी मित्र का पता देते हुए हिदायत दी कि वह लाहौर जाने से पहले दिल्ली में उनसे मिल ले। आरिफ जाने के लिए घर से निकला। तभी वहाँ दगऊ आ धमका। उसने गुस्से से आरिफ का हाथ पकड़ते हुए कहा—''तुम बहुत धोखेबाज हो। पहले तो बहुत दोस्त बने फिरते थे, लेकिन घूमने का मौका आया तो अकेले चल दिए।'' आरिफ ने कहा, ''भाई मैं घूमने नहीं जा रहा हूँ। किसी काम के खातिर जाना पड़ रहा है और जहाँ जाना है, वहाँ बहुत खतरा है। दंगा-फसाद फैला हुआ है।'' दगऊ उत्तेजित स्वर में बोला, ''हम खतरा से नाहीं डरते।'' आरिफ ने झुँझलाते हुए कहा, ''भाई हम तुम को साथ नहीं ले जा सकते।'' तो हमसे दोस्ती काहे किए थे। काहे मोहर्रम पर मर्सिया हमको सिखाए थे। काहे दोहरवाते थे कि—

''गुर्बत में पड़ गई मुसीबत हुसैन पर
फाका ये तीसरा है मेरे नूरे ऐन पर,
तीर अफगानों में, तेगों में, भालों में घिर गए
तन्हा हुसैन बर्छियों वालों से घिर गए,
टूटे थे सब रसूल के प्यारे हुसैन पर
क्या वक्त पड़ गया था तुम्हारे हुसैन पर।''

दगऊ के दिमाग में जो कुछ आ रहा था, उसे वह बके जा रहा था। आरिफ ने चिढ़ाते हुए कहा, ''कुछ भी कहो, हम तुम्हें अपने साथ नहीं ले जा सकते।'' ठाकुर साहब वहाँ खड़े यह तमाशा देख रहे थे। उन्होंने भी दगऊ को समझाने का

प्रयास किया। दगऊ अपनी जिद पर अड़ा था। घरभरन भी उधर अपनी भैंसों को चराता हुआ आ निकला। उसने सारा किस्सा समझते हुए कहा, "हम कोई डरपोक नाहीं पैदा किए हैं। दगऊ अगर जाना चाह रहा है तो कौनो बात नाहीं है, ऊ जा सकत है।" अपने पिता की बात सुनकर दगऊ बहुत प्रसन्न हुआ। अंत में हारकर आरिफ को उसको अपने साथ ले जाने की हामी भरनी पड़ी। ठाकुर साहब ने कुछ रुपए दगऊ को दिए। रास्ते में दगऊ को हकीम साहब के दरवाजे पर नज्जो का उजला चेहरा झाँकता मिला, जो दगऊ से आँखें मिलते ही, दरवाजे के पीछे गायब हो गया।"[8]

जहाँ ऐसे आदर्श मित्र और ऐसी आदर्श मित्रता हो, वहाँ सांप्रदायिक तनाव झाँक भी नहीं सकता। 'मानस' में तुलसीदास ने कहा है—

'जे न मित्र दुख होंहि दुखारी,
तिन्हहिं बिलोकत पातक भारी।'

सचमुच, स्नेही-स्वजन पीड़ित-परेशान-पशेमान हों तो भला किसी भी संवेदनशील-सहृदय को नींद कैसे आ सकती है। दगऊ मोहमदिया में मजे में था, उसे लाहौर जाने की क्या पड़ी थी? लेकिन नहीं, मित्र (आरिफ) को दंगे के समय में अकेला कैसे छोड़ दे। यद्यपि वह कोई ऐसा राजनीतिज्ञ-नौकरशाह-सेठ-साहूकार या कथित 'बड़ा नाम' नहीं था, जो दंगों को देखते-ही-देखते रोक देने का कारनामा कर सके। न ही कोई ऐसा अपरिमित बल वाला था कि चालीस-पचास लोगों को पछाड़ सके, लेकिन उसमें नैतिक बल तो था, मित्र का साथ देने का साहस तो था। आज हमारे समाज को ऐसे ही सदाचारी-सात्त्विक-साहसी लोगों की जरूरत है। एक ओर तो ऐसा आदर्श मित्र है, जो अपने मित्र (आरिफ) के लिए अपनी जान जोखिम में डालता है तो दूसरी ओर एक ऐसा आदमी (मौलवी साहब) पाकिस्तान जाने का अपना बना-बनाया कार्यक्रम रद्द कर देता है, जो वर्षों से मोहमदिया के बाशिंदों को नमाज पढ़वाने का आदी हो चुका है—

"मौलवी साहब कुछ लोगों के सामने बैठे हुए अपने पाकिस्तान जाने की तारीख तय कर रहे थे। वहाँ पर मंदिर के पंडित जी आ पहुँचे। उनका चेहरा गंभीर था। उन्होंने पूछा, "का मौलवी साहब, ई बात ठीक है कि आप भी पाकिस्तान जाय रहे हैं।" मौलवी साहब ने तस्वीह फेरते हुए कहा, "हाँ पंडित जी, ई बात सही है। मगर आपको तो खुश होना चाहिए कि हम जा रहे हैं। आपका धर्म तो बचा रहेगा।" पंडित जी थोड़ा रोष में बोले, "लागत है बुढ़ौती में तौहार दिमाग सठिया गइल है। तौहार रहे से हमार धर्म कहाँ भ्रष्ट हो रहा है।" यह सुनकर मौलवी साहब चुप रहे। पंडित जी कह रहे थे, "देखिए मौलवी साहब, आपको पाकिस्तान जाए की कोई

जरूरत नाहीं है। यहीं रहा। हम सब इतना दिन से साथ रह ही रहे हैं। आगे भी रहेंगे।'' मौलवी साहब ने कहा, ''जाने नहीं देंगे पंडित जी।'' पंडित जी ने उनका कंधा झकझोर कर कहा, ''नाहीं। बिलकुल नाहीं जाने देइब। चाहे हमार धर्म भ्रष्ट हो जाए। हम तोहे कहीं नहीं जाने देइब। सब बेवकूफों के पाकिस्तान जाए दा। तू न जाइबा।''

मौलवी साहब खड़े हो गए। उनकी आँखों से आँसू निकल रहे थे। पंडित जी ने भावुक हो उनको गले लगा लिया और बोले, ''और फिर तौहके अभी बरगद के पेड़ का भूत भगाये के बा।'' मौलवी साहब ने धीमे स्वर में बुदबुदाकर कहा, ''हम नाहीं जाएँगे।'' वहाँ उपस्थित भीड़ आश्चर्यचकित हो दोनों को देख रही थी।''[9]

स्नेह-सद्भाव-सौहार्द ऐसी चीजें हैं, जो वट-बीज की तरह देखने-सुनने में भले ही मामूली-से शब्द लगे हैं, ये मानव-जीवन के महनीय मूल्य! इनके बिना आदमी के जीवन की परिकल्पना नहीं की जा सकती। वास्तव में, इनके अभाव में आदमी, आदमी न रहकर मशीन बन जाएगा–संवेदना-विहीन जीवधारी मात्र! दसवें दशक के हिंदी-उपन्यासकारों ने सांप्रदायिकता को, सांप्रदायिक विद्वेष को सर्वथा हेय एवं त्याज्य ठहराया है। हर रचनाकार ने सांप्रदायिक विद्वेष के दुष्परिणामों को रेखांकित करते हुए स्नेह-सद्भाव-सौहार्द का समर्थन किया है और ऐसे प्रयासों की जरूरत पर जोर दिया है, जिससे सौहार्द की चेतना समाज में पल्लवित हो सके। देखते-ही-देखते एक छोटी सी घटना कैसे पूरे शहर का वातावरण बिगाड़ देती है, इसका एक प्रभावी उदाहरण डॉ. राही मासूम रज़ा के उपन्यास 'ओस की बूँद' से लिया जा सकता है। मुहल्ले की बसावट, उसमें मंदिर की स्थिति, मंदिर में रामअवतार द्वारा शंख बजाया जाना, नमाजियों को उस पर एतराज होना और मौलवी साहब की गरमागरम तकरीर को अपने-आप में समेटे यह प्रसंग सांप्रदायिकता के कई पहलुओं पर एक साथ प्रकाश डालता है। यहाँ उक्त प्रसंग आभार-सहित पूरा-का-पूरा उद्धृत किया जा रहा है–

''बीवी के कटरे में एक मंदिर न मालूम कब से खड़ा ऊँघ रहा था। मुसलमानों का मुहल्ला था और वहाँ किसी को यह याद नहीं था कि उस मंदिर में कब कोई पुजारी देखा गया था। शहर के दूसरे तमाम मंदिरों पर किसी-न-किसी का कब्जा था। एक यही मंदिर बचा था, क्योंकि यह मुसलमानों के मुहल्ले में था, तो राम अवतार ने उसी मंदिर में अपना अड्डा जमाया।

एक दिन सवेरे-सवेरे शंख की आवाज सुनकर सारा बीवी का कटरा चौंक पड़ा। उस दिन सुबह को मस्जिद में हमेशा से ज्यादा मुसलमान इकट्ठा हुए। कई तो ऐसे थे, जिन्हें कलमा भी अच्छी तरह याद न रहा होगा। बेचारे हाफिज जी सख्त हैरान कि आखिर मामला क्या है। हाफिज जी बेचारे निपट बहरे थे, इसलिए उन्होंने शंख की आवाज सुनी ही नहीं थी।

नौजवानों के तेवर बहुत बिगड़े हुए थे।

"इस मुहल्ले में शंख नहीं बज सकता।" नमाजियों ने यह फैसला किया और तब यह मुसलमान निकले लीडरों की तलाश में।

मौलवी अशरफुल्ला वकील।

पाकिस्तान गए।

हकीम मुहम्मद वलीउद्दीन 'वफा'।

पाकिस्तान गए।

समी उल्ला खाँ ठेकेदार।

पाकिस्तान गए।

पहलवान अब्दुल गफ्फार।

पाकिस्तान गए।

मीर बुलाकी 'नाशाद'।

पाकिस्तान गए।

अब्दुर्रब अत्तार।

पाकिस्तान गए।

हयातुल्ला अंसारी।

मर गए।

—तो फिर यहाँ गाजीपुर में कौन है? सही कि मस्जिद है, बड़ा इमामबाड़ा है, ईदगाह है... परंतु इनके पास कौन जाता है अब रास्ता पूछने?

जब कोई न मिला तो सैयदबाड़ा, काजीतोला, सराय, नखास, लँगाह, बरबरहना, शुजावलपुर, रजदेपुर और जूड़न शहीद के मुसलमानों की झल्लाहट और दूसरे मुहल्लों में रहने वाले मुसलमानों का डर और बढ़ गया। धीरे-धीरे दुकानें बन्द हो गईं। दीनदयाल धाड़ने लगा कि यदि मुसलमानों ने ज्यादा चें-पें की तो उनकी ईंट-से-ईंट बज जाएगी। फसीही खानदान के एक मौलवी नारए-तकबीर बोलकर घर से निकल आए और शहर के मुसलमानों को ऐतिहासिक आँकड़े याद दिलाने लगे—

"बिरादराने इस्लाम! यह लोग जो अकसरीयत के नशे में चूर हैं, इन्हें न अपनी तारीख याद है, न हमारी। हम वह हैं, जिन्होंने जनरल तारिक रहमतुल्ला अलैह (रजी अल्लाह : अरबी में इसका मतलब होता है—अल्लाह रजी या खुश हैं) के साथ बहरे रोम में घोड़े डाल दिए थे। हम वही कासिम हैं, जिसने दो हजार आदमियों के साथ इनके सूरमाओं के छक्के छुड़ाकर सिंध पर सब्ज़ अलम गाड़ दिया था। यह और हमें न पहचानें! हम महमूद गजनवी हैं। और दूर क्यों जाइए! क्या गाजीपुर वाले वह दिन भूल गए, जब सैयद मसदुद गाज़ी रहमतुल्ला अलैह ने बारह सौ सवारों के साथ गंगा पार करके इस गाजीपुर के राजा गाद का सिर क़ुचल दिया था।... हम उन्हीं मसदुद ग़ाजी की औलाद हैं..."[10]

इसे कहते हैं जले पर नमक छिड़कना! जो असर जलती आग पर पेट्रोल छिड़कने से होता है, वही, बल्कि कहीं उससे भी ज्यादा विस्फोटक-घातक असर इस तकरीर का होगा। 'मौलवी साहब'-जैसे आदमियों को न तो खुदा का डर होता है और न ही उसके बंदे का। 'भुस में आग लगा जमालो दूर खड़ी'—ऐसे ही लोगों को ध्यान में रखकर कहा गया होगा। 'मौलवी साहब' ने तो शहर के मुसलमान-रूपी 'भूसे' में आग लगा दी थी। अब उन्हें सिर्फ दूर खड़े होकर तमाशा देखना था। आइए हम देखते हैं, उस आग ने कैसी तबाही मचायी—

"...शहर के मुसलमान जेहाद के लिए सिर से कफन बाँधने लगे। हिंदू अलग तैयार हो गए कि मियाँ लोगन की तो ऐसी-की-तैसी। रामअवतार देखते-ही-देखते वास्तव में राम अवतार हो गया।

"शंख में प्रभु नहीं हैं भैया! प्रभु रोम-रोम में हैं। शंख तो पुजारियों को बुलाने के लिए बजाते हैं। पूजा करने वाले आ गए हैं तो शंख बजाने की क्या जरूरत है?"

"देख राम अवतार, हम कह रहे हैं कि बजा शंख। हम कह रहे हैं! शंख फूँक मादरचोद!"[11]

धर्म, मजहब इसलिए हैं कि आदमी समाज में रहने का सलाहियत हासिल कर सके, इसलिए नहीं कि वह गँवार-जंगली हो जाए। सभ्यता-संस्कार-शऊर छोड़कर आदमी कहीं आदमी रह सकता है!? यही संस्कार ही वह नेमत है, जिसके वशीभूत होकर आदमी अपने जीवन की डोर किसी और से बाँध पाता है—किसी व्यक्ति से, विचार से, जगह विशेष से, रीति-रिवाज से...। 'कितने पाकिस्तान' में कमलेश्वर ने राही मासूम रज़ा के उपन्यास 'आधा गाँव' से एक प्रसंग हू-बू-हू उद्धृत किया है। सांप्रदायिक विद्वेष और सौहार्द के प्रसंग इसमें एक साथ समाहित हैं। फुन्नन मियाँ का दुल्लन द्वारा लगाया गया नारा 'लेके रहेंगे पाकिस्तान' सुनकर घबराना, नज्जो बुआ बफाती की चिंता, पंडित जी की उत्तेजक तकरीर और बफाती के 'हिंदू लँगोटिया यार' का उसकी दुश्चिंता में शामिल होना—ये सारे सूत्र मिलकर एक अनूठे प्रसंग का सर्जन करते हैं। यहाँ हम उक्त प्रसंग आभार-सहित पूरा-का-पूरा उद्धृत कर रहे हैं—

"उसी वक्त अदीब ने देखा—गँगौली से घबराया हुआ राही मासूम रज़ा उसकी ओर तूफान की तरह भागता चला आ रहा है... अदीब ने उसे बाँहों में लेकर सम्हाला और पूछा कि क्या हुआ? राही की हाँफती साँसों ने थोड़ी-सी राहत लेते हुए बताया—सुनो...सुनो...वह आठ साल का बच्चा दुल्लन क्या नारा लगाके घर में दाखिल हुआ है...

—ले के रहेंगे पाकिस्तान!

—कैसे लेबे पाकिस्तान? फुन्नन मियाँ ने आँखें तरेरकर सवाल किया।

—अलीगढ़ बालन से! दुल्लन ने कहा।

तो कुलसुम ने टीप लगाई—अरे ओई जौनऊ अलीगढ़ से आए रहे... काली शेरवानी वाले। वो उँगलियों में सिगरेट दबाए हाथ घुमा-घुमाकर मियाँ लोग को बता रहे थे कि कुर्आन-शरीफ में कहाँ-कहाँ अल्लाह मियाँ ने मुस्लिम लीग को वोट देने का हुक्म दिया है...

और उधर आम के बाग में कथा चल रही थी... तीन बरस पहले बेवा होने के बाद मुसलमान हुई नज्जो बुआ बोली—तिलकधारी पंडित ने बताया कि तब भगवान् कृष्ण ने अर्जुन से कहा—हे अर्जुन! हूँ तो मैं हूँ ...मेरे सिवाय कोई और नहीं है. .. और आज गीता का वही मुरली मनोहर भारत के हर हिंदू को पुकार रहा है कि उठो और गंगा-जमुना के पवित्र तट से इन म्लेच्छ मुसलमानों को हटा दो...

—हियाँ से हट के हमनी कहाँ जाए के पड़ी? पंडित ज़ी का ऐलान सुनने के बाद एक अधेड़ मुसलमान बफाती ने अपने हिंदू लँगोटिया यार से पूछा। दोनों बचपन के गहरे दोस्त थे, साथ खेले हुए थे। तब उसके बचपन के हिंदू दोस्त कन्हैया ने कहा—अब जहाँ आराम मिले, चले जाओ और फिर किशन भगवान का हुकुम है कि तुम को गंगा-जमुना के किनारे से हटाय दिया जाए, तो हटाना ही पड़ेगा... और जिन्ना साहब का पाकिस्तान तो बन ही रहा है ...आराम की ज़िंदगी काटे के खातिर उधर ही चला जा... तुम तो कह दिया—चला जा... लेकिन पाकिस्तान जाए का किराया-भाड़ा भी जुट गया, तो भी ई हमार खेतवा कइसे जाई पाकिस्तान?

—ई तो बहुत भारी मसला है... पाकिस्तान बन ही गया तो बफाती का खेतवा कइसे जायी पाकिस्तान?

—हाँ अब देखो न... बफाती बोला—ज़िंदगी त हिआँ गुजारल, अब मरे किनारे अइलीत पाकिस्तान जाईं? अब चाहे कुरआन शरीफ का आयत बोले या तुम्हरे गीता के किसन भगवान... हम त न जाइब पाकिस्तान... ।"[12]

वह सीधा-सादा, सच्चा-नेक दिल मुसलमान ठीक से बोलना तक नहीं जानता, कृष्ण को किशन कहता है, पर उसे अपने गाँव से, देश से, समाज से, धरती से इतना जुड़ाव है, लगाव है, इतनी मुहब्बत है कि वहीं अपना घर-बार, खेत-बाग छोड़कर जाना नहीं चाहता, जाने की सोच भी नहीं सकता। दसवें दशक के हिंदी-उपन्यासों के लेखकों ने सांप्रदायिकता को वैमनस्य, विभाजन, अलगाव, टूटन, दंगा-फसाद, आगजनी, हत्या-बलात्कार जैसी दुर्घटनाओं का मूलकारण करार दिया है। इसीलिए उसने ऐसे पात्रों का चित्रण किया है, जो हमेशा भड़काऊ भाषण और ज्वलनशील तकरीरें उगलते रहते हैं। उनके मुँह से कोई कायदे की बात तो सुनायी ही नहीं पड़ सकती। तन्नू और मुस्लिम लीग के कार्यकर्त्ताओं (जिन्हें लेखक ने 'काली शेरवानी' कहा है) की बातचीत में भी सांप्रदायिकता के बारे में ऐसे ही तथ्य उभर कर सामने आते हैं। हाँ, इतना जरूर है कि जहाँ एक ओर वैमनस्य की बातें हैं, वहीं दूसरी

ओर सद्भाव की वकालत भी की गई है।

वह आगे बढ़ा तो दाहिनी तरफ बँसबाड़ी के पास लड़कों का एक गोल 'मुस्लिम लीग जिंदाबाद।' का सबक याद कर रहा था... गला फाड़-फाड़कर। तन्नू इन बच्चों को देखकर मुस्करा दिया। लड़कों के उस जुलूस में कई हिंदू लड़के भी थे और वह भी गला फाड़-फाड़कर मुस्लिम लीग को जीने की दुआ दे रहे थे।

—ई कऊन किसिम का पाकिस्तान बन रहा है भाई? तन्नू ने मुसकराते हुए पूछा तो लड़के नारे लगाते हुए बँसवाड़ी की उत्तर तरफ भाग गए। आवाजें आती रहीं—

—नारये तकबीर!

—अल्ला हो अकबर!

—काइदे आजम!

—जिंदाबाद!

—मुस्लिम लीग!

—जिंदाबाद!

और एकाएक तन्नू ने पाया कि वह हकीम साहब के बड़े फाटक में है। उसने जल्दी से हकीम साहब को आदाब किया। वहाँ उत्तर पट्टी के तमाम लोग मौजूद थे। साथ में मौजूद थे, अलीगढ़ से आए काली शेरवानी वाले दो लोग। बातचीत चल ही रही थी। काली शेरवानी बोल रही थी—और सबसे बड़ी बात तो यह है कि दुनिया के नक्शे पर एक और इस्लामी हुकूमत का रंग चढ़ जाएगा... और यह भी नामुमकिन नहीं कि दिल्ली के लाल किले पर एक बार फिर सब्ज इस्लामी परचम लहराता नजर आए...

तन्नू को पाकिस्तान के न बनने में कोई दिलचस्पी नहीं थी। वह एक चारपाई की पाँयती पर टिक गया।

—सुन रहें कि जिन्ना साहब शिया हैं! न मालूम किसने कहा।

—मुसलमान हैं! काली शेरवानी बोली।

तभी दूसरी शेरवानी ने कहा—सुनिए किब्ला! अल्लाह की रस्सी को मजबूती से पकड़िए। आज उस रस्सी का नाम मुहम्मद अली जिन्ना है। आप अल्लाह की ताकत हैं ...उठिए और कहिए कि आप पाकिस्तान बनाना चाहते हैं।

...तन्नू खिलखिलाकर हँस पड़ा।

काली शेरवानियों ने उसे उलझन से देखा।

—देखिए...मैं कोई सियासी आदमी नहीं हूँ... यह सरकारी मुसलमानों का मोहल्ला है, लीग के अलावा और किसे वोट दे सकता है ...तन्नू ने शेरवानियों से कहा—ये सब तो सरकार परस्ती की वजह से लीग को वोट देंगे, लेकिन आप अनपढ़ मुसलमान कुलसुम का वोट नहीं ले सकते! वह अपने बेटे का सही नाम नहीं ले

सकती। वह मुमताज तो मुंताज कहती है। वह बहुत शरीफ लड़का था। आप उसे क्या जानें? वह स्वामी सहजानंद और राहुल सांकृत्यायन के किसान आंदोलन में शामिल था। वह कासिमाबाद के थाने पर गोली खाकर मर गया। मैं तो किसान-आंदोलन की लड़ाई के वक्त यहाँ पर था नहीं। मैं तो बर्तानियाँ की फौज में था। सुना है कि आंदोलन के दौरान मुमताज बड़ी बहादुरी से मरा। यानी जब उसे यकीन हो गया कि लगी हुई गोली खाकर वह बचेगा नहीं तो मौत से डरकर वह रोया या अस्पताल ले जाने के लिए गिड़गिड़ाया नहीं। उसने फायरिंग के दौरान भागते हुए एक आदमी का दामन पकड़ लिया और कहा—ए भइया! गँगौली जइयो तो कह दीहो हमरी अम्मा से कि हम मर गए... किसान की इस बेसूद शहादत को आप नहीं समझ सकते... 'कह दो हमरी अम्मा से कि हम मर गए...' इस संदेशे में छुपे धरती के दर्द को आप नहीं समझ सकते... आपके जिन्ना साहेब मलाबार हिल की जो इमारत छोड़कर पाकिस्तान जाएँगे, तो बेहतर इमारत बनवा लेंगे... अगर वह चाहेंगे तो अपनी बीवी रति की कब्र उखाड़कर पाकिस्तान ले जाएँगे, क्योंकि उनका कोई रिश्ता जमीन से नहीं है, लेकिन कुलसुम तो इस जमीन में सदियों से दफ्न पुरखों और कासिमाबाद थाने पर मरे अपने बेटे मुंताज की कब्र उठाकर पाकिस्तान नहीं ले जा पाएगी! अगर सारी कब्रें ले गए तो हिंदुस्तान का पूरा आँगन उखड़ जाएगा. .. तब मुसलमान को कटा-फटा मुल्क तो मिल जाएगा, लेकिन वह घर-आँगन से मरहूम रह जाएगा! क्या यही चाहते हैं आप लोग! बोलिए ... क्या यही चाहते हैं आप लोग? काली शेरवानियों के पास कोई उत्तर नहीं था।

तन्नू और भड़क उठा—आप जान का डर पैदा कर रहे हैं... डर की यह फसल हमी को काटनी पड़ेगी... इसीलिए मैं बहुत डरता हूँ...

—डरने की क्या जरूरत है... आखिर आप मुहम्मद बिन कासिम के वारिस हैं... काली शेरवानी ने जुमलेबाजी का दाँव चला।

—मैं वोटर नहीं हूँ! तन्नू ने काली शेरवानी की बात काटी—मैं मुसलमान हूँ, लेकिन मुझे इस गाँव से मुहब्बत है... क्योंकि मैं खुद यह गाँव हूँ। मैं नील के इस गोदाम, इस तालाब और इन कच्चे रास्तों को प्यार करता हूँ ...

मौजूद लोगों ने तन्नू की ओर देखकर जैसे हामी भरी।

—मैदाने जंग में मैंने मौत का तांडव देखा है... जब मौत बहुत करीब आ जाती थी, तो मुझे अल्लाह जरूर याद आता था, लेकिन मक्कए-मुअज्जमा या कर्बलाए-मुअल्ला की जगह मुझे गँगौली याद आती थी... और मैं यह सोच के झल्ला जाता और रोने लगा करता था कि अब शायद मैं नील के गोदाम पर बैठकर गन्ना नहीं खा सकूँगा और शायद अब मुझे आठवीं की मजलिस का हलवा नहीं मिलेगा। अल्लाह तो हर जगह है, फिर गँगौली और मक्का और नील के गोदाम और काबे, हमारे पोखरे और आबे-ज़मज़म में क्या फर्क है?

—आप ही जैसे लोग हिंदुस्तानी मुसलमानों को हिंदुओं के हाथ बेच डालेंगे! काली शेरवानी बिगड़ गई—आपको शर्म नहीं आती! आप मक्का शरीफ से इस जटियल गाँव का मुकाबला कर रहे हैं। जी हाँ, कर रहा हूँ! तन्नू ने कहा और मुझे शर्म भी नहीं आती... और शर्म आए क्यों? गँगौली मेरा गाँव है। मक्का मेरा शहर नहीं है। यह मेरा घर है और काबा अल्लाह मियाँ का। खुदा को अगर अपने घर से प्यार है तो क्या वह मयाज-अल्लाह यह नहीं समझ सकता कि हमें भी अपने घर से उतना ही प्यार हो सकता है!

—ए बेटा, तूँत कुफुर बोले लग्यो! हकीम साहब ने बिगड़कर कहा—ई का कर रहा है बे हरामजादे। काबा फिरो काबा है बेटा!

—मैं कब कहता हूँ कि वह काबा नहीं है, लेकिन लाहौर तो काबा नहीं है ना? उसने सवाल किया—देखिए चा, जो कुछ मैंने बाहर देखा है, वह आपने नहीं देखा है। इसीलिए जो कुछ मैं देख सकता हूँ, आप नहीं देख सकते... नफरत और ख़ौफ की बुनियाद पर बनने वाली कोई चीज मुबारक नहीं हो सकती।''[13]

उक्त प्रदीर्घ उद्धरण से यही ध्वनित होता है कि दसवें दशक के हिंदी-उपन्यासों के लेखकों ने सांप्रदायिकता को वैमनस्य फैलाने वाली, आपसी स्नेह-सद्भाव समाप्त करने वाली और दिलों का बँटवारा कराने वाली बुराई के रूप में देखा है। संवेदनशील प्राणी सतत जाग्रत रचनाकार के ही समतुल्य होता है, क्योंकि संवेदनशीलता रचनाकार की अनिवार्य विशेषता है। इस संदर्भ में देखें तो दसवें दशक के हिंदी-उपन्यास-लेखकों ने सांप्रदायिकता-जैसी समस्या को गंभीरता के साथ उठाया है और अपने पात्रों के माध्यम से उस पर खूब विमर्श किया है। पहले भी कहा जा चुका है कि उपन्यासकार अपने विचार अपने पात्रों के माध्यम से रखता है। वास्तव में, उपन्यास के पात्र लेखक के मानसपुत्र होते हैं। लेखक की बातों को, उसके विचारों को पाठक-अनुभावक के सम्मुख पेश करने का कार्य पात्र ही करते हैं। निष्कर्षतः, आलोच्य अवधि के हिंदी उपन्यासों के लेखकों ने यद्यपि वैशिष्ट्य क्रमबद्धता के अनुसार सांप्रदायिकता के रूप-स्वरूप-वैशिष्ट्य की विवेचना नहीं की है, पर उन्होंने अपने कर्त्तव्यों का पालन, दायित्वों का निर्वहन करते हुए इत-उत उस पर प्रकाश अवश्य डाला है।

4.2 प्रतीकों के माध्यम से

''अपने रूप, गुण, कार्य या विशेषताओं के सादृश्य एवं प्रत्यक्षता के कारण जब कोई वस्तु या कार्य किसी अप्रस्तुत वस्तु, भाव, विचार, क्रिया-कलाप, देश, जाति, संस्कृति आदि का प्रतिनिधित्व करता हुआ प्रकट किया जाता है, तब वह प्रतीक कहलाता है। यह प्रतीक-पद्धति सामान्य जीवन और व्यापक व्यवहार-क्षेत्र में भी प्रयुक्त होती है। राष्ट्रीय या धार्मिक झंडा, सिक्का, लिपि, वृक्ष, फल, व्यक्ति आदि प्रतीक-अर्थ में प्रयुक्त होते हैं। उदाहरणार्थ—तिरंगा झंडा भारतीय राष्ट्र का, रुपया भारतीय सिक्के

का, वट वृक्ष विद्या का, कमल भारतीय संस्कृति का तथा नागरी भारतीय लिपि का प्रतीक है। इसी प्रकार, जयचंद देशद्रोही का, शिवाजी स्वातंत्र्य-संग्राम-सेनानी का, कालिदास कवि का, मीरा भक्त का, वृहस्पति ज्ञान का और गाँधी शांति का प्रतीक है। यह प्रतीक-पद्धति सभी देशों और सभी कालों में प्रचलित रही है और किसी भी देश और काल के लिए नई नहीं है, परंतु यूरोपीय प्रतीकवाद। 9वीं शताब्दी के अंतिम चरण में वहाँ की कला एवं साहित्य के अंतर्गत एक विशिष्ट प्रवृत्ति के रूप में प्रकट हुआ या स्वयं प्रतिक्रिया-स्वरूप आया और इसकी भी प्रतिक्रिया हुई।"[14]

प्रतीक के माध्यम से प्रायः सूक्ष्म एवं विशिष्ट अनुभूतियों को सहज ग्राह्य बनाने का प्रयास किया जाता है। कबीर आदि भक्त कवियों की आध्यात्मिक अनुभूति की प्रतीक-योजना में प्रायः ऐसा देखने को मिलता है, परंतु परिचित एवं ज्ञात सिद्धांतों एवं अनुभूत जीवन की अभिव्यक्ति प्रतीक द्वारा अधिक स्मरणीय एवं चमत्कारमयी होती है। अगर हम बात करें दसवें दशक में प्रकाश में आए हिंदी-उपन्यासों में सांप्रदायिक समस्याओं की प्रतीकवत् प्रस्तुति की तो जो नाम हमारे सामने सबसे पहले और सबसे चमकदार ढंग से आता है, वह है सतत-जाग्रत रचनाकार कमलेश्वर का। 20वीं शताब्दी के विदा होते-होवाते प्रकाश में आया और सदी के सर्वाधिक चर्चित उपन्यासों में से एक 'कितने पाकिस्तान' के इस यशस्वी उपन्यासकार ने एक तरह से प्रतीकों का भी साधारणीकरण-सरलीकरण कर दिया है। सांप्रदायिक विद्वेष और सौहार्द के प्रसंगों के प्रतीकवत् चित्रण के मामले में कमलेश्वर अग्रणी हैं।

उपन्यासकारों ने सांप्रदायिकता को विभाजन, विद्वेष, विलगाव, विलाप, विस्फोट, विनाश, विडंबना-जैसी विकृत चीजों के पर्याय के रूप में प्रस्तुत किया है। "–जी हाँ अदीबे आलिया! हमारे भूखंड पर नाटो नाम के एक दशानन ने जन्म लिया है ...सागर-पार का एक और राक्षस उनका सरगना है। उन्होंने मिलकर सर्बिया और यूगोस्लाविया पर हमला करके मुझे शमशान बना दिया है... सर्बिया प्रभुसत्ता-संपन्न मेरे ही यूगोस्लाविया का हिस्सा है और कोसोबी उसी आजाद भूखंड सर्बिया का इलाका है... लेकिन नाटो के राक्षसों और उसके सरगना ने अपने हितों के लिए हमें बरबाद कर दिया है। वे राक्षस अग्नि-तांडव कर रहे हैं, वे मेरे स्वायत्तता-संपन्न देश को विभाजित करके, कोसोबो को अपने नियंत्रण में रखना चाहते हैं।"[15]

देश-दुनिया में चाहे जहाँ वर्ग-वर्ण-नस्ल के आधार पर दो तरह के व्यवहार हों, उसकी निंदा होनी ही चाहिए। यह नहीं हो सकता है कि गोरे-सफेद चमड़ी वाले लोगों के साथ अच्छा व्यवहार होगा और काले-पीली चमड़ी वाले लोगों के साथ दोयम दरजे का। अफसोस की बात तो यह है कि आज ऐसा हो रहा है। यही तो है सांप्रदायिकता! जब कोई संप्रदाय दूसरे संप्रदाय के लोगों को विविध कारणों अपने से हीन, नीच, घृणित और त्याज्य समझकर उसके प्रति शारीरिक-मानसिक हिंसा आदि का प्रदर्शन करता है तो हम उसे सांप्रदायिकता की सीमा में मानते हैं। उक्त उदाहरण–

उद्धरण में 'दशानन', 'राक्षस', 'श्मशान', 'अग्नि-तांडव'-जैसे प्रतीकवत् प्रयुक्त शब्दों के अर्थ सहज ही भाव-बोध करवाने और लेखक का मंतव्य पाठक तक पहुँचाने में सक्षम हैं।

"अदीबे आलिया! नियंत्रण द्वारा आत्माओं को तोड़ा जाता है... फिर उन्हें विभाजित किया जाता है... उनमें सांस्कृतिक प्रतिरोध की शक्ति विखंडित की जाती है और तब बाजारवादी जोंकें उस विभाजित कौम का सारा रक्त चूस लेती हैं। खंडित संस्कृति के श्मशानों में तब उत्सव के बाजार स्थापित होते हैं... धर्म और इतिहास शोषकों के हाथों में खिलौना बनकर नाचते-गाते, जश्न मनाते अपने ही विभाजित अंग के शत्रु और अपने विनाश का कारण बन जाते हैं... बड़ी सभ्यताओं को तोड़कर उन्हें बंदी बनाने के लिए विभाजन का यही रास्ता उन असभ्य अपसंस्कृतियों ने चुना है... जिनके खेतों में सिर्फ बारूद और बंदूकें उगती हैं... इसी के चलते कोसाबो अपनी लाखों संतानों की मृत्यु देख चुका है और लाखों-लाख लोगों के विस्थापन के कारण वीरान हो चुका है। लाखों शरणार्थी इधर-उधर भटक रहे हैं... नाटो राक्षसों के इकतरफा मिसाइली हमले जारी हैं। तेल-भंडार और रासायनिक कारखाने धू-धू करके जल रहे हैं... वायुमंडल और आपकी प्राचीन नदी डैन्यूब का पानी विषाक्त हो गया है... मृत्यु पागलों की तरह ज़िंदगी का पीछा कर रही है। सर्बिया में इस वक्त लाखों मासूम बिना मौत मर रहे हैं।"[16]

उक्त उद्धरण में 'बाजारवादी जोंकें', 'रक्त चूसना', 'श्मशान में उत्सव के बाजार', 'खेतों में सिर्फ बारूद और बन्दूकें उगाना', 'राक्षस', 'डैन्यूब का पानी विषाक्त हो गया है', 'मृत्यु पागलों की तरह ज़िंदगी का पीछा कर रही है'-जैसे शब्द-वाक्यांश प्रतीकवत् प्रयुक्त हुए हैं। चारों ओर छीना-झपटी, मार-काट, हाहाकार मचा है। किसी का कोई भरोसा नहीं रह गया। कब टोला-मुहल्ला-देश-दुनिया-समाज दंगों की चपेट में आ जाए किसी को पता ही नहीं। आज परिवेश इतना-ऐसा विषाक्त हो गया है कि आर्थिक संस्कृतियों के नाम पर युद्ध चलाए जा रहे हैं और वे युद्ध हर देश और संस्कृति के आम आदमी के विनाश का कारण बनते जा रहे हैं। ये युद्ध ऐसे हैं, जो "अँधेरे इतिहास और धर्मांध विश्वास को जन्म देकर जन और जाति-संहार के वाहक बन गए हैं। जब तक ये युद्ध चलते रहेंगे, तब तक विकलांग जातियाँ जन्म लेती रहेंगी... जीने के लिए अवैध और अनैतिक संसाधनों की दुनिया कायम होती चली जाएगी... डैन्यूब-जैसी नदियों की मछलियाँ बार-बार मरती रहेंगी। मानव-रक्त से सिंचित खेतों में अन्न नहीं, विषैले धतूरों की काँटेदार फसलें उगेंगी। उन जातियों की स्त्रियाँ व्यभिचार और बलात्कार के लिए अभिशप्त होंगी... संतानें मनोरोग और व्याधियों से ग्रस्त होंगी। धर्म के नाम पर अधर्म की आँधियाँ चलेंगी और सत्ता के एकीकृत सिंहासन पर नरमुंडों की माला पहने कोई निरंकुश एकाधिकारी शासक विद्यमान हो जाएगा।"[17]

'डैन्यूब की मछलियों का बार-बार मरना', 'मानव-रक्त से खेतों का सिंचित होना', 'उन खेतों में अन्न की जगह विषैले-काँटेदार धतूरों का उगना', 'संतानों का मनोरोग और व्याधियों से ग्रस्त होना', 'धर्म के नाम पर अधर्म की आँधियाँ चलना', 'नरमुंडों की माला' आदि प्रतीकों के माध्यम से लेखक सांप्रदायिकता और युद्ध की त्रासदी को चित्रित करता है। वास्तव में, आर्थिक संसाधनों को और-और अधिक जुटाने की होड़, शीघ्रातिशीघ्र अमीर बनने की लालसा और बिना कुछ किए ही सब-कुछ पा जाने की कामना ने आदमी को इतना-ऐसा स्वार्थी बना दिया है कि मूल्य-मानों की बात उसके लिए निरर्थक हो गई है। भू-माफिया को किसी जमीन पर कब्जा करके वहाँ बहुमंजिला शॉपिंग माल खड़ा करना है, पर झुग्गी-झोंपड़ी वाले, गरीब मजदूर-किसान वह जमीन छोड़ना नहीं चाहते, कौड़ियों के मोल बेचना नहीं चाहते। कोई बात नहीं, सांप्रदायिक दंगा करवा दो, अपने-आप सब पलायन कर जाएँगे। फिर सरकार तो 'अपनी' है। पार्टी के फंड में दस-बीस करोड़ का चंदा फेंको, देखें कौन आता है अपनी राह में। आज अध्ययन-अध्यापन का मतलब बदल गया है। जो पढ़ना चाहते हैं, उनके लिए हमारे देश की शिक्षा-व्यवस्था में कोई जगह नहीं है, जिन्हें पढ़ने-पढ़ाने से कोई मतलब नहीं, उनके लिए शानदार-भव्य 'पब्लिक स्कूल' हैं, जो पैसा लेकर 'सब-कुछ' देते हैं। आप अपनी इच्छा तो बताएँ कि आपको क्या बनना है, वे उस पाठ्यक्रम की उपाधि बढ़िया अंक, श्रेणी और पदक के साथ सोने की तश्तरी में सजाकर आपकी सेवा में पेश कर देंगे। बाप का असीमित पैसा है ही, अब आप चाहें तो डॉक्टर बनें, इंजीनियर बनें, जज-वकील बनें, बड़े नौकरशाह बनें या फिर इनमें से कुछ न बनकर 'नेताजी' बन जाएँ। पूरे देश के कुल संसाधनों पर मुट्ठीभर लोगों (बमुश्किल डेढ़ से तीन प्रतिशत) का कब्जा है। पूरा देश दिन-रात खटकर-तपकर, तन-पेट काटकर एक-एक पैसा जोड़कर सरकार का खजाना भरे और ऐश करें ये लोग। ये कैसी और कौन-सी प्रगतिशीलता है भाई! और सही बात तो यह है कि हर समस्या के पीछे कहीं-न-कहीं इस दशा की भूमिका जरूर है।

जब से आदमी नितांत भौतिकवादी, स्वार्थी और 'अपनपोसा' हुआ है, प्रतिपल मूल्यों की अर्थी निकलती रहती है, मानवता हर क्षण सिसकती रहती है। आज 'पैसा' सबसे बड़ा जीवन-मूल्य बन गया है और इसीलिए देश ही नहीं, अपितु विश्व-परिदृश्य पर हाहाकार मचा हुआ है—

"—कहाँ ले चलूँ अदीबे आलिया! बाहर तो शोर और भी ज्यादा है... हाहाकार, चीत्कार, आगजनी, सामूहिक हत्याएँ, बलात्कार, चीख-पुकार, अपहरण, अजन्मे बच्चों के लोथड़े, कीड़े पड़ी बिजबिजाती फूली हुई लाशें, अर्धजीवित और मृत देहों का मांस खा-खाकर थके हुए लकड़बग्घे, कुत्ते, गिद्ध ... और रक्त-प्लावन का दृश्य। यह तो सहस्रों साल पहले हुए जल-प्लावन से भी भयंकर दृश्य है।"[18]

दसवें दशक के हिंदी के सांप्रदायिकता-आधारित उपन्यासों के लेखकों ने

सांप्रदायिक समस्याओं का चित्रण बड़ी बेबाकी से किया है। शायद यही कारण है प्रतीकात्मक चित्रण के बहुत अधिक प्रसंग हमारे सामने इस संदर्भ में नहीं आते। सांप्रदायिकता का, सांप्रदायिक दंगों का क्या दुष्परिणाम होता है। देश-समाज-मानवता को इससे कितनी और कैसी क्षति होती है, इसका चित्रण आलोच्य कालावधि के उपन्यासकारों ने अपने उपन्यासों में किया है।

"तभी लाशों के बाजार खुलते चले गए। सोमालिया में शांति कायम करने गए पाकिस्तानी फौजियों की लाशों का अम्बार लगा था। बोस्नियाँ में कत्ल किए गए मुसलमानों की लाशों को कफन में लपेटकर सजाया जा रहा था। अजरबेजान में लाशों का बाजार लगा था। गीदड़, चील-कउवे और कुत्ते उनका बँटवारा कर रहे थे। नाइजीरिया में लाशों की शिनाख्त हो रही थी और बोलिबिया में तमाम लाशें अपनी शहादत का खुतबा पढ़े जाने का इंतजार कर रही थीं। कश्मीर में पड़ी लाशें अपने बयान दर्ज करा रही थीं... उन लाशों में कश्मीरी मुसलमान भी थे और कश्मीरी पंडित भी। अफगानिस्तान में लाशें दफनाने के लिए जमीन की कमी पड़ रही थी और ताज्जुब की बात यह है कि तालिबानों द्वारा रौंद दिए जाने के बावजूद, अपने-अपने हिमायती लोगों की लाशों के ढेर पर गुलाम रब्बानी, अहमद शाह मसूद, गुलाबुद्दीन हिकमतयार और तालिबानों का तानाशाह मुहम्मद उमर जैसे लोग अपने-अपने इस्लाम का ताज पहने शान से खड़े थे।"[19]

अपना-अपना इस्लाम, अपना-अपना हिंदुत्व, अपना-अपना मजहब, अपना-अपना धर्म। कैसी विडंबना है कि आज धर्म और मानवता को भी बाँट देने की साजिश हो रही है। क्या हिंदू-मुसलमान-सिख-ईसाई-पारसी आदि-आदि धर्मावलंबियों के खून के रंग में कोई फर्क होता है। जब हमारे खून का रंग एक-जैसा है तो हम क्यों नहीं सभी धर्मों का लक्ष्य एक मान लेते हैं!! जाहिर-सी बात है ऐसा करने में कहीं-न-कहीं से बाधा आ रही है। कुछ ऐसी ताकते हैं, जो एकता के प्रयासों को सफल होते नहीं देख सकतीं। गौरतलब बात तो यह है कि यह सारा खेल धर्म और मजहब के नाम पर खेला जा रहा है। कहीं हिंदुत्व का सहारा लेकर विकृत मानसिकता वाले लोग बर्बर कारनामों को अंजाम देते हैं तो कहीं 'इस्लाम' की ओट से धर्म के ठेकेदार अपना निशाना साधते हैं। हमें दोनों ही ओर से सावधान रहने की जरूरत है। सतत-जाग्रत मनीषी और मूल्यान्वेषी रचनाकारों ने इसी हेतु हमें सांप्रदायिकता के दुष्परिणामों से परिचित कराना अपना कर्त्तव्य समझा। प्रसन्नता का विषय है कि उन्होंने अपने कर्त्तव्यों का सम्यक् निर्वहन किया।

"अदीबे आलिया! इस्लाम के नाम पर अफगानिस्तान कब्रिस्तान बन चुका है... यह चारों तो इस्लाम का ताज पहनकर बेशर्मी से खड़े हैं, पर कोई देखे तो हम आद इस्लाम-परस्तों का क्या हाल हुआ है! हुजूर! हम लाखों-करोड़ों लोग तो मारे गए... इन चारों के दामन बेगुनाहों के खून से तर हैं... पूरा मुल्क तबाह हो

चुका है...

अभी वह मुर्दा अपनी बात कह ही रहा था कि कराहता हुआ बाबर अदीब के सामने हाजिर हुआ—

—अदीबे आलिया! ... मैं तो आपसे छुट्टी माँगकर अपनी कब्र में लौट गया था, लेकिन जगह-जगह बरसते और फटते गोलों की आवाज ने मेरा सुकून से लेटना मुश्किल कर दिया... अब तो अफगानिस्तान से कदीमी मुर्दों को भी भागना पड़ रहा है, क्योंकि कब्रें मिसमार हो चुकी हैं। लाशें शहतूत की तरह सड़ रही हैं... तेज़ाबी बदबू और सड़े हुए गोश्त को देखकर मांसभक्षी जानवर और परिंदे भी मुल्क छोड़कर उत्तर या दक्षिण की ओर चले गए हैं... अदीबे आलिया! अफगानिस्तान मर गया है... मेरे काबुल पर यह कहर इस्लाम के नाम पर बरपा किया गया है।"[20]

'इस्लाम के नाम पर अफगानिस्तान का कब्रिस्तान बनना', 'इस्लाम का ताज पहनकर बेशर्मी से खड़ा होना', 'तेज़ाबी बदबू', 'अफगानिस्तान मर गया है' आदि वाक्यांशों को प्रतीकवत् प्रयुक्त करते हुए उपन्यासकार ने अपने मंतव्य को वाणी दी है। उपन्यासकार का अभिमत है कि लोग निजी स्वार्थ की पूर्ति के लिए, अपने-अपने युद्धों को आगे बढ़ाने के लिए धर्म का सहारा लेते हैं। सही बात तो यह है कि सांप्रदायिक शक्तियाँ जनता की भावनाओं को भड़काकर अपना उल्लू सीधा करती हैं। इतना जरूर है कि इस तरह के आंदोलनों की अपनी सीमाएँ होती हैं, अपनी अच्छाइयाँ और बुराइयाँ होती हैं। जनता की भावनाओं को भड़काकर पैदा किए गए आंदोलनों की यही ताकत और कमजोरी है... एक बार जो कह दिया गया, वह बाद में चाहे अनुचित और गलत लगने लगे, पर उसे बदला नहीं जा सकता... अगर बदला गया तो रूढ़ और घटिया ताकतें परिवर्तित विचार की दुश्मन बनकर सामने आ जाती हैं। वास्तव में, इस सच से विकृत सोच वाली सांप्रदायिक एवं प्रतिक्रियावादी ताकतें परिचित हैं और इसी से वे अपनी चाल बहुत सोच-विचारकर चलती हैं।

"...कश्मीर से जबरदस्त शोर उठा। ताजिकिस्तान चीखने लगा। ईराक पर अमरीकी बमबारी आतिशबाजी की तरह दिखाई देने लगी। बोस्नियाँ के मुसलमानों ने दुबारा सर्बों पर हमला कर दिया। श्रीलंका में प्रभाकरन ने जो दो हजार नागरिक जान से मारकर जमीन में गाड़ दिए थे, उनके पिंजर निकल-निकलकर कराहने लगे। सऊदी अरब, सूडान, अफगानिस्तान, पाकिस्तान के आतंकवादी जेहाद के नाम पर मासूम नागरिकों को मारते-खदेड़ते हुए डोडा, ऊधमपुर और कुल्लू-मनाली तक आगजनी, हत्याएँ, अपहरण और लूटमार में मशगूल हो गए।"[21]

'आतंकवादी जेहाद के नाम पर आगजनी, हत्याएँ, अपहरण और लूटमार में मशगूल हो गए।' चाहे आतंकवादी हो या विकृत सोच वाला प्रतिक्रियावादी सांप्रदायिक आदमी, किसी-न-किसी स्तर पर दोनों में समानता होती है। दोनों ही लूट-मार, आगजनी,

बलात्कार, हत्या आदि को अपना मूल धर्म और जीवन-मूल्य मानते हैं। कहना न होगा कि इन्हीं के आधार पर उनका जीवन संचालित होता है। ये फिरकापरस्त लोग ऐसे होते हैं, जो समाज को अपनी कारस्तानी से तो बाँटते ही हैं, उसमें सोच का खतरा भी पैदा करते हैं। सोच का खतरा अन्य घटनाओं से कहीं ज्यादा ज्वलनशील, विस्फोटक और खतरनाक होता है।

"—तो हुजूर मैं भी तो उसी खतरे की बात कर रहा हूँ। सोच का खतरा ही तो जिन्ना और इकबाल ने पैदा किया था। मुझे इकबाल की, शायर की शख्सियत से कुछ लेना-देना नहीं, लेकिन शायर भी तो वही होता है, जो दुनिया के रुहानी दर्द को समझता है... जो शायर दर्द के दरिया में मरने के लिए दूसरों को डुबो दे ... वह शायर कैसा? आखिर बुल्लेशाह और कबीर भी तो शायर थे... लेकिन इकबाल ने तो खून का दरिया बहाया... क्योंकि उसने खुदा को सिर्फ 'मुसलमानों का खुदा' बनाकर रख दिया। इकबाल से पहले खुदा सबका था... हिंदू का था... मुसलमान का था... मीरा का था, कबीर का था, नानक और टैगोर का था, सुब्रमण्यम भारती और नजरुल इस्लाम का था... संत रैदास और ज्ञानेश्वर का था, वह किसका खुदा नहीं था, लेकिन इकबाल ने खुदा को मस्जिदों में कैद कर देने का पाप किया है। जिन्ना और इकबाल इस सदी के सबसे बड़े शैतान थे। शैतान... जी.एम. सैयद तैश में थे।"[22]

धर्म-मजहब-वर्ग-वर्ण-जाति के आधार पर समाज को बाँटने वाले लोग यह कहकर बच नहीं सकते कि यह तत्कालीन परिस्थितियों का तकाज़ा था। परिस्थितियों का तकाजा था तो आप क्या कर रहे थे? परिस्थितियों को बदलने की कोशिश क्यों नहीं की आपने! मजहब के नाम पर मलाई तो आप खा रहे हैं, दंगों की जिम्मेदारी किसी और की क्यों हो? इन धर्मांधोंविकृत मानसिकता वाले लोगों के कारनामों से सभ्यता-संस्कृति-मानवता खून के आँसू रोती है।

"—पता है आपको! धर्मांध लोग ईजिप्ट की बादशाहों की घाटी में क्या कर रहे हैं? ...नील नदी रो पड़ी है ...उसके आँसुओं की बाढ़ का पानी मिस्र के हर नागरिक की आँखों में भर गया है ...उनकी आँखें दबदबा रही हैं ...और वे आँसू भरी आँखों से अपनी सभ्यता का विनाश देख रहे हैं। ...बादशाहों की घाटी में तीस सदियों से खामोश लेटे हुए कारोह अपने पिरामिडों में डर से थर-थर काँप रहे हैं ...बेफारोह जिनके मध्य एशिया और दक्षिण-पूर्वी योरुप थर्राता था ...जिनके ऐश्वर्य, खजाने और शूर-वीरता के वर्णन पूरी दुनिया में होते थे ...जिन्होंने भारतीय और चीनी सभ्यता के उदय के साथ-साथ एक और विराट मानवीय सभ्यता की नींव रखी थी। आज वह पूरा इतिहास और गौरवशाली सभ्यता मुसलमान कट्टरपंथियों और आतंकवादियों के भय से थरथरा रही है ...गमाल-इस्लामिया और जेहाद-जैसे अंधे

इस्लामवादी संगठन सामान्य आदमी की ज़िंदगी पर कहर बरपा रहे हैं।"[23]

सांप्रदायिकता का सवाल कभी भी आम आदमी की रोटी का सवाल नहीं रहा। पेट भरा रहे तभी ये सारे फितूर सूझते हैं। वरिष्ठ कवि त्रिलोचन शास्त्री अपने अवधी-बरवै-संकलन 'अमोला' में कहते हैं :

'चूल्हीं तावा चढ़ा करइ जउ रोज,
तबइ केउ परम तत्त्व कै खोज।'

जिसका पूरा जीवन भूख से लड़ने में व्यतीत होता जा रहा हो, उसके लिए जाति-वर्ग-वर्ण-संप्रदाय-धर्म-मज़हब-इस्लाम-हिंदुत्व-जैसी बातें फिजूल हैं। यह तो खाए-पिए-अघाये-बौराये लोगों की सड़ी-गली मानसिकता से उपजी है। समाज में सौहर्द-सद्भाव बना रहे, लोग मिल-जुलकर रहें, एक-दूसरे के गम और खुशी में शरीक हों, वो ऐसा देख ही नहीं सकते। इनके संगी-साथी–अनुयायी भी इन्हीं की तरह होते हैं–तोड़-फोड़ विध्वंस करने वाले। रचनात्मकता तो इनको छू भी नहीं गई होती। वैसे भी, सृजन, समर्पण और धैर्य की अपेक्षा रखता है, जिसका इनके पास चिंत्य अभाव होता है। विखंडन में ही लगे रहना इनकी नियति बन जाती है, क्योंकि ये उसी के लिए शापग्रस्त हो जाते हैं :

"हमारी नियति यही है कि हम लड़ते रहें। हम शापग्रस्त हैं अदीवे आलिया! शापग्रस्त! हम मौत के सिवा किसी चीज को जन्म नहीं दे सकते!–कहते हुए वे हजारों तालिबानी और अमरीकी सैनिक अमरीकी, चीनी और रूसी हथियारों को लिए हुए बोस्निया, सोमालिया, जोर्डन, मिस्र, लीबिया, ट्यूनिसिया की ओर दौड़ पड़े .. .मौत का अंधड़ चलने लगा। रक्त की नदी बहने लगी और उसी में तमाम खूनी धाराएँ मिलने लगीं। अल्जीरिया से इस्लामिक साल्वेशन फ्रंट की, जोर्डन से मोहम्मदी आर्मी की, ट्यूनिसिया से इस्लामिक पार्टी की, कश्मीर से हिजबुल मुजाहिदीन, लश्करेतोइबा, जे.के.एल.एफ. जैसी दसियों तंजीमों की। कोहराम मचा हुआ था . ..और वह कोहराम अदालत के अहाते से निकलकर दुनिया के मुसीबतजदा मुल्कों की ओर हल्ला बोलता हुआ चला गया।"[24]

वास्तव में, आतंकवाद के बल पर, लड़कर, विकृत सोच को व्यवहार में लाकर सत्ता-प्राप्ति का खेल संप्रदायवादी शक्तियों को सदा से प्रिय रहा है। यह एक नशा है, शगल है, आदत है। जब तक यह नशा नहीं टूटता, जब तक सत्ता और वर्चस्व की हवस नहीं टूटती, तब तक इस धरती पर 'पाकिस्तान' बनाए जाने की परंपरा जारी रहती है। 'पाकिस्तान' बनने में कितना खून-खराबा होता है, कितनी जानें जाती हैं, कितनों को विस्थापित होना पड़ता है, कितनी संपत्ति क्षार हो जाती है, राष्ट्रीय एकता को कितनी बाधा पहुँचती है, कितने बलात्कार होते हैं–इससे कोई भी संवेदना-संपन्न आदमी अपरिचित नहीं होगा। इन्हीं संवेदना-संपन्न लोगों के कंधों

पर आज बहुत बड़ा भार आ पड़ा है। जहरीले परिवेश को जीने लायक बनाने में इनकी बड़ी अहम भूमिका है। प्रसन्नता की बात है कि ये अपनी भूमिका का सम्यक् निर्वाह कर रहे हैं। वास्तव में, "खून की स्याही से तलवारों ने जो इतिहास धरती की छाती पर लिखा है, वही निर्णायक इतिहास नही है ...यह तो वह इतिहास है, जो पेशेवर इतिहासकार लिख सकते थे या उनसे लिखवाया गया। इन इतिहासों के अलावा इतिहास के उन्हीं नायकों के मन, इरादों, पश्चात्तापों का एक ज्यादा बड़ा इतिहास होता है, जो पेशेवर इतिहासकार नहीं लिख सकते ...इसीलिए बाबर का 'बाबरनामा' इतिहास की ज्यादा सही और सच्ची पुस्तक है ...बाबर ने भारतीय हिंदू का मनोबल तोड़ने के लिए चाहे जितनी ज्यादतियाँ की हों, लेकिन वह भारत से लौटकर फरगना नहीं जा सका ...इसीलिए वह आगरा में दफ़्न हुआ था। यह बात दूसरी है कि बाद में उसे इस्लाम का गाज़ी होने का दरजा देकर आगरा की कब्र से उसकी बेपहचान और दीमक लगी हड्डियों को निकाला गया और काबुल में दफनाया गया...लेकिन काबुल भी उसकी जन्मभूमि या वतन नहीं था...

...मैं मानता हूँ बाबर आक्रांता था ...लेकिन उसके पश्चात्ताप को कभी समझा ही नहीं गया। अदीब ने कहा—सोचिए जरा ...उससे हजारों वर्ष पहले ओड़िसा का कलिंग राज्य भी स्वायत्त प्रदेश नहीं, अपने राजा के अधीन स्वतंत्र देश था। अशोक ने कलिंग पर जब आक्रमण किया तो वह भी आक्रांता था...युद्ध में इतना खून बहा कि दया नदी का पानी लाल हो गया था ...अपनी इस बर्बरता का पश्चात्ताप तब अशोक ने पंचशील और अहिंसा के सिद्धांतों को देकर किया था। यदि अशोक का पश्चात्ताप भारतीय था तो भारत को अपना देश मान लेने वाले मुगलों के पश्चात्ताप के क्षणों को हम अभारतीय क्यों कहना चाहते हैं? वे अरबी, तुर्की, तातारी या अफगानी पश्चात्ताप के क्षण नहीं, वे भारतीय भूमि पर उदित हुए उनके गहन पश्चात्ताप के क्षण थे। अकबर उस भारतीय पश्चात्ताप का सबसे ज्वलंत उदाहरण है...लेकिन अंधस्वार्थी शहंशाह कभी धर्म, कभी नस्ल, कभी आकस्मिक विजय से प्राप्त शौर्य के बहाने अपनी विजय-गाथाओं की महिमा में अपनी मानवीय आत्मा के त्रास को अलिखित छोड़ गए हैं। हमें अलिखित त्रास के उस इतिहास को दुबारा लिखना है ...मध्यकालीन आक्रामकों के इस मानसिक पश्चात्ताप के पक्ष को भारतीय परंपराओं और संदर्भों में दुबारा रूपायित करना है। ...दोस्तो! मुझे लगता है कि बाबर और हुमायूँ के पश्चात्ताप का नतीजा था—दाराशिकोह! लेकिन मुश्किल यह है कि राजतंत्र की कोई धर्म-संस्था, कोई मजहबी तहरीक, किसी शोक और पश्चात्ताप को मंजूर नहीं करती ...क्योंकि धर्म या मजहब ज़िंदगी की सच्चाइयों से हमेशा सदियों पिछड़ा रहता है! और यही तमाम बेबुनियाद पाकिस्तानों की बुनियाद बनता है। ...हजरत शिबली नोमानी-जैसे लोग ही इन गैर-कुदरती पाकिस्तानों की बुनियाद डालते हैं... मिस्र, ट्यूनिसिया, तुर्की, अल्जीरिया, सोमालिया, लेबनान और इराक में क्या हो रहा

है? वहाँ तो मुसलमान ही मुसलमान से लड़ रहा है, तो शिबली नोमानी साहब! यह लड़ाई धर्म की नहीं, धर्म और धर्मांधता की है। इस्लाम-जैसा धर्म ही खुद अपनी धर्मांधता से लड़ रहा है। और शायद दुनिया के हर धर्म को अपनी धर्मांधता से लड़ना और उसे जीतना पड़ेगा। ...आप अपने धर्मांधतावादी तर्कों से पाकिस्तानों में से एक और पाकिस्तान बनाएँगे, पर धर्मवादी दुनिया अपने धार्मिक विश्वासों को जीवित रखते हुए एक मनुष्यवादी धर्म के संविधान की परिकल्पना करेगी ...यह किसी एक धर्म की दुनिया नहीं होगी! यह बहुधर्मी लोगों की एक धार्मिक दुनिया होगी। अपने-अपने धर्म की धर्मांधता से लड़ते रहने वाले धर्म-परस्त लोगों की दुनिया।''[25]

वह दिन धर्म-मजहब के लिए, संप्रदाय-समाज के लिए और मानवता के लिए बड़ा शुभ होगा, जिस दिन साहित्यकार, लेखक द्वारा कल्पित दुनिया के समाज में हमारा समाज रूपांतरित हो जाएगा। यह कोरी गप्प या गल्प नहीं है। सचमुच ऐसा हो सकता है। आवश्यकता है सिर्फ ईमानदार प्रयासों की। बिना ईमानदार प्रयास किए मानवता ऐसे ही सिसकने को मजबूर होती रहेगी और हम कुछ नहीं कर पाएँगे। लेखक क्रांतिदर्शी होता है—आरपार देखने वाला। इसीलिए वह आनेवाले समय का पूर्वानुमान लगा लेता है और अपने समाज के लोगों, खास तौर से पढ़े-लिखे और संवेदनशील लोगों को उन स्थितियों से अवगत कराता है। अपने भविष्य को बदलने के लिए, अपने मुस्तकबिल को खुशनुमा बनाने के लिए हमें उस आवाज को ध्यान से सुनना है, जो अदीब की ओर से, साहित्यकार की ओर से आ रही है।

''—आने वाली सदियों सुनो। बनती हुई इनसानी तहजीबें जुल्मों तले इसी तरह रोती और सिसकती रहेंगी और दाराशिकोह की तरह कोई-न-कोई भविष्यद्रष्टा इसी तरह हर सदी में सूली पर लटकाया जाएगा...और ...और उसकी आँखों के आँसू ओस बनके धरती की घास पर छलकते रहेंगे ...जो घास पर पड़ी इस आँसू भरी ओस को नहीं पहचान पाएँगे, वह अपने मुस्तकबिल, अपने भविष्य को कभी बदल नहीं पाएँगे...

आवाज फिर गूँजने लगी—

तुम देखना ...बदलती दुनिया के दौर में कोई जालिम, कोई तास्सुवी, कोई धर्मांध शहंशाह अपनी कोशिशों में कामयाब नहीं होने पाएगा ...लेकिन अत्याचारियों और इनसानपरस्त ताकतों के बीच यह संघर्ष हमेशा चलता रहेगा ...दर सदी में एक दाराशिकोह के साथ एक औरंगजेब भी पैदा होगा ...इस दस्तूर को बदलना होगा, नहीं तो मेरे साथ तुम-सबका भविष्य भी डूब जाएगा...अगर मैं मर गया तो तुम्हारे सारे सपने समाप्त हो जाएँगे।

—नहीं भविष्य! हम दूब पर पड़ी आँसुओं की ओस को पहचानेंगे ...हम अपने सपनों और तुम्हें मरने नहीं देंगे।''[26]

आदमी, दुनिया का हर काम कर सकता है। कोई भी ऐसा काम नहीं है, जो

आदमी की इच्छाशक्ति से बढ़कर हो। आदमी के धैर्य और उसकी सहनशक्ति का पता सिर्फ आदमी को है। जिस दिन उसने संकल्प ले लिया, उसी दिन से सब-कुछ बदलना शुरू हो जाएगा। लेखक-साहित्यकार आज आदमी को उसकी शक्ति का अहसास इसीलिए करवाना चाहते हैं। समाज बदलने का माद्दा सिर्फ और सिर्फ आदमी में है। बहुत हो चुका टूट-फूट का कार्यक्रम, बहुत हो गई अलगाव की बातें—अब तो स्नेह-सद्भाव-सौहार्द का उपाय होना चाहिए। साहित्यकार-लेखक तो अपना कर्म कर रहा है, अपना दायित्व निभा रहा है, अब हमें अपना काम करना है, अपने दायित्व का सम्यक् निर्वहन करना है। अदीब ने तो 'प्रमथ्यु' के माध्यम से इंसान को उसकी क्षमता के बारे में बता दिया है—

"—दोस्त! हिरोशिमा और नागासाकी पर परमाणु आक्रमण को मैं सह नहीं सका था ...मुझे बहुत क्रोध आया ...मेरे क्रोध और आक्रोश का तापमान सूर्य के तापमान से दस गुना बढ़ गया था। उसी में वे दैवी लौह-जंजीरें मोम की तरह पिघल गईं। इन देवताओं और दैत्यों को अभी मालूम नहीं कि पृथ्वी के मनुष्य का क्रोध और आक्रोश क्या कुछ कर सकता है ...और यह गिद्ध! यह भी मांस नोचते-नोचते एक दिन थक जाएगा ...इसे मनुष्य जाति के धीरज और सहन शक्ति का पता नहीं ...एक दिन यह भी मांस खाते-खाते लस्त होकर गिर पड़ेगा। उस दिन मैं जाकर नील नदी में स्नान करूँगा। फिर डैन्यूब नदी को, हिरोशिमा की ओटा नदी और नागासाकी की खाड़ी में नहाकर उसे पवित्र करूँगा।"[27]

आदमी की यही जिजीविषा, आत्माशा और अप्रतिहत आस्था उसे सर्व-समर्थ बनाती है। अगर आदमी ने सोच लिया कि उसे कोई काम करके रहना है तो उस काम को होने में देर नहीं। हाँ, संकल्प दृढ़ होना चाहिए। जहाँ तक प्रश्न दसवें दशक के हिंदी-उपन्यासों के लेखकों द्वारा प्रतीकात्मक रूप से सांप्रदायिकता और तज्जनित कठिनाइयों परेशानियों-विद्रूपताओं के चित्रण का है, हमें यह कहने में कोई संकोच नहीं है कि ऐसे प्रसंग आलोच्य अवधि के उपन्यासों में बहुत अधिक नहीं मिलते। हाँ, एकदम न हों, ऐसी भी बात नहीं है। उपन्यासकारों ने प्रसंगानुकूल इत-उत अपनी बात प्रतीक के माध्यम से पाठक तक पहुँचाने का सफल प्रयास किया है।

4.3 वक्तव्यों के माध्यम से लेखकों के अभिमत

लेखक को संवेदनशील, सतत जागरूक और निडर-निर्भीक माना जाता है, उससे उपेक्षा की जाती है कि वह अपने कर्तव्यों का पालन, दायित्वों का निर्वहन बिना प्रभावित हुए करता रहेगा। लेखक ऐसा करता भी है। इसीलिए वह लेखक है, रचनाकार है। अपने वक्तव्यों, विचारों, साक्षात्कारों आदि के माध्यम से लेखक समय-समय पर समाज की समकालीन समस्याओं पर अपने विचार प्रस्तुत कर समाज को दिशा देने का प्रयास करता है। सांप्रदायिकता हमारे समाज के लिए बड़ी घातक है। हमारे समय

के लेखक—जिसमें उपन्यासकार, आलोचक, पत्रकार आदि शामिल हैं—ने इस समस्या पर अपनी लेखनी चलाने में संकोच नहीं किया। साझी विरासत और सांप्रदायिक सद्भाव के प्रतीक, उपन्यासकार, कहानीकार और नाटककार के साथ ही अभिनेता भीष्म साहनी (जिनका 11 जुलाई, 2003 को देहावसान हो गया) वर्तमान परिदृश्य के बारे में कहते हैं कि वह सचमुच निराशाजनक है, पर अभी भी देश की जनता पर से विश्वास नहीं उठा है, इसलिए निराशा में भी आशा की किरण दिखाई देती है। 'बदलता परिदृश्य : कुछ विचार' संज्ञक अपने आलेख में भीष्म साहनी का कहना है—

गुजरात की विभीषिका के बाद परिदृश्य में बहुत बड़ा परिवर्तन आया है। लगता है कि सांप्रदायिकता के हमारे इतिहास में नया परिच्छेद आरंभ हुआ है। अब पहले वाली बात नहीं रह गई। अभी तक दंगों को हम सांप्रदायिक विस्फोट मानते आये हैं पर गुजरात के नरसंहार के बाद, हिंदूराष्ट्र की लक्ष्य-प्राप्ति के लिए दंगे, कार्यनीति का अंग बन गए हैं। यह बदलाव बड़ी स्पष्टता से उस समय उभर कर सामने आया, जब गुजरात में दंगों के बाद चुनाव हुए और चुनावों के परिणामों से भाजपा इतनी अभिभूत हुई कि उसे भविष्य के लिए दिशा-निर्देश मिल गया। उसे यकीन हो गया कि गुजरात की घटनाओं ने हमारे लिए लक्ष्य-प्राप्ति का रास्ता खोल दिया है, कि मतदाताओं का व्यापक स्तर पर 'हिंदूकरण' हुआ है और अल्पसंख्यकों का दम-खम टूट गया है। इसी कारण भाजपा के उम्मीदवार भारी संख्या में विजयी हुए हैं। अब यही रास्ता भविष्य में अपनाना होगा। उस समय तरह-तरह की आवाजें सुनने को मिलीं : 'अगर पाकिस्तान ने (मतलब मुसलमानों ने) सिर ऊँचा उठाया तो उनकी वैसी ही मात होगी जैसी गुजरात में शाह आलम के शरणार्थी शिविर में उनके भाई-बंधुओं की हो रही है।' 'अब अल्पसंख्यक समझ ले कि उन्हें हिंदू राष्ट्र में हमारे रहम पर जीना होगा।'

मतलब कि अगले कुछ सालों तक सांप्रदायिक तनाव बढ़ेंगे, दंगे होंगे, अनेक पूजा-स्थलों, मंदिरों आदि को लेकर मुतालवे रखे जाएँगे (जैसे मथुरा, काशी आदि) निर्दोष लोगों का खून बहेगा, वातावरण में तनाव बराबर बना रहेगा, नए परिच्छेद के पन्नों पर ऐसा ही कुछ लिखा नजर आता है, अब गुजरात की मिसाल पर जगह-जगह चला भी जाने लगा है? ऐसा हाल ही में मध्य प्रदेश में धारा के प्राचीन मंदिर को लेकर किया गया। मध्य प्रदेश में इसलिए कि अगला चुनाव मध्य प्रदेश में होने जा रहा है। जुलूस, घेराव, प्रदर्शन, छोटा-मोटा विस्फोट, दंगे की नौबत यहाँ भी आ गई थी और कुछेक वाहन भी जलाए गए थे।... लक्ष्य एक ही है, गुजरात की मिसाल पर चलो, इससे हिंदू जाति का ध्रुवीकरण होगा, और अल्पसंख्यक, डर-सहम कर पीछे हटते जाएँगे। रास्ता, चुनाव जीतने और हिंदू राष्ट्र की स्थापना के लिए साफ होता जाएगा।

गुजरात की घटनाओं ने केंद्रीय सरकार की गतिविधि को भी प्रभावित किया।

केंद्र में भाजपा के नेतृत्व में एक मिलीजुली सरकार काम कर रही है। इस सरकार की कार्यनीति में भाजपा ने अपना निजी एजेण्डा–जिसमें धारा 370 में बदलाव, सांझी सिविल केंद्र, अयोध्या मंदिर निर्माण आदि मुद्दे ताक पर रखे रही है ताकि साँझा कार्यक्रम चल सके पर गुजरात कांड के बाद भाजपा में से आवाजें उठने लगी हैं कि भाजपा अब अपने एजेंडे को ताक पर नहीं रखेगी, वह किसी पार्टी के विरोध के बावजूद उसे असली जामा पहनाएगी। मतलब कि अब भाजपा इन पार्टियों के साथ सहयोग अपनी शर्तों पर करेगी।

गुजरात के नरसंहार के दिनों में इनमें से कुछेक पार्टियों ने विरोध की आवाज उठाई थी और मुतालना किया था कि मोदी को मुख्यमंत्री के पद पर से हटा दिया जाए। पर जब केंद्रीय सरकार ने एक नहीं सुनी तो, एक-एक कर के सभी चुप हो गए। सभी ने चुप्पी साध ली। मोदी को हटाने की बात तो दूर रही, उन्होंने दंगों को रोकने तक के लिए सरकार पर दबाव नहीं डाला। और बाद में जयललिता तो मोदी-सरकार के चुनाव अभियान में भी जा पहुँची थीं। इनमें से अनेक पार्टियाँ पहले से ही घुटने टेके हुए, भाजपा की सरपरस्ती का मुँह जोह रही हैं। उनमें से किसी से भी विरोध की आशा नहीं की जा सकती।

एक और बात भी उभर कर सामने आने लगी है। लगने लगा है कि समानाधिकार पर आधारित हमारी जनतंत्रात्मक व्यवस्था को भी तोड़ने की कोशिश की जाएगी। जहाँ जाति और धर्म के आधार पर जनता को बहुसंख्यक और अल्पसंख्यक कोटियों में रखा जाए, वहाँ समानाधिकार का तो सवाल ही पैदा नहीं होता। आज हमारी जनतंत्रात्मक व्यवस्था देश की एकता और अखंडता को बनाये रखने का सबसे सर्वोत्तम माध्यम है। पर जाति और धर्म के आधार पर बँटे हुए समाज में समानाधिकार पर आधारित जनतंत्रात्मक व्यवस्था बनी नहीं रह सकती। हिंदुत्ववाद की वर्तमान कार्यनीति इसे तोड़ न भी सके तो भी इसे निष्क्रिय बनाने की दिशा में हर कदम उठाएगी।

यह कार्यनीति हिंदू-राष्ट्र की स्थापना को ओर कहाँ तक ले जाएगी, मैं नहीं जानता पर इस रास्ते पर चलते हुए हम अराजकता की ओर तेजी से जरूर बढ़ते जाएँगे। यह निश्चित है।

यों, अराजकता की दिशा में हम पहले से ही बढ़ते आ रहे हैं। बाबरी मस्जिद का विध्वंस बारह वर्ष पहले हुआ था। कानूनी कार्रवाई के लिए बहुत-सी तैयारी की जाती रही है, पर कानूनी कार्रवाई आज तक शुरू नहीं हुई, आज तक मुकद्दमे की सुनवाई शुरू नहीं हुई।

बाबरी मस्जिद के विध्वंस के कुछ अर्सा बाद बंबई में भयानक दंगे हुए। राज्य-सरकार को मजबूर होकर कमीशन बैठानी पड़ी। श्रीकृष्ण के नेतृत्व में कमीशन बैठा। वर्षों की सुनवाई के बाद रिपोर्ट तैयार हुई, पर उस पर अमल करना तो दूर, तत्कालीन शिवसेना सम्मत सरकार ने उसे मान्यता ही नहीं दी क्योंकि वह कमीशन

के निष्कर्षों से सहमत नहीं थी। रिपोर्ट धरी-की-धरी रह गई।

ये बातें तो दूर-पार की जान पड़ती हैं। गुजरात के दंगे तो हाल में ही हुए हैं। दंगों के बाद यहाँ भी कानूनी कार्रवाई की मांग की गई। पुलिस चौकियों में रिपोर्ट भी दर्ज करवायी गई। कुछ लोग तो इतने डरे-सहमे हुए थे कि पुलिस चौकी पर जाने पर भी किसी मुज़रिम का नाम नहीं लिखवाया। कुछ, जिन्होंने नाम लिखवाया, बाद में अपनी राय यह कहकर बदल दी कि मैं मुज़रिम को पहचान नहीं सकता।

कुछ लोग जिन्होंने दंगों में खुले बंदों भाग लिया, मार-काट में भी अपने जौहर दिखाए, गुजरात विधानसभा के सदस्य चुन लिए गए हैं बल्कि कुछेक तो मंत्री पद पर भी आसीन हैं।

जहाँ भाजपा तथा हिंदुत्वकामी पार्टियाँ बड़ी एकाग्रता और एकजुटता के साथ अपना रास्ता बना रही हैं, वहाँ सेक्युलर, जनतंत्रात्मक व्यवस्था में विश्वास रखने वाली पार्टियों के बीच भेदभाव और दूरियाँ बराबर बनी हुई हैं। सब अपनी-अपनी खिचड़ी अलग पकाती हैं, अब तो वे तेजी से राष्ट्रीय पार्टियों के स्थान पर क्षेत्रीय पार्टियाँ बनती जा रही हैं। चुनावों की पूर्ववेला में लीडर मिल बैठते हैं, जरूर साझा मोर्चा भी बनता है, साझे नारे भी गाढ़े जाते हैं पर देश की राजनीति में आज तक कोई प्रभावी भूमिका नहीं निभा पाया। सभी पार्टियाँ धर्मनिरपेक्ष होने का दावा करती हैं, पर एकजुट होकर देश की एकता और अखंडता के लिए प्रभावी भूमिका नहीं निभा पातीं। यह माना जा सकता है कि अपने-अपने प्रभाव क्षेत्र में ये सांप्रदायिकता को बढ़ने या फैलने नहीं देंगी, पर देशव्यापी स्तर पर इनकी भूमिका नगण्य रही है, एक से एक बड़ा दिग्गज इन पार्टियों में मौजूद है, भले ही वह समाजवादी पार्टी हो, कांग्रेस हो, जनता पार्टी हो, दोनों कम्युनिस्ट पार्टियाँ हों, पर सभी एक-दूसरी से उचित दूरी बनाए रखना चाहती हैं, पुराने मतभेदों का प्रभाव इनके मस्तिष्क पर सारा वक्त छाया रहता है। प्रत्येक पार्टी अपने को अन्य पार्टियों की तुलना में अधिक जुझारू और जागरूक मानती है।

परिदृश्य सचमुच निराशाजनक है, पर इस सबके रहते मन हताश हो, ऐसा भी नहीं है। शायद इसलिए कि देश की जनता पर से विश्वास अभी उठ नहीं गया है। देश के कर्णधारों पर तो विश्वास जम नहीं पाता परंतु जनता पर विश्वास अभी भी बना हुआ है। इसकी दृष्टि तरह-तरह के भटकावों, भड़कावों के बावजूद, तंगनज़री वाली, निपट सांप्रदायिक दृष्टि नहीं है। यों भी विशाल जनसमुदायों के लिए; जहाँ रोजी-रोटी का सवाल सर्वोपरि हो, वे सरकारों की भूमिका को प्राथमिकता देते हैं, जनजीवन को बेहतर बनाने के उनके प्रयासों की ओर ज्यादा ध्यान देते हैं। एक तो इसलिए उम्मीद बनती है, वे तंगनज़री का शिकार नहीं होंगे। गुजरात के कुछ ही रामय बाद हिमाचल प्रदेश में चुनाव हुए। श्रीमोदी, दल-बल के साथ वहाँ भी पहुँचे थे पर हिमाचल प्रदेश की जनता ने उनकी एक नहीं सुनी।

हमारे देश के लंबे इतिहास में जिन सांस्कृतिक-सामाजिक मूल्यों और मान्यताओं ने हमारे जनमानस को गहरे में प्रभावित किया है और उन्हें दृष्टि दी है, वे मानवतावादी मूल्य थे, उनमें सहिष्णुता, सहयोग और सद्भाव की प्रधानता रही है। हम सारा वक्त एक-दूसरे का खून नहीं बहाते रहे। भक्त कवियों की वाणी ने दृष्टि की व्यापकता पर बल दिया है, जात-पात का विरोध, मनुष्य की मनुष्य के नाते प्रतिष्ठा, धार्मिक सद्भाव आदि पर बल दिया है, भक्तिकाल का सांस्कृतिक प्रभाव—और वह लगभग तीन सौ साल तक रहा है,—भारतवासियों पर सबसे गहरा रहा है।

उस विराट सांस्कृतिक आंदोलन तथा कवियों-चिंतकों की देन को देश के जनसाधारण ने संस्कार-रूप में ग्रहण किया है। इसका प्रभाव अभी भी बड़ा गहरा है। उन कवियों की वाणी—भले ही तुलसी रामायण के प्रसंग हों, राजराणी मीरा अथवा सूरदास के पद, कबीर, नानक, रैदास की रचनाएँ, आज भी लाखों-लाख लोगों के लिए प्रेरणा के स्रोत हैं। वे भेदभाव अथवा जाति भेद की रचनाएँ नहीं थीं, भ्रातृभाव की रचनाएँ थीं।

उसी काल में बड़े विशाल स्तर पर धर्मों, विचार-पद्धतियों के समर्थकों के बीच विचारों का आदान-प्रदान भी हुआ है। हमारा देश, अनेक कमजोरियों, बुराइयों के रहते भी, शताब्दियों से एक शांतिप्रिय देश माना जाता रहा है। यह हमारे देश की संस्कृति की विशेषता और हमारे राष्ट्रीय चरित्र का अंग रही है। विचारों की स्वतंत्रता वह आधारशिला है, जो हमारे राष्ट्रीय चरित्र की नींव रही है। शताब्दियों तक अलग-अलग धर्मों-सिद्धांतों को मानने वाले चिंतकों के बीच विचारों का आदान-प्रदान होता रहा है। शताब्दियों तक सांस्कृतिक खुलापन पाया जाता रहा है। हमारे चिंतकों-दार्शनिकों की इसमें विलक्षण देन रही है। विचार-विनिमय, शास्त्रार्थ, शंका, समाधान, विचारों के आदान-प्रदान के सर्वमान्य साधन रहे हैं। चिंतन का खुलापन, सांस्कृतिक प्रेरणा का आश्रय स्रोत रहा है। इससे बड़ा दुर्भाग्य क्या होगा कि इसे हम खो दें और जातिभेद पर केंद्रित तंगनजरी और रूढ़िवादिता को अपना लें।

और कौन नहीं जानता कि विभिन्न विचार-पद्धतियों को मानने वाले चिंतकों, विचारकों के बीच विचारों के आदान-प्रदान से जो व्यापक स्तर पर सैकड़ों वर्ष तक चलता रहा है, हम सांस्कृतिक स्तर पर एक-दूसरे के निकट आए हैं। एक साझी संस्कृति पनपी है। मुस्लिम आस्था वाले विचारकों और हमारे चिंतकों के बीच सतत विचार-विनिमय होता रहा है। इस आदान-प्रदान ने हमें हमारी भाषाएँ दी हैं, अनेक कवियों ने बहुमूल्य साहित्यिक कृतियाँ दी हैं, अनेक स्तरों पर साझी जीवन-दृष्टि दी है, अनेक स्तरों पर हमने एक-दूसरे के रीति-रिवाज को भी अपनाया है।

इस प्रभाव को नकारा नहीं जा सकता। इसकी देन बड़ी प्रेरणाप्रद और सकारात्मक रही है।

पिछले इतिहास पर से नज़र हटा भी लें और मुख्यतः आज की स्थिति पर

विचार करें तो भी सारा दृश्य निराशाजनक नहीं लगता। गुजरात के भयावह दिनों में भी देश के अनेक संकायों-संगठनों ने निश्चय ही बड़ी संतुलित, स्वतंत्र दृष्टि का परिचय दिया है—भले ही वे संचार-माध्यम रहे हों, सर्वोच्च न्यायालय रहा हो अथवा चुनाव-कमीशन की भूमिका रही हो। यही नहीं, अनेक सामाजिक संगठनों ने बड़ी उत्साहवर्द्धक भूमिका निभाई है। इसमें आज के जागरूक भारत की दृष्टि लक्षित होती है। देश के सेक्युलर समाज़ में बड़ा बिखराव पाया जाता है, पर मानवतावादी मूल्यों तथा न्यायप्रियता से प्रेरित व्यक्तियों और संगठनों की भूमिका से जनतंत्रात्मक शक्तियों को बल मिला है।

आज के जमाने में लोग, हज़ारों-हज़ार की संख्या में, रोजगार की तलाश में अपना देश छोड़कर अन्य देशों में जाकर बस रहे हैं। हमारे अपने देशवासी ही, लाखों की संख्या में अरब देशों, अमेरिका, यूरोप के अनेक देशों तक अनेक अन्य देशों में जाकर बस गए हैं और यह सिलसिला बराबर बना रहता है। यह आज के युग के जीवन-यापन का स्वाभाविक अंग है। इससे शायद सब से अधिक इस दृष्टि को बल मिलता है कि अलग-अलग भाषाओं को बोलने वाले, अलग-अलग धर्मों विचारधाराओं में विश्वास रखने वाले लोग, कामकाजी स्तर पर, परस्पर सहिष्णुता और सद्भाव के आधार पर, मिल-जुल कर रह सकते हैं। यह आज के युग की मांग है और यह एक प्रकार का व्यापक प्रभाव है जिससे तंगनज़री दूर होती है। आज का नागरिक, इस तरह के जीवन निर्वाह में विश्वास भी करने लगा है। वह भलीभाँति समझता है कि जाति और धर्म आदि की विभाजन रेखाएँ जिन्हें हम देश के अंदर खींचते रहते हैं, देश के बाहर बेतुकी हो जाती हैं और जब देश के बाहर हम उनके बंधन से मुक्त होते हैं तो देश के अंदर भी उनका प्रभाव शिथिल पड़ने लगता है।[28]

भीष्म साहनी की चिंता सहज-स्वाभाविक है। सैकड़ों वर्षों से साथ-साथ रहने से जो साझी संस्कृति विकसित हो रही थी, विकृत मानसिकता वाले मुट्ठी भर लोगों की वजह से उसे अपूर्णीय क्षति पहुँची है। लेकिन लेखक का मन इससे आशावाद का दामन नहीं छोड़ता। उसे आदमी की जिजीविषा, उसकी नेकनीयती एवं इनसानियत पर पूरा भरोसा है। हिंसा-दंगा हो रहा था, तब भी अनेक गैर-सरकारी, अर्ध-सरकारी और सरकारी संगठनों ने सराहनीय भूमिका निभाई, जिसमें लेखक ने जागरूक भारत की झलक देखी। सच है, अँधेरे के बाद ही रोशनी की लकीर दिखाई पड़ती है।

सुख्यात साहित्यकार, अनेक-आयामी रचनाकार 'कमलेश्वर' सांप्रदायिक विद्वेष के लिए सीधे-सीधे उग्र-हिंदुत्व को जिम्मेदार ठहराते हैं। वे ऐतिहासिक घटनाओं और तथ्यों, आँकड़ों के साथ अपनी बात की पुष्टि भी करते हैं। गुजरात-सरकार को गुजरात-2002 के लिए सीधे-सीधे जिम्मेदार ठहराते हैं—कमलेश्वर। उनका मानना है—

"अब सब कुछ स्पष्ट है कि किंतु-परंतु की जरूरत नहीं रह गई है। रक्तरंजित

गुजरात की धरती बता रही है कि नाजीवाद आ चुका है। यह नाजीवाद अब अघोषित भी नहीं है। हिंदुत्ववादियों द्वारा इसका खुला ऐलान किया जा चुका है।

जिस हिंसा की न थमने वाली श्रृंखला को सांप्रदायिक दंगा कहा जा रहा था, वह गलत साबित हो चुका है और सभी संस्थाओं, स्वयंसेवी संगठनों और मानवाधिकार आयोग तक ने घोषित किया है कि नरसंहार राज्य-सत्ता द्वारा करवाया गया है और यह धर्मभेद की नीति पर आधारित है। इस मारकाट और आगजनी की शक्ल वह नहीं जो अब तक सांप्रदायिक दंगों में दिखाई पड़ती थी। इस नरमेध में सूचियाँ तैयार थीं कि यह आक्रमण किस हिंदुत्ववादी के नेतृत्व में कब और कहाँ, किस बस्ती पर किया जाएगा! ई-मेल से डाउन लोडेड फादर सेड्रिक प्रकाश की एक रपट बताती है कि 'संघ परिवार' के कार्यकर्त्ता जनगणना करने वालों के रूप में जनवरी, 2002 के समय से ही पूरे राज्य में मुस्लिम परिवारों, संपत्तियों और दुकानों की पहचान कर रहे थे। यह हमले चुनावों के समय के आस-पास होने वाले थे, क्योंकि भाजपा सरकार जानती थी कि अयोध्या, राम मंदिर निर्माण और कार सेवकों की कारगुजारियों से भड़के हुए मुसलमान उसे वोट नहीं देने वाले थे। हिंदू वोट को मुसलमान विरोध के नाम पर ही प्राप्त किया जा सकता था, इसलिए मौका या बहाना मिलते ही कोई न कोई 'कारनामा' किया जाना था, उसी खोई हुई जमीन को फिर हासिल करने के लिए भाजपा ने हिंदुओं की भावनाओं को अत्यधिक भड़काना जरूरी समझा। हिंदू-उत्पीड़न के सवाल लगातार गुजरात समाचार और संदेश अखबारों में उठाए गए, जिसमें मुसलमानों को निशाना बनाया गया और उन पर मनमाने इल्जाम लगाए गए।

एक चश्मदीद 'हर्ष मंदर' का बयान अंधों की भी आँखें खोल देने वाला है, "... यह एक योजनाबद्ध आतंकवादी कार्रवाई थी... दंगाइयों के गिरोह कुछ इस ढंग से लूटपाट कर रहे थे, मानो वे दुश्मन के साथ जंग लड़ रहे हों और उसे नेस्तनाबूद करने पर तुले हों, उनकी कार्ययोजना को और कहा भी क्या जा सकता है, जिसमें उत्तेजक नारे लगाते लोगों को लादे एक ट्रक आता है, उसके तुरंत बाद एक-एक कर कई ट्रक आते हैं और वहाँ जमा हो जाते हैं और उनमें से दंगाई उतरते हैं जो खाकी पैंट पहने हैं और जिनके माथे पर केसरिया पट्टी हैं, उनके हाथों में आधुनिक विस्फोटक तो हैं ही, देसी हथियार, छुरे और त्रिशूल है...इन गिरोहों का नेतृत्व कर रहे लोग मोबाइल फोन से अपने नियंत्रण केंद्र से संपर्क भी स्थापित करते थे और यथोचित निर्देश भी ले रहे थे। वे समय-समय पर कारगुजारियों की जानकारी भी समन्वय केंद्रों को दे रहे थे... वहाँ हिंदू राष्ट्र बनाए जाने की घोषणाएँ भी हो रही थीं..."[29]

इतना ही नहीं, कमलेश्वर बाकायदा भारतीय अभिलेखागारों से अभिलेखों के अंशों को उद्धृत करके अपनी स्थापनाओं की पुष्टि करते हैं। 'हिंदुत्व' के लेखक वीर सावरकर को लेखक हिंदुत्ववादी धारा का प्रथम पुरोधा मानता है। साथ ही सांप्रदायिक

विद्वेष हेतु सावरकर और बी.एस.मुंजे को सीधे-सीधे उत्तरदायी ठहराता हैं।

भारतीय अभिलेखागारों में इन मानवविरोधी विचारधाराओं के गठबंधन के प्रमाण मौजूद हैं... इस हिंदुत्ववादी धारा के पुरोधाओं में रहे हैं—बी.एस. मुंजे। इसने 19 मार्च 1931 को खासतौर से इटली के तानाशाह मुसोलिनी द्वारा स्थापित मिलिट्री कालिज, केंद्रीय सैनिक स्कूल और फासिस्ट अकादमी का दौरा किया था। साथ ही नौजवानों की फासीवादी हिंसक मानसिकता को तैयार करने वाले बलिल्ला और अवांगार्द संगठनों के कार्यकर्ताओं से भी वह मिला था। डॉ. बी.एस. मुंजे ने देखा था कि उन संगठनों में (आज के तालिबानों की तरह) छह से अठारह वर्ष की उम्र वाले लड़कों को भर्ती करके उन्हें सैन्य शिक्षा दी जाती थी। यह डॉ. मुंजे, आर. एस. एस. के संस्थापक डॉ. हेडगेवार के अंतरंग मित्र, सखा और सलाहकार थे। इन्हीं बी.एस. मुंजे ने इटली के तानाशाह मुसोलिनी से 19 मार्च 1931 की शाम 3 बजे, फासीवादी सरकार के मुख्यालय 'पालाज्जो वेनेजिया' में मुलाकात की थी। यह मुलाकात उन्हीं मुंजे की डायरी में 20 मार्च को दर्ज की गई है, यह विवरण 13 पन्नों में है। डॉ. मुंजे डायरी में लिखते हैं कि "पूरे (फासीवाद) संगठन और बलिल्ला (युवक संगठन) संस्थाओं ने मुझे सर्वाधिक आकर्षित किया... भारत को और विशेषकर हिंदू भारत को हिंदुओं के सैनिक पुनरुत्थान के लिए ऐसे ही किसी संगठन की जरूरत है।...

डॉ. मुंजे ने भारत लौटते ही अपने विचारों को कार्यरूप में परिणित किया। हिंदू समाज के सैन्यीकरण के लिए उन्होंने पुणे में 'भोंसले मिलिट्री स्कूल' की स्थापना की और 'सेंट्रल हिंदू मिलिट्री एजूकेशन सोसायटी' का 'शुभारंभ' किया। शीघ्र ही हिंदू सैन्यीकरण और फासीवाद का मुद्दा हिंदुत्ववादियों का केंद्रीय मुद्दा बन गया। उनकी अंतरंग गोष्ठियाँ होने लगीं और खुद आर.एस.एस. के सर संघचालक डॉ. हेडगेवार फासीवादी आदर्शों पर समाज के सैन्यीकरण के प्रबल प्रवक्ता और प्रवर्तक बन गए। इतना ही नहीं, 31 जनवरी सन् 1934 को डॉ. हेडगेवार ने 'फासीवाद और मुसोलिनी' विषय पर केंद्रित सम्मेलन की अध्यक्षता की, जिसे श्री कावड़े शास्त्री ने आयोजित किया था। डॉ. एस.बी. मुंजे ने समापन भाषण दिया था।"[30]

इसके अलावा एक और दस्तावेज बहुत महत्वपूर्ण है। 'दि सेंट्रल हिंदू मिलिट्री सोसायटी' की स्थापना के लिए जारी दस्तावेज की भूमिका में कहा गया है कि 'इस प्रशिक्षण का अर्थ है हमारे लड़कों (आज के संदर्भ में पढ़िए—स्वयंसेवकों) को जीत हासिल करने की इच्छा से शत्रु को अत्यधिक नुकसान पहुँचाते हुए, मृतकों और घायलों की संख्या को अधिकतम रखकर, जन समूहों की हत्या के खेल (कार्य) में योग्यता और क्षमता प्रदान करना।"[31]

सोचिए, क्या यही सिद्धांत आज गुजरात में लागू नहीं कर दिया गया है। इसी दस्तावेज में भारतीय इतिहास और हिंदू धर्मग्रंथों से दसियों उद्धरण दिए गए हैं।

जो सैन्यवाद और संगठित हिंसा के पक्ष में हैं, साथ ही इस दस्तावेज में अहिंसा को कायरता माना गया है और लोकतांत्रिक व्यवस्था को गैर जरूरी बताया गया है।

सन् 1937 में सावरकर ने हिंदू महासभा के अध्यक्ष का पद सँभाला। वे सन् 1942 तक उसके अध्यक्ष रहे। डॉ. हेडगेवार इससे पहले पाँच वर्षों तक हिंदू महासभा के महासचिव भी रह चुके थे। सावरकर से पहले हिंदुत्ववाद का मसला मूलतः इतिहास से उलझ रहा था। यह आजादी से पूर्व का समय था। और महाराष्ट्र के ब्राह्मण डॉ. हेडगेवार और उनके हिंदू सैन्यवादी साथी, अंग्रेजों के हटने के बाद, आर.एस.एस. के जरिए भारत में पेशवा राज स्थापित करने का स्वप्न देख रहे थे। आर.एस.एस. का झंडा पेशवाओं का भगवा झंडा है। इनका कहना था कि अंग्रेजों ने मराठों से ही भारत की सत्ता छीनी थी, अतः आजादी के बाद उन्हें ही सत्ता सौंपी जाए। आंतरिक मामलों में वे सब मुस्लिम विरोधी थे। हिंदुत्ववादी परिदृश्य पर सावरकर और डॉ. हेडगेवार के आते ही हिंदू-मुस्लिम दो राष्ट्रों का सिद्धांत प्रतिपादित किया गया। आर्य श्रेष्ठता को बखाना गया। सावरकर ने हिंदू महासभा की ओर से 25 मार्च सन् 1939 को एक वक्तव्य जारी किया, जिसमें हिंदुत्ववाद को सीधे-सीधे नाजीवाद से जोड़ा गया। उन्होंने कहा...

'... मेरा विचार है कि आर्य संस्कृति के शत्रुओं के खिलाफ जर्मनी का धर्मयुद्ध दुनिया के सभी आर्य राष्ट्रों को होश में लाएगा और भारतीय हिंदुओं को अपने खोए गौरव को फिर से पाने के लिए झकझोरेगा... '(जर्मन विदेश मंत्रालय के अभिलेखागार में सुरक्षित हिंदू महासभा के घोषणा-पत्र को जारी करते हुए सावरकर के व्याख्यान का अंश 25 मार्च, 1939)।

इसी आधार पर सावरकर ने सन् 1939 में हिंदू महासभा के 21 वें अधिवेशन में भारत की मुस्लिम समस्या और जर्मनी की यहूदी समस्या की तुलना और व्याख्या करते हुए कहा कि यही तथ्य भारत में मौजूद हैं। सर संघचालक सुदर्शन ने सन् 2002 में गुजरात के नरसंहार के दौरान यह खुलकर कहा कि 'मुसलमानों को यह समझ लेना चाहिए कि उनकी सुरक्षा बहुसंख्यकों की सद्भावना में निहित है!' यही नाजीवाद का असली चेहरा है अब जो उजागर हो चुका है। इसमें अब किंतु-परंतु कहाँ है? मुद्दा तो अब बुनियादी सवालों का है।

जो बुनियादी सवाल सामने हैं, वह यह कि क्या यह मान लिया जाए कि भारत में धर्मनिरपेक्षता के सिद्धांत का जनाजा उठ गया है? इस सूत्र वाक्य का अर्थ संघ के प्रवक्ता मदनदास देवी ने स्पष्ट किया है कि 'सद्भावना जीतने का अर्थ होता है—बहुसंख्यकों का सम्मान करना, उन्हें बर्दाश्त करना और उनके साथ सहयोग।' यह साफ-साफ ऐलान है कि 'मुसलमानो, ईसाइयो! या तो तुम हम हिंदुत्ववादियों के मुताबिक सुधर जाओ या नतीजे भुगतने के लिए तैयार रहो।'

संघियों ने खुलकर कहा कि मुसलमानों की दुर्दशा के लिए देश के सेकुलर भारतीय हिंदू जिम्मेदार हैं। इसलिए गुजरात के मुख्यमंत्री नरेन्द्र मोदी ने यह बयान देने की जुर्रत की थी जब तक भारतीय संसद का अधिवेशन चलता रहेगा, तब तक गुजरात के दंगों को नहीं रोका जा सकेगा।

अब गुजरात की नाजीवादी प्रयोगशाला में सांप्रदायिक न्याय' का शोधन-यंत्र विकसित हो चुका है। इसका राजनीतिक एजेंडा है—धर्म निरपेक्षता को पूरी तरह खारिज करना। इसलिए सबसे तेज और मारक हमला धर्म निरपेक्षता पर किया गया है, क्योंकि इसे तोड़कर ही लोकतांत्रिक प्रणाली को बंधक बनाया जा सकता है। कहा यह जाता है कि भारत के संविधान में कहीं भी सेकुलर शब्द नहीं है, इसे मुसलमानों के तुष्टिकरण के लिए आपात्काल के दौरान संविधान की मौलिक शपथों में शामिल किया गया, इसीलिए नेता इसे 'छद्‌म सेकुलरवाद' कहते हैं, लेकिन यहाँ यह याद रखना चाहिए कि द्वि-राष्ट्र के जिन्ना के सिद्धांत पर जब पाकिस्तान बना था तब भारत को हिंदुस्तान नाम नहीं दिया गया था। इसे हिंदू राष्ट्र नहीं बनाया गया था। विभाजन के समय जो करोड़ों मुसलमान भारत में रुके थे या जिन्होंने भारत को अपना देश माना था, उसके सामने तब गाँधी जी, नेहरू जी और मौलाना आजाद जैसे धुरंधर सेकुलर नेता मौजूद थे और यह तथ्य भी सामने रहना चाहिए कि सोमनाथ मंदिर के पुनर्निर्माण का विरोध एक भी भारतीय मुसलमान ने नहीं किया था और यही सरदार पटेल थे जिन्होंने गृहमंत्री के रूप में गाँधीजी की हत्या के कारण आर. एस.एस. पर प्रतिबंध लगाया था।

तो आज संविधान नहीं देश में नाज़ियों का विधान चल रहा है। नहीं तो राज्य सभा की बहस में भाजपा कार्यकारिणी के सदस्य और विश्व हिंदू परिषद के कार्यकारी अध्यक्ष अशोक सिंघल के भाई वी.पी. सिंघल यह नहीं कह पाते कि 'उनके लिए जर्मनी के हिटलर का हवाला देना जरूरी हो गया है। नाजियों की लड़ाई नस्ली वर्चस्व की लड़ाई थी और गुरु गोलवलकर ने इसे हिंदुस्तान के लिए अनुकरणीय उदाहरण भी बताया था... इसका उल्लेख इसलिए जरूरी है कि लोग जानते हैं कि आर.एस. एस. के सर संघचालक गुरु गोलवलकर की विचारधारा क्या थी और यह भी कि उसी विचारधारा के कुछ लोग आज देश के शीर्ष पदों पर हैं।'

राज्यसभा में दिए गए इस बयान के बाद अब असमंजस की कोई स्थिति नहीं है और यह खुलासा हो गया है कि ये किसी एक धर्म-विशेष से जुड़ी पार्टी चाहे केंद्र में हो या गुजरात में, या बचे खुचे किसी विकलांग राज्य में, वह जहाँ भी सत्ता में होगी, अपने नस्लवादी एजेंडे को लागू करेगी। वी.पी. सिंघल ने जिस विचारधारा को रेखांकित किया है, वह गुरु गोलवलकर की नागपुर से प्रकाशित पुस्तक 'वी एण्ड अवर नेशनहुड डिफाइंड' के पृष्ठ 37 पर मौजूद है, वे कहते हैं, 'जर्मन राष्ट्रीय गौरव अब एक आम चर्चा का विषय बन गया है। राष्ट्र और उसकी पवित्रता बनाए रखने

के लिए जर्मनी ने अपने देश से सभी जातियों (यहूदी, फिनीशियन, असीरियन आदि) को मिटाकर दुनिया को स्तब्ध कर दिया है।'

बी.पी. सिंघल ने सदन में यह स्पष्ट किया है कि उनकी जो 'दुश्मनी' भारतीय मुसलमानों से है, वह सिर्फ मजहबी और सांस्कृतिक नहीं बल्कि हिटलर की आर्य रक्त की श्रेष्ठता पर टिका हुआ नस्लवादी सिद्धांत है। एक शब्द में (कहें तो) वे (मुसलमान) विदेशी होना त्याग दें या देश में पूरी तौर से हिंदू राष्ट्र के अधीन हो कर रहें, कोई दावा न करें, किसी विशेषाधिकार के पात्र न हों, किसी अधिमान्य व्यवहार की बात तो दूर, उन्हें नागरिक अधिकार भी नहीं (दिए जाएँ)।

इसी सोच को गुजरात में लागू किया गया, जिसने हिंदुत्ववादी हिंदू से असहमत भारतीय हिंदू, भारतीय अल्पसंख्यकों और दुनिया के लोकतांत्रिक देशों की आत्मा को झकझोर कर रख दिया है। इतिहास को देखने की और उस नाजीवाद में आस्था बनाए रखने की यह कैसी अंधदृष्टि है कि जिसे सन् 1945 में पराजित जर्मनी खुद खारिज कर चुका है उसे भारत का नाजीवादी गिरोह सन् 2002 में लागू करना चाहता है।

अब नेता कुछ भी कहते रहें पर यह प्रमाणित हो चुका है कि गोधरा के नृशंस हत्याकांड के बाद उसका बहाना लेकर, हिंदुओं के नाराज होने का कवच बनाकर यह कत्लेआम किसी भी धर्मांध आर्य श्रेष्ठता और नस्लवादी वर्चस्व की अवधारणा वाली सरकार के संकेत, सहमति और संपूर्ण सहयोग से ही संभव हो पाया है। इससे ज्यादा अमानवीय और क्या हो सकता है कि वह शाह आलम कैंप, जहाँ भारत के प्रधानमंत्री ने अपने मुख्यमंत्री नरेन्द्र मोदी को हिंदू राजधर्म आचरण का महामंत्र दिया था, उस राहत कैंप में 15000 मुसलमान 'कैद' थे। बच्चे बीमारियों से मर रहे थे। जलती धूप में लोग झुलस रहे थे, पीने का पानी नहीं था। दवाइयाँ नहीं थी। जो डॉक्टर वहाँ जाकर इन मुसीबतज़दा लोगों की डॉक्टरी मदद करना चाहते थे, उन्हें केसरिया ब्रिगेड के उपद्रवी डरा धमका रहे थे, इसके बावजूद एक डॉक्टर ने जब कैम्प में जाने का साहस दिखाया तो उग्रवादी भीड़ ने उस डॉक्टर को वहीं मार डाला।[32]

ऐसी कोई भी सरकार संख्यागत जीत तो हासिल कर सकती है, पर भारतीय भावनाओं के जनाधार के सदन में वह नैतिक रूप से पराजित हो चुकी है। राज्यसभा में बहस के दौरान लालू यादव ने अपनी बोधगम्य भाषा में ठीक ही कहा कि यह छद्म सेकुलरवादी 'भारत जलाओ पार्टी' है।[33]

अपने उक्त वक्तव्य/आलेख में कमलेश्वर ने देश में सांप्रदायिक विद्वेष की भावना फैलाने के लिए उग्र हिंदुत्व को उत्तरदायी माना है। वे राज्य और देश के नीति-नियामकों को भी इसके लिए दोषी मानते हैं। जब शासन-सत्ता ही दंगाई बनकर समाज को जलाने निकल पड़े, तो उस समाज को कौन बचा सकता है! जर्मनी के नाज़ीवाद और वर्तमान के उग्र-हिंदुत्व को सगोत्रीय मानते हुए कमलेश्वर, सांप्रदायिक दंगों के लिए 'नाज़ीवाद का असली चेहरा' वाक्यांश का प्रयोग कर उसे बेनकाब

करने की ईमानदार पहल करते हैं।

वरिष्ठ पत्रकार और मानवतावादी चिंतक प्रभाष जोशी भी धर्म में मूल्य की महत्ता को सर्वोपरि मानते हैं। उनके अनुसार सांप्रदायिकता में अपने संप्रदाय का वर्चस्व ही सब-कुछ है, भले ही वह चाहे जैसे स्थापित किया गया है। 'जो धर्म को नहीं जानते' संज्ञक लेख उनकी स्थापना को समझने के लिए यहाँ पूरा-का-पूरा आभार-सहित उद्धृत किया जा रहा है–

जब लालकृष्ण आडवाणी कहते हैं कि धर्म को राजनीति से अलग करके कांग्रेस एक पार्टी शासन कायम करना चाहती है तो उनका मतलब होता है कि उनकी पार्टी भाजपा तो धर्म को मानती है और कांग्रेस सत्ता की राजनीति करती है।

इसमें तो खैर कोई संदेह है ही नहीं कि कांग्रेस सत्ता की राजनीति करती है और सत्ता की राजनीति में पार्टियाँ लोकहित का कोई ख्याल नहीं रखतीं तो इसका कारण भी कांग्रेस ही है। देश की सबसे पुरानी और सबसे बड़ी पार्टी होने के कारण राजनैतिक व्यवहार और कार्यक्रम कांग्रेस ही तय करती रही है। आज अगर कोई भी पार्टी सत्ता के राक्षसी अखाड़े में किसी भी दाँव को वर्जित नहीं मानती तो इसका भी दोष कांग्रेस पर ही है। भाजपा भी कांग्रेस की इसी राक्षसी सत्ता राजनीति की कोख से जन्मी है और कांग्रेस की देखा-देखी करने में उसे कोई नीतिगत या चरित्रगत हिचक नहीं होती। बल्कि सांप्रदायिकता की घोड़ी पर चढ़कर सत्ता में पहुँचने की अपनी कोशिश को कांग्रेस अब तक की ऐसी कोशिशों के कारण ही उचित ठहराती है। कांग्रेस ने सत्ता में रहने के लिए अल्पसंख्यक सांप्रदायिकता का इस्तेमाल किया, हम सत्तारूढ़ होने के लिए बहुसंख्यक सांप्रदायिकता का उपयोग कर रहे हैं। इसमें गलत क्या है?

क्या यह रवैया राजनीति में धर्म की स्थापना के लिए निकली किसी पार्टी का हो सकता है? खासकर ऐसे धर्म की स्थापना का दावा करने वाली पार्टी का जिसमें सांप्रदायिकता के लिए कोई जगह नहीं हो सकती क्योंकि वह संप्रदायों से ऊपर और परे है।

छह दिसंबर को अयोध्या में बाबरी मस्जिद के ढाँचे को ढहाया जाना सनातन धर्म को समझने और मानने वालों का काम नहीं था। वह इस धर्म को हिंदू-संप्रदाय में बदलने की कोशिश में लगे लोगों का धतकरम था। कांग्रेस की देखा-देखी राजनीति करनेवाली भाजपा ही नहीं अपने को सांस्कृतिक और सामाजिक संगठन बताने वाला संघ परिवार भी किसी के भी पूजा-स्थल को हमला करके नष्ट करने को अहिंदू और भारतीय संस्कृति के विरुद्ध मानता और कहता रहा है।

अयोध्या में उस दिन कार सेवक किसी कुंभ, सिंहस्थ या धार्मिक पर्व पर जमा होने वाले श्रद्धालुओं की तरह अपने आप नहीं आए थे। विश्व हिंदू परिषद के पादुका पूजा कार्यक्रम के विफल हो जाने के बाद छह दिसंबर की कार सेवा के लिए संघ

परिवार के सभी संगठनों ने महीने-भर कोशिश करके वहाँ कारसेवकों को जमा किया था और उनके लगभग सभी बड़े नेता वहाँ मौजूद थे। जिसे हिंदू भावनाओं का विस्फोट बताया गया वह प्रायोजित उन्माद था। कहते हैं उसे रोकने की संघ परिवार के नेताओं ने बहुत कोशिश की लेकिन उनकी सुनी नहीं गई। एक संघ नेता ने तो ध्वंस की जिम्मेदारी शिवसेना पर डाल भी दी थी जो कि उनके परिवार के बाहर का संगठन है। लालकृष्ण आडवाणी ने उसे अपने जीवन का सबसे दुखद दिन बताया और दिल्ली में बैठे अटल बिहारी वाजपेयी ने तो कहा कि आडवाणी जी इतने दुखी हुए कि रोए और रात भर सो नहीं सके।

लेकिन लालकृष्ण आडवाणी को गिरफ्तार किया गया तो उसका रुदन और दुःख तिरोहित हो गया। 'विकृत धर्मनिरपेक्षतावादियों' के लिए जो राष्ट्रीय शर्म हो वह प्रतिक्रिया में जीने वाले लालकृष्ण आडवाणी के लिए दुःख और अवसाद का विषय कैसे हो सकता है? अशोक सिंघल और मुरली मनोहर जोशी जैसे धर्म ध्वजाधारियों के लिए तो अब वह जीवन का सबसे गौरवशाली दिवस हो गया है। लेकिन आडवाणी और संघ के दूसरे नेताओं ने अपने दुःख और अपने ही कारसेवकों को रोक पाने में अपनी विफलता को अभी अपने गौरव का विषय नहीं बनाया है। पर वे सभी छह दिसंबर की घटना-दुर्घटना को सत्ता में पहुँचने की पालकी बनाने में लगे हुए हैं। राजनीति करने वाली भाजपा ही नहीं सारे संघ परिवार ने बाबरी मस्जिद के ढाँचे के ध्वंस को उचित मान लिया है। जो हुआ सो ठीक ही हुआ क्योंकि उस ध्वंस ने हिंदू धर्म और समाज में सांप्रदायिकता को मजबूत किया है। धर्म और भारत की धार्मिक परंपरा से बाबदी मस्जिद के ढाँचे के ध्वंस का औचित्य नहीं पाया जा सकता। सांप्रदायिकता ही ऐसे उन्माद को सही मान सकती है।

धर्म में मूल्य का महत्व सर्वोपरि है। सांप्रदायिकता में अपने संप्रदाय का वर्चस्व ही सब कुछ है, वह भले कैसे ही स्थापित किया गया हो। फरवरी, 1922 में गाँधी ने सविनय अवज्ञा आंदोलन चला रखा था। गुजरात के बारदोली में गाँधी सत्याग्रह के जरिए सविनय अवज्ञा के प्रयोग कर रहे थे। वहाँ से आठ सौ मील दूर उत्तर प्रदेश के चौरी-चौरा में पाँच फरवरी को एक जुलूस निकल रहा था। जुलूस के पीछे रह गए लोगों की पुलिसवालों से कहा-सुनी हो गई। पुलिस ने डंडे चलाए। लोगों ने मदद माँगी। भीड़ लौट आई। पुलिसवालों ने गोली चलाई। गोलियाँ खत्म हो गईं और वे पीछे हटते-हटते थाने में आ गए। उन्भादी भीड़ ने थाने में आग लगा दी। पुलिसवालों को बाहर निकलना पड़ा। भीड़ ने उन्हें पकड़कर मारा और मार-मार कर पुलिसवालों के टुकड़े कर दिए और फिर उनके टुकड़ों को आग के हवाले कर दिया।''

गाँधी को इसकी खबर आठ फरवरी को लगी। उन्होंने कहा—'''कोई भी उत्तेजना उन (पुलिसवालों) की बर्बर हत्या को उचित नहीं ठहरा सकती, जो निहत्थे कर दिए गए थे और जिन्होंने अपने को भीड़ की दया पर छोड़ दिया था।'' गाँधी ने न सिर्फ

बारदोली में सत्याग्रह स्थापित किया भारत-भर से अंग्रेजों के खिलाफ सविनय अवज्ञा आंदोलन भी वापस ले लिया। अपनी आत्म शुद्धि के लिए गाँधी ने पाँच दिन उपवास किया। "हमारे विरोधी हमारे इस अपमान या तथाकथित पराजय में अपना गौरव मान रहे हों तो मानें"—गाँधी ने कहा—"लेकिन अपनी प्रतिज्ञा तोड़ने और भगवान के द्वार पर पाप करने से तो कमजोर और कायर बताए जाना बेहतर है। खुद अपने सामने झूठे होने से तो दुनिया के सामने झूठे दिखना लाखों गुना बेहतर है।"

कांग्रेस कार्यकारिणी के कुछ सदस्य गाँधी की इस बात और फैसले से असहमत थे। गाँधी उनका रवैया समझते थे। उन्होंने माना—लगभग पूरे ही आक्रामक कार्यक्रम (आंदोलन) को इस तरह उलट देना राजनैतिक दृष्टि से कोई बुद्धिमत्ता और सगझदारी का काम नहीं हो सकता। लेकिन गाँधी ने कहा—"इसमें कोई संदेह नहीं कि धार्मिक दृष्टि से यही ठीक है।" और जब गाँधी धर्म पर खड़े हो जाते थे तो कोई उन्हें टस-से-मस नहीं कर सकता था। क्योंकि गाँधी का मानना था कि "अगर कड़ी सावधानी नहीं बरती गई तो भारत बहुत आसानी से चौरी चौरा के रास्ते चल निकल पड़ेगा।" गाँधी स्वतंत्रता की लड़ाई सत्य और अहिंसा से लड़ते हुए देश को धर्म पर चलाना चाहते थे। उन्हें धर्म का एक मूल्य स्थापित करना था। किसी भी तरह आजादी नहीं लेनी थी। वे धर्म के व्यक्ति थे। धर्म को निजी जीवन में ही नहीं—सामाजिक, आर्थिक और राजनैतिक जीवन में भी अनिवार्य मानते थे। धर्म के सामने राजनीति को कुरबान कर सकते थे। "धार्मिक मनुष्य के प्रत्येक कर्म का स्रोत उनका धर्म होता है क्योंकि धर्म का अर्थ है ईश्वर के साथ बंधन।" और इसीलिए वे कह सकते थे—"सत्य की मेरी पूजा मुझे राजनीति में खींच लाई है। जो मनुष्य कहता है कि धर्म का राजनीति से कोई संबंध नहीं है वह धर्म को नहीं जानता।"

चौरी चौरा में भीड़ के हिंसक उन्माद पर एक धार्मिक गाँधी की प्रतिक्रिया और कार्रवाई देखिए और अयोध्या में छह दिसंबर को किए गए ध्वंस पर भाजपा नेताओं और संघ परिवारियों की बदलती मुद्राएँ देखिए। लालकृष्ण आडवाणी तो अब कहते हैं कि उस पर फैसला जनता करेगी यानी नवंबर में अगर भाजपा चारों राज्यों में चुनाव जीत गई तो इसका मतलब होगा कि छह दिसंबर को संघ परिवारियों के वचन, कानून और संविधान को तोड़कर कारसेवकों ने जो ध्वंस किया वह उचित होगा। छह दिसंबर की घटना पर आडवाणी जी को जनता का राजनैतिक फैसला न सिर्फ मान्य होगा बल्कि हिंदू सांप्रदायिकता को जगा-जगाकर वे उसका इंतजाम कर रहे हैं। इंदिरा गाँधी ने भी इसी तरह अपने सभी कर्मों-अपकर्मों पर जनता के फैसले की बात कही थी। और तो और जिन न्यायमूर्ति रामास्वामी पर संसद में महाभियोग चला वे भी अपने भ्रष्टाचार पर कांग्रेस का राजनैतिक फैसला चाहते थे और वह एक निर्लज्ज पार्टी ने उन्हें दिया था। छह दिसंबर के ध्वंस में कोई धार्मिक मूल्य भी मारा गया है, इसका अहसास तक लालकृष्ण आडवाणी को नहीं है। वे

धतकरम का सिर्फ राजनैतिक लाभ लेना चाहते हैं। और मजा देखिए कि लालकृष्ण आडवाणी ही धर्म की ध्वजा उठाए खड़े हैं और चेतावनी दे रहे हैं कि अगर धर्म को राजनीति से अलग किया गया तो प्रलय हो जाएगी।

कलकत्ता में एक बहस के दौरान डॉक्टर अमर्त्य सेन ने सही कहा कि खतरा धार्मिकता के कारण नहीं है। खतरा सांप्रदायिकता और असहिष्णुता से है। गाँधी धार्मिक व्यक्ति थे लेकिन उन्होंने धर्म का उपयोग राजनैतिक लाभ के लिए नहीं किया। जिन्ना का धार्मिकता से कोई लेना-देना नहीं था लेकिन राजनैतिक मकसद के लिए उन्होंने धर्म का इस्तेमाल करने में कोई कसर नहीं छोड़ी। भारतीय जनता पार्टी के लिए भी धर्म राजनैतिक इस्तेमाल की चीज है। इसीलिए वह धर्म को राजनीति से अलग करने के विधेयक को भाजपा को चुनाव से बाहर करने की साजिश मानती है। कांग्रेस, जनता दल और वामपंथी पार्टियाँ भाजपा को धर्म के इस्तेमाल से रोक नहीं सकतीं। क्योंकि एक तो खुद उन्होंने मुस्लिम सांप्रदायिकता का राजनैतिक इस्तेमाल किया है, दूसरे धर्मनिरपेक्षता के नाम पर उन्होंने ऐसा धर्मविरोधी रवैया बरसों से अपनाया है कि धर्म के मामले में जनता में उनकी कोई साख नहीं है। गाँधी अगर कहते कि भाजपा सत्ता में आने के लिए धर्म का इस्तेमाल करके अधर्म कर रही है तो लोग उनकी सुनते क्योंकि जनता में उनकी प्रतिष्ठा धर्मपुरुष के रूप में ही थी। अब नरसिंह राव या दूसरी पार्टियों के नेता कहते हैं तो भाजपा बड़ी आसानी से उनकी बात को हिंदू और धर्मविरोधी बताकर प्रचारित कर देती है। धर्म के मामले में हमारी धर्मनिरपेक्ष पार्टियों की साख इतनी पतली है कि वे धर्म के इस्तेमाल का जितना आरोप भाजपा पर लगाती हैं, उतनी ही भाजपा अपने खेल में मजबूत होती है। इसे समझकर ही दूसरी पार्टियों ने दोनों विधेयकों से समर्थन वापस लिया और कांग्रेस बहस के नाम पर उन्हें ठंडे बस्ते में डाल रही है।

लेकिन कानून से भाजपा को धर्म का राजनैतिक इस्तेमाल करने से रोकना ही गलत है। कानून से ऐसे दुरुपयोग रुकते होते तो सांप्रदायिकता को रोकने के लिए कई कानून और संवैधानिक व्यवस्थाएँ मौजूद हैं। लेकिन पिछले बीस साल में सांप्रदायिकता बढ़ी है। ये पार्टियाँ फिर भी कानूनी उपाय ही सोच सकीं तो इसलिए कि ये न तो भाजपा से विचारधारा के स्तर पर निपट सकती हैं न इनमें नैतिक शक्ति है कि भाजपा को चुनौती दे सकें। सच पूछिए तो कठमुल्ला साम्यवादियों के असर में आजादी के बाद मान लिया गया कि धर्म को देश-जीवन से निकाला जा सकता है। साम्यवाद तो अपने को ही धर्म मानता है, इसलिए उसमें मान्यता रही कि जैसे-जैसे साम्यवाद आएगा धर्म तिरोहित होता जाएगा। इस मान्यता के धुर्रे उड़ गए हैं। राज्य तो पंथनिरपेक्ष हो सकता है लेकिन समाज कभी धर्मनिरपेक्ष नहीं हो सकता। बल्कि जिस अर्थ में धर्म को अपने यहाँ समझा जाता है, उससे तो राज्य भी धर्म के अनुसार ही चलना चाहिए।

धर्म की ऐसी सर्वव्यापी अवधारणा वाले देश में कम्युनिस्ट प्रेरित धर्म विरोध की वही प्रतिक्रिया होनी थी, जो आज देश में दिखाई दे रही है। अगर गाँधी की तरह आजादी के बाद के नेताओं ने राजनीति को धर्मनिष्ठ और राज्य को पंथनिरपेक्ष बनाया होता तो आज देश में धर्म की प्रतिष्ठा होती और हिंदू धर्म को संप्रदाय बनाकर उसका इस्तेमाल राजनीति में नहीं हो पाता। धर्म के प्रति हमारी सभी राजनैतिक पार्टियों ने जो नासमझी का रवैया अपनाया और अल्पसंख्यक सांप्रदायिकता को बढ़ावा देते हुए बहुसंख्यक सांप्रदायिकता को जिस तरह दबाने की कोशिश की उसी का नतीजा है कि भाजपा के हिंदुत्व को सावरकर के हिंदुत्व से ज्यादा समर्थक मिल रहे हैं। देश का विभाजन भी राजनीति का वैसा सांप्रदायीकरण नहीं कर पाया था जैसा कांग्रेस और वामपंथी पार्टियों ने भाजपा के जरिए करवा दिया है। अब सब मिलकर भाजपा को धर्म के इस्तेमाल से रोकना चाहती हैं लेकिन उनकी कोशिशों से ताकत भाजपा को ही मिलती है। अभी जो दो विधेयक लाए गए वे भी ऐसी ही कोशिशों के नमूने हैं। इन कोशिशों से किसी को कितना ही राजनैतिक लाभ मिलता हो और मिलेगा देश में कुल मिलाकर धर्म की हानि ही हो रही होगी। भाजपा का निश्चय यही है कि कांग्रेस ने मुस्लिम सांप्रदायिकता का इस्तेमाल सत्ता में बने रहने के लिए किया है तो हम भी सत्ता में आने के लिए हिंदू सांप्रदायिकता का इस्तेमाल करेंगे। देखें कौन रोकता है। यही भाजपा की धर्मनिष्ठा है।

हम लोकतांत्रिक देश के निवासी हैं तो सत्ता में तो पार्टियों का आना-जाना चलेगा ही। लेकिन सत्ता पाने की कोई संहिता और सर्वमान्य परंपरा अगर हमने विकसित नहीं की तो लोकतंत्र नहीं रहेगा। चौरी चौरा की घटना के बाद गाँधी ने कहा था—"मान लीजिए भगवान की इच्छा से बारदोली की अहिंसक अवज्ञा सफल हो जाती और सरकार बारदोली के विजेताओं के लिए राज छोड़ देती तो हुड़दंगियों के भड़काने से फूट पड़ने वाले वहशीपन को कौन रोकता?" गाँधी के जीवनीकार लुई फिशर ने लिखा है कि गाँधी को विश्वास नहीं था कि वे रोक सकते हैं इसलिए उन्होंने बारदोली का सत्याग्रह स्थगित किया और सविनय अवज्ञा आंदोलन वापस ले लिया। गाँधी धर्मपुरुष थे। अयोध्या के सूरमा वही करने को ऐतिहासिक न्याय मानते हैं, जो वे कहते हैं कि बाबर ने किया था। अगर आप चाहते हैं कि आपके धर्म की प्रतिष्ठा हो और कोई उसका राजनैतिक इस्तेमाल न कर पाए तो गाँधी की तरह धर्मनिष्ठ होइए।[34]

वास्तव में, सचमुच का खतरा धार्मिकता के कारण न होकर सांप्रदायिकता और असहिष्णुता से है। हमें धार्मिकता और सांप्रदायिकता के सूक्ष्मभेद को समझना होगा। इसे समझे बिना सांप्रदायिक शक्तियों से संघर्ष करना आसान न होगा। चिंता का विषय यह है कि देश की प्रायः सभी राजनीतिक पार्टियों ने इस संदर्भ में नासमझी का रवैया अपनाया और अल्पसंख्यक सांप्रदायिकता को बढ़ावा देकर बहुसंख्यक

सांप्रदायिकता को दबाने का प्रयास किया। इससे बहुसंख्यक सांप्रदायिकता को और अधिक उभार मिला और इसीलिए हम देखते हैं कि भाजपा के हिंदुत्व को सावरकर के हिंदुत्व से कहीं ज्यादा समर्थक मिले। जोशी जी धर्मनिष्ठ होने की बात कहते हैं, पर गाँधी जी की तरह। विश्व हिंदू परिषद का बजरंग दल की तरह का कथित हिंदुत्व–जोकि निश्चय ही विकृत, प्रतिक्रियावादी और असहिष्णु होने के कारण हिंदुत्व की मूल धारणा के ठीक विपरीत है–लेखक के लिए कुत्सित है। ऐसे उग्र और वीभत्स 'हिंदुत्व' का समर्थन कोई भी संवेदनशील आदमी नहीं करेगा। शायद यही कारण है कि प्रभाष जोशी हमारे सामने बड़ा ही समीचीन सवाल करते हैं–'हिंदू-समाज क्या 'हिंदुत्व' की जागीर है?' इस प्रश्न के संदर्भ में जोशी जी ने सांप्रदायिकता और हिंदुत्व के रिश्तों की पड़ताल का प्रयास किया है। उन्होंने संकीर्ण सोच के समर्थकों की जमकर खिंचाई की है, क्योंकि अपने वास्तविक अर्थ और स्वरूप में 'हिंदुत्व' सहिष्णुता, सौहार्द, सद्भाव, समभाव का सम्पोषक रहा है। अलगाव, बिखराव, विखंडन, विभेद, हिंसा, दंगा जैसे शब्द 'हिंदुत्व' की शब्दावली में नहीं हैं। इन्हें तो कथित 'हिंदुत्व' के कथित 'पैरोकारों' ने अपनी राजनीतिक रोटी सेंकने के लिए ईज़ाद किया है।

"...बहुत ज्यादा लोग नहीं जानते कि विश्व हिंदू परिषद से भी पहले कर्णसिंह ने विराट हिंदू समाज बनाया था। वे शिवभक्त हैं और बिना रुके रुद्राभिषेक कर सकते हैं। वेदांत और पुराणों का जितना ज्ञान, जानकारी और समझ उनमें है संघ परिवार के बहुत कम लोग उसकी बराबरी कर सकते हैं। सनातन धर्म और हिंदू परंपराओं की जैसी गहरी समझ डॉक्टर कर्णसिंह को है, अपने को आचार्य कहलाने वाले गिरिराज किशोर और अशोक सिंघल को निश्चित ही नहीं है। फिर भी डॉक्टर कर्णसिंह ने कांग्रेस छोड़ी और वापस उसमें आ गए, पर वे न भाजपा में कभी गए, न किसी संघ परिवार संगठन के पदाधिकारी या सदस्य हुए। वे इसके उत्तम उदाहरण हैं कि धर्मनिष्ठ हिंदू होने का प्रमाण भाजपाई या संघ परिवार संगठन में सदस्य होने से नहीं मिलता।

इन्हीं कर्णसिंह की एक मुलाकात 'राष्ट्रीय सहारा' की अंग्रेजी पत्रिका में छपी है। इस मुलाकात से दो वाक्य निकाल कर भाजपाई विज्ञापन बनाया गया है जो अंग्रेजी के कुछ अखबारों में छपा है। यह विज्ञापन डॉक्टर कर्णसिंह को हिंदू बनाने के लिए छपवाया जा रहा है। वे वाक्य आप खुद ही देखें, "अगर यूरोप में एक क्रिश्चियन डेमोक्रेटिक पार्टी हो सकती है तो हमारे यहाँ हिंदू डेमोक्रेटिक पार्टी क्यों नहीं हो सकती?" और "आखिर भारत एक हिंदू देश है और इस वास्तविकता से कोई इनकार नहीं कर सकता। इसके लिए हमें क्षमायाची होने की जरूरत क्यों होनी चाहिए?" अब ये वाक्य विज्ञापन तभी बन सकते हैं, जब पढ़ने वाले मानते हों कि जो बातें कर्णसिंह ने कहीं वे वही व्यक्ति कह सकता है जो हिंदू होने या हिंदू समाज के राजनीति में सक्रिय होने को निंदनीय मानता हो। या ऐसी बातें कोई भाजपाई

या संघ परिवारी ही कह सकता है, कांग्रेसी उम्मीदवार नहीं कह सकता। अगर कर्णसिंह के इन वाक्यों से यह निहितार्थ न निकाला जाए तो वे विज्ञापन में देने के लायक हो ही नहीं सकते। कांग्रेस तो अपने उम्मीदवार के इन वाक्यों का विज्ञापन बना नहीं सकती क्योंकि वह न हिंदू-विरोधी है, न भारत की हिंदू पहचान से उसे कोई एतराज रहा है। वह अपने को हिंदू पार्टी नहीं कहती, न यह या इसके पहले का कोई चुनाव उसने हिंदू पहचान के मुद्दे पर लड़ा है।

इसीलिए यह विज्ञापन निश्चित ही भाजपाई है और वही लोग कहते और प्रचारित करते रहे हैं कि भारत के हिंदू देश (राष्ट्र नहीं) होने पर उन्हीं को गर्व है और जिस तरह यूरोप में ईसाई लोकतांत्रिक पार्टी हो सकती है, वैसी ही हिंदू लोकतांत्रिक पार्टी उसने बनाई है और उसका नाम पहले भारतीय जनसंघ था और अब भारतीय जनता पार्टी। इस समझ और दावे के पीछे यह गलतफहमी है कि सिर्फ वही हिंदू कहलाने के एकाधिकारी हैं, उन्हीं को इस देश की हिंदू पहचान पर गर्व है और वही हिंदुओं की तरफ से कोई पार्टी बना सकते हैं। भाजपा मुस्लिम लीग और अकाली दल की तरह नहीं कहती कि सिर्फ हमीं हिंदुओं का प्रतिनिधित्व कर सकते हैं और हमीं को उनकी ओर से बोलने का अधिकार है। ऐसे दावे संघ परिवार की ओर से विश्व हिंदू परिषद, बजरंग दल, हिंदू जागरण मंच ही नहीं राष्ट्रीय स्वयंसेवक संघ भी करता है। अभी उनके सरसंघ कार्यवाह रज्जू भैया उर्फ राजेन्द्र सिंह ने माँग की कि मुसलमान मथुरा का जन्म स्थान और काशी का शिवमंदिर हिंदुओं को सौंप दें। जैसे भारत भर के मुसलमान एक संगठित समाज हों और भारत के सभी हिंदुओं का एक संगठित समाज हो जिसकी ओर से माँग करने का अधिकार राष्ट्रीय स्वयंसेवक संघ को हो। ऐसी बातें, दावे और माँगें भाजपा नहीं करती क्योंकि वह जानती है कि भारत के पंथनिरपेक्ष लोकतांत्रिक और राजनैतिक समाज में ऐसा करने से वह सांप्रदायिक करार दी जाएगी और उसकी भी वह गत होगी जो मुस्लिम लीग और अकाली दल की हुई है। भारत के पंथनिरपेक्ष और लोकतांत्रिक राजनैतिक समाज में एक बड़ी खिलाड़िन बनी रहने के लिए वह उदार लोकतांत्रिक बने रहना चाहती है और सत्ता में आने के लिए तो उसने वह गणवेश भी उतार दिया है जो राष्ट्रीय स्वयंसेवक संघ ने उसे राजनीति की गिरस्ती में जाते वक्त दिया था। उसने राम मंदिर बनाने का वचन, कश्मीर की धारा 370 हटाने और समान नागरिक संहिता लागू करने के कार्यक्रम दिए हैं। सत्ता में बने रहने के लिए वह अपनी अलग हिंदू पहचान और निश्चित हिंदू कार्यक्रम छोड़ने के लिए भी तैयार हो गई है। अपना हिंदू वोट बैंक बचाए रखने के लिए कभी कोई गोविंदाचार्य और कभी कोई लालकृष्ण आडवाणी बांग देता रहता है कि राम मंदिर, धारा 370 और समान नागरिक संहिता हमने छोड़ी नहीं है। अभी उनको अधर में लटकाया है ताकि गठबंधन सत्ता में आ सके। इसमें निश्चित है कि जब गठबंधनों के जरिए हम खुद इतनी ताकत पा लेंगे कि हमारा बहुमत हो

जाए तो हम अपना हिंदू एजेंडा लागू करेंगे। भाजपा को पराये घर जा कर अपने पीहर का रीति-रिवाज छोड़ना पड़ता है। शासन नाम के पति के साथ और उसके परिवार से निभाने के लिए।

लेकिन संघ परिवार में ऐसी संस्थाएँ हैं, जिन पर भाजपा की तरह लोकतांत्रिक और संवैधानिक हथकड़ियाँ नहीं पड़ी हैं। वे बराबर यह दावा करने में लगी रहती हैं कि हिंदुओं का प्रतिनिधित्व करने और उनकी ओर से बोलने का एकाधिकार उन्हीं को है क्योंकि वही सच्ची हिंदू संस्थाएँ हैं और उनकी राय में भाजपा ही सच्ची हिंदू पार्टी है। इसलिए विश्व हिंदू परिषद और भाँति-भाँति के मठाधीश, किलाधीश, महंत, अखाड़ेबाज आदि सभाएँ कर के कहते हैं कि जो हिंदू हित की बात करेगा वही देश पर राज करेगा। हिंदू हित, भारत-हित नहीं है। वह तभी भारत हित हो सकता है कि जब इस देश के सभी लोग अपने को हिंदू मानें और घोषित करें। वीर सावरकर और गुरु गोलवलकर ने कहा है कि हिंदुत्व ही राष्ट्रीयता है। और जैसा कि आप जानते हैं वीर सावरकर ने उसी को हिंदू कहा था जिसकी पुण्य-भू हिंदुस्तान में हो। मुसलमानों, ईसाइयों, यहूदियों, पारसियों आदि की पुण्य-भू यानी तीर्थ भारत के बाहर हैं इसलिए वे सच्चे हिंदू नहीं हो सकते। यह परिभाषा और धर्मानुयायी लोगों के प्रति रवैए ने ही ब्रिटिश साम्राज्य को चलाने वालों को मौका दिया कि वे भारत को अलग-अलग कौमों में बाँट कर उसे कई राष्ट्र घोषित करें। इस खेल में उनका साथ दिया मुस्लिम लीग और उसके बाद बनी हिंदू महासभा ने। लीग सब मुसलमानों की प्रतिनिधि होने का दावा करती थी और महासभा सब हिंदुओं की।

इनका खेल महात्मा गाँधी के कारण पूरा नहीं हो पाया। गाँधी ऐसे व्यक्ति थे जिन्हें रवीन्द्रनाथ ठाकुर ने महात्मा कहा और सारे देश ने स्वीकार किया। महात्मा अनिवार्य रूप से धार्मिक व्यक्ति थे। गाँधी अपने को खुलेआम सनातनी हिंदू घोषित करते थे। गीता को अपनी माँ मानते थे और भारतीय स्वतंत्रता संग्राम के गीत के नाते उन्होंने 'ईश्वर अल्ला तेरे नाम सबको सन्मति दे भगवान' को स्थापित किया था। रामधुन उनकी जीवनदायिनी शक्ति थी। वे स्वतंत्रता संग्राम और राजनीति को भी नैतिक-धार्मिक सिद्धांतों से चलाते थे। उनकी महात्माई और धार्मिकता सारे देश को मान्य और पूज्य थी। उनके महात्मापन के सामने वीर सावरकर, हिंदू महासभा और फिर राष्ट्रीय स्वयंसेवक संघ की चल नहीं सकती थी। इसके बावजूद अंग्रेजों के समर्थन से हिंदू महासभा और संघ और वीर सावरकर और केशव बलिराम हेडगेवार उनके सामने टिक नहीं सके। देश के लगभग सभी हिंदुओं ने गाँधी को सच्चा हिंदू, महात्मा, धार्मिक पुरुष और देवता स्वरूप माना। लेकिन महात्मा गाँधी ने तो भारत को सिर्फ हिंदुओं का देश न मानने या बनाने दिया, न कभी उन्होंने स्वीकार किया कि कांग्रेस हिंदुओं की पार्टी है। वे इस तरह के सांप्रदायिक विभाजन के विरुद्ध थे और उनके कारण जितने गैर हिंदू भारत के स्वतंत्रता संग्राम में शामिल हुए, उतने

दूसरे किसी भी नेता या अन्य कारण से नहीं। महात्मा गाँधी ने आजादी के आंदोलन और उस समय की कांग्रेस को धार्मिक संस्कार दिए क्योंकि वे स्वयं एक संस्कारी वैष्णव थे और 'वैष्णव जन तो तेणे कहिए जे पीड़ पराई जाने रे' स्वतंत्रता संग्राम के सेनानी की पहचान हो गई थी। वे आजाद भारत में रामराज्य स्थापित करना चाहते थे। वे राजनीति को धर्म से अलग नहीं करना चाहते थे क्योंकि उनका धर्म एक नैतिक शक्ति था, हिंदुत्ववादियों का संकीर्ण हिंदू-संप्रदाय नहीं।

हिंदू महासभा और राष्ट्रीय स्वयंसेवक संघ और हेडगेवार और गोलवलकर और बाद में सावरकर भी गाँधी की अगुवाई वाले स्वतंत्रता संग्राम से दूर रहे क्योंकि अंग्रेजों से भारत को आजाद करवाने में वे रुचि नहीं रखते थे। उनका सारा ध्यान मुसलमानों से दंगों में हिंदुओं को बचाने, हिंदू समाज को संगठित करने और हिंदुओं का राज कायम करने में लगा था। वे चाहते थे कि अंग्रेज उन्हें हिंदुओं के प्रतिनिधि के रूप में स्वीकार करें। लेकिन चाहते हुए भी अंग्रेज़ों ने ऐसा नहीं किया क्योंकि हिंदू समाज में इन कथित हिंदू संगठनों और नेताओं की सुनता ही कौन था? महात्मा गाँधी हिंदुओं के ही नहीं पूरे भारत के सर्वमान्य नेता थे। लेकिन वे अपने को सनातनी हिंदू और भारत को हिंदुओं का देश मानने और कहने में क्षमाप्रार्थी होना तो क्या हिचकते भी नहीं थे। लेकिन उनका संघर्ष, दर्शन, सपना और राजनीति अपने और अपने देश को हिंदू पहचान में स्थापित करने का नहीं था। वह भारत को अपनी जड़ों में से उठाते हुए एक महान राष्ट्र बनाने की तपस्या थी। वे शोषणविहीन, समतावादी अहिंसक समाज और शांतिदूत राष्ट्र के नाते भारत का पुनर्निर्माण करना चाहते थे। वे हिंदू भारत नहीं, भारतीय समाज के लिए जिए और शहीद कर दिए गए। उनसे बड़ा हिंदू और धार्मिक राज नेता पूरी बीसवीं सदी में पैदा नहीं हुआ।

महात्मा गाँधी के हिंदू होने को तो हिंदुत्ववादी न तब चुनौती दे सकते थे, न अब दे सकते हैं। जिस गोडसे ने उन्हें मारा वह भी प्रणाम कर के ही उन पर गोली चला सकता था और प्राण देते हुए भी गाँधी के मुंह से 'हे राम' ही निकल सकता था। गाँधी की नैतिकता और धार्मिकता का असर कांग्रेस और हमारे राजनैतिक समाज पर से घटने और हटने के बाद ही राष्ट्रीय स्वयंसेवक संघ और उसके संगठनों का प्रभाव बड़ा है। लेकिन उनकी सबसे बड़ी समस्या यही बृहत्तर हिंदू समाज है, जो सांप्रदायिक संकीर्णता और हिंदुत्ववादी राजनीति को स्वीकार नहीं करता। कांग्रेस और तीसरे मोर्चे के इतने विघटन के बाद भी वोट देने वालों में से सिर्फ बीस-बाईस प्रतिशत लोग ही भाजपा को वोट देते हैं। सनातनी हिंदू में जो स्वभावगत उदारता, सहनशीलता और दृष्टि की विशालता है, वह हिंदुत्व को स्वीकार नहीं करती क्योंकि हिंदुत्व एक अहिंदू, अधार्मिक और अभारतीय राजनैतिक अवधारणा है। हिंदू धर्म की धार्मिक संगठनहीनता और आंतरिक आध्यात्मिक मुक्तिकामी व्यवस्था हिंदुत्व को

रद्द करती है। इसीलिए विराट हिंदू समाज का एक अतिवादी संकीर्ण संप्रदाय ही हिंदुत्व की बात करता है।

इस सबका कर्णसिंह के वाक्यों वाले विज्ञापन से क्या लेना-देना है? यही कि हिंदू होने का प्रमाण संघ परिवार नहीं दे सकता। यही कि हिंदुओं ने अपनी तरफ से बोलने का अधिकार किसी संघ को नहीं दिया। यही कि कर्णसिंह से हिंदुओं की पार्टी और भारत के हिंदू देश होने का सवाल करने का अधिकार किसी भाजपाई को नहीं है। भारतीय जनता पार्टी, हिंदू पार्टी नहीं है और कांग्रेस के उम्मीदवार होने से हिंदुओं पर बोलने का कर्णसिंह का अधिकार कोई छीन नहीं सकता।[35]

सांप्रदायिक शक्तियाँ अपने-आप में, अपने धर्म, वर्ण, वर्ग, जाति, समाज, देश, राज्य, भाषा, बोली-बानी, रीति-रिवाज, तीज-त्योहार आदि को ही सर्वश्रेष्ठ मानते हैं। इन्हें तर्क से कोई मतलब नहीं होता, इसलिए ये आँखें बंद रखते हैं। तर्क से, विमर्श से, बहस से दूर भागते-भागते एक दिन ऐसा आता है। जब ये तर्कातीत हो जाते हैं। वास्तव में, ये सांप्रदायिक शक्तियाँ इन्हीं 'तर्कातीत हो गए लोगों का समूह' हैं। इनके पास कोई रचनात्मक काम-धाम नहीं होता। इन्हें तो सिर्फ उजाड़ने-उखाड़ने-जलाने-ध्वस्त करने से मतलब होता है। विध्वंसक विचारधारा के समर्थकों को सचमुच के हिंदुत्व की राह दिखाते हुए प्रभाष जोशी का कहना है–

अयोध्या कांड में बाबरी मस्जिद के ढाँचे को जिस तरह ढहाया गया, उससे लोगों को क्यों लगा कि महात्मा गाँधी की दुबारा हत्या की गई है। शायद इसलिए कि हिंदू-मुस्लिम भाईचारे या पंथनिरपेक्षता पर वह उसी तरह का वार था जैसा महात्मा गाँधी पर किया गया था। शायद यह उतनी ही सुन्न कर देने वाली घटना थी, जितनी कि महात्मा गाँधी की हत्या। लेकिन इन सबसे ज्यादा यह उसी तरह के सांप्रदायिक उन्माद के कारण हुई, जो भारत विभाजन के बाद इस देश में बना था। लेकिन सबसे ज्यादा समानता इसलिए लगी कि जिन हिंदू हितों की रक्षा के लिए महात्मा गाँधी को मारा गया उसी से निकले हिंदुत्व को स्थापित करने के लिए बाबरी मस्जिद का ढाँचा तोड़ा गया।

इसे इतिहास का न्याय, हिंदू भावनाओं का विस्फोट, राम जी की मर्जी और विधाता की इच्छा कहने वाले और दूसरी तरफ से इसे देश, संविधान, लोकतंत्र और कानून के राज से विश्वासघात बताने वाले एक तरह से एक ही बात कह रहे हैं कि यह आकस्मिक घटना थी। वहाँ इतने लोग इस तरह इकट्ठे होने दिए गए थे कि ऐसा कुछ भी हो सकता था। लेकिन ये तो सब तात्कालिक प्रतिक्रिया में से निकली बाते हैं। इन्हें कहकर वे लोग इसकी जिम्मेदारी से मुक्त हो जाना चाहते हैं, जो जानते हैं कि कहीं-न-कहीं हम इसके दोषी हैं। लेकिन जिन्होंने यह करवाया और जिन्होंने इसे किया अगर उनके मन में कोई अफसोस नहीं है और वे इसे हिंदू विजय दिवस मानते हैं, तो इसका मतलब साफ है कि बाबरी मस्जिद ढहाकर वे

अपनी समझ के हिंदुत्व की स्थापना करना चाहते हैं। नाथूराम गोडसे की भी हिंदू हितों की अपनी समझ थी, जो उसे गाँधी की हत्या करने दिल्ली लाई। संघ परिवार के भी कुछ नेताओं का विश्वास था कि जब तक हिंदू राम जन्म भूमि पर नया मंदिर बनाने के लिए अपने हाथों से बाबरी मस्जिद का ढाँचा नहीं तोड़ेंगे, तब तक उनकी कायरता दूर नहीं होगी और उनमें वह ताकत नहीं आएगी जो इस देश पर राज करने के लिए होनी चाहिए।

जिस तरह नाथूराम गोडसे मानता था कि महात्मा गाँधी हिंदू हितों के विरोधी हैं उसी तरह ये नेता मानते हैं कि इस देश का संविधान, इसकी लोकतांत्रिक पद्धति और इसकी न्यायपालिका कांग्रेस की छद्म धर्मनिरपेक्ष नीतियों के कारण हिंदू विरोधी है। जब तक इस लोकतांत्रिक पंथनिरपेक्ष ढाँचे को गिराया नहीं जाएगा तब तक इसमें हिंदू वर्चस्व नहीं होगा। महात्मा गाँधी की हत्या करके गोडसे मुस्लिम तुष्टिकरण का अंत कर देना चाहता था। संघ परिवार के ये नेता उस भारतीयता को नष्ट कर देना चाहते हैं, जो उनके हिंदुत्व के चरणों में लोटपोट नहीं होती। ये नेता उन्हें हिंदू नहीं मानते जो इस ढाँचे को चला रहे हैं। बहुत पास का उदाहरण लेना हो तो जिस तरह अकाली दूसरी पार्टियों के समर्थक सिखों को पंथ के गद्दार बताकर उन्हें सिक्ख नहीं मानते उसी तरह संघ परिवार के ये नेता उन सब लोगों को हिंदू होने की इजाजत नहीं देते जो उनके हिंदुत्व को नहीं मानते। आखिर इस देश में बयासी प्रतिशत लोग हिंदू हैं। वही देशकाज में लगे हुए हैं और उन्हीं से यह देश चल रहा है। लेकिन जो कल्याण सिंह मुख्यमंत्री इसलिए बने रहे कि ढाँचा गिराया जा सके, वे कह रहे हैं कि अब हिंदू को दूसरे दर्जे का नागरिक नहीं माना जा सकता। बयासी प्रतिशत हिंदुओं वाले लोकतांत्रिक गणराज्य में क्या हिंदू कभी भी दूसरे दर्जे के नागरिक हो सकते हैं? लेकिन ऐसा कहा है एक भूतपूर्व मुख्यमंत्री ने जिसे अयोध्या का हीरो बनाकर भारतीय जनता पार्टी देश के सामने खड़ा करना चाहती है।

संघ परिवार के जो नेता मानते और कहते हैं कि हिंदुओं पर जो अत्याचार मुसलमान बादशाहों ने किए और जो आजादी के बाद कांग्रेस के राज्य में लगातार और बढ़-चढ़कर होते रहे और उन्हीं की प्रतिक्रिया में बाबरी मस्जिद ढहाई गई वे मन से अभी भी मुसलमानों के हिन्दोस्तां में गुलामों की तरह रह रहे हैं। उन्हें बाबरी मस्जिद के ढहने ने भी मुक्त नहीं किया है। इसलिए वे हिंदुओं में पीड़ित होने की भावना भड़का कर उन्हें संगठित करना चाहते हैं। वे इस देश के बयासी प्रतिशत हिंदुओं को बताना चाहते हैं कि तुम पर बारह प्रतिशत मुसलमान राज्य कर रहे हैं। जब तक कांग्रेस को हटा कर भारतीय जनता पार्टी का राज नहीं लाओगे तब तक गुलामी की जंजीरें टूटेंगी नहीं। अगर यह बात राजनैतिक लग रही हो तो कृपया अशोक सिंघल और उनकी जुटाई गई साधु-संतों की जमात के बयान पढ़ लीजिए। वे हिंदुत्व के वर्चस्व को भाजपा के राज से मिला रहे हैं। और भाजपा का वह राज

लाने के लिए उन्होंने बाबरी मस्जिद को कारसेवकों से गिरवाया। इन नेताओं को राम जन्मभूमि-बाबरी मस्जिद का शांतिपूर्ण और बातचीत के जरिए आपसी समझदारी से निकला हल कभी मंजूर नहीं होता क्योंकि इनका लक्ष्य मर्यादा पुरुषोत्तम राम का मंदिर बनाना नहीं इस देश के मुसलमानों को सबक सिखाना था। अगर बातचीत से हल निकलता तो दोनों समुदाय के सम्मान की रक्षा करते हुए निकलता और वह हिंदू विजय दिवस नहीं होता। कारसेवकों से बाबरी मस्जिद का ढांचा गिरवाकर वे जिस हिंदुत्व की विजय पताका फहराना चाहते हैं, उसकी प्रतिहिंसा शांतिपूर्ण हल से तृप्त नहीं हो सकती। इस हिंदुत्व के आस्थावान नेताओं को अब भी संतोष नहीं है क्योंकि उन्हें लगता है कि जब तक भारतीय जनता पार्टी का राज नहीं आएगा तब तक इस्लाम और मुसलमानों से जीतने वाला हिंदुत्व जम नहीं सकता। इसलिए अगर राम मंदिर देश पर भाजपा का राज नहीं ला पाया तो वे काशी और मथुरा का विवाद भी उठाएँगे। इसीलिए भाजपा के नेताओं ने ही नहीं अपने को हिंदुत्व का उनसे बड़ा शुद्ध प्रणेता मानने वाले संघ परिवारियों और साधु-संतों की जमात ने भी कहा है कि अभी हम काशी-मथुरा को मुद्दा नहीं बनाएँगे।

यह कहना गलत होगा कि भारतीय जनता पार्टी राज में आने के लिए धर्म और सांप्रदायिकता का इस्तेमाल कर रही है। यह मानना ज्यादा सही होगा कि संघ परिवार का हिंदुत्व राज्य शक्ति की तलाश में है क्योंकि उनका हिंदुत्व राज्य के बिना बच और चल नहीं सकता। नहीं तो पिछले छियालीस साल से जो राज कर रहे हैं और देश को चलाने की सभी संस्थाओं और संगठनों में बहुसंख्या में हैं, वे भी हिंदू ही हैं और धर्मांध लोगों की तरह अपने को अत्याचारों से पीड़ित और दूसरे दर्जे के नागरिक नहीं मानते। इसे अशोक सिंघल की मेहरबानी मानना चाहिए कि उन्होंने 15 अगस्त 47 को आई आजादी को स्वतंत्रता दिवस माना, नहीं तो वे कह सकते थे कि सच्ची आजादी की शुरुआत छह दिसंबर 1992 के दिन बाबरी मस्जिद के ढाँचे को गिराने के साथ हुई है और हिंदुस्तान का सच्चा स्वतंत्रता दिवस तभी आएगा जब देश भर में भारतीय जनता पार्टी का राज हो जाएगा। साधु-संतों की भाजपाई जमात ने तो कहा ही है कि बाबर के बनाए चार सौ साल के ढाँचे को हिंदू जागरण ने गिरा दिया तो सौ साल के कांग्रेसी ढाँचे को गिराने में कितना समय लगेगा। इसी तरह की बातें भाजपाई नेता और संघ परिवारी भी कहते हैं।

यह निष्कर्ष निकालने के लिए आपको कांग्रेसी होने की जरूरत नहीं है कि संघ परिवार की नजर में कांग्रेस का चलाया स्वतंत्रता संग्राम और पिछले छियालीस साल मेट दिए जाने चाहिए क्योंकि अंग्रेजों से लड़ा गया संग्राम और आजादी के बाद के साल हिंदुत्व के साल नहीं हैं। संघ परिवार दरअसल अंग्रेजों और पश्चिम से मुक्ति को अपने हिंदुत्व का संघर्ष नहीं मानता। उनकी गुलामी मुसलमानों के राज से शुरू होती है और जब तक उनका हिंदुत्व इन मुसलमानों पर जीत नहीं जाता

तब तक वे अपने को और हिंदुओं को गुलाम मानते रहेंगे। उनका हिंदुत्व निश्चित ही विवेकानंद और गाँधी का हिंदू धर्म नहीं है। बल्कि महात्मा गाँधी जैसे हिंदुओं का धर्म तो उनके हिंदुत्व का सबसे बड़ा दुश्मन है। नाथूराम गोडसे भले ही राष्ट्रीय स्वयंसेवक संघ का स्वयंसेवक नहीं हिंदू महासभा का सदस्य रहा हो लेकिन उसका हिंदुत्व यही है, जिसकी स्थापना बाबरी मस्जिद के ढहाने के साथ की जा रही है।

यह हिंदुत्व अंग्रेजों की इस स्थापना को मानता है कि हिंदू एक अलग कौम, देश और राष्ट्र हैं और भारत के मुसलमान अलग। इसलिए इस हिंदुत्व का मानना है कि जो मुसलमान पाकिस्तान नहीं गए और हिंदुस्तान में रह गए उन्हें देश की मुख्यधारा यानी उनके हिंदुत्व में आना चाहिए, भारत की संस्कृति को अपनी संस्कृति मानना चाहिए और इसकी धरोहर पर गर्व करना चाहिए। महात्मा गाँधी का धर्म मुसलमानों को भारतीय मानता था। इसलिए अंग्रेजों ने कितनी ही कोशिश की हो उनके नेतृत्व के स्वतंत्रता आंदोलन और उसके संगठन कांग्रेस को हिंदू जागरण और हिंदू संस्था बनाने की, महात्मा गाँधी ने इसे मंजूर नहीं किया। सिर्फ इसलिए नहीं कि वे अंग्रेजों की फूट डालो राज करो नीति को अच्छी तरह समझ गए थे और उसको नाकाम करने के लिए हिंदू-मुस्लिम एकता को रणनीति के नाते जरूरी मानते थे। बल्कि इसलिए कि उनके धर्म की पारंपरिक, ऐतिहासिक और कालसिद्धि सर्वग्राहिता में दुराव और अलगाव के लिए जगह नहीं थी। विदेशी साम्राज्य से लड़ रहे थे सिर्फ इसलिए महात्मा गाँधी भारतीयों की एकता नहीं चाहते थे बल्कि उनका विश्वास था कि अलग-अलग धर्म, जातीयता और भाषाओं के बावजूद भारतीय एक हैं। इस देश के लोगों की एकता उनका रणनीतिक हथियार नहीं अपने आप में एक सकारात्मक निष्ठा थी। वे मुसलमानों को नहीं अंग्रेजों को भी अपने से अलग नहीं मानते थे क्योंकि उनके धर्म की पहली निष्ठा लगाव में थी अलगाव में नहीं।

चूंकि वे भारत को अंदर से तोड़ने वाली अंग्रेजियत से लड़ रहे थे अंग्रेजों से नहीं इसलिए उन्होंने संग्राम का रास्ता भी ऐसा चुना जो सबको जोड़ता और बनाता है—अहिंसा का रास्ता। वे राजनीति को धर्म का संस्कार देना चाहते थे इसलिए उन्होंने साधनों और साध्य की एकता पर सबसे ज्यादा जोर दिया। झूठे साधनों से सत्य नहीं साधा जा सकता इसके प्रयोग उन्होंने व्यावहारिक राजनीति और समाज कार्यों में किए। अपने समर्थकों या कांग्रेसियों या स्वतंत्रता संग्राम में लगे लोगों की हिंसा को उन्होंने कभी उचित नहीं ठहराया। गलत काम की निंदा करने से आजादी के आंदोलन को ठेस पहुँचती है, ऐसी बातें गाँधीजी को कई लोगों ने समझाने की कोशिश की। लेकिन चौरी चौरा ही नहीं, करो या मरो वाली अगस्त बयालीस की आर-पार की लड़ाई में भी जो हिंसा हुई उसकी गाँधीजी ने निंदा की। आजादी के लिए जो भी किया जाए सही है ऐसी धारणा का उन्होंने हमेशा विरोध किया। वे आजादी

का आंदोलन इस तरह चलाना चाहते थे कि आजाद होने की प्रक्रिया में ही वह रामराज्य बनने लगे जिसके लिए स्वतंत्र होना अनिवार्य था।

गाँधीजी ने कोई अपनी छाप का हिंदुत्व नहीं चलाया। उन्होंने अपने को सनातनी हिंदू माना और एक अच्छे हिंदू होने को ही अच्छे भारतीय बल्कि अच्छे इंसान होने की शर्त माना। उनका सर्वधर्म समभाव अंग्रेजों के सेक्युलरवाद से नहीं धर्म की समझ से निकला था। उन्होंने यह भी कहा कि हिंदू कायर और मुसलमान दादागिरी करने वाले हो गए हैं। आप जानते हैं कि दादागिरी करना भी कायरता का दूसरा पहलू है। गाँधीजी अहिंसा के जरिए भारतीयों की कायरता मिटाना चाहते थे। भारतीयों को निर्भय बनाना उनका मकसद था। वे उन्हें अहिंसा की लड़ाई का सिपाही बना कर निर्भय और निर्बैर बनाना चाहते थे क्योंकि अगर आपके मन में किसी से बैर नहीं है तो आप किसी का भय नहीं खाएँगे। वे सत्य को ईश्वर कहते थे और मानते थे कि इस ईश्वर की साधना राजनीति और व्यावहारिक जीवन में स्वतंत्रता संग्राम लड़ते हुए भी की जा सकती है। इसीलिए उन्होंने सत्याग्रह को अपना सबसे बड़ा शस्त्र बताया।

अरनॉल्ड टॉयनबी जैसे इतिहासकार ने दुनिया के धर्मपुरुषों की महात्मा गाँधी से तुलना करते हुए बताया कि राज्य सत्ता से दूर रहने के सुविचारित निश्चय ने किस तरह गाँधी को उन सबसे ज्यादा नैतिक शक्तिवाला धर्मपुरुष बनाया। गाँधीजी ने खुद भी लिखा है और दूसरों ने भी बताया है कि किस तरह उनकी आस्थाएँ, निष्ठाएँ, धाराएँ और अवधारणाएँ सब हिंदू धर्म और भारतीय समाज से उनमें आई थीं। गाँधीजी अनिवार्य रूप से अगर कुछ थे तो धर्मपुरुष थे इसीलिए साम्यवाद और पूँजीवाद के उठान के वर्षों में भी बेहिचक कह सकते थे कि वे भारत में रामराज्य की स्थापना देखना चाहते हैं। रामराज्य में उनकी कितनी निष्ठा थी यह इसी से साबित है कि गोलियाँ खाकर जब वे गिरे तो उनके मुँह से हे राम ही निकला। जब उन्हें गोली लगी और वे प्राण छोड़ने लगे तब उनके मुँह से राम निकले यही वे चाहते थे। बिना आस्था और साधना के यह संभव नहीं है, ऐसा अपने कई भक्त कवियों ने कहा है। गाँधीजी के हिंदू होने ने ही उन्हें साध्य और साधन की एकता और लड़ते हुए जिसके लिए लड़ रहे हैं, उसे गढ़ने की शक्ति दी।

राम मंदिर बनाने के आंदोलन को इन मूल्यों की कसौटी पर चढ़ाइए तो आपको सहज ही लगेगा कि उसमें कहीं अधिक धार्मिकता और इसलिए साधनों की शुद्धि पर ध्यान होना चाहिए। उसमें रणनीति के नाते आप छल-कपट, झूठ और भ्रम का सहारा नहीं ले सकते क्योंकि राम मंदिर आंदोलन से लोगों में सत्य और मर्यादा की स्थापना करनी चाहिए। इससे क्या निकला और फैला है इसे नए सिरे से बताने की जरूरत नहीं है। गाँधीजी ने राजनैतिक आंदोलन में धर्म की स्थापना करने की कोशिश की लेकिन हिंदुत्व के झंडाबरदारों ने राम मंदिर बनाने जैसे धार्मिक आंदोलन

का लक्ष्य राजनैतिक कर दिया है। इसलिए बाबरी मस्जिद ढहने को, नया भारत बनाने का आंदोलन कहनेवाले अशोक सिंघल कहते हैं कि गाँधीजी की इच्छा के अनुसार कांग्रेस अब नष्ट हो जाएगी और उसकी जगह भाजपा का राज आएगा। भाजपा का राज तो जरूर ले आइए लेकिन इस प्रक्रिया में आप किस धर्म की स्थापना करेंगे और राम का कैसा मंदिर बनाएंगे? गाँधीजी तो कांग्रेस को भी भंग करने का प्रस्ताव रख सकते थे, जिसे उन्होंने खुद आजादी का जन-आंदोलन बनाया था क्योंकि वे उसे आजादी की पुण्याई लेकर राजनैतिक पार्टी में परिवर्तित हो जाने देना गलत मानते थे। हिंदुत्व के झंडाबरदारों का तो लक्ष्य ही धार्मिकता को राजनीति में गँवा देना है।[36]

एक लेखक, विचारक और पत्रकार के रूप में प्रभाष जोशी पोंगापंथी को धर्म नहीं मानते। महाभारतकार भगवान् वेदव्यास के कथन के आलोक में वे कहते हैं कि प्रजा और समाज को धारण करने वाले नियमों का नाम धर्म है। जो तत्त्व धारण कर सकता है, उसी को धर्म कहते हैं। संकीर्णता, असहिष्णुता, प्रतिक्रियावाद आदि धर्म के लक्षण नहीं है। सच्चा धार्मिक वही है, जो सहिष्णु है, संवेदनशील है, सद्भावी है, स्नेहालु-ममतालु है—फिर चाहे वह हिंदू हो, मुसलमान हो, सिख हो, ईसाई, यहूदी हो या कि किसी अन्य संप्रदाय का सदस्य हो। 'हिंदू होने का धर्म' संज्ञक अपने आलेख में प्रभाष जोशी ने उक्त विचारों को सिलसिलेवार और विस्तार से प्रस्तुत किया है। उनकी धारणाओं को समझने के लिए उनके प्रति आभार व्यक्त करते हुए उनका उक्त लेख यहाँ अविकल रूप में प्रस्तुत किया जा रहा है—

हिंदू-विरोधी बताया जाना तो कोई इतना बड़ा लांछन नहीं है। पिछले छह महीनों में मुझे मुल्ला, मीर जाफर, जयचंद आदि कहा गया है। कहा गया है कि मेरी नसों में किसी मुसलमान बंदी का खून दौड़ रहा है। कई लोगों ने मेरी माँ और मेरे पिता के बारे में सवाल उठाए हैं। कुछ लोगों का विश्वास है कि मैं अपने को सेकुलर और बुद्धिजीवी साबित करने के लिए राम मंदिर आंदोलन के खिलाफ विष वमन कर रहा हूँ। बाकी के लोगों का मानना है कि सत्ता के तलुवे चाट कर मैं पैसा और पद पाना चाहता हूँ। इनमें से कुछ ज्यादा जानकार लोगों को मालूम हो गया है कि सऊदी अरब से हजारों पेट्रो डॉलर पाने और तीन और शादियाँ कर सकने की छूट के लिए मैं मुसलमान हो गया हूँ!

जैसे यह सब काफी नहीं है इसलिए कलकत्ता के एक 'शुद्ध' हिंदू ने माँग की है कि सलमान रश्दी की तरह मुझे मार दिए जाने का फरमान क्यों नहीं जारी कर दिया जाए। और मुंबई के बजरंग दल ने तो बाकायदा अपने लेटर हेड पर बयान में कहा ही था कि मुझे कुत्ते की मौत मार दिया जाना चाहिए। वह बयान जनसत्ता के मुंबई संस्करण के पहले पेज पर हमने छापा है। हिंदू समाज में जात से निकाल बाहर करने का तो चलन है लेकिन धर्म से किसी को निकालने का अधिकार किसी

शंकराचार्य को भी नहीं क्योंकि किसी हिंदू को कोई स्वामी, संत महंत या शंकराचार्य दीक्षित नहीं करता। इसलिए ये सब चाहें भी तो मुझे धर्म से बाहर नहीं कर सकते।

भारत के भूतपूर्व मुख्य न्यायाधीश न्यायमूर्ति रंगनाथ मिश्र ने मुझे कटक में कहा कि इन सब चिट्ठियों, टेलीफोनों और मुँह सामने दी गई चेतावनियों से चिंतित होने की जरूरत नहीं है, आप अच्छी कंपनी में हैं। उनके मुख्य न्यायाधीश रहते हुए ही सर्वोच्च न्यायालय ने मुकदमे का फैसला होने तक मंदिर निर्माण पर रोक लगाई थी। तभी से उनके भी हिंदू होने पर प्रश्न चिह्न लगाया जा रहा है और ऐसी ही गालियों की चिट्ठियाँ उन्हें मिल रही हैं। मुझे विश्वास करना मुश्किल हो रहा था कि राम का मंदिर बनाने वाले हिंदू ऐसी हीन और कायर मानसिकता के लोग हो सकते हैं। लेकिन छह महीनों में मिली चिट्ठियों और इस दौरान हुई बातचीत से अब मैं पूरी तरह आश्वस्त हूँ कि 'यह हिंदू भावनाओं का विस्फोट है।'

राष्ट्रीय स्वयंसेवक संघ, भारतीय जनता पार्टी और विश्व हिंदू परिषद के मेरे वयोवृद्ध और आदरणीय मित्र कहते हैं कि नहीं यह संघ परिवारियों का काम नहीं हो सकता। लेकिन ऐसा ही तो वे छह दिसंबर को बाबरी मस्जिद के ढाँचे को ढहाए जाने के बारे में कहते हैं। लेकिन उसे दुर्भाग्यपूर्ण और निंदनीय कहने के बावजूद अपरिहार्य और 'हिंदू विजय दिवस' भी मानते हैं। भाजपा नेता कहते हैं कि यह उनकी पार्टी के लोगों का काम नहीं है लेकिन इसे पूरी तरह भुना कर दिल्ली की सत्ता पर काबिज़ होने के मंसूबे भी बाँध रहे हैं। मुझे यह मानने में कोई हिचक नहीं है कि संघ परिवार के नेता कहीं-न-कहीं मानते हैं कि इन चिट्ठियों और चेतावनियों से मैं चुप और बदनाम किया जा सकूँ तो हैरत क्या है। जैसे हिंदू भावनाओं के विस्फोट से बाबरी मस्जिद का ढाँचा ढह गया वैसे ही एक लेखक-संपादक ठंडा हो जाए तो क्या खराबी है?

मैं हिंदू हूँ और आत्मा के अमरत्व में विश्वास करता हूँ। पुनर्जन्म और कर्मफल में भी मेरा विश्वास है। मेरा धर्म ही मुझे शक्ति देता है कि अधर्म से निपट सकूँ। प्रतिक्रिया और प्रतिशोध की कायर हिंसा के बल पर नहीं, अपनी आस्था, अपने विचार, अपनी अहिंसा और अपने धर्म की अक्षुण्ण शक्ति पर। मैं हिंदू हूँ क्योंकि हिंदू घर में जन्मा हूँ। हिंदू जन्मने पर मेरा कोई अधिकार नहीं था। जैसे चाहने पर भी मेरे माता-पिता मेरे उनके पुत्र होने के सच को नकार कर अनहुआ नहीं कर सकते, उसी तरह मैं भी इनकार नहीं कर सकता कि मैं हिंदू हूँ। लेकिन मान लीजिए कि हिंदू धर्म में भी दीक्षित कर के निकाले जाने या भर्त्सना कर के निकाले जाने की व्यवस्था होती तो या कोई स्वेच्छा से धर्म को छोड़ या अपना सकता होता तो भी मैं हिंदू धर्म से निकाले जाने का विरोध करता और मनसा, कर्मणा और स्वतंत्र बुद्धि-विवेक से हिंदू बने रहने का स्वैच्छिक निर्णय लेता।

इसलिए कि हिंदू होना अपने और अपने भगवान के बीच सीधा संबंध रखना

है। मुझे किसी पोप, आर्कबिशिप या फादर के जरिए उस तक नहीं पहुँचना है। मुझे किसी मुल्ला या मौलवी का फतवा नहीं लेना है। मैं किसी महंत या शंकराचार्य के अधीन नहीं हूँ। मेरा धर्म मुझे पूरी स्वतंत्रता देता है कि मैं अपना आराध्य, अपनी पूजा या साधना पद्धति और अपनी जीवन शैली अपनी आस्था के अनुसार चुन और तय कर सकूँ, जरूरी नहीं है कि चोटी रखूँ, जनेऊ पहनूँ, धोती-कुर्ता या अंगवस्त्र धारण करूँ, रोज संध्या-वंदन करूँ या सुबह-शाम मंदिर जाऊँ, पूजा करूँ, आरती उतारूँ या तीर्थों में जाकर पवित्र नदियों में स्नान करूँ। यह धार्मिक स्वतंत्रता ही मुझे पंथनिरपेक्ष और लोकतांत्रिक होने का जन्मजात संस्कार देती है।

इसका दर्शन मुझे हर परिस्थिति का खुल कर सामना करने और अपना समाधान खुद निकालने की स्वतंत्रता और क्षमता देता है। दूसरे धर्म जो बंधन लगाते हैं वैसा कोई बंधन मेरा धर्म नहीं लगाता इसलिए हिंदू हो कर जितना स्वतंत्र मैं रह सकता हूँ उतना किसी भी धर्म में नहीं रह पाता। मेरा धर्म मुझे काल और परिस्थिति के दबावों से भी मुक्त करता है क्योंकि काल को वह सदा घूमता चक्र और अनादि अनंत मानता है क्योंकि वह आत्मा को अच्छेद्य, अक्लेद्य और अशोष्य मानता है क्योंकि आत्मा को वह नित्य, सर्वव्यापक, अविकारी, स्थिर और सनातन मानता है। यह धर्म मुझे जन्म और मृत्यु के परे ले जाता है। दूसरा कोई दर्शन नहीं है जो मुझे ऐसी मुक्ति दे सके। मेरे लिए जरूरी नहीं कि वेदों में ही विश्वास करूँ। अगर यह धर्म अनेकतावादी नहीं होता तो इसमें एक ही वेद होता, चार नहीं। मेरे लिए जरूरी नहीं कि मैं उपनिषद को ही अपना ग्रंथ मान लूँ। उपनिषद भी एक नहीं एक सौ आठ हैं। महापुराण भी अठारह हैं। गीता को भी बाइबिल, कुरान या गुरुग्रंथ साहिब की तरह अपने धर्म की पहली और अंतिम पुस्तक मानना अनिवार्य नहीं है। गीता महाभारत में है, और उसके कई श्लोक उपनिषदों में हैं। कई पुराण हैं। धर्मशास्त्र हैं। लेकिन इन सबको ताक पर रख कर सगुण या निर्गुण भक्ति की भी लंबी और अनंत जीवनदायी परंपरा है। भक्तों ने गुरु का होना अनिवार्य माना। लेकिन गुरु को सब कुछ मानने वाले कबीर ने भी कह दिया कि गुरु की करनी गुरु जाएगा, चेले की करनी चेला। यानी अंतिम गणित और घड़ी में गुरु भी आपको बचा नहीं सकता। उसकी करनी वह भुगतेगा और तेरी करनी तू। इसलिए अंतिम सत्य तेरी करनी है और उसका फल तुझे भुगतना है। अपनी करनी के फल से कोई निस्तार नहीं है। इस जन्म में नहीं तो अगले में भुगतना होगा।

करनी के फल से मेरे धर्म ने भगवान के किसी अवतार को भी नहीं छोड़ा। ईश्वर तो कर्म-अकर्म से परे है इसलिए कर्मफल से परे है। लेकिन ईश्वर के हर अवतार को अपने किए का फल भुगतना पड़ा। ब्रह्मा ने यह सृष्टि रची है। लेकिन वे अपनी पुत्री सरस्वती पर आसक्त हो गए थे इसलिए पुष्कर को छोड़कर कहीं उनका मंदिर नहीं और वे पूजे नहीं जाते। उन्हें अपनी बेटी का ही शाप है। मर्यादा

पुरुषोत्तम राम ने हर मर्यादा का पालन किया और सभी धर्मसम्मत कार्य किए। लेकिन उन्होंने भी बालि-सुग्रीव के युद्ध में जो छल किया और सीता को वनवास देने का अन्याय किया उसका फल उन्हें अपने ही बालक पुत्रों से पराजित होकर भुगतना पड़ा और सीता ने तो धरती में समा जाना पसंद किया लेकिन उस पति के साथ वापस नहीं गई जिसने उन्हें अकारण निकाला था। कृष्ण पूर्णावतार माने जाते हैं लेकिन गांधारी के शाप से उनके वजूद और उनकी आँखों के सामने उनका यदुवंश नष्ट हुआ। धनुर्धारी अर्जुन कृष्ण की एक हजार आठ रानियों को डाकुओं और गुंडों से नहीं बचा सके और एक मामूली बहेलिए ने उन्हें तीर मार कर परमधाम पहुँचा दिया। शिवजी को अपने ही ससुर से अपमानित होने और चंडी हुई सती को छाती पर सहना पड़ा। ब्रह्मा, विष्णु और महेश ही जब अपनी करनी के फल से बच नहीं सके तो बाकी के तैंतीस करोड़ देवताओं को तो लगभग वही सब भुगतना पड़ा है, जो मामूली मनुष्य भुगतते हैं। ऐसा ब्रह्मांडीय न्याय किसी भी धर्म में नहीं है और उससे ईश्वर के अवतार भी बच नहीं सकते। कानून के राज की आधुनिक अवधारणा इस न्याय के सामने छोटी है क्योंकि यहाँ तो भगवान भी मनुष्य की तरह बराबर हैं।

कुछ मुसलमानों के कारण और ज्यादातर अंग्रेजों के कारण सिंध और पंजाब में तो अल्पसंख्यक रहे हिंदू और महाराष्ट्र में सशक्त समाज सुधार आंदोलनों की प्रतिक्रिया में पुरानपंथी हुए हिंदू, पाँच हजार साल सर्वग्राही, उदार और सहिष्णु धर्म परंपरा और महाभारत से निकली अहिंसा को मुसलमानों और अंग्रेजों से पराजित होने का कारण मानते हैं। इनकी यह भी धारणा है कि हिंदू कायर हैं क्योंकि वह उदार, सहिष्णु, सर्वग्राही और अहिंसक हैं। वह वीर तभी बनेगा जब हिंसक, संकीर्ण, असहिष्णु, धूर्त और चालाक हो जाएगा।

सिंध और पंजाब में अल्पसंख्यक रहे हिंदू इस्लाम और सिख जैसे सभी संगठित धर्म की प्रतिक्रिया में अल्पसंख्यक मानसिकता के साथ जीते रहे हैं। वे लगभग उसी तरह प्रतिक्रिया करते हैं, जैसे भारत के अल्पसंख्यक मुसलमान और सिख। यह संयोग नहीं है कि इस्लाम की प्रतिक्रिया में हिंदू धर्म को सरल, एकनिष्ठ और संगठित बनाने की पहली आधुनिक कोशिश में दयानंद सरस्वती का आर्य समाज आंदोलन पंजाब में थोड़ी बहुत जड़ पकड़ पाया। इसकी प्रतिक्रिया में वे सिख हिंदू कुल से बाहर हो गए जो दरअसल एक पंथ के नाते ही विकसित हुए थे और गुरु गोविंदसिंह ने जिनका सैन्यकरण किया था। सिंध और पंजाब के अल्पसंख्यक प्रतिक्रियावादी मानसिकता वाले हिंदू ही विभाजन के शिकार हुए। सांप्रदायिक राजनीति को जितना उन्होंने भोगा है उतना शायद ही किसी और इलाके के हिंदुओं ने। लेकिन इससे उन्हें सांप्रदायिक राजनीति से वितृष्णा नहीं हुई। इसके शिकार हो कर उनकी मानसिकता में बैठ गया कि हिंदू के नाते संगठित हो कर ही वे अपनी रक्षा कर

सकते हैं। उसका हिंदू राष्ट्र वही है जिस अर्थ में अंग्रेज हिंदुओं को राष्ट्र और मुसलमानों को उनसे अलग राष्ट्र मानते थे। धार्मिक-सांप्रदायिक रूप से हमेशा असंगठित रहे और सभी को स्वीकार करते रहने वाले विराट हिंदू समाज में राष्ट्रीय स्वयंसेवक संघ की हैसियत एक अल्पसंख्यक संगठन की ही हो सकती थी और है।

पंजाब और सिंध के अलावा बंगाल के भी एक भाग में हिंदू अल्पसंख्यक रहे हैं लेकिन बाकी के देश में ऐसी बहुसंख्यकता में रहे और हैं कि उनमें एक सहज आत्मविश्वास है। बहुसंख्यक समाज अपने आप में अपने को अलग से परिभाषित नहीं करता क्योंकि जहाँ वह है, वही है। ऐसी अलग पहचान अल्पसंख्यक समुदायों को बनानी होती है क्योंकि वे अपने से अलग लोगों से घिरे होते हैं। ऐसी पहचान सिंध और पंजाब में हिंदुओं को बनानी पड़ी थी। सिखों को भी बनानी पड़ी। और बाकी भारत में मुसलमानों को बनानी पड़ी और लगातार बनानी पड़ रही है। पहचान की यह लगातार कोशिश आपको वही बना देती है, जिसके खिलाफ आप लगातार लड़ते रहते हैं। भारत का मुसलमान और सिख समाज अगर अपने को विराट हिंदू समाज में विलीन हो जाने से बचाना चाहे तो उसे उनसे भिन्न दिखना होगा और लगातार उनसे प्रतिक्रिया में रहना होगा। पहचान कहिए या अस्मिता कहिए—उसकी तलाश में भारत का मुसलमान और सिख समाज कितना बंद हुआ है, रक्षा के लिए उसने अपने आसपास कितने परकोटे बना लिए हैं और किस तरह के कठमुल्ले कट्टरपंथी और संकीर्ण नेतृत्व के हाथों अपने को सौंप चुका है—इसे नए सिरे से बताने की जरूरत नहीं है।

दुर्भाग्य यह है कि सिंध और पंजाब से अल्पसंख्यकता की मानसिकता लेकर भारत आए लोग विराट बहुसंख्यक हिंदू समाज में आर्थिक रूप से फलने-फूलने के बावजूद बहुसंख्यकता का सहज आत्मविश्वास और उसमें निहित सुरक्षा का अहसास नहीं कर पाए। उन्हें राष्ट्रीय स्वयंसेवक संघ की संगठन प्रियता में ही थोड़ी आश्वस्ति मिल पाई। इन तीनों के घालमेल से कांग्रेस और वामपंथी पार्टियों की धर्मनिरपेक्षता और धर्म-विरोध की प्रतिक्रिया में उठ कर खड़ा हुआ है यह आक्रामक हिंदुत्व जो हमारी सर्वग्राही, उदार, सहिष्णु और अहिंसक परंपरा को गलत मानता है। जिस तरह इस्लाम और खास कर भारत के मुसलमान और सिख समाज में अपने धर्म के लोगों के खिलाफ लिखना-बोलना धर्म के विरुद्ध माना जाता है, वैसा ही यह हिंदुत्व हिंदू धर्म के नाम पर किए जा रहे किसी काम को स्वतंत्र बुद्धि-विवेक से परखने और उसकी आलोचना करने को हिंदू-विरोधी बताता है। इसे अपने धर्म और समाज की उस परंपरा से कोई लगाव नहीं है, जिसमें अनीश्वरवादी चार्वाक और संगठित कर्मकांडी धर्मतंत्र के खिलाफ आंदोलन चलाने वाले भक्त कवियों के लिए भी आदर की जगह है। जिसमें अलग धर्म चलाने वाले गौतम बुद्ध और महावीर को भी अपने अवतारों

में शामिल कर लिया और जो फोड़ कर लड़ाया नहीं जाता तो पैगंबर मोहम्मद और ईसा मसीह को भी अपने अवतारों में शामिल कर लेता।

हिंदुत्व या छद्म हिंदुत्व पाँच-हजार-साल की इस परंपरा की पूजा में तो आरती उतारता है लेकिन व्यवहार में उसे रद्द करता है। स्वामी विवेकानंद ने कहा था कि धर्म का मर्म सिद्धांतों में नहीं व्यवहार में है। शुभ होना और शुभ करना ही धर्म का पूर्ण सार है। हिंदुत्व के लिए हमारी धर्म परंपरा और सिद्धांत व्यवहार के योग्य नहीं हैं क्योंकि वे हमें इस्लामी विदेशी आक्रांताओं और अंग्रेजों की गुलामी से नहीं बचा सके। हिंदुत्व का संदेश है कि उदार, सहिष्णु, अहिंसक और सर्वग्राही होने का कोई लाभ नहीं क्योंकि इससे हम कायर हो कर पराजित हुए हैं। अपनी पराजय का बदला हम तभी ले सकते हैं, जब कायरता लाने वाली सहिष्णुता, उदारता, सर्वग्राहिता और अहिंसा को तिलांजलि दें। हिंदू के नाते संगठित हों और इतना बाहुबल और सैन्यबल इकट्ठा करें कि सारी दुनिया में हमारी ताकत की तूती बोले। हमारे साम्राज्यों, धर्म और समाज परंपराओं का इतिहास हिंदुत्व के साथ नहीं है। इसलिए उसमें से ये कुछ प्रतीक और कालखंड निकाल लेते हैं और उन्हें पूरे हिंदू परदे पर प्रक्षेपित करते हैं। वे जानते हैं कि पूरा हिंदू समाज अपनी संपूर्णता में इसे स्वीकार नहीं करेगा, इसलिए इसकी आलोचना और विरोध करने वालों को ही वे हिंदू-विरोधी अहिंदू या मुसलमान करार देते हैं। हिंदुत्व की यह प्रतिक्रियावादी तेजाबी धारा धर्म की कालजयी गंगा को भी कुछ हद तक प्रभावित करती दिख रही है। लेकिन किनारे से आई एक पतली नदी मुख्यधारा को किस हद तक बदल पाती है।

हिंदू-विरोधी जयचंद, मीर जाफर, मुल्ला और सेकुलरवादी मैं इसलिए हो गया कि जुलाई में अयोध्या में जिस परिस्थिति में कार सेवा हुई उसकी मैंने आलोचना की। सरकार संविधान के अनुसार तय की गई लोकतांत्रिक व्यवस्था से चुनी गई थी। उसने अयोध्या में मंदिर निर्माण को अपना जनादेश कहा था। लेकिन जनादेश को वह संवैधानिक लोकतांत्रिक तरीके से पूरा करने के बजाय झूठ और धोखाधड़ी से पूरा करने में लगी थी। उसने बाबरी मस्जिद के ढाँचे के सामने 2.77 एकड़ भूमि का अधिग्रहण पर्यटन के विकास और तीर्थयात्रियों को सुविधाएँ देने के नाम किया लेकिन भूमि दरअसल मंदिर बनाने के लिए ली गई थी। उस पर कोई स्थायी निर्माण न करने, अंतिम फैसला होने तक उसे यथावत रखने और किसी को भी हस्तांतरित न करने का आदेश अदालत ने दिया था। फिर भी वहाँ विहिप और उसके बनाए ट्रस्ट ने कार सेवा शुरू कर दी। कार सेवा रोकी गई तो संतों-महंतों ने खून की नदियाँ बहा देने की चेतावनी दी और संघ परिवार के सदस्य अलग-अलग मुखौटों से अलग-अलग स्वर में बोल कर न्यायालय के आदेश और संविधान के उल्लंघन का औचित्य बताते रहे। सात दिन यह सब चलता रहा तब मैंने पूछा—झूठ और धोखाधड़ी पर बनेगा मर्यादा के पुरुषोत्तम राम का मंदिर।

उस लेख में मैंने जो भी कहा था वह इलाहाबाद हाईकोर्ट की विशेष लखनऊ पीठ के तीनों न्यायमूर्तियों के सर्वसम्मत निर्णय से पुष्ट हो गया है। इस विशेष पीठ ने भूमि अधिग्रहण के आदेश को खोटी नीयत और धोखाधड़ी का आदेश करार दे कर रद्द किया है। विशेष पीठ ने कहा है कि किसी भी पार्टी का चुनाव घोषणा पत्र और उसे मिला जनादेश लोकतंत्र और संविधान से ऊपर नहीं होता। संविधान-सम्मत जो जनादेश नहीं है वह लोकतांत्रिक भी नहीं है। भाजपा सरकार ने राम मंदिर बनाने के लिए मुसलमानों और हिंदुओं के बीच हिंदुओं के हित में भेदभाव किया है और इसलिए संविधान के अनुच्छेद 14,15-25 और 26 का उल्लंघन किया है, क्योंकि राज्य को मुकदमे के मामले में तटस्थ और निष्पक्ष रहना होता है। संघ परिवार के लिए इस विशेष पीठ के निर्णय का कोई मतलब भले ही न हो और परिवार के संतों ने संविधान को हिंदू-विरोधी और गुलामी का दस्तावेज बता कर बदल देने का आह्वान किया हो लेकिन देश अभी संविधान और इसकी बनाई लोकतांत्रिक व्यवस्था में विश्वास करता है। इसलिए विशेष पीठ के निर्णय का महत्त्व है। झूठ और धोखाधड़ी करने की आलोचना मैंने कोई गलत नहीं की थी। मैंने अशोक सिंघल और विनय कटियार को हिंदू समाज के भिंडरांवाले संप्रदाय के लोग कहा था। छह दिसंबर को अयोध्या में बाबरी मस्जिद का ढहाया जाना भिंडरांवाले संप्रदाय का नहीं तो किसका काम था?

लेकिन न्यायालय और बाद की घटनाओं से अपना लिखा सही साबित हुआ भी हो तो यह कोई संतोष का विषय नहीं हो सकता। लोक आस्था में जन्मभूमि वही है इसलिए है-जैसी बात करने वाले यह नहीं मानते कि आप अपनी आस्था के कारण उनके अपकर्म की आलोचना करते हैं। वे आपको आस्थावान नहीं बिकाऊ माल मानते हैं क्योंकि आप उनके किसी कर्म की आलोचना करते हैं। इन आस्थावान रामभक्तों को मालूम नहीं कि हिंदू धर्म और समाज परंपरा में अपनी चेतना और सत्य पर टिके रहने का क्या मतलब है। किसी व्यक्ति को कुल के लिए, कुल को गाँव के लिए, गाँव को जनपद के लिए छोड़ा जा सकता है लेकिन आत्मा के लिए तो पृथ्वी को भी छोड़ देना चाहिए। आप काफी सोच-समझकर इस निष्कर्ष पर पहुँचे कि जो हो रहा है वह गलत है तो उसे गलत कहना चाहिए और ऐसा करने की कीमत चुकानी चाहिए। यही हिंदू परंपरा है।

वे कहते हैं कि ऐसा करोगे तो हिंदू नहीं रहोगे और हिंदू धर्म और समाज को नुकसान पहुँचाओगे क्योंकि आलोचना से इस देश के मुसलमानों को और इसलिए पाकिस्तान को मदद मिलती है इसलिए यह विभीषणी, जयचंदी और मीर जाफरी काम है। वे हिंदू धर्म को एक सांप्रदायिक संगठन में समेट देना चाहते हैं और खुद उसके प्रवक्ता और रक्षक हो जाना चाहते हैं। इसलिए संघ परिवार के नेता हों या उनके समर्थक तथाकथित साधु-संत, सब कहते हैं कि यह हिंदुओं को बरदाश्त नहीं

होगा और जो हिंदुओं को मान्य नहीं है, वह इस देश में नहीं चल सकता। इन लोगों का यह हिंदुत्व भारतीय मुसलमानों के इस्लाम और सिखों के पंथ का हिंदू संस्करण है। सारे हिंदुओं की तरफ से बोलने वाले साधुओं, संतों, महंतों, स्वामियों और हिंदूनिष्ठ संगठनों और पार्टी के नेताओं को आदि शंकराचार्य का उदाहरण बताना जरूरी है क्योंकि उन्हें तो अहिंदू ये नहीं कह सकते। आदि शंकराचार्य तो और किसी विद्वान, यति या संत की तरह अपने अद्वैत का प्रचार करने नहीं निकले थे। ये बौद्ध और जैन मत के सामने वैदिक सनातन धर्म की पुनर्स्थापना करने निकले थे। केरल के कालड़ी गाँव से बचपन में ही अकेले निकले। उनके साथ दो लाख कारसेवक नहीं थे जिन्हें बौद्ध स्तूपों और जैन मंदिरों को धराशायी करना था। उनके साथ उनका धर्म था, जिसे उन्होंने अपने ज्ञान और तप से स्थापित किया। शंकराचार्य ने चार पीठों की स्थापना की लेकिन यह नहीं कहा कि यह पीठ उस पीठ से ऊँची या बड़ी है। उन्होंने चार शंकराचार्य बैठाए लेकिन किसी एक के अधीन तीन को नहीं किया। किसी भी शंकराचार्य को अधिकार नहीं दिया कि वे अपने धाम के लोगों के लिए धमदिश निकाल सकें। यह भी व्यवस्था नहीं की कि चारों शंकराचार्य मिल कर धमदिश दें जो सभी हिंदुओं के लिए बाध्य हों क्योंकि शंकराचार्य चार वेदों, एक सौ आठ उपनिषदों, अठारह महापुराणों, रामायण और महाभारत जैसे इतिहासों और अनेक धर्मशास्त्रों वाले धर्म के सेवक थे। एक ईश्वर तो उन्होंने कहा, अद्वैत की ही स्थापना की लेकिन एक सर्वोच्च धर्मग्रंथ, एक सर्वोच्च और सर्वसत्तासंपन्न धर्माचार्य और उपासना की एक ही सर्वमान्य पद्धति की स्थापना नहीं की। अपने धर्म और समाज की परंपरा में ही शंकराचार्य ने वैदिक सनातन धर्म को देखा। संघ परिवार के सारे धर्माचार्य आदि शंकराचार्य से तो बड़े नहीं हैं। उन्हें किसने अधिकृत किया कि वे हिंदुओं की तरफ से बोलें और ऐसे काम करने को खड़े हो जाएँ जो आदि शंकराचार्य ने भी नहीं किए न जिन्हें करने का अधिकार किसी शंकराचार्य को दिया? अशोक सिंघल, विनय कटियार, स्वामी चिन्मयानंद, मुरली मनोहर जोशी और लालकृष्ण आडवाणी को वह एकाधिकार नहीं मिल सकता जो इस धर्म और समाज ने किसी को नहीं दिया। लेकिन पिछले छह महीनों से राम मंदिर और हिंदुत्व के नाम पर एक निर्वाचित सरकार ने अपने जनादेश का गलत इस्तेमाल किया। न्यायालय के आदेश का उल्लंघन होने दिया। न्यायालय के सामने झूठे हलफनामे दिए। सर्वोच्च न्यायालय, संसद और राष्ट्रीय एकता परिषद को वचन दिए और उन्हें राम के नाम पर टूट जाने दिया। संविधान, न्यायपालिका और लोकतांत्रिक ढंग से निर्वाचित सरकार के कर्त्तव्यों के धुर्रे बिखेर दिए। लेकिन दावा है कि यह सब इसलिए हुआ क्योंकि हिंदू भावनाएँ सदियों से दबी हुई थीं। भारत सरकार ने उनकी परवाह नहीं की बल्कि मुसलमानों की भावनाओं का सम्मान किया। संविधान मुसलमानों के लिए बदला गया। न्यायपालिका से न्याय नहीं मिलता क्योंकि बाबरी मस्जिद-रामजन्मभूमि का

मामला बयालीस साल से लटका हुआ है। और देरी से दिया गया न्याय, न्याय नहीं है। न्यायपालिका चूंकि हिंदुओं की भावनाओं का आदर नहीं करती इसलिए हिंदू क्यों उसका सम्मान करें? विधायिका भी देश के लिए समान सिविल कोड नहीं बना सकी और उसके बनाए कानून हिंदू हितों में नहीं होते। फिर कांग्रेस सरकारों ने संविधान, न्यायपालिका और विधायिका से कोई कम खेल नहीं किए हैं। चूंकि देश में यह सब होता रहा है इसलिए हम भी यही करेंगे। ये दलीलें देने वाले भूल जाते हैं कि किसी भी नेता गाँधी ने संविधान और लोकतंत्र से जो भी खिलवाड़ की उसके लिए उनकी हमेशा आलोचना हुई। जागरूक जनमत ने भी की और प्रेस ने भी। संविधान में खामियाँ और कमजोरियाँ हैं लेकिन उन्हें सुधारने के तरीके हैं और खामियों और कमजोरियों की कोई कम आलोचना नहीं हुई है। कश्मीर और पंजाब में भारतीय राज्य की विफलता कोई कम नहीं दिखाई गई है और इसके लिए केंद्र सरकार की लगातार आलोचना हुई है। धार्मिक और सांप्रदायिक कट्टरवाद के सामने घुटने टेकने वाली सरकार के निकम्मेपन की पूरी प्रेस ने खबर ली है लेकिन निकम्मापन और लापरवाही अलग कोटि में आते हैं और एक निर्वाचित सरकार का खुदा होकर अपने जनादेश, लोकतांत्रिक और सवैधानिक कर्त्तव्यों और अधिकारों को धार्मिक सांप्रदायिक संगठनों को सौंप देना बिलकुल अलग बात है। इसकी आप अनदेखी करें बल्कि कहें कि यह बड़ा धर्म-कार्य हुआ है क्योंकि हिंदुत्व के नाम पर हुआ है तो यह हिंदू होना नहीं है। हिंदू धर्म स्वतंत्र बुद्धि विवेक को छोड़ कर हिंदुत्व के नाम पर किए गए गलत काम को सही नहीं ठहराता, फिर वह काम चाहे प्रतिक्रिया में हुआ हो या दबी भावनाओं के विस्फोट के नाम पर।

महाभारत में व्यासजी ने धर्म की जो व्याख्या की है, वह हमारे वर्तमान लोकतांत्रिक संदर्भ में सबसे महत्त्वपूर्ण है–

धारणाद्धर्म इत्याहुधर्मो धारयते प्रजाः।
यत्स्याद्धारण संयुक्त स धर्म इत्युदादृतः।

प्रजा और समाज को धारण करने वाले नियमों का नाम धर्म है। जो तत्त्व धारण कर सकता है उसी को धर्म कहते हैं। ढाँचे को ढहा कर राम जन्मभूमि-बाबरी मस्जिद के विवाद को जिस तरह सुलझाने की कोशिश की गई और उससे हिंदुओं का जो रूप प्रकट हुआ वह धारण करने वाला धर्म नहीं है। भारत का धारण हिंदू समाज ने कर रखा है क्योंकि वही देश का सबसे बड़ा समाज है। मुसलमानों या सिखों की प्रतिक्रिया में वह अपनी जिम्मेदारी, अपना स्वभाव, अपनी परंपरा और अपनी संस्कृति छोड़ दे तो इस देश को धारण नहीं कर सकता। पृथ्वी धारण करती है तो कितना सहती है तभी सब की माँ है। मुझे मालूम है कि ऐसा कहने से कई हिंदू नाराज होते हैं कि हिंदुओं को ही उपदेश क्यों दिया जाता है। मुसलमानों की

संकीर्णता, हठधर्मिता, देशद्रोहिता आदि की भी भर्त्सना की जाए। उन्हें ठीक से बर्ताव करने को मजबूर क्यों नहीं किया जाता? मुसलमान द्वेष पर हमारा धर्म और देश टिका हुआ नहीं है। भारतीय समाज और राष्ट्र हिंदू धर्म के विराट, सर्वग्राही और सकारात्मक धारण तत्त्वों पर टिका है। इन तत्त्वों को पुष्ट करना हमारा धर्म है क्योंकि शक्तिशाली हो कर वे हमें धारण करेंगे।

व्यासजी जब पूरी महाभारत लिख चुके तो उन्हें निराशा और विफलता की अनुभूति हुई। उन्होंने लिखा ऊर्ध्व बाहु...। मैं ऊँचे हाथ उठा कर पुकार-पुकार कर कह रहा हूँ लेकिन मेरी कोई नहीं सुनता। धर्म का पालन करने से अर्थ, काम और मोक्ष तीनों सधते हैं लेकिन धर्म का पालन कोई नहीं करता। मैं जानता हूँ कि इस पर भी हिंदुत्व वाले विद्वान कहेंगे कि ठीक है कोई नहीं करता तो हमीं क्यों करें। वे महाभारत करना चाहते हैं इसलिए उन्हें महाभारत का निचोड़—भारत सावित्री श्लोक—भी सुना दें।

न जातु कामात्र भयात्र लोभाद् धर्म
त्येज्जीवितास्यायि हेतोः।
नित्यो धर्मः सुखदुखे त्वनित्ये नित्यो
जीवो धातुरस्य त्वनित्यः।

भय, लोभ, काम या प्राणों के लिए भी धर्म को छोड़ना अनुचित है। धर्म नित्य है, सुख और दुख क्षणिक हैं। शरीर अनित्य है और जीवन नित्य है। हिंदुत्व के नाम पर लोग भले ही इस धर्म को छोड़ें, मुझे तो अपने धर्म में मरना श्रेयस्कर लगता है। दूसरे का धर्म मेरे लिए नहीं है। गीता का यह आदेश मेरे हिंदू होने का धर्म है।[37]

प्रगतिशील चिंतकों में असगर अली इंजीनियार का नाम अपना प्रतिमान आप ही है। 'आजाद भारत में सांप्रदायिकता और सांप्रदायिक दंगे' शीर्षक उनकी पुस्तक दंगों—खासकर सांप्रदायिक दंगों—के कारणों की ईमानदार पड़ताल का प्रयास है। सांप्रदायिकता का उद्भव और उसके विकास पर असगर अली इंजीनियर ने गहराई से चिंतन किया है। उनका मानना है कि धर्म का मतलब रूढ़िवाद कतई नहीं है। समकालीन समाज के उन्नयनोत्कर्ष के धर्म के जिस रूप-स्वरूप की आशा-आकांक्षा की जाए, धर्म को अपनी सीमा में रहकर वैसा स्वरूप ग्रहण करना चाहिए और उन परिस्थितियों में वैसा ही आचरण समीचीन ठहराना चाहिए। वास्तव में, धर्म कोई 'चूँ-चूँ का मुरब्बा' नहीं है। धर्म-मजहब तो ऐसी चीज है कि उसे हरदम धकियाया जाता है। जो धर्म सदियों तक धकियाया जाकर रूपाकार ग्रहण करता है, वही धर्म असली होता है, आदर्श होता है, समाज एवं मानवता के हित की अनुचिंतना करता है। असगर अली इंजीनियर इस्लाम, कुरान और शरीअत की आड़ में मजहब को

बदनाम करने वाले कठमुल्लाओं से इत्तेफाक नहीं रखते। उनका मानना है कि इस्लाम कहीं भी प्रतिक्रियावाद की हिमायत नहीं करता। वे यह भी कहते हैं कि जाती फायदे के लिए कुरान की मनचाही व्याख्या नहीं की जानी चाहिए। श्री आनंद स्वरूप वर्मा ने 'हंस' के लिए उनके मूल अँगरेजी लेख का भाषांतर किया। 'इक्कीसवीं सदी के आरंभ में इस्लाम' संज्ञक यह लेख हंस के संपादक श्री राजेंद्र यादव और असगर अली इंजीनियर को आभार अर्पित करते हुए हम यहाँ पूरा-का-पूरा उद्धृत कर रहे हैं। पूरा लेख अविकल रूप में उद्धृत करने का हमारा मकसद सिर्फ इतना है कि हम असगर अली इंजीनियर की स्थापनाओं से परिचित हो सकें।

दुनिया आज इक्कीसवीं सदी में प्रवेश कर चुकी है और विभिन्न क्षेत्रों के विशेषज्ञ तरह-तरह के मतों-संप्रदायों की आलोचनात्मक छानबीन में लगे हैं। आज ऐसी कोई भी विचार पद्धति या मत नहीं है, जिसकी जाँच न की जा सके। बेशक, विश्वास या आस्था महत्त्वपूर्ण है, लेकिन यह कोई बंद चीज नहीं है, हमारे आज के जमाने में खुलापन अपेक्षाकृत ज्यादा स्वीकार्य है। विवेक और आस्था को परस्पर विरोधी नहीं समझा जाना चाहिए, जैसा कि उन्नीसवीं शताब्दी में माना जाता था, हालाँकि तर्क या विवेक ही अंतिम सत्य नहीं है, जबकि बुद्धिवादी चाहते हैं कि हम इसे ही चरम सत्य मान लें, लेकिन इससे बचना भी नहीं चाहिए। मनुष्य के जीवन में तर्क और आस्था दोनों ही महत्त्वपूर्ण भूमिका अदा करते हैं। सवाल यह नहीं है कि तर्क और आस्था में से कौन ज्यादा महत्त्वपूर्ण है। शायद दोनों समान रूप से महत्त्वपूर्ण हैं। इसमें कोई शक नहीं कि आधुनिकतावाद एक सुविधा संपन्न विवेक है, लेकिन उत्तर आधुनिक दौर में अब यह उतना सुविधा संपन्न नहीं है, जितना शुरू के दिनों में था। धर्म और धार्मिक विश्वास आमतौर पर आस्था की श्रेणी में आते हैं। माना जाता है कि ये पवित्र हैं और आलोचना या तार्किक जाँच-परख के दायरे से परे हैं। अगर ऐसा ही है, तो क्या सभी धार्मिक विश्वास और धार्मिक व्यवहार किसी आलोचनात्मक मूल्यांकन से परे हैं? धार्मिक विश्वास और व्यवहार आते कहाँ से हैं?

असल मुद्दा यही है और इसका संतोषजनक जवाब देना होगा। बेशक, आम आस्तिकों के लिए धर्म से जुड़े सभी विश्वास और व्यवहार पवित्र और अपरिवर्तनीय होते हैं और न तो इनकी कोई आलोचनात्मक छानबीन की जा सकती है और न इन्हें बदला जा सकता है, लेकिन क्या सचमुच ऐसा है? अगर हमने उचित मानसिक उपकरणों के साथ 21वीं सदी में प्रवेश किया है, तो इस सवाल का जवाब दिया ही जाना चाहिए। इसका एक और पहलू है, जिस पर ध्यान देने की जरूरत है। तीसरी दुनिया के देशों में, जहाँ आमतौर पर इस्लामिक देश स्थित हैं, व्यापक जनसमुदाय की आर्थिक और शैक्षिक हैसियत में कोई तब्दीली नहीं आने दी जा रही है, वे गरीब और अशिक्षित बने रहेंगे। इस प्रकार एक तरफ तो परिवर्तन के लिए बौद्धिक खींचतान चलेगी, वहीं दूसरी तरफ यथास्थिति बनाए रखने के लिए जनता की ओर से दबाव

डाला जाएगा, लेकिन यह परिवर्तन लाएगा कौन? बौद्धिक अभिजात वर्ग ही आलोचनात्मक और तर्कपूर्ण ढंग से सोचने की क्षमता से संपन्न है।

तो भी इसका अर्थ यह नहीं कि धर्म की बुनियादी बातों में परिवर्तन की जरूरत है, इसकी वजह यह है कि इस्लाम जैसे उद्‌घाटित धर्मों में ये बुनियादी बातें अत्यंत महत्त्वपूर्ण हैं और अपरिवर्तनीय हैं, लेकिन इस बात को भी ध्यान में रखा जाना चाहिए कि कोई भी धर्म समाज पर पड़ने वाले प्रभावों से बच नहीं सकता यहाँ तक कि उद्‌घाटित आधारभूत बातें उस समय की सामाजिक संरचनाओं से ही छनकर आती हैं खुद मुस्लिम धर्मशास्त्री भी इस तथ्य से भली-भाँति परिचित थे। इसलिए उन्होंने एक प्रावधान बनाया, जिसे वे 'आदत' अर्थात् किसी समाज में प्रचलित परंपराएँ और चलन कहते थे। इस प्रकार इस्लाम के प्रारंभिक दिनों में शरीयत को लेकर जो नियम बनाए गए, वे अरब आदत से प्रभावित थे। अब क्या हम अरब आदत को भी इस्लाम का अपरिवर्तनीय हिस्सा मानें? अगर ऐसा है, तो अन्य स्थानों की आदत के बारे में क्या किया जाए? अथवा क्या हम अरब आदत को इसलिए विशेष स्थान दे सकते हैं, क्योंकि दुनिया के उस हिस्से में कुरान प्रकट हुआ और पहले इस्लामिक विचारक वहाँ पैदा हुए? मैं समझता हूँ कि ऐसा करना कठिन होगा, और यही वजह है कि इंडोनेशिया जैसे देशों में उलेमा ने स्थानीय लोकाचार की इजाजत दी, लेकिन बात कुछ भी हो सवाल तो इजाजत के योग्य होने का है। इन सबके बावजूद अरब आदत को विशेषाधिकार वाली हैसियत हासिल रही और शरीयत का अभिन्न अंग बन गई।

यहाँ एक और सवाल पैदा होता है कि क्या सभी उद्‌घाटित कथनों को हर समय के लिए बाध्यकारी मान लिया जाए और इसमें किसी भी तरह की तब्दीली को स्वीकार न किया जाए? क्या उद्‌घाटित कथन स्थानीय स्थितियों को कोई रियायत देते हैं? पवित्र कुरान का सावधानीपूर्वक अध्ययन किया जाए, तो पता चलता है कि इसमें इसकी गुंजाइश है। कुरान में ऐसी घोषणाएँ हैं, जो स्थानीय स्थितियों को रियायत देती हैं और जो तत्कालीन स्थितियों की सीमाएँ लाँघ जाती हैं, वे परस्पर विरोधी भी हो सकती हैं, लेकिन यह विरोधाभास उस कथन की उद्‌घाटित प्रकृति से दूर नहीं ले जाता, मिसाल के तौर पर तत्कालीन स्थितियों को ध्यान में रखते हुए कुरान ने गुलामी की इजाजत दे दी, लेकिन यह इजाजत मानवीय समाज के प्रति कुरान के नजरिए (17:70) की विरोधी है। इसकी वजह यह है कि किसी भी उद्‌घाटिक कथन को स्वीकार्य बनाने के लिए उसे उस काल की स्थितियों को रियायत देनी होगी, भले ही वह इन स्थितियों की सीमा लाँघने का प्रयास क्यों न कर रहा हो। कुरान का अंतिम नजरिया मानवीय सम्मान के प्रति होने के बावजूद इसने गुलामी की बिल्कुल अनदेखी नहीं की, लेकिन यह ध्यान देना भी बहुत महत्त्वपूर्ण है कि स्थानीय स्थितियों को रियायत देते समय इस बात को ध्यान में रखा गया कि जो स्थिति है, उसमें निश्चित रूप से सुधार हो, उस समय भी जब अंतिम नजरिए को

तुरंत लागू नहीं किया गया। इस प्रकार अगर सभी गुलामों को एकदम से आजाद कर दिया जाता, तो यह कुरान के अंतिम नजरिए के अनुरूप ही होता। अब चूंकि यह संभव नहीं था, तो इसका दूसरा सबसे अच्छा विकल्प यह था कि मानवीय व्यवहार के जरिए गुलामों की हालत में सुधार किए जाएँ। बेशक, अंतिम नजरिए को लागू किया जाएगा, जब अनुकूल स्थितियाँ पैदा हो जाएँगी, इसलिए इक्कीसवीं शताब्दी के आरंभ पर मानव सम्मान से संबंधित कुरान के अंतिम नजरिए को लागू किया जा सकता है। आज गुलामी बीते हुए दिनों की एक प्रथा बनकर रह गई है।

यह ध्यान देने की बात है कि अरब आदत के प्रभाव के अंतर्गत इस्लाम के प्रारंभिक दिनों के दौरान निर्मित शरीयत और प्रायः कुरान की घोषणाएँ, जो स्थानीय स्थितियों के अंतर्गत की गई थीं, इनमें अनेक ऐसे तत्त्व हैं, जो आज के हालात में, जबकि हम इक्कीसवीं सदी में पहुँच चुके हैं, बहुत मददगार साबित नहीं हो सकते। जिस समय शरीयत ने कानून का रूप लिया, उस समय की अरब देशों की स्थितियों से हमें परे जाना होगा। दरअसल यह महज अरब आदत ही नहीं है, जो मायने रखती है। आदत के अलावा 'कयास' और 'इज्मा' जैसे तत्त्व भी हैं, जो शरीयत के निर्माण में शामिल हुए और इस प्रकार ये नियम सामाजिक स्थितियों से छनकर गुजरने से बच नहीं सकते। आखिरकार धर्मशास्त्रियों (उलेमा) की मतैक्यता उनके सामाजिक नजरिए पर ही निर्भर करती थी। इस प्रकार यह धार्मिक और सामाजिक तत्त्वों का मिश्रण था, जिसने अंततः शरीयत नियमों को आकार दिया। इसी को ध्यान में रखकर मौलाना अबुल कलाम आजाद जैसे मशहूर इस्लामी विचारक ने दीन (धर्म का सार) और शरीयत (सामाजिक-धार्मिक व्यवहार को संचालित करने वाले कानून) के बीच भेद किया। मौलाना का कहना था, जो ठीक भी है कि दीन तो एक ही है (वहदत-ए दीन का उनका विख्यात सिद्धांत), लेकिन शरीयत समय-समय पर और अलग समाजों के अनुसार बदलती रहती है। यहाँ मौलाना ने इस बात को ध्यान में रखा है कि उस समय की सामाजिक स्थिति क्या है और अनुभवातीत सामाजिक स्थिति क्या है? यह एक महत्त्वपूर्ण बयान है कि अलग-अलग स्थान और अलग-अलग समय के अनुसार शरीयत बदल सकता है। एक और प्रमुख भारतीय विद्वान मौहम्मद मुज़ीब का भी यही मानना था कि शरीयत दैवी इरादों तक पहुँचने की मानवीय चेष्टा है। दैवी इरादे कभी भी अंतिम तौर पर नहीं जाने जा सकते। मनुष्य का प्रयास होता है कि वह इसे जानें और इसलिए धर्मशास्त्रियों के बीच एक ईमानदार मतभेद दिखाई देता है। दैवी इरादों की व्याख्या करते समय विद्यमान और अनुभवातीत के द्वंद्ववाद को भी ध्यान में रखना होगा। शरीयत के रूप में विरासत में हमें जो कानून मिले हैं, उसमें विद्यमान से ज्यादा अनुभवातिक की झलक मिलती है।

शास्त्रीय न्यायविदों ने भी इज्तिहाद (रचनात्मक सोच) नाम से एक प्रावधान बनाया है। चूंकि स्थान और काल के अनुसार सामाजिक जरूरतें बदलती रहती हैं।

इसलिए रचनात्मक सोच और दैवी प्रावधानों की पुनर्व्याख्या के लिए कुछ प्रावधान होने चाहिए। इज्तिहाद भी विद्यमान और अनुभवातीत के द्वंद्ववाद को ध्यान में रखता है। इस्लाम का प्रकटीकरण अरब में हुआ और कुरान अरब समाज की जरूरतों की अनदेखी नहीं कर सका होगा। इस प्रकार इक्कीसवीं शताब्दी की दहलीज पर खड़े होकर अगर कोई इस्लाम से जुड़े मुद्दों पर पुनर्विचार कर सकता है, तो वह इस्लाम को सातवीं शताब्दी के अरब संसार तक ही नहीं सीमित कर देगा और शास्त्रीय न्यायविदों का यांत्रिक तरीके से अनुसरण नहीं कर सकता। मुस्लिम न्यायविदों को हमारे आज के समय के सामाजिक लोकाचार को ध्यान में रखना होगा, खासतौर से ऐसे समय, जब हम 21वीं सदी में प्रवेश कर चुके हों। हमारी मौजूदा धर्म संबंधी सोच पर भविष्य की दृष्टि का प्रभाव पड़ना ही चाहिए। शरीयत के निर्माण में जो भी मानवीय योगदान रहा है, उसे अपरिवर्तनीय की बात तो दूर रहीं, एकदम पवित्र नहीं समझा जाना चाहिए। हमने पहले भी यह सवाल उठाया है कि धर्म में पवित्र और अपरिवर्तनीय क्या है और धर्मनिरपेक्ष तथा परिवर्तन योग्य क्या है? कुछ धर्मशास्त्रियों की दलील है कि इसे दो वर्गों में, इबादत और मुआमलत (अर्थात् प्रार्थना, व्रत, तीर्थयात्रा, जकात और इससे जुड़े मसले) में बाँटा जा सकता है, इसी के साथ दीन अर्थात् अल्लाह, देवदूतों, उसके पैगंबरों और कयामत के दिन से संबंधित मामलों को भी जोड़ा जा सकता है। इन्हें 'पवित्र' वाली श्रेणी में रखा जाना चाहिए और इसीलिए इनमें कोई तब्दीली नहीं की जा सकती। बेशक ईश्वर, देवदूतों और कयामत के दिन की प्रकृति के अनुसार इस दैवी क्षेत्र के बारे में भी मतभेद हो सकते हैं और शुरू से ही मशहूर धर्मशास्त्रियों के बीच इस तरह के मतभेद रहे भी हैं, लेकिन जो भी हो, यह ईश्वर और निष्ठा का क्षेत्र है। इस क्षेत्र में अगर तर्क अथवा विवेक का इस्तेमाल किया जाना है, तो इस काम को बहुत सावधानी के साथ करना होगा। काफी कुछ उद्घाटित घोषणाओं और आंतरिक अनुभवों पर निर्भर करेगा।

लेकिन जहाँ तक मुआमलत के क्षेत्र की बात है, यह काफी भिन्न है। बुनियादी तौर पर यह दुनियावी मामलों को निपटाता है। मसलन शादी-ब्याह, तलाक, पैसों का लेन-देन आदि मामलों की देख-रेख करता है। लोगों के बीच दुनियावी मामलों से संबंधित जो कुछ भी होता है, वह मुआमलत के क्षेत्र में आता है, तो भी इसका अर्थ यह नहीं कि मुआमलत पर दैवी आदेश बिल्कुल लागू ही नहीं होंगे। अगर ऐसा हो, तो अराजकता फैल जाएगी। शरीयत मुआमलत के क्षेत्र को भी संचालित करता है, लेकिन इस क्षेत्र में दैवी आदेश मूल्य-घोषणाओं का रूप ले लेते हैं। मिसाल के तौर पर अत्यंत बुनियादी मूल्य-घोषणा है 'न्याय'। लोगों के बीच आर्थिक संबंधों का मुद्दा हो या सामाजिक और आर्थिक संसाधनों के वितरण का मामला हो अथवा मर्द और औरत के बीच यौन संबंध का सवाल हो, सभी मानवीय संबंधों को इस

मूल्य अर्थात् न्याय से संचालित होना चाहिए।

शरीयत ने शादी-ब्याह, तलाक, विरासत, पैसों के लेन-देन आदि के बारे में नियम बनाए हैं। ये नियम जीवन-मूल्यों के संबंध में कुरान में की गई घोषणाओं को ध्यान में रखकर बनाए गए हैं। शादी-ब्याह, तलाक, पैसों के लेन-देन आदि को संचालित करने वाले कुछ नियमों का कुरान में उल्लेख भी है, लेकिन अन्य मामलों की ही तरह धर्मशास्त्रियों और न्यायविदों ने कुरान की इन घोषणाओं को समझने में मतभेद व्यक्त किया है और नतीजतन अलग-अलग। समझ और व्याख्याओं को आधार बनाकर शरीयत से संबंधित विभिन्न केंद्र अस्तित्व में आए, जिन्हें हम 'मदाहिब' के नाम से जानते हैं। बाद की पीढ़ियाँ बिल्कुल यांत्रिक तरीके से इन मदाहिबों का अनुसरण करने लगीं। जैसा कि पहले बताया गया है, कुरान का बुनियादी मूल्य न्याय है और विवाह तथा तलाक अथवा विरासत या पैसों के लेन-देन से खासतौर से संबंधित ये नियम इसी मूल्य पर आधारित हैं।

लेकिन न्याय की अवधारणा सापेक्षित होती है, न कि अपने आप में मुकम्मल। हो सकता है कि किसी के लिए जो न्याय लगे, वह दूसरे के लिए न्याय न हो। साथ ही यह भी सोचना चाहिए कि एक पीढ़ी के लिए जो उचित अथवा महत्त्वपूर्ण हो, वह हो सकता कि आगे की पीढ़ियों के लिए वैसा न हो। न्यायपूर्ण अथवा अन्यायपूर्ण क्या है, यह यौन संबंधों की राजनीति पर भी अर्थात् औरत-मर्द संबंधों पर भी निर्भर करेगा। यहाँ तक कि पैगंबर मोहम्मद साहब के जीवन काल के दौरान भी मर्द-औरत के संबंध मक्का और मदीना में अलग-अलग किस्म के थे। मक्का का समाज मदीना के समाज के मुकाबले कहीं ज्यादा पितृसत्तात्मक था। मक्का का समाज जहाँ यह सोचता था कि अपनी बीवी को पीटने में कोई बुराई नहीं है, वहीं मदीना का समाज इस प्रथा को अगर दहला देने वाला नहीं, तो अप्राकृतिक तो समझता ही था। कुछ विद्वानों का यह भी कहना है कि कभी अतीत में मदीना का समाज मातृसत्तात्मक था और मातृसत्ता के ये तत्त्व पैगंबर साहब के काल तक बचे रहे। यह बात सही हो या गलत, लेकिन इतना तो तय है कि मर्द-औरत संबंध की राजनीति मक्का के मुकाबले मदीना में गुणात्मक तौर पर बेहतर थी। तबारी तथा अन्य विद्वानों ने कुरान की 4:34 आयत पर टिप्पणी करते समय इन पहलुओं पर विस्तार से विचार किया है। हम विद्यमान और अनुभवातीत के जिस द्वंद्ववाद पर विचार कर रहे थे उस दृष्टिकोण से देखें, तो यह बेहद दिलचस्प आयत है। बेशक यह आयत काफी विवादास्पद है और कुरान पर टिप्पणी करने वाले विभिन्न अलग-अलग स्थानों में भिन्न रूप ले लेती है। कुछ धर्मशास्त्रियों ने इस आयत की व्याख्या इस प्रकार की है, गोया मर्दों को यह इजाजत दी गई हो कि वे अपनी बीवियों को पीटें, ताकि जरूरत पड़ने पर दमनकारी तरीकों का सहारा लेकर उन्हें आज्ञाकारी बनाया जा सके, लेकिन यह आयत उस समाज में मौजूद स्थिति का प्रतिनिधित्व करती है न कि कुरान

की अनुभवातीत दृष्टि का, जिसकी अभिव्यक्ति आयत 33:35 में होती है। इन दोनों आयतों में भी दिखाया गया है कि उस समाज में यौन संबंधी संघर्षों को ध्यान में रखना पड़ा, मर्द-औरत संबंध की राजनीति की अनदेखी नहीं की जा सकी और इसने उस काल के इस्लामी न्यायविदों पर गहरा प्रभाव डाला।

इस्लाम की छवि को उन कट्टरपंथियों ने कलंकित किया है, जिन्हें कुरान के आदेशों की प्रगतिशील प्रकृति की शायद ही कोई जानकारी हो। कुरान वे बुनियादी मूल्य प्रदान करता है, जिन्हें प्रारंभिक दौर के न्यायविदों ने तत्कालीन समाज पर लागू किया था। कट्टरपंथी विचारक कानून की मूल्य-घोषणाओं पर ध्यान देने के बजाय, प्रारंभिक इस्लामी समाज में उनके लागू किए जाने पर ज्यादा जोर देते हैं। इस प्रकार इस्लाम को वे 7वीं-8वीं सदी में ही कैद कर देते हैं। जब शास्त्रीय न्यायविदों की बहार आई थी। इन कट्टरपंथियों की समझ में यह बात नहीं आती कि कुरान की मूल्य घोषणाएँ (जबरदस्त न्याय, रंग, जाति और नस्ल की परवाह किए बिना सबके बीच समानता, मर्दों और औरतों के बीच समानता, आर्थिक संसाधनों का उचित वितरण आदि) अत्यंत आधुनिक घोषणाओं में से हैं और यही घोषणाएँ कुरान की आधारभूत बातें हैं, न कि वे प्रयास जो शास्त्रीय न्यायविदों ने अपने समाज में किए।

ये कट्टरपंथी इस्लामी शरीयत को यांत्रिक ढंग से और बिना सोचे-समझे लागू करने में यकीन रखते हैं। उनके लिए कुरान से ज्यादा पवित्र उसके शास्त्रीय व्याख्याकार हैं, जो लोग कुरान की शिक्षा को सही अर्थों में समझना चाहते हैं और आधुनिक स्थितियों में लागू करना चाहते हैं, वे विधर्मी हैं, और इन विधर्मियों को अगर जरूरत पड़े तो मौत की सजा दी जानी चाहिए। न्यायविदों द्वारा उनकी खुद की सामाजिक और राजनीतिक स्थितियों में जो विभिन्न फतवे जारी किए गए, उन्हें कुरान की स्पष्ट घोषणाओं के मुकाबले ज्यादा बाधक माना जाता है। मशहूर मुस्लिम न्यायविदों द्वारा जारी फतवों को देखने से पता चलता है कि वे मुसलमानों के पास राजनीतिक सत्ता होने के यथार्थ से प्रभावित थे। इसके अलावा जिस समय ये फतवे जारी किए गए, जनतंत्र नहीं था। उस समय राजशाही थी और अनेक उलेमा (बेशक, कुछ सम्मानजनक अपवादों सहित) राजशाही अथवा उसकी सत्ता से जुड़े थे। प्रायः उन्होंने शहंशाह अथवा उनके दरबार के रईसों की सुविधा को ध्यान में रखकर फतवे जारी किए। महान इस्लामी विचारक और बेहद न्यायनिष्ठ इमाम गजाली मुसलमानों से अपेक्षा करते थे कि वे शहंशाहों की सूरत तक न देखें। क्योंकि वे अत्याचारी होते हैं और उनका व्यवहार पूरी तरह गैरइस्लामी होता है। और अगर हालात से मजबूर होकर उन्हें शहंशाह से मिलना ही पड़े तो उन्हें अपना चेहरा शहंशाह के सामने से घुमा लेना चाहिए। लेकिन ग़ज़ाली के चरित्र और ईमान का शायद ही कोई उलेमा हो। उनमें से अधिकांश को जिंदगी के ऐशो आराम से लगाव था और वे वही कहने को तैयार रहते थे, जो शहंशाह की मर्जी होती थी। एक अन्य निहायत ईमानदार

इस्लामी विचारक इमाम तिमय्याह को बार-बार इसलिए जेल जाना पड़ा, क्योंकि वह बिना किसी लाग लपेट के अपनी बात कह देते थे। वह तीन बार बोलकर तलाक देने की प्रथा के खिलाफ थे और इस आशय का फतवा भी उन्होंने जारी किया। अपनी इस साफगोई की उन्हें सजा मिली। कट्टरपंथी तत्त्व इन बातों पर विचार नहीं करते और हमारे आज के समय के मुद्दों पर पुनर्विचार से इनकार करते हैं। इस्लामी जगत के इन कट्टरपंथियों के कारण इस्लाम की छवि एक पिछड़े किस्म के धर्म के रूप में बदनाम हुई है। सच्चाई इसके एकदम विपरीत है। अफगानिस्तान में तालिबान जो कुछ कर रहा था, उसे देखकर दुनिया यह समझती है कि इस्लाम में औरतों को उनके हक से वंचित किया जाता है। कुरान की घोषणाएँ इसके एकदम उलटी हैं। मिसाल के तौर पर कुरान में औरतों को घर की चारदीवारी में कैद रखने की बात तो दूर, कहीं यह भी नहीं कहा गया है कि औरतों को अपनी आजीविका कमाने का हक नहीं है। औरतों के आजीविका कमाने के अधिकार को कुरान की आयत 4 : 32 में मान्यता दी गई। इस आयत में कहा गया है कि "मर्द जो कमाता है, उसका लाभ उसके लिए है औरत जो कमाती है, उसका लाभ उसके लिए है" अगर औरत कमा नहीं सकती, तो उसका लाभ उसे मिलने का सवाल ही पैदा नहीं होता। इसके अलावा दकियानूस इस्लामी विचारक यह मानते हैं कि औरतों का असली कर्तव्य अपने बच्चे पालना, अपने मर्द की सेवा करना और घर की देखभाल करना है (तदबीर-अल-मंजिल) और खासतौर पर इसी को आधार बनाकर वे औरतों को यह इजाजत नहीं देते कि वे घर से बाहर निकलें और काम करें, लेकिन कुरान में ऐसा कहीं भी नहीं कहा गया है। ऐसा निष्कर्ष दकियानूस न्यायविदों ने निकाला है। इन्हीं न्यायविदों का यह भी मानना है कि मर्दों के मुकाबले बौद्धिक तौर पर औरत कमतर हैं और उन्हें कोई जिम्मेदारी का काम नहीं सौंपा जा सकता। कुरान में इस तरह की भी कोई बात नहीं है और यह दकियानूस उलेमा का विचार है आज औरतें घर की चौखट से बाहर जाकर काम करती हैं और अधिकांश क्षेत्रों में इन्होंने मर्दों को पीछे छोड़ दिया है। पहले के जमाने में औरतों को घर से बाहर निकलने की इजाजत नहीं थी और इसलिए वे मर्दों के मुकाबले अपनी श्रेष्ठता दिखाने का अवसर नहीं पाती थीं। अब वे ऐसा कर सकती हैं। औरतें बौद्धिक तौर पर मर्दों से कमजोर हैं, इस सिद्धांत का पर्दाफाश हो चुका है। अनेक उलेमा एक विवादास्पद हदीस को आधार बनाकर यह मानते हैं कि औरतें कभी राष्ट्राध्यक्ष नहीं हो सकतीं। अगर वह हदीस प्रामाणिक हो (जो संभवतः नहीं है), तो भी पैगंबर के समय के सामाजिक-राजनीतिक संदर्भ को ध्यान में रखना होगा और सबसे अहम बात तो यह है कि हदीस कुरान की बात को काटती है, जिसे रानी शीबा की कहानी को मंजूरी देने के अंदाज में बयां किया गया है। दरअसल उसने अपने सभी पुरुष सलाहकारों की राय को दरकिनार करते हुए राजा सोलोमन के साथ शांति संबंधी संधि की।

इसी प्रकार कुरान की आयत 2:228 में औरत-मर्द की समानता की अवधारणा को इन शब्दों में व्यक्त किया गया है, "और औरतों के पास उनके खिलाफ न्यायपूर्ण ढंग से उनके ही जैसे अधिकार हैं," इसी प्रकार आयत 33:35 में औरतों और मर्दों को हर मायने में बराबर ठहराया गया है, फिर इस्लामी शरीयत में ऐसे प्रावधान क्यों हैं, जो लिंग आधारित न्याय की अवधारणा के एकदम विपरीत हैं।

यह सही है कि प्रारंभिक इस्लामी समाज लिंग आधारित समानता को पचा नहीं सका और न्यायविदों ने हदीस का आविष्कार किया, ताकि उनकी जरूरतों को पूरा करने के लिए लिंग आधारित भेद-भाव वाले कानूनों को स्वीकृति मिल सके। अब वह समय आ गया है, जब शरीयत के इन प्रावधानों पर फिर से विचार किया जाए और लिंग आधारित न्याय की कुरान की मूल भावना को फिर स्थापित किया जाए। हम उन न्यायविदों की राय को, जो औरतों के कमजोर होने और बौद्धिक दृष्टि से हीन होने की बात से पूरा-पूरा इत्तफाक करते हैं, अब और सहमति नहीं बनाए रख सकते। आज तमाम औरतें मध्ययुगीन कानूनों के दमनकारी ढाँचे से मुक्त महसूस करती हैं, लेकिन अभी उन्हें एक लंबा सफर तय करना है। लिंग आधारित राजनीति अभी भी पूर्वाग्रहयुक्त है और पुरुषों के पक्ष में है, औरतों को इन तमाम मुश्किलों से संघर्ष करना है, खासतौर से इस्लामी देशों में। चूंकि उन्हें कमजोर समझा जाता है, इसलिए उन्हें तब तक बाहर अकेले नहीं जाने दिया जाता, जब तक उनके साथ कोई ऐसा पुरुष रिश्तेदार न हो, जिसके साथ विवाह के मामले में पाबंदी हो। कुवैत में औरतों को वोट देने का अधिकार नहीं है। इससे औरतों की कमजोरी या बौद्धिक हीनता का नहीं, बल्कि सऊदी और कुवैती समाजों के पिछड़ेपन का पता चलता है।

कुरान के अनेक आधुनिक भाष्यकार इस बात पर जोर देते हैं कि औरतें किसी भी मामले में पुरुषों के मुकाबले हीन नहीं हैं। अरब जगत में भी अल्लामा यूसुफ करदवी तथा अन्य इस्लामी विचारक औरत-मर्द के बीच समानता और न्याय की कुरान में वर्णित भावना पर जोर दे रहे हैं। कुछ अरब देशों में जिस तरह के हिजाब (पर्दा) का चलन है, जिसमें औरतें अपने को चेहरे सहित सिर से पाँव तक ढँके रहती हैं, उसका भी कुरान में कहीं जिक्र नहीं है। इसका ताल्लुक कुरान की बजाय रिवाज से है। हिजाब का यह चलन संभवतः उमय्यदों के काल में शुरू हुआ। कुरान में बस यह अपेक्षा की गई है कि औरतों की ऐसी पोशाक हो, जो उनके यौन आकर्षण का दिखावा न करे या जिससे पुरुषों का ध्यान उनकी ओर जाए। दरअसल कुछ उलेमा तो आयत 24:31 की व्याख्या करते हुए बताते हैं कि औरतों को अपना हाथ और चेहरा खुला रखने की इजाजत है। ताबारी ने भी इस पर विस्तार से विचार किया है, तो भी उलेमा औरतों से यह अपेक्षा करते हैं कि वे सिर से पाँव तक अपने को ढके रहें, वे ही गुलाम लड़कियों की सिर से पाँव तक (गुप्तांगों) को छोड़ कर

जाँच की भी इजाजत देते हैं। इस्लाम, जो सभी मानव समुदायों की प्रतिष्ठा बरकरार रखने की बात करता है, इस तरह की इजाजत दे सकता है? क्या इससे यह साबित नहीं होता कि अपने समय के प्रचलित तौर-तरीकों से उलेमा लोग बुरी तरह प्रभावित थे? इस सवाल की प्रकृति भी निरपेक्ष होने के बजाय संस्कृति-संवेदी ज्यादा है। कुछ संस्कृतियाँ अन्य संस्कृतियों के मुकाबले अपने यहाँ औरतों के शरीर के ज्यादा प्रदर्शन की अनुमति दे सकती हैं। इसके अलावा धर्म-संबंधी प्रतिमानों की तुलना में सांस्कृतिक प्रतिमान ज्यादा महत्त्वपूर्ण होते हैं, हालाँकि इनका कभी उल्लेख नहीं किया जाता है। किसी के देश और काल के सांस्कृतिक प्रतिमान उसकी सोच में परिलक्षित होते हैं। इसलिए प्रारंभिक धर्मशास्त्रियों और न्यायविदों ने भी अपने गढ़े नियमों में इस सांस्कृतिक संवेदनशीलता का परिचय दिया है, लेकिन बाद की पीढ़ी के धर्मशास्त्रियों ने अपने पूर्ववर्तियों की नकल करने के जोश में, जिनका काफी असर था, इस संवेदनशीलता को खो दिया।

इस्लाम को प्रारंभिक शताब्दियों तक सीमित कर देने के लिए एक और महत्त्वपूर्ण कारक जिम्मेदार है और इस कारक की प्रकृति सामाजिक-राजनीतिक है। कुरान ने तर्क, विचार और चिंतन पर जोर दिया है और इसके लिए अक्ल, तदब्बुर और तफक्कुर शब्द का इस्तेमाल किया है, जिसका अर्थ होता है, बुद्धि, दूरदर्शिता और गहन चिंतन। कुरान ने कभी आँख मूँदकर नकल करने को नहीं कहा है, मुताज़िल लोग इस्लाम के बुद्धिजीवी विचारक थे और उन्होंने तर्क पर काफी जोर दिया। अब्बासिद काल के प्रारंभिक दिनों में उनका काफी बोलबाला था, लेकिन अब्बासिद सत्ता की समाप्ति के साथ उनके प्रभाव में कमी आती गई और धीरे-धीरे यह समाप्त हो गया। यह अत्यंत दुखद है कि मुताजिला की पहचान राजनीतिक प्रतिष्ठान से जुड़ गई और अब्बासिदों की सत्ता के समाप्त होते ही उनका प्रभाव भी समाप्त हो गया। मुताजिला विचारकों ने सर सैयद अहमद खाँ जैसे भारतीय मुस्लिम विचारकों को काफी प्रभावित किया। समय आ गया है कि 21वीं सदी के आरंभ की इस वेला में इस्लामी जगत में मुताज़िला विचारकों के प्रभाव को फिर से स्थापित किया जाए। बुद्धिवादिता प्रायः पढ़े-लिखे आभिजात्य वर्ग के बीच फलती-फूलती है। और खासतौर से ऐसे समय में जब वह समुदाय खुशहाली की हालत में हो। यह भी काफी महत्त्वपूर्ण है कि मुताजिलावादियों में से अधिकांश फारस या मध्य एशिया के देशों के थे। जहाँ एक पुरानी बौद्धिक परंपरा कायम थी। सभी बड़े दार्शनिक और वैज्ञानिक भी इन्हीं क्षेत्रों के थे। बुद्धिवाद, विज्ञान और दर्शन का ज्यादातर विकास अधिकांशतः अब्बासीद राज्य में हुआ, जिसे प्रसिद्ध इतिहासकार टायनबी ने इस्लाम की सार्वभौम अवस्था के रूप में बयान किया है।

कुरान ने राज्य के कामकाज में जनतांत्रिक सलाह-मशविरे पर भी जोर दिया, लेकिन जल्दी ही मुस्लिम जगत में इस्लाम की भावना के विपरीत प्रथम उमय्यद सम्राट

के रूप में यज़ीद के सत्ता में आने के साथ राजशाही स्थापित हो गई। इसने एक निरंकुश संस्कृति का विकास किया। इस निरंकुश संस्कृति की झलक उन अनेक न्याय संबंधी नियमों में मिलती है, जिन्हें अपरिवर्तनीय माना जाता है। मैं इसे इस्लाम का सामंतीकरण कहता हूँ, जिसने इसकी जनतंत्र और न्याय की भावना का खात्मा कर दिया, जो इस्लाम की बुनियादी खूबी है। यह निरंकुशता राजशाही के दिनों में न केवल फलती-फूलती रही, बल्कि इसने उस समय के न्याय सिद्धांतों में औचित्य भी हासिल कर लिया। उमय्यद सत्ता हो या अब्बासिद, मुस्दलिम ख़लीफाओं (यह एक अयथार्थ नामकरण है, क्योंकि खलीफा वस्तुतः एक सम्राट होता था, जो वंशानुगत पद था) द्वारा निर्मित इन दो विशाल साम्राज्यों के पास बेलगाम सत्ता थी और इसे अन्य मुसलमानों के साथ नहीं बाँटा गया, जो कि कुरान की वास्तविक भावना थी और जब अब्बासिद सत्ता का पतन हुआ, तो खलीफा नाममात्र के प्रधान रह गए और सैनिक जनरलों ने, जिन्हें सुलतान कहा जाता था, सत्ता पर कब्जा जमा लिया। हर हाल में तानाशाही बनी रही। अधिकांश इस्लामी देशों में सामंती इस्लाम कायम है और पुनर्विचार तथा इज्तिहाद के रास्ते में रुकावट पैदा करता है। तर्कसंगत विचार और ताजगी भरे दृष्टिकोण के लिए जनतांत्रिक खुलेपन तथा आजादी की संस्कृति की दरकार होती है। बदकिस्मती से आज 21वीं सदी के आरंभ में भी शायद ही कोई ऐसा मुस्लिम देश हो, जो आजादी की संस्कृति का दावा कर सके। यहाँ तक कि आधिकारिक मुफ्तियों (न्यायविदों और विधि निर्माताओं) द्वारा इसे 'वास्तविक इस्लाम' से विचलन कहकर इसकी निंदा की गई।

आज अनेक ऐसे नए मुद्दे पैदा हो गए हैं, जिन पर आधुनिक दृष्टिकोण से संपन्न न्यायविदों को ध्यान देना बहुत जरूरी है। शरीर के अंगों का प्रत्यारोपण, किराए के कोख वाली माँएँ (सरोगेट मदर्स), परखनली शिशु (टेस्ट ट्यूब बेबी), सुखमृत्यु, मानव क्लोनिंग आदि ऐसे अनेक मुद्दे हैं, जिसका कोई भी ईमानदार मुसलमान जवाब चाहता है। परंपरागत न्यायविद इसे यांत्रिक तरीके से खारिज कर देते हैं। इनके साथ केवल टेक्नॉलाजी का ही नहीं, बल्कि नैतिकता का भी मुद्दा जुड़ा है, लेकिन इन सवालों का इस्लामी जवाब उन्हीं देशों में पाया जा सकता है, जहाँ आजादी की संस्कृति मौजूद हो। डॉली नामक कृत्रिम भेड़ के बनाए जाने के समय क्लोनिंग के सवाल पर जब बहस चल रही थी, तो सऊदी अरब के न्यायविदों ने इसके खिलाफ फतवा जारी करते हुए इसे अनैतिक बताया और कहा कि यह अल्लाह के क्षेत्र में दखल देना है, क्योंकि जीवों का एकमात्र निर्माता वही है। मैं यहाँ क्लोनिंग के पक्ष में दलील नहीं दे रहा हूँ, बल्कि इस बात की ओर ध्यान दिला रहा हूँ कि दकियानूस लोग इस पर किस तरह सोचते हैं। उन्होंने इससे जुड़े नैतिकता के पहलू पर विचार नहीं किया, बस, इस वजह से निंदा कर दी कि इसने अल्लाह के क्षेत्र में दखल दिया है। हर नई टेक्नालॉजी की इस्लामी न्यायविदों ने कमोबेश भर्त्सना की और

बाद में उसे स्वीकार कर लिया। टेक्नालॉजी ने क्लोनिंग पर लगभग महारत हासिल कर ली है, पर नैतिकता से जुड़े सवाल अभी भी अनुत्तरित हैं। इस्लामी न्यायविदों का दायित्व है कि वे तर्कसंगत ढंग से इन सवालों के जवाब प्रदान करें।

इसलिए जरूरत इस बात की है कि इस्लाम का सामंतीकरण किया जाए और इसे फिर से इसकी प्रगतिशील आत्मा से संपन्न किया जाए। इस्लामी जगत, जो उत्तर-आधुनिक विश्व में प्रवेश कर रहा है, परस्पर विरोधी स्थिति में फँसा हुआ है। एक तरफ तो यह तेजी से आधुनिकीकरण की ओर बढ़ रहा है और दूसरी तरफ हर तरह के बदलाव का विरोध करते हुए अपनी सामंती अस्मिता बचाए रखने के लिए संघर्ष कर रहा है। एक दुविधा की स्थिति में यह फँसा पड़ा है, आर्थिक और प्रौद्योगिकी के क्षेत्र से परिवर्तन को यह स्वीकार करता है, लेकिन धर्म संबंधी क्षेत्र में अपना आदिम चरित्र बरकरार रखने के लिए संघर्ष कर रहा है। इस्लामी जगत इस दुविधा से सफलतापूर्वक उबरने का तरीका अभी नहीं ढूँढ़ सका है, इसके लिए धर्मशास्त्र के क्षेत्र में भी रचनात्मक और आलोचनात्मक सोच की जरूरत है। पहली बात तो यह है कि ऐसा करने के लिए धर्मशास्त्री लोग आवश्यक उपादानों से लैस नहीं हैं और दूसरे यह कि इस्लामी देशों में ऐसा धर्मविषयक वातावरण नहीं है। लेकिन इस्लामी देशों के अपने अनुभव से मैं कह सकता हूँ कि कुछ समय की ही बात है। परिवर्तन अवश्यंभावी है और इसकी प्रक्रिया जारी है, लेकिन इसको तेज करने का कोई तरीका नहीं है, क्योंकि धार्मिक मामलों में तेज परिवर्तन को लोग आत्मसात नहीं कर सकते। यहाँ तक कि पश्चिम के ईसाई धर्म में भी कुछ ही चर्च ऐसे हैं, जिन्होंने महिला पादरियों को स्वीकार किया। जब ऐंग्लिकन चर्च ने महिला पादरियों को नियुक्त करने की अनुमति दी, कुछ ऐंग्लिकन पादरियों ने इसे स्वीकार करने के बजाय खुद कैथोलिक संप्रदाय अपना लेना पसंद किया। मुस्लिम जगत के मामले में यह और भी कठिन है, लेकिन इस्लामिक जगत के एजेंडा में भी परिवर्तन अब शामिल हो गया है।[38]

आज का समय सचमुच परिवर्तन का है। बिना परिवर्तित हुए, अपने-आपको बदले बिना सांप्रदायिक ताकतों से संघर्ष नहीं किया जा सकता। खुलेमन से हम सोचें और काम्य व्यवहार का अन्वेषण करें, आज के समय के ये सबसे जरूरी कार्यों में से एक है।

'परिवर्तन है प्रकृति-नियम का नियमन कारक,
प्रवहमान जीवन प्रवाह का पथ-विस्तारक।'

कहकर कवियों ने परिवर्तन के औचित्य को सही साबित किया है। हमें धर्मांधता, जड़ता, गतानुगतिकता, यथा–स्थितिवाद-जैसी बुराइयों से बचना होगा, तभी हम

आवश्यक कदम उठा पाएँगे। सांप्रदायिकता के विरुद्ध संघर्ष में—ऐसा प्रत्येक जागरूक, संवेदनशील और प्रगतिशील रचनाकार का मानना है।

सांप्रदायिक समस्या को प्रायः दो दृष्टियों से देखा जाता है—बहुसंख्यक सांप्रदायिकता और अल्पसंख्यक सांप्रदायिकता। भारत के संदर्भ में इसे यों कह सकते हैं कि हिंदू-सांप्रदायिकता और मुस्लिम-सांप्रदायिकता। अंतिम निष्कर्ष पर पहुँचें, इससे पूर्व यह जान लेना आवश्यक हो जाता है कि दोनों विचारधाराओं के प्रतिनिधि सोचते क्या हैं। इस सिलसिले में पहले मुद्राराक्षस के विचार उद्धृत किए जा रहे हैं जो उन्होंने 'कथा क्रम' के जुलाई-सितंबर 2003 के अंक में अतिथि संपादक के रूप में व्यक्त किए थे। 'साफ्ट-हिंदुत्व का ट्रोजेन हार्स फासीवाद के अश्वमेध का घोड़ा नहीं रोक सकता' शीर्षक लेख कथा क्रम-परिवार को और मुद्राराक्षस को आभार अर्पित करते हुए यहाँ प्रस्तुत है।

भारत में सांप्रदायिकता की समस्या पर बात करते हुए पहले मैं मनुस्मृति के एक श्लोक का जिक्र करना चाहूँगा। यह इसलिए भी कि हिंदुत्व को अपना धर्म मानने वाले लोगों के लिए यही किताब सबसे ज्यादा अहमियत रखती है। इसी किताब ने समूचे हिंदू-संप्रदाय की मानसिकता का निर्माण किया है। एक श्लोक देखें—

धर्मध्वजी सदा लुब्धः छाद्मिको लोक दंभकः
वैडाल व्रतिको ज्ञेयो हिंस्रः सर्वाभिसंधकः॥

अर्थ उतना कठिन नहीं है। जो धर्म की झंडी उठाए घूमता है, वह धन का लालची होता है, वह धोखाधड़ी करता है और दुनिया भर में डींग हाँकता फिरता है। वह बिल्ली की तरह घात लगाकर हिंसा करता है और लोगों के बीच नफरत फैलाता है।

हिंदू-सांप्रदायिकता पर 'मनुस्मृति' की यह बेहद अर्थवान टिप्पणी है और हमने बाबरी मस्जिद विरोधी आंदोलन से लेकर गुजरात के नरसंहार तक में ऐसे ही लोग देखे हैं। राममंदिर के नाम पर देश से ही नहीं विदेशों से भी अरबों रुपया जुटाया गया क्योंकि धर्मध्वजी सदा लुब्धः। लोक दंभ हमने देखा ही—गर्व से कहो हम हिंदू हैं। धर्म के नाम पर हमने देखा किस तरह गुजरात में अपनी मोटरों पर आकर और सेलफोन से मित्रों को सूचनाएँ देकर व्यवस्थित लूटपाट की गई थी। बिल्ली की तरह ही नहीं भेड़ियों और लकड़बग्घों की तरह घात लगाकर हिंसाएँ हुईं। यह हिंदू समाज देखते-देखते अफवाहें फैला कर जगह-जगह उपद्रव आयोजित करता रहा है। सर्वाभिसंधक—लोगों में नफरत भरता रहा है।

स्पष्ट ऐतिहासिक प्रमाण तो कोई नहीं है लेकिन मनु के समय में भी धर्म की झंडी उठाए लोग यह सब करते रहे होंगे और मनु को भी ऐसे लोगों से परेशानी

हुई होगी।

मनुस्मृति लेखक से पहले ही धर्मध्वजी से व्यवस्था को परेशानियाँ हो रही होंगी। अशोक के शाहबाज गढ़ी के शिलालेख का यह अंश देखना चाहिए। इस सातवें शिलालेख में अशोक ने आज्ञा जारी की है—राजा चाहता है कि सब जगह सब पंथों वाले रहें...।

यह स्पष्ट रूप से इस बात की घोषणा है कि राज सत्ता सांप्रदायिक अशांति नहीं चाहती। शाहबाज गढ़ी शिलालेख संख्या 12 में और साफ शब्दों में घोषणा की गई है—अपने पंथ की पूजा और दूसरे पंथ की निंदा न हो।

अशोक स्वयं बौद्ध धर्म मानता था पर उसने दूसरे पंथों को भी अपने शासन में बराबर जगह दी थी और पंथों के टकराव को उसने आज्ञा जारी करके प्रतिबंधित किया था।

जो लोग धर्मनिरपेक्षता को पश्चिमी अवधारणा मानते हैं, उन्हें देखना चाहिए कि धर्मनिरपेक्षता का मूलतत्व अशोक की शासन व्यवस्था में मौजूद रहा था। पर बाद के इतिहास में भारत में व्यावहारिक रूप से इसका बीज रूप मुस्लिम शासकों के समय दुबारा व्यवहार में आया। जब मुस्लिम शासकों को यह लगा कि वे ऐसे देश में शासन नहीं कर रहे जहाँ सिर्फ मुसलमान हों। ऐसी हालत में मुस्लिम शासकों ने भी अशोक की तरह ही सभी पंथों को मिलजुल कर रहने की हिदायतें दीं, जिसका सबसे बड़ा प्रतिफल अकबर के राज में हुआ।

निस्संदेह उस वक्त विभिन्न पंथों के बीच सद्भावना बनाए रखने पर सत्ता की ओर से जोर दिया गया था, उसे धर्मनिरपेक्षता की संज्ञा नहीं दी गई थी और यह धारणा भारत में बहुत बाद में आई। खासतौर से इस अवधारणा के पीछे पश्चिम की नई लोकतांत्रिक सत्ता-व्यवस्था थी। बहुत लोगों का यह कहना सच है कि धर्मनिरपेक्षता विदेशी शब्द है पर इस बात को लेकर जो लोग इस अवधारणा का विरोध करते हैं, उन्हें यह सोचना चाहिए कि ऐसी बहुत सी समाज राजनीतिक अवधारणाएँ हैं, जो हमें सीधी विदेश से मिलीं और हमने उन्हें सादर स्वीकृति दी जैसे वर्तमान लोकतांत्रिक व्यवस्था जिसका वर्तमान संविधान सम्मत रूप बर्तानिया जैसे देशों से लिया गया। वर्तमान न्याय और प्रशासन प्रणाली भी वहीं से आई। हमने समाजवाद, बालिग मताधिकार जैसे शब्द पश्चिमी दुनिया से ही लिए। अजब बात है कि जो लोग विदेशी अवधारणा होने के कारण धर्मनिरपेक्षता शब्द को खारिज करते हैं, वे विदेशी घड़ी, विदेशी कैलेंडर, विदेशी हवाई जहाज और विदेशी पानी की टूँटियाँ तक इस्तेमाल करने में जरा-सा भी संकोच नहीं करते। अपने टेलीफोन और टी.वी. पर उन्हें एतराज नहीं होता, कंप्यूटर पर सीना फूल जाता है पर धर्मनिरपेक्षता से उन लेखक-बुद्धिजीवियों का कौमार्य भंग हो जाता है। लेकिन आज जो लोग जनसंघ, राष्ट्रीय स्वंय सेवक संघ या भारतीय जनता पार्टी द्वारा धर्मनिरपेक्षता के विरुद्ध चलाए

जाते अभियान से असुविधा महसूस करते हैं, उन्हें याद करना चाहिए कि संसद में अपने पहले भाषण में डॉ. राममनोहर लोहिया ने ठीक संघ की कटुता के साथ धर्मनिरपेक्षता की अवधारणा का विरोध किया था। आज बहुत से लोग इस बात पर हैरान होते हैं कि वर्तमान भारतीय जनता पार्टी के नेतृत्व वाली सरकार में सबसे उत्साह के साथ लोहियावादी नेता ही क्यों शामिल हो गए? इसका उत्तर लोहियावाद में ही मौजूद मिलेगा।

बाबरी मस्जिद ध्वंस और गुजरात के अमानुषिक नरसंहार के बाद एक और नया विवाद बुद्धिजीवियों के बीच खड़ा हुआ—नरम हिंदू और गरम हिंदू का विवाद। कुछ लोगों ने बाकायदा यह दावा किया कि वे नरम हिंदू हैं और बाबरी मस्जिद गिराने तथा गुजरात नरसंहार करने वाले गरमपंथी या अतिवादी हिंदू हैं। यह घोषणा करते हुए वह शायद उम्मीद करते हैं कि जो गरम हिंदू हैं वे कभी नरम हिंदुओं को देखकर नरम हिंदू हो जाएँगे या नरम हिंदुओं से सहमत हो जाएँगे। यह शुद्ध खामखयाली है। अगर यही होना होता तो रामानुजाचार्य और रामानंद ने गरम हिंदुओं को कब का नरम बना लिया होता।

नरम और गरम के विवाद का एक और दुष्परिणाम हमें ध्यान में रखना चाहिए। नरम और गरम के बीच एक-बहुत बड़ी तादाद फेंस पर बैठने वालों की होती है, जो न नरम होते हैं न गरम। गरम होना उनके बस का नहीं होता और नरम वे हो नहीं सकते। यही बीच के लोग दिखाई पड़ते हैं उस वक्त जब दंगा होता है। ये बीच के लोग न पेट्रोल लेकर निकलते हैं न छुरा लेकर। बीच में बैठे हिंदू इशारा करते हैं कि किसे मारा जाए और कौन-सा घर जलाया जाए। वे अक्सर बाद की लूटपाट में भी खुले दिल से हिस्सा लेते हैं। या फिर वे अपने दरवाजे-खिड़की बंद कर लेते है—भाई हमने तो कुछ देखा ही नहीं। नरम हिंदू इन्हें अपने पक्ष में कभी नहीं कर पाता क्योंकि ये सीधे तौर पर गरम होते ही नहीं और यही बीच में खड़े हिंदू अंततः गरम हिंदू की ताकत बन जाते हैं। नरम हिंदू की भूमिका है क्या? वह क्या गरम हिंदू के काम को रोक सकता है? नरम हिंदू सिर्फ नरम हिंदू को ही संबोधित कर सकता है और उसे नरम बने रहकर यह वैचारिक अभियान चलाना होता है कि नरम बने रहो, गरम हिंदुत्व को अलग-थलग करने की कोशिश करो। किससे अलग-थलग करने की कोशिश? नरम हिंदुत्व से अलग-थलग वे होते ही हैं। जो मध्यमार्गी हिंदुत्व है वह नरमपंथी की बात कभी नहीं सुनता। वह या तो खिड़की दरवाजे बंद रखता है या फिर गरमपंथी को अपनी गाड़ी से पेट्रोल देने बाहर आता है।

'वे' बुरे हिंदू हैं और मैं अच्छा हिंदू हूँ, यह घोषणा करने वाला नरम हिंदू क्या होता है, यह देखना दिलचस्प है। जातीय हिंसा नरम हिंदू नहीं करता। वह मुसलमान या ईसाई को देखकर छुरा लेकर नहीं दौड़ता पर वह बाकी वही सारे काम

करता है, जो गरमपंथी हिंदू करता है। वह खूब पूजा पाठ करता है। हवन कराता है, तीज-त्योहार मनाता है, बीवी से करवा-चौथ कराता है, उसका भगवान होकर स्त्री से अपने को पुजवाता है। मंत्र पाठ और अखंड पाठ कराता है। वेद, शास्त्र, ब्राह्मण ग्रंथ, गीता, महाभारत का ब्राह्मणों द्वारा प्रचारित पाठ करता है। उनके प्रति तार्किक कभी नहीं होता। वह तीर्थयात्राओं, कुम्भमेलों, रथ-यात्राओं को अपनी संस्कृति कह कर विभोर होता है। सभाओं में धर्मनिरपेक्षता पर जोशीला भाषण देकर सिर पर रूमाल और हाथ में प्रसाद का डिब्बा लिए उन्हीं मंदिरों में माथा टेकता फिरता है, जहाँ सांप्रदायिक हिंसा और घृणा की ईंटें गढ़ी जाती हैं। वह बेटे-बेटी की शादी का कार्ड बँटवाता है तो उस पर गणेश का छापा बना होता है और अपने को उन लोगों से अलग दिखाता है, जो गणेश को दूध पिलाते हैं। जबकि मूलतः वह खुद उन जैसा ही अंधविश्वासी होता है। अपने को सेक्युलर बुद्धिजीवी सिद्ध करने के लिए गणेश के दूध पीने की घटना का मजाक उड़ाता है पर करवाचौथ से लेकर मूर्तियों पर पानी चढ़ाने तक का कर्मकांड यत्नपूर्वक करता है। वह आचार्यों और परमहंसों की आलोचना करके उनसे अलग दुनिया वाले तार्किकों की जमात में नाम लिखाता है। लेकिन निजी जीवन में वह किसी आचार्य या परमहंस से कम नहीं होता।

आमतौर पर धर्म नाम की संस्था समूचे मानव इतिहास में तर्क और विज्ञान विरोधी रही है। सभी धर्मों ने तर्क और विज्ञान बोध से दूरी बनाए रखी है। लेकिन उन धर्मों को यह एहसास भी बराबर रहा है कि तार्किकता और विज्ञान बुद्धि ने मनुष्य की ज्ञानराशि के लिए फ्लड गेट ही खोल दिया और मनुष्य आज जहाँ खड़ा है, उसकी कल्पना वह आज से एक सदी पहले भी नहीं कर सकता था। इसीलिए धर्म ने अपने मूल को बचाए रखते हुए भी विज्ञान और तार्किकता को रास्ता दे दिया।

यहाँ विज्ञान और धर्म ईसाई दुनिया में कैसा आचरण एक दूसरे से करते हैं इसका एक उदाहरण सर्वोच्च ईसाई धर्मनेता पोप और विख्यात वैज्ञानिक हाकिंग के बीच छोटा-सा संवाद है। ब्रह्मांड की गुत्थी की व्याख्या की कोशिश में लगे हाकिंग से पोप ने सिर्फ इतना कहा था—तुम सृष्टि की उत्पत्ति संबंधी बाइबिल के बयान को खंडित न करना। इत्तेफाक से उन्नीसवीं सदी के अंत से आज तक भौतिक शास्त्री यही काम करते रहे हैं। ब्रह्मांड की उत्पत्ति ही नहीं प्राणियों और फिर मनुष्य के जन्म और विकास को लेकर आधुनिक विज्ञान ने धर्मग्रंथों में इन समस्याओं से संबंधित बातों को अस्वीकार करते वक्त उनका जिस तरह विखंडन किया है, वह आश्चर्यजनक है। पर यह भी आश्चर्यजनक है कि ऐसा विखंडन करने वाले इन वैज्ञानिकों को इसी ईसाई समाज ने सबसे बड़ी प्रतिष्ठा भी दी। यह प्रतिष्ठा उसी समाज ने दी, जिसने कभी गैलीलियो, ब्रूनो आदि को बर्दाश्त नहीं किया था।

लेकिन ईसाइयत की तुलना में हिंदू धर्म की स्थिति बहुत खराब है। हिंदुत्व

अपने से जुड़ने वालों के साथ क्या सुलूक करता है इसका अच्छा उदाहरण वामपंथ है। भारत के वामपंथी आंदोलन से जुड़े लोग अपने को नरम हिंदू या अच्छा हिंदू घोषित करते रहे हैं, वे धर्म की सत्ता भी स्वीकार करते हैं और ईश्वर की भी। अब ऐसे वामपंथी यह कहते कभी नहीं दिखते कि ईश्वर या आत्मा का अस्तित्व नहीं होता और धर्म एक ढकोसला के अलावा कुछ नहीं। मूर्तिपूजन, मंदिर, तीर्थ, देवी-देवता समाज को ठगने के माध्यम हैं। अब वे कभी यह कहते नहीं दिखते कि धर्म अफीम होती है। अनेक वामपंथी नेताओं के परिवार वाले बड़े हवन-पूजन और कीर्तन करके अपनी संतानों की शादियाँ करवाते हैं, घुड़चढ़ी और तेल मैन के कर्मकांड होते हैं और अक्सर पितृ पक्ष याद करके श्राद्ध कराने बैठे देखे जा सकते हैं।

पिछले कथाक्रम के अवसर पर सांप्रदायिकता विषय पर बोलते हुए राजेंद्र यादव और वीरेंद्र यादव ने धर्म के विखंडित किए जाने की जरूरत बताई थी। यह दिलचस्प है कि इस बात का बलपूर्वक विरोध महत्त्वपूर्ण और वरिष्ठ वामपंथी लेखकों ने ही किया था। उनके कहने से लग रहा था कि धर्म के विखंडन की बात पर कहीं उनकी आत्मा (यह आत्मा नाम की चीज जहाँ भी उनके शरीर में हो) आहत हो रही थी। हैरानी की बात है कि मार्क्स के बावजूद अब हिंदू वामपंथी ईश्वर, पूजापाठ और धर्म के बिना काम नहीं चला पा रहा है। उसके लिए वेद ही नहीं रामचरितमानस और शायद हनुमान चालीसा और सत्यनारायण की कथा भी वाम आंदोलन की वैतरणी हो चुकी है। वह साफ्ट हिंदू जो है।

कभी-कभी इस बात पर भी हैरानी होती है कि धीरे-धीरे फासीवाद का विरोध करने वाली जमात अपनी जमीन छोड़कर फासीवादियों के जूतों में कैसे घुस रही है। अब लोग यह अक्सर उद्धृत करने लगे हैं कि राही मासूम रजा बाद में कहने लगे थे कि वे हिंदू और मुस्लिम दोनों फासीवादों के विरुद्ध हैं। ऊपर से देखने पर यह बात बहुत आकर्षक लगती है—हिंदू बुरा करे तो उसकी निंदा करो और मुसलमान बुरा करे तो उसे बुरा कहो। वैसे रामायण और महाभारत के व्यावसायिक सीरियल उन्हें निश्चय ही ऐसी उदारता दे सकते थे। काश इन महाकाव्यों पर लिखते वक्त 'राही' इनकी घोर दलित विरोधी बातें भी देख लेते, जो दोनों में भरी पड़ी हैं। वैसे उन्होंने दोनों पक्षों की बुराइयों की बराबरी देखकर रामायण-महाभारत वालों की ही बात निभाई है। चालीस के दशक के बाद से इस देश में जो भी सांप्रदायिक दंगे हुए हैं उन पर डी. आर. गोयल और सुभद्रा जोशी की जाँच रिपोर्टें और खुद पुलिस विभाग के लिए विभूति नारायण राय का अनुसंधान कार्य देखना चाहिए।

दोनों संप्रदायों को बराबर गुनहगार ठहराया जाए, इस तरह की माँग गरम हिंदू बहुत दिनों से कर रहे थे। उनका आग्रह था कि हिंदू को ही नहीं मुसलमान को भी एक समान गुनहगार बताया जाए। नरम हिंदू या साफ्ट हिंदू गरम हिंदुओं की माँग में सहर्ष शामिल हो गया। वह भी कहने लगा—हाँ निंदा दोनों की होनी

चाहिए। और यह होने भी लग गई। यह बेहद दुर्भाग्यपूर्ण घटना है। नरम हिंदू डी. आर. गोयल और सुभद्रा जोशी को नहीं पढ़ पाया, मान लिया जा सकता है पर विभूति नारायण राय की किताब तो पढ़ ली जानी चाहिए थी। दुखद है कि इस देश के हर बड़े दंगे में मुसलमान ही ज्यादा मरे। रांची या भिवंडी हो या बाबरी मस्जिद ध्वंस के बाद के दंगे, अल्पसंख्यक ही ज्यादा मारे गए। मजे की बात तो यह है कि अल्पसंख्यकों की हत्याओं में पुलिस, प्रशासन और पी.ए.सी. भी जम कर हिस्सा लेती रही। पादरी स्टेंस और उनके बच्चों के जीवित दाह में किस बात का दोषी है ईसाई अल्पसंख्यक? वाराणसी या गोधरा के दंगों में कौन यह भूल सकता है कि गरम पंथी हिंदू ने बर्दाश्त से बाहर की छेड़छाड़ की थी? फिर गोधरा की साठ हत्याओं की तुलना में गुजरात की तीन हज़ार हत्याओं को बराबर कैसे तोला जा सकता है?

साफ्ट हिंदू गरम हिंदू के दबाव के कारण ही आज सांप्रदायिकता का सवाल तराजू के जरिए हल करने बैठा है। साफ्ट हिंदू एक और बात में गरम पंथियों या सांप्रदायिक हिंदुओं के पाले में जा खड़ा हुआ। हिंदी की छापे की दुनिया की गवाही ली जा सकती है, गर्व से कहो हम हिंदू हैं, यह नारा फासीवादी समुदाय शुरू से लगाता रहा है। बाबरी मस्जिद ध्वंस से पहले वामपंथियों सहित किसी भी धर्म निरपेक्ष व्यक्ति ने यह नारा नहीं लगाया था कि हम अच्छे हिंदू हैं। बाबरी मस्जिद ध्वंस के बाद प्रभाष जोशी, अशोक सेक्सरिया और गोविंद दीक्षित जैसे बुद्धिजीवियों ने यह घोषणा की कि वे शर्मिंदा हैं कि हिंदू हैं। इन लोगों ने इन शब्दों में सिर्फ अपना क्षोभ व्यक्त किया था पर संभवतः इसी से संकेत लेकर वामपंथी बुद्धिजीवियों तक ने घोषणा कर दी—हम अच्छे हिंदू हैं। ध्वनि लगभग यह निकलती है कि हिंदू तो दोनों हैं एक हत्याएँ नहीं करता, दूसरा करता है। पर इसमें जो ध्वनित होता है वह गंभीर है—गड़बड़ी की जड़ हिंदुत्व में नहीं है, कुछ लोगों में है।

अब मैं कुछ दूसरी स्थितियों की तरफ ध्यान दिलाना चाहूँगा। व्यवस्थित और सैद्धांतिक रूप से हिंदुत्व की पहली वैज्ञानिक और तार्किक पड़ताल ज्योतिराव फुले ने उन्नीसवीं सदी में की थी। ज्योतिबा ने मनुस्मृति नाम की ब्राह्मण किताब के बहिष्कार का आंदोलन चलाया। यह किताब समूचे हिंदू धर्म की केंद्रीय पुस्तक है। हिंदुत्व की काया है जातिवाद-वर्ण व्यवस्था और सोलह (संख्या बहुत अधिक है) संस्कार और देवी-देवता। फुले ने इन्हें सिरे से खारिज किया। फुले ने हिंदुत्व के शिखर ब्राह्मण और ब्राह्मणवाद की तीव्र निंदा की। इसके बाद हिंदुत्व में क्या बचा? जो आज साफ्ट हिंदू है, उसने मनुस्मृति, ब्राह्मण, कर्मकांड और वर्णव्यवस्था पर अपनी स्थिति साफ क्यों नहीं की?

रामास्वामी नायकर पेरियार ने आत्मा, परमात्मा, धर्म और देवालयों तक का सीधा विखंडन किया था। डॉ. अंबेडकर ने हिंदुत्व को विखंडित ही नहीं किया, उसे

तिरस्कृत भी किया। और इन तीनों को यह कहने की जरूरत कभी नहीं पड़ी कि वे अच्छे हिंदू हैं। उन्होंने धर्म का विखंडन और ध्वंस इस उद्देश्य से किया कि उसके चलते देश के थोड़े से सवर्णों को छोड़कर बहुसंख्यक लोगों का कल्याण भी संभव नहीं और सुखी जीवन भी असंभव है। इन्हीं तीन के साथ मैं एक और व्यक्ति गाँधी का भी जिक्र करना चाहूँगी। लोहिया का सच न देखने और गाँधी गौरव में डुबकियाँ लगाने वाले वामपंथ ने इन्हीं बहुसंख्यक भारतीयों के साथ कहाँ धोखा किया, इसे देखना होगा।

बीस और तीस के दशक में ब्राह्मण साम्राज्यवाद से मुक्ति के बहुत शक्तिशाली आंदोलन शुरू हुए। यह आंदोलन ठीक वैसा था जैसा दक्षिण अफ्रीका में अल्पसंख्यक गोरों के विरुद्ध अश्वेतों ने किया था। जितना भीषण अत्याचार दक्षिण अफ्रीका में अश्वेतों पर गोरे कर रहे थे वैसा ही अमानुषिक अत्याचार भारत में ब्राह्मण और उनके अनुयायी सदियों से करते रहे थे। ये अत्याचारी वे थे जो 1911 की जनगणना से पहले तक अंग्रेज सरकार को लिखकर देते रहे थे कि हिंदू सिर्फ ब्राह्मण, क्षत्रिय और वैश्य हैं, दलित, पिछड़े आदिवासी हिंदू नहीं हैं, इन्हें हिंदू न लिखा जाए। इन्हीं लोगों के साम्राज्यवाद के विरुद्ध फुले, पेरियार और अंबेडकर ने आंदोलन शुरू किया था। इस बीच सवर्णों के लिए गाँधी आंदोलन कर रहे थे। गाँधी का कहना था कि अंग्रेज सत्ता हिंदुओं को सौंप दें और दलित पिछड़े, आदिवासी को हिंदुओं का दास बने रहने दें।

एक बड़ी ऐतिहासिक घटना है पूनापैक्ट लेकिन यह इतिहास की किताबों में खोज पाना मुश्किल है। गाँधी ने 1932 में अंग्रेज सरकार के एक फैसले के विरुद्ध आमरण अनशन किया था। अंग्रेज शासन ने घोषणा की थी कि वह धार्मिक पहचान के आधार पर दलित-मुस्लिम, सिख और हिंदू को अलग मताधिकार देगा यानी सिख अपना प्रतिनिधि चुनेंगे, मुसलमान अपना, हिंदू अपना अलग प्रतिनिधि चुनेंगे और दलित अपना चुनेंगे। सेपरेट इलेक्ट्रोरेट के बाद हजारों साल के भारतीय इतिहास में 'दलित' सवर्णों से अलग राष्ट्रीयता प्राप्त करके हिंदुओं की दासता से मुक्त हो रहे थे। गाँधी को दलितों की यह मुक्ति बर्दाश्त नहीं थी। गाँधी को पता था कि सेपेरेट इलेक्ट्रोरेट व्यवस्था लागू होने के बाद हिंदू एक अल्पसंख्यक जमात रह जायगा और उसके दास मुक्त हो जाएँगे। हिंदू दलितों पिछड़ों की दासता का लाभ लेते रहें और बिना हिंदुत्व का कोई अधिकार दिए दलितों-पिछड़ों के आधार पर ही बहुसंख्यक होने का लाभ भी उठा लें। गाँधी ने कहा था कि वे हिंदुत्व को टूटने से बचाने के लिए जान दे देंगे। और इसी के साथ यह भी कहा कि वर्णव्यवस्था और जातिवाद बना रहना चाहिए।

यह कैसी विडंबना थी कि 1911 से पहले तक हिंदू खुद घोषित करता था

कि दलित, पिछड़े, आदिवासी हिंदू नहीं हैं और कौन कह सकता है कि गाँधी को यह पता नहीं था? लेकिन जब अंग्रेज ने सेपेरेट इलेक्ट्रोरेट के नाम पर कहा कि दलित हिंदुओं से अलग हैं तो गाँधी ने आमरण अनशन कर दिया।

मैं जानता हूँ कि पूना पैक्ट की आलोचना पर समस्त सवर्ण बुद्धिजीवी बहुत नाराज होता है पर यहाँ यह सत्य समझना चाहिए कि अगर पूना पैक्ट न हुआ होता और कम्युनल एवार्ड अमल में आ गया होता तो हिंदू का यह भ्रम टूट चुका होता कि वह बहुसंख्यक है। जो सवर्ण बुद्धिजीवी कम्युनल एवार्ड को बर्तानिया की साजिश बताता है और अम्बेडकर को ब्लैकमेल करके कराए गए पूना समझौते को सही ठहराता है, उसकी मानसिकता पर हैरानी होती है। वह अपने को साफ्ट हिंदू घोषित करता है और यह बात आसानी से भुला देता है कि वह अपनी सोच से अंततः सांप्रदायिक हिंदुत्व के साथ ही अपनी धोती का छोर बाँध लेता है। ध्यान दीजिए अगर 1932 में गाँधी ने जबर्दस्ती पूना पैक्ट न कराया होता और सेपरेट इलेक्ट्रोरेट की व्यवस्था वाला कम्युनल-एवार्ड लागू हो चुका होता तो आज हिंदू इस देश में अल्पसंख्यक होता। देश की समूची अर्थनीति, राजनीति, उद्योग, अर्थतंत्र, शिक्षा और संस्कृति पर अल्पसंख्यक सवर्ण काबिज न हो पाते। वे काबिज न होते तो न स्टेंस मरता, न बाबरी मस्जिद टूटती, न गुजरात नरसंहार होता।

आखिर आज क्यों वामपंथ समेत समूचा साफ्ट हिंदू समुदाय पूना पैक्ट समर्थक और कम्युनल एवार्ड विरोधी है? उत्तर खोजना बहुत कठिन नहीं है। मंडल आयोग की सिफारिशों की घोषणा के बाद भारत की सर्वोच्च अदालत में जो फैसला 1962 में दिया था, उसमें इस बात पर गहरा अफसोस जाहिर किया गया था कि देश की समूची राजनीति, उद्योग, अर्थतंत्र, शिक्षा और संस्कृति सिर्फ दस फीसदी सवर्णों के कब्जे में है। इन्हीं दस फीसदी सवर्णों में कट्टरपंथी हिंदू भी हैं और साफ्ट हिंदू भी। दोनों साथ मिलकर व्यवस्था का लाभ ले रहे हैं। दोनों मिल कर सत्ता पर कब्जेदारी के लिए वास्तविक रूप से अल्पसंख्यक हिंदू को छलपूर्वक बहुसंख्यक बनाए हुए हैं और जब देश पर यह राष्ट्रीय छल आरोपित कर रखा गया है तो बहुसंख्यक अधिकार का सीधा दुरुपयोग सांप्रदायिक फासीवाद के रूप में होता है। आखिर सवर्ण साफ्ट हिंदू अनपढ़ तो है नहीं। वह जानता है कि कट्टर हिंदू 1911 से पहले तक खुद कभी दलित, पिछड़े और आदिवासी को हिंदू नहीं मानता था। 1911 के बाद से बहुसंख्यक सिद्ध करने के लिए कट्टर हिंदू ने इन्हें भी हिंदू लिखवाना शुरू किया। इस ऐतिहासिक धोखाधड़ी से साफ्ट हिंदू अपने को अलग क्यों नहीं करता? वह कभी क्यों नहीं कहता कि कट्टर हिंदू या तो 1911 से पहले के अपने विचार बदले या फिर गाँधी के पूना पैक्ट को खारिज करके अपने आपको अल्पसंख्यक की तरह रखे। मगर साफ्ट हिंदू इस मुद्दे को यत्नपूर्वक दबाकर, ढक कर रखता है। इस मामले

में वह शुद्ध गाँधीवादी होता है यानी हिंदुत्व को बचाए रखने का हर संभव प्रयत्न ऐतिहासिक सत्य की कीमत पर भी करता है। वह इस बात को भी नज़रअंदाज करता है कि क्यों सांप्रदायिक नेता अपनी सांप्रदायिक रथयात्रा में गाँधी का चित्र भी लगाता है। उसकी समझ में यह भी नहीं आता कि गाँधी की जन्मभूमि-कर्मभूमि गुजरात में कट्टरपंथी इतने ज्यादा मजबूत क्यों हैं। हिंदुत्व की प्रयोगशाला गाँधी के इलाके में ही क्यों तैयार होती है?

आज ज्यादातर बुद्धिजीवी यह स्वीकार करते नजर आते हैं कि देश में धर्मनिरपेक्ष शक्तियाँ कारगर संघर्ष फासीवाद से नहीं कर पा रही हैं। कारण बहुत साफ है। भले ही नरम हों लेकिन ये शक्तियाँ भी हैं तो हिंदू ही! साफ्ट हिंदू के बारे में यह बात समझनी होगी कि भले वह कट्टरता का आलोचक होता है पर हिंदुत्व के संरक्षण और पोषण में वह कम तत्पर नहीं रहता। वह हिंदू कर्मकांड के पक्ष में संस्कृति के नाम पर तर्क देता है और वेदों से लेकर पुराणों, महाकाव्यों और धर्मसूत्रों को श्रद्धा भाव से देखता है। इन किताबों में दलितों, शूद्रों के विरुद्ध जो अमानुषिक बातें मौजूद हैं, उन्हें वहाँ से हटाने की माँग कभी नहीं करता। किसी साफ्ट या अच्छे या नरमपंथी हिंदू को कभी यह आवाज उठाते मैंने नहीं देखा कि वेदों से लेकर मानस तक के सैकड़ों ग्रंथों से शूद्र समुदाय और स्त्री को प्रताड़ित–अपमानित करने वाली बातें हटाई जाएँ। निश्चय ही अपने चरित्र के अनुसार साफ्ट हिंदू, विपक्ष के भीतर हिंदुत्व का ट्राय का घोड़ा होता है। यही वजह है कि वह हिंदू फासीवाद के विरुद्ध कोई सार्थक पहल करता नहीं दीखता। वह करेगा नहीं, कर भी नहीं सकता। भारत में फासीवाद तब तक नहीं हारेगा जब तक हिंदुत्व नहीं हारता। पूना पैक्ट जिस दिन खारिज हो जाएगा, फासीवाद के अश्वमेध का घोड़ा उसी दिन रोक लिया जाएगा। धर्म के विखंडन की जरूरत इसीलिए है।[39]

मुद्राराक्षस का मत है कि सांप्रदायिक समस्याओं के लिए उग्र हिंदू और साफ्ट हिंदू–दोनों ही दोषी हैं। कुछ मायनों-संदर्भों में तटस्थ रहकर साफ्ट हिंदू अपनी जिम्मेदारी से नहीं बच सकता। मुद्राराक्षस हिंदुत्व की ऐतिहासिक पृष्ठभूमि पर भी विस्तार से प्रकाश डालते हैं। सन् 1932 के पूना पैक्ट के संदर्भ में मुद्राराक्षस के विचार आक्रोश के डिब्बे में बंद हैं। जब वे विचार बाहर निकलते हैं तो स्वाभाविक रूप से आक्रोश उनकी नस-नस में सीझ चुका होता है। लेकिन उनके विचारों को नज़रअंदाज नहीं किया जा सकता, भले ही वे कुछ उग्र लगें। सन् 1911 के पहले तक कट्टर हिंदू, दलितों, पिछड़ों और आदिवासियों को हिंदू मानता ही नहीं था। सन् 1911 के अनंतर स्वयं को बहुसंख्यक सिद्ध करने के लिए उसने दलितों, पिछड़ों और आदिवासियों से भी हिंदू लिखवाना शुरू किया। उस समय इन जातियों में उतनी चेतना नहीं थी, इसलिए वे कट्टर हिंदुओं के स्नेह-सद्भाव के आवरण वाले फंदे में

आसानी से फँस गए। यदि ऐसा न हुआ होता तो आज कथित 'शुद्ध हिंदू' (कट्टर हिंदू) समाज में अल्पसंख्यक होता। भले ही मुद्राराक्षस के विचार कुछ मामलों में अतिवादी लगें, पर हैं वे सत्य के काफी करीब। यहाँ हमारा मकसद ऐतिहासिक सत्यों–तथ्यों–स्थितियों की मदद से सांप्रदायिक विद्वेष के कारणों की पड़ताल करके सौहार्द के उपाय सुझाना है, अस्तु, इस बहस को इस मंच से अभी आगे बढ़ाना न तो सहज संभव है, न ही समीचीन। आइए, अब देखते हैं कि 'इस्लाम ही अक्सर खतरे में क्यों रहता है?' दुनिया का कोई दूसरा धर्म इतनी आसानी से खतरे में नहीं पड़ता, जितनी आसानी रो इस्लाम। इस्लाम में यह स्थिति संभवतः इसलिए है, क्योंकि वहाँ आंतरिक लोकतंत्र सबसे कम है। 'अल्लाह एक है, मोहम्मद उसके पैगंबर हैं और आखिरी पैगंबर हैं तथा कुरान उनके ऊपर नाजिल हुई ईश्वरीय किताब है।'

ये कुछ ऐसी मूलभूत धारणाएँ हैं, बुनियादी आस्थाएँ हैं, जिन पर इस्लाम किसी भी तरह की बहस के लिए कतई तैयार नहीं हो सकता। प्रगतिशील चिंतक, उपन्यासकार, संपादक और वरिष्ठ पुलिस अधिकारी श्री विभूति नारायण राय के विचार इस संदर्भ में यहाँ प्रस्तुत किए जा रहे हैं। 'जनमत' के अक्टूबर-दिसंबर 2002 के अंक की 'बहस' में यह आलेख 'इस्लाम ही अक्सर खतरे में क्यूँ रहता है?' शीर्षक से प्रकाशित है। हम श्री विभूति नारायण राय और 'जनमत-परिवार' को आभार अर्पित करते हुए उक्त लेख यहाँ अविकल रूप में प्रस्तुत कर रहे हैं–

भारत के संदर्भ में जब सांप्रदायिकता, कठमुल्लापन या सांप्रदायिक फासीवाद की बात होती है तब अक्सर हमारे निशाने पर सिर्फ हिंदू सांप्रदायिकता होती है। खासतौर से मार्क्सवादी विमर्श के दौरान अक्सर मुस्लिम सांप्रदायिकता को भुला दिया जाता है या फिर उसे कम करके आँका जाता है, राजेंद्र जी अक्सर दलित, पिछड़ा या स्त्री विमर्श के दौरान हिंदू मिथकों, वर्ण-व्यवस्था और हिंदू समाज की आंतरिक संरचना की कुरूपताओं पर हमला करते रहते हैं, उनसे शायद यह उम्मीद की जा रही थी कि वे इस्लामी कट्टरता पर हमला करके अपने को हिंदुत्ववादियों के पाले में पाए जाने का जोखिम न लेना चाहें, इसलिए उनके इस संपादकीय से कुछ लोगों को आश्चर्य या निराशा हुई पर मुझे लगता है कि इस संपादकीय में बहुत से ऐसे मुद्दे उठाए गए हैं, जो गंभीर विमर्श की माँग करते हैं।

इस्लाम को लेकर मेरे मन में जो शंकाएँ हैं, उन पर आने के पहले एक बात साफ कर ली जाए। यह सही है कि जब हम सांप्रदायिकता पर हमला बोलें तो हमें हिंदू और मुस्लिम दोनों सांप्रदायिकताओं को निशाना बनाना चाहिए। पर हमें यह भी ध्यान रखना चाहिए कि भारत के संदर्भ में हिंदू सांप्रदायिकता ज्यादा खतरनाक है। हिंदू सांप्रदायिकता बहुसंख्यक समुदाय की सांप्रदायिकता है। यह राज्य मशीनरी पर कब्जा कर सकती है और फासिज्म की तरफ हमें ढकेल सकती है। हाल में गुजरात में एक प्रयोग हुआ ही है। हिंदुत्व की शक्तियाँ पूरे देश में इस प्रयोग को दोहराने

की धमकी दे रही हैं। इसके बरखिलाफ मुस्लिम कठमुल्लापन काफी हद तक आत्मघाती है। यह अपने समुदाय को ही अधिक नुकसान पहुँचाता है। इसकी मारक शक्ति अपने अनुयायियों को पिछड़ेपन और जहालत की भूल-भुलैया में ढकेल देती है। हिंदू सांप्रदायिकता को फलने-फूलने के लिए यह खाद का काम करती है।

इस्लाम दुनिया के दूसरे धर्मों से कई अर्थों में भिन्न है। अकेला धर्म है जो उम्मा की बात करता है। इसका मतलब है यह राष्ट्र राज्यों की सीमाओं को नकराते हुए एक अंतर्राष्ट्रीय इस्लामी बिरादरी की कल्पना करता है। दार्शनिक धरातल पर ही सही पर इस्लाम दुनिया को दों भागों में विभक्त करता है, जो इस्लाम पर यकीन रखने वालों और इस्लाम पर यकीन न रखने वालों की है। इस्लाम पर यकीन रखने वाली एक कौम है। यह हास्यास्पद विश्वास विश्व इतिहास में हर युग और हर भूखंड में गलत साबित हुआ है। भाषा, खानपान, परंपरा, भूगोल, अर्थशास्त्र—बहुत सारे कारण हैं जिन्होंने मुसलमानों को भी उसी तरह बाँट रखा है, जिस तरह ईसाइयों, बौद्धों, हिंदुओं या यहूदियों को अलग-अलग राष्ट्र राज्यों में विभक्त कर रखा है। मुस्लिम शासक और साधारण जन भी उसी तरह आपस में लड़ते रहते आए हैं जिस तरह दूसरे धर्मों को मानने वाले शासक और सामान्य जन, पर दर्शन के रूप में इस्लाम के जन्म के बाद से ही यह विचार कि मुसलमान एक अलग राष्ट्र है हमेशा मुस्लिम उम्मा को उद्वेलित करता रहा है। यह बात अलग है कि कभी-कम, कभी-ज्यादा। भारत के संदर्भ में यह याद रखना चाहिए कि पाकिस्तान तभी बन पाया जब पृथकतावादी मुस्लिम नेतृत्व मुसलमानों की बड़ी संख्या को यह विश्वास दिलाने में सफल हो गया कि मुसलमान एक अलग राष्ट्र है और वे हिंदू राष्ट्र के साथ नहीं रह सकते। यह बात अलग है कि केवल इस्लाम एक अलग राष्ट्र का आधार नहीं हो सकता था और बंगाली राष्ट्रीयता, पंजाबी या बलूच राष्ट्रीयताओं के साथ ज्यादा दिन नहीं चल सकी और इस्लामी राष्ट्रीयता के नाम पर बना देश 25 वर्षों में ही टूट गया। जो रिक्त्ता पाकिस्तान के नाम पर बचा भी है उसमें मुस्लिम राष्ट्रीयता से अधिक पंजाबी राष्ट्रीयता है, सिंधी राष्ट्रीयता है या मोहाज़िर राष्ट्रीयता है।

इस्लामी उम्मा की इस चाह ने ही दुनिया भर के मुस्लिम राष्ट्रों को धर्म के नाम पर एक संगठन बनाने के लिए प्रेरित किया है। आर्गनाइजेशन आफ इस्लामिक कंट्रीज या ओ. आई. सी. संयुक्त राष्ट्र संघ के बाद सबसे अधिक देशों की सदस्यता वाला संगठन है। विश्व के दूसरे बड़े धर्मों ने क्यों नहीं उन देशों का संगठन बनाने का प्रयास किया, जहाँ उनके मानने वाले बहुमत में थे? ईसाई, हिंदू या बौद्ध ऐसे अन्य धर्म हैं, जिनके अनुयायी एक से अधिक देशों में रहते हैं. पर हम कभी ऐसा गंभीर प्रयास नहीं पाते जिसके द्वारा ईसाई राष्ट्र या बौद्ध राष्ट्रों का संगठन बनाने का सपना देखा गया हो। यहाँ यह भी ध्यान रखना चाहिए कि ओ. आई. सी. में केवल अनुदार या धर्मांध मुस्लिम राष्ट्र ही नहीं शरीक हैं बल्कि बहुत से उदार, प्रगतिशील

और आधुनिक जीवन दृष्टि में विश्वास करने वाले मुस्लिम देश भी उसके सदस्य हैं। सऊदी अरब, कुवैत, नाइजीरिया और सूडान के बगल में जब हम तुर्की, मलेशिया और मिस्र को बैठे पाते हैं तब हमें उस तर्क को समझने में आसानी होती है जो उम्मा के दर्शन के रूप में इस्लाम के अवचेतन का अभिन्न अंग है। यही कारण है कि सैयद शहाबुद्दीन जब मुसलमानों की जिंदगी को लेकर एक पत्रिका निकालने की बात सोचते हैं तो उनके दिमाग में 'मुस्लिम इंडिया' नाम आता है, 'इंडियन मुस्लिम' नहीं। यह स्वाभाविक है क्योंकि वे मुसलमान इंडियन हैं यह प्रसंगवश है, उनकी असली पहचान मुस्लिम है, जो उन्हें मुस्लिम उम्मा का अंग बनाती है। अफगानिस्तान या ईराक में अमेरिकी ज्यादतियों की प्रतिक्रिया विश्व में दो तरह से होती है। विरोध का एक स्वर साम्राज्यवाद विरोधी मनुष्यता का होता है, जो हमलावरों और पीड़ितों के धर्म की परवाह किए बिना अमरीकी बमबारी की भर्त्सना करती है। इसमें ईसाई, बौद्ध, हिंदू, यहूदी और उदार मुसलमान सभी होते हैं। पर विरोध का दूसरा स्वर सिर्फ इसलिए सुनाई देता है कि पीड़ित मुसलमान हैं। भले ही हमले के पीछे कोई ईसाई चिंता न हो। अगर पीड़ित गैर-मुस्लिम दुनिया हो तो यह स्वर गायब हो जाता है। यह स्वर धर्मांध मुस्लिम उम्मा का है। चेचन्या, कश्मीर, हर्जेगोविना, अफगानिस्तान, ईराक हर जगह इसे ऐसा लगता है कि पीड़ितों के साथ ज्यादतियाँ सिर्फ इसलिए हो रही हैं क्योंकि वे मुसलमान हैं। दुर्भाग्य से मुस्लिम विश्व में यह स्वर ज्यादा जोर से सुनाई देता है।

इस्लाम अक्सर खतरे में पड़ता रहता है। दुनिया में कोई दूसरा धर्म इतनी आसानी से खतरे में नहीं पड़ता, यह स्थिति शायद इसलिए है कि इस्लाम में आंतरिक लोकतंत्र सबसे कम है। कोई भी दूसरा धर्म अपने बेसिक्स या बुनियादी आस्थाओं को इतनी मजबूती से अपने सीने से नहीं चिपकाए रहता है कि उनके बारे में बहस मुबाहिसे के लिए तैयार ही नहीं हो। अल्लाह एक है, मोहम्मद उसके पैगंबर हैं और आखिरी पैगंबर हैं तथा कुरान उनके ऊपर नाजिल हुई ईश्वरीय किताब है–ये कुछ ऐसी आस्थाएँ हैं जिनके बारे में इस्लाम किसी बहस के लिए तैयार नहीं है। इनमें से किसी एक के बारे में कोई शंका होते ही इस्लाम खतरे में पड़ने लगता है। दूसरे धर्मों की भी बुनियादी आस्थाएँ हो सकती हैं पर वे उन पर बौद्धिक विमर्श से डरते नहीं। पोप और चर्च की लाख कोशिशों के बावजूद डारविन को बड़े ईसाई समाज ने मान्यता दी और आज भी ईसाई घरों में पैदा होने वाले ही बाइबिल और ईसा से जुड़ी पुराण कथाओं की पुनर्व्याख्याओं में लगे हुए हैं। डरा हुआ समुदाय ही वैचारिक मुठभेड़ों से बचने की कोशिश करता है, तर्क की अनुपस्थिति से आप तर्कातीत बन जाते हैं। इसे समझने के लिए भारत के संदर्भ में ब्राह्मणों के प्रयास का अध्ययन दिलचस्प होगा। इस्लाम का भारत में आगमन बुद्ध के बाद पहली बड़ी सामाजिक परिघटना थी, जिसने समानता और बंधुत्व की ताजी बयार भारतीय समाज में बहाई

थी। ब्राह्मण किसी भी तर्क से वर्ण-व्यवस्था या कर्मकांडों को सही नहीं ठहरा सकते थे इसलिए उन्होंने इस्लाम के साथ हमेशा वैचारिक मुठभेड़ों से बचने की कोशिश की। उन्होंने मुसलमानों को म्लेच्छ घोषित कर दिया, जिनसे विमर्श तो दूर उनको छूने मात्र से धर्म भ्रष्ट और अशुद्ध होने का खतरा था। यही प्रयास अट्ठारहवीं और उन्नीसवीं शताब्दी में समुद्र यात्राओं के संदर्भ में भी हुआ। ब्राह्मण जानता था कि यदि वह दुनिया के किसी दूसरे हिस्से में जाकर यह कहेगा कि वह श्रेष्ठ है क्योंकि वह ब्राह्मण परिवार में पैदा हुआ है तो लोग उसे किसी अजूबे की तरह कौतूहल से देखेंगे इसलिए उसने ज्यादा आसान रास्ते की तरह यह प्रयास किया कि देशवासी समुद्र पार ही न करें। इस तरह तर्क के अभाव को तर्कातीत बन कर पूरा करने का प्रयास किया गया। इस्लाम में शुरुआती चार खलीफाओं के बाद भिन्न आस्थाओं से मुठभेड़ से बचने की प्रवृत्ति अधिक रही है। शायद यही कारण है कि इस्लाम इतना छुई-मुई है और जरा सी चुनौती से वह खतरे में पड़ जाता है।

यह भी बिना किसी कारण नहीं है कि धर्मयुद्ध का आह्वान हमारे समय में सिर्फ मुसलमानों की तरफ से उठता है। यह कहा जा सकता है कि विश्व के मुसलमानों की बहुत छोटी संख्या ही जेहाद जैसी अव्यावहारिक कल्पना लोक में जीती है और जेहाद को भी नए ढंग से परिभाषित करने की कोशिश की जाती है। कई मुस्लिम विद्वान मानते हैं कि जेहाद का संबंध बाहरी भौतिक जगत से नहीं बल्कि आंतरिक शुद्धि और बुराइयों पर विजय से है। पर इन सबके बावजूद यह एक तथ्य है कि जेहाद का सबसे अधिक समझा जाने वाला अर्थ मुसलमानों की रक्षा के लिए गैर इस्लामी हुकूमतों को उखाड़ फेंकने और अल्लाह की हुकूमत कायम करने का प्रयास ही है। यही अर्थ है जो चेचन्या से अफगानिस्तान और फिलिस्तीन से कश्मीर तक दुनिया भर के मुसलमान जेहादियों को आकर्षित करता है, हमें नहीं भूलना चाहिए कि बुश ने अफगानिस्तान पर हमले के पहले कुछ ईसाई प्रतीकों का सहारा लेने की कोशिश की थी। आपरेशन इनफाइनाइट जस्टिम का नाम बदलने पर बुश को अमेरिकी जनता की विपरीत प्रतिक्रिया ने ही मजबूर किया था। बुश चाहता भी तो अमेरीकी अभियान को क्रूसेड में तब्दील नहीं कर सकता था। बुश तो क्या कोई ईसाई नेता अब क्रूसेड की बात नहीं कर सकता। पर मुस्लिम उलेमा, राजनेताओं और सामान्यजन के लिए जेहाद अभी भी एक हासिल किया जा सकने वाला सपना है और अभी भी एक ऐसी इच्छा है, जिसके लिए हर साल हजारों लाखों मुसलमान अपनी जान दे देते हैं।

मैं अपनी बात इस तथ्य की तरफ आकर्षित कर समाप्त करूँगा कि धर्मनिरपेक्षता की लड़ाई नीति के आधार पर नहीं, विश्वास के आधार पर लड़ी जानी चाहिए, यह दुनिया भर के मुसलमानों की समस्या है कि वे जब अल्पसंख्यक होते हैं तब धर्मनिरपेक्षता के सबसे बड़े अलंबरदार होते हैं लेकिन जैसे ही किसी खित्ते में बहुसंख्यक

हो जाते हैं, इस्लामी हुकूमत कायम करना उनकी प्राथमिकता हो जाती है। वे अपनी हुकूमतों में अल्पसंख्यकों को वही सारे अधिकार नहीं देना चाहते हैं, जो अल्पसंख्यक के रूप में खुद के लिए चाहते हैं। तुर्की, मिस्र या इंडोनेशिया जैसे समाज कुछ हद तक अपवाद जरूर हैं लेकिन वहाँ भी इस्लामी कट्टरपंथियों का प्रयास यही है कि वे राज्य मशीनरी पर कब्जा करके सरकारों को इस्लामी शरि'आ की अपनी समझ के अनुसार चलने पर मजबूर कर सकें। हमारे देश के संदर्भ में यह तथ्य अधिक महत्त्वपूर्ण है। यह एक खुला सच है कि भारत में हिंदू और मुस्लिम कट्टरता एक दूसरे के लिए खाद का काम करती हैं। दोनों एक-दूसरे को फलने-फूलने में मदद करती हैं। मैंने शुरू में ही इस तथ्य को रेखांकित करने का प्रयास किया था कि हिंदू सांप्रदायिकता भारत के संदर्भ में ज्यादा खतरनाक है क्योंकि बहुसंख्यक समुदाय की सांप्रदायिकता में यह सामर्थ्य है कि वह राज्य मशीनरी पर कब्जा कर सकती है। एक फासिस्ट हिंदू राज्य बनने से भारत को बचाने के लिए आवश्यक है कि दोनों समुदायों की सांप्रदायिकता से समान रूप से लड़ा जाए। सांप्रदायिकता के एक स्वरूप पर हमला करने और दूसरे की अनदेखी करने से काम नहीं चलेगा। इस मामले में प्रगतिशील हिंदुओं और मुसलमानों को साथ-साथ मिलकर संघर्ष करना पड़ेगा। भारत के मुसलमानों को बढ़-चढ़कर यह माँग करनी पड़ेगी कि केवल भारत के सेकुलर होने से काम नहीं चलेगा। पाकिस्तान, बांग्लादेश और सूडान को भी सेकुलर होना पड़ेगा। इक्कीसवीं शताब्दी में धर्माधारित राज्य से बड़ी मूर्खतापूर्ण और कोई अवधारणा नहीं है। धर्मनिरपेक्षता की लंबी लड़ाई पूरी मनुष्य जाति के लिए महत्त्वपूर्ण है और इसे मैटर आफ पालिसी (नीतिगत मामले) के तौर पर नहीं मैटर आफ प्रिंसिपल (सिद्धांतगत मामले) के तौर पर ही लड़ा जा सकता है।[40]

विभूतिनारायण राय का मानना है कि दोनों समुदायों—हिंदू-मुसलमान—की सांप्रदायिकता से सम-समान रूप से लड़ा जाना चाहिए। सांप्रदायिकता तो निंदनीय ही है, वह चाहे जिस समुदाय से जुड़ी हो। लेखक का यह भी मानना है कि भारत के संदर्भ में तो सांप्रदायिकता की समस्या और भी ज्यादा भयावह हो जाती है, क्योंकि यहाँ दोनों समुदायों की कट्टरता एक-दूसरे के लिए खाद का काम करती है और इस प्रकार दोनों एक-दूसरे के फलने-फूलने में मदद करते हैं। लेखक के मतानुसार इक्कीसवीं सदी में धर्म-आधारित राज्य से अधिक मूर्खतापूर्ण अवधारणा दूसरी कोई नहीं हो सकती। लेखक धर्मनिरपेक्षता की लड़ाई को पूरी मनुष्य जाति के लिए बड़ी महत्त्वपूर्ण लड़ाई मानता है और इसे नीतिगत मामले (मैटर ऑफ पालिसी) के तौर पर नहीं, अपितु सिद्धांतगत मामले (मैटर ऑफ प्रिंसिपल) के तौर पर स्वीकार कर संघर्ष की बात करता है।

सितंबर, 2002 ई. का 'हंस' का संपादकीय पढ़-सुनकर राजेंद्र यादव के

दृष्टिकोण पर लंबी बहस हुई थी । उसी सिलसिले में शम्सुर्रहमान फारूकी ने भी अपने विचार व्यक्त किए थे। भारत में सांप्रदायिकता, धर्मनिरपेक्षता, हिंदू-मुस्लिम-संबंध, तहज़ीबों का टकराव, सत्ता का खेल आदि पहलुओं पर सार्थक पहल करता है शम्सुर्रहमान फारूकी का आलेख। 'टकराव तहजीबों का नहीं, पावर का है' संज्ञक यह आलेख 'समकालीन जनमत' के अक्टूबर-दिसंबर, 2002 ई. के अंक में 'बहस' के अंतर्गत छपा था। हम शम्सुर्रहमान फारूकी और 'समकालीन जनमत-परिवार' के प्रति कृतज्ञता ज्ञापित करते हुए उक्त लेख यहाँ पूरा-का-पूरा उद्धृत कर रहे हैं–

राजेंद्र यादव का लेख मैंने सुन लिया, अगर पढ़ने बैठता तो मैं कहीं-न-कहीं उसको शुरू में छोड़ देता, इसलिए कि पढ़ने योग्य था ही नहीं। लेकिन हमारे दोस्तों ने सुना दिया तो मैंने सुन लिया, अच्छा ही किया, क्योंकि मुझे थोड़ा-सा अफसोस करने का मौका मिला। इधर बहुत दिनों से मेरी जिंदगी में अफसोस बहुत आ गया है। खास कर अपने मुल्क के हालात को देखते हुए, जो हमारे मुल्क के बड़े-बड़े बुद्धिजीवी हैं, उनकी बातें सुनते हुए और काम देखते हुए दिल अफसोस से भर जाता है। पहले तो हँसी आया करती थी अब तो हँसी भी नहीं आती। अगर मैं 25 साल पहले इस लेख को सुनता या पढ़ता तो हँस देता। यह सोचकर ठीक है, कुछ लोगों के दिमाग में लहरें आती रहती हैं, जाती रहती हैं ये खुद ही ठंडे हो जाएँगे, लेकिन अब हँसने का अवसर नहीं है। फिर भी एक दो हँसने वाले बताऊँ आपको। जेन आस्टिन के पास एक चिट्ठी एक लड़की ने लिखी कि दीदी आप बड़े-बड़े नावेल लिखती हैं, मुझे भी नावेल लिखने का बड़ा शौक है और मैं सोचती हूँ कि आयरलैंड के बारे में नावेल लिखूँ। आपकी क्या राय है। जेन आस्टिन ने लिखा कि बेटा ऐसा है कि आयरलैंड को तो तुम आयरलैंड वालों पर छोड़ दो, तुम जहाँ रहती हो, वहाँ के बारे में बात करो। जहाँ गई नहीं हो, जहाँ देखा नहीं है, उसके बारे में क्या लिखोगी। दूसरा, एक फिरदौसी के शाहनामे में जब कैकाउस बादशाह पंख लगा करके या बल्कि पंख पर बैठकर के या दो बड़े-बड़े पंख वाले पखेरुओं पर बैठकर उड़ना चाहता है और बीच में गिर पड़ता है, चोट खाता है और पकड़ा जाता है। इसलिए कि वो शत्रु के देश में जाकर के गिरता है। रुस्तम बुलाए जाते हैं। छुड़ाकर लाते हैं उसको। उससे कहते हैं, तूने जमीन ही के काम कौन बड़े अच्छे अंजाम किए थे कि तू आसमां पर चला गया। तो ये दोनों बातें हँसने वाली भी हैं, दुख वाली भी हैं। जब तुमने कभी किसी मुसलमान समाज के अंदर बैठकर देखा नहीं और उनके बारे में फैसले कर रहे हो कि ये बड़े रेजिमेंटेशन वाले हैं, ये किसी को बर्दाश्त नहीं कर सकते। अगर एक हिंदू-मुस्लिम शादी फेल हो गई, तो तुम्हारे ख्याल में सब हिंदू-मुस्लिम ऐसे ही होते हैं। लाखों-करोड़ों हिंदू शादियाँ बिगड़ती हैं उनके बारे में क्या बोलते हो? अमेरिका में आज हर थर्ड मैरिज हर तीन साल में टूट जाती है, उसके बारे में क्या

बोलते हो? तो... इस तरह की छोटी-छोटी बातों को लेकर के जो अकेली-अकेली बातें हैं तुम एक पूरी सभ्यता पर, इतिहास के एक बहुत ही बड़े चैप्टर पर अपना हुकुम लगाते हो, ये किसी पढ़े-लिखे आदमी को जेब (शोभा) नहीं देता।

पहले रेजिमेंटेशन की ही बात करते हैं, पाँच सौ बरस तक तो सारी दुनिया में सारी साइंस, सारी फिलासफी, सारी थिंकिंग, सारी फ्री थिंकिंग मुसलमानों की थी। समकालीन जनमत ने तो जरा-सा लिख दिया—ये जो साइंस-वाइंस चल रही है, योरप में ये न होती, मुसलमान अगर न होता। हम पूछते हैं कि किसी एक ऐसे सभ्यता के प्रिंसिपल में रेजीमेंटेशन कहाँ से होगा जब उसे चाइना और हिंदुस्तान से लेकर योरप तक की चीजों को समेटा, अपने अंदर समोया, नए सिरे से उनको लिखा और इन्हें फैलाया तमाम। तो यह कह देना कि साहब यहाँ रेजिमेंटेशन है, इसलिए कि शरी'आ के ऊपर तुमने 'मुसलमानों' ने क्वेश्चन-मार्क कभी नहीं लगाया, अगर हम कहें कि लगाया तो तुम क्या कर लोगे, और कहें कि नहीं लगाया तो तुम क्या कर लोगे। ये हमारा मामला है, शरी'आ हमारी है। अगर उस शरी'आ पर क्वेश्चन मार्क न लगा करके तुम्हारा हम बुरा कर रहे हैं तो तुम हमसे आकर कहो। लेकिन अगर हम अपने पड़ोसी का गला नहीं काट रहे हैं। हम तो मुर्दों को भी जलने नहीं देते गाड़ देते हैं। उस पर हम समाधि खड़ी करते हैं, जहाँ हिंदू जाता है, मुसलमान जाता है, माथा टेकता है और तुम्हारे लोगों ने तो हमारे लोगों को गुजरात में जिंदा जला दिया, तो शरी'आ से हम क्या जाकर पूछें इस मामले में। क्या शरी'आ ने हमसे ये कहा है। असल बात ये है कि दो चीजें अमरीका ने एक्सपोर्ट की हैं। एक तो ये कि ये सभ्यताओं का टकराव है। सभ्यता तो थी ही नहीं जब हम आए थे। उसको ये लोग भी आज डार्क एजेज (अंधकार काल) कहते हैं। उन पाँच-सात सौ बरसों में टकराव तो नहीं था कोई। ये टकराव तब शुरू हुआ है जबकि, अब चाहे जो वजह रही हो योरोप के लोगों ने अपने घर से बाहर निकल कर के हम लोगों को तुम लोगों को गुलाम बनाना शुरू किया। जब हिंदुस्तान पहुँचे हैं, जब मिडिल ईस्ट पहुँचे हैं, जब फारिस पहुँचे हैं और ये चलता रहा है यहाँ तक कि चीन के लोगों को अफीम खिलाना शुरू किया। जब उन्होंने नहीं खाई तो युद्ध किया कि खाओ। तो वो टकराव नहीं था तुम्हारे सामने, ये टकराव है कि हमें, हमारे लोगों को और तुम लोगों को, तुम हमारे भाई हो, तुम हमारी तरह हो, बाहर के लोगों ने आकर गुलाम बनाया और जब फैलना शुरू किया इन लोगों ने और लूटने लगे तो क्या टकराव तुम्हें नजर नहीं आता है। ये टकराव की बात नहीं है मियाँ, इस तरह की सतही बातें, सस्ते जुमले, अखबार में अच्छे लगते हैं लेकिन ये कि जब आप सोच के स्तर पर काम कर रहे हैं, दार्शनिक लहजे में बात कर रहे हैं तो ऐसी बात न कहिए कि लोग हँसने लगें आप पर। ये टकराव किस बात का है, किसका टकराव है। किससे टकराव है, क्यूँ टकराव है। सीधी बात ये है कि जब एक तहज़ीब आकर

के आपके ऊपर फैली, उसने आपको गुलाम बनाया और तब आप देख रहे हैं कि उस तहज़ीब के कुछ लोग कुछ पोलिटिकल कुछ कल्चरल लेविल पर उन्हें देख रहे हैं और पूछ रहे हैं कि तुम यहाँ क्या कर रहे हो? तब उसके तरह-तरह के पहलू निकलते हैं। उन पहलुओं में एक पहलू यह भी हो सकता है, जिसे हम आतंकवाद कहते हैं। आतंकवाद से, ये कह देना कि अबू सलेम और दाउद इब्राहिम से मुसलमान बड़ा खुश हो जाता है यानी ये इस तरह की बातें हैं कि कोई ये कहे कि मुसलमान बेचारे को सिर्फ यही सब अच्छा लगता है कि अगर मैं ये कहता कि साहब हिंदू भी ऐसे हैं, जो कि दलितों को मरते देखकर खुश होते हैं। अभी तुमने दलितों को मारा पंजाब में, हम कह दें कि हाँ तुम बड़े खुश हो, सुनो तो तुम्हें कैसा मालूम हो? इस तरह के सिंपलीफिकेशन से काम नहीं चलता। तो टकराव जो है, ये तहज़ीबों का नहीं है। टकराव पावर्स (सत्ता) का है। एक सीधी बात कहें हिंदू ने मुसलमान कितने मारे, मुसलमान ने हिंदू कितने मारे। आप तो अंग्रेजों की उदारता की बात करते हैं कि उदार थे। लिहाजा यहाँ पर आकर उन्होंने हुकूमत कर ली, अफ्रीका को उन्होंने कैसे-कैसे बाँटा, और अब भी किस तरह से बाँट कर रखा है। तुम देख रहे हो कि जुगरफिया कुछ कहता है, कल्चर कुछ कहता है, एंथ्रोपालिजी कुछ कहती है, मुल्क कुछ कहता है। जो कुछ हो रहा है या हुआ है नाइजीरिया में या सोमालिया में या इवेन मोरक्को में, क्या हमने किया है। वो मुस्लिम आतंकवाद था! आपके उपनिवेशवाद ने जो फैलाया तमाम, जो हमारी आइडेंटिटी को तोड़ दिया आपने। हिंदू को हिंदू नहीं रखा, मुसलमान को मुसलमान नहीं रखा। हुतू और तूत्सी को हुतू और तूत्सी नहीं कहा तुमने तब उसके बाद ये सब चीजें पैदा हो रही हैं। लोगों से जब उनकी मेमोरी (स्मृति) छीन ली जाती है तब जाकर उनका खून उबलना शुरू हो जाता है। अगर वो जानें कि हाँ उनकी मेमोरी उनसे छिन गई तो ये सभ्यताओं का टकराव नहीं है, ये पावर का टकराव है। पश्चिमी ताकतें नहीं चाहतीं कि जो उन्होंने हासिल किया था चार-पाँच सौ बरस के उपनिवेशवाद में उसे वो खो दें। कभी वो मुसलमान को पकड़ लाते हैं, कभी वो हिंदू को पकड़ लाते हैं और उनसे अपना काम लेते हैं। कभी किसी और को, और कभी किसी और हिस्से में चले जाते हैं। कभी चायना को खुश करना चाहते हैं, कभी सोवियत रूस के खुश होने पर खुश होते हैं, तो कभी उसके टूटने पर खुश होते हैं। तो कभी खुद ही रोते हैं कि हाय बड़ा बुरा हुआ। अब किससे लड़ें हम लोग। हिस्ट्री खतम हो गई हमारी। अब आप जानते हैं कि अमरीका में अभी कुछ दिन पहले अगर न मालूम हो तो सुन लीजिए मुझसे आप। अभी कुछ दिन पहले वहाँ के साइंटिस्टों के दरमियान ये सवाल उठाया गया कि आप में से कितने ऐसे हैं, जो खुदा को मानते हैं और कितने ऐसे हैं जो डारविन को मानते हैं। आपको सुनकर आश्चर्य होना चाहिए राजेंद्र यादव जी कि, कोई तीस फीसदी अमेरिकन साइंटिस्ट ने कहा कि हम डारविन को नहीं

मानते हैं। इवोल्यूशन को नहीं मानते, हम तो क्रिएशनिस्ट हैं। और अमेरिका में आज भी एक बहुत बड़ा आंदोलन चल रहा है, कई यूनिवर्सिटियों में चलाया जा रहा है, बाहर चलाया जा रहा है कि हम डारविन की इवोल्यूशनरी थ्योरी नहीं पढ़ेंगे, हम तो क्रिएशनिस्ट थ्योरी पढ़ेंगे या कम से कम आप दोनों पढ़ाएँ। तो यहाँ जो अंग्रेज आए थे हुकूमत करने, उन्हें तो आपने बड़ा उदार कह दिया। ये पूछिए कि ये लोग किस धर्म का प्रचार करना चाहते हैं और क्या चाहते हैं ये लोग? आपने कभी सोचा है कि कितना खून ये जो आपके उदार क्रिश्चिएन हैं, इन्होंने बहाया है इस मुल्क में और इस मुल्क के बाहर? जो आप कह रहे हैं कि इन्होंने बहुत राज किया और बड़े भारी राजा थे ये, और इन्होंने ढाई सौ बरस तक इस मुल्क पर राज किया। शायद इसलिए किया क्योंकि उदारता से किया होगा, तो कभी सोचा आपने कि अफ्रीका में, चाइना में, मिडिल ईस्ट में, फारिस में हिंदुस्तान में कहीं पर भी देख लीजिए। अच्छा छोड़ दीजिए खुद अमरीका में इन लोगों ने क्या किया। जो कौम स्माल पाक्स (चेचक के कीटाणु) के जर्म्स को कंबलों में भरती है और फिर वो कंबल जाकर के बाँटती है वहाँ के इंडियन पापुलेशन में। उसके बारे में तुम कहते हो कि बड़े उदार थे ये लोग! जिस तरह से कि इसका और जिस तरह से और धर्म थे वहाँ और जो तमाम सभ्यताएँ थीं वहाँ, साउथ अमेरिका में, नार्थ अमेरिका में उनको जैसा मिटाया है, उखाड़ के रख दिया उनको, कुचल के रख दिया उनको, खतम कर दिया बिल्कुल। जो वादे किए तो पूरे नहीं किए, ट्रिएटी बाँधी जो पूरी नहीं की और बीमारियों को और साइंस की उन चीजों को जिनको वो जानते भी नहीं थे, उनको वहाँ लाकर के रखा और उनको कहा कि तुम इसको समझो, तो ये हुआ कि जहाँ गरीबी नहीं थी, वहाँ गरीबी आ गई। जहाँ कर्ज नहीं था, वहाँ कर्ज आ गया। आप पढ़िए, अभी कुछ दिन पहले वो किताब छपी है, जिसमें ये दिखाया गया है कि एक अमेरिकन एथनिक जिसे आप अमेरिकन इंडियन एथनिक कहते हैं, उन एथनिक अमेरिकन ट्राइब में जहाँ मैरिज नहीं थी लेकिन कर्ज भी नहीं था, जहाँ प्रापर्टी नहीं थी लेकिन गरीबी भी नहीं थी, वहाँ हमारे अमरीकी जो आपके खयाल में बड़े उदार क्रिस्तान हैं पहुँच गए, उन्होंने कहा कि तुम बड़े गधे हो तुम्हारे यहाँ तो शादी भी नहीं है, तुम्हारे पास प्रोपर्टी भी नहीं है, तुम्हारे यहाँ गरीबी भी नहीं है, तुम कैसे लोग हो? तो लीजिए पचास बरस में वहाँ गरीबी भी आ गई। बीमारी भी आ गई। तलाकें भी होने लगीं, झगड़े भी होने लगे, चोरी भी होने लगी, तो ये हैं वो जिन्हें आप उदार कह रहे हैं। ये पावर की बात हैं केवल। केवल पावर की बात, समझ लीजिए आप। अगर आप ये कहते हैं कि साहब ताज्जुब है कभी मुसलमानों, क्रिस्तानों में झगड़ा नहीं हुआ, हिंदू-मुसलमान में तो हो गया। हाँ! कब हुआ मगर? जब हुआ, कि जब आपके उदार अंग्रेजों ने आकर बता दिया कि तुम मुसलमान हो तुम हिंदू हो। वरना मेरे मुल्क में तो, आज भी अगर मैं चला जाऊँ देहात में, तो ऐसे लोग मिल जाएँगे,

जो मुझसे पूछते हैं, नहीं पूछते हैं कि हिंदू हो कि मुसलमान, पूछते हैं कि कौन जात हो? यहाँ तो मुसलमान को मुसलमान और हिंदू को हिंदू कहने वाले तो आपके उस्ताद जेम्स मिल थे, जिन्होंने सिखाया कि साहब हिंदुस्तान की हिस्ट्री के तीन दौर हैं। हिंदू काल, मुस्लिम काल और ब्रिटिश काल। झगड़ा वहाँ होता है जहाँ आइडेंटिटी बनाई जाती है। जब हमने अपनी आइडेंटिटी (पहचान) यहाँ की बना ली है और हम इसी देश में हैं। इसी देश के रहने वाले हैं, आप पूछते हो कि इंडियन मुस्लिम हो कि मुस्लिम इंडियन हो। मैंने तो कभी सोचा ही नहीं आज तक कि इंडियन मुस्लिम या मुस्लिम इंडियन क्या चीज होती है। मैं तो अपने को इंडियन समझता हूँ हाँ, ये जरूर है कि मेरे पुरखे हैं, मेरे भाई हैं, मेरे और लोग हैं नमाज भी पढ़ लेते हैं, रोजा भी रख लेते हैं, ईदगाह चले जाते हैं और ये भी है कि वो, जब उनके दिल में आता है होली भी खेल लेते हैं, अच्छा, अगर नहीं भी खेलते तो बुरा भी नहीं मानते। आप होली खेलते हैं तो खेलते रहिए। देखो, दूसरे का सुझाव, उसका तरीका, उसका बर्ताव, उसके जिंदगी के, रहन-सहन को कुबूल कर लेने का माने ये नहीं हैं कि मैं वैसा बन जाऊँ, इसका माने ये है कि मैं उसको वो करने दूँ कि भई ठीक है, तू अपना कर।

हमारे नेतागण कहते हैं कि हम तुमको नमाज पढ़ने देते हैं हम तुम्हें रमजान में रोजा रखने देते हैं, तो ये 'हम' कौन हैं जरा पूछो इनसे 'हू इज दिस हू' अगर हम इस मुल्क में सफरेंस पर हैं, आपकी मेहरबानी पर हैं, तो फिर तो हिंदुत्व खत्म हो गया, फिर तो वो बात ही नहीं रह गई जिसके लिए आप लड़ रहे थे।

आप ये देखिए कि अगर रेजिमेंटेशन के माने ये हैं कि मैं हर कदम पर कुरान को चैलेंज करूँ तो ठीक है मैं नहीं करता हालाँकि मैं कोई ऐसा बड़ा भारी कुरान का मानने वाला पक्का मुसलमान नहीं हूँ लेकिन चैलेंज तो नहीं करता मैं, लेकिन अगर इसके माने ये हैं कि एक कुरान की पाँच सौ कमेंटरी लिखी जाएँ तो हाँ है। फिर दिखाओ कहाँ रेजिमेंटेशन है। अगर कुरान की कमेंटरी तुम गिनो तो उतनी कमेंटरी दुनिया की शायद किसी किताब की नहीं लिखी गई है और लिखने वाले ज्यादातर मुसलमान, तो उसके मतलब क्या हैं? मतलब ये कि हर कमेंटेटर ये समझता है कि मुझे अच्छा मालूम है, उसे कम अच्छा मालूम है, और किसको कहते हो लिबरलिजम और ओपेन थिंकिंग, जब आप कुरान जैसी किताब को जिसके बारे में हम लोग ये कहते हैं, मुसलमान का ये विश्वास है गलत ही सही लेकिन है, कि ये आखिरी किताब है इसके बाद कुछ नहीं होगा। फिर भी जब हर जमाने में सैकड़ों आदमी उसका अनुवाद कर रहे हैं, अपनी-अपनी भाषा में और उस पर कमेंटरी लिख रहे हैं तो इसका माने क्या है। इसका माने यही न कि उनमें इतनी ओपेन थिंकिग है कि अबुल कलाम आजाद भी कमेंटरी लिखें, जो पोलिटिकल लीडर भी हैं और धार्मिक भी अपने को कहते हैं। मौलाना थानवी भी लिखें और महमूद हसन बरेलवी

भी लिखें जो कि लोनें, पोलिटिकल भी थे और धार्मिक भी थे। इसका मतलब क्या है? ये बात समझने की है न! अगर मान लीजिए साहब हमारे यहाँ ये मामला है कि हम सूअर नहीं खाते, शराब नहीं पीते, तो यह हमारा अपना मामला है। आपके यहाँ ऐसा न होगा या होगा, तो इसकी परवाह कोई क्यूँ करे? यहूदियों के यहाँ भी है कि शराब नहीं पीते सूअर नहीं खाते। आप ये सोचिए कि आज जो कल्चर यहूदियों को उठाकर के अपने सिर पर रखे हुए है और उसके कंधों पर खड़े हुए यहूदी जो हैं कि दुनिया भर को मुँह दिखा रहे हैं, मुँह चिढ़ा रहे हैं, वही यहूदी तो भाग-भाग करके पहले मुसलमानों के यहाँ आया करते थे। क्या तुमको मालूम नहीं है? अगर आप केवल एक किताब पढ़ लें बर्नर लुई की जो खुद ही बहुत बड़ा यहूदी है। वो किताब पढ़ लीजिए 'द जीउज आफ इस्लाम' वो कहता है 'द जीउज (जूज) आफ इस्लाम', 'इन इस्लाम' नहीं कहता वो बताता है कि किस तरह यहूदी फले-फूले मुसलमानों के यहाँ सारे ईस्टर्न योरप से, सेंट्रल योरप से यहूदी भाग-भाग करके आटोमन एम्पायर में आते थे। अगर और कुछ पढ़ना चाहो तो एक किताब और पढ़ लो। उसमें ये लिखा हुआ है कि बेचारे जेम्स द फर्स्ट ने एक पूरा कमीशन बैठाया कि साहब ये बहुत सारे हमारे सिपाही लोग और मल्लाह, जहाँ जहाँ लोग भाग-भागकर चले जाते हैं, नार्थ अमरीका में उनको वहाँ से वापिस लाया जाए। वे लोग गए साहब उन्होंने कहा कि हम नहीं जाएँगे। अगरचे वे क्रिश्चिएन थे, उन्होंने कहा कि हम न जाएँगे। हम यहाँ बड़े अच्छे हैं। उन्होंने रिपोर्ट में लिखा कि साहब क्या करें, उनकी औरतें बड़ी खूबसूरत थीं, मुसलमानों की उनसे ब्याह करके अपना फँस गए हैं या ये कि उनके यहाँ बड़े आराम से रह रहे हैं। जो भी कहा हो लेकिन ये भी है कि यहाँ के लोग जैसे अच्छे-बुरे हों, लेकिन वहाँ के लोग जब यहाँ आए तो उन्होंने कहा कि हम न जाएँगे। अगर ये इतना रेजिमेंटेड होता जैसा तुम समझते हो, तो ऐसा क्यों कर हो सकता था? आप एक मुँह से तो ये भी कह रहे हैं कि साहब मुसलमान जितने हैं सब यहीं के हैं। कल तक तो सब हिंदू थे। हिंदू थे या नहीं थे। जरूर रहे होंगे या दलित थे या चरवाहे थे या क्या थे, ये तो बात ही कोई नहीं है कि वो कल तक क्या थे और कल तक क्या नहीं थे। यहाँ तो ये कहा जा रहा है कि एक वे आफ बिलीफ है। एक सिस्टम आफ बिलीफ्स है। उसको मानने वाले को हम मुसलमान कहते हैं। हमको इससे गरज नहीं होती कि वो कल क्या था और आज क्या था? और इसमें कोई बुरी बात नहीं है। अगर हिंदू-मुस्लिम का यही कंफ्रंटेशन है कि जो हिंदू थे, वो आज मुसलमान हैं तो हम ये पूछ सकते हैं, जो आज हिंदू हैं वो कल क्या थे? कल तो कुछ भी नहीं थे क्योंकि हिंदू तो थे ही नहीं हिंदू का तो कांसेप्ट ही पहले नहीं था। जो अब जाके लाकर बिठा रखा है आपने। जैसा मैंने कहा, दोहराऊँगा मैं कि आपने इन दोनों बातों को इंपोर्ट किया है, पश्चिम से उधार लिया है और दिखा ऐसे रहे हैं, गोया कि आपने ये डिस्कवर किया है। अब

साहब एक तरफ आप ये भी कहते हैं कि ये तस्लीमा नसरीन और सलमान रुश्दी ऐसे क्यूँ नहीं हुए तो क्या ये लोग मुसलमान नहीं हैं? मुसलमान ही तो हैं। अरे भाई ठीक है हमारे खयाल में अच्छे मुसलमान नहीं हैं तो हमीं कौन अच्छे मुसलमान हैं? लेकिन ये कि मुसलमान तो वो भी हैं। अच्छा तो मंसूर का नाम लिया आपने बड़ा खुश होकर। अरे, हिस्ट्री तो पढ़ लेते आप, मंसूर के मारे जाने या जो कुछ भी कहिए उसको फाँसी लगाई, जो भी किया गया अब तो सभी लोग इस बात को मानते हैं कि उसके पीछे बड़ा भारी पोलिटिकल मामला था। उसके पीछे की एक इकोनामिक्स थी। एक पालिटिक्स थी। जिसकी बिना पर कि ये चक्कर पैदा हुआ। हम लोगों ने तो सुना था कि पालिटिक्स लोगों को मरवाती है, धर्म किसी को नहीं मरवाता। आज तक अब आप कोई नया धर्म चला रहे हों, जिसमें लोग धर्म के नाम पे मारते होंगे जरूर मारते होंगे। मुझे कोई एतराज नहीं तो एक-एक दो-दो चीजें ले लीजिए, कहीं से आप कुछ पकड़ लाइए, अरे भाई जैसा कि समकालीन जनमत ने कहा है कि व्हाट एबाउट इक्वीजीशन (आग में जिंदा जला देना) कितने लोगों को, कितने बेगुनाहों को मारा, ये जो उदार क्रिश्चिएन आपके थे, उन्होंने ही तो मारा। अभी एक किताब छपी है। पढ़ने के काबिल है, जिसमें उन्होंने दिखाया है कि कैथोलिक रिलीजन के ऊपर प्रोटेस्टेंट रिलीजन किस तरह से थोपा गया इंग्लैंड में और इसके नतीजे में कितना नुकसान हुआ। कल्चरल लास कितना हुआ। बहुत पहले मैंने एक फिल्म देखी थी, जो मुझे याद रह गई इसलिए कि वो एक तरह से हमारे और आपके दरमियान एक बड़ी समझने की चीज है, दो बच्चे हैं, आयरलैंड है 1930 का बच्ची कैथोलिक है, बच्चा प्रोटेस्टेंट है। 12-12 बरस की उमर है दोनों की इतना बड़ा कांफिलिक्ट पैदा होता है, उस थिएटर में दोनों फैमिलीज में कि प्रोटेस्टेंट बच्चा और कैथोलिक बच्ची से दोस्ती कर ले तो वहाँ धर्म कौन-सा काम कर रहा था। बंगलादेश बन गया वहाँ धर्म कौन-सा काम कर रहा था। भाषा काम कर गई थी। पहली बात भाषा की थी। पाकिस्तान में ये जो मुसलमान हैं। शिया सुन्नी को मार रहा है। देवबंदी बरेलवी को मार रहा है, बरेलवी देवबंदी को मार रहा है, ये कौन से मुसलमान हैं? और तुमने ये कैसे कह दिया कि वो इस्लाम जो पाकिस्तान में है वो मेरा इस्लाम है। इस्लाम तो नहीं बाँट रहा है इन लोगों को, न इन लोगों को तो इनके वो जो तरह-तरह की इनकी कमजोरियाँ और कल्चरल बिलीफ हैं, वो बाँट रहे हैं। आप ये कहते हैं साहब, कि मुसलमान और इस्लाम कोई ऐसा टोटैलिटेरिएन कांसेप्ट लगता है कि या तो इनके यहाँ फौजी हुकूमत होती है या फिर आतंकवाद होता है। अच्छा ठीक है। जहाँ-जहाँ पर डेमोक्रेसी चल रही है, उसके बारे में कभी जिक्र नहीं करते आप। अच्छा अब डेमोक्रेसी जहाँ चल रही है उसके बारे में आपसे पूछ रहे हैं तो मिसाल के तौर पर अमेरिका को ही ले लीजिए। वहाँ पर कितनी डेमोक्रेसी है। उसको कभी जरा देख लीजिए कि कितनी डेमोक्रेसी है और फिर पूछिए

आप-कि कौन-सी डेमोक्रेसी आप हमको सिखा रहे हैं? अव्वल तो ये नहीं है कि जहाँ मुसलमान मेजोरिटी में हैं, वहाँ मिलिट्री रूल है या जहाँ कम हैं वहाँ आतंकवाद है। ऐसा तो नहीं है। इंडोनेशिया में नहीं है, मलेशिया में नहीं है। बहुत जगह नहीं है। टर्की में नहीं है। लेकिन मान लीजिए हो भी अगर तो इसे एक हिस्टारिकल या पोलिटिकल क्वेश्चन कहना चाहिए न। न कि इसके नतीजे में आप इस्लाम धर्म को ला खड़ा करें। सोवियत रूस में क्या-क्या नहीं हुआ। करोड़ों तो मर गए। तुम्हारे स्टालिन, जो बड़े भारी देवता एक जमाने में हुआ करते थे। तो अब तो ये कहा जा रहा है कि वो तो कम्युनिज़्म का फेलियर था न कि मार्क्स का फेलियर था। और आपकी बंदूक में तो नलियाँ हैं। एक मुसलमान पर गिर रही है, एक नली कम्युनिस्ट पर गिर रही है। खुदा जाने आप किसकी तरफ जाना चाहते हो, क्या चाहते हो? फिर आखिर में आप ये भी कहते हो कि मुझे बड़ा अफसोस होता है कि साहब हम लोग मिलकर नहीं रह सकते, ये कितने दुःख की बात है। तो ये तो ऐसी बातें हैं जो जान-बूझकर के आप कह रहे हैं, जो अफसोस की बात है। अनजाने में कह रहे हैं तो और भी अफसोस की बात है। यकीनन इसमें कोई ऐसी चीज है, जो मैं समझ नहीं सकता हूँ। आपने कहा कि मुसलमान लोग आपस में ऐसी बातें कहते हैं, जिसे वे हिंदुओं के बारे में या औरों के बारे में बाहर नहीं कहते। तो अपने बारे में आपका क्या ख्याल है? जाहिर बात है कि हर कम्युनिटी की, बल्कि हर खानदान की जुबान होती है। मैं जानता हूँ कि मेरा ननिहाल किसी और तरह की ट्रेडिशन का था, ददिहाल किसी और तरह की ट्रेडिशन का था। उनकी बहुत चीजों पर आपस में बात नहीं हो रही थी ठीक से। क्योंकि कल्चर तो भई एक अनोखी चीज है। आप उसको इतना सिंपिल किए दे रहे हैं, आप उसको इतना फ्लैटन किए दे रहे हैं कि आपके ख्याल में एक बड़ा भारी कोई मोनोलिथिक स्ट्रक्चर है, जिसमें कहीं कोई दरार नहीं है, कोई क्रैक नहीं है बस दीवार ही दीवार चिकनी बनी हुई है। आपस में हम क्या बात करते हैं, उसके लिए आप कुछ दिन के लिए मुसलमान हो जाइए। आकर के रहिए हमारे पास तो आपको मालूम चल जाएगा कि हम क्या बात करते हैं आपस में। मैं तो ये जानता हूँ कि जितना आपने ये कहा कि साहब इमरान खाँ हमारे हीरो हैं और अबू सालिम हमारे हीरो हैं। हालत तो यह है कि हम तो उर्दू अखबार पढ़ते हैं, उनको तो ठीक से नाम नहीं मालूम बेचारों को। सलीम लिखते हैं सालिम को वो लोग बेचारे, यानी उर्दू अखबार के हमारे सम्पादक जो हैं, लिखने वाले सारे जाहिर है कि मुसलमान ही तो हैं, वो सारे। वो सालिम को सलीम लिखते हैं, उनको नाम भी ठीक से नहीं पता और आप कह रहे हैं कि वो हमारा हीरो है।

आप कह रहे हैं कि ये जो हमारी लिपि है, ये कोई धार्मिक मामला है। तो सिंधियों से नहीं कहा आपने, आप उसको धार्मिक कह रहे हैं वो धार्मिक कहाँ से

है। और धार्मिक क्यूँ है आखिर वो।

हमने एक लिपि अपनाई। उर्दू बोलने वालों ने एक लिपि अपनाई जैसा हमने कहा। उस जमाने में तो अवधी भी उसी में लिखी जा रही थी। उर्दू के लोग भी उसी में लिख रहे थे। ब्रज के लोग भी उसी में लिख रहे थे, हमने भी उसी में लिखा। अब बाद में आकर के जब आपकी तरह के कुछ लोग पैदा हुए, जिन्होंने कि साइंस-वाइंस का अपने ऊपर मुखौटा लगा लिया और कहा कि साहब देखिए, ये तो साइंटिफिक मामला होना चाहिए। तब जाकर के ये बात हुई कि साहब नागरी को और फारसी की लिपि को धर्म से जोड़ा गया वरना ऐसा तो नहीं था। आपके पुरखों ने जो अंग्रेज थे, उन्होंने नागरी लिपि को साफ-साफ आइडेंटिफाई किया हिंदुओं से। उन्होंने कैथी को मारा, उन्होंने मुइया को मारा और कहा कि नहीं। जो लोग मुइया प्रयोग करते थे मराठी लिखने के लिए उसको भी उन्होंने बंद करवा दिया और कहा कि नहीं-नहीं नागरी में लिखिए। इसमें धर्म कहाँ से आता है मियाँ। जो बोली मैं बोल रहा हूँ या जो आवाजें मैं निकाल रहा हूँ। मैं तो खैर कुछ हर्फ पढ़े हुए हूँ, जो नहीं पढ़े हुए हैं वो उस लिपि में लिखी हुई फारसी को नहीं पढ़ सकते जिसको फारसी लिपि आप कह रहे हैं। अच्छा फिर आपका कहना है कि साहब उस लिपि को उर्दू वाले छोड़ दें। बड़ी भारी बाधा आ गई है, बड़ी भारी रुकावट आ गई है। उर्दू की तरक्की में उर्दू के विकास में। और आपका खयाल ये है कि इक्कीसवीं सदी में तो सारा उर्दू साहित्य, बड़ा हिस्सा उसका नागरी में लिखा जाएगा। पता नहीं आप ज्योतिषी हैं या ज्योतिष आपने पढ़ लिया होगा या जानते होंगे। वरना साहित्य में और आलोचना में और भाषा के मामलात में हमने किसी को आज तक भविष्यवाणी करते हुए देखा नहीं और जिसने की वो गलत साबित हुआ। तो आप काहे लिए अपने ऊपर इक इल्जाम रख रहे हैं कि आप भविष्यवाणी कर रहे हैं। खैर चलिए मान लीजिए होगा या नहीं होगा। ये बताइए कभी आपने किसी और से कभी कहा। आपने तमिल वाले से कहा कि तू काहे तमिल में लिख रहा है। नागरी में लिख, कभी आपने मलयालम वालों से कहा कि तू काहे लिए लिख रहा है, नागरी में लिख, तुझे तो देश की मेनस्ट्रीम में आना है। ये फारसी, उर्दू के लिए ही क्यों कहा जा रहा है? फिर आपने कैसे यह कह दिया कि फारसी लिपि है। फारसी लिपि में तो बहुत से ऐसे शब्द हैं। ऐसी-ऐसी आवाज़ें हैं, जो कि उर्दू में हैं, फारसी में तो हैं ही नहीं अरबी में नहीं हैं, मैंने बनाया है उनको इन तमाम चिह्नों को बनाया है मैंने अपने इस्तेमाल के लिए मैं 'ण' लिखता हूँ। मैं 'ख' लिखता हूँ, मैं 'घ' लिखता हूँ, ये सब कहाँ से आता है। तो आप इसको फारसी कह रहे हैं। और अपनी लिपि को आप नागरी कह रहे हैं। ये नागरी इसलिए कि नागर किसी देश का नाम तो है नहीं, फारस एक देश का नाम है तो उसको बाहर, 'फारिस' विदेश से जोड़ रहे हैं। कभी आप किसी पश्तो बोलने वाले से, सिंधी बोलने वाले से आप कह कर देखिए कि तुम्हारी लिपि फारसी, अरबी है तो देखिए

कि क्या जवाब देता है आपको वो। तो ये कहिए कि उर्दू की लिपि है, आपको दुःख हो रहा है, ठीक है, कोई बात नहीं आपका दुःख अपनी जगह पर है हम ये कह सकते हैं कि खुदा! आपका दुःख दूर कर दे। लेकिन किसी लिपि, आप खुद ही उसी मुँह से कह रहे हैं कि भाई एक लिपि से कुछ नहीं होता, लिपि में तो कुछ रखा नहीं है। लिपि में जबान थोड़े ही कोई जबान होती है, ये भी आप कह रहे हैं, फिर उसको आप ला रहे हैं, मेरे वास्ते इस्तेमाल कर रहे हैं। ज़बान लिपि में नहीं है तो लिपि छोड़ दीजिए, अगर ज़बान का लिपि से कोई संबंध नहीं है तो फिर इतना दुःख क्यों हो रहा है आपको। जो लिपि हो चलने दीजिए आप फिर उसे। फारसी, एक तो फारसी लिपि कहना गलत जैसा मैंने आपसे कहा, तो ये कि जो बोलने वाला है उस पर छोड़ दीजिए न उससे पूछिए कि भई तू किस लिपि में लिखना चाहता है। अगर मान लीजिए कल को सारे उर्दू लिखने-बोलने वाले लिपि को नागरी क्या वो चाइनीज में लिखें। मेरा क्या बिगड़ता है। जरूर लिखो भई सब लिखने वाले हो। लेकिन आप ये गरीब की जोरू से ये बार-बार क्यूँ कह रहे हैं कि 'भाभी जरा पल्लू, ये जरा चीर पड़ गई है' तुम क्यों बोल रहे हो? साहित्य के मामले हैं, भाषा के मामले हैं इनमें तो दो चीजें हैं, एक तो आदमी की अंतरात्मा उसके अंदर की चीज और दूसरा उसका कल्चर है, बाहर की चीजें हैं। अच्छा फिर कौन-सी ऐसी रुकावट पड़ गई, मैं तो नहीं समझता हूँ जिस पाँच-सात सौ बरस से हम लोग इसमें लिख रहे हैं, सब उर्दू वाले लिख रहे हैं। कोई रुकावट तो नहीं आ रही है और ग़र रुकावट होगी तो उसको दूर कर लेंगे उर्दू वाले। आप तो अपने काम से काम रखिए, ये बीच में आप क्यों बोल रहे हैं?[41]

शम्सउर्रहमान फारूकी साहब ने सतर्क सिद्ध किया है कि सांप्रदायिकता की बीमारी औपनिवेशिक शासन, अँगरेजों की देन है। उनके आने के पहले हिंदू-मुसलमान बड़े मजे में साथ-साथ रह रहे थे। उनकी 'फूट डालो, राज करो' की नीति ने समाज के सौहार्द-सद्भाव को मटियामेट कर दिया। अभी कल तक साथ रहने वाले, खाने-खेलने, उठने-बैठने वाले लोगों के मन में दरार पड़ गई। अविश्वास की यह पतली-सी दरार कब चौड़ी खाई में तब्दील हो गई, किसी को पता भी नहीं चला।

प्रसिद्ध कथाकार असगर वजाहत सांप्रदायिकता से संघर्ष के पहले उसे समझने पर जोर देते हैं। उनका मानना है कि सांप्रदायिकता के स्वरूप को समझे बिना उसके विरुद्ध किया गया संघर्ष प्रभावी और पूर्ण सफल नहीं हो सकता। असगर वजाहत के अनुसार, "किसी संप्रदाय विशेष में दूसरे संप्रदाय विशेष के लिए धार्मिक विश्वासों या इतर कारणों से घृणा, द्वेष तथा हिंसा की भावना का प्रदर्शन सांप्रदायिकता कही जाएगी" प्रत्येक प्रतिक्रियावादी, सांप्रदायिक यही सोचता-कहता मानता है कि वह और उसका समुदाय ही सर्वश्रेष्ठ है। उराके अलावा और सब दोयम दरजे के, घृणित, त्याज्य हैं। उनका तो दमन-दलन ही समीचीन है। यही कारण है कि हिंदुओं ने मुसलमानों

को म्लेच्छ और मुसलमानों ने हिंदुओं को काफिर कहा। असगर वजाहत के विचार कथाक्रम के जुलाई-सितंबर, 2003 के अंक में 'सांप्रदायिकता : पुनर्विचार की जरूरत' शीर्षकांतर्गत प्रकाशित हुए थे। हम असगर वजाहत और कथाक्रम-परिवार के प्रति आभार अर्पित करते हुए उक्त लेख को यहाँ अविकल रूप में उद्धृत कर रहे हैं।

सांप्रदायिकता के संबंध में बुनियादी अवधारणा तथा उसके स्वरूप को सही परिप्रेक्ष्य में न समझ पाने के कारण सांप्रदायिकता के विरुद्ध छेड़ा गया अभियान एक अर्थ में विफल हो गया है। पूरी समस्या पर सिरे से विचार करने के लिए यह आवश्यक है कि सबसे पहले सांप्रदायिकता को परिभाषित किया जाए। किसी संप्रदाय विशेष में दूसरे संप्रदाय विशेष के लिए धार्मिक विश्वासों या इतर कारणों से घृणा, द्वेष तथा हिंसा की भावना का प्रदर्शन सांप्रदायिकता कही जाएगी। हमारे देश में चूंकि यह स्थिति कुछ हिंदुओं और कुछ मुसलमानों के बीच रही है इसलिए सांप्रदायिकता को हिंदू और मुस्लिम सांप्रदायिकता के खानों में विभाजित किया गया था। यह भी तय है कि किसी भी सांप्रदायिकता का आधार एक ही होता है। संप्रदाय विशेष यह जाहिर करता है कि दूसरे संप्रदाय के कारण उसे खतरा है या देश को खतरा है और यही कारण है कि एक संप्रदाय विशेष दूसरे को बदलना, नष्ट करना या देश से बाहर कर देना चाहता है। प्रायः इस तरह की गतिविधियों में संलग्न दलों, लोगों को सांप्रदायिक कहा जाता है। चूंकि सांप्रदायिकता का आधार केवल संकीर्ण मनोवृत्ति, द्वेष, घृणा, हिंसा जैसे विचारों को माना जाता है इसलिए किसी भी व्यक्ति या दल के लिए यह सरल होता है कि वह अपने बयानों, वक्तव्यों या विचारों को बदल दे और असांप्रदायिक हो जाए। इसका अर्थ यह हुआ कि सांप्रदायिकता का कोई ठोस आर्थिक, राजनीतिक और सामाजिक आधार नहीं माना गया, उसे केवल बयानों, वक्तव्यों और आचरण तक सीमित कर दिया गया। जबकि ऐसा नहीं है। सांप्रदायिकता के विरुद्ध लड़ाई का कोई आर्थिक, राजनीतिक और सामाजिक परिप्रेक्ष्य विकसित नहीं हो पाया। यही कारण है कि यह लड़ाई स्थायी न बन सकी। सांप्रदायिकता से लड़ने वालों के लिए यह चिंता न बन सकी कि शिक्षा, स्वास्थ्य, मौलिक अधिकार, भ्रष्टाचार, निजीकरण, मुनाफ़ेख़ोरी, जवाबदेही जैसे मुद्दों को आधार बनाया जाए, जिन पर व्यापक जनसमर्थन प्राप्त किया जा सकता था और जो अंततः न केवल विभिन्न धार्मिक समूहों को नजदीक लाते बल्कि व्यवस्था की उन जड़ों पर प्रहार करते, जिनके कारण सांप्रदायिकता फलती-फूलती है। जनहित में लोकप्रिय जनसंगठन सांप्रदायिकता की जड़ों पर कुठाराघात कर सकते थे पर यह नहीं किया गया।

सांप्रदायिकता विशेष सामाजिक, आर्थिक संरचना से जन्म लेती है। यदि हम मूल संरचना पर नहीं केवल उससे उपजी सांप्रदायिकता को ही निशाना बनाते रहेंगे तो भ्रमित कर दिए जाने या हो जाने के खतरे बने रहेंगे।

आजादी के बाद सामाजिक, आर्थिक संरचना में ऐसे बदलाव नहीं आए, जो

सांप्रदायिकता को जन्म देने वाली ताकतों को कम करते। इसके विपरीत समाज का मोड़ ऐसी दिशा में होता चला गया जो सांप्रदायिक विचारों के लिए उर्वरा भूमि थी। विकास के सारे नारों के बावजूद अशिक्षा, जड़ता, भ्रष्टाचार, शोषण, गरीबी, केंद्रीयकरण बढ़ता चला गया। ऐसा माहौल सांप्रदायिक विचारों को रास आया और आजादी पूर्व चले आ रहे सांप्रदायिक समीकरण एक अर्थ में बदले और उनमें नई धार पैदा कर दी गई।

सांप्रदायिक शक्तियों की रणनीति पर यदि विचार किया जाए तो यह स्पष्ट हो जाएगा कि आजादी के बाद मुस्लिम विरोध का स्वर राष्ट्रीय संस्कृतिवाद में इस तरह ढाल दिया गया है कि उसे व्यापक समर्थन मिल गया। सांप्रदायिक शक्तियों ने धर्मनिरपेक्षता का तुष्टिकरण करके खारिज कर दिया और सांप्रदायिकता को अपने विरोधियों के एक ऐसे नारे में बदल दिया, जिसका उद्देश्य केवल सत्ता प्राप्त करना बताया गया। इस तरह लोकतांत्रिक और वामपंथी राजनीतिक शब्दावली से दो शब्द हटा ही दिए गए। इससे पहले कि लोकतांत्रिक वामपंथी ताकतें कुछ सोच-समझ पाती, राष्ट्रीय संस्कृतिवाद से हल्ला बोल दिया गया। अब स्थिति यह है कि धर्मनिरपेक्षता चलती नहीं और सांप्रदायिक विरोध केवल एक खोखला नारा होकर रह गया है। 'झंडा ऊँचा रहे हमारा' जैसे नारे अधूरे हैं सांस्कृतिक राष्ट्रवाद का जवाब नहीं हो सकते। कांग्रेस और वामपंथी दलों के पास राष्ट्रीय संस्कृतिवाद की टक्कर में कुछ नहीं है क्योंकि उन्होंने सांप्रदायिकता को पूरे सामाजिक-आर्थिक परिप्रेक्ष्य में परिभाषित करके सैद्धांतिक आधार विकसित नहीं किए हैं। जिस गति से विकास होना चाहिए था संस्थाओं का निर्माण और लोकतांत्रिक व्यवस्थाओं का विकास होना चाहिए था। लोकतांत्रिक माहौल बनना चाहिए, वह नहीं बन सका। यानी सांप्रदायिक शक्तियों को लोकतांत्रिक चुनौती नहीं मिल पाई। यदि लोकतांत्रिक वामपंथी शक्तियाँ कोई ऐसा एजेंडा सामने लातीं, जिससे हमारी जर्जर समाज-व्यवस्था हिल जाती और आगे बढ़ने के रास्ते साफ नजर आते, जनहित सर्वोत्तम ठहराया जाता तो सांप्रदायिक शक्तियाँ मंदी पड़तीं। उदाहरण के लिए कांग्रेस राजीव गाँधी के समय में यह कह सकती थी कि कांग्रेस ने 1952 में ग्रामीण क्षेत्रों की जमींदारी खत्म की थी और 1985 में शहरी क्षेत्रों की 'जमींदारी' खत्म कर रही है। यदि यह नारा दिया होता और इस पर प्रभावकारी ढंग से काम किया गया होता तो जनता के जीवन स्तर और सरकार के संसाधनों में बढ़ोत्तरी होती और राष्ट्रीय बहस लोकतांत्रिक वामपंथी दलों के हाथ में रहती, न्याय-व्यवस्था में आमूल परिवर्तन, सरकारी कर्मचारियों को जवाबदेही के घेरे में लाना, भ्रष्टाचार-उन्मूलन के परिणाम देने वाले कार्यक्रम, प्रशासन को संवेदनशील और भारतीय परिस्थितियों के अनुकूल बनाना, शोषण के नए तरीकों को खत्म करना आदि ऐसे काम हो सकते थे, जो समाज की पूरी धारा मोड़ देते और उस वातावरण में कोई राममंदिर और बाबरी मस्जिद की बात सुनने पर तैयार न होता लेकिन हम

सब जानते हैं ऐसा नहीं हुआ। यदि कुछ किया भी गया तो वह झूठा था और उसका प्रभाव लोगों के जीवन पर नहीं पड़ा। लोकतांत्रिक और वामपंथी दल इमरजेंसी के बाद वैचारिक रूप से दीवालिए हो चुके थे, इमरजेंसी से कोई सहमत नहीं हो सकता पर इतना तय है कि सरकार यदि दृढ़ता से कुछ करना चाहती है तो कर सकती है बशर्ते कि लोग उसके पीछे हों और उद्देश्य सही हो तथा परिणाम जनहित में निकल रहे हों।

आज स्थिति भयावह है। सांप्रदायिक शक्तियाँ न केवल राजसत्ता में हैं बल्कि इतनी सशक्त हैं कि संसद-सुप्रीम कोर्ट तक की अवहेलना कर सकती हैं। न केवल उनके पास अपार धन है बल्कि अपार बल भी है। यही नहीं उनके पास चतुराई और चालाकी भी है। विपक्ष या लोकतांत्रिक और वामपंथी दलों के पास न तो इतने साधन हैं और न कोई ऐसी प्रभावकारी रणनीति है, जो सांप्रदायिक शक्तियों का सामना कर सके। हो सकता है सांप्रदायिकता से लड़ाई एक हारी हुई लड़ाई हो। फिलहाल वस्तुस्थिति यही है। इसका सबसे बड़ा कारण कांग्रेस का वैचारिक दिवालियापन और वाम की निष्क्रियता है।

सत्ता में रहते हुए दक्षिणपंथी ताकतें शायद उतनी ख़तरनाक न हो सकें, जितनी वे विरोधी दल के रूप में हो जाएँगी। गुजरात के चुनावों ने यह प्रमाणित कर दिया है कि सांप्रदायिक ताकतें अपने झंडे तले बहुसंख्यक समाज को ला सकती हैं। इस कारण सबसे पहले तो ये शत्तियाँ चुनाव के माध्यम से ही सत्ता में लगातार बने रहने का प्रयास करती रहेंगी। यदि यह संभव न हो पाया तो वे शक्ति प्रदर्शन का प्रयोग कर राजसत्ता हासिल करेंगी। विश्व के इतिहास में यह कोई अनहोनी घटना न होगी । एक करोड़ लोग संसद को घेर सकते हैं और सरकार से इस्तीफे लेकर अपनी पसंद की सरकार और नया संविधान बना सकते हैं। कहने का तात्पर्य यह है कि खतरा फासीवादी दल से नहीं बल्कि फासीवादी दल के व्यापक जन-समर्थन से पैदा होता है।

आज देश की अर्थव्यवस्था पूरी तरह अंतर्राष्ट्रीय मुद्रा कोष, बहुराष्ट्रीय कंपनियों की गिरफ्त में आ चुकी है। पंद्रह-बीस वर्ष पहले जो आर्थिक सुधार सरलता से किए जा सकते थे, वे अब नहीं हो सकते। लगता यह है कि सरकार चाहे जिस दल की हो, आर्थिक नीतियाँ पूँजीवाद के हित में रहेंगी। ऐसी स्थिति में वर्तमान सामाजिक ढाँचा जस-का-तस रहेगा और उसका पूरा लाभ दक्षिणपंथी सांप्रदायिक राजनीति को मिलता रहेगा। विश्व पूँजीवाद की रुचि भारत की समस्याओं के समाधान में नहीं बल्कि भारत जैसे विशाल बाज़ार पर अपना अधिकार जमाये रखने की है, जिसके लिए केवल इतनी शांति की आवश्यकता पड़ती है कि लोग बेचने-खरीदने की स्थिति में बने रहें। इस तरह भारतीय समाज की सांप्रदायिकता विश्व पूँजीवाद के रास्ते में नहीं आती। विश्व पूँजीवाद सांप्रदायिक शक्तियों को अपना एजेंडा लागू करने की पूरी छूट देता है, यह

भारतीय सांप्रदायिक राजनीति को विश्व पूँजीवाद का समर्थन है।

प्रश्न यह पैदा होता कि ऐसी भयावह स्थिति में लोकतांत्रिक वामपंथी शक्तियाँ फासीवाद से जो अब तक लोकतंत्र के छद्‌म रूप में मौजूद हैं, कैसे संघर्ष कर सकती हैं? सबसे पहले वैचारिक दिवालियेपन से निकलना होगा, कांग्रेस को एक जीवंत और गतिशील नेतृत्व और कार्यक्रम की आवश्यकता है। वामपंथी राजनीति को भी नयी परिस्थितियों में अपनी नयी रणनीति तय करनी होगी और केवल जोड़-तोड़ की राजनीति में लगे आधारहीन और चुके हुए नेतृत्व से अपना पीछा छुड़ाना पड़ेगा। दरअसल सांप्रदायिकता से संघर्ष एक राजनैतिक संघर्ष है, अब तक हम इसे सामाजिक संकट के रूप में देखते आये हैं, यही कारण है किसी लोकतांत्रिक वामपंथी दल ने सांप्रदायिकता को कभी गंभीरता से नहीं लिया। वामपंथी दलों ने तो 'सहमत', 'जन नाट्‌यमंच', जनवादी लेखक संघ इप्टा जैसे सांस्कृतिक संगठनों के कमजोर कंधों पर इसका पूरा भार डाल दिया और सिर्फ पीठ थपथपाने का काम करने लगे।

लोकतांत्रिक और वामपंथी शक्तियों को कुछ निकट आकर प्रभावकारी और परिणामकारी राजनीति करनी होगी। अब तक देश की राजनीति का स्वरूप एकांगी है। सरकार के समांतर संगठनों का बनाया जाना, उसमें लोगों की भागीदारी और उसे परिणामकारी बनाने से ही लोगों का विश्वास जीता जा सकता है, सही मुद्‌दे सामने आ सकते हैं, लोगों के जीवन में परिवर्तन की लहर आ सकती है। लेकिन यह हिमालय की चोटी फतेह करने वाला काम कठिन और गंभीर है इस पर राष्ट्रीय परिसंवाद की आवश्यकता है।[42]

असग़र वज़ाहत का मानना है कि विस्तार से देखें तो सांप्रदायिकता से संघर्ष एक राजनीतिक संघर्ष है। अब तो सांप्रदायिकता को सामाजिक और सांस्कृतिक संकट के रूप में ही देखा जाता रहा। यही कारण है कि उससे कारगर संघर्ष नहीं किया जा सका। वैसे धार्मिक नेतृत्व का राजनैतिक नेतृत्व में बदलते जाना देश-दुनिया-समाज के लिए कोई शुभलक्षण नहीं है। अहसान जाफरी का एक आलेख हंस के अगस्त 2003 के अंक में प्रकाशित हुआ था, जिसका शीर्षक है 'धार्मिक नेतृत्व का राजनीतिक नेतृत्व में परिवर्तन खतरनाक है,' वर्तमान समय में धर्म और राजनीति के घालमेल पर जाफरी साहब ने नजदीक से नज़र रखी है। उनका उक्त आलेख हंस-परिवार और उन्हें कृतज्ञता ज्ञापित करते हुए यहाँ प्रस्तुत किया जा रहा है।

आज की स्थिति भयावह है, धर्म राजनीति से और राजनीति धर्म से गुँथ गई है। दोनों के इस गठबंधन में राजनीति धर्म को अपने निहितार्थों के लिए इस्तेमाल के साथ इससे संबंधित रोज नए-नए प्रयोग कर रही है। इन प्रयोग के तहत धार्मिक मंच से किसी खास राजनीतिक विचारधारा वाली पार्टी के समर्थन और दूसरी पार्टी के विरोध में आम जनता को भ्रमित करना और भावुकता को बढ़ाना आम चलन है। धार्मिक भावुकता को राजनीतिक भावुकता में प्रक्षेपित करके स्थिति को खतरनाक

बना दिया गया है। हिंदुस्तान की राजनीति में धर्म केंद्र में आ गया है। इसी का परिणाम यह है कि मुसलमानों का जो धार्मिक नेतृत्व है, वह भी खुतबे-फतवे द्वारा अपने अनुकूल पार्टी के समर्थन में हवा बनाने की मशक्कत करते हैं, पर इससे फायदा कम, नुकसान ज्यादा होता है। खुतबे और फतवे के संबंध में यह सोचने की बात है, वे कितनी राजनीतिक, कितनी धार्मिक और कितनी व्यक्तिगत हित से जुड़ी हैं धार्मिक नेतृत्व या मौलवियों के नेतृत्व की जहाँ तक बात है तो इसका एक इतिहास है। आजादी के बाद उनकी क्या भूमिका रही है। इसका एक संदर्भ है, हिंदुस्तान में 1857 एक ऐसा मुकाम था, जिसके संदर्भ के बिना बात आगे नहीं बढ़ पाती। इतिहास में यह तारीख महत्त्वपूर्ण है। 1857 के फौरन बाद तो नहीं, लेकिन कुछ अर्से के बाद मुस्लिम नेतृत्व में दो धाराएँ स्पष्ट रूप से दिखाई देती हैं। पहली सर सैयद अहमद खाँ और उनके सहयोगियों की, जो एक नए रुझान, नई दिशा और संदेश के साथ उभरे थे और दूसरी धारा का नेतृत्व देवबंद आंदोलन के फलस्वरूप सामने आया, पर ये अंग्रेजी तालीम और आधुनिक चिंतन से बेखबर रहे। वे मदरसे की तालीम और उसकी दिशा को लिए दीन की खिदमत को अपनाए रहे और इसी ओर अपना कदम बढ़ाते रहे, पर वे नेतृत्व की भूमिका से दूर रहे।

सर सैयद अहमद खाँ की तहरीक के नतीजे में जो नेतृत्व उभरा, उसमें मौलवी नहीं थे, सबके सब स्नातक और नवीन दृष्टि से ओत-प्रोत थे। इन लोगों ने महसूस किया कि पुराने तौर-तरीकों, सोचने के नज़रिए, परंपरा से बँधे रहना ठीक नहीं है। एक बात स्पष्ट थी कि वे इसके लिए हिंदुओं से विवाद करना ज़रूरी नहीं समझते थे बल्कि व्यापक समस्याओं और आधुनिक विचार पर चिंतन-मनन कर रहे थे। वे इस ओर आगे बढ़ रहे थे कि भारत को आधुनिक कैसे बनाया जाए। यह सिलसिला चल ही रहा था कि खिलाफत आंदोलन की बात आ गई। इसको आगे बढ़ाने में धार्गिक नेतृत्व का बहुत बड़ा हाथ था। इसमें मुहम्मद अली आगे थे, पर एकाएक उलेमा की भूमिका महत्त्वपूर्ण हो गई। एक बात ध्यान देने की है कि गाँधी जी ने खिलाफत का समर्थन किया, मुहम्मद अली ने किया, शौकत अली ने किया, पर जिन्ना ने समर्थन नहीं किया। खिलाफत का समर्थन या विरोध मुस्लिम राजनीति में कितना प्रासंगिक था, यह अलग बात है, लेकिन सर सैयद अहमद खाँ के नेतृत्व में जोश-खरोश से पूर्ण युवकों का जो दल सामने आया, वह प्रगतिशील था, पर ये नेतृत्व की मुख्य धारा से हट गए और उलेमाओं का महत्त्व बढ़ गया। यहाँ ध्यान देने की बात है कि मौलवियों के हाथों से नेतृत्व किसने छीना? मुहम्मद अली जिन्ना और मुस्लिम लीग ने? उनकी राजनीति सांप्रदायिक थी और वे दो राष्ट्र के सिद्धांत को लाने वाले थे। इसके फलस्वरूप भारत का विभाजन हुआ। 1937 के बाद मुस्लिमों का अगर कोई नेता रहा तो वह मुहम्मद अली जिन्ना है। यहाँ मौलवियों की कोई भूमिका नहीं है। उनकी भूमिका थी। तो इस रूप में कि मौलाना हुसैन अहमद मदनी ने

अपने समर्थकों को कहा कि सिलहट और बंगाल में वे कांग्रेस का काम करें। विभाजन के मौके पर जो कुछ उत्तर-पूर्व में हुआ, कांग्रेस के समर्थन में। उसमें मुसलमानों का बहुत बड़ा हाथ था और यह मौलाना हुसैन अहमद के नेतृत्व में हुआ था। उन्होंने जिन्ना की बात नहीं मानी। उसके बाद क्या हुआ, यह एक अलग कहानी है।

यह ज़रूर है कि विभाजन के बाद मुसलमान अपने आपको दोषी समझते थे। उन्हें लगता था कि हमने नारे तो बहुत लगाए, मुस्लिम लीग के लिए काम भी बहुत किए। पर अंततः क्या मिला? 1964 में पहली बार 'आल इंडिया मुस्लिम मुंशावरात' कायम हुई। इसमें 1947 के बाद पहली बार सत्ता के अपारदर्शी और गैरबराबरी चरित्र के खिलाफ़ बयान दिया गया। कहा गया कि कांग्रेस को समर्थन करना जरूरी नहीं है। दूसरी पार्टी का भी समर्थन किया जा सकता है। इसके बाद 1967 के चुनाव में कांग्रेस की बुरी हालत हुई। एक साहब डॉ. फरीदी सामने आते हैं, उन्होंने गैरकांग्रेसवाद को एक इकाई के रूप में उभारा, पर उनका यह कदम बहुत दिनों तक आगे नहीं बढ़ पाया। उत्तर प्रदेश में कुछ दृष्टिहीन लोगों ने मुस्लिम मज़लिस के जवाब में मुस्लिम लीग कायम की, अब यह मुस्लिम लीग की स्थापना एक ख़तरनाक संकेत था।

1964 के बाद मौलाना अब्दुल्ला बुखारी पटल पर नज़र आते हैं। इनका खानदान शाहजहाँ के जमाने से मस्जिद की इमामत कर रहा है, वह इनकी आठवीं-नवीं पीढ़ी है। इंदिरा गाँधी ने इनका गलत इस्तेमाल किया और जामा मस्जिद के क्षेत्र में सैनिक भेजे। कांग्रेस और उसकी सरकार द्वारा बुखारी का गलत प्रक्षेपण हुआ। एक मस्जिद के इमाम को राजनीति में घसीटना ठीक नहीं था। भले ही 2.5 प्रतिशत मुस्लिमों का कम वोट मिलता। 1980 में श्रीमती इंदिरा गाँधी को दुबारा चुनाव लड़ना पड़ा और वह जामा मस्जिद गई, क्योंकि उनको पता था कि 1977 के चुनाव में कांग्रेस की खस्ता हालत करने में मौलाना अब्दुल्ला बुखारी की बहुत बड़ी भूमिका थी। उसके बाद तो एक श्रृंखला बन गई। जगजीवन राम, वी. पी. सिंह भी वहाँ पहुँचने लगे। 1975 के पहले मौलाना अब्दुल्ला बुखारी को कोई ठीक से जानता नहीं था, यह ज़रूरी है कि उनके कुछ सुनने वाले हैं, पर वे भी उनको इस तरह नहीं जानते थे। मस्जिद में नमाज़ पढ़ने से पहले खुतबे के ज़रिए भड़कीले बयान सुनने से बेहतर है कि उनको एक छपा हुआ 'टेक्स्ट' दे दिया जाए और उसे नमाज़ से पहले पढ़ दिया जाए। भारत में बयानबाजी में धर्मनिरपेक्ष और जो धर्मनिरपेक्ष नहीं हैं, वे एक समान होते हैं। वे अपने बयान के लिए जिम्मेदार नहीं होते। उनसे कोई पूछे कि आपने जो बयान दिया है, इस संदर्भ में कितने लोगों से बात की है, तो इसका कोई जवाब उनके पास नहीं होता। बस, वे अपने निहितार्थों के हिसाब रो बयान दे डालते हैं। वे यह नहीं सोचते कि उनका बयान अगले दिन अख़बारों में छपता है, जो जनता

की मानसिकता को भड़काता है। हाल में अहमदाबाद के इमाम ने कांग्रेस के पक्ष में बयान दिया, पर इससे क्या हासिल हुआ? मौलाना बुखारी ने 1977 में जनता पार्टी के पक्ष में बयान दिया। ये बयान न दिए होते, तो भी उनके सुनने वाले उसी को वोट देते।

खुतबे के संदर्भ में एक यह बात है कि बहुत-सी मस्जिदों में अरबी में खुतबा होता है और इसे अधिकांश लोग नहीं समझते। इस खुतबे में अल्लाह की तारीफ होती है, कुछ नसीहतें होती हैं, नमाज की अहमियत बताई जाती है। अब हिंदुस्तान और पाकिस्तान में यह शुरू हो गया है कि अरबी खुतबा तो कोई समझता नहीं, इसलिए अरबी के खुतबे से पहले उर्दू या स्थानीय भाषा में खुतबा होने लगा है। इसमें राजनीतिक मुद्दे पर भी बात होती है, समकालीन समस्याओं पर चर्चा होती है पर यह तो ध्यान रखना ही होगा कि इन बातों पर चर्चा के लिए संबंधित इमाम योग्य है या नहीं। लोगों के मानसिक विकास के लिए यह एक अच्छा आधार है, पर इस पर बात करने वाले इमाम को जानकार तो होना ही चाहिए। प्रायः इमामों को प्राथमिक ज्ञान होता है, वे दुनिया की समस्याओं, परेशानियों पर बयान देने के योग्य नहीं होते, पर वे प्रसिद्धि पाने और अखबार में छपने के लोभ में अपनी ओर से बयान दे डालते हैं। उनके बयान से घृणा तो नहीं फैल रही है, उससे राजनीति तो नहीं हो रही है, यह ध्यान में रखना ही होगा।

फतवे के संदर्भ में यह कहना पड़ेगा कि जिसे लोग फतवा कहकर प्रचारित करते हैं, वह फतवा है ही नहीं, फतवे का लफ़्ज़ी मानी है legal opinion. चुनाव में किसको वोट दें, यह फतवे के दायरे में नहीं आता है। फतवा-देवबंद से जारी होता है, उसका एक ढाँचा होता है। दारूल उलूम, देवबंद में फतवे का एक विभाग है। शिया मुसलमान अपना फतवा अपने मुजतहिद से लेते हैं। फतवे का चुनाव में वोटिंग से कुछ भी लेना-देना नहीं है। यह और बात है कि प्रेस वाले इसे फतवा कहकर छाप देते हैं कि मौलाना बुखारी, जामा मस्जिद के शाही इमाम ने अमुक पार्टी के पक्ष में वोटिंग करने का फतवा दिया है। यह फतवे का गलत इस्तेमाल है वोटिंग के संदर्भ में बात करना कोई legal dainion तो है ही नहीं, फिर उसे फतवा क्यों माना जाए? पारिवारिक समस्याओं या किन्हीं और समस्याओं में फतवा दिया जाता है और यह बहुत ही सोच-समझकर होता है। फतवे का दायरा बढ़ सकता है, पर इसको देने वाले की हैसियत भी होनी चाहिए। सौ गज़ ज़मीन खरीदने से पहले, या अन्य पारिवारिक कामों में हम सौ बार सोचते हैं, छान-बीन करते हैं, पर बयान देते वक्त सज्ग नहीं होते जबकि इस समय तो और भी सजग रहना चाहिए, क्योंकि इससे पूरे समुदाय का मामला जुड़ा हुआ हैं। आपके गैरजिम्मेदार बयान से क्या कुछ हो सकता है, इस ख़तरे से वाकिफ तो रहना पड़ेगा।

धर्म में राजनीति की घुसपैठ और उसके परिणामस्वरूप सांप्रदायिक विद्वेष में

लगातार वृद्धि की घटना वर्तमान में सामान्य बात हो गई है। जब कहीं चुनाव होना रहता है तो सत्ता की रोटी सेंकने के लिए सांप्रदायिकता की आग और अधिक दड़काई जाती है। हाँ, सवाल इस बात का है कि 'किसकी कमीज ज्यादा सफेद।' कौन कम सांप्रदायिक है। कौन अधिक-आज इस तरह के प्रश्न किए जाते हैं। कौन प्रतिक्रियावादी है और कौन सद्भावी। इसे कोई नहीं पूछता। सांप्रदायिकता आज धर्म और संस्कृति से जुड़ा सवाल न होकर सीधे-सीधे राजनीति-सत्ता-प्राप्ति से जुड़ा प्रश्न बन गया है। सारा धर्म-कर्म, सारी जातीय-चेतना, सारा हिंदुत्व, पूरा इस्लाम और पूरी ईसाइयत—ये सब कहीं-न-कहीं सत्ता के सवाल बने नजर आते हैं। स्नेह सद्भाव-मानवता आदि अच्छे गुणों से अब इनका कोई लेना-देना नहीं रहा। सांप्रदायिक दंगों से अफवाहों का चोली-दामन का साथ है। कोई भी दंगाई अफवाहों की सत्यता की परीक्षा नहीं करता, क्योंकि यह उसके स्वभाव में ही नहीं होता। सुनी-सुनाई बात को नमक-मिर्च लगाकर अगले की सेवा में पेश करना ही हर दंगाई हर विकृत मानसिकता वाले का काम होता है। इसका परिणाम इतना भयंकर, त्रासद और विध्वंसक होता है कि मानवता भी काँप उठे। प्रसिद्ध पत्रकार श्री प्रभाष जोशी ने गुजरात-चुनाव के पूर्व भाजपा और विहिप की कारगुजारियों पर आधारित एक लेख दिनांक 27 अक्टूबर सन् 2002 को लिखा था। 'कालिख तो हम पर पुत रही है', संज्ञक यह लेख उनकी पुस्तक 'हिंदू होने का धर्म' में संकलित है। भड़काऊ भाषणों और अफवाहों का समाज में कैसा असर होता है। इसे जानने के लिए उक्त लेख यहाँ प्रभाष जोशी के प्रति आभार व्यक्त करते हुए प्रस्तुत किया जा रहा है।

पुणे में कांग्रेसियों ने विश्व हिंदू परिषद के अंतर्राष्ट्रीय महासचिव डॉक्टर प्रवीण भाई तोगड़िया के मुँह पर कालिख पोत दी। वहाँ के शहर कांग्रेस अध्यक्ष मोहन जोशी ने दावा किया है कि वे अपने कार्यकर्ताओं के पास नेहरू स्टेडियम में सामने पहुँचे और जैन मंदिर से बाहर निकल रहे तोगड़िया का उन्होंने घेराव किया और फिर उनके मुँह पर कालिख पोती। लेकिन तोगड़िया का कहना है कि कांग्रेसियों ने ऐसा करने की कोशिश जरूर की थी लेकिन मैं मंदिर में जा चुका था। पता नहीं उन्होंने किस के मुँह पर कालिख लगाई। कांग्रेसियों ने फिर उन्हें नागपुर में घेरा और उन पर अंडे फेंके। प्रवीण भाई तोगड़िया ने अभी बताया नहीं है कि कोई कांग्रेसी अंडा उनके जाज्वल्यमान चेहरे से टकराकर टूटा या नहीं या सारे अंडे किसी और पर जा गिरे। नागपुर हवाई अड्डे पर कांग्रेसियों का प्रदर्शन देखकर पुलिस ने उन्हें सुरक्षित बचाकर निकाला और वाहन में बैठाकर रवाना कर दिया। आगरा में कांग्रेसी तोगड़िया का पुतला जलाने वाले थे लेकिन उन पर बजरंग दल के हथियारों से लैस कार्यकर्ताओं ने हमला कर दिया। घायल कांग्रेसियों को अस्पताल में भर्ती करवाना पड़ा।

शायद अभी आप भूले न हों कि तोगड़िया कांग्रेसियों के निशाने पर क्यों चढ़े हैं? वे भुज के गाँव लोडिया में भाषण दे रहे थे कि गाँव वालों को धर्म के नाम

पर वोट देना है नहीं तो मुशर्रफ की औलाद का राज हो जाएगा। आप जानते हैं कि महीने-दो महीने में गुजरात में चुनाव होने वाला है। भाजपा की बहन विश्व हिंदू परिषद वहाँ चुनाव प्रचार में लगी हुई है और मानती है कि गोधरा के जवाब में संघ परिवार के वीर स्वयंसेवकों ने मुसलमानों को सबक सिखाने के लिए जो पराक्रम किया है, उससे प्रभावित होकर हिंदू भाजपा को वोट देंगे। तोगड़िया इस सभा में बता रहे थे कि गोधरा के बाद हमने जो किया उस पर पहले मुहल्ले के सेकुलर कुत्ते भौंके। फिर गुजरात के भौंकने लगे और फिर देश भर के कुत्ते भौंके। वे लोडिया के गाँववालों को भाषण दे रहे थे इसलिए जाहिर है कि गुजराती में बोल रहे थे। अब उस दिन से कांग्रेसी नाराज हैं और देश भर का सभ्य समाज भी थू-थू कर रहा है क्योंकि बुद्धू से बुद्धू आदमी को भी समझ पड़ गया है कि तोगड़िया का मतलब किससे है। लेकिन बेचारे प्रवीण भाई तोगड़िया कहते हैं कि मैंने तो सोनिया गाँधी का नाम लिया ही नहीं। दिक्कत इस देश के सेकुलर मीडिया की है। वही मेरे कहे का मतलब निकालता है और फिर उसका अर्थ मेरे मुँह में डाल देता है। इससे आप समझ रहे हो कि प्रवीण भाई तोगड़िया बेचारे हिंदू परिषद के कोई बदमिजाज सिरफिरे पदाधिकारी होंगे तो आप गलती कर रहे हैं। वे बाकायदा डॉक्टर हैं और कैंसर के सर्जन हैं। परिषद ने उन्हें अपना अंतर्राष्ट्रीय महासचिव कोई यों ही नहीं बना दिया है। वे पक्के हिंदुत्ववादी हिंदू हैं और इतने काबिल हैं कि सरकार ने उनकी रक्षा के लिए उन्हें जेड प्लस सुरक्षा दे रखी है। गुजरात में कार्यवाहक मुख्यमंत्री नरेन्द्र मोदी के बाद उन्हीं को यह सुरक्षा मिली हुई है। और उनकी योग्यता और संस्कार निष्ठता तो आपने देख ही ली है कि हिंदुओं के पराक्रम की निंदा करने वालों को वे किस भाषा में संबोधित करते हैं और मुहल्ले से लेकर इटली तक कितनी आसानी से पहुँचते हैं। अंतर्राष्ट्रीय महासचिव कोई यों ही नहीं बना दिए गए हैं।

ऐसे प्रवीण भाई तोगड़िया के मुँह पर कांग्रेसी कालिख पोतने का दावा कर रहे हैं। सोनिया गाँधी को लीडर मानते हैं ना? उनको खुश करने के लिए प्रवीण भाई के पीछे पड़े हैं और देख नहीं रहे कि प्रवीण भाई तो बेचारे पूरे हिंदू समाज का मुँह काला कर रहे हैं। वे डॉक्टर हैं और विज्ञान जानते हैं इसलिए उन्होंने मुसलमानों से कहा कि जाओ अपने खून की जाँच करवाओ। आपकी धमनियों में राम और कृष्ण का खून मिलेगा, पैगंबर मोहम्मद का नहीं क्योंकि आखिर आपका मूल तो हिंदू है। फिर उन्होंने कहा कि मुसलमान मस्जिद में नमाज पढ़ने जाए तो हमें कोई भी एतराज नहीं है। लेकिन आप जिहाद की बात करोगे तो, खबरदार। आप हिंदू धर्म और संस्कृति को नुकसान नहीं पहँचा सकते। हिंदुओं में फूलों की माला पहनते हैं। लेकिन हमारी देवी काली खोपड़ियों की माला भी पहनती है। हमें लगता है कि हम फूलों की माला पहनकर गलती करते हैं। आप समझते हो कि हिंदुओं को बम फोड़कर और हिंसा करके दबाया जा सकता है। गुजरात में हम पाँच करोड़ हिंदू

हैं। आतंकवादी हमले में पचास हजार हिंदू मर भी जाएँ तो यह गिनती कोई कम नहीं हो जाएगी। लेकिन आप जो पचास हजार लोग हो, आप मार दिए जाओ तो कितने बचोगे। गुजरात में चुनाव आगे खिसकाए गए ताकि हिंदू वोट बँट जाएँ। लोहाना लोग लोहाना उम्मीदवार को वोट दें और इस तरफ मुशर्रफ की औलाद राज करे। इसलिए जात पर वोट मत दो धर्म पर दो।

अब भारत की लोकतांत्रिक समाज की आजादी का इस्तेमाल करते हुए जो चुनाव के लिए हो रही सार्वजनिक सभा में इस तरह भाषण दें, उस डॉक्टरी पढ़े सिरफिरे के बारे में आप क्या कहेंगे। यही कहेंगे ना कि वह हमारे मुँह पर कालिख पोत रहा है। गुजरात में कोई सरकार होती और अपने संविधान को समझती होती तो प्रवीण भाई तोगड़िया पर बोलने की पाबंदी लगाती फिर भी वे चुप नहीं होते तो जेल में बैठा देती। लेकिन वहाँ तो मुख्यमंत्री नरेन्द मोदी हैं, जो खुद ही गौरव यात्रा करते हैं और मुसलमानों के बारे में कहते हैं कि उनका तो नारा ही हम पाँच हमारे पच्चीस हैं। और नरसंहार के मारे मुसलमान जिन राहत शिविरों में आ कर रहे, उन्हें मोदी जी बच्चे पैदा करने वाले कारखाने बता रहे हैं। ऐसे नरेन्द्र मोदी के गौरव को कौन रोक सकता है? दिल्ली में गृहमंत्री बन बैठे लालकृष्ण आडवाणी और प्रधानमंत्री अटल बिहारी वाजपेयी दोनों बारी-बारी से गुजरात के नरसंहार को भारत और अपनी पार्टी के माथे पर लगा कलंक बता चुके हैं। लेकिन सांप्रदायिक सद्भाव के राज में दोनों की इतनी अगाध आस्था है कि न मोदी को रोक सकते हैं न प्रवीण भाई तोगड़िया को। वाजपेयी राष्ट्रसंघ में और आडवाणी ब्रिटेन में जाकर कुछ और कह कर आते हैं और गुजरात में कुछ और होने देते हैं। इनसे आप क्या उम्मीद कीजिएगा। फिर ये कहें भी तो मोदी और तोगड़िया इनकी सुनते कहाँ हैं मोदी ने संविधान की संस्था चुनाव आयोग के मुख्य चुनाव आयुक्त के बारे में कुछ कम नहीं कहा। पर वे किसके कराए पर चुप हुए?

फिर एक नरेन्द्र मोदी और प्रवीण भाई तोगड़िया हो तो वाजपेयी और आडवाणी कुछ करें भी। पर यहाँ तो उनका पूरा-का-पूरा संप्रदाय ही लगा हुआ है। जिस दिन आप दशहरा मना रहे थे हरियाणा के झज्ज़र जिले के गाँव दुलीना की पुलिस चौकी पर भीड़ ने पाँच दलितों को पीट-पीटकर मार डाला। वे सभी जवान थे और वही कर रहे थे, जो बरसों से करते आ रहे हैं। मरी हुई गाय की खाल निकालना और उसे बेचकर अपनी रोजी रोटी को चलाना। उस दिन उन्होंने फरूखनगर गाँव से मरी हुई गाय की खाल खरीदी और उसकी खाल निकालकर उसे बेचने जा रहे थे। उन्हें भीड़ ने पकड़ा और पीटा और पुलिस चौकी को सौंप दिया। फिर भीड़ दशहरा मनाने चली गई और अफवाह फैला दी कि वे जिंदा गाय की खाल निकाल रहे हैं। तीन–चार घंटे तक यह अफवाह चलती रही और रावण जलाकर भीड़ इतनी उत्तेजित हो गई कि गऊ माता की जय का नारा लगाते हुए उसने उस पुलिस चौकी में दुबके

उन पाँच दलितों को निकाला और पीट-पीटकर मार डाला। दो को जला डाला। वहाँ पुलिसवाले थे, जो कुछ नहीं कर सके। सिटी मजिस्ट्रेट थे जिनसे कुछ नहीं बना। हिंसा पर आमादा भीड़ ऐसा कर सकती थी लेकिन उसे रोकनेवाले भी तो चाहिए। कोई कार्रवाई नहीं हुई। मारे गए दलितों के गाँववालों और जातवालों ने महापंचायत की जिसमें कहा गया कि विश्व हिंदू परिषद और बजरंग दल के लोग ऐसा जुनून फैलाते रहे हैं लेकिन झज्जर के परिषद और शिवसेना के लोगों ने लिख कर के दिया है कि कोई कार्रवाई न की जाए। तीन दिन बाद विश्व हिंदू परिषद के उपाध्यक्ष आचार्य गिरिराज किशोर ने कहा कि इस दलित हत्याकांड में उनका कोई कार्यकर्ता नहीं था, न परिषद का इससे कोई लेना देना है। उन्होंने कहा कि अगर कोई गाय मारी गई हो या जिंदा उसकी खाल निकाली जा रही हो तो इससे भीड़ ऐसी उत्तेजित हो सकती है। लेकिन मरी हुई गाय की खाल निकाली जा रही हो तो यह अलग बात है। उनसे हिंदू अखबार की नीना व्यास ने पूछा कि दलित के जीवन की तुलना में गाय के जीवन का मूल्य ज्यादा है? तो आचार्य गिरिराज किशोर ने कहा—शास्त्रों के हिसाब से गऊ का जीवन बहुत मूल्यवान है।

अब कौन यह मानेगा कि हिंदू में दलितों के जीवन से गाय का जीवन ज्यादा मूल्यवान है? संघ संप्रदाय के लोग हिंदू धर्म को सबसे मानवीय बताते हैं। फिर यह कैसे होता है कि मरी हुई खाल के लिए मौत के घाट उतार दिए गए मनुष्यों के लिए तो आचार्य बताए जाने वाले गिरिराज किशोर को कोई दुख नहीं होता लेकिन वे शास्त्रों में गऊ के जीवन को मूल्यवान बताते हुए हिचकते नहीं। कोई यह सवाल महात्मा गाँधी से पूछता तो वे कहते कि जो शास्त्र गाय की तुलना में मनुष्य के जीवन को हेय माने, उसे जला दिया जाना चाहिए। कोई शास्त्र नहीं कहता कि मनुष्य की तुलना में गाय का जीवन मूल्यवान है। लेकिन जिस तरह मरी हुई गाय की खाल को झज्जर में जिंदा गाय की खाल उतारना बताकर प्रचारित किया गया और लोगों को भड़काया गया, उसी तरह से आचार्य गिरिराज किशोर शास्त्रों की बात कर रहे हैं। उनमें इतनी भी मानवीय संवेदना नहीं है कि जब पाँच जवान आदमी इस तरह मार दिए गए हों तो कम से कम शास्त्रों की दुहाई न दें। आज की दुनिया में कौन हिंदू मानेगा कि गाय की जान आदमी की जान से ज्यादा मूल्यवान है। जिस समाज में ऐसी बातें बेझिझक कही जा सकें, उसे क्या आप मानवीय समाज कहेंगे! गाय को करुणा की मूर्ति बताने वाले लोगों के मन में मनुष्य की जान के बारे में ऐसी हिकारत हो सकती है। लेकिन आप देखिए कि न तो जिन लोगों ने उन पाँच दलितों को पीट-पीटकर मार डाला, उनके खिलाफ कोई कार्रवाई हुई है। न आचार्य गिरिराज किशोर के परम पावन शास्त्रीय उद्गारों की किसी ने भर्त्सना की है। विश्वभर में हिंदुओं को गर्व करना सिखानेवाली परिषद के आचार्य और अंतर्राष्ट्रीय महासचिव

के कथनों पर परिषद को शर्म है, या गर्व, यह अभी किसी वक्तव्य में छपा नहीं है।

और उसी दशहरे की शाम जब पाँच दलित हरियाणा में मार डाले गए, तब मुंबई में शिव सेना प्रमुख बाला साहेब ठाकरे ने अपने विजयादशमी भाषण में कहा कि आतंकवाद का सामना करने के लिए हिंदुओं को आत्मघाती दस्ते बनाने चाहिए। उन्होंने सरकार से कहा कि वह भारत को हिंदू राष्ट्र घोषित करे। फिर अपने सैनिकों से कहा कि तुम्हें अपने को हिंदू राष्ट्र कहने से कौन रोक सकता है। तुम कहो कि हम हिंदू राष्ट्र हैं। महाराष्ट्र की सरकार ने ठाकरे के खिलाफ मामला तो दर्ज किया है लेकिन अभी तक कोई कार्रवाई नहीं की। भारत जैसे अणुशस्त्र संपन्न राष्ट्र के पास सेना है, पुलिस है और तरह-तरह के अर्द्धसैनिक बल और कमांडो हैं। फिर भी बाला साहेब ठाकरे उसे इतना निर्बल पाते हैं कि हिंदुओं से कहते हैं कि आत्मघाती दस्ते बनाएँ और आतंकवाद का सामना करें। ये दस्ते किनकी जान लेंगे? प्रवीण भाई तोगड़िया गुजरात में मुसलमानों को जिहादी बता चुके हैं। भारत की सेना उन्हें मारेगी नहीं। उन्हें तो हमारे आत्मघाती दस्ते ही मारेंगे। और ऐसे दस्ते बनाने की क्या जरूरत, जब भीड़ पाँच आदमियों को पुलिस की चौकी से निकालकर मार देती है। और फिर तोगड़िया ने तो कहा कि पचास हजार मुसलमान पाँच करोड़ हिंदुओं का क्या बिगाड़ लेंगे? लोकतंत्र में अल्पसंख्यक-बहुसंख्यक का हिसाब चलता है। इस देश में बयासी करोड़ हिंदू हैं फिर भी उनके संगठन कहे जाने वाले संघ संप्रदायी संगठन ऐसी अल्पसंख्यक ग्रंथि से ग्रस्त हैं कि हमेशा भयभीत रहते हैं। कोई आत्मघाती दस्ते बनाने की बात करता है तो कोई कहता है कि हिंदुओं को फूलों की माला पहनना छोड़कर नरमुंडों की माला पहननी चाहिए।

कौन कहेगा कि ये गर्वीले हिंदू हैं? ये हम सब हिंदुओं और भारतीयों के मुख पर कालिख पोत रहे हैं।[44]

सांप्रदायिक दंगों को कवर करते समय मीडिया को बहुत जागरूक रहना चाहिए अन्यथा दंगों की आग फैलते देर नहीं लगती। अफवाह ऐसे मामलों में सत्य से कहीं ज्यादा प्रभावी सिद्ध होती है। अफवाह वही लोग फैलाते हैं, जिन्हें इन दंगों से कोई-न-कोई लाभ अर्जित करना होता है। इन तत्त्वों के खिलाफ प्रभावी गैर-सरकारी, सरकारी संगठनों का ढाँचा तैयार किया जाना आवश्यक है। सांप्रदायिकता के संदर्भ में स्वयंसेवी संगठनों की भूमिका बड़ी महत्त्वपूर्ण होती है। अपने स्नेह भरे व्यवहार की वजह से ये संगठन पीड़ितों के जख्मों पर मरहम लगा सकते हैं साथ ही, पक्षपात पूर्ण रवैए से उनको और भी अधिक आक्रोशित कर सकते हैं। अगस्त, 2003 के 'हंस' के अंक में खुर्शीद अनवर का एक महत्त्वपूर्ण आलेख 'सांप्रदायिकता और स्वयंसेवी संगठनों की भूमिका' प्रकाशित हुआ है। सांप्रदायिकता के संदर्भ में स्वयंसेवी संगठनों की भूमिका पर पर्याप्त प्रकाश डालने के लिए उक्त आलेख हंस-परिवार और

खुर्शीद अनवर के प्रति आभार ज्ञापित करते हुए यहाँ प्रस्तुत किया जा रहा है।

स्वयंसेवी संगठन आमतौर पर विकास कार्य में लगे गैरराजनैतिक संगठन माने जाते हैं। सरकार उनसे यही अपेक्षा भी रखती है कि वे राजनैतिक गतिविधियों में हिस्सा न लें, यह और बात है कि कौन-सी गतिविधि राजनैतिक है और कौन-सी अराजनैतिक, इसकी व्याख्या नहीं की जाती। इसमें फायदा भी है, जो सरकार की नीतियों के पक्ष में काम करे उसका कोई भी काम राजनैतिक नहीं माना जाएगा, सरकार की नीतियों के विरुद्ध कोई कदम फौरन राजनैतिक गतिविधि के दायरे में आ जाएगा, सरकार चाहे, तो संस्था का पंजीकरण भी रद्द कर दे या फिर फंडिंग पर रोक लगा दे, सांप्रदायिकता का सवाल राजनैतिक सवाल है या नहीं, इस पर बहस की कोई गुंजाइश ही नहीं बची है। अब शायद ही कोई माने कि सांप्रदायिकता राजनैतिक मुद्दा नहीं है, फिर भी पिछले कुछ वर्षों में स्वयंसेवी संगठनों ने सांप्रदायिकता का प्रश्न बड़ी शिद्दत से उठाया है।

इस प्रक्रिया में इन संगठनों और संस्थाओं ने विभिन्न नागरिक मंचों के साथ मिलकर बड़ी अहम भूमिका निभाई है। इस भूमिका का स्वरूप और आकार-प्रकार क्या रहा है, इस पर चर्चा जरूरी है, लेकिन उससे भी ज्यादा जरूरी है कि हम इस तथ्य की जाँच-पड़ताल करें कि पिछले कुछ वर्षों में ऐसा क्या हुआ कि सांप्रदायिकता के संदर्भ में स्वयंसेवी संगठनों एवं नागरिक पहलों की भूमिका इस हद तक महत्त्वपूर्ण हो गई कि हम उस पर गंभीर चर्चा करें, उसका लेखा-जोखा रखें। अतीत में भी जब सांप्रदायिक तनाव या टकराव की स्थिति उभरी। विभिन्न नागरिक मंच खड़े हुए, स्वयंसेवी संगठन आगे आए और जो कुछ भी संभव हो सका, वह किया, लेकिन पिछले कुछ वर्षों में स्थितियों में भारी बदलाव आया है। सांप्रदायिकता के सवाल पर स्वयंसेवी संगठनों और नागरिक मंचों की भूमिका इतनी बढ़ चुकी है कि कुछ वर्ष पूर्व इसकी कल्पना भी नहीं की जा सकती थी, ऐसे हालात क्यों बने, इसके लिए बहुत लंबे-चौड़े विश्लेषण की आवश्यकता नहीं है। गोधरा और गुजरात के जनसंहार के दौरान किसने क्या भूमिका निभाई, अगर इस पर एक सरसरी नजर डालें, तो स्थिति स्पष्ट हो सकती है, आइए, सबसे पहले यह देखें कि सांप्रदायिकता जैसे विशुद्ध राजनैतिक मुद्दे को लेकर राजनैतिक दलों की क्या भूमिका रही है?

27 फरवरी को साबरमती एक्सप्रेस के एस-6 में आग लगा कर कई यात्रियों को जिंदा जला दिया गया और उसके बाद पूरे गुजरात में जो जनसंहार हुआ, उसकी मिसाल कम-से-कम भारत में ढूँढना तो मुश्किल है, राष्ट्रीय जनतांत्रिक गठबंधन के घटकों से किसी सकारात्मक प्रतिक्रिया की अपेक्षा रखना तो बेकार ही था। कम-से-कम उन राजनैतिक दलों की अपेक्षा जरूर थी, जो सेक्यूलरिज्म का परचम लेकर वोट की फसल काटते हैं। मुख्य विपक्षी दल भारतीय राष्ट्रीय कांग्रेस ने गुजरात जनसंहार पर मुँह खोलने में हफ्ता बिता दिया। शायद उसे बहुसंख्यक वोटरों की चिंता सताने

लगी। समाजवादी पार्टी, जो कि उत्तर प्रदेश में जिंदा इसी बल पर है कि वह संघ-गिरोह के खिलाफ सांप्रदायिकता विरोध का नारा बुलंद करके अपने आपको उत्तर प्रदेश की एकमात्र अल्पसंख्यक हितैषी पार्टी घोषित करती रही है और बड़ी हद तक एक इसका फायदा भी उठाती रही है। मायावती ने तो बड़ी सोची-समझी चुप्पी साध रखी थी, जो कि भाजपा के साथ मिल कर मुख्यमंत्री बनने के साथ उस समय खुली, जब उन्होंने बड़ी बेबाकी से यह वक्तव्य दिया कि जिन लोगों ने गोधरा कांड किया, वही पूरे गुजरात में जनसंहार के लिए जिम्मेदार हैं। मायावती के भारतीय जनता पार्टी के साथ आते ही अचानक रामविलास पासवान सेक्यूलर हो गए, अभी तक उन्हें गुजरात में कुछ ऐसा नजर नहीं आया था, जिस पर वे दो शब्द बोलते, लेकिन मायावती के संघ-गिरोह की गोद बैठने के साथ ही वे सीधे गुजरात पहुँच गए। बचे वामपंथी दल, जिनसे तमाम सेक्यूलर ताकतों ने हमेशा उम्मीदें लगाई हैं। ये उम्मीदें बेबुनियाद नहीं रहीं। अतीत में हमने देखा है कि किसी ने सांप्रदायिकता के मुद्दे को गंभीरता से लिया है, तो वे वामपंथी राजनैतिक दल ही रहे हैं, जिस समय गुजरात जल रहा था, ठीक उसी समय भारत की दो मुख्य कम्युनिस्ट पार्टियाँ, भारतीय कम्युनिस्ट पार्टी और भारतीय कम्युनिस्ट पार्टी (मार्क्सवादी) अपने-अपने राष्ट्रीय सम्मेलन में व्यस्त थीं। निश्चित रूप से इन दोनों पार्टियों ने गुजरात को लेकर कुछ प्रस्ताव अवश्य पारित किए होंगे, लेकिन दोनों पार्टियों के नेतृत्व ने यह उचित नहीं समझा कि अपने कुछ साथियों को गुजरात रवाना करें या फिर दिल्ली भेज कर किसी व्यापक अभियान की तैयारी में लगाएँ, पार्टी कांग्रेस समाप्त होने के बाद भी इन पार्टियों ने कोई ऐसी पहल नहीं की, जिससे कि आम जनता में विश्वास पनप पाता कि कम-से-कम वामपंथी दल गुजरात को लेकर चुप बैठने वाले नहीं हैं। दिल्ली में एक रैली अवश्य हुई, जिसमें वामपंथी संगठनों और नागरिक मंचों ने भी शिरकत की, लेकिन इस रैली को इन पार्टियों ने कितनी गंभीरता से लिया था, इसका अंदाजा इस बात से लगाया जा सकता है कि रैली में बमुश्किल तीन हजार लोग इकट्ठा हो सके। किसी दिलजले ने उस समय ठीक ही प्रतिक्रिया दी कि इससे काफी ज्यादा भीड़ तो गुजरात में विश्व हिंदू परिषद और बजरंग दल के लोग जय श्रीराम का नारा देकर इकट्ठा कर लेते हैं। अब इसे वामपंथी दलों की उदासीनता कहें या निठल्लापन, या फिर वैचारिक दिवालियापन, यह आप ही तय कर लीजिए।

इस पूरे संदर्भ में सांप्रदायिकता के मुद्दे से गहरा सरोकार रखने वाले, आम नागरिक क्या करें, कहाँ आस लगाएँ? जहाँ भी थोड़ी उम्मीद की किरण नजर आई, वहीं जा खड़े हुए। परिणामस्वरूप दिल्ली में विभिन्न स्वयंसेवी संगठनों और आम नागरिकों की पहल से एक स्वतःस्फूर्त मंच उभरा, जिसे नाम मिला 'अमन एकता मंच', ऐसी पहलें गुजरात के लगभग हर शहर में हुईं और स्वयंसेवी संगठनों और आम नागरिकों ने मिल कर गुजरात में जो सद्भावना कायम करने का और राहत

का कार्य शुरू किया। वह आज भी जारी है, अजीब विडंबना है कि इस पूरी प्रक्रिया में अगर राजनैतिक दलों की कोई भूमिका है, तो वह नगण्य है। इसी क्रम में इस तथ्य का उल्लेख करना आवश्यक है कि मार्च के पहले और दूसरे सप्ताह में दिल्ली में जो धरने, प्रदर्शन 'अमन एकता मंच' जैसे मंचों ने आयोजित किए, उनमें राष्ट्रीय जनतांत्रिक गठबंधन के घटकों को छोड़कर तमाम राजनैतिक दलों से शामिल होने का अनुरोध किया गया। लेकिन किसी भी राजनैतिक दल ने यह उचित न समझा कि इस प्रक्रिया में शिरकत करे। एक वामपंथी नेता ने तो दो टूक जवाब दिया कि पहल क्या उनकी पार्टी से पूछ कर की गई थी, जो अब मदद की अपेक्षा रखते हैं। उन्हें यह समझाने का प्रयास किया गया कि वे अपनी पार्टी कांग्रेस में व्यस्त थे, इसलिए यह पहल उनसे हरी झंडी प्राप्त किए बगैर की गई, लेकिन उन्होंने साफ कहा कि पार्टी स्वयं अपना कार्यक्रम तैयार करेगी। अफसोस कि ऐसा हो न सका।

इस दौरान पूरे महीने तक 'अमन एकता मंच' के कार्यकर्ता दिल्ली शहर के कोने-कोने में छोटे-मोटे कार्यक्रम आयोजित करते रहे। इस प्रक्रिया में कई बार संघ-गिरोह के लोगों से वे पिटते-पिटते भी बचे। यह बात और है कि ऐसे कार्यक्रमों के लिए प्रेस कवरेज मिलना लगभग नामुकिन होता है, लेकिन स्वयंसेवी संगठनों ने जो सबसे अहम भूमिका निभाई, वह दो स्तरों पर थी। एक तो राहत सामग्री इकट्ठा करके राहत शिविरों में पहुँचाना और दूसरा हर हफ्ते जत्थे भेज कर राहत शिविरों में काम करना, जो कि संभवतः सबसे महत्त्वपूर्ण काम था। बच्चों के साथ खेलना, उनका मन बहलाना, उन्हें पढ़ाना, बलात्कार की शिकार औरतों को दिलासा देना, उनका आत्मविश्वास बढ़ाना, अपना सब कुछ लुटा बैठे लोगों को ढाढ़स बँधाना कोई आसान काम न था, लेकिन पूरे सात महीने यह काम बड़ी मुस्तैदी से किया गया। इससे देश-भर के स्वयंसेवी संगठनों ने बहुत महत्त्वपूर्ण भूमिका निभाई। गुजरात में सक्रिय स्वयंसेवी संगठनों और नागरिक मंचों ने तो दिन-रात एक करके दंगा पीड़ितों के बीच कार्य किया।

गुजरात की स्थिति देखते हुए ऐसी आशंका थी कि देश के अन्य प्रांतों में भी दंगे भड़क सकते हैं, ऐसी परिस्थिति में अपने-अपने प्रांतों को स्वयंसेवी संगठनों ने शांति कमेटियाँ बना कर दंगे रोकने का सफल प्रयास किया।

इस बिंदु पर पहुँच कर जो प्रश्न सबसे अहम बन जाता है, वह यह है कि जो भूमिका राजनैतिक दलों को निभानी चाहिए थी, उसकी जिम्मेदारी स्वयंसेवी संगठनों और नागरिक मंचों पर क्यों आन पड़ी? इस प्रश्न का उत्तर दो स्तरों पर खोजा जा सकता है, पहला स्तर है वोट की राजनीति का और दूसरा वैचारिक दिवालिएपन का। पहला उत्तर काफी स्पष्ट और सपाट है। कोई भी राजनैतिक दल लगभग अस्सी प्रतिशत वोटरों को क्यों नाराज करे? पिछले डेढ़ दशक की प्रतिक्रियाएँ साफ बता रही हैं कि हिंदुत्व और राष्ट्रवाद का नारा सत्ता पाने का एक बहुत बड़ा साधन बन

चुका है। यह बात शायद तमाम राजनैतिक संगठन समझने लगे हैं, अचरज नहीं होना चाहिए कि वर्षों से जिस बाबरी मस्जिद-राम जन्मभूमि का विवाद शांत पड़ा हुआ था, उसे राजीव गाँधी ने ताला खुलवा कर नई ज़िंदगी दे दी। ताला तो खुलवाया राजीव गाँधी ने, लेकिन मुद्दे को हथिया लिया संघ-गिरोह ने और मुद्दा हथियाने के साथ उसके परिणाम भी मिलने लगे, हिंदुत्व का एजेंडा लेकर संघ-गिरोह ने जो जमीन तैयार की, उसी जमीन ने भारतीय जनता पार्टी के हाथों में केंद्र की सत्ता सौंपी। राष्ट्रवाद, जो कि आज के संदर्भ में हिंदुत्व का पर्याय बन चुका है, वह भी सत्ता पाने और उसमें बने रहने का बड़ा प्रभावी जरिया बन गया है। पोखरण में परमाणु विस्फोट से लेकर कारगिल युद्ध और हाल ही तक सीमा पर बड़े पैमाने पर सैनिक जमावड़े ने सत्ता पक्ष को बड़ी मजबूती प्रदान की है। इसलिए हर राजनैतिक दल मूक रह कर परोक्ष रूप से हिंदुत्व का समर्थक बन जाता है और बड़े मुखर रूप से राष्ट्रवाद का हिरावल दस्ता। वामपंथी दलों को इस श्रेणी में रखना निश्चित रूप से उनके साथ ज्यादती होगी। लेकिन जिस दूसरे स्तर की बात पहले की गई है, उस श्रेणी में अवश्य वामपथी दलों को रखा जा सकता है—यह श्रेणी है वैचारिक दिवालिएपन की।

स्वयंसेवी संगठनों के नाम पर दुकान खोल कर विश्व बैंक, यू.एस.एड. और फोर्ड फाउंडेशन जैसे साम्राज्यवाद की समर्थक संस्थाओं से मोटी-मोटी रकम लेकर तथाकथित विकास का कार्य करने वाली संस्थाओं से अलग स्वयंसेवी संगठनों की एक ऐसी दुनिया भी है, जो निरंतर वैचारिक मंथन के दौर से गुजर रही है। इस वैचारिक मंथन की प्रक्रिया में इन स्वयंसेवी संगठनों ने सांप्रदायिकता के साथ भूमंडलीकरण (जिसे साम्राज्यवाद का नया अवतार कहना ज्यादा उचित होगा), परमाणुवीकरण, सैन्यीकरण, आतंकवाद और पितृसत्ता का रिश्ता जोड़ने का प्रयास किया है। इन संगठनों के बीच यह मान्यता बनी है कि भूमंडलीकरण, परमाणुवीकरण, सैन्यीकरण, आतंकवाद, पितृसत्ता और सांप्रदायिकता एक-दूसरे के पूरक हैं। भारत और पाकिस्तान जैसे देशों के संदर्भ में तो इस तथ्य में कोई संदेह नहीं रह जाता है। मामला चाहे परमाणु विस्फोटों का हो, पृथ्वी और गौरी नाम की मिसाइलों का हो, सीमा पर सैनिक जमावड़े का हो या फिर सीमा पर आतंकवाद का हो, सांप्रदायिक तनाव और टकराव में ही उसकी परिणति होती है। 11 सितंबर को विश्व व्यापार केंद्र पर हमले के बाद की प्रक्रिया पर नजर डालने से स्थिति और भी स्पष्ट हो सकती है। हमले के तुरंत बाद राष्ट्रपति बुश का वक्तव्य कि आतंकवाद पर हमला दो सभ्यताओं के बीच की लड़ाई है। किन दो सभ्यताओं की बात थी। यह आईने की तरफ साफ है। इसके बाद जो प्रक्रियाएँ चलीं, उनकी कड़ियाँ आपस में अपने-आप मिलती जाती हैं। जम्मू-कश्मीर विधानसभा पर हमला, भारत की संसद पर हमला, भारत-पाक सीमा पर सैनिकों का इतना बड़ा जमावड़ा तो द्वितीय विश्व युद्ध के बाद

का सबसे बड़ा जमावड़ा है। विश्व हिंदू परिषद द्वारा राम जन्मभूमि मंदिर के निर्माण का काम शुरू करने की घोषणा, गोधरा कांड, गुजरात-जनसंहार, अपना सब कुछ गंवा बैठी असहाय महिलाओं का बजरंगी शूरवीरों द्वारा सामूहिक बलात्कार। राष्ट्रीय स्वयंसेवक संघ का बंगलौर प्रस्ताव, गोवा में प्रधानमंत्री अटल बिहारी वाजपेयी का वक्तव्य कि मुसलमान जहाँ कहीं भी बड़ी संख्या में होते हैं, कुछ-न-कुछ गड़बड़ियाँ फैलाते रहते हैं, सीमा पर युद्ध जैसी स्थिति, मोदी द्वारा इस्तीफा और गुजरात असेम्बली का भंग होना, अक्षरधाम मंदिर पर हमला। जम्मू में रघुनाथ मंदिर पर हमला। गुजरात विधानसभा का चुनाव और इस पूरे प्रकरण में अरुण शौरी द्वारा टॉप गेयर में विनिवेश की प्रक्रिया चलाना और बहुराष्ट्रीय कंपनियों की झोली भरकर भूमंडलीकरण के हाथ मजबूत करना। इस पूरी प्रक्रिया को टुकड़ों में नहीं देखा जा सकता। दरअसल यह पूरी प्रक्रिया एक ही सिलसिले की कड़ियाँ हैं। यह चौतरफा हमला है, जिसमें एक मोर्चे पर लड़ने से काम चलने वाला नहीं है। स्थितियों को समग्रता में देखकर ही रणनीति बनाई जानी चाहिए। पिछले कुछ वर्षों में स्वयंसेवी संगठनों ने बड़ी गंभीरता से इन प्रक्रियाओं को विश्लेषित करने का प्रयास किया है, राजनैतिक पार्टियों ने स्थिति का विश्लेषण तो दूर प्रतिक्रियाएँ जानने का भी प्रयास नहीं किया। आज के संदर्भ में इन राजनैतिक पार्टियों से ऐसी उम्मीद भी करना मूर्खता होगी। इनमें से अधिकतर पार्टियाँ भूमंडलीकरण, परमाणुवीकरण, पितृसत्ता और सैन्यीकरण की मुखर समर्थक हैं। पोखरण विस्फोट के बाद जहाँ देश-भर में स्वयंसेवी संगठनों और नागरिक मंचों ने अपनी सीमा और ताकत के अनुसार विरोध और रोष प्रकट किया था, वहीं दूसरी ओर अधिकतर राजनैतिक दलों का सीना गर्व से फूल उठा था। कुछ नेताओं ने तो यहाँ तक दावा कर दिया था कि विस्फोट तो हमने उसी समय कर लिया था, जब हम सत्ता में थे। सैन्यीकरण की प्रक्रिया में तमाम राजनैतिक दलों की राष्ट्रभक्ति उफान मारने लगती है। हर किसी को लगता है कि सेना और हथियारों पर जितना कुछ खर्च हो रहा है, वह भी कम है। यह सोचने की भी जरूरत नहीं कि हथियार कौन बेच रहा है और इससे किसकी झोली भर रही है। साम्राज्यवादी ताकतों को और चाहिए ही क्या? आतंकवाद की समस्या जितना जोर पकड़े, उतना ही इन जंगबाज, ताकतों को फायदा पहुँचेगा, हैरत तो इस बात की है कि अंतर्राष्ट्रवाद में अटूट विश्वास रखने वाली पार्टियाँ भी सीमाओं की सुरक्षा के नाम पर राष्ट्रवादी बन जाती हैं। सैन्यीकरण और आतंकवाद में रिश्ता तलाश करना इन्होंने कभी सोचा ही नहीं। पितृसत्ता और सांप्रदायिकता के रिश्ते की बात आज तक शायद ही किसी राजनैतिक पार्टी ने उठाई हो।

इस पूरे परिदृश्य में समाज के किसी-न-किसी पक्ष को तो उस जिम्मेदारी का निर्वाह करना ही होगा, जिससे वोट की राजनीति करने वाले और वैचारिक दिवालिएपन से ग्रस्त राजनैतिक दल मुँह मोड़ते रहे हैं। पिछले कुछ वर्षों में स्वयंसेवी संगठनों

ने अपनी इस जिम्मेदारी को महसूस किया है और बड़ी संख्या में स्वयंसेवी संगठन पूरी प्रक्रिया को समग्रता में देखते हुए सांप्रदायिकता का मुद्दा उठाने पर मजबूर हुए हैं। हालाँकि ऐसा करने में उन्हें सरकारी आतंक भी काफी झेलना पड़ा। सैन्यीकरण, परमाणुकरण और शांति के मुद्दे पर कार्यरत कई स्वयंसेवी संगठनों को सरकार की खुफिया एजेंसियों की जाँच-पड़ताल भी झेलनी पड़ी। पोखरण विस्फोट, कारगिल युद्ध और गुजरात जनसंहार के बाद देश-भर में खुफिया एजेंसियों ने कई स्वयंसेवी संगठनों के दफ्तरों में घुस कर सामग्री की जाँच-पड़ताल की और उन्हें अपनी सीमा में रहने की धमकी दी है। स्थिति यहाँ तक पहुँच चुकी है कि सरकारी अनुदान लेकर संगठन चलाने वाली ईमानदार एजेंसियाँ अपना काम बंद करने की स्थिति में पहुँच गई हैं। कुछ मंत्रालयों में मौजूद हमदर्द अफसरों ने दबी ज़बान में यह भी बताया कि यदि सरकारी अनुदान लेना है, तो अपने प्रस्तावों में शांति शब्द का प्रयोग न करें। संभवतः शांति का मुद्दा सरकार के लिए सबसे खतरनाक मुद्दा बन चुका है। दोनों देशों में परमाणु विस्फोटों के बाद भारत-पाक के शांति कार्यकर्ताओं ने पहल करके दक्षिण एशिया शांति आंदोलन की जो शुरुआत की, उससे सरकार को बड़ी तकलीफ पहुँची। लिहाजा शांति की बात करना सरकार के विरुद्ध युद्ध का प्रतीक बन गया है। इसलिए ऐसे तमाम स्वयंसेवी संगठनों ने ऐसे मंच तलाश करने शुरू किए हैं, जिससे वे सरकारी तंत्र की गिरफ्त में आए बगैर अपना काम कर सकें। विभिन्न स्वयंसेवी संगठनों और नागरिक मंचों ने गुजरात जनसंहार के बाद काफी सोच-विचार कर अपने आंदोलन को सांप्रदायिकता विरोधी आंदोलन नाम न देकर शांति आंदोलन नाम देने का फैसला किया और कहीं अपने समुदाय, तो कहीं अमन एकता मंच जैसे नाम देकर काम आगे बढ़ाया है। इस सोच के पीछे मान्यता यह रही है कि सांप्रदायिकता विरोध का नाम सुनते ही समाज का एक तबका इसे अपने समुदाय का विरोध मानने लगता है और वह हमारे साथ जुड़ नहीं पाता है। इसके अलावा जहाँ एक ओर सांप्रदायिक ताकतों ने लगातार अपनी जड़ें मजबूत की हैं, सेक्यूलर ताकतों ने कोई सकारात्मक आंदोलन नहीं चलाया, जो लंबे समय तक सांप्रदायिक ताकतों को चुनौती दे सके। सांप्रदायिकता विरोधी आंदोलन प्रकृति से ही प्रतिक्रियात्मक रहे हैं। नतीजा यह हुआ कि जब कोई विस्फोटक स्थिति सामने आई, तो विरोध शुरू हुआ और जरा ठंडी पड़ी कि हम भी ठंडे पड़ गए। ऐसे संदर्भ में एक ऐसे आंदोलन की आवश्यकता नजर आई, जो अपनी प्रकृति से सकारात्मक हो और एक लंबे समय तक आंदोलन के रूप में चल कर सांप्रदायिक ताकतों के बीच बड़ी चुनौती खड़ी कर सके। शांति आंदोलन में यह भी संभावना है कि आज स्थितियों को जिस समग्रता में देखा जाना चाहिए, उसे ध्यान में रखते हुए शांति आंदोलन, 'भूमंडलीकरण, परमाणुवीकरण, सैन्यीकरण, आतंकवाद और पितृसत्ता के साथ सांप्रदायिकता का रिश्ता जोड़ कर आंदोलन को आगे बढ़ाए। इसी के मद्देनजर पिछले तीन वर्षों से कई स्वयंसेवी संगठनों

ने मिलकर 3 दिसंबर को 'भूमंडलीकरण विरोध', 6 दिसंबर को 'साझी विरासत' का दिन और 10 दिसंबर को 'मानवाधिकार दिवस' के अवसर पर जिंदगी जीने के अधिकार और उन अधिकारों पर बहुराष्ट्रीय कंपनियों के हमले के विरोध का दिन घोषित किया है।

लेकिन ऐसा नहीं है कि स्वयंसेवी संगठनों की इसी दुनिया में ज़हर घोलने वाले संगठन मौजूद नहीं हैं। दरअसल बड़ी संख्या में ऐसे स्वयंसेवी संगठन मौजूद हैं, जो संघ-गिरोह के इशारे पर उन्हीं का एजेंडा लागू करने के लिए निरंतर जूझ रहे हैं। ऐसे संगठनों के पास न धन की कमी है और न कार्यकर्ताओं की। ऐसे कठिन समय में जरूरत इस बात की है कि शांति और सद्‌भाव के लिए कार्यरत स्वयंसेवी संगठन और मुद्‌दे से सरोकार रखने वाले राजनैतिक दल एक-दूसरे के अनुभवों से सीखें और साझी ताकत के साथ सांप्रदायिक शक्तियों का मुकाबला करें। स्वयंसेवी संगठनों को यह अच्छी तरह पता है कि यह लड़ाई एक राजनैतिक लड़ाई है और इन संगठनों के प्रयास केवल पैबंद लगाने का काम कर सकते हैं, परिवर्तन का नहीं, लिहाज़ा जब तक यह लड़ाई समान सोच वाले राजनैतिक संगठनों के साथ नहीं लड़ी जाती, तब तक स्थितियों में भारी बदलाव की उम्मीद कम ही है।[45]

खुर्शीद अनवर के मतानुसार जहाँ एक ओर स्वयंसेवी संगठनों ने सांप्रदायिक दंगों में उसके शमन के लिए और राहत कार्यों में सराहनीय भूमिका निभाई, वहीं इन संगठनों में मौजूद स्वार्थी, प्रतिक्रियावादी और दलगत निष्ठा वाले कतिपय लोगों ने पूरे संगठन का नाम भी खराब किया। बहर कैफ... तत्काल सुधार की आशा भी नहीं की जा सकती। यह प्रक्रिया तो ऐसे ही, धीरे-धीरे चलती है, चलती जाती है। वास्तव में मीडिया की भूमिका आज जीवन को, जीवन के हर क्षेत्र को प्रभावित करने वाली हो गई है। सांप्रदायिकता के संदर्भ में मीडिया की क्या भूमिका रही है, इस पर प्रत्येक संवेदनशील-सचेत मनुष्य को विचार करना चाहिए।

पिछले दिनों इलाहाबाद में पत्रकारिता पर राष्ट्रीय सम्मेलन था, जिसका विषय था—21वीं सदी में पत्रकारिता की चुनौतियाँ,' यहाँ एक साथ दो चीजें दिखाई दीं। भयभीत पत्रकार और डराने वाले लोग। कुछ पत्रकारों में डर को दूर करने की छद्‌म कोशिशें भी दिखाई दीं। यह डर किसी गुंडे, प्रशासक या व्यापारी का नहीं था। बल्कि मार्केट फोर्सेज का था। 21वीं सदी में पत्रकारिता को सबसे बड़ी चुनौती पत्रकारों से है। उनसे जो बदलना नहीं चाहते। यही वो तबका है जो प्रतिस्पर्धा से डरता है और लोगों को डराता है। कारण कि मार्केट फोर्सेज ने काम करना शुरू किया तो इन्हें भी काम करना पड़ेगा और इनकी मठाधीशी खतरे में पड़ जाएगी।

आज भी मीडिया के द्वारा देश के कुछ अत्यंत प्रतिभाशाली व्यक्तियों को अपने आगोश में लेना जारी है, जो बदले में अपनी पहचान बनाते जा रहे हैं। संस्था के रूप में 'सांप्रदायिक' होती जा रही है मीडिया की ताकत 1990 के दशक में काफी

गिरी है उदाहरण के तौर पर प्रिंट और दृश्य-श्रव्य दोनों मीडिया ने गुजरात कत्लेआम को दर्शाने में एक महत्त्वपूर्ण भूमिका निभाई। ईमानदारी से कवरेज़ किए जाने के बावजूद मीडिया खुद को गौरवान्वित महसूस कर सकता है। मुश्किल से एकाध असहमति को छोड़कर इसने अल्पसंख्यक समुदाय के ऊपर राज्य सरकार के आक्रमण व घृणित कार्यों की अवहेलना की। बहुत कम ही ऐसी घटनाएँ होती हैं, जब मीडिया एकमत होता है। इस घटना में हुआ भी तो परिणाम पूर्णतया अस्पष्ट। गुजरात कांड के दौरान 'गुजरात समाचार' और 'संदेश' इन दो दैनिकों ने चरमसीमा तक उत्तेजित होकर इसे सांप्रदायिक कत्लेआम की तर्ज़ देकर छापा। :संदेश' में 28 फरवरी से 3 मार्च तक 7-8 कालम्स में पहले और आखिरी पेज पर छपने वाली जली हुई झोंपिड़यों और कत्ल के फोटोग्राफ्स ने दंगों को खूब भड़काया और भड़काऊ हेडलाइंस के साथ छपते रहे। थोड़ी बहुत प्रशंसाओं के अतिरिक्त कोई खास व्यावहारिक परिणाम सामने नहीं आया।

सांप्रदायिक का आरोप सर पर ढोता मीडिया नहीं बता पा रहा कि आज समाज में सही संचालन के लिए लोकतांत्रिक कार्यप्रणाली का संचालन कोई भीगा बागड़ बिल्ला नहीं हो सकता और न ही वह कोई खुर्राट जागीरदार जनरल हो सकता है। बल्कि आइन्सटीन जैसा महान वैज्ञानिक हो सकता है, गाँधी जैसा नेता हो सकता है। लोकतंत्र के पहरेदार की तरह चौथा स्तंभ कहीं जाने वाला मीडिया अपने दायित्व को समझते हुए इन बागड़ बिल्लों की टोली को नियंत्रित कर सकता है लेकिन पकड़-धकड़ की इस राजनीति में सत्तातंत्र से जुड़े अपराधियों का रात के सन्नाटे में दर्जन भर गरीबों को कुचलकर बाल भी बाँका होने से बच जाना तय है।

ऐसे में मीडिया कुछ करता भी है तो 'चोखा खेल खाए खाद पिए तेल', 'समरथ को नहिं दोष गोसाईं' या 'हिंदुत्व का चेहरा न बिगड़े' जैसे समाचार छापता है। मीडिया की भूमिका समग्र रूप से सिकुड़ चुकी है। प्रो. अमर्त्य सेन ने कहा, "एक स्वतंत्र प्रेस अकालों के विरुद्ध दुर्ग के प्राचीर की तरह व्यवहार करता है।" लेकिन गुजरात ने दर्शाया यह अडिग कथन किसी भी तरह आज लागू नहीं होता।

सांप्रदायिक होते जा रहे मीडिया को प्रभावहीन होते देखा जा सकता है। स्पष्ट रूप से चाय की दुकानों पर किसी भी अखबार का एक-एक पन्ना लिए हुए लोग कहना शुरू कर देते हैं–'सहारा' सपाई, 'हिंदुस्तान' कांग्रेसी और 'जागरण' भाजपाई अखबार है। मीडिया का घटता हुआ प्रभाव जो दिखाई पड़ता है, फासीवादी सरकार में नित्य ही घटित होने वाली बात है। इसका दोष सरकार के शासन करने की जुगत बैठाने वाली सांप्रदायिक फासीवादी धुरी को दिया गया है। लेकिन ऐसा ही कह देना पर्याप्त नहीं है, कारण कि सब कुछ के बावजूद हम एक फासीवादी राज्य नहीं हैं, जिसका चरित्र आतंकवादी तानाशाही होता है।

पिछले दिनों बिना आहट किए इतिहास बन गया और किसी ने ध्यान भी

नहीं दिया, जबकि इतिहास बना मीडिया की मौजूदगी में। इतिहास बनाया सत्ता पक्ष के भारी-भरकम नेता ने।

इसके अलावा भी तमाम उदाहरण हैं। तहलका टेप प्रकरण की चर्चा करें तो इसे प्राप्त करने के तरीके की नैतिकता को लेकर किसी का जो भी दृष्टिकोण हो, राजसत्ता को चलाने वाले कार्मिकों को इसने सुरक्षा सौदों में होने वाले लेन-देन को पटाने और घूस लेते इसने स्पष्ट रूप से दर्शाया। सेना ने इन टेपों को गंभीरता से लिया और उनके अफसरों के खिलाफ अनुशासनात्मक कार्रवाई की। प्रारंभ में लगा कि राजनैतिक व्यक्तियों के ऊपर कार्रवाई हो रही है, लेकिन यह खामख्याली सिद्ध हुआ। इसके विपरीत बोफोर्स मामला पुनः मीडिया द्वारा फोड़ा गया जो, एक सरकार को मिटा चुका है हालाँकि निश्चय ही सरकार अपना कार्यकाल पूरा करने पर गिरी थी। इतने सबके बावजूद मीडिया की ताकत का क्षरण होता जा रहा है। उदाहरण के लिए कारगिल, ताबूत घोटाला जिसमें मीडिया द्वारा पर्दाफाश भारत के महालेखा नियंत्रक जैसी शख्सियत की रिपोर्ट पर आधारित था।

आज मीडिया संपूर्ण रूप से सांप्रदायिक एवं राजनैतिक दबदबे की इबादत में जुटा हुआ है। यह प्रथम दृष्टया दृष्टिगोचर है और शायद यही मीडिया की अपनी पहचान है। जहाँ वे (पत्रकार) गुजरात और भ्रष्टाचार के सवालों पर शक्तिहीन हो जाते हैं वहीं अर्थव्यवस्था में सुधार की सेटिंग के एजेंडे के लिए खुद को शक्तिशाली ज़ाहिर करते रहते हैं। जबकि यह भी एक असंभव-सा ख्याल मात्र है। वास्तव में यह मीडिया नहीं है, जो आर्थिक सुधारों को देश में आगे बढ़ा रहा है बल्कि अंतर्राष्ट्रीय वित्तीय पूँजी जो बेटन ऊड संस्थाओं की तरह ही सहानुभूति रखने वाली एजेंसियों के जरिए और विकसित देशों की सरकारों पर दबाव डालने के जरिए इसे आगे बढ़ा रही है। यह महिमा मीडिया को प्रदान करना उस कुत्ते से सहमत होने की तरह है, जो गाँव की सड़क पर बैलगाड़ी के नीचे चलते हुए सोचता है, कि वही बैलगाड़ी को धक्का देकर आगे बढ़ा रहा है।

मीडिया जहाँ मानवीय मूल्यों को ऊँचा रखने के लिए तथा गरीब और पीड़ित की चिंता व्यक्त करता है, वहाँ स्वयं शक्तिहीन लगने लगा है। लेकिन दूसरी स्थिति में उसकी शक्तिहीनता एक प्रक्रिया की परिणति है। वह प्रक्रिया है अंतर्राष्ट्रीय वित्तीय पूँजी का हमारी अर्थव्यवस्था पर चढ़कर ऊपर उठने का उपक्रम जिसे मीडिया ने अंतर्विरोधाभासपूर्ण तरीके से कुछ सम्मानपूर्ण अपवादों के साथ उत्सुकतापूर्वक सपोर्ट किया है।

इतने के बावजूद यह तथ्य कि मीडिया को मानवीय और लोकतांत्रिक पक्ष लेना चाहिए, विस्तृत जलते हुए सवालों के ऊपर आशा का भाव जगाए हुए है। वास्तव में जब मीडिया को असहज सांप्रदायिक दृष्टिकोण से देखे जाने में बढ़ोतरी हो रही है, ऐसे में मीडिया को समाज की तरफ से एक लोकप्रिय समझदारी के तहत

नैतिकता का अलाप लगाने वालों की भूमिका प्रदान करना सर्वथा गलत है। जनहित और राष्ट्रहित में होने वाले मीडिया के कृत्यों की प्रशंसा भी होती है।

हालाँकि आर्थिक जीवन, शिक्षा, स्वास्थ्य, शासन वगैरह पर मीडिया के व्यापक असर की चर्चा जरूर होती है। लेकिन लोकतंत्र पर इसके प्रभाव की चर्चा विशेष नहीं। मीडिया के लिए जरूरी है कि वह सांप्रदायिकता से परे होकर मानवीयता और लोकतंत्र से जुड़ाव, उदारीकरण और भूमंडलीकरण के प्रभाव को देखने में भूमिका अदा करे।

लोकतंत्र और इसकी दीर्घकालिक सफलता में ही मीडिया की सफलता है। इसके लिए आज के दौर में जबकि सूचना के प्रवाह की गति कल्पना से परे है, जितनी देर में हम एक छोटा-सा वाक्य पढ़ना पूरा करेंगे, 1.2 करोड़ ई-मेल संदेश एक स्थान से दूसरे स्थान तक पहुँच चुके होंगे, मीडिया को अपना दायित्व समझना चाहिए। सचेत लेखनी और सचेत लेख इसकी बुनियादी जरूरत है।[46]

प्रत्येक संवेदनशील लेखक ने सांप्रदायिकता के प्रसरणशील विष को समाज के लिए घातक माना है। प्रगतिशील चिंतक, सामाजिक कार्यकर्ता और प्रसिद्ध पत्रकार कुलदीप नैयर ने सांप्रदायिकता के दमन हेतु, भारत-पाक में वैयक्तिक संपर्क बढ़ाने पर जोर दिया है। कुलदीप नैयर ने ये भी माना है कि सद्भाव का हर प्रयास बहुत छोटे स्तर से शुरू होता है। हमें यह नहीं मानना चाहिए कि तत्काल हमें भारी जन-समर्थन मिलने लगेगा। धीरे-धीरे जब लोग हमारे आंदोलन की सार्थकता समझेंगे, हमारे 'स्टैण्ड' का औचित्य समझेंगे तो आकर हमारे साथ जुड़ने लगेंगे—अपने-आप, बिना किसी विशेष प्रयास के। 'फैल रहा है सांप्रदायिकता का विष' संज्ञक कुलदीप नैयर का आलेख यहाँ प्रस्तुत है—

हाल ही में दुबई स्थित एक पाकिस्तानी टेलीविजन नेटवर्क ने मुझसे पूछा कि क्या प्रधानमंत्री मनमोहन सिंह भारतीय मुसलमानों से उसी प्रकार क्षमा याचना करेंगे, जिस तरह उन्होंने 1984 में सिख विरोधी दंगों के सिलसिले में किया? इस टीवी नेटवर्क ने तीन वर्ष पूर्व गुजरात में हुई हत्याओं और 1993 में मुंबई में हुए ऐसे ही कांड की ओर स्पष्टतः इंगित किया था। मैंने उत्तर दिया कि प्रधानमंत्री को ऐसा करना चाहिए, फिर मुझे ध्यान आया कि गुजरात में जब नरसंहार हुआ तो प्रधानमंत्री पद पर अटल बिहारी वाजपेयी आसीन थे। अहमदाबाद जाने से पूर्व उन्होंने राज्य के मुख्यमंत्री नरेन्द्र मोदी के विरुद्ध कदम उठाने का संकल्प कर लिया था, किंतु अपनी यात्रा के बाद उन्होंने मात्र आक्रोश भर व्यक्त किया। जब तक वह गोवा पहुँचे तो वह नाराज भी नहीं रहे। उनका रोष वस्तुतः इस्लाम के विरुद्ध मुड़ चुका था।

अब भाजपा अध्यक्ष की भी चर्चा कर लें। उन्होंने कराची में कहा कि गुजरात के दंगे राष्ट्रीय शर्म का विषय थे। उन्होंने इसके अलावा कुछ नहीं किया। जब दंगे

हुए तब वह उपप्रधानमंत्री भी थे। मोदी अभी भी गुजरात के मुख्यमंत्री हैं और आडवाणी आज भी उनके प्रबल प्रशंसक हैं। इतना ही नहीं, मुसलमान और खासतौर पर दंगा पीड़ित अभी भी राज्य सरकार द्वारा जानबूझकर अपनाई जा रही भेदभाव और इनकार की नीति से पीड़ित हैं। यहाँ तक कि पुनर्वास कार्य भी वहाँ मुख्य रूप से स्वैच्छिक संगठनों द्वारा किया जा रहा है। वह राज्य जहाँ हिंदू-मुस्लिम एकता के दूत महात्मा गाँधी जन्मे और जहाँ साबरमती आश्रम सद्भावना का प्रतिमान है, आज सांप्रदायिकता से प्रेरित स्थान बन गया है। यह विश्वास ही नहीं हो पाता कि जिस राज्य ने गाँधी के डांडी मार्च के दौरान ब्रिटिश सत्ता से मुक्ति के प्रयास में बहुलवाद की उच्चतम बुलंदियों को छुआ था, वही घृणा की गहराइयों में निमग्न हो गया है। इसका आडवाणी ने सूत्रपात तब किया था, जब वह सोमनाथ से अयोध्या के लिए रथयात्रा पर रवाना हुए थे। दरअसल उनकी यह रथयात्रा भारत को सेकुलर राज्य शासन-विधि पर प्रहार का प्रारंभ था। इस यात्रा ने घृणा के बीज बोए। उसमें सांप्रदायिकता के अंकुर फूटना स्वाभाविक था। हम आंतरिक शर्म और कायरता से ग्रस्त हो गए। मेरे विचार में भाजपा कभी भी क्षमायाचना नहीं करेगी। पाकिस्तान में मोहम्मद अली जिन्ना की प्रशंसा करने की आडवाणी को बहुत बड़ी कीमत चुकानी पड़ी है।

आडवाणी अथवा कोई भी अन्य भाजपा नेता मुसलमानों से खेद कैसे व्यक्त कर सकता है। वैसे भी यह वही पार्टी है, जिसने बाबरी ढाँचे का विध्वंस किया था और जो फौजदारी आरोपों को झेल रही है। 1984 के सिख विरोधी दंगों की जांच करने वाले जस्टिस नानावटी के विचार में दिल्ली और गुजरात में जो कुछ हुआ, उसमें कोई अंतर नहीं है। इनमें से प्रथम में सिख उत्पीड़ित हुए और दूसरे में मुस्लिम। दोनों ही जगह उन्हें यह निष्कर्ष निकालने के लिए पर्याप्त साक्ष्य मिले हैं कि कुछ राजनीतिज्ञों और पुलिस ने इन अपराधों के दौरान अपनी नजरें दूसरी ओर ही मोड़े रखीं। इनका दोनों ही स्थानों पर एक-सा ही रवैया था। राज्य दंगाइयों के पक्ष में था और समग्र हत्याएँ व लूटपाट सुनियोजित तथा संगठित ढंग से हुई थीं। मैं तो मात्र यह आशा ही कर सकता हूँ कि नानावटी एक और लीपापोती करने वाली वैसी ही रिपोर्ट पेश नहीं करेंगे जैसी उन्होंने दिल्ली के दंगों के बारे में दी है। सिख विरोधी दंगों के सिलसिले में नानावटी की रिपोर्ट में शीर्ष तंत्र की साँठगाँठ को उपेक्षित कर दिया गया और सजा के लिए छोटे मोहरों को चुन लेने सी स्थिति बनी।

मनमोहन सिंह कांग्रेस में अपने पूर्ववर्तियों के पाप ढो रहे हैं, फिर भी उन्हें मुम्बई के दंगों के लिए तो निश्चित रूप से क्षमा याचना करनी ही चाहिए, क्योंकि तब राज्य और केंद्र, दोनों में ही कांग्रेस सत्तासीन थी। जब दंगों की जाँच का आदेश हुआ तब भी कांग्रेस सत्ता में थी। महाराष्ट्र में 1993 के मार्च में शिवसेना-भाजपा की सरकार ने सत्ता सँभाली और उसने बम विस्फोटों को भी जाँच की परिधि में

ला दिया। जब श्रीकृष्ण आयोग ने शिवसेना प्रमुख बाल ठाकरे को अपने लेखों, उद्घोषणाओं और निर्देशों द्वारा सांप्रदायिक उन्माद फैलाने का जिम्मेदार ठहराया। रिपोर्ट में उनके चर्चित प्रेस इंटरव्यू का भी स्मरण कराया गया, जिसमें उन्होंने मुसलमानों को उखाड़ देने का आह्वान किया था।

श्रीकृष्ण ने हत्याओं और लूटपाट में राजनीतिज्ञों व पुलिस के बीच साँठगाँठ की ओर इंगित किया था। ठाकरे अवहेलना और अपनी सोच पर डटे रहे। उन्होंने रिपोर्ट को खारिज़ ही नहीं किया, अपितु न्यायाधीश को पूर्वाग्रहग्रस्त भी बताया। दोषी की स्वाभाविक तौर पर ऐसी ही प्रतिक्रिया होती है। रिपोर्ट के बाद आडवाणी ने केंद्र सरकार की ओर से कहा था, "ठाकरे के विरुद्ध किसी कार्रवाई का कोई औचित्य नहीं है।" मुझे स्मरण है कि जब मुंबई में दंगे तीन दिन तक नहीं रुके थे तो हममें से कुछ वरिष्ठ पत्रकार तत्कालीन प्रधानमंत्री पी.वी. नरसिंह राव से अपनी चिंता जताने के लिए मिले थे। उन्हें शिवसेना और बाल ठाकरे का हाथ होने को लेकर कोई संदेह नहीं था, परंतु जब उनसे पूछा गया कि "आप शिवसेना पर प्रतिबंध क्यों नहीं लगाते, बाल ठाकरे को गिरफ्तार क्यों नहीं किया जा रहा, जबकि बाबरी विध्वंस के बाद राष्ट्रीय स्वंयसेवक संघ और आडवाणी के मामले में ऐसा किया गया था?" राव का नपातुला जबाव था, "मैं शिवसेना पर प्रतिबंध नहीं लगा सकता, क्योंकि वह एक राजनीतिक दल है। जहाँ तक ठाकरे की बात है तो प्रतीक्षा कीजिए।"

मैं राव के पाँच वर्ष के कार्यकाल के दौरान निरर्थक प्रतीक्षा ही करता रहा। जब भी कभी मैंने राज्यसभा में कार्रवाई के बारे में पूछा तो आडवाणी (जो तब तक गृहमंत्री बन चुके थे) यही कहते थे कि मामला राज्य सरकार के पास है। फिर यह भी जानकारी मिली कि प्रधानमंत्री इंदिरा गाँधी के प्रधान सचिव रह चुके पीसी अलेक्जेंडर (जो उस समय महाराष्ट्र के राज्यपाल थे) रिपोर्ट को दबाए रहे। उल्लेखनीय है कि रिटायरमेंट के बाद वह राज्यसभा के लिए चुने गए और शिवसेना के वोट उनके चुने जाने में निर्णायक रहे। मेरे लिए चिंता की सबसे बड़ी बात यह है कि हम भारत की राजनीतिक काया को सांप्रदायिकता की व्याधि से मुक्त कराने में सफल नहीं हो पाए। यही इस्लामाबाद के साथ संबंधों के सामान्यीकरण में बाधक बन रहा है। पाकिस्तान में मौलवी और भारत में राष्ट्रीय स्वयंसेवी संघ राजनीति पर हावी हैं। दोनों ओर सरकारें साहसिक कदम उठाने से भय खाती हैं। 14-15 अगस्त की रात बाघा सीमा पर तीन-चार लाख लोगों को एकत्रित होते देखना एक सुखद अनुभव था। मैं और भी अधिक आह्लादित हुआ, क्योंकि जब एक दशक पूर्व भारत और पाकिस्तान के बीच स्थित लौह द्वार पर हमने प्रथम मोमबत्ती जलाई थी तब हम मात्र 12 थे।

उस समय हमें यह ताना सुनने को गिला था कि ये मोमबत्ती सोचती हैं कि उनकी यह कसरत दोनों पक्षों के लोगों को नजदीक लाएगी। आज व्यक्ति से संपर्क

ही महामंत्र बन गया है, जिसे कारगर होते हुए दोनों ओर के कट्टर सोच वाले भी देख रहे हैं। हजारों भारतीय और पाकिस्तानी एक-दूसरे के यहाँ हो आए हैं। यदि दोनों देशों की सरकारें वीजा सुविधाओं को उदार बना पुलिस निगरानी में कमी कर देतीं तो क्या व्यक्ति के संपर्क का सिलसिला विस्तृत और सद्भावना का सीमित वातावरण सर्वत्र नहीं प्रसारित होता ? दुर्भाग्य है कि दिल्ली और इस्लामाबाद दोनों ने ही अपने पाँव पीछे खींचने शुरू कर दिए हैं। एक शीर्ष पाकिस्तान पत्रकार इम्तियाज़ हुसैन को हमसे सीमा पर आकर मिलने के लिए वीजा नहीं दिया गया और न ही सुप्रसिद्ध गायिका शुभा मुद्गल को पाकिस्तान में गायन की अनुमति दी गई। दोनों ओर के मंत्री भी अनायास बयानबाजी से बाज नहीं आ रहे। मैं नहीं समझ पा रहा कि पाकिस्तान के सूचना मंत्री शेख राशिद अहमद के बारे में क्या किया जा सकता है, जिन्होंने लाहौर में एक संगोष्ठी में फरमाया कि वह एक टैंक में सवार होकर भारत जाने को वरीयता देंगे। वह और उन जैसे लोग ही मुख्य समस्या हैं।[47]

हर संवेदनशील साहित्यकार सांप्रदायिक समस्याओं को सुलझाने के लिए तत्काल कमर कसने की बात का समर्थन करता है। सच ही है, जितना विलंब होगा, घाव के नासूर बनने का भय भी उतना ही बढ़ता जाएगा। सत्ता के लोभ ने लगातार जातिवाद और सांप्रदायिकता को बढ़ावा दिया है। इस प्रवृत्ति से बचना होगा। ध्रुवीकरण ही करना-करवाना है तो विकास-कार्यों को आधार बनाया जाए, मूल्यों की पक्षधरता को आधार बनाया जाए, सार्वजनिक जीवन की शुचिता को आधार बनाया जाए। ज्ञानपीठ से सम्मानित साहित्यकार पद्मश्री गुरुदयाल सिंह भी सांप्रदायिकता और जातिवाद को लगातार बढ़ावा दिए जाने की प्रवृत्ति से चिंतित हैं। वे इन कुप्रवृत्तियों के विरुद्ध जन-मानस द्वारा आंदोलन छेड़े जाने की बात करते हैं। उनका यह भी मानना है कि अगर तुरंत ऐसा नहीं किया गया तो हमारे पास पछताने के अलावा कुछ भी नहीं बचेगा। 'जब देर से आँख खुलेगी तब' शीर्षक आलेख 'अमर उजाला' परिवार को आभार-अर्पित करते हुए यहाँ प्रस्तुत है।

पाँच राज्यों के चुनावों को लेकर जो कुछ उठापटक हो रही है, उसके बारे में तो समाचारपत्रों में बहुत कुछ प्रकाशित हो रहा है। परंतु जो ज्यादा चिंता की बात है, वह कम ही सामने आ रही है, वह है जातिवाद के प्रति बढ़ता रुझान। यह भारतीय समाज की रगों में फैला ऐसा विष है, जिसके कारण देश एक हजार साल के करीब धाड़वियों (आक्रमणकारियों) से कष्ट झेलता रहा है। मुट्ठी भर अंग्रेज करोड़ों भारतीयों के साथ लूटमार ही नहीं करते रहे, बल्कि जेलों में डालने से लेकर लाठी, गोली से पूरे देश का दमन भी करते रहे। वे केवल कुछ हजार थे और हम करोड़ों में थे।

आजादी के बाद कुछ आशा थी कि महात्मा गाँधी के विचारों से जातिवाद कुछ कम हो पाएगा। जवाहरलाल नेहरू के जमाने में कुछ प्रयत्न हुए थे, परंतु वे

सफल नहीं हो पाए। वर्ष 1952 के पहले आम चुनावों से ही सभी राजनीतिक दल सत्ता हथियाने की दौड़ में जातिगत मानसिकता को जीत का आधार मानकर अपने प्रत्याशी चुनते रहे। जहाँ ठाकुरों, राजपूतों, जाटों आदि के वोट थे, वहाँ उन्हीं जातियों के प्रत्याशियों को टिकट दिए जाने लगे। यह रुझान लगातार बढ़ता चला गया। आज वह जातिवाद और इसी जैसे और दुफेड़ (विभाजन) देश के सभी भागों में जहर की भाँति फैल चुके हैं। इसका एक उदाहरण यह है कि दशकों तक दलित जातियों के वोट कांग्रेस या कुछ और दलों में बँटते रहे। परंतु जब निम्न जातियों की दशा नहीं बदली, तो कांशीराम जैसे नेता ने दलितों का अलग दल बना लिया और एक ही दशक में इस दल की नेता मायावती उत्तर प्रदेश की मुख्यमंत्री बनने योग्य हो गईं और तीन बार मुख्यमंत्री पद पर आसीन हो चुकी हैं।

छत्तीसगढ़ के मुख्यमंत्री अजीत जोगी कभी आईएएस अधिकारी थे। तब उन्होंने इस प्रतियोगिता में अपने अनुसूचित जनजाति से संबंधित होने का लाभ नहीं लिया था। इससे साफ जाहिर है कि उनका अनुसूचित जनजाति से कोई संबंध नहीं है, परंतु अब चुनाव जीतने के लिए वह स्वयं को जनजाति का प्रत्याशी बता रहे हैं। ऐसा केवल वही अकेले नहीं कर रहे हैं, बल्कि कई दूसरे भी कमोबेश यही कर रहे हैं।

दिल्ली के चुनावों में जहाँ सिखों की आबादी अधिक है, वहाँ अभी राजनीतिक दल सिख प्रत्याशी को टिकट देने का प्रयत्न करेंगे। झुग्गी-झोंपड़ियों के हलकों में अनेक जातियों के लोग बसे हैं, वहाँ अलग ढंग से दाँव खेले जाएँगे।

ऐसी ही नीतियाँ मध्य प्रदेश तथा राजस्थान में अपनाई जा रही हैं। सभी दलों की एक ही राजनीति है कि धर्म, जाति तथा बिरादरी की मानसिकता के आधार पर ही चुनाव लड़ा जाए, ताकि जीत सुनिश्चित हो पाए।

यह चलन सभी राजनीतिक दलों में जंगल की आग की तरह फैल रहा है कि जाति-बिरादरी तथा विशेष इलाके के लोगों की संकीर्ण मानसिकता के आधार पर चुनाव जीता जाए। फिर बिना किसी सिद्धांत के छोटे-बड़े दलों को साथ लेकर सत्ता हथिया ली जाए और अपने या साथ देने वाले दलों के कुछ लोगों को किसी भी तरह कोई लाभ पहुँचाया जाए। यह ऐसी कूटनीति है, जिससे भारतीय समाज की मूल समस्याएँ गंभीर होती चली जा रही हैं। कांग्रेस के राज में भी ऐसी राजनीति ही चलती रही। भाजपा के आने से ही केवल सांप्रदायिकता नहीं फैली, यह तो आजादी के बाद से ही चलती आई है। जैसे-जैसे जातिवाद जैसे आधारों पर सत्ता हथियाने की राजनीति बढ़ती जा रही है, उसी अनुपात में सौ करोड़ से अधिक लोगों की विकराल समस्याएँ दानव की भाँति दिखाई देने लगी हैं। सिद्धांतों को तिलांजलि देकर सत्ता की अंधी दौड़ में जुटे राजनेताओं को यह विकराल रूप दिखाई नहीं दे रहा है। देश धीरे-धीरे अराजकता की ओर बढ़ रहा है।

अच्छा वैद्य-डॉक्टर वही होता है, जो बीमारी के अधिक गंभीर होते जाने से अपनी योग्यता को अधिक से अधिक बरतने लगे। परंतु यह हमारे राजनेता या तो नीम-हकीमों की तरह बीमारी के बारे में कुछ जानते ही नहीं या बीमारी के गंभीर होते जाने से बीमार को मरने के लिए छोड़ कर भागने की तैयारी में हैं। यदि ऐसा नहीं होता, तो क्या बच्चे की गेंद मंदिर में किसी मूर्ति को लगने से ऐसे दंगे भड़क सकते थे कि पुलिस या किसी दंगाई की गोली से कोई व्यक्ति मर जाए और ईंट-पत्थर फेंकने से बीसियों लोग घायल हो जाएँ? पिछले दिनों एक गाँव में किसी दलित की बकरी किसी किसान के खेत में चली गई, तो झगड़ा हो गया, सात लोग मारे गए।

राजनीति के बाजार में सांप्रदायिकता तथा जातिवाद इतना अधिक बढ़ चुका है कि छोटी-मोटी घटनाओं से भी दंगे भड़कने लगे हैं। यह सभी जानते हैं कि पिछले पाँच वर्षों में भिन्न-भिन्न धर्मों तथा जातियों में दरारें बढ़ी हैं। ऐसा नहीं है कि इससे पहले किसी भी राजनीतिक दल ने ऐसे भेदभाव, जातिवाद जैसी समस्याओं की गंभीरता से मिटाने का प्रयत्न किया हो। इस स्थिति को जानने के लिए पंजाब की राजनीति का एक ही उदाहरण काफी होगा।

वर्ष 1972 के चुनाव में पंजाब में कांग्रेस की जीत हुई है। ज्ञानी जैल सिंह मुख्यमंत्री बने। उन्होंने अकाली दल की धर्म व राजनीति को मिलाने की नीति को बेकार सिद्ध करने के लिए आनंदपुर साहिब के भटिंडा के पास दमदमा साहिब (तलवंडी साबो) तक 'गुरु गोविन्द सिंह मार्ग' के नाम पर पहले से ही बनी सड़कों पर 'गुरु गोविन्द सिंह मार्ग' के पत्थर लगवाए और गुरु साहिब के नीले घोड़े के नस्ल के घोड़े के साथ आडवाणी जी की रथयात्रा की भाँति ही अपने मंत्रियों, सांसदों तथा नेताओं के साथ लंबी यात्रा का आयोजन किया और कितने ही दिनों तक यह यात्रा चली। अकाली दल के नेताओं को भी इस यात्रा के पीछे चलना पड़ा, परंतु यात्रा का श्रेय ज्ञानी जैल सिंह तथा कांग्रेस को मिला। इसे आप क्या कहेंगे? क्या यह धर्मनिरपेक्ष राजनीति है?

यह केवल एक घटना नहीं है, ऐसी अनेक घटनाएँ हैं, जिनसे सिद्ध होता है कि केवल कुछ हद तक वामपंथी दलों को छोड़ सभी बड़े राजनीतिक दल धर्म, जाति, बिरादरी तथा अनेक कारणों से देश की 'अनेकता में एकता' के नाम पर दंभ जताते आए हैं। उन्होंने ईमानदारी से कभी जात-पात तथा धर्मों की दीवारों को ढहाने की कोशिशें नहीं की हैं। वे आज भी उन्हीं रास्तों पर चल रहे हैं, जिनसे देश की समस्याएँ और विकराल होती जाएँगी और इसी दशक में देश बुरी तरह ऐसी विकट स्थिति में घिर जाएगा। यह देश का दुर्भाग्य होगा। प्रत्येक समझदार आदमी ऐसी स्थिति से चिंतित होगा ही, परंतु आज के राजनेताओं ने तो आँखें मूँद रखी हैं, वे ज़ब खुलेंगी, तो बहुत देर हो चुकी होगी।[48]

मानव जाति के इतिहास पर नजर डालने से दिखाई देगा कि धर्म के नाम पर दुनिया में जितने अच्छे काम हुए हैं, उससे कई गुना बुरे काम हुए हैं। आदिम समाजों से लेकर आधुनिकतम समाजों तक आदमी किसी न किसी धर्म को मानता रहा है--इसकी कल्याणकारी शक्ति से प्रभावित होकर इतना नहीं, जितना उसकी अनिष्टकारी शक्ति से भयभीत होकर। यह कहना गलत नहीं होगा कि धर्म की दो मुख्य शक्तियाँ हैं—भय और लोभ। या तो व्यक्ति दुखों-तकलीफों से डर कर धर्म की ओर आकृष्ट होता है या किसी सुख के लोभ में। इसीलिए प्रत्येक धर्म-पुस्तक नरक का भय और स्वर्ग का प्रलोभन देती है।

धर्म के नाम पर राक्षसी कर्म करने वालों के आचरण से जब धर्म घृणा की वस्तु बनने लगता है तो धर्माचार्य धर्म का असली अर्थ लोगों को समझाने लगते हैं। कहा जाता है कि धर्म वह है, जो धारण करता है। जैसे आग का धर्म जलाना, पानी का धर्म गीला करना, वैसे ही आदमी का धर्म उसका सहज स्वभाव है, जिसे उससे अलग नहीं किया जा सकता। जब उनसे कहा जाता है कि आदमी स्वभाव से तो पशु होता है और वह शिक्षा से आदमी बनता है, तो वे धर्म की और व्याख्याएँ ढूँढने लगते हैं। फिर कहा जाता है कि धर्म तो नैतिक मूल्य है और किसी धर्म-ग्रंथ से कोई श्लोक उद्धृत कर दिया जाता है। जैसे, धृति क्षमा दमोऽस्तेय... या अहिंसा परमो धर्मः आदि। यदि पूछा जाता है कि इस धर्म में तो ईश्वर-खुदा, पूजा-प्रार्थना, मंदिर-मस्जिद, गिरजा-गुरुद्वारा नहीं आता, तो वे उग्र रुख अपना लेते हैं।

सच बात यह है कि धर्म एक संस्था है। परिवार, जात-बिरादरी, पंचायत-राज्य, क्लब-बाजार जैसी ही एक संस्था है। सभी संस्थाओं की तरह यह संस्था भी अपने सदस्यों को कुछ सुरक्षाएँ और सुविधाएँ देती है और बदले में सदस्य उसे अपनी निष्ठा देते हैं और चंदे-चढ़ावे के रूप में आर्थिक योगदान भी। अन्य संस्थाओं की तरह धर्म की संस्था भी सदस्यों पर अपना अनुशासन लादती है और कुछ सीमा तक मनुष्य की स्वतंत्रता और समता की सहज आकांक्षाओं का हरण करती है। इस संस्था की पहली शर्त होती है ईश्वर, भगवान, अल्लाह, खुदा, पीर-पैगम्बर, गुरु, मसीहा आदि के रूप में किसी सर्वशक्तिमान की खोज एवं प्रतिष्ठा। ऐसी शक्ति, जिसके आगे सब नतमस्तक हों, धर्म की स्थापना के लिए आवश्यक होती है। ऐसी शक्ति का वस्तुतः अस्तित्व जरूरी नहीं होता, उसके होने का विश्वास ही काफी होता है। ईश्वर या खुदा को किसी ने देखा नहीं, पर विश्वास है, इसलिए वह है। किसी भी चमत्कारिक घटना को दैवी शक्ति मान कर उसके आस-पास वह सारा तामझाम जुट जाता है, जो धर्म के लिए आवश्यक होता है। कुछ चतुर लोग चमत्कारिक घटनाओं की झूठमूठ की कहानियाँ गढ़ कर भी नए-नए धर्म चलाते हैं।

प्रश्न है कि क्या धर्म मनुष्य जीवन के लिए आवश्यक है? अनुभव बताता

है कि वह आवश्यक है। जब तक मनुष्य कमजोर, बेबस, भयभीत है और दुखों-तकलीफों का सताया हुआ है, तब तक उसे धर्म की आवश्यकता रहेगी। ईश्वर मात्र एक ख्याल ही सही, वह मनुष्य को सांत्वना देता है। बेबस-से-बेबस आदमी भी उस ख्याल से कुछ संतोष, कुछ हिम्मत, दुखों-तकलीफों को सहने की कुछ शक्ति प्राप्त कर सकता है। मार्क्स ने धर्म को जनता की अफीम इसी अर्थ में कहा था कि वह आदमी को अपनी तकलीफें भूलने या उन्हें सहन करने की क्षमता देता है। योगदर्शन में ईश्वर के संबंध में कहा गया है कि जहाँ ज्ञान चूक जाता है, वहाँ ईश्वर की सीमा शुरू होती है–तत्र निरतशयं सर्वज्ञ बीजम् अर्थात जब तक अज्ञान रहेगा, तब तक ईश्वर भी रहेगा।

हर धर्म का सांप्रदायिक होना अनिवार्य है, क्योंकि वह एक संप्रदाय विशेष के लोगों को आकृष्ट करता है। चूंकि सब मनुष्यों के विश्वास का आधार एक ही नहीं होता, सारी दुनिया में एक ही धर्म नहीं हो सकता। उसकी अपील सार्वजनिक न होकर समुदायपरक होती है।

सांप्रदायिक शब्द के साथ इस समय जो अप्रिय अर्थ जुड़ा हुआ है, उस अर्थ में धर्म सांप्रदायिक तब बनता है जब धर्म सत्ता के रूप में काम करने लगता है और इस प्रक्रिया में दूसरे धर्मों के साथ उसकी होड़ चलती है। एक ओर वह अपने को मजबूत बनाने के लिए कठोर कायदे-कानून बनाता है, दूसरी ओर अन्य धर्मों के मुकाबले अपनी श्रेष्ठता सिद्ध करने के लिए वह आक्रामक रुख अपनाता है। दूसरे शब्दों में जब उसमें कट्टरता और आक्रामकता की प्रवृत्तियाँ पैदा होती हैं तो धर्म अपना सौम्य रूप खो देता है और सामाजिक विकास में बाधक बनने लगता है।

सृष्टि के सारे कार्यक्रम, जिसमें सामाजिक विकास भी शामिल है, दो विरोधी शक्तियों के टकराव से चलते हैं। इनमें एक गतिशीलता लानेवाली और दूसरी स्थिरता लानेवाली होती है। इसे ऋत और सत्य भी कहा जाता है।

स्थिरता और गतिशीलता के द्वंद्व को किसी भी समाज में कट्टरता और उदारता के द्वंद्व के रूप में पहचाना जा सकता है। हर विचारधारा में कुछ समय बाद कट्टरता के तत्त्व उभरने लगते हैं, जब वह विचारधारा एक वर्ग के निहित स्वार्थ का साधन बन जाती है। कट्टरता के खिलाफ विद्रोह से उदारता की धारा जन्म लेती है। कालांतर में यह उदार धारा भी कट्टरता की धारा बन सकती और एक नई धारा उसके विद्रोह से पैदा हो सकती है। लेकिन यह जरूरी नहीं है कि हर नई विचारधारा पुरानी की तुलना में उदार ही हो। इतिहास सीधी रेखा में नहीं बढ़ता, जैसा मार्क्स आदि सभी पश्चिमी दार्शनिक मानते हैं। भारत के विद्वानों ने काल की गति चक्रीय या सर्पिल मानी है। अर्थात समाज कभी आगे बढ़ता है, कभी पीछे हटता है। समाजों का उत्थान-पतन, जो एक ठोस वास्तविकता है, इतिहास की रेखीय कल्पना को गलत

सिद्ध करता है।

समाज का उत्थान और पतन उदारता और कट्टरता से जुड़ा होता है। कट्टरता के दौर में समाज में जड़ता आती है और उदारता के दौर में समाज की अंतर्निहित शक्तियाँ प्रस्फुटित होती हैं तथा वह उन्नति करता है। कट्टरता का उभरना, किसी समाज का जड़ता की ओर बढ़ने का लक्षण है।

हिंदू, मुस्लिम, ईसाई आदि सभी धर्मों के समाज कट्टरता और उदारता के दौर से गुजरे हैं और इन सभी समाजों का स्वर्णकाल उदारता का काल ही रहा है। कट्टरता असुरक्षा की भावना से पैदा होती है। यह भय-जन्य प्रवृत्ति है। असुरक्षा की भावना न होने पर समाज में उदारता की प्रवृत्ति आती है।

ईसाई धर्म को शुरू में भयानक असुरक्षा का वातावरण मिला। रोम साम्राज्य के अंतर्गत ईसाइयों को बहुत कष्ट झेलने पड़े। उनके धर्म-संस्थापक ईसा मसीह को रोम के एक सामंत ने सलीब पर चढ़ाया था। बाद में जब रोम के एक बादशाह ने ईसाई धर्म अपनाया तो ईसाई धर्म की असुरक्षा की भावना दूर हुई और वह बड़ी तेजी से फैलने लगा। फिर रोमन कैथलिक धारा को प्रोटेस्टेंट आंदोलन से असुरक्षा का बोध हुआ तो वह कट्टरता की ओर बढ़ा। लंबे संघर्ष के बाद जब ईसाई कामनवेल्थ के ये दोनों संप्रदाय थक गए तो वेस्ट फालिया की संधि से यूरोप में उदारता का दौर शुरू हुआ तथा लोकतंत्र एवं धर्मनिरपेक्ष राज्य के विचार सुदृढ़ हुए। उधर ग्रीक आर्थोडक्स चर्च को तुर्की साम्राज्य के आतंक में रहना पड़ा, इसलिए उसमें कट्टरता की प्रवृत्ति इतनी प्रबल हुई कि उसके प्रभाव वाले देश (जैसे भूतपूर्व सोवियत संघ और पूर्वी यूरोप के कुछ देश) लोकतंत्र जैसी उदार व्यवस्था को नहीं अपना सके।

इस्लाम में भी कट्टरता और उदारता का द्वंद्व देखा जा सकता है। प्रारंभ में इस्लाम की धारा उदार रही होगी, क्योंकि अरब देशों में उसका किसी बड़े संगठित धर्म से टकराव नहीं हुआ। ईरान में अग्नि-पूजकों के धर्म को विस्थापित करने में, ऐसा लगता है, उसे विशेष कठिनाई नहीं हुई और पारसियों के देश छोड़ जाने के बाद सारे ईरान का आसानी से इस्लामीकरण हो गया। यही बात दक्षिण-पूर्व एशिया के इंडोनेशिया, मलयेशिया आदि देशों में हुई। यहाँ हिंदू धर्म था, लेकिन भारत से उसका संबंध टूट चुका था। अपेक्षाकृत उदार इस्लाम ने विशृंखल हिंदू धर्म को आसानी से पराभूत कर दिया। इस प्रकार ईरान और दक्षिण-पूर्व एशिया में इस्लाम भारी बहुमत में हो गया और उसे असुरक्षा का भय नहीं रहा। इस स्थिति में उसमें इतनी उदारता आई कि ईरान में इस्लाम-पूर्व के इतिहास-नायकों (रुस्तम और सोहराब) को इस्लाम ने अपना इतिहास-पुरुष मान लिया और फारसी के नमाज, खुदा आदि शब्दों को भी अपना लिया। दक्षिण-पूर्व एशिया में उसने इस्लाम-पूर्व की अनेक रस्मों और त्योहारों को अपना लिया तथा रामायण-महाभारत की कहानियों को अपनी सांस्कृतिक विरासत बना लिया।

लेकिन यह उदारता इस्लाम ने हिंदुस्तान में नहीं दिखाई। कारण, यहाँ उसका संपर्क अत्यंत प्राचीन संस्कृति तथा सभ्यता से हुआ। हिंदुस्तान सांस्कृतिक दृष्टि से अत्यंत समृद्ध था। यद्यपि राज्य-व्यवस्था की दृष्टि से वह बहुत कमजोर हो चुका था। सारा देश सैकड़ों छोटे-छोटे राज्यों में बँटा हुआ था जो आपस में निरंतर लड़ते रहते थे। इसके अतिरिक्त हिंदू-समाज, जातियों में इस कदर बँटा हुआ था कि बाहरी हमलों से मुकाबला करने के लिए उसकी सारी जनता एकजुट नहीं हो पाती थी। युद्ध का काम एक जाति विशेष को सौंप दिया गया था और देश की बहुसंख्यक जातियाँ, जो जाति-व्यवस्था के कारण विद्या, धन, राजशक्ति से वंचित एवं तिरस्कृत थीं, बाहरी हमलों के प्रतिशोध में कोई योगदान नहीं कर पाती थीं।

इस्लाम ने हिंदुस्तान पर राजनैतिक जीत तो हासिल की, किंतु सांस्कृतिक दृष्टि से वह हमेशा अपने को पराजित महसूस करता रहा। अल बेरूनी जैसे मुस्लिम इतिहासकार और दाराशिकोह जैसे दार्शनिक हिंदुस्तान की सांस्कृतिक समृद्धि के कायल रहे और अकबर ने तो इस्लाम का भारतीयकरण करने का प्रयास भी किया। प्रलोभन और बल-प्रयोग से भी इस्लाम हिंदुस्तान के एक छोटे-से अंश का ही इस्लामीकरण कर सका और इस प्रकार इस्लाम हिंदुस्तान में एक अल्पसंख्यक धर्म के रूप में ही रहा। उसमें असुरक्षा का भाव निरंतर बना रहा। इसलिए वह हिंदुस्तान में वैसा उदार नहीं बन सका जैसा वह ईरान और दक्षिण-पूर्व एशिया में दिखाई देता है। न तो वह अल्लाह के लिए प्रभु जैसे संबोधनों को बर्दाश्त कर पाया। (दाराशिकोह के कत्ल के लिए एक कारण यह भी दिया गया था कि वह अल्लाह को प्रभु कहता था) और न वह हिंदुस्तान की ऐतिहासिक और सांस्कृतिक विरासत को अपनी विरासत मान सका।

उधर हिंदू भी इस्लाम से पराजित होने के कारण निरंतर हीनता-बोध का शिकार बने। भारी बहुसंख्या और श्रेष्ठ बुद्धि-बल एवं पराक्रम के बावजूद (मुसलमान बादशाहों ने उनके पराक्रम और बुद्धि-बल का अपने शासन में भरपूर उपयोग किया) उन्हें लगभग एक हजार साल तक अधीनता की स्थिति में रहना पड़ा। बजाए इसके कि हिंदू समाज अपनी कमजोरियों का विश्लेषण करता, जाति व्यवस्था के नियमों को उदार बना कर सारी जातियों को संगठित कर अपने को शक्तिशाली बनाता, उसने इस व्यवस्था को कठोर बनाने तथा बाहरी स्थितियों से विमुख होकर अपने भीतर सिमटने का प्रयास किया। भक्ति आंदोलन इस पराजित मानसिकता की उपज था। निर्गुण भक्ति और कृष्ण भक्ति के आंदोलनों ने तो हिंदू समाज की रूढ़ियों पर प्रहार कर उसे उदार बनाने का प्रयत्न किया, किंतु राम भक्ति के आंदोलन ने वर्णाश्रम धर्म की मर्यादाओं की रक्षा के नाम पर हिंदू समाज को कट्टरता के मार्ग पर आगे बढ़ाया। बीसवीं सदी में हिंदू राष्ट्रवाद के आंदोलन में जो कट्टरवाद की प्रवृत्ति दिखाई देती है, वह एक हजार साल के हीनता-बोध का ही परिणाम है।

ध्यान में रखने की बात है कि हिंदू कट्टरवाद और उदारवाद हमेशा ही जाति-व्यवस्था के साथ जुड़े रहे हैं। कट्टरवाद की प्रवृत्ति जाति-व्यवस्था को मजबूत करने और उदारवाद की उसे तोड़ने की रही है। वेद-उपनिषद्कालीन समाज उदार था, क्योंकि उसमें निम्न स्थितियों में पैदा हुआ व्यक्ति भी महान ऋषि का दर्जा प्राप्त कर सकता था। हमारे अधिकांश ऋषि अधम स्थितियों में पैदा हुए थे। स्मृति-पुराणकालीन समाज में जाति-व्यवस्था को मजबूत करने की प्रवृत्ति प्रबल हुई। आगे चल कर हिंदू धर्म का स्वरूप बावजूद अनेक संप्रदायों के इस स्मार्त धर्म ने ही निश्चित किया। बौद्ध और जैन आंदोलन ने जाति-व्यवस्था को उदार बनाने का काम किया और उनके काम को नाथों, सिद्धों, ज्ञानमार्गी संतों और शैवों ने आगे बढ़ाया। स्मरणीय है कि उत्तर भारत में कबीर, नानक, रैदास आदि संतों ने जात-पाँत के खिलाफ चेतना पैदा की, महाराष्ट्र में वारकरी संप्रदाय के संतों ने यह काम किया और दक्षिण में शैवों (लिंगायतों) ने। कृष्ण भक्ति ने वर्णव्यवस्था पर सीधी चोट तो नहीं की, किंतु समाज की अनेक रूढ़ियों को तोड़ने का काम अवश्य किया। उदाहरण के लिए मीरा बाई ने स्त्री जीवन पर लगी लगभग सभी पाबंदियों को तोड़ा और आज के मानदंडों के अनुसार भी स्त्री-मुक्ति-आंदोलन की दृष्टि से मीरा सबसे बड़ी क्रांतिकारी गहिला दिखाई देती है। इस दृष्टि से ये सभी आंदोलन प्रगतिशील और उदारवादी थे। किंतु राम भक्ति का आंदोलन भिन्न प्रकार का था। 'रामचरितमानस' की राम भक्ति ने समाज की मर्यादाओं के नाम पर जाति-व्यवस्था को मजबूत किया। यह स्मृति-पुराणों के धर्म की पुनप्रःतिष्ठा थी, जो विविध भक्ति आंदोलनों से तहस-नहस हो रहा था।

इस प्रकार इस्लाम और हिंदू धर्म दोनों ही असुरक्षा की भावना के कारण कट्टरता की प्रवृत्ति वाले रहे। अकबर के साम्राज्य को बड़ी चुनौती नहीं मिली तो वह उदारता की ओर बढ़ा। औरंगजेब के साम्राज्य को चारों ओर से खतरा पैदा हुआ तो वह कट्टरवाद की ओर झुका।

ब्रिटिश साम्राज्य के अधीन होने के बाद हिंदुओं और मुसलमानों दोनों को आत्म-निरीक्षण का अवसर मिला। दोनों को एक-दूसरे के करीब आने की जरूरत महसूस हुई और इसलिए दोनों में उदारवाद की प्रवृत्ति दिखाई दी। स्वामी दयानंद के आर्यसमाज आंदोलन ने हिंदू समाज की जाति व्यवस्था पर प्रहार किया और उसे उदार बनाने का प्रयास किया। सर सैयद अहमद खाँ ने मुसलमानों को आधुनिक शिक्षा और आधुनिक विचारों के संपर्क में ला कर उनकी कठमुल्ला प्रवृत्ति को बदलने की कोशिश की। स्वामी दयानंद और सर सैयद की प्रगाढ़ मैत्री यह दिखाती है कि दोनों संप्रदायों में यदि उदारता की प्रक्रिया चलती रहती तो इन दोनों संप्रदायों का परस्पर असुरक्षा-बोध कम होता तथा दोनों एक-दूसरे के करीब आते। किंतु दुर्भाग्य से यह उदारता की प्रक्रिया स्थायी नहीं बन सकी।

हालाँकि भारत के राष्ट्रीय आंदोलन का प्रारंभ इस उदारता के वातावरण में

हुआ, हिंदुओं के कट्टरवादी तबके ने, जो सनातनी भी कहलाता था, तिलक गुट के नेतृत्व में कांग्रेस पर कब्जा कर लिया। इस गुट ने न केवल हिंदू धर्म में चल रही समाज-सुधार की उदार प्रक्रिया का विरोध किया, बल्कि राष्ट्रीय आंदोलन को हिंदू पुनरुत्थानवाद का रंग भी दिया। इससे मुसलमान चौकन्ने हो गए और उन्होंने अपनी अलग राजनैतिक पार्टी (मुस्लिम लीग) बना ली। अंग्रेजों ने अपनी सत्ता को मजबूत करने के लिए दोनों समुदायों के बीच खाई को चौड़ा करने का प्रयत्न किया और मुसलमानों को सांप्रदायिक आधार पर विशेष प्रतिनिधित्व दिया। गाँधी के नेतृत्व में कांग्रेस ने इस प्रवृत्ति को रोकने की कोशिश की और खिलाफत आंदोलन में हिंदू और मुसलमान दोनों को करीब लाने का प्रयत्न किया। लेकिन विदेशी शासक फूट को लगातार प्रोत्साहन देते गए। उधर कट्टर प्रवृत्ति के हिंदुओं ने भी हिंदू महासभा और राष्ट्रीय स्वयंसेवक संघ जैसे संगठनों के झंडे तले अपने को संगठित करना शुरू किया। आखिर देश का विभाजन हो गया और मुस्लिम-बहुल प्रांतों का अलग देश पाकिस्तान बन गया। कांग्रेस के नेताओं ने विभाजन को इस आशा से मान लिया कि शायद इससे सांप्रदायिकता की समस्या से निजात मिल जाएगी।

लेकिन इस समस्या से निजात नहीं मिली—न भारत को और न पाकिस्तान को। भारत में तो लगभग 12 प्रतिशत मुसलमान हैं तथा सिख, ईसाई, पारसी, बौद्ध आदि अन्य धर्मों के लोग भी हैं। पाकिस्तान और बांग्लादेश में भी काफी संख्या में अल्पसंख्यक समुदाय है और इस्लाम को मानने वाले एक फिरके को भी वहाँ अल्पसंख्यक की हैसियत मिली हुई है। एक ही धर्म या संप्रदाय वाले देश तो अब विश्व में नहीं बन सकते। सांप्रदायिक समस्या किसी-न-किसी रूप में अब सब जगह बनी रहेगी। अतः इस बात का प्रयत्न होना चाहिए कि सांप्रदायिक विद्वेष खत्म हो और सांप्रदायिक सद्भाव उसका स्थान ले। इतिहास का अनुभव बताता है कि यह सद्भाव तब बढ़ता है, जब संप्रदायों में कट्टरता की प्रवृत्ति कमजोर होती है और उदारता की प्रवृत्ति बढ़ती है और यह तब होता है, जब हम असुरक्षा की भावना से चालित नहीं होते।

इस समय हिंदुओं और मुसलमानों दोनों में कट्टरता की प्रवृत्ति बढ़ती दिखाई दे रही है। यह दोनों की असुरक्षा की भावना का परिणाम है। असुरक्षा दोनों को एक-दूसरे से इतनी नहीं जितनी बाहरी कारणों से है। लेकिन हम बाहरी कारणों को देख नहीं पा रहे हैं और इसका परिणाम तनाव में प्रकट हो रहा है।

इस्लाम में इस समय सब जगह जो कट्टरता की प्रवृत्ति दिखाई देती है और जिसे मुस्लिम फंडामेंटलिज्म का नाम दिया जाता है, उसका कारण है उस पर पश्चिमी सभ्यता का निरंतर बढ़ता दबाव, जो उसकी असुरक्षा की भावना को बढ़ा रहा है। इस्लामी देशों में राजनीति की अपेक्षाएँ उन्हें पश्चिमी देशों की साधन-सामग्री पर अधिकाधिक निर्भर बना रही हैं। युद्ध, संचार, उद्योग-विकास आदि की जरूरतों के

कारण उनका अदृश्य प्रक्रिया से पश्चिमीकरण हो रहा है। इतना ही नहीं, इलेक्ट्रॉनिक माध्यमों की क्रांति के कारण पश्चिमी सभ्यता के उपभोगवादी मूल्य वहाँ के जन-जीवन में तेजी से प्रवेश कर रहे हैं और परंपरागत इस्लामी जीवन प्रणाली ध्वस्त हो रही है। इसकी प्रतिक्रिया मुस्लिम फंडामेंटलिज्म के रूप में दिखाई दे रही है। आयतुल्ला खुमैनी के नेतृत्व में ईरान की इस्लामी क्रांति से मुस्लिम फंडामेंटलिज्म की लहर तेजी से चली। स्मरणीय है कि यह क्रांति ईरान के बादशाह द्वारा तेजी से ईरान के पश्चिमीकरण की प्रतिक्रिया में हुई थी। इस क्रांति की लहर ने सारे इस्लामी विश्व को अपनी लपेट में ले लिया है और केवल शिया समाज ही नहीं (ईरानी क्रांति शिया क्रांति थी), सुन्नी समाज वाले देश भी इस क्रांति से प्रभावित हो कर फंडामेंटलिज्म की राह पर चल पड़े हैं। वजह यह है कि पश्चिमी सभ्यता का आघात सुन्नी-शिया दोनों फिरकों के लिए असह्य सिद्ध हो रहा है और वे असुरक्षा की भावना से अभिभूत हो कर अपनी जड़ों को मजबूती से पकड़े रखने को उत्सुक हैं।

भारतीय मुसलमानों को इस्लामी विश्व की असुरक्षा के साथ-साथ स्थानीय असुरक्षा का बोध भी सताता है। उनमें अल्पसंख्यक होने का बोध तो है ही, बहुसंख्यक हिंदू समाज की बढ़ती कट्टरता ने भी उनके असुरक्षा बोध में इज़ाफा किया है किंतु सबसे बड़ा कारण पश्चिमी सभ्यता का व्यापक भय है।

जहाँ तक हिंदू समाज का संबंध है, उसमें असुरक्षा-बोध मुसलमानों के कारण वस्तुतः नहीं है। 85 प्रतिशत लोगों को 12 प्रतिशत लोगों से क्या असुरक्षा हो सकती है? तथापि हिंदूवादी संगठनों के नेता मुसलमानों की बढ़ती आबादी, उनकी चार-चार शादियों और राजनीति को प्रभावित करने की मुस्लिम समुदाय की क्षमता (जिसे वे तुष्टीकरण कहते हैं) का हौआ खड़ा करते रहे हैं। यह उनकी सदियों की संचित हीन भावना की अभिव्यक्ति है, जिसकी पराकाष्ठा लगभग पाँच सौ साल पुरानी मस्जिद को गिराना है। वास्तव में हिंदू संगठनों के ये नेता हीनता-ग्रंथि के कारण हिंदू धर्म को इस्लाम के उन सारे गुणों से विभूषित करना चाह रहे हैं, जिनके कारण हिंदुओं को हजार साल तक इस्लाम की अधीनता में रहना पड़ा था।

किंतु हिंदू नेताओं का यह कल्पित भय है। वास्तव में हिंदू समाज के कट्टरपन के पीछे भी उन्हीं मूल्यों से आई असुरक्षा है, जिन्हें पश्चिमी मूल्य कहा जाता है, हालाँकि ये पूर्णतया पश्चिमी मूल्य नहीं हैं। हमारे संविधान में समाविष्ट ये मूल्य हैं : समतामूलक समाज, सामाजिक, आर्थिक और राजनैतिक न्याय, स्वतंत्रता, समाज और बंधुता के मूलभूत अधिकार, लोकतांत्रिक, समाजवादी, धर्मनिरपेक्ष राज्य प्रणाली आदि। सदियों से हिंदू समाज ऐसी व्यवस्था में जीने का अभ्यस्त रहा है, जिसमें पैदा होते ही समाज में व्यक्ति की जगह तय हो जाती थी और फिर जीवनपर्यंत बनी रहती थी। इस व्यवस्था के अंतर्गत कुछ जातियों को विद्या, धन और राजशक्ति पर दैवी

एकाधिकार मिल जाता था और समाज का बड़ा तबका विद्या, धन और राजशक्ति से वंचित हो कर गुलामों का-सा जीवन जीने के लिए बाध्य हो जाता था। यह व्यवस्था वर्णव्यवस्था कहलाती थी और इसे हिंदू धर्म का आधार माना जाता था। न सिर्फ इसमें आकस्मिक जन्म मनुष्य का भाग्य हमेशा के लिए तय कर देता था, बल्कि इसमें उत्पादक समाज की कीमत पर काफी बड़े निठल्ले तबके का पोषण होता था। भीख, लूट-खसोट और शोषण पर पलने वाला यह तबका समाज के बहुत बड़े हिस्से को दरिद्रता, अज्ञान और असहायपन में रख कर मजे लूटता था।

संविधान में अपनाई गई आधुनिक लोकतांत्रिक व्यवस्था में समाज के सभी तबकों में विद्या, धन और सत्ता का समान वितरण निहित है। इससे उस छोटे-से तबके में, जो सदियों से दैवी अधिकार भोगता आया है, असुरक्षा की भावना पैदा हुई है, क्योंकि उनके दैवी अधिकार खत्म हो रहे हैं। इसीलिए यह तबका हिंसक और क्रूर हो गया है। उसमें कट्टरता की प्रवृत्ति बढ़ रही है। हालाँकि वह इस कट्टरता को मुस्लिम-कट्टरता की प्रतिक्रिया के रूप में पेश कर रहा है। उसकी बौखलाहट वास्तव में वर्ण व्यवस्था के टूटने की प्रक्रिया से पैदा हुई है। अपनी असुरक्षा को वह धर्म का छद्मावरण दे रहा है। किंतु यह मात्र चाल है, क्योंकि धर्म के नाम पर वह दलित-पिछड़ों को भी अपनी तरफ खींचने में समर्थ हो जाता है, जिनका वर्ण व्यवस्था में सदियों से शोषण होता रहा है।

विषमतामूलक वर्ण-व्यवस्था और समतामूलक समाजवादी लोकतांत्रिक व्यवस्था का वर्तमान द्वंद्व आरक्षण के मुद्दे पर स्पष्ट हो कर उभरा है। चौथे दशक के प्रारंभिक वर्षों में जब दलित और पिछड़े वर्गों के लिए आरक्षण प्रणाली का सूत्रपात हुआ, हिंदू समाज के सनातनी तबके ने इसके खिलाफ मजबूत मोर्चा बनाया। तिलक गुट की राजनीति से जुड़े ये सनातनी तबके राष्ट्रीय आंदोलन से कट कर हिंदू महासभा और राष्ट्रीय स्वयंसेवक संघ आदि हिंदूवादी संगठनों में एकजुट होने लगे। उन्होंने पूना समझौते का डटकर विरोध किया। कांग्रेस के भीतर भी ऐसे लोग काफी थे, जो वर्ण व्यवस्था पर चोट करने वाली आरक्षण प्रणाली से नाखुश थे। गाँधी के प्रभाव के कारण उन्हें मन मार कर बैठे रहना पड़ा। जब संविधान में अनुसूचित जातियों और जनजातियों के लिए आरक्षण की व्यवस्था हुई, तो उन वर्ण व्यवस्थावादी तबकों ने यह सोच कर उसे स्वीकार कर लिया कि वह अस्थायी कदम है और इससे वर्ण व्यवस्था को कोई आँच नहीं आएगी। किंतु जब पिछड़े वर्गों को आरक्षण देने के लिए बने कालेलकर आयोग की रिपोर्ट आयी और उसने स्त्रियों सहित अन्य पिछड़े वर्गों को जनसंख्या के अनुपात में 70 प्रतिशत आरक्षण की सिफारिश की तो हिंदू समाज की चूलें हिल गईं। कांग्रेस में भी सवर्ण जातियों का वर्चस्व था और आरक्षण प्रणाली से इन जातियों के हितों को खतरा पैदा हुआ था। इसलिए जवाहरलाल और

राजेन्द्र प्रसाद जैसे उदार नेता भी कालेलकर आयोग की रिपोर्ट से चौंके। उन्होंने कालेलकर को अपनी ही रिपोर्ट के खिलाफ टिप्पणी देने के लिए मनाया और इस प्रकार प्रथम पिछड़ा वर्ग आयोग की रिपोर्ट को शीतागार में डाल दिया गया। इससे वर्ण-व्यवस्था पर आया बड़ा संकट टल गया और हिंदू समाज के वर्ण व्यवस्था पोषक तत्त्व, जो जनसंघ आदि हिंदूवादी संगठनों की ओर जाने लगे थे, कांग्रेस में अपने हितों को सुरक्षित मानने लगे। इस प्रकार वर्ण व्यवस्था समर्थक तत्त्वों के लिए कांग्रेस तथा जनसंघ में होड़ चलती रही। फिर जनता पार्टी के शासन काल में बने मंडल आयोग की सिफारिशों ने एक और धमाका कर दिया। कांग्रेस सरकार ने इस रिपोर्ट को भी दबाने की भरसक कोशिश की, किंतु 1990 में विश्वनाथ प्रताप सिंह की जनता दल सरकार ने मंडल रिपोर्ट को लागू करने की घोषणा कर वह काम कर दिया जो 45 सालों से टाला जा रहा था। इससे कांग्रेस और संघ परिवार के वर्ण व्यवस्था पोषक तत्त्वों को वास्तविक खतरा पैदा हुआ, जिसकी अभिव्यक्ति मंडल विरोधी आंदोलन में देखी गई। इसमें कांग्रेस और संघ परिवार दोनों ने मिल कर काम किया। फिर जैसा कि इतिहास में हमेशा हुआ, वर्ण व्यवस्था पर आए खतरे को टालने के लिए राम भक्ति का जुनून खड़ा किया गया और इसमें भी कांग्रेस ने बाबरी मस्जिद का ताला खुलवाया। फिर राम राज्य की घोषणा के साथ मंदिर का शिलान्यास कराया। 1949 में भी नेहरू, पटेल और पंत जैसे नेताओं के रहते हुए बाबरी मस्जिद के अंदर चोरी की मूर्तियाँ रखी गई थीं। आखिर बाजी जीती संघ परिवार ने, जिसने बाबरी मस्जिद को गिरा कर राम को कांग्रेस के हाथों से छीन लिया और उस पर अपना एकाधिकार स्थापित कर लिया।

उपर्युक्त चर्चा से यह स्पष्ट होगा कि हिंदू सांप्रदायिकता केवल मुस्लिम विरोध में ही प्रकट नहीं होती है, वह जाति व्यवस्था के बचाव में भी प्रकट होती है। दरअसल, हिंदू धर्म कोई धर्म नहीं है, वह एक सामाजिक व्यवस्था है और उसकी विशेषता है जातिगत भेदभाव। इस अर्थ में हिंदुस्तान में रहने वाले ईसाई, मुसलमान, सिख आदि भी हिंदू ही हैं, क्योंकि जातिगत भेदभाव उनमें भी है। अगर जाति व्यवस्था टूटती है तो तथाकथित हिंदू धर्म भी टूटेगा और हिंदू कहलाने वाले लोग बौद्धों, जैनों और सिखों की तरह शैव, वैष्णव, आर्यसमाजी, ब्रह्मसमाजी आदि ही कहलाएँगे। संभव है तब विभिन्न धर्मों के बीच कटुता कम हो, क्योंकि शक्ति संतुलन के कारण इनमें असुरक्षा की भीति नहीं होगी। इससे सांप्रदायिकता के जहर से मुक्ति की आशा की जा सकती है।

जब तक यह नहीं होता, हमारे देश में स्वस्थ राजनीति का विकास नहीं हो सकता। धर्म जब सांप्रदायिक द्वेष उभाड़ कर राजनीति पर हावी होने की कोशिश करता है, तो राजनीति की दिशा भ्रष्ट हो जाती है। राजनीति का क्षेत्र इहलोक है

और धर्म का परलोक। दोनों का घालमेल नहीं होना चाहिए। वैसे धर्म और राजनीति को पूर्णतया अलग करना असंभव होता है। मानव जाति के इतिहास में कभी ऐसी स्थिति नहीं दिखाई देती। धर्म अपने वर्चस्व की स्थापना के लिए राजनीति का इस्तेमाल करता रहा है और राजनीति भी अपने वर्चस्व के लिए धर्म का इस्तेमाल करती रही है। राजनीति-निरपेक्ष धर्म और धर्म-निरपेक्ष राजनीति का अर्थ इतना ही है कि धर्म राजनीति से शासित न हो और राजनीति धर्म से शासित न हो। हमारे संविधान में धर्मनिरपेक्षता की संकल्पना का यही अर्थ है।

लेकिन व्यवहार में इस संकल्पना के अनुसार हमारी राजनीति नहीं चली है। जो लोग संविधान की धर्मनिरपेक्षता को छद्‌म धर्मनिरपेक्षता कहते हैं, वे शुद्ध सांप्रदायिक दृष्टिवाले लोग हैं। वे चाहते हैं कि हमारी राजनीति धर्म से नियंत्रित हो। उनका कहना है कि धर्माचार्यों, संतों और धर्म पुस्तकों को संविधान से ऊँचा दर्जा मिले। इसी दृष्टि से वे संविधान को बदलने और स्मृति-धर्मशास्त्रों की व्यवस्था को लागू करने की बात करते हैं। हिंदू संप्रदाय की तरह मुस्लिम संप्रदाय भी इस जिद पर अड़ा है कि उनके वैयक्तिक कानूनों में विधानमंडलों द्वारा बनाए गए कानूनों का हस्तक्षेप न हो। शाहबानो के मामले में उच्चतम न्यायालय का फैसला मानवीय आधार पर किया गया था। बेसहारा, परित्यक्त महिला के भरण-पोषण की व्यवस्था करना राज्य का काम है। इसमें धर्म अड़ंगा लगाता है तो यह अनुचित बात है। लेकिन कांग्रेस ने मुस्लिम महिला अधिनियम बना कर कट्टर धार्मिक तत्त्वों के आगे घुटने टेके, जो धर्मनिरपेक्ष राजनीति के खिलाफ काम था।

लोकतंत्र में राजनीतिक दलों की शक्ति वोट से बनती है। इसलिए हर राजनैतिक दल अपना वोट बैंक बनाने की कोशिश करता है। इसमें कोई बुरी बात नहीं है। आखिर लोकतंत्र की प्रणाली के अंतर्गत विश्व में अब तक जितने भी अच्छे काम हुए हैं (जैसे अश्वेतों की बराबरी के अधिकार, स्त्रियों को पुरुषों के समान अधिकार, कारखाना मजदूरों की स्थिति का सुधार, वयस्क मताधिकार आदि) वे वोट के आकर्षण के कारण ही हुए हैं। बुरी बात यह तब होती है, जब वोट बैंक बनाने के लिए राजनीति धर्म के आगे घुटने टेकती है। संविधान में धार्मिक स्वतंत्रता का अधिकार सब नागरिकों को मिला है, लेकिन इन स्वतंत्रताओं की मर्यादाएँ भी संविधान में निर्धारित हैं। भारत की प्रभुता और अखंडता, राज्य की सुरक्षा, विदेशी राज्यों के साथ मैत्रीपूर्ण संबंध, सार्वजनिक व्यवस्था, शिष्टाचार और सदाचार, मानव की गरिमा आदि के हित में इन स्वतंत्रताओं को मर्यादित किया जा सकता है। वास्तव में मानव की गरिमा, जो संविधान की प्रस्तावना के अनुसार बंधुता के मूलभूत मूल्य की देन है, राज्य की सबसे बड़ी जिम्मेदारी है और इसकी रक्षा के लिए राज्य को किसी धार्मिक व्यवस्था के आगे नहीं झुकना चाहिए। इसी तरह स्वतंत्रता, समता और सामाजिक-आर्थिक-

राजनैतिक न्याय के मूलभूत मूल्यों की रक्षा करना राज्य की प्राथमिक जिम्मेदारी है और यदि धार्मिक संप्रदाय इनके आड़े आते हैं तो राज्य का फर्ज बनता है कि धार्मिक तत्त्वों से इनकी रक्षा करें।

राज्य अपने इस फर्ज को तभी बखूबी निभा सकता है, जब राज्य के उच्च पदों पर काम करने वाले लोग अपनी धार्मिक निष्ठा को (यदि वे धार्मिक निष्ठावाले हैं तो) संविधान की निष्ठा से ऊपर न होने दें। यदि वे राष्ट्रपति या प्रधानमंत्री रहते हुए धर्माचार्यों के चरण-प्रक्षालन करेंगे, हर मंदिर-मजार के आगे सिर नवाते फिरेंगे, ज्योतिषियों और तांत्रिकों के चक्कर में पड़े रहेंगे, तो वे धर्मनिरपेक्ष राज्य की गरिमा की रक्षा में असमर्थ ही रहेंगे।[49]

धर्म, सांप्रदायिकता और राजनीति के इस घालमेल ने देश-दुनिया-समाज-आदमी और आदमीयत-मानवता का बड़ा नुकसान किया है। अब समय है अपने अंतर्मन में झाँकने का—आत्म साक्षात्कार का। हम क्या बनना चाहते हैं—मूल्यों-मानों से सज्जित आदमी या विवेक-बोध-विहीन पशु। यह हमारे सोच-सरोकार पर निर्भर है। सांप्रदायिकता के संदर्भ में धर्म की चर्चा बड़े व्यापक पैमाने पर की जाती है। कुछ ज्यादा प्रगतिशील लोग मानते हैं कि धर्म को विखंडित कर दिया जाना चाहिए। समाज के व्यापक हित में धर्म की गैर मौजूदगी ही भली। ऐसे लोग निश्चित रूप से अतिवाद के शिकार हैं। धर्म को विखंडित किए जाने से ज्यादा जरूरी है उसके सही स्वरूप की जानकारी। वर्तमान लोकतांत्रिक संदर्भ में धर्म की जो व्याख्या महाभारतकार वेदव्यास ने की है, वही सर्वथा समीचीन और युक्तियुक्त है—

"धारणाद्धर्म इत्याहुधर्मो धारयते प्रजाः।
यत्स्याद्धारण संयुक्त स धर्म इत्युदादृतः॥"

प्रजा और समाज को धारण करने वाले नियमों का नाम धर्म है। जो तत्त्व धारण कर सकता है, उसी को धर्म कहते हैं। भारत को धारण हिंदू-समाज ने कर रखा है, क्योंकि वही देश का बहुसंख्यक, सबसे बड़ा समाज है। मुसलमानों, सिखों, ईसाइयों, यहूदियों की प्रतिक्रिया में यदि वह अपना धर्म छोड़ दे, अपनी जिम्मेदारी छोड़ दे, अपना स्वभाव, अपनी परंपरा, अपनी संस्कृति छोड़ दे तो वह इस देश को धारण नहीं कर सकता। वास्तव में, अच्छे काम की शुरुआत के लिए हमें औरों का मुँह नहीं देखना चाहिए। वह तो जितनी जल्दी शुरू हो जाए, उतना ही शुभ और शिवप्रद होता है। सबसे बड़ा धर्म मानव धर्म है, 'सबको आत्मवत् देखने का धर्म है। इस धर्म में यदि प्राणांत भी हो जाए तो श्रेयष्कर है, पर दूसरे का धर्म (तोड़-फोड़, हिंसा, बलात्कार, मारकाट, दंगा-फसाद-आगजनी जैसे कुधर्म) मेरे लिए नहीं है। महाभारतकार वेदव्यास कहते हैं कि भय, लोभ, काम या प्राणों के लिए धर्म छोड़ना अनुचित है। धर्म नित्य है, सुख और दुख क्षणिक हैं। शरीर अनित्य है और जीव नित्य है।

न जातु कामात्र भयात्र लोभाद्,
धर्मत्येज्जीवितास्यापि हेतोः।
नित्योधर्मः सुख दुखेत्य नित्ये,
नित्योजीवोधातुरस्पत्वनित्यः॥

मानवात्मा के कल्याण के लिए उसी नित्य धर्म की साधना का मार्ग ही संवेदनशील, स्वतंत्रचेता मानव के लिए समीचीन है। इसी बात को प्रत्येक रचनाकार ने अपनी-अपनी तरह से अभिव्यक्ति प्रदान की है।

4.4 लेखकों के साक्षात्कारों द्वारा उनके मंतव्यों का विश्लेषण

मेरी नजर में साक्षात्कार एक आक्रमण है। एक लगभग अदालती जिरह है। यह भारत में अंग्रेजी पत्रकारिता की देन है। अन्यथा भारतीय भाषाएँ बहुत संवेदनशील और शालीन हैं। वे आक्रामक नहीं हैं। उनकी 'परंपरा आदर से' बात जानने की है। आप को 'उधेड़कर रख देने' की नहीं, अंग्रेजी पत्रकारिता की यह खोजी-उग्रवादी परंपरा अब भारत की सभी भाषाओं की संस्कारशील परंपरा को संवर्धित भी कर चुकी है और दूषित भी।

आज केवल साक्षात्कारकर्त्ता ही नहीं आता। उसके साथ कैसेट-रिकॉर्डर भी आता है और फोटोग्राफर भी। आपके उत्तर टेपबद्ध होते हैं। साक्षात्कारकर्त्ता आपके शब्दों या कथन के कोई भी अर्थ निकाल लेने के लिए स्वतन्त्र है और उसी के मुताबिक वह अपनी मन-माफिक टिप्पणी भी जड़ सकता है। आपके शब्दों और वक्तव्यों की अर्थवत्ता का नियामक साक्षात्कारकर्त्ता होता है, आप नहीं।[50]

कुछ साहित्यिक इंटरव्यू सघन, रचनात्मक और गहन संवेदना से संयुक्त होते हैं। इन साक्षात्कारों के मध्य लेखक को अपनी सृजनशीलता को पहचानने का अवसर भी प्राप्त होता है और बात कहते-कहते वह अपनी रचना-प्रक्रिया के बारे में और-और अधिक जानने में समर्थ हो जाता है। लेखक का देश-दुनिया-समाज, समकालीन समस्याओं आदि के बारे में क्या विचार है, इसे जानने का साधन एक तो उसका साहित्य होता है और दूसरा साक्षात्कार। साक्षात्कार इसलिए भी अधिक प्रामाणिक और विश्वसनीय माना जाता है, क्योंकि संबंधित उत्तर लेखक ने साक्षात्कारकर्त्ता को स्वयं दिए होते हैं। वास्तव में, साक्षात्कार 'फर्स्ट हैण्ड इन्फर्मेशन' है। इसमें साक्षात्कारकर्त्ता पूरे विश्वास के साथ कह सकता है कि हाँ, अमुक ने इस मसले पर यह बात की। इसकी रिकार्डिंग मेरे पास उपलब्ध है।

हमने अपनी परियोजना के संदर्भ में ख्यात लेखकों, प्राध्यापकों एवं समाज के विभिन्न वर्गों के प्रतिनिधियों के विचार जानने के लिए उनसे मुलाकात की, उनके विचार एकत्र किए। पुस्तकों, पत्र-पत्रिकाओं से भी उनके साक्षात्कार से संबंधित सामग्री

इकट्ठा की। बातचीत के क्रम में जो तथ्य-सत्य सामने आए, वे कई मायनों में काफी आश्वस्तिकर लगे। प्रायः सबको अँधेरा छँट जाने का भरोसा है। यहाँ विभिन्न क्षेत्रों के प्रतिनिधियों के दृष्टिकोण को जानने के लिए उनके साथ की गई बातचीत के मुख्य अंश और उन पर टिप्पणी के माध्यम से हम सांप्रदायिकता, धर्म, राजनीति, सत्ता, बहुसंख्यक, अल्पसंख्यक आदि पर लेखकों के दृष्टिकोण जानने का प्रयास करेंगे।

हिंदी रंगमंच की शीर्षस्थ विभूति हैं 'हबीब तनवीर' लोक जीवन के हाशिये पर पड़े नाट्यरूपों को खोजकर उन्हें समकालीन मानवीय मुद्दों से जोड़कर और आधुनिक रूप देकर एक नई नाट्यशैली की रचना उनका बेजोड़ योगदान है। उन्होंने जर्मनी के महान नाटककार बर्टोल्ट ब्रेष्ट के 'टोटल थिएटर' जैसी अवधारणा को भारतीय संदर्भ में खोजने का काम किया है। यह दुर्भाग्य की बात है कि सामाजिक विडंबनाओं के इस विलक्षण रंगकर्मी को कट्टरपंथी और सांप्रदायिक ताकतों के हमले झेलने पड़े हैं।

प्रश्न—सांप्रदायिकता की समस्या को आप किस रूप में देखते हैं? इसके शिकार आप खुद भी रहे हैं?

सांप्रदायिकता राष्ट्रवाद की उलझी हुई समस्या है। अगर हम राष्ट्रवाद की समस्या हल कर लें तो सांप्रदायिकता की समस्या का भी स्थायी हल मिल सकेगा। राष्ट्रवाद आधुनिक अवधारणा है। इसके अपने कुछ मूल्य हैं, जिसमें धर्मनिरपेक्षता प्रमुख है। राष्ट्रों के पूर्व व्यक्ति का संघटक धर्म, जाति, संप्रदाय ही हुआ करता था। राष्ट्र की अवधारणा ने उस निर्भरता को तोड़ा, मगर आज राष्ट्र की अवधारणा खुद संकट में है। निजीकरण हो रहा है। तमाम देशी औद्योगिक संयंत्रों को बेचा जा रहा है, विदेशियों के हाथों। तो राष्ट्र कहाँ रहा? उसकी कल्याणकारी योजनाएँ कहाँ रहीं। ये ग्लोबलाइजेशन किन लोगों को फायदा पहुँचा रहा है। दरअसल यह साम्राज्यवादी सुझाव है और साम्राज्यवाद विरोधी आंदोलन से ही इसका हल निकलेगा। अतः सांप्रदायिकता की लड़ाई समाजवाद की लड़ाई है, वर्ग-संघर्ष की लड़ाई है। जहाँ तक खुद शिकार होने की बात है, मैं तो कहता हूँ, 'गालियाँ भी हैं जबाँ पर/हाथ में पत्थर भी हैं/देखते क्या हो खड़ा तो हूँ सरे बाजार अभी लगाओ पत्थर'।

प्रश्न—संघ परिवार के 'सांस्कृतिक राष्ट्रवाद' के नारे को आप किस रूप में देखते हैं? आप किस प्रकार के राष्ट्रवाद की बात कर रहे हैं, दोनों में क्या अंतर है? धर्म-संप्रदाय की क्या भूमिका रहेगी उसमें?

'सांस्कृतिक राष्ट्रवाद' का जहाँ तक सवाल है, यह खतरनाक है। यह गोलबंदी करने की एक मुहिम है। 'सांस्कृतिक राष्ट्रवाद' ही हिटलर की बुनियाद थी। दरअसल यह फासिज्म है। संघ परिवार उसी नक्शे कदम पर बढ़ रहा है। यह भी राष्ट्रवाद के मूल्यों को कमजोर करने की साजिश का ही हिस्सा है। एक तरफ ये स्वदेशी-स्वदेशी

चिल्ला रहे हैं तो दूसरी तरफ मल्टी-नेशनल्स को भी बुला रहे हैं। यह दोतरफा हमला है।

मैं नहीं कहता कि धर्म को आजादी नहीं मिलनी चाहिए। जो जैसा मानता है, उसे वैसा मानने का अधिकार मिलना चाहिए। लेकिन उसमें राजनीति का कोई दख़ल नहीं होना चाहिए। इसको लेकर सेकुलर ताकतें भी स्पष्ट नहीं हैं। उन्होंने भी सॉफ्ट-हिंदुत्व को स्वीकार कर लिया है। एक खास धर्म के लोगों को खुद रखने की कोशिश की जा रही है क्योंकि वह बहुमत है। यह खतरनाक है। सांप्रदायिकता के फैलने का मुख्य कारण धर्म नहीं है। भूख, गरीबी, बेरोजगारी, ग्लोबलाइजेशन सांप्रदायिकता को हवा दे रहे हैं। इसको रोकना है तो जनता के बीच जाना होगा।

प्रश्न—आप शायद यह कहना चाह रहे हैं कि हमारे विकास के तरीके में गड़बड़ी है, जिसके कारण सांप्रदायिकता का दैत्य विशाल होता जा रहा है?

ये सही है। अभी का विकास एकांतिक है, चंद लोगों का विकास है। यह सब अमेरिकी नीति का पिछलग्गूपना है। विकास के तरीके बदलने होंगे। शिक्षा को विकास से जोड़ा जाना चाहिए। किसी को एक लाख तनख्वाह दी जा रही है तो किसी को एक हजार भी नहीं। इसे दूर करना इनका उद्देश्य नहीं है। ये लोग डरते हैं। अतः पंचायतों को अधिकार नहीं दे रहे। कारण ये जानते हैं कि चेतना से संगठन न पैदा हो जाए, इसलिए सबको रोके खड़े हैं।

प्रश्न—कुछ लोगों का मानना है कि राजनीति में तो भारतीय संस्कृति या सांस्कृतिक राष्ट्रवाद का मुद्दा बाद में आया, पहले तो यह संस्कृतिकर्म में ही क्रियाशील हुआ। आप खुद इस मुद्दे पर आगे दिखते रहे हैं। खुद केंद्रीय संगीत नाटक अकादमी ने भी कई समारोह आयोजित किए। आप इस संबंध में क्या सोचते हैं?

परंपरा, लोक-संस्कृति से कलाओं का जुड़ाव हुआ। लोक-कलाकारों को आगे लाया गया। उन्हें शोहरत मिली। ये तो अच्छी चीज हुई। लेकिन लोगों ने इसे झूठा बना दिया, बगैर पूरी तरह से इसमें डूबे हुए। जैसे राहत कार्य होता है न, ऊपर-ऊपर से, वैसे किया।

परंपराएँ कभी जड़ नहीं होती गतिशील होती हैं। ये नहीं समझ पाए। जहाँ तक मेरा सवाल है, मैं उन्हीं लोक कलाकारों के साथ घुल-मिल कर रहा। उनके बीच काम किया। मेरे मन में यह कभी नहीं आया कि इन्हें सिखाऊँ। उनसे सीखने को बहुत कुछ था। यही सोचकर काम करता रहा।

जहाँ तक अकादमी का सवाल है, उसकी खराबी पैसे की वजह से हुई। योग्यता, प्रतिभा सब पीछे छूट गए। कार्यक्रम करो और पैसा लो, यह महत्त्वपूर्ण हो गया। जहाँ से शैली सीखी, उन कलाकारों से कोई मतलब नहीं। उनकी समस्या से कोई मतलब नहीं। जबकि उनका खून चूसकर शैली सीखी।

प्रश्न—हिंदू रंगमंच संकट से गुजर रहा है। इसके पीछे नए नाटकों का नहीं

लिखा जाना बड़ा कारण माना जा रहा है। ज्यादातर अनुवाद किए जा रहे हैं और वही खेले जा रहे हैं। इसका निदान कैसे होगा?

मैं अनुवाद के खिलाफ नहीं हूँ। नाटकों के अनुवाद होने चाहिए। खूब होने चाहिए और उनको खेला भी जाना चाहिए। अगर शेक्सपीयर, मौलियर या ब्रेष्ट का कोई नाटक हमारी ज़िंदगी से जुड़ता है तो उसका मंचन जरूर होना चाहिए। अगर आपको लगता है कि यह नाटक हमें, हमारे समय और समाज को देखने-समझने में मदद कर रहा है तो ऐसी किसी भी प्रस्तुति का स्वागत किया जाना चाहिए। मैंने भी किया है, मगर अनुवाद नहीं, पूरी तरह रूपांतरित करके।

जहाँ तक नए मौलिक नाटकों की कमी का सवाल है, रंगमंच तो रुका नहीं है। मरने का तो सवाल ही पैदा नहीं होता। लोगों ने अपने-अपने तरीके से इसका हल निकालने की कोशिश की है। ये जो कहानी-मंचन या उपन्यास-मंचन की खबरें जगह-जगह से आ रही हैं, उन्हें आप किस प्रकार से देखेंगे? काम हो रहा है और बहुत अच्छा काम हो रहा है। नए लोग अच्छा कर रहे हैं। उनमें उम्मीद-उत्साह है। रंगमंच का भविष्य उन्हीं में है। इसलिए निराश होने की जरूरत नहीं है। ऐसा भी नहीं है कि नए नाटक बिल्कुल ही नहीं आ रहे हैं। वे भी लिखे जा रहे हैं। हाँ, यह कह सकते हैं कि उतनी तादाद में नहीं आ रहे।

प्रश्न—आप पिछले चार दशकों से एक ही ग्रुप के साथ एक ही तरह का काम करते आ रहे हैं। क्या प्रत्येक नाटक को एक खास शैली में करना उचित है?

शैली और विषयवस्तु का चोली-दामन का रिश्ता है। उन्हें अलग किया ही नहीं जा सकता। और यह भी उतना ही बड़ा सच है कि विषयवस्तु के हिसाब से शैली बदलेगी। ऐसा भी नहीं है कि मैंने सिर्फ छत्तीसगढ़ी में ही नाटक किए हैं। दूसरे प्रकार के नाटक भी करता रहा हूँ। भोपाल गैस कांड पर एक नाटक किया था। उसमें जरा भी मेरी शैली का प्रभाव नहीं था। और भी कुछ काम किए। एक बार एक बहुत बढ़िया ग्रुप था बंगलूर का। वो पॉप, रैप गाते थे। बहुत बढ़िया गाते बजाते थे।

प्रश्न—निरंतर बहस रही है कि कला का काम मनोरंजन है। इसके सिवा इसका और कोई मतलब नहीं होना चाहिए। वर्तमान में यह प्रवृत्ति कुछ ज्यादा ही उभार पर दिखती है?

कलाकार जब तक दृष्टि पैदा नहीं करेगा, वो समझ कैसे पाएगा कि कहाँ क्या हो रहा है। भूमंडलीकरण के नाम पर, निजीकरण के नाम पर, सांप्रदायिकता की आड़ में। वह अपनी बात कैसे कह पाएगा इन चीजों से नाता जोड़े बिना? यह भ्रम है कि राजनीति से क्या लेना-देना। उससे कब तक मुँह मोड़ोगे? वे लोग प्रतिक्रियावादी हैं, जो कहते हैं कि उन्हें नहीं लेना-देना। शुद्धतावाद फरेब है। हमारे यहाँ कोई शुद्धतावादी नहीं है।

प्रश्न—बतौर संस्कृतिकर्मी इन सांप्रदायिक तत्त्वों का प्रतिकार किस प्रकार किया जाए?

देखिए, सांप्रदायिक तत्त्वों से मुकाबले की तो बात ही नहीं बनती। उनके पास रचनाशीलता का अभाव है क्योंकि उनका मगज़ कुंद है। ये लोग जरा भी कल्पनाशील नहीं हैं। और जब कल्पनाशीलता नहीं रहेगी तो रचनात्मकता कहाँ से आएगी। मेरे ख्याल से तो ये लोग मूर्ख भी हैं क्योंकि जहाँ यह दर्शन प्राप्त करते हैं, हिटलर से तो उसके अंजाम को सब लोग जानते हैं। उसका आगाज तो देख रहे हैं, विकास तो देख रहे हैं, पर अंत नहीं देख पा रहे।[51]

हबीब तनवीर सांप्रदायिकता को राष्ट्रवाद की उलझी हुई समस्या मानते हैं। उनका यह भी कहना है कि यदि राष्ट्रवाद की समस्या सुलझ जाए तो सांप्रदायिकता का स्थायी हल हमें प्राप्त हो सकेगा। वे धर्म की आजादी का समर्थन तो करते हैं, पर उनका मानना है कि उसमें राजनीति की घुसपैठ कतई नहीं होनी चाहिए। हबीब तनवीर का कहना है कि सांप्रदायिक तत्त्वों से कोई संवेदनशील आदमी सीधी मुठभेड़ नहीं कर सकता, क्योंकि उनके दिमाग में गोबर भरा होता है। हाँ, जैसे हिटलर का अंत हुआ, वैसे ही सांप्रदायिकता का भी होगा, क्योंकि यह भी शीर्ष पर पहुँच चुकी है। अब इसका ग्राफ अपने सर्वोच्च बिंदु पर पहुँच गया है। वहाँ से तो इसे नीचे ही आना है।

कुछ इसी तरह से विचार कमलेश्वर ने भी व्यक्त किए हैं। उनका मानना है कि उठते-बैठते 'धर्म' की दुहाई देने वाले लोग वास्तव में अपनी दुकान चमकाने की कोशिश कर रहे हैं। इनका धर्म से कोई लेना-देना नहीं है। कमलेश्वर का यह भी मानना है कि यदि उग्र विचारधारा वाले हिंदू इसी तरह जिद पर अड़े रहे तो वे कश्मीर को खो देंगे। अयोध्या मामले को केंद्र में रख 'चंद्रेश' द्वारा की गई बातचीत सौहार्द के उपाय तो सुझाती ही है, हमें यह भी बताती है कि आपस में सिर-फुटौवल से कोई फायदा नहीं है।

''राम-जन्मभूमि-बाबरी मस्जिद को लेकर जो जागरण कराया जा रहा है वह धर्म का नहीं अधर्म का पुनर्जागरण है क्योंकि इससे सांप्रदायिकता का जो माहौल पैदा हो रहा है, उससे हिंसा, अविश्वास, असुरक्षा और अलगाववाद को बढ़ावा मिलता है। इस मसले का समाधान उभय पक्षों द्वारा अदालत के फैसले को स्वीकार करना हो सकता है अन्यथा बड़े परिप्रेक्ष्य में हिंदू मंदिर पा सकते हैं परंतु इसकी कीमत पर देश कश्मीर को खो देगा।''

आज यहाँ 'नए लोग' से एक भेंट में उपरोक्त विचार वरिष्ठ पत्रकार, लेखक कमलेश्वर ने व्यक्त किए। उन्होंने कहा कि राम-जन्मभूमि-बाबरी मस्जिद के नाम पर जो भी कार्यक्रम चलाए जा रहे हैं, वे दुर्भाग्यपूर्ण हैं। हाल ही में द्वारिका पीठ के शंकराचार्य स्वामी स्वरूपानन्द सरस्वती द्वारा मंदिर के गर्भगृह में शिलान्यास करने

हेतु घोषणा राजनीति-प्रेरित रही है।

श्री कमलेश्वर ने कहा कि अयोध्या का यह धर्मस्थल-विवाद आस्था से नहीं बल्कि आर्थिक एवं राजनीतिक स्वार्थपूर्ति करने की भावना से जुड़ा है। इस दिशा में पहले से ही चल रही दुकानदारी के क्रम में एक और दुकान चालू करने की कोशिश की है शंकराचार्य स्वामी स्वरूपानन्द ने।

उन्होंने कहा कि पूर्व में किया गया शिलान्यास गलत था और अब शंकराचार्य द्वारा विवादित स्थल के गर्भगृह में शिलान्यास करने हेतु जाहिर की गई मंशा और भी गलत है। इस मसले को तूल दे रहे अब दोनों ही पक्षों का राम-मंदिर या धर्म-भावना से कोई रिश्ता नहीं दिखाई पड़ता। यह सब नेतागिरी का सवाल है। अयोध्या-विवाद के नाम पर पंजाब की घटनाओं की पुनरावृत्ति की जा रही है। जैसे पंजाब में राजनीतिक स्वार्थ के लिए धर्मगुरुओं का इस्तेमाल किया जाता रहा है, उसी प्रकार राम-जन्मभूमि मसले पर भी राजनीतिज्ञ धर्म-गुरुओं का इस्तेमाल कर रहे हैं, जिसका दूरगामी प्रभाव भयावह हो सकता है।

श्री कमलेश्वर ने कहा कि शंकराचार्य स्वामी स्वरूपानन्द का संबंध कांग्रेस (इ) से रहा है। उनके कृत्य निश्चित ही राजनीति-प्रेरित हैं क्योंकि बिना राजनीतिक मदद के किसी धर्म-गुरु का ऐसे मसले में इस प्रकार अपने-आपको उलझाना किसी भी नजरिए से संभव नहीं हो सकता।

उनका मानना है कि अयोध्या विवाद को लेकर तनाव बनाया जा रहा है। लगभग एक माह बाद पुनः इस मसले को लेकर माहौल गर्माएगा। इस मसले को सभी पक्ष अपने-अपने स्तर पर हवा दे रहे हैं। संभावित स्थिति कोई अच्छी नहीं दिखाई पड़ रही है और इसके परिणाम भी भयावह ही प्रतीत हो रहे हैं।

श्री कमलेश्वर ने हिंदू और मुसलमान दोनों ही पक्षों को यह समझ लेने की बात कही कि संबंधित मस्जिद बाबर ने नहीं बल्कि बाबर के नाम पर बनवाई गई है। इसी प्रकार यह निश्चित तौर पर नहीं कहा जा सकता है कि राममंदिर विक्रमादित्य ने बनवाया था। विक्रमादित्य ने हो सकता है कि मंदिर बनवाया हो, परंतु वह राममंदिर नहीं हो सकता क्योंकि इस काल में राम मंदिर की परंपरा नहीं थी।

वे कहते हैं कि मामले को आस्था से जुड़ा होना कहा जा सकता है परंतु जिस प्रकार स्नान, गंगा, सरयू या अन्य किसी पवित्र नदी के तट पर कहीं भी स्नान करके समान पुण्य लाभ प्राप्त हो सकता है तो क्यों न हिंदू-मुसलमान, दोनों ही अपनी आस्था विवादित स्थान से सौ-दो सौ गज हटकर दिखा लें?

श्री कमलेश्वर ने अपना विचार प्रकट करते हुए कहा कि विवादित इमारत को भौतिक तौर पर अलग हटाकर उभय पक्ष के कार्यों (पूजा आदि) पर प्रतिबंध लगाकर अथवा अदालत के फैसले को मानकर मसले का समाधान खोजा जा सकता

है। इन सब में अदालत के फैसले को सर्वोच्च प्राथमिकता दी जानी चाहिए। सरकार को चाहिए कि देश के सभी उच्च न्यायालयों से कम-से-कम एक-एक न्यायाधीश को नियुक्त कर एक विशेष खंडपीठ बनाए और फैसला देने के लिए इस पीठ को मसला सौंप दे।

उन्होंने कहा कि अब इस मसले के समाधान के लिए स्थानीय स्तर पर नहीं छोड़ा जा सकता क्योंकि यह मसला व्यापक स्तर पर प्रचारित कर संवेदनशील बनाया जा चुका है।

उन्होंने कहा कि भारतीय जनता पार्टी राम-जन्मभूमि विवाद के अलावा काशी और मथुरा के धर्म-स्थलों का मुद्दा भी तब तक जीवित रखने की कोशिश करेगी, जब तक उसे राजनीतिक लाभ मिलता रहेगा और देश की वर्तमान कमज़ोर सरकार से उसे ज्यादा लाभ मिलने की संभावना बनी रहेगी। एक समय वह भी आ सकता है, जब अपना मतलब हल न होता देख भाजपा सरकार को गिरा भी सकती है परंतु अभी वह समय निकट आने वाला नहीं है।

श्री कमलेश्वर ने कहा कि सत्ता पाने के बाद लोकतांत्रिक तरीके से बनी सरकार नियम और संविधान के दिशा-निर्देशों पर ही काम करने को बाध्य होगी। सत्ता में आने के बाद मनमाने तरीके से सरकार कोई भी ऐसा कदम नहीं उठाना चाहेगी, जिससे देश की एकता और अखंडता को नुकसान पहुँचता हो।

उनका वक्तव्य है कि राम जन्मभूमि-बाबरी मस्जिद विवाद को लेकर संचार माध्यमों ने भयानक भूमिका का निर्वाह किया है। फैजाबाद के समाचार-पत्रों ने अपने दायित्वों का पूरा-पूरा निर्वाह किया परंतु तथाकथित राष्ट्रीय पत्र-पत्रिका अथवा संचार माध्यम (दूरदर्शन या आकाशवाणी) ने गलत प्रचार किया। बिना तथ्यों की वास्तविकता को जाने ही उन्होंने जो गलत-सही मिला और जैसा उन्होंने समझा, प्रचारित किया। इस मामले के संबंध में छोटी-सी बात को भी अति महत्त्व देकर इन्होंने संवेदनशीलता को बढ़ावा देने के साथ-साथ लोगों में अविश्वास और असुरक्षा फैलाने का काम किया है। उन्होंने कहा कि अयोध्या की घटनाओं का असर कश्मीर में देखने को मिलता है। यद्यपि वहाँ का आतंकवाद अयोध्या विवाद से संबंधित नहीं है, परंतु कश्मीर के लोग अपने को राष्ट्रीय मूल धारा से जुड़े रहने में अब अयोध्या मसले में संकोच का अनुभव करने लगे हैं।[52]

कमलेश्वर का मानना है कि अयोध्या में बाहरी दख़लअंदाजी रुकनी ही चाहिए। अयोध्या वाले इसे अपने-आप सुलझा लेंगे। अब, जबकि विवादित ढाँचा विकृत मानसिकता वाले लोगों के रोष और शासन के निठल्लेपन की वजह से ध्वस्त हो चुका है, कमलेश्वर के ये विचार और भी अधिक प्रासंगिक लगते हैं। काश! किसी ने इन बातों पर ध्यान दिया होता तो यह नौबत क्यों आती?

श्री कमलेश्वर के अनुसार, "बाबरी मस्जिद और राम जन्मभूमि की समस्या की गंभीरता को अयोध्या जाने के बाद ही समझा जा सकता है।" वे वहाँ जा चुके हैं तथा सभी संबद्ध पक्षों से मिलने और उस क्षेत्र की ऐतिहासिक पृष्ठभूमि का अध्ययन करने के बाद वहाँ के विषय में लिख भी चुके हैं।

उन्होंने कहा, "हमें इस विवाद को एक हिंदू या एक मुसलमान के नज़रिए से नहीं बल्कि एक हिंदुस्तानी के नजरिए से देखना होगा। हमें कुछ पक्षपाती इतिहासकारों द्वारा प्रस्तुत उस स्थान के रक्त-रंजित इतिहास से भी अप्रभावित रहना होगा।"

बीती सदियों में कुछ लड़ाइयाँ हुई होंगी, पर वे हिंदुत्व और इस्लाम के बीच की धार्मिक लड़ाइयाँ नहीं थीं। वे मूलतः उस काल के आक्रामक शासकों-राजाओं, सामंतों और जागीरदारों के बीच की लड़ाइयाँ थीं। मुगल काल के दौरान हुई लड़ाइयों में ऐसे अवसर आए जब कोई राजा या शासक विजयी हुआ और दूसरा पराभूत। बदला लेने की एक हिंसक प्रवृत्ति भी थी, जो कई दशकों-सदियों तक चलती रही।

सामंतशाहों ने अपने हित-साधन के लिए धर्म के नाम का इस्तेमाल अवश्य किया पर उनकी लड़ाई किसी धार्मिक उद्देश्य के लिए नहीं थी। धर्म-रक्षा के लिए भारत में कभी कोई युद्ध नहीं हुआ। वैसे, जैसे ईसाइयों और इस्लाम पंथियों में पश्चिमी एशिया और योरुप में हुए थे। परंतु हमारे यहाँ हुए युद्धों को 'धर्म-युद्ध' पुकारा गया। यह मात्र संयोग ही था कि भारत पर चढ़ाई करने वाले आक्रमणकारी इस्लाम के अनुयायी थे। मध्य-युग के खूनी युद्धों को हिंदुत्व और इस्लाम का युद्ध मानना सर्वथा अनुचित है। लगभग हमेशा मुस्लिम आक्रमणकारी हिंदुस्तान के तत्कालीन मुस्लिम शासकों के खिलाफ ही लड़े और वही बात बाबर पर भी लागू होती है।

श्री कमलेश्वर ने फैजाबाद से सात किलोमीटर दूर स्थित अयोध्या का भी कई बार दौरा किया। फैजाबाद नवाबों का शहर हुआ करता था, पर जब नवाबों ने लखनऊ को अपनी राजधानी बना लिया तो महत्त्व कम हो गया।

दूसरी ओर अयोध्या, मंदिरों के महंतों और संन्यासियों द्वारा संचालित अखाड़ों की नगरी है। इसकी मान्यता एक प्राचीन (पौराणिक) नगरी के रूप में है जिसे कहते हैं कि मनु ने अपने पुत्र इक्ष्वाकु के लिए स्थापित किया था। बाद में, सदियों बाद उज्जैन के महाराजा विक्रमादित्य ने इस नगरी का पुनर्निर्माण कराया। कुछ इतिहासकारों के अनुसार अयोध्या ईसा की पहली सदी में स्थापित और निर्मित हुई थी। इससे पहले का इसका इतिहास किंवदंतियों तक ही सीमित है।

पचासों लोगों के अलावा कमलेश्वर अयोध्या की दो खास और दिलचस्प शख्सियतों से मिले, जिनमें एक रामनंदी दिगंबर अखाड़े के प्रमुख, परमहंस रामचंद्र दास और दूसरे उनसे मुकदमा लड़ने वाले मुस्लिम वक्फ बोर्ड के हाशिम साहब थे। दोनों वास्तव में बहुत घनिष्ठ दोस्त हैं पर राम-जन्म मंदिर और बाबरी मस्जिद वाले

मसले को लेकर हुए अदालती मुकद्दमे में दोनों हिंदुओं और मुसलमानों की ओर से क्रमशः पक्ष और प्रतिपक्ष का प्रतिनिधित्व करते हैं। रामचंद्र दास और हाशिम साहब, दोनों के परस्पर सौहार्दपूर्ण संबंध हैं। यहाँ तक कि परमहंस जी साहब के खिलाफ मुकद्दमा लड़ने के लिए उन्हीं हाशिम की कार में लखनऊ उच्च न्यायालय तक साथ-साथ जाते हैं और अदालत परिसर में पहुँच कर प्रतिपक्षियों की तरह अलग-अलग हो जाते हैं।

यशस्वी पत्रकार कमलेश्वर को इसमें षड्यंत्र की बू आई और उन्होंने समझा कि ये दोनों, हिंदुओं और मुसलमानों के परस्पर विरोधी हितों के प्रतिनिधि होने का दावा करके पूरे देश को धोखे में डालना चाह रहे हैं। पर उन दोनों ने कमलेश्वर और उनके साथ उपस्थित मित्रों को आश्वस्त किया कि वे न्यायालय के फैसले को हर स्थिति में मंजूर करने को तैयार हैं।

उन्होंने यहाँ तक कहा कि फैजाबाद और अयोध्या के हिंदुओं और मुसलमानों को अगर उन्हीं के भरोसे छोड़ दिया जाए तो वे आपसी दोस्ती के माहौल में इस विवाद को बिना किसी बाहरी हस्तक्षेप के खुद हल कर सकते हैं। उन्होंने यह भी कहा कि 'बाहर' के हिंदू और मुसलमान—दोनों ही तत्त्व विवाद को राष्ट्रीय स्तर तक बढ़ाकर वातावरण को दूषित कर रहे हैं।

कमलेश्वर कहते हैं, "अपने मत के इस संशय के रहस्योद्घाटन से मैं हैरत में आ गया। अयोध्या में बैठे पक्ष और प्रतिपक्ष के पास मसला सुलझा लेने का फार्मूला मौजूद है पर अयोध्या से बाहर जो राजनीतिक पक्ष और प्रतिपक्ष खड़ा हो गया है... वह इस विवाद को सुलझाए जाने में बाधक बन रहा है। अब मैं जलते हुए देश का यात्रावृत्त लिख सकता हूँ। मेरठ, अहमदाबाद, दिल्ली और हाल ही में भागलपुर में दंगे अयोध्या में लगी आग से ही भड़के हैं।"

श्री कमलेश्वर ने कहा कि यदि रामचंद्र दास और हाशिम आपसी सद्भाव से अपने मतभेदों को भुला पाने में सफल होते भी हैं तो 'बाहरी ताकतें' उन्हें एक नहीं होने देंगी।[53]

बाहरी शक्तियाँ, सत्ता की लोलुपता में मर्यादाओं-मूल्यों को ताक पर रख देने वाली शक्तियाँ, आदमी-आदमी में विभेद पैदा करने वाली शक्तियाँ, कल तक साथ रहने वालों को एक-दूसरे की जान का प्यासा बना देने वाली शक्तियाँ—यही शक्तियाँ समाज में विद्वेष फैलाने का काम करती हैं। लोगों को स्नेह-सद्भाव, अमन-चैन से रहता देखकर उन्हें पानी ही हज़म नहीं होता।

सांप्रदायिकता के रूप-स्वरूप, उसके विभिन्न आधारों, समाज में सौहार्द स्थापित करने के उपायों आदि मुद्दों को आधार बनाकर हमने प्रख्यात समाजशास्त्री प्रो. जे. पी. पचौरी से बातचीत की। एक प्रोफेसर और लेखक के रूप में प्रो. पचौरी के विचार जानने के लिए उनके साक्षात्कार के प्रमुख अंश यहाँ प्रस्तुत हैं—

प्र.–सर! सबसे पहले तो हम आपसे यह जानना चाहते हैं कि एक समाजशास्त्री के रूप में आप सांप्रदायिकता को कैसे परिभाषित करेंगे?

उ.–जहाँ तक वैश्विक परिदृश्य में सांप्रदायिकता का सवाल है तो एक बड़ी दिलचस्प बात है कि यूरोप में यह सकारात्मक (पॉजिटिव) संदर्भों में प्रयुक्त होती है। यह समाज के लिए एक अच्छा अनुभव व अहसास (फीलिंग) है। आम आदमी, घर-परिवार, देश-दुनिया-समाज की उन्नति के लिए मिल-जुलकर काम करना यूरोपीय समाज में मूलतः सांप्रदायिकता के अंतर्गत आता है।

इसके ठीक विपरीत, दक्षिण-पूर्व एशिया, खास तौर से भारत, बांगलादेश, पाकिस्तान आदि में सांप्रदायिकता को नकारात्मक (निगेटिव) संदर्भों में ग्रहण किया जाता है। मैं, मेरा घर-परिवार, मेरी जाति, मेरा समाज सबसे अच्छा है–यह अवधारणा सांप्रदायिक विद्वेष की विष-बेल को फैलाने में अहम भूमिका निभाती है। 'मेरा धर्म सहिष्णु है, अन्य धर्म दोयम दरजे के हैं'–यह सोच भी सांप्रदायिकता के प्रसार के लिए जिम्मेदार है।

प्र.–मतलब यह कि आप धर्म की सीधी भूमिका मानते हैं सांप्रदायिकता विद्वेष के प्रसार में?

उ.–देखिए, जहाँ तक धर्म और संप्रदाय के अंतस्संबंधों की बात है–धर्म के अनेक संप्रदाय हो सकते हैं, होते हैं। इस्लाम को ही लीजिए। सामान्य बातचीत में हम कह सकते हैं कि मुसलमानों में जातियाँ नहीं होतीं। यह बात सही नहीं है। वहाँ भी शिया-सुन्नी हैं, अनेक जातियाँ-उपजातियाँ हैं–खान, सैयद जैसे ऊँचे तबके के लोग और कुँजड़ा, धुनिया, मनिहार–जैसे निम्न वर्गीय समाज के लोग। वास्तव में वर्गीकरण का सशक्त और सर्वाधिक प्रभावशाली आधार आर्थिक है।

प्र.–सर! आपने आर्थिक आधार की बात कही। मैं आपसे जानना चाहती हूँ कि सांप्रदायिक विद्वेष के अन्य समाजशास्त्रीय आधार कौन-से हैं?

उ.–सबसे बड़ी बात है–धर्म में राजनीति का और राजनीति में धर्म का प्रवेश होना। धर्म और राजनीति के अंतस्संबंधों ने हमारे सामाजिक ढाँचे को हिलाकर रख दिया है। धर्म सद्भाव का साधन न होकर सत्ता-प्राप्ति की सीढ़ी बन गया है। वोट की राजनीति ने मठ-मंदिरों, मस्जिद-मदरसों के माहौल में ज़हर घोल दिया है। आज आदमी 'आदमी' बाद में है, 'वोटर' पहले... और सबसे बड़ी बात सत्ता-प्राप्ति का साधन होने के कारण राजनीतिक दलों द्वारा सांप्रदायिकता का प्रयोजन। वस्तुतः अतिवाद सांप्रदायिक विद्वेष के लिए सर्वाधिक जिम्मेदार है। गरीबी, विपन्नता, अशिक्षा, रूढ़ियाँ आदि अनेक कारण इस वृत्ति को पोषित करते रहते हैं।

प्र.–यानी आपका मानना है कि आम आदमी स्वभावतः इससे दूर ही रहता है और यह उसकी रोजी-रोटी से जुड़ा सवाल नहीं है?

उ.–हाँ। ये सवाल रोजी-रोटी से कतई नहीं जुड़ा। आम आदमी को इससे

कोई मतलब नहीं है। इसीलिए हम देखते हैं कि गाँव इन दंगों से प्रायः अछूते ही रहते हैं। गोधरा-कांड के बाद गुजरात के इन गाँवों तक ये जरूर फैल गए, जो शहरी बस्तियों के समीप थे। ये इसलिए हुआ, क्योंकि ये दंगे प्रायोजित थे। पूरी मशीनरी इनको कार्यान्वित करने में लगी थी। मुट्ठी भर दंगाइयों ने जिनकी कोई जाति नहीं होती—अपने स्वार्थ की पूर्ति के लिए समय-समय पर दंगों को भड़काने का कार्य किया है। वोट के लिए राजनीतिक दलों ने हमेशा दंगों की आग जलाकर उसमें अपनी रोटी सेंकी है।

प्र.—क्या भारत जैसे देश में धर्म को विघटित करके सांप्रदायिक समस्या हल की जा सकती है और सद्भाव का माहौल तैयार किया जा सकता है?

उ.—बिलकुल नहीं। भारत जैसे बहुस्तरीय समाज वाले देश में धर्म को विघटित कर पाना बड़ा ही दुरूह और असम्भवप्राय है। इतना ही नहीं, अगर ऐसा हो भी जाए तो हमें सांप्रदायिक विद्वेष से निजात नहीं मिलने वाली। बात फिर वहीं आकर अटक जाती है—धर्म, जाति, आर्थिक दशा पर। वास्तव में, जाति दो ही होती हैं—एक तो अमीर, दूसरी गरीब। प्रत्येक आधार, प्रत्येक वर्गीकरण, प्रत्येक समाधान इससे अछूता नहीं रह सकता। संपन्न लोग जहाँ मुख्यधारा को प्रभावित करते हैं, वहीं अपनी संपत्ति की सुरक्षा-संरक्षा के लिए वे उसी धारा के साथ चलने को मजबूर होते हैं। मुगलकाल का ही संदर्भ लें तो हम पाते हैं कि संपन्न लोग अपनी दौलत और जमींदारी बचाने के लिए मुसलमान बने और मामूली आदमी रोटी-कपड़ा-मकान- जैसी बुनियादी जरूरतों की पूर्ति के लिए। लेकिन निर्णायक स्थिति हमेशा रही आर्थिक दशा की। नमाज में मस्जिद के प्रांगण में लगने वाली लाइन की बात हो याकि पूजा-अर्चना के लिए मंदिर में बनाई जाने वाली लाइन—अगली जगह या प्रथम पंक्ति हमेशा पूँजीपति के लिए ही आरक्षित होती है। आज भी 'रोटी-बेटी' का संबंध बराबर वालों में ही होता है—का राग अलापा जा रहा है। अस्पृश्यता आज भी हमारे समाज में मौजूद है। हर जगह महिला दोयम-सोयम दरजें की सदस्य मानी जाती है। थोड़े में कहें तो स्वार्थवादी दृष्टिकोण सारी समस्या के मूल में है। आज आदमी स्वार्थ-सिद्धि के लिए किसी भी स्तर पर उतरने से नहीं हिचकता।

प्र.—समाज में सांप्रदायिक सद्भाव कायम हो और सुदीर्घकाल के लिए या सदा के लिए हमें विद्वेष से छुटकारा मिल जाए, इसके लिए क्या किया जाना चाहिए? हम आपकी राय एक समाजशास्त्री के रूप में जानना चाहते हैं?

उ.—समाज में परिवर्तन हो रहा है—भले ही उसकी गति बहुत धीमी हो। शिक्षा के समुचित प्रसार के साथ हमें सकारात्मक परिवर्तन दिखाई पड़ रहे हैं। अंतरजातीय विवाहों के मामलों में आशातीत वृद्धि हुई है और ये विवाह, ये संबंध, सद्भाव के महत्त्वपूर्ण सोपान साबित होने जा रहे हैं—भविष्य में। मैं जिस बात पर सर्वाधिक जोर देना चाहता हूँ, वह है—शिक्षा का समुचित प्रसार। मेरा मानना है कि अशिक्षा

प्रायः सभी समस्याओं की जड़ है। जब देश का प्रत्येक नागरिक शिक्षित हो जाएगा तो हमें इस समस्या से काफी हद तक निज़ात मिल जाएगी। इतना जरूर है कि शिक्षित का अर्थ 'साक्षर' से न लिया जाए। लोगों को साक्षर बनाकर शिक्षित बनाया जाए। रोजगार के अवसर उपलब्ध हों, सबको आर्थिक रूप से सम्पुष्ट किया जाए, यह बहुत जरूरी है। मेरा यह भी मानना है कि राजनीतिक दलों की सोच सकारात्मक हो। वे वोट के लिए कुछ रचनात्मक करें न कि धर्म, जाति व संप्रदाय का सहारा लें।

कार्यकर्त्ता रईस अहमद राजकीय जिला पुस्तकालय, फैजाबाद के लाइब्रेरियन हैं और समाज सेवा से जुड़े समर्पित रईस अहमद जी साहित्यानुरागी और जागरूक नागरिक हैं। सरकारी सेवा में होते हुए भी उन्होंने अपने सामाजिक और मानवीय सरोकारों की उपेक्षा नहीं की। फ़ैज़ाबाद के कई महत्त्वपूर्ण साहित्यिक-सामाजिक संगठनों से सगतिक जुड़ाव रखने वाले रईस अहमद से जब मैंने सांप्रदायिक समस्याओं से जुड़े विविध पक्षों पर बातचीत का प्रस्ताव रखा तो वे सहर्ष तैयार हो गए। उनसे की गई बातचीत के प्रमुख अंश यहाँ प्रस्तुत हैं, जिससे ये स्पष्ट हो सके कि सामान्य आदमी सांप्रदायिकता के बारे में क्या सोचता है।

प्र.—रईस साहब! सबसे पहले तो मैं आपसे जानना चाहूँगी कि सांप्रदायिकता है क्या? इस बारे में आपका ज़ाती नज़रिया (व्यक्तिगत दृष्टिकोण) क्या है?

रईस अहमद—भाई, मेरी समझ से एक खास संप्रदाय के लोग किसी दूसरे खास संप्रदाय के विरुद्ध जो घृणा, द्वेष या कि हिंसा की भावना का प्रदर्शन करते हैं, उसे सांप्रदायिकता कह सकते हैं। इस घृणा और हिंसा के पीछे चाहे जो कारण हों। मेरा जाती नज़रिया (व्यक्तिगत दृष्टिकोण) यह है कि अपने-आपको ही सबसे बड़ा मानना, दूसरों को पशु से भी बदतर और नीच समझना और उनकी हर बात का मजाक उड़ाना भी सांप्रदायिकता के ही दायरे में आता है। अभी घृणा और हिंसा की बात हो रही थी। आखिर यह आसमान से तो टपकती नहीं। छोटी-छोटी बातें अचानक इतनी बड़ी हो जाती हैं कि वे आदमी की ज़िंदगी और मौत का फैसला करने लगती हैं।

प्र.—तो आप सांप्रदायिकता और जातिवाद को एक दूसरे से संबंधित मानते हैं?

रईस अहमद—बिलाशक (निस्संदेह) जहाँ तक सांप्रदायिकता और जातिवाद के आपसी रिश्तों का सवाल है, ये दोनों आपस में इस तरह जुड़े हुए हैं कि बाज मौकों (कुछ अवसरों) पर उन्हें अलग कर पाना मुश्किल हो जाता है। (आपसे हाशिए के बाहर जाकर बात करें) अभी गोधरा-कांड की राख ठंडी नहीं हुई, उसके बाद भड़के दंगों के बाबत हम-आप सभी जानते हैं। आखिर में यह सांप्रदायिक दंगा कब जातिवादी हुआ और जातिवादी दंगा कब सांप्रदायिकता की जद (सीमा, परिधि) में आया—इसे कौन बता सकता है। पूरा गुजरात—हिंदू-मुसलमान—इन दो समुदायों में बँट गया और

आदमीयत की, इनसानियत की (मानवता की) जो दुर्दशा वहाँ हुई, उसे बयान करने के लिए मेरे पास अल्फ़ाज़ नहीं हैं। (कुछ देर चुप रहकर, गहरी साँस लेकर रईस जी फिर कहते हैं) वास्तव में, जातिवाद के जहर ने सांप्रदायिकता की जड़ों के लिए आबे जमजम (गंगाजल-अमृत) की तरह काम किया है। जैसे किसी पौधे के लिए पानी फायदेमंद होता है, वैसे ही जातिवाद के पानी ने सांप्रदायिकता की जड़ें सींची हैं।

प्र.—इसका मतलब ये हुआ कि आप सांप्रदायिकता को इस्लामिक सांप्रदायिकता और उग्र हिंदुत्व से जोड़कर देखते हैं?

रईस अहमद—बराये मेहरबानी, ये तोहमत तो न लगाइए, (कृपा करके ये आक्षेप तो न लगाइए)। सवाल मेरे या आपके नजरिए का नहीं है। सवाल है, हमारे सामाजिक ढाँचे का। हमारे समाज की बनावट, उसका संगठन इस तरह का है कि वहाँ सांप्रदायिक हालात कमोबेश हिंदू-मुसलमानों के ही बीच पैदा होते और फलते-फूलते हैं। इसीलिए इस समस्या को हिंदू और मुस्लिम सांप्रदायिकता के खानों में विभाजित किया जाता है। सांप्रदायिक ताकतों की रणनीति ही यही थी कि सांप्रदायिकता को हिंदू और मुस्लिम के दो खाँचों में फिट कर दिया जाए और वे शक्तियाँ इस काम में पूरी सफल रहीं। आजादी के बाद इन शक्तियों ने मुस्लिम-विरोध का स्वर राष्ट्रीय संस्कृतिवाद में इस तरह ढाल दिया कि उसे व्यापक जन-समर्थन मिल गया। हिंदुस्तान के ज्यादातर लोग आज भी इतने भोले सीधे और अशिक्षित हैं कि वे किसी के भी बहकावे में आ जाते हैं। यह बात हिंदू और मुसलमान दोनों लोगों पर समान रूप से लागू होती है।

प्र.—रईस साहब आपने अभी अशिक्षा की ओर इशारा किया। क्या आप मेहरबानी करके यह बताने का कष्ट करेंगे कि कौन से हालात सांप्रदायिक विद्वेष के लिए जिम्मेदार हैं?

रईस अहमद—सांप्रदायिकता खास तरह की सामाजिक और आर्थिक संरचना से जन्म लेती है। जहाँ तक हिंदुस्तान का सवाल है, आजादी के बाद ऐसे सामाजिक आर्थिक बदलाव नहीं आए, जो सांप्रदायिकता की जड़ों को कमजोर करते। इसके ठीक उलट (विपरीत) समाज का मोड़ ऐसी दिशा में होता चला गया, जो सांप्रदायिक विचारों के लिए उर्वरा भूमि थी। आप देखिए, विकास के सभी नारों के बावजूद अशिक्षा, जड़ता, भ्रष्टाचार, शोषण, गरीबी, केंद्रीयकरण आदि बढ़ते ही गए। यह माहौल सांप्रदायिक ताकतों के मुआफिक (पक्ष में) था। इस तरह आजादी के पहले से चले आ रहे सांप्रदायिक समीकरण एक खास अर्थ में बदले और उनमें नई धार पैदा हो गई।

प्र.—आपके अनुसार सांप्रदायिकता की जड़ें कहाँ हैं? आप एक सर्वाधिक प्रभावशाली 'फैक्टर' के रूप में किसे जिम्मेदार ठहराते हैं?

रईस अहमद—जहाँ तक मेरे निजी नजरिए की बात है 'अशिक्षा' सभी बुराइयों की जड़ है। अशिक्षित आदमी अपना भी हित-अनहित नहीं जानता। वह अपने

अधिकार-कर्त्तव्य नहीं जानता। आपने देखा होगा, हर दंगे में यही वर्ग सबसे ज्यादा प्रभावित भी होता है। चूँकि इनमें सोचने-विचारने की शक्ति उतनी नहीं होती, इसलिए ये बहकावे में जल्दी और ज्यादा आते हैं। एक बात और—यही वर्ग कट्टर और धर्मांध भी अधिक है। चाहे हिंदू हो या मुसलमान—दोनों ही इसके अपवाद नहीं है। इबादत का, जन्नत-दोजख का (पूजा, स्वर्ग-नरक का) भय दिखाकर कथित धर्मगुरु, मौलवी-मुल्ला, पुजारी-पंडित अपने स्वार्थ के लिए इनका उपयोग करते हैं। आश्चर्य की बात यह है कि ये लोग अपना शोषण ही नहीं कराते—अपनी विचारधारा (जोकि निश्चित ही ओढ़ी हुई होती है) के लिए मरने-मारने के लिए उतारू हो जाते हैं। मैं आपसे पूछता हूँ, 'इबादत के लिए मस्जिद या मंदिर जाना लाजिमी है क्या?' 'मस्जिद या मंदिर अल्ला या ईश्वर ने बनाया है?' नहीं, कतई नहीं। ये तो हमने-आपने बनाए हैं। इबादत तो मन से होती है—मन की शांति के लिए। निदा फाजली का एक शेर है :

'घर से मस्जिद है बहुत दूर, चलो यूँ कर लें,
किसी रोते हुए बच्चे को हँसाया जाए।'

या फिर, आपसे ही सुनी हुई पंक्तियाँ दोहरा देता हूँ—मुझे तो पता नहीं, किसकी हैं—

'मैं न मन्दिर न मस्जिद गया,
कोई पोथी न बाँची कभी।
एक दुखिया के आँसू चुने,
बस मेरी बंदगी हो गयी।'

(रईस साहब को मैं याद दिलाती हूँ कि ये उदयभानु हंस जी की पंक्तियाँ हैं, तो वे 'हाँ, याद आया' कहकर स्वीकार करते हैं और कहते हैं) सच्ची इबादत ये है, जिससे इंसानियत का कुछ भला होता है।

प्र.—सांप्रदायिकता क्या पूरी तरह माली हालात (आर्थिक स्थितियों) पर निर्भर है?

रईस अहमद—पूरी तरह तो नहीं, काफी हद तक जरूर है। वो आपके यहाँ संस्कृत में कैसे कहा गया है कि भूखा आदमी कौन-सा पाप नहीं करता। (मैं याद दिलाती हूँ—बुभुक्षितं किं न करोति पापम्') पेट की आग आदमी से जो न कराए, कम है। जिनके पास कोई काम नहीं है, खाने-पीने के लिए कुछ नहीं है, वे करें भी तो क्या? स्वाभाविक रूप से वे सांप्रदायिक दंगों में, लूटपाट में बढ़-चढ़कर हिस्सा लेते हैं। अभी पिछले दिनों जनमोर्चा-सभागार में निर्मला जी से (निर्मला देशपांडे, प्रसिद्ध सामाजिक कार्यकर्त्री) बातचीत हुई उन्होंने गुजरात का दौरा किया, बतौर-ए-खास दंगा-पीड़ित क्षेत्रों का। वहाँ से जो सूचनाएँ छन-छन कर मिलीं, वे काफी खौफनाक

हैं। वहाँ दंगाइयों को बाकायदा प्रलोभन दिए गए कि भई लूटपाट में इतना फीसदी आपका। अब आप ही सोचिए बेरोजगारों पर, अशिक्षितों पर और सबसे ज्यादा मुफलिसों (गरीबों) पर इसका क्या रद्देअमल (प्रतिक्रिया) हुआ होगा। मैं आपके इस नजरिए से इत्तेफाक रखता हूँ कि सांप्रदायिक समस्या काफी कुछ माली हालात पर निर्भर है।

प्र.—रईस साहब, सांप्रदायिक दंगों में सबसे ज्यादा प्रभावित कौन होता है?

रईस अहमद—वैसे तो दंगे कोई भेदभाव नहीं करते, जो भी उनकी जद में आया, उसे भोगना ही है, पर माइनारिटी (अल्पसंख्यक) और कमजोर तबके पर इसका ज्यादा कहर टूटता है। जो निर्दोष होते हैं, वे भी अधिक पीड़ित होते हैं। हम आपकी ही बात का 'रिफरेंस' लें। अयोध्या के इस आंदोलन में जाती तौर पर न तो मेरा कोई हाथ है, न आपका, पर परेशानी हम-आप भी झेल रहे हैं। कल आप बाराबंकी रेलवे स्टेशन पर करीब साढ़े तीन घंटे से भी ज्यादा बिना नहाए-धोए, खाए-पिए फँसे रहे। (आपके ही अनुसार) क्या आप इससे अप्रभावित रहे? शहर में रिक्शे नहीं चल रहे, दुकानें बंद हैं, दिहाड़ी (दैनिक वेतन भोगी या मजदूर) करने वाले पलायन को मजबूर हैं, ठेले लगाने वाले जाने कैसे पेट पाल रहे हैं। हमारे जो रहनुमा कहे जाते हैं, चाहे वे विभिन्न धर्मों के धर्मगुरु हों या अन्य लोग, उन्हें तो अपने हित की रोटी सेंकनी है। आम आदमी कैसे जी रहा है, इससे उन्हें क्या लेना-देना।

प्र.—क्या अयोध्या-विवाद, कश्मीर-समस्या, गोधरा-कांड जैसे मसले आम आदमी की रोटी से जुड़े हुए मुद्दे हैं?

रईस अहमद—आपके इस सवाल का उत्तर 'हाँ' और 'नहीं' दोनों में है। आमतौर पर तो इनका कोई सीधा सरोकार रोजी-रोटी से नहीं है, पर इन मुद्दों से आम आदमी की रोटी ही सबसे ज्यादा प्रभावित होती है। मान लीजिए कोई जादुई चिराग मिल जाए और ये समस्याएँ तत्काल सुलझ जाएँ तो भी आम आदमी की रोटी का मुद्दा जस-का-तस बना रहेगा। सही बात तो ये है कि ज्यादातर मौकों पर ये मुद्दे तभी गरमाए जाते हैं, जब कहीं इलेक्शन होने वाले होते हैं। या आम आदमी का ध्यान किसी खास मुद्दे से हटाना होता है।

प्र.—सांप्रदायिक संघर्ष को आप राजनीतिक संघर्ष मानते हैं?

रईस अहमद—काफी हद तक माना भी जा सकता है। सबसे ताजा वाकया गुजरात का है। इलेक्शन के ठीक पहले बड़े पैमाने पर सांप्रदायिक दंगे होते या कराए जाते हैं। एक संप्रदाय विशेष के लोग इन दंगों में निशाना बनाये जाते हैं। जो रिपोर्ट्स मिली हैं, उनके अनुसार दंगाइयों की मोबाइल टीम थी, वे बाकायदा निर्देश ले-दे रहे थे। गाँधी जी के राज्य में अहिंसा-नीति को इतना-ऐसा कुचला गया कि वो आज भी सिसक रही है। सदियों पुरानी वली दकनी की मज़ार तक को नहीं छोड़ा इन बेमुरव्वतों ने। आपको याद होगा, ये वही 'वली दकनी' हैं, जिनकी सारी ज़िंदगी सांप्रदायिक सौहार्द को पुष्ट करने में बीती।... इलेक्शन के बाद आज फासिस्ट ताकतें

मेजारिटी पाकर राजसत्ता भोग रही हैं। उनके आदेशों-निर्देशों को न मानने वालों को आज भी 'सबक सिखाने' की बात हो रही है।

प्र.–क्या सांप्रदायिक संघर्ष के मूल में सत्ता हथियाने का खेल होता है?

रईस अहमद–निश्चित रूप से।

प्र.–क्या धर्मनिरपेक्ष शक्तियाँ सांप्रदायिकता से कारगर संघर्ष कर सकती हैं?

रईस अहमद–कर तो सकती हैं, पर उनमें इच्छा शक्ति का अभाव साफ देखा जा सकता है। इसमें एक बाधा और है। धर्मनिरपेक्ष शक्तियाँ सांप्रदायिकता को मूलतः सामाजिक और सांस्कृतिक समस्या मानती हैं और इस राजनीतिक पक्ष को नज़रअंदाज करती हैं। यही कारण है कि घोषित धर्मनिरपेक्षतावादी वामपंथियों ने भी कभी इधर गंभीरता नहीं दिखाई। उन्होंने 'सहमत', 'जनवादी लेखक-संघ', 'इप्टा' जननाट्यमंच जैसे सांस्कृतिक संगठनों के कन्धों पर सारा भार डालकर अपने कर्त्तव्यों को पूरा मान लिया।

प्र.–क्या समकालीन साहित्य सांप्रदायिक समस्याओं का यथार्थ चित्रण कर पाने में सफल रहा है?

रईस अहमद–काफी हद तक। वैसे, 'समकालीन' शब्द बड़े व्यापक अर्थवाला है, फिर भी मैं कुछ रचनाओं के नाम जरूर लेना चाहूँगा। भीष्म साहनी का तमस, राही मासूम रजा का आधा गाँव, मंजूर एहतेशाम का सूखा बरगद, अब्दुल बिस्मिल्लाह के उपन्यास, हंस की कहानियाँ और इधर 'काला पहाड़' और 'कितने पाकिस्तान'–जैसी रचनाएँ यथार्थ चित्रण के लिए याद की जाएँगी। साहित्य को समाज का दर्पण यों ही नहीं कहा गया। उसमें समाज के यथार्थ चित्र होते भी हैं। आपको तश्ना आलमी का एक शेर सुनाता हूँ :

''भूख और इफलास का उनवान किसने लिख दिया–
मेरे चेहरे पर ये हिंदुस्तान किसने लिख दिया।''

इससे साफ है कि साहित्य में सांप्रदायिक समस्याओं की बात प्रभावी तरीके से कही जा सकती है और कही जा रही है।

प्र.–कलमकार (लेखक/साहित्यकार) सांप्रदायिक सौहार्द कायम करने और उसे बनाये रखने में कोई भूमिका निभा सकते हैं?

रईस अहमद–इस मामले में कलमकारों का बड़ा अहम रोल है। वे अपनी किताबों और अपने आर्टीकिल्स आदि में सांप्रदायिकता का, फासीवादी ताकतों का जमकर विरोध करें और अमन-चैन-भाईचारे के लिए काम करने वाले करेक्टर्स को उभारें। इसका सार्थक असर समाज पर पड़ेगा। कमलेश्वर के उपन्यास 'कितने पाकिस्तान' की रिकार्ड तोड़ बिक्री का राज यही है। सभी कलमकारों, जर्नलिस्ट, एडीटर्स, प्रिंटमीडिया से जुड़े लोगों को इस क्षेत्र में मिलकर काम करना होगा।

रईस साहब, आपका काफी समय लिया, पर एक सवाल और पूछना लाजिमी समझती हूँ। यह आज का आखिरी सवाल होगा। सोसायटी में, अपने देश में अमन-चैन रहे, सांप्रदायिक सौहार्द बना रहे—इसके लिए क्या किया जाना चाहिए?

रईस अहमद—मैंने पहले भी कहा, एक बार फिर दोहरा देता हूँ कि सांप्रदायिकता खास तरह के सोशल-इकोनॉमिक स्ट्रक्चर (सामाजिक-आर्थिक ढांचे) से जन्म लेती है। हमें इस ढाँचे को ही बदल देने की जरूरत है। इस बदलाव के लिए सबसे ज्यादा जरूरी है कि शिक्षा का व्यापक प्रचार-प्रसार हो। लोग साक्षर न बनकर शिक्षित बनें। शिक्षित होकर वे अपने कर्त्तव्य और अधिकार दोनों ही जान सकेंगे। इसके बाद जड़ता, भ्रष्टाचार, शोषण, गरीबी और केंद्रीकरण—जैसी बुराइयाँ धीरे-धीरे खत्म होती जाएँगी। हाँ, इतना जरूर है कि ये सब तुरंत नहीं हो सकता है—इसमें टाइम लगेगा। मर्ज जितना पुराना रहता है, उसके इलाज में भी उतना ही टाइम लगता है। मैं यह बात जोर देकर कहना चाहूँगा कि सांप्रदायिकता का मर्ज लाइलाज नहीं है।

बहुसंख्यक और अल्पसंख्यक—ये दो ऐसे शब्द हैं, जो सांप्रदायिकता से गहराई से जुड़े हैं। जब भी सांप्रदायिकता की चर्चा होती है, अल्पसंख्यकों की बात अनिवार्य रूप से की जाती है। इसका सर्वप्रमुख कारण यह है कि सांप्रदायिक दंगों में सबसे अधिक वही प्रभावित होता है। सांप्रदायिकता, राजनीतिक, धर्मनिरपेक्षता, भारत में मुसलमानों का भविष्य—जैसे सम-सामयिक मुद्दों पर हंस द्वारा आयोजित 'भारतीय मुसलमान' विशेषांक में देश के जाने-माने लोगों ने अपने विचार व्यक्त किये। हम यहाँ उक्त विशेषांक में से प्रमुख विचारकों-राजनीतिज्ञों आदि के विचार उन्हें और हंस-परिवार को आभार अर्पित करते हुए उद्धृत कर रहे हैं।[54]

मार्क्सवादी कम्युनिस्ट पार्टी के नेता सीताराम येचुरी का मानना है कि देश में अल्पसंख्यकों, खासतौर से मुसलमानों का भविष्य धर्मनिरपेक्ष ढाँचे पर ही निर्भर करता है।

प्र.—आप भारतीय मुसलमान के भविष्य की कैसी कल्पना करते हैं?

उत्तर—हम बेहद नाजुक दौर से गुजर रहे हैं, क्योंकि आक्रामक हिंदुत्ववादी शक्तियाँ मुसलमानों को अपना निशाना बना रही हैं और यह मुसलमानों के लिए पीड़ादायक समय है, लेकिन भविष्य का उनके समुदाय से बहुत ज्यादा संबंध नहीं है, बल्कि इसका संबंध पूरे लोकतांत्रिक और धर्मनिरपेक्ष ढाँचे से ज्यादा है। यदि भारत में धर्मनिरपेक्षता सफल रहती है, तब ही भारतीय मुसलमानों को बराबर के अधिकार मिल सकते हैं और वास्तव में हिंदुत्ववादी शक्तियों का धर्म से कोई लेना-देना नहीं है। मूल रूप से वे फासीवादी योजना के तहत चल रही हैं, यह बेहद आदर्श फासीवादी तरीका है, जिसमें बहुसख्यंक वर्ग को एकजुट किया जाता है। फिर बाहर का एक शत्रु तैयार किया जाता है, जैसा कि हिटलर ने यहूदियों के साथ किया। इसके माध्यम से वे राजनैतिक बढ़त हासिल करने की कोशिश कर रहे हैं, ताकि

मुसलमानों को निशाना बनाया जा सके, पर जैसा कि मैंने कहा, उनका भविष्य उन पर कम आधुनिक भारत के भविष्य पर अधिक निर्भर है।

प्र.—आपकी पार्टी साम्यवाद का समर्थन करती है, पर जब गुजरात के दंगों जैसी घटनाएँ घटती हैं, तो आपकी पार्टी कांग्रेस जैसा मजबूत रुख क्यों नहीं अपना पाती है ?

उ.—हमें संख्या में अधिक होना चाहिए। हम यह करने की कोशिश कर रहे हैं, पर यह तथ्य भी याद रखना चाहिए कि देश में कहीं ऐसी भी विधानसभाएँ हैं, जहाँ भाजपा का एक निर्वाचित सदस्य नहीं है, जैसे त्रिपुरा, केरल, बंगाल ये वे क्षेत्र हैं, जहाँ हम मजबूत हैं। इन क्षेत्रों के बाहर कुछ खास असर न डाल पाने के प्रश्न के पीछे की सच्चाई यह है कि पिछले दशकों या उससे अधिक समय से हमारा सारा जोर इन ताकतों को दूर रखने पर रहा है। हम उ.प्र. में समता पार्टी और बिहार में आरजेडी जैसी धर्मनिरपेक्ष पार्टियों के प्रमुख चुनावी गठजोड़ों में रहे हैं। हाँ, आप ठीक कह रहे हैं कि हमारी आवाज ज्यादा प्रभावी और पर्याप्त नहीं रही है, लेकिन पूरे देश में हमारी इकाइयाँ हैं, जहाँ हम इस मुद्दे को पूरी सक्रियता से ले रहे हैं और इस दिशा में काम करने की कोशिश कर रहे हैं।

प्र.—आगामी चुनावों में आपकी क्या रणनीति रहेगी?

उ.—अब क्योंकि लोग संभवतः धर्मनिरपेक्ष और कम धर्मनिरपेक्ष तथा सांप्रदायिक शक्तियों के बीच अंतर कर सकते हैं। ताकतों की तरफ से जितने भी खतरे हैं, उन्हें हटाने के लिए हम धर्मनिरपेक्ष ताकतों का सहयोग चाहेंगे।

प्र.—गुजरात चुनावों में कांग्रेस पार्टी अच्छा प्रदर्शन नहीं कर पाई, तो अन्य पार्टियों को कुछ बढ़त मिल सकती है?

उ.—हाँ, पर वैचारिक रूप से हम भाजपा का गैरकांग्रेसी विकल्प चाहते हैं। हम इसी तरफ काम भी करेंगे, क्योंकि कांग्रेस की एक बड़ी कमजोरी है, जब भी सांप्रदायिक शक्तियों से लड़ने की बात आती है, वह हमेशा एक अपेक्षाकृत समझौतावादी रुख अपना लेती है और यह कोई नई बात नहीं है। हम इसे स्वतंत्रता संग्राम से देखते आ रहे हैं। कांग्रेस और हिंदू महासभा के बीच वाद-विवाद चला था। कुछ लोगों को छोड़कर, जैसे गाँधी, नेहरू और सुभाष ये वे लोग थे, जिन्होंने कांग्रेस को उस समय समस्या से निकाल लिया था, लेकिन कांग्रेस अब भी परिपक्व नहीं हो पाई है।

प्र.—वर्तमान परिदृश्य के संदर्भ में आप क्या कहेंगे?

उ.—वर्तमान परिदृश्य में हम उलटे यह देख रहे हैं कि समझौतावादी रुख नेतृत्व की तरफ से आ रहा है। पहले नेतृत्व इस तरह का समझौतावादी रुख नहीं अपना सकता था, लेकिन 80 व 90 के दशकों में राजीव गाँधी द्वारा शिलान्यास के पूरे प्रकरण ने कांग्रेस को उत्तर प्रदेश में दयनीय तीसरे स्थान पर ढकेल दिया था, फिर

आपके सामने बाबरी मस्जिद गिराने का प्रकरण आया। यहाँ एक समझौता नरसिंहराव ने किया और अब यहाँ तक कि गुजरात में भी आपके पास लचीला हिंदुत्व है, जो वास्तव में कोई समाधान नहीं है। दुर्भाग्य से ऐसा प्रतीत होता है कि कांग्रेस ने अपनी गलतियों से सीख नहीं ली है।

प्र.—आम जनता में बढ़ते द्वेष के बारे में आप क्या कहेंगे?

उ.—लोगों को यह समझना चाहिए कि आपसी द्वेष सांप्रदायिक ताकतों का सबसे बड़ा हथियार है। जितने ज्यादा लोग द्वेष से भरे होंगे, इन ताकतों के लिए अपने उद्देश्यों की पूर्ति उतनी ही आसान होगी। वास्तव में द्वेष उत्पन्न करना राजनीति का ही एक हिस्सा है, जिससे कि लोग सरकारी मामलों से बाहर रहें। यही कारण है कि पिछले लगभग दस सालों से हर एक चुनाव में वोट देने वालों की संख्या गिरती जा रही है। जो कि एक खतरनाक प्रवृत्ति है, क्योंकि अगर ज्यादा-से-ज्यादा लोग चुनावों से दूर रहेंगे, तो प्रतिक्रियावादी ताकतें ही विजयी होंगी। इसलिए हमारा एक उद्देश्य यह भी है कि अधिक-से-अधिक संख्या में लोग निकलें और वोट दें।

भारतीय जनता पार्टी के नेता मुख्तार अब्बास नकवी मुसलमानों को अपनी हीन भावना खत्म करने की सलाह देते हैं। उनका मानना है कि इसके बिना अल्पसंख्यकों की हालत में कोई सुधार नहीं हो सकता। वे सांप्रदायिक समस्याओं के समाधान के लिए समूची मानवता के सोचने-विचारने के हामी हैं।

प्र.—आज के सियासी माहौल में मुसलमानों के बारे में आप क्या सोचते हैं?

उ.—हिंदुस्तान का मुस्लिम समाज सही मायनों में अभी तक बेसिक सोशियो-इकोनॉमी को नहीं समझ पाया है। पुराने लोगों के साथ-साथ नए भी उर्दुए पाकिस्तान, बाबरी मस्जिद जैसे मुद्दों में उलझे हैं। जिससे तरह-तरह की समस्याएँ पैदा हो रही हैं। जबकि हमारे समाज को इन सवालों में उलझने के बजाय अपनी तरक्की के बारे में सोचना चाहिए।

प्र.—क्या यह सही है कि आजादी के बाद भारतीय मुसलमान महज एक वोट बैंक बनकर रह गए हैं और यह उनके पिछड़ेपन की खास वजह है?

उ.—बिल्कुल सही आज तक सियासी पार्टियाँ मुस्लिम अल्पसंख्यकों को वोट बैंक की तरह 'ट्रीट' करती हैं, लेकिन उनकी तालीम और रोजगार पर कोई ध्यान नहीं दिया गया। जिससे भारतीय मुसलमान मुख्यधारा से कट गए और इसकी वजह से उनका लगातार शोषण होता रहा। इधर सैक्यूलर पार्टियाँ बीजेपी, आरएसएस तथा वीएचपी को मुस्लिम समाज के सामने खलनायक के रूप में पेश करके उनमें डर और खौफ का माहौल पैदा करती रहीं, जिसका नतीज़ा यह निकला कि मुसलमानों में कोई भी लीडरशिप पैदा नहीं हो सकी।

प्र.—भारतीय मुसलमानों के शैक्षिक तथा आर्थिक विकास के बारे में आपकी क्या राय है?

उ.—कोई भी कौम बिना तरक्की के देश की मुख्यधारा में शामिल नहीं हो

सकती। अंग्रेज जब हिंदुस्तान आए थे, तो उनकी तादाद कितनी कम थी, लेकिन अपनी अक्ल, अपनी सामाजिक, आर्थिक खुशहाली के चलते इस मुल्क पर हुकूमत की। ऐसे ही इस मुल्क में मुसलमानों की आर्थिक व सामाजिक मजबूती जरूरी है, क्योंकि इससे वह अपने मुल्क को मजबूत कर सकते हैं।

प्र.—भारत के बहुसंख्यक समुदाय के साथ यहाँ के मुसलमानों के ताल्लुकात को गंगा-जमुनी तहजीब की रोशनी में कैसे बेहतर बनाया जा सकता है?

उ.—भारत में 90 फीसदी बहुसंख्यक समाज है, जिसके मुसलमानों से बेहतर रिश्ते हैं। अगर हम एक-दो या पाँच प्रतिशत फिरकापरस्त ताकतों को छोड़ दें, तो देखते हैं कि इस मुल्क में सदियों से हिंदू-मुसलमान भाईचारे के साथ रहते चले आ रहे हैं। आज पचास साल से हमारा धर्मनिरपेक्ष निजाम चल रहा है। इस निजाम के चलते हर बार मुस्लिम लीगी और हिंदू महासभाई मानसिकता शिकस्त खाती रही। यहाँ के अवाम ने हमेशा सेक्यूलर निजाम अपनाया है।

प्र.—आपके जेहन में हिंदुस्तान के मुसलमानों के मुस्तकबिल (भविष्य) की क्या तस्वीर है?

उ.—हिंदुस्तान के मुसलमान को अपनी एहसासे कमतरी (हीनभावना) को खत्म करना होगा। उन्हें इस भावना को खत्म करके अपने हक के लिए लड़ना होगा। भारत में राजनैतिक पार्टियाँ बाबरी मस्जिद के लिए सभा करती हैं, कश्मीर पर सवाल उठाती हैं, उर्दू को मसला बना कर उछालती हैं। लेकिन आज तक मुसलमानों के आर्थिक विकास को लेकर आंदोलन की बात नहीं की गई। आज देश के मुसलमानों को एकजुट होकर अपने हक के लिए आवाज उठानी चाहिए। देश में अल्पसंख्यकों के लिए बहुत-सी योजनाएँ हैं, जिनका लाभ मुसलमानों को मिलना चाहिए। मुसलमानों को बाबरी मस्जिद, कश्मीर जैसे कृत्रिम सवालों से दूर रहना चाहिए, जिससे वे अपना ध्यान विकास पर लगा सकें।

प्र.—और गुजरात...?

उ.—गुजरात हो, बम्बई हो, कल्याण हो, मलियाना हो, ये हादसे इन्सानियत का सिर शर्म से झुका देते हैं। इससे भी ज्यादा बुरी बात है कि सियासी पार्टियाँ बेगुनाहों की लाशों पर सियासत के झंडे फहराती हैं। इस विषय पर समूची मानवता को गंभीरता से सोचना चाहिए, ताकि ये शर्मनाक हादसे न दोहराए जा सकें।

प्रख्यात रगंकर्मी हबीब तनवीर का मानना है कि जन-सामान्य कभी गलत बातें बर्दाश्त नहीं करेगा।

इस वक्त हालात खराब चल रहे हैं, परंतु मेरा मानना यह है कि जनता अक्ल की अंधी नहीं है। वह वैसा कार्य नहीं करेगी, जिसका अंजाम उसके हक में अच्छा नहीं होगा।

जिस प्रकार हिटलर ने अपनी तानाशाही के जरिए तेजी से यहूदियों की तबाही

की, फिर दुनिया की तबाही हुई। उससे प्रेरणा लेकर संघ परिवार वाले चल रहे हैं। दो साल के अंदर हिंदू राष्ट्र बना लेंगे, मगर वो यह भूल रहे हैं कि जितनी तेजी से यूरोप में फासियत खत्म कर दी गई थी, उतनी ही तेजी से हिंदुस्तान की नफरत वाली ताकतें भी खत्म हो जाएँगी।

एक तरफ तबाही तथा दूसरी तरफ अशांति को भारत की जनता कभी स्वीकार नहीं करेगी। यह अक्ल का अंधापन ही है, मुझे भारतीय जनता पर पूरा विश्वास है। यहाँ के आवाम, जो गँवार, अनपढ़ हैं, वो भी इन ताकतों को पनपने नहीं देंगे।

आतंकवाद, अपराध इत्यादि ताकतें अमेरिका के नेतृत्व में यूएनओ को नजरअंदाज करके बढ़ रही हैं। इसके लिए होशियार रहना पड़ेगा।

वर्तमान तो खराब है ही। लेकिन मुझे पूरा विश्वास है 'बहुसंख्या' पर, भारत की जनता पर, वह कभी गलत फैसले के हक में नहीं होगी। वह अक्ल की अंधी नहीं है। इसीलिए भविष्य बेहतर ही होगा।[55]

सैयद शहाबुद्दीन मानते हैं कि भारतीय मुसलमान 'तरक्की की राह पर' हैं। धर्मनिरपेक्षता पर भी उनकी टिप्पणी बिना लाग-लपेट के होती है।

आजादी मिले 57 साल हो चुके हैं। इस दौरान भारतीय मुसलमानों की स्थिति कैसी रही?

आजादी के बाद भारतीय मुलसमानों की स्थिति जानने के लिए इस पूरे अर्से को मुख्यतः दो भागों में बाँटा जा सकता है। पहला 1947 से लेकर 1971 तक और दूसरा 1971 से अब तक। आजादी के बाद से 1971 तक भारतीय मुसलमान बहुत ही बुरी स्थिति में थे। मनोवैज्ञानिक स्तर पर वे असमंजस की हालत में थे और हमेशा डरे-सहमे रहते थे। कोई सामूहिक सोच नहीं थी और सोच में राजनीतिक स्थिरता भी नहीं थी। इसका कारण यह था कि अभी उनके लिए पाकिस्तान का चोर दरवाजा खुला हुआ था। कुछ लोग पाकिस्तान जा भी रहे थे। इसीलिए वह यहाँ किसी भी क्षेत्र में कुछ करने की हालत में नहीं थे। लेकिन जब 1971 में बांग्लादेश का स्वतंत्रता संग्राम शुरू हुआ तो उस वक्त वहाँ बसे भारतीय मूल के मुसलमानों ने यह महसूस किया कि पाकिस्तान ने उनको अपनाया नहीं। यानी 1971 भारतीय मुसलमानों के लिए मनोवैज्ञानिक रूप से मोहभंग का दौर था। उसके बाद उन्होंने यह फैसला कर लिया कि अब चाहे जो हो भारत में ही रहना है। मुसलमानों में इस सोच के पनपते ही एक नई स्थिति ने जन्म लिया। अब वे इस नई सोच के साथ न केवल राजनीति में आने लगे बल्कि अपनी मर्जी से दूसरी पार्टियों में भी जाने लगे। बदली हुई सोच के साथ न केवल उन्होंने अपने घर बनाने शुरू किए बल्कि अपने धन का निवेश करके जमीन जायदाद और कारोबार में भी तरक्की करने लगे। आज भारत के मुसलमान जिस हालत में हैं उसे देखकर कहना चाहिए कि वे तरक्की के रास्ते पर हैं।

यह कहकर कि मुसलमानों ने 1971 में भारत में रहने का असल फैसला किया।

क्या आप इस बात से इनकार कर रहे हैं कि भारत के मुसलमानों की एक बड़ी संख्या ने 1947 से पहले ही भारत में रहने का फैसला कर लिया था?

नहीं, इसमें कोई दो राय नहीं कि भारत के मुसलमानों की एक बड़ी संख्या ने 1947 से पहले ही भारत में रहने का फैसला ले लिया था। इसका सबसे बड़ा सबूत यह है कि पंजाब तथा पश्चिमी उत्तर प्रदेश के कुछ इलाकों को छोड़कर जहाँ मजबूरी में लोग विस्थापित हुए, बहुत कम लोग अपना देश छोड़कर पाकिस्तान गए। बाद में मुसलमानों ने यह महसूस किया कि जिन लोगों ने पाकिस्तान की हिमायत की थी, वे गलती पर थे क्योंकि पाकिस्तान बनने से मुसलमानों का कोई भला नहीं हुआ बल्कि वे पहले से और कमजोर हुए। लेकिन पाकिस्तान बनने से बाहर जाने का एक चोर दरवाजा तो खुला ही हुआ था। उस भारत के मुसलमान काफी डरे-सहमे से थे और अपने पैरों पर खड़े नहीं हो पा रहे थे। उनकी निष्ठा पर उँगलियाँ उठ रही थीं, तलाशियाँ ली जा रही थीं। मैं खुद ऐसे दौर से गुजरा हूँ। यह सब ऐसे समय में हो रहा था, जब कहा जाता था कि भारत में जम्हूरियत यानी लोकतंत्र है। उसका अपना संविधान है, जो कहता है कि सभी नागरिक बराबर हैं और किसी के साथ धर्म, जाति या रंग के आधार पर कोई भेदभाव नहीं होगा। उसके बावजूद यह सब हो रहा था। इस स्थिति से भारतीय मुसलमान 1971 के बाद ही उबर पाए। उसके बाद ही उनमें कई तहरीकें देखने को मिलती हैं। इसीलिए मैं कहता हूँ कि 1971 के बाद से भारत के मुसलमानों ने यहीं जीने-मरने और हालात का मुकाबला करने का फैसला किया।

इस दौरान भारत के मुसलमानों की आर्थिक और शैक्षिक स्थिति क्या थी?

अगर मुसलमानों की मौजूदा स्थिति की तुलना 1947 या 1971 के पहले की स्थिति से करें तो हम पाएँगे कि आज वह बेहतर हालात में हैं। लेकिन जिस गति से देश का विकास हुआ है, उसकी तुलना में मुसलमानों की हालत अभी भी बहुत बेहतर नहीं है। यानी देश के विकास के मद्‌देनजर अब भी मुसलमानों का विकास असंतुलित है। हकीकत यह है कि देश का एक बड़ा तबका विकास की दौड़ में सबसे आगे है। वह मुसलमानों से तो आगे है ही, कई हिंदू तबकों से भी आगे है। साथ ही यह भी एक हकीकत है कि देश की एक बड़ी आबादी विकास की दौड़ में मुसलमानों से भी पीछे है।

विकास की दृष्टि से आज आप मुसलमानों को कहाँ पाते हैं?

भारत में आबादी के अलावा धार्मिक स्तर पर किसी चीज के बारे में आँकड़े उपलब्ध नहीं हैं। फिर भी कहा जा सकता है कि तीन सवर्ण तबके तरक्की की दौड़ में सबसे आगे हैं। 1995 के इकोनॉमिक सर्वे के अनुसार मुसलमान उनसे पीछे हैं। पिछड़ी जातियों का एक वर्ग पहले तीन वर्णों के ही साथ है। लेकिन पिछड़े का एक बड़ा वर्ग आज भी विकास की दौड़ में बहुत पीछे है। इस लिहाज से भारतीय

मुसलमान 20 प्रतिशत पिछड़ी जातियों और 30 प्रतिशत अनुसूचित जातियों से आगे हैं। लेकिन इसका मतलब यह नहीं है कि कोई भी मुसलमान विकास की दौड़ में हिंदुओं के करीब नहीं है और न यह नतीजा निकाला जाना चाहिए कि सवर्ण हिंदुओं में कोई भी गरीब नहीं है। इकोनॉमिक सर्वे में एक तथ्य यह भी सामने आया कि मुसलमान एक क्षेत्र को छोड़कर बाकी सभी क्षेत्रों में देश के अन्य तबकों से पीछे हैं। जिस क्षेत्र में वह सबसे आगे हैं, वह है स्वरोजगार। इस क्षेत्र में 56 प्रतिशत मुसलमान हैं।

भारत में सेकुलरिज्म यानी धर्मनिरपेक्षता का क्या भविष्य है?

बहुत अच्छा है लेकिन यह केवल मुसलमानों की वजह से नहीं है। भारत को अगर जिंदा रहना है तो इसे धर्मनिरपेक्ष देश रहना ही होगा। इसके अलावा कोई दूसरा रास्ता नहीं है। साथ ही मुसलमान अगर यह सोच रहे हैं कि धर्मनिरपेक्षता की हिफाजत केवल वे ही कर सके हैं तो यह गलत है। भारत में अगर धर्मनिरपेक्षता जिंदा है तो उसका कारण है कि हमारे करीब 75 प्रतिशत गैरमुस्लिम भाई इसके पक्षधर हैं।

बाबरी मस्जिद ध्वंस के बाद सेकुलरिज्म के हवाले से मुसलमानों को मायूसी हुई थी। अब क्या स्थिति है?

देखिए, बाबरी मस्जिद का मामला मुसलमानों ने पूरी तरह से न्यायालय को सौंप दिया है। बाबरी मस्जिद ध्वंस इसलिए नहीं हुआ कि मुसलमानों ने इसकी सुरक्षा की कोशिश की थी बल्कि ऐसा इसलिए हुआ क्योंकि कुछ शरारती तत्त्व इस पर तुले हुए थे। सरकार और मीडिया ने भी एक हद तक उनका साथ दिया। लेकिन एक बात गौर करने की है कि 1992 से अब तक बारह साल बीत चुके हैं लेकिन वे वहाँ एक ईंट तक नहीं रख पाए। आखिर यह कैसे संभव हो सका? क्या मुसलमान एकाएक ताकतवर हो गए और उन्होंने विध्वसंकारी शक्तियों को ऐसा करने से रोक दिया? नहीं, बल्कि ऐसा धर्मनिरपेक्षता की ताकत से हुआ। न्यायालय ने धर्मनिरपेक्ष सिद्धांतों की सुरक्षा की। वाजपेयी सरकार ने बड़ी कोशिश की लेकिन वे एक कदम भी नहीं बढ़ा सके। इसका क्रेडिट तो हमें धर्मनिरपेक्ष व्यवस्था को देना ही होगा। गुजरात में दंगे हुए लेकिन उन दंगों के खिलाफ आवाज़ उठाने वाले लोग कौन हैं? इसलिए किसी एक घटना से प्रभावित नहीं होना चाहिए बल्कि समग्रता में उससे जुड़े तमाम तथ्यों पर गौर करना चाहिए।[56]

नसीम अहमद हरियाणा कैडर के वरिष्ठ आईएएस अधिकारी हैं, उनकी शिक्षा-दीक्षा आगरा, मेरठ, पंजाब और अलीगढ़ मुस्लिम विश्वविद्यालय में हुई इसलिए उनकी दुनिया भी बड़ी है, वह एलएलएम की परीक्षा के बाद अलीगढ़ में लगभग डेढ़ वर्ष न्यायिक मजिस्ट्रेट के पद पर रहे, उसके बाद 1972 में हरियाणा कैडर के अंतर्गत आईएएस अधिकारी के रूप में उनकी नियुक्ति हुई, तीस वर्ष विभिन्न

प्रशासनिक पदों पर रहे, इसके साथ ही वह पंजाब वक्फ बोर्ड के प्रशासक रहे और उन्होंने बोर्ड की स्थिति सुधारने के लिए व्यापक प्रयास किए, एक साल पूर्व उन्होंने अलीगढ़ मुस्लिम विश्वविद्यालय के कुलपति का पद ग्रहण किया, तब से वह विश्वविद्यालय का सफलतापूर्वक संचालन कर रहे हैं। विश्वविद्यालय के नियमों के अंतर्गत वह शैक्षणिक एवं प्रशासनिक कार्य करते हैं, इसलिए उनकी कार्य पद्धति पारदर्शी है, यही उनकी सफलता का राज है।

विश्वविद्यालय में प्रवेश और नियुक्तियों के लिए उनके विचार बहुत स्पष्ट हैं। इसके दरवाजे हरेक के लिए खुले हुए हैं। धर्म, जाति और क्षेत्रीयता का प्रवेश और नियुक्तियों में कोई हस्तक्षेप नहीं है। योग्यता ही असली मापदंड है। नसीम अहमद आजमगढ़ जिले के बिंदवल गाँव के मूल निवासी हैं। देश के प्रसिद्ध शिक्षाविद् और समाज सुधारक मौलाना शिबली नोमानी उनके पूर्वजों में से थे। उनके दादा अबुल खैर एमएओ कॉलेज, अलीगढ़ के छात्र थे और उनकी गणना आजमगढ़ के प्रसिद्ध वकीलों में होती थी। उनके पिता अबू साद उत्तर प्रदेश की न्यायिक सेवा के वरिष्ठ न्यायिक अधिकारी रहे। इस प्रकार नसीम अहमद तीसरी पीढ़ी के प्रतिनिधि हैं, जिनसे इस विश्वविद्यालय का गहरा संबंध रहा है।

नसीम अहमद, स्वतंत्रता के बाद संभवतः पहले कुलपति हैं, जिनका हिंदी, अंग्रेजी और उर्दू पर समानाधिकार है। हिंदी, उर्दू साहित्य में उनकी गहरी रुचि है। हंस के 'भारतीय मुसलमान' विशेषांक (अगस्त, 2003) के लिए जाने-माने लेखक-समीक्षक और प्रगतिशील चिंतक प्रो. कुँवर पाल सिंह ने नसीम अहमद से बातचीत की। बातचीत में नसीम अहमद ने माना कि आर्थिक पिछड़ापन ही मुसलमानों की समस्याओं की जड़ है। साथ ही, उन्होंने शिक्षा के प्रचार-प्रसार पर भी जोर दिया।

प्रो. सिंह : मुस्लिम समुदाय में शैक्षिक पिछड़ापन है। इस संबंध में आपकी क्या राय है?

नसीम अहमद—हाँ, सही है कि मुस्लिम समुदाय में शैक्षिक पिछड़ापन है और यह सीधे-सीधे आर्थिक पिछड़ेपन से जुड़ा हुआ है, यह एक भंवरजाल है, इससे मुस्लिम समुदाय निकल नहीं पा रहा है। ऐसा नहीं है कि जो लोग आर्थिक रूप से मजबूत हैं, वे बच्चों को पढ़ाते नहीं हैं, चूंकि वे जानते हैं कि आज प्रतिस्पर्धा का युग है। यह भी जानते हैं कि शिक्षा ही वह माध्यम है, जिससे व्यक्ति कुछ कर सकता है। मेरी दृष्टि में शैक्षिक पिछड़ेपन में आर्थिक प्रश्न ही प्रमुख है। गरीब लोगों के सामने तो रोटी का ही संकट है और मैं यह नहीं समझता कि इस पक्ष पर मुस्लिम या अन्य समुदायों में कोई फर्क है।

प्रो. सिंह : मुस्लिम समाज के कारीगरों और किसानों की आर्थिक स्थिति इतनी खराब नहीं है, लेकिन वे शिक्षा की ओर उतना ध्यान नहीं दे रहे। दूसरी बात

यह है कि मुस्लिम समुदाय का मदरसों की ओर रुझान अधिक है, इसके मूल में आप क्या पाते हैं?

नसीम अहमद : देखिए, कारीगर वर्ग व्यापारी पर निर्भर करता है। उसको जो मिलता है, उसकी मेहनत की अपेक्षा बहुत कम होता है। इस वर्ग की आर्थिक स्थिति इतनी खराब नहीं है, इससे मैं सहमत नहीं हूँ, रहा सवाल मदरसों का, तो मदरसों में पढ़ाई अधिकतर निःशुल्क है। इसके अतिरिक्त मुसलमान समझते हैं कि तहज़ीब को बनाए रखने के लिए दीन से संबंध बनाए रखना आवश्यक है। अभी हाल में ही मैं कई मदरसों में गया हूँ। अब मदरसों में ज्ञान के अन्य साधनों पर भी ध्यान दिया जा रहा है। छात्रों को कंप्यूटर, अंग्रेजी, विज्ञान आदि की शिक्षा भी दी जा रही है। वे इस तथ्य को समझ रहे हैं कि जीविकोपार्जन के लिए यह आवश्यक है। पूर्वी उत्तरप्रदेश के कुछ मदरसे प्राचीन और आधुनिकता का अभूतपूर्व संगम हैं। वहाँ विद्यार्थियों को व्यावसायिक शिक्षा भी दी जाती है।

प्रो. सिंह : आप अलीगढ़ मुस्लिम विश्वविद्यालय के कुलपति हैं। इस विश्वविद्यालय की यह जिम्मेदारी है कि वह मुस्लिम समुदाय के शैक्षिक एवं सांस्कृतिक उत्थान के लिए कार्य करे। आप क्या कहते हैं?

नसीम अहमद : आप बिल्कुल सही कह रहे हैं। इस दिशा में हम सक्रिय कदम उठा रहे हैं। यहाँ मदरसों एवं अन्य मुस्लिम स्कूल-कॉलेजों के अध्यापकों के प्रशिक्षण के प्रशिक्षण शिविर आयोजित किए जा रहे हैं। उनमें लोग बड़ी संख्या में भागीदारी कर रहे हैं। विश्वविद्यालय द्वारा विज्ञान की पुस्तकें सरल भाषा में लिखाई जा रही हैं। हम मदरसों के छात्रों को उनके स्तर के अनुसार अपने यहाँ के विविध पाठ्यक्रमों में प्रवेश भी देते हैं। इनके लिए हमारे विश्वविद्यालय के एक्ट में प्रावधान है।

प्रो. सिंह : सर सैयद ने कहा था कि कारीगरों के लिए पॉलिटेक्निक खोलने चाहिए। इस विषय को आप किस रूप में लेते हैं?

नसीम अहमद : हमारे यहाँ सामुदायिक पॉलिटेक्निक हैं। इसमें विभिन्न ट्रेड हैं, जिनमें इसी तरह के लोगों को प्रशिक्षित किया जाता है। 'फूड क्राफ्ट' में तो एक भी ऐसा बच्चा नहीं है, जिसे रोजगार नहीं मिलता हो। इसे हम होटल मैनेजमेंट में तब्दील करना चाहते हैं। इसके अतिरिक्त हम निकट भविष्य में चर्म-कला और ताले के लिए भी कोर्स शुरू करने जा रहे हैं।

प्रो. सिंह : सरकार का इस दिशा में क्या रुख है?

नसीम अहमद : सरकार का रुख तो बहुत ही सकारात्मक है। वह हमारे प्रस्तावों को तुरंत मंजूरी दे देती है और हमें भरपूर सहयोग दे रही है।

प्रो. सिंह : सर सैयद ने कहा था कि माजी पर ध्यान न दो, वर्तमान और भविष्य की ओर देखो?

नसीम अहमद : यह विचार एकदम सही है और आज के समय में तो नितांत

आवश्यक है। आज प्रतिस्पर्धा के माहौल में वही पनप सकता है, जो अपने क्षेत्र में निपुण हो। उद्देश्यहीन शिक्षा अब बेकार है। इसी को ध्यान में रखकर हमने करियर काउंसलिंग पर विशेष बल दिया है। इसे विश्वविद्यालय में अभियान के रूप में चलाया जा रहा है। यहाँ अध्यापक और इसी विश्वविद्यालय से पढ़ कर गए उच्च पदों पर आसीन व्यक्ति छात्रों का मार्गदर्शन करते हैं, इससे छात्रों को प्रोत्साहन मिलता है और सही दिशानिर्देश भी।

प्रो. सिंह : मुसलमानों में वर्तमान व्यवस्था को लेकर भय का माहौल है, यह वास्तविक है अथवा काल्पनिक?

नसीम अहमद : मुसलमानों में भय का वातावरण बिलकुल काल्पनिक और निराधार है। आजकल प्रतियोगिता का जमाना है। अधिकांश उच्चस्तरीय परीक्षाओं में साक्षात्कार के प्राप्तांकों की कोई निर्णायक भूमिका नहीं रह गई है। रही बात निजी क्षेत्र की, तो वह सबसे अधिक योग्य को ही प्राथमिकता देगा, चाहे उम्मीदवार का संबंध किसी भी समुदाय से हो।

प्रो. सिंह : हमारा छात्र जब अलीगढ़ में अध्यापक बन जाता है, तो उतनी तरक्की नहीं करता, जितनी वह बाहर जाकर करता है, इसके मूल में आप क्या कारण पाते हैं?

नसीम अहमद : यह स्वाभाविक है। बाहर के अनुभवों से उसके व्यक्तित्व का विस्तार होता है। यह बात हमारे विश्वविद्यालय पर ही नहीं, अन्यों पर भी लागू होती है।

प्रो. सिंह : 'अलीग' बिरादरी टूट रही है, उसके लगाव में कमी आ रही है?

नसीम अहमद : आज जीविकोपार्जन एक चुनौती के रूप में है, नैतिकता में शिथिलता आई है, नैतिक शिक्षा का बल कम हो गया है। इसी को ध्यान में रखते हुए हमने सर सैयद के लेक्चरों को तैयार कराके प्रत्येक पाठ्यक्रम में कम्पलसरी कर दिया है।

प्रो. सिंह : वी.सी. साहब, ओल्ड ब्वायज एसोसिएशन का इस विश्वविद्यालय और समाज के विकास में महत्त्वपूर्ण योगदान रहा है, लेकिन अब वह उतनी सक्रिय और लोकतांत्रिक नहीं रह गई है।

नसीम अहमद : आपका ख्याल सही है। मैं इसे 'डेमोक्रेटिक' करने का प्रयास करूँगा। संतुलन में जो कमी आई है, उसमें मैं पहल करने को तैयार हूँ।

प्रो. सिंह : शिक्षक समुदाय के एक वर्ग में निहित स्वार्थ विकसित हुआ है। इससे वे शिक्षा और शोध की ओर उतना ध्यान नहीं दे रहे, जितना देना चाहिए।

नसीम अहमद : मेरा अनुभव इस दिशा में मिला-जुला है। परिस्थितियाँ इतनी खराब नहीं हैं। हाँ, कुछ लोगों के कमिटमेंट में कमी आई है।

प्रो. सिंह : विश्वविद्यालय द्वारा उर्दू-हिंदी की पत्रिका 'निशान्त' निकलती थी,

अब इसका प्रकाशन अनियमित हो गया है, यह हमारी साझा संस्कृति और साहित्य की धरोहर के विकास में अत्यंत महत्त्वपूर्ण थी।

नसीम अहमद : आपने मुझे इस ओर आकृष्ट किया, इसके लिए धन्यवाद। इसके नियमित प्रकाशन की मैं तुरंत व्यवस्था करूँगा।

प्रो. सिंह : आप कुलपति के रूप में अलीगढ़ मुस्लिम विश्वविद्यालय में क्या महसूस करते हैं?

नसीम अहमद : इसका कार्यक्षेत्र बहुत बड़ा है, उसके ऊपर बहुत जिम्मेदारियाँ हैं, इसके विकास में सभी को योगदान देना चाहिए।

प्रो. सिंह : अलीगढ़ मुस्लिम विश्वविद्यालय अपने आप में 'मिनी हिंदुस्तान' है। आपका अनुभव क्या है?

नसीम अहमद : वास्तव में यह मिनी हिंदुस्तान है, देश के कोने-कोने से भिन्न-भिन्न संस्कृतियों और धर्मों के विद्यार्थी यहाँ आते हैं और यहाँ आकर एक हो जाते हैं।

प्रो. सिंह : आप यहाँ अध्यापकों के चयन में किस बात को महत्त्व देते हैं?

नसीम अहमद : मैं चयन में मैरिट पर ध्यान देता हूँ। खुले दिमाग और स्पष्ट विचारों का व्यक्ति हूँ। एक खराब अध्यापक तीन पुश्तों को खराब करता है। इसीलिए मैंने केवल मैरिट को ही चयन का आधार बनाया है।

प्रो. सिंह : आप विश्वविद्यालय से बुद्धिजीवियों; पत्रकारों और लेखकों को कैसे जोड़ेंगे?

नसीम अहमद : जोड़ने की बात तो मैं तब सोचूँ, जबकि यह रिश्ता टूटा हो। मैं इन्हें विश्वविद्यालय में बुलाने और संवाद का प्रयास हमेशा करता रहता हूँ। मेरे कार्यकाल में बड़ी संख्या में बुद्धिजीवी, पत्रकार विश्वविद्यालय में आए हैं, इससे हमारे विश्वविद्यालय की साख बढ़ती है।

प्रो. सिंह : अलीगढ़ मुस्लिम विश्वविद्यालय के बहुत से दोस्त हैं, तो दुश्मन भी, दोस्त जहाँ मदद करते हैं, वहीं दुश्मन नुकसान पहुँचाते हैं, आप विश्वविद्यालय को दुश्मनों से कैसे बचाएँगे?

नसीम अहमद : सबसे पहले तो मैं यह साफ करना चाहता हूँ कि अलीगढ़ मुस्लिम विश्वविद्यालय का कोई दुश्मन नहीं है। अगर कोई होता भी है, तो उसे 'डील' करना मुझे भली-भाँति आता है, मैं इसमें पूर्णतया समर्थ हूँ।

प्रो. सिंह : आप समाज को कोई संदेश देना चाहेंगे?

नसीम अहमद : शिक्षा ही ऐसा माध्यम है, जिससे संकीर्णता दूर की जा सकती है, नैतिक शिक्षा पर बल देना चाहिए, मुल्क का भविष्य इसी में है कि जोड़ने की बात करें, तोड़ना आसान है, लेकिन भ्रांतियाँ दूर करने में दसों वर्ष लग जाते हैं।[57]

उक्त विमर्श पर दृक्पात करने से स्पष्ट होता है कि लेखकों-विचारकों ने

सांप्रदायिकता को एक सामाजिक बुराई माना है। विशेष सामाजिक ढाँचा, आर्थिक स्थितियाँ, अशिक्षा, राजनीतिज्ञों और राजनीतिक दलों द्वारा उकसाना आदि ऐसे तत्त्व और स्थितियाँ हैं, जो समाज में सौहार्द बिगाड़ने का कार्य करते हैं। विद्वान लेखकों के मतानुसार शिक्षा का प्रसार, रोजगार के अवसरों की सब को समान सम्प्राप्ति, आर्थिक असमानता का निदान आदि ऐसे उपाय हैं, जिन्हें व्यवहार में लाकर इस सामाजिक बुराई के तीव्र प्रसार पर लगाम लगाई जा सकती है।

4.5 सामाजिक संस्थाओं द्वारा एतद्विषयक दृष्टिकोणों का विश्लेषण

सामाजिक संस्थाओं की विविध सम-सामयिक समस्याओं के संदर्भ में विशिष्ट भूमिका होती है। ये संस्थाएँ सद्भाव-सौहार्द-समरसता का सम्प्रसार करती हैं, राहत कार्यों को सम्पादित करती हैं, उनमें हाथ बँटाती हैं जन-जागरण के कार्यक्रम करती हैं, स्थानीय स्तर पर जन-सामान्य के सुख-दुख में सहभागिता निभाती हैं।

सांप्रदायिकता के संबंध में भी सामाजिक संस्थाओं की भूमिका सराहनीय रही है। सहकारिता के आधार पर संचालित देश की कई सामाजिक संस्थाएँ, कई समाचार-पत्र समूह, अनेक संगठनों ने अपने कार्यों से सबका ध्यान अपनी ओर आकृष्ट कराया है। यहाँ हम विविध सामाजिक संगठनों, संस्थाओं, ट्रस्टों आदि की ओर से सांप्रदायिकता के विरुद्ध आयोजित विविध कार्यक्रमों में सांप्रदायिकता के स्वरूप पर जो विचार छनकर आये, उन्हें संक्षेप में प्रस्तुत कर रहे हैं।

जानी-मानी इतिहासकार और मार्क्सवादी चिंतक रोमिला थापर मानती हैं कि सांप्रदायिक विचारधारा वाले लोग इतिहास का इस्तेमाल करते हैं। उनका अभिमत है कि इतिहास का विस्तार से और विभिन्न दृष्टियों से विश्लेषण किया जाना चाहिए ताकि सांप्रदायिक विचारधारा द्वारा जिन धारणाओं को प्रचारित-प्रसारित करने की कोशिश की जा रही है, उनकी कथित वैधता का मुकाबला किया जा सके। दैनिक 'आज' के लखनऊ संस्करण में दिनांक 8 जनवरी, सन् 2006 ई. को प्रकाशित रोमिला थापर के आलेख 'धर्म की बदलती प्रकृति और मौजूदा संप्रदायीकरण' को यहाँ हम 'आज'-परिवार और रोमिला थापर के प्रति अतिशय आभार व्यक्त करते हुए पूरा-का-पूरा प्रस्तुत कर रहे हैं। यह प्रस्तुति इसलिए भी आवश्यक जान पड़ती है कि कथित हिंदुत्व के झंडाबरदारों के कुचक्रों से मुकाबला किया जा सके और उनके वितंडावाद का प्रतिकार किया जा सके।

धर्म की राजनीति अनिवार्यतः धर्म की प्रकृति भी बदल देती है। चूंकि किसी धर्म या धार्मिक पंथ के बड़े पैमाने पर अनुयायी होते हैं और उसका एक सार्वजनिक रूप होता है, इसलिए उसके रूप को बदलना होता है, क्योंकि तभी वह राजनीतिक भूमिका अदा कर सकता है। यही कारण है कि इतिहास में इन रूपों को लगातार पुनर्व्याख्यायित किया जाता है। यह ऐसा उद्विकास है, जिसका इतिहासकारों को विश्लेषण करना चाहिए।

समानांतर हिंदू परंपराओं के मामले में पिछली दो सदियों में एक ऐसे एकीकृत हिंदू धर्म की परिकल्पना सामने आई है, जो कुछ रूपों में सभी धर्मों के नजदीक है। उन्हीं को मॉडल मानकर इसे गढ़ा गया है, और पैगंबरों के अभाव में शिक्षकों या संस्थापकों की तलाश रही है। भगवद्‌गीता जैसे कुछ ग्रंथों को, सभी अर्थ में धार्मिक ग्रंथ माना जाने लगा है और कर्मकांडी धर्म के स्थान पर किताब के धर्म को अपनाया जा रहा है। मिसाल के तौर पर बाइबिल या कुरान की कसम खाना शुरू किया गया है, हालाँकि हिंदू परंपरा में गीता का प्रतीक तथा उसका अर्थ वही नहीं है, जो दूसरी परंपराओं में संबंधित पुस्तकों का है और ऐसे हिंदू भी हो सकते हैं, जो भगवद्‌गीता को अपनी पवित्र पुस्तक मानते ही न हों। ऐसी धार्मिक संस्थाएँ गढ़ने की कोशिश की जा रही है, जो सभी हिंदुओं को स्वीकार्य हों और धर्म की समस्याओं पर निर्णय दे सकें।

शंकराचार्य की संस्था खड़ी की जा रही है और उसे पहले के मुकाबले कहीं बड़े पैमाने पर हिंदुओं की पहचान को परिभाषित करने के लिए इस्तेमाल किया जा रहा है, खासकर आदिवासी इलाकों में आजकल जो मिशनरी गतिविधियाँ तथा धर्मांतरण की गतिविधियाँ दिखाई दे रही हैं, वे सीधे-सीधे ईसाई मिशनों की नकल हैं और प्राचीन काल के हिंदू धार्मिक पंथों के आचार-विचार के खिलाफ जाती हैं। किसी एकीकृत हिंदू समुदाय की जरूरत पिछली दो सदियों की राजनीति से और उपनिवेशवाद के अंतर्गत हमारे समाज में आए परिवर्तनों से पैदा हुई है। राजनीतिक लामबंदी के लिए धार्मिक पहचानों का उपयोग धार्मिक समुदायों के भारतीय समाज की इकाइयाँ होने की अवधारणा से पृथक निर्वाचन-मंडल के प्रश्न से और कोटों की प्रणाली से, जो प्रतिनिधित्व की अवधारणा को केंद्र में ला रही थी, आगे बढ़ा है।

राजनीति में धर्म के बढ़ते घालमेल के चलते भारतीय राजनीति का संप्रदायीकरण होता गया है। इसमें औपनिवेशिक काल में भारतीय अतीत की सच्चाई का एक विशेष दृष्टि से किया गया पुनर्सृजन खास तौर पर प्रभावशाली साबित हुआ है और यही कारण है कि ऐतिहासिक व्याख्याओं का महत्त्व केंद्रीय हो जाता है। अब शायद हम सांप्रदायिकता के सामान्य रूप को पहचान सकते हैं। उपनिवेशपूर्व दौर में धार्मिक समुदाय के रूप में मान्यता बहुत अधिक सीमित थी क्योंकि भाषा, नृजातीय मूल, जाति तथा धर्म के रिश्ते कहीं ज्यादा प्रकट तथा प्रत्यक्ष थे और धार्मिक शत्रुताएँ तथा धार्मिक पहचानें कहीं ज्यादा स्थानीय प्रकृति की हुआ करती थीं। ऐसी स्थिति में बड़े पैमाने पर राजनीतिक लामबंदी के लिए धार्मिक पहचान का इस्तेमाल करना मुश्किल होता था।

औपनिवेशिक दौर में भारतीय समाज ने जो काल-विभाजन पेश किया, उसने दो राष्ट्र के सिद्धांत को बढ़ावा दिया। इसमें हिंदुओं और मुसलमानों को दो ऐसे समुदायों के रूप में पेश किया गया, जिनका रुख एक दूसरे के प्रति आम तौर पर

शत्रुतापूर्ण रहता आया है। मुस्लिम सांप्रदायिकता को औपनिवेशिक सत्ता ने न सिर्फ बढ़ावा दिया बल्कि उसका इस्तेमाल भी किया, लेकिन 1947 से पहले के दौर में उसका हिंदू सांप्रदायिक सहोदर और अधिक मुखर हुआ। राष्ट्रीय आंदोलन ने राष्ट्रीय एकता को बढ़ावा देने के लिए धार्मिक प्रतीकों का इस्तेमाल किया, लेकिन ये प्रतीक विभेदकर बने रहे और यह ऐसा रुझान है, जो 1947 के बाद के दौर में और प्रबल हुआ है। लेकिन, उस समय की तुलना में अब के हालात में आया गुणात्मक अंतर महज़ इतना नहीं है कि सभी धार्मिक समूहों के बीच सांप्रदायिकता बढ़ चुकी है, बल्कि अंतर उस जुझारूपन तथा आक्रामकता का भी है, जिसके साथ विभिन्न सांप्रदायिक समूह सार्वजनिक तौर पर अपनी बात रखते हैं। अतीत में जब खुद को हिंदू या मुसलमान मानने वालों के बीच टकराव होता था और उनकी दृष्टि में टकराव के कारण किसी धार्मिक आचार को लेकर दोनों के बीच विवाद में निहित होते थे, तो शुरू में इन झगड़ों को बातचीत के जरिए हल करने की कोशिश दिखाई देती थी, ताकि हिंसा को रोका जा सके। यह लोकप्रिय धार्मिक अभिव्यक्ति में अंतर्निहित रहता था, क्योंकि इसका उन लोगों पर गहरा असर पड़ता था, जिनकी धार्मिक सम्बद्धता दाँव पर लग जाती थी। इसके विपरीत आज संवाद का कोई सवाल ही नहीं उठता है। विश्व हिंदू परिषद ने किसी संवाद का आह्वान नहीं किया है, बल्कि उसने सीधे-सीधे मस्जिदों को ढहाये जाने का ही आह्वान किया है। उसने कार्यकर्त्ताओं को, और खासकर उसके सहायक संगठन बजरंग दल को, समर्पित भक्तों का समूह नहीं कहा जा सकता, क्योंकि इस संगठन का मुख्य काम जरूरत न होकर लाठी का इस्तेमाल करना है। विश्व हिंदू परिषद को उसके वास्तविक रूप में पहचाना जाना चाहिए। यह कोई धार्मिक आंदोलन नहीं है, बल्कि एक राजनीतिक संगठन है, जो धर्म को मुखौटे के रूप में इस्तेमाल कर रहा है।

इस सांप्रदायिकता के साथ समाज के अपराधीकरण की प्रक्रिया भी जुड़ी हुई है, जिसे जुझारूपन ने प्रोत्साहित किया है। यह प्रचंड रूप से विशाल बहुसंख्यक समुदाय के लिए भी उतना ही सच है, जितना कि अल्पसंख्यक समुदाय के लिए और इससे सांप्रदायिकता के प्रश्न पर एक अलग ही ढंग का संवाद पैदा होता है। आग बुझाऊ किस्म की राजनीतिक कार्यवाइयाँ तो सांप्रदायिक मुद्दों पर हो रही हैं, लेकिन दूसरी कहीं ज्यादा बुनियादी चिंताओं को अनदेखा किया जा रहा है। चूंकि सांप्रदायिक विचारधाराएँ इतिहास का इस्तेमाल करती हैं, अतः इतिहास का पर्याप्त विस्तार से और विभिन्न दृष्टियों से विश्लेषण किया जाना चाहिए, ताकि सांप्रदायिक विचारधारा द्वारा जिन धारणाओं को प्रचारित करने की कोशिश की जा रही है, उनकी कथित वैधता का मुकाबला किया जा सके। इतिहास का सांप्रदायिक विकृतीकरण जब बड़े पैमाने पर प्रचारित किया जाता है, तो यह जन-चेतना तक पहुँचता है और इस विकृति

को दूर करना बहुत कठिन हो जाता है। जनता अतीत को किस प्रकार समझती है, यह विश्लेषित करना भी इतिहासकार का दायित्व हो जाता है।[58]

वर्तमान के सांप्रदायिक उभार को चिंतक अब सिर्फ सांप्रदायिकता तक ही सीमित नहीं रखना चाहते। उनका मानना है कि उग्र हिंदुत्व और विकृत राष्ट्रवाद का सहारा पाकर अब सांप्रदायिकता फासीवाद और उससे भी कहीं आगे नाजीवाद में बदल गई है। सफदर हाशमी मेमोरियल ट्रस्ट (सहमत) की ओर से प्रकाशित पुस्तिका 'हमारे दौर में फासीवाद' में इस तथ्य की युक्ति-युक्त मीमांसा की गई है। एजाज अहमद द्वारा संपादित इस पुस्तिका में फासीवाद का सोपान-दर-सोपान विश्लेषण किया गया है। ऐसी ही बातें ट्रस्ट की एक और पुस्तिका 'सांप्रदायिकता और संस्कृति के सवाल' में भी कही गई हैं। यहाँ हम प्रभात पटनायक का आलेख 'हमारे दौर का फासीवाद' सहमत और प्रभात पटनायक के प्रति अतिशय आभार व्यक्त करते हुए प्रस्तुत कर रहे हैं–

अयोध्या की जघन्यता को और उसके बाद की घटनाओं को बहुत से लोग हमारे देश में फासीवाद के उभार के रूप में देखने में थोड़ा हिचकते हैं और इस संबंध में सांप्रदायिकता की संज्ञा का उपयोग करने तक ही खुद को सीमित रखते हैं। लेकिन, मेरी राय में बंबई तथा अहमदाबाद जैसे नगरों में जो सांप्रदायिक जघन्यता हुई है और अल्पसंख्यक समुदाय के खिलाफ जो हत्याकांड हुए हैं, वे एक कहीं गहरे और खतरनाक रुझान की प्रकट और भयावह अभिव्यक्तियाँ हैं। और यह रुझान है फासीवाद के उदय का। इसलिए, हम इन घटनाओं को अलग-थलग घटना या वक्त के साथ यों ही गुजर जाने वाली चीज या सिर्फ अल्पसंख्यक समुदाय से संबंध रखने वाली चीज नहीं मान सकते हैं। मैं इस हिंसा की सांप्रदायिक प्रकृति को कम करके नहीं रखना चाहता, बल्कि मेरा तर्क यह है कि हमारे देश में फासीवाद सांप्रदायिकता के रूप में सामने आ रहा है।

कथित हिंदुत्व का आंदोलन जिस रूप में उभरकर सामने आया है, उसमें वह क्लासिकल अर्थ में अपनी विचारधारा में फासीवादी है, वर्गीय समर्थन में फासीवादी है, अपने तौर-तरीकों में फासीवादी है और अपने कार्यक्रम में फासीवादी है। फासीवादी विचारधारा के सभी घटक यहाँ मौजूद हैं। 'हिंदू' की जबरन यकसां बनाई गई अवधारणा के अंतर्गत, बहुसंख्यकों को एकजुट करने की कोशिश की जा रही है। इस यकसां बना दिए गए समूह में, अतीत में ऐसे ही यकसां बना दिए गए अल्पसंख्यक समुदाय द्वारा किए गए कथित अन्यायों के खिलाफ, एक शिकायत खड़ी की जा रही है। इस अल्पसंख्यक समुदाय के खिलाफ, सांस्कृतिक श्रेष्ठता की भावना पैदा की जा रही है। शुद्ध रूप से इन्हीं आधारों पर, इतिहास की पुनर्व्याख्या की जा रही है। इसके विपरीत जाने वाले सारे साक्ष्यों को, संयत व्याख्या को, वैज्ञानिक पद्धति को

और वास्तव में तर्क पर आधारित संवाद को ही, पूरी तरह से ठुकराया जा रहा है। और सबसे बढ़कर इस तथाकथित यकसां बहुसंख्यक समुदाय से भावोत्तेजक खून उबालने वाले और बुनियादी तौर पर पुरुष दंभ से भरी हुई भाषा में 'उठ खड़े' होने, अपने 'पौरुष का प्रदर्शन' करने, यह दिखाने कि 'हमारी नसों में पानी नहीं खून बह रहा है' की अपील की जा रही है, जिस सबका मतलब हिंसा के लिए उकसावा है और जिसका नतीजा वास्तव में अल्पसंख्यक समुदाय के खिलाफ, हिंसा के रूप में सामने आ रहा है।

प्रगतिशील सामाजिक आंदोलनों के विपरीत, जो व्यक्तियों को नहीं, बल्कि संस्थाओं को अपनी आलोचना का निशाना बनाते हैं और इन संस्थाओं पर जिनके हमले ठीक इस आकांक्षा से संचालित होते हैं कि समता और सार्वभौम भाई-चारा कायम हो, फासीवाद किसी खास समुदाय के व्यक्तियों को हमले का निशाना बनाता है। संस्थाओं पर उसका हमला, इन हमलों से ही निःसृत होता है। वह मौजूदा स्थिति को बदलने की कोशिश नहीं करता, बल्कि प्रदत्त समाज-व्यवस्था के दायरे में, मौजूदा सम्पत्ति तथा सत्ता संबंधों के दायरे में उत्पीड़क-उत्पीड़ित का जो रिश्ता लोगों को समझाता है, बस उसे ही उलटने की कोशिश करता है। उसकी अपील किसी बेहतर या अधिक संपन्न या अर्थपूर्ण भविष्य के सपने पर आधारित नहीं होती है, बल्कि घृणा पर आधारित होती है। वह अपने कल्पित शत्रु के लिए, उसके खात्मे या निष्कासन या बहुत उदार हुआ, तो एक अधीनस्थ समुदाय के रूप में समाज के हाशिए पर पड़े रहने की स्थिति से बेहतर और कुछ नहीं दे सकता है।

यह सब जर्मनी के नाजीवाद पर भी उतना ही लागू होता है, जितना कि हमारे यहाँ के हिंदुत्व के आंदोलन पर। इस उकसावे की ताकत भले ही बढ़े या घटे, हम इस बुनियादी पहलू की ओर से आँखें नहीं मूँद सकते हैं। 'हम' बनाम 'वे' की ये यकसां पहचानें, उस चीज को गढ़कर हासिल करने की कोशिश की गई है, जिसे विभिन्न लेखकों ने एक 'सामीकृत' या 'सिंडिकेटेड' हिंदुत्व का नाम दिया है। (सिंडिकेटेड हिंदुत्व की संज्ञा का उपयोग रोमिला थापर ने सेमिनार के अंक संख्या 313, सितंबर 1985 में किया है)। इस गढ़ी हुई पहचान का, आचारों और विश्वासों के उस दायरे से कुछ भी लेना-देना नहीं है, जिसे सामूहिक रूप से हिंदुत्व कह दिया जाता है और जिनके रूप में वास्तव में उसका विकास हुआ है।

इस आंदोलन का बुनियादी वर्गीय समर्थन निम्न पूँजीपति वर्ग से आता है। काफी अर्से तक भाजपा को, जोकि आज इस हिंदुत्व आंदोलन का एक प्रमुख घटक हैं, मुख्यतः शहरी निम्न पूँजीपति वर्ग का ही समर्थन हासिल था। उत्तरी भारत के भूस्वामियों तथा संपन्न किसानों तक (किसानों के ये ऊपरी तबके अनेक मायनों में शहरी निम्न पूँजीपति वर्ग के ग्रामीण समकक्ष बैठते हैं) अपने समर्थन के आधार को फैलाने की उसकी कोशिश को, किसानों के इस हिस्से पर चरण सिंह तथा उनके

सहयोगियों को हासिल नियंत्रण ने विफल कर दिया था। वास्तव में चरण सिंह के ग्रामीण आधार में घुसपैठ करने की भाजपा की कोशिश ही उस टकराव का बुनियादी कारण थी, जिसने 1980 में जनता सरकार को गिरवा दिया था। चरण सिंह के नेतृत्व वाले गठबंधन के पराभव के बाद से भाजपा के हिंदुत्व के मंच को, संपन्न किसानों और भूस्वामियों के बीच भी अनुयायी हासिल हुए हैं। बहरहाल, कुल मिलाकर उसके वर्गीय समर्थन आधार को निम्न पूँजीवादी (जिसमें उसका ग्रामीण समकक्ष भी शामिल है) ही कहा जाएगा। इसमें खास तौर पर व्यापारी, सफेदपोश कर्मचारी, दुकानदार, सरकारी अधिकारी और वेतनभोगी शामिल हैं। और यह फासीवाद की एक और पहचान है।

ज्यां ब्रेमान ने गुजरात में देहाती संपन्न तबके के बीच हिंदुत्ववादी शक्तियों के लिए समर्थन के बारे में लिखा है। बंबई की जघन्यता के अनेक गवाहों ने इसकी गवाही दी है कि हिंसा और आगजनी की वारदातें करने वाले बेरोजगार या लंपट सर्वहारा वर्ग के लोग उतने नहीं थे, जितने मध्यवर्गीय या निम्न मध्यवर्गीय युवा थे, जिन्हें किसी न किसी तरह का लाभकर रोजगार हासिल है। देहाती गरीबों का अधिकांश हिस्सा अब भी इस आंदोलन से बाहर है, जोकि ध्यान में रखने वाली एक महत्त्वपूर्ण चीज है।

इस आंदोलन द्वारा फासीवादी तौर-तरीकों को अपनाए जाने पर ज्यादा विस्तार में जाने की जरूरत नहीं है। प्रतीकों के इस्तेमाल से लेकर, तनावपूर्ण हालात में अफवाहें फैलाने तक, बड़े भारी झूठ का सहारा लेने से लेकर (जैसे कल्याण सिंह सरकार का यह दावा कि उसे इसका कोई अनुमान नहीं था कि मस्जिद को ढहा दिया जाएगा) नौकरशाही में घुसपैठ तक, चतुराई के साथ प्रचार माध्यमों का मनचाहा इस्तेमाल करने (जब तक कि अयोध्या में जोर-जबर्दस्ती के तरीके अपनाना 'जरूरी' नहीं हो गया) से लेकर अपने विरोधियों को भ्रम में डालने के लिए अलग-अलग 'चेहरे' पेश करने तक ('नरमपंथी' वाजपेयी बनाम 'कट्टरपंथी' जोशी), ये सभी लोगों को गुमराह करने और छवि बनाने के जाने-पहचाने फासीवादी हथकंडे हैं। इसके अलावा, आतंक फैलाने के फासीवादी तरीके इस्तेमाल किए जा रहे हैं। विरोधियों को शारीरिक क्षति पहुँचाने की धमकियाँ दी जा रही हैं, आगजनी, लूटपाट तथा हत्याएँ करने की अल्पसंख्यक आबादी वाले इलाकों में कार्रवाई की योजनाएँ पेश की जा रही हैं और खुल्लमखुल्ला हिंसा के लिए उकसाया जा रहा है। और अंत में हम आते हैं कार्यक्रम के सवाल पर। फासीवादी आंदोलनों की एक खास विशेषता यह है कि इनमें आर्थिक तथा सामाजिक पुनर्निर्माण का कोई सुसंगत कार्यक्रम नहीं होता है। शायद इसका एकमात्र अपवाद इटली का फासीवाद ही है, जिसने एक 'नेगमवादी' योजना पेश की थी और जिसके चलते एंटोनियो ग्राम्शी जैसे इटली के मार्क्सवादी लेखक भी, जिन्होंने सिर्फ इटली का फासीवाद देखा था और वह भी उसके आरंभिक वर्षों में,

भ्रमित हो गए थे और यह समझने लगे थे कि फासीवाद, संकट की स्थिति से निपटने के लिए पूँजीवाद के पुनर्निर्माण की किसी गंभीर कोशिश का प्रतिनिधित्व करता है। (यहाँ तक कि फासीवाद पर पामीरो टौग्लियाती के भाषण भी इटली के इस अनुभव से बहुत प्रभावित हैं, हालाँकि ये भाषण बहुत बाद में लिखे गए थे, जब वह कोमिंटर्न के महासचिव पद पर थे। जाहिर है कि टौग्लियाती इटली के कम्युनिस्टों से ही संबोधित थे।)

बहरहाल, नाजीवाद ने सत्ता में आने के बाद जर्मनी में अगर कोई पुनर्गठन किया था, तो वह मजदूर वर्ग के आंदोलन को रौंदने और युद्ध की तैयारियों में लगने के सिवा और कुछ नहीं था। 1933 से 1939 के बीच का नाजी उभार, पूरी तरह से शस्त्रीकरण के बल पर ही चल रहा था। उसने ट्रेड यूनियनों को रौंदकर, वास्तविक मजदूरी को नीचा बनाए रखा था और मुद्रास्फीतिकारी दबावों को दूर रखा था। लेकिन, यह सब नाजियों के सत्ता पर काबिज होने की बात है। जिस नाजी आंदोलन के आधार पर वे सत्ता में आए थे, उसके पास तो इस तरह का सुसंगत कार्यक्रम भी नहीं था। और इस कार्यक्रम को लागू करने से भी पहले ही हिटलर को खुद अपने उन समर्थकों का दमन करना पड़ा था, जो 'नाजी आदर्शवाद' में अटके हुए थे। इसके लिए बड़े पैमाने पर नाजी संगठन द्वारा, ऐसे नेताओं के कत्लेआम किए गए थे।

इसी प्रकार, हिंदुत्व आंदोलन का कार्यक्रम मुसलमानों पर हमले के अपने एक सूत्री कार्यक्रम के अलावा, भिन्न-भिन्न लोगों के लिए भिन्न-भिन्न अर्थ रखता है। हिंदुत्व की जुझारू प्रवक्ता, शिव सेना एक गिरगिट की तरह रंग बदलने वाली पार्टी है। यह पार्टी वैसे तो अपनी प्रकृति से हमेशा से ही फासीवादी रही है, लेकिन वक्त के साथ अपना रंग बदलती रही है। उसने महाराष्ट्र में 'बाहर वालों' के खिलाफ आंदोलन के रूप में शुरुआत की थी और इसके बाद उसका विकास बंबई की ट्रेड यूनियनों की दुनिया में एक कम्युनिस्ट विरोधी आतंकवादी संगठन के रूप में हुआ और आखिरकार यह संगठन, हिंदुत्व का झंडाबरदार बन गया है। इस शिव सेना के किसी सामाजिक तथा आर्थिक कार्यक्रम की बात करना ही हास्यस्पद होगा। लेकिन, भाजपा भी, जोकि अभी हाल तक खुल्लम-खुल्ला फासीवादी विशेषताओं का प्रदर्शन नहीं कर रही थी और जिसे बहुत से लोग एक गंभीर राजनीतिक पार्टी मानते रहे थे, अपनी विचारधारा और कार्यक्रम को ऐसी ही आसानी से बदलती रही है, जैसे कि लोग कपड़े बदलते हैं। कभी उसकी विचारधारा 'एकात्म मानववाद' की होती है, तो कभी 'गाँधीवादी समाजवाद' की और किसी और मौके पर फिर 'एकात्म मानववाद' की। इसीलिए, अचरज की बात नहीं है कि अपनी बुनियादी विचारधारा के मामले में ऐसी पलटियाँ खाती रही यह पार्टी, पलक झपकते अपना कार्यक्रम भी बदल देती है। जब कांग्रेस की सरकार ने अपनी नई आर्थिक नीति पेश की, भाजपा ने उसको अपना समर्थन दिया। खुद सरकारी अर्थशास्त्री खुले तौर पर यह स्वीकार

करते हैं कि आइ. एम. एफ. द्वारा थोपे गए स्थिरीकरण तथा ढाँचागत समायोजन के कार्यक्रम को, शुरुआत के दौर में संसद में भाजपा के समर्थन के दबे-छिपे आश्वासनों के आधार पर पास कराया गया था। लेकिन, अचानक इस पार्टी ने अपना नारा बदलकर स्वदेशी का नारा अपना लिया है। इसका क्या अर्थ है, यह जानना आसान नहीं है। इस पार्टी ने अनिवासी भारतीय समर्थक, जो हिंदुत्व के तो झडांबरदार हैं, लेकिन नई आर्थिक नीति को भी उतना ही प्यार करते हैं, भाजपा के स्वदेशी के नारे से ज्यादा चिंतित नहीं हैं। शायद उन्हें भरोसा है कि भाजपा के इस करवट बदलने का कोई भी अर्थ नहीं है। इतना ही नहीं, स्वदेशी की वकालत करने वाली किसी भी पार्टी को तर्क के हिसाब से बहुराष्ट्रीय निगमों के खिलाफ होना चाहिए। लेकिन, भाजपा अमरीकी सरकार को खुश करने के लिए बहुत उत्सुक है और अमरीकी सरकार की खुली माँग यह है कि बहुराष्ट्रीय निगमों को भारतीय अर्थव्यवस्था में खुलकर खेलने का मौका दिया जाए। अयोध्या की जघन्यता के बाद भाजपा ने सिर्फ अमरीका के लिए अपना एक दूत भेजा था, ताकि अमरीकी प्रशासन के सामने अपनी पार्टी की स्थिति स्पष्ट कर सके।

फासीवादी भावनाएँ और फासीवादी विचार किसी भी नागरिक समाज में कभी भी हो सकते हैं। लेकिन, फासीवादी आंदोलन के उभार की पहचान इस बात से होती है कि ये सभी मिलकर एक ऐसी विचारधारा का रूप ले लेते हैं, जो जनता के विशाल हिस्सों को आंदोलित करने लगती है। इस रूपांतरण का रसायनशास्त्र अब भी एक रहस्य ही है। परंपरागत रूप से और यूरोपीय अनुभव के आधार पर, इस तरह के रूपांतरण के लिए फौरी कारण पूँजीवाद के संकट के ऐसे दौर को माना गया है, जिसमें बड़े पैमाने पर बेरोजगारी पैदा हो। लेकिन, भारत में हिंदुत्व के उभार से पहले संकट का ऐसा कोई ठोस चरण नहीं था। आजादी के बाद के पूँजीवादी विकास से हमारे देश में, गरीब जनता की हालत में सुधार नहीं हुआ है और इस विकास के साथ-साथ बेरोजगारी बढ़ती तथा उम्मीद खत्म होती गई है। ये बातें इस हद तक आम जानकारी में हैं कि इन्हें दोहराने की जरूरत नहीं होनी चाहिए। बहरहाल, यह फिनोमिना इतने लंबे अर्से से जारी है कि इसे फासीवाद के आकस्मिक और आश्चर्यजनक उभार के लिए जिम्मेदार मानना अविश्वसनीय लगता है। मंडल रिपोर्ट का लागू किया जाना, हिंदुत्ववादी ग्रुपों के हमलावर हो जाने का फौरी कारण हो सकता है। लेकिन, इसके बाद भी इस हमले की सफलता की व्याख्या की जरूरत रह जाती है और इस तरह की कोई भी व्याख्या अटकलबाजी ही हो सकती है।

अनुमान के दायरे में हम दो कारकों की ओर ध्यान खींच सकते हैं, जिन्होंने हिंदुत्व की ताकतों के लिए अनुकूल संयोग का निर्माण किया। इनमें पहला है, सोवियत संघ का पराभव, जिसने हालात को तीन अलग-अलग ढंगों से प्रभावित किया। सबसे पहले तो इसका अर्थ उन भविष्य के सपनों की ऊर्जाओं का पराभव था, जिन्होंने

अब तक एक बेहतर, समाजवादी भविष्य का निर्माण करने के सपने को बचाए रखा था। दूसरे, इसका अर्थ हमारे देश में उस वामपंथी आंदोलन को जबर्दस्त झटका लगाना था, जो अपनी सारी कमजोरियों के बावजूद, प्रतिक्रिया की इस तरह की ताकतों के खिलाफ प्रतिरोध का आधार बनकर खड़ा रहा था। तीसरे, और शायद सबसे ठोस तौर पर, सोवियत संघ के पराभव ने कुछ मध्य एशियाई गणराज्यों में इस्लामी शक्तियों को बढ़ावा दिया था, जहाँ आज भी इन शक्तियों और पूर्व कम्युनिस्टों के बीच संघर्ष जारी है। एक तरह का तत्त्ववाद हमेशा दूसरी तरह के तत्त्ववाद से ताकत हासिल करता है और इसलिए यह हिंदू तत्त्ववाद के उभार का एक कारण हो सकता है।

दूसरे कारक का संबंध हमारे देश में, 'राष्ट्र निर्माण' की प्रक्रिया की विफलता से है। कुछ लेखकों का मानना रहा है कि सांप्रदायिकता, राष्ट्रवाद की छद्म चेतना है। साम्राज्यवाद विरोधी राष्ट्रवाद और सांप्रदायिकता की शक्ति, विलोम अनुपात में एक-दूसरे से जुड़ी हुई हैं। जैसे-जैसे एक खुशहाल, जीवंत तथा स्वतंत्र भारत का सपना, विकसित पूँजीवादी देशों के प्रभुत्व से धूमिल होता गया वैसे-वैसे एक वैकल्पिक पहचान की तलाश बढ़ती गई और यह एक ऐसी पहचान थी, जिसमें 'दूसरे' की भूमिका में साम्राज्यवाद की जगह मुसलमानों को रख दिया गया था, जिन्होंने बड़े अत्याचार किए। जैसे-जैसे भारत की नीति, खास तौर पर अर्थव्यवस्था के क्षेत्र में, लेकिन इसके साथ ही अन्य क्षेत्रों में भी, एक आम और अपनी सारी कमजोरियों के बावजूद साम्राज्यवादविरोधी रुख से बदलकर, बहुराष्ट्रीय निगमों को लुभाने तथा ऋण हासिल करने के लिए देश की सम्प्रभुता को ज्यादा से ज्यादा गिरवी रखे जाने की तैयारी होती गई, वैसे-वैसे इस वैचारिक पहचान का आकर्षण बढ़ता गया, जोकि ज्यादा व्यावहारिक भी थी। इसमें अचरज की कोई बात नहीं है कि भाजपा, अपने खास तरह के 'राष्ट्रवाद' और साम्राज्यवाद के बीच कोई अंतर्विरोध नहीं देखती है। इसमें भी अचरज की बात नहीं है कि अनिवासी भारतीय, जिन्होंने वास्तव में देश छोड़कर बाहर जाना पसंद किया है और जो वास्तव में पश्चिमी दुनिया में रह रहे हैं, इस हिंदुत्व के सबसे जबर्दस्त समर्थकों में से हैं।

उपर्युक्त तथ्य खास महत्त्व रखता है। इसका मतलब यह है कि हिंदुत्व के इस आंदोलन को हिंदू तत्त्ववाद का नाम देना और इसके तथा खुमैनी के इस्लामी तत्त्ववाद के बीच समानताएँ देखना, गुमराह करने वाला होगा। इसके दो कारण हैं। पहला तो यह कि खुमैनी के तत्त्ववाद की धार साम्राज्यवादविरोधी थी। यह एक अलग बात है कि उसका साम्राज्यवाद-विरोध अपनी प्रकृति से ही टिकाऊ नहीं है, जैसा कि हम अब देख रहे हैं। यह सिर्फ यही दिखाता है कि आज की दुनिया में कोई भी धार्मिक तत्त्ववाद, एक विश्वसनीय साम्राज्यवाद-विरोध का आधार नहीं बन सकता है। लेकिन, हिंदुत्व का आंदोलन तो किसी भी तरह साम्राज्यवादविरोधी नहीं है। उलटे, यह तो एक जवाबी मुस्लिमविरोधी पहचान पर जोर देकर, साम्राज्यवाद को खुश करते

हुए वैधता हासिल करने और उसके लिए गुंजाइश बनाने की कोशिश कर रहा है। दूसरे, खुमैनी का तत्त्ववाद उपभोक्तावादविरोधी भी था। यह शाह के निजाम के दौरान संपन्न तबकों की तड़क-भड़क की जिंदगी के खिलाफ एक तरह की प्रतिक्रिया थी। यह सादगी का ऐसा आग्रह था, जिसमें एक लोकरंजनवादी तत्त्व शामिल था। लेकिन, हिंदुत्व का आंदोलन इस सबसे बहुत दूर है। इसमें एक विचित्र खिचड़ी बनाते हुए टोयोटा वैन और 'सिंडिकेटेड हिंदुत्व' का एक रूप, साथ-साथ मौजूद दिखाई देंगे। बहरहाल, यह सब कहने का अर्थ अंध-धार्मिक उन्मादी तथा हत्यारे खुमैनी निजाम की भयावहता को कम करना नहीं है, बल्कि कुछ महत्त्वपूर्ण अंतरों को रेखांकित करना भर है।

भाजपा के खुल्लमखुल्ला पूँजीवादपरस्त होने के बावजूद, अनेक पूँजीपतियों के हिंदुत्ववादी शक्तियों के साथ रिश्ता कायम करने की कोशिश करने के बावजूद तथा इन ताकतों के मजबूत होने की स्थिति में ऐसे पूँजीपतियों की संख्या बढ़ने की संभावना के बावजूद और इसके बावजूद कि इस आंदोलन का निम्न पूँजीवादी समर्थन आधार भी इसमें जरा सी भी साम्राज्यवादविरोधी लफ्फाजी नहीं ला सका है, वस्तुगत रूप से इन ताकतों का उभार पूँजीवादी विकास के और वास्तव में किसी भी तरह के आर्थिक विकास के खिलाफ पड़ता है।

पूँजीवादी निवेश एक आवश्यक शर्त के रूप में (जिसका पर्याप्त शर्त होना जरूरी नहीं है) समुचित 'भरोसे की स्थिति' की मांग जरूर करता है। जब सांप्रदायिक दंगों के चलते फैक्टरियाँ बंद रहें, जब मालिकान से मुस्लिम कर्मचारियों को निकाल बाहर करने के लिए कहा जा रहा हो, जब व्यापार तथा उद्योग के प्रबंधन में लगे लोगों से भी सुरक्षा के लिए पैसे की उगाही की जा रही हो और जब देश के प्रमुख उद्योगपतियों को सड़कों पर उतरकर सांप्रदायिक विभीषिका के खिलाफ अपनी आवाज उठानी पड़ रही हो, यह दिखावा करना बेकार होगा कि इन ताकतों का उभार, पूँजीवादी निवेश के लिए जरूरी समुचित 'भरोसे की स्थिति' से मेल खा सकता है। और जब तक हिंदुत्व की इन ताकतों की कतारों में उस तरह का संघर्ष नहीं होता है, जैसा कि नाजियों की कतारों में हुआ था और जिसका अंत एक हिस्से द्वारा दूसरे हिस्से का दमन किए जाने तथा बड़े व्यापारिक हलकों के साथ हिस्सेदारी का रास्ता तैयार किए जाने में हुआ था, ऐसी 'भरोसे की स्थिति' पैदा नहीं हो सकती है।

बहरहाल, अगर ऐसा संघर्ष होता भी है, तब भी चूंकि आज की दुनिया तीस के दशक की दुनिया से बहुत भिन्न है और अंतर्राष्ट्रीय स्तर पर और खास तौर पर तीसरी दुनिया से पहली दुनिया की ओर पूँजी की अंतर्राष्ट्रीय गतिशीलता अब बहुत ज्यादा हो गई है, इस तरह का फासीवादी आंदोलन पूँजीवादी निवेश के लिए बाधक होगा, फिर फासीवादी निजाम के कायम होने की स्थिति की बात ही क्या है। संक्षेप में, भले ही वे सत्ता में हों या सत्ता से बाहर तथा इसके लिए प्रयत्नशील

हों, हिंदुत्व की ताकतें अगर शक्तिशाली हो जाती हैं, तो यह किसी भी तरह के विकास के लिए बाधक होगा। इस संदर्भ में यह आश्चर्यजनक है कि कांग्रेस सरकार ने, जिसकी समूची नई आर्थिक नीति ही देश में व्यापार के लिए तथा खास तौर पर बहुराष्ट्रीय निगमों के लिए भरोसा पैदा करने के एक सूत्री कार्यक्रम पर आधारित है, इन ताकतों के खिलाफ लड़ने की कोई इच्छा प्रदर्शित नहीं करती है, जबकि इन ताकतों का उदय उसकी आर्थिक नीति के लिए सर्वनाशकारी साबित होगा। लेकिन, इस गुत्थी को सुलझाने के लिए हमें हिंदुत्व के इस आंदोलन के सामने मौजूद अंतर्विरोधों पर नज़र डालनी होगी। इसके लिए यह जरूरी है कि क्लासिकल फासीवाद और समकालीन हिंदुत्ववादी आंदोलन के अंतर्राष्ट्रीय तथा राष्ट्रीय संदर्भों की भिन्नताओं को समझ लिया जाए।

अपने क्लासिकल रूप में फासीवाद का उदय जिस दौर में हुआ था, उसकी तीन स्पष्ट और महत्त्वपूर्ण पहचानें हैं। सबसे पहली तो यह कि यह दौर तीखे विश्व पूँजीवादी संकट का था, जिसमें सभी विकसित पूँजीवादी देशों में भयावह बेरोजगारी पैदा हो गई थी। दूसरे, यह दौर साम्राज्यवाद की तीखी आपसी प्रतिद्वंद्विताओं का था और ये प्रतिद्वंद्विताएँ इस संकट का कारण भी थीं और इस संकट से तीखी भी हो रही थीं। इस प्रतिद्वंद्विता की अभिव्यक्ति, अंतर्राष्ट्रीय आर्थिक व्यवस्था के उलट-पुलट होने में हो रही थी। सोने का मानक ढह गया था। पूँजी का अंतर्राष्ट्रीय प्रवाह करीब-करीब सूखकर रह गया था। अंतर्राष्ट्रीय अर्थव्यवस्था में व्यवस्थित व्यापार, सिरे से गायब हो गया था और हरेक ताकत 'पड़ोसी जाय भाड़ में' की नीति पर चल रही थी। संक्षेप में अंतर्राष्ट्रीय अर्थव्यवस्था पूरी तरह छिन्न-भिन्न होकर रह गई थी। तीसरे, यह ऐसा दौर था, जब समाजवाद की एक गंभीर चुनौती सामने थी। बेशक, प्रथम विश्व युद्ध के फौरन बाद उठे क्रांतिकारी उभार को दबाया जा चुका था। इसके बावजूद दुनिया के किसी भी पूँजीवादी देश में, चाहे वह बड़ा रहा हो या छोटा, सत्ता पर पूँजीपति वर्ग का कब्जा सुरक्षित नहीं था।

विश्व पूँजीवादी अर्थव्यवस्था के इस बिखराव के चलते, हर प्रमुख देश के पूँजीपति वर्ग के लिए इस संकट के शुद्धतः 'राष्ट्रीय' समाधान की दिशा में सोचना जरूरी भी हो गया था और संभव भी और पूँजीपति वर्ग की नज़र से ऐसे किसी भी समाधान की कल्पना, मजदूर वर्ग की कमर तोड़े बिना नहीं की जा सकती थी। इस तरह, फासीवाद एक हद तक हर जगह की इजारेदार पूँजी के लिए उपयोगी था। यही नहीं, जहाँ वह इस मुकाम से आगे निकल गया और उसने वास्तव में सत्ता हासिल कर ली, वहाँ नौसिखिए फासीवादी नेताओं और बड़ी पूँजी के पुनर्विजयवादी तबकों के बीच गठजोड़ कायम हुआ था। डेनियल गुएरिन ने अपनी किताब फासिज्म में इजारेदार पूँजी के दायरे में पुराने उपभोग-आधारित हितों और नए उपभोक्ता माल-शास्त्र-आधारित औद्योगिक हितों के बीच के अंतर पर जोर दिया है और इसे

रेखांकित किया है कि फासीवाद को अपना मुख्य समर्थन इस बाद वाले हिस्से से ही हासिल हो रहा था। मार्क्सवादी विचार परंपरा में, आम तौर पर यह विचार स्वीकृत रहा है। मिसाल के तौर पर, कलेशी की फासिज्म आफ अवर टाइम से लिया जा सकता है। जाहिर है कि भारतीय संदर्भ में इस विषय पर और गहरे अध्ययन की जरूरत है। उक्त गठबंधन को फासीवादी आंदोलन के अंदर चलाए गए सफाई अभियानों ने पुख्ता किया था और इस कुछ समय के लिए एक हद तक वैधता तथा सामाजिक स्वीकृति भी हासिल हो गई थी, क्योंकि इसके साथ पूर्ण रोजगार संभव हुआ था।

आज की अंतर्राष्ट्रीय पृष्ठभूमि इससे बहुत भिन्न है। इसमें शक नहीं कि पूँजीवादी दुनिया में लंबे समय से गतिरोध बना हुआ है और बेकारी की दर ऊँची है। इसके बावजूद संकट उस जमाने जितना तीखा नहीं है। इससे भी बड़ी बात यह कि अंतर्राष्ट्रीय अर्थव्यवस्था, आज किसी भी तरह छिन्न-भिन्न नहीं कही जा सकती है। अंतर्राष्ट्रीय पूँजी के प्रवाह के सूखने के बजाय हम, राष्ट्रीय सीमाओं के आर-पार पूँजी के प्रवाह में खासी तेजी आते ही देख रहे हैं। इसलिए, बड़ी पूँजी के लिए न तो राष्ट्रीय सीमाओं के भीतर ही अपनी समस्याओं को हल करने की बाध्यता है और न इन सीमाओं के भीतर भी उनके सामने मजदूर वर्ग की ओर से कोई ऐसी गंभीर चुनौती है, जिसकी तुलना तीस के दशक की चुनौती से की जा सके। यह सब भारत के मामले में भी उतना ही सच है, जितना कि विकसित देशों समेत दूसरे सभी देशों के लिए। बेशक, स्थितियाँ बदल भी सकती हैं। लेकिन आज जहाँ बड़े पूँजीपति वर्ग के लिए फासीवाद का अब भी उपयोग हो सकता है (इस पर हम बाद में कुछ और चर्चा करेंगे), वहीं हमारे देश में भी और बाहर भी इसकी जरूरत अब उतनी नहीं रह गई है, जितनी कि पहले वाले दौर में थी।

यहाँ से हम भारत में फासीवादी आंदोलन के सामने उपस्थित अंतर्विरोध पर आ सकते हैं। मुझे लगता है कि शुद्ध हिंदुत्व के मंच में, वर्गीय दृष्टि से इतनी रणनीतिक शक्ति नहीं होगी कि फासीवाद को सत्ता में लाया जा सके। इन शक्तियों के सत्ता के लिए गंभीर दाँव लगाने के लिए जरूरी होगा कि हिंदुत्व को, किसी और चीज के साथ जोड़ा जाए। हिंदुत्व और अंध लोकवाद का मंच, देहात में अपने सामाजिक आधार का प्रसार जरूर कर सकता है लेकिन, इसे पूँजीपति वर्ग और साम्राज्यवाद, दोनों ही संदेह की नजरों से देखेंगे। इसी तरह, हिंदुत्व-स्वदेशी का मंच भी, जिसके लिए पूर्वी-एशियाई नव-व्यापारवादी माडल से प्रेरणा ली जा सकती है तथा जिसके तहत साम्राज्यवाद की आर्थिक घुसपैठ के खिलाफ राज्य तथा घरेलू बड़े पूँजीपति वर्ग के बीच एक घनिष्ठ रिश्ते की वकालत की जा सकती है, कहीं व्यापक प्रभाव वाला साबित हो सकता है। लेकिन, इस तरह का मंच इन शक्तियों को साम्राज्यवाद के साथ सीधे-सीधे टकराव की स्थिति में ला देगा और इस तरह के टकराव के लिए

इन शक्तियों ने अब तक तो कोई साहस दिखाया नहीं है। दूसरी ओर, सीधे-सीधे साम्राज्यवादपरस्त हिंदुत्ववादी मंच अगर सामने आए, यानी हिंदुत्व-बहुराष्ट्रीय निगम मंच सामने आए, तो ये ताकतें घरेलू सामाजिक समर्थन खो बैठेंगी। दूसरी ओर, चूँकि इस समय मजदूर वर्ग की चुनौती अपेक्षाकृत कमजोर है, साम्राज्यवाद भी इस मंच को अपने लिए अनावश्यक समझेगा। इस तरह, इस आधार पर भी सत्ता के लिए दाँव कामयाब नहीं हो सकता है।

जाहिर है कि यह सब कहने का मतलब, हमारे समाज और राजनीतिक ताने-बाने के लिए इन शक्तियों द्वारा उत्पन्न खतरे को किसी भी तरह कम करके आँकना नहीं है। इसके विपरीत, वास्तव में हम रूपों की उस जटिलता को ही रेखांकित करना चाहेंगे, जिनसे होकर यह खतरा सामने आ सकता है। मुझे लगता है कि हम शुद्ध रूप से फासीवाद की राजसत्ता पर काबिज होने की कोशिश की भाषा में सोचने और जनतांत्रिक शक्तियों की जीत की इस कोशिश को विफल करने के साथ एकरूप करके ही चलने के, जरूरत से ज्यादा आदी हो चुके हैं। बेशक, यह एक फौरी और सबसे बड़ी चिंता होनी चाहिए। लेकिन, मेरे विचार में यह चिंता इस कोशिश को शिकस्त देने से आगे तक जानी चाहिए। वास्तव में इस तर्क का अर्थ यह है कि फासीवाद के सामने ऐसे अंतर्विरोध मौजूद हैं, जो मौजूदा मुकाम पर उसके सत्ता में आने के आड़े आते हैं। जाहिर है कि इसका मतलब यह नहीं है कि सत्ता में आने की उसकी कोशिश अनिवार्यतः विफल ही होगी। (ऐसा मानना निरर्थक आर्थिक नियतिवाद में पड़ना होगा)। बहुत कुछ लोगों की जागरूकता और पूँजीवादी पार्टियों द्वारा प्रतिरोध जैसी ठोस घटना विकास पर निर्भर करेगर। फिर भी, सत्ता पर काबिज होने की उसकी कोशिश में ही निहित उपर्युक्त सीमाएँ अपनी जगह हैं।

इससे भी महत्त्वपूर्ण बात यह है कि सत्ता पर काबिज होने की उसकी यह कोशिश अगर विफल भी हो जाए, तब भी फासीवाद हमारे राजनीतिक ताने-बाने में एक कष्टदायक और कैंसर के-से फोड़े के रूप में बना रह सकता है। इसकी वजह यह है कि जहाँ फासीवाद के सत्ता में या सत्ता के निकट पहुँचने की जरूरत साम्राज्यवाद या बड़ी पूँजी की नजर से फिलहाल बहुत ज्यादा नहीं है, वहीं यह बहुत जरूरी है कि इसे सिर पर लकटती तलवार बनाकर रखा जाए। इसकी वजह यह है कि नई आर्थिक नीति अपने खिलाफ लगातार बढ़ता प्रतिरोध पैदा करने जा रही है, क्योंकि उसके जरिए देश के मेहनतकशों पर ज्यादा-से-ज्यादा बोझ डाला जाना है और देश की सम्प्रभुता को ज्यादा से ज्यादा गिरवी रखा जाना है। इसके खिलाफ मजदूर वर्ग के आंदोलन के गिर्द प्रतिरोध का संगठित होना स्वाभाविक है। इस प्रतिरोध की एकता को तोड़ने के लिए साम्राज्यवाद और बड़े पूँजीपतियों के कुछ हिस्से एक 'नियंत्रित फासीवाद' के बराबर मौजूद रहने के पक्ष में होंगे, जिसे समय-समय पर लोगों पर छोड़ा जा सके। जब इसे लोगों पर छोड़ा जाएगा तो यह तबाही बरपा

कर देगा और जब इसे फिर अंकुश में लाया जाएगा तथा ऐसा करते हुए उसकी कुछ माँगों और नारों को खुद पूँजीपति वर्ग की शासक पार्टी द्वारा अपना लिया जाएगा (तथाकथित 'फीकी केसरिया लाइन' का यही अर्थ है), तब भी इसके जरिए शासक पार्टी को ही वैधता हासिल हो रही होगी और उसकी आर्थिक नीतियों की ओर से ध्यान हटाया जा रहा होगा। हिंदुत्ववादी शक्तियों के प्रति शासक पार्टी की दुविधा की व्याख्या इसी तथ्य से की जा सकती है।

हो सकता है कि इस मामले में कोई खास गणना या गणनाएँ गलत साबित हो जाएँ और ऐन मुमकिन है कि यह कार्यनीति पूरी तरह फिट न की जा सके। लेकिन, जहाँ इस तरह किसी खास पूँजीवादी राजनीतिक कतारबंदी की किस्मत में उतार-चढ़ाव भले ही आएँ, 'नियंत्रित फासीवाद' की रणनीति, भले ही उसे किसी वर्तमान पार्टी के जरिए लागू किया जा रहा हो या आगे बनने वाली राजनीतिक कतारबंदी के जरिए (यानी कुछ कांग्रेसी तत्त्वों के भाजपा के साथ हाथ मिलाने के जरिए) आज बाकायदा एजेंडे पर है। संक्षेप में फासीवाद हमारे समाज की एक खतरनाक विशेषता बनता जा रहा है। ऐसी स्थिति में हमें न सिर्फ फासीवाद की भयावहता झेलनी पड़ेगी, बल्कि ऐसे फासीवाद की भयावहता झेलनी पड़ेगी जो लगाम लगाकर रखे जाने के चलते और उन्माद में होगा। सांप्रदायिकता लगभग इसी मनोवृत्ति का पर्याय है।

हमने जो कुछ कहा है, उसके निहितार्थ गौर करने वाले हैं। फासीवाद के खिलाफ संघर्ष का अर्थ, उसकी फौरी साजिशों को विफल करने तक ही सीमित नहीं रहना चाहिए। बेशक, उसकी साजिशों को विफल करना फौरी तौर पर जरूरी है। लेकिन, इसमें मध्यम अवधि में और दूरगामी अवधि में परिस्थितियों के उस संयोग को बदलना भी शामिल होना चाहिए, जिस संयोग के लिए फासीवाद को जंजीर में बँधे शिकारी कुत्ते की तरह बरकरार रखे जाने की जरूरत है। दूसरे शब्दों में, फासिस्टविरोधी संघर्ष अविभाज्य रूप से विकास के ऐसे वैकल्पिक सामाजिक-आार्थिक पथ के लिए संघर्ष के साथ जुड़ा हुआ रहना चाहिए, जो जनतांत्रिक ताने-बाने को मजबूत करने से मेल खाता हो। मैंने लोगों को यह दलील देते सुना है कि नई आर्थिक नीति को जोर-शोर से लागू किया जाना, जोकि बाज़ार की शक्तियों को मजबूत करती है तथा अर्थव्यवस्था का 'आधुनिकीकरण' करती है, फासीवाद के आधार को तोड़ देगा। ऊपर दिए गए कारणों से मेरा मानना है कि यह दलील बुनियादी तौर पर गलत है।[59]

सांप्रदायिक फासीवाद, धार्मिक कट्टरता, आतंकवाद, असहिष्णुता अब 'ग्लोबल' समस्याएँ बन गई हैं। इन्होंने दुनिया के हर देश में पाँव पसारना शुरू कर दिया है। जैसे-जैसे इनका सम्प्रसार हुआ है, इनके विरोध के स्वर भी उतने-वैसे तेज और सघन होते जा रहे हैं। हर पढ़े-लिखे, संवेदनशील-जागरूक आदमी ने इन कुवृत्तियों का घनघोर विरोध किया है।

ब्रिटिश समाज पढ़ा-लिखा समाज माना जाता है, है भी। यहाँ के लोग इतने-ऐसे निपुण और जागरूक रहे हैं, जिन्होंने पूरे विश्व में अपना उपनिवेश स्थापित किया।

अपने साम्राज्य की रक्षा के लिए भले ही उन्होंने 'बाँटो और राज करो' की नीति अपनाई हो याकि पूँजीवादी विश्व-व्यवस्था में वर्चस्व के लिए इधर-उधर तीन-पाँच किया हो, अमेरिकी दरोगाई को सही ठहराया हो, आज ब्रिटेन को धार्मिक कट्टरता और नस्लीय भेदभाव से बड़ी चिन्ता है। वहाँ के प्रधानमंत्री टोनी ब्लेयर ने धार्मिक कट्टरता के खिलाफ संघर्ष छेड़ने का संकल्प व्यक्त किया है। उनका आलेख 'कट्टरता के खिलाफ कमर कसें' यहाँ उन्हें और 'दैनिक-जागरण-परिवार' को आभार अर्पित करते हुए प्रस्तुत किया जा रहा है–

एक सहिष्णु और बहुसांस्कृतिक समाज के रूप में ब्रिटेन को अपनी ग्लोबल प्रतिष्ठा पर नाज़ है। निःसंदेह ब्रिटेन इस प्रतिष्ठा का वास्तविक हकदार भी है, क्योंकि उसने एक ऐसे समाज की रचना की है, जहाँ हर तरह की राष्ट्रीयता, पृष्ठभूमि और विश्वास से जुड़े लोग परस्पर शांति और मैत्रीपूर्ण भावों के साथ रहते हैं। विगत माह लंदन की भूमिगत रेल सेवा और अन्य स्थानों पर किए गए आतंकवादी हमलों के प्रति ब्रिटिश जनता ने जिस तरह की शांत और एकीकृत प्रतिक्रिया व्यक्त की उसने हमारे समाज की सहिष्णुता और शक्ति को ही रेखांकित किया है। इन हमलों में जो लोग हताहत हुए वे भी किसी खास समुदाय के न होकर अनेक विश्वासों का प्रतिनिधित्व करने वाले थे।

धार्मिक और नस्लीय घृणा से अभिप्रेरित इन कृत्यों के प्रति हमारी जनता की जबरदस्त और अभिभूत करने वाली प्रतिक्रिया यह थी कि ये हमले मुट्ठी भर चरमपंथियों का कार्य हैं, न कि हमारे समाज के किसी वर्ग के। यदि इन हमलों के पीछे यह दुर्भावना छिपी थी कि इनके माध्यम से हमारे नागरिकों को एक-दूसरे के खिलाफ खड़ा करने में कामयाबी मिल जाएगी तो हम कह सकते हैं कि आतंकवादी अपने मकसद में नाकाम रहे। यह कम महत्त्वपूर्ण बात नहीं है कि किसी भी अन्य समुदाय की तरह बीस लाख ब्रिटिश मुस्लिम समुदाय के बीच यह सामान्य समझ है कि हम चरमपंथियों को अपनी स्वतंत्रता और सहिष्णुता को क्षति पहुँचाने की छूट नहीं दे सकते। ब्रिटिश मुस्लिम किसी भी तरह बाह्य आतंकवाद का समर्थन, प्रोत्साहन या महिमामंडन न करने के प्रति दृढ़ प्रतिज्ञ हैं। निश्चित रूप से यह मुस्लिम समुदाय ही है जो किसी भी अन्य समुदाय की अपेक्षा इस बात को भलीभाँति समझता है कि ये भटके चरमपंथी हमारे देश की एकजुटता और परस्पर संबंधों के लिए किस तरह का खतरा हैं? यही कारण है कि हम कुछ ऐसे मानक लागू करने की दिशा में आगे बढ़ रहे हैं, जिनका उद्देश्य हमारे कानून की कतिपय खामियों को समाप्त करना है। ऐसा करना इसलिए आवश्यक है, क्योंकि कट्टरपंथी तत्त्व इन खामियों का अपने पक्ष में इस्तेमाल कर रहे हैं। यहाँ यह स्पष्ट कर देना जरूरी है कि ये मानक अपरिष्कृत नहीं हैं। दरअसल इन मानकों के सिलसिले में हम लंबे समय से विचार की प्रक्रिया में थे।

हमारे देश में कोई भी सरकार किसी तरह का नया कानून लागू करने के पूर्व समाज के प्रत्येक वर्ग से व्यापक विचार-विमर्श करती है और कोई कानून तभी लागू किया जाता है जब यह सुनिश्चित हो जाए कि वह स्वतंत्रता और सहिष्णुता की परंपराओं के प्रति सरकार के संकल्प पर खरा उतरता है। नए मानकों को लेकर भी ऐसा ही किया गया है। मैं गौरवशाली परंपराओं और उनके साथ जुड़ी प्रतिष्ठा को कायम रखने के लिए प्रतिबद्ध हूँ। सरकार ने जो नए मानक लागू करने का निर्णय लिया है, उनमें से कोई भी इन परंपराओं के लिए खतरा उत्पन्न नहीं करता, फिर भी मैं यह कहना चाहूँगा कि जिस तरह लड़ाई का रूप बदल गया है, उसके अनुरूप हमें अपने प्रत्युत्तर को भी परिवर्तित करना है।

कट्टरपंथियों द्वारा ब्रिटेन में जन्मे बच्चों का मस्तिष्क इस हद तक दूषित कर दिया गया है कि वे अपने आपको बम के धमाके से उड़ाकर निर्दोष लोगों के प्राण ले रहे हैं। मैं जिन नए मानकों का प्रस्ताव कर रहा हूँ वे सिर्फ और सिर्फ कट्टरवाद के विरुद्ध केंद्रित हैं। कट्टरवाद चाहे जिस रूप में हो और चाहे जिस विश्वास का प्रतिनिधित्व करने वाला हो उसका मुकाबला करने के लिए हम प्रतिबद्ध हैं। हम उन विदेशी लोगों को देश से निर्वासित करने के लिए नई ताकत ग्रहण करेंगे, जो घृणा फैलाते हैं, हिंसा का समर्थन करते हैं, या फिर उसे न्यायोचित ठहराते हैं। इनमें वे धर्मगुरु भी शामिल हैं, जो कट्टरवाद से जुड़े हैं।

पिछले कुछ समय से मुस्लिम समुदाय के भीतर से कट्टरता को बढ़ावा देने वाले धर्मगुरुओं के खिलाफ कार्रवाई की माँग होती रही है। मुस्लिम समुदाय की सहायता से हम विदेशों में जन्मे ऐसे धर्मगुरुओं की सूची बनाने जा रहे हैं, जिन्हें यूनाइटेड किंगडम में प्रवेश की अनुमति नहीं मिलेगी और जिन्हें देश में पाए जाने पर निर्वासित कर दिया जाएग। ब्रिटिश नागरिकों के लिए भी हम एक नया कानून बनाएँगे जिसके तहत यूनाइटेड किंगडम और विदेश में आतंकवाद की अनदेखी करने वालों या उसका महिमामंडन करने वालों के खिलाफ सख्त कदम उठाने का प्रावधान होगा। नए कानूनों के निशाने पर वे ब्रिटिश मुस्लिम नहीं हैं, जिनका देश के कानून के पालन में अच्छा रिकार्ड है। इसके अतिरिक्त नए कानूनों का लक्ष्य ब्रिटेन के अन्य धर्म विश्वासों से संबंधित लोगों पर भी केंद्रित नहीं है। हम भलीभाँति जानते हैं कि कट्टरता फैलाने वाले लोग इस्लाम का सच्चा प्रतिनिधित्व नहीं करते हैं। ब्रिटिश मुस्लिमों ने यह बिल्कुल साफ कर दिया है कि वे कट्टरपंथियों के कृत्यों से किस तरह नफरत करते हैं। ब्रिटिश मुस्लिम इस बात को लेकर भयभीत हैं कि कट्टरपंथियों के ऐसे कार्यों से उनके समुदाय की प्रतिष्ठा को चोट तो पहुँच ही रही है, वे भी समाज में अलग-थलग पड़ सकते हैं। यह स्थिति इस समुदाय के उन लोगों के लिए कष्टकारी है, जिन्होंने हर तरह से ब्रिटेन को अपना घर बना लिया है। निश्चित रूप से वे इसीलिए ब्रिटेन को अपना घर बना सके, क्योंकि किसी भी अन्य धर्म विश्वास की

तरह उन्हें यहाँ रहने में आनंद मिला। उन्हें यहाँ अपने धार्मिक कार्यों के लिए संपूर्ण स्वतंत्रता मिली और वे अपने परिवारों के लिए बेहतर जीवन सुनिश्चित कर सके। उनके बच्चे ब्रिटेन में जन्मे और उन्होंने कभी इस देश को बेगाना नहीं महसूस किया। यह कहने में कोई संकोच नहीं कि ब्रिटिश मुस्लिमों ने हमारे सामान्य जीवन में बड़ा योगदान दिया है। उन लोगों के स्वागत के लिए हमारे द्वार हमेशा खुले रहेंगे, जो शांति के साथ इस देश में आते हैं और यह समझते हैं कि दूसरों के प्रति सम्मान और सहिष्णुता का क्या अर्थ है और यह हमारे सामाजिक ढाँचे के लिए कितना अपरिहार्य है। इसमें किसी भी धर्म के लोगों के साथ कोई भेदभाव नहीं होगा।

निश्चित रूप से दूसरे धर्मों के प्रति सम्मान और सहिष्णुता की भावना सभी धर्म-विश्वासों के लोगों की स्वतंत्रता और प्रगति को सुनिश्चित करने वाली है। अंत में मैं यही कहूँगा कि ब्रिटेन में आना कोई अधिकार नहीं है, फिर भी जो लोग यहाँ आ गए हैं और रुके हुए हैं, उनके ऊपर एक जिम्मेदारी है। यह जिम्मेदारी है हमारे जीवन में शामिल स्वतंत्रता और सहिष्णुता के तत्त्वों में हिस्सेदारी की और साथ ही उनका समर्थन करने की। जो लोग इस जिम्मेदारी से विमुख होते हैं और घृणा फैलाने वाले समूह में शामिल होते हैं अथवा हमारे देश और उसकी जनता के खिलाफ किसी भी तरह की धार्मिक हिंसा में लिप्त होते हैं, उनके लिए इस देश में कोई जगह नहीं। इस सिद्धांत पर ब्रिटेन के सभी धर्म विश्वासों के लोग सहमत हैं। मेरा कार्य इस सिद्धांत के आधार पर कार्रवाई करने का है।[60]

टोनी ब्लेयर महोदय की बातों से शायद ही कोई असहमत हो। वास्तव में सारा खेल सत्ता का है, कुर्सी, राजनीति और वोटों का है। अल्पसंख्यक तुष्टीकरण ने भारत-जैसे विविध-आयामी और विशाल देश को बहुत नुकसान पहुँचाया है। अगर हम आज भी नहीं चेतेंगे तो आने वाले कल को कौन-सा मुँह दिखलाएँगे। आने वाली पीढ़ियाँ हमें इसलिए नहीं याद रखेंगी कि हमने उन्हें मंदिर, मस्जिद, गुरुद्वारे या गिरजाघर दिए हैं, इनसे संबंधित विवाद दिए हैं। हमने देश का कितना-कैसा विकास किया है, उसके नागरिकों के लिए कितनी-कैसी सुविधाएँ जुटाई हैं, तकनीकी प्रौद्योगिकी, रक्षा, अर्थव्यवस्था, सद्भाव, सहिष्णुता, शिक्षा, गरीबी-उन्मूलन-जैसे कार्यक्रमों में हम विश्व के सामने कहाँ खड़े हैं—यही हमारे मूल्यांकन का आधार होगा। यहाँ भाजपा के पूर्व राज्यसभा सांसद राजनाथ सिंह 'सूर्य' का लेख 'यह प्रवृत्ति कहाँ ले जाएगी, उन्हें और अमर-उजाला-परिवार को आभार अर्पित करते हुए प्रस्तुत किया जा रहा है, जिसमें श्री सिंह ने अल्पसंख्यक-अवधारणा पर अपने विचार प्रस्तुत किये हैं—

सर्वोच्च न्यायालय ने राष्ट्रीय अल्पसंख्यक आयोग को परामर्श दिया है कि वह देश में अल्पसंख्यक समूहों की संख्या में हो रही वृद्धि को रोकने का प्रयास करे। हमारे संविधान में 'अल्पसंख्यक' अवधारणा का समावेश उन समूहों को ध्यान में रखकर किया गया था, जिनकी उपासना पद्धति का प्रादुर्भाव भारत में नहीं हुआ

था। उसी आधार पर हिंदू कोड बिल को भी परिभाषित किया गया था। मुस्लिम, ईसाई और पारसी को छोड़कर सभी पर हिंदू कोड बिल लागू होता है, जिसके कारण भारत में प्रस्फुटित सभी उपासना पद्धति का अनुसरण करने वाले हिंदू हैं। इसलिए ऐसा कोई समूह, जो भारत में प्रस्फुटित उपासना पद्धति का अनुसरण करता है, अल्पसंख्यक नहीं हो सकता। सैद्धांतिक रूप में स्वीकृत यह अवधारणा अधिक समय तक प्रभावी नहीं रह सकी तथा मुस्लिम, ईसाई व पारसी की तरह बौद्ध व सिख भी अल्पसंख्यक मान लिए गए।

संविधान के अनुच्छेद 15 में बिना किसी भेदभाव के समता का अधिकार प्रदत्त करने के बावजूद हमने अनुसूचित जाति और जनजातियों के लिए सामाजिक व आर्थिक पिछड़ेपन के कारण सेवाओं में आरक्षण का जो प्रावधान किया था, वह अब शिक्षा संस्थाओं और तकनीकी शिक्षा में प्रवेश के लिए भी लागू हो चुका है। अनुसूचित जाति और जनजातियों के लिए मूल रूप से किए गए इस प्रावधान का विस्तार पिछड़ी तथा अति पिछड़ी जातियों के लिए भी लागू हो चुका है। केंद्र की संप्रग सरकार ने मुस्लिमों के लिए भी आरक्षण लागू करने का वायदा किया है। एक अरसे से बौद्ध मत के अनुयायियों की माँग रही है, और अब जो स्वीकृत भी हो गई है, कि अनुसूचित जाति के जो लोग बौद्ध मत में दीक्षित हो जाते हैं, उन्हें आरक्षण से वंचित न किया जाए। दलित ईसाई और मुस्लिम भी अनुसूचित सूची में शामिल किए जाने की माँग कर रहे हैं। मुस्लिमों की कुछ जातियों को राज्यों में 'अतिपिछड़े वर्ग' में शामिल भी कर लिया गया है। अल्पसंख्यक आयोग के समान ही देश में अनुसूचित जातियों, अनुसूचित जनजाति तथा पिछड़ा वर्ग आयोग भी है, जो मूल रूप से इस वर्ग में शामिल जातियों की सूची लंबी करने के लिए सरकारों पर निरंतर दबाव बनाए रहते हैं।

जब से मुसलमानों को आरक्षण देने की कांग्रेस ने मुहिम चलाई है, 'अल्पसंख्यक' बनने की प्रवृत्ति प्रबल होने लगी है। यद्यपि हमारे संविधान में धार्मिक आधार पर आरक्षण देने को न्यायालय ने गैर कानूनी घोषित कर उस पर रोक लगा दी है, तथापि संप्रग के एजेंडे के मुताबिक, प्रधानमंत्री ने अवकाशप्राप्त न्यायाधीश राजेंद्र सच्चर की अध्यक्षता में एक आयोग का गठन कर दिया है, जो देश में मुस्लिमों की स्थिति का अध्ययन कर अपना प्रतिवेदन देगा। रंगनाथ मिश्र की अध्यक्षता में मजहबी और भाषाई अल्पसंख्यकों को आरक्षण देने पर विचार करने के लिए भी एक पृथक आयोग बना दिया गया है। सच्चर आयोग ने पिछले दिनों उत्तर प्रदेश में तीन दिनों तक मुख्यमंत्री सहित राज्य के अधिकारियों तथा विभिन्न मुस्लिम संस्थाओं के प्रतिनिधियों के विचार सुनने के बाद अपना आकलन सार्वजनिक करते हुए कहा कि इस राज्य के मुस्लिम अपने को दोयम दरजे का नागरिक समझते हैं। सत्ता और समाज, दोनों ने ही इस आकलन पर तीखी प्रतिक्रिया जाहिर की है। सरकार ने कहा है कि आयोग

कांग्रेस का एजेंडा पूरा कर रहा, है, जबकि मुस्लिम समाज की ओर से कहा गया है कि यह आकलन उन्हें अपमानित करने वाला है, क्योंकि देश का मुसलमान अपने को दोयम दरजे का नागरिक कतई नहीं समझता।

सच्चर आयोग के गठन और उसके आकलन पर उत्तर प्रदेश के मुस्लिमों की प्रतिक्रिया का उल्लेख मैंने इसलिए किया है, ताकि मात्र अल्पसंख्यक के रूप में उनकी पहचान बनाने के लिए जो साजिश हो रही है, उसे और उसके प्रति जागरूक मुस्लिमों में जो चेतना है, उसका संज्ञान लिया जा सके। जहाँ तमाम मुस्लिम विचारकों ने मुसलमानों को मात्र अल्पसंख्यक समझने की धारणा पर कड़ी आपत्ति जताई है, वहीं लखनऊ विश्वविद्यालय के अर्थशास्त्र के प्रोफेसर मुहम्मद मुजम्मिल ने यहाँ तक कहा है कि भूमंडलीकरण के युग में प्रतियोगिता के समान अवसर का लाभ उठाने के लिए मुस्लिम युवकों को अपने को सक्षम बनाना चाहिए। आज के युग में सक्षम लोगों से कोई अवसर छीन नहीं सकता। प्रोफेसर मुजम्मिल इस धारणा के बावजूद यह मानते हैं कि मदरसों की शिक्षा का आधुनिकीकरण नहीं होना चाहिए, क्योंकि वे मजहबी व्यक्तियों को तैयार करने के लिए हैं और कंप्यूटर से स्मरण करने की क्षमता प्रभावित होगी। मुस्लिम विचारकों की दुविधा ही इस अभिव्यक्ति का कारण हो सकती है।

देश के स्वतंत्रता संग्राम के नेताओं ने सदैव एक जन एक देश की अवधारणा पर बल देते हुए विविधता की स्थिति को उसी रूप में स्वीकार किया था, जैसे हम एक शरीर के विभिन्न अंगों की स्थिति को मानते हैं। अंगों की विविधता के बावजूद शरीर की चेतना शक्ति एक ही होती है। आजादी प्राप्ति के पूर्व से हमने यह अनुभव किया था कि समाज का एक वर्ग आर्थिक और सामाजिक रूप से पिछड़ा है तथा आजादी पाने के उपरांत उसे समानता के स्तर पर लाने का दस वर्षीय संकल्पयुक्त प्रावधान किया गया था। जहाँ हमने उसे अनिश्चित काल तक के लिए व्यवस्था के रूप में स्वीकार कर लिया है, वहीं वर्ग और जातिगत आधार पर उसका विस्तार करते हुए अब मजहबी आधार पर उसका विस्तार करते हुए अब मजहबी आधार प्रदान करने की दहलीज पर हम पहुँच गए हैं।

सर्वोच्च न्यायालय ने अल्पसंख्यक आयोग को धार्मिक समूहों की संख्या में वृद्धि रोकने का जो परामर्श दिया है, उस पर सीमित होकर विचार करने से हमें निकलना होगा। हमारे संविधान में ऐसे उपबंध मौजूद हैं, जिनसे सामाजिक अथवा मजहबी रूप से पिछड़ेपन की अवधारणा समाप्त हो सके। इसीलिए अब पिछड़ेपन की अवधारणा के लिए आर्थिक आधार अपनाने का समय आ गया है। सामाजिक समरसता और राष्ट्रीय एकता के लिए, जिस पर विभाजक मनोवृत्ति हावी होती जा रही है, यही एकमात्र उपाय है।[61]

श्री राजनाथ सिंह 'सूर्य' तुष्टि-पुष्टि के खेल को बंद करके मुसलमानों के विकास पर मुस्लिम समुदाय को सक्षम बनाने पर जोर देने की बात कहते हैं—

उत्तर भारत, विशेषकर उत्तर प्रदेश और बिहार में मुसलमानों पर अनुकूलता हासिल करने की नीयत से केंद्रीय मानव संसाधन विकास मंत्री अर्जुन सिंह अलीगढ़ मुस्लिम विश्वविद्यालय की कार्यकारिणी के उस प्रस्ताव को स्वीकृति प्रदान कर, जिसके द्वारा उच्च एवं व्यावसायिक शिक्षा में पचास प्रतिशत स्थान केवल मुसलमानों के लिए आरक्षित करने का आग्रह किया गया था, कांग्रेस को लाभान्वित कर सकेंगे, इस पर किसी को भरोसा नहीं है। हमें स्मरण होना चाहिए कि चाहे उर्दू को मुसलमानों की ज़बान के रूप में स्थापित करने संबंधी निर्णय रहा हो या मजहबी आधार पर किए गए अन्य निर्णय, जिनमें मुआवज़े के मामले में शाहबानो के पक्ष में सर्वोच्च न्यायालय के निर्णय को पलट देने के लिए राजीव गाँधी सरकार द्वारा किया गया कानूनी प्रावधान अहम है, हिंदूवादी अवधारणा को उत्तेजक बनाने का कारण बना था, जिसका लाभ भाजपा उठाने में सफल रही। उसी वातावरण का प्रभाव था, और आज भी है कि भाजपा की कई राज्यों में सरकारें हैं तथा छह वर्ष तक वह केंद्रीय सत्ता की सूत्रधार रही। इरफान हबीब एवं उनके मार्क्सवादी समर्थक यदि मुसलमानों में सांप्रदायिकता बढ़ाने का कारण बनने की आशंका के आधार पर या शैक्षणिक महत्त्व के कारण इस आरक्षण का विरोध करते, तो उनका पक्ष शायद अधिक प्रबल होता, लेकिन उन्होंने भाजपा या हिंदुत्ववादियों को लाभ पहुँचाने की संभावना व्यक्त कर कांग्रेस द्वारा सांप्रदायिक विभाजन को मजबूती प्रदान करने के प्रयास को ही बल प्रदान किया है। भारतीय जनता पार्टी सांप्रदायिक विद्वेष बढ़ाने वाले इस निर्णय का अतीत के समान ही लाभ उठा सकेगी या नहीं, यह इस बात पर निर्भर करता है कि उसकी क्षमता कितनी है तथा इस मसले पर जागरूकता का अतीत का माहौल अब भी है अथवा नहीं। लेकिन इरफान हबीब की यह जानकारी कि आरक्षण के संदर्भ में संप्रग सरकार से जो सहमति विश्वविद्यालय ने प्राप्त की है, वही राजग सरकार द्वारा दिए जाने का प्रस्ताव वे ठुकरा चुके थे, शायद चिंता का कारण हो सकता है, क्योंकि इससे यही स्पष्ट होता है कि विश्वविद्यालय शैक्षणिक कारणों के बजाय राजनीतिक कारणों से ऐसा कर रहा है। मुस्लिम मतदाताओं को हमवार करने की राजनीतिक होड़ नई नहीं है। लेकिन आज उनके मताधिकार के प्रयोग का एक ही आधार बना हुआ है कि भाजपा को कौन हरा रहा है। अमुवि में पचास प्रतिशत आरक्षण का अर्जुनी बाण इसी नीयत से छोड़ा गया है, लेकिन अब यह अनुभव किया जा रहा है कि इस तीर से जिसे वे बेंधना चाहते थे, उसे खरोंच तक नहीं लगी, बल्कि इससे कांग्रेस को ही क्षति पहुँची है। विश्वविद्यालय के कुलपति के एक परिपत्र से विश्वविद्यालय केवल उत्तर प्रदेश और बिहार के मुसलमानों के लिए ही सीमित न रहकर सार्वदेशिक हो जाएगा। यानी उत्तर प्रदेश और बिहार के छात्रों के लिए

अब स्थान सीमित हो जाएँगे। यदि कुलपति के परिपत्र को सही माना जाए, तो वर्तमान में अमुवि उत्तर प्रदेश के कुछ जिलों और बिहार के छात्रों मात्र के लिए सीमित होकर रह गया है। वैसे, आज भी पचहत्तर प्रतिशत से अधिक मुसलमान छात्र ही इस विश्वविद्यालय में पढ़ते हैं। मुसलमानों में इसकी अनुकूल प्रतिक्रिया होने से हिंदुओं में प्रतिकूल प्रतिक्रिया अवश्य हुई है। जमीयत-उलेमा-ए हिंद के सम्मेलन में मुसलमानों के लिए आरक्षण की माँग पर वहाँ मौजूद कांग्रेस अध्यक्ष सोनिया गाँधी की चुप्पी तथा केंद्र सरकार द्वारा भाषायी एवं मजहबी अल्पसंख्यकों को आरक्षण देने पर विचार करने के लिए गठित आयोग मुसलमानों में पृथकतावादी भावनाओं को प्रबल करने का ही काम करेगा। मुलायम सिंह यादव मुसलिम लीग के संस्थापक सदस्य मुहम्मद अली जौहर के नाम पर विश्वविद्यालय स्थापित करने का प्रयास कर, रामविलास पासवान 'बिहार में मुस्लिम मुख्यमंत्री' के नाम पर, लालू प्रसाद यादव 'गोधरा कांड के सच' के आधार पर और अर्जुन सिंह अमुवि में पचास प्रतिशत आरक्षण मुसलमानों को देने का कानून बनाकर मुसलमानों को अपने खेमे में समेटने में लगे हैं, तो मायावती यह दर्शाकर कि वोट बैंक के रूप में उनका तथाकथित दलित खेमा इतना सुदृढ़ है कि उसके साथ जुड़कर किसी भी जाति या संप्रदाय का उम्मीदवार चुनाव की वैतरणी पार कर सकता है, देश का माहौल बिगाड़ने तथा बहुसंख्यक हिंदुओं में उनसे दूरी बनाए रखने की भावना को ही बल प्रदान कर रहे हैं। मुस्लिम समुदाय स्थिति की वास्तविकता समझने के बजाय भावमूलक भावना के अधिक वशीभूत है इसलिए उनमें से जो लोग समरसता के लिए प्रयत्नशील हैं, उनके प्रयासों को वांछित सफलता नहीं मिल पा रही है।

गुणवत्ता हासिल करना किसी भी देश, व्यवस्था, समुदाय या व्यक्ति का लक्ष्य इसलिए होना चाहिए, क्योंकि इसी आधार पर उसके अस्तित्व की पहचान होती है। एक सौ पाँच करोड़ की आबादी वाले भारत में मुसलमानों की आबादी लगभग अट्ठारह करोड़ है। इनमें से लगभग नब्बे प्रतिशत पिछड़े हैं। किसी भी देश या समुदाय में इतना अधिक पिछड़ापन अंधविश्वास फैलाने वालों और सौदागरी करने वालों को लाभ उठाने का अवसर प्रदान करता है, इसके उदाहरण देने की आवश्यकता नहीं। मुस्लिम समुदाय में जो जागरूक लोग हैं, उनका पहला दायित्व बनता है कि अपने समुदाय के नब्बे प्रतिशत को सजग और सक्षम बनाने का प्रयास करें, ताकि पूरा मुस्लिम समुदाय वर्तमान की महज वोट बैंक की अवधारणा से बाहर निकल सके। इसके लिए गुणवत्तायुक्त शिक्षा की आवश्यकता है, न कि आरक्षित शिक्षा संस्थाओं की, जिनकी गुणवत्ता पर किसी को भरोसा नहीं।[62]

राजनीतिक दल और राजनीतिज्ञ, वोट के लिए 'गधे को भी बाप' बना सकते हैं। इस सारे घालमेल की जड़ में वोट की नीति है। सत्ता चाहे जैसे मिले—बस मिलनी चाहिए। वास्तव में, धर्म और जाति पर आधारित अल्पसंख्यकवाद देश के लिए सर्वदा

घातक रहा है। अल्पसंख्यकवाद का असर संज्ञक अपने लेख में रक्षत पुरी इसी तथ्य को प्रामाणिक रूप से प्रस्तुत करते हैं। दैनिक-जागरण-परिवार और रक्षत पुरी को आभार अर्पित करते हुए हम उक्त लेख पूरा-का-पूरा यहाँ प्रस्तुत कर रहे हैं—

राष्ट्रीय अल्पसंख्यक आयोग द्वारा जैनियों को अल्पसंख्यक समुदाय दर्जा देने की सिफारिश पर कड़ा एतराज जताते हुए सर्वोच्च न्यायालय ने जो विचार व्यक्त किए वे स्वागतयोग्य हैं। इन टिप्पणियों पर गंभीरता से विचार करने की जरूरत है। जैन समुदाय अनुच्छेद 2(ग) के तहत अल्पसंख्यक समुदाय का दर्जा हासिल करना चाहता था। इस पर उच्चतम न्यायालय की संविधान पीठ ने कहा कि धार्मिक आधार पर अल्पसंख्यक समुदाय घोषित करने की प्रवृत्ति पर रोक लगनी चाहिए। पीठ ने अल्पसंख्यक आयोग से ऐसी सामाजिक परिस्थितियाँ बनाने में मदद करने को भी कहा, जिसमें अल्पसंख्यकों की सूची में शामिल समुदायों की संख्या घटे और धीरे-धीरे समाप्त हो जाए।

पीठ ने चेतावनी देते हुए कहा कि विभिन्न विभाजनकारी ताकतों की वजह से पहले से ही वर्ग और सामाजिक खाँचों में बँटे पूरे देश को धार्मिक विभिन्नता के आधार पर और विभाजन का सामना करना पड़ सकता है। यही नहीं पीठ ने यह भी कहा कि धार्मिक आधार पर बहुराष्ट्रवाद के लक्षणों से देश को सावधान रहने की जरूरत है। पंथनिरपेक्षता की अवधारणा कहती है कि हमारे देश का कोई भी धर्म नहीं है। हमारा देश प्रत्येक धर्म और धार्मिक समूहों को बराबरी की निगाह से देखता है, उन्हें बराबर सम्मान देता है, बगैर किसी व्यक्ति के धार्मिक विश्वास और पूजा पद्धति में दखल दिए हुए। पीठ ने केंद्र और राज्य सरकारों द्वारा गठित अल्पसंख्यक आयोगों को संविधान की मूल भावना ध्यान में रखते हुए आगाह किया कि आयोग को ऐसे काम करने चाहिए कि भारत के लोगों के विभिन्न वर्गों के बीच बहुराष्ट्रवाद की भावना उत्पन्न ही न हो। आयोग की स्थापना के वक्त उन्हें निर्देश दिए गए थे कि वे धीरे-धीरे अल्पसंख्यक और बहुसंख्यक वर्गीकरण को समाप्त करते हुए भारत की एकता और अखंडता कायम रखने के लिए काम करेंगे ताकि अल्पसंख्यक या बहुसंख्यकों के अधिकारों की रक्षा की जरूरत ही समाप्त हो जाए। कुछ टिप्पणीकारों की नजर में सर्वोच्च न्यायालय के सुझाव समय के लिहाज से बहुत ही प्रासंगिक हैं, जो धार्मिक आधार पर हुए विभाजन के बाद स्वतंत्र भारत के 58 वर्षों के सफर की पूरी याद ताजा कराते हैं, साथ ही यह भी बताते हैं कि एक स्वतंत्र नागरिक की हैसियत के बावजूद हम पूर्वाग्रह और पक्षपात आधारित नजरिए से उबर नहीं पाए हैं। गौरतलब है इसी तर्ज पर धर्म आधारित विभाजन से मतभेद पैदा कर अंग्रेज हम पर शासन करते रहे। इस क्रम में धार्मिक अल्पसंख्यकवाद और राजनीति से जुड़े प्रश्नों और मुद्दों पर संविधान सभा में हुई बहस को भी याद करने की जरूरत है।

तब धार्मिक या अन्य अल्पसंख्यक समुदायों के अधिकारों और विशिष्ट प्रावधानों के समर्थन के पीछे कई कारण काम कर रहे थे। इसके बावजूद उस दौर में लाखों मुसलमान ऐसे थे, जिन्हें जिन्ना और उनका द्विराष्ट्रवाद सिद्धांत समझ नहीं आया था। यही वजह है कि वे विभाजन के बाद भी पाकिस्तान नहीं गए। इसे विडंबना ही कहा जाएगा कि जिन्ना ने पाकिस्तान की संविधान सभा में जो भाषण दिया और जिसे लालकृष्ण आडवाणी ने अपनी हालिया यात्रा में उद्धृत भी किया उस पर प्रभावी चर्चा नहीं हुई। जिन्ना ने अपने उस भाषण में सभी पाकिस्तानियों से अपने-अपने धर्म को व्यक्तिगत स्तर पर सहेजने को कहा था। उन्होंने स्पष्ट कहा था कि पाकिस्तान में वे सभी सिर्फ पाकिस्तानी ही होंगे। मुस्लिम, ईसाई और अन्य धार्मिक पहचान से राष्ट्र का कोई लेना-देना नहीं होगा। जिन्ना ने उस वक्त भविष्य के पाकिस्तान की जो परिकल्पना की थी, कुछ-कुछ वैसी ही परिकल्पना भारत के भविष्य को लेकर भी की गई थी। हालाँकि जिन्ना के नजरिये से इधर पाकिस्तान का विकास बहुत ही अलग रूप-स्वरूप में हुआ। पाकिस्तान बहुत जल्द ही इस्लामिक राष्ट्र बन गया। इस क्रम में भारत धार्मिक राष्ट्र का दर्ज़ा या पहचान नहीं पा सका, लेकिन धर्म आधारित विभाजन और राजनीति का परोक्ष प्रभाव लोकतांत्रिक परिपाटी की राजनीति पर भी पड़ने लगा। उदाहरण के तौर पर आज धर्म और जाति-पाँति आम जनजीवन में कहीं अधिक प्रभावी हैं। हमारे तमाम राजनीतिज्ञों ने इस अंतर को दूर करने की कोशिश नहीं की, बल्कि इसका फायदा अपना वोट बैंक बढ़ाने में ही किया।

सर्वोच्च न्यायालय द्वारा जैन समुदाय को अल्पसंख्यक समुदाय का दर्जा दिए जाने से इनकार के बावजूद आंध्र प्रदेश के म्युनिसिपल एडमिनिस्ट्रेशन एंड अर्बन डेवलपमेंट मंत्री कोनेरू रंगाराव के नेतृत्व में सर्वदलीय प्रतिनिधि मंडल ने प्रधानमंत्री से मुलाकात कर संविधान में संशोधन, अनुसूचित जाति के आरक्षण का वर्गीकरण किए जाने और राज्य सरकार को सामाजिक न्याय के लिहाज से पर्याप्त अधिकार दिए जाने की वकालत की है। एक प्रेस वार्ता में राव ने कहा कि प्रतिनिधिमंडल संविधान के अनुच्छेद 341 में संशोधन चाहता है। इस प्रतिनिधिमंडल के सुझाव और आवश्यकताएँ पूरी तरह से स्पष्ट नहीं हैं। फिर भी उसका मकसद अल्पसंख्यकवाद को महत्ता प्रदान करना है। क्या यह एक तरह का विभाजन नहीं है, जिसके प्रति सर्वोच्च न्यायालय ने चेतावनी दी है? अनुच्छेद 41 में कहा गया है, 'राज्य अपनी आर्थिक सामर्थ्य और विकास की सीमाओं के भीतर, काम पाने के, शिक्षा पाने के और बेकारी, बुढ़ापा बीमारी और निःशक्तता तथा अन्य अनर्ह अभाव की दशाओं में लोक सहायता के अधिकार को प्राप्त कराने का प्रभावी उपबंध करेगा।' लेकिन जिस तरह आंध्र प्रदेश का प्रतिनिधिमंडल दावा कर रहा है, उस आलोक में जरूरी हो जाता है कि संविधान के अनुच्छेद 335 को भी ध्यान कर लिया जाए। यह अनुच्छेद कहता है 'संघ या किसी राज्य के कार्यकलाप से संबंधित सेवाओं और पदों के लिए

नियुक्तियाँ करने में, अनुसूचित जातियों और अनुसूचित जनजातियों के सदस्यों के दावों का, प्रशासन की दक्षता बनाए रखने की संगति के अनुसार ध्यान रखा जाए।' कह सकते हैं कि इसके कोई संकेत नहीं हैं कि केंद्र या राज्य सरकार इस संवैधानिक प्रावधान का अनुपालन कर रहे हैं। परंपरागत सांप्रदायिक प्रवृत्ति आज भी विद्यमान है।

विश्व हिंदू परिषद, आरएसएस और भाजपा के अन्य धड़े मंदिर-मस्जिद का राग अलापते रहते हैं। इसी तरह अधिसंख्य मुसलमान मुल्ला, मौलवियों और अन्य नेताओं की सही-गलत बातों पर यकीन करते रहे हैं। इनमें से कुछ पर सिर्फ हँसी ही आती है। उत्तर प्रदेश के सुन्नी वक्फ बोर्ड द्वारा ताजमहल पर मालिकाना हक जताना भी ऐसी ही कड़ी का हिस्सा है। पूछा जा सकता है कि वक्फ बोर्ड अपना अगला दावा लाल किले पर करेगा? गौरतलब है पुरातत्त्व विभाग को वक्फ बोर्ड के दावे पर स्टे लेने के लिए सर्वोच्च न्यायालय जाना पड़ा। कभी-कभी ऐसा लगता है कि धर्म के नाम पर बढ़-चढ़ कर नारे लगाने वाले लोग क्या वास्तव में धार्मिक होते हैं? क्या ऐसा नहीं लगता कि वे इसके नाम पर विशुद्ध राजनीतिक लाभ पाने की कोशिश करते हैं? यदि इस प्रवृत्ति को समय रहते रोका नहीं तो भारत के विकास पर सीधा प्रभाव पड़ेगा। यह प्रवृत्ति न सिर्फ भारतीय समाज की जड़ें खोखला करने का काम कर रही हैं, बल्कि देश के विकास की राह में रोड़े भी अटका रही हैं।[63]

लेखक ने धर्म के नाम पर बढ़-चढ़कर नारे लगाने वालों की धार्मिकता को प्रश्न चिह्नों के घेरे में खड़ा किया है। सच भी है, जो सचमुच धार्मिक है, धर्म के मर्म को जानता है, उसे सब को बताने की, अपने आपको धार्मिक घोषित करने की जरूरत नहीं पड़ती। प्रसिद्ध लेखक, चिंतक के. एन. पणिक्कर आज के संदर्भ में सांप्रदायिकता के सांस्कृतिक प्रतिरोध की जरूरत पर जोर देते हैं।

इसी प्रकार, 'सहमत' के एक आयोजन में प्रख्यात अर्थशास्त्री, नोबल पुरस्कार विजेता 'अमर्त्य सेन' ने 'धर्म निरपेक्ष भारत के लिए चुनौतियाँ' संज्ञक अपना आलेख प्रस्तुत किया। इस सुदीर्घ-विस्तृत आलेख में लेखक ने अयोध्या-एपीसोड से प्रारंभ करके भारत में उग्र हिंदुत्व की भूमिका के अनेक आयामों की विवेचना की है। हम 'सहमत' और अमर्त्य सेन का अतिशय आभार व्यक्त करते हुए उक्त आलेख को यहाँ प्रस्तुत कर रहे हैं, जिससे जन-सामान्य कथित हिंदुत्व की चुनौतियों से परिचित हो सके और उसके खिलाफ संघर्ष हेतु कमर कस सके—

घटनाओं के मौजूदा चक्र की शुरुआत उत्तरी भारत के नगर अयोध्या में, सोलहवीं शताब्दी की एक मस्जिद, बाबरी मस्जिद के 6 दिसंबर को ढहाए जाने से हुई है। मस्जिद को ढहाया है लड़ाकू हिंदुओं और राजनीतिक रूप से संगठित की गई भीड़ों ने, जो उसी स्थान पर राम का एक राम मंदिर खड़ा करना चाहते हैं। इस जघन्य घटना के बाद देश भर में सांप्रदायिक हिंसा और दंगों की आग लगी, जिसमें कोई

2000 या इससे ज्यादा लोग मारे गए। मरने वालों में हिंदू और मुसलमान, दोनों ही थे, लेकिन मुसलमानों की तादाद हिंदुओं से बहुत ज्यादा थी। इस सिलसिले में कुछ सबसे भयावह वारदातें बंबई में हुई हैं। आम तौर पर भारत का सबसे प्रमुख नगर समझे जाने वाली बंबई में उग्रवादी हिंदुओं के एक अपेक्षाकृत छोटे, किंतु पूरी तरह से संगठित गिरोह ने बार-बार हिंसा की। पुलिस बार-बार हमले के शिकार मुसलमानों की रक्षा करने में विफल रही और मुसलमानों की भीड़ों को तितर-बितर करने के मामले में उसने हिंदू भीड़ों के मुकाबले अक्सर कहीं ज्यादा हिंसा का इस्तेमाल किया।

इन घटनाओं की देश भर में जो भर्त्सना हुई, उसे भी भारत सरकार को कानून व व्यवस्था के प्रश्न पर अपेक्षाकृत कड़ा रुख अपनाने के लिए हरकत में लाने में काफी समय लग गया। इतना ही नहीं, अब भी सरकार का, दृढ़ संकल्प होना स्पष्ट नहीं है। फिर भी, 25 फरवरी को वह, नई दिल्ली में एक विशाल और खतरनाक हिंदू राजनीतिक प्रदर्शन रोकने में जरूर कामयाब रही, जिसने बड़ी संख्या में सांप्रदायिक दंगों को देश की राजधानी तक पहुँचा दिया होता। दुर्भाग्य से इस प्रदर्शन को रोकने के लिए सभा करने की स्वतंत्रता के नागरिक अधिकार को स्थगित करना पड़ा। लेकिन, जिस तरह के अत्यंत उकसावेपूर्ण प्रदर्शन की योजना थी (जिसके लिए देश के विभिन्न हिस्सों से हिंदू लड़ाके जमा हुए थे) उसे देखते हुए और इस तथ्य को देखते हुए कि पुलिस ने बिना किसी जनहानि के इस टकराव पर काबू पा लिया था, भारत सरकार को नागरिक अधिकारों के इन अतिक्रमणों के लिए कोई खास आलोचना नहीं झेलनी पड़ी। हाँ, हिंदू पार्टियों को खुद तो उसकी आलोचना करनी ही थी।

मौजूदा उथल-पुथल का नेतृत्व कर रहे उग्रवादी हिंदू राजनीतिक आंदोलन ने यह माँग भी की है कि भारतीय धर्मनिरपेक्षता का आधिकारिक रूप से खात्मा किया जाना चाहिए और इसकी जगह भारत को एक हिंदू राज्य स्वीकार किया जाना चाहिए। इस माँग को अगर मान लिया जाता है, तो भारतीय संविधान के एक बुनियादी सिद्धांत में नाटकीय परिवर्तन तो करने ही होंगे, इसके साथ ही भारत की कल्पना से, एक बहुलवादी, सहिष्णु तथा धर्मनिरपेक्ष भारत की कल्पना से भी, जिसे कि भारतीय राष्ट्रवादी आंदोलन में केंद्रीय स्थान हासिल रहा था और जिसकी अभिव्यक्ति स्वतंत्र भारत के कानूनी तथा राजनीतिक ढाँचे में हुई है, मूलगामी ढंग से हटना पड़ेगा। भारत की इस कल्पना और उसके सामने खड़ी चुनौतियों पर ही मैं यहाँ विचार करना चाहूँगा। मेरा यह तर्क है कि इन चुनौतियों में कई एक दूसरे से काफी भिन्न घटक शामिल हैं और इसके कारण हिंदू उग्रवाद का, एक यकसां संवृत्ति के रूप में विश्लेषण करना उपयुक्त नहीं होगा। मिसाल के तौर पर, बंबई की सांप्रदायिक हत्याओं और लूटपाट के पीछे ताकतें ठीक वही नहीं हैं, जोकि अयोध्या की लड़ाकू धार्मिक राजनीति

के पीछे हैं और इनमें से हरेक शहरी मध्यवर्ग में हिंदू कट्टरता में हो रही आम बढ़ोतरी से भिन्न है। इन भिन्न-भिन्न घटकों के पीछे मौजूद भिन्न-भिन्न शक्तियों को समझना उतना ही जरूरी है, जितना कि उनके गहरे अंतःसंबंधों को समझना।

यह बात असाधारण-सी लग सकती है कि धर्मनिरपेक्षता जैसे मोटे और अकर्मक विचार, आधुनिक भारत की कल्पना में केंद्रीय हो सकता है। क्या धर्मनिरपेक्षता वाकई एक महत्त्वपूर्ण मुद्दा है या फिर महज एक पवित्र शब्दजाल है? जिस समय ब्रिटिश भारत का विभाजन हुआ था, पाकिस्तान ने इस्लामी गणराज्य का चुनाव किया, जबकि भारत ने एक धर्मनिरपेक्ष संविधान चुना। क्या उस चयन से वाकई कुछ फर्क पड़ता है?

दोनों का अंतर कानूनी दृष्टि से निश्चय ही महत्त्वपूर्ण है। इसके राजनीतिक निहितार्थ भी बहुत दूर तक जाते हैं और राजनीतिक तथा सामाजिक व्यवस्था के तमाम स्तरों तक, यहाँ तक कि राज्याध्यक्ष के स्तर तक, जाते हैं। मिसाल के तौर पर, पाकिस्तान के विपरीत, जिसके संविधान के अनुसार उसके राज्याध्यक्ष का मुसलमान होना जरूरी है, भारत में ऐसी कोई शर्त लागू नहीं होती है। वास्तव में भारत में गैरहिंदू (मुसलमानों और सिखों समेत) राष्ट्रपति के पद पर भी रहे हैं और सरकार में अन्य प्रमुख तथा प्रभावशाली पदों पर भी रहे हैं। आज भारत के राष्ट्रपति का मुस्लिम होना, इसकी गौरवमयी परंपरा का स्वर्णिम अध्याय है।

फिर भी धर्मनिरपेक्षता वास्तव में एक कहीं और सर्वव्यापी कल्पना का हिस्सा है और भारत की यह कल्पना है, एक अविभाज्य रूप से बहुलतावादी देश की, जो भिन्न-भिन्न धार्मिक विश्वासों, भिन्न-भिन्न भाषाएँ बोलने वाले समुदायों और भिन्न-भिन्न सामाजिक आचारों से बनता है। धर्मनिरपेक्षता उस बहुलतापूर्ण पहचान की बृहत्तर कल्पना की स्वीकृति का एक ही पहलू है, हालाँकि बहुत ही महत्त्वपूर्ण पहलू। मेरा यह कहना है कि जो संकीर्णतावादी ताकतें भारतीय धर्मनिरपेक्षता को खत्म करने की कोशिश कर रही हैं, उन्हें सिर्फ भारत में भारी संख्या में मुसलमानों की उपस्थिति और उनके अधिकारों से ही नहीं टकराना पड़ेगा, बल्कि भारत की क्षेत्रीय, सामाजिक तथा सांस्कृतिक विविधता से भी टकराना पड़ेगा। भिन्नताओं के प्रति सहिष्णुता को आसानी से बाँटा नहीं जा सकता है।

क्या मुसलमानों की भारत में कोई मामूली-सी आबादी है? भले ही भारत में हर पाँच आदमियों से चार औपचारिक रूप से हिंदू कहे जाते हों, इस देश में बारह करोड़ से ज्यादा मुसलमान हैं। वास्तव में इस परिप्रेक्ष्य से देखें, तो भारत दुनिया का तीसरा सबसे ज्यादा मुस्लिम आबादी वाला देश है। एक इसी तथ्य को ध्यान में रखें, तो भारत के सिर्फ एक हिंदू देश होने की बात खासी विचित्र लगती है। फिर देश के सामाजिक तथा सांस्कृतिक जीवन में हिंदुओं और मुसलमानों के परस्पर घुले-मिले होने के तथ्य को भी ध्यान में रखें, तब तो बात ही क्या है।

भारत की धार्मिक बहुलता का दायरा हिंदू-मुस्लिम प्रश्न से आगे तक जाता है। जाहिर है कि भारत में एक खासी बड़ी और प्रभावशाली सिख आबादी है और खासी बड़ी आबादी ईसाइयों की भी है, जिनका इतिहास कम से कम चौथी सदी ईस्वी तक तो जाता ही है, यानी ब्रिटेन से काफी पहले तक भारत में यहूदियों की बस्तियाँ भी रही हैं, जो यरूशलम के पतन के कुछ ही बाद से शुरू होती हैं। अपेक्षाकृत कम सहिष्णु फारस से, पारसी भी भारत में आकर बसे हैं। इसके अलावा, दसियों लाख जैन और बौद्ध धर्म को मानने वाले हैं, जो लंबे अर्से तक भारत के अनेक सम्राटों के आधिकारिक धर्म भी रहे थे। इनमें तीसरी सदी ईसापूर्व के सम्राट अशोक भी शामिल हैं। इसके अलावा, भारी तादाद ऐसे लोगों की है, जो नास्तिक हैं या निरीश्वरवादी हैं, जैसे खुद जवाहरलाल नेहरू ही थे। इन लोगों की संख्या भी खासी बड़ी है, हालाँकि जनगणना की श्रेणियों में लोगों के वास्तविक धार्मिक विश्वास दर्ज नहीं किए जाते हैं, जो उनकी तथाकथित सामुदायिक पृष्ठभूमि को प्रतिबिंबित करता है।

भारत के संविधान के निर्माता यह सुनिश्चित करना चाहते थे कि राज्य किसी खास समुदाय या किसी खास धार्मिक विश्वास के प्रति पक्षपातपूर्ण रुख न अपनाए। भारत की और भारतवासियों की विभिन्नता को देखते हुए धर्मनिरपेक्षता का दूसरा कोई भी विकल्प अन्यायपूर्ण होता।

धार्मिक बहुलता के मसले का संबंध सिर्फ हिंदुओं और अन्य धर्मों को मानने वालों (या किसी भी धर्म को न मानने वालों) के बीच के रिश्तों तक ही सीमित नहीं है। इसका संबंध खुद हिंदू धर्म के भीतर मौजूद विविधताओं से भी है। अगर हिंदू धर्म को हम एक धर्म के रूप में देखें तो उसे ऐसे धर्म के रूप में देखना होगा, जिसका ढाँचा पूरी तरह से बहुलतावादी है। उसके दायरे में आने वाले विभाजन सिर्फ जाति के विभाजन नहीं हैं (हालाँकि ये विभाजन भी बहुत महत्त्वपूर्ण हैं), बल्कि चिंतन पद्धतियों के भी विभाजन हैं। दर्शन के छः संप्रदायों का प्राचीन हिंदू वर्गीकरण तक, अत्यंत विविधतापूर्ण विश्वासों और तर्क पद्धतियों की मौजूदगी स्वीकार करता है। अपेक्षाकृत काफी बाद में, चौदहवीं शताब्दी में जब हिंदू विद्वान, मैसूर की श्रृंगेरी पीठ के प्रमुख, माधवाचार्य ने अपने प्रसिद्ध संस्कृत ग्रंथ, 'सर्वदर्शन समग्र' की रचना की थी, उन्होंने इस ग्रंथ के सोलह अध्यायों में से हरेक में हिंदू धार्मिक सिद्धांतों के अलग-अलग संप्रदायों (चार्वाक मत के नास्तिकवाद से शुरू कर) का विवरण दिया था और इस पर विचार किया था कि किस तरह इनमें से हरेक धार्मिक संप्रदाय, हिंदू चिंतन के दायरे में दूसरों से भिन्न था।

वास्तव में, हिंदू धर्म को एक धर्म के रूप में देखना अपेक्षाकृत बहुत बाद में शुरू हुआ है। मूल रूप से हिंदू की संज्ञा का उपयोग मुख्यतः स्थान तथा देश का बोध कराने के लिए होता था, न कि किसी समांगी धार्मिक विश्वास का बोध

कराने के लिए। यह शब्द निकला है सिंधु नदी के नाम से, जो उस सिंधु घाटी सभ्यता की गोद है, जिसका काल 3000 ई. पू. तक जाता है। वास्तव में इंडिया शब्द भी इसी नदी के नाम से निकला है। फारसी और ग्रीक, भारत को सिंधु नदी के आसपास की भूमि मानते थे, और हिंदू इस भूमि के मूलवासी। एक समय ऐसा भी था, जब भारत के मुसलमानों को फारसी और अरबी में 'हिंदवी' मुसलमान कहा जाता था। इसी तरह, शुरुआत के ब्रिटिश दस्तावेजों में 'हिंदू मुसलमान' और 'हिंदू ईसाई' की संज्ञा के अनेक संदर्भ मिल जाएँगे, जिन संज्ञाओं के जरिए इन लोगों को भारत के बाहर रहने वाले मुसलमानों और ईसाइयों से अलग किया जा रहा था।

बहुलता, एक धर्म के रूप में हिंदू धर्म की एक आंतरिक विशेषता ही है। इसका संबंध सिर्फ हिंदुओं और भारत के धर्मनिरपेक्ष राजनीतिक ढाँचे में गैरहिंदुओं के, बाहरी संबंधों से ही नहीं समझना चाहिए। जिन हिंदू लड़ाकों ने पिछले दिसंबर में सोलहवीं सदी की अयोध्या की मस्जिद ढहाई थी और जो वहाँ मस्जिद की जगह राम का मंदिर बनाना चाहते हैं, वे अब तक इस सच्चाई से नहीं टकराए हैं कि खुद को धर्म से हिंदू मानने वालों में भी ऐसे बहुत सारे लोग हैं, जो राम के देवत्व को स्वीकार नहीं करेंगे। फिर उन्हें देवताओं में सबसे बढ़कर मानने की तो बात ही क्या है।

निस्संदेह, देश के कुछ हिस्सों में राम नाम देवत्व से जुड़ गया हो। विडंबना यह है कि शायद हाल के दौर की ऐसी सबसे प्रसिद्ध घटना, जिसमें राम के नाम का उपयोग भगवान के समानार्थी के रूप में किया गया था, वह घटना है जब 30 जनवरी 1948 को महात्मा गाँधी की हत्या की गई थी। उनकी हत्या एक हिंदू उग्रवादी ने की थी, जो एक ऐसे राजनीतिक ग्रुप से जुड़ा था, जो पिछले दिसंबर में मस्जिद को ढहाने वाले ग्रुपों से बहुत भिन्न नहीं था। आधुनिक भारत का वह निर्माता, जो गहरे अर्थों में एक धार्मिक हिंदू था, लेकिन जिसकी धर्मनिरपेक्ष राजनीति ने उसे उग्रवादी धर्मांधों के कोप का पात्र बना दिया था, एक हिंदू की गोली खाकर जमीन पर गिरा और मरते हुए उसकी जुबान पर शब्द थे—हे राम!

राम का देवत्व से जोड़ा जाना उत्तरी और पश्चिमी भारत में आम फहम है। लेकिन, देश के दूसरे हिस्सों में, मसलन हमारे अपने बंगाल में राम ईश्वर का अवतार होने के बजाय मुख्यतः रामायण महाकाव्य के नायक ही हैं। जाहिर है कि एक महाकाव्य के रूप में रामायण भारत में बहुत ही लोकप्रिय है और भारत के बाहर भी लोकप्रिय है। मिसाल के तौर पर थाइलैंड और इंडोनेशिया में। थाइलैंड की ऐतिहासिक राजधानी अयुत्थया तो अयोध्या की ही नामराशि है। लेकिन हमें, महाकाव्य रामायण—जो कि असंदिग्ध रूप से एक महान साहित्यिक कृति है—के प्रभाव और देवत्व की मान्यता में तो अंतर करना ही होगा। वास्तव में उस प्राचीन महाकाव्य में राम को एक अच्छे और आत्मत्यागी राजा के रूप में ही प्रस्तुत किया गया है, ना कि ईश्वर के रूप

में। एक जगह में उसे जाबालि नाम का एक पंडित उपदेश भी देता है कि 'ओ राम, समझदार बनो, इस जगत के सिवा और जगत नहीं है, ये निश्चित जानो। जो वर्तमान है, उसका भोग करो और अप्रिय है, उसे पीछे छोड़कर आगे बढ़ जाओ।'

एक हिंदू राजनीतिक नेता ने जाहिर है कि बड़ी श्रद्धा के साथ मस्जिद के ध्वंस को 'हनुमान की गदा का काम' बताया था। उनका इशारा महाकाव्य रामायण में राम के सहयोगी वानर राजकुमार हनुमान की ओर था। बेशक, उन्हें मस्ज़िद का ध्वंस इसी रूप में नज़र आया होगा। फिर भी, यह सज्जन इस बात को शायद ही अनदेखा कर पाएँगे कि भारत के अनेक दूसरे हिस्सों में करोड़ों हिंदुओं के बीच हनुमान को किसी विशेष श्रद्धा का पात्र नहीं समझा जाता है। वास्तव में लोकप्रिय नाटकों में, मिसाल के तौर पर ग्रामीण बंगाल में हनुमान, एक बहुत ही हास्यपूर्ण चरित्र के रूप में आता है—दुलारा-सा, हँसाने वाला और बहुत प्यारा लगने वाला, लेकिन लगभग हर तरह की पवित्रता से रहित। वास्तव में रवींद्रनाथ टैगोर ने अपनी विजन ऑफ इंयिाज हिस्ट्री में, रामायण महाकाव्य के नायक राम की ठीक इसीलिए अलग से प्रशंसा की थी, क्योंकि टैगोर के अनुसार वह उन आदिम कबीलों को, जिनमें से कुछ का गणचिह्न वानर था और कुछ का भालू, देवता नज़र आये थे।

इस तरह, हिंदुओं और मुसलमानों के बीच धार्मिक विभेदों को खुद हिंदू धर्म के भीतर की विभिन्नताओं और भारत के विभिन्न क्षेत्रों के बीच की विभिन्नताओं से अलग नहीं किया जा सकता है। वही क्षेत्रीय विभिन्नता आधुनिक राजनीति पर भी लागू होती है। वास्तव में चुनावी राजनीति तक में हिंदू राजनीति पार्टी, भारतीय जनता पार्टी (भाजपा) की ताकत बहुत हद तक उत्तरी पश्चिमी भारत तक ही सीमित है और पूर्वी तथा दक्षिणी राज्यों में उसको बहुत ही कम समर्थन हासिल है। अगर भारत में धार्मिक विभिन्नताएँ गौर करने वाली हैं तो उतनी ही तीखी क्षेत्रीय विभिन्नताएँ भी मौजूद हैं। पिछले लोकसभा चुनाव में भारतीय संसद के लिए भाजपा के जो सदस्य चुने गए थे, उनमें 90 फीसदी से ज्यादा उत्तरी तथा पश्चिमी भारत के सिर्फ आठ राज्यों तथा केंद्र शासित प्रदेशों से आए थे (इनमें भी 40 फीसदी से ज्यादा एक ही राज्य—हालाँकि सबसे बड़े राज्य—उत्तर प्रदेश में ही है), जबकि भारत में कुल 32 राज्य और केंद्र शासित प्रदेश हैं (इनमें से 20 ने भाजपा के किसी भी सदस्य को नहीं चुना था)।

इन क्षेत्रीय भिन्नताओं की व्याख्या करने के लिए विभिन्न कारकों की चर्चा की गई है। मिसाल के तौर पर, एक यही तथ्य कि मुगल साम्राज्य कभी दक्षिण में नहीं फैला था और पश्चिम में भी अपेक्षाकृत कमजोर ही था। यों भी मुगल साम्राज्य के खिलाफ, हिंदू शासकों की लड़ाइयों का इतिहास उत्तर में (मसलन राजस्थान के राजपूत) और पश्चिम में (मसलन महाराष्ट्र के मराठा) ज्यादा रहा है। बहरहाल, इन

विभिन्नताओं को पर्याप्त रूप से समझने के लिए दूसरे अनेक सामाजिक और सांस्कृतिक कारकों को शामिल करना होगा।

भारत की विभिन्नताओं और भेदों को देखते हुए, देश की चौतरफा राजनीति में एक समग्र बहुलता के आवश्यक हिस्से के रूप में धर्मनिरपेक्षता का कोई दूसरा विकल्प है नहीं। बहरहाल, इसका मतलब यही नहीं है कि धर्मनिरपेक्ष रुख की अपनी कोई समस्याएँ ही नहीं हैं। धर्मनिरपेक्षता वास्तव में अलग-अलग रूप ग्रहण कर सकती है और इस पर बहस की काफी गुंजाइश रहती है कि उसे क्या रूप लेना चाहिए। भारत में धर्मनिरपेक्षता का जिस रूप में व्यवहार हो रहा है, उसकी एक समस्या यह है कि यह धर्मनिरपेक्षता, विभिन्न समुदायों की असहिष्णुता की भावनाओं के कुल योग को प्रतिबिंबित करती है और सहिष्णुता की उनकी क्षमताओं के योगफल पर आधारित नहीं है। भारत में ऐसे किसी भी बयान या किसी भी कार्रवाई को, जो प्रमुख समुदायों में से किसी में भी गुस्सा भड़का सके, एक ऐसी चीज की तरह देखा जाता है, जिस पर प्रतिबंध लगाया जाना चाहिए। सेंसरशिप का इस्तेमाल करने में यह घोड़ा दबाने की तत्परता, अभिव्यक्ति की स्वतंत्रता को सहन करने के भारत के अन्य मामलों में अच्छे रिकार्ड के साथ मेल नहीं खाती है।

मिसाल के तौर पर, भारत पहला देश था, जिसने सलमान रुश्दी की 'सैटनिक वर्सेज' के वितरण पर पाबंदी लगाई थी। उसने यह प्रतिक्रिया ईरानी अधिकारियों द्वारा इस पुस्तक पर ध्यान दिए जाने और अपना हत्यारा फतवा जारी किए जाने से पहले ही कर दिखाई थी। ऐसी ही दूसरी मिसालें भी दी जा सकती हैं, जब अधिकारियों ने किसी भी धार्मिक समुदाय द्वारा अपनी धार्मिक भावनाओं को आघात पहुँचने की शिकायत किए जाने पर, दमनकारी कदम उठाने में बड़ी तत्परता दिखाई है। यह स्थिति एक सहिष्णु समाज की ओर नहीं ले जाती है। इस स्थिति की तुलना आधुनिक ब्रिटेन में देव निंदा कानून के मसले से की जा सकती है। यूनाइटेड किंगडम औपचारिक रूप से ईसाई राज्य है, जहाँ सिर्फ ईसाई विश्वासों के मामले में देव निंदा संबंधी कानून है। ब्रिटेन में इसकी माँगें उठती रही हैं कि इन देव निंदा संबंधी कानूनों को, दूसरे धर्मों के विश्वासों पर लागू किया जाए। आधुनिक ब्रिटेन में लोग जिन अलग-अलग धर्मों का पालन करते हैं, उनके प्रति समान रुख अपनाने का एक तरीका यह हो सकता है कि उपर्युक्त माँग को पूरा कर दिया जाए। लेकिन, इसी का एक और तरीका यह भी हो सकता है कि देव निंदा से संबधित कानूनों को ही खत्म कर दिया जाए। कोई धर्मनिरपेक्ष राज्य इन दोनों में से किसी भी दिशा को अपने लिए चुन सकता है। फिर भी, जो लोग एक ऐसे आधुनिक समाज में विश्वास रखते हैं, जो अभिव्यक्ति की स्वतंत्रता का आदर करता हो, उन्हें देव निंदाविरोधी कानूनों के खात्मे का ही रास्ता चुनना चाहिए, न कि इन कानूनों को सभी धर्मों के मामले में

लागू करने का। आधुनिक भारत में और मैं जोड़ना चाहूँगा कि आधुनिक ब्रिटेन में भी, इन मुद्दों को अभी पूरी तरह से संबोधित नहीं किया गया है।

एक और प्रश्न भी है, जिसका संबंध इस तथ्य से है कि धर्मनिरपेक्षता की भारतीय व्याख्या में विभिन्न समुदायों के बीच कुछ ऐसे कानूनी भेद भी शामिल हैं, जिनका संबंध उनके अपने-अपने पर्सनल कानूनों से है। मिसाल के तौर पर, एक हिंदू को बहुविवाह के लिए दंडित किया जा सकता है, लेकिन मुसलमान को चार बीवियाँ तक रखने की इजाजत है, जो कथित रूप से इस्लामिक कानूनी व्यवस्था पर आधारित है (हालाँकि, व्यवहार में भारतीय मुसलमानों में विरले ही इस प्रावधान का उपयोग होता होगा)। इसके अलावा, दूसरे अंतर भी हैं। मिसाल के तौर पर, तलाक की स्थिति में पत्नी के लिए की जाने वाली व्यवस्था के सिलसिले में, इस मामले में, इस्लामी कानून की कुछ व्याख्याओं के हिसाब से मुस्लिम महिलाओं को, हिंदू महिलाओं के मुकाबले कम उदार गारंटियाँ हासिल हैं।

इन विभेदों का बार-बार नाम लेकर हिंदू राजनीतिक कार्यकर्ता यह दावा पेश करते हैं कि भारत में, बहुसंख्यक समुदाय होने के नाते हिंदुओं के खिलाफ भेदभाव हो रहा है। जाहिर है कि यह एक हास्यास्पद आरोप है, क्योंकि यहाँ जो भेदभाव हो भी रहा है, हिंदू मर्दों के खिलाफ नहीं, बल्कि मुस्लिम महिलाओं के खिलाफ हो रहा है। वास्तव में इस तरह की हिंदू राजनीतिक शिकायतों में, ऐसे पुरुषत्व दंभी नज़रिए की छाप स्पष्ट देखी जा सकती है। इसी तरह इस बार-बार दोहराये जाने वाले दावे का भी कोई गंभीर तथ्यात्मक आधार नहीं है कि बहुपत्नी प्रथा के चलते मुस्लिम आबादी की वृद्धि दर हिंदुओं के मुकाबले ज्यादा है। फिर भी, विभेदपूर्ण बर्ताव का जो आम मसला है, एक महत्त्वपूर्ण मसला है और अगर भारतीय नागरिक कानून के प्रावधान सभी समुदायों के व्यक्तियों के लिए समान रूप से लागू करने की कोशिश की जाए, तो इसमें न तो कुछ भी गैरधर्मनिरपेक्ष होगा और न ही संकीर्णतावादी।

आज भारत में धर्मनिरपेक्षता और बहुलतावादी सहिष्णुता के सामने खड़ी चुनौतियों के स्रोत क्या हैं? मुझे लगता है कि हम तीन अलग-अलग—हालाँकि परस्पर असंबद्ध—प्रवृत्तियाँ पहचान सकते हैं—

(1) सांप्रदायिक फासीवाद, (2) संकीर्ण राष्ट्रवाद और (3) लड़ाकू कठमुल्लावाद।

फासीवाद की संज्ञा का अक्सर और अंधाधुंध ढंग से, एक गाली की तरह इस्तेमाल किया जाता है। बेशक, मेरा यह दावा नहीं है कि हिंदू राजनीति का सारा-का-सारा आंदोलन किसी भी अर्थ में फासीवादी कहा जा सकता है। फिर भी, कुछ ऐसी ठोस राजनीतिक विशेषताएँ हैं, जो आम तौर पर फासीवादी आंदोलन के साथ जोड़ी जाती हैं और ये तत्त्व निश्चित रूप से कुछ उन ग्रुपों में मौजूद हैं, जिन्हें आज भारत में हिंदू उग्रवादी राजनीति के साथ जोड़कर देखा जाता है। संकीर्ण लक्ष्यों

को हासिल करने के लिए हिंसा तथा धमकी का उपयोग, किसी खास समुदाय के सदस्यों को अपना शिकार बनाना, उन्मादपूर्ण और अत्यंत विभाजनकारी दुहाइयों के आधार पर जन-लामबंदी और खास समूहों के खिलाफ असंवैधानिक और जोर-जबर्दस्ती के तरीकों का इस्तेमाल, इनमें से कुछ विशेषताएँ हैं। बंबई में हिंदूवादी संगठनों ने खास तौर पर स्पष्ट रूप से फासीवादी प्रवृत्तियों का प्रदर्शन किया है। आम तौर पर हुए दंगों के अलावा, शहर में अनेक मुसलमानों की हत्याएँ उग्रवादी हिंदू गुटों द्वारा बहुत ही संगठित ढंग से की गई थीं। ज्यादातर हमले लड़ाकू संगठन शिव सेना के संयोजन में हुए थे, जोकि बंबई में खास तौर पर शक्तिशाली है।

बंबई की हिंसा में खास तौर पर ऐसी विशेषताएँ थीं, जो उसे सांप्रदायिक टकरावों से भिन्न बनाती हैं। मिसाल के तौर पर, कुछ भूस्वामियों ने इस मौके का फायदा उठाकर बेघर लोगों द्वारा बसाई गई अवैध बस्तियों और झोंपड़पट्टियों को नष्ट करवा दिया। इसी तरह, प्रतिद्वंद्वियों का खात्मा करने के लिए कुछ व्यापारिक हितों ने अपने प्रतिद्वंद्वियों की दुकानें नष्ट करने के लिए इन हिंसक ग्रुपों को पैसा दिया। ऐसी ही और भी बातें हैं। अक्सर फासीवादी कार्रवाइयों के साथ-साथ, भयावहतम के बचे रहने के आम माहौल में, इस तरह की गतिविधियाँ चला करती हैं।

हाल के बंबई दंगों के शिकार हुए ज्यादातर लोग मुसलमान थे। ये मुख्यतः गरीब थे और ज्यादातर खस्ताहाल कच्ची बस्तियों में रहने वाले लोग थे। बहरहाल, परंपरागत रूप से हिंसा से अछूते रहने वाले खाते-पीते शहरी ग्रुपों के कुछ सदस्यों की भी हत्याएँ की गईं। शिव सेना के नेता बाल ठाकरे ने एक भेंटवार्ता में बताया है कि हिंसा करने वाली भीड़ें वास्तव में उनके 'नियंत्रण' में थीं, कि उनकी पार्टी को राजनीतिक उपयोग के लिए नागरिकों से सलामती का हफ्ता वसूलने में कोई शर्म, कोई हिचक नहीं हुई और कि अगर मुसलमान 'नाजी जर्मनी के यहूदियों की तरह बर्ताव करेंगे,' तो इसमें भी 'कोई गलती नहीं होगी कि उनके साथ जर्मनी में यहूदियों के साथ हुआ व्यवहार ही किया जाए।'

शिव सेना एक स्थानीय चीज है, महाराष्ट्र राज्य तक सीमित और उसमें भी मुख्यतः बंबई तक। यहाँ तक कि बंबई में भी शिव सेना का चुनावी समर्थन अच्छा-खासा होते हुए भी सीमित ही है और पिछले वर्ष बंबई नगर निगम के चुनाव में इस ग्रुप को एक तिहाई से काफी कम सीटें हासिल हुई थीं। फिर भी, इसके सदस्य शहरी महाराष्ट्री गरीबों की कुंठाओं को एक विनाशकारी दिशा देने में सफल रहे हैं और उन्होंने हिंसा, दाब-धौंस और रणनीतिक रूप से संगठित जनोन्माद के जरिए, अपना राजनीतिक प्रभाव बढ़ाने की कोशिश की है।

बंबईवासियों में, हिंदुओं और मुसलमानों, दोनों में ही ऐसे बहुत से लोग हैं, जिन्होंने अपनी जान जोखिम में डालकर दूसरे लोगों की जानें बचाई हैं। इनमें कुछ की अंतर्राष्ट्रीय स्तर पर भी सराहना हुई है (मिसाल के तौर पर, महान क्रिकेट खिलाड़ी

सुनील गावस्कर की बहादुरी की खबरें व्यापक रूप से इंग्लैण्ड के अखबारों में छपी थीं)। बहरहाल, दूसरे भी बहुत से ऐसे लोग थे। लेकिन, इन दंगों को रोकने में बंबई पुलिस का रिकार्ड बहुत ही खराब रहा। यही नहीं, सांप्रदायिक फासीवादी सोच किस हद तक पुलिस में फैल गई है, इसे भारतीय प्रेस ने बेनकाब किया है। बिजनेस इंडिया के पत्रकार कुछ वरिष्ठ अधिकारियों द्वारा समस्याग्रस्त स्थलों पर तैनात पुलिस वालों को विशेष फ्रीक्वेंसी पर वायरलैस के द्वारा भेजे गए सरासर पक्षपातपूर्ण और हिंदूपरस्त निर्देशों के टेप हासिल करने में भी सफल रहे। इसके आधार पर भारतीय अदालतों ने बंबई पुलिस को निर्देश दिए थे कि जब तक न्यायिक जाँच पूरी नहीं हो जाती है, अधिकारियों के निर्देशों के टेप सील कर दिए जाएँ।

बहरहाल, मुसलमान ही शिव सेना के हमलों का निशाना नहीं बने हैं और उसके हमलों का निशाना बनने वाले सबसे पहले तो नहीं ही हैं। शिव सेना का यूनियनों पर हमले करने और उन्हें संगठित होने से रोकने का लंबा रिकार्ड रहा है। वह क्षेत्रीय संकीर्णता को बढ़ावा देने वाली भी प्रमुख ताकत रही है। वास्तव में वह सत्तर के दशक की शुरुआत में ही सुर्खियों में आई थी और उस समय उनका आंदोलन बंबई में बसे गैरमहाराष्ट्रियों के खिलाफ और खास तौर पर दक्षिण भारतीयों के खिलाफ था, जिन्हें शिव सेना के नेता बंबई से खदेड़ देना चाहते थे। मुसलमानों को हमले के लिए उनके छाँटने की बात अपेक्षाकृत हाल की ही है।

मैंने अगर बंबई में शिव सेना की हिंसा पर ही ध्यान केंद्रित किया है, तो इसकी वजहें दो हैं। एक तो यह कि हाल में मारे गए लोगों में से बहुत बड़ा हिस्सा बंबई के निवासियों का ही था और इस शहर में मरने वालों का आंकड़ा 800 से ऊपर है। दूसरे, सांप्रदायिक फासीवाद का यह रूप—भले ही अब तक मुख्यतः बंबई में ही केंद्रित हो—भारत में दूसरी जगहों में भी उठ सकता है। फासीवादी आंदोलन अक्सर ऐसे हालात में फलते-फूलते हैं, जब अपेक्षाकृत कम दृढ़संकल्प राजनीतिक ग्रुप उन्हें बर्दाश्त करने या उन्हें सहलाने के लिए तैयार होते हैं। इस मामले में नेतृत्वकारी हिंदू राजनीतिक संगठन भाजपा ने—जो अपने आप में एक फासीवादी पार्टी नहीं है—शिव सेना की हिंसक गतिविधियों की निंदा करने से इनकार किया है और वास्तव में उसे अपने सहयोगी की तरह ही लिया है।

हिंदूवादी आंदोलन के घोर दक्षिणपंथी बाजू के इस तरह मिलीभगत रखने में, आश्चर्य की भी कोई खास बात नहीं है। मिसाल के तौर पर, राष्ट्रीय स्वयंसेवक संघ (आरएसएस) के बारे में, जिसे महात्मा गाँधी की हत्या के मामले में भी दोषी माना गया था, यह बात लागू होती है। फिर भी, बंबई की घटनाओं के सिलसिले में अटलबिहारी जैसे अपेक्षाकृत उदार हिंदू नेता भी बंबई में शिव सेना द्वारा की गई जघन्यता की भर्त्सना करने में विफल रहे। शायद इससे भी ज्यादा महत्त्वपूर्ण यह है कि कांग्रेस पार्टी, जोकि केंद्र की और महाराष्ट्र राज्य की सरकारें चला रही है

तथा बंबई नगर पालिका (पुलिस समेत) पर जिसका नियंत्रण है, उसने भी शिव सेना की हिंसा को रोकने की कोई गंभीर कोशिश नहीं की। बंबई में और शेष भारत में हुई त्रासदी का एक महत्त्वपूर्ण हिस्सा पहरे पर बैठाया गया। वह कुत्ता भी है जो मौके पर नहीं भौंका।

कांग्रेस पार्टी, जिसे संसद में 545 में से 225 सीटें मिली थीं, एक अल्पमत सरकार चला रही है। आर्थिक नीतियों के मसले पर (खास तौर पर सरकारी कानूनों के उदारीकरण के मसले पर) अक्सर उसका विरोध वामपंथी पार्टियों द्वारा किया जाता है (जनता दल को 59 सीटें हासिल हैं, जबकि दोनों कम्युनिस्ट पार्टियों को 49)। लेकिन, धर्मनिरपेक्षता के मसले पर कांग्रेस उनके समर्थन और करीब-करीब दूसरी सभी—ज्यादातर क्षेत्रीय-पार्टियों के समर्थन पर निर्भर कर सकती थी और 119 सीटों पर काबिज भाजपा तथा 4 सीटों पर काबिज शिव सेना का मुकाबला कर सकती थी। इस तरह, इस मसले पर कांग्रेस पार्टी संसद में किसी भी तरह खतरे में नहीं थी और वास्तव में दूसरी अनेक पार्टियों ने हिंदू राजनीतिक हिंसा के खिलाफ कड़ा रुख अपनाने में कांग्रेस की विफलता पर, अपनी नाराजगी और क्षोभ का भी इजहार किया है। कभी-कभार कांग्रेस के नेताओं ने आकस्मिक ढंग से कार्रवाइयाँ भी की हैं। मसलन, अयोध्या में मस्ज़िद गिराए जाने के बाद उन्होंने किसी हद तक संदिग्ध किस्म के सवैधानिक प्रावधानों का इस्तेमाल कर, भाजपा शासित चार राज्यों में उसकी सरकारों को बर्खास्त किया था। बहरहाल, उन्होंने न तो सतत ढंग से हिंदू राजनीतिक पार्टियों की कार्रवाइयों को चुनौती दी है और न ही सांप्रदायिक राजनीति के खिलाफ, राष्ट्रीय एकता की रक्षा करने के लिए कारगर नेतृत्व प्रदान किया है।

ऐसा लगता है कि कांग्रेस के हाथ प्रधानमंत्री नरसिंह राव के नम्र और किसी हद तक भीरु स्वभाव से ही नहीं बँधे रहे हैं, बल्कि खास तौर पर उत्तरी भारत में, संकीर्णतावादी हिंदू पार्टियों के हाथों वोट खोने के कांग्रेसी राजनीतिज्ञों के सिर पर सवार भय के भूत से भी बँधे रहे हैं। खुद इस पार्टी में मतभेद रहे हैं और कुछ अखबारों का कहना है कि इस पार्टी ने जो कड़ी कार्रवाइयाँ की भी हैं, मसलन भाजपाई राज्य सरकारों को बर्खास्त करना, आर.एस.एस. जैसे उग्रवादी संगठनों पर पांबदी लगाना और 25 फरवरी को नई दिल्ली में भाजपा के प्रदर्शन को रोकना आदि, ये भी ज्यादातर ऐसे कैबिनेट सदस्यों के आग्रह पर हुई हैं, जो टकराव के पक्षधर हैं। 25 फरवरी के भाजपा के प्रदर्शन को रोकने के लिए पुलिस ने जो कड़ी और कुशलतापूर्ण कार्रवाई की, उससे यह उम्मीद जगी लगती है कि जनाब राव अब भी अपेक्षाकृत मजबूत नेतृत्व देने में समर्थ हो सकते हैं। फिर भी, उस रोज जो उन्होंने कदम उठाए थे, ज्यादातर नकारात्मक ही थे। जनता से अपील करने या जन-प्रतिरोध संगठित करने के लिए कुछ भी नहीं किया गया और राव ने हिंदू राजनीतिक कार्यकर्ताओं को राजधानी में जमा होने से रोकने के लिए लगभग पूरी तरह से, पुलिस बल का

ही सहारा लिया था।

हिंदू राष्ट्रवाद के संकीर्ण नजरिए को आगे बढ़ाना इस उपमहाद्वीप में कोई नया नहीं है, हालाँकि हिंदू महासभा–जोकि ब्रिटिश भारत में हिंदू राष्ट्रवाद का प्रतिनिधित्व करती थी–हिंदुओं के बीच उतनी सफल नहीं रही, जितनी कि मुस्लिम लीग मुसलमानों के बीच रही थी। हालाँकि हिंदू महासभा के नेताओं ने औपचारिक रूप से मोहम्मद अली जिन्ना की प्रस्थापना का अनुमोदन नहीं किया था कि हिंदू और मुसलमान 'दो राष्ट्र' हैं–यह विचार देश के विभाजन और पाकिस्तान के निर्माण के मुस्लिम लीग अभियान का हिस्सा था–फिर भी उनका अपना रुख, इस नज़रिए से बहुत भिन्न नहीं था। बहरहाल, हिंदू महासभा भारत की चुनावी राजनीति में आजादी से पहले भी और आजादी के बाद भी बुरी तरह विफल रही और ज्यादातर हिंदू, धर्मनिरपेक्ष पार्टियों के प्रति ही वफादार रहे।

भाजपा उसी हिंदू राष्ट्रवादी आंदोलन की उत्तराधिकारी है और हिंदू महासभा (और बाद में जनसंघ पार्टी) के विपरीत भाजपा, अब बहुत ही सफल है। हाल के वर्षों में यह पार्टी तेजी से बढ़ी है और 1984 के चुनाव में भारतीय संसद में सिर्फ 2 सीट पाने से बढ़कर 1989 में 85 और 1991 में कुल 545 में से 119 सीटों तक पहुँच गई है। यह सही है कि पिछले चुनाव में भी भारत के तीन चौथाई से ज्यादा हिंदुओं ने व्यावहारिक मायनों में भाजपा के खिलाफ वोट दिया था, क्योंकि उन्होंने धर्मनिरपेक्ष पार्टियों को अपना वोट दिया था। फिर भी, जनता के वोट का चौथाई हिस्सा भी खासा बड़ा हिस्सा होता है और ऐसा लगता है कि हाल के आंदोलन ने कम-से-कम पश्चिमी और उत्तरी भारत में उसके फैलाव की रफ्तार को और तेज कर दिया है और भारतीय राजनीति के प्रति भाजपा के रुख के केंद्र में हिंदू राष्ट्रवाद का ही कोई-न-कोई रूप मौजूद है।

किसी राष्ट्र में कोई एक धार्मिक समुदाय, सिर्फ धार्मिक पहचान के आधार पर खुद को एक अलग राष्ट्र कैसे मान सकता है? यह साबित करने के लिए कि अविभाजित भारत में वास्तव में 'दो राष्ट्र' थे। मुस्लिम लीग के कुछ नेता तर्क दिया करते थे कि मुसलमान पश्चिम के देशों से आए थे और वे भारत के मूल वासी नहीं थे। राजनीतिक लफ्फाजी के इतिहास को पूरी तरह उलटते हुए अब इस 'दो राष्ट्र' सिद्धांत को प्रत्यक्ष रूप से बहुत से हिंदू प्रवक्ताओं द्वारा पेश किया जा रहा है। वास्तव में इस सिद्धांत में शायद ही कोई सच्चाई है, क्योंकि इस उपमहाद्वीप में मुसलमानों का प्रचंड बहुमत उन स्थानीय परिवारों से ही आता है, जिन्होंने इस्लाम स्वीकार कर लिया था, न कि बाहर से आए लोगों से।

हिंदू राष्ट्रवाद के प्रवक्ताओं द्वारा इस्तेमाल किया जाने वाला एक और काल्पनिक सिद्धांत यह है कि भारतीय मुसलमान, भारत के बज़ाय पाकिस्तान के प्रति वफादार हैं। लेकिन, इस सिद्धांत के भी पक्ष में कोई गम्भीर साक्ष्य नहीं हैं। इसके विपरीत

बहुत सारे मुसलमानों ने पाकिस्तान जाने के बजाय विभाजन के बाद भारत में ही रहने का फैसला लिया था और इस तरह सोच-समझकर उस देश को अपनाया था, जो उनके विचार में उनका है। सशस्त्र बलों में, कूटनीतिक सेवाओं में और सरकारी प्रशासन में, मुसलमान भारत के प्रति उतने ही वफादार रहे हैं, जितने कि हिंदू या अन्य भारतवासी रहे हैं।

हिंदू राष्ट्रवादी भारतीय इतिहास का सहारा लेने की कोशिश करते हैं और यह रेखांकित करते हैं कि उत्तरी भारत के मुसलमान बादशाहों ने अनेक हिंदू मंदिरों को तोड़ा था या नष्ट-भ्रष्ट किया था। यह बात तो तय है कि ग्याहरवीं और तेरहवीं सदियों के बीच शुरुआती मुस्लिम आक्रमणकारी और शासक बहुत ही विनाशकारी थे। मिसाल के तौर पर, आज के अफगानिस्तान में आने वाले गजनी के इलाके से आए सुल्तान महमूद ने, ग्यारहवीं सदी में बार-बार उत्तरी और पश्चिमी भारत पर चढ़ाइयाँ की थीं और अनेक शहरों तथा मंदिरों को तबाह किया था, जिनमें कन्नौज, मथुरा और अब के काठियावाड़ के प्रसिद्ध मंदिर शामिल हैं। लेकिन, जैसे-जैसे इस्लामी शासक भारत में ज्यादा घुलते-मिलते गए, वैसे-वैसे इस विनाश में स्पष्ट कमी आई। उत्तरी तथा मध्य भारत के अधिकांश हिस्से पर सोलहवीं सदी में शासन करने वाले महान मुगलों में से ज्यादातर को, शायद ही किसी तरह हिंदू भवनों तथा संस्थाओं को नष्ट करने वाला कहा जा सकता है।

हिंदू राजनीतिक ग्रुपों द्वारा सत्रहवीं सदी के आखिर में मुगल बादशाह औरंगजेब द्वारा हिंदू धर्म के प्रति प्रदर्शित असहिष्णुता का बड़ा बखान किया जाता है। यह वह दौर था, जब उसने कुछ मंदिर तोड़े थे और कुछ समय के लिए अन्य कदमों के अलावा, हिंदुओं पर अलग से एक कर भी लगाया था। औरंगजेब के बारे में यह सब तो ठीक है, लेकिन उसे भारत के एक आम मुसलमान बादशाह की तरह देखना, इतिहास का मिथ्याकरण करना होगा। वास्तव में अन्य मुगल बादशाहों में से किसी ने भी दूर-दूर तक औरंगजेब जैसी कोई असहिष्णुता नहीं दिखाई थी और कुछ ने तो विभिन्न धार्मिक समुदायों के साथ एक-सा बर्ताव करने के भारी प्रयास भी किए थे। जाहिर है कि अकबर, जिसे मुगल बादशाहों में सबसे ज्यादा याद किया जाता है और जिसने 1556 से 1605 तक शासन किया था, हिंदू दर्शन तथा संस्कृति के प्रति खास तौर पर मैत्रीपूर्ण रुख रखता था। उसने तो भारत के विभिन्न धर्मों से चुनकर एक मिले-जुले धर्म जैसी चीज स्थापित करने की भी कोशिश की थी। उसका दरबार हिंदू और मुसलमान बुद्धिजीवियों, कलाकारों तथा संगीतज्ञों से भरा हुआ था और उसने दूसरे तरीकों से भी, पूरी तरह से गैरपक्षपातपूर्ण रहने की कोशिश की थी।

यहाँ तक कि खुद औरंगजेब का अपना भाई दाराशिकोह, हिंदू दर्शन में गहरी रुचि रखता था और उसने विद्वानों की मदद से कुछ उपनिषदों का फारसी अनुवाद

कराया था, जिन्हें वह कुछ मायनों में कुरआन से भी बढ़कर मानता था। दारा, शाहजहाँ का सबसे बड़ा और सबसे प्रिय पुत्र था—उसी शाहजहाँ का जिसने ताजमहल बनवाया। औरंगजेब, बादशाह भी दारा के खिलाफ लड़कर और उसे शिकस्त देकर ही बना था। उसने दारा को यातनाएँ दिलवाई थीं और उसका सिर कलम करवा दिया था। उसने शाहजहाँ को भी ताजिंदगी कैद करके रखा था। अब यह तो कह पाना मुश्किल है कि हिंदुओं के प्रति औरंगजेब के शत्रु-भाव का, अपने सर्वसंग्रहवादी और किसी हद तक हिंदू रंग में रंगे भाई के प्रति उसकी घृणा से भी कुछ संबंध था या नहीं। बहरहाल, उसे भारत का एक सामान्य मुस्लिम शासक बना देना, इतिहास के साथ जबर्दस्ती होगी।

औरंगजेब के अपने बेटे ने, जिसका नाम भी अकबर था और जिसने अपने बाप के खिलाफ बगावत की थी, औरंगजेब की बादशाही सत्ता के खिलाफ लड़ने के लिए, हिंदू राजपूतों के साथ गठबंधन किया था। औरंगजेब ने उसे राजपूतों की भर्त्सना करते हुए जो चिट्ठी लिखी थी, उसके जवाब में अकबर ने अपने सहयोगियों की भूरि-भूरि प्रशंसा करते हुए चिट्ठी का जवाब लिखा था। बाद में जब औरंगजेब ने अपने बेटे अकबर को राजपूताना से खदेड़ दिया, वह शिवाजी के बेटे, राजा संभाजी के साथ जा मिला और उनके साथ मिलकर उसने औरंगजेब के खिलाफ संयुक्त मोर्चा बनाया।

हिंदू उग्रवादी ग्रुप पिछले कुछ समय से, भारतीय इतिहास फिर से गढ़ने में लगे हुए हैं। उन्होंने बार-बार स्कूली पाठ्य पुस्तकों में संशोधन करने की कोशिशें की हैं, ताकि भारत के अतीत में जो कुछ हुआ था, उसका अपना मनमुताबिक गढ़ा हुआ ब्यौरा शामिल कर सकें और भारतीय इतिहास में मुसलमानों के योगदान को कम करके दिखा सकें। उनके ब्यौरे, अपेक्षाकृत अधिक तटस्थ तथा कम राजनीतिक, हिंदू धार्मिक नेताओं के पहले के आकलनों से बहुत ही भिन्न हैं। मिसाल के तौर पर, हिंदू धार्मिक नेता श्री अरविंद, जिन्होंने पांडिचेरी में प्रसिद्ध आश्रम स्थापित किया था, भारत में मुस्लिम शासन के इतिहास को बहुत ही भिन्न ढंग से देखते थे :

"मुसलमानों का प्रभुत्व कुछ ही समय में विदेशी नहीं रह गया... मुगल साम्राज्य एक महान और शानदार रचना थी और उसके निर्माण तथा उसे बरकरार रखने में जबर्दस्त राजनीतिक मेधा और प्रतिभा का उपयोग किया गया था। वह किसी भी मध्ययुगीन या समकालीन यूरोपीय राज्य या साम्राज्य जितना ही शानदार, शक्तिशाली और परोपकारी था और औरंगजेब के कट्टरपंथी उत्साह के बावजूद, धर्म के मामले में उनके मुकाबले कई गुना ज्यादा उदार और सहिष्णु था।"[64]

अगर भारत के कुछ हिस्सों में हिंदू मध्यवर्ग अचानक अतीत में मुस्लिम शासकों के कथित अत्याचारों के बारे में ज्यादा ही सचेत हो उठा है, तो इसकी वजह यह नहीं है कि हाल ही में कोई नए ऐतिहासिक तथ्य सामने आ गए हैं। इसकी वजह,

सिर्फ यह है कि हिंदू राजनीतिक कार्यकर्ता, तथ्यों और कल्पनाओं को गड्डमड्ड कर एक काल्पनिक अतीत का पुनःसृजन करने की कोशिश करते रहे हैं। यह विचार ही कि, मुस्लिम शासकों के अतीत के अत्याचारों का बदला अब, समकालीन भारतीय मुसलमान की नागरिक हैसियत पर हमला करके लिया जा सकता है, न सिर्फ नैतिक रूप से जघन्य है, बल्कि ऐतिहासिक रूप से ऊट-पटाँग भी है।

हिंदुओं और मुसलमानों के 'दो राष्ट्र' होने के विचार का, भारतीय साहित्य और संस्कृति में शायद ही कोई आधार खोजा जा सकता है। समकालीन भारतीय विरासत में इस्लामी प्रभाव, हिंदू और अन्य परंपराओं से घुले-मिले हुए हैं, जैसा कि साहित्य, संगीत, चित्रकला, वास्तुकला और दूसरे अनेक क्षेत्रों में बड़ी आसानी से देखा जा सकता है। सवाल सिर्फ इतना नहीं है कि भारतीय संस्कृति में मुस्लिम लेखकों, संगीतकारों, चित्रकारों आदि ने इतने सारे और इतने बड़े-बड़े योगदान किए हैं, बल्कि सवाल यह भी है कि उनकी कृतियाँ हिंदुओं की कृतियों के साथ पूरी तरह घुली-मिली हुई हैं। सच तो यह है कि इस्लामी विचारों और मूल्यों के संपर्क में आने से, हिंदू धार्मिक विश्वासों और आचारों पर भी जबर्दस्त असर पड़ा था। मिसाल के तौर पर, इस्लामी सूफी चिंतन का प्रभाव आसानी से समसामयिक हिंदू-साहित्य के कई हिस्सों में देखा जा सकता है। कबीर जैसे धार्मिक कवि मुसलमान घर में पैदा हुए थे, लेकिन संप्रदायों की सीमाओं से पार चले गए थे। कबीर अपनी एक रचना में ऐलान करते हैं : 'कबीर, अल्लाह और राम का बंदा है, वही मेरा गुरु है और वही मेरा पीर।' वे हिंदू भक्ति कविता से बहुत प्रभावित हुए थे और खुद उन्होंने इस कविता को गहराई तक प्रभावित किया।

इस तरह, भारतीय साहित्य और कलाओं में ऐसी कोई सांप्रदायिक विभाजक रेखा नहीं खींची जा सकती, जो हिंदुओं और मुसलमानों को अलग-अलग कर दे। हिंदुओं और मुसलमानों के परस्पर घुले-मिले काम की यह परंपरा, आज भी सिनेमा जैसे आधुनिक कलारूपों में जारी है। सिनेमा आज भारत में एक बहुत बड़ा उद्योग है। यहाँ तक कि हिंदू कथा पर बनने वाली फिल्मों के लिए भी अक्सर, मुसलमान लेखकों या अभिनेताओं का सहारा लिया जाता है। मिसाल के तौर पर, भारतीय टेलीविजन के लिए निर्मित अत्यंत सफल धारावाहिक महाभारत की पटकथा राही मासूम रज़ा ने लिखी थी और इसमें अर्जुन की भूमिका अदा करने वाले अभिनेता फिरोज खान ने, इस नायक की भूमिका के साथ खुद को इस कदर एकरूप कर लिया कि उसने बाद में, अपना नाम ही बदलकर अर्जुन रख लिया।

वास्तव में भारत में इतनी पीढ़ियों से जिस इस्लाम का पालन हो रहा है, उसे अब उसी तरह एक भारतीय धर्म मानना चाहिए, जैसे कि पारसियों या सीरियाई क्रिश्चियनों के धर्म को भारतीय माना जाता है। जहाँ यह बात सभी जानते हैं कि हिंदू और बौद्ध प्रभाव भारत से दक्षिण-पूर्व एशिया में गए थे और हिंदुत्ववादी लड़ाके

अंकोरवाट जैसे, विष्णु को समर्पित मंदिरों की भव्यता पर गर्व करते हैं, वहीं यह भी एक सच्चाई है कि इस क्षेत्र में इस्लाम का प्रसार भी भारत से ही हुआ था। आज जिन्हें इंडोनेशिया और मलेशिया के नाम से जानते हैं, उन इलाकों के बारे में यह बात खास तौर पर सही है। हिंदू राष्ट्रवाद के विचार को चलाने के लिए, भारतीय मुसलमानों की भारतीयता को कम करके पेश किया जाता है। लेकिन, वास्तव में इस तरह का दृष्टिकोण अपनाए जाने का कोई भी तर्कसंगत आधार नहीं है—न नस्ली, न राजनीतिक, न ऐतिहासिक, न सांस्कृतिक और न साहित्यिक।

धर्मनिरपेक्षता विरोधी आंदोलन का तीसरा घटक है लड़ाकू कठमुल्लापन, यानी अतार्किक और आदिम विश्वासों के जनता पर प्रभाव का राजनीतिक इस्तेमाल, ताकि भयानक उग्रवाद पैदा किया जा सके। इसमें शक नहीं कि पोंगापंथी विश्वासों के आधार पर राजनीतिक उन्माद पैदा करने के लिए, लोगों के धार्मिक-विश्वासीपन का फायदा उठाया जा सकता है। अगर बंबई की घटनाएँ सांप्रदायिक फासीवाद के प्रभाव का संकेत देती हैं, तो अयोध्या में मस्जिद पर हुए हमले यह दिखाते हैं कि किस तरह लड़ाकू कठमुल्लापन की ताकत का इस्तेमाल, एक राजनीतिक हथियार के तौर पर किया जा सकता है। अयोध्या में और अयोध्या के गिर्द जिन हिंदुओं को गोलबंद किया गया था, वे अपने नेताओं के इन निराधार ऐतिहासिक दावों को स्वीकार करने के लिए तैयार थे कि जहाँ मस्जिद थी, पहले ठीक वहीं पर एक राम मंदिर था और उसे एक मुगल बादशाह ने तुड़वा दिया था। वे इस असाधारण नैतिक प्रस्थापना को स्वीकार करने के लिए तैयार थे कि, इस दावे से ही आज मस्जिद का तोड़ा जाना न्यायोचित साबित हो जाता है, ताकि वहाँ एक मंदिर का 'पुनर्निर्माण' हो सके और इस महान 'ज्ञान' को भी कि ईश्वर के अवतार भगवान राम का जन्म, पाँच हजार वर्ष पहले, ठीक उसी स्थान पर हुआ था।

इसमें शक नहीं कि भारत के इस हिस्से में बुनियादी शिक्षा के निचले स्तर ने भी, इस सहज अंधविश्वासीपन में योग दिया। भारत में अब भी प्रौढ़ साक्षरता की दर स्तब्ध करने वाले ढंग से कम है, सिर्फ लगभग 52 फीसदी। इतना ही नहीं, हिंदीभाषी इलाके में, जो भारत में उत्तर से लेकर मध्य तक फैला हुआ है, जहाँ कि हिंदी प्रमुख भाषा है, यह अनुपात पूरे भारत में सबसे कम है। वास्तव में हिंदीभाषी इलाके में साक्षरता की निचली दर, भारतीय औसत को भी काफी नीचे धकेल देती है। यही वह इलाका था, जहाँ राम के नाम पर आंदोलन ने इतनी ताकत हासिल कर ली और वास्तव में अधिकांश अयोध्या आंदोलन, हिंदी भाषी क्षेत्र के तीन राज्यों उत्तर प्रदेश, जहाँ कि अयोध्या पड़ती है, मध्य प्रदेश और राजस्थान—में ही था। इन सभी राज्यों में प्रौढ़ साक्षरता की दर अनुपात से कहीं बहुत कम है। हालाँकि, निरक्षरता का सांप्रदायिक फासीवाद या संकीर्ण राष्ट्रवाद के लिए आम तौर पर केंद्रीय लक्षण होना जरूरी नहीं है, लेकिन लड़ाकू कठमुल्लापन को बनाए रखने में उसकी भूमिका,

वाकई बहुत बड़ी हो सकती है।

जाहिर है कि कठमुल्लापन भारत में कोई नई समस्या नहीं है और महात्मा गाँधी, रवींद्रनाथ टैगोर, जवाहरलाल नेहरू, सभी ने इसके बारे में विस्तार से लिखा है। दिलचस्प बात यह है कि इस सिलसिले में एक बहुत ही पुराना ब्यौरा अरबी में, गणितज्ञ तथा वैज्ञानिक 'अल बरूनी' के ग्यारहवीं सदी के विवरण में मिलता है। अल बरूनी की यह किताब कई सदियों तक भारत की बौद्धिक परंपराओं के सिलसिले में, जिनमें गणित, खगोलशास्त्र तथा दर्शन शामिल हैं, सबसे प्रामाणिक किताब रही है। अल बरूनी, पहली बार हमलावर और लूट-खसोट करने वाले गजनी के महमूद के साथ भारत आए थे और उन्होंने महमूद के धावों के दौरान हुए विनाश का जिस तरह विवरण दिया है, उसका अनुमोदन शायद भाजपा भी कर दे।

"महमूद ने देश की खुशहाली को पूरी तरह से तबाह कर दिया और वहाँ ऐसे कमाल के कारनामे अंजाम दिये, जिनसे हिंदू धूल के कणों की तरह हर तरफ छितरा गए... उनके बिखरे हुए अवशेष, जाहिर है कि सभी मुसलमानों के प्रति बहुत ही गहरी वितृष्णा पालते हैं।" बहरहाल, यह कथित 'वितृष्णा' जाहिर है इतनी ज्यादा नहीं थी कि अल बरूनी को भारी तादाद में हिंदू सहयोगी और मित्र न मिल पाते, जिनकी मदद से उसने संस्कृत सीखी और गणित, दर्शन, खगोलशास्त्र, वास्तुकला तथा धर्म के समकालीन भारतीय ग्रंथों का अध्ययन किया। उसकी रचना का भारतीय विज्ञान तथा गणित के अरबी अध्ययनों के जारी रहने पर भारी प्रभाव पड़ा (जिनकी परंपरा आठवीं सदी तक स्थापित हो चुकी थी), जो अरबों के जरिए यूरोप पहुँचे।

अल बरूनी ने इसका बहुत ही तर्कसंगत ब्यौरा दिया है कि क्यों हिंदू धार्मिक प्रस्थापनाएँ, मूर्तिपूजक नहीं हैं। उन्होंने विस्तार से इसका भी वर्णन किया कि कैसे मूर्तियाँ वास्तव में, लोकप्रिय हिंदू धर्म के अनुयायियों के लिए बनाई गई हैं और इस पर विचार किया कि मूर्तियों के, जिनमें राम की मूर्ति भी शामिल है, उपयुक्त आकार क्या माने जाते हैं। अंत में उन्होंने लिखा :

"इस सब बकवास का जिक्र करने के पीछे हमारा मकसद पाठक को मूर्ति के बारे में ठीक-ठीक जानकारी देना है कि वह अगर कोई मूर्ति देखे, तो समझ सके और यह दिखाना है, जोकि हम पीछे भी कह आए हैं, कि इस तरह की मूर्तियाँ सिर्फ निचले वर्ग के अशिक्षित लोगों के लिए खड़ी की गई हैं, जिनकी समझदारी बहुत कम है, कि हिंदू कभी भी किसी अप्राकृतिक शक्ति की प्रतिमा नहीं बनाते हैं और ईश्वर की तो बिल्कुल नहीं बनाते हैं और अंत में यह दिखाने के लिए कि किस तरह हर तरह की पुजारियों वाली तिकड़मों और फरेबों के जरिए, भीड़ों को भ्रमजाल में फँसाये रखा जाता है।"

हाल में अयोध्या में जो भीड़ें इकट्ठी की गई थीं, उन्हें निश्चय ही भ्रमजाल में ही फँसाये रखा गया था और उन्हें राजनीतिक रूप से सक्रिय पुजारियों और धर्म

का इस्तेमाल करने वाले राजनीतिज्ञों, दोनों की ही काफी तिकड़मों और फरेबों का निशाना बनाया गया था। अल बरूनी एक अन्य स्थान पर उन विचित्र विश्वासों के बारे में लिखता है, जो शिक्षा से वंचित लोगों के बीच प्रचलित हैं और खास तौर पर प्रचलित हैं, "उन जातियों के बीच, जिन्हें विज्ञान में खुद को लगाने की इजाजत नहीं है।" अल बरूनी ने जब यह बात कही थी, उसके बाद से करीब एक हजार वर्ष गुजर चुके हैं। फिर भी, अशिक्षित जनता के अत्यधिक सहज विश्वासीपन और भीड़ को सोचे-समझे ढंग से गलत दिशा में हाँके जाने के प्रभावशालीपन के बारे में उनका यह कथन एक विचित्र-सी समकालीन प्रासंगिकता लिए हुए है। नेहरू की अपनी सरकार से लगाकर, एक के बाद एक भारतीय सरकारें जिस तरह जन-शिक्षा का प्रसार करने में विफल रही हैं, उसने इन तबकों को लड़ाकू कठमुल्लापन का आसान शिकार बनाए जाने में मदद की है और इस कमजोरी का, उग्रवादी हिंदू राजनीतिक नेताओं ने खूब फायदा उठाया है।

जाहिर है कि निरक्षरता को, आम तौर पर हिंदू राष्ट्रवादी राजनीति के कारण के रूप में देखना सही नहीं होगा। निरक्षरता का शायद उस तरह के सांप्रदायिक फासीवाद को बढ़ावा देने में जैसा कि हमने बंबई में देखा, या आम तौर पर हिंदू संकीर्णतावादी राष्ट्रवाद का प्रसार करने में, खास योग नहीं लगता है। बहरहाल, कठमुल्लावादी आंदोलन के लिए, मिसाल के तौर पर अयोध्या आंदोलन के लिए कार्यकर्ता बटोरने में, राजनीतिक नेताओं ने बड़ी चतुराई के साथ, इस व्यापक निरक्षरता और सहज विश्वासीपन का निश्चित रूप से फायदा उठाया है।

बहरहाल, भारत की धर्मनिरपेक्षता की रक्षा के लिए अब क्या किया जा सकता है? हिंदू उग्रवाद के विभिन्न हिस्सों का मुकाबला करने के लिए भिन्न-भिन्न ढंग के प्रत्युत्तरों की जरूरत होगी। सांप्रदायिकता के खतरे का मुकाबला, जनता के और सरकार के भी, दृढ़संकल्प प्रतिरोध के जरिए ही किया जा सकता है। खास तौर पर राजनीतिक सत्ता में बैठे लोगों को, शिव सेना जैसे संगठनों को सहलाना बंद करना होगा। यह देखकर दहशत होती है कि जिम्मेदार राजनीतिक नेता, जनमत का नेतृत्व करने के बजाय उसके बदलने का इंतजार कर रहे होते हैं। बंबई का सबक, मुख्यतः एक नकारात्मक सबक है। भयावह विभीषिका तब घटती है, जब साप्रदायिक हिंसा के रूप में संगठित आतंक का प्रत्यक्ष रूप से मुकाबला नहीं किया जाता है और जब जिम्मेदारी सँभाले बैठे अधिकारीगण, शासन चलाने के बजाय स्थितियों को अपने आप चलने देते हैं। तात्कालिक रूप से यह मुख्यतः एक 'कानून और व्यवस्था' का प्रश्न है, लेकिन दीर्घावधि में शिव सेना और ऐसे दूसरे ग्रुपों की विचारधारा का मुकाबला किए जाने की जरूरत स्पष्ट है।

ऐसा करते हुए भारत की सहिष्णुता और विभिन्नताओं की स्वीकृति की पुरानी परंपराओं को फिर से उभारना जरूरी है। वास्तव में सत्रहवीं सदी के हिंदू सैनिक

नेता शिवाजी तक, जिनके नाम पर जोर-जबर्दस्ती करने वाली शिव सेना का नाम रखा गया है, अन्य धर्मों के प्रति काफी सम्मान का बर्ताव करते थे। कुछ इतिहासकारों ने धार्मिक सहिष्णुता की वकालत करते हुए औरंगजेब को भेजे गए एक प्रभावशाली पत्र को शिवाजी का लिखा बताया गया है। इस पत्र में औरंगजेब की असहिष्णुता और पहले के मुगल बादशाहों (अकबर, जहाँगीर, शाहजहाँ) की नीतियों की तुलना की जाती है और आगे कहा जाता है कि–

"अगर महाराजाधिराज, आपका उन किताबों पर कोई यकीन है, जो दैवीय किताबें कहलाती हैं, तो आपको यह शिक्षा मिली होगी कि खुदा सारी इंसानियत का खुदा है। मूर्तिपूजक और मुसलमान सब उसके जन हैं। सब उसके जन हैं, ...अंत में यह कि आप हिंदुओं से जो खिराज माँगते हैं, न्याय के खिलाफ है।"

यह चिट्ठी वास्तव में शिवाजी ने चाहे लिखी हो या न लिखी हो, लेकिन धार्मिक भिन्नताओं के प्रति उनका रुख इससे अलग नहीं था। (ऐसा कहा जाता है कि यह चिट्ठी नील प्रभु मुंशी ने लिखी थी और शिवाजी लिखना नहीं जानते थे। एक और विचार यह है कि यह चिट्ठी मेवाड़/उदयपुर के राणा राजसिंह ने लिखी थी)। वास्तव में मुगल इतिहासकार काफी खान ने, जो दूसरे मामलों में शिवाजी की काफी आलोचना करता है, मुसलमानों के साथ उनके बर्ताव के बारे में यह जरूर दर्ज किया था :

"(शिवाजी ने) यह नियम बना दिया था कि जहाँ भी उनके अनुयायी लूटें, वे न तो मस्जिदों को कोई नुकसान पहुँचाएँ, न पवित्र किताब को और न किसी की औरतों को। जहाँ कहीं भी पवित्र कुरआन की प्रति उनके हाथों में आई, उन्होंने उसके साथ आदर का व्यवहार किया और उसे अपने मुसलमान अनुयायियों में से किसी-न-किसी को दे दिया।"

आज की समस्याओं का सामना करने में, भारत की धार्मिक सहिष्णुता की परंपरा पर और विस्तार से विचार किए जाने की जरूरत है और ऐसा करते हुए यह दिखाना जरूरी है कि अन्य धर्मों के प्रति सम्मान की भावना, इतिहास में हुए उन नेताओं तक में पाई जाती है, जिन्हें आज के असहिष्णु हिंदू संगठनकर्ता अपनी प्रेरणा का स्रोत बताते हैं।

जहाँ तक लड़ाकू कठमुल्लापन से निपटने का सवाल है, हमें उसकी विशेषताओं को साफ तौर पर सांप्रदायिक फासीवाद और आम तौर पर हिंदू राष्ट्रवाद के खतरे से अलग करके देखना चाहिए। कठमुल्लापन शैक्षणिक पिछड़ेपन और सहज विश्वासीपन पर फलता-फूलता है। इस पिछड़ेपन पर काबू पाने के लिए एक कहीं दृढ़ संकल्प प्रयास की निश्चित रूप से जरूरत है। उत्तरी भारत के इन क्षेत्रों में तो इसकी और भी जरूरत है, जहाँ बुनियादी साक्षरता ही बहुत कम है, जहाँ स्कूली शिक्षा बहुत ही सीमित है और जहाँ राम-जन्मस्थान और हनुमान की गदा के नाम पर विनाशकारी वालंटियरों की उन्मादी भीड़ों को जुटाना आसान साबित हुआ है।

शिक्षा के प्रसार के साथ ही साथ अब, शिक्षा की अंतर्वस्तु पर भी ध्यान दिए जाने की जरूरत है। हाल के वर्षों में निरक्षरता की पुरानी समस्या के ऊपर से सोचे-समझे ढंग से विकृत कर दी गई शिक्षा का खतरा और जुड़ गया है, जिसमें इतिहास को तोड़-मरोड़ कर पढ़ाना और संकीर्ण धार्मिक अहंकार फैलाना शामिल है। यह समस्या उत्तर के उन राज्यों में खास तौर पर गंभीर है, जहाँ धर्म के नाम पर कोई पार्टी राजनीतिक रूप से शक्तिशाली रही है और जहाँ ऐसा लगता है कि स्कूली पाठ्य पुस्तकों में खासा संशोधन किया गया है। यही वह क्षेत्र है, जहाँ लड़ाकू कठमुल्लेपन का ठोस खतरा संकीर्ण राष्ट्रवाद के आम आंदोलन के साथ जुड़ गया है।

लड़ाकू कठमुल्लापन का राजनीतिक रूप से भुनाया जाना सिर्फ ऐसे अवाम की मौजूदगी पर निर्भर नहीं करता, जिनका इस तरह शोषण किया जा सकता हो, बल्कि उसके लिए संकीर्णतावादी राजनीतिक नेताओं द्वारा वास्तविक नीतियाँ अपनायी जाना भी जरूरी होता है। अगर भाजपा ने एक सही अर्थ में राष्ट्रीय पार्टी बनने की कोशिश की होती, जो मुसलमानों का भी समर्थन हासिल करना चाह रही होती (जैसा कि एक मुकाम पर वह जरूर करना चाहती थी), आज स्थिति कुछ और ही होती। लेकिन, कुशल राजनेताओं की-सी उस कोशिश को छोड़ दिया गया और भाजपा अब संकीर्णवादी समर्थन के जरिए ताकतवर होने की कोशिश कर रही है। इसलिए, उसके जन-भावनाओं के इस शोषण को रोकने का काम अब, अन्य पार्टियों और दूसरे सामाजिक तथा राजनीतिक ग्रुपों को करना होगा।

इस तरह का राजनीतिक शोषण वास्तव में रोका जा सकता है, यह बिहार के अनुभव से साबित हो जाता है। शेष हिंदीभाषी क्षेत्र की तरह बिहार में भी साक्षरता और बुनियादी शिक्षा की दर बहुत ही कम है फिर भी बिहारवासियों ने पड़ोसी उत्तर प्रदेश में जारी अयोध्या आंदोलन में कोई खास हिस्सा नहीं लिया और उसके बाद हुए सांप्रदायिक दंगों से भी बचे रहे। बिहार में राज्य सरकार ने अराजकता और हत्याओं को रोकने के लिए जिस संकल्प और नेतृत्व क्षमता का प्रदर्शन किया है, उसका दूसरे राज्य भी फलप्रद ढंग से अनुसरण कर सकते हैं। बिहार की जो स्थिति है, उसमें एक तथ्य यह भी अंतर्निहित है कि इस राज्य के मुख्य राजनीतिक नेता पिछड़ी जातियों से आते हैं। वहाँ की सरकार और शासक पार्टियों ने ग्रामीण आंदोलन की ऊर्जा को, सवर्ण हिंदुओं के प्रभुत्व पर हमला करने वाले आंदोलनों को दिशा दी है। वास्तव में ऐसे राज्यों में बहुत ही कम कठमुल्लावादी आंदोलन सामने आया है और सांप्रदायिक हिंसा की वारदातें बहुत कम हुई हैं, जिनमें ऊँची जातियों के राजनीतिक वर्चस्व के लिए संगठित चुनौतियाँ प्रमुख हैं और सफल रही हैं। इनमें तमिलनाडु तथा केरल जैसे दक्षिणी राज्य भी हैं, जहाँ शिक्षा का स्तर हिंदीभाषी क्षेत्र के सभी राज्यों के मुकाबले कहीं ज्यादा रहा है। लेकिन, बिहार तक में, जो हर लिहाज से हिंदीभाषी क्षेत्र का हिस्सा है और जहाँ साक्षरता की दर भी, इस क्षेत्र के अन्य

राज्यों जितनी ही है, ऐसा लगता है कि आर्थिक तथा सामाजिक असमानता के बुनियादी मसलों पर गंभीरता से ध्यान दिए जाने के चलते, उन ताकतों पर सफलता के साथ अंकुश लगाया जा सका है, जो लड़ाकू कठमुल्लापन की संभावनाओं का फायदा उठाना चाहती थीं।

जहाँ तक तीसरे कारक, हिंदू राष्ट्रवाद का सवाल है, हमें उसमें पक्का विश्वास करने वाले छोटे से समूह, जो उसका नामिक बनाता है, और उसके आंशिक समर्थकों के बड़े, किसी हद तक अरूप समुदाय के बीच, अंतर करना होगा। बेशक, इसके पक्के विश्वासियों का केंद्रक कोई नया नहीं है। आखिर पैंतालीस वर्ष पहले, इसी के एक हिस्से ने महात्मा गाँधी की हत्या की थी। बहरहाल, हाल के वर्षों जिस चीज ने हिंदू राष्ट्रवाद को बढ़ावा दिया है, वह है उसमें आंशिक रूप से विश्वास करने वालों की संख्या में भारी बढ़ोतरी। उनकी प्रतिबद्धता की हदें अलग-अलग हैं, लेकिन जैसाकि हम पहले कह आए हैं, उन्हें भारतीय इतिहास तथा संस्कृति की सुव्यवस्थित ढंग से विकृतिकृत प्रस्तुति के जरिए एक संकीर्ण हिंदू नज़रिए की ओर खींचा गया है। इस रणनीति की सफलता इस पर निर्भर रही है कि ऐसे विकृतिकरणों को, समुचित बल के साथ चुनौती नहीं दी गई है।

हाल की हिंदू राजनीति का उल्लेखनीय पक्ष सिर्फ यह नहीं है कि इसमें अयोध्या की मस्जिद के बारे में, भारतीय मुसलमानों के उदय के बारे में, खुद हिंदू धर्म की सहिष्णु प्रकृति के बारे में, लोगों के अज्ञान का तिकड़मी ढंग से इस्तेमाल किया गया है, बल्कि इसका उल्लेखनीय पक्ष यह भी है कि खुद हिंदू नेताओं द्वारा भारतीय सभ्यता की बड़ी उपलब्धियों को, यहाँ तक कि स्पष्ट रूप से हिंदू योगदानों को भी अनदेखा कर, संदिग्ध किस्म की विशेषताओं को ग्रहण किया गया है। उनके लिए न उपनिषदों या गीता की बौद्धिक ऊँचाइयों का कोई अर्थ है, न ब्रह्मगुप्त या शंकर की या फिर कालिदास या शूद्रक की बारीकियों का। इनके मुकाबले उनके लिए राम की मूर्ति और हनुमान की छवि के सामने माथा टिकाना ज्यादा महत्त्वपूर्ण है। उनका राष्ट्रवाद, भारत की तर्कवादी परंपराओं को भी अनदेखा करता है, जबकि यह वह देश है, जिसने बीजगणित, ज्यामिति तथा खगोलशास्त्र के क्षेत्र में कुछ सबसे पहले कदम उठाए थे, जहाँ दशमलव प्रणाली विकसित हुई, जहाँ आरंभिक दर्शन, चाहे धार्मिक हो या गैरधार्मिक, असाधारण ऊँचाइयों पर पहुँचा, जहाँ लोगों ने शतरंज जैसे खेलों का आविष्कार किया, जहाँ सबसे पहले यौन शिक्षा शुरू हुई और जहाँ पहले-पहल राजनीतिक अर्थव्यवस्था का व्यवस्थित अध्ययन हुआ। लेकिन, हिंदू लड़ाके इन सबके बजाय प्रत्यक्ष या परोक्ष रूप से भारत को निशंक मूर्तिपूजकों धर्मोन्मादियों, युद्धोन्मत्त भक्तों और धार्मिक हत्यारों के ही देश के रूप में प्रस्तुत करते हैं।

जाहिर है कि यही भारत के सिलसिले में जेम्स मिल की सामराजी दृष्टि भी थी, जिसे उसने अपने प्रसिद्ध ग्रंथ 'हिस्ट्री' में विस्तार दिया। (यह ग्रंथ कभी भी

भारत की यात्रा किए बिना ही और एक भी भारतीय भाषा सीखे बिना ही लिखा गया था)। इस दृष्टि के हिसाब से भारत एक बौद्धिक रूप से दिवालिया, किंतु जघन्य विचारों और बर्बर सामाजिक प्रथाओं से भरा हुआ देश है। अतीत में भारतीय राष्ट्रवादियों ने इस छवि की प्रामाणिकता को चुनौतियाँ दी थीं। लेकिन, आज के हिंदू राष्ट्रवादी, जेम्स मिल को सही साबित करने पर तुले हुए हैं।

आज भारत में धर्मनिरपेक्षताविरोधी संकीर्णतापंथियों की बन आई है। लेकिन, उनकी शक्ति अंततः सीमित ही है। उनकी कमजोरी सिर्फ इस तथ्य में नहीं है कि आज भी भारतवासियों का प्रचंड बहुमत, जिनमें हिंदू और मुसलमान, दोनों ही शामिल हैं, उनके विचारों का विरोध करता है (और ऊपर से कोई खास नेतृत्व न मिलने के बावजूद ऐसा कर रहा है)। उनकी कमजोरी इस तथ्य में भी निहित है कि वे भारतीयों के बीच के एक खास विभाजन का शोषण करने पर ही निर्भर हैं, जबकि अन्य जातीय विभिन्नताएँ तथा परंपराएँ, जैसा मैंने यहाँ दिखाने की कोशिश की है, दूसरी ही दिशाओं में खींच रही हैं।

सबसे पहले तो हिंदू धर्म के रूपों में और क्या पवित्र माना जाता है, क्या नहीं, इसके बीच क्षेत्रीय विभिन्नताएँ ही बहुत-सी हैं। (मिसाल के तौर पर, अयोध्या में राम की जन्मभूमि की धार्मिक राजनीति का आकलन करने के लिए यह याद रखना उपयोगी होगा कि उन्नीसवीं शताब्दी की एक सबसे ज्यादा लोकप्रिय बंगाली महाकाव्यात्मक कविता मेघनाथ वध ही है, जिसमें राम को एक कायर के रूप में और उनके शत्रु इंद्रजीत को एक गरिमापूर्ण नायक के रूप में चित्रित किया गया है।) दूसरे, भारतीय इतिहास की व्याख्या में और संकीर्णपंथी राजनीतिज्ञों द्वारा जानबूझकर पेश किए जा रहे विकृतिकरणों के प्रतिरोध के मामले में भी, सामाजिक और क्षेत्रीय विभिन्नाएँ मौजूद हैं। तीसरे, भारत की तर्कवादी परंपरा की अपनी ही ताकत है और इसे सिर्फ हिंसक धार्मिकता की दुहाई के जरिए आसानी से खारिज नहीं किया जा सकता है। चौथे, हिंदू राजनीतिक नेता जिस तरह का राजनीतिक टकराव चाहते हैं, निचली जातियों की शिकायतें उससे बहुत भिन्न राजनीतिक टकराव की ओर ले जा रही हैं।

बहरहाल, समकालीन हिंदू राजनीति की सबसे गहरी कमजोरी विभिन्न स्तरों पर अज्ञान पर उनकी निर्भरता में ही है। यह निर्भरता, लड़ाकू कठमुल्लापन को बढ़ाने के लिए, लोगों के धार्मिक भोलेपन को भुनाने से लेकर, संकीर्ण राष्ट्रवाद और सांप्रदायिक फासीवाद को बढ़ावा देने के लिए भारत के अतीत का विकृतीकरण करने तक जाती है। सीधे-सादे और बारीक, दोनों तरह के अज्ञान पर यह बुनियादी निर्भरता, इस संकीर्णतावाद की शृंखला की सबसे कमजोर कड़ी है। इसी कड़ी पर टकराव खास तौर पर बहुप्रतीक्षित है।[65]

आज भारत ही नहीं, दुनिया का हर पढ़ा-लिखा, संवेदनशील आदमी सांप्रदायिक

फासीवाद के विरुद्ध खड़ा नजर आ रहा है। सांप्रदायिकता के विरुद्ध संघर्ष करने वालों के लिए यह एक शुभ समाचार है। वास्तव में, उग्र और विकृत मानसिकता वाले लोगों से लड़ने के लिए आज सामूहिक प्रयासों की ही जरूरत है। जहाँ तक सांप्रदायिकता के बारे में संस्थाओं की राय का सवाल है, जाहिर-सी बात है कि इनकी राय भी प्रगतिशील विचारकों की राय से ही मेल खाती है, क्योंकि संस्थाएँ और व्यक्ति एक ही सिक्के के दो पहलू हैं। सहमत, हंसाक्षर, उद्भावना, कथाक्रम, कथादेश, समकालीन जनमत के साथ-ही-साथ वामपंथियों और समाजवादी पार्टी ने धर्मनिरपेक्षता के लिए, सद्भाव-सामंजस्य के लिए अपनी प्रतिबद्धता जाहिर की है और समय-समय पर उसे दोहराया भी है।[66]

सांप्रदायिकता के साथ जुड़कर ही आने वाली समस्याएँ हैं—विकृत मानसिकता का प्रकटीकरण, कठमुल्लापन और असहिष्णुता की भावना। इनसे निपटने के लिए संस्थाओं की ओर से शिक्षा के व्यापक प्रचार-प्रसार पर ध्यान केंद्रित करने को कहा गया है। आज भारत में धर्मनिरपेक्षता-विरोधी संकीर्णता-पंथियों की बन आई है। लेकिन अंततः तो उनकी शक्ति सीमित ही है। आज का हर प्रगतिशील आदमी—चाहे वह हिंदू हो या मुसलमान उनके खिलाफ खड़ा नज़र आ रहा है। सांप्रदायिकता के विरुद्ध संघर्ष में हमारी सबसे बड़ी सफलता यही है।

संदर्भ

1. डॉ. दूधनाथ सिंह; आख़िरी कलाम, पृ. 199.
2. डॉ. बशीर बद्र; उजाले अपनी यादों के, पृ. 38.
3. राजीव कुमार; टुकड़े, पृ. 17-18.
4. उपर्युक्त, पृ. 18.
5. उपर्युक्त, पृ. 25-26.
6. उपर्युक्त, पृ. 81.
7. उपर्युक्त, पृ. 91.
8. उपर्युक्त, पृ. 91-92.
9. उपर्युक्त, पृ. 102.
10. राही मासूम रज़ा; ओस की बूँद, पृ. 45-46.
11. उपर्युक्त, पृ. 46.
12. कमलेश्वर; कितने पाकिस्तान, पृ. 56-57.
13. उपर्युक्त, पृ. 58-60.
14. डॉ. भगीरथ मिश्र; काव्यशास्त्र, पृ. 271.
15. कमलेश्वर; कितने पाकिस्तान, पृ. 45.
16. उपर्युक्त, पृ. 45.
17. उपर्युक्त, पृ. 46-47.
18. उपर्युक्त, पृ. 47.

19. उपर्युक्त, पृ. 149.
20. उपर्युक्त, पृ. 149-150.
21. उपर्युक्त, पृ. 153.
22. उपर्युक्त, पृ. 156.
23. उपर्युक्त, पृ. 174.
24. उपर्युक्त, पृ. 185-186.
25. उपर्युक्त, पृ. 199-200.
26. उपर्युक्त, पृ. 251-252.
27. उपर्युक्त, पृ. 359.
28. कथाक्रम, जुलाई-सितंबर, 2003, पृ. 19-21 से साभार
29. उपर्युक्त, पृ. 22.
30. एन.एम.एम. एल. मुंजे पेपर्स, माइक्रोफिल्मस, डायरी आर.एन.-2, 1932-1936, नेहरू म्यूजियम.
31. मुंजे पेपर्स, सब्जैक्ट फाइल सं. 25, 1935, प्रिफेस टू द स्कीम ऑफ द सेण्ट्रल हिंदू मिलिट्री सोसायटी एंड इट्स मिलिट्री स्कूल.
32. टाइम्स ऑफ इंडिया, 2 मई, 2002, संपादकीय
33. कथाक्रम, जुलाई-सितंबर, 2003, पृ. 22-25 से साभार
34. प्रभाष जोशी; हिंदू होने का धर्म, पृ. 156-159.
35. उपर्युक्त, पृ. 425-428 से साभार
36. उपर्युक्त 'गालियाँ खाकर, गोलियाँ खाकर' शीर्षक लेख, पृ. 113-116 से साभार.
37. उपर्युक्त, पृ. 90-97 से साभार
38. सं. राजेन्द्र यादव; हंस, अगस्त, 2003, पृ. 23-27 से साभारं
39. कथाक्रम, जुलाई-सितंबर, 2003, पृ. 5-9 से साभार
40. सं. रामजी राय; समकालीन जनमत, अक्टूबर-दिसंबर, 2002, पृ. 17 से 20 से साभार
41. उपर्युक्त, पृ. 20-27 से साभार
42. कथाक्रम, जुलाई-सितंबर, 2003 ई., पृ. 77-79 से साभार
43. हंस, अगस्त, 2003, पृ. 52-53 से साभार
44. प्रभाष जोशी; हिंदू होने का धर्म, 652-655 से साभार
45. हंस, अगस्त, 2003 पृ. 97-99 से साभार
46. कथाक्रम, जुलाई-सितंबर, 2003, पृ. 77-79 से साभार
47. दैनिक जागरण, लखनऊ, 24 अगस्त, 2005 ई.
48. अमर उजाला, देहरादून, 20 नवंबर, 2003 ई. से साभार
49. सं. राजकिशोर; अयोध्या और उससे आगे, पृ. 103-113 से साभार
50. कमलेश्वर; मेरे साक्षात्कार, पृ. 5.
51. सहारा समय (साप्ताहिक), 15 नवंबर, पृ. 26 से साभार
52. कमलेश्वर; मेरे साक्षात्कार, पृ. 185-186 से साभार
53. उपर्युक्त, पृ. 187-189 से साभार
54. हंस, अगस्त, 2003, पृ. 107-108 से साभार
55. उपर्युक्त, पृ. 108.
56. उपर्युक्त, पृ. 109.
57. सहारा समय (साप्ताहिक) 4 सितंबर, 2004, पृ. 2 से साभार

58. हंस, अगस्त, 2003, पृ. 101-102 से साभार
59. आज, दि. 8 जनवरी, 2006, पृ. 4 से साभार
60. सांप्रदायिकता और संस्कृति के सवाल, सहमत, पृ. 25-37 से साभार
61. दैनिक जागरण, 23 अगस्त, 2005 से साभार
62. अमर उजाला, दि. 1 सितंबर, 2005 से साभार
63. अमर उजाला, दि. 23 जून, 2005 से साभार
64. दैनिक जागरण, दि. 17 अगस्त, 2005 से साभार
65. अरविन्द; स्पिरिट एंड फार्म ऑफ इंडियन पोलिटी, पृ. 86-89.
66. सांप्रदायिकता और संस्कृति के सवाल, सहमत, पृ. 38-63 से साभार

पंचम अध्याय

दसवें दशक के हिंदी-उपन्यासों में सांप्रदायिक सौहार्द की चेतना

बीसवीं शताब्दी का आखिरी और दसवाँ दशक कई मायनों में महत्त्वपूर्ण और विशिष्ट घटनाओं का साक्षी बना। विभिन्न क्षेत्रों में हमारे देश ने प्रगति का नया अध्याय लिखा। कला, साहित्य, विज्ञान, तकनीक, चिकित्सा, रक्षा, कृषि, संचार जैसे अनेकानेक क्षेत्रों ने विश्व-बिरादरी का ध्यान अपनी ओर आकर्षित किया। शांति-सद्भाव के प्रयास हमारे देश की सरकारों की वरीयता-सूची में रहे लेकिन कुछ दुःख और त्रास देने वाली घटनाएँ भी घटित होती रहीं। इन घटनाओं ने प्रत्येक संवेदनशील नागरिक के मन को वैसे ही पीड़ा पहुँचाई, जैसे कोई पुरानी चोट फिर से उभर आए। अयोध्या, बंबई (अब मुंबई), गुजरात की घटनाओं ने इनसानियत को बारंबार शर्मसार किया। पिछले दस-पंद्रह वर्षों में सांप्रदायिक समस्याओं ने हमारी सामाजिक व्यवस्था और समरसता को तार-तार करने का लगातार प्रयास किया है। इसे भारतीय समाज की जिजीविषा कहें या कि सौहार्द की चेतना का पल्लवन–हम हारते-हारते भी जीते जाते रहे हैं।

आलोच्य अवधि के सांप्रदायिकता पर आधारित उपन्यासों के लेखकों ने सौहार्द-सद्भाव के प्रसंगों का संदर्भानुसार पुष्कल चित्रण किया है। संवेदनशील व्यक्ति होने के नाते प्रत्येक रचनाकार ने अपने दायित्वों का सम्यक् निर्वहन किया है और सौहार्द के पल्लवन-प्रसरण के लिए अपनी रचना को माध्यम बनाया है। सांप्रदायिकता-जैसी सामाजिक बुराई से संघर्ष के लिए ऐसा होना आवश्यक भी था।

रचनाकारों ने सौहार्द की भावना के पल्लवन के लिए प्रथमतः उसके अंकुरण की बात कही है। सोई हुई चेतना को जगाने का समर्थन किया है। उन्होंने ऐसे प्रसंगों को पूरा विस्तार दिया है, जो सद्भाव के अंकुरण-पल्लवन-प्रसरण को समर्पित थे। आज आदमी की समझ में यह सच आ गया है कि आग लगाने से सभी लोग

भस्म हो जाएँगे, जबकि चिराग जलाने से सभी रोशन होंगे। संतोष की बात यह है कि साहित्यकार ने चिराग जलाने के पाक काम को अपने हाथों से अंजाम दिया है। कलमकार को स्नेह-सौहार्द-सद्भाव की बड़ी चिंता रहती है। परकाया-प्रवेश की वजह से वह सबका सुख-दुख जानता है और इसीलिए उसे कहीं भी किसी को भी दलित-दमित-पीड़ित-शोषित देखकर पीड़ा होती है। आज हमारे समय का साहित्यकार ऐसा समाज बनाना चाहता है, जहाँ भेदभाव की बात न हो, मंदिर-मस्जिद के मसले मनमुटाव का कारण न बनें, बल्कि हम उनके माध्यम से एकता का, सद्भाव का, सौहार्द का पाठ पढ़ें। देश के सांप्रदायिक सद्भावपूर्ण काम्य समाज का चित्रण करते हुए किसी अनाम शायर की ये पंक्तियाँ कितनी समीचीन हैं।

'या रब्ब, हमारे मुल्क में ऐसी फिजा बने,
मन्दिर जले तो रंज मुसलमान को भी हो।
पामाल न हो पाये मस्जिदों की आबरू,
यह फिक्र मंदिरों के निगहबान को भी हो।'[1]

प्रसन्नता का विषय है कि अदीब का यह सपना, धीरे-धीरे ही सही, सच में तब्दील होता हुआ नजर आ रहा है। बाबरी मस्जिद-विध्वंस की अत्यंत कड़े शब्दों में और बड़ी प्रखर निंदा प्रगतिशील हिंदुओं द्वारा की गई। फैजाबाद में ही जनमोर्चा, जनक्षेत्र, सरोकार, गुलदस्ता, अवाम, जिला पुस्तकालय पाठक-मंच-जैसी अनेकानेक संस्थाओं ने समय-समय पर अपने कार्यक्रमों द्वारा लोगों का ध्यान आकृष्ट कराया है। वास्तव में, हर जगह ऐसे कार्यक्रमों का आयोजन नियमित रूप से होना चाहिए। सांप्रदायिकता की समस्या कोई पल-छिन की समस्या नहीं है। बरसों से हम इसे देखते-झेलते-भोगते चले आ रहे हैं। इसका निदान भी तत्काल नहीं हो सकता, क्योंकि विश्वास बहाली की प्रक्रिया धीरे-धीरे ही प्रभावी हो सकती है। आज, जब अयोध्या में आतंकवादी हमला होता है तो एक अल्पसंख्यक (मलिक असगर हाशमी—मुसलमान) ही अन्य अल्पसंख्यकों को आड़े हाथों लेता नजर आता है, क्योंकि अल्पसंख्यकों ने व्यापक पैमाने पर उक्त आक्रमण की निंदा नहीं की है। मलिक असगर हाशमी जैसे लोग ही सौहार्द के अंकुरण-पल्लवन हेतु वांछित जमीन तैयार कर रहे हैं। सभी धर्म अन्य धर्मों के पूजास्थलों-इबादतगाहों का सम्मान करने, और उसकी सुरक्षा की बात करते हैं। ये तो मुट्ठीभर विकृत मानसिकता वाले लोग होते हैं, जिनके लिए धर्म, समुदाय, जाति, देश, राष्ट्र, मानवता आदि चीज़ें शब्द मात्र हैं। फिलहाल... मलिक असगर हाशमी के विचार, जो उनके 'यह चुप्पी अखरती है' शीर्षक लेख के माध्यम से हमारे सामने आए हैं, यहाँ प्रस्तुत हैं। हाशमी साहब के प्रति आभार व्यक्त करते हुए हम उनके विचारों को उद्धृत कर, उनके माध्यम से सौहार्द की सुगंध को और-और जनाभिमुख करने के आकांक्षी हैं।

अयोध्या के विवादित परिसर पर आत्मघाती हमला करने की कोशिश आतंकवादियों के कुटिल मंसूबे का ही सुबूत है। यदि आतंकी अपने उद्देश्य में सफल हो गए होते, तो इस वक्त देश का माहौल कैसा होता, इसकी कल्पना की जा सकती है। आतंकवादियों को मार गिराने वाले पुलिस जवानों नें वास्तव में सराहनीय काम किया है। इसके लिए उन्हें सम्मानित एवं पदोन्नत किया ही जाना चाहिए, ताकि उनके हौसले तो बढ़ें ही, दूसरों के लिए भी उनकी बहादुरी मिसाल बन सके। साथ ही, ऐसे संवेदनशील मुद्दे के माध्यम से राजनीतिक लाभ उठाने के बजाय इस पर गंभीरतापूर्वक सोच-विचार करने की जरूरत है, ताकि देश को दोबारा ऐसे खतरों का सामना न करना पड़े।

लेकिन अयोध्या की घटना से कोई सीख लेने के बजाय राजनीतिक दल फायदा उठाने में जुट गए हैं। राम और अयोध्या के नाम पर नफरत फैलाने वाली भाषा का फिर से प्रयोग किया जाने लगा है। जिन पार्टियों तथा संगठनों को अयोध्या की घटनाएँ हमेशा पोषित एवं पल्लवित करती रही हैं, एक बार फिर उनके मुरझाए चेहरे तरोताजा हो उठे हैं। धरना, प्रदर्शन एवं तोड़फोड़ का दौर फिर से शुरू हो गया है और एक समुदाय विशेष को प्रत्यक्ष एवं परोक्ष रूप से निशाना बनाया जाने लगा है।

आतंकवादियों द्वारा धार्मिक स्थलों को निशाना बनाने जैसे अति संवेदनशील एवं अति गंभीर मसले पर सोच-विचार करने के बजाय उसकी आड़ में सियासत करना कतई जायज नहीं है। साथ ही, अल्पसंख्यकों के अंतर्मुखी स्वभाव पर बहस किए जाने की आवश्यकता भी अब महसूस की जाने लगी है। उनकी तरफ से ठोस प्रतिक्रिया न आने से देशवासी इस घटना पर उनके विचार जानने से वंचित रह गए। सभी धर्म दूसरे धर्मों के इबादतगाहों को सम्मान देने की नसीहत देते हैं। फिर अल्पसंख्यक समुदाय अयोध्या में आतंकी हमले का मुखर विरोध करने में क्यों पिछड़ गया? उसे इस सवाल पर मंथन करना चाहिए। जब भी देश-विरोधी घटनाएँ होती हैं, तो कुछ पार्टी एवं संगठन विशेष ही सड़कों पर बैनर लिए नजर आते हैं। यह अलग बात है कि उस बहाने वे अल्पसंख्यक वर्ग पर प्रत्यक्ष एवं परोक्ष निशाना साधने से नहीं चूकते। अल्पसंख्यकों द्वारा देशद्रोही गतिविधियों का मुखर विरोध न करने का लाभ उठाने में उनके विरोधी सफल हो जाते हैं। उनके द्वारा आतंकवाद एवं आतंकी गतिविधियों का मुखर विरोध मौजूदा समय की माँग है।

विश्व भर में एक तरह से यह मान लिया गया है कि आतंकवादियों को मुस्लिम समुदाय का समर्थन मिला हुआ है। इसी का परिणाम है कि कल्बे सादिक जैसे उलेमा को अमेरिका में घुसने नहीं दिया जाता। आतंकवाद के विरोध पर किसी खास पार्टी, संगठन या समुदाय का एकाधिकार नहीं है, अल्पसंख्यकों को यह बात अच्छी तरह समझ लेनी चाहिए। वे आज भी बाबरी मस्जिद पर अपना दावा छोड़ने को राजी नहीं हैं, लेकिन अयोध्या के विवादित परिसर पर आत्मघाती हमले का विरोध करने

के लिए दूसरे संगठन के लोग सड़कों पर उतरे हुए हैं। यदि अल्पसंख्यक वर्ग ऐसी वारदात का मुखर विरोध करने लगे, तो अपनी कूटनीतिक चाल से उनकी देशभक्ति पर सवाल उठाने वालों को करारा जवाब मिलने के साथ, उनके विरुद्ध अनर्गल प्रलाप करने वालों की भी बोलती बंद हो जाएगी। अयोध्या पर हमला एक जरूरी मौका था, जिसे अल्पसंख्यकों ने गँवा दिया।

याद रखना होगा कि धर्मस्थलों एवं इबादतगाहों को निशाना बनाने वालों का मकसद मात्र आतंक फैलाना होता है। उनकी नजरों में जाति, धर्म, समुदाय कुछ नहीं है। इसलिए धर्मस्थलों एवं इबादतगाहों पर हमला करने में उन्हें कोई झिझक नहीं होती। विगत आतंकवादी घटनाओं का अध्ययन कर यह विश्वास से कहा जा सकता है कि धर्मस्थलों को निशाना बनाने वाले इस्लाम के उसूलों पर चलने वालों में से नहीं हैं। एक लाख चौबीस हजार पैगंबरों में से कौन किस रूप और धर्म में मौजूद हो, यह कहा नहीं जा सकता। 'काली कमली वाले' को लेकर दो प्रमुख धर्मावलंबी अलग-अलग दावे करते हैं। इस नजरिए से भी आतंकवादी किसी सहानुभूति के लायक नहीं। चाहे चरारे शरीफ, हजरतबल की दरगाह हो या फिर अक्षरधाम एवं रघुनाथ मंदिर जैसे धार्मिक स्थल, इन पर हमला शर्मनाक घटना है। ऐसी घटनाओं की घोर निंदा होनी चाहिए। बाबरी मस्जिद विध्वंस पर हाय-तौबा मचाने वाले ऐसी वारदात पर चुप रह जाएँ, यह अच्छा नहीं लगता।

ऐसे मौकों पर मुस्लिम बुद्धिजीवियों की खामोशी खासकर अखरने वाली है। इस समुदाय में पहले ही अनपढ़ों की संख्या अधिक है, उस पर पढ़े-लिखे लोगों के भी ऐसी घटनाओं पर आगे नहीं आने से मुस्लिम-विरोधियों को बल मिलने के साथ, इस वर्ग में भी भ्रम की स्थिति पैदा हो जाती है। आज इस वर्ग विशेष को सभी क्षेत्रों में प्रोत्साहित करने की आवश्यकता है। अयोध्या के विवादास्पद परिसर में हमला करने वाले आतंकवादियों को मार गिराने वाले पुलिस जवानों में एक मुशर्रफ अली है। अल्पसंख्यक वर्ग के बुद्धिजीवियों द्वारा ऐसे लोगों को सम्मानित करने से समुदाय के अन्य लोगों को प्रेरणा मिलेगी। इसी तरह बडोदरा के सलीम भाई की भी हौसला अफजाई करनी चाहिए, जो गुजरात के दंगे में अपना सब कुछ गँवाने के बाद भी आज बाढ़ पीड़ित हिंदू भाइयों की दिन-रात सेवा में लगे हैं। चिंताजनक बात यह है कि तथाकथित मुस्लिम बुद्धिजीवियों के पास ऐसे कार्यों के लिए समय नहीं है। अवसर आने पर वे किसी विशेष मंच पर आकर विचार तो रख सकते हैं, लेकिन नौबत आने पर सड़कों पर उतरकर आम मुसलमानों की नुमाइंदगी नहीं कर सकते। दूसरी ओर, देश के मुस्लिम अदारे एवं उलेमा की हालत और बुरी है। हमेशा अनावश्यक विवादों से घिरे रहना उनकी नियति बन गई है। कभी बढ़ती जनसंख्या, तो कभी पर्सनल लॉ और गुड़िया, इमराना एवं रुखसाना प्रकरण में वे ऐसे उलझे हैं कि निकल

नहीं पा रहे हैं। यदि इस दिशा में रुचि नहीं दिखाई गई, तो फजीहत अल्पसंख्यकों की ही होगी।[2]

मलिक असगर हाशमी द्वारा यह कहना कि यदि अल्पसंख्यकों ने अलगाववादी, आतंकवादी, विकृत मानसिकतावादी घटनाओं की कड़ी निंदा न की तो फजीहत उन्हीं की होगी—बदलती हुए मानसिकता का द्योतक है। नहीं तो पहले यह होता था कि शाही इमाम का हर फतवा आँख मूँदकर पूरा-का-पूरा मुस्लिम-समाज स्वीकार कर लेता था।

कैसे छोटी-छोटी, नगण्य-सी लगने वाली घटनाओं से सौहार्द का अंकुर प्रस्फुटित होता है और प्रसरित होकर जलते समाज को अपनी शीतल जलधारा से प्राण देता है, इसका प्रभावी और विश्वसनीय अंकन दसवें दशक के हिंदी उपन्यासों के लेखकों ने किया है। यद्यपि सौहार्द के प्रसंगों पर तीसरे अध्याय में विस्तार से विमर्श किया जा चुका है, पर प्रसंगानुरूप यहाँ भी उन पर संक्षेप में, किंतु सिलसिलेवार दृष्टि निक्षेप किया जा रहा है।

5.1 सांप्रदायिक सौहार्द की चेतना का पल्लवन

मानव मूलतः मूल्य-चेता होता है—उजास का अन्वेषी। अंधकार से, कुवृत्तियों से उसे अनुराग नहीं होता। ये तो स्थितियाँ होती हैं, जो उसे अपने ही हित-मित्र, भाई-बंधु के लिए बुरा सोचने और करने के लिए प्रेरित करती हैं। मामूली आदमी को सांप्रदायिकता से कुछ लेना-देना नहीं है, धर्म-निरपेक्षता से कोई वास्ता नहीं है, क्योंकि इन चीजों के बारे में उसे कोई जानकारी नहीं है। अक्सर हम देखते हैं कि धार्मिक स्थलों के इर्द-गिर्द (चाहे वे हिंदुओं के धार्मिक स्थल हों याकि अन्य मतावलंबियों के) मुसलमान ही पूजा-पाठ, कर्मकांड से संबंधित सामग्री बेचते हैं। यद्यपि कुछ हद तक ये रोज़ी-रोटी से जुड़ा मामला है, पर यह सौहार्द की स्थापना से जुड़ा है, इससे इनकार नहीं किया जा सकता।

वृंदावन में मथुरा गेट स्थित जामा मस्जिद में दाखिल होते समय इसका अंदाज़ा नहीं लगता लेकिन मुख्य द्वार से सटी सीढ़ियों से ऊपर चढ़ें तो 42 वर्षीय इकराम कुरैशी अपने दो कारीगरों को ठाकुरजी यानी भगवान कृष्ण की मूर्तियों की पोशाक बनाने में बरती जा रही सावधानियाँ गिना रहे हैं, "पाक-साफ हुए बिना किसी सामान को हाथ मत लगाना।" सो, कारीगर अपनी सीट से उठते हैं, तो अच्छी तरह हाथ-पैर धोकर ही दोबारा काम शुरू कर सकते हैं। यहाँ करीब 800 मुसलमान कारीगर, जिस समर्पण से नमाज अदा करते हैं, उसी समर्पण से जरदोजी कला के जरिए ठाकुरजी की पोशाकें भी बनाते हैं।

जी हाँ, देश ही नहीं दुनिया के बड़े मंदिरों में कृष्ण, राधा और उनके साथ स्थापित अन्य मूर्तियों की कलात्मक पोशाकें यहीं से जाती हैं। साधारण पोशाकें, जो

सस्ती हैं, अनेक जगहों पर बनाई जाती हैं। लेकिन जरदोजी कला से बनी पोशाकें जिनकी कीमत 20 हजार से लेकर 1.50 लाख रु. तक है, मुख्यतया यहीं बनती हैं। इसे बनाने वालों में 80 फीसदी से ज्यादा मुसलमान हैं। एक कारीगर 27 वर्षीय रईसुद्दीन कहते हैं, "हर महीने तीन हजार रु. तक कमा लेता हूँ।" राधा-कृष्ण की मूर्तियों के लिए मुकुट शृंगार, लहंगा, ओढ़नी, कटिकाछनी, चंद्रिका, कुंडल, बाजूबंद आदि बनते हैं। ऐसे करीब 50 कारखाने वृंदावन में और करीब 40 मथुरा में हैं। पोशाकों का सालाना कारोबार 2 करोड़ रु. से ज्यादा का है।

वृंदावन, जहाँ कृष्ण भगवान ने अपने बचपन के दिन गुजारे, पोशाकों के लिए मशहूर तो पहले से है, पर 70 के दशक में यहाँ जरदोजी कला दाखिल हुई। पोशाकों के निर्यातक अशोक लाडीवाल जिन्होंने कारीगरों को इतालवी, चीनी, विक्टोरियाई शैली को मिश्रित करके जरदोजी पोशाकों को विविधता दिलाई, बताते हैं, "यूरोप के ज्यादातर इस्कॉन मंदिरों में पोशाकें हम ही भेजते हैं।" वहीं, मूर्तियों की सिली हुई सस्ती पोशाकों के कारोबारी रामकिशन कहते हैं, "सिलाई कारीगरों में हिंदू ज्यादा हैं, वहीं जरदोजी के कारीगरों में बहुसंख्या मुसलमान की ही है।"

जो शहर कृष्ण की जन्मभूमि से लगा होने के कारण सांप्रदायिक वैमनस्य की प्रबल आशंका वाले शहरों में गिना जाता हो, वहाँ इकराम की यह आस्था देखिए, "एक बार जब राधाजी की एक पोशाक में हमसे कोई गलती छूट गई तो सपने में मुझे राधाजी ने बताया कि यह नहीं चलेगा। आखिरकार, नई पोशाक तैयार करवाई।" जरदोजी की एक-एक पोशाक बनाने में हफ्तों लग जाते हैं। वैसे, यहाँ ठाकुरजी की पोशाकें हिंदू-मुस्लिम भेद पाटती दिखती हैं। मुसलमान मंदिरों में जाते हैं, शुद्ध होकर मूर्तियाँ नापते हैं, पोशाकें बनाते वक्त शुद्धता का पूरा ख्याल रखते हैं और इसलिए वे अक्सर अस्सलाम वलै कुम् की जगह राधे-राधे बोलकर अभिवादन करते सुने जा सकते हैं। दुनिया भर के कृष्ण भक्त जिसे पूजते हैं, उस ब्रज रज की यह खूबी भी दुनिया भर में जाए तो अच्छा।[3]

ऐसे समय में जबकि परिवेश में जहर घुला हुआ हो, ऐसे प्रसंग सचमुच आँखों को ठंडक देने वाले होते हैं। कठमुल्लों को, संघियों को, उग्र और अंधराष्ट्रवादियों को इस घटनाक्रम को ध्यान से निरखना-परखना चाहिए, इससे सबक लेना चाहिए। हमारे रहनुमाओं-नेताओं की तरह सद्भाव के साधक कोई ढोल बजाते हुए नहीं आते। वे तो स्नेह-सौहार्द-समरसता के साधक होते हैं। उन्हें कोई कैमरे के सामने 'पोज' देकर अपनी 'इमेज' गढ़नी होती है?—नहीं, उनके लिए तो ऐसे कार्य रोजमर्रा की ज़िंदगी के अहम हिस्से हैं। शहर दंगे की आग में जल रहा हो, चारों ओर मारकाट मची हो, घर का कोई सदस्य बाहर रह गया हो तो उसके घर वालों पर क्या बीतती है, यह बताने की नहीं अनुभावना की चीज है। ऐसे में, देर-सवेर ही सही, अगर वह सदस्य सही-सलामत घर वापस आ जाए तो क्या कहने! हाँ, इसी में यह भी

पता चले कि उसके प्राणों की रक्षा किसी गैर संप्रदाय वाले ने की है तो उसका, उसके परिजनों का मन कभी सांप्रदायिक दंगे में सहभागिता नहीं निभाएगा।

"...अब्बा को जीवित देखकर हम सब खुशी से पागल हो गए थे। लेकिन उनके हुलिए और लिबास को देखकर, ताज्जुब भी कुछ कम नहीं हुआ था। अब्बा ने जब पूरी कहानी सुनाई तभी यह गुत्थी सुलझी थी–

अब्बा बजाजा रोड पर एक पनसारी की दुकान से कोई चीज खरीद रहे थे। अभी वह, चीजें खरीद भी नहीं पाए थे कि लोग इधर-उधर भागते दिखाई दिए। साथ ही आसपास की दुकानें बन्द होने लगीं। जरूर कोई बात हो गई है। तभी तो लोग, इस तरह बदहवास होकर भाग रहे हैं। लेकिन उन्हें यह ख्याल तक नहीं हुआ कि शहर में दंगा हो गया है। वह दुकान के बरामदे में, भौचक्के खड़े, इधर-उधर देख रहे थे और क्या करना चाहिए, कुछ सोच नहीं पा रहे थे कि छत्ते मस्जिद की तरफ से, एक आदमी खून में नहाया हुआ सड़क पर दौड़ता दिखाई दिया। यह आदमी धोती और कमीज पहने हुए था और पागलों की तरह भाग रहा था। उसकी धोती और कमीज खून में तरबतर हो रही थी और सड़क पर खून की धारियाँ सी बनती जा रही थीं। पनसारी की दुकान के ठीक सामने पहुँचकर, इस आदमी की टाँगों ने जैसे जवाब दे दिया। और वह जमीन पर ढेर हो गया।

अब तक अब्बा सही स्थिति को समझ नहीं पा रहे थे। पनसारी भी हतप्रभ-सा दुकान में खड़ा, यह सब देख रहा था। एकाएक बिजली की तरह कोई ख्याल उसके मन में आया था और वह जल्दी-जल्दी अपनी दुकान बंद करने में लग गया था। अब्बा को अब अहसास हो चुका था कि वह खतरे में घिरे हुए हैं और उन्हें फौरन निकल भागना चाहिए। उन्होंने बरामदे की सीढ़ियों पर कदम रखा ही था कि पनसारी की गिरफ्त उन्होंने अपने हाथ पर महसूस की।

पनसारी ने मेरा हाथ क्या पकड़ा, समझो मौत मेरी आँखों में नाच गई। छत्ते मस्जिद की तरफ से 'अल्लाहो अकबर' के नारों की आवाज मेरे कानों से टकरा रही थी। इतने में क्या देखता हूँ कि हिंदुओं का एक गिरोह लाठी, भाले, गँडासे वगैरह लिए चला आ रहा है। उधर पनसारी पूरी ताकत से मुझे अपनी तरफ खींच रहा था। मैंने अपना हाथ छुड़ाने की पूरी कोशिश की, लेकिन उसकी गिरफ्त इतनी मजबूत थी कि मुझे कामयाबी नहीं मिल सकी। इसी बीच कानाफूसी के लहजे में पनसारी की आवाज सुनायी दी–

'अंदर आ जाइए। ये लोग जान से मार डालेंगे।' मेरा दिमाग जैसे सुन्न हो गया था। वह काम करने से इनकार कर रहा था। हिंदुओं का गिरोह नारे लगाता हुआ छत्ता मस्जिद की तरफ बढ़ रहा था। पनसारी की दुकान से ये लोग अभी दूर थे, लेकिन जल्दी ही, ये वहाँ पहुँचने वाले थे। मेरे सामने दो ही रास्ते थे। पनसारी

की दुकान में चला जाऊँ या उसकी गिरफ्त से छूटकर भाग चलूँ। दोनों ही रास्ते खतरनाक थे। पनसारी बहुत गिड़गिड़ाते स्वर में कह रहा था—

"जल्दी कीजिए! क्यों जान देना चाहते हैं।" आखिरकार मैंने खुद को पनसारी के हवाले कर दिया और खिंचता हुआ दुकान के भीतर चला गया। पनसारी ने मुझे अंदर घसीटते ही दुकान के दरवाजे बंद कर दिए।

पनसारी का घर दुकान के ऊपर था। वह मुझे ऊपर ले गया और एक धोती लाकर दी और उसे पहन लेने को कहा। उसने कहा—'पास-पड़ोस में कोई देख सकता है। इसलिए आपका इन कपड़ों में रहना ठीक नहीं होगा।' मैंने शेरवानी और पाजामा उतार कर धोती पहन ली।

बाहर से शोर सुनाई दे रहा था। मैं वैसे तो महफूज जगह पर बैठा हुआ था। पनसारी बहुत भला आदमी निकला। लेकिन भाई, मौत का डर, आदमी के दिल में कैसे-कैसे ख्याल पैदा कर देता है। ऐसे बहुत से अंदेशे मन को घेर लेते हैं, जो बिलकुल बेबुनियाद होते हैं। बेचारे पनसारी की बात लो। उसने मुझे अपने घर में पनाह दी। अपनी जान को खतरे में डालकर मेरी हिफाजत की। वह फरिश्ते से कम नहीं है और इस फरिश्ते के लिए मेरे दिल में कैसे-कैसे बुरे शक पैदा हो रहे थे—कहीं ये मुझे मार न डाले! रात में लेटे-लेटे अक्सर दिल दहल उठता। लगता, पनसारी हाथ में छुरा लिए, मेरी तरफ आ रहा है। मेरे मुँह से चीख निकलते-निकलते रह जाती। अब सोचता हूँ कि मेरा ख्याल और शक कितने बेबुनियाद थे। जिसने मुझ पर इतना बड़ा अहसान किया, जिसने मुझे दूसरी ज़िंदगी दी, उसके बारे में कैसे-कैसे बुरे ख्याल दिल में आ रहे थे। यह मेरा कमीनापन नहीं तो और क्या है। लेकिन मैं भी क्या करता! मौत का डर शायद हर आदमी को इसी तरह सोचने पर मजबूर कर देता है।

सब कुछ हालात की वजह से होता है भाई। खास हालात में पड़कर ही आदमी दोस्त को दुश्मन और दुश्मन को दोस्त समझ बैठता है। उस भले आदमी को भी शायद मेरी दिमागी हालत का पता चल गया था। वह बार-बार मेरे पास आता था और मुझे इतमीनान दिलाने की कोशिश करता था।

'आप घबराइए मत। हालात जरा ठीक हो जाएँ। मैं आपको हिफाजत से घर तक छोड़ आऊँगा।' लेकिन जब-जब मैं उसे अपनी तरफ आता देखता था, मेरे दिल में और तरह के ही ख्याल पैदा होने लगते थे और मैं खौफ से काँपने लगता था।

दोपहर में हम दोनों वहाँ से निकले और कई हिंदू मोहल्लों से गुजरते हुए अपने मोहल्ले के मोड़ तक पहुँच गए। मोड़ पर उसने मेरा साथ छोड़ दिया। रास्ते में सौ फीसदी हिंदू-लिबास में होने के बावजूद, मैं अंदर से बुरी तरह काँप रहा था। लगता था, हर आदमी मुझे घूर रहा है और मेरे पहनावे को भेदता हुआ मेरी असलियत को पहचानने की कोशिश कर रहा है। किसी भी लम्हे, कोई आदमी अपना तेज चमकता हुआ छुरा मेरे सीने में उतार सकता है। दहशत और खौफ के इन लम्हों

से गुजरते हुए एक अजीब-सा ख्याल मेरे दिल में उभरने लगा। लगा कि मैं इसी लिबास में किसी मुस्लिम मोहल्ले से गुजर रहा हूँ। एकाएक किसी ने आकर मेरे पेट में छुरा भौंक दिया है और खुशी से चीखता हुआ भाग गया है। मैं जमीन पर तड़प रहा हूँ और ये लफ्ज मेरे कानों से टकरा रहे हैं–'साला हिंदू है! सीधे जहन्नुम में जाएगा'।''[4]

अन्य संप्रदाय के लोगों के लिए अशोभन टिप्पणी, दंगे और तनाव की आग में जहाँ घी का काम करती है, वहीं पनसारी के कृत्य निश्चयेन सौहार्द-सद्भाव-सामरस्य का सम्प्रवर्धन करते हैं। ऐसी ही छोटी-छोटी घटनाओं से समाज को महनीय आदर्शों की सम्प्राप्ति होती है। समाज में सांप्रदायिक सौहार्द का पल्लवन हो, इसके लिए सबसे जरूरी चीज है–पोंगापंथी से मुक्ति और जाहिर-सी बात है कि बिना शिक्षा के समुचित सम्प्रसार के ऐसा होना दुष्कर ही नहीं असंभवप्राय भी है। धर्म को (जो कि आज सिर्फ दिखावा और कर्मकांड का प्रतीक बनकर रह गया है) लोगों ने निजी स्वार्थवश उसके स्वभाव के विपरीत विध्वंसक बना दिया है। आज हवन करने की जगह 'बस्तियों को जलाने' का महोत्सव हो रहा है। ज्ञान-दान की जगह विद्वेष के, अलगाव के, विकृत मानसिकता के पाठ पढ़ाये जा रहे हैं। यह प्रवृत्ति जहाँ समाज के लिए खतरनाक है, वहीं व्यक्तिगत स्तर पर हिंदू-मुसलमान दोनों के लिए आत्मघाती भी। आशा की किरण हमें तब दिखायी देती है, जबकि हम हिंदू-मुसलमान दोनों को इस प्रवृत्ति की घोर निंदा करते देखते हैं। मुसलमान ही मुसलमान के कठमुल्लेपन को प्राश्नेय बना रहा है। हिंदू ही हिंदू के आडंबर और कर्मकांड पर कटाक्ष कर रहा है। यह हमारे लिए संतोष की बात और हमारे समाज के लिए नव विहान के आगमन का प्रतीक है। सेराज खान बातिश मुसलमान भाइयों को माहे रमजान के खास संदर्भ में रोजा, धर्म, कर्म आदि के सामंजस्य और आज की स्थितियों में काम्य जीवन-दृष्टि के बारे में बता रहे हैं–

''धर्म व्यक्तिगत कर्म है, इसे थोपा नहीं जाना चाहिए। लेकिन यह सच है कि धर्म और सामाजिक मूल्यों के कारण ही आज व्यवहार में थोड़ी बहुत नरमी बची हुई है। इसलिए जनसाधारण के आदर्श नागरिक बने रहने के लिए कुछ (धार्मिक) आचरण जरूरी है। लेकिन इससे भी इनकार नहीं होना चाहिए कि इस प्रयास में मनुष्य कई तरह की जकड़बंदियों में फँस गया है।

धर्म को लोक हितकारी और जनप्रिय बनाने के लिए कई तरह के सांस्कृतिक कदम उठाए गए। तीज-त्योहार और उत्सवों को जीवन की नीरसता दूर करने के लिए भी धर्म के मार्फत लागू किया गया। ऐसे ही क्रियाकलापों और मान्यताओं में उपवास भी एक कर्म है। उपवास प्रायः सभी धर्मों में अपने-अपने ढंग से प्रचलित है, लेकिन इस्लाम में इसके लिए एक पूरा महीना ही सुरक्षित कर दिया गया है।

रमजान का यह पवित्र महीना इस्लाम में कई दृष्टि से अहम है। इस महीने में युद्ध नहीं होने चाहिए। इस महीने में तन और मन की शुद्धता पर विशेष ध्यान दिया जाता है।

यहाँ यह बता देना जरूरी है कि रोज़ा केवल सुबह से शाम तक भूखे रहने का नाम नहीं है, वरन तमाम तरह की बुराइयों से खुद को बचाए रखना ही रोज़ा है। कुरआन में इस बात पर जोर दिया गया है कि इस महीने में शैतान कैद कर लिया जाता है। अब यह अलग बात है कि इस महीने में भी करने वाले शैतानी हरकतें करते ही हैं और गरीबों के लिए बरकत (आय लाभ) आसमानी बात बनकर ही रह जाती है, यानी जिसके पास खाने की अधिकता होती है, वही रोज़े की भूख-प्यास को शाम की इफ्तार के इंतज़ार में बर्दाश्त कर सकता है। वैसे आम आदमी के लिए रोजे का संदेश दूसरों के दर्द को जानना और उनकी भूख-प्यास को समझ कर उनकी सहायता करने से है।

इस्लामी राष्ट्रों में गैरमुस्लिमों को छोड़ कर सभी स्वस्थ व्यक्तियों के लिए रोजा रखना आवश्यक है। मगर कुछ उदार इस्लामी देशों के लोग अपने गैर इस्लामी पड़ोस में जाकर खाना-पीना कर लेते हैं, यानी कुफ्र का कुफ्र रहा, हाथ से जन्नत न गई।

जैसे-जैसे दुनिया का ग्लोबलाइजेशन होता जा रहा है, मनुष्य के धर्म-संस्कृति के तर्ज, तौर-तरीके भी नए रूप-रंग में ढलते जा रहे हैं। इसका एक उदाहरण भजन, नात, हम्द और कव्वाली की मस्ती का धार्मिक अनुष्ठानों में फिल्मी रंग में ढल जाना है। इस्लाम भी बदलाव से अछूता नहीं रहा। अभी दस-बीस बरसों के अंदर ही इतना परिवर्तन आया है कि लगता है जैसे सदी पहले की बात हो। रमजान के महीने में सुबह (सेहरी) रोजेदारों को उठाने के लिए कसीदा गायकों की टोली गली-गली चराग, मशाल लेकर घूमती थी और कोरस में रमजान की उपलब्धियों को बखान करती थी। संस्कृति, कला और स्वर का वह प्रदर्शन जितना भारतीय था, उतना ही इस्लामी भी। इसे लोक संस्कृति से जुड़े लोगों ने प्रचलित किया था।

वैसे इस्लाम में गाना-बजाना प्रतिबंधित है। पर चंग (डफली) को इस्लामी दृष्टि से कुछ इद तक जायज करार दिया जाता है, क्योंकि मोहम्मद साहब की मक्का वापसी पर वहाँ के लोगों ने चंग और ताशे बजाकर ही उनका स्वागत किया था। इस्लाम के उस रेगिस्तानी माहौल में यह थोड़ी सी सांस्कृतिक हरियाली प्रचलित हो गई और इस परंपरा को दबी जुबान से स्वीकार कर लिया गया, जिसके फलस्वरूप मजारों पर झूम कर अत्याधुनिक बाजों-गाजों के साथ कव्वाली होती है। अजान को तरह-तरह के रागों में गाया जाता है। अकबर इलाहाबादी ने चुटकी भरे अंदाज में कहा है, 'उन्हें है शौके इबादत और गाने की आदत भी, निकलती हैं दुआएँ उनके मुँह से ठुमरियाँ होकर।' लेकिन मोहम्मद साहब ने अभिवादन के इस अवसर को

इजाजत देते हुए कहा था, 'गाने-बजाने दो। यह उनके आंतरिक उल्लास का प्रदर्शन है और इसे रोकना उन पर अत्याचार करना होगा।'

लेकिन सेहरी में जगाने की परंपरा धीरे-धीरे खत्म हो चली है। चंग पर मधुर आवाज में 'जागो जागो सुबह का सितारा, आया रमजान प्यारा' गाती हुई वह बुढ़िया बंजारन न जाने कहाँ गायब हो गई। कलाई में पड़ी पीतल की चूड़ियों और कड़ियों पर डंडे से ताल देकर 'जिक्रे माहे सोम सुन नादान उठ' गाता हुआ बूढ़ा साईं अब नजर नहीं आता।

इस महीने में कसीदे की भव्य महफिलें हुआ करती थीं। रमजान के प्रारंभ में आमद लिखा जाता आया है। माहे सोम इबादत की घड़ी है। रात-रात भर सुर साधक अपने स्वर का जादू जगाते। बिन बाजे के कोरस में ऐसे-ऐसे सुरीले गायक आते कि महफिलें रात भर जमी रह जातीं। शायरी की एक-से-एक मिसालें देखी जातीं। कलाम का निर्णय करने वाले मंजे हुए पारखी जज होते। फिर जीतने वाले गायकों को इनाम दिया जाता। रमजान की वापसी पर रुखसती लिखी जाती—'जाता है रुला कर मुझे रमजां का महीना।'

इस तरह रमजान और ईद आते-जाते, ऐसे ही कई पर्व, त्योहार वक्त की नजर हो गए हैं। अब ताजिए में जुम्मन के साथ रामपरेश सीना नहीं पीटता, न ही होली में सदीक मियां रंग खेलते और न ही दीवाली में रईस दीप जलाते हैं। लेकिन जहाँ जहर घुलते इस माहौल में कई चीजें तेजी से लुप्त होती जा रही हैं, वहीं कुछ रूढ़ियाँ सेक्युलर हो रही हैं। इफ्तार पार्टियाँ इनमें एक है। इफ्तार का चलन तो अब राजनीति से निकल कर व्यवसाय तक पहुँच गया है। गैर मुस्लिम व्यवसायी मुस्लिम व्यवसायी को इफ्तार बास्केट, इफ्तार पैकेट या इफ्तार टोकरी भेंट कर रहे हैं। चाहे मेडिकल प्रोफेशन के लोग हों या अन्य क्षेत्र के, रमजान के महीने में मुसलमानों को रिझाने के लिए इफ्तार भेंट किया जा रहा है। इसे कैसे बुरा कहा जाए? चलो इसी बहाने भारतीय मुसलमान संप्रदाय-बोध से कुछ ऊपर तो उठा। पिछले कुछ बरसों में इफ्तार का तेजी से राजनीतिकरण हुआ है। इस जहर भरे माहौल में भी राजनीति के गलियारे में इफ्तार का आम होना कुछ हद तक सुखद लगता है। असल में धर्म के किसी मानवीय पक्ष का प्रचलित होना ही तो उसकी लोकधर्मिता है।

लेकिन इसे क्या कहें कि धर्म को कुछ लोगों ने अपने नाटकीय जीवन का मंच बना लिया है। वे बाहर से शुद्ध दिखेंगे, कर्मकांड में उलझे रहेंगे, लेकिन जिंदगी की तमाम बुराइयाँ इनके भीतर मचलती रहेंगी। अलबत्ता यह बात समझ में आती है कि आज जिंदगी के सारे मानदंड टूट रहे हैं। ट्रेडिशन, लोक-संस्कार, सभ्यता—सारी चीजें बड़ी तेजी से बदल रही हैं। इंसान एक-दूसरे से दूर होते जा रहे हैं। ऐसे में रमजान का सबसे बड़ा सामाजिक पक्ष इफ्तार है, जिसमें एक साथ बैठकर सैकड़ों लोग खाते-पीते हैं। रमजान का एक सामाजिक पक्ष यह भी है कि पूरे महीने भर

लोग अपनी हैसियत से दान देते हैं। यदि शुद्ध इस्लामी तरीके से इस दान का वितरण किया जाए, तो समाज की बहुत सारी समस्याएँ हल हो सकती हैं। कुछ अच्छाइयाँ आज भी बची हुई हैं। इसलिए धर्म को वर्तमान स्थितियों से पिरोकर जमीन से जोड़ना होगा। तभी धर्म की प्रासंगिकता रहेगी। कुरआन में भी कहा गया है, 'ऐ लोगो, रोजे के दिनों में भी अपने कर्म से गाफिल नहीं होना।' "[5]

जाग रहा है भारत का जाहिल, गँवार और बेपढ़ा-लिखा कहा जाने वाला आदमी। वह चाहे जिस संप्रदाय, जाति, वर्ग, वर्ण का हो, आज चैतन्य-चेतस् हो रहा है। उसमें अपने हित-अहित का विचार करने की क्षमता है। दूसरों के बहकावे में आकर मारकाट, दंगा-फसाद मचाने वाले मुट्ठी भर लोग अब समाज की अगुआई नहीं करेंगे। भारत के मुसलमानों के बारे में मैं यहाँ सैयद शहाबुद्दीन के विचार उद्धृत कर रही हूँ, जिससे बदलती हुई सकारात्मक मानसिकता पर प्रकाश पड़ता है–

सन् 1924 में गाँधी जी ने मुसलमानों का चरित्र-चित्रण दबंग और हिंदुओं का कायरों के रूप में किया था। मुसलमानों ने इसका विरोध किया था। मौलाना मोहम्मद अली वास्तविकता के अधिक निकट थे, जब उन्होंने कहा कि जिन्हें गाँधी जी ने पहले दर्जे का डरपोक बताया है, उनमें कई पहले दर्जे के दबंग हैं और इसका उल्टा भी सच। बगैर कहे यह स्पष्ट होता है कि इस प्रकार का वर्गीकरण, जैसा कि गाँधी जी ने किया, पूर्णतः असत्य है। प्रत्येक इन्सानी समूह की दबंग और डरपोक लोगों में अपनी हिस्सेदारी होती है। शायद हिंदुओं और भारतीय मुसलमानों के बीच दबंग और कायरों के अनुपात में एक उल्लेखनीय परिवर्तन हुआ है, क्योंकि हिंदुओं की अंधदेश-भक्ति भारत के हिंदूकरण की दिशा में तेजी से आगे बढ़ी है। इस बदलाव को समझने के लिए पिछली दो सदियों में हुए ऐतिहासिक विकासों को देखना होगा। भारत के हिंदू और मुसलमान एक ही नस्ल से संबंधित हैं और समान क्षेत्रीय संस्कृति के सहभागी हैं। वे मुसलमान, जो प्रायः उस वंश के हैं, जिनका धर्म-परिवर्तन हिंदुओं के निचले वर्ग से किया गया था, वे कई बार उच्चवर्गीय उन मुसलमानों के साथ धार्मिक एकात्मता महसूस करते होंगे, जो कि विदेशी मूल के थे या हैं और जिन्होंने अपने राजनैतिक, आर्थिक और सामाजिक लक्ष्यों की प्राप्ति के लिए उनका शोषण किया। मुसलमान शासन में आम मुसलमान कभी भी शासक वर्ग का हिस्सा नहीं बन सका। भारत-विभाजन के दौरान बेहतर मौकों की तलाश में जहाँ उच्चवर्गीय मुसलमानों का एक बड़ी तादाद में भारत से पाकिस्तान को पलायन हुआ, आम मुसलमान वहीं का वहीं रह गया।

1947 से भारतीय मुसलमान एक धर्मनिरपेक्ष राज्य के नागरिक रहे हैं। धर्मनिरपेक्ष व्यवस्था चाहे कितनी ही दोषपूर्ण हो, लोकतांत्रिक व्यवस्था चाहे जितनी ही गैरप्रतिनिधिक हो, यहाँ के मुसलमानों को जो खास सहूलियतें हासिल हैं, वे बहुत से मुसलमानों, यहाँ तक कि इस्लामी राष्ट्रों के मुसलमानों को भी हासिल नहीं हैं,

जैसे अभिव्यक्ति की स्वतंत्रता, संगठन और राजनैतिक प्रक्रिया में हिस्सेदारी की स्वतंत्रता। ऐतिहासिक कारणों से उन्हें सांप्रदायिक पूर्वाग्रहों का सामना करना पड़ता है, जो तनाव को जन्म देता है और कभी-कभी हिंसा में विस्फोट हो जाता है और यह सच है कि मुसलमानों ने जिंदगी, संपत्ति और सम्मान की क्षति झेली है। कुछ भयानक घटनाओं ने आम लोगों के मस्तिष्क पर बहुत गहरे घाव छोड़े हैं, पर मुसलमान अस्तित्व में बने रहे और बढ़ते रहे। कुल मिलाकर यह समुदाय आजादी और शांति के साथ जीता रहा, हालाँकि इन्हें पूरा न्याय और बराबरी नहीं मिली।

समय-समय पर इनकी शिकायतों-पीड़ाओं को संसद व विधानसभाओं में धर्मनिरपेक्ष दलों के राष्ट्रीय दलों के राष्ट्रीय विचारधारा के नेता जनता के मंचों पर उठाते रहे हैं। सबसे बड़ी बात यह कि इनकी पहुँच न्यायिक मंचों तक भी है। उन्हें धार्मिक और बौद्धिक स्वतंत्रता भी प्राप्त है और उन्होंने अपनी धार्मिक पहचान भी पूरी तरह से कायम रखी है। वस्तुतः यह कहा जा सकता है कि बहुसंख्यकों के दबाव ने इन्हें उनका कट्टर विरोधी बना दिया है।

दुर्भाग्य से धर्मनिरपेक्षता लोकतंत्र के साथ तालमेल नहीं बैठा पाई। धर्मनिरपेक्षता विरोधी ताकतें उठ खड़ी हुई हैं और धर्मनिरपेक्ष राज्य को हिंदू राष्ट्र में परिवर्तित करने की माँग कर रही हैं। उन्होंने बड़े योजनापूर्ण ढंग से द्वेषपूर्ण प्रचार द्वारा सामाजिक वातावरण को विषाक्त कर दिया, जिससे हिंदुओं और मुसलमानों के बीच की खाई और गहरी हो गई, जैसा कि गुजरात हत्याकांड दर्शाता है। मुसलमानों के विरुद्ध हिंसा ने अब जाति-संहार का रूप धारण कर लिया है। अहितकारी शक्तियों का अगर बस चले, तो वे पूरे देश में कई गुजरातों की योजनाएँ खुले रूप से बना सकती हैं। 1984 के सिख विरोधी संहार और 1992 के बाबरी मस्जिद ध्वंस को याद करके कोई भी सिहर जाएगा, फिर भी भारतीय मुसलमानों ने अपना आपा नहीं खोया, उन्होंने गुजरात में बदला नहीं लिया, उन्होंने अपने अत्याचारियों को माफ कर दिया। उन्होंने बदले का पोषण नहीं किया, उन्होंने क्षमाशीलता और धर्म का प्रदर्शन किया। एक अल्पसंख्यक समूह के रूप में मुसलमान, मोहम्मद साहब के मक्का में बिताए समय से प्रेरणा लेना चाहता है।

वे शांतिपूर्ण साहचर्य, सांस्कृतिक आदान-प्रदान, धार्मिक सहिष्णुता, सामाजिक भाईचारा, एकात्मता, विकास में सहभागिता और राजनैतिक समझ के तर्क को स्वीकार करता है। हर जगह अल्पसंख्यक बाधाओं को झेल रहे हैं, लेकिन अब विश्व अल्पसंख्यकों के अधिकारों को आदर देने की दिशा में आगे बढ़ रहा है, इसलिए समय उन्हीं के पक्ष में है। उन्हें ज्यादा धैर्यवान, कम भावुक, ज्यादा विचारशील, कम उत्तेजित होना होगा।

लोकतंत्र के प्रति उनकी प्रतिबद्धता को देखते हुए, धार्मिक स्वतंत्रता को कम-से-कम अंगीकार करके, देश में बहुजातीय समाज के फिर से उद्गम के प्रति

संवेदनशील हो, वे भारतीय समाज में एक ज्यादा न्यायसंगत व्यवस्था में संभावित रूपांतर की दिशा में एक आशा की किरण देख रहे हैं, एक ऐसी व्यवस्था, जिसमें अल्पसंख्यक अपनी धार्मिक पहचान भी कायम रखे और सत्ता में हिस्सेदारी भी करे।

मुसलमानों की प्रकृति में परिवर्तन पिछली दो सदियों के कठिन अनुभवों का नतीजा है। जिसे एक गैरमुसलमानी वातावरण में मुसलमान होने का मतलब खोजने के पुनर्चिंतन ने और समृद्ध किया। भारत उनका घर है, वे यहाँ पैदा हुए, यहाँ वे जिएँगे, यहाँ वे मौत के बाद हमेशा-हमेशा के लिए सो जाएँगे। भारत आराधना का नहीं, प्रेम का विषय है। वे संघर्ष करेंगे, हिंसा झेलेंगे, लेकिन पलट कर बदला कभी नहीं, कभी भी नहीं लेंगे, जिससे हिंसा को बढ़ने की छूट मिले।

संक्षिप्त रूप में यह कि भारत का मुसलमान तर्कसंगत दूरदर्शी के रूप में परिपक्व हो चुका है। हालाँकि इस समुदाय के भीतर यहाँ-वहाँ कुछ उपद्रवी तत्त्व हो सकते हैं, पर मुसलमान आमतौर पर यह समझ चुके हैं कि जवाबी हिंसा कोई समाधान नहीं है और वे बहुसंख्यक वर्ग की संगठित शक्ति से उलझना नहीं चाहते। वास्तव में वे दृढ़तापूर्वक हिंदू अतिवादियों व राज्य कार्यपालिका के बीच के गठजोड़ को नजरअंदाज कर देते हैं। एक संस्था के रूप में वे राज्य से सहानुभूति की अपेक्षा करते हैं और उन लोकतांत्रिक ताकतों का समर्थन करते हैं, जो राज्य के धर्मनिरपेक्ष चरित्र को कायम रखती हैं, सिर्फ राजनैतिक समर्थन के माध्यम से ही वे बहुसंख्यक आतंकवाद का प्रतिरोध कर सकते हैं।

लेकिन धर्मनिरपेक्षता और लोकतंत्र ने जो वायदा किया है, उसे निभाना भी होगा। उन्हें भारत के उत्पीड़ित, वंचित और हाशिए पर पड़े हुए वर्गों और धार्मिक अल्पसंख्यकों के विश्वास को भी बनाए रखना होगा। वे सब आशा के साथ जी रहे हैं पर तब क्या होता है, जब आशा मर जाती है, जब फासीवाद शक्तिशाली हो जाता है, या जब कानून विफल हो जाता है, या जब मीडिया खामोश कर दिया जाता है?

पर वह केवल मुसलमानों के लिए नहीं, बल्कि सारे भारतीयों के लिए उठ खड़े हो कर गुलामी की इस नई जंजीर को तोड़ने के लिए बगावत शुरू करने का क्षण होगा और अपनी आत्मा के प्रति वफादार रहते हुए, वे अपनी मातृभूमि को बचाने की गुहार से मुँह नहीं मोड़ेंगे।[6]

सैयद शहाबुद्दीन ने एक बात बड़ी ही महत्त्वपूर्ण कही है कि केवल मुसलमान ही नहीं हर तबके का आदमी कठमुल्लापन से, विद्वेष से, बिलगाव से, सांप्रदायिकता से, फासीवाद से संघर्ष करने के लिए कटिबद्ध है। यही वांछित है इस समय। बिना सबके प्रतिबद्ध हुए सांप्रदायिकता के विरूद्ध संघर्ष में सफलता नहीं मिल सकती। भारत का मुसलमान आज जागरूक हो गया है। वह मजहब, जेहाद, इस्लाम के नाम पर अमन-चैन बिगाड़ने वाले लोगों का किसी भी हालत में साथ नहीं देना चाहता।

शायद इसीलिए वह भारतीय संसद पर हमला हो या अक्षरधाम मंदिर पर, अयोध्या में घुसपैठ की कोशिश हो या कश्मीर में सभी घटनाओं की निंदा करता है। तनवीर जाफरी कश्मीर की विनाश लीला को 'जेहाद' मानने से इनकार करते हुए कहते हैं–

–कश्मीर में बेगुनाह कश्मीरवासियों के नरसंहार का सिलसिला जारी है तथा इस घिनौने कृत्य को न सिर्फ कश्मीरी आतंकवादियों द्वारा बल्कि कश्मीरी आतंकवादियों को संरक्षण प्रदान करने वाले कट्टरपंथी कठमुल्लाओं व पाकिस्तान की सरकार द्वारा 'जेहाद' तथा आजादी की लड़ाई कहकर उनके काले कारनामों को परिभाषित किया जा रहा है।

पिछले दिनों रेडियो पाकिस्तान से प्रसारित की जा रही हुर्रियत कान्फ्रेंस के एक जिम्मेदार नेता की तकरीर सुनने का अवसर मिला। आधे घंटे तक प्रसारित किए गए उनके भाषण का सार यह था कि उनके अनुसार–'कश्मीर समस्या का हल केवल 'जेहाद' है तथा इस 'जेहाद' में सभी मुस्लिम देशों को शामिल होना चाहिए तथा उनकी मदद करनी चाहिए।'

इस आशय की तकरीर सुनकर मुझे आश्चर्य हुआ तथा मैं यह सोचने पर मजबूर हो गया कि क्या 'ज़ेहाद' को परिभाषित करने का ठेका सिर्फ कश्मीरी आतंकवादियों या उनको संरक्षण प्रदान करने वाले कट्टरपंथियों-मुल्लाओं ने ही ले रखा है? अपनी बात को आगे बढ़ाने से पूर्व मैं 'जेहाद' शब्द की संक्षेप में परिभाषा अपने पाठकों के ज्ञानवर्द्धन हेतु लिखना चाहूँगा। 'दीन (इस्लाम धर्म) के लिए रसूल या इमाम की इजाजत से जो लड़ाई होती है उसे 'जेहाद' कहते हैं।' 'जेहाद' की उक्त परिभाषा दो प्रश्नों को जन्म देती है।

एक तो यह कि क्या कश्मीर में फैला आतंकवाद बेगुनाहों की कश्मीर में की जा रही हत्याएँ, लूटपाट की घटनाएँ यह सब दीन की खातिर किए जा रहे कारनामे हैं?

दूसरा यह कि ऐसे कुकृत्यों के लिए क्या इन आतंकवादियों ने किसी इमाम से इजाजत ले रखी है? यदि हाँ, तो विश्व के किस देश का ऐसा कौन-सा इमाम है, जिसका आदेश या निर्देश या फतवा आज भारत सहित पूरे विश्व में मुसलमानों के लिए सर्वमान्य है?

लगभग पाँच दशकों से चली आ रही कश्मीर-समस्या को कभी भी सांप्रदायिक रंग देने की कोशिश नहीं की गई परंतु पिछले दस वर्षों से इसे सांप्रदायिक एवं धार्मिक स्वरूप दिए जाने का प्रयास किया जा रहा है। ऐसा इसलिए किया जा रहा है क्योंकि राजनीतिक, कूटनीतिक तथा शक्ति-प्रदर्शन आदि सभी रणनीति का प्रयोग करने के बाद पाकिस्तान यह समझ चुका है कि कश्मीर समस्या को धार्मिक एवं सांप्रदायिक समस्या के रूप में प्रचारित व प्रसारित करने से ही विश्व के अन्य मुस्लिम देशों का समर्थन प्राप्त किया जा सकता है तथा उनके द्वारा भारत पर दबाव भी डाला जा सकता है। इस संदर्भ में भारत की सबसे बड़ी दिल्ली की शाही जामा मस्जिद

के इमाम मौलाना अहमद बुखारी भी न सिर्फ कश्मीर को भारत का अभिन्न अंग मानते हैं, बल्कि कश्मीर में फैले, आतंकवाद को 'जेहाद' के रूप में स्वीकार नहीं करते और न ही ऐसी कोई मान्यता देते हैं।

और तो और सऊदी अरब, ईरान, इराक तथा दूसरे तमाम मुस्लिम देशों ने भी कश्मीर में फैले आतंकवाद को न तो 'जेहाद' के रूप में स्वीकारा और न ही इसे मुस्लिम समुदाय की समस्या के रूप में चिन्हित किया है। ऐसी परिस्थिति में यह बात साफ हो जाती है कि कश्मीरी अलगाववादी, उनके संरक्षक कट्टरपंथी कठमुल्ला तथा उनके पोषक पाकिस्तानी सरबराह मात्र 'जेहाद' शब्द का दुरुपयोग कर रहे हैं तथा इस्लाम को बदनाम करने की पूरी कोशिश करते हुए 'जेहाद' शब्द को गलत ढंग से परिभाषित कर रहे हैं। वास्तव में न तो कश्मीर में इस्लाम या खुदा के दीन पर कोई खतरा है, न ही यहाँ के मुसलमानों पर किसी भी प्रकार की धार्मिक पाबंदी लगाई गई है। सच्चाई तो यह है कि भारत में हमेशा इस्लाम पनपा है तथा आज भी यह देश इस्लामिक गतिविधियों का विश्व का बहुत बड़ा केंद्र है।

भारत के संविधान में सभी धर्मों को अपनी धार्मिक गतिविधियों को व्यवहार में लाने का, मानने का, सार्वजनिक रूप से स्वीकार करने का, उसे प्रसारित, प्रचारित तथा विस्तृत करने का पूरा अधिकार है, जिसके अंतर्गत भारत में हजारों धार्मिक मदरसे, मुस्लिम दरगाहें आदि लोगों की आस्था व विश्वास का केंद्र बनी हुई हैं तथा मुसलमानों की इन धार्मिक गतिविधियों में गैर मुस्लिम विशेषकर हिंदू धर्म के सहिष्णु लोग भी बढ़-चढ़कर भाग लेते हैं। मगर दुख की बात है कि अपने को इस्लामिक गणतंत्र कहलाने वाले पाकिस्तान में मुसलमान ही मुसलमान का खून बहा रहा है।

मस्ज़िदों में नमाज पढ़ते हुए लोगों को गोलियों से भूना जा रहा है। मुहाजिरों पर जुल्म ढाए जा रहे हैं। शिया तथा अहमदिया समुदाय के लोगों का नामोनिशान समाप्त करने की साजिश रची जा रही है।

जहाँ एक ओर 'जेहाद' को कश्मीरी आतंकवादियों व उनके पोषक आकाओं द्वारा गलत ढंग से परिभाषित किया जा रहा है, वहीं मैं उन गुमराह लोगों से यह निवेदन करना चाहूँगा कि बजाय 'जेहाद' की गलत परिभाषा बताने तथा जेहाद की आड़ में बेगुनाह एवं निहत्थे लोगों की हत्या कर इस्लाम को बदनाम करने के, इस्लाम में बताए गए उन पहलुओं पर गौर व अमल करें, जिनसे दुनिया में न सिर्फ इस्लाम की इज्जत बढ़ती है बल्कि उन पर अमल कर दुनिया की मुसलमान कौम का भी सिर ऊँचा होता है। इस्लाम में पड़ोसी के अधिकारों की व्याख्या करते हुए कहा गया है कि पड़ोसी (हमसाया) की अनजाने (गैबत) में रक्षा करो।

हाजिर होने पर इज्जत से पेश आओ। उसकी बुराई की खोज न करो, अच्छे माहौल में उसके साथ ज़िंदगी बसर करो, आपसी मामलात में सख्ती न बरतो। इसी प्रकार अहले-मिल्लत के लोगों के साथ बर्ताव के बारे में इस्लाम कहता है कि तुम

उनकी दिल से सलामती चाहो, दया का बर्ताव करो, तकलीफों को उनसे दूर करो। जो तुम्हें पसंद है उनके वास्ते भी वही पसंद करो, जो तुमको नागवार हो, उनके लिए भी नागवार मानो, आदि इस्लाम की ऐसी तमाम शिक्षाएँ हैं, जिन पर न ही कश्मीरी आतंकवादी अमल करना चाहते हैं और न ही उनके भारत से अलग करने की खातिर इस समस्या को 'जेहाद' तथा सांप्रदायिक एवं धार्मिक समस्या के रूप में परिभाषित करने का दुष्प्रभाव कर रहे हैं, जिसका उन्हें कोई अधिकार नहीं है।

भारत की राष्ट्रीय एकता व सांप्रदायिक सद्भाव के संदर्भ में यहाँ भारत के प्रति अकबर के ख्यालात और उनके उसूलों का उल्लेख करना चाहूँगा, जिसे कि अकबर के समझदार और काबिल मंत्री अबुल फजल ने कश्मीर के ही एक मंदिर की दीवार पर लगे पत्थर पर खुदवाया है जिसे आज भी देखा जा सकता है—

'ऐ इलाही! जिस घर को देखता हूँ, उसमें तेरे खोजने वाले हैं और जिस जुबान को सुनता हूँ, उसमें तेरी चर्चा है। कुफ्र और इस्लाम तेरे ही रास्ते पर दौड़ते हैं और कहते हैं कि—तू एक ही है, तेरा कोई समझदार नहीं।'[7]

प्रत्येक मजहब, हर धर्म का गंतव्य एक है—सिर्फ रास्तों में फर्क है। वैसे भी, हमारी निगाहें मंजिल पर होनी चाहिए, रास्ता उतना महत्त्वपूर्ण नहीं है। स्नेह, सद्भाव और सांप्रदायिक सौहार्द के पल्लवन में आदमी के सोच का अहम रोल होता है। यों ही नहीं कहा जाता कि आदमी जो सोचता है, वही बन जाता है। अगर कोई दिन-रात, पल-छिन विध्वंसक विचारधारा वाले लोगों के सान्निध्य में गुजारेगा तो निश्चय ही वह उन-जैसा बन जाएगा। इसके विपरीत अगर कोई सौहार्द-सद्भाव-समरसता के वातावरण में रहेगा तो वह गंगा-जमुनी तहज़ीब का पोषक होगा, साझी संस्कृति का प्रतीक होगा और वह खुद सौहार्द-सम्प्रवर्धन का कार्य करेगा। साझी संस्कृति के प्रतीक लोगों का जीवन और उनका जीवन-दर्शन आज की स्थितियों में हमारे लिए सर्वथा काम्य है। जम्मू-कश्मीर के पूर्व मुख्यमंत्री डॉ. फारुख अब्दुल्ला हों या वरिष्ठ राजनयिक डॉ. कर्ण सिंह दोनों ही गंगा-जमुनी तहजीब के, साझी संस्कृति के प्रतीक हैं। फारुख अब्दुल्ला की बात करें तो वे उन विरल राजनीतिज्ञों में से हैं, जिनका व्यक्तित्व अनेक आयामी और नाटकीयता से ओत-प्रोत है। वे बेलाग, बेबाक और बेरोकटोक बोलते हैं। घर-बाहर किसी भी समस्या पर वे अपनी राय जाहिर करने में हिचकते नहीं। उनकी इन विशेषताओं से प्रायः सभी परिचित हैं, पर वे एक अच्छे गायक भी हैं, इससे कम ही लोग परिचित होंगे। अवसर था दिल्ली के मावलंकर सभागार में गीता-जयंती-समारोह का यहाँ डॉ. फारुख अब्दुल्ला ने झूमकर भजन गाए, नीति-भक्ति की बातें कीं। फारुख अब्दुल्ला वास्तव में सौहार्द-सामरस्य के प्रतीक हैं। प्रशांत जी उक्त कार्यक्रम में मौजूद थे। उनके द्वारा प्रस्तुत विवरण यहाँ पेश किया जा रहा है, जिससे स्पष्ट हो सके कि सौहार्द के अंकुर को पल्लवित होकर लहरीली लता बनने में किन स्थितियों-परिस्थितियों की आवश्यकता है। मेरे

राम, मेरे श्याम, कब आओगे मोरे अंगना मेरे राम, गली-गली ढूँढा, अँगना में ढूंढा, नाहीं मिले मोरे राम, नाहीं मिले मोरे श्याम, किस गली गए मोरे राम, मोरे श्याम रे...। राम और श्याम की भक्ति में डूबे इस भजन को खूबसूरत आवाज़ में सुनकर भला कौन झूमने से रुक सकता है। श्रोता भी गायक का साथ दे रहे थे और माहौल पूरी तरह भक्तिमय हो चला था। आम भजन संध्याओं की तरह श्रोता 'गायक' से कोई और भजन सुनाने की फरमाइश नहीं करते, क्योंकि यह भजन कोई भजन गायक नहीं बल्कि, जम्मू-कश्मीर के पूर्व मुख्यमंत्री और सांसद डॉ. फारुक अब्दुल्ला गा रहे थे। जी हाँ, सियासी गहमा-गहमी के बीच वक्त निकालकर डॉ. अब्दुल्ला भजन भी गाने लगे हैं। उन्हें उस रामराज की तलाश है, जिसका देश काफी दिनों से इंतजार कर रहा है। लेकिन उनका राम कहीं खो गया है, पर उन्होंने उसकी तलाश बंद नहीं की है। बकौल फारुक अब्दुल्ला उन्हें बचपन से भजन सुनने और गुनगुनाने का शौक है। भजन को वे इसलिए गुनगुनाते हैं, क्योंकि भजन गाने से शांति मिलती है। भजन ही इंसान के तार भगवान से जोड़ता है। वे सिर्फ यहीं पर नहीं रुकते, बल्कि किसी 'संत' की तरह 'प्रवचन' देते हुए कहते हैं कि भजन भगवान तक पहुँचने का एक बेहतरीन जरिया है। जिस व्यक्ति ने भजन में खुद को डुबा लिया, उसने भगवान को हासिल कर लिया। शांति और प्रेम को हासिल करने के लिए वे अक्सर वक्त निकालकर भजन सुनते और गाते हैं। डॉ. अब्दुल्ला अखिल भारतीय अपराध निरोधक समिति के वार्षिक समारोह में हिस्सा ले रहे थे। समिति ने यह समारोह 'गीता जयंती' के मौके पर आयोजित किया था। आम लोगों तक गीता का सार पहुँचाने के लिए समिति ने 'आर्ट ऑफ लिविंग' के म्यूजिक ग्रुप को खासतौर से बुलाया था। जिस वक्त डॉ. अब्दुल्ला वहाँ पहुँचे आर्ट ऑफ लिविंग के नितिन भजन गा रहे थे। राजनीतिक हल्कों में दी जाने वाली पार्टियों में बिना किसी हिचक के डांस करने वाले डॉ. अब्दुल्ला भला भजन सुनकर कहाँ रुकने वाले थे। जैसे ही उन्हें ऊपर आने की दावत दी गई, उन्होंने फौरन भजन गाने की फरमाइश कर डाली। बस फिर क्या था। फौरन तबला और हारमोनियम लेकर 'आर्ट ऑफ लिविंग' की टीम के सदस्य भी वहाँ बैठ गए। डॉ. अब्दुल्ला ने पूरी श्रद्धा के साथ भजन गाया और महफिल को लूट लिया। श्रोताओं की हथेलियाँ काफी देर तक आपस में टकराकर फारुख अब्दुल्ला को बधाई देती रहीं।

भजन के बीच में वक्त निकाल कर डॉ. अब्दुल्ला ने कहा कि हिंदू और मुसलमान में कोई फर्क नहीं है। अगर वे जवाहरलाल के घर में पैदा हुए होते, तो हिंदू होते और इंदिरा गाँधी शेख अब्दुल्ला के खानदान में जन्म लेतीं तो मुसलमान होतीं। भगवान किसी से नहीं पूछता कि उसे कहाँ पैदा होना है। किसी 'संत' की तरह प्रवचन करते हुए उन्होंने कहा कि हम भगवान को भूल गए हैं। जब हम भगवान को दिल से याद करेंगे, तो हमें शांति मिलेगी। इंसान-इंसान से प्रेम करने लगेगा। भारत को महान

बनाने के लिए जरूरी है, अपने अंदर छुपे शक को निकाल फेंकें।[8]

ऐसे ही छोटे-बड़े प्रसंग सौहार्द की संचेतना को अंकुरित, पल्लवित, फलित करने में सहायक होते हैं। हिंदुस्तान का तो इतिहास ही वैमनस्य में भी सौहार्द की तलाश कर रहा है। यहाँ चाहे जो आया, वह यहीं के रंग में रंग गया। "दस्तावेजों की कितनी बड़ी दौलत है हिंदुस्तान के पास! दस्तावेजों का वह महल, पके बेल की मदहोश कर देने वाली महक से भरा हुआ था... उसमें फारस की महक थी, तुर्की की भी और खुरासान, फरगना, समरकंद, अंदिजान, खुजिंद, बल्ख, बुखारा, गजनी, कंधार, काबुल, पेशावर, लाहौर और न जाने कितने शहरों, बाशिंदों और मुल्कों की भी। वैदिक, बौद्ध धर्म और इस्लाम की महक भी। हजारों-लाखों सोच सकने, सोचने वालों के बुत उस महल में मौजूद थे... और तभी रेगिस्तानों से बालू के सैकड़ों बगूले उठने लगे... और उन गर्म हवाओं के साथ-साथ एकाएक सर्द हवाएँ भी आने लगीं। और हिंदू कुश, पामीर और शिवालिक की पहाड़ी श्रेणियों पर बर्फ पड़ने लगी। अंदिजान, खुरासान, समरकंद और पेशावर के मैदानों में ओले पड़ने लगे। तभी उधर लद्दाख, कश्मीर और तिब्बत में पतझड़ आया और चिनार सुर्ख होकर झरने लगे। सफेदे निहंग हो गए और चीड़ के जंगलों के नीचे बादामी सुइयों के कालीन बिछ गए। मौसम बड़ा अलीब था...[9] लेकिन यह मौसम का स्थायी मिजाज नहीं है! वैसे ही, जैसे कि विद्वेष जनता का स्थायी भाव नहीं है। जन का, सचेत, प्रगतिशील आदमी का स्थायी भाव है—स्नेह-सद्भाव-सौहार्द को मजबूती देना। प्रसन्नता की बात है कि हमारे समय के साहित्यकारों ने अपने दायित्व को बखूबी समझा और उसका निर्वहन किया है।

पहले भी कहा जा चुका है कि लेखक अपनी बात अधिकांशतः अपने साहित्य के पात्रों के माध्यम से कहता है। यहाँ 'कितने पाकिस्तान' के एक ऐतिहासिक पात्र दाराशिकोह का वक्तव्य प्रस्तुत है, जो समाज में सौहार्द के पल्लवन की प्रक्रिया को स्पष्ट करता है।

"—हुज़ूरे आलिया! मैं अपने मुल्क को इन्हीं खूनी अंधड़ों से बचाना चाहता था। मेरा मुल्क दुनिया की सबसे बड़ी तहज़ीब का केंद्र है... हमारी तहजीब ने लोहे और बारूद के भौतिक हथियार नहीं, आत्मा और परमात्मा के आध्यात्मिक हथियारों का अन्वेषण किया था। हमने धर्मांध मुजाहिदीन नहीं पैदा किए। हमने पीर, फकीर, सूफी, संत, दरवेश और महात्मा पैदा किए।... हमारे जंगलों से युद्ध-युद्ध पुकारते दरिंदे नहीं, शांति-शांति का संदेश देते साधु-संत निकलते हैं... इसीलिए तख्तो-ताज से पहले मैंने इनसानी ईमान की तलाश की थी और तौहीद के उसी आलम से मैंने शाह दिलस्बा-जैसे फकीर और संत को लिखा था कि मुझ-जैसे फकीर के हृदय से इस्लाम के बाह्य अंग अब गायब हो गए हैं और सच्चा कुफ्र—यानी सच्ची आस्तिकतावादी नास्तिकता मुझमें प्रकट हो गई है... मैं जनेऊधारी मूर्तिपूजक हो गया हूँ... नहीं, मैं स्वयं अपना उपासक, खुदपरस्त हो गया हूँ... क्योंकि हर मूर्ति में जीवन छुपा हुआ

है और कुफ्र–अविश्वास के नीचे विश्वास–ईमान छिपा हुआ है। इस ईमान को मैं नहीं तोड़ सकता। तोडूँगा तो इनसान हर तरह के विश्वास, ईमान से रहित हो जाएगा। यह ईमान ही मनुष्य के अस्तित्व की कुंजी है, क्योंकि इसी ईमान के सहारे वह 'बहु' को 'एक' में पैबस्त पाता है। सच्चा मुसलमान यही देखता है... बहुत्व को एकत्व में देखना ही वहिदिय्या है... यही तौहीद का फलसफा है। यही समत्ववाद है... ईश्वर के नाम की एकता नहीं, वे नाम हमेशा अलग-अलग रहेंगे, पर मजहबों में मौजूद एकत्ववाद के बारे में कोई भी मतभेद किसी भी मजहब में नहीं है!''[10]

यही वैविध्य में एकत्व का संधान ही आज आदमी का लक्ष्य होना चाहिए। इसी से मानवता का कल्याण हो सकता है। इसी से सौहार्द की चेतना विकसित-पल्लवित हो सकती है। इस बात को अब अतिवादी विचारधारावाले फायर ब्रांड नेता भी स्वीकारने लगे हैं। बजरंग दल के संस्थापक और भाजपा के 'फायरब्रांड' नेता, राज्यसभा सांसद श्री विनय कटियार भी अब कहने लगे हैं कि 'मुसलमान भी आतंकवाद से लड़ना चाहता है।' यह समाज के लिए सकारात्मक परिवर्तन है। श्री अजय तिवारी ने आतंकवाद, अलगाववाद और राष्ट्रीय सुरक्षा-जैसे मुद्दों पर श्री विनय कटियार से राष्ट्रीय सहारा (साप्ताहिक) के लिए बातचीत की। यहाँ उक्त बातचीत के प्रमुख अंश प्रस्तुत हैं, जो जन-मानस में आ रहे सकारात्मक परिवर्तनों की सूचना देते नजर आते हैं–

–लगता है अब आप आतंकवादियों को मार गिराने की बात कभी नहीं कहेंगे?

मेरा मुँह नहीं बंद किया जा सकता। पहले भी आतंकवादियों के खिलाफ जोर-शोर से बोलता था आगे भी बोलूँगा। मैं यही चाहता हूँ कि कश्मीर में आतंकवाद के सफाए के लिए जनता आगे आए और पुलिस व सेना का पूरा सहयोग करे। आत्मरक्षा में आतंकवादी पर हाथ उठाने में कुछ भी गलत नहीं है। मैं पूछना चाहता हूँ कि क्या बंदूक के लाइसेंस सरकार ने शादी और समारोह में हवाई फायर करने और चिड़िया के लिए दे रखे हैं? आतंकवाद की कमर तोड़ने के लिए मेरा हिंदुओं, मुसलमानों और सिखों समेत सभी कौमों से आग्रह है कि वे डटकर मुकाबला करें और कश्मीर से आतंकवादियों को खदेड़ डालें। मैं जब ऐसा कहता हूँ तो इसका मतलब यह कदापि नहीं निकाला जाना चाहिए कि लोगों को कानून हाथ में लेने के लिए उकसा रहा हूँ।

–फिर आप आतंकवादी मारने पर एक लाख रुपए का इनाम देने से क्यों मुकर गए?

मैंने केवल यह स्पष्ट किया है कि कश्मीर में क्या कहा था और क्या मेरे नाम से चस्पा कर दिया गया। हर जगह पुलिस और सेना लोगों की सुरक्षा नहीं कर सकती इसलिए ग्राम रक्षा समितियाँ बना कर लोगों को हथियार दिए गए हैं। इन समितियों के लिए काम करने वाले लोगों की हौसला-अफजाई के लिए मैंने उन्हें सम्मानित करने और एक लाख रुपए देने की बात कही थी। इसमें कुछ भी गलत

नहीं है। आतंकवादी देशद्रोही होता है, उसके खिलाफ पुलिस इश्तहार निकालती है कि जिंदा अथवा मुर्दा चाहिए।

—आतंकवादी को मार गिराए जाने की बात कश्मीर से आगे भी बढ़ाई जा सकती है?

अवश्य बढ़ाई जा सकती है क्योंकि देश का कोई हिस्सा ऐसा नहीं है, जो आतंकवाद से सुरक्षित हो। हर वह व्यक्ति आतंकवादियों के निशाने पर है, जिसे अपने देश से प्यार है।

—भाजपा ने कभी किसी को एक लाख रुपए दिए हैं?

हाँ दिए हैं, तभी तो मैंने कहा था। डोडा में अभी जब आतंकी हमले में हमारे चार-पाँच लोग मारे गए थे तब भी हमने उनके परिवार को आर्थिक मदद दी थी। कश्मीर में जिस तरह से आतंकवादी आम लोगों को और विशेषकर हिंदुओं को निशाना बना रहे हैं, उन्हें हमारी मदद की बहुत जरूरत है। इस बात को समझने की जरूरत है कि कश्मीर से हिंदुओं को भगाया जा रहा है डोडा और घाटी के कई इलाकों से उन्हें खदेड़ा जा चुका है। अगर यही हाल रहा तो आने वाले दिनों में हिंदुओं को घाटी में ढूँढना पड़ सकता है।

—आतंकवाद के खिलाफ आवाज उठाने वालों के लिए कोष बनाने के बारे में सोच रहे हैं?

सोचा जा सकता है। इस विषय में जल्द ही मैं विभिन्न राजनीतिक दलों से बात करूँगा। इससे यह भी साफ हो जाएगा कि किस दल को आतंकवाद और देश की कितनी चिंता है।

—पार्टी ने तो आप को चुप रहने को कहा है?

ऐसा नहीं है, भाजपा एकजुटता से मेरे साथ खड़ी है। और ज्यादा पूछेंगे तो मैं कहूँगा कि चट्टान की तरह खड़ी है। कश्मीर में पूरे देश से कार्यकर्ता भेजने का अभियान बृहस्पतिवार को ही पूरा हुआ है, यह बेहद कामयाब रहा है। इस अभियान से कश्मीर के लोगों में यह संदेश भी गया है कि आतंकवाद के खिलाफ उनकी लड़ाई में पूरा देश उनके साथ है। पार्टी ने इस अभियान का मुझे इंचार्ज बनाया था और मैंने सौंपी गई जिम्मेदारी का सही ढंग से निर्वहन किया है।

—ऐसा लगता है कि पार्टी के कुछ नेताओं को आतंकवादियों के सफाए वाला बयान समझ में नहीं आया?

जनता ने सही समझा क्योंकि उसे आतंकवाद की कीमत चुकानी पड़ रही है। मेरा बयान एक देशभक्त और राष्ट्रसेवक का बयान था। इसे राजनीतिक चश्मे से नहीं देखा जा सकता। दुर्भाग्य इस बात का है कि आतंकवाद की बात करने पर अमेरिका के राष्ट्रपति जार्ज बुश की चाटुकारिता की जाती है और जब वह इसके नाम पर मुल्क के मुल्क मिटा देता है तो कोई कुछ नहीं कहता। बल्कि उल्टा समर्थन

करता है पर जब यही बात राष्ट्रभक्ति से प्रेरित होकर विनय कटियार कहता है तो उसके खिलाफ पुलिस में रिपोर्ट दर्ज कर ली जाती है।

—कहीं ऐसा तो नहीं कि आप पिछड़े तबके के नेता हैं और अयोध्या के नेता के बजाय आपकी छवि आतंकवाद के खिलाफ बोलने वाले नेता की बन रही थी, इसलिए किसी को वह बात हजम नहीं हुई?

हो सकता है।

—पार्टी में समर्थन नहीं मिलने के बाद आप संघ की शरण में गए थे?

उत्तर प्रदेश में संघ शिक्षा वर्ग के दौरान सर संघचालक कुप्प. सी. सुदर्शन से मिलने गया था। आतंकवाद संबंधी मेरे बयान पर उन्होंने सकारात्मक रुख दिखाया।

—पुलिस कार्रवाई को लेकर किसी तरह का कानूनी कदम उठाया है?

अभी तो नहीं, पर करेंगे।

—कश्मीर जाने से तो आप घबराने लगे होंगे?

ऐसी कोई बात नहीं है। फिर कश्मीर जाऊँगा। पहले भी पार्टी के काम से गया था आगे भी पार्टी जब वहाँ जाने को कहेगी मैं पहुँच जाऊँगा।

—कश्मीर पर बयान वापस लेने से फायरब्रांड नेता की आपकी छवि को क्या झटका नहीं लगा?

आतंकवाद के खिलाफ शुरू की गई मुहिम से मैं आधा इंच भी पीछे नहीं हटा हूँ। विनय कटियार उन नेताओं में से नहीं है, जिनकी कथनी और करनी में फर्क होता है। यह तो मेरा दिल ही जानता है कि आतंकवाद से जूझ रहे लोगों के लिए मैं कितना तड़प रहा हूँ। पिछली लड़ाई मैंने राम मंदिर के लिए लड़ी थी और इस बार आतंकवाद के खिलाफ लड़ रहा हूँ। इस लड़ाई को मैं सिर्फ हिंदुओं की लड़ाई नहीं कहता क्योंकि आतंकवादी मुसलमानों को भी मार रहे हैं। मुसलमान भी आतंकवाद से लड़ना चाहता है। यही वजह है कि कश्मीर के हमारे सत्याग्रह में बड़ी तादाद में मुसलमान भी शरीक हुए।

—आतंकवादियों के खिलाफ बयान देने के बाद सुरक्षा की जरूरत महसूस हो रही है?

लगातार सूंचनाएँ मिल रही हैं कि आतंकवादी मुझे मार सकते हैं। अब यह तो सरकार को सोचना है कि मेरे जीवन को कितना खतरा है। सरकार का अब तक का रवैया आतंकवादियों के प्रति नरमी का रहा है। जबकि मैंने तो सरकार, पुलिस और सेना की मदद करने का ही लोगों से आह्वान किया था। फिर भी मेरे खिलाफ पुलिस केस बना दिया गया।

—भारत में बाबरी ढाँचे पर बवाल मचता है पर पाकिस्तान में ऐतिहासिक महत्त्व के श्रीकृष्ण मंदिर तोड़े जाने पर वहाँ की सरकार तमाशा देखती रहती है। इस पर आपकी प्रतिक्रिया?

लाहौर में मंदिर तोड़े जाने की घटना पहली नहीं है। वहाँ लगातार मंदिर तोड़े जा रहे हैं। वहाँ की सरकार मंदिरों का नामो-निशान ही मिटा देना चाहती है। पाकिस्तान इस तरह की हिमाकत इस वजह से कर गुजरता है क्योंकि उसकी कारगुजारियों के खिलाफ आवाज बुलंद नहीं की जाती।[11]

हर संवेदनशील आदमी बुराइयों की खिलाफत करना चाहता है, भरसक करता है। इस काम में संप्रदाय, धर्म, मजहब, जाति, वर्ग, वर्ण आड़े नहीं आता। हिंदू, मुसलमान, सिख, ईसाई, यहूदी आदि सभी लोग स्वभावतः बुराई के पक्षधर नहीं होते। अदीब-लेखक-साहित्यकार अपने साहित्य के माध्यम से बुराइयों से लड़ने, उसका प्रतिकार करने का सिलसिला हमेशा आगे बढ़ाते नजर आए हैं। इस समय का साहित्यकार भी इस काम को आगे बढ़ा रहा है, यह प्रसन्नता का विषय है। समाज में शिक्षा का सम्प्रसार हो, स्नेह-सौहार्द पर आधारित सत्साहित्य की सर्जना हो, इसी विषय पर आधारित फिल्में अधिकाधिक बनाई जाएँ, विद्वेष-विध्वंस की घटनाओं पर अंकुश लगे, अफवाहों को गरम होने से पहले ही खत्म किया जाए—समरसता का सम्प्रसार करने वाले आदमियों-संस्थाओं को पोषित-पुरस्कृत किया जाय—ये कुछ ऐसे उपाय हैं, जिन पर अमल करके सांप्रदायिक सौहार्द की चेतना का पल्लवन किया जा सकता है और समाज से इस बुराई का उन्मूलन किया जा सकता है।

5.2 उपन्यासों में वर्णित सौहार्द की भावना का रेखांकन

दसवें दशक के सांप्रदायिक समस्याओं पर आधारित हिंदी-उपन्यासों में सौहार्द के प्रसंगों का भी पुष्कल चित्रण हुआ है। ये और बात है कि प्रायः ऐसे प्रसंग विध्वंसात्मक-विद्वेषात्मक प्रसंगों के साथ जुड़कर ही आए हैं। परियोजना के तृतीय अध्याय में सौहार्द के प्रसंगों पर विस्तार से विमर्श किया गया है, पर प्रसंगानुरूप यहाँ भी संक्षेप में उन पर चर्चा की जा रही है। विद्वेष, अलगाव और मनमुटाव की बातें प्रायः बढ़ा चढ़ाकर की जाती रही हैं। वे उतनी हैं नहीं, जितनी दिखाई-सुनाई बताई जाती हैं। आज भी (प्रायः ग्रामीण क्षेत्रों में) किसी के यहाँ कोई कार्यक्रम होने पर सब लोग साथ-साथ ही भोजन करते हैं। होटलों-ढाबों-रेस्टोरेंटों में भोजन बनाने वाला कौन, किस जाति का है, इसे कोई नहीं पूछता। परिवर्तन की प्रक्रिया प्रायः धीमी ही होती है। यह कोई ऐसी चीज नहीं है कि स्विच ऑन किया और 'भक् से' बल्ब प्रकाशित हो गया। जी नहीं। इसमें समय लगता है—वर्षों, दशाब्दियों, शताब्दियों। लेकिन यह भी उतना ही सही है कि परिवर्तन हो रहा है।

''हमारे गाँव में ही थे बहुत से मुसलमान-परिवार। चलो, आज तुम्हें एक बात बताता हूँ। तुम लोग आए दिन ढाबों-रेस्त्राओं में खाते हो, कौन जाने बैरे लोग किस जात के हों, उनके हाथ का छुआ-पकाया बेधड़क खा लेते हो। रेलगाड़ी में, बस में किसी भी संप्रदाय वाले से पकौड़ी-कचौड़ी खरीद लेते हो। मिल-बाँटकर बैठते हो,

छुआछूत नहीं मानते हो। और-तो-और तुम लोग हिंदू-मुसलमान में ब्याह रचा रहे हों।"[12] पहले ऐसी घटनाएँ हों, इसका सवाल ही नहीं उठता था, पर अपनापा, सद्‌भाव, स्नेह आज से कहीं ज्यादा था। इसका कारण यह है कि तब आदमी में कोई बनावट-बुनावट नहीं थी। वह अंदर-बाहर से एक था। आज मामला काफी हद तक उल्टा-पुल्टा और बिगड़ा नजर आता है। मंच से कुछ और बोलना, व्यवहार में कुछ और करना। सार्वजनिक जीवन कुछ और व्यक्तिगत जीवन कुछ और। हाँ, सारे किंतु-परंतु के बावजूद माहौल में सकारात्मक परिवर्तन दिखाई पड़ते हैं। परिवर्तन की आशा पर ही मानव-जीवन टिका होता है। आज हमें जरूरत है शरद और हनीफ जैसे मित्रों की। दोनों ने एक-दूसरे को अपनी जीवनचर्या-दिनचर्या का अंग बना लिया है। अब दोनों एक-दूसरे के बिना अपूर्ण से लगते हैं। आज ऐसे ही प्रगतिशील नौजवानों की जरूरत है, जो भेदभाव की दीवारों को ढहा सकें।

"...उसके अलावा भी।" हनीफ कहता है, "तुम उन्हें बलि का बकरा बना रही हो। उनकी ह्यूमन डिग्निटी खत्म किए दे रही हो।"

"नहीं मिट रही।" श्रुति झगड़ती है।

शरद, हनीफ की पीठ पर एक धौल जमाता है–'धप्प'। "मुझ पर चिढ़ेगा तो कह दूँगा यार, तू तो मियाँ भाई होता जा रहा है। ह्यूमर लेस।"

हनीफ सोचता है, तोलता है, धीरे-धीरे बोलता है, "तुम मत लिखो इस पर। कहानी-उपन्यास मत लिखो। अखबार के लिए ठीक है। यह वही है, कहानी का लिबास पहनने की कोशिश में...।"

"तो क्या हुआ?" श्रुति विरोध करती है पर अनिश्चित भी लग रही है। "हर बात के लिए अलग ढंग होना होता है। अगर न्यूजपेपर रिपोर्ट से बात स्पष्ट हो तो क्यों न उसी तरह कहानी लिखें? तरह-तरह का साहित्य होता है।"

शरद ने श्रुति की पीठ पर धौल मारा–'धप्प।' "यह मेरा लँगोटिया है, आप बाद में नमूदार हुईं। आप न सिखाइए, उससे कैसे पेश आऊँ।" तीनों हँस दिए। हनीफ कह रहा है, "यह आधा मुसलमान था, मेरे साथ बचा आधा भी रँग गया। मैं आधा हिंदू था, इसके संग-सलामत आधा बदल गया। अब बूझो पहेली तो जानें, हममें कौन मुसलमान है, कौन हिंदू?"[13]

मंदिर-मस्जिद टूटने से भगवान या अल्लाह नहीं मरते : मरते हैं तो हजारों-हजार बेगुनाह इनसान। इतने पर भी उनकी समझ में ये फालतू के झगड़े नहीं आते। अकारण लड़ रहे हैं, हम लोग! आदमी हिंदू या मुसलमान पहले नहीं है। पहले तो वह आदमी ही है। जहाँ डॉ. राही मासूम रजा-जैसा 'मुसलमान' महाभारत सीरियल के संवाद लिखता है, वहीं कमलेश्वर-जैसा 'हिंदू' कितने पाकिस्तान-जैसा 'उपन्यास। इतना ही नहीं साहिल भारती-जैसा मुसलमान शायर राम-कथा पर आधारित अपनी नज्म से परिवेश को गंगा-जमुनी रंग में रंग देने की कुव्वत रखता है–

''ये राम-कहानी है श्रीराम-कहानी,
यारो, मैं सुनाता हूँ सुनो मेरी जुबानी।
ये राम की धरती है ये लछमन का वतन है,
दशरथ का गुलिस्ताँ है सीता का चमन है।
है देश भरत का तो शत्रुघ्न का सदन है,
क्या याद हर इक शख्स को तुलसी का कथन है।
ये राम कहानी है श्रीराम कहानी...
दिलकश भी है पावन भी सरजू का किनारा,
बलखाती हुई मौजें हैं बहती हुई धारा।
इस शंख भजन में है नगमा अकीदत का,
ये शामे-अवध तू है एक मरकजे नज़्ज़ारा।
ये राम कहानी है, श्रीराम कहानी...
दशरथ ने दिया राम को बनबास यहीं से,
चलता है श्रीराम का इतिहास यहीं से।
तकदीर बदल देती है, तदबीर का नक्शा
इनसान को हो जाता विश्वास यहीं से।
ये राम कहानी है, श्री राम कहानी...
करते हैं इसी बात से सब राम की इज़्ज़त,
जो हुक्म-ए-विदर सुन के दिया छोड़ हुकूमत।
बनवासी बन जाने को बेखौफ वो तरद्दुद,
ये भी न सोचा था कि क्या होगी मुसीबत।
ये राम कहानी है श्री राम कहानी...
भाई का जो था हक, उसे लछमन ने निभाया,
सीता पे जो भी कष्ट पड़ा बन में उठाया।
बस, बाप की मर्जी में बेटे की रज़ा है,
वन जा के यही राम ने दुनिया को बताया।
ये राम कहानी है श्री राम कहानी...
ये सोचा भरत ने मैं श्रीराम को लाऊँ,
मैं क्या हूँ उन्हीं को सिंहासन पे बिठाऊँ।
मिन्नत से खुशामद से मनाया जो न माने,
गद्दी पे रहे उनकी जगह उनकी खड़ाऊँ।
ये राम कहानी है, श्रीराम कहानी...
शबरी के बेर खाके बे अन्दाज़े मोहब्बत,
बख्शी दिले बेताब को श्री राम ने राहत।

दुनिया में किसी शय को हिकारत से न देखो,
इंसाँ जो करे पेश बसद हुस्नें अकीदत।
ये राम कहानी है श्रीराम कहानी...
लछमन तेरी रेखा का जिसे ध्यान रहेगा,
जंगल में खुदा उसका निगहबान रहेगा।
रावन का तिलिस्म इस पे कभी चल नहीं सकता,
इस नारी का संसार में सम्मान रहेगा।
ये राम कहानी है श्री राम कहानी...
लंका की फतह फतह थी यक कार-ए-नुमायाँ,
ये राम की आमद है करो जश्न-ए-नुमायाँ।
चेहरे पे खुशी है कि पलट आयीं बहारें
फिर आज महक जायेगा दशरथ का गुलिस्ताँ
ये राम कहानी है श्रीराम कहानी,
यारो, मैं सुनाता हूँ सुनो मेरी जुबानी।''

एक मुसलमान के मुख से मर्यादा-पुरुषोत्तम श्रीराम और उनसे जुड़े अन्य चरित्रों का इस तरह प्रत्यक्ष गुणगान सुनना मेरे लिए एक ऐसा अभूतपूर्व एवं रोमांचकारी अनुभव था, जिसे शब्दों में व्यक्त नहीं किया जा सकता। यह ऐसी तुरीयावस्था होती है, जहाँ पहुँचकर धर्म-मजहब के झगड़े ऊँच-नीच की खुराफात और एक-दूसरे को नीचा दिखाने की साज़िशों की दीवार बर्फ की तरह पिघल जाती है। ऐसे में बचता है प्रेम, शुद्ध प्रेम, जहाँ हम दूसरों के हाथों में नाचने वाले मोहरों के बजाय एक ऐसी स्वतंत्र इकाई बन जाते हैं, जो स्वयं में बहुत मुकद्दस, बहुत पवित्र और निर्विकार होती है। ऐसे में हम ईश्वर, खुदा, वाहे गुरु और गॉड के बच्चे मात्र रह जाते हैं। यहाँ तक कि हिंदू, मुस्लिम, सिख और ईसाई भी नहीं रह जाते।[14]

दसवें दशक के हिंदी-उपन्यासों के लेखकों को अपनी जिम्मेदारी का अहसास है। यही कारण है कि वे पुरानी बातों, पुराने प्रसंगों को छोड़कर नए भारत के निर्माण की वकालत करते नज़र आते हैं। उनका मानना है कि यदि पुराने जमाने में किसी भाई से कोई ऊँच-नीच हो भी गई हो तो उसे मन में रखने का क्या लाभ! वक्त तो नव-निर्माण का है। हमारे दरवाजे पर नया समय दस्तक दे रहा है। आइए, हम उसका स्वागत करें। आज किसी खास कौम को दोष देना समीचीन नहीं है। ''यदि तुम मुसलमानों को हिंदुओं के धार्मिक स्थलों को तबाह करने वाला और आततायी मानते हो तो यह क्यों भूल जाते हो कि सत्ता और प्रभुत्व जिसके हाथ में आता है, वह शासक यदि निरंकुश हुआ तो प्रायः इस प्रकार के अतिरेक करता पाया गया है, परंतु इसके लिए पूरी कौम को आततायी मान लेना कहाँ का न्याय है? क्या

पुष्यमित्र शुंग जैसे सनातन धर्मी हिंदू-राजा ने अपने पूर्ववर्ती मौर्य शासकों द्वारा स्थापित बौद्ध धर्म से संबंधित स्तूपों और विहारों का विध्वंस नहीं किया था? फिर इतिहास के सैकड़ों साल के पन्नों को पलटकर उन पर लिखी इबारतों को पढ़-पढ़कर आज के मुसलमानों को कोसना क्या उचित है? यह तो वही मिसाल है कि लम्हों ने खता की थी, सदियों ने सजा पाई।"[15]

आज हमारे पास अवसर है 'लम्हों की खता' को नजरअंदाज करने का। हमें सहृदयता का परिचय देते हुए सद्भाव स्थापित करने का कार्य करना चाहिए, क्योंकि विद्वेष भड़काने वाली बातों के सम्प्रसार से किसी को लाभ नहीं होने वाला! हमारे समय का अदीब जानता है कि स्नेह की क्या कीमत है। उसे फालतू की बकझक नहीं सुहाती। उसके लिए मानवता की हित-चिंता सर्वाधिक महत्त्वपूर्ण है, बाकी के प्रश्न बाद में देखे जाएँगे। प्रेम, हिंदू-मुसलमान में, पुरुष-महिला में फर्क करना नहीं जानता। वह तो सब जगह समान रूप से प्रभावकारी सिद्ध होता है।

"घर का अँधेरा बरामदा लाँघते हुए उसे स्निग्धता का भास हुआ। इस अँधेरे बरामदे में वह बहुत दिन बाद आया था। घर की सुपरिचित महक उसे अच्छी लगी। वर्षों पहले जब वह रघुनाथ के साथ बरामदा लाँघकर अन्दर आया करता था तो उसकी छोटी बेटी मुँह में उँगली दबाए देर तक उसकी ओर ताकती रहती थी, फिर दोनों बाँहें उठा देती थी कि मुझे गोद में उठा लो।

हर बार वह आता तो वह भागती हुई बरामदे के सिरे पर आ जाती थी और दोनों बाँहें उठाकर हँसने लगती थी। इसी बरामदे को लाँघते समय घर की जवान औरतें दरवाजे की ओट से अंदर भाग जाया करती थीं। यह भी वर्षों पहले की बात थी, जब रघुनाथ शुरू-शुरू में उसे अपने घर लाने लगा था। उन हँसती औरतों में से किसी की नजर शाहनवाज पर पड़ जाती तो वह भागना छोड़कर रुक जाती।

"हाय! आप हैं, मैंने सोचा न जाने कौन है।" शाहनवाज का दिलभर आया। इस घर में उसने रघुनाथ और उसके परिवार के साथ बड़ी अच्छी शामें बितायी थीं।

यहाँ आते ही रघुनाथ के छोटे भाई की बहू उसके लिए अंडों का आम लेट बनाने चली जाती थी। घर के सभी लोग जानते थे कि शाहनवाज को आमलेट खाना पसंद है और धीरे-धीरे घर के सभी लोग आँगन में आकर बैठने लगते थे।"[16]

यही तो ज़िंदगी के छोटे-छोटे सुख हैं, जो आदमी को जिलाए रखते हैं, उसकी आस्था को अप्रतिहत और जिजीविषा को अपराजेय बनाए रखते हैं। मैंने अपने गाँव-घर में देखा है : कोई भी काम बिना सब के आए संपन्न नहीं होता। सभी जाति के, धर्म के, वर्ग के लोग खुशी-खुशी आते हैं। देखते हैं, पूछते हैं क्या करना है। सारे कार्य देखते-ही-देखते ऐसे निपट जाते हैं कि पता ही नहीं चलता। हाँ, हम लोग भी हर जगह, सबके यहाँ पहुँचने की कोशिश करते हैं। जिस अयोध्या की वजह से देश-विदेश में अनेकानेक धर्म स्थलों का विध्वंस हुआ, उसी अवध-क्षेत्र में एक भी

धर्मस्थल मिसमार नहीं हुआ। किसी भी हिंदू-मुसलमान भाई की न तो मृत्यु हुई, न ही किसी के दुकान-मकान जलाए गए। वास्तव में सबसे बड़ी बात है, सहिष्णुता, भाईचारा, सहकार और सामंजस्य।

शताब्दियों से साथ-साथ रहने की वजह से एक ऐसी साझी संस्कृति विकसित हुई है, जो भारत के ग्रामीण क्षेत्रों में जो कथित प्रगतिशील चिंतकों और पढ़े-लिखे लोगों को आईना दिखाती नजर आती है। आज भी, इस चरम-परम भौतिकतावादी युग में हमारी ओर मनिहारिन (चूड़ी पहनाने वाली स्त्री, जो प्रायः मुसलमान घराने की होती है) किसी भी अविवाहित कन्या को चूड़ी पहनाने के पैसे नहीं लेती। जबसे वह चूड़ी पहनने लायक होती है, अपने मन की चूड़ियाँ बिना पैसे के पहनती है, तब तक जब तक उसका विवाह नहीं हो जाता। बिटिया के विवाह में मनिहारिन 'नेग' (कोई जेवर, आभूषण, साड़ियाँ, बर्तन आदि) माँगती है और आदमी अपनी हैसियत के अनुसार उसे देता है। जब मैंने पूछा कि आखिर वो पहनाने के पैसे क्यों नहीं लेती तो उसका जवाब काबिलेगौर था—

"भइया, ई पुरखन के जमाने से चलि आवा अहै। हमपका बंद न करब। जब तक हमार बस चले, हम करब। लरिकइ-बच्चइ जेस मनकहे करि हैं। फिरि, तोहारि बिटिया का, हमारि कुछू न आय।" (यह पूर्वजों के समय से होता आया है। हम इसे बंद नहीं करेंगे। जब तक हम स्वस्थ रहेंगे, कर पाएँगे-करेंगे। हमारे बच्चे जैसा चाहेंगे करेंगे। हाँ, आपकी बिटिया हमारी भी तो कुछ है।)

कौन न न्यौछावर हो जाए ऐसे अपनापे पर! जिन्हें हम 'छोटे लोग' कहते हैं, उनमें इतना बड़प्पन भरा होता है कि 'अनेकानेक बड़े लोग' अपनी कारस्तानी पर झेंप जाएँ।

"उसी रात भाभी के हाथों में जेवरों का डिब्बा देते हुए शाहनवाज विचलित नहीं हुआ। डिब्बा हाथ में लेते समय भाभी की आँखें डबडवा आईं। भाभी का रोम-रोम कृतज्ञता से भर उठा था। रघुनाथ अंदर-ही-अंदर उसके चरित्र, उसके ऊँचे विचारों की प्रशंसा कर रहा था, जिसके कारण आज के जमाने में, जब चारों ओर आग की लपटें उठ रही थीं, एक मुसलमान दोस्त उसके प्रति इतना निष्ठावान था।"[17]

कहते हैं, अपनों की पहचान बुरे वक्त पर ही होती है या जो बुरे समय में काम आए, वही अपना है। जब समाज में आदमी को आदमी न समझ कर हिंदू या मुसलमान समझा गया हो, उसे संप्रदाय के आधार पर विभाजित किया गया हो, ऐसे समय में अन्य संप्रदाय के पीड़ित आदमी की सेवा को निश्चय ही इबादत की श्रेणी में रखा जाएगा। जो लोग भगवान, खुदा, गॉड की 'खोज' में रहते हैं और हमेशा कुछ-न-कुछ उत्पात का कारण ही ढूँढ़ते हैं उनकी समझ में ये सिद्धांत नहीं आने वाला। यह तो प्रेम का सिद्धांत है। मानवता को मानव के अंतर्मन में समाहित प्रेम को खोजने वाला, उसे पुष्ट करने वाला ही इसे समझ सकता है। और हाँ, इसे

समझ देने वाला व्रत, पूजा, नमाज़, रोज़ा आदि के चक्कर में नहीं पड़ता, क्योंकि वह तो अपने ईश्वर को हर जगह देखता है, हर चीज में व्याप्त! असली आस्तिक की पहचान ही है–

'निज प्रभुमय देखहिं जगत,
केहिसन करहिं बिरोध।''

उनका किसी से वैर-वैमनस्य नहीं होता, क्योंकि उनका आराध्य, उनका उपास्य तो ज़र्रे-ज़र्रे में समाहित है।

" ...हम तो इन दो कपड़ों में निकल आए हैं।" बन्तो बोली, "सलामत रहे करीमखान, उसने हमारी जान बचा दी और सलामत रहो तुम बहन, जिसने आसरा दिया है।"

घर में अजीब तरह की चुप्पी छाई थी, जिससे हरनाम सिंह कुछ कहते-कहते चुप हो जाता था। छोटी स्त्री अंदर चली गई थी और हरनाम सिंह को बार-बार लगता जैसे वह कोठरी के अँधेरे में खड़ी उनकी ओर घूर-घूरकर देख रही है।

औरत उठ खड़ी हुई और तसले में रखे पानी से हाथ धोकर एक ओर को चली गई, जहाँ रसोई के बरतन रखे थे। फिर उसने मिट्‌टी का कटोरा उठाया और उसमें लस्सी डालकर ले आई। हरनाम सिंह अभी भी बंदूक को कंधे के साथ लटकाए हुए था। कारतूसों की पेटी पसीने से सनी उसकी कमीज से जैसे चिपकी हुई थी।

"लो, लस्सी पी लो, रात-भर के थके हो।"

कटोरा हाथ में लेते ही हरनाम सिंह फफक-फफक कर रो पड़ा। रातभर की थकान, उत्तेजना और दबी भावनाएँ एकाएक फूटकर निकल आईं और वह बच्चों की तरह बिलख उठा। आखिर तो खाता-पीता दुकानदार था, कमर में सौ-दो सौ रुपया भी बाँधकर लाया था, सारी उम्र किसी के आगे हाथ नहीं फैलाया था और अब एक दिन में दर-दर की ठोकरें खाने लगा था।

"यहाँ ऊँचा-ऊँचा रोवो नहीं सरदार जी, गली-मुहल्ले वाले सुनेंगे तो दौड़े आएँगे। चुपचाप बैठे रहो।" हरनाम सिंह अपनी सिसकियाँ दबाकर चुप हो गया और पगड़ी में से शमला निकालकर आँसू पोंछने लगा। "भला हो तुम्हारा बहन, तुम्हारा किया हम कभी नहीं उतार सकेंगे।"

"रब्ब घरों बेघर किसी आँ न करे। रब्बदी मेहर होई ताँ सब ठीक हो जाएगा।"(भगवान किसी को घर से बेघर न करे। अल्लाह की कृपा बनी रही तो सब ठीक हो जाएगा।) औरत अभी भी लस्सी का कटोरा हाथ में पकड़े बन्तो के सामने खड़ी थी। लस्सी के कटोरे को देखकर बन्तो असंमजस में पड़ गई। बन्तो ने आँखें उठाकर पति की ओर देखा। उसका पति उसी की ओर देख रहा था। मुसलमान के हाथ से कटोरा कैसे ले ले? उधर रात भर की थकान, हलक सूख रहा था। उनकी

झिझक को घर की औरत समझ गई।

"तुम्हारे पास अपना कोई बर्तन हो तो उसमें डाल लो। इधर गाँव में एक पंडित की दुकान है। अगर वह घर पर हुआ तो मैं उससे तुम्हारे लिए दो बर्तन ले आऊँगी। पर क्या मालूम वह मिलता है या नहीं। हमारे हाथ का नहीं लो, पर दिनभर भूखे कहाँ पड़े रहोगे?"

इस पर हरनाम सिंह ने हाथ बढ़ाकर कटोरा ले लिया।

"तेरे हाथ का दिया अमृत बराबर है बहन, हम तुम्हारा दिया कभी नहीं उतार सकते।"[18]

जब सारा शहर दंगे की आग में धू-धू करके जल रहा हो तो अकेली औरत का दूसरे संप्रदाय के लोगों को अपने घर में शरण देना और उनका आदर-सत्कार करना कितना प्रीति-प्रद लगता है! ऐसे प्रसंगों से ही हम साहित्यकार की संवेदनशीलता का अंदाज लगा सकते हैं। वास्तव में, साहित्यकार संवेदना को शब्दों के माध्यम से अभिव्यक्त करता है। उसे परकाया-प्रवेश की अभिक्षमता प्राप्त होती है। इसी के सहारे वह लोक के सुख-दुख, हर्ष-विषाद, विद्वेष-सौहार्द का यथार्थ चित्रण कर पाता है।

जब हमें विभाजन की शर्त पर आजादी मिली, तो अनेक परिवार उजड़ गए, गाँव, कस्बे उजड़ गए। कितने लोगों को अपना सब-कुछ छोड़कर भागना पड़ा। उस माहौल में न जाने कितने संवेदनशील लोग ऐसे भी थे, जिन्होंने अपने आस-पड़ोस के अन्य संप्रदाय वाले लोगों को पलायन करने से, अन्यत्र जाने से रोका। आम आदमी ने सदा ही विद्वेष का, विध्वंस का और दंगों का विरोध किया है। ये तो मुट्ठी भर जाति-संप्रदाय-धर्म-विहीन दंगाई हैं, जिनकी वजह से देश दंगों की आग में जलने लगता है और जब तक शासन-प्रशासन-मशीनरी जागे, अपूरणीय क्षति हो चुकी होती है। लेकिन ऐसे ही कठिन समय में मानवता के पुजारियों की परीक्षा भी होती है। अपनी जान की बाजी लगाकर लोगों की रक्षा करने वाले लोग वास्तव में सौहार्द के सच्चे पैरोकार होते हैं।

"ई तूँ लोगन रुक काहे गइला, भैया?" जयपालसिंह ने कहा, "आवत जा लोग।"

भीड़ की समझ में यह बात नहीं आ रही थी कि आखिर ठाकुर साहब मुसलमानों को क्यों बचाना चाहते हैं। स्वामी जी ने तो कहा था कि बाग में जो पूरियाँ छनी हैं, वह ठाकुर साहब की तरफ से हैं और क्या ठाकुर साहब को यह नहीं मालूम कि मुसलमानों ने हिंदू औरतों और बच्चों के साथ क्या सलूक किया है। इसीलिए उनमें से एक बोला, "ई सब मुसलमान बाड़न, साहब!"

"तोहनी के हमसे ढेर मालूम बाय?" जयपाल सिंह ने पूछा, "खैरियत एही में बाय की चल जा लोग! का नवारवाली माँ हई बफतिया, अडरी हई दिल दरवा

अडरी हई कलुबा हिंदू इसमियन के खराब किहले बाये! बड़ बहादुर हव्वा लोग अडर हिंदू-मरियादा के ढेर ख्याल बाये तुहरे लोगन के, त कलकत्ते, लाहौर जाए के चाहीं। हियाँ का धरल बाये कि चढ़ आइल बाड़ा तूँ लोग?''

''हमनी त ई लोगन का घर-दुआर फूँके के आइल बाड़ी।''

''हाँ-हाँ! काहे नाहीं! आवा लोग! तनी हम हूँ देखीं कि कडनी भाई अइसन जब्बर लड़का जन दिहले बाय।'' जयपाल सिंह अपने घरवालों की तरफ मुड़े, ''देखत का बाड़ा लोग! मार के भगाव बहिन चोदन के।''

ठाकुरों की उठी हुई लाठियाँ देखकर भीड़ पुरानी चादर की तरह मस्की और फिर फट गई। गाँव के गिने-चुने मुसलमान बाद में ठाकुर साहब के घर गए। बफाती ने कहा, ''आप कहें त हम लोग बहादुरगंज चाहे मऊ मुबारकपुर चल जाईं।''

''गाँव से जाए का नाम ले बा लोग तमाई चोद के ना रख देइब। हई देखा भुसड़ियावालन का! जात बड़ा न लोग मऊ मुबारकपुर गाँड मराये...''

यह बात सुबह होते-होते अड़ोस-पड़ोस के सारे देहातों में फैल गई। सीधे-सादे किसानों की समझ में नहीं आई कि अगर गुनाह कलकत्ता के मुसलमानों ने किया है तो बारिखपुर के बफाती, अलावरपुर के घुरऊ, हुँडरही के घसीटा को यानी अपने मुसलमानों को सजा क्यों दी जाए? जिन मुसलमान बच्चियों ने छुटपन में उनकी गोद में पेशाब किया है, उनके साथ जिना क्यों और कैसे की जाए? उनकी समझ में यह भी नहीं आ रहा था कि जिन मुसलमानों के साथ वह सदियों से रहते चले आ रहे हैं, उनके मकानों में आग क्यों और कैसे लगा दी जाए? उन मुल्लाजी को कोई कैसे मारे जो नमाज पढ़कर मस्जिद से निकलते हैं तो हिंदू-मुसलमान सभी बच्चों को फूँकते हैं?... किसानों की समझ में यह आता था कि झगड़े की जमीन की फसल काट ली जाए। जमीन के मामले में एकाध कत्ल-खून हो जाए तो कोई बात नहीं। लेकिन यूँ ही, सिर्फ इस जुर्म पर किसी को कत्ल कर देना या किसी का घर फूँक देना कि कोई मुसलमान है, उनकी समझ में नहीं आ रहा था।''[19]

गाँव-जवार से दुश्मनी मोल लेकर भी अन्य संप्रदाय वालों की रक्षा करना जो आदमी अपना कर्त्तव्य मानता है, वह भले ही सांप्रदायिकता के बारे में, सौहार्द और विद्वेष के बारे में कुछ न जानता हो, पर वह सब-कुछ जानने वाले से कहीं ज्यादा मानव चिंतक ठहरेगा। जब एक कर्मकांडी ब्राह्मण एक मौलवी को अन्यत्र न जाने और साथ ही रहकर बाकी बचा जीवन गुजार देने की बात कहता है तो निश्चित रूप से सद्भाव-सौहार्द सम्पोषित होता है।

''मौलवी साहब कुछ लोगों के सामने बैठे हुए अपने पाकिस्तान जाने की तारीख तय कर रहे थे। वहाँ पर मंदिर के पंडित जी आ पहुँचे। उनका चेहरा गंभीर था। उन्होंने पूछा, ''का मौलवी साहब, ई बात ठीक है कि आप भी पाकिस्तान जाय रहे हैं।'' मौलवी साहब ने तस्वीह फेरते हुए कहा, ''हाँ पंडित जी, ई बात सही है। मगर

आपको तो खुश होना चाहिए कि हम जा रहे हैं। आपका धर्म तो बचा रहेगा।''

पंडित जी थोड़ा रोष में बोले, ''लागत है बुढ़ांती में तोहार दिमाग सठिया गइल है। तोहार रहे से हमार धर्म कहाँ भ्रष्ट हो रहा है।'' यह सुनकर मौलवी साहब चुप रहे। पंडित जी कह रहे थे। ''देखिए मौलवी साहब, आपको पाकिस्तान जाए की कोई जरूरत नाहीं है। यहीं रहा। हम सब इतना दिन से साथ रह ही रहे हैं, आगे भी रहेंगे।'' मौलवी साहब ने कहा, ''जाने नहीं देंगे पंडित जी।'' पंडित जी ने उनका कंधा झकझोर कर कहा, ''नाहीं। बिलकुल नाहीं जाने देइब। चाहे हमार धर्म भ्रष्ट हो जाय। हम तोहे कहीं नहीं जाने देइब। सब बेवकूफों के पाकिस्तान जाए दा। तू ना जइबा।''

मौलवी साहब खड़े हो गए। उनकी आँखों से आँसू निकल रहे थे। पंडित जी ने भावुक हो उनको गले लगा लिया और बोले, ''और फिर तोह के अभी बरगद के पेड़ का भूत भगा के बा।'' मौलवी साहब ने बुदबुदाकर कहा ''हम नाहीं जाएँगे।'' वहाँ उपस्थित भीड़ आश्चर्यचकित हो दोनों को देख रही थी।''[20]

प्रगतिशील होना और बंद सोच का मालिक होना—दोनों ही किसी खास संप्रदाय की बपौती नहीं हैं। हर जगह तरक्की पसंद लोग होते हैं, हर जगह रूढ़िवादी होते हैं। विभाजन का ही संदर्भ लें तो हम देखते हैं कि हर संवेदनशील आदमी ने बँटवारे का विरोध किया था। भारी मन से बँटवारे को जिसने माना भी वह जरूरी नहीं है कि अपना घर-बार छोड़कर हिंदुस्तान से पाकिस्तान या कि पाकिस्तान से भारत गया ही हो। कई मामलों में तो हम देखते हैं कि लोगों ने अपना घर-परिवार, टोला-मोहल्ला, हित-मित्र, समुदाय-समाज, खेती-बारी, संस्कार-रिवाज़ छोड़ने से साफ इनकार कर दिया। लोगों ने उठते-बैठते 'पाकिस्तान' को कोसना शुरू कर दिया।

''ए बशीर! ई पाकिस्तान त हिंदू-मुसलमानन को अलग करें को बना रहा। बाकि हम त ई देख रहें कि ई मियाँ-बीवी, बाप-बेटा और भाई बहिन को अलग कर रहा। कुद्दन हुआँ चले गए तऊँ मुसलमान हैं, अडर हम हिआँ रह गए त का हम, खुदा न करे, हिंदू हो गये?''

''अच्छा, अब चलत जा लोग मज़लिस!'' जवाद मियाँ ने कहा, ''अब त इमाम हुसैनो के काम में ई पाकिस्तान दिखलायी देवे लगा है, भाई।''

''जवाब दो मियाँ अब्बास!'' शब्बर मियाँ ने अख्बास से कहा। ''ई बेचारू का जवाब दी हैं?'' अब्बू मियाँ ने कहा, ''इनके जिन्ना साहब त हाथ झाड़ के चल गए कि हिआँ के मुसलमान जायें, खुदा न करे, जहन्नुम भी ई अच्छी रही। पाकिस्तान बने के वास्ते ओट दें हिआँ के मुसलमान अडर जब पाकिस्तान बने त जिनवा कहे की हिआँ के मुसलमान जायें चूल्हे-भाड़ में।'' ''अडर तोहरा अलीगढ़ त हिआँ ही रह गया मर्द्दे!'' फुन्नन मियाँ ने कहा।

"सारे गाँव में यह बात किसी को नहीं मालूम थी कि अलीगढ़ के यहाँ रह जाने की वजह से कम्मो कितनी खुश है और किसी को यह भी नहीं मालूम था कि तन्नू पाकिस्तान क्यों गया। सईदा को भी नहीं मालूम था और तन्नू बिना उसे यह मोहर्रम अज़ीब-अज़ीब लग रहा था। लड़ाई की बात और थी। लड़ाई से तो लोग वापस आ जाते हैं, मगर पाकिस्तान से कोई वापस नहीं आता तो क्या पाकिस्तान मृत्यु देश है?"[21]

हर 'पाकिस्तान' मृत्यु देश होता है जहाँ से यह 'पाकिस्तान' नामक टुकड़ा काटा जाता है उस अंग की मृत्यु हो जाती है। अपने मूल तने से, उद्गम-स्थल से कटकर हर 'पाकिस्तान' उस शंकर प्रजाति की तरह हो जाता है, जिसमें अपनी कोई निजता-विशिष्टता नहीं होती, कोई मूल्य-मान नहीं होता। इसीलिए हर संवेदनशील रचनाकार ने 'पाकिस्तान' बनने की प्रक्रिया का लगातार विरोध किया है। वरिष्ठ कथाकार कमलेश्वर ने तो दुनिया के तमाम लोगों को आगाह करने के लिए, आईना दिखाने के लिए 'कितने पाकिस्तान' नामक महत्त्वाकांक्षी उपन्यास का प्ररूपण ही कर डाला। वास्तव में, आज के माहौल में साहित्यकार का दायित्व और बढ़ गया है। सौहार्द की संस्थापना का गुरुतर दायित्व उसके कंधों पर है। वह अपने दायित्वों का निर्वहन कर रहा है, यह हमारे लिए संतोष की बात है। साहित्यकार बँटवारे की मानसिकता समाप्त करने का आह्वान करता हुआ कहता है–

"जितना जो कुछ टूट गया, उसे भूल जाओ। जो कुछ टूटने के बाद बचा है, उसे टूटने से बचाओ। जितने मुल्क बनेंगे वे सिर्फ इनसान को तकसीम करेंगे। जरूरत से ज्यादा इस दुनिया का बँटवारा हो चुका है... खुदा के लिए बँटवारे की इस ज़हनियत को खत्म करो।"[22]

भारत के वर्तमान राष्ट्रपति डॉ. ए.पी.जे. अब्दुल कलाम अपने-आप में सौहार्द-सद्भाव की मूर्ति हैं। वे धर्म के मर्म को समझते हैं और शायद इसीलिए कह पाते हैं कि "आने वाली संततियाँ मंदिर और मस्जिद के लिए मौजूदा पीढ़ी को याद नहीं रखेंगी। क्या हमारी पीढ़ी इसलिए याद की जाएगी कि हमने कितने चर्च, गुरुद्वारे, मस्जिद और मंदिरों का निर्माण किया? नहीं, हम केवल तभी याद किए जाएँगे जब हम युवा पीढ़ी को आर्थिक तरक्की से लैस एक समृद्ध और सुरक्षित भारत सौंपेंगे।... किसी भी धर्म में यह नहीं कहा गया कि दूसरे धर्म के अनुयायी को मारना उसके धर्म की तरक्की के लिए जरूरी है।"[23]

दसवें दशक के हिंदी उपन्यासों के लेखकों ने अपने उपन्यासों में सौहार्द के प्रसंगों को पर्याप्त तवज़्ज़ो दी है। कमलेश्वर प्रतीकात्मक शैली में अपनी बात कहते हुए लेखकों के योगदान को समाज में सौहार्द के संचरण के लिए सराहनीय मानते हैं। वे साहित्यकारों को सामाजिक सरोकारों के लिए समर्पित होने की बात बड़ी शिद्दत से महसूस करते हैं और उनका आह्वान करते हैं कि वे आगे आएँ।

"... मैं अपने दोस्तों और समकालीनों को आवाज देना चाहता हूँ कि मेरा साथ दो... राकेश, रेणु, दुष्यंत, राही, परसाई, रघुवीर, श्रीकांत के अलावा मैं अपने तमाम उन जीवंत दोस्तों को आवाज़ लगाना चाहता हूँ, जिन्होंने अपनी रचनात्मक शक्ति को अपने लिए नहीं, दुनिया के लिए समर्पित कर दिया है और जो लगातार अपनी व्यक्तिगत रचना-शक्ति और अपने कलम की सच्चाई से इस दुनिया को बेहतर बनाना चाहते हैं।"[24]

आज कलम की सच्चाई ही वह जरिया है, जिससे पीड़ित मानवता पर स्नेह का मरहम लगाया जा सकता है, विश्वास की बहाली हो सकती है और सौहार्द-सद्भाव कायम हो सकता है। अगर हमने ऐसा नहीं किया तो हम अपने भविष्य को कभी नहीं बदल पाएँगे। सांप्रदायिक विद्वेष का रोग हमारे लिए नासूर बनकर रह जाएगा। हमारे समय का सचेत साहित्यकार हमारा आह्वान कर रहा है। आइए, हम ध्यान से उसे सुनें–

"...आने वाली सदियो सुनो! बनती हुई इनसानी तहजीबें जुल्मों-तले इसी तरह रोती और सिसकती रहेंगी और दाराशिकोह की तरह कोई-न-कोई भविष्यद्रष्टा इसी तरह हर सदी में सूली पर लटकाया जाएगा... और... और उसकी आँखों के आँसू ओस बनकर धरती की घास पर छलकते रहेंगे, जो घास पर पड़ी आँसू भरी ओस को नहीं पहचान पाएँगे, वे अपने मुस्तकबिल, अपने भविष्य को कभी बदल नहीं पाएँगे...

तुम देखना... बदलती दुनिया के दौर में कोई जालिम, कोई तास्सुबी, कोई धर्मांध शहंशाह अपनी कोशिशों में कामयाब नहीं होने पाएगा... लेकिन अत्याचारियों और इनसानपरस्त ताकतों के बीच यह संघर्ष हमेशा चलता रहेगा... हर सदी में एक दाराशिकोह के साथ एक औरंगज़ेब भी पैदा होगा... इस दस्तूर को बदलना होगा, नहीं तो मेरे साथ-साथ तुम सबका भविष्य भी डूब जाएगा... अगर मैं मर गया तो तुम्हारे सारे सपने समाप्त हो जाएँगे।

–नहीं भविष्य! हम दूब पर पड़े आँसुओं के भविष्य को पहचानेंगे... हम अपने सपनों और तुम्हें मरने नहीं देंगे।"[25]

यही 'दूब पर पड़ी आँसुओं की ओस को पहचानने का आश्वासन' सौहार्द की संस्थापना का सबसे महत्त्वपूर्ण सोपान है। आज जरूरत सिर्फ उन आँसुओं के कतरे को पहचानने की है, उसके पश्चात तो उसकी नमी, उसका ताप, उसकी बेचैनी, उसकी बेकली, उसकी बेबसी, उसकी तड़पन सारा-कुछ अपने-आप करवा देगी। दसवें दशक के सांप्रदायिकता विषयक हिंदी-उपन्यासों के सौहार्द के प्रसंगों का यही सच है। आलोच्य अवधि का लेखक कोई फर्जी, कल्पित आदर्श नहीं प्रस्तुत करता, वह तो समाज का सच उकेरता है। विद्वेष, विद्रूप, विध्वंस हो या कि स्नेह, सौहार्द, सद्भाव–उसकी दृष्टि प्रायः यथार्थवादी ही रही है। आज समाज को सर्वाधिक जरूरत

यथार्थ की है, जिससे वह अपनी असलियत जानकर तदनुरूप कार्य कर सके। कहना न होगा कि समकालीन कथा-साहित्य इस काम को बखूबी अंजाम दे रहा है।

5.3 सांप्रदायिक सौहार्द का समाज में प्रतिफलन

जब हम अपने देश के सामाजिक और राजनीतिक विकास के इतिहास पर नजर डालते हैं तो दो चीजें बड़ी साफ होकर हमारे सामने आती हैं। पहली तो अनेकता में एकता की जानी-पहचानी अनुगूँज और दूसरी 'राष्ट्रीय अस्मिता' के विखंडन की अरुक कोशिश। यद्यपि उक्त दोनों बातें परस्पर विरोधाभासी हैं, पर हैं दोनों ही सही। उत्तर से दक्षिण और पूरब से पश्चिम तक सुदीर्घ क्षेत्र में प्रस्तीर्ण हमारा देश उस गुलदस्ते की तरह है, जिसमें भाँति-भाँति के फूल सजाए गए होते हैं। परेशानी तब होती है, जब उन फूलों के दावेदार आकर गुलदस्ते को ही उजाड़ना शुरू कर देते हैं। 'यह फूल तो मेरा है', 'इसे तो मैं लाया था', 'यह तो खास मेरे यहाँ की उपज है' जैसे वाक्य चेतना को नश्तर की तरह झिंझोड़ते हैं। इसे इस देश की नियति मान लें या इस देश के मानस और सोच की लाचार बेबसी कि यहाँ नदी के दो किनारों या रेल की दो पटरियों की तरह दो धाराएँ एक दूसरे के समानांतर चली हैं। एक धारा भारत की राष्ट्रीयता के विकास की द्योतक है तो दूसरी समाज में दिनानुदिन बढ़ रही विखंडन और विघटन की। आधुनिक भारत के इतिहास पर लिखी गई कोई भी 'पोथी' बाँच जाइए—चाहे वह किसी भी विचारधारा के अनुयायी की लिखी हो—सभी में एक बात समान रूप से प्राप्त होती है कि प्रथम स्वाधीनता संग्राम (जो कि 1857 में हुआ और प्रायः असफल रहा) के बाद भारत में राष्ट्रीयता का लगातार विकास हुआ। पहले पहल स्वामी दयानंद, राजा राममोहन राय जैसे शलाका-पुरुषों ने सामाजिक धरातल पर सुधार की धारा बहाई, अनंतर तिलक, गाँधी-जैसे नेताओं, महामानवों की अगुआई में लड़ी गई आजादी की नरम-गरम लड़ाई ने राष्ट्रीयता की चेतना को जन-मन तक पहुँचाने का काम किया।

देश-विभाजन की कीमत पर प्राप्त स्वतंत्रता (जो हमें 15 अगस्त, 1947 की आधी रात को मिली) इसी धारा का चमत्कारी परिणाम थी। स्वाधीनता प्राप्ति के पश्चात् भी वह धारा थमी नहीं—बढ़ती ही गई। कभी भारतीय संविधान की आत्म स्वीकृति के रूप में, कभी पंचायतों को सत्ता का द्वितीयक केंद्र बनाये जाने के प्रस्ताव के रूप में, कभी सामाजिक कुरीतियों पर अनवरत प्रहारों के रूप में, कभी आर्थिक आत्मनिर्भरता और समानता के लिए की जाने वाली कोशिशों के रूप में, कभी आर्यभट्ट, रोहिणी, इनसेट श्रृंखला के उपग्रह, अग्नि श्रृंखला के मिसाइल या कि 'बुद्ध मुस्करा रहे हैं' के रूप में अणु-परीक्षण के रूप में राष्ट्रीयता की धारा ने सातत्य बनाए रखा।

रेल की पटरी का ही सिद्धांत लें तो आइए जरा दूसरी ओर रुख करें। इसके समानांतर ही दूसरी धारा विघटन और विखंडन की बही। इसके अंतर्गत बड़बोले

नारों के बीच आदर्शों की ऊँची दुकान पर बैठकर घटिया, हीन, घृणित और गर्हित काम किए गए हैं और समाज ने अपने आप को अपनी ही तलवार से बारंबार घायल किया है। प्रथम स्वाधीनता-संग्राम के इर्द-गिर्द ऐसी कोई समस्या हमें नहीं दिखाई देती। उस समय तो 'हम साथ हैं' की आवाज़ कोटि-कोटि कंठों का कंठहार बन गई थी। वैसे, यह समय की माँग पर होने वाली उचित प्रतिक्रिया थी, गड़बड़ तब हुई, जब 20वीं शताब्दी ने लड़खड़ाकर चलना शुरू किया। इस सदी ने जैसे-जैसे अपने पाँव बढ़ाए साथ रहने, साथ मिलकर चलने की बात शिद्दत से महसूस की जाने लगी, क्योंकि आगे बढ़ने के साथ ही इस सदी रूपी नदी में विखंडन, विद्वेष, अविश्वास, असहिष्णुता, सांप्रदायिकता, धार्मिक कट्टरता-जैसे गंदे नाले आकर गिरने लगे। इसकी चरम अभिव्यक्ति हमें 15 अगस्त, 1947 की आधी रात को देखने को मिली जब कुछ विकृत सोच वालों ने देश के टुकड़े करा दिए। हिंदू और मुसलमान, जिन्होंने स्वाधीनता-संग्राम में कंधे से कंधा मिलाकर एक-दूसरे का साथ दिया था, एक-दूसरे की जान के प्यासे बन गए।

आजादी और विभाजन के खट्टे-मीठे पल-छिन बीते। हमने सोचा कि चलो, जो हुआ सो हुआ। पुरानी बातें भूलकर नई ज़िंदगी शुरू करते हैं, पर भला कहीं पुरानी बातें पीछा छोड़ती हैं। तमिलनाडु, नागालैंड, असम, अरुणाचल, पंजाब, जम्मू-कश्मीर, गुजरात, बंबई, कलकत्ता, पटना, अयोध्या—कितनी लंबी है त्रासदी की दास्तां! लगता है सहनशक्ति नामक चीज मानव की संरचना से गायब हो गई है। हर जगह मारकाट, झगड़ा, दंगा। क्या हम इसे राष्ट्रीयता की कमजोर पड़ती धारा की परिणति मानें या कि विध्वंस के पक्षधरों, विखंडन के समर्थकों का असमय उफान! वैसे, देखने में ये दोनों बातें समान लगती हैं—चाहे राष्ट्रवाद कमजोर हो, चाहे विखंडनवाद विकसे, फले-फूले बात तो एक ही है! जी नहीं, एक नहीं है। आम के बाग का सूखना नितांत दूसरी चीज है और बबूल के वन विकसित होना दूसरी। राष्ट्रवाद की धारा की क्षीणता दूसरी चीज है, संप्रदायवादियों का उफान दूसरी। हाँ, इतना जरूर है कि दोनों में सापेक्षिक संबंध है। दोनों एक दूसरे से जुड़ी हुई चीजें। अब हमारे सामने जो महाप्रश्न मुँह खोले खड़ा है, वह है : 'आखिर ऐसा क्यों हुआ?'

हमारे देश में कई धार्मिक संप्रदाय और सामाजिक वर्ग हैं। अगर सबको यहीं रहना है तो निश्चित रूप से उस तरह तो नहीं ही रहा जा सकता, जिस तरह लहूलुहान होकर रहा जा रहा है, रहने का अभ्यास किया जा रहा है। इस पुरानी और घिसी-पिटी बात में नयापन सिर्फ इतना है कि इसे कह देना जितना आसान है, समझना उतना ही कठिन! हमारे 'भाग्य विधाताओं' (देश के नेताओं) ने हमें धर्म निरपेक्षता का झुनझुना पकड़ा दिया—'देश धर्म निरपेक्ष रहेगा और वह किसी के धर्म में हस्तक्षेप नहीं करेगा।' ठीक है भाई, नहीं करेगा। सचमुच यह खरे सोने का सिद्धांत है, पर इसका असफल होना लाजिमी था, क्योंकि राजनीति सिर्फ सत्ताकामी है : उसे तो

केवल कुर्सी से मतलब है, चाहे जनता रहे या जाय। इतनी बड़ी आबादी वाले देश में दस, बीस, चालीस हजार लोग मर भी गए तो क्या, कुर्सी तो हमें मिल ही गई। ठीक उसी तर्ज पर, जैसे कि पंडित को तो सिर्फ दक्षिणा से काम, वर मरे चाहे कन्या। कहना न होगा, राजनीतिज्ञों की इसी तटस्थता भरी आसक्ति ने हमें इस हाल तक पहुँचाने में सबसे महत्त्वपूर्ण रोल अदा किया है। फिलहाल उन्होंने तो जो किया, किया ही। हमारे समाज के कथित 'बुद्धिजीवियों' ने अपना काम पूरी मेहनत और पूरे समर्पण से नहीं किया। समाज के सभी वर्गों और संप्रदायों को साथ-साथ मिलकर रहने की जो सीख देश के बुद्धिजीवी को देनी थी, उसने वह नहीं दी। वह तो राजनीतिक नारों को सच मानकर उनकी व्याख्या करने में जुट गया। आज जबकि देश में सांप्रदायिक उन्माद एक खास शिखर की ओर बढ़ रहा है और धार्मिक संप्रदायवाद या जातीय संकीर्णता के आधार पर विघटन के स्वरों की अनुगूँज चारों ओर सुनाई पड़ रही है तो इसका कारण इसके सिवा और क्या हो सकता है कि भारत के बुद्धिजीवी ने समाज के विभिन्न वर्गों में एक-दूसरे को सुनने, समझने और अपनाने की बौद्धिक लालसा जगाई ही नहीं और जब तक यह लालसा बौद्धिक स्तर पर नहीं जागती तब तक कैसा समन्वय, कैसा सांप्रदायिक और जातीय सौहार्द और कैसी एकात्मक समरसता!।

वास्तव में, राजनीतिक विघटन का विष-वृक्ष बौद्धिक वैमनस्य के बीज से ही अंकुरित होकर फलता-फूलता है और अंत में यह एक अलग ही किस्म का पेड़ बन जाता है। इसीलिए विघटन टालने के लिए आवश्यक है कि बौद्धिक वैमनस्यता के लिए कोई अवकाश न छोड़ा जाए। देश का बुद्धिजीवी यदि इस तरह के अवकाश के निराकरण में असफल हुआ है तो इसके ठोस कारण हैं। कौमी एकता समिति, सांप्रदायिकता विरोधी कमेटी, आल इंडिया मुस्लिम फोरम, आदम-सेना, अल्पसंख्यक परिषदें, अकाल सेना, बजरंग दल, विश्व हिंदू परिषद, शिव सेना, विप्र समाज, ब्राह्मण सभा, शिवशक्ति परिषद—वगैरह ऐसे मंच हैं, जो बौद्धिक सद्भाव को उत्पन्न करने की राजनीतिक लफ्फाजी तो करते हैं, पर वास्तव में उनका काम एक खास तरह की घृणा का सम्प्रसार ही होता है। अफसोस की बात तो यह है कि हमारे देश का बुद्धिजीवी कहीं-न-कहीं इसी धारा में बहता हुआ पाया जाता है।

वैसे इतने सारे 'किंतु-परंतु' के बावजूद अभी बहुत कुछ करने का अवकाश है। हम आज भी सबको एक ही पैमाने से नहीं माप सकते। कुछ ऐसे लोग हैं, जिन्होंने इस दिशा में गंभीरता से काम किया है, कर रहे हैं। उनके सुझाव हमारे समाज के लिए लाभकर हो सकते हैं। हमारे समाज में सांप्रदायिक सौहार्द का प्रतिफलन कैसे हो, इसके लिए अनेक सामाजिक संस्थाएँ और बुद्धिजीवी विचारक कार्य कर रहे हैं। सफदर हाशमी मैमोरियल ट्रस्ट (सहमत) एक ऐसी ही संस्था है। 'सहमत' के एक विशेष आयोजन में प्रख्यात चिंतक और प्रगतिशील रचनाकार के.एन.पणिक्कर ने

सांप्रदायिक सौहार्द के प्रतिफलन हेतु 'सांप्रदायिकता के सांस्कृतिक प्रतिरोध की जरूरत' पर जोर दिया। वे हाल के हिंदू-सांप्रदायिक उभार को भी समाज के लिए खतरनाक मानते हैं।

'सहमत' के आयोजन में के.एन.पणिक्कर ने अपना जो आलेख प्रस्तुत किया था, उसमें सौहार्द के समाज में प्रतिफलन और सांप्रदायिकता से संघर्ष पर केंद्रित कई बातें उन्होंने कही थीं। उनका विचार है–

हिंदू सांप्रदायिकता के हाल के उभार को चूँकि आम तौर पर एक राजनीतिक संवृत्ति के रूप में ही देखा जा रहा है, इसलिए स्वाभाविक रूप से राजनीति के दायरे में ही इसका प्रतिरोध करने की कोशिशें की जा रही हैं। सांप्रदायिकता की चुनौती का सामना करने के लिए धर्मनिरपेक्ष राजनीतिक संगठनों ने यानी पार्टियों, स्वैच्छिक संगठनों तथा अन्य संगठनों आदि ने रैलियों, सभाओं, उपवास जैसी विरोध-प्रदर्शनमूलक राजनीतिक कार्रवाइयों का सहारा लिया है। यह तो इस कदर स्वतः स्पष्ट है कि इसे दोहराने की जरूरत नहीं होनी चाहिए कि हिंदू सांप्रदायिकता राजनीतिक सत्ता हथियाना चाहती है और वह राजनीतिक दायरे में सक्रिय है। फिर भी, सत्ता का उसका परिप्रेक्ष्य सिर्फ चुनावी सफलता तक ही सीमित नहीं है। चुनावी सफलता की कल्पना, उसके सांस्कृतिक तथा वैचारिक वर्चस्व की सामाजिक स्वीकृति के फल के रूप में आती है। इसलिए, हिंदू सांप्रदायिकता के लिए संस्कृति, उसके लिए लामबंदी का औज़ार भी है और उसके राजनीतिक लक्ष्य का एक अविभाज्य हिस्सा भी।

हाल के दौर में हिंदुत्व का उभार बहुत हद तक, धार्मिक-सांस्कृतिक प्रतीकों की लामबंदी की संभावनाओं का सहारा लिये रहा है। लेकिन, धार्मिक प्रतीकों का तो इससे पहले भी इस्तेमाल किया गया था। हिंदू महासभा तथा जनसंघ जैसे हिंदू सांप्रदायिक संगठनों ने पहले भी धर्म का इस्तेमाल करने की कोशिश की थी। सांस्कृतिक राष्ट्रवाद भी उनके एजेंडे पर था ही। फिर भी उन्हें वैसी सफलता हासिल नहीं हुई जैसी कि हाल ही में भाजपा को मिली है। बहरहाल, सांस्कृतिक प्रतीकों की दुहाई देना तथा उन्हें हड़पना खुद अपने आप, उनके संदेश का जनता तक पहुँचना सुनिश्चित नहीं कर सकता है। ये प्रतीक भले ही सामाजिक चेतना का हिस्सा हों, उनके संदेश को मूर्त रूप दिए जाने और लोगों तक पहुँचाये जाने की जरूरत तो रहती ही है। और इसके लिए जरूरत होती है एक संस्थागत बुनियादी ढाँचे की।

लंबे तथा अनथक काम के जरिए नेतागण, संगठनों का ऐसा तंत्र बिछाने में कामयाब हुए हैं, जो जीवन के लगभग सभी क्षेत्रों तक फैला हुआ है, भले शिक्षा का मामला हो या प्रचार माध्यमों का, संगीत का मामला हो या चाक्षुष कलाओं का। एक विद्वान के आकलन के अनुसार इन संगठनों की संख्या 600 है और उनकी शाखाएँ देश भर में फैली हुई हैं। इन संगठनों की मदद के बिना, हिंदू सांप्रदायिकतावादियों द्वारा जगाए जा रहे सांस्कृतिक प्रतीक लोगों तक नहीं पहुँच सकते थे और उनकी

चेतना को प्रभावित नहीं कर सकते थे। इन संगठनों के बिना, रामशिला पूजन ऐसी आम हिस्सेदारी का रूप नहीं ले सकता था। इन संगठनों के बिना न तो 'रथयात्रा' ऐसी राष्ट्रीय महत्त्व की चीज बन सकती थी और न ही 6 दिसंबर को अयोध्या में हुए पूजास्थल ध्वंस जैसी करतूत हो सकती थी। इन मोर्चा संगठनों का निर्माण करने की रणनीति, परिस्थितियों से निर्देशित रही है। मिसाल के तौर पर केरल में, जहाँ बहुत से गाँवों में मंदिर जीर्ण-शीर्ण अवस्था में थे, इनके जीर्णोद्धार की कमेटियों को, आस्थावान लोगों को संघ परिवार के दायरे में खींचने के लिए इस्तेमाल किया गया। इन कमेटियों की बैठकें कीर्तनों, धार्मिक प्रवचनों तथा अर्द्ध-राजनीतिक भाषणों आदि के साथ, हिंदुत्व के प्रचार का कारगर मंच बन गईं। जो लोग इनमें शुद्ध रूप से धार्मिक कारणों से शामिल हुए थे, वे भी जल्द ही हिंदू सांप्रदायिक राजनीति के समर्थकों में तब्दील हो गए।

अब तक धर्मनिरपेक्ष ताकतें, हाल ही में सकारात्मक ढंग से अपनी शक्ति दिखाने के बावजूद, सांप्रदायिकता के बढ़ते कदमों को रोक नहीं सकी हैं। वास्तव में इसके कई कारण हैं। युद्धरत शक्तियों, एक ओर सांप्रदायिक तथा दूसरी ओर धर्मनिरपेक्षता की बुनियादी अवधारणाओं की भिन्नता इन कारणों में से एक है। राजनीतिक सिद्धांतों तथा आचरण की उनकी अवधारणाएँ भी अलग-अलग हैं। दूसरे शब्दों में उनके बीच खेल के कोई सहमत नियम ही नहीं हैं। राष्ट्रवाद के प्रति हिंदू सांप्रदायिक रुख, जिसका ज़िक्र हम पहले ही कर चुके हैं, एक प्रकार से इसी भिन्नता को प्रतिबिंबित करता है। जब गोलवलकर तथा उनके आज के शिष्य, उपनिवेशवादविरोधी राष्ट्रवाद को नकारात्मक कहकर ठुकरा देते हैं और हिंदू सांस्कृतिक राष्ट्रवाद का झंडा बुलंद करते हैं तो वे वास्तव में, उपनिवेशवादविरोधी आंदोलन के बीच से पैदा हुए कुछ सकारात्मक आधुनिक आदर्शों, मसलन जनतंत्र, धर्मनिरपेक्षता, नागरिक अधिकारों आदि को भी ठुकरा रहे होते हैं। हिंदू सांप्रदायिक राजनीतिक संस्कृति में, आधुनिक राजनीति के इन सिद्धांतों के लिए कोई गुंजाइश ही नहीं है जो कि, हमारे संविधान में मूर्त हुए हैं और जिन्हें हमारे समाज द्वारा राष्ट्रीय जीवन के केंद्रीय तत्त्वों के रूप में स्वीकार किया गया है। इनकी जगह पर हिंदुत्व के पैरोकारों ने जोर-ज़बर्दस्ती, घृणा तथा असहिष्णुता को अपनाया है। अपनी गतिविधियों को रूप देते हुए धर्मनिरपेक्ष शक्तियाँ इस सच्चाई पर गौर करती नहीं नजर आती हैं। वे यह मानकर चल रही लगती हैं कि संघ परिवार, जनतांत्रिक नियम-कायदों का आदर करेगा। बहरहाल, हाल की घटनाओं ने अच्छी तरह से यह साबित कर दिया है कि यह विश्वास पूरी तरह से निराधार है। इसे देखते हुए सांप्रदायिकता विरोधी संघर्ष के पहले वाले ऐसे सभी रूप, जो इस निराधार विश्वास पर आधारित थे, निरर्थक हो चुके हैं। इसलिए, यह अपरिहार्य हो गया है कि इन तरीकों को बदला जाए और तेजी से बदला जाए।

संघर्ष के इन वैकल्पिक तरीकों को निकालने में, सांप्रदायिक आस्था वाले तथा

सांप्रदायिक रूप से लामबंद के बीच अंतर करना उपयोगी होगा। आज जो भी लोग सांप्रदायिकता का समर्थन कर रहे हैं, ये सब के सब पक्के सांप्रदायिकतावादी हों यह कोई जरूरी नहीं है। उनमें अनेक ऐसे हैं जो हिंदू राष्ट्र के राजनीतिक लक्ष्य में और यहाँ तक कि हिंदुत्व के अभियान के जोर-जबर्दस्ती के तरीकों में भी यकीन नहीं रखते हैं। वे निश्चित रूप से दंगों और अपने ही देशवासियों की हत्याओं के खिलाफ हैं। इसके बावजूद वे, सांप्रदायिक प्रचार व तर्कों की सांस्कृतिक पूर्वधारणाओं के साथ जुड़ाव महसूस करते हैं। बहरहाल, सांप्रदायिक रूप से गोलबंद लोगों की चेतना के रूपांतरण का जो अनथक सांप्रदायिक अभियान चल रहा है उसके चलते, वे तेजी से सांप्रदायिक आस्थावाले बनते जा रहे हैं।

धर्मनिरपेक्ष हमला अनिवार्यतः दुतरफा होना चाहिए। इसका पहला पक्ष, सांप्रदायिक आस्थावालों की बढ़त रोकना होना चाहिए और दूसरा पहलू, सांप्रदायिक रूप से गोलबंद होने वालों की चेतना को उभारना। पहले के लिए सांप्रदायिकता का आमने-सामने होकर मुकाबला करने की जरूरत होगी और यह करते हुए यह ध्यान रखना होगा कि सांप्रदायिकता, हमलों व झूठ पर आधारित होती है। इसमें, सांप्रदायिक राजनीति तथा गतिविधियों के लिए खुली गुंजाइश न देना शामिल होगा।

सांप्रदायिक रूप से गोलबंद होने वालों को दोबारा धर्मनिरपेक्ष दायरे में खींचना और पहले से मौजूद धर्मनिरपेक्ष गुंजाइश की रक्षा करना कहीं ज्यादा तत्काल जरूरी और चुनौतीपूर्ण काम है। इसका संबंध धर्मनिरपेक्ष चेतना को फिर से उभारने तथा उसका निर्माण करने की दूरगामी रणनीति से है।

इस लक्ष्य पर चलते हुए, संस्कृति के क्षेत्र में अंतर्निहित संभावनाओं का अब तक पूरा उपयोग नहीं किया गया है। सांस्कृतिक राष्ट्रवाद की सांप्रदायिक अवधारणा को देखते हुए, सकारात्मक राष्ट्रवाद की कल्पना से ही धर्मनिरपेक्ष प्रयास की शुरुआत करनी होगी। एरिक हाब्सबाम द्वारा हाल में प्रस्तुत तर्क, कि आधुनिक राष्ट्र तथा उससे जुड़ी हरेक चीज का बुनियादी चारित्रिक लक्षण उसकी आधुनिकता है, अनुसरण के लिए एक उपयोगी मानदंड हो सकता है। हालाँकि, कोई भी आधुनिक राष्ट्र, परंपरा तथा समाज में उसके स्थान का पुनर्मूल्यांकन किए बिना नहीं रह सकता है। लेकिन अतीत को दुहराने से ही कोई भी आधुनिक राष्ट्र अस्तित्व में नहीं आ सकता है। इसलिए भारत में राष्ट्र की अवधारणा को हिंदू सांप्रदायिक राष्ट्रवाद से दूर ही रहना होगा और क्षेत्रीय संस्कृतियों के विकास और राष्ट्रीयता के साथ उनके रिश्ते को, ध्यान में रखना होगा। इससे भी महत्वपूर्ण यह है कि उसे विभिन्न क्षेत्रों के दायरे में और विभिन्न धर्मों के भी दायरे में, सांस्कृतिक बहुलता के प्रति संवेदनशील रहना होगा।

सहमत, एकता तथा सांप्रदायिकता विराधी आंदोलन जैसे कुछ संगठनों और जननाट्य मंच तथा निशांत जैसे नाट्य ग्रुपों के अच्छे काम के बावजूद, संस्कृति के

क्षेत्र में धर्मनिरपेक्ष हमला अब भी, अतीत की साझा संस्कृति को उभारने से आगे नहीं जा सका है। इसका असर बहुत सीमित ही रहा है। तत्काल जरूरत इस बात की है कि धर्मनिरपेक्ष सांस्कृतिक दायरे का विस्तार करने की चौतरफा कोशिश की जाए। यह एक ऐसे जबर्दस्त आंदोलन के द्वारा ही संभव है, जो सांस्कृतिक प्रयास के जरिए धर्मनिरपेक्ष मानस बनाने के लिए काम करे और इसके लिए तेजी से बढ़ते सांप्रदायिक मानस का मुकाबला करे तथा उसकी जगह लेने का यत्न करे। इस आंदोलन की कोशिश बड़े पैमाने पर अखबारों, दृश्य-श्रव्य सामग्री के उत्पादन केंद्रों, नाटक ग्रुपों, संगीत सभाओं, स्थानीय इतिहास परिषदों, प्रकाशनों, पर्यावरण ग्रुपों, साहित्यिक गतिविधियों आदि का ढाँचागत ताना-बाना निर्मित करने की होनी चाहिए। दूसरे शब्दों में जनता को, वैकल्पिक धर्मनिरपेक्ष गतिविधियों के लिए मंच मुहैया कराए जाने चाहिए। इन संगठनों के पीछे स्थानीय सांस्कृतिक समितियों की शृंखला की ताकत रहे जो गाँव, मोहल्ला, जिला आदि स्तरों पर संगठित की जाएँ। ये समितियाँ, धर्मनिरपेक्ष संस्कृति के प्रसार के लिए केंद्र बिंदुओं के तौर पर काम कर सकती हैं। ये सांस्कृतिक समितियाँ, धर्मनिरपेक्ष सांस्कृतिक संगठनों के काम को जनता तक पहुँचाने का माध्यम बन सकती हैं।

यहाँ जिन सांस्कृतिक समितियों के गठन का सुझाव दिया गया है, अपने कामकाज तथा उद्देश्य में उन रक्षा तथा राहत कमेटियों से भिन्न होंगी, जो 6 दिसंबर की घटनाओं के बाद देश के विभिन्न हिस्सों में उभरकर सामने आई हैं। इन समितियों ने भिवंडी तथा सोनापुर आदि में सांप्रदायिक दंगों को रोकने का काम किया है या अलीगढ़ में या बंबई के कुछ हिस्सों में, हिंसा को अंकुश में रखने का काम किया है। इन समितियों के विपरीत, यहाँ जिन समितियों का सुझाव दिया जा रहा है, उनसे एक पूरी तरह से भिन्न काम की अपेक्षा की जा रही है। यह काम है स्थानीय स्तर पर, धर्मनिरपेक्ष गतिविधि के दायरे का निर्माण करना। स्थानीय नाभिक के निर्माण के जरिए ही हिंदू सांप्रदायिकता ने, अपने सांस्कृतिक तथा विचारधारात्मक वर्चस्व का निर्माण किया है। उसकी राजनीतिक सत्ता की जड़ें बड़ी मजबूती से, उसके सांस्कृतिक संगठनों की स्थानीय इकाइयों के प्रयासों में गढ़ी हुई हैं। इसलिए, सांप्रदायिकता का मुकाबला आम जनता के स्तर से ही शुरू करना होगा। इस तरह के प्रयास के अपने चरित्र में प्रतिक्रियात्मक हो जाने का खतरा रहता है। इसके बजाय इसे, मौजूदा सांस्कृतिक प्रयास से स्वतंत्र रूप से तथा उससे अलग से, अपना विकास करना चाहिए। दूसरे शब्दों में, स्थानीय सांस्कृतिक कमेटियों की दृष्टि सिर्फ सांप्रदायिकताविरोध तक सीमित नहीं रहनी चाहिए बल्कि उनकी दृष्टि सकारात्मक धर्मनिरपेक्षता की होनी चाहिए।

इस प्रस्थापना के पीछे मान्यता यह है कि भारत जैसे बहुधार्मिक समाज में धर्मनिरपेक्षता तभी अर्थपूर्ण हो सकती है, जब यह एक सामाजिक यथार्थ बन जाए

और शुद्ध राजनीतिक सिद्धांत व आचार ही नहीं रहे। यह, धर्मनिरपेक्ष राजनीति तथा धर्मनिरपेक्ष संस्कृति के बीच आवयविक संबंध के बिना नहीं हो सकता है। हिंदुत्ववादी अभियान, सांप्रदायिक राजनीति और सांप्रदायिक आधार पर गढ़ी गई संस्कृति के बीच, रिश्ता कायम करने में सफल रहा है। रवींद्रनाथ टैगोर के शब्दों में कहें तो, अगर "इस अंधकारग्रस्त देश में ज्ञान का प्रकाश लाना है और आस्था के गिर्द खिंची दीवारों पर बिजली गिरानी है तो, धर्मनिरपेक्ष आंदोलन को, संस्कृति के क्षेत्र के जरिए एक सामाजिक चेतना का निर्माण करना होगा।"[26]

उक्त सुदीर्घ उद्धरण सिर्फ इसलिए दिया गया है, जिससे हम यह भलीभाँति जान लें कि बिना धर्मनिरपेक्षता को सामाजिक यथार्थ बनाए हमें उससे कोई लाभ नहीं होने वाला। सौहार्द का सम्प्रसार तभी हो सकता है, जब हम धर्मनिरपेक्षता को राजनीतिक सिद्धांत व आचार का बँधुआ मजदूर न बनने दें। इसके लिए आदमी का चैतन्य चेतस् होना सर्वाधिक जरूरी है और यह मानी हुई बात है कि चेतनता सिर्फ और सिर्फ शिक्षा के सार्वभौमीकरण से आती है। जब तक शिक्षा का व्यापक प्रसार नहीं होगा तब तक अच्छे परिणाम की आशा भी अकल्पनीय है। वैसे समाज में सौहार्द का प्रतिफलन हो, इसके लिए प्रायः सभी लोग पारस्परिक सहयोग की बात करते हैं। 'किसी रोते हुए इनसान को हँसाने की हसरत' ही वह बिंदु है, जो आदमी को आदमी से जोड़ता है।

आजादी ने सपना तो यह दिखाया था, हिंदू, मुस्लिम, सिख, ईसाई, सब हैं भाई-भाई को पूरा करेगी। हिंदू कोई धर्म नहीं है। धर्म का नाम सनातन है और इसका मतलब मिली-जुली सभ्यता और संस्कृति है। अंग्रेज दो चीजें हमें देकर गए—पहली 'हिंदू' और 'हिंदुत्व' और दूसरे भारत को 'इंडिया' बना गए। मुसलमानों के सामने सबसे बड़ी समस्या है अशिक्षा और निरक्षरता। सबसे पहले उन्हें शिक्षित बनाने का काम करना चाहिए। जहाँ तक हिंदू-मुसलमान को एक बनाने की बात है, तो जहाँ हिंदू की तादाद ज्यादा है, उसे अपनी जान देकर मुसलमानों की जान बचानी चाहिए तथा जहाँ मुसलमानों की तादाद ज्यादा है, तो उसे अपनी जान देकर हिंदू की जान बचानी चाहिए। यह भावना दोनों में होनी चाहिए और दोनों को इस पर सोचना चाहिए।

आज मुसलमानों की स्थिति गंभीर है, लेकिन घबराने की बात नहीं है। भविष्य बेहतर होगा ही।"[27]

भविष्य के प्रति यही आशा एवं विश्वास हम भारतवासियों की ताकत भी है और कमजोरी भी। आशा का दामन कभी न छोड़ना आदमी की वह विशेषता है, जो उसे हार में भी जीत की राह दिखा देती है।

न्यायमूर्ति रंगनाथ मिश्र का मानना है कि 'सहिष्णुता' सामाजिक निर्माण का आधार है। वे धर्म को प्रत्येक शख्स का जाती मामला मानते हैं और कहते हैं कि

समाज में सौहार्द के प्रतिफलन के लिए सच्ची शिक्षा का सम्प्रसार आवश्यक है।

यहाँ न्यायमूर्ति मिश्र के विचार बिंदु वार प्रस्तुत हैं–

"1. धर्म प्रत्येक नागरिक का निरा व्यक्तिगत मामला है। धार्मिक समुदायों के बीच तनाव को बढ़ाने की अनुमति देना न्यायोचित नहीं है। जो मजहब के आधार पर विभाजन करते हैं, वे पूर्ण रूप से अनुचित हैं। भारतीय संविधान ने इस देश को धर्मनिरपेक्ष राष्ट्र घोषित किया है, जहाँ व्यक्तिगत स्तर पर प्रत्येक नागरिक को अपनी धारणाओं के अनुसार धर्म चुनने की पूरी आजादी है।

2. सच्ची शिक्षा व्यक्ति को निर्माण की प्रक्रिया की ओर प्रेरित करती है और उसमें व्यवहार के परिष्कार, दृष्टिकोण और संस्कृति को विकसित करती है। सच्ची शिक्षा चरित्र का निर्माण और व्यवहार का निरूपण करती है। सही शिक्षा से नागरिक को वंचित रखना सामाजिक संतुलन से छेड़छाड़ करना है।

3. पश्चिमी शिक्षा पद्धति सूचनाओं को इकट्ठा करने पर केंद्रित है, वह वांछित प्रवृत्ति और उन्नत व्यवहार के निरूपण पर बल नहीं देती। शिक्षा वास्तविक मायनों में प्रवृत्ति और आंतरिक सोच की प्रक्रिया में प्रत्यक्ष सुधार उत्पन्न करती है। यदि ठीक से शिक्षित किया जाए, तो प्रत्येक नागरिक एकता की क्षमता को विकसित करता है, जिसका परिणाम एक शक्तिशाली राष्ट्र के रूप में सामने आता है।

4. मुसलमान, जो कि हिंदुओं की तरह ही नागरिक हैं, वे भी समाज की जीवन-पद्धति में पूरी सहभागिता के अधिकारी हैं और राष्ट्र निर्माण के विषय में मुसलमान या गैरमुसलमान के बीच किसी भी तरह के भेद-भाव को प्रतिपादित नहीं किया जा सकता। दोनों समुदायों को एक-दूसरे के साथ मित्रवत रहना सीखना होगा और एक सांस्कृतिक रिश्ता विकसित करना होगा, जो समुदायों को आपस में जोड़े रखे।

5. सहिष्णुता सामाजिक निर्माण का आधार है और दोनों ही समुदाय के लोगों को समाज के ढाँचे के भीतर एक-दूसरे को सहन करना सीखना होगा। संविधान के अनुसार राष्ट्रीय अखंडता को बनाए रखना मौलिक कर्तव्यों में से एक है। पिछले पचास वर्षों में राष्ट्रीय एकता की भावना पिछड़ गई है, क्योंकि उसे सही अर्थों में विकसित करने के उचित कदम नहीं उठाए गए हैं।

6. मुसलमान भी हिंदुओं की तरह ही नागरिक हैं और इन दोनों समुदाय के लोगों को समाज के प्रत्येक मामले में बराबर के साझेदार की तरह इस देश में रहना होगा। यह तभी संभव है, जब बराबरी की आधारशिला में आपसदारी का भाव जीवन का यथार्थ बने।

7. एक विकसित समाज में कट्टरपंथ को सहन नहीं किया जा सकता। हिंदू अथवा मुसलमान किसी के लिए भी कट्टरपंथी विचारधारा की उत्पत्ति किसी उद्देश्य की पूर्ति नहीं करती है। अतः दोनों ही समुदायों को इससे बचना चाहिए।

8. पाकिस्तान भारत का पड़ोसी है। मानवता एक वैश्विक व्यवस्था की ओर बढ़ रही है। वास्तव में पूरी दुनिया पहले से ही एकल अर्थशास्त्रीय क्षेत्र बन चुकी है। संचार-व्यवस्था ने तीव्र गति से विकास किया है और दूरियों को कम करके पूरी दुनिया को एक साथ ले आई है। प्रक्रिया को रोका नहीं जा सकता। अतः दुर्व्यवहार द्वारा प्रतिरोध का कोई भी औचित्य नहीं है। यह उचित होगा कि प्रत्येक व्यक्ति, चाहे उसका जो भी धर्म हो, उन परिवर्तनों को स्वीकार करे तथा उस महाशक्ति के साथ सामंजस्य बैठाए, जो मानव समाज को संचालित कर रही हैं।''[28]

जस्टिस पार्टी के अध्यक्ष उदितराज स्वयं समन्वय के प्रतीक हैं। रामराज नामक आदमी कथित 'हिंदू धर्म' छोड़कर 'बौद्ध धर्म' ग्रहण करता है। दलितों-पीड़ितों को उनका प्राप्तव्य दिलवाने के लिए जस्टिस पार्टी का गठन करता है। उदितराज का मानना है कि सिर्फ चार प्रतिशत हिंदू उग्रविचारधारा के समर्थक हैं और इनमें भी इने-गिने लोग विध्वंस-विखंडन के हामी। इन्हीं चार प्रतिशत को अलग करके अगर बाकी के हिंदू और मुसलमान एक साथ खड़े हो जाएँ तो कोई कट्टरपंथी अपनी मनमानी समाज पर न थोप पाए।

''हमें अपनी अस्मिता की रक्षा करनी है। एशियनएज की एक रिपोर्ट के अनुसार मोहातिर मोहम्मद ने कहा कि यहाँ 83 लाख यहूदी 113 करोड़ मुसलमानों पर भारी हैं। इसराइल आज तक कई बार अरब देशों को पराजित कर चुका है। बाबरी मस्जिद के विध्वंस का कारण मुसलमानों का प्रशासन में न होना है। प्रशासन में भागीदारी के बाद ही मुस्लिमों की रक्षा हो सकती है। गुजरात के दंगों पर अरब देशों ने कोई दबाव नहीं डाला, बल्कि यूरोपियन संघ और मीडिया के दबाव के कारण गुजरात के दंगे रुके, अन्यथा और भी लोग मारे जाते। भावनात्मक मुद्दे में मुसलमानों को फँसाया जाता रहा है, जबकि मुख्य मुद्दा शिक्षा, रोजगार, आधुनिक तकनीक एवं आरक्षण आदि का है। मुस्लिमों को यह देखना होगा कि भारत में कौन आपका दोस्त हो सकता है। दलित हिंदुओं के लिए अब आरक्षण का मुद्दा पीछे चला गया है। कट्टरपंथी संगठनों का गठन पंजाबियों, सिंधियों और भारत के बनियों ने किया। इस देश में दो विचारधाराएँ सक्रिय हैं, अम्बेडकरवाद और ब्राह्मणवाद इनमें सभी ब्राह्मण शामिल नहीं हैं। अम्बेडकर के प्रयासों से आज 25 प्रतिशत हिंदू प्रशासन में हैं और शेष स्थानों पर उच्च जाति के लोग हैं। मुसलमान और पिछड़े हिंदू प्रशासन में कम लिए हैं। राष्ट्रीय स्वयंसेवक संघ भारतीय मुसलमानों को विदेशी कहकर देशद्रोह का काम कर रहा है, क्योंकि यदि देश एक बार टूट गया, तो फिर नहीं जुड़ पाएगा। आरएसएस भारत को हिंदू राष्ट्र तो नहीं बना सकता, जबकि दलित राष्ट्र भारत को बनाया जा सकता है, क्योंकि मुसलमानों, ईसाइयों, सिखों और हिंदुओं से दलितों की संख्या बहुसंख्यक है। भारत का दलित राष्ट्र बनना आज नहीं, तो कल संभव होगा।

जब मैं नवंबर, 2001 में धर्म-परिवर्तन कर रहा था, तो राजग सरकार ने विहिप नेता गिरिराज किशोर के इशारे पर हम पर अत्यधिक अत्याचार किया। धर्म-परिवर्तन कार्यक्रम स्थगित होने संबंधी मेरे नाम का नकली बैनर प्रयोग कर धर्मांतरण के इच्छुक लोगों को गुमराह किया तथा रामलीला मैदान में धर्मांतरण समारोह पर प्रतिबंध लगा दिया। उस समय जॉन दयाल साहब ने हमेशा मेरे साथ रहकर मेरा पूरा साथ दिया। किंतु मुसलमानों ने मेरी किसी प्रकार की सहायता नहीं की, एक भी मुस्लिम नेता हमारे समर्थन में नहीं आया।

मंडल कमीशन के लागू होने के बाद एक बड़ा आंदोलन खड़ा हो गया। परिणामस्वरूप लालकृष्ण आडवाणी ने सवर्ण हिंदुओं को अपनी ओर आकर्षित करने के लिए रथयात्रा निकाली, उत्तर प्रदेश में भाजपा सरकार के बनने से बाबरी मस्जिद टूटी। सवर्ण हिंदू जब अपने पिछड़े भाइयों को आरक्षण मिलने पर विरोध कर सकता है, तो वह मुस्लिमों का विरोध क्यों नहीं कर सकता?

भारत में धर्म-परिवर्तन वर्ण व्यवस्था की बुराइयों के कारण हुआ न कि मुस्लिम शासकों के अत्याचार के कारण। कुछ सवर्ण हिंदुओं ने सत्ता-लोभ के कारण धर्म-परिवर्तन किया, जबकि पिछड़े और दलित हिंदू वर्ण-व्यवस्था की बुराइयों के कारण मुसलमान बने। दलित, हिंदू मुसलमानों का साथ तभी दे सकते हैं, जब मुस्लिम दलित हिंदुओं का साथ देंगे।

गुजरात में दंगे भाजपा द्वारा फैलाये गए, ताकि अपनी सत्ता को बनाए रखा जाए। दलित हिंदू मुसलमानों के साथ मिलकर काम करने के लिए तैयार हैं। बशर्ते मुस्लिम अपनी लड़ाई स्वयं लड़े। इस देश का विकास तभी होगा, जब दलितों को उनके हक मिलें। यदि मुसलमान अपनी मान-मर्यादा की रक्षा करना चाहते हैं, तो वह उपयोगी शिक्षा प्राप्त करें। आरक्षण के मुद्दे पर एज़ाज़ अली का साथ दीजिए। बाबरी मस्जिद तोड़ने वाले 4 प्रतिशत हैं, यदि बाकी हिंदू आपके साथ हैं, तो कट्टरपंथियों की क्या हिम्मत है?"[29]

प्रायः सभी लोगों ने, एक स्वर में शिक्षा के प्रसार की बात कही है। सच है, बिना ज्ञान का प्रकाश फैले आदमी की दुनिया में अँधेरे का साम्राज्य कायम रहता है। प्रसिद्ध चिंतक, लेखक और हंस के संपादक राजेन्द्र यादव ने 'ब्राह्मणों' द्वारा समाज की अन्य जातियों, अन्य वर्गों के लोगों को अशिक्षित बनाए रखने के कारणों की खोज की है। अपने सतर्क विश्लेषण में उन्होंने बताया है कि कैसे मुट्ठी भर लोगों ने अपनी सत्ता बनाए रखने के लिए पूरे देश की जनता को अँधेरे में रखा।

वर्तमान परिवेश में अगर हम चिराग जलाएँगे तो सबके घर में रोशनी होगी, अगर हम आग लगाएँगे तो सभी लोग जलकर खाक हो जाएँगे। डॉ. हमीदा अहमद अलीगढ़ मुस्लिम विश्वविद्यालय अलीगढ़ के दूरस्थ शिक्षा केंद्र की निदेशक हैं। वे अपने प्रगतिशील विचारों और समरसता की बातों को व्यावहारिक धरातल पर उतारने

के कारण उस अंचल में काफी प्रसिद्ध हैं, उनका मानना है कि मुसलमान और हिंदू अगर एक-दूसरे का हाथ पकड़ेंगे तो काफी दूर तक जाएँगे। वे भारत की विशेषताओं की बात करती हैं, समाज की आशा-आशंका पर चर्चा करती हैं और सकारात्मक परिवर्तन के प्रति अपना आशाभरा विश्वास व्यक्त करती हैं। वे विखंडन-विध्वंस की प्रवृत्ति को क्षणिक मानती हैं। उनके अनुसार–

"भविष्य में क्या होने वाला है? कोई पूरी तरह से नहीं जानता, पर उसकी तस्वीर हम सब गुजरे हुए कल और अपने आज के चिन्हों से अंकित करते हैं। मैंने भविष्य के बारे में जब भी सोचा है, मेरे सामने समूचे देश की तस्वीर आई है, क्योंकि दरअसल हम सबकी तस्वीर एक-दूसरे से जुड़ी है। हम सब एक कड़ी में बँधे हुए साथ-साथ दौड़ रहे हैं। एक गिरेगा, तो सब गिरेंगे और एक-दूसरे का हाथ पकड़ेंगे तो दूर तक निकल जाएँगे तो जब मुझे मुसलमान की हैसियत से अपना भविष्य निराशाजनक प्रतीत होता है तो पूरे मुल्क के भविष्य के लिए चिंता होती है।

निस्संदेह इस मुल्क का दुनिया के देशों में एक अनूठा स्थान है। कहीं इतने विभिन्न धर्म, संस्कृति, भाषा, रीति-रिवाज़ के लोग एक साथ नहीं रहते। यह इसलिए संभव हुआ, क्योंकि हमारे देश की मूल मानसिकता और मनोवृत्ति भक्ति और सूफी विचारधारा से प्रेरित है, जो सबको साथ लेकर चलती है। इस सच्चाई के अहसास से मुसलमान और पूरे देश का भविष्य उज्ज्वल और आशाजनक दिखता है। जब कोई हादसा याद दिलाता है कि इस विचारधारा को खत्म करने का प्रयत्न बड़े जोर से किया जा रहा है, दूरियाँ और नफरतें बढ़ाई जा रही हैं, तो मुसलमानों का और पूरे देश का भविष्य अंधकार में डूबा दिखता है। हाल में ऐसी घटनाएँ ज्यादा हुई हैं बड़े खुले दिल से मुस्लिम समुदाय को निशाना बनाया जा रहा है। गुजरात में जो हुआ, वो किसी से छिपा नहीं है।

कुछ भी हो मुसलमान इस देश का अंग है। यहीं जिएँगे, यहीं मरेंगे उनको अपना भविष्य दूसरों से नहीं लिखवाना है। हालात से जूझना है। सही जगह पर, सही ढंग से अपनी बात कहनी है। इस मुल्क के वासियों का बहुत बड़ा तबका खुले दिल और खुले दिमाग वाला है। हम साथ मिलकर उस छोटे समूह को जहर फैलाने से रोक सकते हैं। उनकी विचारधारा थोड़े समय के लिए तो चल सकती है, लेकिन इस देश के संस्कार, नैतिक मूल्य और सूफी-संतों की वाणी उसे ज्यादा दिन चलने नहीं देगी। मुसलमान हक और आत्मविश्वास के साथ जिएगा और कहेगा, न छेड़ो कि हम मेहमां नहीं, यह घर हमारा है।"[30]

उक्त उद्धरणों पर नजर डालने से जो चीज हमें साफ-साफ दिखाई पड़ जाती है, वह है–बेहतरी की उम्मीद। हर प्रोग्रेसिव आदमी ने बेहतरी की उम्मीद जताई है। यही हमारा आशावादी रवैया हमें विश्व के अन्य समाजों से अलग करता है। कितनी ही अँधेरी और भयानक रात क्यों न हो, वह सूरज को निकलने से तो नहीं

रोक सकती। यह सच हमारे समाज पर भी पूरा लागू होता है। कितना भी उफान आ जाए विखंडनवादी शक्तियों के जोश में, उन्हें पूस के बादलों की तरह खोखला तो होना ही है। इसी संदर्भ में यहाँ डॉ. नाहीद सफवी के विचार प्रस्तुत हैं। डॉ. सफवी अलीगढ़ मुस्लिम विश्वविद्यालय के कला-संकाय के डीन हैं।

"मेरा खयाल है कि किसी चीज को देखने के लिए दो दृष्टिकोण हो सकते हैं, सकारात्मक और नकारात्मक। मैंने हमेशा चीजों को सकारात्मक देखने की कोशिश की है अगर हम बात यहाँ से शुरू करें, तो फिर हमको इस देश में मुसलमानों का मुस्तकबिल वैसा ही दिखाई देगा, जो जिस नजरिए से देखेगा।

जिस तरह देश के दूसरे लोगों को भ्रष्टाचार, अयोग्यता, आर्थिक आत्मनिर्भरता और रोजी-रोटी के लिए लड़ना, प्रयास करना है, उसी तरह मुसलमानों को भी अपने हमवतनों के साथ कांधे से कांधा मिलाकर चलना होगा, क्योंकि हम इनसानों की जरूरियात यही हैं। अगर हम इसे सहज रूप से देखें, तो मुसलमानों का भविष्य भी उतना ही चमकीला या अँधेरे से भरा होगा, जितना इनके दूसरे देशवासियों का। अब रही बात यह कि मुसलमानों का बतौर अल्पसंख्यक क्या मुस्तकबिल होगा? इस पर हमें गौर करने की जरूरत है, क्योंकि उनका मुस्तकबिल काफी चीजों पर निर्भर करेगा। इसमें सबसे पहले यह कि मुल्क में अल्पसंख्यकों को उनके तमाम अधिकार दिए जाएँ, जो हर लोकतांत्रिक देश में दिए जाते हैं। मुझे यह खुशी है कि हमारा देश सही अर्थों में लोकतांत्रिक देश है। जब हम बहुत से दूसरे मुल्कों को देखते हैं, तो वे लोकतंत्र के नाम पर मजाक नजर आते हैं। भारत ने अभी अपनी लोकतांत्रिक व्यवस्था को बड़ी सावधानी के साथ सही सलामत रखा है। मुझे पूरा विश्वास है कि आइंदा भी अगर इस व्यवस्था को पूरी पाबंदी और ईमानदारी के साथ ठीक रखा गया, तो अल्पसंख्यक वर्ग भी बहुसंख्यक वर्ग के समान ही एक खुशहाल और सार्थक जिंदगी गुजार सकेगा। दूसरी तरफ यह बात बड़ी अहम है कि अल्पसंख्यक वर्ग अपने फराएज को समझे और देश की मुख्यधारा में शामिल हों। अगर इन दोनों बातों पर ठीक तौर से अमल किया जाए तो मुझे पूरा विश्वास है कि अल्पसंख्यकों को किसी भी तरह के खौफ की जरूरत नहीं और यकीनन उनका मुस्तकबिल बेहतर होगा।"[31]

'अल्पसंख्यक अपने फराएज (फर्ज का बहुवचन : दायित्व) को समझें और देश की मुख्यधारा में शामिल हों'—कहकर वास्तव में डॉ. सफवी ने हिंदुस्तान की गंगा-जमुनी तहजीब की ओर ही इशारा किया है।

समाज में सांप्रदायिक सौहार्द का प्रतिफलन हो, इसके लिए जरूरी है कि पहले सांप्रदायिकता के विरुद्ध संघर्ष के लिए जनमत तैयार किया जाए। सांप्रदायिकता से लड़ना एक रचनात्मक संघर्ष है। चूँकि रचना का कोई बना-बनाया फार्मूला नहीं होता, अतः सांप्रदायिकता-विरोधी संघर्ष भी हर समय कुछ मौलिक तौर-तरीकों की

माँग करता है। सांप्रदायिकता-विरोधी लोगों को उन उचित चीजों का विरोध नहीं करना चाहिए, जिनकी संप्रदायवादी वकालत कर रहा है या करता है। मानव-जीवन को सिर्फ काले-सफेद में बाँटकर देखना निश्चयेन एक त्याज्य रूढ़ि है। सांप्रदायिकता के विरुद्ध संघर्ष चूँकि एक सामाजिक और सांस्कृतिक संघर्ष है, अतः इसे सपाट, संवेदनहीन और एकान्तिक नहीं होना चाहिए। इसके साथ ही, सांप्रदायिकता से संघर्ष करने वाले राजनीतिक दलों को स्वयं भी सांप्रदायिकता के किसी भी रूप को प्रश्रय देने से बचना चाहिए। खास तौर तब, जबकि वे सत्तासीन हों। हमें ध्यान रखना है कि यदि सांप्रदायिक आचरण को जरा सी भी मान्यता मिली तो जीतेगा वही, जो ज्यादा सांप्रदायिक होगा। साथ ही, हमें यह भी याद रखना है कि सत्तारूढ़ दल की तनिक सी भी सांप्रदायिकता विपक्षी दलों की ढेर सारी सांप्रदायिकता के बराबर नुकसानदेह होती है। इसके अलावा सत्तारूढ़ दल की सांप्रदायिक चेतना, विपक्षी दलों की सांप्रदायिक चेतना के लिए औचित्य मुहैया करवाती रहती है।

इधर एक चीज और जो बहुत तेजी से प्रचलन में आई है, वह है अल्पसंख्यकों का तुष्टीकरण। हम देखते हैं कि हमारे देश में अल्पसंख्यकों की रक्षा का आदर्श तो बहुत बघारा जाता है, पर उनसे किसी को वास्तविक प्रेम नहीं है। संप्रदायवादी तो उनसे घृणा करते ही हैं, धर्म निरपेक्ष लोग भी उनसे सिर्फ राजनीतिक लाभ उठाना चाहते हैं। अतः उनके हित के लिए केवल प्रतीकात्मक कार्य किए जाते हैं। जैसे कि उन्हें कुछ पदों पर बनाए रखना या उनके लिए कुछ कानूनी सुविधाओं की सृष्टि कर देना। इससे कहीं-न-कहीं बहुसंख्यकों के मन में ईर्ष्या की भावना उपजती है। बहुत सीधी-सी बात है कि जब किसी राजनीतिक दल में जनसाधारण के प्रति संवेदना होगी तो उसमें अल्पसंख्यक और बहुसंख्यक दोनों शामिल होंगे। इधर सिर्फ राजनीतिक लाभ के लिए उठाए गए कुछ प्रतीकात्मक कदमों ने संप्रदायवादियों को अपप्रचार की रसद तो मुहैया ही कराई है, तुष्टीकरण का मुद्दा भी उनके हाथ में थमा दिया है। समाज में सौहार्द का प्रतिफलन हो, इसके लिए हमें ऐसी प्रवृत्ति से बचना ही होगा।

सौहार्द के सम्प्रसार के लिए, देश का नवनिर्माण करने के लिए कुछ अन्य मुद्दों पर भी ध्यान दिया जाना चाहिए। लोगों के भौतिक दुखों को दूर करने की साधना, एक बेहतर समाज बनाने का प्रयास, शिक्षा का सम्प्रसार आदि ऐसे ही काम हैं। वास्तव में, इन-सब कार्यों को शीघ्रातिशीघ्र संपन्न करने की तड़प ही बुद्धिजीवियों, देशकामी राजनीतिक नेताओं और कार्यकर्त्ताओं को आम आदमी के करीब ले जाएगी। इससे सांप्रदायिकता विरोधी संघर्ष को काफी मदद मिलेगी। यदि हम देश की जनता को कुछ नहीं देंगे-न बेहतर जीवन, न उसका सपना—तो निश्चित है कि जनता हमारी आवाज नहीं सुनेगी। आज जरूरत है, जनता से आत्मीय नाता बनाने की। संप्रदायवादियों और सांप्रदायिकता विरोधियों में जिसका भी नाता जनता के साथ ज्यादा घनिष्ठ और

मजबूत होगा, वह उसी की बात मानेगी। सांप्रदायिकता से संघर्ष सिर्फ सरकार और प्रशासन के बल पर नहीं चल सकता। इसके लिए लोगों से जीवंत और सांगठनिक संबंध बनाने होंगे। ये संबंध ही समाज में रचनात्मकता का सम्प्रसार करेंगे और उसे चिरस्थायी बनाएँगे। वास्तव में, किसी भी समाज में सांप्रदायिक विद्वेष की उपस्थिति ही इसका सबसे बड़ा प्रमाण है, जिससे यह उद्यम उपेक्षित रहा है। आज अवसर है, आगे बढ़कर सौहार्द की स्रोतस्विनी को राह दिखाने का। यदि हम यह अवसर चूक गए तो आनेवाली पीढ़ियाँ हमें कतई माफ नहीं करेंगी—

> **"अभी तुम्हारी शक्ति शेष है**
> **अभी तुम्हारी साँस शेष है**
> **अभी तुम्हारा कार्य शेष है**
> **मत अलसाओ,**
> **मत चुप बैठो,**
> **देखो! तुम्हें पुकार रहा है कोई।"[32]**

संदर्भ

1. समयबोध, जनवरी, 2003, द्वितीय पक्ष, पृ. 6.
2. अमर उजाला, 9 जुलाई, 2005 ई. से साभार
3. इंडिया टुडे, 29 अगस्त, 2005, पृ. 4.
4. बदीउज़्ज़माँ; छाको की वापसी, पृ. 64-65.
5. नवभारत टाइम्स, 22 नवंबर, 2003, पृ. 8, नई दिल्ली.
6. हंस, अगस्त, 2003, पृ. 88-89 से साभार
7. समयबोध, जनवरी, 2003, प्रथम पक्ष, पृ. 4-5.
8. उपर्युक्त, पृ. 5.
9. कमलेश्वर; कितने पाकिस्तान, पृ. 191.
10. उपर्युक्त, पृ. 186.
11. सहारा समय (साप्ताहिक) 24 जून, 2006, पृ. 9 से साभार
12. गीतांजलि श्री; हमारा शहर उस बरस, पृ. 60.
13. उपर्युक्त, पृ. 70-71.
14. डॉ. सुधाकर अदीब; हमारा क्षितिज, पृ. 147-149.
15. उपर्युक्त, पृ. 151.
16. भीष्म साहनी; तमस, पृ. 130.
17. उपर्युक्त, पृ. 133.
18. उपर्युक्त, पृ. 188-189.
19. डॉ. राही मासूम रज़ा; आधा गाँव, पृ. 274-275.
20. राजीव कुमार; टुकड़े, पृ. 102.
21. डॉ. राही मासूम रज़ा; आधा गाँव, पृ. 284.

22. कमलेश्वर; कितने पाकिस्तान, पृ. 153.
23. अमर उजाला, 15 अगस्त, 2003, पृ. 2.
24. कमलेश्वर; कितने पाकिस्तान, पृ. 91.
25. उपर्युक्त, पृ. 251-252.
26. के. एन. पणिक्कर; सांप्रदायिकता के सांस्कृतिक प्रतिरोध की ज़रूरत, सहमत, पृ. 9 से 92.
27. हंस, अगस्त, 2003, पृ. 109-110.
28. उपर्युक्त, पृ. 108-109.
29. उपर्युक्त, पृ. 111.
30. उपर्युक्त, पृ. 114.
31. उपर्युक्त, पृ. 114.
32. डॉ. विजय दिनकर द्विवेदी; सहज लोकात्म कवि त्रिलोचन, पृ. 60.

षष्ठ अध्याय

उपसंहार

'सांप्रदायिकता' आधुनिक काल की परिघटना है, जो आर्थिक वैषम्य और सामाजिक अन्याय पर आधारित व्यवस्था से जनमती है। सांप्रदायिकता का उद्‌भव 19वीं शताब्दी में भारत में औपनिवेशिक शासन की स्थापना के पश्चात् हुआ। सांप्रदायिक शक्तियाँ एक खास नीति के अंतर्गत यह दुष्प्रचार करती चली आ रही हैं कि सांप्रदायिकता मध्यकाल की देन है। ऐसा नहीं है। ब्रिटिश साम्राज्य की स्थापना के बाद सांप्रदायिक सौहार्द दिन-ब-दिन बिगड़ता गया, क्योंकि औपनिवेशिक शासन की नीतियों ने लगातार इस दिशा में काम किया। 'बाँटो और राज करो' की नीति पर अमल करने के कारण तत्कालीन शासन ने कभी भी सौहार्द-सद्‌भाव को पुष्ट करने की बात सोची ही नहीं। सामान्य रूप से धर्म और संप्रदायवाद को एक-दूसरे से जुड़ा मान लिया जाता है, पर ऐसा नहीं है। सांप्रदायिकता का धर्म से कोई लेना-देना नहीं है। वास्तव में, सांप्रदायिकता के सारे 'खेल' के पीछे अब सत्ता की राजनीति आ खड़ी हुई है। जब एक संप्रदाय विशेष सुविचारित रणनीति के अंतर्गत धार्मिक, सांस्कृतिक भेदों व उपभेदों को आधार बनाकर राजनीतिक माँगें पेश करने का निश्चय करता है तो सांप्रदायिक चेतना संप्रदायवाद के रूप में एक राजनीतिक सिद्धांत का रूप धारण कर हमारे सामने अवतरित होती है। धर्म में लोगों को एकत्र और प्रभावित कर पाने की क्षमता अन्य चीज़ों के मुकाबले कहीं ज्यादा होती है, इसीलिए सांप्रदायिकता के संदर्भ में धर्म का प्रयोग हथियार के रूप में किया जाने लगा है। इस प्रकार, हम देखते हैं कि धर्म और संप्रदायवाद का कोई आपसी तालमेल न होते हुए भी सांप्रदायिक शक्तियाँ अपना नाता धर्म और संस्कृति से जोड़ने के लिए आकुल-व्याकुल रहती हैं। ऐसा नहीं है कि ये काम इन शक्तियों ने किसी लोकोपकारक कार्य को संपन्न करने के लिए किया हो । नहीं, इन्हें तो अपने स्वार्थ की रोटी उस आग में सेंकनी होती है। इसीलिए ये सांप्रदायिक विद्वेष की आग को धधकाने में पूरी निष्ठा से जुटी रहती हैं। धर्म

और संस्कृति की आड़ में एक समुदाय को दूसरे समुदाय से लड़ाने, उनमें घृणा और वैमनस्य उत्पन्न करने का कार्य सांप्रदायिक शक्तियाँ पूरी कुशलता से करती हैं। शायद यही कारण है कि कुछ लोग सांप्रदायिकता को मध्यकाल की उपज सिद्ध करने का 'द्राविड़ प्राणायाम' करते नजर आते हैं। सच तो यह है कि सांप्रदायिकता आधुनिक युग की देन है। यह समकालीन राजनीतिक व्यवस्था की कुक्षि से जनमी एक खतरनाक प्रवृत्ति है। यह जाहिर तौर पर राष्ट्रवाद के साथ कंधे से कंधा मिलाकर खड़ी नजर आती है। इसके विकास के कुछ आधार हमें भले ही अतीत के पन्नों में दिखाई पड़ने लगे हों, पर इसका जन्म राष्ट्रवाद के विरोध के रूप में स्वतंत्र राजनीतिक आंदोलन के रूप में हुआ, इससे इनकार करना असंभवप्राय है।

सांप्रदायिकता विशेष सामाजिक, आर्थिक संरचना से जन्म लेती है। स्वाधीनता-प्राप्ति के पश्चात् सामाजिक-आर्थिक संरचना में ऐसे सकारात्मक परिवर्तन नहीं आए, जो सांप्रदायिकता को जन्म देने वाली ताकतों को क्षीण करते, उन्हें कम करते। इसके ठीक विपरीत समाज उत्तरोतर ऐसी दिशा में बढ़ता गया, जो सांप्रदायिकता के अंकुरण-पल्लवन के लिए उर्वरा भूमि थी। विकास की बातें सिर्फ आकर्षक नारों तक सीमित रह गईं और अशिक्षा, जड़ता, भ्रष्टाचार, शोषण, गरीबी, केंद्रीयकरण बढ़ता चला गया। यह माहौल सांप्रदायिक विचारों को अपने अनुकूल लगा, उन्हें रास आया और स्वाधीनता के पहले से चले आ रहे सांप्रदायिक समीकरण एक अर्थ में बदले और उनमें नई धार पैदा कर दी गई।

बीसवीं शताब्दी के पूर्वार्द्ध में संप्रदायवादियों का रुख नरम था। उस समय तक ये लोग अपने-अपने संप्रदायों-संगठनों की हित-चिंता के लिए ही प्रयासरत रहते थे और इस प्रक्रम में पास आने, दूर जाने का सिलसिला चलता रहता था। महात्मा गाँधी ने जब औपनिवेशिक शासकों का विरोध करने के लिए असहयोग आंदोलन चलाया तो दोनों ही संप्रदाय के लोगों ने उसमें सक्रिय भागीदारी निभाई। यह समय हिंदू-मुस्लिम एकता का स्वर्ण-काल था। अफसोस कि यह स्वर्णकाल अतिशीघ्र इतिहास की बात हो गया । दोनों संप्रदायों की यह एकता अधिक दिनों तक कायम न रह सकी। 'कायदेआजम' मोहम्मद अली जिन्ना ने मुसलमानों के लिए अलग राष्ट्र की माँग करके यह सुनिश्चित कर दिया कि अब दोनों संप्रदायों के रास्ते अलग हो गए हैं। रास्तों के अलगाव का यह सिलसिला एक बार शुरू हुआ तो इसका थमना दुश्वार हो गया। सौहार्द-सद्भाव के प्रयासों के बावजूद दोनों संप्रदायों के बीच विश्वास की बहाली का रास्ता अभी तक 'दुर्गम पथ' ही बना हुआ है।

हमारे देश में सांप्रदायिकता को जो अविश्वसनीय उभार मिला, उसके पीछे एक साथ कई कारण काम कर रहे थे। इसमें सामाजिक, आर्थिक, सांस्कृतिक, शैक्षिक और इन सबसे भी कहीं आगे जाकर राजनीतिक कारण प्रमुख हैं। आज के परिवेश में यदि सांप्रदायिक विद्वेष के किसी एक, सर्वप्रमुख आधार का नाम लेने को कहा

जाए तो निश्चित रूप से वह 'राजनीतिक कारण' ही होगा। सांप्रदायिक शक्तियों ने सोची-समझी रणनीति के तहत स्वाधीनता-प्राप्ति के पश्चात् मुस्लिम विरोध का स्वर राष्ट्रीय संस्कृतिवाद में इस तरह ढाल दिया कि उसे व्यापक जन समर्थन मिलने लगा। उन्होंने बड़ी चतुराई से धर्मनिरपेक्षता को तुष्टीकरण कहके खारिज करने की मुहिम चलाई और सांप्रदायिकता को अपने विरोधियों के ऐसे नारे के रूप में बदल दिया, जिसका उद्देश्य केवल सत्ता प्राप्त करना बताया गया। इस सबके लिए कहीं-न-कहीं धर्मनिरपेक्षतावादी और वामपंथी ताकतें भी दोषी हैं। जिस तरह से संप्रदायवादियों का प्रतिकार किया जाना था, वह नहीं हुआ। शुरू-शुरू में उनको गंभीरता से नहीं लिया गया और जब उनके खिलाफ संघर्ष को पूर्णकालिक संघर्ष मानकर कार्य शुरू हुए, तब तक वे 'पूरे तालाब को गंदा' कर चुके थे। कभी-कभी तो यों लगने लगता है कि धर्म-निरपेक्षता का कोई पक्षधर नहीं है और सांप्रदायिकता के विरुद्ध संघर्ष केवल नारा होकर रह गया है। सांप्रदायिक शक्तियों को लोकतांत्रिक चुनौती न मिल पाना भी संघर्ष को व्यापक रूप से सफलता न मिलने का कारण है।

एक बात और जो खास तौर पर काबिलेगौर है, वह है सांप्रदायिक शक्तियों द्वारा सत्ता का 'अपहरण'। सुनियोजित तरीके से इन शक्तियों ने धर्म, संस्कृति, राष्ट्रवाद आदि को वोट से जोड़ा और सत्तासीन हो गईं। इनके मुँह 'सत्ता का खून' लगना, एक ऐसी घटना थी, जिसने संप्रदायवाद के खिलाफ संघर्ष करने वालों के लिए और अधिक दुश्वारियाँ खड़ी कीं। सत्ता में रहते हुए ये शक्तियाँ उतनी खतरनाक न हों—यह तो संभव है, पर सत्ता हाथ से जाते ही ये 'मुखौटा' उतारकर हिंसा का रास्ता अख्तियार कर लेती हैं, इसे हम देख चुके हैं। गुजरात के चुनावों ने प्रमाणित कर दिया कि सांप्रदायिक शक्तियाँ विद्वेष का बीज बोकर बहुसंख्यक समाज को अपने साथ मिला लेने में सक्षम हैं। यही कारण है कि चुनाव के माध्यम से सत्ता हथियाने की कोशिश में ये सफल हो जाते हैं, और असफल रहने पर अपना फासीवादी एजेण्डा लागू करते हैं। सौहार्द को, सद्भाव को, लोकतंत्र को आज असली खतरा फासीवादी दल से नहीं उनको मिलने वाले व्यापक जन-समर्थन से है।

बीसवीं सदी के उत्तरार्द्ध का हिंदी-उपन्यास-साहित्य सांप्रदायिक समस्या के अनेक आयामों का यथार्थ चित्रण करता है। इस काल के उपन्यासों में सिर्फ सांप्रदायिकता के दुष्परिणामों की ही चर्चा नहीं है, अपितु सौहार्द के संदर्भों को भी प्रमुखता से रेखांकित किया गया है। वैसे सांप्रदायिक संदर्भों को आधार बनाकर हिंदी में कथा-लेखन का कार्य उन्नीसवीं शताब्दी के अंतिग कालखंड में शुरू हुआ था। सांप्रदायिक समस्याओं के उन्मेष और हिंदी कथा-साहित्य की प्रतिष्ठा—दोनों के लिए उन्नीसवीं शताब्दी का अंतिम कालखंड महत्त्वपूर्ण है। हिंदी में कहानी और उपन्यास का स्वतंत्र विधा के रूप में विकास इसी समय शुरू हुआ था और लगभग इसी समय हिंदू-मुस्लिम सांप्रदायिकता के तत्त्व सक्रिय हुए थे। यही समय था जबकि मुसलमान

अपनी अलग पहचान बनाने का प्रयास प्रारंभ कर रहे थे। वैसे, इस समय का कथा-साहित्य सांप्रदायिक समस्याओं से सीधे-सीधे नहीं टकराता। वह अतीत में सांप्रदायिकता की जड़ों को खोजने का प्रयास करता है और पाठक को उसी के इर्द-गिर्द घुमाने में अपने कर्त्तव्य की इतिश्री मान लेता है। हिंदी-कथा साहित्य में युगीन आशाओं-आशंकाओं और समस्याओं के यथार्थ चित्रण की परंपरा प्रायः प्रेमचंद के कथा-साहित्य से शुरू होती है। अपनी कहानियों और अपने उपन्यासों में उन्होंने सांप्रदायिक समस्याओं के विविध पक्षों पर न सिर्फ पर्याप्त प्रकाश डाला है, अपितु सौहार्द-सद्भाव को सम्पुष्ट करने पर भी जोर दिया है।

स्वाधीनता-संग्राम और स्वतंत्रता-प्राप्ति के इर्द-गिर्द के कालखंड को आधार बनाकर सांप्रदायिकता विषयक कथा-कृतियाँ प्रस्तुत करने वालों में प्रेमचंद के अतिरिक्त अपने परवर्ती मन्मथनाथ गुप्त, गुरुदत्त और भगवतीचरण वर्मा के नाम उल्लेखनीय हैं। गुरुदत्त ने अपने 'स्वाधीनता के पथ पर' नामक उपन्यास में सांप्रदायिक समस्याओं पर लेखनी चलाई है। वस्तुतः वे मुसलमानों के प्रति पूर्वाग्रहग्रस्त नजर आते हैं। भगवतीचरण वर्मा ने अपने उपन्यास 'भूले बिसरे चित्र' में सांप्रदायिकता को धार्मिक समस्या माना है और प्रायः यह सिद्ध करने का प्रयास किया है कि हिंदुओं और मुसलमानों में एकता असंभवप्राय है। सन् 1936 से 1947 तक की सांप्रदायिक समस्याओं की पृष्ठभूमि पर हिंदी में पर्याप्त मात्रा में कथा-साहित्य की सर्जना हुई। डॉ. रांगेय राघव, रामेश्वर प्रसाद शुक्ल 'अंचल', प्रतापनारायण श्रीवास्तव, यशपाल, पाण्डेय बेचन शर्मा उग्र, अमृतलाल नागर, भगवतीचरण वर्मा, भीष्म साहनी, विष्णु प्रभाकर, राही मासूम रज़ा, गुरुदत्त-जैसे लेखकों ने इस विषय को आधार बनाकर अपनी-अपनी रचनाएँ प्रस्तुत कीं।

सांप्रदायिकता के विविध आयामों को अपनी कथाकृतियों के माध्यम से प्रस्तुत करनेवाले कथाकारों में रांगेय राघव, भीष्म साहनी और विष्णु प्रभाकर का नाम उल्लेखनीय है। रांगेय राघव ने अपनी कहानी 'गाजी' में सौहार्द का सुंदर संदेश पाठकों को दिया है और दोनों संप्रदायों को मिल-जुलकर रहने के लिए प्रेरित किया है। विष्णु प्रभाकर ने 'निशिकांत' में सांप्रदायिकता के अनेक आयामों—सामाजिक, राजनीतिक, आर्थिक, सांस्कृतिक—को चित्रित करने का प्रयास किया है। 'तमस' में भीष्म साहनी ने सांप्रदायिक समस्याओं का मूल कारण अज्ञान और अंधविश्वास पर आधारित धार्मिक व्यवस्था को माना है।

विभाजन की त्रासदी को आधार बनाकर लिखे गए प्रायः हर उपन्यास के विमर्श का मुख्य बिंदु सांप्रदायिकता है। सांप्रदायिक आधार पर भारत-विभाजन और इसके फलस्वरूप फैले सांप्रदायिक उन्माद ने आम आदमी को हर तरह से प्रभावित किया। तत्कालीन सांप्रदायिक दंगों में हर संप्रदाय के आदमी को जिस पीड़ा-परेशानी से होकर गुजरना पड़ा, लोगों को उसका इल्म न था। 'कायदेआजम' की मुस्लिम लीग के इशारे

पर सोत्साह बढ़-चढ़ कर पाकिस्तान की माँग करने वाले मुसलमान भाइयों ने सोचा ही न था कि उनको इतनी-ऐसी जलालत झेलनी पड़गी या कि उनके परिवार के आधे सदस्य पाकिस्तान में होंगे, आधे भारत में। डॉ. राही मासूम रज़ा के उपन्यास 'आधा गाँव' और बदीउज़्जमाँ के 'छाको की वापसी' में परिवार के बँटवारे की यह पीड़ा कई-कई रूपों-आयामों-स्तरों पर व्यक्त हुई है। विभाजनकालीन विकृत सांप्रदायिकता के अनेक पक्षों को प्रायः सभी कथाकारों ने अपने विमर्श का विषय बनाया है। इस संदर्भ में यशपाल का उपन्यास 'झूठा सच', बलवंत सिंह का 'कालेकोस' और भगवतीचरण वर्मा का 'प्रश्न और मरीचिका' सविशेष उल्लेखनीय हैं।

स्वाधीनता-प्राप्ति के पश्चात् स्वतंत्र भारत के नेताओं-शासकों-हुक्मरानों और पूँजीपतियों ने सांप्रदायिक समस्याओं को किस तरह भड़काया, इसे डॉ. राही मासूम रज़ा, भैरव प्रसाद गुप्त, भगवतीचरण वर्मा, मंजूर एहतेशाम, बदीउज़्ज़माँ, नासिरा शर्मा, गीतांजलि श्री, कमलेश्वर, भगवानदास मोरवाल, राजीव कुमार, सुधाकर अदीब, विभूतिनारायण राय, दूधनाथ सिंह के उपन्यासों में देखा जा सकता है। सन् 1980 के उपरांत सांप्रदायिकता सत्ता प्राप्त करने और फिर उसे बनाये रखने का जरिया बन गई। इसका परिणाम यह हुआ कि एक बार फिर हिंदू और मुस्लिम सांप्रदायिकता तेजी से उभरकर सामने आयी। 'कुर्सी' ने कभी हिंदू-संप्रदायवादियों का साथ दिया तो कभी मुस्लिम-संप्रदायवादियों का। परिणामतः पूरा देश सांप्रदायिक दंगों की आग में जलने लगा और आम आदमी पारिवारिक-सामाजिक स्तर पर भी बुरी तरह से प्रभावित हुआ। समाज का कोई भी वर्ग ऐसा न रहा, जो सांप्रदायिकता के दुष्परिणामों से अप्रभावित रह गया हो। इसी कालखंड में अयोध्या में विवादित ढाँचे का ध्वंस एक ऐसी घटना थी, जिसने सांप्रदायिक दंगों की आग को पड़ोसी देशों तक पहुँचा दिया। एक निष्प्रयोज्य ढाँचे के ध्वंस की अतिवादियों की कारस्तानी से हजारों धर्मालयों को मिसमार किया गया और अनगिनत जानें मिट्टी में मिल गईं। न जाने कितनी महिलाओं-बच्चियों को शर्मसार और पीड़ित होना पड़ा। गीतांजलि श्री ने अपने महत्त्वाकांक्षी उपन्यास 'हमारा शहर उस बरस' में सांप्रदायिक विद्वेष के लिए जिम्मेदार मठ-मंदिरों की कलई खोलने की कोशिश के साथ ही सद्भाव-सौहार्द के उपायों को भी रेखांकित किया है।

शिवमूर्ति के लघु उपन्यास 'त्रिशूल' में अयोध्या-विवाद की छाया में उग्र-सांप्रदायिकता का चित्रण हुआ है। उग्र सांप्रदायिकता और हिंदू-मुस्लिम संगठनों की कारगुजारियों का चित्रण 'त्रिशूल' में बड़े विश्वसनीय ढंग से हुआ है। विभूतिनारायण राय के उपन्यास 'शहर में कर्फ्यू' में कर्फ्यू के दौरान पुलिस का व्यवहार, अल्पसंख्यकों की पीड़ा-परेशानी और सांप्रदायिकता के अन्य दुष्परिणामों की चर्चा हुई है। प्रशासन और उसके उपकरण के रूप में पुलिस द्वारा आम आदमी से संप्रदाय के आधार पर किस प्रकार दो तरह का व्यवहार किया जाता है, इसकी पड़ताल 'शहर में कर्फ्यू' में की गई है।

बीसवीं शताब्दी के आखिरी दशक (सन् 1990-2000) में सांप्रदायिक समस्याओं को आधार बनाकर लिखे गए, जो उपन्यास प्रकाश में आए, उनमें अमृतलाल मदान कृत सिंधुपुत्र (1991), दीपचंद निर्मोही कृत और कितने अँधेरे (1995), हरदर्शन सहगल कृत टूटी हुई जमीन (1996), द्रोणवीर कोहली कृत वाह कैम्प (1998), प्रताप सहगल कृत अनहदनाद (1999), नासिरा शर्मा कृत ज़िंदा मुहावरे (1993), मंजूर एहतेशाम कृत सूखा बरगद, असगर वजाहत कृत सात आसमान (1996)। गौरी शंकर कपूर कृत उल्कासाकेत (1991), राजीव कुमार कृत टुकड़े, भगवानदास मोरवाल कृत काला पहाड़ (1999), अब्दुल बिस्मिल्लाह कृत मुखड़ा क्या देखे (1996), ज्योतिष जोशी कृत सोनबरसा (2000), प्रियंवद कृत वे कहाँ कैद हैं (1994), भगवानसिंह कृत उन्माद (1999), गीतांजली श्री का हमारा शहर उस बरस (1998), कमलेश्वर कृत कितने पाकिस्तान (2000) आदि उल्लेखनीय हैं। इन उपन्यासों में जहाँ सांप्रदायिकता के दुष्परिणामों पर प्रकाश डाला गया है, वहीं सौहार्द के प्रसंगों को रेखांकित भी किया गया है।

स्वाधीनता-प्राप्ति (जो हमें देश-विभाजन की कीमत पर 15 अगस्त, 1947 को आधी रात को मिली) के समय हुए दंगों का भारतीय मुसलमानों के जीवन पर दूरगामी असर हुआ था। इसका चित्रण अनेक उपन्यासों में हुआ है। डॉ. राही मासूम रज़ा ने अपने उपन्यासों—आधा गाँव, टोपी शुक्ला, हिम्मत जौनपुरी, ओस की बूँद, दिल एक सादा काग़ज में इन स्थितियों का सविस्तार चित्रण किया है। आधा गाँव में राही ने गंगोली के मुसलमानों की स्वाधीनता-पूर्व खुशहाल ज़िंदगी से आरम्भ कर आज़ादी के बाद उनकी दयनीय स्थिति, अपने ही देश में बेगाना बन जाने, सामान्य जीवन-धारा से कट जाने और आर्थिक दृष्टि से विपन्न हो जाने का मार्मिक चित्रण किया है। सामंती ठसक, मूँछ की लड़ाई, मुकदमेबाजी और शादी-ब्याह में या अन्य जगहों पर शानोशौकत के प्रदर्शन में हिंदू-मुसलमान में कोई फर्क नहीं था। धर्म अलग-अलग थे। पर आम ज़िंदगी में धर्म की कोई दखलअंदाजी न थी। हिंदू-मुसलमान एक-दूसरे के धार्मिक एवं सामाजिक समारोहों में खुशी-खुशी भाग लेते थे। आज़ादी की लड़ाई भी उन्होंने मिलकर ही लड़ी थी, पर आज़ादी-प्राप्ति की पूर्व संध्या पर धूर्त राजनीतिज्ञों और धार्मिक नेताओं ने मज़हब को कौम का आधार घोषित कर हिंदुओं और मुसलमानों को दो कौमों में बाँट दिया और देश का बँटवारा कर दिया। बहुत से मुसलमान मारे गए और काफी पाकिस्तान चले गए। इसी तरह काफी हिंदू भी मारे गए और बहुत से भारत चले आए।

देश-विभाजन के पश्चात् भारत के मुसलमान यह सोचकर कि हिंदुस्तान में मुसलमानों की इज़्ज़त-आबरू महफ़ूज़ नहीं है और पाकिस्तान में उन्हें जीविका के बेहतर साधन तथा सम्मानजनक सामाजिक ज़िंदगी मिलेगी, पाकिस्तान चले गए, पर उनका मोह भंग होने में पच्चीस साल भी नहीं लगे। अंततः उन्हें ज़लील होना पड़ा

और एक भयानक विनाशलीला के बाद पूर्वी पाकिस्तान बाँगलादेश में बदल गया। इसके बावजूद पूर्वी पाकिस्तान गए मुसलमानों का दुःस्वप्न समाप्त नहीं हुआ और बिहार तथा उत्तर प्रदेश के मुसलमानों को अपनी आबरू, संपत्ति और सामाजिक ज़िंदगी खोकर शरणार्थी और मुजाहिर बनना पड़ा। दिल एक सादा कागज में राही ने मुसलमानों की इस त्रासदी का मार्मिक अंकन किया है।

'ओस की बूँद' में उस मानसिकता का अंकन किया गया है जब आदमी, आदमी न रहकर हिंदू या मुसलमान हो जाता है। इसी तरह बदीउज़्ज़माँ के उपन्यास 'छाको की वापसी' में देश-विभाजन के बाद बिहार से पूर्वी पाकिस्तान गए मुसलमानों के मोहभंग का चित्रण है। अपने वतन की कीमत उन्हें पराये मुल्क में जाकर मालूम होती है। बंगाली और बिहारी मुसलमान का भेद उन्हें वहाँ अज़नबी बना देता है। कुछ ही दिनों में ये मुहाज़िर भारत में छूट जाते हैं। संबंधियों और अपने माहौल में जीने के लिए तड़पते, छटपटाते और सिर धुनते हैं पर कानून उन्हें लौटने की इजाजत नहीं देता। इस विवशता की मनःस्थिति का उपन्यासकार ने बहुत मार्मिक अंकन किया है। मंजूर एहतेशाम ने भी 'सूखा बरगद' में देश-विभाजन के बाद सामूहिक मुस्लिम मनोभाव को गहरी संवेदनशीलता और विचारशीलता के साथ प्रस्तुत किया है। नासिरा शर्मा के उपन्यास जिंदा मुहावरे में विभाजन के पश्चात् भारत में रह गए मुसलमानों के मुख्य धारा से कटने, मुसलमानों के प्रति बहुसंख्यक समाज में अविश्वास का माहौल बनने और उनकी वतनपरस्ती के प्रति संदेह करने का चित्रण हुआ है। आज यह बात पूरी शिद्दत से महसूस की जा रही है कि विभाजन मुसलमानों के लिए नुकसानदेह ही था। यहाँ तक कि पाकिस्तान जाने वाले युवकों को भी वहाँ की मुस्लिम आबादी ने हृदय से नहीं अपनाया। ज़िंदा मुहावरे मुस्लिम-समाज की इस नियति का साक्षात्कार कराता है।

सांप्रदायिकता को केंद्र बनाकर लिखे गए ज्योतिष जोशी के उपन्यास सोन बरसा में सांप्रदायिक उन्माद से ग्रस्त एक गाँव की कथा प्रस्तुत की गई है। यह बिहार के एक पिछड़े हुए और विकास-तंत्र से कटे हुए गाँव की कहानी है। बिहार की समकालीन अराजकता और उसके भ्रष्ट तंत्र का चित्रण इसमें विश्वसनीय तरीके से हुआ है। यहाँ व्यवस्था इतनी निकम्मी हो चुकी है और शक्तिशाली इतने मदांध कि कमज़ोर आदमी के मन से न्याय पाने का भरोसा ही उठ गया है और अन्ततः सरकार, व्यवस्था, न्याय-तंत्र और पुलिस सब बालेश्वर चौधरी-जैसे घटिया लेकिन बलशाली इंसानों का साथ देने के लिए आ खड़े होते हैं। गाँव के लोगों में उनके प्रति गुस्सा है और उनकी स्वार्थवृत्ति के लिए धिक्कार। अब वे दूसरा खेल खेलते हैं और धर्म के विष-वृक्ष बोने लगते हैं। देखते-ही-देखते सदियों से साथ रह रहे हिंदू और मुसलमान, एक-दूसरे को नफरत भरी आँखों से देखने लगते हैं। बालेश्वर चौधरी मौका पड़ने पर मंदिर की राजनीति चला देते हैं। शिव-मंदिर की दीवार खुद ढहाकर

मुसलमानों पर इसका आरोप जड़ देते हैं। 'सोनबरसा' में सांप्रदायिक नफरत का बवंडर मचता है, तब बालेश्वर चौधरी नया खेल खेलते हैं, और सहानुभूति बटोरने मस्जिद में चले जाते हैं। सारे मुस्लिम वोट उन्हें मिलते हैं और वे विधायक बन जाते हैं। लेकिन उन्हीं का बेटा शिव प्रसाद इस दोहरे खेल में दम तोड़ देता है, जो नादिरा से विवाह करना चाहता है, पर बालेश्वर चौधरी की तानाशाही की दीवार तोड़ने से पहले स्वयं टूट जाता है।

सांप्रदायिक संदर्भों को किंचित विस्तृत फलक पर भगवानदास मोरवाल के उपन्यास काला पहाड़ में प्रस्तुत किया गया है। वास्तव में काला पहाड़ देश में बढ़ती हुई सांप्रदायिकता पर गहरी संवेदना से भरा हुआ विमर्श है। सांप्रदायिकता का भाव किस प्रकार सीधे-सादे लोगों के मन में भरा जाता है और अफवाहों के द्वारा अविश्वास, आतंक और भय पैदा कर उसे जुनून में बदल दिया जाता है, इसका अत्यंत प्रभावकारी चित्रण उपन्यास में किया गया है। यही धार्मिक जुनून बाबरी मस्जिद विध्वंस और, उसके बाद हुए सांप्रदायिक दंगों का रूप ले लेता है, जो अल्पसंख्यक हिंदुओं के पलायन, निरपराध व्यक्तियों की हत्या और अपराधी तत्त्वों द्वारा लूटपाट के रूप में प्रतिफलित होता है। उपन्यास का केंद्रीय पात्र बूढ़ा और अनपढ़ सलेमी, इस जहरीली मानसिकता के खिलाफ संघर्ष करता है, पर इस लड़ाई में अंततः उसकी हार होती है। हाँ, हार जाने के बावजूद वह सांप्रदायिकता की भावना के लिए एक चुनौती छोड़ जाता है। काला पहाड़ मेवात की सख्त ज़िंदगी को लेकर लिखा गया है। इसमें मेवात का हर रंग, मेवात की हर परंपरा, उसके हर कोने का चित्रण है। लेखक ने कोशिश की है कि मेवात के किसी पक्ष का चित्रण इसमें उपेक्षित न रह जाए। मेवात का इतिहास, शादी-विवाह की रस्में, हिंदू और मेवों का एक लंबे समय से मिलजुलकर, बल्कि एक साथ होकर रहते आना—ऐसी अनेक चीज़ें काला पहाड़ में हैं। सांप्रदायिकता की दुधारी तलवार कैसे काम करती है, इसे काला पहाड़ में बहुत प्रभावशाली ढंग से दर्शाया गया है। अयोध्या के मंदिर-मस्जिद विवाद की उपद्रवकारी राजनीतिक गूँजें मेवात तक पहुँचती हैं और वहाँ की मूल्यवान साझी संस्कृति को दो फाँक करके चली जाती हैं। यह चीज़ जितनी साफ और प्रामाणिक तौर पर काला पहाड़ में उभरी है, वैसी इधर के किसी अन्य उपन्यास में देखने को नहीं मिलती।

सदी के अंतिम दशक में प्रकाश में आए हिंदी-उपन्यासों में सांप्रदायिकता पर आधारित जिन उपन्यासों ने उन्माद की परिस्थितियों और कारणों को तलाश करने की ईमानदार कोशिश की है, उनमें गौरी शंकर कपूर के 'उल्का साकेत' और राजीव कुमार के 'टुकड़े' का नाम उल्लेख्य है। उल्का साकेत में सांप्रदायिक नफरत और धर्मोन्माद पैदा करने वाले तत्त्वों की पहचान की गई है। टुकड़े, में जहाँ सांप्रदायिक विद्वेष की चर्चा है, वहीं साझी संस्कृति और सौहार्द के प्रसंगों का भी जीवंत चित्रण हुआ है। राजीव कुमार के टुकड़े में मोहमदिया गाँव है और उस गाँव के ज़्यादातर

बाशिंदे सदियों से साझी संस्कृति और लटपट दोस्ती के तारों से बँधे हैं और उन्हें एक-दूसरे के खिलाफ इस्तेमाल कर ले जाना आसान काम नहीं है। ऐसा इसलिए भी, क्योंकि मोहमदिया गाँव में दगडु काका जैसे बुजुर्ग हैं और आरिफ जैदी उनके लंगोटिया यार भी, जो इतने खुले दिमागों के इनसान हैं कि वे किसी धर्म या संस्कृति के नहीं, पूरी इनसानी सभ्यता के प्रतिनिधि लगते हैं। इसी क्रम में प्रियवंद के उपन्यास 'वे वहाँ कैद हैं' का जिक्र प्रासंगिक होगा। इस उपन्यास में लेखक ने बड़ी ही संवेदनशील भाषा में संप्रदायवाद और उसके भीतर से पनपते हुए फासीवाद के भयानक चेहरे को पहचानने का प्रयास किया है। सांप्रदायिक सोच और फासीवाद पर सर्जनात्मक विमर्श की दृष्टि से यह उपन्यास इस दशक की उपलब्धि है। इस विमर्श में ऐसी वैचारिक तटस्थता, ईमानदारी और संवेदनशीलता है, जो पाठक को तिलमिलाती और विचलित करती है।

विभूतिनारायण राय के लघु उपन्यास 'शहर में कर्फ़्यू' में सांप्रदायिक दंगों की असलियत को बहुत पास से, बहुत करुण दृश्यों की शक्ल में देखा गया है। वस्तुतः लेखक ने इस उपन्यास के जरिए व्यवस्था की पूरी चादर उघाड़कर उसके भीतर की नंगी असलियत और सड़ाँध को दिखा दिया है। गीतांजलि श्री के उपन्यास 'हमारा शहर उस बरस में' हिंदू सांप्रदायिकता का चित्रण किया गया है। उपन्यास में एक शहर है। जहाँ एक 'मठ' और एक विश्वविद्यालय हैं और ये दोनों ही संस्थाएँ सांप्रदायिकता को हवा देती हुई फासीवादी, रहस्यपूर्ण और आतंक से भरी दुनिया का सृजन करती हैं। उपन्यास का नाभिकेंद्र सांप्रदायिक तनाव की असामान्य स्थिति में एक मुस्लिम पात्र के अकेला होने और अलग-थलग पड़ते जाने की मानसिकता में निहित है। भगवान सिंह के 'उन्माद' में भी सांप्रदायिक उन्माद पर बहस की गई है। लेखक की मान्यता है कि सत्ता और आर्थिक स्वार्थ की लड़ाई में सांप्रदायिकता ईंधन का काम करती है और इसका शिकार केवल आम आदमी होता है। कमलेश्वर के चर्चित उपन्यास 'कितने पाकिस्तान' में भी एक सांप्रदायिकता-विरोधी विज़न है, जो धर्म, राजनीति, क्षेत्रीय महत्त्वाकांक्षा, भौतिक सुखों की होड़, प्रजातीय और बौद्धिक अहंकार आदि के तहत देश, दुनिया और मानवता को बाँटने, एक दूसरे से अलग और लहूलुहान करने की दानवी प्रवृत्ति के अंकन और उसके प्रतिरोध से युक्त है।

संदर्भित अवधि के सांप्रदायिकता पर आधारित प्रायः सभी उपन्यासों के लेखकों ने विद्वेष और सौहार्द दोनों का चित्रण किया है। सदियों से साथ रहते-रहते जो एक साझी संस्कृति और आपसी समझदारी हिंदुओं एवं मुसलमानों के बीच विकसित हो गई है, उसके उजले पक्ष का चित्रण करके लेखक ने सद्भाव की सम्पुष्टि में अपने कर्त्तव्य का निर्वहन किया है। हाँ, एक चीज़ जरूर है कि इस अवधि के लेखकों का सारा ध्यान हिंदू-मुस्लिम सांप्रदायिकता पर ही आधारित रहा है। हिंदू-सिख-सांप्रदायिकता का मसला प्रायः इस अवधि के उपन्यास-साहित्य ने नहीं उठाया है। हाँ, कमलेश्वर

का 'कितने पाकिस्तान' इसका अपवाद है। वहाँ वैश्विक होते जा रहे सांप्रदायिक, नस्लीय तनावों को बड़ी शिद्दत के साथ उकेरा है उपन्यासकार ने। सद्भाव के प्रसंगों को प्रभावी बनाने के लिए उपन्यासकारों ने विद्वेष की घटनाओं को उससे जोड़कर चित्रित किया है और समाज को चेतावनी दी है कि अगर हम इसी तरह दिलों के बीच दूरियाँ बढ़ाते रहे तो हमारा भी यही अंजाम होगा।

जिन उपन्यासकारों ने अपने उपन्यासों में सौहार्द के संदर्भों को वरीयता से उकेरा है, उनमें कमलेश्वर, राजीव कुमार, भगवान दास मोरवाल, प्रियंवद, राही मासूम रज़ा, गीतांजलि श्री, बदीउज़्ज़माँ, असगर वजाहत, अब्दुल बिस्मिल्लाह, नासिरा शर्मा, ज्योतिष जोशी, अमृतलाल मदान, भीष्म साहनी, द्रोणवीर कोहली, प्रताप सहगल, चंद्रकिशोर जायसवाल, विभूतिनारायण राय, भगवान सिंह आदि के नाम सविशेष उल्लेखनीय हैं। इनके उपन्यासों—कितने पाकिस्तान, टुकड़े, काला पहाड़, वे वहाँ कैद हैं, आधा गाँव, ओस की बूँद, टोपी शुक्ला, हिम्मत जौनपुरी, हमारा शहर उस बरस, सभा पर्व, छाको की वापसी, सात आसमान, झीनी-झीनी बीनी चदरियाँ, मुखड़ा क्या देखे, ज़िंदा मुहावरे, सोनबरसा, सिंधुपुत्र, तमस, वाह कैम्प, टूटी हुई ज़मीन, शीर्षक, शहर में कर्फ़्यू, उन्माद—में सौहार्द के प्रसंगों का इत-उत न्यूनाधिक चित्रण प्राप्त होता है। जो सहज ही यथार्थ का बोध कराता है। ज़िंदगी के छोटे-छोटे सुख-दुख आदमी कैसे अपने पास-पड़ोस के आदमी से बाँटता है। इस चित्रण के बहाने उपन्यासकारों ने साझी संस्कृति के विश्वसनीय चित्र उकेरे हैं।

जहाँ तक प्रश्न सौहार्द के पल्लवन-प्रतिफलन और सांप्रदायिकता के संघर्ष का है, आलोच्य कालखंड के उपन्यासकार ने (भी) इसके प्रति अपनी प्रतिबद्धता दोहराई है। हमारे समय के साहित्यकार का मानना है कि सांप्रदायिकता से संघर्ष एक रचनात्मक संघर्ष है। जैसे रचना का कोई बना-बनाया फार्मूला नहीं होता, ठीक वैसे ही यह संघर्ष भी हर समय कुछ मौलिक तौर-तरीकों की माँग करता है। सांप्रदायिक शक्तियों ने सर्वदा यही कोशिश की है कि सांप्रदायिकता के खिलाफ जागरूक आदमी का संघर्ष सत्ता-संघर्ष का हिस्सा दिखाई पड़ने लगे। आलोच्य अवधि के साहित्यकारों का मत है कि सांप्रदायिकता के विरुद्ध संघर्ष करने वालों को सांप्रदायिक शक्तियों की इस चालबाजी से बचना चाहिए, क्योंकि सांप्रदायिकता के संघर्ष में हम अपना काम सांप्रदायिक शक्तियों की प्रतिक्रिया में न करके सौहार्द-सम्वर्द्धन को आधार बनाकर करेंगे।

सांप्रदायिक शक्तियों की निगाह हमेशा कुछ खास दुखों की ओर जाती है। ये और बात है कि अक्सर ये दुख काल्पनिक होते हैं। इनका सच्चा, विश्वसनीय और लगातार खंडन ज़रूरी है, लेकिन इसके साथ ही, यह भी ज़रूरी है कि जो दुख तनिक भी वास्तविक प्रतीत होते हैं। उन्हें दूर करने का तत्काल उपाय किया जाए, नहीं तो सांप्रदायिक शक्तियों की विश्वसनीयता बढ़ती जाएगी। एक बात और, जो

सांप्रदायिकता के विरुद्ध संघर्ष में खास तवज्जो की माँग करती है, वह है—सबके साथ समान व्यवहार। यह नहीं कि बहुसंख्यक सांप्रदायिकता से संघर्ष करते समय कुछ संगठनों पर प्रतिबंध लगाया जाए और कुछ को छोड़ दिया जाए या अल्पसंख्यक सांप्रदायिकता के विरुद्ध संघर्ष में कुछ संगठनों को प्रतिबंधित किया जाए और कुछ को गोद में बैठाया जाए। यदि सांप्रदायिक संगठनों पर रोक लगाने में सुविधा-असुविधा का ध्यान रखा जाता है और भेदभाव किया जाता है तो आम आदमी के मन में संघर्ष के उद्देश्यों को लेकर शक होने लगता है। वे सोचने लगते हैं कि यह सिद्धांत का नहीं, सत्ता का संघर्ष है। सच्चा सांप्रदायिकता-विरोधी अवसरवाद या कायरता का शिकार नहीं हो सकता।

सामान्यतः सांप्रदायिकता, इतिहास की गलत समझ और कुशिक्षा की ज़मीन पर ही अपना काम करती है। इसलिए सांप्रदायिकता के विरुद्ध संघर्ष में सातत्य होना अपरिहार्य है। ऐसा न हो कि कभी तो सांप्रदायिकता के विरुद्ध संघर्ष बहुत उफान पर आ जाए और कभी ठंडा पड़ जाए। सांप्रदायिक शक्तियाँ अपना काम झूठे और सतत प्रचार के जरिए साधती हैं, इसलिए उनके दुष्प्रचार की सतत काट होनी चाहिए। लेकिन सांप्रदायिकता-विरोधी संघर्ष में ज़रूरत से ज़्यादा उत्साही या गुस्सैल होने की भी आवश्यकता नहीं है। उदाहरणार्थ—सांप्रदायिक शक्तियों ने राम मंदिर को मुद्दा बनाया तो ऐसे टिप्पणीकारों की बाढ़-सी आ गयी, जिन्हें राम में गुण दिखना तो दूर की बात अवगुण-ही-अवगुण दिखने लगे। हमें नहीं भूलना चाहिए कि अहल्या का उद्धार भी राम ने ही किया था, जनजातियों से सहकार और आत्मीयता के संबंध भी राम ने ही कायम किए थे। सांप्रदायिक शक्तियों ने राम को जिस बात का प्रतीक बनाया है, उसकी आलोचना और उसका पुरज़ोर विरोध आवश्यक है, पर राम को पूरी तरह खारिज करने से भारत के सामान्य बहुसंख्यक का दिल ही दुखाएँगे हम और जाने-अनजाने उन्हें सांप्रदायिक शक्तियों की तरफ धकेलने का काम करेंगे।

समाज में सांप्रदायिक विद्वेष की उपस्थिति ही इस बात की ओर इंगित करती है कि यह मुद्दा अभी तक कितना-कैसा उपेक्षित रहा है। यह सही बात है कि सांप्रदायिकता को हमारे कथित भाग्यविधाताओं ने कभी गंभीरता से नहीं लिया। कभी इसकी चर्चा भी की तो सिर्फ वोट की फसल तैयार करने और काटने के संदर्भ में। इस अध्ययन में सांप्रदायिकता के विरुद्ध संघर्ष को प्रभावी बनाने के लिए जो बिंदु उभरकर सामने आए हैं। उनमें से प्रमुख इस प्रकार हैं—

1. पुलिस या राजसुख भोगते सत्ताधारी जनता के प्रति उत्तरदायी हों और उन पर जनता का राजनीतिक नियंत्रण हो। सरकारी भर्ती और उनकी बर्खास्तगी का अधिकार स्थानीय निवासियों के निर्वाचित प्रतिनिधियों को हो। केंद्रीय पुलिस बल का प्रयोग केवल राष्ट्रीय स्तर पर होने वाले अपराधों तक ही सीमित रहे।

2. पी.ए.सी. और ऐसे सभी अर्द्धसैनिक बलों को भंग किया जाए, जिनका अल्पसंख्यकों के खिलाफ हिंसा से निपटने के दौरान भेदभाव वाला रवैया या अल्पसंख्यकों का संहार करने वाला रिकार्ड रहा है।

3. इनके बदले सांप्रदायिक और अल्पसंख्यक विरोधी हिंसा को रोकने के लिए एक विशेष शांति बल बनाया जाए। इसमें उस इलाके के अल्पसंख्यकों का समान प्रतिनिधित्व हो।

4. जन प्रतिनिधि-विधायक और सांसद सांप्रदायिक दंगे और हत्याएँ रोकने का प्रभावशाली उपाय करें, यह सुनिश्चित करने के लिए विधायिका में उचित परिवर्तन किया जाए। ऐसा कानूनी प्रावधान हो कि जिस जनप्रतिनिधि के क्षेत्र में सांप्रदायिक हिंसा हो, उसकी सदस्यता समाप्त कर दी जाए और आगे उसके चुनाव लड़ने पर रोक लगायी जाए।

5. संबंधित अधिकारियों को तथ्य-आधारित सूचना के लिए ज़िम्मेदार बनाया जाए। यदि कहीं ये साबित हो जाए कि संबंधित अधिकारी ने गलत आँकड़े पेश किए हैं तो उसे तत्काल बर्खास्त करके, उस पर आपराधिक मुकदमा चलाया जाए। विश्वसनीय और सही सूचना के अभाव में सांप्रदायिक शक्तियाँ अतिशयोक्तिपूर्ण, निराधार अफवाहें फैलाकर बहुसंख्यकों में चारों ओर से घिरे व्यक्ति की मानसिकता पैदा करके उन्हें अल्पसंख्यकों के प्रति हिंसक बनाती हैं।

6. कानूनी प्रावधान करके सांप्रदायिक दंगों के सभी मामलों के निस्तारण के लिए अधिकतम एक साल की समय-सीमा निर्धारित कर दी जानी चाहिए। इसमें यह भी प्रावधान होना चाहिए कि संबंधित क्षेत्र के पुलिस अधीक्षक, उपायुक्त और जन प्रतिनिधि से तत्काल पूछताछ हो और उन्हें दंगों के लिए जवाब देह ठहराया जाए। ताकि आम प्रभावित पीड़ित को न्याय मिल सके।

यदि निश्चित सरकारी अधिकारियों और गैरजिम्मेदार जनप्रतिनिधियों को सांप्रदायिक हिंसा के लिए उत्तरदायी मानने की शुरुआत हो जाए तो अपराधी राजनीतिज्ञों, नफरत के धर्मांध सौदागरों और सरकारी तंत्र के नापाक गठजोड़ को तोड़कर सौहार्द की संस्थापना हो सकेगी, इसमें दो राय नहीं हो सकती।

अंततः प्रस्तुत परियोजना पर किए गए अध्ययन पर दृक्पात करें तो स्पष्ट होता है कि स्वतंत्रता-प्राप्ति के पश्चात् सांप्रदायिक संदर्भ से जुड़े उपन्यासों को तीन चरणों में विभक्त करके देखा जा सकता है। प्रथम चरण में वे उपन्यास आते हैं, जिनमें देश के बँटवारे से पैदा हुए सांप्रदायिक तनाव और उससे संबद्ध हिंसा, लूटपाट, आगजनी, पलायन और शरणार्थी जीवन आदि से संबंधित विषयों को वस्तु के रूप में ग्रहण किया गया है। देवेन्द्र सत्यार्थी, यशपाल, भीष्मसाहनी, द्रोणवीर कोहली आदि ने इस पर पूरी विश्वसनीयता के साथ काम किया है।

दूसरे चरण में वे उपन्यास आते हैं, जिनमें देश-विभाजन के बाद भारत में

रह गए अल्पसंख्यक मुसलमानों की ज़िंदगी और नियति का चित्रण प्रमुखता से हुआ है। इन उपन्यासकारों में शानी, राही मासूम रज़ा, बदीउज़्ज़माँ, मंज़ूर एहतेशाम, नासिरा शर्मा, अब्दुल बिस्मिल्लाह, असगर वजाहत आदि उल्लेखनीय हैं। उन्होंने मध्यम वर्गीय तथा निम्न-मध्यम वर्गीय मुस्लिम समाज के हालात के विश्वसनीय अंकन के साथ-साथ भारतीय नागरिक के रूप में उनकी मुश्किलों और सांप्रदायिक सोच के साथ उनके समझौतों और टकरावों का चित्रण किया है।

तीसरे चरण के उपन्यास वे हैं, जिनमें देश में सांप्रदायिक सोच और भावना के प्रसार तथा उनके कारणों की पड़ताल के साथ ही सौहार्द के प्रसंगों और साझी संस्कृति के चित्रों का विश्वसनीय अंकन हुआ है। प्रियंवद, गीतांजलि श्री, नासिरा शर्मा, भगवानदास मोरवाल, भगवान सिंह, ज्योतिष जोशी, राजीव कुमार, कमलेश्वर, रवीन्द्र वर्मा आदि ने अपने उपन्यासों में सांप्रदायिक विमर्श को अधिक महत्त्व दिया है। इस संबंध में उल्लेखनीय तथ्य यह है कि हिंदी के उपन्यासकार सांप्रदायिक सोच और भावना की दृष्टि से उदार, मानवीय और प्रजातांत्रिक मूल्यों से परिचालित हैं। सभी ने अपनी-अपनी समिधाओं से विश्व शांति के महायज्ञ में अपने नैवेद्य प्रस्तुत किए हैं। प्रस्तुत परियोजना की पूर्णता के उपरांत हम कह सकते हैं कि चंद लोगों की कलुषता पर विश्वास करके हम अपने देश की 'विश्व बंधुत्व', वसुधैव कुटुंबकम् या सबै भूमि गोपाल की, इस परिकल्पना को कदापि झुठला नहीं सकते।

संदर्भ ग्रंथ-सूची

अ. आधार ग्रंथ

1. अनहदनाद–प्रताप सहगल, किताबघर प्रकाशन, दिल्ली, 1999 ई.
2. अभियान–निलय उपाध्याय, वाणी प्रकाशन, दिल्ली, 2002
3. अपने-अपने राम–भगवान सिंह, वाणी प्रकाशन, दिल्ली, 1998
4. अल्माकबूतरी–मैत्रेयी पुष्पा, राजकमल प्रकाशन, दिल्ली, 2000
5. अपने-अपने चेहरे–प्रभा खेतान, किताबघर प्रकाशन, दिल्ली, 1996
6. अरण्य–हिमांशु जोशी, किताबघर प्रकाशन, दिल्ली, 2001
7. अकेला पलाश–मेहरुन्निसा परवेज, वाणी प्रकाशन, दिल्ली, 2001
8. अँधेरे से परे–सुरेन्द्र वर्मा, नेशनल पब्लिशिंग हाउस, दिल्ली, 1988
9. अंतर्वंशी–उषा प्रियंवदा, वाणी प्रकाशन, दिल्ली, 2000
10. अंतिम अरण्य–निर्मल वर्मा–राजकमल प्रकाशन, दिल्ली, 2000
11. आधा गाँव–राही मासूम रजा, राजकमल प्रकाशन, दिल्ली, 1990
12. आखिरी कलाम–दूधनाथ सिंह, राजकमल प्रकाशन, दिल्ली, 1992
13. उस चिड़िया का नाम–पंकज बिष्ट, राजकमल प्रकाशन, दिल्ली, 1992
14. एक जमीन अपनी–चित्रा मुद्गल, सामयिक प्रकाशन, दिल्ली, 2002
15. एक चिथड़ा सुख–निर्मल वर्मा, राजकमल प्रकाशन, दिल्ली, 2000
16. ओस की बूँद–राही मासूम रजा, राजकमल प्रकाशन, दिल्ली, 1999
17. कलिकथा-वाया बाइपास–अलका सराबगी, आधार प्रकाशन, हरियाणा, 2000
18. काला पहाड़–भगवानदास मोरवाल, राधाकृष्ण प्रकाशन, दिल्ली, 1999
19. कालकथा-1,2,–कामतानाथ, वाणी प्रकाशन, दिल्ली, 1998
20. कितने पाकिस्तान–कमलेश्वर, राजपाल एंड संज, दिल्ली, 2000
21. कैसी आगी लगाई–असगर वजाहत, राजकमल प्रकाशन, दिल्ली, 2004
22. कोंपल कथा–अरुण प्रकाश, वाणी प्रकाशन, दिल्ली, 1993
23. गली नम्बर तेरह–ज्ञानप्रकाश विवेक, वाणी प्रकाशन, दिल्ली, 1998

24. चाक–मैत्रेयी पुष्पा, राजकमल प्रकाशन, दिल्ली, 1997
25. चेहरे और चेहरे–रामकुमार भ्रमर, परमेश्वरी प्रकाशन, दिल्ली, 1992
26. छाको की वापसी–बदीउज़्ज़माँ, राजकमल प्रकाशन, दिल्ली, 1985
27. छिन्नमस्ता–प्रभा खेतान, राजकमल प्रकाशन, दिल्ली, 1993
28. ज़िंदगीनामा–कृष्णा सोबती, राजकमल प्रकाशन, दिल्ली, 1998
29. ज़िंदा मुहावरे–नासिरा शर्मा, वाणी प्रकाशन, दिल्ली, 2001
30. जुलूस वाला आदमी–रमाकांत, राधाकृष्ण प्रकाशन, दिल्ली, 1997
31. जूठन–ओमप्रकाश वाल्मीकि, राधाकृष्ण प्रकाशन, दिल्ली, 1999
32. झूलानट–मैत्रेयी पुष्पा, राजकमल प्रकाशन, दिल्ली, 1999
33. टुकड़े–राजीव कुमार, वाणी प्रकाशन, दिल्ली, 1998
34. ठीकरे की मँगनी–नासिरा शर्मा, किताबघर प्रकाशन, दिल्ली, 1996
35. डूब–वीरेन्द्र जैन, वाणी प्रकाशन, दिल्ली, 1998
36. ढलान–प्रेमकुमार मणि, वाणी प्रकाशन, दिल्ली, 2000
37. ढाई घर–गिरिराज किशोर, भारतीय ज्ञानपीठ प्रकाशन, दिल्ली, 1994
38. तत्त्वमसि–जया जादवानी, वाणी प्रकाशन, दिल्ली, 2000
39. तमस–भीष्मसाहनी, राजकमल प्रकाशन, दिल्ली, 1992
40. तबादला–विभूतिनारायण राय, राधाकृष्ण प्रकाशन, दिल्ली, 2002
41. तुम्हारे लिए–हिमांशु जोशी, किताबघर प्रकाशन, दिल्ली, 2003
42. तोड़ो, कारा तोड़ो, 1,2,3,–नरेन्द्र कोहली, किताबघर प्रकाशन, दिल्ली, 2002
43. दास्तान-ए-लापता–मंजूर एहतेशाम, राजकमल प्रकाशन, दिल्ली, 2000
44. दिलोदानिश–कृष्णा सोबती, राजकमल प्रकाशन, दिल्ली, 1999
45. दिल एक सादा कागज–राही मासूम रजा, राजकमल प्रकाशन, दिल्ली, 2003
46. दीवार में एक खिड़की रहती थी–विनोद कुमार शुक्ल, वाणी प्रकाशन, दिल्ली, 2000
47. नदी बहती थी–राजकमल चौधरी, वाणी प्रकाशन, दिल्ली, 2001
48. नौशीन–पद्मा सचदेव, किताबघर प्रकाशन, दिल्ली, 1995
49. पहला गिरमिटिया–गिरिराज किशोर, भारतीय ज्ञानपीठ प्रकाशन, दिल्ली, 2000
50. पगली घण्टी–हृदयेश, किताबघर प्रकाशन, दिल्ली, 1995
51. पार–वीरेन्द्र जैन, वाणी प्रकाशन, दिल्ली, 1998
52. पाहीघर–कमलाकांत त्रिपाठी, राजकमल प्रकाशन, दिल्ली, 1994
53. पाकिस्तान का सच–चाणक्य सेन, वाणी प्रकाशन, दिल्ली, 2001
54. पीली आँधी–प्रभा खेतान, लोकभारती प्रकाशन, इलाहाबाद, 2002
55. पूर्वापर–रमेशचंद्र शाह, राजकमल प्रकाशन, दिल्ली, 1998

56. पंचनामा–वीरेंद्र जैन, भारतीय ज्ञानपीठ प्रकाशन, दिल्ली, 1996
57. प्रतिशोध–विजयदान देथा, वाणी प्रकाशन, दिल्ली, 2002
58. पाँच आँगनों वाला घर–गोविन्द मिश्र, राधाकृष्ण प्रकाशन, दिल्ली, 1998
59. बाबुल तेरा देस में–भगवानदास मोरवाल, राजकमल प्रकाशन, दिल्ली, 2004
60. बिस्रामपुर का संत–श्रीलाल शुक्ल, राजकमल प्रकाशन, दिल्ली, 2003
61. बीस बरस–रामदरश मिश्र, वाणी प्रकाशन, दिल्ली, 1996
62. बेदखल–कमलाकांत त्रिपाठी, वाणी प्रकाशन, दिल्ली, 1997
63. बेगम ज़ैनाबादी–शरद पगारे, वाणी प्रकाशन, दिल्ली, 1996
64. भूले बिसरे चित्र–भगवती चरण वर्मा, राजकमल प्रकाशन, दिल्ली, 1993
65. मनदर्पन–रामदेव शुक्ल, वाणी प्रकाशन, दिल्ली, 1996
66. महासागर–हिमांशु जोशी, किताबघर प्रकाशन, दिल्ली, 1999
67. महासमर-1-8–नरेन्द्र कोहली, वाणी प्रकाशन, दिल्ली, 1996-2002
68. मुखड़ा क्या देखे–अब्दुल बिस्मिल्लाह, राजकमल प्रकाशन, दिल्ली, 1996
69. मुझे चाँद चाहिए–सुरेंद्र वर्मा, राधाकृष्ण प्रकाशन, दिल्ली, 2002
70. पालनाघर–गिरिराजकिशोर, भारतीय ज्ञानपीठ प्रकाशन, दिल्ली, 1998
71. रात का रिपोर्टर–निर्मल वर्मा, राजकमल प्रकाशन, दिल्ली, 2000
72. वे दिन–निर्मल वर्मा, राजकमल प्रकाशन, दिल्ली, 2002
73. वे कहाँ कैद हैं–प्रियंवद, नेशनल पब्लिशिंग हाउस, दिल्ली, 1994
74. शब्दवध–वीरेंद्र जैन, वाणी प्रकाशन, दिल्ली, 1997
75. शहर में कर्फ्यू–विभूतिनारायण, वाणी प्रकाशन, दिल्ली, 1988
76. शाल्मली–नासिरा शर्मा, किताबघर प्रकाशन, दिल्ली, 1997
77. समरांगण–मेहरुन्निसा परवेज़, वाणी प्रकाशन, दिल्ली, 2002
78. सात नदियाँ एक समंदर–नासिरा शर्मा, प्रभात प्रकाशन, दिल्ली, 1995
79. सीधा सादा रास्ता–रांगेय राघव, राधाकृष्ण प्रकाशन, दिल्ली, 2002
80. सूखा बरगद–मंजूर एहतेशाम, राजकमल प्रकाशन, दिल्ली, 2003
81. हमारा शहर उस बरस–गीतांजलि श्री, राजकमल प्रकाशन, दिल्ली, 1998
82. हमारा क्षितिज–सुधाकर अदीब, किताबघर प्रकाशन, दिल्ली, 2003
83. हिम्मत जौनपुरी–राही मासूम रजा, राजकमल प्रकाशन, दिल्ली, 1997
84. हुजूर दरबार–गोविंद मिश्र, नेशनल पब्लिशिंग हाउस, दिल्ली, 1984

आ. सहायक ग्रंथ

1. अयोध्या और उससे आगे–सं. राजकिशोर, वाणी प्रकाशन, दिल्ली, 1993
2. आधुनिक भारत–सुमित सरकार, राजकमल प्रकाशन, दिल्ली, 2002
3. आज का भारत–रजनीपामदत्त, मैकमिलन कम्पनी ऑफ इंडिया लिमिटेड,

कलकत्ता, 1982

4. आधुनिक उपन्यास : विविध आयाम—विवेकीराय, अनिल प्रकाशन, इलाहाबाद, 1990
5. इस्लाम का जन्म और विकास—असगर अली इंजीनियर, राजकमल प्रकाशन, दिल्ली, 2002
6. उपन्यासकार प्रेमचंद की सामाजिक चिंता—सरिता राय, वाणी प्रकाशन, दिल्ली, 1996
7. उपनिवेश में स्त्री—प्रभाखेतान, राजकमल प्रकाशन, दिल्ली, 2003
8. उपन्यास : स्थिति और गति—चंद्रकांत बांदिवडेकर, वाणी प्रकाशन, दिल्ली, 1993
9. उजाले अपनी यादों के—बशीर बद्र, वाणी प्रकाशन, दिल्ली, 2003
10. उपन्यास का पुनर्जन्म—परमानन्द श्रीवास्तव, वाणी प्रकाशन, दिल्ली, 1995
11. उपन्यास : स्वरूप और संवेदना—राजेन्द्र यादव, वाणी प्रकाशन, दिल्ली, 1997
12. काव्यशास्त्र—भगीरथ मिश्र, विश्वविद्यालय प्रकाशन, वाराणसी, 1998
13. कुछ विचार—प्रेमचंद, डायमण्ड पॉकेट बुक्स, दिल्ली, 1992
14. काँटे की बात-3—राजेन्द्र यादव, वाणी प्रकाशन, दिल्ली, 1994
15. गोधरा नरसंहार : कलम का धर्म और अधर्म—सं. किशोर मकवाणा, उर्वाअध्वर्यु, सत्साहित्य प्रकाशन, दिल्ली, 2002
16. डॉ. अंबेडकर और समाज व्यवस्था—कृष्णदत्त पालीवाल, किताबघर प्रकाशन, दिल्ली, 1996
17. धर्म के नाम पर—गीतेश शर्मा, राजकमल प्रकाशन, दिल्ली, 2002
18. नयी सहस्राब्दी : आज के प्रश्न और संभावित समाधान—हरिकृष्ण निगम, किताबघर प्रकाशन, दिल्ली, 2002
19. प्राचीन भारत में धर्म के सामाजिक आधार—रमेन्द्रनाथ नंदी, ग्रंथशिल्पी प्रकाशन, दिल्ली, 1998
20. प्रेमचंदोत्तर कथा-साहित्य और सांप्रदायिक समस्याएँ—डॉ. ओमप्रकाश सिंह, नमन प्रकाशन, दिल्ली, 1998
21. बनजारे नयन—वशिष्ठ अनूप, रासमंडल, जौनपुर, 1998
22. बीसवीं शताब्दी के अंत में उपन्यास : एक पाठक के नोट्स, प्रकाश मनु, नमन प्रकाशन, दिल्ली, 2003
23. भक्ति-आंदोलन और भक्ति काव्य—शिवकुमार मिश्र, अभिव्यक्ति प्रकाशन, इलाहाबाद, 2000
24. भारत का मुक्ति-संग्राम—अयोध्या सिंह, प्रकाशन संस्थान, दिल्ली, 1997
25. भारत में अंग्रेजी राज और मार्क्सवाद, 1, 2—डॉ. रामविलास शर्मा, राजकमल

प्रकाशन, दिल्ली, 2002
26. भारत में सांप्रदायिकता–पूरन चंद जोशी, समायोजन प्रकाशन, कलकत्ता, 1989
27. भारत का स्वतंत्रता-संघर्ष–विपिन चंद्र, हिंदी माध्यम कार्यान्वयन निदेशालय, दिल्ली वि. वि., 1980
28. भारतीय मुसलमान : मिथक और यथार्थ–सं. राजकिशोर, वाणी प्रकाशन, दिल्ली, 1996
29. भारत की राजनीति के महाप्रश्न–सूर्यकांत बाली, वाणी प्रकाशन, दिल्ली, 1995
30. मध्यकालीन भारत में हिंदू-मुस्लिम सद्भाव–परमानंद श्रीवास्तव, रिसर्च पब्लिकेशंस, दिल्ली, 1997
31. मध्यकालीन भारत का आर्थिक इतिहास इरफान हबीब, राजकमल प्रकाशन, दिल्ली, 2001
32. मेरे साक्षात्कार–कमलेश्वर, किताबघर प्रकाशन, दिल्ली, 1996
33. रामजन्म भूमि-बाबरी मस्जिद विवाद–सं. जगदीश्वर, वाणी प्रकाशन, दिल्ली, 1996
34. राष्ट्र और मुसलमान–नासिरा शर्मा, किताबघर प्रकाशन, दिल्ली, 2003
35. शूद्रों का प्राचीन इतिहास–रामशरण शर्मा, राजकमल प्रकाशन, दिल्ली, 2003
36. स्त्री का समय–क्षमा शर्मा, मेधा बुक्स, दिल्ली, 2001
37. साहित्य का उद्देश्य–प्रेमचंद, भारतीय ग्रंथ निकेतन, दिल्ली, 1992
38. सांप्रदायिकता और सांप्रदायिक दंगे–असगर अली इंजीनियर, उद्भावना प्रकाशन, दिल्ली, 2004
39. सांप्रदायिकता और संस्कृति के सवाल–के. एन. पणिक्कर, सहमत, दिल्ली, 2002
40. संस्कृति के चार अध्याय–रामधारी सिंह दिनकर, लोकभारती प्रकाशन, इलाहाबाद, 2002
41. हिंदी उपन्यास : एक अंतर्यात्रा–रामदरश मिश्र, राजकमल प्रकाशन, दिल्ली, 2001
42. हिंदी-उपन्यास का इतिहास–प्रो. गोपाल राय, राजकमल प्रकाशन, दिल्ली, 2002
43. हिंदुत्ववादी नाजीवाद–कमलेश्वर, मेधाबुक्स, दिल्ली, 2003
44. हिंदुत्व और उत्तर-आधुनिकता–सुधीश पचौरी, राधाकृष्ण प्रकाशन, दिल्ली, 2002
45. हिंदुत्व की राजनीति–सं. राजकिशोर, वाणी प्रकाशन, दिल्ली, 1996

46. हिंदू होने का मतलब–सं. राजकिशोर, वाणी प्रकाशन, दिल्ली, 1998
47. हिंदू होने का धर्म–प्रभाष जोशी, राजकमल प्रकाशन, दिल्ली, 2003

इ. कोश

1. संस्कृत-हिंदी कोश–वामनशिवराम आप्टे
2. हिंदी साहित्य कोश–डॉ. धीरेंद्र वर्मा
3. एनसाइक्लोपीडिया ब्रिटेनिका

ई. पत्र-पत्रिकाएँ

I. <u>समाचार पत्र</u>

1. अमर उजाला–हिंदी दैनिक
2. आज – "
3. जनमोर्चा– "
4. टाइम्स ऑफ इण्डिया–अंग्रेजी दैनिक
5. दैनिक जागरण–हिंदी दैनिक
6. नवभारत टाइम्स–"
7. नैनीताल समाचार–पाक्षिक
8. समयबोध – "
9. सहारासमय–साप्ताहिक
10. हिंदुस्तान–हिंदी दैनिक

II. <u>पत्रिकाएँ</u>

1. आउटलुक–हिंदी साप्ताहिक
2. इण्डिया टुडे–"
3. कथाक्रम–हिंदी त्रैमासिक
4. कादम्बिनी–मासिक
5. चिंतन-सृजन–त्रैमासिक
6. विचार मीमांसा–मासिक
7. समीक्षा–त्रैमासिक
8. साखी – "
9. साहित्य अमृत–मासिक
10. सिटिजंस इनिशिएटिव, अहमदाबाद की पुस्तिका
11. हंस–मासिक

उ. प्रश्नावली और उसके प्रत्युत्तरों का विश्लेषण

निष्कर्षों की प्रामाणिकता, अध्ययन की व्यापकता एवं समाज के बड़े हिस्से की प्रतिनिधिकता के मद्देनजर हमने प्रश्नावली के माध्यम से परियोजना से जुड़े प्रश्नों के उत्तर प्राप्त करने का प्रयास किया। प्रश्नावली को हमने दो भागों में बाँटा था। प्रथम भाग के प्रश्न सांप्रदायिकता के कारण और सौहार्द के उपायों को केंद्र बनाकर पूछे गए थे, जबकि दूसरे भाग के प्रश्न मुसलमानों के जीवन, उनकी विचारधारा आदि से संबंधित थे। इस भाग के उत्तरदाताओं में विभिन्न वर्गों के मुसलमान शामिल थे। प्रश्नावली के दोनों भागों के प्रमुख प्रश्न एवं उनके उत्तरों के प्रतिशत यहाँ प्रस्तुत हैं–

भाग-एक

1. भारत में सांप्रदायिक विद्वेष के क्या कारण हैं–
   (1) आर्थिक–29%
   (2) सामाजिक–12%
   (3) शैक्षिक–33%
   (4) राजनीतिक–20%
   (5) अन्य–06%
2. क्या सांप्रदायिकता रोजी-रोटी से जुड़ा सवाल है–
   (1) हाँ–07%
   (2) नहीं–78%
   (3) कुछ-कुछ–10%
   (4) कह नहीं सकते–05%
3. क्या धर्म को विखंडित करके सांप्रदायिक विद्वेष से छुटकारा पाया जा सकता है–
   (1) हाँ–21%
   (2) नहीं–73%
   (3) कह नहीं सकते–06%
4. क्या मठ-मंदिर, मस्जिद आदि धर्मस्थान सांप्रदायिकता के केंद्र बन गए हैं–
   (1) हाँ–51%
   (2) नहीं–37%
   (3) कुछ-कुछ–8%
   (4) कह नहीं सकते–4%

5. क्या सांप्रदायिक विद्वेष के पीछे सत्ता की राजनीति है–
   (1) हाँ–79%
   (2) नहीं–12%
   (3) कुछ-कुछ–5%
   (4) कह नहीं सकते–4%
6. साहित्य, समाज में सांप्रदायिकता सौहार्द स्थापित करने में कैसी भूमिका निभा रहा है–
   (1) उत्तम–63%
   (2) अच्छी–14%
   (3) सामान्य–19%
   (4) असंतोषजनक–04%
7. समाज में सौहार्द के प्रसार के लिए क्या किया जाना चाहिए–
   (1) शिक्षा का प्रसार–53%
   (2) आर्थिक नीति में सुधार–19%
   (3) धर्म का विखंडन–5%
   (4) सत्साहित्य व फिल्मों का प्रचार–9%
   (5) राजनीतिज्ञों की जिम्मेदारी–10%
   (6) अन्य–3%

सांप्रदायिक विद्वेष के कारणों में सर्वाधिक तैंतीस प्रतिशत ने शिक्षा की कमी को पहले स्थान पर रखा है। दूसरे स्थान पर आर्थिक स्थिति को सांप्रदायिक विद्वेष के लिए जिम्मेदार मानने वाले लोग (29%) हैं। राजनीतिक अव्यवस्था को बीस प्रतिशत, सामाजिक कारणों को बारह प्रतिशत लोगों ने जिम्मेदार माना है। 78% लोग मानते हैं कि सांप्रदायिकता रोजी-रोटी से जुड़ा सवाल नहीं है। 7 प्रतिशत लोगों का उत्तर हाँ में और 10 प्रतिशत का मानना है कि कुछ-कुछ जुड़ा है यह सवाल रोजी-रोटी से। 73 प्रतिशत लोग मानते हैं कि धर्म को विखंडित करने से सांप्रदायिक समस्याओं से छुटकारा नहीं मिलने वाला जबकि 21 प्रतिशत का मानना है कि सांप्रदायिक समस्याओं के पीछे सत्ता की राजनीति है, जबकि 12 प्रतिशत का मत इसके विपरीत है। 63 प्रतिशत लोग मानते हैं कि साहित्यकार ने अपना काम उत्तम तरीके से किया है, 14 प्रतिशत का मानना है कि अच्छी तरह से किया है, 19 प्रतिशत सामान्य मानते हैं और 4 प्रतिशत ने असंतोषजनक करार दिया है। समाज में सौहार्द की स्थापना और उसके सम्प्रसार के लिए शैक्षिक स्तर सुधारने को व्यापक जनसमर्थन मिला है। 53 प्रतिशत लोग मानते हैं कि शिक्षा का प्रचार-प्रसार अत्यावश्यक है, जबकि 14 प्रतिशत ने आर्थिक स्थिति सुधारे जाने की वकालत की है। 10 प्रतिशत ने कहा

है कि जिस क्षेत्र में सांप्रदायिक दंगा हो, उसके जनप्रतिनिधि को जिम्मेदार ठहराया जाना चाहिए, जबकि अच्छे साहित्य और सौहार्द पर आधारित फिल्मों के प्रसार के पक्ष में 9 फीसदी लोगों ने अपनी बात कही है। 5 प्रतिशत लोग धर्म को विखंडित करने की बात कहते हैं और तीन प्रतिशत ने अन्य कारणों, उपायों की ओर इंगित किया है।

भाग-दो

1. हिंदू पड़ोसियों का आपके प्रति कैसा रवैया है–
   (1) सुख-दुख में सहभागिता का–78%
   (2) सिर्फ बर्दाश्त करने का–17%
   (3) दुश्मनी वाला–4%
   (4) कह नहीं सकते–1%
2. भारत में आतंकवादी घटनाओं के लिए सर्वाधिक जिम्मेदार कौन है–
   (1) पाकिस्तानी साजिश–39%
   (2) अल्पसंख्यकों का गुस्सा–32%
   (3) अलकायदा–19%
   (4) कह नहीं सकते–10%
3. क्या सरकार को आपकी परवाह है–
   (1) हाँ–27%
   (2) नहीं–35%
   (3) कुछ-कुछ–38%
4. अपने लिए सबसे बड़ी मुश्किल किसे मानते हैं–
   (1) बार-बार के दंगे–48%
   (2) नौकरी न मिलना–35%
   (3) मजहबी नेताओं का फतवा व रोक-टोक–17%
5. अयोध्या, लंदन आदि की घटनाओं से आपको क्या फर्क पड़ता है–
   (1) कोई नहीं–15%
   (2) अलग-थलग पड़ने का डर–19%
   (3) इस्लाम की बदनामी से तकलीफ–65%
6. आप अपने और अपने परिवार के भविष्य के बारे में क्या सोचते हैं–
   (1) शानदार–46%
   (2) ज़िंदगी किसी तरह कट ही जाएगी –43%
   (3) अंधकारमय–11%
7. आपका हीरो कौन है–

(1) इरफान पठान—40%
(2) शाहरुख खान—26%
(3) सद्दाम हुसैन—10%
(4) दाउद इब्राहिम—4%
(5) ओसामा बिन लादेन-7%
(6) कोई नहीं—13%

78 प्रतिशत मुसलमान मानते हैं कि उनके पड़ोसी (हिंदू) उनमें सुख-दुख में सहभागिता निभाते हैं। 17 प्रतिशत का मानना है कि उनका रवैया सिर्फ बर्दाश्त करने वाला है और 4 प्रतिशत का कहना कि वे हमसे दुश्मनों की तरह पेश आते हैं। 39 प्रतिशत लोग भारत में आतंकी घटनाओं के लिए पाकिस्तान को जिम्मेदार मानते हैं। अल्पसंख्यकों के गुस्से को 22 प्रतिशत और अलकायदा को 19 प्रतिशत लोग जिम्मेदार ठहराते हैं। 38 प्रतिशत मुसलमान मानते हैं कि सरकार को उनकी थोड़ी-बहुत परवाह है जबकि 35 प्रतिशत का कहना है कि एकदम नहीं है और 27 प्रतिशत मानते हैं कि सरकार उनकी परवाह करती है।

बार-बार के दंगों को 48 प्रतिशत मुसलमान अपने लिए सबसे बड़ी मुश्किल मानते हैं, जबकि 35 प्रतिशत ने नौकरी न मिलने को सबसे बड़ी मुश्किल माना है। 17 प्रतिशत लोगों ने मजहबी नेताओं के फतवों और रोक-टोक को सबसे बड़ी समस्या कहा है। 65 प्रतिशत मुसलमानों का मानना है कि अयोध्या और लंदन की आतंकी घटनाओं से इस्लाम की जो बदनामी हुई उसकी वजह से उन्हें सर्वाधिक तकलीफ पहुँची, जबकि 19 प्रतिशत का कहना है कि इससे उनमें अलग-थलग पड़ने का भय पैदा हो गया। 15 प्रतिशत का मानना था कि उन्हें कोई फर्क नहीं पड़ता।

भारत में रहने वाले मुसलमानों में से 46 प्रतिशत को उनका भविष्य शानदार दिखाई देता है, जबकि 43 प्रतिशत का मानना है कि ज़िंदगी कट ही जाएगी। 11 प्रतिशत लोग मानते हैं कि इस देश में उनका भविष्य अंधकारमय है। आपका हीरो कौन है के उत्तर में सर्वाधिक (40 प्रतिशत) लोगों ने क्रिकेटर इरफान पठान को पसंद किया है। 26 प्रतिशत लोगों का समर्थन पाकर अभिनेता शाहरुख खान दूसरे स्थान पर हैं और सद्दाम हुसैन, दाउद इब्राहिम, ओसामा बिन लादेन को क्रमशः 10, 04, 07 प्रतिशत लोगों ने पसंद किया है। किसी को भी अपना हीरो न मानने वालों की संख्या भी काफी (13 प्रतिशत) रही।

□□